OSWAL – GURUKUL

H.S.C
SAMPLE PAPERS
MAHARASHTRA BOARD
(Updated as per the Reduced Syllabus)

CLASS XII

FOR 2022 EXAMINATION

SCIENCE STREAM

• Hindi • English • Marathi • Mathematics & Statistics (Arts & Science)
• Physics • Chemistry • Biology

BY PANEL OF AUTHORS

© **COPYRIGHT RESERVED BY THE PUBLISHERS**

All rights reserved. No part of this publication may be reproduced in any form without the prior permission of the Oswal Publishers.

DISCLAIMER
With the ambition of providing standard academic resources, we have exercised extreme care in publishing the content. In case of any discrepancies in the matter, we request readers to excuse the unintentional lapse and not hold us liable for the same. Suggestions are always welcome.

EDITION : 2021

ISBN : 978-93-91184-75-9

PRICE : ₹ 349.00

PRINTED AT : Upkar Printing Unit, Agra

PUBLISHED BY

OSWAL PUBLISHERS

Head Office : 1/12, Sahitya Kunj, M.G. Road, Agra - 282002
Phone : (0562) 2527771-4, +91 7534077222
E-mail : info@oswalpublishers.in
Website : www.oswalpublishers.com

The cover of this book has been designed using resources from Freepik.com

In accordance with the latest reduced syllabus prescribed by the
Maharashtra State Board of Secondary and Higher Secondary Education

PREFACE

Oswal-Gurukul presents Sample Papers for Maharashtra Board. These Sample Papers are prepared by the Subjcet-matter experts considering the latest Reduced Syllabus prescribed by the Board.

These Sample Papers comprises Hindi, English, Marathi, Mathematics & Statistics (Arts & Science), Physics, Chemistry, Biology.

Each paper has been carefully planned to cover as much ground as possible from the entire syllabus, making them an ideal practice resource. The solutions have been provided at the end of each section to save time during self-assessments.

This ingenious will help sharpen the student's time management skills and give them the confidence to face their final exams head on. Solutions follow the marking scheme practiced by the Board.

The Sample Papers will empower students in their preparations, and will aid in making further subject choices in their higher studies.

We hope this book will be a valuable asset for the students. All further suggestions towards improving the book are welcomed and would be incorporated in the future editions.

—The Publisher

CONTENTS

Hindi
- Sample Paper 1 — 7
- Sample Paper 2 — 16
- Sample Paper 3 — 27
- Sample Paper 4 — 37
- Sample Paper 5 — 48

English
- Sample Paper 1 — 61
- Sample Paper 2 — 71
- Sample Paper 3 — 80
- Sample Paper 4 — 89
- Sample Paper 5 — 98

Marathi
- Sample Paper 1 — 109
- Sample Paper 2 — 123
- Sample Paper 3 — 138
- Sample Paper 4 — 153
- Sample Paper 5 — 168

Mathematics & Statistics (Arts & Science)
- Sample Paper 1 — 185
- Sample Paper 2 — 195
- Sample Paper 3 — 207
- Sample Paper 4 — 219
- Sample Paper 5 — 230

Physics
- Sample Paper 1 — 243
- Sample Paper 2 — 251
- Sample Paper 3 — 261
- Sample Paper 4 — 269
- Sample Paper 5 — 280

Chemistry
- Sample Paper 1 — 293
- Sample Paper 2 — 399
- Sample Paper 3 — 305
- Sample Paper 4 — 312
- Sample Paper 5 — 319

Biology
- Sample Paper 1 — 329
- Sample Paper 2 — 335
- Sample Paper 3 — 341
- Sample Paper 4 — 347
- Sample Paper 5 — 352

HINDI

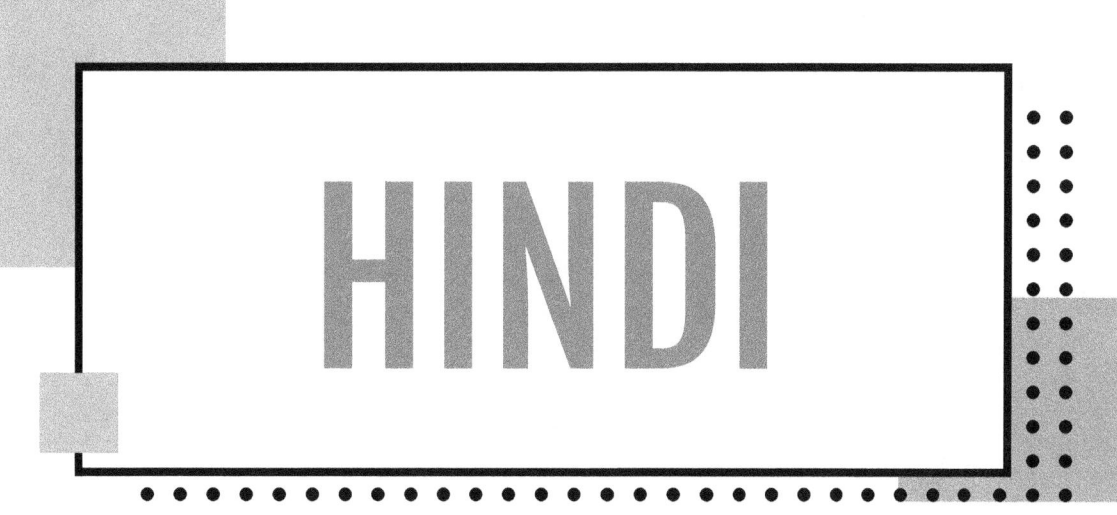

SAMPLE PAPER-1
Hindi

Questions

विभाग - 1 गद्य (अंक-20)

(क) निम्नलिखित पठित परिच्छेद पढ़कर दी गई सूचनाओं के अनुसार कृतियाँ कीजिए। (6)

प्रभात का समय था, आसमान से बरसती हुई प्रकाश की किरणें संसार पर नवीन जीवन की वर्षा कर रही थीं। बारह घण्टों के लगातार संग्राम के बाद प्रकाश ने अँधेरे पर विजय पाई थी। इस खुशी में फूल झूम रहे थे, पक्षी मीठे गीत गा रहे थे, पेड़ों की शाखाएँ खेलती थीं और पत्ते तालियाँ बजाते थे। चारों तरफ खुखियाँ झूमती थीं। चारों तरफ गीत गूँजते थे। इतने में साधुओं की एक मंडली शहर के अंदर दाखिल हुई। उनका ख्याल था—मन बड़ा चंचल है। अगर इसे काम न हो, तो इधर-उधर भटकने लगता है और अपने स्वामी को विनाश की खाई में गिराकर नष्ट कर डालता है। इसे भक्ति की जंजीरों से जकड़ देना चाहिए। साधु गाते थे—

सुमर-सुमर भगवान को,
मूरख मत खाली छोड़ इस मन को।

जब संसार को त्याग चुके थे, उन्हें सुर-ताल की क्या परवाह थी। कोई ऊँचे स्वर में गाता था, कोई मुँह में गुनगुनाता था। और लोग क्या कहते हैं, इन्हें इसकी जरा भी चिंता न थी। ये अपने राग में मगन थे कि सिपाहियों ने आकर घेर लिया और हथकड़ियाँ लागकर अकबर बादशाह के दरबार को ले चले।

1. **संजाल पूर्ण कीजिए :** (2)

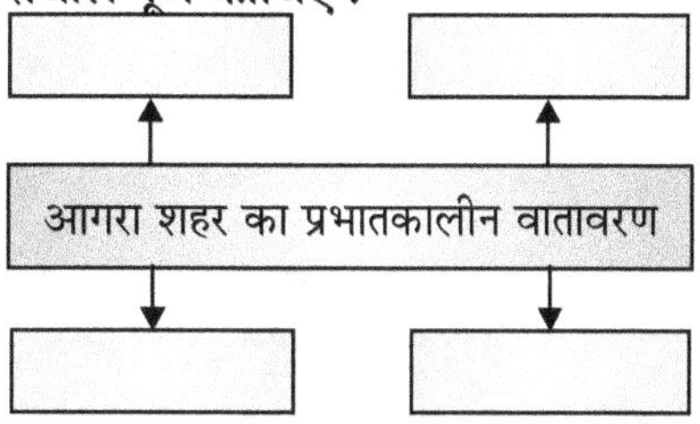

आगरा शहर का प्रभातकालीन वातावरण

2. **निम्नलिखित शब्दों के लिंग बदलकर लिखिए :** (2)
   (i) पत्ते– .... (ii) स्वामी– ....
   (iii) राग– .... (iv) आदमी–...............

3. **निम्नलिखित प्रश्न का उत्तर 40 से 50 शब्दों में लिखिए।** (2)
   साधु-संतों को राग विद्या की जानकारी न होने के कारण मौत की सजा दिया जाना क्या उचित है? इस विषय पर 40 से 50 शब्दों में अपने विचार लिखिए।

(ख) निम्नलिखित पठित परिच्छेद पढ़कर दी गई सूचनाओं के अनुसार कृतियाँ कीजिए : (6)

वर्तमान युग विज्ञान और प्रौद्योगिकी का युग है। दुनिया में भौतिक विकास हासिल कर लेने की होड़ मची है। विकास की इस दौड़ में जाने-अनजाने हमने अनेक विसंगतियों को जन्म दिया है। प्रदूषण उनमें से एक अहम समस्या है। हमारे भूमंडल में हवा और पानी बुरी तरह प्रदूषित हुए हैं। यहाँ तक कि मिट्टी भी आज प्रदूषण से अछूती नहीं रही। इस प्रदूषण की चोट से शायद ही कोई चीज बची हो। साँस लेने के लिए स्वच्छ हवा मिलना मुश्किल हो रहा है। जीने के लिए साफ पानी कम लोगों को ही नसीब हो रहा है। पर्यावरणविदों का कहना है कि अगले पच्चीस सालों में दुनिया को पेयजल के घनघोर संकट का सामना करना पड़ सकता है। आज शायद ही कोई जल स्रोत प्रदूषण से अप्रभावित बचा हो। कुछ लोगों का कहना है कि अगला विश्वयुद्ध राजनीतिक, सामरिक या आर्थिक हितों के चलते नहीं, वरन् पानी के लिए होगा। यह तस्वीर नि:संदेह भयावह है लेकिन इसे किसी भी तरह से अतिरंजित नहीं कहा जाना चाहिए। परिस्थितियाँ जिस तरह से बदल रही हैं और धरती पर संसाधनों के दोहन के चलते जिस तरह से जबर्दस्त दबाव पड़ रहा है तथा समूची परिस्थिति का तंत्र जिस तरह चरमरा गया है, उसके चलते कुछ भी संभव हो सकता है।

फिलहाल यहाँ हम पर्यावरणीय प्रदूषण के सिर्फ एक पहलू की चर्चा कर रहे हैं और वह है ओजोन विघटन का संकट। पिछले कई वर्षों से पूरी दुनिया में इसकी चर्चा हो रही है तथा इसे लेकर खासी चिंता व्यक्त की जा रही है। आखिर यहाँ सवाल समूची मानव सभ्यता के अस्तित्व का है। प्रश्न उठता है कि यह ओजोन है क्या ? यह कहाँ स्थित है और उसकी उपयोगिता क्या है ? इसका विघटन क्यों और कैसे हो रहा है ? ओजोन विघटन के खतरे क्या-क्या हैं ? और यदि ये खतरे एक हकीकत है तो इस दिशा में हम कितने गंभीर हैं और इससे निपटने के लिए क्या कुछ एहतियाती कदम उठा रहे हैं ?

1. **निम्नलिखित प्रश्नों के उत्तर लिखिए :** (2)
   (i) दुनिया में किस बात की होड़ मची है?
   (ii) अगला विश्व युद्ध किसके लिए होने की आशंका है?
   (iii) पर्यावरणविदों के अनुसार अगले पच्चीस सालों में दुनिया को किस संकट का सामना करना पड़ सकता है?
   (iv) पर्यावरणीय प्रदूषण में लोगों में किस पहलू पर चर्चा हो रही है?

2. **कृदंत बनाइए।** (2)
   (i) कहना (ii) छीजना
   (iii) बैठना (iv) लगना

3. **निम्नलिखित प्रश्न का उत्तर 40 से 50 शब्दों में लिखिए।** (2)
   'बढ़ते हुए प्रदूषण को रोकने के उपाय' विषय पर अपने विचार लिखिए।

(ग) निम्नलिखित प्रश्न का उत्तर 60 से 80 शब्दों में लिखिए। (तीन में से दो) (6)

(i) मौसी की स्वभावगत विशेषताएँ लिखिए।
(ii) 'पाप के चार हथियार' पाठ का संदेश लिखिए।
(iii) 'उड़ो बेटी उड़ो! इस धरती पर निगाह रखकर' इस पंक्ति में निहित सुगंधा की माँ के विचार स्पष्ट कीजिए।

(घ) निम्नलिखित प्रश्नों के एक वाक्य में उत्तर लिखिए। (चार में से दो) (2)

(i) सुदर्शनजी का वास्तविक नाम लिखिए।
(ii) लेखक कन्हैयालाल मिश्र 'प्रभाकर' जी की भाषाशैली क्या है?
(iii) आशारानी व्होरा की एक रचना का नाम लिखिए।
(iv) गजल इस भाषा का लोकप्रिय काव्य प्रकार है।

विभाग - 2 पद्य (अंक-20)

(क) निम्नलिखित पठित काव्यांश को पढ़कर दी गई सूचनाओं के अनुसार कृतियाँ कीजिए। (6)

प्रीति की राह पर चले आओ,
नीति की राह पर चले आओ।
वह तुम्हारी ही नहीं, सबकी है,
गीति की राह पर चले आओ।
साथ निकलेंगे आज नर-नारी,
लेंगे काँटों का ताज नर-नारी
दोनों संगी हैं और सहचर हैं,
अब रचेंगे समाज नर-नारी।
वर्तमान बोला, अतीत अच्छा था,
प्राण के पथ का मीत अच्छा था।
गीत मेरा भविष्य गाएगा,
यों अतीत का भी गीत अच्छा था।

1. निम्नलिखित प्रश्नों के उत्तर लिखिए: (2)

(i) वर्तमान के गीत कौन गाएगा?
(ii) उपर्युक्त काव्यांश में कवि किसका आवाहन करते है?
(iii) 'काँटों का ताज लेंगें' से कवि का तात्पर्य क्या है?
(iv) आज के नर-नारी किसकी रचना करेंगे?

2. निम्नलिखित शब्दों में युग्म-शब्द बनाकर लिखिए: (2)

(i) संगी (ii) अच्छा
(iii) मीत (iv) साथ

3. निम्नलिखित प्रश्न का उत्तर 40 से 50 शब्दों में लिखिए। (2)

'समाज का नवनिर्माण और विकास नर-नारी के सहयोग से ही संभव है।' इस पर अपने विचार लिखिए।

(ख) निम्नलिखित पठित काव्यांश पढ़कर दी गई सूचनाओं के अनुसार कृतियाँ कीजिए : (6)

जड़, तना, शाखा, पत्ती, पुष्प, फल और बीज
हमारे लिए ही तो है पेड़ की हर एक चीज।
किसी ने उसे पूजा,
किसी ने उस पर कुल्हाड़ी चलाई
पर कोई बताए
क्या पेड़ ने एक बूँद भी आँसू की गिराई?
हमारी साँसों के लिए शुद्ध हवा
बीमारी के लिए दवा
शवयात्रा, शगुन या बारात
सभी के लिए देता है पुष्पों की सौगात
आदिकाल से आज तक
सुबह-शाम, दिन-रात
हमेशा देता आया है मनुष्य का साथ
कवि को मिला कागज, कलम, स्याही
वैद, हकीम को दवाई
शासन या प्रशासन
सभी के बैठने के लिए
कुर्सी, मेज, आसन
जो हम उपयोग नहीं करें
वृक्ष के पास ऐसी एक भी नहीं चीज है
जी हाँ, सच तो यह है कि
पेड़ संत है, दधीचि है।

1. निम्नलिखित प्रश्नों के उत्तर लिखिए: (2)

(i) पेड़ सभी को क्या देता है?
(ii) पेड़ दवाई किसको देता है?
(iii) पेड़ ने कवि को क्या दिया है?
(iv) पेड़ प्रशासन को क्या देता है?

2. निम्नलिखित शब्दों का वाक्य में प्रयोग कीजिए: (2)

(i) जड़ (ii) तना
(iii) फल (iv) पूजा

3. निम्नलिखित प्रश्न का उत्तर 40 से 50 शब्दों में लिखिए: (2)

'पेड़ मनुष्य का परम हितैषी' इस विषय पर अपना मत व्यक्त कीजिए।

(ग) निम्नलिखित मुद्दों के आधार पर रसास्वादन कीजिए: (6)
(दो में से एक)

1. 'वृंद के दोहे'

मुद्दे:

(i) रचनाकार का नाम (ii) कविता की केंद्रीय कल्पना
(iii) प्रतीक विधान (iv) कविता पसंद आने के कारण
(v) पसंद की पंक्तियाँ (vi) कल्पना

2. कवि की भावुकता और संवेदनशीलता को समझाते हुए 'चुनिंदा शेर' का रसास्वादन कीजिए।

(घ) निम्नलिखित प्रश्नों के एक वाक्य में उत्तर लिखिए : (2)
(चार में से दो)

(i) गुरु नानक की रचनाओं के नाम लिखिए।
(ii) कवि डॉ. जगदीश गुप्त की प्रमुख साहित्यिक कृतियों में उनके काव्य संग्रह के नाम बताइए?
(iii) त्रिलोचन जी के दो काव्य संग्रहों के नाम लिखिए।
(iv) गज़ल किस भाषा का लोकप्रिय काव्य प्रकार है?

विभाग - 3 विशेष अध्ययन (अंक-10)

(क) निम्नलिखित पद्यांश पढ़कर दी गई सूचनाओं के अनुसार कृतियाँ कीजिए: (6)

अपनी जमुना में
जहाँ घंटों अपने को निहारा करती थी मैं
वहाँ अब शस्त्रों से लदी हुई
अगणित नौकाओं की पंक्ति रोज-रोज कहाँ जाती है ?
धारा में बह-बहकर आते हुए टूटे रथ
जर्जर पताकाएँ किसकी हैं ?

हारी हुई सेनाएँ, जीती हुई सेनाएँ
नभ को कँपाते हुए युद्ध घोष, क्रंदन-स्वर,
भागे हुए सैनिकों से सुनी हुई
अकल्पनीय अमानुषिक घटनाएँ युद्ध की
क्या ये सब सार्थक हैं ?
चारों दिशाओं से
उत्तर को उड़-उड़कर जाते हुए
गृद्धों को क्या तुम बुलाते हो
(जैसे बुलाते थे भटकी हुई गायों को)

जितनी समझ तुमसे अब तक पाई है कनु,
उतनी बटोरकर भी
कितना कुछ है जिसका
कोई भी अर्थ मुझे समझ नहीं आता है
अर्जुन की तरह कभी
मुझे भी समझा दो
सार्थकता है क्या बंधु ?
मान लो कि मेरी तन्मयता के गहरे क्षण
रँगे हुए, अर्थहीन, आकर्षक शब्द थे–
तो सार्थक फिर क्या है कनु ?
पर इस सार्थकता को तुम मुझे
कैसे समझाओगे कनु ?

शब्द : अर्थहीन

शब्द, शब्द, शब्द, ...
मेरे लिए सब अर्थहीन हैं
यदि वे मेरे पास बैठकर
तुम्हारे काँपते अधरों से नहीं निकलते

शब्द, शब्द, शब्द, ...
कर्म, स्वधर्म, निर्णय, दायित्व ....
मैंने भी गली-गली सुने हैं ये शब्द
अर्जुन ने इनमें चाहे कुछ भी पाया हो
मैं इन्हें सुनकर कुछ भी नहीं पाती प्रिय,
सिर्फ राह में ठिठककर
तुम्हारे उन अधरों की कल्पना करती हूँ
जिनसे तुमने ये शब्द पहली बार कहे होंगे

1. **कृति पूर्ण कीजिए :** (2)
   कनुप्रिया के अनुसार यही युद्ध का सत्य स्वरूप हैं :
   (i) .... (ii) ....
   (iii) .... (iv) ....

2. **कृति पूर्ण कीजिए :** (2)
   (i) कनुप्रिया कनु से इनकी तरह सब कुछ समझना चाहती है सार्थकता ....
   (ii) कनुप्रिया की तन्मयता के गहरे क्षण–
   (iii) कनुप्रिया के लिए अर्थहीन शब्द जो गली-गली सुनाई देते हैं–
   (iv) कनुप्रिया के लिए वे सारे शब्द तब अर्थहीन है–

3. **निम्नलिखित प्रश्न का उत्तर 40 से 50 शब्दों में लिखिए :** (2)
   'युद्ध से विनाश एवं शांति से विकास होता है'–इस विषय पर अपने विचार लिखिए।

(ख) **निम्नलिखित प्रश्न का उत्तर 80 से 100 शब्दों में लिखिए :** (4)
   (दो में से एक)
   (i) राधा की दृष्टि से जीवन की सार्थकता बताइए।
   (ii) "कवि ने राधा के माध्यम से आधुनिक मानव की व्यथा को शब्दबद्ध किया है।" इस कथन को स्पष्ट कीजिए।

विभाग – 4 व्यावहारिक हिंदी अपठित गद्यांश और पारिभाषिक शब्दावली (अंक-20)

(क) **निम्नलिखित प्रश्न का उत्तर 100 से 120 शब्दों में लिखिए :** (6)
फीचर लेखन की विशेषताएँ लिखिए।

अथवा

निम्नलिखित गद्यांश पढ़कर दी गई सूचनाओं के अनुसार कृतियाँ कीजिए।

'ब्लॉग' अपना विचार, अपना मत व्यक्त करने का एक डिजिटल माध्यम है। ब्लॉग के माध्यम से हमें जो कहना है; उसके लिए किसी की अनुमति लेने की आवश्यकता नहीं होती। ब्लॉग लेखन में शब्दसंख्या का बंधन नहीं होता। अत: हम अपनी बात को विस्तार से रख सकते हैं। ब्लॉग, वेबसाइट, पोर्टल आदि डिजिटल माध्यम हैं। अखबार पत्रिका या पुस्तक हाथ में लेकर पढ़ने की बजाय उसे कम्प्यूटर, टैब या सेलफोन से परदे पर पढ़ना डिजिटल माध्यम कहलाता है। इस प्रकार का वाचन करने वाली पीढ़ी इंटरनेट के महाजाल के कारण निर्माण हुई है। इसके कारण लेखक और पत्रकार भी ग्लोबल हो गए हैं। नवीन वाचकों की संख्या मुद्रित माध्यम के वाचकों से बहुत अधिक है। इस वर्ग में युवा वर्ग अधिक संख्या में है। दुनिया की कोई भी जानकारी एक क्षण में ही परदे पर उपलब्ध हो जाती है।

ब्लॉग की खोज :

ब्लॉग की खोज के संदर्भ में निश्चित रूप से कोई डॉक्युमेंटेशन उपलब्ध नहीं है पर जो जानकारी उपलब्ध है।

उनके अनुसार जस्टीन हॉल ने सन् 1994 में सबसे पहले इस शब्द का प्रयोग किया। जॉन बर्गर ने इसके लिए वेब्लॉग (Weblog) शब्द का प्रयोग किया था। माना जाता है कि सन् 1999 में पीटर मेरहोल्स ने 'ब्लॉग' शब्द को प्रस्थापित कर उसे व्यवहार में लाया। भारत में 2002 के बाद 'ब्लॉग लेखन' आरंभ हुआ और देखते-देखते यह माध्यम लोकप्रिय हुआ तथा इसे अभिव्यक्ति के नये माध्यम के रूप में मान्यता भी प्राप्त हुई।

1. **निम्नलिखित प्रश्नों के उत्तर लिखिए :** (2)
   (i) ब्लॉग क्या है ?
   (ii) डिजिटल माध्यम के उदाहरण बताइए ?
   (iii) ब्लॉग की खोज के संदर्भ में लेखक ने क्या कहा है ?
   (iv) सन् 1999 में कौन 'ब्लॉग' शब्द को प्रस्थापित कर उसे व्यवहार में लाया ?

2. निम्नलिखित शब्दों के कृदंत बनाकर लिखिए: (2)

(i) लगना (iii) कहना
(ii) बैठना (iv) छाजना

3. निम्नलिखित प्रश्न का उत्तर 40 से 50 शब्दों में लिखिए: (2)

ब्लॉग लेखन से तात्पर्य क्या है ?

(ख) निम्नलिखित प्रश्नों के उत्तर 80 से 100 शब्दों में लिखिए: (4)
(दो में से एक)

1. प्रकाश उत्पन्न करने वाले किसी एक जीव की खोज कीजिए।
2. "ढाई आखर प्रेम का पढ़े सो पंडित होइ" भाव पल्लवन कीजिए।

अथवा

सही विकल्प चुनकर वाक्य फिर से लिखिए:

1. भारत में ब्लॉग लेखन आरंभ हुआ :
   (i) 1999 के पूर्व (ii) 2002 के पूर्व
   (iii) 2002 के बाद (iv) 1994 के बाद
2. फीचर लेखन के मुख्य तीन अंगों में से एक है:
   (i) उपसंहार (ii) फीचर योजना
   (iii) विवरण (iv) फीचर कलेवर
3. कार्यक्रम में चार चाँद लगने का कारण :
   (i) सूत्र संचालक का सुचारू संचालन
   (ii) स्टेज डेकोरेशन
   (iii) लाउडस्पीकर
   (iv) कार्यक्रम के अतिथि
4. समुद्र का सबसे बड़ा जीव ह्वेल की लम्बाई .... है।
   (i) 30 मीटर (ii) 20 मीटर
   (iii) 40 मीटर (iv) 25 मीटर

(ग) निम्नलिखित अपठित परिच्छेद पढ़कर दी गई सूचनाओं के अनुसार कृतियाँ कीजिए : (6)

सौरमंडल के सबसे बड़े ग्रह बृहस्पति के बाद शनि ग्रह की कक्षा है। शनि सौरमंडल का दूसरा बड़ा ग्रह है। यह हमारी पृथ्वी के करीब 750 गुना बड़ा है। शनि के गोले का व्यास 116 हज़ार किलोमीटर है; अर्थात्, पृथ्वी के व्यास से करीब नौ गुना अधिक।

सूर्य से शनिग्रह की औसत दूरी 143 करोड़ किलोमीटर है। यह ग्रह प्रति सेकंड 9.6 किलोमीटर की औसत गति से करीब 30 वर्षों में सूर्य का एक चक्कर लगाता है। अत: 90 साल का कोई बूढ़ा आदमी यदि शनि ग्रह पर पहुँचेगा, तो उस ग्रह के अनुसार उसकी उम्र होगी सिर्फ तीन साल!

हमारी पृथ्वी सूर्य से करीब 15 करोड़ किलोमीटर दूर है। तुलना में शनि ग्रह दस गुना अधिक दूर है। इसे दूरबीन के बिना कोरी आँखों से भी आकाश में पहचाना जा सकता है। पुराने ज़माने के लोगों ने इस पीले चमकीले ग्रह को पहचान लिया था। प्राचीन काल के ज्योतिषियों को सूर्य, चंद्र और काल्पनिक राहु-केतु के अलावा जिन पाँच ग्रहों का ज्ञान था उनमें शनि सबसे अधिक दूर था।

शनि को 'शनैश्वर' भी कहते हैं। आकाश के गोल पर यह ग्रह बहुत धीमी गति से चलता दिखाई देता है, इसीलिए प्राचीन काल के लोगों ने इसे 'शनै:चर नाम' दिया था। 'शनै:चर' का अर्थ होता है—धीमी गति से चलने वाला।

लेकिन बाद के लोगों ने इस शनैश्चर को 'सनीचर' बना डाला! सनीचर का नाम लेते ही अंधविश्वासियों की रूह काँपने लगती है। फलित-ज्योतिषियों की पोथियों में इस ग्रह को इतना अशुभ माना गया है कि जिस राशि में इसका निवास होता है उसके आगे और पीछे की राशियों को भी यह छेड़ता है। एक बार यदि यह ग्रह किसी की राशि में पहुँच जाए तो फिर साढ़े सात साल तक उसकी खैर नहीं!

हमारी पौराणिक कथाओं के अनुसार शनि महाराज सूर्य के पुत्र हैं। भैंसा इनका वाहन है। पाश्चात्य ज्योतिष में शनि को सैटर्न कहते हैं। यूनानी आख्यानों के अनुसार सैटर्न जूपिटर के पिता हैं। रोमन लोग सैटर्न को कृषि का देवता मानते थे। हमारे देश में शनि महाराज तेल के देवता बन गए हैं!

1. संजाल पूर्ण कीजिए। (2)

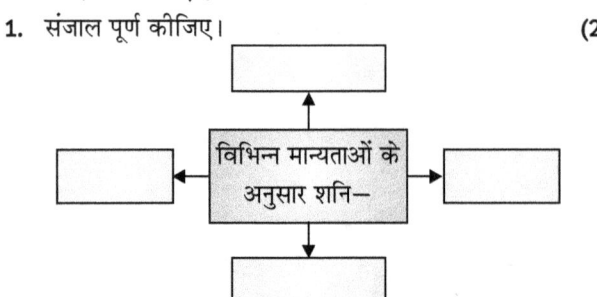

2. निम्नलिखित शब्दों के समानार्थी शब्द लिखिए: (2)
   (i) आकाश (iii) सूर्य
   (ii) कथा (iv) आँख
3. 'सौर मंडल' इस विषय पर अपने विचार लिखिए। (2)

(घ) निम्नलिखित शब्दों की पारिभाषिक शब्दावली लिखिए: (4)
(आठ में से चार)

1. Authentic
2. Advance
3. Expert
4. Invalid
5. Balance
6. Pay order
7. Output
8. Paidup

विभाग – 5 व्याकरण (अंक-10)

(क) निम्नलिखित वाक्यों का काल परिवर्तन करके वाक्य फिर से लिखिए: (चार में से दो) (2)

(i) कौन बहन हम जैसे भुक्खड़ को भाई बनाएगी।
(सामान्य वर्तमान काल)

(ii) वृद्धाश्रम के प्रबंधक का फोन सुनकर मैं अवाक रह गया।
(सामान्य भविष्यकाल)

(iii) चट्टानों पर फूल खिलाना हमको आता है। (पूर्ण भूतकाल)

(iv) मैं आपकी खिड़की के पास बैठकर निहारा करता था।
(अपूर्ण वर्तमान काल)

(ख) निम्नलिखित उदाहरणों के अलंकार पहचानकर लिखिए। (2)
(चार में से दो)

(i) पड़ी अचानक नदी अपार।
घोड़ा उतरे कैसे पार॥
राणा ने सोचा इस पार।
तब तक चेतक था उस पार॥

(ii) लता पवन ले प्रगट भरा, लेहि अक्सर दोय भाइ।
निकसे जनु जुण विमले बिंधु, जलद परले बिलगाइ॥

(iii) राधा-वन्दन चंद सो सुंदर।

(iv) उदित उदय गिरि मंच पर।
रघुबर बाल पतंग॥

(ग) निम्नलिखित उदाहरणों के रस पहचानकर लिखिए। (2)
(चार में से दो)

(i) माटी कहै कुम्हार से तू क्यों रौंदे मोय।
एक दिन ऐसा आएगा, मैं रोदूँगी तोय॥

(ii) एक अचंभा देखा रे भाई, ठाढ़ा सिंह चरावै गाई।
पहले पूत पाछो भाई, चेला कें गुरू लागे पाई॥

(iii) दुख में सुमिरण सब करै, सुख में करै न कोय।
जो सुख में सुमिरण करे, ताको काहे दुःख होय॥

(iv) सिर पर बैठ्यो काग, आँख दोऊ खात निकारत।
खींचत जीभहिं स्यार अतिहिं आनंद उर धारत।
गिद्ध जाँघ को खोदि-खोदि कै माँस उपारत,
स्वान आँगुरिन काटि-काटि कै, खात विदारत।

(घ) निम्नलिखित मुहावरों का अर्थ लिखकर वाक्य में प्रयोग कीजिए। (चार में से दो) (2)

(i) चार चाँद लगना
(ii) आँखों में धूल झोंकना
(iii) उल्टी गंगा बहाना
(iv) तलवे चाटना

(ङ) निम्नलिखित वाक्य शुद्ध करके फिर से लिखिए। (2)
(चार में से दो)

(i) परन्तु अग्यान भी अपराध है।
(ii) सत्य की मारग सरल हैं।
(iii) पाप के पास चार शस्त्रे है।
(iv) मैने फिर चुप रहना ही उचित समजा।

Answer Key

विभाग - 1 गद्य

(क)

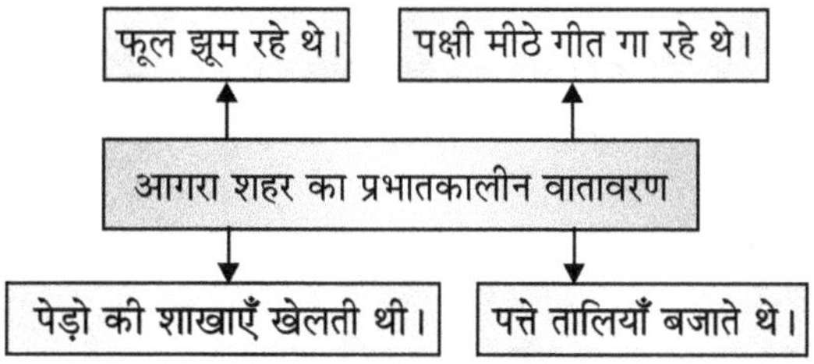

फूल झूम रहे थे।
पक्षी मीठे गीत गा रहे थे।
आगरा शहर का प्रभातकालीन वातावरण
पेड़ो की शाखाएँ खेलती थी।
पत्ते तालियाँ बजाते थे।

2. (i) पत्ते—पत्तियाँ (ii) स्वामी—स्वामिनी
(iii) राग—रागिनी (iv) आदमी—औरत।

3. साधु-संत दीन-दुनिया से विरक्त ईश्वर आराधना में लीन रहने वाले लोग होते हैं। वे अपने साथी साधु-संतों से सुने-सुनाए भजन-कीर्तन अपने ढंग से गाते हैं। उन्हें राग छंद और संगीत का समुचित ज्ञान नहीं होता। भजन भी वे अपनी आत्म-संतुष्टि और ईश्वर आराधना के लिए गाते हैं। उनका उद्‌देश्य उसे राग में गाकर किसी को प्रसन्न करना नहीं होता। आगरा शहर में बिना सुर-ताल की परवाह किए हुए और बादशाह के कानून से अनभिज्ञ से साधु गाते हुए जा रहे थे। इन्हें इस जुर्म में पकड़ लिया गया था कि वे आगरा की सीमा में गाते हुए जा रहे हैं। अकबर के मशहूर रागी तानसेन ने यह नियम बनवा दिया था कि जो आदमी राग विद्या में उसकी बराबरी न कर सके वह आगरा की सीमा में न गए। यदि गाए तो उसे मौत की सजा दी जाए। अतः इन्हें मौत की सजा दे दी गई। इस तरह साधुओं को मौत की सजा देना उनके साथ बिलकुल अन्याय है। इस तरह के कानून से तानसेन के अभिमान की बू आती है।

(ख)

1. (i) दुनिया में भौतिक विकास हासिल कर लेने की होड़ मची है।
(ii) अगला विश्व युद्ध पानी के लिए होने की आशंका है।
(iii) पर्यावरणविदों के अनुसार अगले पच्चीस सालों में दुनिया को पेयजल के घनघोर संकट का सामना करना पड़ सकता है।
(iv) पर्यावरणीय प्रदूषण में लोगों में ओजोन विघटन के बारे में चर्चा हो रही है।

2. (i) कहावत (ii) छीजन
(iii) बिठाना (iv) लगाई

3. मानव प्रकृति में प्रदूषण जहर की तरह धीमे गति से फैल रहा है। यह प्रदूषण पानी, हवा, धूल के माध्यम से मनुष्य, पशु-पक्षी, पेड़-पौधे और वनस्पतियों को भी नष्ट कर देता हैं। प्रत्येक प्रकार के प्रदूषण जैसे—ध्वनि, वायु, जल प्रदूषण इन खतरनाक प्रदूषण से बचने के लिए हम धीरे-धीरे कोई उपाय करें, तो हमारी पृथ्वी की सुंदरता जो की पर्यावरण है, उसे बचाया जा सकता है।
प्रदूषण से बचने के लिए हमें उद्योग-धन्धों, कारखानों की स्थापना मनुष्य बस्तियों से दूर करनी चाहिए। चिमनियों की ऊँचाई अधिक और उनमें फिल्टर का प्रयोग करना चाहिए, जिससे अनावश्यक गैसें या पदार्थ शुद्ध हवा में न मिल पाएँ। साथ ही हमें अधिक से अधिक वृक्षारोपण करना चाहिए। पेड़-पौधे प्रदूषण नियंत्रक का काम करते हैं। पीने के पानी 'नदी' तालाब में कपड़े या जानवर नहीं धोने चाहिए। जंगलों की कटाई पर निर्बंध लगाया जाए।
प्लास्टिक के स्थान पर कागज व कपड़े की थैली का प्रयोग होना चाहिए। सार्वजनिक उत्सव, शादी-ब्याह में लाउडस्पीकर, पटाखे, बड़े-बाजार पर कुछ नियम लगाए जाने चाहिए। प्रदूषण संबंधी सभी नियमों का पालन करके हम प्रदूषण पर विजय प्राप्त कर सकते हैं।

(ग)

1. 'कोखजाया' इस कहानी में लेखक ने वर्तमान मानव समाज, धन, विलासिता, सुख-सुविधाओं को अपने माता-पिता से अधिक बढ़कर महत्त्व दे रहा है, इस बात को स्पष्ट करते हुए इसमें परिवर्तन करने की बात को समझाया है।
मौसी सरल हृदया और बड़ी स्वाभिमानी थीं। साथ ही स्नेही स्वभाव की थी। लेखक की पढ़ाई में मौसी का योगदान था। मौसी ने अपने पिता से मिली सम्पत्ति को जबरन अपनी छोटी बहन को सौंप दिया था। एक बार उनके नैहर के गाँव में भयंकर अकाल पड़ा था। तब मौसी ने उन लोगों की हालत देखकर अपने ससुराल से सारा जमा अन्न मँगवाया इतना ही नहीं बाजार से भी आवश्यकतानुसार क्रय करवाया और तीसरे ही दिन से पूरे गाँव के लिए भंडारा खुलवा दिया बहुत ही भावुक हृदय वाली थीं।

मौसी के पति प्रसिद्ध आई.ए.एस. अधिकारी थे। वे बड़े पदों पर आसीन रहे। अंत में वे भारत सरकार के वित्त सचिव के पद से रिटायर हुए थे। परन्तु मौसी को कभी भी अपने पति के पद या पावर का घमंड नहीं हुआ।

मौसी दयालु, जरूरतमंद को मदद करने वाली सहृदया थीं। परन्तु उसी के साथ ही धोखा हुआ। अपने खुद के बेटे ने उनसे विश्वासघात करके वृद्धाश्रम में रहने को मजूबूर किया था। वह अंतिम समय तक स्वाभिमानी रहीं। अपने दाह-संस्कार का अधिकार अपने बहन के बेटे रघुनाथन को देकर श्राद्ध का पूरे खर्चे के लिए उसे चेक दे दिया। वह किसी पर भी बोझ नहीं बनना चाहती थीं। वह स्वाभिमानी थीं।

2. 'पाप के चार हथियार' इस निबंध में लेखक ने कन्हैया लाल मिश्र जी ने प्रत्येक युग में समाज में होने वाली ज्वलंत समस्या और उसे दूर करने वाले समाज सुधारकों का वर्णन विचारात्मक रूप से किया है। हर युग में समाज में व्याप्त समस्याओं से समाज को बचाने के लिए दार्शनिक, विचारक, संत, महापुरुष जैसे—सुधारक जन्म लेते हैं। परन्तु समाज से यह विडंबना पूरी तरह समाप्त नहीं होती। क्योंकि लोग उसकी बातों पर ध्यान नहीं देते। लोग उसकी अवहेलना, निंदा करते हैं। कई सुधारकों को अपनी जान तक गँवानी पड़ती हैं। मृत्यु के पश्चात् उसके विचारों और कार्यों का गुणगान करके उसके स्मरण में स्मारक और मंदिर बनाते हैं।

परन्तु पाप के चार हथियार इन विडंबनाओं को पूरी तरह मुक्त नहीं कर पातें। वे हथियार है—उपेक्षा, निंदा, हत्या और श्रद्धा। इसी कारण समाज वैसे ही चलता जा रहा है। महान सुधारकों के कार्य में सक्रिय न होते हुए मृत्यु पश्चात् स्मारक बनवाने वाले उनके विचार आत्मसात नहीं करते। उनके विचारों को आत्मसात करना चाहिए तभी समाज में अच्छा परिवर्तन होगा। यही संदेश लेखक कन्हैयालाल मिश्र यहाँ देना चाहते हैं और तभी समाज में व्याप्त विडंबनाओं से समाज मुक्त होगा।

3. सुगंधा के विचारों का सुगंधा की माँ आदर करती हैं। सपने देखना, उन्हें पूरा करने का प्रयास करना, प्रत्येक व्यक्ति का अधिकार है। सुगंधा अपने जीवन रूपी आकाश में अपने छोटे-छोटे पंखों के द्वारा ऊँचा उठने के लिए ऊँचे सपने देखती है। उसकी माँ उसके इस विचार का समर्थन करती हैं। परन्तु साथ ही अपनी बेटी को वास्तविकता का एहसास भी दिलाना चाहती है। वह कहती है कि धरती से बहुत ऊँचे फैले इन पंखों को वास्तविकता से, सच्चाई से दूर समझकर वह काटना नहीं है, क्योंकि ऊँची उड़ान लेते समय वह लड़खड़ा न जाए। और उसके पंख टूट न जाए और घायल न हो जाए।

सुगंधा की माँ अपनी बेटी को मजबूत बनाना चाहती हैं। इतना ही नहीं सुगंधा की माँ अपनी बेटी को उसके जीवन में, समाज में अपने सपनों को पूरा करते समय वास्तविकता को ध्यान में रखकर समझदारी से कदम उठाने की सलाह देती है। वह जानती है कि उनकी बेटी समझदार लड़की है, परन्तु उसे सावधान करने के लिए उसे फिर से समझाना अपेक्षित है। अपने परिवेश, संस्कार, सांस्कृतिक परंपरा, सामर्थ्य का उसे सहारा लेकर आगे बढ़ना है।

(घ)

1. सुदर्शनजी का वास्तविक नाम बदरीनाथ हैं।
2. लेखक कन्हैयालाल मिश्र 'प्रभाकर' जी की भाषाशैली सहज और मुहावरेदार हैं।
3. आशारानी व्होरा की एक रचना का नाम हैं—'भारत की प्रथम महिलाएँ।'
4. गजल उर्दू भाषा का लोकप्रिय काव्य प्रकार है।

विभाग - 2 पद्य

(क)

1. (i) वर्तमान के गीत भविष्य गाएगा।
   (ii) उपर्युक्त काव्यांश में कवि प्रीति, नीति और गीति की राह पर चलने का आवाहन करते हैं।
   (iii) 'काँटों का ताज लेंगें' से कवि का तात्पर्य यह है कि, आज की युवक-युवतियाँ समाज में महत्त्वपूर्ण जिम्मेदारियाँ सँभालेंगे।
   (iv) आज के नर-नारी समाज की रचना करेंगे।
2. (i) संगी—साथी (ii) अच्छा—बुरा
   (iii) हित—मीत (iv) साथ—साथ
3. 'नवनिर्माण' कवि चतुष्पदी में कवि त्रिलोचन जी द्वारा लिखित प्रभावशाली कविता है। प्रस्तुत कविता में कवि ने समाज के उत्थान की बात की है। नर-नारियों से निर्मित समाज है और उसका विकास या उत्थान नर-नारियों के प्रयत्नों से ही होता है। आधुनिक युग में कंधे-से-कंधा लगाकर नर-नारी आगे बढ़ते हैं। एक-दूसरे के सहयोग से ही समाज का नवनिर्माण और विकास संभव है।

   जिस प्रकार गाड़ियों के दोनों पहिए सक्षम होंगे तभी गाड़ी बनी रहती है। उसी प्रकार समाज में नर-नारी दोनों समाज में, समान रूप से महत्वपूर्ण जिम्मेदारियाँ संभालेंगे, तभी समाज की उन्नति होगी। इतना ही नहीं दोनों सहचर भी हैं। वे समाज में फैले पुराने विचारों, रूढ़ियों, परंपराओं को समाज से त्यागकर नया विचारों का निर्माण करना चाहते हैं।

   नर-नारी केवल समाज का उत्थान ही नहीं बल्कि नया ज्ञान का प्रचार-प्रसार करेंगे। स्त्री-पुरुष समानता का तत्व दृष्टिगोचर होता है अर्थात् नर-नारियों के बल पर ही हम समाज का नवनिर्माण और विकास संभव हैं।

(ख)

1. (i) पेड़ सभी को पुष्पों की सौगात देता है।
   (ii) पेड़ दवाई वैद्य को देता है।
   (iii) पेड़ ने कवि को कागज दिया है।
   (iv) पेड़ प्रशासन को कुर्सी देता है।
2. (i) **जड़**—वृक्ष अपनी जड़ के द्वारा धरती से पोषक तत्त्व ग्रहण करता है।
   (ii) **तना**—तने के कारण ही पेड़ खड़ा रहता है।
   (iii) **फल**—भोजन में हमें मौसमी फलों का समावेश करना चाहिए।
   (iv) **पूजा**—मेरी माँ नियमपूर्वक रोज पूजा करती है।
3. मनुष्य को अपने जीवन में पेड़ प्रकृति की ओर से धरती को मिला हुआ अनमोल उपहार हैं। पेड़ और मनुष्य की दोस्ती बड़ी पुरानी हैं। पेड़ धरती की शोभा है। भारतीय संस्कृति में मनुष्य और पेड़ का अनन्य साधारण महत्व हैं।

   वृक्ष मनुष्य की हर प्रकार से सहायता करते हैं। वे मनुष्य को फल-फूल, पत्ते देते हैं। पेड़ वर्षा लाने में सहायक होते हैं, और वर्षा आने से हमें फसलें मिलती हैं, अनाज पैदा होता है, जिस प्रकार पेड़ मनुष्य के लिए लाभदायक होते हैं, वैसे पशु-पक्षियों और जानवरों के लिए भी पेड़ उपयोगी होते हैं।

   परन्तु आजकल हम देखते हैं कि मनुष्य वन, जंगलों की कटाई बड़ी मात्रा से कर रहा है। इस कारण जंगल उजड़ रहे हैं। पर्यावरण का

असंतुलन हो रहा है। हम कार्बन डाइऑक्साइड छोड़ते हैं, वृक्ष उसे ग्रहण करके हमें उपयुक्त ऑक्सीजन वायु प्रदान करते हैं। हमें जीवन देते हैं। तुलसी का पौधा, बेल के पेड़ वातावरण की शुद्धता के लिए आवश्यक हैं।

पेड़ और मनुष्य का संबंध बड़ा गहरा होता है। इसी कारण मनुष्य को चाहिए कि वह पेड़ लगाए और उसका संरक्षण करें। इसमें मनुष्य का हित है।

(ग)

1. (i) वृंद। (वृंदावनदास)
   (ii) प्रस्तुत दोहे में नीतिपरक बातों की सीख दी गई है।
   (iii) दोहों को समझाने के लिए कवि वृंद ने कई प्रतीकों का सुंदर उपयोग किया है। जैसे—नयना, सौर (चादर), काठ की हाँडी, वायस, गरूड़, गागरि, पाथर, कोकिल, अंबा, निबौली, कुल्हाड़ी, विखान आदि कविता में प्रयुक्त प्रतीकों का समावेश हुआ है।
   (iv) **कविता पसंद आने के कारण :** संसार की कोई वस्तु किसी को देने से कम नहीं होती है। ज्ञान का भंडार निराला है। ज्ञान भी जीतना हो तो उतना अधिक बढ़ता है। इतना ही नहीं ज्ञान दूसरों को न देकर अपने ही पास रखने से वह नष्ट हो जाता हैं। ज्ञानभंडार की विपुलता, उसके विशेष गुण की महत्ता की जानकारी कविता में दी गई है, इस कारण कविता पसंद आयी।
   (v) **पसंद की पंक्तियाँ :**
   सुरसति के भंडार की, बड़ी अपूरब बात ज्यों खरचै त्यौं-त्यौं बढ़े, बिन खरचे घटिजात।
   (vi) **कल्पना :** अनेक नीति-परक उपयोगी बातें दोहों का विषय।
2. कवि कैलाश सेंगर रचित 'चुनिंदा शेर' कविता का लोकप्रिय प्रकार गज़ल है। प्रस्तुत गज शेरों में कवि अपने जीवन में आयी परेशानियों से इस प्रकार सामना करते हैं, कि मानों उजाले फूट पड़े हैं। सारी परेशानियों का हल उन्होंने ऐसे निकाला, जैसे कभी परेशानियाँ ही नहीं आयी थीं। प्रस्तुत कविता में जो विचार रखे हैं, वे भावुक और संवेदनशील हैं।

   सामाजिक अव्यवस्था और विडंबना के विभिन्न चित्र शब्दों के माध्यम से व्यक्त किया है। इस सामाजिक अव्यवस्था में आम आदमी की अनसुनी कराहें शेरों के माध्यम से कवि ने हम तक पहुँचाने का प्रयास किया हैं। आम मनुष्य की भावुकता को विवशता को समाप्त करने के प्रयासों को कवि ने वाणी प्रदान की है। इसलिए कहते हैं, 'हमें चट्टानों पर फूल' खिलाना आता है।

   मानवी दुख है, जो मनुष्य को भुगतना पड़ रहा है। जैसे—अनाज के दाने तो दिए जा रहे हैं लेकिन उन दानों को कीड़ों ने खाकर खोखला बना दिया हैं। अर्थात् परिंदें भी इन दानों को खा नहीं सकते। मनुष्य दुखी होने पर झूठी हँसी हँसता है, हँसी और आँसु जीवन की दो भावनाएँ हैं। मनुष्य आँखों से आँसुओं को छिपाकर झूँठी हँसी मुख पर लाता है। वह नया मुखौटा धारण नहीं कर सकता।

   नदी की वास्तविकता यहाँ दर्शायी है। कुछ लोग नदी को पवित्र मानकर उसकी पूजा अर्चना करते हैं, दिए पानी में छोड़ते है, आरती उतारते हैं। ऐसी पवित्र नदी में लाशें, मुर्दे लाकर डाले जाते हैं। वह नदी में बहते हुए दिखायी देते हैं। जैसे नदी की पूजा करने वालों को नदी के पानी की साफ-सफाई करने की हिदायत दी जाती है। नदी के पानी के प्रति देखने की भावना संवेदनशील हैं। प्रतिकूल परिस्थितियों, असफलताओं और अन्याय को सहन करने की शक्ति जिस दिन समाप्त हो जाएगी उस व्यक्ति का विवेक उसका साथ छोड़ देगा। वह दिन बस विद्रोह का दिन होगा। प्रस्तुत शेरों में साहूकारी पर भी प्रकाश डाला है, जो समाज के कीड़े हैं। प्रस्तुत शेरों में नीतिपरक बातों को भी स्थान दिया है जो मानवीय मूल्यों को प्रदर्शित करता हैं। जितनी चादर है उतने ही पैर फैलाने है। इस प्रकार 'चुनिंदा शेर' में भावुकता एवं संवेदनशीलता को स्थान दिया है।

(घ)

1. गुरु नानक की रचना का नाम गुरु ग्रंथ साहिब आदि।
2. कवि डॉ. जगदीश गुप्त की प्रमुख साहित्यिक कृतियों में उनके काव्य संग्रह में 'नाँव के पाँव, शब्द दंश, हिम विद्ध, गोपा गौतम' आदि प्रमुख हैं।
3. त्रिलोचन जी के दो काव्य संग्रहों के नाम हैं—
   (1) धरती और (2) दिगंत।
4. गज़ल उर्दू भाषा का लोकप्रिय काव्य प्रकार है।

विभाग - 3 विशेष अध्ययन

(क)

1. (i) टूटे रथ, जर्जर पताकाएँ।
   (ii) हारी हुई सेनाएँ, जीती हुई सेनाएँ।
   (iii) नभ को कँपाते हुए युद्ध घोष, क्रंदन स्वर।
   (iv) भागे हुए सैनिकों से सुनी हुई अकल्पनीय, अमानुषिक घटनाएँ।
2. (i) अर्जुन की तरह
   (ii) रँगे हुए अर्थहीन आकर्षक शब्द।
   (iii) कर्म, स्वधर्म, निर्णय, दायित्व।
   (iv) जब वे कनु के काँपते अधरों से नहीं निकलते।
3. युद्ध का परिणाम दोनों पक्षों को भुगतना पड़ता हैं। दोनों पक्षों का इसमें नुकसान होता है। परन्तु आने वाली स्थिति युद्ध करने के कारण होती है। युद्ध के परिणाम भयानक होते हैं, इस कारण युद्ध कोई नहीं चाहता। युद्ध में दोनों पक्षों को लड़ाई के उपकरण और अस्त्रों-शस्त्रों की व्यवस्था करनी पड़ती है। इसमें आर्थिक क्षति का सामना दोनों पक्षों को झेलना पड़ता है। अनेक सैनिक मृत्युमुखी पड़ते हैं, उनके घर-परिवार उजड़ जाते हैं। आर्थिक क्षति के कारण देश का आर्थिक नुकसान होता है। आने वाली पीढ़ी को भी इस आर्थिक क्षति और युद्ध के परिणाम अनेक वर्षों तक भोगने पड़ते हैं।

   शांति सभी के लिए महत्वपूर्ण है। देश, समाज, प्रत्येक व्यक्ति के लिए शांति का समय विकास का समय होता है। युद्ध में होने वाला अनावश्यक खर्च अगर देश के विकास में लग जाए तो इससे अच्छी बात दूसरी नहीं है। इस देश की जनता को इस लाभ से फायदा मिलता है। उन्हें रोजगार के अवसर प्राप्त होते हैं। लोग सम्पन्न होते हैं। शासक और शासित दोनों खुशहाल होते हैं। शांति से विकास की ओर कदम पड़ते हैं तो युद्ध से विनाश और क्षति, अधोगति होती है। इस प्रकार शांति और युद्ध परस्पर विरोधी हैं।

(ख)

1. 'कनुप्रिया' डॉ. धर्मवीर भारती रचित नायिका प्रधान काव्य हैं। जिसमें राधा के मन में श्रीकृष्ण और महाभारत के पात्रों को लेकर चलनेवाला पात्र है। राधा के लिए प्रेम जीवन में सर्वोपरि है। युद्ध उसके मतानुसार निरर्थक है। श्रीकृष्ण महाभारत के युद्ध का अवलंब करते हैं। फिर भी राधा-श्रीकृष्ण का साथ देती हैं। वह जीवन की

घटनाओं को और व्यक्तियों को केवल प्यार की कसौटी पर ही कसती हैं।

राधा ने कान्हा के साथ सदैव तन्मयता के क्षणों को जिया है। कृष्ण के कर्म, स्वधर्म, निर्णय तथा दायित्व जैसे शब्दों को राधा समझ नहीं पाती है। श्रीकृष्ण से उसने सिर्फ प्रणय के ही शब्द सुने थे। राधा का प्रेम कनु के कारण व्यथित और दुखी हुआ है फिर भी कनु को चाहिए कि वह अपना दुख छिपाए। राधा महाभारत के युद्ध महानायक कृष्ण को संबोधित करते हुए कहती है कि, 'मैं तो तुम्हारी वही बावरी सखी हूँ, तुम्हारी मित्र हूँ। मैंने तुमसे सदा स्नेह ही पाया है, और मैं स्नेह की ही भाषा समझती हूँ।'

इस प्रकार उपर्युक्त विवेचन से यही ज्ञात होता है कि, राधा की दृष्टि से जीवन की सार्थकता 'प्रेम की पराकाष्ठा में है'।

2. डॉ. धर्मवीर भारती जी लिखित 'कनुप्रिया' काव्य एक बेजोड़, अनूठी और अद्‌भुत कृति है। इस काव्य में राधा अपने प्रियतम 'महाभारत' के युद्ध महानायक के रूप में अपने से दूर चले जाने से व्यथित हैं, दुखी हैं। इस बात को लेकर वह अनेक कल्पनाएँ करती हैं। राधा का मानसिक संघर्ष यहाँ पर व्यक्त हुआ है। वह कभी अपने दुख व्यक्त करती है, तो कभी अपने प्रिय की उपलब्धि पर गर्व करके समाधान मानती है।

यह दुख, यह व्यथा राधा की ही नहीं हैं, बल्कि उन बेटों की भी हैं, जो नौकरी-व्यवसाय के सिलसिले में अपनी गृहस्थी के प्रति अपना दायित्व निभाने के लिए अपने माता-पिता से दूर रहते हैं। माता-पिता को उनसे बिछड़ने की व्यथा का दुख भोगना पड़ता है। सालों-साल तक माता-पिता अपने बेटों को देख नहीं पाते हैं। तब माता-पिता को, कभी व्यथा भी होती है, तो कभी आनंद और गर्व भी होता है कि, बेटा बड़े पद पर है, अगर उनके साथ होता तो वह बड़े ओहदे पर नहीं होता।

'कनुप्रिया' मानवजाति के नज़दीक का काव्य है। आधुनिक मानव के मन में उत्पन्न होने वाली भावनाओं में भी राधा के माध्यम से आधुनिक मानव की व्यथा व्यक्त होती है।

विभाग - 4 व्यावहारिक हिंदी अपठित गद्यांश और पारिभाषिक शब्दावली

(क) **फीचर लेखन की परिभाषा**

जेम्स डेविस–''फीचर समाचारों को नया आयाम देते हैं उनका परीक्षण करता है, विश्लेषण करता है तथा उन पर नया प्रकाश डालता है।''

पी.डी. टंडन–''फीचर किसी गद्य गीत की भाँति होता है; जो बहुत लंबा, नीरस और गंभीर नहीं होना चाहिए। अर्थात् फीचर किसी विषय का मनोरंजक शैली में विस्तृत विवेचन हैं।''

विशेषताएँ–फीचर लेखन में शब्द चयन अत्यन्त महत्वपूर्ण है। अच्छा फीचर नवीनतम जानकारी से परिपूर्ण होता है। किसी घटना की सत्यता तन्यता फीचर का मुख्य तत्व होता हैं।

पाठक की मानसिकता और शैक्षिक पृष्ठभूमि को ध्यान में रखकर फीचर लेखन होना चाहिए। फीचर का विषय समसामयिक होना चाहिए। राष्ट्रीय स्तर के तथा अन्य महत्वपूर्ण विषयों का समावेश फीचर लेखन में होना चाहिए।

फीचर लेखन में विषय की नवीनता का होना आवश्यक होता है। उसमें भावप्रधानता होनी चाहिए। फीचर के विषय से संबंधित तथ्यों का आधार दिया जाना चाहिए। विश्वसनीयता के लिए फीचर में विषय की तार्किकता को देना आवश्यक होता है। फीचर लेखन में किसी व्यक्ति अथवा घटना विशेष का उदाहरण दिया गया। तो उसकी संक्षिप्त जानकारी भी देनी चाहिए। फीचर को प्रभावी बनाने के लिए प्रसिद्ध व्यक्तियों के कथन, उदाहरण लोकोक्तियों और मुहावरों का प्रयोग फीचर में चार चाँद लगा देते हैं।

फीचर लेखन की भाषा सहज, संप्रेषणीयता से पूर्ण होनी चाहिए। फीचर लेखन में विषयानुकूल फोटो, चित्रों और कार्टुनों का उपयोग किया जाय, तो फिचर अधिक परिणामकारक बनता है। फीचर लेखक को निष्पक्ष रूप से अपना मत व्यक्त करना चाहिए। जिससे पाठक उसके विचारों से सहमत हो सके।

अथवा

1. (i) 'ब्लॉग' अपना विचार' अपना मत व्यक्त करने का एक डिजिटल माध्यम है।
   (ii) ब्लॉग, वेबसाइट, पोर्टल आदि डिजिटल माध्यम हैं।
   (iii) ब्लॉग की खोज के संदर्भ में लेखक ने कहा है कि, इसके निश्चित रूप से कोई डॉक्युमेंटेशन उपलब्ध नहीं हैं।
   (iv) सन् 1999 में पीटर मेरहोलस ने 'ब्लॉग' शब्द को प्रस्थापित कर उसे व्यवहार में लाया।

2. (i) लगाव (ii) बैठक
   (iii) कथन (iv) छीजना

3. ब्लॉग लेखन में लेखक ने ब्लॉग लेखन के महत्त्व को स्पष्ट करते हुए ब्लॉग लिखने के नियम, स्वरूप और उसके वैज्ञानिक पक्ष की चर्चा की है।

ब्लॉग लेखन द्वारा हम अपने विचार व्यक्त कर सकते हैं। ब्लॉग के माध्यम से हमें जो कहना है, व्यक्त करना है, उसके लिए किसी की अनुमति लेने की आवश्यकता नहीं होती। इसमें शब्द संख्या के बंधन के बिना हम अपनी बात विस्तार से रख सकते हैं। आज ब्लॉग, वेबसाइट, पोर्टल आदि डिजिटल माध्यम उपलब्ध हैं। अखबार पुस्तक या पत्रिका हाथ में लेकर पढ़ने के बजाय उसे टैब, कम्प्यूटर या सेलफोन से परदे पर पढ़ना डिजिटल माध्यम कहलाता है। इस कारण लेखक और पत्रकार भी ग्लोबल हो गए हैं।

आज नवीन वाचकों की संख्या मुद्रित माध्यम के वाचकों से बहुत अधिक है। युवा वर्ग अधिक संख्या में हैं। लेखकों के लिए ब्लॉग लेखन एक अच्छा प्लेटफॉर्म हैं। दुनिया की कोई भी जानकारी एक ही क्षण में पर्दे पर उपलब्ध हो जाती है।

(ख)

1. प्रकाश उत्पन्न करने वाले अनेक जीव हमारे संसार में उपलब्ध हैं। इन जीवों को दो वर्गों में बाँटा जा सकता है। एक जल में प्रकाश उत्पन्न करने वाले जीव दूसरे जमीन पर प्रकाश उत्पन्न करने वाले जीव।

जुगनू एक ऐसा जीव है, जो जमीन पर प्रकाश उत्पन्न करने वाला है। इसकी जानकारी हम प्राप्त करेंगें। जुगनू रात के अँधेरे में आकाश की ओर रुक-रुक के प्रकाश दिखाते हुए उड़ने वाला सामान्य कीड़ा है। यह कीड़ा ग्रामीण भागों में अधिकतर पाया जाता है। इस जीव में या कीड़ों से जो प्रकाश उत्पन्न होता है उसमें उष्मा नहीं होती है, यह प्रकाश ठंडा होता है। बच्चे जुगनू को मुट्ठी में पकड़कर खेलते हैं। जुगनू रासायनिक पदार्थों की पारस्परिक क्रिया द्वारा प्रकाश उत्पन्न

करते हैं। वह जब रात में आकाश की ओर उड़ते हुए रुक-रुक के प्रकाश छोड़ता है, तब उसके शरीर के पिछले हिस्से में चमकता हुआ दिखाई देता है। वह अपने छोटे-छोटे परों से उड़ता हैं। जुगनू दिन में चिड़ियों या अन्य जीवों द्वारा खाए जाने के डर से झाड़ियों में छिपता है। इस कारण रात में आकाश में उड़ने का उसे अवसर मिल जाता है। एक प्रकार से उड़ते समय रात में वह अपने साथी की प्रकाश के द्वारा खोज करता है। और उसका दूसरा मकसद अपने शिकार की खोज करना भी होता है।

परन्तु कभी-कभी जुगनू प्रकाश उत्पन्न करते हुए जब उडता है, तब अपने शत्रु कीट-पतंगे की नजर में आ जाता है और आसानी से शिकार बन जाता है। जुगनू को प्रकाश उत्पन्न करने के पीछे वैज्ञानिक कारण हो सकता है, परन्तु उसे प्रकाश उत्पन्न करते हुए उड़ते देखना बच्चों से लेकर बड़ों तक सबको अच्छा लगता है।

2. संत कबीरदासजी के छोटे-से दोहे में जीवन का ज्ञान है, वे कहते हैं ढाई अक्षर का शब्द 'प्रेम' है जिसने उसे पढ़ लिया है अर्थात् परमात्मा से जिन्हें प्रेम हुआ है वहीं वास्तव में पंडित है। वास्तविक ज्ञान ही प्रेम है, इस प्रेम का प्याला जिसने चखा है उसने परम ज्ञान को प्राप्त किया है, उसकी हर प्रकार की क्षुधा शांत हो गई है। तभी वह भगवान के दर्शन करता है। वेद या ज्ञान हृदय में उतर जाता है, जब भगवान दर्शन देते हैं।

   प्रेम जीवन के सुंदरतम् रूप की अभिव्यक्ति है। प्रेम आत्मा की अनंत शक्तियों को जागृत कर उसे पूर्णता के लक्ष्य तक पहुँचाने वाला रचनात्मक भाव है। प्रेम ईश्वर की सच्ची अभिव्यक्ति है। जीवन ज्ञान प्रेम, परमात्मा की भक्ति में है, इसी कारण प्रेम भावना का विकास करके ही मानव परमात्मा को प्राप्त करता है।

अथवा

1. (iii) भारत में ब्लॉग लेखन 2002 के बाद आरंभ हुआ।
2. (ii) फीचर लेखन के मुख्य तीन अंगों में से एक है फीचर योजना।
3. (i) कार्यक्रम में चार चाँद लगने का कारण सूत्र संचालक का सुचारु रूप से संचालन।
4. (iv) समुद्र का सबसे बड़ा जीव ह्वेल की लम्बाई 25 मीटर है।

(ग)

1.

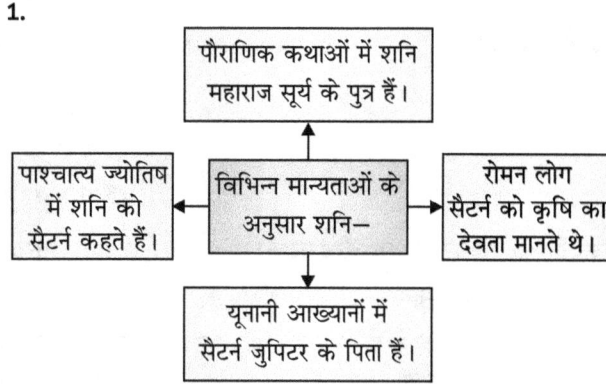

2. (i) आकाश = गगन (ii) कथा = कहानी
   (iii) सूर्य = रवि (iv) आँख = नयन
3. सूर्य के चारों ओर चक्कर लगाने वाले विभिन्न ग्रहों, धूमकेतुओं, उल्काओं और अन्य आकाशीय पिंडों के समूह को सौरमंडल कहते हैं। सौरमंडल में सूर्य और वह खगोलीय पिंड सम्मिलित हैं, जो इस मंडल में एक-दूसरे से गुरुत्वाकर्षण बल द्वारा बंधे हैं। किसी तारे के इर्द-गिर्द परिक्रमा करते हुए उन खगोलीय वस्तुओं के समूह को ग्रहीय मण्डल कह जाता है जो अन्य तारे न हों जैसे की ग्रह बौने ग्रह, प्राकृतिक उपग्रह। हमारे सूरज और उसके ग्रहीय मण्डल को मिलाकर हमारा 'सौर मण्डल' बनता है। सौर मण्डल में 8 ग्रह है—बुध, शुक्र, पृथ्वी, मंगल, बृहस्पति, शनि, युरेनस और नेपच्यून/ग्रहों के उपग्रह भी होते हैं। जो अपने ग्रहों की परिक्रमा करते हैं। सूर्य हमारी पृथ्वी से 13 लाख गुना बड़ा है। सूर्य अपने अक्ष पर पूरब से पश्चिम की ओर घूमता है। सूर्य आकाश गंगा के चारों ओर 250 किमी प्रति सेंकेंड की गति से परिक्रमा कर रहा है। सूर्य आकाशगंगा से लगभग 30,000 प्रकाश वर्ष दूरी पर स्थित हैं। सूर्य सौरमंडल का सबसे बड़ा पिंड है।

(घ)

1. अधिप्रमाणित 2. अग्रिम
3. विशेषज्ञ 4. अवैध
5. शेष राशि 6. अदायगी आदेश
7. निकास 8. चुकता

विभाग - 5 व्याकरण

(क)

1. कौन बहिन हम जैसे भुक्खड़ को भाई बनाती है।
2. वृद्धाश्रम के प्रबंधक का फोन सुनकर मैं अवाक रह जाऊँगा।
3. चट्टानों पर फूल खिलाना हमें आया था।
4. मैं अपनी खिड़की के पास बैठकर निहारा करता हूँ।

(ख)

1. अतिशयोक्ति अलंकार 2. उत्प्रेक्षा अलंकार
3. उपमा अलंकार 4. रूपक अलंकार

(ग)

1. शांत रस 2. अद्भुत रस
3. भक्ति रस 4. वीभत्स रस

(घ)

1. **चार चाँद लगना**—शोभा बढ़ाना।
   वाक्य—इंद्रधनुष बनने पर नीले आसमान में चार चाँद लग जाते हैं।
2. **आँखों में धूल झोंकना**—धोखा देना।
   वाक्य—परिक्षक की आँखों में धूल झोंककर कुछ विद्यार्थी अच्छे अंक तो प्राप्त करते हैं, परन्तु जीवन में सफल नहीं हो पाते।
3. **उल्टी गंगा बहाना**—उल्टा काम करना।
   वाक्य—अध्यापक होकर आप विद्यार्थियों को किताबों की अपेक्षा गाइड से पढ़ने की सलाह देकर उल्टी गंगा बहा रहे हो।
4. **तलवे चाटना**—खुशामद करना।
   वाक्य—जब तक राजनीति में तलवे नहीं चाटे जाते वे ऊपर की पोस्ट पर नहीं पहुँच पाते हैं।

(ङ)

1. परन्तु अज्ञान भी अपराध है।
2. सत्य का मार्ग सरल है।
3. पाप के पास चार शस्त्र हैं।
4. मैंने फिर चुप रहना ही उचित समझा।

SAMPLE PAPER-2
Hindi

Questions

विभाग - 1 गद्य (अंक-20)

(क) निम्नलिखित पठित परिच्छेद पढ़कर दी गई सूचनाओं के अनुसार कृतियाँ कीजिए।

ऊपर की घटना को बारह बरस बीत गए। जगत में बहुत-से परिवर्तन हो गए। कई बस्तियाँ उजड़ गईं। कई वन बस गए। बूढ़े मर गए। जो जवान थे; उनके बाल सफेद हो गए।

अब बैजू बावरा जवान था और रागविद्या में दिन-ब-दिन आगे बढ़ रहा था। उसके स्वर में जादू था और तान में एक आश्चर्यमयी मोहिनी थी। गाता था तो पत्थर तक पिघल जाते थे और पशु-पंछी तक मुग्ध हो जाते थे। लोग सुनते थे और झूमते थे तथा वह वाह-वाह करते थे। हवा रुक जाती थी। एक समाँ बँध जाता था।

एक दिन हरिदास ने हँसकर कहा—"वत्स! मेरे पास जो कुछ था, वह मैंने तुझे दे डाला। अब तू पूर्ण गंधर्व हो गया है। अब मेरे पास और कुछ नहीं, जो तुझे दूँ।"

बैजू हाथ बाँधकर खड़ा हो गया। कृतज्ञता का भाव आँसुओं के रूप में बह निकला। चरणों पर सिर रखकर बोला—"महाराज! आपका उपकार जन्म भर सिर से न उतरेगा।"

हरिदास सिर हिलाकर बोले—"यह नहीं बेटा! कुछ और कहो। मैं तुम्हारे मुँह से कुछ और सुनना चाहता हूँ।"

बैजू—"आज्ञा कीजिए।"

हरिदास—"तुम पहले प्रतिज्ञा करो।"

बैजू ने बिना सोच-विचार किए कह दिया—"मैं प्रतिज्ञा करता हूँ कि ...."

हरिदास ने वाक्य को पूरा किया—"इस रागविद्या से किसी को हानि न पहुँचाऊँगा।"

बैजू का लहू सूख गया। उसके पैर लड़खड़ाने लगे। सफलता के बाग परे भागते हुए दिखाई दिए। बारह वर्ष की तपस्या पर एक क्षण में पानी फिर गया। प्रतिहिंसा की छुरी हाथ आई तो गुरु ने प्रतिज्ञा लेकर कुंद कर दी। बैजू ने होंठ काटे, दाँत पीसे और रक्त का घूँट पीकर रह गया। मगर गुरु के सामने उसके मुँह से एक शब्द भी न निकला। गुरु गुरु था, शिष्य शिष्य था। शिष्य गुरु से विवाद नहीं करता।

1. **निम्नलिखित प्रश्नों के उत्तर लिखिए :**

   जवान बैजू के संगीत की क्या विशेषताएँ थी ?

2. **निम्नलिखित शब्दों के विरुद्धार्थी शब्द लिखिए :**

   (i) कृतज्ञता — ....

   (ii) उजड़ना — ....

   (iii) उपकार — ....

   (iv) जवान — ....

3. **निम्नलिखित प्रश्न का उत्तर 40 से 50 शब्दों में लिखिए:**

   कृतज्ञता मनुष्य का उत्तम गुण है इस विषय पर अपना मत लिखिए।

(ख) निम्नलिखित पठित परिच्छेद पढ़कर दी गई सूचनाओं के अनुसार कृतियाँ कीजिए:

तुम अपनी सहेली रचना को यह समझाओ कि क्रांति की बड़ी-बड़ी बातें करना आसान है, कोई छोटी-सी क्रांति भी कर दिखाना कठिन है और एक ही झटके में यूँ टूट-हारकर बैठ जाना तो निहायत मूर्खता है। फिर अभी तो वह प्रथम वर्ष के पूर्वार्ध में ही है। अभी से उसे ऐसा कोई कदम नहीं उठाना चाहिए। जरूरी हो तो सोच-समझकर वे अपनी दोस्ती को आगे बढ़ा सकते हैं।

कॉलेज जीवन की पूरी अवधि में वे निकट मित्रों की तरह रहकर एक-दूसरे को देखें-जानें, जाँचें-परखें। एक-दूसरे की राह का रोड़ा नहीं, प्रेरणा और ताकत बनकर परस्पर विकास में सहभागी बनें। फिर अपनी पढ़ाई की समाप्ति पर भी यदि वे एक-दूसरे के साथ पूर्ववत लगाव महसूस करें, उन्हें लगे कि निकट रहकर सामने आईं कमियों-गलतियों ने भी उनकी दोस्ती में कोई दरार नहीं डाली है, तो वे एक-दूसरे को उनकी समस्त खूबियों-कमियों के साथ स्वीकार कर अपना लें। उस स्थिति में की गई यह कथित क्रांति न कठिन होगी, न असफल।

मेरी राय में रचना को और उसके दोस्त को तब तक धैर्य से प्रतीक्षा करनी चाहिए। इस बीच वे पूरे जतन के साथ एक-दूसरे के लिए स्वयं को तैयार करें। बिना तैयारी के जल्दबाजी में, पढ़ाई के बीच शादी का निर्णय लेना केवल बेवकूफी ही कही जा सकती है, क्रांति नहीं। ऐसी कथित क्रांति का असफल होना निश्चित ही समझना चाहिए। इतनी जल्दबाजी में तो किसी छोटे-से काम के लिए उठाया कोई छोटा कदम भी शायद ही सफल हो। यह तो जिंदगी का अहम फैसला है।

1. **निम्नलिखित प्रश्नों के उत्तर लिखिए :**

   (i) कठिन क्या है ?

   (ii) एक ही झटके में यूँ टूट-हारकर बैठ जाना क्या है ?

   (iii) एक-दूसरे को वे कब निकट मित्रों की तरह रहकर देखे जाँचे परखे ?

   (iv) बिना तैयारी के जल्दबाजी में शादी का निर्णय क्या कहा जाता है ?

2. **निम्नलिखित शब्दों के लिंग पहचानकर लिखिए :**

   (i) क्रांति (ii) हस्तक्षेप

   (iii) प्रेरणा (iv) लगाव

3. निम्नलिखित प्रश्न के उत्तर 40 से 50 शब्दों में लिखिए।
विद्यार्थी जीवन में मित्रता का 'महत्त्व' इस विषय पर अपना मत व्यक्त कीजिए

(ग) निम्नलिखित प्रश्न का उत्तर 60 से 80 शब्दों में लिखिए। (तीन में से दो)

(i) ओजोन विघटन संकट से बचने के लिए किए गए अंतर्राष्ट्रीय प्रयासों को संक्षेप में लिखिए।

(ii) "पापा के चार हथियार" निबन्ध का उद्देश्य स्पष्ट कीजिए।

(iii) "बैजू बावरा संगीत का सच्चा पुजारी है।" इस विचार को स्पष्ट कीजिए।

(घ) निम्नलिखित प्रश्नों के एक वाक्य में उत्तर लिखिए। (चार में से दो)

(i) सुदर्शन ने इस लेखक की लेखन परम्परा को आगे बढ़ाया है।

(ii) लेखक कन्हैयालाल मिश्र 'प्रभाकर जी' के निबंध संग्रहों के नाम लिखिए।

(iii) आशारानी व्होरा जी के लेखन कार्य का उद्देश्य क्या है ?

विभाग - 2 पद्य (अंक-20)

(क) निम्नलिखित पठित काव्यांश को पढ़कर दी गई सूचनाओं के अनुसार कृतियाँ कीजिए।

सरसुति के भण्डार की, बड़ी अपूरन बात।
ज्यौं खरचै त्यौं-त्यौं बढ़ै, बिन खरचे घटि जात॥
नैना देत बताय सब, हिय को हेत-अहेत।
जैसे निरमल आरसी, भली बुरी कहि देत॥
अपनी पहुँच विचारि कै, करतब करिए दौर।
तेते पाँव पसारिए, जेती लाँबी सौर॥
फेर न ह्वै हैं कपट सों, जो कीजै ब्यौपार।
जैसे हाँड़ी काठ की, चढ़ै न दूजी बार॥
ऊँचे बैठे ना लहैं, गुन बिन बड़पन कोई।
बैठो देवल सिखर पर, वायस गरूड़ न होई॥

1. कृति पूर्ण कीजिए—

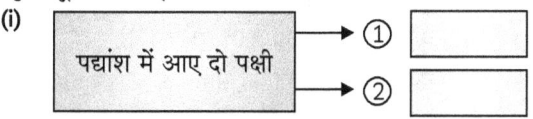

(i) पद्यांश में आए दो पक्षी → ① ________ → ② ________

(ii) कारण लिखिए—
सरस्वती के भण्डार को अपूर्व कहा गया है—

2. उचित मिलान कीजिए—

क्र.	अ		ब
1.	करतब	क	मंदिर
2.	देवल	ख	चादर
3.	काठ	ग	कार्य
4.	सौर	घ	लकड़ी

3. निम्नलिखित प्रश्न का उत्तर 40-50 शब्दों में लिखिए।
'चादर देखकर पैर फैलाना बुद्धिमानी कहलाती है; इस विषय पर अपने विचार 40 से 50 शब्दों में व्यक्त कीजिए।

(ख) निम्नलिखित पठित काव्यांश पढ़कर दी गई सूचनाओं के अनुसार कृतियाँ कीजिए :

गजलों से खुशबू बिखराना हमको आता है।
चट्टानों पर फूल खिलाना हमको आता है।

×× ××

परिंदों को शिकायत है, कभी तो सुन मेरे मालिक।
तेरे दानों में भी शायद, लगा है घुन मेरे मालिक।

×× ××

हम जिंदगी के चंद सवालों में खो गए।
सारे जवाब उनके उजालों में खो गए।

×× ××

चट्टानी रातों को जुगनू से वह सँवारा करती है।
बरसों से इक सुबह हमारा नाम पुकारा करती है।

×× ××

वह आसमाँ पे रोज एक ख्वाब लिखता था।
उसे पता न था वह इन्कलाब लिखता था।

×× ××

1. निम्नलिखित प्रश्नों के उत्तर लिखिए:

(i) परिंदों को क्या शिकायत है ?

(ii) कवि जिंदगी के सवालों में खो जाने पर क्या हुआ है ?

(iii) कवि अपनी कृतियों से क्या कर सकता है ?

(iv) कवि के मतानुसार फकीरों, साधुओं को ईश्वर किस प्रकार का हुनर देता है?

2. पाठ में आए चार उर्दू शब्द और उनके हिंदी अर्थ लिखिए:

(i) जिंदगी (ii) ख्वाब
(iii) खुशबू (iv) परिंदे

3. निम्नलिखित प्रश्न का उत्तर 40 से 50 शब्दों में लिखिए:
"क्रांति कभी भी अपने-आप नहीं आती" इस कथन पर अपने विचार लिखिये।

(ग) निम्नलिखित मुद्दों के आधार पर 'नवनिर्माण' कविता का रसास्वादन कीजिए।

(i) रचनाकार का नाम—

(ii) पसंद की पंक्तियाँ—

(iii) पसंद के कारण—

(iv) कविता की केन्द्रिय कल्पना—

2. पेड़ हौसला है, पेड़ दाता है। इस कथन के आधार पर कविता का रसास्वादन कीजिए।

(घ) निम्नलिखित प्रश्नों के उत्तर एक वाक्य में लिखिए। (चार में से दो)

(i) कैलाश सेंगर जी की प्रसिद्ध दो रचनाओं के नाम।

(ii) डॉ मुकेश गौतमजी की दो रचनाओं के नाम लिखिए।

(iii) त्रिलोचन जी के दो काव्य संग्रहों के नाम लिखिए।

(iv) 'नई कविता' के अन्य कवियों के नाम लिखिए।

विभाग – 3 विशेष अध्ययन (अंक-10)

(क) निम्नलिखित पद्यांश पढ़कर दी गई सूचनाओं के अनुसार कृतियाँ कीजिए:

सेतुः मैं

सुनो कनु, सुनो
क्या मैं सिर्फ एक सेतु थी तुम्हारे लिए
लीलाभूमि और युद्धक्षेत्र के
अलंघ्य अंतराल में!
अब इन सूने शिखरों, मृत्यु घाटियों में बने
सोने के पतले गुँथे तारों वाले पुल-सा
निर्जन
निरर्थक
काँपता-सा, यहाँ छूट गया-मेरा यह सेतु जिस्म
—जिसको जाना था वह चला गया

अमंगल छाया

घाट से आते हुए
कदंब के नीचे खड़े कनु को
ध्यानमग्न देवता समझ, प्रणाम करने
जिस राह से तू लौटती थी बावरी
आज उस राह से न लौट
उजड़े हुए कुंज
रौंदी हुई लताएँ
आकाश पर छाई हुई धूल
क्या तुझे यह नहीं बता रही
कि आज उस राह से
कृष्ण की अठारह अक्षौहिणी सेनाएँ
युद्ध में भाग लेने जा रही हैं!
आज उस पथ से अलग हटकर खड़ी हो
बावरी!
लताकुंज की ओट
छिपा ले अपने आहत प्यार को
आज इस गाँव से

1. **निम्नलिखित प्रश्न के उत्तर लिखिए।**
   (i) उपर्युक्त पद्यांश में प्रयुक्त एक सुंदर वृक्ष का नाम लिखिए।
   (ii) कृष्ण की कितनी सेनाएँ युद्ध में भाग लेने जा रही है ?
   (iii) सेतु के दोनों छोर कौन से हैं?
   (iv) कृष्ण की सेनाएँ कौनसे मार्ग से जा रही हैं?
2. **उत्तर लिखिए।**
   राधा का सेतु जिस्म ऐसा है ....
   (i) .... (ii) ....
   (iii) .... (iv) ....
3. **निम्नलिखित प्रश्न का उत्तर 40 से 50 शब्दों में लिखिए:**
   'वृक्ष की उपयोगिता' इस विषय पर अपने विचार लिखिए।

(ख) निम्नलिखित प्रश्न के उत्तर 80 से 100 शब्दों में लिखिए : (दो में से एक)

(i) "कनुप्रिया' में अवचेतन मन में बैठी राधा चेतनावस्था में स्थित राधा को संबोधित करती है।" इस बात को स्पष्ट कीजिए।
(ii) राधा की दृष्टि से जीवन की सार्थकता बताइए।

विभाग – 4 व्यावहारिक हिंदी अपठित गद्यांश और पारिभाषिक शब्दावली (अंक-20)

(क) निम्नलिखित प्रश्न का उत्तर 100 से 120 शब्दों में लिखिए:

ब्लॉग लेखन में बरती जाने वाली सावधानियों पर प्रकाश डालिए।

अथवा

निम्नलिखित गद्यांश पढ़कर दी गई सूचनाओं के अनुसार कृतियाँ कीजिए:

मैं उद्घोषक हूँ। उद्घोषक के पर्यायवाची शब्द के रूप में 'मंच संचालक' और अंग्रेजी में कहें तो एंकर हूँ। मंच संचालक श्रोता और वक्ता को जोड़ने वाली कड़ी है। मैं उसी कड़ी का काम करता हूँ। इसके लिए मेरी कई नामचीन व्यक्तियों द्वारा भूरि-भूरि प्रशंसा की गई है। भारत रत्न पं. भीमसेन जोशी जैसी हस्तियों के मुँह से यह सुनना कि बहुत अच्छा बोलते हो, अच्छे उद्घोषक हो या 'मैं तो तुम्हारा फैन हो गया' तो सचमुच स्वयं को गौरवान्वित अनुभव करता हूँ।

किसी भी कार्यक्रम में मंच संचालक की बहुत अहम भूमिका होती है। वही सभा की शुरूआत करता है। आयोजकों को तथा अतिथियों को वही मंच पर आमंत्रित करता है, वही अपनी आवाज, सहज और हास्य प्रसंगों तथा काव्य पंक्तियों से कार्यक्रम की सफलता निर्धारित करता है। मैंने कई बार इस महत्वपूर्ण भूमिका का निर्वाह अत्यंत सफलतापूर्वक किया है लेकिन यह सब यों अचानक नहीं हो गया। मैंने भी इसके लिए बहुत पापड़ बेले हैं। आरंभिक दिनों में मैं भी मंच पर जाते घबराता था। माइक मुझे साँप के फन की तरह नजर आता था। दिल जोर-जोर से धड़कने लगता था। मुझे याद है—तब मैं नौवीं कक्षा का छात्र था। विद्यालय के प्रांगण में गांधी जयंती का आयोजन किया गया था। मुझे भी भाषण देने के लिए चुना गया। मंच पर जाते ही हाथ-पैर थरथराने लगे। जो कुछ याद किया था, लगा, सब भूल गया हूँ। कुछ पल के लिए जैसे होश ही खो बैठा हूँ पर फिर खुद को सँभाला। महान व्यक्तियों के आरंभिक जीवन के प्रसंगों को याद किया कि किस तरह कुछ नेता हकलाते थे, कुछ काँपते थे पर बाद में वे कुशल वक्ता बने। ये बातें याद आते ही हिम्मत जुटाकर मैंने बोलना शुरू किया और बोलता ही गया। भाषण समाप्त हुआ। खूब तालियाँ बजीं। खूब वाह-वाही मिली। कहने का मतलब यह कि थोड़ी-सी हिम्मत और आत्मविश्वास ने मुझे भविष्य की राह दिखा दी और मैं एक सफल सूत्र संचालक के रूप में प्रसिद्ध हो गया।

1. **निम्नलिखित प्रश्न के उत्तर लिखिए:**
   (i) मंच किन्हें जोड़ने वाली कड़ी हैं ?
   (ii) किसी भी कार्यक्रम में बहुत अहम भूमिका किसकी होती है?

(iii) आरंभिक दिनों में लेखक को माइक किस तरह नजर आता था?

(iv) लेखक अंत में किस रूप में प्रसिद्ध हो गया ?

2. **निम्नलिखित शब्दों के समानार्थी शब्द लिखिए:**

(i) प्रशंसा (ii) निर्वाह

(iii) प्रांगण (iv) प्रसिद्ध

3. **'हिम्मत और आत्मविश्वास हमें सफल भविष्य की राह दिखाते हैं।' इस बात पर 40 से 50 शब्दों में अपने विचार स्पष्ट कीजिए।**

(ख) निम्नलिखित प्रश्नों के उत्तर 80 से 200 शब्दों में लिखिए। (दो में से एक)

(i) ग्रामीण समस्याओं पर ब्लॉग लेखन कीजिए।

(ii) अपने कनिष्ठ महाविद्यालय में मनाए जाने वाले हिंदी दिवस का सूत्र संचालन कीजिए।

अथवा

सही विकल्प चुनकर वाक्य फिर से लिखिए।

(i) पल्लवन में भाव विस्तार के साथ .... का भी स्थान, होता हैं।

(अ) चिंतन (ब) मनन

(स) परीक्षण (द) सहजता

(ii) पी.डी. टंडन के अनुसार 'फीचर किसी' .... की तरह होता है।

(अ) पद्य (ब) काव्य

(स) गद्य गीत (द) गजल

(iii) सतर्कता, सहजता और उत्साह वर्धन .... के मुख्य गुण हैं।

(अ) लेखक (ब) श्रोता

(स) गायक (द) उद्घोषक

(iv) 'ब्लॉग' अपना विचार, अपना मत व्यक्त करने का एक माध्यम है—

(अ) डिजिटल (ब) प्रसारण

(स) सामाजिक (द) प्रचार

(ग) निम्नलिखित अपठित परिच्छेद पढ़कर दी गई सूचनाओं के अनुसार कृतियाँ कीजिए।

छात्रावास बंद था, अत: सोना के नित्य नैमित्तिक कार्यकलाप भी बंद हो चुके थे। मेरी उपस्थिति का भी अभाव था, अत: आनंदोल्लास के लिए भी अवकाश कम था। हेमंत-बसंत मेरी यात्रा और तज्जनित अनुपस्थिति से परिचित हो चुके थे। होल्डॉल बिछाकर उसमें बिस्तर रखते ही वे दौड़कर उन पर लेट जाते और भौंकने तथा क्रंदन की ध्वनियों के सम्मिलित स्वर में मुझे मानो उपालंभ देने लगते। यदि उन्हें बाँध न रखा जाता तो वे कार में घुसकर बैठ जाते या उसके पीछे-पीछे दौड़कर स्टेशन तक जा पहुँचते। परंतु जब मैं चली जाती तब वे उदासभाव से मेरे लौटने की प्रतीक्षा करने लगते।

सोना की सहज चेतना में न मेरी यात्रा जैसी स्थिति का बोध था न प्रत्यावर्तन का; इसी से उसकी निराश जिज्ञासा और विस्मय का अनुमान मेरे लिए सहज था।

पैदल आने-जाने के निश्चय के कारण बद्रीनाथ की यात्रा में ग्रीष्मावकाश समाप्त हो गया। 2 जुलाई को लौटकर जब मैं बंगले के द्वार पर आ खड़ी हुई तब बिछुड़े हुए पालतू जीवों में कोलाहल होने लगा।

गोधूली कूदकर मेरे कंधे पर आ बैठी। हेमंत-बसंत मेरे चारों ओर परिक्रमा करके हर्ष की ध्वनियों से मेरा स्वागत करने लगे। पर मेरी दृष्टि सोना को खोजने लगी। क्यों वह अपना उल्लास व्यक्त करने के लिए मेरे सिर के ऊपर छलांग नहीं लगाती ? सोना कहाँ है, पूछने पर माली आँखें पोंछने लगा और चपरासी, चौकीदार एक-दूसरे का मुख देखने लगे। वे लोग आने के साथ ही मुझे दुखद कोई समाचार नहीं देना चाहते थे, परन्तु माली की भावुकता ने बिना बोले ही उसे दे डाला।

ज्ञात हुआ कि छात्रावास के सन्नाटे और फ्लोरा के तथा मेरे अभाव के कारण सोना इतनी अस्थिर हो गई थी कि इधर-उधर खोजती-सी वह प्राय: कंपाउंड से बाहर निकल जाती थी। इतनी बड़ी हिरनी को पालने वाले तो कम थे, परन्तु उसे खाद्य और स्वाद पैदा करने के इच्छुक व्यक्तियों का बाहुल्य था। इसी आशंका से माली ने उसे मैदान में एक लंबी रस्सी से बांधना आरंम्भ कर दिया था।

एक दिन न जाने किस स्तब्धता की स्थिति में बंधन की सीमा भूलकर वह बहुत ऊँचाई तक उछली और रस्सी के कारण मुख के बल धरती पर आ गिरी। वही उसकी अंतिम साँस और अंतिम उछाल थी।

सब उस सुनहरे रेशम की गठरी-से शरीर को गंगा में प्रवाहित कर आए और इस प्रकार किसी निर्जन वन में जन्मी और जनसंमुलता में पली सोना की करुण कहानी का अंत हुआ।

सब सुनकर मैंने निश्चय किया कि अब हिरन नहीं पालूँगी पर संयोग से फिर हिरन पालना पड़ रहा है।

1. **संजाल पूर्ण कीजिए :**

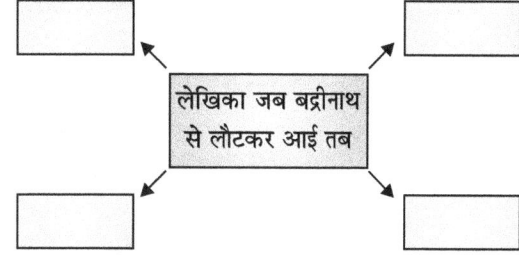

2. **निम्नलिखित शब्दों के अर्थ लिखिए:**

(i) उपालंभ (ii) बाहुल्य

(iii) कोलाहल (iv) क्रंदन

3. **'पालतू-पक्षियों से मनुष्य का आत्मिक लगाव' इस विषय पर अपने विचार लिखिए।**

(घ) निम्नलिखित शब्दों की पारिभाषिक शब्दावली लिखिए: (आठ में से चार)

(i) Announcer (ii) Justice

(iii) Agenda (iv) Bond

(v) Gazetted (vi) Suspension

(vii) Action (viii) Dismiss

20 H.S.C. Sample Papers Maharashtra Board, Class XII

विभाग - 5 व्याकरण (अंक-10)

(क) निम्नलिखित वाक्यों का काल परिवर्तन करके वाक्य फिर से लिखिए। (चार में से दो)

(i) एक-एक क्षण आपको भेंट कर देता हूँ। (सामान्य भविष्यकाल)

(ii) इस वेग में वह पिस जाएगा। (पूर्ण भूतकाल)

(iii) बैजू बावरा की उँगलिया सितार पर दौड़ रही थीं। (अपूर्ण वर्तमान काल)

(iv) पंत के साथ तो रास्ता कम अखरता था, पर अब सोचकर ही थकावट होती है। (सामान्य भविष्यकाल)

(ख) निम्नलिखित उदाहरणों के अलंकार पहचानकर लिखिए। (चार में से दो)

(i) पत्रा ही तिथि पाइयैं, वा घर के चहुँ पास।
नित प्रति पून्यौंई रहै, आनन-ओप उजास॥

(ii) ऊँची-नीची सड़क बुढ़िया के कूबड़-सी।
नंदनवन-सी फूल उठी, छोटी-सी कुटिया मेरी॥

(iii) सिंधु-सेज पर धरा वधू।
अब तनिक संकुचित बैठी-सी॥

(iv) करत-करत अभ्यास के जड़मति होत सुजान।
रसरी आवत जात ते, सिल पर पड़त निसान॥

(ग) निम्नलिखित उदाहरणों के रस पहचानकर लिखिए। (चार में से दो)

(i) अखिल भुवन चर, अचर सब, हरि मुख में लख मातु।
चकित भई, गद्गद बचन, विकसित दृग पुलकातु।

(ii) एक भरोसे, एक बल एक आस विश्वास।
एक राम घनश्याम हित, चातक तुलसीदास

(iii) कहुँ सुलगत कोउ चिता कहुँ कोउ जात लगाई।
एक लगाई जात एक की राख बुझाई।

(iv) मोको कहाँ ढूँढ़े बंदे मैं तो तेरे पास में।
खोजी होय तो तुरतहिं मिलिहै, पलभर की तालास में

(घ) निम्नलिखित मुहावरों का अर्थ लिखकर वाक्य में प्रयोग कीजिए। (चार में से दो)

(i) कन्नी काटना (ii) चट्टानों पर फूल खिलाना
(iii) समाँ बँधना (iv) द्रवित हो जाना

(ङ) निम्नलिखित वाक्य शुद्ध करके फिर से लिखिए।

(i) उसके सत्य का पराजय हो जाता है।

(ii) चपे-चपे पर काँटों की झाड़ें हैं।

(iii) भाई-बहन की रिस्ता अनूठा होती हैं।

(iv) सुगंधा का पत्र पीकर लेखिका को खुश हुई।

Answer Key

विभाग - 1 गद्य

(क) जवान बैजू के संगीत की विशेषताएँ–

1. (i) उसके स्वर में जादू था और तान में आश्चर्यमयी मोहिनी थी।
(ii) गाता था तो पत्थर तक पिघल जाते थे।
(iii) पशु-पक्षी तक मुग्ध हो जाते थे।
(iv) लोग सुनते थे और झूमते थे तथा वाह-वाह करते थे।

2. (i) कृतज्ञता – कृतघ्नता (ii) उजड़ना – बसना
(iii) उपकार – अपकार (iv) जवान – बुढ़ा

3. एक कृतज्ञता मानवता की सर्वोत्कृष्ट विशेषता है। कृतज्ञता महान गुण है। कृतज्ञता का अर्थ है अपने प्रति किसी के द्वारा की गई उत्कृष्ट सहायता के लिए उस व्यक्ति का सम्मान या एहसान मानना। जिस प्रकार सफलता मिलने पर एक सुखद, एहसास होता है, उसी तरह मदद पाने पर मदद करने वाले व्यक्ति के प्रति कृतज्ञ होने का सुखद एहसास होता हैं। ऐसे समय में मदद करने वाला व्यक्ति हमें किसी फरिश्ते से कम नहीं लगता हैं। कृतज्ञता किसी के प्रति सच्ची योग्यता को स्वीकार करने का ही भाव है। कृतज्ञता किसी के प्रति दिया गया आदर का भाव हैं। सम्मान देने वाले स्वयं को झुकाकर अपने उच्च संस्कारों का परिचय कराते हैं। कृतज्ञता व्यक्त करने से मदद करने वाले व्यक्ति को भी प्रसन्नता होती हैं।

(ख)

1. (i) छोटी-सी क्रांति भी कर दिखाना कठिन है।
(ii) एक ही झटके में यूँ टूट-हारकर बैठ जाना तो निहायत मूर्खता है।
(iii) कॉलेज-जीवन की पूरी अवधि में वे निकट मित्रों की तरह रहकर देखें, जाँचे परखें।
(iv) बिना तैयारी के जल्दबाजी में शादी का निर्णय वेबकूफी कही जाती है।

2. (i) स्त्रीलिंग (ii) पुल्लिंग
(iii) स्त्रीलिंग (iv) पुल्लिंग

3. विद्यार्थी जीवन महत्त्वपूर्ण समय होता है। इस अवस्था में मित्रता पर निर्भर होता है कि विद्यार्थी चाहे तो अच्छा इन्सान बन सकता है या बिगड़ भी सकता है। इस विकास की अवस्था में मित्रता का अच्छा-बुरा प्रभाव विद्यार्थी पर पड़ता है।
विद्यार्थी जीवन में बिना मित्रता का रिश्ता सच्चा होता है। रिश्तेदारों से भी बढ़कर इस अवस्था में मित्र होते हैं। हमारे सारे रहस्य हम उनको बिना झिझक बता सकते हैं। सच्चे मित्र हमें अच्छे-बुरे में फर्क समझाते हैं। कठिन प्रसंग में सहायता करके हमें संकट से बाहर निकालते हैं। कभी-कभी उनके शब्दों का आधार भी औषधियों की तरह काम करता है।
इसलिए विद्यार्थी जीवन में अच्छे और सच्चे मित्र की जरूरत होती है। विद्यार्थी जीवन में इसी कारण 'मित्रता का महत्त्व' अनगिनत होता है।

(ग)

1. (i) ओजोन संकट पर विचार करने के लिए अनेक देशों की पहली बैठक 1985 में विएना में हुई। बाद में सितबंर 1987 में कनाड़ा के शहर मॉंट्रियल में बैठक हुई। जिसमें दुनिया के 48 देशों ने भाग लिया था। जिस मसौदे को इस बैठक में अंतिम रूप दिया गया। उसे 'मांट्रियल-प्रोटोकाल' कहते हैं।

इसके तहत यह प्रावधान रखा गया कि सन् 1995 तक सभी देश सी.एफ.सी. की खपत में 50 प्रतिशत की कटौती तथा 1997 तक 85 प्रतिशत की कटौती करेंगे। सन् 1990 के आँकडों के अनुसार पूरी दुनिया में सी.एफ.सी. की खपत 12 लाख टन तक पहुँच गयी थी, जिसकी 30 प्रतिशत हिस्सेदारी अकेले अमेरिका की थी। स्थिति की गंभीरता को देखते हुए दुनिया के सभी देशों ने इस बारे में समुचित कदम उठाने शुरू कर दिया। सन् 2010 तक सभी देश सी.एफ.सी. का इस्तेमाल बंद कर देंगे। इस दौरान विकसिल देश नए प्रशीतकों की खोज में विकासशील देशों की आर्थिक मदद करेंगे।

(ii) संसार में पाप, अत्याचार और अन्याय का बोलबाला रहा है, और आज भी वह वैसा ही है। इससे लोगों को मुक्ति, दिलाने के लिए अनेक महापुरुषों, सुधारकों, समाज सेवकों एवं संत-महात्माओं ने अथक प्रयास किया, पर वे अपने प्रयास में सफल नहीं हो पाए। उल्टे उन्हें समाज के लोगों की उपेक्षा तथा निंदा आदि का शिकार होना पड़ा और कुछ लोगों को अपनी जान भी गँवानी पड़ी। पर देखा यह गया है, कि जीते जी जिन सुधारकों और महापुरुषों को समाज का सहयोग नहीं मिला और उनकी अवहेलना होती रही, मरने के बाद उनके स्मारक और मंदिर भी बने और लोगों ने उन्हें भगवान-सुधारक कह कर वंदनीय भी बताया।

यहाँ लेखक यह कहना चाहते हैं, कि मरणोपरांत सुधारक का स्मारक-मंदिर बनना सुधारक और उसके प्रयासों दोनों की पराजय है। अच्छा तो तब होता, जब लोग सुधारक के जीते जी उसके विचारों को अपनाते और पाप, अत्याचार और अन्याय जैसी बुराइयों के खिलाफ संघर्ष में उसका सहयोग करते और समाज से इन बुराइयों के दूर होने में सहायक बनते। इससे सुधारक समाज को पाप, अन्याय, भ्रष्टाचार और अत्याचार जैसी बुराइयों से मुक्ति दिलाने में सफल हो सकता था। लोगों को सुधारक की उपेक्षा, निंदा अथवा उनके खिलाफ षड्यंत्र रचने के बजाय उनके अभियान में अपना पूरा सहयोग देना चाहिए। तभी समाज से ये बुराइयाँ दूर हो सकती हैं। यही इस पाठ का उद्देश्य है।

(iii) 'आदर्श बदला' सुदर्शन जी की यह कहानी अलग ढंग से 'बदला' इस शब्द को स्पष्ट करती है। साथ ही एक कलाकार को दूसरे कलाकार के प्रति सम्मान के भाव रखने की बात को स्पष्ट करती है। जिसे अपनी कला से सच्चा लगाव हो उसे सच्चा कलाकार कहते हैं।

बैजू बावरा ने बाबा हरिदास से संगीत सीखने का कठिन तपस्या की थी, रागविद्या की शिक्षा ली थी। बारह वर्षों की तपस्या के बाद वह गानकला में निष्णात हो गया था। वह एक आज्ञाकारी शिष्य था। वह अपने पिता पर हुए अन्याय का बदला लेना चाहता था। परन्तु बाबा हरिदास ने जब यह प्रतिज्ञा करवायी कि वह इस रागविद्या से किसी को हानि नहीं पहुँचायेगा, तब रक्त का घूँट-पीकर इस गुरु आदेश को स्वीकार कर लिया। बैजू बावरा के संगीत में जादू का असर था। उसके संगीत की धार दूर-दूर तक फैल गयी थीं। तानसेन को अपनी गानविद्या पर अहंकार था। बल्कि बैजू बावरा के हृदय में दया की भावना थीं। तानसेन और बैजू बावरा दोनों में गानयुद्ध होता है, तब तानसेन को पराजित करके भी वह अपनी जीत का प्रदर्शन नहीं करता है। बल्कि उसे जीवनदान देकर उसके बनाए नियम को तोड़ने की बात करता है। वह इस नियम को खत्म करवा दे कि जो कोई आगरा की सीमा के अंदर गाए, वह अगर तानसेन की जोड़ का न हो तो मरवा दिया जाए। उसकी यह माँग में गीत-संगीत की रक्षा करने का भाव निहित है।

इस प्रकार बैजू बावरा तानसेन जैसे कलाकार की कला का सम्मान करता है और संगीत का सच्चा पुजारी कहलाता है।

(घ)

1. (i) सुदर्शन ने मुंशी प्रेमचंद की लेखन परम्परा को आगे बढ़ढ़्या है।

(ii) कन्हैयालाल मिश्र 'प्रभाकर जी' के निबंध संग्रहों के नाम हैं—

(1) जिंदगी मुस्कुराई (2) बाजे पायलिया के घुँघरू

(3) जिंदगी लहलहाई (4) महके आँगन-चहके द्वार।

(iii) विभिन्न क्षेत्रों में अग्रणी रही महिलाओं के जीवन संघर्ष को चित्रित करना और वर्तमान नारी वर्ग के सम्मुख उनके आदर्श प्रस्तुत करना है।

(iv) बैद्यनाथ झा।

विभाग - 2 पद्य

(क)

1. कृति पूर्ण कीजिए—

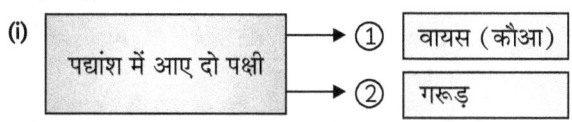

(i) पद्यांश में आए दो पक्षी → ① वायस (कौआ)
→ ② गरूड़

(ii) कारण लिखिए—

खर्च करने अर्थात बाँटने पर बढ़ता है और खर्च न करने अर्थात न बाँटने पर नष्ट हो जाता है।

(ii) अपनी-अपनी जगह पर खुद से लड़ाई जारी रखनी चाहिए।

2. उचित मिलान कीजिए—

(i) करतब—(ग) कार्य (ii) काठ—(घ) लकड़ी

(iii) देवल—(क) मंदिर (iv) सौर—(ख) चादर

3. चादर देखकर पैर फैलाने का अर्थ है, जितनी अपनी क्षमता हो उतने में ही काम चलाना। यह अर्थशास्त्र का साधारण नियम है। सामान्य व्यक्तियों से लेकर बड़ी-बड़ी कम्पनियाँ भी इस नियम का पालन करती हैं। जो लोग इस नियम के आधार पर अपना कार्य करते हैं, उनके काम सुचारू रूप से चलते हैं। जो लोग बिना सोचे-विचारे किसी काम की शुरुआत कर देते हैं और अपनी क्षमता का ध्यान नहीं रखते, उनके सामने आगे चलकर आर्थिक संकट उपस्थित हो जाता

है। इसके कारण काम ठप हो जाता है। इसलिए समझदारी इसी में है कि अपनी क्षमता का अंदाज लगाकर ही कोई कार्य शुरू किया जाए। चादर देखकर पैर फैलाने में ही बुद्धिमानी होती है।

(ख)

1.

(i) परिंदो को यह शिकायत है कि, जो भी दाना मालिक अर्थात् ईश्वर की कृपा से उन्हें प्राप्त होता है, उसमें भी कीड़े लगे हैं।

(ii) कवि जिंदगी के सवालों में खो गए तब ऐसा हुआ कि कवि के सवालों को जवाब उनके उजालों में खो गया।

(iii) कवि अपनी कृतियों से असंभव कार्य को संभव करके दिखा सकते हैं, क्रांति ला सकते हैं।

(iv) कवि के मतानुसार ईश्वर फकीरों, साधुओं को ऐसी शक्ति प्रदान करता है कि उनके मुख से निकले आशीर्वाद सच होने लगते हैं और लोगों की आँखें मानो करुणा और स्नेह बरसाती रहती हैं।

2. (i) जिंदगी–जीवन (ii) ख्वाब–स्वप्न
(iii) खुशबू–सुगंध (iv) परिंदे–पक्षी

3. क्रांति अर्थात् परिवर्तन, बदलाव लाना। क्रांति दो प्रकार की होती हैं सकारात्मक क्रांति और विघातक क्रांति। सकारात्मक क्रांति हमें प्रगति पथ पर ले जाती हैं और विघातक क्रांति हमें पीछे खींचती है। क्रांति शासन व्यवस्था के प्रति होती है या किसी सामाजिक प्रथा के विरोध में। क्रांति कभी अपने-आप नहीं आती, उसे प्रयास करके लाया जाता है। अगर कोई व्यक्ति बुरा है, समाज-विद्रोही है, उसने सोचा कि वह अच्छा व्यक्ति बनेगा, बुरी आदतें छोड़ देगा, समाज सेवक बनेगा। तब बुरी आदतें उस पर इस प्रकार हावी होती हैं कि वह इन बातों को छोड़ नहीं सकता। उसका मन पक्का नहीं होता इसलिए वह अच्छा आदमी नहीं बन सकता। अर्थात् वह अपने जीवन में क्रांति नहीं कर सकता।

क्रांति स्वयं अपने से प्रारंभ होती है। प्रयत्नपूर्वक क्रांति को लाया जा सकता है। जब तक हम क्रांतिकारी कदम नहीं उठायेंगे, तब तक हम और समाज विकसित नहीं हो पायेगें। इतिहास साक्षी है कि, जब मानव ने नए आविष्कारों को सिद्धान्तों को मन से अपनाया है, तभी हमारा समाज प्रगति-पथ पर आगे बढ़ता है।

(ग) 'लोकगीत'

मुद्दे : –

(i) **रचना का नाम**–त्रिलोचन जी (मूलनाम–वायुदेव सिंह)

(ii) **पसंद की पंक्तियाँ**–

जिसको मंजिल का पता रहता है,
पथ के संकट को वही सहता है,
एक दिन सिद्धि के शिखर पर बैठ
अपना इतिहास वही कहता है।

(iii) **पसंद के कारण**–प्रस्तुत पंक्तियों में यह बात कही गई है कि एक बार अपने लक्ष्य का निर्धारण कर लेने के बाद मनुष्य को हर समय उसको पूरा करने के काम में जी-जान से लग जाना चाहिए। फिर मार्ग में कितनी भी कठिनाइयाँ क्यों न आए, उन्हें सहते हुए निरंतर आगे ही बढ़ते रहना चाहिए। एक दिन ऐसे व्यक्ति को सफलता मिलकर ही रहती है। ऐसे ही व्यक्ति लोगों के आदर्श बन जाते हैं। लोग उनका गुणगान करते हैं और उनसे प्रेरणा लेते हैं।

(iv) **कविता की केन्द्रीय कल्पा**–प्रस्तुत कविता में संघर्ष करने, अत्याचार, विषमता तथा निर्बलता पर विजय पाने का आवाहन किया गया है तथा समाज में समानता, स्वतंत्रता एवं मानवता की स्थापना की बात कही गई है।

2. कवि डॉ. मुकेश गौतम जी ने 'पेड़ होने का अर्थ' इस कविता में पेड़ संबंधी जानकारी देकर वह मनुष्य के लिए मानवता परोपकार की प्रेरणा देता है, इस बात पर प्रकाश डाला है। पेड़ अनेक आँधी-तूफान आ जाए उसका सामना करता है। मानव प्रतिकूल परिस्थिति आने पर या मनचाही सफलता न मिलने पर हौसला खो बैठता है। परन्तु पेड़ से हमें सीखना चाहिए कि, वह घायल होकर टेढ़ा-मेढ़ा हो जाता है, परन्तु अपना हौसला नहीं छोड़ता है। पेड़ निर्भीक होते हैं। पेड़ जहाँ खड़े हैं, वहाँ न डरते हुए संकट का सामना करते हैं। उनके पास हत्या, आत्महत्या बिल्कुल भटकती नहीं। पेड़ के इसी हौसले के कारण पेड़ की शाखा में स्थित घोंसले में चिड़िया और उसके छोटे बच्चे भयंकर तूफानी रात में भी सुरक्षित रहते हैं। इससे हमें सीखना चाहिए कि सचमुच पेड़ का हौसला बहुत बड़ा है।

पेड़ बड़े परोपकारी होते हैं, इन्हें हमें बहुत बड़ा दाता कहना चाहिए। पेड़ की छाँव से थके राहगीर को ठंडी हवा मिल जाती है। वह अपने शरीर पर आए फूलों की बौछार मानव पर कर देता है। पेड़ की जड़, तना, शाखाएँ, पत्ती, फूल, फल, बीज आदि पेड़ के सभी हिस्से या भाग मानव के लिए उपयुक्त होते हैं। पेड़ जीवन भर देने का कार्य करते हैं। इतना ही नहीं, मानव के लिए कार्बन डाइऑक्साइड हानिकारक होता है, वह पेड़ शोषित करते हैं और हमें जीवनदान देने वाला ऑक्सीजन, शुद्ध हवा हमें देते हैं। निर्दयी लोग जब उस पर कुल्हाड़ी चलाते हैं, तब भी पेड़ उसके साथ दुर्व्यवहार न करते हुए उसे भी सब देता है। वास्तविकता में पेड़ दधीचि है। वह बिना किसी स्वार्थ के मनुष्य का साथ देकर उसे जीवनभर देने का कार्य करता है।

(घ)

(i) (1) सूरज तुम्हारा है (गजल संग्रह), (2) अभी रात बाकी है (अनूदित साहित्य)।

(ii) डॉ मुकेश गौतमजी की दो रचनाएँ–(1) सतह और शिखर, (2) अपनों के बीच आदि।

(iii) त्रिलोचन जी के कुल पाँच काव्य संग्रह है–(1) धरती, (2) दिगंत, (3) गुलाब और बुलबुल, (4) उस जनपद का कवि हूँ, (5) सबका अपना आकाश।

(iv) 'नई कविता' के अन्य कवियों के नाम है–रामस्वरूप चतुर्वेदी, विजयदेव साही।

विभाग – 3 विशेष अध्ययन

(क)

1. (i) उपर्युक्त पद्यांश में प्रयुक्त एक सुंदर वृक्ष का नाम है–कदंब।

(ii) कृष्ण की अठारह अक्षौहिणी सेनाएँ युद्ध में भाग लेने जा रही है।

(iii) सेतु के दोनों छोर लीला भूमि और युद्ध क्षेत्र हैं।

(iv) कृष्ण की सेनाएँ उजड़े हुए कुंज और रौंदी हुई लताओं की राह से जा रही हैं।

2. (i) सोने के पतले गुंथे तारों वाले पुल-सा
(ii) निर्जन
(iii) निरर्थक
(iv) काँपता-सा।

3. वृक्ष तो मनुष्य के मित्र हैं। वृक्ष समस्त चराचर में व्याप्त मानव और प्राणियों के लिए उपयुक्त हैं। वृक्ष हमें बहुत कुछ देते हैं–"वृक्ष जीता हमारे लिए, परोपकार की धुन है उसकी।" वृक्ष में देने की भावना होती हैं। चिड़िया वृक्ष पर घोंसला बनाती हैं, और घोसले में अपने छोटे बच्चों को विश्वास के साथ रखती हैं। तब वृक्ष आँधी-तूफान में भी चिड़ियाँ और उसके बच्चों की रक्षा करते हुए अपनी जगह खड़े होते हैं। वृक्ष थके हुए राहगीर को छाँव देते हैं।

वृक्षों की शीतलता हमें उल्हासित कर देती हैं। वृक्ष मानव के लिए बहुत उपयोगी होते हैं। जंगलों के अनेक वृक्षों से हमें जड़ी-बूटी अर्थात् आयुर्वेदिक औषधियाँ मिलती हैं। साथ ही वृक्ष वातावरण से कार्बन डाई-ऑक्साईड शोषण कर लेते है और ऑक्सीजन छोड़ते है जिससे हमें साँस लेने के लिए शुद्ध वायु मिलती है। वृक्ष का हर हिस्सा वृक्ष की जड़े, तना, शाखा, पत्ते, पान, फूल, फल सब उपयोगी होते हैं।

पेड़ों से फर्नीचर बनता है। वृक्ष के कारण अनेक लघु उद्योग भी चलते हैं। इस कारण वृक्षों को नहीं काटना चाहिए। बल्कि हमें बड़ी मात्रा में वृक्षारोपण करना चाहिए और धरती को बचाना है।

(ख)

(i) डॉ. धर्मवीर भारती की 'कनुप्रिया' यह कृति हिंदी साहित्य जगत में अत्यन्त चर्चित रही है। 'कनुप्रिया' अर्थात् कन्हैया की प्रिय सखी 'राधा'–कृष्ण अब महाभारत के महायुद्ध के महानायक हैं। राधा को लगता है कि प्रेम त्यागकर युद्ध का अवलंब करना निरर्थक बात है। राधा को लगता है कि उसकी बलि चढ़ाकर कान्हा आगे बढ़े हैं। उसे पुल या सेतु बनाकर ही वे युद्ध के महानायक बने हैं। राधा की मनस्थिति विधात्मक बन चुकी हैं। अवचेतन मन में बैठे राधा और कृष्ण तथा चेतनावस्था में स्थित राधा और कृष्ण। यहाँ अवचेतन मन में बैठी राधा चेतनावस्था में स्थित राधा को संबोधित करती हैं–कहती है, हे राधा, यमुना के घाट से ऊपर आते समय कदंब के पेड़ के नीचे खड़े कान्हा को देवता समझकर प्रणाम करने के लिए तुम जिस मार्ग से लौटती थी, हे बावरी! आज तुम उस मार्ग से होकर मत लौटना।

आकाश में छाई हुई धूल, उजड़े हुए कुंज रौंदी हुई लताएँ क्या तुम्हें आभास नहीं दे रहे हैं कि आज उस मार्ग से कृष्ण की अठारह अक्षौहिणी सेनाएँ युद्ध में भाग लेने जा रही हैं।

हे बावरी! तू आज उस मार्ग से दूर हटकर खड़ी हो जा। लताकुंज की ओट में अपने घायल प्यार को छुपा ले। क्योंकि आज इस गाँव से द्वारिका की उन्मत्त सेनाएँ युद्ध के लिए जा रही हैं। जिस आम की डाली पर बैठकर कान्हा राधा का इंतजार करते थे, वह डाली आज कृष्ण के सेनापतियों के तेज गति वाले रथों की ऊँची पताकाओं में उलझ-अटक जाएगी। कान्हा आज राधा के साथ गुजारे तन्मयता के क्षणों को भूल चुके हैं। इस भीड़-भाड़ में उनके प्यार को पहचानने वाला कोई नहीं है।

अत: अवचेतन मन में बैठी राधा चेतनावस्था में स्थित राधा को कहती है कि राधे! तुम्हें तो गर्व होना चाहिए, क्योंकि किसके महान प्रेमी के पास अठारह अक्षौहिणी सेनाएँ हैं अर्थात् राधा के प्रेमी पास ही इतनी बड़ी सेना हैं।

(ii) 'कनुप्रिया' डॉ. धर्मवीर भारती रचित नायिका प्रधान काव्य हैं। जिसमें राधा के मन में श्रीकृष्ण और महाभारत के पात्रों को लेकर चलने वाला पात्र है। राधा के लिए प्रेम जीवन में सर्वोपरि हैं। उसके मतानुसार युद्ध निरर्थक हैं। श्रीकृष्ण महाभारत के युद्ध का अवलंब करते हैं, फिर भी राधा-श्रीकृष्ण का साथ देती है। वह जीवन की घटनाओं को और व्यक्तियों को केवल प्यार की कसौटी पर ही कसती हैं।

राधा ने कान्हा के साथ सदैव तन्मयता के क्षणों को जिया है। कृष्ण के कर्म, स्वधर्म, निर्णय तथा दायित्व आदि शब्दों को राधा समझ नहीं पाती हैं। श्रीकृष्ण से उसने सिर्फ प्रणय, प्यार के ही शब्द सुने थे। राधा का प्रेम कनु के कारण व्यथित, दुखी हुआ है, फिर भी कनु को चाहिए कि वह अपना दुख छिपाए। राधा महाभारत के युद्ध महानायक कृष्ण को संबोधित करते हुए कहती है कि, "मैं तो तुम्हारी वही बावरी सखी हूँ, तुम्हारी मित्र हूँ मैंने तुमसे सदा स्नेह ही पाया है, और मैं स्नेह की ही भाषा समझती हूँ।

इस प्रकार उपर्युक्त विवेचन से यही ज्ञात होता है कि, राधा की दृष्टि से जीवन की सार्थकता 'प्रेम' की पराकाष्ठा में है।"

विभाग - 4 व्यावहारिक हिंदी अपठित गद्यांश और पारिभाषिक शब्दावली

(क) ब्लॉग लेखन बड़ा ही लोकप्रिय माध्यम बन चुका है। जहाँ एक ओर ब्लॉग लेखन सामाजिक जागरण का माध्यम बन चुका है, वहीं पत्रकारिता के जीवित तत्व के रूप में भी स्वीकृत हुआ हैं। ब्लॉग लेखन में कुछ सावधानियाँ बरतनी जरूरी है।

(i) ब्लॉग लेखन में यह बात ध्यान रखना जरूरी है कि उसमें मानक भाषा का प्रयोग हो। उसमें व्याकरणिक अशुद्धियाँ न हों।

(ii) ब्लॉग लेखन करते समय लेखन का स्वतंत्रता का उचित उपयोग करना चाहिए। लेखन की स्वतंत्रता से यह अनुमति नहीं की कुछ भी लिखें।

(iii) ब्लॉग लेखन करते समय भाषाा का, सामाजिक स्वास्थ्य का विचार करना चाहिए। ब्लॉग लेखन से समाज में तनाव स्थिति न हो इस बात पर विचार करना चाहिए। किसी की निंदा करना, किसी पर गलत टिप्पणी करना इस बात से ब्लॉग लेखक को दूर रहना चाहिए।

(iv) ब्लॉग लेखन में आक्रमकता से अर्थात् गाली-गलौज अथवा अश्लील शब्दों के प्रयोग से बचना चाहिए। ऐसा करना गंभीर आरोप हैं। ऐसी भाषा पाठक पसंद नहीं करते और पाठक द्वारा गंभीरता से न पढ़ने के कारण ब्लॉग की आयु कम हो जाती है।

(v) ब्लॉग लेखन करते समय अगर लेखक छोटी-छोटी बातों को ध्यान में रखे तो पाठक ब्लॉग के प्रचारक बन जाते हैं। एक पाठक दूसरे को, दूसरा तीसरे को सिफारिश करता है, इस प्रकार श्रृंखला बढ़ती जाती है।

(vi) ब्लॉग लेखन करते समय आकर्षक चित्रों और छायाचित्रों के साथ विषय सामग्री, रोचक होने पर पाठक ब्लॉग की प्रतीक्षा करते हैं और ब्लॉग के नियमित पाठक बन जाते हैं।

अथवा

1.

(i) मंच संचालक स्रोता ओर वक्ता को जोड़ने वाली कड़ी है।

(ii) किसी भी कार्यक्रम में मंच संचालक की बहुत अहम् भूमिका होती है।

(iii) आरंभिक दिनों में लेखक को माइक साँप के फन की तरह नजर आता था।

(iv) लेखक अंत में एक सफल सूत्र संचालक के रूप में प्रसिद्ध हो गया।

2. (i) प्रशंसा—स्तुति (ii) निर्वाह—निभाना

(iii) प्रांगण—आँगन (iv) प्रसिद्ध—लोकप्रिय

3. आत्मविश्वास और हिम्मत का जीवन में बहुत बड़ा महत्त्व होता है। आत्मविश्वास और हिम्मत सफलता की कुंजी हैं। इस कारण हमारा मन मजबूत और खुश रहता है। जीवन में खुश रहने और सफलता पाने के लिए आत्मविश्वास जरूरी है। हम जीवन में आने वाली चुनौतियों का सामना हिम्मत और आत्मविश्वास के साथ करेंगे तो आगे ही बढ़ते रहेंगें।

आत्मविश्वास और हिम्मत ही व्यक्ति के लिए सफलता का मार्ग खोजता है। मानव के लिए जितनी ऑक्सीजन तथा मछली के लिए पानी आवश्यक है, उतनी ही जीवन में सफलता के लिए हिम्मत और आत्मविश्वास की आवश्यकता हैं। बिना हिम्मत और आत्मविश्वास के व्यक्ति सफलता की डगर पर कदम बढ़ा ही नहीं सकता। आत्मविश्वास वह ऊर्जा है, जो सफलता की राह में आने वाली अड़चनों, कठिनाइयों और परेशानियों से मुकाबला करने के लिए व्यक्ति को साहस प्रदान करती है।

(ख) (i) हमारे देश में 70-75 प्रतिशत आबादी ग्रामीण भागों में रहती हैं। ग्रामीण भाग अर्थात् गाँव में रहते हैं। गाँवों में शहरों की अपेक्षा कम सुविधाएँ और संसाधन उपलब्ध होते हैं। ग्रामीण इलाकों में लोग अपना जीवनयापन के लिए कृषि या अन्य पारंपरिक उद्योगों पर निर्भर होता है।

बेरोजगारी की समस्या ग्रामीण इलाकों में अधिक होती है। इस कारण युवा वर्ग चिंतित होता है। गाँवों के लोग अपनी हर एक जरूरत चाहे, दैनिक सामग्री हो या अन्य आवश्यकता की चीजें आदि के लिए इन्हें शहरों पर निर्भर होना पड़ता है। हर छोटी चीज के लिए शहर, आना पड़ता है, जिसमें उनका समय और पैसा खर्च हो जाता है।

गाँवों में विभिन्न समस्याएँ :

(1) **गरीबी**—गाँव के लोग गरीबी की रेखा के नीचे रह रहे हैं। छोटे किसान हमेशा कर्ज में डूबे होते हैं। इस कारण कभी-कभी बड़े जमींदार छोटे किसानों की जमीनें हड़प लेते हैं। तो कभी-कभी भाईयों में जमीनों का बँटवारा होता हैं। यह बँटवारा फलदायी नहीं होता। उल्टा घाटा होता रहता है। और किसान दिन-व-दिन गरीबी का शिकार होता रहता है।

(2) **बेरोजगारी**—बेरोजगारी कृषक जीवन का अभिन्न अंग है। ग्रामीण इलाकों में लोग कृषि पर निर्भर होते हैं, वहाँ अन्य उद्योग धन्धे नहीं होते हैं, इस कारण खेतों में अनाज उगाने या बीज बोकर सिंचाई करके फसलों को उगाने का एक निश्चित समय होता है। वह अपने फसल को छोड़कर कहीं और काम के लिए नहीं जा सकता। इस अवस्था के कारण किसान चिंतित होता है।

(3) **शिक्षा का अभाव**—गाँव में आज भी कई इलाकों में स्कूल का अभाव है। जहाँ स्कूल है, वहाँ शिक्षा का स्तर और व्यवस्था सही नहीं है। विकास का एकमात्र साधन शिक्षा है, जो गाँवों में मौजूद नहीं है। शिक्षा के स्तर या व्यवस्था के कारण बच्चों को शहरों की ओर आना पड़ता है। स्कूल या उच्च शिक्षा के लिए कॉलेज की पढ़ाई करते समय इन बच्चों को अनेक कठिनाइयों का सामना करना पड़ता है। इस कारण उनमें शिक्षा का अभाव दिखाई देता है।

(4) **सूखा और बाढ़**—किसानों पर प्राकृतिक आपदाओं का भी दुष्परिणाम होता है। किसान, अपना खून पसीना एक कर फसल उगाते है, परन्तु कभी उन्हें सूखा, तो कभी बाढ़ का सामना करना पड़ता हैं, तो कभी तूफानी हवाएँ चलती हैं तभी फसलों का नुकसान होता है। इन प्राकृतिक आपदाओं पर मानव का कोई वश नहीं चलता इसी कारण ग्रामीण इलाकों में आजकल अनेक किसानों की आत्महत्या के समाचार हमें सुनने को मिलते हैं।

(5) **स्वास्थ्य सुविधाएँ**—गाँव में न अस्पताल हैं, न ही कोई अन्य सुविधा। आज डॉक्टर तो सभी बना चाहते हैं मगर ग्रामीण इलाकों में जाकर सेवा देना उनको पसंद नहीं होता है। कभी अस्पताल में पुरी सुविधाएँ न होने के कारण लोगों को शहरों की ओर आना पड़ता है। प्राइमरी हेल्थ सैंटर्स में दी जाने वाली दवाइयाँ आज भी उतनी लाभदायक नहीं होती हैं।

ग्रामीण इलाकों में आज भी जुआ, सट्टा और मादक पदार्थों की बिक्री खुलेआम बड़ी मात्रा में जारी है। इस कारण गाँव में रहने वाले बच्चे इस ओर आकर्षित होते हैं। गलत आदतों के शिकार होते हैं।

गाँवों में बिजली, परिवहन समस्या, अनेक भौतिक चीजों का अभाव में ग्रामीण लोगों को जीवन-यापन करना पड़ता है।

(ii) मंच पर विराजमान् परम् प्राचार्य महोदया, श्रद्धेय गुरुजन और सभी मेरे अभिन्न सहपाठियों मैं श्वेता शर्मा सर्वप्रथम आज 14 सितम्बर के दिन हिन्दी दिवस के समारोह के अवसर पर आप सबको प्रणाम करती हूँ। हिन्दी दिवस के उपलक्ष में आज पं. नेहरू स्मारक इंटर कॉलेज पुणे में आयोजित इस समारोह में मैं आपका तहे दिल से हार्दिक स्वागत करती हूँ। सुस्वागतम्! सुस्वागतम्!! सुस्वागतम्!!!

दोस्तों! सर्वप्रथम हिंदी दिवस के अवसर पर अतिथिगणों के स्वागत के लिए ग्यारहवीं की छात्राओं द्वारा एक सुंदर गीत प्रस्तुत है। आपके सामने यह गीत पेश कर रही है,—अनन्या नेहा, ज्ञानदा और समीरा!

कक्षा ग्यारहवीं की लड़कियाँ—

स्वागतम् हो स्वागतम् हो .... स्वागतम सुस्वागतम्

स्वागत हो स्वागत ॥धृ॥

गीत गाती हैं॥

(तालियों की गड़गड़ाहट होती हैं।)

दोस्तों! तालियों की गड़गड़ाहट ही बता रही है कि यह गीत आपको बहुत ही प्रसन्न कर गया हैं।

दोस्तों! हमारी हिंदी भाषा को साहित्यकारों ने, संतों ने राजनेताओं ने उत्कृष्ट लेखन शिक्षा और विचारों से परिष्कृत किया है। अपनी कविता और दोहों के माध्यम से जनमानस के ह्दय को छुआ हैं। ऐसे ही ऐतिहासिक हिंदी के मनीषी अमीर खुसरो साहब है। मैंने उनकी दो पंक्तियों के माध्यम से इस कार्यक्रम का शुभारंभ करना चाहती हूँ—

''उज्ज्वल बरन अधीन तन, एक चित्त दो ध्यान।

देखत मैं तो साधु है, पर निपट पार की खान॥''

देश के अभिजात्य वर्ग की यही स्थिति है।

दोस्तों! अब हम आज का मुख्य समारोह आरंभ कर रहे हैं। कार्यक्रम को आगे बढ़ाते हुए मैं आज के मुख्य अतिथि प्राचार्य महोदय माननीय श्री.ओ.जी. शर्मा जी ओर से हमारे कॉलेज के प्राचार्य श्री वीरेन्द्र सबनीस, और हिंदी विभाग के अध्यक्ष श्री लोकेश पूनावाला तथा कॉलेज के अन्य अध्यापकगण से अनुरोध करती हूँ कि माँ सरस्वती जी के चित्र के समक्ष दीप प्रज्ज्वलन करें।

(ओ.जी. शर्माजी मा. सरस्वती के समक्ष दीप प्रज्ज्वलन करते हैं। सरस्वती के चित्र को माला पहनायी जाती है। तालियों की गड़गड़ाहट होती है।)

अब बारहवीं कक्षा की छात्राएँ अंजली और अभिलाषा, श्रेया देवी सरस्वती का वंदना गीत प्रस्तुत करेंगी (छात्राएँ माँ सरस्वती का वंदना गीत गाती हैं।)

या कुन्देन्दु तुषार हार धवला, या शुभ्रवस्त्रावृता।

या वीणा वरदण्डमण्डितकरा। या श्वेतपट्टमासना।

....

(सरस्वती वंदना समाप्त होते ही तालियों की गड़गड़ाहट होती है।)

अब हमारे कॉलेज के प्राचार्य श्री वीरेंद्र सबनीस समारोह के प्रमुख अतिथि श्री .ओ.जी. शर्मा को पुष्प गुच्छा देकर स्वागत करेंगे और हमें परिचय देंगे तथा कॉलेज की अन्य गतिविधियों से हमें परिचित करायेंगे।

श्री वीरेंद्र सबनीस ....

(श्री वीरेंद्र सबनीस अतिथिगण को बधाई देने हेतु संक्षेप में उनका परिचय देते हैं।)

(कॉलेज की गतिविधियों के बारे में भी बताते हैं।)

अब प्राचार्य जी की ओर से प्रमुख अतिथि को प्रार्थना करूँगी कि वे हिंदी अंताक्षरी प्रतियोगिता तथा हिंदी भाषा वाद-विवाद, प्रतियोगिता में प्रथम तथा द्वितीय स्थान पाने वाले विद्यार्थियों को अपने शुभ कर कमलों से पुरस्कार प्रदान करने की कृपा करें।

प्रथम हिंदी, अंताक्षरी प्रतियोगिता में प्रथम पुरस्कार विजेता नम्रता सेन मंच पर आ जाएँ।

(नम्रता सेन मुख्य अतिथि के शुभ कर कमलों से पुरस्कार ग्रहण करती है, और तालियाँ बजती रहती हैं।)

अब इस अंताक्षरी प्रतियोगिता में द्वितीय पुरस्कार प्राप्त विजेता है— समिर औताडे वह मंच पर आ जाएँ।

(समीर, औताडे पुरस्कार ग्रहण करते हैं, तालियाँ बजती हैं)

अब वाद-विवाद स्पर्धा और वार्षिक परीक्षा में प्रथम, द्वितीय थी पुरस्कार प्राप्त विद्यार्थियों से आग्रह करती हूँ कि वे मंच पर क्रमश: आकर अपना पुरस्कार ग्रहण करें। मैं उनका उल्लेख करूँगी।

हिंदी वाद विवाद स्पर्धा: प्रथम पुरस्कार-शरद नेने द्वितीय पुरस्कार-अतुल पोंक्षे

तथा

कक्षा दसवी : प्रथम पुरस्कार—मीनाक्षी सिंह

द्वितीय पुरस्कार—अमृता जाघव

कक्षा ग्यारहवी : प्रथम पुरस्कार—विपुल शर्मा

द्वितीय पुरस्कार—निता गिते

(पुरस्कार विजेता आकर क्रमश: : प्रमुख अतिथि से अपना पुरस्कार ग्रहण करते हैं, जोरदार तालियों की बौछार)

अब हमारे कॉलेज के गणित विभाग प्रमुख श्री वरुन शास्त्री 'हिंदी भाषा का महत्व' इस विषय पर अपने विचार व्यक्त करेंगे।

(वरुण शास्त्री अत्यन्त सुबोध भाषा में हिंदी भाषा का महत्व समझाते हैं।)

अब हमारे कॉलेज के हिंदी विभाग प्रमुख हिंदी राष्ट्रभाषा के रूप में विकसित होनी चाहिए और हिंदी में रोजगार की संभावनाओं के बारे में अपने विचार व्यक्त करेंगे।

(हिंदी विभाग प्रमुख अत्यंत सरल भाषा में अपने विचार व्यक्त करते हैं, तालियाँ बजती हैं।)

दोस्तो! आज हमारी हिंदी भाषा के बारे में हम सभी को काफी उपयोगी जानकारियाँ प्राप्त हुई है। हिंदी राष्ट्रभाषा का महत्त्व हमें समझ में आया है। अब समय है कार्यक्रम की समाप्ति का।

अब हमारे कॉलेज के प्राचार्य श्री वीरेंद्र सबनीस जी आज के समारोह के प्रमुख अतिथि अध्यापकों, विद्यार्थियों और उपस्थित समुदाय के प्रति आभार व्यक्त करेंगे।

(प्राचार्य जी सभी के प्रति आभार व्यक्त करते हैं।)

अंत में 'राष्ट्रगीत' के साथ और 'भारत माता की जय' की घोषणा देते हुए समारोह समाप्त हुआ।

अथवा

(i) पल्लवन में भाव विस्तार के साथ चिंतन का भी स्थान होता हैं।

(ii) पी.डी. टंडन के अनुसार 'फीचर किसी' गद्य गीत की तरह होता हैं।

(iii) सतर्कता, सहजता और उत्साह वर्धन उद्घोषक के मुख्य गुण हैं।

(iv) 'ब्लॉग' अपना विचार, अपना मत व्यक्त करने का डिजिटल माध्यम है।

(ग)

गद्यांश

1. संजाल पूर्ण कीजिए :

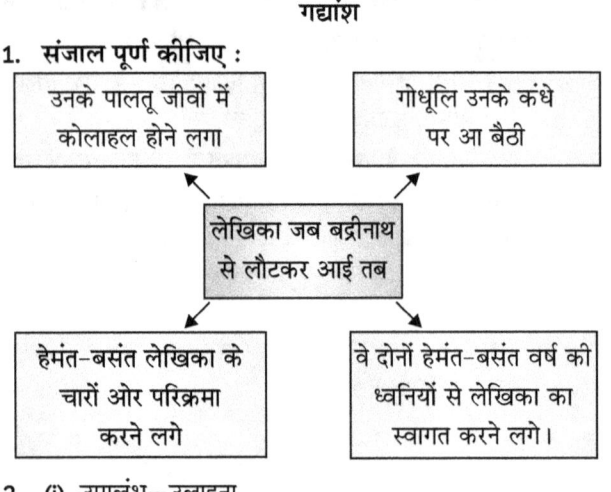

लेखिका जब बद्रीनाथ से लौटकर आई तब
- उनके पालतू जीवों में कोलाहल होने लगा
- गोधूलि उनके कंधे पर आ बैठी
- हेमंत-बसंत लेखिका के चारों ओर परिक्रमा करने लगे
- वे दोनों हेमंत-बसंत वर्ष की ध्वनियों से लेखिका का स्वागत करने लगे।

2. **(i)** उपालंभ—उलाहना

(ii) बाहुल्य—अधिकता

(iii) कोलाहल—शोर

(iv) क्रंदन—विलाप

3. धरती का प्राकृतिक संतुलन बनाए रखने में पशु-पक्षियों की भूमिका महत्त्वपूर्ण है। पशु-पक्षी मानव की तरह बोल नहीं सकते परन्तु मनुष्य ज्यादा समझदार होते हैं। उनमें भी मानव की तरह दर्द, भावनाएँ, प्यार होता है। यदि हम उनको प्यार देते हैं तो वो भी? करते है। पशु-पक्षी मानव से भी अधिक वफादार होते हैं। अनेक पशु-पक्षियों के साथ मानव का आत्मिक लगाव होता है—

जैसे—कुत्ता, बिल्ली, गाय, बकरी, तोता-मैना आदि। कभी-कभी बिल्ली से हमें विशेष लगाव हो जाता है। वह हमारे लिए बहुत प्रिय विशेष बन जाती हैं। तब उसकी गुम हो जाने पर या मृत्यु होने पर हमें बहुत कष्ट होता है। कालांतर में भी हमें उसकी याद सताती है। उसकी याद से मन में बहुत दुख होता है। जैसे अपने परिवार का सदस्य ही हो, यही दु:ख या कसक ही 'पालतु पशु-पक्षियों से मनुष्य का आत्मिक लगाव का प्रतीक है।'

(घ) (i) उद्घोषक (ii) न्याय

(iii) कार्य सूची (iv) बंध पत्र

(v) राजपत्रित (vi) निलंबन

(vii) कार्यवाही (viii) पदच्युत

विभाग - 5 व्याकरण

(क) (i) एक-एक क्षण आपको भेंट कर दूँगा।

(ii) इस वेग में वह पिस गया था।

(iii) बैजू बावरा की उँगलियाँ सितार पर दौड़ रही हैं।

(iv) पंत के साथ तो रास्ता कम अखरता था, पर अब सोचकर ही थकावट होगी।

(ख) (i) अतिशयोक्ति अलंकार **(ii)** उपमा अलंकार।

(iii) रूपक अलंकार। **(iv)** दृष्टांत अलंकार।

(ग) (i) अद्‌भुत रस **(ii)** भक्ति रस

(iii) वीभत्स रस **(iv)** शांत रस।

(घ) (i) **कन्नी काटना**—बचकर निकल जाना।

वाक्य—बड़ा बेटा और बहू पहले ही माँ-बाप से कन्नी काट चुके थे।

(ii) **चट्टानों पर खिलाना**—कड़ी मेहनत से खुशहाली पाना।

वाक्य—आर्यन बहुत जिद्दी लड़का है वह चाहे तो चट्टानों पर फूल खिला सकता है।

(iii) **समाँ बँधना**—वातावरण निर्माण होना।

वाक्य—साहिल की मम्मी-पापा ने घर पर ऐसा समाँ बँधाया की वह एकदम प्रसन्न हो गया।

(iv) **द्रवित हो जाना**—मन में दया उत्पन्न होना।

वाक्य—उस छोटे बच्चे के रोने की आवाज से सबका मन द्रवित हो गया।

(ङ) (i) उसका सत्य पराजित हो जाता है।

(ii) चप्पे-चप्पे पर काँटों की झाड़ियाँ हैं।

(iii) भाई-बहन का रिश्ता अनूठा होता है।

(iv) सुगंधा का पत्र पाकर लेखिका को खुशी हुई।

●●

SAMPLE PAPER-3
Hindi

Questions

विभाग - 1 गद्य (अंक-20)

(क) निम्नलिखित पठित परिच्छेद पढ़कर दी गई सूचनाओं के अनुसार कृतियाँ कीजिए।

जॉर्ज बर्नार्ड शॉ का एक पैराग्राफ मैंने पढ़ा है। वह उनके अपने ही संबंध में है : ''मैं खुली सड़क पर कोड़े खाने से इसलिए बच जाता हूँ कि लोग मेरी बातों को दिल्लगी समझकर उड़ा देते हैं। बात यूँ है कि मेरे एक शब्द पर भी वे गौर करें, तो समाज का ढाँचा डगमगा उठे।''

''वे मुझे बर्दाशत नहीं कर सकते, यदि मुझ पर हँसें नहीं। मेरी मानसिक और नैतिक महत्ता लोगों के लिए असहनीय है। उन्हें उबाने वाली खूबियों का पुंज लोगों के गले के नीचे कैसे उतरे ? इसलिए मेरे नागरिक बंधु या तो कान पर उँगली रख लेते हैं या बेवकूफी से भरी हँसी के अंबार के नीचे ढँक देते हैं मेरी बात।'' शॉ के इन शब्दों में अहंकार की पैनी धार है, यह कहकर हम इन शब्दों की उपेक्षा नहीं कर सकते क्योंकि इनमें संसार का एक बहुत ही महत्त्वपूर्ण सत्य कह दिया गया है।

संसार में पाप है, जीवन में दोष, व्यवस्था में अन्याय है, व्यवहार में अत्याचार .... और इस तरह समाज पीड़ित और पीड़क वर्गों में बँट गया है। सुधारक आते हैं, जीवन की इन विडंबनाओं पर घनघोर चोट करते हैं। विडंबनाएँ टूटती-बिखरती नजर आती हैं पर हम देखते हैं कि सुधारक चले जाते हैं और विडंबनाएँ अपना काम करती रहती हैं।

आखिर इसका रहस्य क्या है कि संसार में इतने महान पुरुष, सुधारक, तीर्थंकर, अवतार, संत और पैगंबर आ चुके पर यह संसार अभी तक वैसा-का-वैसा ही चल रहा है। इसे वे क्यों नहीं बदल पाए ? दूसरे शब्दों में जीवन के पापों और विडंबनाओं के पास वह कौन-सी शक्ति है जिससे वे सुधारकों के इन शक्तिशाली आक्रमणों को झेल जाते हैं और टुकड़े-टुकड़े होकर बिखर नहीं जाते ?

शॉ ने इसका उत्तर दिया है कि मुझ पर हँसकर और इस रूप में मेरी उपेक्षा करके वे मुझे सह लेते हैं। यह मुहावरे की भाषा में सिर झुकाकर लहर को ऊपर से उतार देना है।

शॉ की बात सच है पर यह सच्चाई एकांगी है। सत्य इतना ही नहीं है। पाप के पास चार शस्त्र हैं, जिनसे वह सुधारक के सत्य को जीतता या कम-से-कम असफल करता है। मैंने जीवन का जो थोड़ा-बहुत अध्ययन किया है, उसके अनुसार पाप के ये चार शस्त्र इस प्रकार हैं:-

उपेक्षा, निंदा, हत्या और श्रद्धा।

1. **कृति पूर्ण कीजिए।**

(i) पाप के चार हथियार ये हैं-

(ii) जॉर्ज बर्नार्ड शॉ का कथन-

2. (i) महत्ता - .... (ii) सत्य - ....
(iii) दिल्लगी - .... (iv) अध्ययन - ....

3. **निम्नलिखित प्रश्न का उत्तर 40 से 50 शब्दों में लिखिए:**

समाज सुधारक समाज में व्याप्त बुराइयों की पूर्णत: समाप्त करने में विफल रहे। इस पर अपने विचार स्पष्ट कीजिए।

(ख) निम्नलिखित पठित परिच्छेद पढ़कर दी गई सूचनाओं के अनुसार कृतियाँ कीजिए:

इस अल्हड़ उम्र में अगर वह लड़की अपने परिवार के स्नेह संरक्षण से मुक्त है, आजादी के नाम पर स्वयं को जरूरत से ज्यादा अहमियत देकर अंतर्मुखी हो गई है तो उसके फिसलने की संभावना अधिक बढ़ जाती है। अपने में अकेली पड़ गई लड़की जैसे ही किसी लड़के के सम्पर्क में आती है, उसे अपना हमदर्द समझ बैठती है और उसके बहकने की, उसके कदम भटकने की संभावना और भी बढ़ जाती है। लगता है, अपने परिवार से कटी रचना के साथ ऐसा ही है। यदि सचमुच ऐसा है तो तुम्हें और भी सावधानी से काम लेना होगा अन्यथा उसे समझाना मुश्किल होगा, उलटे तुम्हारी दोस्ती में दरार आ सकती है।

एक अच्छी सहेली के नाते तुम उसकी पारिवारिक पृष्ठभूमि का अध्ययन करो। अगर लगे कि वह अपने परिवार से कटी हुई हे तो उसकी इस टूटी कड़ी को जोड़ने का प्रयास करो। जैसे तुम मुझे पत्र लिखती हो, उससे भी कहो; वह अपनी माँ को पत्र लिखे। अपने घर की, भाई-बहनों की बातों में रुचि लें। अपनी समस्याओं पर माँ से खुलकर बात करे और उनसे सलाह ले। यदि उसकी माँ इस योग्य न हो तो वह अपनी बड़ी बहन या भाभी से निर्देशन ले। यह भी संभव न हो तो अपनी किसी समझदार सहेली या रिश्तेदार को ही राजदार बना ले। घर में किसी से भी बातचीत का सिलसिला जोड़कनर वह अपनी समस्या से अकेले जूझने से निजात पा सकती है। नहीं तो तुम तो हो ही। ऐसे समय वह तुम्हारी बात न सुने, तुम्हें झटक दे, तब भी उसकी वर्तमान मनोदशा देखकर तुम्हें उसकी बात का बुरा नहीं मानना है। उसका मूड देखकर उसका मन टटोलो और उसे प्यार से समझाओ।

1. **संजाल पूर्ण कीजिए:**

गद्यांश में प्रयुक्त पारिवारिक रिश्ते →	
	1
	2
	3
	4

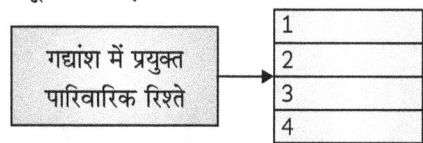

2. **निम्नलिखित शब्दों के वचन बदलकर लिखिए-**

(i) समस्या (ii) बात
(iii) लड़का (iv) शक्ति

3. निम्नलिखित प्रश्न के उत्तर 40 से 50 शब्दों में लिखिए।

माँ संतान की सच्ची अंतरंग सहेली होती है; इस कथन पर 40 से 50 शब्दों में अपना मत लिखिए।

(ग) निम्नलिखित प्रश्न का उत्तर 60 से 80 शब्दों में लिखिए।

(तीन में से दो)

(i) 'सुनो किशोरी' इस पाठ के आधार पर रूढ़ि परंपरा तथा मूल्यों के बारे में लेखिका के विचार स्पष्ट कीजिए।

(ii) 'आदर्श बदला' कहानी के शीर्षक की सार्थकता स्पष्ट कीजिए।

(घ) निम्नलिखित प्रश्नों के एक वाक्य में उत्तर लिखिए।

(चार में से दो)

(i) सुदर्शन ने इस लेखक की लेखन परंपरा को आगे बढ़ाया है।

(ii) कहानी विधा की विशेषता लिखिए।

(iii) 'सुनो किशोरी'—यह पाठ कौनसी शैली में लिखा गया है?

(iv) हिंदी के कुछ आलोचकों द्वारा महादेवी वर्मा को कौनसी उपाधि दी गई?

विभाग - 2 पद्य (अंक-20)

(क) निम्नलिखित पठित काव्यांश को पढ़कर दी गई सूचनाओं के अनुसार कृतियाँ कीजिए।

तुमने विश्वास दिया है मुझको,
मन का उच्छ्वास दिया है मुझको।
मैं इसे भूमि पर सँभालूँगा,
तुमने आकाश दिया है मुझको।

सूत्र यह तोड़ नहीं सकते हैं,
तोड़कर जोड़ नहीं सकते हैं।
व्योम में जाएँ, कहीं भी उड़ जाएँ,
भूमि को छोड़ नहीं सकते हैं।

सत्य है, राह में अँधेरा है,
रोक देने के लिए घेरा है।
काम भी और तुम करोगे क्या,
बढ़ चलो, सामने अँधेरा है।

1. कृति पूर्ण कीजिए—

(i) कवि को प्राप्त हुए हैं जो, वे →
1
2 मन का उच्छावास
3

(ii) सूत्र यह नहीं कर सकते →
....
....

2. शब्द सम्पदा—निम्नलिखित शब्द के अर्थ वाले दो शब्द पद्यांश से ढूँढकर लिखिए—

(i) नभ— (1) ....(2) ....

(ii) विलोम शब्द लिखिए—

(1) विश्वास—..............

(2) सामने—..................

3. निम्नलिखित प्रश्न का उत्तर 40 से 50 शब्दों में लिखिए।

'धरती से जुड़ा रहकर ही मनुष्य अपने लक्ष्य को प्राप्त कर सकता है, इस विषय पर अपका मत प्रकट कीजिए।

(ख) निम्नलिखित पठित काव्यांश पढ़कर दी गई सूचनाओं के अनुसार कृतियाँ कीजिए:

सरसुति के भंडार की, बड़ी अपूरब बात।
ज्यौं खरचै त्यौं-त्यौं बढ़ै, बिन खरचे घटि जात॥
नैन देत बताय सब, हिय को हेत-अहेत।
जैसे निरमल आरसी, भली बरी कहि देत॥
अपनी पहुँच बिचारि कै, करतब करिए दौर।
तेते पाँव पसारिए, जेती लाँबी सौर॥
फेर न ह्वै हैं कपट सों, जो करीजै ब्यौपार।
जैसे हाँड़ी काठ की, चढ़ै न दूजी बार॥
ऊँचे बैठे ना लहैं, गुन बिन बड़पन कोइ।
बैठो देवल सिखर पर, वायस गरुड़ न होइ॥
उद्यम कबहुँ न छाँड़िए, पर आसा के मोद।
गागरि कैसे फोरिए, उनयो देखि पयोद॥

1. निम्नलिखित प्रश्नों के उत्तर लिखिए:

(i) उपर्युक्त पद्यांश में आँखों की तुलना किससे की गई ?

(ii) काम शुरू करने से पहले किस बारे में सोचना बहुत जरूरी होता है?

(iii) सरस्वती का भंडार अपूर्व क्यों है?

(iv) दूसरे की आशा के भरोसे क्या बंद नहीं करना चाहिए?

2. निम्नलिखित शब्दों के लिंग पहचानकर लिखिए:

(i) सौर— (ii) नैना—

(iii) पाँव— (iv) काठ—

3. चादर देखकर पैर फैलाना बुद्धिमानी कहलाती है। इस विचार पर अपना मत 40 से 50 शब्दों में व्यक्त कीजिए:

(ग) रसास्वादन कीजिए। (दो में से एक)

1. बसंत और सावन ऋतु जीवन के सौंदर्य का अनुभव कराती हैं। इस कथन के आधार पर कविता का रसास्वादन कीजिए।

2. निम्नलिखित मुद्दों के आधार पर 'नवनिर्माण' कविता का रसास्वान कीजिए।

मुद्दे :

(i) रचना का शीर्षक (ii) रचनाकार का नाम

(iii) पसंद की पंक्तियाँ (iv) पसंद आने के कारण

(v) कविता का केन्द्रीय भाव

(घ) निम्नलिखित प्रश्नों के एक वाक्य में उत्तर लिखिए। (चार में से दो)

(i) वृंद जी की प्रमुख रचनाएँ लिखिए।
(ii) दोहा छंद की विशेषताएँ लिखिए।
(iii) नयी कविता का परिचय दीजिए।
(iv) चतुष्पदी के लक्षण लिखिए।

विभाग – 3 विशेष अध्ययन (अंक-10)

(क) ''मैं कल्पना करती हूँ कि
अर्जुन की जगह मैं हूँ
और मेरे मन में मोह उत्पन्न हो गया है
और मैं नहीं जानती कि युद्ध कौन-सा है
और मैं किसके पक्ष में हूँ
और समस्या क्या है
और लड़ाई किस बात की है
लेकिन मेरे मन में मोह उत्पन्न हो गया है
क्योंकि तुम्हारे द्वारा समझाया जाना
मुझे बहुत अच्छा लगता है
और सेनाएँ स्तब्ध खड़ी हैं
और इतिहास स्थगित हो गया है
और तुम मुझे समझा रहे हो ....
कर्म, स्वधर्म, निर्णय, दायित्व,
शब्द, शब्द, शब्द ....
मेरे लिए नितांत अर्थहीन हैं—
मैं इन सबके परे अपलक तुम्हें देख रही हूँ
हर शब्द को अँजुर बनाकर
बूँद-बूँद तुम्हें पी रही हूँ
और तुम्हारा तेज
मेरे जिस्म के एक-एक मूच्छित संवेदन को
धधका रहा है
और तुम्हारे जादू भरे होंठों से
रजनीगंधा के फूलों की तरह टप-टप शब्द झर रहे हैं
एक के बाद एक के बाद एक ....
कर्म, स्वधर्म, निर्णय, दायित्व ....
मुझ तक आते-आते सब बदल गए हैं
मुझे सुन पड़ता है केवल

राधन, राधन, राधन,
शब्द, शब्द, शब्द,
तुम्हारे शब्द अगणित हैं कनु-संख्यातीत
पर उनका अर्थ मात्र एक है—
मैं
मैं
केवल मैं !
फिर उन शब्दों से
मुझी को
इतिहास कैसे समझाओगे कनु ?

1. निम्नलिखित प्रश्न के उत्तर लिखिए।
   (i) कनुप्रिया के मन में मोह क्यों उत्पन्न हो गया है ?
   (ii) कनुप्रिया के लिए कनु के अर्थहीन शब्द कौनसे हैं ?
   (iii) कनु के सभी शब्दों के कनुप्रिया के लिए केवल कौनसा अर्थ है ?
   (iv) उपर्युक्त पद्यांश में शब्द किस फूलों की तरह टप-टप झर रहे हैं ?

2. समानार्थी शब्द लिखिए।
   (i) समस्या   (ii) स्तब्ध
   (iii) दायित्व   (iv) आँजुरी

3. निम्नलिखित प्रश्न का उत्तर 40 से 50 शब्दों में लिखिए :
   'व्यक्ति को कर्म प्रधान होना चाहिए।' इस विषय पर अपने विचार लिखिए।

(ख) निम्नलिखित प्रश्न के उत्तर 80 से 100 शब्दों में लिखिए : (दो में से एक)
   (i) कनुप्रिया में लेखक ने राधा के मन की व्यथा का चित्रण किस प्रकार किया है ?
   (ii) कनुप्रिया के मन में कौनसा मोह उत्पन्न हो गया है और क्यों ?

विभाग – 4 व्यावहारिक हिंदी अपठित गद्यांश और पारिभाषिक शब्दावली (अंक-20)

(क) निम्नलिखित प्रश्न का उत्तर 100 से 120 शब्दों में लिखिए :
पल्लवन की प्रक्रिया पर प्रकाश डालिए।

अथवा

निम्नलिखित गद्यांश पढ़कर दी गई सूचनाओं के अनुसार कृतियाँ कीजिए।

रोचक प्रसंगों के साथ स्नेहा विद्यार्थियों को फीचर लेखन की विशेषताएँ बताने लगी, ''अच्छा फीचर नवीनतम जानकारी से परिपूर्ण होता है। किसी घटना की सत्यता अथवा तथ्यता फीचर का मुख्य तत्व है। फीचर लेखन में राष्ट्रीय स्तर के तथा अन्य महत्त्वपूर्ण विषयों का समावेश होना चाहिए क्योंकि समाचार पत्र दूर-दूर तक जाते हैं। इतना ही नहीं; फीचर का विषय समसामयिक होना चाहिए। फीचर लेखन में भावप्रधानता होनी चाहिए क्योंकि नीरस फीचर कोई नहीं पढ़ना चाहता। फीचर के विषय से संबंधित तथ्यों का आधार दिया जाना चाहिए।'' स्नेहा आगे बोलती जा रही थी, ''विश्वसनीयता के लिए फीचर में विषय की तार्किकता को देना आवश्यक होता है। तार्किकता के बिना फीचर अविश्वसनीय बन जाता है। फीचर में विषय की नवीनता का होना आवश्यक है क्योंकि उसके अभाव में फीचर अपठनीय बन जाता है। फीचर में किसी व्यक्ति अथवा घटना

विशेष का उदाहरण दिया गया हो तो उसकी संक्षिप्त जानकारी भी देनी चाहिए।''

पाठक की मानसिक योग्यता और शैक्षिक पृष्ठभूमि को ध्यान में रखकर फीचर लेखन किया जाना चाहिए। उसे प्रभावी बनाने हेतु प्रसिद्ध व्यक्तियों के कथनों, उदाहरणों, लोकोक्तियों और मुहावरों का प्रयोग फीचर में चार चाँद लगा देता है।

1. प्रश्न के उत्तर लिखिए।

(i) फीचर का मुख्य तत्त्व लिखिए।

(ii) फीचर लेखन में भाव प्रधानता क्यों होनी चाहिए?

(iii) किस के बिना फीचर अविश्वसनीय बन जाता है?

(iv) फीचर लेखन में किससे चार चाँद लगते है?

2. निम्नलिखित शब्दों के विरुद्धार्थी शब्द लिखिए।

(i) नीरस (ii) निष्पक्ष

(iii) विख्यात (iv) क्लीष्ट

3. निम्नलिखित प्रश्न का उत्तर 40 से 50 शब्दों में लिखिए।

लता मगेंशकर का फीचर लेखन कीजिए।

(ख) निम्नलिखित प्रश्नों के उत्तर 80 से 200 शब्दों में लिखिए।

(दो में से एक)

(i) समुद्री जीवों पर शोधपूर्ण आलेख लिखिए।

(ii) 'लालच का फल' बुरा होता है, इस उक्ति का विचार पल्लवन कीजिए।

अथवा

सही विकल्प चुनकर वाक्य फिर से लिखिए।

(i) पल्लवन में सूक्ति, उक्ति, पंक्ति या काव्यांश का .... किया जाता है।

(अ) जोड़ा (ब) विस्तार

(स) स्थान (द) आलोचना

(ii) फीचर लेखक को इस रूप से अपना मत व्यक्त करना चाहिए।

(अ) पक्षपाती (ब) क्लिष्ट

(स) आलोचनात्मक (द) निष्पक्ष

(iii) शासकीय एवं राजनीतिक समारोह के सूत्र संचालन में इसका बहुत ध्यान रखना पड़ता है।

(अ) प्रोटोकॉल (ब) अतिथियों का

(स) वेशभूषा (द) प्रसंगों का

(iv) ब्लॉग लेखन से यह लाभ भी होता है।

(अ) सामाजिक (ब) राजकीय

(स) आर्थिक (द) सांस्कृतिक

(ग) निम्नलिखित अपठित परिच्छेद पढ़कर दी गई सूचनाओं के अनुसार कृतियाँ कीजिए।

आरा शहर। भादों का महीना। कृष्ण पक्ष की अँधेरी रात। ज़ोरों की बारिश। हमेशा की भाँति बिजली का गुल हो जाना। रात के गहराने और सूनेपन को और सघन भयावह बनाती बारिश की तेज़ आवाज़। अंधकार में डूबा शहर तथा अपने घर में सोए-दुबके लोग! लेकिन सचदेव बाबू की आँखों में नींद नहीं। अपने आलीशान भवन के भीतर अपने शयनकक्ष में बेहद आरामदायक बिस्तर पर लेटे थे वे। पर लेटने भर से ही तो नींद नहीं आती। नींद के लिए—जैसी निश्िंचतता और बेफ़िक्री की ज़ुरुरत होती है, वह तो उनसे कोसों दूर थी।

हालाँकि यह स्थिति सिर्फ़ सचदेव बाबू की ही नहीं थी। पूरे शहर का खौफ़ का यह कहर था। आए दिन चोरी, लूट, हत्या, बलात्कार, राहजनी और अपहरण की घटनाओं ने लोगों को बेतरह भयभीत और असुरक्षित बना दिया था। कभी रातों में गुलज़ार रहने वाला उनका यह शहर अब शाम गहराते ही शमशानी सन्नाटे में तब्दील होने लगा था। अब रातों में सड़कों और गलियों में नज़र आने वाले लोग शहर के सामान्य और संभ्रांत नागरिक नहीं, संदिग्ध लोग होते थे। कब किसके यहाँ क्या हो जाए, सब आतंकित थे। जब इस शहर में अपना यह घर बनवा रहे थे सचदेव बाबू तो बहुत प्रसन्न थे कि महानगरों में दमघोंटू, विषाक्त, अजनबीयत और छल-छद्मी वातावरण से अलग इस शांत-सहज और निश्छल-निर्दोष गँवई शहर में बस रहे हैं। लेकिन अब तो महानगर की अजनबीयत की अपेक्षा यहाँ की भयावहता ने बुरी तरह से त्रस्त और परेशान कर दिया था उन्हें। ये बरसाती रातें तो उन्हें बरबादी और तबाही का साक्षात संकेत जान पड़ती थीं। इसे दुर्योग कहें या विडंबना कि जिस बात को लेकर आदमी आशंकित बना रहता है, कभी-कभी वह बात घट भी जाती है। इस अंधेरी, तूफानी, बरसाती रात में जिस बात को लेकर डर रहे थे सचदेव बाबू उसका आभास भी अब उन्हें होने लगा था। उन्हें लगा आगंतुक की आहट होने लगी। उनकी शंका सही थी। अब दरवाजे पर थपथपाहट की आवाज़ भी आने लगी थी। सचमुच कोई आ धमका था।

1. आकृति पूर्ण कीजिए:

(i) आरा शहर में घर बनवाते समय ये बहुत प्रसन्न थे।

(ii) सचदेव बाबू की आँखों में इसका नाम नहीं था।

(iii) बरसाती रातें बरबादी और तबाही का साक्षात यह थी—

(iv) सचदेव बाबू को लगा आगंतुक की आहाट होने लगी—

2. निम्नलिखित शब्दों का वचन बदलकर लिखिए:

(i) आवाज— (ii) चोरी—

(iii) शंका— (iv) सड़क—

3. चोरी, डकैती, राहजनी आदि की घटनाएँ इस विषय पर 40 से 50 शब्दों में अपना मत स्पष्ट कीजिए।

(घ) निम्नलिखित शब्दों की पारिभाषिक शब्दावली लिखिए।

(आठ में से चार)

(i) Census Officer (ii) Charge Sheet

(iii) Internal (iv) By-law

(v) Admiral (vi) Payment

(vii) Assured (viii) Record

(ix) Friction (x) Graphic Table

विभाग - 5 व्याकरण (अंक-10)

(क) निम्नलिखित वाक्यों का काल परिवर्तन करके वाक्य फिर से लिखिए। (चार में से दो)

(i) पढ़ लिखकर नौकरी करने लगा। (पूर्ण भूतकाल)

(ii) प्रकाश उसमें समा जाता है। (सामान्य भविष्यकाल)

(iii) मैं पता लगाकर आता हूँ। (सामान्य भविष्यकाल)

(iv) यात्रा की तिथि भी आ गई। (सामान्य वर्तमानकाल)

(ख) निम्नलिखित उदाहरणों के अलंकार पहचानकर लिखिए। (चार में से दो)

(i) चरण-सरोज पखारन लागा।

(ii) पीपर पात सरस मन डोला।

(iii) हनुमान की पूँछ में लग न पाई आग।
लंका सगरी जल गई, गए निशाचर भाग॥

(iv) सबै सहायक सबल कै, कौऊ न निर्बल सहाय।
पवन जगावत आग ही, दीप हिं देत बुझाय॥

(ग) निम्नलिखित उदाहरणों के रस पहचानकर लिखिए।

(i) काहु न तखा सो चरित विसेरना। सो सरूप नृप कन्या देखा।
मर्कट वदन भयंकर देही। देखत हृदय क्रोध मा तेही।
जेहि दिसि बैठे नारद फूली। सो दिसि तेहि न विलोकी भूली।
पुनि पुनि मुनि उकसहि अकुलाहीं। देखि दसा हर गन मुसुकरहीं।

(ii) सुडुक-सुडुक घाव से पिल्लू निकाल रहा है,
नासिका से श्वेत पदार्थ निकल रहा है।

(iii) तू दयालु दीन हौं, तू दानि हौं भिखारि।
हौं प्रसिद्ध पातकी, तू पाप पुँज हारि॥

(iv) माला फेरत जुग गया, गया न मन का फेर।
कर का मन का डारि कैं, मन का मनका फेर॥

(घ) निम्नलिखित मुहावरों का अर्थ लिखकर वाक्य में प्रयोग कीजिए। (चार में से दो)

(i) जी-जान से काम करना (ii) राह का रोड़ा बनना

(iii) धरती पर निगाह रखना (iv) चल बसना

(ङ) निम्नलिखित वाक्य शुद्ध करके फिर से लिखिए।(चार में से दो)

(i) प्रेरणा और ताकद बनकर परसपर विकास में सहभागी बनें।

(ii) चलते-चलते हमारे बीच का अंतर कम हो गया था।

(iii) समय का साथ उपयोगी हो गये।

(iv) साधु तानसेन की दया में छोड़ दिए गए।

Answer Key

विभाग - 1 गद्य

(क)

1.

(i) पाप के चार हथियार ये हैं—

उपेक्षा

निंदा

हत्या

श्रद्धा

(ii) "जॉर्ज बर्नार्ड शॉ कहते हैं कि—लोग उनकी बातों को दिल्लगी समझकर उड़ा देते हैं। लोग उनकी उपेक्षा करते हैं और उनकी बातों पर गौर नहीं करते।"

2. (i) महत्ता — परिणाम (ii) सत्य — वास्तविक

(iii) दिललगी — ठिठोली (iv) अध्ययन — अवलोकन

3. समाज में हो रहे पाप, अन्याय, अत्याचार को मिटाने के लिए अनेक महान् समाज सुधारक हुए है। प्रत्येक युग में समाज सुधारक इन विडंबनाओं पर प्रहार करते हैं। समाज पाप, अत्याचार, भ्रष्टाचार अन्याय का जब शिकार होता हैं, तब समाज सुधारक इसे दूर करने का प्रयत्न जी-जान लगाकर करते हैं। परन्तु उन्हें समाज का या जिस पर अन्याय हुआ है उसका सहकार्य ही मिल नहीं पाता। पीड़ित समाज या व्यक्ति डर के कारण सहकार्य नहीं देते। तब समाज सुधारक के प्रतन हो जाता है। समाज सुधारकों के कार्यों में अनेक विघ्न आते हैं, कभी-कभी उनकी जान भी खतरे में पड़ जाती है। समाज में एकता नहीं होती है, कुछ लोग अच्छाइयों का विरोध करने वाले होते हैं। कुछ लोगों के मतानुसार किसी के अन्याय, अत्याचार का उन पर कोई दुष्परिणाम नहीं होता तो, समाज सुधारकों का उपदेश उनके लिए कोई मायने नहीं रखता। वे अपने दैनिक कार्य करते रहते हैं। कुछ लोग या समाज में एक वर्ग ऐसा होता है जो समाज सुधारकों के विरुद्ध अन्याय, भ्रष्टाचार करने वालों का समर्थन कर उन्हें भड़काते हैं।

ऐसे अनेक कारण है, जिस वजह से समाज-सुधारक समाज में व्याप्त बुराइयों को पूर्णत: समाप्त करने में विफल रहे हैं।

(ख)

1. संजाल पूर्ण कीजिए : 2

गद्यांश में प्रयुक्त पारिवारिक रिश्ते →

1 माँ

2 भाभी

3 बड़ी बहन

4 अपनी बेटी (सुगंधो)

2. (i) समस्या—समस्याएँ (ii) बात—बातें

(iii) लड़का—लड़के (iv) शक्ति—शक्तियाँ

3. बेटी की प्रेरणा, उसकी माँ होती है। माँ का सानिध्य जहाँ बेटी को प्यार और सही मार्गदर्शन देता है, वहीं माँ ही बेटी की सच्ची व प्यारी

सहेली होती है। माँ एक ऐसी सहेली जो हमेशा सही मार्गदर्शन देती है। बेटी की प्रेरणा उसकी माँ होती है। माँ का सानिध्य प्यार और सही मार्गदर्शन ही बेटी को सफलता के विभिन्न सोपानों पर चढ़ने में मददगार होती है।

माँ ही दुनिया में अपनी बेटी की सबसे विश्वास्त और करीबी दोस्त होती है। वह बेटी की कमियों को जानती है और उन्हें दूर करने का प्रयास करती है।

(ग)

(i) 'सुनो किशोरी' इस पाठ में लेखिका ने परंपरा और रूढ़ि के संदर्भ में यह बात स्पष्ट की है कि रीति-नीति रूढ़ी समय के साथ अपना अर्थ खो चुकी हैं। परंपरा समय के साथ अनुपयोगी हो गए, मूल्यों को छोड़ती है और उपयोगी मूल्यों को जोड़ती, निरंतर बहती धारा परंपरा है। वर्तमान प्रगतिशील समाज को पीछे ले जाने वाली समाज की कोई भी रीति-नीति रूढ़ि है।

रूढ़ि स्थिर होती है और परंपरा एक निरंतर बहता निर्मल प्रवाह है, जो हर सड़ी-गली रूढ़ि को किनारे फेंकता है और हर, भीतरी-बाहरी, देशी-विदेशी उपयोगी मूल्य को अपने में समेंटता चलता है।

लेखिका के मतानुसार टूटे मूल्यों को भरकस जोड़कर खड़ा करने से कोई लाभ नहीं है, क्योंकि आज नहीं तो कल उसका जर्जर मूल्य नष्ट ही हो जाएगा। पश्चिमी मूल्य हमारे योग्य नहीं होते हैं। वे जैसे– की तैसे हम ग्रहण नहीं कर सकते। अगर हम ग्रहण भी करेंगे तो वह दुष्परिणाम ही दिखाएगें। वह हमारे अनुकूल और योग्य नहीं है।

(ii) महादेवी वर्मा जी ने 'निराला भाई' इस संस्मरण में निराला जी के चारित्रिक विशेषताओं का वर्णन किया है। निराला जी में मानवीय गुण कूट-कूट कर भरे हुए थे। वे मानवता के सच्चे पुजारी थे। उनका खुद का जीवन सदा अस्त-व्यस्त रहा है। खुद निर्धनता में जीवन बिताया परन्तु दूसरों को आर्थिक मदद करने के लिए वे सदा तत्पर रहते थे। उन्होंने जीवनभर संघर्ष किया है। उनमें उदारता और आत्मीयता के दर्शन होते हैं।

'अतिथि देवो भव' इस संस्कार को लेकर चलने वाले थे निराला जी। अतिथि के स्वागत में कोई कसर नहीं छोड़ते थे। अतिथि के लिए खुद भोजन बनाते थे, खुद बर्तन माँजते थे। खुद कष्ट उठाकर उदार भाव से उपयोग की वस्तुएँ भी जरूरतमंदों को दे देते थे। उनमें आत्मीयता के दर्शन तब होते हैं, जब उनके साहित्यकार साथी सुमित्रानंदन पंत जी के स्वर्गवास की झूठी खबर सुनकर वे व्याकुल हो उठे थे। पूरी रात वे सो नहीं पाए थे।

निराला जी की अपरिग्रही वृत्ती के कारण उन्हें मधुकरी माँगकर खाने की नौबत आ गयी थी। पुरस्कार में मिला धन भी वे जरूरतमंदों को दे देते थे। वे अन्याय सहन नहीं करते थे। इसका विरोध करते हुए उन्होंने लेख-लिखे हैं। साहित्य-साधना के विशिष्ट साधक और लेखिका के स्नेही भाई निराला जी उदारता के महाप्राण थे। इस प्रकार उनमें अनेक गुण एक साथ विद्यमान थे।

(iii) 'आदर्श बदला' इस प्रस्तुत कहानी में लेखक ने 'बदला' इस शब्द को अलग ढंग से प्रस्तुत किया है। इस 'बदला' का अर्थ अच्छाई से सामने वाले को परिवर्तित करना है।

बैजू बावरा ने बाबा हरिदास से बारह वर्षों तक संगीत की शिक्षा पूरी ली। संगीत की हर प्रकार की बारीकियाँ सीखकर पूर्ण गंधर्व के रूप में तैयार हुआ।

अपने पिता को मृत्युदंड देने के पश्चात् बैजू विक्षिप्त हो गया था। उनके मन में बदला लेने की भूख थी। वह अपनी कुटिया में विलाप कर रहा था। तब बाबा हरिदास ने कुटिया में आकर उसका ढाँढस बँधाया। बाबा हरिदास ने बैजू का उस वक्त वचन दिया था कि वे उसे हथियार देंगे, जिससे वह अपने पिता की मौत का बदला ले सकता है। परन्तु संगीत की शिक्षा देते समय यह वचन भी ले लिया था कि 'वह राग-विद्या या संगीत से किसी को हानि नहीं पहुँचाएगा।'

कुछ समय के पश्चात् जब बैजू आगरा की सड़कों पर गाता हुआ जा रहा था, तब वहाँ गाने के नियम के अनुसार उसे बादशाह के समक्ष पेश किया जाता है। शर्त के अनुसार तानसेन और बैजू बावरा के बीच संगीत प्रतियोगिता होती है। प्रतियोगिता में तानसेन बुरी तरह पराजित हो जाता है। तब तानसेन बैजू बावरा से अपने ज्ञान की भीख माँगता, उसके पैरों पर गिर जाता है। जब बैजू अपने पिता के मृत्यु का बदला लेने के लिए उसे प्राणदंड दिलवा सकता था।

परन्तु बैजू बावरा ने बदला नहीं लिया उसकी जान बख्श दी। उसने कहा कि जो निष्ठुर नियम बनवाया है उस नियम को मिटा दिया जाये। जिसके अनुसार आगरा की सीमाओं में किसी को गाने और तानसेन की जोड़ का न होने पर मृत्युदंड दिया जाना था। इस प्रकार बैजू बाबरा ने तानसेन का गर्व नष्ट कर दिया। अनोखा बदला लेकर पराजित कर दिया था। यह एक आदर्श बदला था। इसलिए 'आदर्श बदला' यह शीर्षक इस कहानी के लिए उपयुक्त है।

(घ)

(i) सुदर्शन ने मुंशी प्रेमचंद की लेखन परंपरा को आगे बढ़ाया है।

(ii) कहानी विधा में जीवन में किसी एक अंश अथवा प्रसंग का वर्णन मिलता है। कहानियाँ अपने प्रारंभिक काल से ही सामाजिक बोध को व्यक्त करती हैं।

(iii) 'सुनो किशोरी'–यह पाठ पत्र शैली में लिखा गया है निबंध है।

(iv) हिंदी के कुछ आलोचकों द्वारा महादेवी वर्मा को 'आधुनिक मीरा' की उपाधि दी गई।

विभाग - 2 पद्य

(अ)

1. (i) कवि को प्राप्त हुए हैं जो, वे → 1 विश्वास, 2 मन का उच्छ्वास, 3 आकाश

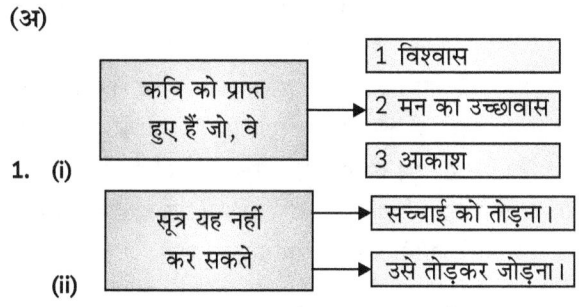

(ii) सूत्र यह नहीं कर सकते → सच्चाई को तोड़ना। → उसे तोड़कर जोड़ना।

2. (i) नभ– (1) – आकाश (2) – व्योम

(ii) (1) अविश्वास (2) पीछे

3. लक्ष्य का अर्थ है निर्धारित उद्देश्य, जिसे प्राप्त करने के लिए गम्भीरतापूर्वक नजर रखी जाए और उसे अर्जित करने के लिए यथासंभव प्रयास किया जाए। हर व्यक्ति का अपने-अपने ढंग से लक्ष्य निर्धारण करने और उसे अर्जित करने का अपना तरीका होता है। ऐसे लक्ष्य क्षमता की कमी और अपर्याप्त साधन के अभाव में कभी पूरे नहीं हो पाते। जो व्यक्ति अपनी क्षमता और अपने पास उपलब्ध साधनों के अनुसार लक्ष्य का निर्धारण और उसकी पूर्ति के लिए तन-मन-धन से प्रयास करता है, वह व्यक्ति अपने लक्ष्य को प्राप्त करने में अवश्य सफल होता है। ऐसे दूरदर्शी व्यक्ति जमीन से जुड़े हुए होते हैं।

(ख)

1. (i) उपर्युक्त पद्यांश में आँखों की तुलना आईने से की गई है।

(ii) काम शुरू करने से पहले अपनी क्षमता के बारे में सोचना बहुत जरूरी होता है।

(iii) सरस्वती के भंडार में से जैसे खर्च किया जाता है वैसे ही उसमें वृद्धि होती रहती है; इसलिए सरस्वती के भंडार अपूर्व है ऐसा कहा जाता है।

(iv) दूसरों की आशा के भरोसे कोशिश करना बंद नहीं करना चाहिए।

2. (i) सौर–स्त्रीलिंग **(ii)** नैना–स्त्रीलिंग

(iii) पाँव–पुल्लिंग **(iv)** काठ–पुल्लिंग

3. जितना आपके पास है, उसी का ही उपयोग करके अपनी आवश्यकताओं को पूरा करना और उसी में समाधान मानना चाहिए। उसी को चादर देखकर पैर फैलाना कहलाते हैं। और इस प्रकार जीवन जीना ही बुद्धिमानी कहलाती है। इस प्रकार या इस नियम से जीवन जीने वाले चाहे व्यक्ति हो या कोई कम्पनी उनका कार्य सुचारू रूप से चलता रहता है। अपनी क्षमता के साथ विचार करके ही जीवनयापन करने में ही बुद्धिमानी है, नहीं तो भविष्य में आर्थिक संकट का सामना करना पड़ता है।

अर्थात् हमारी शक्ति का अंदाज लगाकर ही हमें खर्चे करने हैं। अपनी क्षमता से ज्यादा या पहुँच के बाहर का काम नहीं करना चाहिए। इससे जीवन आसानी से कट जाता है। भविष्य सुरक्षित रहता है। इसलिए चादर देखकर पैर फैलाना बुद्धिमानी है।

(ग)

1. 'सुन रे सखिया' इस लोकगीत में कवि ने बसंत और वर्षा ऋतु के साथ सावन महीने का मनोहारी चित्रण किया है। बसंत ऋतु के आगमन पर प्रकृति में हर तरफ फूल महकने लगते हैं, सरसों के फूलने से सारी धरती हरियाली की चादर ओढ़कर खिल उठती है। सरसों का सरसना, अलसी का आलसाना और कलियों का मुस्काना यह प्रकृति की सुंदरता देखकर सभी पशु-पक्षियों और मानव का तन-मन प्रसन्न हो जाता है। चारों तरफ हरियाली छाई रहती है। इन ऋतु के आगमन से खेत वन बाग-बगीचे सब हरे-भरे हो जाते हैं। रंग-बिरंगे फूलों को देखकर इंद्रधनुष के विविध रंगों की याद आती है। भौरों के दल प्रसन्नता के साथ फूलों पर मँडराते हैं।

प्रकृति का यह सौंदर्य देखकर कंठ से मीठे गीत अपने-आप बाहर आ जाते हैं, आँखें मुस्कुराने लगती हैं। प्रकृति की यह बहार देखकर यौवन भी अँगड़ाइयाँ लेने लगता है। तन मन झूम उठते हैं।

उसी के साथ सावन आने पर भी बादल घिरकर गरजने लगते हैं, बिजली चमकने लगती है। मेघ तो मानों प्यार बरसाकर हृदय का तार-तार रँग रहे हो, ऐसे रिमझिम-रिमझिम करके बरसते रहते हैं। मोर-पपीहा की बोली हृदय को प्रफुल्लित करते रहते हैं। तन-मन गुलाब की तरह खिल उठता है। जुगनू भी जगमगाहट के साथ डोलकर सबका मन लुभाते है। डालियाँ महक उठती हैं, बेली और लताएँ प्रफुल्लित हो जाती हैं। सभी सरोवर और सरिताएँ उमड़कर बहती रहती हैं। सभी ओर हरियाली छाई है, इस प्रकार धरती अँगड़ाई लेकर पुन: तरोताजा बन जाती है।

2. (i) **रचना का शीर्षक**–नव निर्माण।

(ii) **रचनाकार का नाम**–त्रिलोचन जी।

(iii) **पसंद की पंक्तियाँ**–'तुमने विश्वास दिया है मुझको
मन का उच्छ्वास दिया है मुझको।
मैं इसे भूमि पर सँभलूँगा,
तुमने आकाश दिया है मुझको।'

(iv) **पसंद आने के कारण**–प्रस्तुत पंक्तियों में कवि कहते हैं, तुमने मुझे जो विश्वास दिया है, जो प्रेरणा दी है, वह बहुत ही महत्त्वपूर्ण है। इसे देकर तुमने मुझे असीम संसार दे दिया है। पर मैं इन्हें इस तरह सँभालकर अपने पास रखूँगा कि मैं आकाश में न हूँ और मेरे पाँव हमेशा जमीन पर रहें। अर्थात् कवि का कहना है कि उन्हें अपनी मर्यादा का हमेशा ध्यान रहे। मनुष्य जीवन में किसी का विश्वास प्राप्त करना किसी से प्रोत्साहन पाना बड़ा महत्त्वपूर्ण होता है, इसी के आधार पर मनुष्य बड़े-बड़े काम करता है। इसलिए उपर्युक्त पंक्तियाँ पसंद हैं।

(v) **कविता का केन्द्रीय भाव**–प्रस्तुत कविता में आशावाद को स्वीकारने की प्रेरणा दी है। मनुष्य को हमेशा अपनी मर्यादा का ध्यान रखना चाहिए। साथ ही कविता में अत्याचार, विषमता तथा निर्बलता पर विजय प्राप्त करने के लिए संघर्ष करने का आवाहन किया गया है। साथ ही समाज में मानवता, समानता और स्वतंत्रता की स्थापना मानवीय जीवन मूल्यों को अपनाते हुए करनी चाहिए, इस बात को स्पष्ट किया है। स्त्री-पुरुष समानता को दर्शाया है।

(घ)

(i) वृंद जी की प्रमुख रचनाएँ इस प्रकार हैं : वृंद सतसई, समेत शिखर छंद, भाव पंचाशिका, पवन पचीसी, हितोपदेश, यमक सतसई आदि।

(ii) (1) लोकगीतों में गेयता तत्व प्रमुख होता है।

(2) दोहा अर्द्ध सम मात्रिक छंद है। इसके चार चरण होते हैं। दोहे के प्रथम और तृतीय (विषम) चरण में 13-13 मात्राएँ होती है तथा द्वितीय और चतुर्थ (सम) चरणों में 11-11 मात्राएँ होती हैं। दोहे के प्रत्येक चरण के अंत में लघु वर्ण आता है।

(iii) नयी कविता में नए प्रतीकों, उपमानों और प्रतिमानों को ढूँढ़ा गया। नयी कविता आज के मनुष्य के व्यस्त जीवन का दर्पण और आस-पास की सच्चाई की तस्वीर बनकर उभरी है।

(iv) चतुष्पदी चौपाई की भाँति चार चरणों वाला छंद होता है। इसके प्रथम, द्वितीय तथा चतुर्थ चरण में पंक्तियों के तुक मिलते हैं। तीसरे चरण का तुक नहीं मिलता। प्रत्येक चतुष्पदी भाव और विचार की दृष्टि से अपने आप में पूर्ण होती है और कोई चतुष्पदी किसी दूसरी से संबंधित नहीं होती।

विभाग - 3 विशेष अध्ययन

(क)

1. (i) कनुप्रिया के मन में मोह उत्पन्न हो गया है, क्योंकि वह अपने आपको अर्जुन की जगह होने की कल्पना करती है और कनु के द्वारा समझाया जाना उसे बहुत अच्छा लगता है।

(ii) कनुप्रिया के लिए कनु के अर्थहीन शब्द हैं—कर्म, स्वधर्म, निर्णय और दायित्व।

(iii) कनु के सभी शब्दों के कनुप्रिया के लिए केवल एक ही अर्थ यह है—मैं..........मैं..........मैं।

(iv) उपर्युक्त पद्यांश में शब्द रजनीगंधा के फूलों की तरह टप-टप झर रहे हैं।

2. (i) समस्या—कठिनाई (ii) स्तब्ध—सुन्न, स्थिर

(iii) दायित्व—जिम्मेदारी (iv) अँजुरी—करसंपुट, चुल्लू

3. क्षेत्र चाहे जो भी हो, कार्य महत्त्वपूर्ण होता है। बिना मेहनत के बिना कार्य के उद्देश्य या ध्येय पूर्ण नहीं होता। अपने कर्म के आधार पर ही महानता सिद्ध होती है। वैज्ञानिक, उद्योगपति, बड़े अधिकारी अपने कार्यों के बल पर ही महान कहलाते हैं। कर्म करने पर ही फल की उम्मीद की जाती है। हाथ-पर-हाथ रखकर भाग्य के भरोसे बैठने पर कोई भी कार्य पूरा नहीं होता। भाग्य भी संचित कर्मों का फल ही होता है। इस कारण निष्क्रिय नहीं बैठना चाहिए।

कर्म व्यक्ति को सफलता के मार्ग पर ले जाते हैं। व्यक्ति की चाह जो भी हो, उस क्षेत्र में उसे कड़ी मेहनत करनी चाहिए। आत्मविश्वास और प्रयत्न के जोड़ के साथ किया हुआ कर्म सफलता की ओर ले जाता है। बिना मेहनत व्यक्ति जीवन में कुछ नहीं कर सकता। जैसे—नदी अपना प्रवाहित होने का कार्य करती रहती है। यदि उसने प्रवाहित होने का कर्म छोड़ दिया तो वह, उसका पानी उपयोगी सिद्ध नहीं होगा। रुकना खत्म होने का नाम है। कर्म करते रहना व्यक्ति का धर्म है। विद्यार्थियों को अच्छे अंक प्राप्त करने के लिए कड़ी मेहनत और सूक्ष्मता से अध्ययन करना चाहिए। उसी प्रकार व्यक्ति को अपने ध्येय पूर्ति के लिए कर्म करना चाहिए। कर्म प्रधान होने से व्यक्ति का भविष्य भी सुरक्षित रहता है। इस प्रकार व्यक्ति को कर्म प्रधान होना जरूरी है।

(ख) (i) डॉ. धर्मवीर भारती की महाभारत युद्ध की पृष्ठभूमि में लिखी 'कनुप्रिया आधुनिक मूल्यों का काव्य है। राधा को लगता है कि प्रेम को त्यागकर युद्ध का अवलंब करना निरर्थक बात हैं। राधा के मानसिक संघर्ष का वर्णन यहाँ पर किया गया है। प्रस्तुत काव्य में कई प्रसंग बहुत सुंदर ढंग से चित्रित किए गए हैं।

राधा कहती है, इतिहास की बदलती हुई करवट ने कृष्ण को युद्ध का महानायक बना दिया है। राधा के अनुसार इसमें उसके प्रेम की बातें बतायी गयी हैं। राधा को उसके प्रेम को सेतु बनाकर ही वे युद्धक्षेत्र में पहुँचे हैं। अवचेतन मन में बैठी राधा चेतन स्थित राधा से कहती है कि— ,वह आम्र की डाल जिसका सहारा लेकर कृष्ण बंसी बजाते थे, वह डालें, अब काट दी जाएँगी, क्योंकि वहाँ कृष्ण के सेनापतियों के रथों की ध्वजाओं में अटकती हैं।' चारों दिशाओं से उत्तर को उड़-उड़ कर जाते हुए, गिद्धों को क्या तुम बुलाते हो। इन पंक्तियों में राधा के मन की व्यथा स्पष्ट होती है।

राधा कहती हैं कि, हे कनु तुम्हारे साथ जो तन्मयता के क्षण मैंने जीये हैं, उसको तुम कोमल कल्पना या भावावेश मान लो या तुम्हारी दृष्टि से तन्मयता के गहरे क्षणों को व्यक्त करने वाले शब्द निरर्थक परंतु आकर्षक शब्द हैं और युद्ध का होना इस युग का जीवित सत्य था, जिसके नायक कनु थे और राधा कनु के इस नायकत्व से परिचित नहीं थीं। राधा ने तो सिर्फ कनु से स्नेहासिक्त ज्ञान ही पाया है। राधा को कृष्ण के कर्म, स्वधर्म, निर्णय, दायित्व, यह शब्द समझ में नहीं आते हैं। उसे तो केवल 'राधन्-राधन्' और 'मैं; मैं' ही शब्द सुनायी देते हैं। राधा को तो केवल तन्मयता के गहरे क्षण जो उसने कनु के साथ जिये हैं, वही सार्थक लगते हैं। इस प्रकार यहाँ राधा के मन की व्यथा का सुंदर चित्रण किया है।

(ii) कनुप्रिया अर्थात् राधा कहती है कर्म, स्वधर्म, निर्णय और दायित्व जैसे शब्द वह समझ नहीं पाती है, अर्जुन ने इन शब्दों में कुछ प्राप्त किया हो, परन्तु राधा ने कुछ भी नहीं प्राप्त किया है। कनुप्रिया कनु के उन होठों की कल्पना करती है, जिन होठों से उसने प्रणय के शब्द पहली बार कहे होंगे।

कनुप्रिया कल्पना करती है, कि अर्जुन की जगह वह है, और उसे कुछ भी पता नहीं है, युद्ध कौन-सा है, वह किसके पक्ष में है, समस्या क्या है और लड़ाई किस बात की है, यह सारी बातें कनुप्रिया अर्जुन की जगह स्वयं को पाकर कनु से इन सारी बातों को समझना चाहती है। कनु उसे यह बातें समझाए, इसलिए अर्जुन की जगह वह स्वयं है, कल्पना करती हैं, उसी

का उसे मोह उत्पन्न हो गया है। इसका कारण यह है कि कनुप्रिया को कनु के द्वारा समझाना बहुत अच्छा लगता है। जब कनु उसे समझा रहे होते हैं, तब कनुप्रिया को ऐसे लगता है कि, सेनाएँ स्तब्ध खड़ी रह गई हैं और इतिहास की गति रूक गई और कनु उसे समझा रहे हों।

कनुप्रिया कहती हैं कि कनु के प्रत्येक शब्द को वह अँजुरी बनाकर बूँद-बूँद उसे पी रही है। कनु का तेज उसका व्यक्तित्व जैसे उसके शरीर के एक-एक मूर्छित संवेदन को दहका रहा है ऐसे लगता है, जैसे कनु के जादू भरे होठों से शब्द रजनीगंधा की फूलों की तरह एक के बाद एक झर रहे है।

इस प्रकार स्वयं को अर्जुन की जगह रखने का मोह कनुप्रिया के मन में उत्पन्न हो गया है और उसके द्वारा समझाना उसे बहुत ही अच्छा लगता है।

विभाग – 4 व्यावहारिक हिंदी अपठित गद्यांश और पारिभाषिक शब्दावली

(क) किसी भाव विस्तार अथवा सुगठित विचार को 'पल्लवन' कहते हैं। पल्लवन बीज से वृक्ष, बिंदु से वृत्त, कली से फूल तथा लौ से आलोक-परिधि बना देने की सहज प्रक्रिया है।

(i) सर्वप्रथम विषय के वाक्य, काव्यांश या कहावत को ध्यानपूर्वक पढ़ा जाता है। उसका भाव समझना जरूरी है। उस पर ध्यान केन्द्रित करना आवश्यक है। पूरा अर्थ स्पष्ट होने पर एक बार पुन: विचार करना जरूरी होता है।

(ii) पल्लवन प्रक्रिया आरंभ करने से पहले मूल अर्थ तथा गौर भावों को विचारों को समझना आवश्यक है, इसके बाद विषय की संक्षिप्त रूपरेखा बनायी जाती है। उसके पक्ष-विपक्ष में सूक्ष्मता से सोचा जाता है। विपक्षी तर्कों को काटने के लिए तर्कसंगत विचार करना आवश्यक है। उसमें से कोई भी सूक्ष्म विचार अथवा उसका भाव उसमें आना जरूरी है। असंगत विचारों को निकालकर वहाँ तर्कसंगत विचारों को संयोजित करके अनुच्छेद बनाना आवश्यक हैं।

(iii) शब्दों को ध्यान में रखकर शब्द सीमा अनुसार स्पष्ट सरल भाषा में पल्लवन किया जाता है। पल्लवन के लिखित रूप को पुन: ध्यानपूर्वक पढ़ना आवश्यक है। पल्लवन लेखन में परोक्ष कथन, भूतकालिक क्रिया के माध्यम से सदैव अन्य पुरुष में लिखा जाता है। उत्तम तथा मध्यम पुरुष का प्रयोग पल्लवन में नहीं होना चाहिए। पल्लवन में लेखक के मनोभावों का ही विस्तार और विश्लेषण किया जाता है।

इस प्रकार अनुभूति अथवा चिंतन के द्वारा ही सम्यक अर्थ-बोध होता है, उसका मर्म समझता है और गागर में सागर का रहस्य समझने लगता है।

अथवा

1. (i) किसी घटना की सत्यता अथवा तथ्यता फीचर का मुख्य तत्व है।

(ii) फीचर लेखन में भाव प्रधानता होनी चाहिए क्योंकि नीरस फीचर कोई नहीं पढ़ना चाहता।

(iii) तार्किकता बिना फीचर अविश्वसनीय बन जाता है।

(iv) फीचर को प्रभावी बनाने हेतु प्रसिद्ध व्यक्तियों के कथनों, उदाहरणों लोकोक्तियों और मुहावरों का प्रयोग से फीचर लेखन में चार चाँद लगते हैं।

2. (i) नीरस—सरस **(ii)** निष्पक्ष—पक्षपाती

(iii) विख्यात—कुख्यात **(iv)** क्लिष्ट—सरल

3. 'भारतरत्न' प्राप्त लता मंगेशकर एक अप्रतिम गायिका हैं। उनकी आवाज़ में जो माधुर्य हैं, वह कहीं भी नहीं। उनके गीतों में माधुर्य एवम् कर्णप्रियता का समावेश होता है। उन्होंने अपने कैरियर में बीस से भी अधिक भाषाओं में तीस हजार से भी अधिक गाने गाए हैं।

लताजी का जन्म 28 सितंबर, 1929 के इंदौर के मराठी परिवार में पंडित दीनदयाल मंगेशकर के घर में हुआ। संगीत लताजी को विरासत में मिला है। उनको पिताजी रंगमंच के कलाकार और गायक भी थे। लता मंगेशकर जी ने अपनी संगीत यात्रा का प्रारंभ मराठी फिल्मों से किया था। लता जी ने उस्ताद अमानत अली खान से क्लासिकल संगीत सीखना शुरू किया। साथ ही बड़े गुलाम अली खान, पंडित तुलसीदास शर्मा तथा उस्ताद अमानत खान देवसलले से संगीत की शिक्षा ग्रहण की।

लता मंगेशकर जी को पद्मभूषण, पद्मविभूषण, दादासाहेब फालके अॅवार्ड, महाराष्ट्र भूषण अॅवार्ड, भारतरत्न, बंगाल फिल्म पत्रकार संगठन अवॉर्ड तीन बार राष्ट्रीय फिल्म अवॉर्ड ऐसे अनेक अवॉर्ड भारतीय संगीत में महत्त्वपूर्ण योगदान देने के लिए प्राप्त हुए हैं।

(ख)

(i) समुद्रों की विशाल व्याप्ती पृथ्वी के तीन चौथाई हिस्से पर व्याप्त हैं। समुद्री जीवों की विचित्र दुनिया है। समुद्र में ऐसे अनेक जीव भी हैं, जिनके बारे में हमें पता भी नहीं है। समुद्र में खतरनाक विषैले जीवों के साथ छोटे-बड़े, रंग-बिरंगे और प्रकाश उत्पन्न करने वाले असंख्य जीव हैं।

समुद्र में विविध प्रकार की रंग बिरंगी मछलियाँ पाई जाती हैं। साथ शंख-सीपियाँ, सी हार्स, लायन-फिश, डाल्फिन, शील, केंकड़े, कछुए समुद्र में पाये जाते हैं।

समुद्र में कुल मछलियाँ ऐसी भी हैं, जो उड़ सकती हैं। ये मछलियाँ पानी की सहायता से ऊपर तेज गति से उड़ती हैं—यह मछलियाँ आकार में छोटी होती हैं। तो कुछ मछलियाँ तीक्ष्ण दाँतों वाली भी होती हैं, जिनका नाम पॉफर होता है। यह विचित्र मछलियाँ सामान्य मछलियों की तरह लंबी होती हैं और छूने पर यह गोल आकार धारण कर लेती हैं।

समुद्र में प्रकाश उत्पन्न करने वाले जीवों का विशाल संसार है। प्रकाश उत्पन्न करने वाले जीव कभी अपने शिकार के लिए तो कभी अपनी आत्मरक्षा के लिए प्रकाश उत्पन्न करते हैं। जीव वैज्ञानिक इनके संदर्भ में खोज कार्य कर रहे हैं। समुद्र के संसार में पाया जाने वाला एक अद्भुत जीव है— व्हेल। यह समुद्र का सबसे बड़ा जीव है। इसकी लंबाई 25 मीटर और वजन 150 से 180 टन होता है। विशाल खतरनाक जीवों में शॉर्क मछली भी मशहूर हैं। अन्य समुद्री जीव इससे दूरी बनाकर चलते हैं, यह इतनी खतरनाक हैं।

विषैली मछलियों में जेली फिश यह पारदर्शी होती है और इसके शरीर से लटकने वाले रेशे बहुत विषैले होते हैं।

इस प्रकार विशाल समुद्र की तरह इसमें समुद्री जीव भी असंख्य और अनगिनत और विशाल हैं।

(ii) ऐसा कहा जाता है कि, लालच बुरी बला (आदत) है। अगर हम ईमानदारी से बिना किसी फल की अपेक्षा किए कोई कार्य करें, तो उसका फल हमें जरूर मिलता है। हमारे पास जो कुछ है, उसमें हमें संतोष पाकर अपना कर्म करना चाहिए लालच का फल सदैव बुरा होता है। कुछ प्राप्त करने के लिए हमें कड़ी मेहनत करनी पड़ती है। बिना मेहनत का मिला अंत तक टिकता भी नहीं है। अपनी मेहनत से हमें जो कुछ मिलता है उसका आनंद, सुख बहुत बड़ा होता है।

परंतु बिना मेहनत ज्यादा प्राप्त करने की लालसा रखने से व्यक्ति का नुकसान होता है। लालच बहुत बुरी चीज है, यह कभी-कभी मनुष्य को इतना नीचे गिराती है, कि व्यक्ति मानवता को भूल जाता है।

यदि जीवन में हमें सफलता प्राप्त करनी है, तो एक अच्छे इन्सान बनना होगा। दूसरों के बारे में सोचना होगा। लालची व्यक्ति, लालच करता है, वह कामयाबी से कोसों दूर रहता है। क्योंकि लालच का दुष्परिणाम एक न एक दिन जरूर सामने आ जाता है।

रिश्तों में किया हुआ लालच परिवार वालों, दोस्तों सभी के नजरों में गिर जाता है। सभी का भरोसा टूट जाता है। फिर कभी उसकी सहायता के लिए भी कोई खड़ा नहीं होता। इस कारण लालच नहीं करना चाहिए। लालच को त्यागना चाहिए। जो भी कार्य करना है, वह ईमानदारी और निस्वार्थ रूप से करना चाहिए।

अथवा

(i) पल्लवन में सूक्ति, उक्ति, पंक्ति या काव्यांश का विस्तार किया जाता है।

(ii) फीचर लेखक को निष्पक्ष रूप से अपना मत व्यक्त करना चाहिए।

(iii) शासकीय एवं राजनीतिक समारोह के सूत्र संचालन में इसका प्रोटोकॉल का बहुत ध्यान रखना पड़ता है।

(iv) ब्लॉग लेखन से आर्थिक लाभ भी होता है।

(ग)
1. (i) सचदेव बाबू (ii) नींद का
   (iii) संकेत (iv) आहट
2. (i) आवाज–आवाजें (ii) चोरी–चोरियाँ
   (iii) शंका–शंकाएँ (iv) सड़क–सड़कें
3. आजकल चोरी, डकैती, राहजनी ऐसी घटनाएँ हर रोज अखबारों में पढ़ते को मिलती हैं। कुछ गुंडों ने बाइक पर आकर राह चलते महिला के गले से चैन खींचकर भाग गये या ताला तोड़कर चोर घर में घुसे और सोना पैसे लूट के ले गये आदि समाचार हम रोज पढ़ते हैं। परन्तु कभी ऐसी घटना को सामने घटते देखकर हम किसी की मदद करने के बजाय आगे ही बढ़ते रहते हैं। पुलिस और सरकार को दोष देकर हम अपना दैनिक कार्य करते रहते हैं।

परन्तु इन सारी बातों में हमें अगर सुधार लाना है तो हाथ-पर हाथ धरकर बैठे रहने के बजाय हमें कुछ करना चाहिए। आज जो हुआ है। कल वह हमारे साथ भी हो सकता है, इसलिए हमें लोगों की मदद करके या सुव्यवस्थापन करके ऐसी घटनाओं के खिलाफ आवाज उठाना चाहिए। या ऐसी घटना ही न घटे इस तरफ ध्यान देना जरूरी है।

(घ) (i) जनगणना अधिकारी (ii) आरोप पत्र
(iii) आतंरिक (iv) उपविधि
(v) नौसेनाध्यक्ष (vi) भुगतान
(vii) बीमित (viii) अभिलेख
(ix) घर्षण (x) आरेखन तालिका

विभाग – 5 व्याकरण

(क) (i) पढ़ लिखकर नौकरी करने लगा था।
(ii) प्रकाश उसमें समा जाता था।
(iii) मैं पता लगाकर आऊँगा।
(iv) यात्रा की तिथि भी आ जाती है।

(ख) (i) रूपक अलंकार (ii) उपमा अलंकार
(iii) अतिशयोक्ति अलंकार (iv) दृष्टांत अलंकार।

(ग) (i) हास्य रस (ii) वीभत्स रस
(iii) भक्तिरस (iv) शांत रस

(घ) (i) **जी-जान से काम करना**—पूरी क्षमता से काम करना।
वाक्य—मजदूर मकान बनाने के लिए जी-जान से काम करते हैं।

(ii) **राह का रोड़ा बनना**—उन्नति में बाधक बनना।
वाक्य—बुरे दोस्त अध्ययन करते समय राह का रोड़ा बनते हैं, तब उनसे दूर रहना ही अच्छा है।

(iii) **धरती पर निगाह रखना**—वास्तविकता से जुड़े रहना।
वाक्य—हमें सदैव धरती पर निगाह रखकर ही अपना कार्य करना चाहिए।

(iv) **चल बसना**—मृत्यु होना।
वाक्य—रामू की बूढ़ी माँ वृद्धावस्था में चल बसी।

(ङ) (i) प्रेरणा और ताकत बनकर परस्पर विकास में सहभागी बनें।
(ii) हमारे बीच का अंतर चलते-चलते कम हो गया था।
(iii) समय के साथ उपयोगी हो गए।
(iv) साधु तानसेन की दया पर छोड़ दिए गए।

SAMPLE PAPER-4
Hindi

Questions

विभाग – 1 गद्य (अंक–20)

(क) निम्नलिखित पठित परिच्छेद पढ़कर दी गई सूचनाओं के अनुसार कृतियाँ कीजिए।

प्रभात का समय था, आसमान से बरसती हुई प्रकाश की किरणें संसार पर नवीन जीवन की वर्षा कर रही थीं। बारह घंटों के लगातार संग्राम के बाद प्रकाश ने अँधेरे पर विजय पाई थी। इस खुशी में फूल झूम रहे थे, पक्षी मीठे गीत गा रहे थे, पेड़ों की शाखाएँ खेलती थीं और पत्ते तालियाँ बजाते थे। चारों तरफ खुशियाँ झूमती थीं। चारों तरफ गीत गूँजते थे। इतने में साधुओं की एक मंडली शहर के अंदर दाखिल हुई। उनका खयाल था—मन बड़ा चंचल है। अगर इसे काम न हो, तो इधर-उधर भटकने लगता है और अपने स्वामी को विनाश की खाई में गिराकर नष्ट कर डालता है। इसे भक्ति की जंजीरों से जकड़ देना चाहिए। साधु गाते थे—

सुमर-सुमर भगवान को,
मूरख मत खाली छोड़ इस मन को।

जब संसार को त्याग चुके थे, उन्हें सुर-ताल की क्या परवाह थी। कोई ऊँचे स्वर में गाता था, कोई मुँह में गुनगुनाता था। और लोग क्या कहते हैं, इन्हें इसकी जरा भी चिंता न थी। ये अपने राग में मगन थे कि सिपाहियों ने आकर घेर लिया और हथकड़ियाँ लगाकर अकबर बादशाह के दरबार को ले चले।

यह वह समय था जब भारत में अकबर की तूती बोलती थी और उसके मशहूर रागी तानसेन ने यह कानून बनवा दिया था कि जो आदमी रागविद्या में उसकी बराबरी न कर सके, वह आगरे की सीमा में गीत न गाए और जो गाए, उसे मौत की सजा दी जाए। बेचारे बनवासी साधुओं को पता नहीं था परंतु अज्ञान भी अपराध है। मुकदमा दरबार में पेश हुआ। तानसेन ने रागविद्या के कुछ प्रश्न किए। साधु उत्तर में मुँह ताकने लगे। अकबर के होंठ हिले और सभी साधु तानसेन की दया पर छोड़ दिए गए।

दया निर्बल थी, वह इतना भार सहन न कर सकी। मृत्युदंड की आज्ञा हुई। केवल एक दस वर्ष का बच्चा छोड़ा गया—बच्चा है, इसका दोष नहीं। यदि है भी तो क्षमा के योग्य है।

1. संजाल पूर्ण कीजिए।

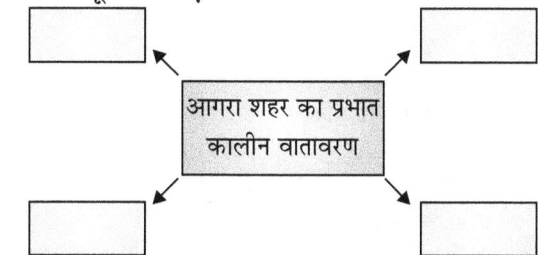

2. निम्नलिखित शब्दों के लिंग बदलकर लिखिए।
   (i) आदमी — ....
   (ii) राग — ....
   (iii) पत्ते — ....
   (iv) स्वामी — ....

3. निम्नलिखित प्रश्न का उत्तर 40 से 50 शब्दों में लिखिए:

"साधु-संतों को रागविद्या की जानकारी न होने के कारण मौत की सजा दिया जाना कितना उचित है।" इस विषय पर अपना मत स्पष्ट कीजिए।

(ख) निम्नलिखित पठित परिच्छेद पढ़कर दी गई सूचनाओं के अनुसार कृतियाँ कीजिए:

सुनो सुगंधा! तुम्हारा पत्र पाकर खुशी हुई। तुमने दोतरफा अधिकार की बात उठाई है, वह पसंद आई। बेशक, जहाँ जिस बात से तुम्हारी असहमति हो; वहाँ तुम्हें अपनी बात मुझे समझाने का पूरा अधिकार है। मुझे खुशी ही होगी तुम्हारे इस अधिकार प्रयोग पर। इससे राह खुलेगी और खुलती ही जाएगी। जहाँ कहीं कुछ रुकती दिखाई देगी; वहाँ भी परस्पर आदान-प्रदान से राह निकाल ली जाएगी। अपनी-अपनी बात कहने-सुनने में बंधन या संकोच कैसा ?

मैंने तो अधिकार की बात यों पूछी थी कि मैं उस बेटी की माँ हूँ जो जीवन में ऊँचा उठने के लिए बड़े ऊँचे सपने देखा करती है; आकाश में अपने छोटे-छोटे डैनों को चौड़े फैलाकर।

धरती से बहुत ऊँचाई में फैले इन डैनों को यथार्थ से दूर समझकर भी मैं काटना नहीं चाहती। केवल उनकी डोर मजबूत करना चाहती हूँ कि अपनी किसी ऊँची उड़ान में वे लड़खड़ा न जाएँ। इसलिए कहना चाहती हूँ कि 'उड़ो बेटी, उड़ो पर धरती पर निगाह रखकर।' कहीं ऐसा न हो कि धरती से जुड़ी डोर कट जाए और किसी अनजाने-अवांछित स्थल पर गिरकर डैने क्षत-विक्षत हो जाएँ। ऐसा नहीं होगा क्योंकि तुम एक समझदार लड़की हो। फिर भी सावधानी तो अपेक्षित है ही।

यह सावधानी का ही संकेत है कि निगाह धरती पर रखकर उड़ान भरी जाए। उस धरती पर जो तुम्हारा आधार है—उसमें तुम्हारे परिवेश का, तुम्हारे संस्कार का, तुम्हारी सांस्कृतिक परंपरा का, तुम्हारी सामर्थ्य का भी आधार जुड़ा होना चाहिए। हमें पुरानी-जर्जर रूढ़ियों को तोड़ना है, अच्छी परंपराओं को नहीं।

परंपरा और रूढ़ि का अर्थ समझती हो न तुम ? नहीं! तो इस अंतर को समझने के लिए अपने सांस्कृतिक आधार से संबंधित साहित्य अपने कॉलेज पुस्तकालय से खोजकर लाना उसे जरूर पढ़ना। यह आधार एक भारतीय लड़की के नाते तुम्हारे व्यक्तित्व का अटूट हिस्सा है, इसलिए।

बदले वक्त के साथ बदलते समय के नये मूल्यों को भी पहचानकर हमें अपनाना है पर यहाँ 'पहचान' शब्द को रेखांकित करो। बिना समझे, बिना पहचाने कुछ भी नया अपनाने से लाभ के बजाय हानि उठानी पड़ सकती है।

1. निम्नलिखित प्रश्न के उत्तर लिखिए ।
   (i) लेखिका को खुशी कब हुई ?
   (ii) हमें पुरानी रूढ़ियों को क्यों तोड़ना है ?

(iii) लेखिका किस बेटी की माँ है?

(iv) लेखिका अपनी बेटी के ऊँचाई में फैले डैनों की डोर मजबूत क्यों करना चाहती हैं?

2. शब्द युग्म को पूर्ण कीजिए:

(i) पुरानी (ii) क्षत

(iii) कहने (iv) आदान

3. निम्नलिखित प्रश्न का उत्तर 40 से 50 शब्दों में लिखिए।

"पश्चिमी सभ्यता का अंधानुकरण समाज के लिए हानिप्रद है" इस विषय पर अपना विचार स्पष्ट कीजिए।

(ग) निम्नलिखित प्रश्न का उत्तर 60 से 80 शब्दों में लिखिए। (तीन में से दो)

(i) 'पाप के चार हथियार' निबंध का उद्देश्य स्पष्ट कीजिए।

(ii) क्लोरो फ्लोरो कार्बन (सी.एफ.सी.) नामक यौगिक की खोज प्रशीतन के क्षेत्र में क्रांतिकारी उपलब्धि रही, स्पष्ट कीजिए।

(iii) पाप के चार पथियार पाठ का संदेश लिखिए।

(घ) निम्नलिखित प्रश्नों के एक वाक्य में उत्तर लिखिए। (चार में से दो)

(i) कहानी विद्या की विशेषताएँ बताइए।

(ii) सुंगधा का पत्र पाकर लेखिका को खुशी हुयी।

(iii) कन्हैयालाल मिश्र 'प्रभाकर' जी के निबंध संग्रह के नाम बताइए।

(iv) आशारानी व्होरा की प्रमुख साहित्यिक कृतियाँ लिखिए।

विभाग - 2 पद्य (अंक-20)

(क) निम्नलिखित पठित काव्यांश को पढ़कर दी गई सूचनाओं के अनुसार कृतियाँ कीजिए:

नानक गुरु न चेतनी मनि आपणे सुचेत।
छूते तिल बुआड़ जिऊ सुएं अंदर खेत॥
खेते अंदर छुट्टया कहु नानक सऊ नाह।
फली अहि फूली अहि बपुड़े भी तन विच स्वाह॥१॥
जलि मोह घसि मसि करि,
मति कागद करि सारु,
भाइ कलम करि चितु, लेखारि,
गुरु पुछि लिखु बीचारि,
लिखु नाम सालाह लिखु,
लिखु अंत न पारावार॥२॥
मर रे अहिनिसि हरि गुण सारि।
जिन खिनु पलु नामु न बिसरे ते जन विरले संसारि।
जोति-जोति मिलाइये, सुरती-सुरती संजोगु।
हिंसा हउमें गतु गए नाहीं सहसा सोगु।
गुरु मुख जिसु हार मनि बसे तिसु मेले गुरु संजोग॥३॥

1. संजाल पूर्ण कीजिए।

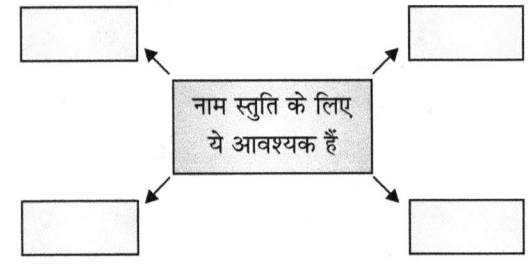

2. निम्नलिखित शब्दों के समानार्थी शब्द लिखिए:

(i) मति (ii) सुचेत

(iii) लेखारि (iv) सरू

3. निम्नलिखित प्रश्न का उत्तर 40 से 50 शब्दों में लिखिए:

'गुरु बिन ज्ञान न होइ' इस उक्ति पर अपना मत स्पष्ट कीजिए।

(ख) निम्नलिखित पठित काव्यांश पढ़कर दी गई सूचनाओं के अनुसार कृतियाँ कीजिए:

जब भी पानी किसी के सर से गुजर जाएगा।
तब वह सीने में नई आग ही लगाएगा।

×× ××

आँखों में बहुत बाढ़ है, शेष सब कुशल।
जीवन नहीं अषाढ़ है, फिर शेष सब कुशल।

×× ××

सड़क ने जब मेरे पैरों की उँगलियाँ देखीं;
कड़कती धूप में सीने पे बिजलियाँ देखीं।
साँस हमारी हमें पराये धन-सी लगती है,
साहूकार के घर गिरवी कंगन-सी लगती है।
किसी का सर खुला है तो किसी के पाँव बाहर हैं,
जरा ढंग से तू अपनी चादरों को बुन मेरे मालिक।
वह जो मजदूर मरा है, वह निरक्षर था मगर,
अपने भीतर वह रोज, इक किताब लिखता था।

1. निम्नलिखित प्रश्नों के उत्तर लिखिए:

(i) पानी सर से गुजर जाने का अर्थ क्या है?

(ii) आँखों से आँसू बाढ़ की तरह क्यों बहते रहते हैं?

(iii) मजदूर रोज क्या लिखता था?

(iv) कवि को अपनी साँस कैसी लगती है?

2. निम्नलिखित शब्दों के वचन बदलकर लिखिए:

(i) नदी— (ii) उँगलियाँ—

(iii) किताब— (iv) आँखों—

3. निम्नलिखित प्रश्न का उत्तर 40 से 50 शब्दों में लिखिए। (2)

'आकाश के तारे तोड़ लाना'—इस मुहावरे को अपने शब्दों में स्पष्ट कीजिए।

(ग) रसास्वादन कीजिए। (दो में से एक)

(i) 'गुरु निष्ठा और भक्तिभाव से ही मानव श्रेष्ठ बनता है। इस कथन के आधार पर कविता का रसास्वादन कीजिए।'

(ii) निम्नलिखित मुद्दों के आधार पर 'पेड़ होने का अर्थ' कविता का रसास्वादन कीजिए।

मुद्दे—

(1) रचना का शीर्षक (2) रचनाकार

(3) पसंद की पंक्तियाँ (4) पसंद आने का कारण

(5) कविता की केन्द्रीय कल्पना (6) प्रतीक विधान

(घ) निम्नलिखित प्रश्नों के एक वाक्य में उत्तर लिखिए।

(चार में से दो)

(i) चतुष्पदी के लक्षण लिखिए।

(ii) व्यापार में दूसरी बार छल-कपट करना असम्भव होता है।

(iii) गुरु नानक की रचनाओं के नाम लिखिए।

(iv) दोहा छंद की विशेषता लिखिए।

विभाग - 3 विशेष अध्ययन (अंक-10)

(क) निम्नलिखित पद्यांश को पढ़कर दी गई सूचनाओं के अनुसार कृतियाँ कीजिए:

दुख क्यों करती है पगली
क्या हुआ जो
कनु के ये वर्तमान अपने,
तेरे उन तन्मय क्षणों की कथा से
अनभिज्ञ हैं
उदास क्यों होती है नासमझ
कि इस भीड़-भाड़ में
तू और तेरा प्यार नितांत अपरिचित
छूट गए हैं,
गर्व कर बावरी!
कौन है जिसके महान प्रिय की
अठारह अक्षौहिणी सेनाएँ हों ?

एक प्रश्न

अच्छा, मेरे महान कनु,
मान लो कि क्षण भर को
मैं यह स्वीकार लूँ
कि मेरे ये सारे तन्मयता के गहरे क्षण
सिर्फ भावावेश थे,
सुकोमल कल्पनाएँ थीं
रँगे हुए, अर्थहीन, आकर्षक शब्द थे—

मान लो कि
क्षण भर को
मैं यह स्वीकार लूँ
कि
पाप-पुण्य, धर्माधर्म, न्याय-दंड
क्षमा-शीलवाला यह तुम्हारा युद्ध सत्य है।

1. निम्नलिखित प्रश्न के उत्तर लिखिए:
   (i) कनुप्रिया को गर्व क्यों करना चाहिए ?
   (ii) कनुप्रिया को उदास क्यों नहीं होना चाहिए ?
   (iii) **कृति पूर्ण कीजिए।**
   कनुप्रिया की तन्मयता के गहरे क्षण सिर्फ ....

2. निम्नलिखित शब्दों के समानार्थी शब्द लिखिए—
   (i) तन्मयता
   (ii) सुकोमल
   (iii) नितांत
   (iv) अनभिज्ञ

3. निम्नलिखित प्रश्न का उत्तर 40 से 50 शब्दों में लिखिए:
   प्राचीनकाल एवम् आधुनिक काल की सेनाओं के बारे में अपना मत स्पष्ट कीजिए।

(ख) निम्नलिखित प्रश्न के उत्तर 80 से 100 शब्दों में लिखिए:

(दो में से एक)

(i) राधा की दृष्टि से जीवन की सार्थकता बताइए।

(ii) 'मेरा यह सेतु-रूपी शरीर काँपता हुआ निर्जन और निरर्थक रह गया है।'—इसे 'कनुप्रिया' के आधार पर स्पष्ट कीजिए।

विभाग - 4 व्यावहारिक हिंदी अपठित गद्यांश और पारिभाषिक शब्दावली (अंक-20)

(क) निम्नलिखित प्रश्न का उत्तर 100 से 120 शब्दों में लिखिए:

फीचर लेखक को निष्पक्ष रूप से अपना मत व्यक्त करना चाहिए जिससे पाठक उसके विचारों से सहमत हो सके। इसके लेखन में शब्दों के चयन का अत्यंत महत्व है। अत: लेखन की भाषा सहज, संप्रेषणीयता से पूर्ण होनी चाहिए। फीचर के विषयानुकूल चित्रों, कार्टूनों अथवा फोटो का उपयोग किया जाए तो फीचर अधिक परिणामकारक बनता है।''

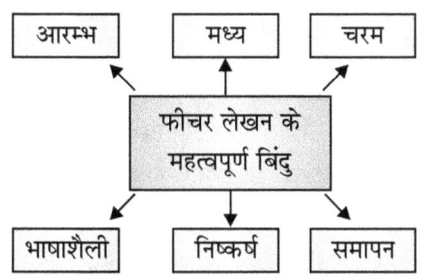

स्नेहा अपनी रौ में बोलती जा रही थी तभी एक विद्यार्थी ने अपना हाथ ऊपर उठाते हुए कहा, ''मैडम, आपने बहुत ही सुन्दर तरीके से फीचर लेखन की विशेषताओं पर प्रकाश डाला है।''

''अच्छा! तो आप लोगों को अब पता चला। आपका और कोई प्रश्न है?'' स्नेहा ने उसे आश्वस्त करते हुए पूछा।

''मैडम! मेरा प्रश्न यह है कि फीचर किन-किन विषयों पर लिखा जाता है और फीचर के कितने प्रकार हैं?'' ''बहुत अच्छा, देखिए फीचर किसी विशेष घटना, व्यक्ति, जीव-जन्तु, तीज-त्यौहार, दिन, स्थान, प्रकृति-परिवेश से सम्बन्धित व्यक्तिगत अनुभूतियों पर आधारित आलेख होता है। इस आलेख को कल्पनाशीलता, सृजनात्मक कौशल के साथ मनोरंजक और आकर्षक शैली में प्रस्तुत किया जाता है।

1. संजाल पूर्ण कीजिए—

तालिका पूर्ण कीजिए—

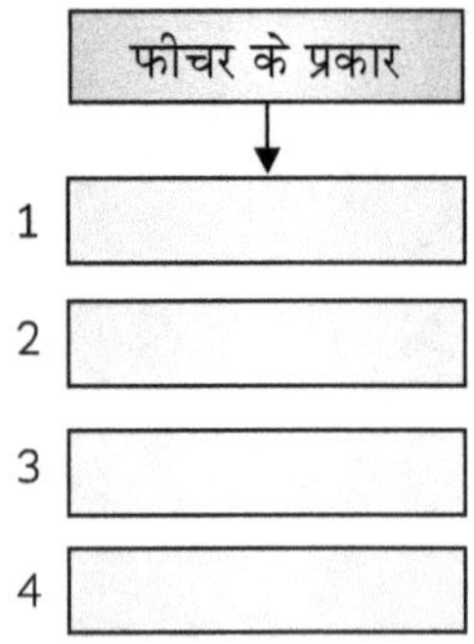

फीचर के प्रकार
1
2
3
4

2. उचित मिलान कीजिए—

1.	चुनाव	आकर्षक
2.	निश्चिन्त	सुन्दर
3.	लुभावना	चयन
4.	खूबसूरत	आश्वस्त

3. निम्नलिखित प्रश्न का उत्तर 40 से 50 शब्दों में लिखिए।

'बिना विचारे जो करे वो पाछे पछताए' इस उक्ति पर 40-50 शब्दों में अपने विचार प्रकट कीजिए।

(ख) निम्नलिखित प्रश्नो का उत्तर 80 से 200 शब्दों में लिखिए। (दो में से एक)

(i) अपने शहर की विशेषताओं पर ब्लॉग लेखन कीजिए।

(ii) 'मन के हारे हार है, मन के जीते जीत' इस पंक्ति का भाव पल्लवन कीजिए।

अथवा

सही विकल्प चुनकर वाक्य फिर से लिखिए।

(i) भगवान की सर्वश्रेष्ठ उपासना के रूप में इसे प्रतिष्ठित किया गया है :

(अ) विश्व प्रेम (ब) सच्ची अभिव्यक्ति

(स) भावना (द) निष्ठा

(ii) विषय का औचित्यपूर्ण—फीचर की आत्मा हैं।

(अ) गुण (ब) नाम

(स) शीर्षक (द) कल्पना

(iii) ब्लॉग लेखन में सामाजिक स्वास्थ्य का विचार हो जो .... न हों।

(अ) समाज उपयोगी (ब) समाज विघातक

(स) समाजशील (द) समाज युक्त

(iv) पृथ्वी के .... हिस्से पर समुद्रों की विशाल जल राशि व्याप्त हैं।

(अ) एक द्वितीयांश (ब) एक चतुर्थांश

(स) एक चौथाई (द) तीन चौथाई

(ग) निम्नलिखित अपठित परिच्छेद पढ़कर दी गई सूचनाओं के अनुसार कृतियाँ कीजिए।

''हम रसायनों के युग में रह रहे हैं। हमारे पर्यावरण की सारी वस्तुएँ और हम सब, रासायनिक यौगिकों के बने हुए हैं। हवा,मिट्टी, पानी, खाना, वनस्पति और जीव-जंतु ये सब अजूबे जीवन की रासायनिक सच्चाई ने पैदा किए हैं। प्रकृति में सैकड़ों-हजारों रासायनिक पदार्थ हैं। रसायन न होते तो धरती पर जीवन भी नहीं होता। पानी, जो जीवन के आधार है, हाइड्रोजन और ऑक्सीजन से बना एक रासायनिक यौगिक है। मधुर-मीठी चीनी, कार्बन, हाइड्रोजन और ऑक्सीजन से बनी है। कोयला और तेल, बीमारियों से मुक्ति दिलाने वाली औषधियाँ, एंटीबायोटिक्स, एस्प्रीन और पेनिसिलीन, अनाज साब्जियाँ फल और मेवे-सभी तो रसायन हैं।

जीवन जोखिम से भरा है, गुफामानव ने जब भी आग जलाई, उसने जल जाने का खतरा उठाया। जीवन-यापन के आधुनिक तरीकों के कुछ खतरों को कम किया है, पर कुछ खतरे अनेक गुना बढ़ गए हैं। ये खतरे नुकसान और शारीरिक चोट के रूप में हैं। हम सभी अपने दैनिक जीवन में जोखिम उठाते हैं। जैसे जब हम सड़क पार करते हैं, स्टोव जलाते हैं, कार में बैठते हैं, खेलते हैं, पालतू जानवरों को दुलारते हैं, घरेलू काम-काज करते हैं या केवल पेड़ के नीचे बैठे होते हैं, तो हम जोखिम उठा रहे होते हैं। इन जोखिमों में से कुछ तात्कालिक हैं, जैसे जलने का, गिरने का या अपने ऊपर कुछ गिर जाने का खतरा। कुछ खतरे ऐसे हैं जिनमे प्रभाव लंबे समय के बाद सामने आते हैं जैसे लंबे समय तक शोर-गुल वाले पर्यावरण में रहने वाले व्यक्तियों की श्रवणशक्ति कम हो सकती है।

क्या रसायन भी जोखिम उत्पन्न करते हैं ? स्पष्ट है कि कुछ अवश्य करते हैं। उनमें से अनेक बहुत अधिक जहरीले हैं, कुछ प्रचंड विस्फोट करते हैं और कुछ अन्य अचानक आग पकड़ लेते हैं, ये रसायनों के कुछ तात्कालिक 'उग्र' खतरे हैं। रसायनों में कुछ दीर्घकालीन खतरे भी होते हैं, क्योंकि कुछ रसायनों के संपर्क में अधिक समय तक रहने पर, चाहे उन रसायनों का स्तर लेशमात्र ही क्यों न हो, शरीर में बीमारियाँ पैदा हो सकती हैं।''

1. आकृति पूर्ण कीजिए :

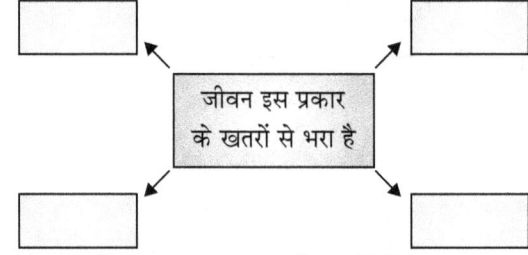

जीवन इस प्रकार के खतरों से भरा है

2. परिच्छेद में प्रयुक्त शब्द-युग्म ढूँढकर लिखिए।

(i) जीव— (ii) सैकड़ों—

(iii) काम— (iv) मधुर—

3. निम्नलिखित प्रश्न का उत्तर 40 से 50 शब्दों में लिखिए।

'ध्वनि प्रदूषण' इस विषय पर अपने विचार लिखिए।

(घ) निम्नलिखित शब्दों की पारिभाषिक शब्दावली लिखिए। (आठ में से चार)

(i) Ambassador (ii) Custodian

(iii) Interpreter (iv) Amendment

(v) Deduction (vi) Warning

(vii) Balance Sheet (viii) Optic Fibre

विभाग – 5 व्याकरण (अंक-10)

(क) निम्नलिखित वाक्यों का काल परिवर्तन करके वाक्य फिर से लिखिए। (चार में से दो)

(i) मौसी कुछ नहीं बोल रही थी। (अपूर्ण वर्तमानकाल)
(ii) सुधारक आते हैं। (पूर्ण भूतकाल)
(iii) गर्ग साहब ने अपने वचन का पालन किया। (सामान्य भविष्यकाल)
(iv) ट्रस्ट के सचिव ने मुझे एक लिफाफा दिया। (अपूर्ण भूतकाल)

(ख) निम्नलिखित उदाहरणों के अलंकार पहचानकर लिखिए। (चार में से दो)

(i) ऊँची-नीची सड़क, बुढ़िया के कूबड़-सी।
नंदनवन-सी फूल उठी, छोटी-सी कुटिया मेरी।
(ii) पायो जी मैंने राम रतन धन पायो।
(iii) जान पड़ता है नेत्र देख बड़े-बड़े।
हीरकों में गोल नीलम हैं जड़े॥
(iv) करत-करत अभ्यास के, जड़ मति होत सुजान।
रसरी आवत जात है, सिल पर पड़त निसान॥

(ग) निम्नलिखित उदाहरणों के रस पहचानकर लिखिए। (चार में से दो)

(i) श्रीकृष्ण के वचन सुन, अर्जुन क्रोध से जलने लगें।
सब शोक अपना भूलकर, करतल युगल मलने लगे।
(ii) कहत, नटत, रीझत, खिझत, मिलत, खिलत, लजियात।
भरे भौन में करत हैं, नैननु ही सौं बात॥
(iii) समदरसी है नाम तिहारो, सोई पार करो,
एक नदिया इक नार कहावत, मैलो नीर भरो,
एक लोहा पूजा में राखत, एक घर बधिक परो,
सो दुविधा पारस नहीं जानत, कंचन करत खरो।
(iv) बिनु-पग चलै, सुनै बिनु काना।
कर बिनु कर्म करै, विधि नाना।
आनन रहित सकल रस भोगी।
बिनु वाणी वक्ता, बड़ जोगी॥

(घ) निम्नलिखित मुहावरों का अर्थ लिखकर वाक्य में प्रयोग कीजिए। (चार में से दो)

(i) लहू सूखना
(ii) ढाँचा डगमगा उठना
(iii) फलीभूत होना
(iv) हाहाकार मचना

(ङ) निम्नलिखित वाक्य शुद्ध करके फिर से लिखिए। (चार में से दो)

(i) अतिथि आए हैं, घर में सामाने नहीं है।
(ii) उसमें फुलों बिछा दें।
(iii) कहाँ खौं गई है आप।
(iv) बैजू हाथ बाँधकर खड़े हो गया।

Answer Key

विभाग – 1 गद्य

(क)
1.

```
फूल झूम रहे थे          पक्षी मीठे गीत गा रहे थे
        ↖         ↗
         आगरा शहर का प्रभात
         कालीन वातावरण
        ↙         ↘
पेड़ों की शाखाएँ         पत्ते तालियाँ
खेलती थी               बजाते थे
```

2. (i) आदमी – औरत (ii) राग – रागिनी
(iii) पत्ते – पत्तियाँ (iv) स्वामी – स्वामिनी

3. साधु-संत किसी से सुने भजन-कीर्तन अपने-अपने तरीके से गाते हैं। ईश्वर की आराधना में लीन रहने वाले ये लोग दुनिया से विरक्त होते हैं। उन्हें संगीत का, राग-विद्याछंद का समुचित या विशिष्ट ज्ञान नहीं होता है। वे सिर्फ ईश्वर की आराधना में लीन रहने वाले लोग होते हैं। वे भजन ईश्वर की आराधना के लिए गाते हैं, जिससे उन्हें आत्म-संतुष्टि मिलती है।

आगरा शहर में अकबर के मशहूर रागी तानसेन ने यह नियम बनवा दिया था कि, जो आदमी राग-विद्या में तानसेन की बराबरी न कर सकें, वह आगरा की सीमा में गीत न गाए। अगर ऐसा आदमी आगरा की सीमा में गीत गाए, तो उसे मौत की सजा दी जाए। एक दिन आगरा शहर में बिना सुर-ताल की परवाह किए हुए, बादशाह के कानून से अनभिज्ञ ये साधु गीत गाते जा रहे थे। तब उन्हें इस जुर्म में पकड़कर ले जाया गया कि वे आगरा की सीमा में गाते हुए जा रहे थे। और तानसेन के नियम के अनुसार उन्हें मौत की सजा दे दी गई। साधुओं को मौत की सजा देना उनके साथ घोर अन्याय है। तानसेन जैसे रागी को, कलाकार को दूसरों की कला का सच्चा आदर करना चाहिए न कि ऐसे नियम बनवाकर साधु संतों को दंड दे। सच्चा कलाकार वही है, जो दूसरों की कला को सम्मान दें। उन्हें मौत की सजा देना अनुचित है।

(ख)
1. (i) सुगंधा का पत्र पाकर लेखिका को खुशी हुई।

(ii) हमें पुरानी रूढ़ियों को इसलिए तोड़ना है, क्योंकि उन रूढ़ि-परंपरा का पालन करके समाज पिछड़ रहा है, वह समय के साथ अनुपयोगी हो गई हैं। उन्हें छोड़ देना ही बेहतर है।

(iii) लेखिका उस बेटी की माँ है, जो जीवन में ऊँचा उठने के लिए बड़े ऊँचे सपने देखा करती है, आकाश में अपने छोटे डैनों को चौड़े फैलाकर।

(iv) लेखिका अपनी बेटी के ऊँचाई में फैले डैनों की डोर मजबूत करना चाहती है, क्योंकि अपनी किसी उड़ान में वे लड़खड़ा न जाएँ।

2. (i) जर्जर (ii) विक्षत

(iii) सुनने (iv) प्रदान

3. आधुनिकता के नाम पर भारतीय अपनी संस्कृति को भूलते जा रहे हैं। पश्चिमी सभ्यता उन्हें अच्छी लगने लगी है। कपड़े पहनने का तरीका हो या बोलचाल, खान-पान का, लोग पश्चिम सभ्यता को अपनाने में अपनी शान समझने लगे हैं। यह भी नहीं सोचते कि यह सभ्यता या उनके ढंग हमारे देश, समाज के अनुकूल है या नहीं। पश्चिमी सभ्यता का अनुकरण करके लोग पछताने लगे हैं। इस कारण समाज में अराजकता निर्माण हो गयी है। पश्चिमी सभ्यता को अपनाते हुए आज घरों में दोनों को नौकरी करनी पड़ रही है। इस कारण घर के बड़े और बच्चों की तरफ ध्यान देना कठिन हो रहा है। परिणामस्वरूप बच्चों के लिए 'डे केअर सेंटर' और बूढ़ों के लिए 'वृद्धाश्रम' की संख्या बढ़ती जा रही है।

भारतीय सभ्यता संस्कृति और परंपराओं को अपनाना बहुत जरूरी हो गया है। पश्चिमी लोगों का अनुकरण हमारे लिए हानिकारक सिद्ध हो रहा है।

(ग) (i) लेखक, कन्हैयालाल मिश्र जी 'पाप के चार हथियार' इस पाठ में वास्तविक सामाजिक समस्या की ओर हमारा ध्यान आकर्षित किया है। संसार में चारों ओर अन्याय, अत्याचार, भ्रष्टाचार और पाप व्याप्त है। इनसे मुक्ति दिलाने के लिए अनेक समाज-सुधारकों, समाज सेवकों और महापुरुषों ने, संत-महात्माओं ने प्रयास किए हैं। प्रयास करते समय समाज का कुछ वर्ग उनके साथ होता है, और कुछ वर्ण उनकी उपेक्षा, निंदा करता है। उनको समाज का अन्याय, अत्याचार रोकने के लिए सहकार्य नहीं मिल पाता। उनकी अवहेलना होती है।

कभी-कभी समाज सुधारकों को अपनी जान गँवानी पड़ती हैं। उनकी मृत्यु के पश्चात् भी लोग उनके विचारों को नहीं अपनाते बल्कि उनका स्मारक, मंदिर बनाकर उनको पूजते हैं। पूजने की उपेक्षा लोग अगर समाज सुधारकों को सुधारना करने में सहकार्य करें तो समाज में अच्छा परिवर्तन जरूर आयेगा। उनके विचारों को अपनाकर उन विचारों पर चलना चाहिए। तभी समाज अन्याय, अत्याचार, पाप, भ्रष्टाचार से मुक्ति प्राप्त कर सकेगा। यही 'पाप के चार हथियार' इस निबंध का उद्देश्य हैं।

(ii) सन् 1930 से पहले प्रशीतन के लिए अमोनिया और सल्फर डाइऑक्साइड गैसों का प्रयोग किया जाता था, परन्तु इसके प्रयोग में व्यावहारिक कठिनाइयों के साथ अत्यंत तीक्ष्ण होने के कारण मानव स्वास्थ्य के लिए हानिकारक थीं। इससे मुक्ति पाने के लिए वैज्ञानिकों को एक अरसे से उचित विकल्प की तलाश थी। तीस के दशक में थॉमस मिडले द्वारा क्लोरो फ्लोरो कार्बन (सी.एफ.सी.) नामक यौगिक की खोज प्रशीतन के क्षेत्र में एक क्रांतिकारी उपलब्धि रही।

यह रसायन सर्वोत्तम प्रशीतक हो सकते है क्योंकि ये रंगहीन, गंधहीन, अक्रियाशील होने के साथ अज्वलनशील भी थे। इसी कारण यह आदर्श प्रशीतक माने गए। सी.एफ.सी. यौगिकों का उत्पादन बड़ी मात्रा में होने लगा रेफ्रिजरेटर, एयरकंडिशनर, दवाएँ, प्रसाधन सामग्री आदि में इसका प्रयोग होने लगा। और प्रशीतन प्रौद्योगिकी में एक क्रांति-सी आ गयी।

(iii) 'पाप क`चार हथियार' पाठ में लेखक कन्हैयालाल मिश्र 'प्रभाकर' ने एक ज्वलंत समस्या की ओर ध्यान आकर्षित किया है। संसार में चारों ओर पाप, अन्याय और अत्याचार व्याप्त है, फिर भी कोई संत, महतमा, अवतार, पैगंबर या सुधारक इससे मुक्ति का मार्ग बताता है, तो लोग उसकी बातों पर ध्यान नहीं देते और उसकी अवहेलना करते हैं। उसकी निंदा करते हैं। इतना ही नहीं, इस प्रकार के कई सुधारकों को तो अपनी जान तक गँवा देनी पड़ी है। लेकिन यही लोग सुधारकों, महात्माओं की मृत्यु के पश्चात् उनके स्मारक और मंदिर बनाते हैं और उनके विचारों और कार्यों का गुणगान करते नहीं थकते। जो लोग सुधारक के जीवित रहते उसकी बातों को अनसुना करते रहे, उसकी निंदा करते रहे और उसकी जान के दुश्मन बने रहे, उसकी मृत्यु के पश्चात् उन्हीं लोगों के मन में उसके लिए श्रद्धा की भावना उमड़ पड़ती है और वे उसके स्मारक और मंदिर बनने लगते हैं।

इस प्रकार लेखक ने 'पाप के चार हथियार के द्वारा यह संदेश दिया है कि सुधारकों और महात्माओं के जीते जी उनके विचारों पर ध्यान देने और उन पर अमल करने से ही समस्याओं का समाधान होता है, न कि स्मारक और मंदिर बनाने से।

(घ) (i) समाज में बदलते मूल्यों, विचारों और दर्शन ने सदैव कहानियों को प्रभावित किया है। कहानियों के द्वारा हम किसी भी काल की सामाजिक, राजनीतिक दशा का परिचय आसानी से पा सकते हैं।

(ii) सुगधा का पत्र पाकर लेखिका को खुशी हुयी क्योंकि सुगंधा लेखिका की पुत्री थी।

(iii) कन्हैयालाल मिश्र 'प्रभाकर' जी के निबंध संग्रह के नाम हैं—'जिंदगी मुस्कुराई', 'बाजे पायलिया के घुँघरू', 'जिंदगी लहलहाई', 'महके आँगन-चहके द्वार' आदि।

(iv) 'भारत की प्रथम महिलाएँ, स्वतंत्रता सेनानी लेखिकाएँ', क्रांतिकारी किशोरी, स्वाधीनता से जानी, लेखक-पत्रकार आदि आशारानी व्होरा जी की प्रमुख कृतिया हैं।

विभाग - 2 पद्य

(क)

1.

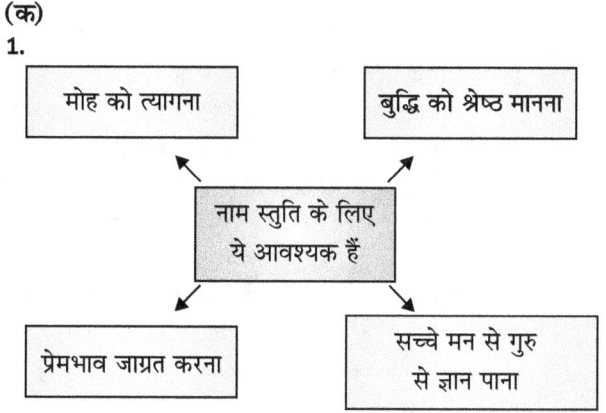

2. (i) मति–बुद्धि (ii) सुचेत–सचेत
(iii) लेखारि–लेखक (iv) सऊ–ईश्वर

3. संत कबीर जी ने अपने विचारों में गुरु को ईश्वर के बराबर का स्थान दिया है। ज्ञान तो हमें कहीं भी जैसे–किताबों से, कहानी से मिल सकता है। परन्तु विशिष्ठ ज्ञान हमें गुरु से ही प्राप्त होता है। परमेश्वर की ओर जाने का मार्ग गुरु ही बताते हैं, इसलिए गुरु को श्रेष्ठ माना गया है।

व्यक्ति गुरु से ज्ञान प्राप्त करके ही विभिन्न कलाओं में पारंगत होता है। बचपन में पालन-पोषण करने वाले बोलना-खाना-पीना समाज में बर्ताव कैसे करें यह सब सिखाने वाले माता-पिता हमारे गुरु होते हैं। जब हम स्कूल जाते हैं, तब अध्यापकों से किताबों के ज्ञान के साथ अन्य ज्ञान हमें मिलता है, तब यह अध्यापक वर्ग हमारे गुरु होते हैं। जीवन में विभिन्न स्तर पर हमें काम-काज करने का तरीका सीखना पड़ता है, तब जिनसे भी हम सीखते हैं। वे गुरु के समान होते हैं। अच्छी, उपयोगी ज्ञान, शिक्षा देने वाले गुरु होते हैं। वैज्ञानिक, बड़े-बड़े विद्वान गुरु से ज्ञान प्राप्त करके ही महान् बनते हैं। मनुष्य का अज्ञान दूर करने का काम गुरु करते हैं। गुरु की महिमा अपरंपार है। गुरु की महत्ता का वर्णन इस प्रकार किया जाता है–

''गुरुर्विष्णु गुरुदेवो महेश्वर गुरुर्ब्रह्मा :
गुरुः साक्षात्परब्रह्मा तस्मै श्री गुरुवे नमः''

इस प्रकार गुरु के बिना ज्ञान अधूरा है।

(ख)

1. (i) **पानी सर से गुजर जाने का अर्थ है**–परिस्थिति का हाथों से निकल जाना।

(ii) जीवन में निरंतर मिलती निराशाओं के कारण **आँखों से आँसू बाढ़ की तरह बहते रहते हैं।**

(iii) **मजदूर रोज किताब लिखता था।**

(iv) कवि को अपनी साँस पराए धन-सी लगती हैं।

2. (i) नदी–नदियाँ (ii) उँगलियाँ–उँगली
(iii) किताब–किताबें (iv) आँखों–आँख

3. 'आकाश के तारे तोड़ लाना'–इस मुहावरे का अर्थ है–असंभव कार्य को संभव करना किसी भी कठिन काम को कर दिखाना उसे आकाश के तारे तोड़ लाना कहते हैं। जब कोई व्यक्ति कठिन कार्य जो असंभव है वह आसानी से उसकी पूर्ति कर दे, तब उसके इस असंभव या कठिन कार्य के लिए इस उपर्युक्त मुहावरे का प्रयोग किया जाता है। प्रस्तुत मुहावरे में अतिशयोक्ति प्रयोग किया है। जो काम सहजता नहीं होता, असीमित कठिनाइयों से भरा होता है जो करने में सभी को असंभव लगता हो, वह कार्य कर दिखाना अर्थात् आकाश के तारे तोड़ लाने के बराबर है।

जैसे–हिमालय पर चढ़ना आकाश के तारे तोड़ने के बराबर है।

(ग) (i) कवि गुरु नानक जी ने अपने पदों में गुरु निष्ठा एवं भक्तिभाव को महत्त्वपूर्ण स्थान दिया है। गुरु के बिना ज्ञान नहीं मिलता। गुरु के प्रति एकनिष्ठ होकर ही सच्चा ज्ञान प्राप्त होता है। गुरुनिष्ठा और भक्तिभाव एक ही सिक्के के दो पहलू हैं। ईश्वर की भक्ति के लिए गुरुनिष्ठा और भक्तिभाव दोनों की जरूरत होती है। इसके बिना ईश्वर की भक्ति नहीं हो सकती। गुरु से ज्ञान प्राप्त होने पर मानव का अहंकार दूर होकर वास्तविकता से उसकी पहचान होती है। मानव के मन में अनेक विकार होते हैं, जिस कारण मनुष्य सही-गलत का फर्क समझ नहीं पाता। परन्तु गुरु से ज्ञान प्राप्त होने पर मानव के सारे मनोविकार नष्ट हो जाते हैं।

गुरु के प्रति सच्ची श्रद्धा निष्ठा होनी चाहिए तभी मानव का अज्ञान दूर होकर ज्ञान का प्रकाश चारों तरफ फैलेगा। कवि गुरु नानक जी की दृष्टि से जो लोग स्वयं को ज्ञानी समझकर गुरु के प्रति लापरवाही दिखाते हैं। वे व्यर्थ में ही उगने वाले शिशु की साड़ियों के समान हैं। ऐसे लोग बाहर से दिखावा करते दिखाई देते हैं, परन्तु भीतर से गंदगी और मैल के सिवा कुछ दिखाई नहीं देता है। गुरु के प्रति भक्ति और निष्ठा का महत्त्व बताते हुए कवि कहते हैं–मनुष्य में होने वाले मोह को जलाकर उसकी स्याही बनानी चाहिए और बुद्धि को श्रेष्ठ कागज समझना चाहिए, प्रेम भाव की कलम बनाकर गुरु निष्ठा की स्तुति करनी चाहिए।

ईश्वर के प्रति की गई भक्ति निस्वार्थी, निश्चल होनी चाहिए। अहंभाव छोड़कर एकाग्रचित्त होकर ईश्वर की आराधना करनी चाहिए। जब तक मनुष्य में 'मैं' का भाव रहेंगा तब उसे ईश्वर के दर्शन नहीं हो पाएगें। ईश्वर का वास्तविक दर्शन हमारे हृदय में होता है। परन्तु हम नाहक ही उसे मंदिर, मस्जिद, चर्च में ढूँढते है। उसके लिए ईश्वर की भक्ति ही सुगम हो जाती है। गुरु नानक ने अपने पदों में इन्हीं बातों को सुगमता के साथ कहा है।

इस प्रकार मनुष्य गुरु के प्रति सच्ची निष्ठा और भक्ति भावना से ही श्रेष्ठता को प्राप्त कर सकता है।

(ii) **मुद्दे–**

(1) रचना का शीर्षक–पेड़ होने का अर्थ

(2) रचनाकार–डॉ. मुकेश गौतम

(3) पसंद की पंक्तियाँ–थके राहगीर को देकर छाँव व ठंडी हवा राह में गिरा देता है फूल और करता है इशारा उसे आगे बढ़ने का।

(4) **पसंद आने का कारण**—प्रस्तुत कविता में कवि ने पेड़ के माध्यम से मनुष्य को परोपकार, मानवता जैसे—मानवोचित गुणों की प्रेरणा दी है। साथ पेड़ मनुष्य का हौसला बढ़ाते हैं, समाज के प्रति जिम्मेदारी का निर्वाह करना सिखाते हैं। पेड़ ने ही भारतीय संस्कृति को जीवित रखा है, और मानव को संस्कारशील बनाया है। इन्हीं बातों से हमें अवगत कराया है।

(5) **कविता की केन्द्रीय कल्पना**—जीवन की सार्थकता सब कुछ निस्वार्थ रूप से दूसरों को देने में है। पेड़ मनुष्य का हौसला बढ़ाता है। समाज के प्रति जिम्मेदारी का निर्वाह करना सिखाता है। पेड़ मनुष्य को संस्कृति से अवगत कराता है। पेड़ मानव जाति का बहुत बड़ा शिक्षक है। यही इस कविता की केन्द्रीय कल्पना है।

(6) **प्रतीक विधान**—कवि ने पेड़ को परोपकारी, सर्वस्व न्यौछावर करने वाला दर्शाया है। ऐसे महान त्यागी के लिए महर्षि दधीचि जैसे—महानदाता तथा संत का प्रतीक के रूप में सटीक उपयोग किया है।

(घ) (i) चतुष्पदी चौपाई की भाँति चार चरणों वाला छंद होता है। इसके प्रथम, द्वितीय तथा चतुर्थ चरण में पंक्तियों के तुक मिलते हैं। तीसरे चरण का तुक नहीं मिलता। प्रत्येक चतुष्पदी भाव और विचार की दृष्टि से अपने आप में पूर्ण होती है और कोई चतुष्पदी किसी दूसरी से संबंधित नहीं होती।

(ii) व्यापार में पहली बार किया गया छल-कपट सामने वाले पक्ष को समझते देर नहीं लगती। दूसरी बार वह सतर्क हो जाता है। इसलिए व्यापार में दूसरी बार छल-कपट करना असम्भव होता है।

(iii) गुरु नानक की रचनाओं के नाम हैं—गुरु ग्रंथसाहिब आदि।

(iv) दोहा अर्द्ध सममात्रिक छंद हैं। इसके चार चरण होते हैं। दोहे के प्रथम और तृतीय चरण में 13-13 मात्राएँ होती हैं तथा द्वितीय और चतुर्थ चरणों में 22-22 मात्राएँ होती हैं। दोहे के प्रत्येक चरण के अंत में लघु वर्ण आता है।

विभाग - 3 विशेष अध्ययन

(क)

1. (i) कनुप्रिया को गर्व करना चाहिए क्योंकि, उसके प्रिय के कनु के अठारह अक्षौहिणी सेनाएँ हैं।

(ii) कनुप्रिया को उदास नहीं होना चाहिए क्योंकि भीड़-भाड़ में वह और उसका प्यार नितांत अपरिचित छूट गए हैं।

(1) (i) सुकोमल कल्पनाएँ थी। (ii) रँगे हुए अर्थहीन शब्द थे।

2. (i) **तन्मयता**—तल्लीनता (ii) **सुकोमल**—नाजुक

(iii) **नितांत**—अत्यंत (iv) **अनभिज्ञ**—अनजान

3. आधुनिक काल की तरह प्राचीन काल में तकनीकी विकास नहीं हुआ था। प्राचीन काल की सेना पैदल सैनिकों पर आधारित होती थीं। उसमें अश्व सेना, गज सेना, रथों का प्रयोग, पैदल सेना आदि प्रमुख होते थे। राजा-महाराजा और सामंत लोग रथों का प्रयोग युद्ध में करते थे। पैदल या अन्य सैनिकों के पास तलवारें, धनुष-बाण, कटार, भाले, गदा आदि हथियार होते थे। युद्ध आमने-सामने होता था, इसलिए सैनिकों की संख्या अधिक होती थी। सेनाओं के पास आधुनिक काल की तरह विनाशक अस्त्र-शस्त्र नहीं थे। बाँब, मिसाईल नहीं थे। आधुनिक सेनाएँ आधुनिक हथियारों से सुसज्ज होती हैं। सेनाएँ जल सेना, थल सेना, वायु सेना में विभाजित होती है। जल सेना के पास अनेक प्रकार की पनडुब्बियाँ, युद्धक जहाज, क्रूज मिसाइल होते हैं। थल सेना के पास गोला-बारूद, हजारों मील तक मार करने वाली मिसाइलें होती हैं। साथ ही आधुनिक राइफलें होती है, विकसित तकनीक जो दूर-दूर तक वार करती हैं। वायु सेना के पास अनेक संहारक बम, विमान रॉकेट जो क्षण में पूरा विनाश कर सकते हैं।

इस प्रकार प्राचीनकाल की सेनाओं और आधुनिक काल की सेनाओं में बहुत अधिक अंतर हैं।

(ख) (i) राधा युद्ध को निरर्थक मानती हैं। प्रस्तुत काव्य में राधा का कहना यह है कि, यदि श्रीकृष्ण अर्थात् कनु ने राधा से प्रेम किया है, तो वे महाभारत के युद्ध का अवलंब क्यों करते हैं। कृष्ण के प्रति राधा का प्रेम निर्मल और निश्छल है। वह जीवन की समस्त घटनाओं और व्यक्तियों को केवल प्यार की कसौटी पर ही कसती है। राधा को केवल कृष्ण के साथ चरम तन्मयता के गुजारे क्षण ही याद हैं। उन्हीं क्षणों में वह जीती हैं। राधा ने श्रीकृष्ण से स्नेहासिक्त ज्ञान ही पाया है। उसने सहज जीवन जीया है। कृष्ण के साथ तन्मयता के क्षणों में डूबकर जीवन की सार्थकता प्राप्त की है।

राधा को श्रीकृष्ण के मुँह से निकले कर्म, स्वधर्म, निर्णय, दायित्व इन शब्दों को वह समझ नहीं पाती है। श्रीकृष्ण के अधरों से प्रणय के शब्द पहली बार उसने सुने है, जो उससे कहे थे। वह सिर्फ इन्हीं शब्दों को सुनना, समझना चाहती हैं। श्रीकृष्ण के युद्ध के अवलंब के बाद भी राधा श्रीकृष्ण का साथ देती हैं। उसका प्रेम निश्छल है, इसलिए उदास नहीं रहना चाहिए बल्कि उसे कनु की अठारह अक्षौहिणी सेना होने का गर्व करना चाहिए। कनु के शब्दों में राधा को केवल अपना ही नाम राधन्...............राधन्...............राधन् सुनाई देता है।

इस प्रकार राधा की दृष्टि से प्रेम का त्याग करके युद्ध का अवलंबन न करना निरर्थक हैं। इसलिए उसके अनुसार जीवन की सार्थकता प्रेम की पराकाष्ठा में हैं।

(ii) 'कनुप्रिया' डॉ. धर्मवीर भारती रचित एक बेजोड़ अनूठी और अद्‌भुत कृति है। यह राधा और कृष्ण के प्रेम और महाभारत की कथा से संबंधित कृति है। राधा के अनुसार प्रेम ही सर्वोपरि है। श्रीकृष्ण महाभारत के युद्ध के महानायक हैं। उन्होंने युद्ध का अवलंब क्यों किया है ? राधा ने उनसे सिर्फ प्रेम और प्रणय का ज्ञान लिया है उनके साथ चरम तन्मयता के क्षण उसने गुजारे हैं। और वही कनु अर्थात् कृष्ण महाभरत के युद्ध के महानायक बनें। इसलिए राधा के अनुसार प्रेम से लेकर युद्ध के मैदान तक उन्होंने राधा को ही सेतु बना दिया है।

कृष्ण नीचे की घाटी से ऊपर के शिखरों पर चले गए, परन्तु बली राधा की चढ़ी है, उसके प्रेम की बलि चढ़ी है, ऐसे राधा को लगता है। राधा के अनुसार उसके ही सिर पर पैर रखकर उसकी बाँहों से श्रीकृष्ण उसका प्रेम, प्रेमरूपी इतिहास ले गए हैं। वे जो राधा के साथ तन्मयता के क्षण जीये हैं, उस क्षणों से उस क्षेत्र से उठकर युद्ध क्षेत्र तक की अलंघ्य दूरी तय करने के लिए श्रीकृष्ण ने कनुप्रिया (राधा) को ही सेतु बनाया है, ऐसे राधा को लगता है।

इसलिए राधा कहती हैं कि इन शिखरों और मृत्यु-घाटियों के बीच बने सोने के पलके और गुँथे हुए तारों से बने पुल की तरह उसका यह सेतु-रूपी शरीर काँपता हुआ निर्जन और निरर्थक रह गया है।

विभाग - 4 व्यावहारिक हिंदी अपठित गद्यांश और पारिभाषिक शब्दावली

(क) श्रोता और वक्ता को जोड़ने वाली कड़ी मंच संचालक होता है। मंचीय आयोजन में मंच पर आने वाला पहला व्यक्ति संचालक ही होता है। मंच संचालन एक कला है। कार्यक्रम में जान डाल देने का काम एक अच्छा मंच संचालक ही करता है। सभा की या कार्यक्रम की शुरूआत वहीं करता है। उत्तम मंच संचालक बनने के लिए जिस ढंग का कार्यक्रम हो उसी ढंग से तैयारी करनी चाहिए। कार्यक्रम की शुरूआत जिज्ञासाभरी होनी चाहिए। संचालक का व्यक्तित्व पहली नजर में ही सामने आता है। इस कारण उसकी वेशभूषा, केश सज्जा सहज व गरिमामयी होनी चाहिए।

संचालक का व्यक्तित्व और आत्मविश्वास ही मंच पर आते ही शब्दों में उतरकर श्रोता तक पहुँचता है। सहजता, सतर्कता और उत्साहवर्धन उसके मुख्य गुण हैं। संचालक को कार्यक्रम के अनुरूप संहिता लेखन करना चाहिए। भाषा का समयानुकूल प्रयोग करके कार्यक्रम की गरिमा को बढ़ाना चाहिए। इसलिए पढ़ाई में रुचि रखकर ज्ञान बढ़ाना चाहिए। कार्यक्रम का स्वरूप, स्थान विषय प्रस्तुतियों की संख्या, क्रम अतिथियों के संदर्भ में जानकारी लेना आवश्यक है। अचानक हुए परिवर्तन के अनुसार संहिता में परिवर्तन कर कार्यक्रम को सफल बनाना चाहिए।

उत्तम मंच संचालक के लिए प्रोटोकॉल का ज्ञान, प्रभावशाली व्यक्तित्व, हँसमुख, हाजिरजवाबी तथा विविध विषयों का ज्ञान होना चाहिए। इसलिए मंच संचालक को हर प्रकार के साहित्य का अध्ययन करना जरूरी है। इस अतिरिक्त संचालक को समयानुकूल चुटकुलों तथा रोचक घटनाओं से श्रोताओं को बाँध रखने की क्षमता होनी चाहिए। किसी प्रख्यात साहित्यकार के कथन का उल्लेख कार्यक्रम में प्रभावशाली साबित होता है। मंच संचालक को भाषा की शुद्धता शब्दों का चयन, शब्दों का उचित प्रयोग तथा भाषा का पर्याप्त ज्ञान होना आवश्यक है। तभी एक उत्तम मंच संचालक की ख्याति बढ़ती है। उत्तम मंच संचालक सभी गुणों युक्त, सभी गुण आत्मसात करने वाला होना चाहिए।

अथवा

1. (i) संजाल पूर्ण कीजिए—

फीचर के प्रकार

1 व्यक्तिपरक फीचर

2 विवरणात्मक फीचर

3 सूचनात्मक फीचर

4 विश्लेषणात्मक फीचर

2.

1.	चुनाव	चयन
2.	निश्चिन्त	आश्वस्त
3.	लुभावना	आकर्षक
4.	खूबसूरत	सुन्दर

3. बिना बिसारे जो करें सो पाछे पछताय से तात्पर्य है कि जो मनुष्य किसी भी कार्य को करने से पहले, कुछ भी नहीं सोचता है व उस कार्य को पहचानता नहीं है, और उसे कर ही देता है। फिर उसे अपनी गलती का एहसास होने लगता है, तो वह उस समय पछताता है। मनुष्य सबसे बुद्धिमान प्राणी है, उसमें सोचने समझने की बुद्धि है। इसलिए लोगों को अपने कार्य करने से पहले समझ जरूर लेना चाहिए, उस पर विचार करना चाहिए।

(ख)(i) एक आदर्श शहर को जीवंत और समकालीन होना चाहिए। अपना शहर ऐसा होना चाहिए जिसमें इतिहास और सांस्कृतिक जीवन का मिश्रण हो, जो समृद्ध हो, जिसमें रोमांचक विशेषताएँ हों। मैं पुणे में रहता हूँ। यह महाराष्ट्र का नामांकित शहर है। एक सुंदर व आदर्श शहर है। पुणे का इतिहास तो सभी जानते हैं। मुझे पुणे से बहुत प्यार है। यह शहर विकास करने के लिए बहुत उपयुक्त शहर है।

संस्कृतियों वाला शहर—पुणे भारत के महाराष्ट्र राज्य का एक महत्त्वपूर्ण शहर है। यह शहर महाराष्ट्र के पश्चिम भाग भुजा व मुठा इन दो नदियों के किनारे बसा है। पुणे जिला का प्रशासकीय मुख्यालय है। पुणे भारत का छठवाँ सबसे बड़ा शहर व महाराष्ट्र का दूसरा सबसे बड़ा शहर है। सार्वजनिक सुख-सुविधा व विकास के हिसाब से पुणे महाराष्ट्र में मुंबई के बाद अग्रसर है। अनेक नामांकित शिक्षण संस्थायें होने के कारण इस शहर को 'पूरब का ऑक्सफोर्ड' भी कहा जाता है। पुणे में अनेक प्रौद्योगिकी और ऑटोमोबाईल उपक्रम हैं, इसलिए पुणे भारत का "डेट्राइट" जैसा लगता है। काफी प्राचीन ज्ञात इतिहास से पुणे शहर महाराष्ट्र की सांस्कृतिक राजधानी माना जाता है। मराठी भाषा इस शहर की मुख्य भाषा है।

उच्च शिक्षण की सुविधा—पुणे शहर में लगभग सभी विषयों के उच्च शिक्षण की सुविधा उपलब्ध है। पुणे विद्यापीठ, राष्ट्रीय रासायनिक प्रयोगशाला, आयु का आगरकर संशोधन संस्था, सन्डैक जैसी अंतर्राष्ट्रीय स्तर के शिक्षण संस्थान यहाँ है। पुणे फिल्म इंस्टिट्यूट भी काफी प्रसिद्ध है।

औद्योगिक केन्द्र—पुणे महाराष्ट्र व भारत का एक महत्वपूर्ण औद्योगिक केंद्र है। टाटा मोटर्स, बजाज ऑटो, भारत फोर्ज जैसे उत्पादन क्षेत्र के अनेक बड़े उद्योग यहाँ है। 1990 के दशक में इन्फोसिस, टाटा कंसल्टंसी सर्विसेस, विप्रो, सिमैंटेक, आई.बी.एम. जैसे प्रसिद्ध सॉफ्टवेअर कंपनियों ने पुणे में अपने केन्द्र खोले और यह शहर भारत का एक प्रमुख सूचना प्रौद्योगिकी उद्योग केन्द्र के रूप में विकसित हुआ।

इसके अतिरिक्त पुणे में ऐतिहासिक स्थल हैं, जहाँ पर्यटक अध्ययन एवम् मनोरंजन के लिए आते हैं। यहाँ शनिवारवाडा, लाल किला, पेश्वे बाग आदि विविध मंदिर हैं। धार्मिक स्थलों से पूर्ण है पुणे।

इस प्रकार पुणे मेरा शहर सिर्फ मेरी नहीं पूरे देश की महाराष्ट्र की शान है।

(ii) मानव को सर्वश्रेष्ठ प्राणी कहा जाता है। मनुष्य को श्रेष्ठता प्रदान करने में बुद्धि की सहायता मिली है। परन्तु सार्थकता प्राप्त हुई तो केवल मन के कारण। मन की चंचलता को नापा या गिना नहीं जाता। न ही मन को बाँधकर हम स्थिर रख सकते हैं। 'मन' के बारे में क्या कह सकते हैं? इस पल धरती पर डोल रहा होता है, तो अगले पल आकाश में उड़ान लेता नजर आता है। मन अनेक विचारों, तर्कों से भरा भंडार है।

मन को स्थिर रखकर सही दिशा में लाना था। सही मार्ग दिखाना ही मन की जीत है। मन की शक्ति पर ही मनुष्य की जीत या हार निर्भर होती है। मन में आने वाले नकारार्थी विचार हार का निर्देश करते हैं। संकल्पों की दृढ़ता कुछ करने की इच्छा शक्ति मन को प्रफुल्लित करती है और हमारा मन सफलता की ओर निर्देशित होता है। सकारात्मकता से मन स्थिर रहता है। नकारात्मक विचारों को, मन अस्थिर करने वाले विचारों को दूर रखने में ही भलाई है। मन की सकारात्मक शक्ति तन पर प्रभाव डालकर कार्य करने की ऊर्जा देती है।

दुर्बल मन शारीरिक ऊर्जा को क्षीण कर देता है। जीत सफलता मन पर निर्भर होती है। मन के हारने से नकारात्मकता से हम हार जाते हैं तो मन को जीतने से सकारात्मकता से हम जीत जाते हैं।

अथवा

(i) (अ) भगवान की सर्वश्रेष्ठ उपासना के रूप में विश्व प्रेम को प्रतिष्ठित किया गया है।

(ii) (स) विषय का औचित्य शीर्षक फीचर की आत्मा है।

(iii) (ब) ब्लॉग लेखन में सामाजिक स्वास्थ्य का विचार हो जो समाजविघातक न हों।

(iv) (द) पृथ्वी के तीन चौथाई हिस्से पर समुद्रों की विशाल जल राशि व्याप्त है।

(ग)

1.

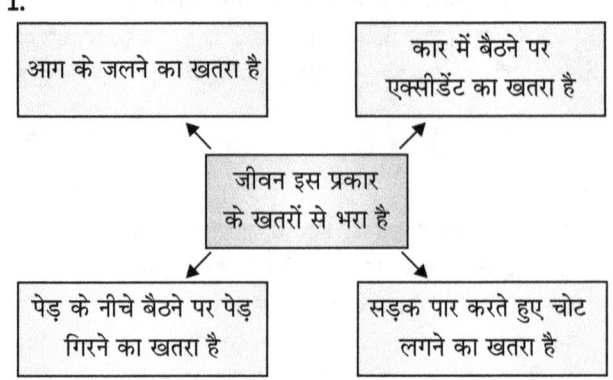

2.

(i) जीव—जंतु **(ii)** सैकड़ों—हजार

(iii) काम—काज **(iv)** मधुर—मीठी

3. पर्यावरण में अनेक प्रदूषण होते हैं, जैसे—वायु प्रदूषण, जल प्रदूषण, भूमि प्रदूषण और ध्वनि प्रदूषण। ध्वनि प्रदूषण आधुनिक जीवन में बढ़ते हुए औद्योगीकरण का परिणाम है। ध्वनि प्रदूषण स्वास्थ्य के लिए हानिकारक और भयानक होता है। ध्वनि प्रदूषण किसी भी प्रकार के अनुपयोगी ध्वनियों को कहते हैं, जिससे मानव को बहुत बड़ी परेशानी का सामना करना पड़ता है। इसमें यातायात के द्वारा उत्पन्न होने वाला शोर मुख्य कारण हैं।

उच्च स्तर के ध्वनि प्रदूषण के कारण लोगों के व्यवहार में चिड़चिड़ापन आ जाता है। तेज आवाज के कारण बहरापन और कान की अन्य जटिल समस्याएँ निर्माण होती हैं। ध्वनि प्रदूषण के कारण बेचैनी, थकान, सिर दर्द, घबराहट आदि समस्याएँ निर्माण होती है। साथ ही सोने की समस्या कमजोरी, अनिद्रा, तनाव, उच्च रक्तदाब, वार्तालाप आदि समस्याएँ निर्माण होती हैं। ध्वनि प्रदूषण के कारण दिन-व-दिन मानव की काम करने की क्षमता गुणवत्ता और एकाग्रता कम होती जाती है। ध्वनि प्रदूषण का पर्यावरण पर भी बुरा प्रभाव पड़ता है और पशु-पक्षियों के लिए भी खतरनाक साबित होता है। जानवरों के प्राकृतिक रहन-सहन में भी बाधा उत्पन्न होती है।

(घ) (i) राजदूत (ii) अभिरक्षक

(iii) दुभाषिया (iv) संशोधन

(v) कटौती (vi) चेतावनी

(vii) तुलना पत्र (viii) प्रकाशीय तंतु

विभाग – 5 व्याकरण

(क) **(i)** मौसी कुछ नहीं बोल रही है।

(ii) सुधारक आए थे।

(iii) गर्ग साहब अपने वचन का पालन करेंगे।

(iv) ट्रस्ट का सचिव ने मुझे एक लिफाफा दे रहा था।

(ख) **(i)** उपमा अलंकार **(ii)** रूपक अलंकार

(iii) उत्प्रेक्षा अलंकार **(iv)** दृष्टांत अलंकार

(ग) **(i)** रौद्र रस **(ii)** श्रृंगार रस

(iii) भक्ति रस **(iv)** अद्‌भुत रस

(घ) (i) **लहू सूखना**—भयभीत हो जाना।
वाक्य—कोरोना वायरस के नाम से ही लहू सूखने लगता है।

(ii) **ढाँचा डगमगा उठना**—आधार हिल उठना।
वाक्य—कभी किसी व्यक्ति द्वारा गलत निर्णय लेने के कारण परिवार का ढाँचा डगमगा उठता है।

(iii) **फलीभूत होना**—परिणाम निकल आना।
वाक्य—सिद्धी के भारतीय प्रशासकीय सेवा में चुने जाने पर उसके माता-पिता की आशाएँ फलीभूत हो गयीं।

(iv) **हाहाकार मचना**—कोहराम मचना।
वाक्य—कार दुर्घटना में इकलौते बेटे के शव को देखकर पूरे परिवार में हाहाकार मच गया।

(ङ) (i) अतिथि आए हैं, घर में सामान नहीं है।

(ii) उसमें फूल बिछा दें।

(iii) कहाँ खो गई हैं आप।

(iv) बैजू हाथ बाँधकर खड़ा हो गया।

SAMPLE PAPER-5

Hindi

Questions

विभाग - 1 गद्य (अंक-20)

(क) निम्नलिखित पठित परिच्छेद पढ़कर दी गई सूचनाओं के अनुसार कृतियाँ कीजिए:

सुनो सुगंधा! तुम्हारा पत्र पाकर खुशी हुई। तुमने दोतरफा अधिकार की बात उठाई है, वह पसंद आई। बेशक, जहाँ जिस बात से तुम्हारी असहमति हो; वहाँ तुम्हें अपनी बात मुझे समझाने का पूरा अधिकार है। मुझे खुशी ही होगी तुम्हारे इस अधिकार प्रयोग पर। इससे राह खुलेगी और खुलती ही जाएगी। जहाँ कहीं कुछ रुकती दिखाई देगी; वहाँ भी परस्पर आदान-प्रदान से राह निकाल जी जाएगी। अपनी-अपनी बात कहने-सुनने में बंधन या संकोच कैसा?

मैंने तो अधिकार की बात यों पूछी थी कि मैं उस बेटी की माँ हूँ जो जीवन में ऊँचा उठने के लिए बड़े ऊँचे सपने देखा करती है; आकाश में अपने छोटे-छोटे डैनों को चौड़े फैलाकर।

धरती से बहुत ऊँचाई में फैले इन डैनों को यथार्थ से दूर समझकर भी मैं काटना नहीं चाहती। केवल उनकी डोर मजबूत करना चाहती हूँ कि अपनी किसी ऊँची उड़ान में वे लड़खड़ा न जाएँ। इसलिए कहना चाहती हूँ कि 'उड़ो बेटी, उड़ो, पर धरती पर निगाह रखकर।' कहीं ऐसा न हो कि धरती से जुड़ी डोर कट जाए और किसी अनजाने-अवांछित स्थल पर गिरकर डैने क्षत-विक्षत हो जाएँ। ऐसा नहीं होगा क्योंकि तुम एक समझदार लड़की हो। फिर भी सावधानी तो अपेक्षित है ही।

यह सावधानी का ही संकेत है कि निगाह धरती पर रखकर उड़ान भरी जाए। उस धरती पर जो तुम्हारा आधार है—उसमें तुम्हारे परिवेश का, तुम्हारे संस्कार का, तुम्हारी सांस्कृतिक परम्परा का, तुम्हारा सामर्थ्य का भी आधार जुड़ा होना चाहिए। हमें पुरानी-जर्जर रूढ़ियों को तोड़ना है, अच्छी परम्पराओं को नहीं।

परम्परा और रूढ़ि का अर्थ समझती हो न तुम? नहीं! तो इस अंतर को समझने के लिए अपने सांस्कृतिक आधार से सम्बन्धित साहित्य अपने कॉलेज पुस्तकालय से खोजकर लाना, उसे जरूर पढ़ना। यह आधार एक भारतीय लड़की के नाते तुम्हारे व्यक्तित्व का अटूट हिस्सा है, इसलिए।

1. संजाल पूर्ण कीजिए— (2)

धरती के आधार के साथ इनका आधार भी जुड़ा होना चाहिए।

2. गद्यांश में प्रयुक्त शब्द युग्म खोजकर लिखिए— (2)

(i) .... (ii) ....

(iii) .... (iv) ....

3. निम्नलिखित प्रश्न का उत्तर 40 से 50 शब्दों में लिखिए:

भारतीय पुरानी परम्परा, रूढ़ि और संस्कृति, इस विषय पर अपने विचार कीजिए।

(ख) निम्नलिखित पठित परिच्छेद पढ़कर दी गई सूचनाओं के अनुसार कृतियाँ कीजिए:

पाप काँपता है और अब उसे लगता है कि उस वेग में वह पिस पिस जाएगा—बिखर जाएगा। तब पाप अपना ब्रह्मास्त्र तोलता है और तोलकर सत्य पर फेंकता है। यह ब्रह्मास्त्र है—श्रद्धा।

इन क्षणों में पाप का नारा होता है—''सत्य की जय! सुधारक की जय!''

अब वह सुधारक की करने लगता है चरणवंदना और उसके सत्य की महिमा का गान और बखान।

सुधारक होता है करुणाशील और उसका सत्य सरल विश्वासी। वह पहले चौंकता है, फिर कोमल पड़ जाता है और तब उसका वेग बन जाता है शांत और वातावरण में छा जाती है सुकुमारता।

पाप अभी तक सुधारक और सत्य के जो स्रोत पढ़ता जा रहा था, उनका करता है यूँ उपसंहार ''सुधारक महान है, वह लोकोत्तर है, मानव नहीं, वह तो भगवान है, तीर्थंकर है, अवतार है, पैगंबर है, संत है। उसकी वाणी में जो सत्य है, वह स्वर्ग का अमृत है। वह हमारा वंदनीय है, स्मरणीय है, पर हम पृथ्वी के साधारण मनुष्यों के लिए वैसा बनना असंभव है, उस सत्य को जीवन में उतारना हमारा आदर्श है, पर आदर्श को कब, कहाँ, कौन पा सकता है?'' और इसके बाद उसका नारा हो जाता है, ''महाप्रभु सुधारक वंदनीय है, उसका सत्य महान है, वह लोकोत्तर है।''

यह नारा ऊँचा उठता रहता है, अधिक-से-अधिक दूर तक उसकी गूँज फैलती रहती है, लोग उसमें शामिल होते रहते हैं। पर अब उसका ध्याान सुधारक में नहीं; उसकी लोकोत्तरता में समाया रहता है, सुधारक के सत्य में नहीं, उसके सूक्ष्म-से-सूक्ष्म अर्थों और फलितार्थों के करने में जुटा रहता है।
अब सुधारक के बनने लगते हैं स्मारक और मंदिर और उसके सत्य के ग्रंथ और भाष्य। बस यहीं सुधारक और उसके सत्य की पराजय पूरी तरह हो जाती है।

पाप का यह ब्रह्मास्त्र अतीत में अजेय रहा है और वर्तमान में भी अजेय है। कौन कह सकता है कि भविष्य में कभी कोई उसकी अजेयता को खंडित कर सकेगा या नहीं ?

1. **कृति पूर्ण कीजिए।**

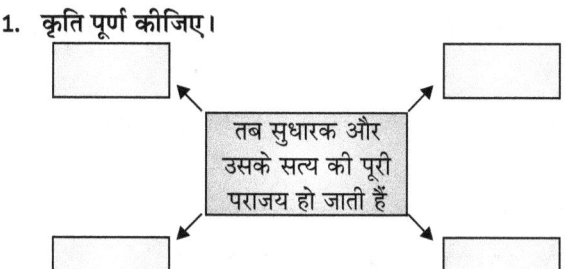

2. **निम्नलिखित शब्दों के लिंग पहचानकर लिखिए।**

(i) वाणी (ii) पराजय

(iii) चरण (iv) सुधारक

3. **निम्नलिखित प्रश्न का उत्तर 40 से 50 शब्दों में लिखिए।**

'स्मारकों और समाधियों की स्थापना का उद्देश्य' इस विषय पर अपना मत स्पष्ट कीजिए।

(ग) निम्नलिखित प्रश्न का उत्तर 60 से 80 शब्दों में लिखिए।

(तीन में से दो)

(i) ''बारह वर्ष की तपस्या पर एक क्षण में पानी फिर गया'' इस बात को 'आदर्श बदला' कहानी के माध्यम से स्पष्ट कीजिए।

(ii) सुगंधा की माँ ने रचना की शादी के संदर्भ में किस प्रकार राय दी इसे 'सुनो किशोरी' पाठ के माध्यम से स्पष्ट कीजिए।

(iii) दिलीप ने अपनी माँ के साथ किस प्रकार विश्वासघात किया—इसे 'कोखजाया' पाठ के माध्यम से स्पष्ट कीजिए।

(घ) निम्नलिखित प्रश्नों के एक वाक्य में उत्तर लिखिए।

(चार में से दो)

(i) संस्मरण साहित्य किसे कहते हैं?

(ii) कहानी विधा का वर्गीकरण किस प्रकार किया जाता है ?

(iii) हिन्दी साहित्यशास्त्र में निबंध को क्या माना गया है ?

(iv) अनूदित कहानी प्रारंभ से किस बात को व्यक्त करती रही हैं ?

विभाग - 2 पद्य (अंक-20)

(अ) निम्नलिखित पठित काव्यांश को पढ़कर दी गई सूचनाओं के अनुसार कृतियाँ कीजिए।

कल अपने कमरे की
खिड़की के पास बैठकर,
जब मैं निहार रहा था एक पेड़ को
तब मैं महसूस कर रहा था पेड़ होने का अर्थ!
मैं सोच रहा था
आदमी कितना भी बड़ा क्यों न हो जाए,
वह एक पेड़ जितना बड़ा कभी नहीं हो सकता
या यूँ कहूँ कि—
आदमी सिर्फ आदमी है
वह पेड़ नहीं हो सकता!
हौसला है पेड़................
अंकुरित होने से ठूँठ हो जाने तक
आँधी-तूफान हो या कोई प्रतापी राजा-महाराजा
पेड़ किसी के पाँव नहीं पड़ता है,
जब तक है उसमें साँस
एक जगह पर खड़े रहकर
हालात से लड़ता है!

1. **प्रश्न के उत्तर लिखिए।**

(i) आदमी किस जैसा बड़ा नहीं हो सकता?

(ii) पेड़ कब तक हालात से लड़ता रहता है?

(iii) कवि ने पेड़ होने का अर्थ कब महसूस किया?

(iv) पेड़ हमें क्या सिखाते हैं ?

2. **निम्नलिखित शब्दों में प्रत्यय लगाकर नए शब्द बनाइए।**

(i) बड़ा (ii) अर्थ

(iii) आदमी (iv) तूफान

3. **निम्नलिखित प्रश्न का उत्तर 40 से 50 शब्दों में लिखिए।**

'हालात से भागने की बजाय उसका सामना करना ही बेहतर है' इस विषय पर अपने विचार लिखिए।

(ख) निम्नलिखित पठित काव्यांश पढ़कर दी गई सूचनाओं के अनुसार कृतियाँ कीजिए:

तेरी गति मिति तू ही जाणै क्या को आखि वखाणे
तू आपे गुपता, आपे प्रगटु, आपे सब रंग भाणे
साधक सिद्ध, गुरु वहु चेले खोजत फिरहि फरमाणे
समहि बधु पाइ इह भिक्षा तेरे दर्शन कउ कुरवाणे
उसी की प्रभु खेल रचाया, गुरमुख सोभी होई।
नानक सब जुग आपे वरते, दूजा और न कोई॥१॥

गगन में काल रविचंद दीपक बने।
तारका मंडल जनक मोती।
धूप मलयानिल, पवनु चँवरो करे,
सकल वनराइ कुलंत जोति।
कैसी आरती होई भव खंडना, तोरि आरती।
अनाहत शबद बाजत भेरी॥२॥

1. **कृति पूर्ण कीजिए—**

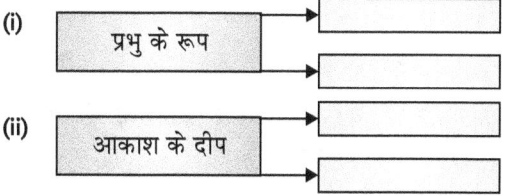

2. **शब्द संपदा लिखिए—**

प्रत्यययुक्त शब्द

(i) दान— (ii) दया—

(iii) गुण— (iv) अंतर—

3. **निम्नलिखित प्रश्न का उत्तर 40 से 50 शब्दों में लिखिए।**
अभिव्यक्ति—ईश्वर भक्ति में नाम स्मरण का महत्व होता है।' इस विषय पर अपना मत प्रकट कीजिए।

(ग) रसास्वादन कीजिए। **(दो में से एक)**

(i) निम्नलिखित मुद्दों के आधार पर 'सच हम नहीं, सच तुम नहीं' कविता का रसास्वादन कीजिए।
मुद्दे :
(1) रचना का शीर्षक (2) रचनाकार
(3) पसंद की पंक्तियाँ (4) पसंद आने का कारण
(5) कविता की केंद्रीय कल्पना (6) प्रतीक विधान।

(ii) जीवन के अनुभवों और वास्तविकता से परिमित कराने वाले वृंदजी के दोहों का रसास्वादन कीजिए।

(घ) निम्नलिखित प्रश्नों के एक वाक्य में उत्तर लिखिए। **(चार में से दो)**

(i) उर्दू कविता का लोकप्रिय प्रकार कौनसा है?
(ii) वृंद जी की प्रमुख रचनाएँ लिखिए।
(iii) चार चरणों वाले छंद का नाम लिखिए।
(iv) लोकगीतों की भाषा किस प्रकार की होती है?

विभाग - 3 विशेष अध्ययन (अंक-10)

(क) निम्नलिखित पद्यांश को पढ़कर दी गई सूचनाओं के अनुसार कृतियाँ कीजिए:

आज इस गाँव से
द्वारिका की युद्धोन्मत्त सेनाएँ गुजर रही हैं
मान लिया कि कनु तेरा
सर्वाधिक अपना है
मान लिया कि तू
उसके रोम-रोम से परिचित है
मान लिया कि ये अगणित सैनिक
एक-एक उसके हैं :
पर जान रख कि ये तुझे बिल्कुल नहीं जानते
पथ से हट जा बावरी
यह आम्रवृक्ष की डाल
उनकी विशेष प्रिय थी
तेरे न आने पर
सारी शाम इस पर टिक
उन्होंने वंशी में बार-बार
तेरा नाम भरकर तुझे टेरा था—
आज यह आम की डाल
सदा-सदा के लिए काट दी जाएगी
क्योंकि कृष्ण के सेनापतियों के
वायुवेगगामी रथों की
गगनचुंबी ध्वजाओं में
यह नीची डाल अटकती है
और यह पथ के किनारे खड़ा
छायादार पावन अशोक वृक्ष
आज खंड-खंड हो जाएगा तो क्या-
यदि ग्रामवासी, सेनाओं के स्वागत में
तोरण नहीं सजाते
तो क्या सारा ग्राम नहीं उजाड़ दिया जाएगा ?

1. **निम्नलिखित प्रश्न के उत्तर लिखिए।**
(i) आज उस पथ से राधा दूर क्यों हट जाए?
(ii) आम्रवृक्ष की डाल सदा के लिए क्यों काट दी जाएगी?
(iii) कनु सबसे ज्यादा किसका है?
(iv) राधा को कौन बिल्कुल नहीं पहचानते?

2. **निम्नलिखित शब्दों के समानार्थी शब्द लिखिए।**
(i) गगनचुंबी (ii) अगणित
(iii) छायादार (iv) अटकना

3. **निम्नलिखित प्रश्न का उत्तर 40 से 50 शब्दों में लिखिए:**
'धार्मिक दृष्टि से पवित्र माने जाने वाले वृक्ष' इस विषय पर अपना मत स्पष्ट कीजिए।

(ख) निम्नलिखित प्रश्न के उत्तर 80 से 100 शब्दों में लिखिए: **(दो में से एक)**

(i) राधा उदास क्यों होती है—इसे 'कनुप्रिया' के आधार पर स्पष्ट कीजिए।
(ii) राधा (कनुप्रिया) कनु के महायुद्ध के नायकत्व से परिचित नहीं हैं—ऐसा क्यों कहा गया है?

विभाग - 4 व्यावहारिक हिंदी अपठित गद्यांश और पारिभाषिक शब्दावली (अंक-20)

(क) निम्नलिखित प्रश्न का उत्तर 100 से 120 शब्दों में लिखिए:

(i) फीचर लेखन के सोपानों को स्पष्ट कीजिए।

अथवा

(ख) निम्नलिखित परिच्छेद पढ़कर दी गई सूचनाओं के अनुसार कृतियाँ कीजिए।

मैं इस बात का ध्यान रखता हूँ कि कार्यक्रम कोई भी हो, मंच की गरिमा बनी रहे। मंचीय आयोजन में मंच पर आने वाला पहला व्यक्ति संचालक ही होता है। एंकर (उद्घोषक) का व्यक्तित्व दशकों की पहली नजर में ही सामने आता है। अतएव उसका परिधान, वेशभूषा, केश सज्जा इत्यादि सहज व गरिमामयी होनी चाहिए। उद्घोषक या एंकर के रूप में जब वह मंच पर होता है तो उसका व्यक्तित्व और उसका आत्मविश्वास ही उसके शब्दों में उतरकर श्रोता तक पहुँचता है। सतर्कता, सहजता और उत्साहवर्धन उसके मुख्य गुण हैं। मेरे कार्यक्रम का आरंभ जिज्ञासाभरा होता है। बीच-बीच में प्रसंगानुसार कोई रोचक दृष्टांत, शेर-ओ-शायरी या कविताओं के अंश का प्रयोग करता हूँ। जैसे—एक कार्यक्रम में वक्ता महिलाओं की तुलना

गुलाब से करते हुए कह रहे थे कि महिलाएँ बोलती भी ज्यादा हैं और हँसती भी ज्यादा हैं। बिल्कुल खिले गुलाबों की तरह वगैरह.......। जब उनका वक्तव्य खत्म हुआ तो मैंने उन्हें धन्यवाद देते हुए कहा कि सर आपने कहा कि महिलाएँ हँसती-बोलती बहुत ज्यादा हैं तो इस पर मैं महिलाओं की तरफ से कहना चाहूँगा।

'हर शब्द में अर्थ छुपा होता है। हर अर्थ में फर्क छुपा होता है। लोग कहते हैं कि हम हँसते और बोलते बहुत ज्यादा हैं। पर ज्यादा हँसने वालों के दिल में भी दर्द छुपा होता है।'

मेरी इस बात पर इतनी तालियाँ बजीं कि बस! महिलाएँ तो मेरी प्रशंसक हो गईं। कार्यक्रम के बाद उन वक्ताओं ने मेरी पीठ थपथपाते हुए कहा, 'बहुत बढ़िया बोलते हो।' संक्षेप में; कभी कोई सहज, हास्य से भरा चुटकुला या कोई प्रसंग सुना देता हूँ तो कार्यक्रम बोझिल नहीं होता तथा उसकी रोचकता बनी रहती है। विभिन्न विषयों का ज्ञान होना जरूरी है। कार्यक्रम कोई भी हो; भाषा का समयानुकूल प्रयोग कार्यक्रम की गरिमा बढ़ा देता है। इसके लिए आपका निरंतर बढ़ते रहना आवश्यक है।

मैं भी जब छोटा था तो रोज शाम के समय नगर वाचनालय में जाता था। 'चंपक', 'नंदन', 'बालभारती' और 'चंदामामा' जैसी पत्रिकाएँ पढ़ता था। बाद में 'धर्मयुग', 'हिंदुस्तान', 'दिनमान', 'कादंबिनी', 'सारिका', 'नवनीत', 'रीडर्स डाइजेस्ट' जैसी मासिक-पाक्षिक पत्रिकाएँ पढ़ने लगा। रेडियो के विविध कार्यक्रमों को सुनना बेहद पसंद था। ये सारी बातें कहीं-न-कहीं प्रेरणादायक रहीं तथा सूत्र संचालन का आधारस्तंभ बनीं।

मैं उद्घोषक/मंच संचालक की भूमिका पूरी निष्ठा से निभाता रहा हूँ और श्रोताओं ने मुझे अपार स्नेह और यश से समृद्ध किया है। किंग ऑफ वॉईस, संस्कृति शिरोमणि, अखिल आकाशवाणी जैसे अनेक पुरस्कारों से सम्मानित किया गया हूँ। मैंने भी विज्ञापन देखकर रेडियो उद्घोषक पद हेतु आवेदन किया था। 29 वर्ष तक मैंने वहाँ अपनी सेवाएँ प्रदान कीं; इसका मुझे गर्व है।

मैं उद्घोषक हूँ। शब्दों की दुनिया में रहता हूँ। जब रेडियो से बोलता हूँ तो हर घर, सड़क-दर-सड़क, गली-गली में सुनाई पड़ता हूँ, तब मेरी कोई सूरत नहीं होती। मेरा कोई चेहरा भी नहीं होता लेकिन मैं हवाओं की पालकी पर सवार दूर गाँवों तक पहुँच जाता हूँ। जब एंकर बन जाता हूँ तो अपने दर्शकों के दिलों को छू लेता हूँ। आप मुझे आवाज के परदे पर देखते हैं। मैं उद्घोषक हूँ। मैं एंकर हूँ।

1. प्रश्न के उत्तर लिखिए।

(i) कार्यक्रम की गरिमा बढ़ाने में किस बात की सहायता होती है?

(ii) कार्यक्रम की रोचकता किस प्रकार बनी रहती है?

(iii) उद्घोषक को कौन से पुरस्कारों से सम्मानित किया गया है?

(iv) उद्घोषक कौनसी दुनिया में रहता है?

2. निम्नलिखित शब्दों के अर्थ लिखिए:

(i) बोझिल (ii) रोचकता

(iii) गरिमा (iv) प्रेरणादायक

3. निम्नलिखित प्रश्न का उत्तर 40 से 50 शब्दों में लिखिए:

'कौन-सी बातों पर ध्यान देने पर व्यक्ति अच्छा उद्घोषक बन सकता है'—इस बात पर अपना मत स्पष्ट कीजिए।

(ख) निम्नलिखित प्रश्न का उत्तर 80 से 100 शब्दों में लिखिए।

(दो में से एक)

(i) "सेवा तीर्थयात्रा से बढ़कर है—" इस उक्ति का विचार पल्लवन कीजिए।

(ii) भारत के अंतरिक्ष कार्यक्रम पर फीचर लेखन कीजिए।

अथवा

सही विकल्प चुनकर वाक्य फिर से लिखिए।

(i) सूत्र संचालन में तो इसकी महत्त्वपूर्ण भूमिका होती है:

(अ) वेशभूषा (ब) भाषा

(स) केशसज्जा (द) आवाज

(ii) "जीवों द्वारा प्रकाश उत्पन्न करने की क्रिया एक साधारण रासायनिक क्रिया है।" इसे सिद्ध करने वाले वैज्ञानिक—

(अ) स्पैलेंजानी (ब) थिवाइस

(स) मैक कार्टनीम (द) प्रो. अजिरक डाहलगैट

(iii) फीचर लेखन की प्रक्रिया के मुख्य अंग कितने हैं?

(अ) दो (ब) पाँच

(स) तीन (द) चार

(iv) ब्लॉग लेखन शुरू करने की प्रक्रिया के संदर्भ में विस्तृत जानकारी कहाँ पर उपलब्ध हैं—

(अ) गूगल (ब) फेसबुक

(स) वॉट्सअप (द) इंस्टाग्राम

(ग) निम्नलिखित अपठित परिच्छेद पढ़कर दी गई सूचनाओं के अनुसार कृतियाँ कीजिए।

गुरुदेव यहाँ बड़े आनंद में थे। अकेले रहते थे। भीड़-भाड़ उतनी नहीं होती थी, जितनी शांतिनिकेतन में। जब हम लोग ऊपर गए तो गुरुदेव बाहर एक कुर्सी पर चुपचाप बैठे अस्तगामी सूर्य की ओर ध्यानस्तिंभित नयनों से देख रहे थे। हम लोगों को देखकर मुस्काराए, बच्चों से जरा छेड़-छाड़ की, कुशल प्रश्न पूछे और फिर चुप हो गए। ठीक उसी समय उनका कुत्ता धीरे-धीरे ऊपर आया और उनके पैरों के पास खड़ा होगर पूँछ हिलाने लगा। गुरुदेव ने उसकी पीठ पर हाथ फेरा। वह आँखें मूँदकर अपने रोम-रोम से उस स्नेहरस का अनुभव करने लगा। गुरुदेव ने हम लोगों की ओर देखकर कहा, "देखा तुमने, यह यहाँ आए। कैसे इन्हें। मालूम हुआ, कि मैं यहाँ हूँ, आश्चर्य है। और देखो, कितनी परितृप्ति इनके चेहरे पर दिखाई दे रही है!"

हम लोग उस कुत्ते के आनंद को देखने लगे। किसी ने उसे राह नहीं दिखाई थी, न उसे यह बताया था कि उसके स्नेहल यहाँ से दो मील दूर है और फिर भी वह पहुँच गया! इसी कुत्ते को लक्ष्य करने उन्होंने 'आरोग्य' में इस भाव की एक कविता लिखी थी—"प्रतिदिन प्रात:काल यह भक्त कुत्ता स्तब्ध होकर आसन के पास तब तक बैठा रहता है, जब तक अपने हाथों के स्पर्श से मैं इसका संग नहीं स्वीकार करता। इतनी-सी स्वीकृति पाकर ही उसके अंग-अंग में आनंद का प्रवाह बह उठता है। इस वाक्य-हीन प्राणिलोक में

सिर्फ यही एक जीव अच्छा-बुरा सबको भेदकर संपूर्ण मनुष्य को देख सका है; उस आनंद को देख सका है, जिसे प्राण दिया जा सकता है, जिसमें अहैतुक प्रेम ढाल दिया जा सकता है, जिसकी चेतना असीम चैतन्यलोक में राह दिखा सकती है। जब मैं इय मूक हृदय का प्राणपण आत्मनिवेदन देखता हूँ, जिसमें वह अपनी दीनता बताता रहता है, तब मैं यह सोच ही नहीं पाता कि, उसने अपने सहज बोध से मानवस्वरूप में कौन-सा अमूल्य आविष्कार किया है; इसकी भाषाहीन दृष्टि की करुण व्याकुलता जो कुछ समझती है, उसे समझा नहीं पाती और मुझे इस दृष्टि से मनुष्य का सच्चा परिचय समझा देती है।'' इस प्रकार कवि की मर्मभेदी दृष्टि ने इस भाषाहीन प्राणी की करुण दृष्टि के भीतर उस विशाल मानवसत्य को देखा है, जो मनुष्य मनुष्य के अंदर भी नहीं देख पाता।

1. प्रश्न के उत्तर लिखिए:

(i) गुरुदेव कहाँ पर बड़े आनंद से रहते थे?

(ii) गुरुदेव ने उनके कुत्ते की पीठ पर हाथ फेरने पर उसने आँखें मूँदकर किस प्रकार का अनुभव किया?

(iii) गुरुदेव ने कुत्ते को लक्ष्य करके कौनसे भाव की एक कविता लिखी थी ?

(iv) कवि की मर्मभेदी दृष्टि ने भाषाहीन प्राणी की करुण दृष्टि के भीतर क्या देखा?

2. परिच्छेद में प्रयुक्त शब्द-युग्म ढूँढकर लिखिए।

(i) रोम— (ii) धीरे—

(iii) भीड़— (iv) छेड़—

3. निम्नलिखित प्रश्न का उत्तर 40 से 50 शब्दों में लिखिए।

गुरुदेव का प्रकृति प्रेम इस विषय पर अपने विचार स्पष्ट कीजिए।

(घ) निम्नलिखित शब्दों की पारिभाषिक शब्दावली लिखिए।

(आठ में से चार)

(i) Judge (ii) Adjournment

(iii) Apexe Bank (iv) Arrears

(v) Transaction (vi) Meteorology

(vii) Record (viii) Integrated circuit

विभाग – 5 व्याकरण (अंक-10)

(क) निम्नलिखित वाक्यों का काल परिवर्तन करके वाक्य फिर से लिखिए। (चार में से दो)

(i) लोगों को आगरा से बाहर जाते देखा। (पूर्ण भूतकाल)

(ii) नए मूल्यों का पर्याय नहीं होता है। (भविष्यकाल)

(iii) द्विवेदी साहब ने अपने वचन का पालन किया। (सामान्य वर्तमानकाल)

(iv) पंत के साथ तो रास्ता कम अखरता था, पर अब सोचकर ही थकावट होती है। (सामान्य भविष्यकाल)

(ख) निम्नलिखित उदाहरणों के अलंकार पहचानकर लिखिए।

(चार में से दो)

(i) उधो, मेरा हृदयतल था। एक उद्यान न्यारा।
शोभा देतीं अमित उसमें कल्पना-क्यारियाँ भी॥

(ii) मोती की लड़ियों से सुंदर, झरते हैं झाग भरे निर्झर।

(iii) उस क्रोध के मारे तनु उसका काँपने लगा।
मानो हवा के जोर से सोता हुआ सागर जगा॥

(iv) पत्रा ही तिथि पाइयों, वाँ घर के चहुँ पास
नित प्रति पून्यो रह्यो, आनन-ओप उजास

(ग) निम्नलिखित उदाहरणों के रस पहचानकर लिखिए।

(चार में से दो)

(i) राम के रूप निहारति जानकी, कंकन के नग की परछाही,
यातै सवै सुधि भूलि गई, कर टेकि रही पल टारत नाही।

(ii) माटी कहै कुम्हार से, तू क्या रौंदे मोहे।
एक दिन ऐसा आएगा, मैं रौंदूंगी तोहे॥

(iii) एक अचंभा देखा रे भाई।
ठाढ़ा सिंह चरावै गाई।
पहले पूत पाछे भाई।
चेला के गुरु लागे पाई॥

(iv) कहा—कैकयी ने सक्रोध
दूर हट! दूर हट! निर्बोध!
द्विजिव्हे रस में विष मत घोल।

(घ) निम्नलिखित मुहावरों का अर्थ लिखकर वाक्य में प्रयोग कीजिए। (चार में से दो)

(i) ब्रह्मानंद में लीन होना

(ii) आगाह करना

(iii) सिर से पानी गुजर जाना

(iv) नसीब होना

(य) निम्नलिखित वाक्य शुद्ध करके फिर से लिखिए।

(चार में से दो)

(i) दिलीप अपने माँ-बाप की इकलौती संतान थी।

(ii) आप इस शेष लिफाफे को खोलकर पढ़ लीजिए।

(iii) निराला जी अपनी युग के विशिष्ट प्रतिभा हैं।

(iv) पुस्तक की ढेर देख मैं दंग रह गया।

Answer Key

विभाग - 1 गद्य

(क)

1. (i)

धरती के आधार के साथ इनका आधार भी जुड़ा होना चाहिए।
- हमारे परिवेश का।
- हमारे संस्कारों का।
- हमारी सांस्कृतिक परंपरा का।
- हमारी सामर्थ्य का।

2. (i) क्षत–विक्षत (ii) आदान–प्रदान
(iii) पुरानी–जर्जर (iv) कहने–सुनने

3. समय के साथ अपना अर्थ खो चुकी या वर्तमान प्रगतिशील समाज को पीछे ले जाने वाली समाज की कोई भी रीति-नीति रूढ़ि है। रूढ़ि स्थिर होती है। जबकि परम्परा समय के साथ अनुपयोगी हो गए मूल्यों को छोड़ती और उपयोगी मूल्यों को जोड़ती निरन्तर बहती धारा परम्परा है। परम्परा गतिशील है। एक निरन्तर बहता निमार्ण प्रवाह, जो हर सड़ी-गली रूढ़ि को किनारे फेंकता और हर भीतरी-बाहरी, देशी-विदेशी उपयोगी मूल्य को अपने में समेटता चलता है।

(ख)

1.

तब सुधारक और उसके सत्य की पूरी पराजय हो जाती है।
- जब सुधारक के स्मारक बनने लगते हैं
- जब सुधारक के मंदिर बनने लगाने हैं
- जब सुधारक के सत्य के ग्रंथ बनने लगते हैं
- जब सुधारक के सत्य के भाव्य बनने लगते हैं

2. (i) **वाणी**–स्त्रीलिंग (ii) **पराजय**–स्त्रीलिंग
(iii) **चरण**–पुल्लिंग (iv) **सुधारक**–पुल्लिंग

3. समाज सुधारकों, महापुरुषों, राजनेताओं, शहीदों की स्मारकें और समाधियाँ बनायी जाती हैं। समाज के प्रति किए उनके महान कार्य को लोग सदैव याद रखे और उनके विचारों से प्रेरित होकर लोग भी उनके ही मार्ग पर चले इसी उद्देश्य से स्मारक या समाधियाँ बनायी जाती हैं। परन्तु ऐसा बहुत कम होता है। लोगों के मन में उनके प्रति श्रद्धा होती है। महान पुरुष था समाज सुधारक, शहीदों की जयंती तथा पुण्य तिथि पर लोग उनके दर्शन करके उन्हें श्रद्धांजली अर्पित करते हैं। परन्तु उनके विचारों को कार्यों को आगे बढ़ाने की बात सबके मन में नहीं आती है। जब समाज में लोग उनके विचारों को आत्मसात करेंगे, उनसे प्रेरणा लेकर विकास करेंगे, तभी उन महान लोगों के प्रति सच्ची श्रद्धांजली अर्पण होगी। तभी उनके स्मारकों और समाधियों की स्थापना का उद्देश्य पूरा होता है। यही उनके स्मारकों और समाधियों की स्थापना का उद्देश्य होता है।

(ड़) (i) 'आदर्श बदला' यह सुदर्शन जी की कहानी शीर्षक की सार्थकता को स्पष्ट करने वाली है। बैजू बावरा के पिता आगरा में तानसेन के बनाए अमानवीय नियम के शिकार हुए थे। उन्हें मृत्युदंड की सजा हुई थी। बैजू अनाथ हुआ था। तब बैजू बहुत रोता है। वह सोचता है कि, उसकी मंजिल तक सही रास्ता दिखाकर पहुँचाने वाला कोई तो चाहिए। तभी बाबा हरिदास उसके पास आकर उसे हौसला देते हैं। अपने पिता का बदला लेने में हथियार देने की बात करते हैं। वह हथियार है–'रागविद्या' का। बाबा हरिदास से बैजू संगीत की शिक्षा ग्रहण करता है। बारह वर्षों के कठोर तपस्या के बाद बैजू 'रागविद्या' में निष्णात बन जाता है। जो ज्ञान बाबा हरिदास के पास था सब बैजू को दे दिया था। बैजू अब पूर्ण गंधर्व बन चुका था। बैजू जब गाता था, तब हवा रुक जाती थी, पत्थर तक पिघल जाते थे।

संगीत का यह ज्ञान प्राप्त करके बैजू ने बाबा हरिदास के प्रति कृतज्ञता का भाव प्रकट किया। उनके चरणों पर सर रख दिया। तब बाबा हरिदास ने बैजू को प्रतिज्ञा करने को कहा कि, वह अपनी रागविद्या से, संगीत से किसी को भी हानि नहीं पहुँचायेगा। तब बैजू अत्यन्त भयभीत हो गया। उसके पैर लड़खड़ाने लगे। उसे 'रागविद्या' की शिक्षा से तानसेन से बदला लेना था। परन्तु बाबा हरिदास की प्रतिज्ञा से बैजू को ऐसा प्रतीत हुआ की उसकी बारह वर्ष की तपस्या पर एक क्षण में ही पानी फिर गया हो।

(ii) सुगंधा की सहेली रचना को समझाते हुए सुगंधा की माँ ने सुगंधा को पत्र लिखा है। सुगंधा ने रचना को समझाना चाहिए। इसे पत्र द्वारा बताया है। सुगंधा की माँ कहती हैं कि, रचना अभी प्रथम वर्षों के पूर्वार्द्ध में है, किसी लड़के के प्यार में वह जल्दबाजी में शादी का निर्णय ले रही है। सुगंधा की माँ के अनुसार रचना को झट से ऐसा कदम नहीं उठाना चाहिए। पहले धैर्य के साथ सोच-समझकर दोस्ती को आगे बढ़ाना चाहिए। निकट मित्रों की तरह रहकर कॉलेज-जीवन में एक-दूसरे को देखना-जानना चाहिए। उसे जाँचना-परखना चाहिए। एक-दूसरे के मार्ग के उन्नति में बाधा न बनकर एक दूसरे को प्रेरणा देनी चाहिए एक दूसरे की ताकत बनकर परस्पर विकास में सहयोग देना चाहिए।

जब उनकी पढ़ाई पूरी होगी, तब वे यदि एक-दूसरे के साथ पूर्ववत् लगाव महसूस करेंगे, उन्हें यह लगे कि वे साथ रहकर आने वाली कमियाँ-गलतियाँ उनके बीच उनकी दोस्ती में

किसी भी प्रकार की दरार नहीं डाल सकती। दोनों एक-दूसरे को समस्त खूबियाँ या कमियों के साथ स्वीकार कर अपना लेते हैं तो आगे का निर्णय उनके लिए सफल सिद्ध होता है। शादी का फैसला जिदंगी का अहम् फैसला होता है।

इस प्रकार सुगंधा की माँ ने रचना की शादी के संदर्भ में पत्र के द्वारा अपनी राय दी है।

(iii) दिलीप अपने पिता के मृत्यु के पश्चात् पिता की पेन्शन माँ के नाम ट्रांसफर करवाने और लंदन ले जाने के कारण बीजा बनवाने के काम में लग जाता है। इसी बहाने से अनेक कागजातों पर माँ से हस्ताक्षर करवाता है। माँ बेटे पर विश्वास रखकर बिना पढ़े—देखे कागजातों पर हस्ताक्षर करती जाती है। बेटे पर संदेह करने का कोई कारण भी तो नहीं था। जब जमीन, मकान हाथ से निकल गए तभी उसकी माँ के समझ में मामला आ गया। दिलीप ने धोखे से मकान का सौदा आठ करोड़ रुपए में कर दिया था। माँ के विरोध पर उसे लंदन अपने साथ रहने का आश्वासन दिया। एक दिन सारी संपत्ति औने-पौने दामों में बेचकर माँ के साथ वह एअरपोर्ट पहुँचा। परन्तु बोर्डिंग का बहाना बनाकर माँ को कुर्सी पर बिठाकर लंदन अकेले ही चला गया। इतना ही नहीं दिलीप ने माँ का टिकट भी सरेंडर कर दिया और माँ को वृद्धाश्रम में रहने के लिए मजबूर कर दिया।

इस प्रकार से दिलीप ने अपनी जन्म देने वाली माँ के साथ स्वार्थ के कारण बड़ा विश्वासघात किया।

(घ) (i) स्मृति के आधार पर उस व्यक्ति के सम्बन्ध में लिखित लेख या ग्रंथ को संस्मरण साहित्य कहते हैं।

(ii) कहानी विधा का वर्गीकरण विभिन्न उद्देश्यों के अनुसार किया जाता है।

(iii) हिन्दी साहित्यशास्त्र में निबंध को गद्य की कसौटी माना गया है।

(iv) अनूदित कहानी प्रारंभ से ही सामाजिक बोध को व्यक्त करती रही है।

विभाग - 2 पद्य

(अ)

1. (i) आदमी पेड़ जैसा बड़ा नहीं हो सकता।

(ii) पेड़ में जब तक साँस है, तब तक वह हालात से लड़ता रहता है।

(iii) जब कवि खिड़की के पास बैठकर पेड़ को निहार रहा था तब उसने पेड़ होने का अर्थ महसूस किया।

(iv) पेड़ हमें हौसले के साथ हालात से लड़ना सिखाते हैं।

2. (i) **बड़ा**—बड़प्पन (ii) **अर्थ**—आर्थिक

(iii) **आदमी**—आदमियत (iv) **तूफान**—तूफानी

3. मानव को पेड़ से सीख लेनी लेनी चाहिए की, मनुष्य को अपना हौसला नहीं खोना चाहिए। कितना भी बड़ा संकट क्यों न आए। हमें डटकर उसका सामना करना चाहिए। प्रतिकूल परिस्थिति में शांत रहकर सोच-समझ के काम करने चाहिए। अशांति से या घबराहट से लिए हुए निर्णय गलत साबित होते हैं। इसलिए प्रतिकूल परिस्थिति में व्यक्ति को संयमता से निर्णय लेने चाहिए। जब बुरे हालात होते हैं, तब या प्रतिकूल परिस्थिति में हमें हमारे उद्देश्य, ध्येय परिवर्तन ने करते हुए उस परिस्थिति का सामना करके हमारे उद्देश्य पूर्ण करने चाहिए। एक न एक दिन उद्देश्यपूर्ति अवश्य होगी।

हालातों से भागना कायरता है। हालात का सामना करके उस पर विजय प्राप्त करना शूरता, सफलता की निशानी है। इसलिए हालात से भागने के बजाय उसका सामना करना सदैव बेहतर ही होता है।

(ख)

1. (i)

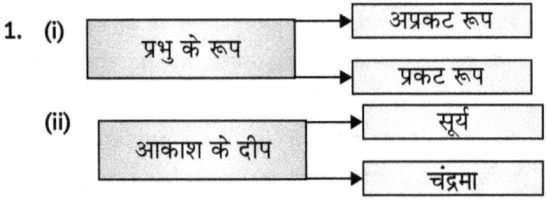

(ii)

2. (i) दान—दान + ई = दानी।

(ii) दया—दया + आलु = दयालु।

(iii) गुण—गुण + वान = गुणवान।

(iv) अंतर—अंतर + आल = अंतराल।

3. **अभिव्यक्ति**—ईश्वर भक्ति के अनेक मार्ग बताए गए है। उनमें सबसे सरल मार्ग ईश्वर का नाम स्मरण करना है। नाम स्मरण करने का कोई नियम नहीं है। भक्त जहाँ भी हो, चाहे जिस हालत में हो, ईश्वर का नाम स्मरण कर सकता है। अधिकांश लोग ईश्वर भक्ति का यही मार्ग अपनाते हैं। उठते-बैठते, आते-जाते तथा काम करते हुए नाम स्मरण किया जा सकता है। भजन-कीर्तन भी ईश्वर के नाम स्मरण का ही एक रूप है। ईश्वर भक्ति के इस मार्ग में प्रभु के गुणों का वर्णन किया जाता है। इसमें धार्मिक पूजा-स्थलों में जाने की जरूरत नहीं होती। गृहस्थ अपने घर पर ईश्वर का नाम स्मरण कर उनके गुणों का बखान कर सकता है। इससे नाम स्मरण करने वालों को मानसिक शांति मिलती हैं और मन प्रसन्न होता है। कहा गया है—'कलियुग केवल नाम अधारा, सुमिरि-सुमिर नर उतरैं पारा।' इसमें ईश्वर भक्ति में नाम स्मरण का ही महत्व बताया गया है।

(ग) (i) निम्नलिखित मुद्दों के आधार पर 'सच हम नहीं,' सच तुम नहीं कविता का रसास्वादन कीजिए।

मुद्दे :

(1) **रचना का शीर्षक**—सच हम नहीं; सच तुम नहीं।

(2) **रचनाकार**—डॉ. जगदीश गुप्त।

(3) **पसंद की पंक्तियाँ**—कविता की पसंद की पंक्तियाँ इस प्रकार हैं—'बेकार है मुस्कान से ढकना हृदय की खिन्नता।' आदर्श हो सकती है नहीं, तन और मन की भिन्नता।

इन पंक्तियों में यह स्पष्ट है, कि मनुष्य को भीतर और बाहर दोनों से एक-सा ही रहना चाहिए, यही आदर्श है।

(4) **कविता पसंद आने का कारण**—कवि कहते हैं, कि हृदय के कष्ट को बाह्य मुस्कान से दबाया नहीं जा सकता। इस प्रयास का कोई लाभ भी नहीं होता है। इसे आदर्श नहीं माना जा सकता। इस तरह कवि ने व्यक्ति को भीतर-बाहर दोनों से एक-सा रहकर ही आदर्श निर्माण हो सकता है। इस बात को स्पष्ट किया है।

(5) **कविता की केंद्रीय कल्पना**—प्रस्तुत कविता में जीवन में दृढ़तापूर्वक निरंतर आगे बढ़ते रहने, संघर्ष करते रहने और मार्ग में आने वाली रुकावटों की परवाह न करके अपने लक्ष्य की प्राप्ति की ओर अग्रसर होने का संदेश दिया गया है। यही इस कविता की केंद्रीय कल्पना है।

(6) **प्रतीक विधान**—प्रस्तुत कविता में किसी की अधीनता स्वीकार कर लेने वाले को मृतक के समान कहा गया है। इस तरह के मृत व्यक्ति के लिए 'डाल से झड़े हुए फूल' का कवि ने प्रतीक के रूप में उपयोग किया है।

(ii) कवि वृंदजी रचित 'वृंद के दोहे' में जीवन का वास्तविक मार्ग दिखाया है। साथ ही मानवीय जीवन मूल्यों पर प्रकाश डाला है। उनके प्रस्तुत दोहे मनुष्य के जीवन से मिलते-जुलते नीतिपरक भरे-पूरे हैं। व्यावहारिक ज्ञान से अवगत कराते हुए कवि मनुष्य को अपनी क्षमता को ध्यान में रखकर किसी काम की शुरूआत करने की सलाह देते हैं। तभी व्यक्ति सफलता प्राप्त कर सकता है। वे जीवन का सच्चा मार्ग दिखाते हुए कहते हैं कि, व्यापार-व्यवसाय करने वाले अपने व्यापार मे छल-कपट न करें। इसमें उनका ही नुकसान होता है। दोहों में मानवीय मूल्यों से जुड़े हुए उदाहरण कवि ने दिए हैं। कवि वृंदजी मानव को कुटिल व्यक्तियों के मुँह न लगने की सलाह देते हैं। साथ ही मनुष्य को निरंतर क्रियाशील रहने की बात बताते हैं। वृंदजी कहते हैं, ज्ञान देने से बढ़ता है—उसे अपने ही पास रखने से वह नष्ट हो जाता है। साथ ही सद्‌गुणों से ही व्यक्ति आदर का पात्र बनता है इस बात को स्पष्ट किया गया है। बिना गुणों के किसी को बड़प्पन नहीं मिलता। जिसमें बड़प्पन के गुण होते हैं, उसी को मनुष्य बड़ा मनुष्य मानते हैं। गुणों के संदर्भ में वृंदजी कहते हैं कि जिसमें जैसे—गुण होते हैं, वैसे ही उसे लाभ मिलते हैं। साथ ही सोच-विचार करके संयमता से लिया हुआ काम सफलता की ओर ले जाता है। वे कहते हैं, बच्चों के अच्छे-बुरे लक्षण पालने में ही दिखायी देते हैं, जैसे—किसी पौधे के पत्तों को देखकर उसकी प्रगति का पता चलता है। इस प्रकार कवि वृंदजी ने जीवन के अनुभवों और वास्तविकता से परिचित करके मानव को नीतिपरक बातों की सीख दी हैं। साथ ही विधि प्रतीकों की उपमाओं के द्वारा अपनी बात को अत्यन्त प्रभावशाली ढंग से व्यक्त किया है। आपकी सहज-सुंदर भाषा आपकी दोहों का प्रसादयुक्त गुण आपकी लोकभाषा से जुड़ी बात को स्पष्ट करने में सहायक होती है।

(घ) (i) उर्दू कविता का लोकप्रिय प्रकार गज़ल है।

(ii) वृंद जी की प्रमुख रचनाओं में—'वृंद सतसई', 'समेत-शिखर छंद', 'भाव पंचाशिका', 'हितोपदेश संधि', 'यमक सतसई' आदि।

(iii) 'चतुष्पदी' चार चरणों वाले छंद होता है।

(iv) लोकगीतों की भाषा में ग्रामीण जनजीवन की बोली का स्पर्श रहता है।

विभाग - 3 विशेष अध्ययन

(क)

1. (i) आज उस पथ से द्वारिका की युद्धधोन्मत्त सेनाएँ गुजर रही हैं, इसलिए राधा दूर हट जाए।

(ii) कृष्ण के सेनापतियों के वायुवेग से दौड़ने वाले रथों की ऊँची गगनचुंबी ध्वजाओं में यह नीची डाल अटकती है—इसलिए आम्रवृक्ष की डाल सदा के लिए काट दी जाएगी।

(iii) कनु सबसे ज्यादा राधा का है।

(iv) राधा को कनु के सैनिक बिल्कुल नहीं पहचानते।

2. (i) **गगनचुंबी**—बहुत अधिक ऊँची।

(ii) **अगणित**—जिसकी गणना न की जा सके।

(iii) **छायादार**—सायादार, छाँव देने वाला।

(iv) **अटकना**—रूकावट डालना।

3. अनेक प्रकार के वृक्ष इस पृथ्वी पर अंकुरित होते हैं। सभी वृक्ष मनुष्य के काम आते हैं। परन्तु कुछ वृक्ष ऐसे होते है, जिन्हें धार्मिक दृष्टि से पवित्र माना जाता है। कुछ वृक्ष मनुष्य को औषधियाँ देते हैं। तो कुछ वृक्ष की पत्तियाँ धर्मिक कार्यों में उपयोगी होती हैं। कुछ वृक्षों की पूजा-अर्चना की जाती हैं। कुछ वृक्षों की लकड़ियों का उपयोग हवन में किया जाता है। तुलसी का पौधा तो बहुत ही उपयोगी सिद्ध होता है। आँगन में तुलसी हमें ऑक्सीजन देने के साथ इसकी हम पूजा भी करते हैं। तुलसी-पत्र भी पूजा में विशेष अवसर पर उपयोग में लाए जाते हैं। बेल के पत्ते भगवान शंकर को अत्यन्त प्रिय होते हैं, इस कारण भक्त उन्हें बड़ी श्रद्धा के साथ अर्पित कर पूजा करते हैं। वट वृक्ष की पूजा सुहागिन स्त्रियाँ पति के दीर्घायु के लिए वट अमावस्या के दिन करती हैं। आम का वृक्ष भी शुभ माना जाता है। आम के पत्तों का कलश और तोरण में उपयोग होता है। साथ ही अशोक वृक्ष के पत्तों का भी तोरण भी उपयोग होता है।

सुपारी और नारियल को धार्मिक कार्यों में बड़ा महत्त्वपूर्ण स्थान होता है। नारियल और सुपारी का वृक्ष पवित्र माना जाता है। इस प्रकार धार्मिक दृष्टि से पवित्र माने जाने वाले वृक्ष का जीवन में बहुत महत्व हैं।

(ख) (i) डॉ. धर्मवीर भारती रचित 'कनुप्रिया' आधुनिक मूल्यों का काव्य हैं। राधा-कृष्ण से प्यार करती हैं। और कृष्ण भी राधा से बहुत अधिक प्रेम करते हैं। परन्तु वे अब महाभारत के युद्ध के महानायक बने हुए हैं। राधा को यह युद्ध अब निरर्थक लगता है। क्योंकि राधा के अनुसार प्रेम ही जीवन की सार्थकता हैं। परन्तु कनु उसके प्रेम को सेतु बनाकर ही युद्ध के मैदान में उतरे हैं, ऐसा राधा को लगता है। राधा के दो रूप यहाँ दिखायी

देते हैं। अवचेतन मन में बैठी राधा और दूसरा रूप चेतनावस्था में स्थित राधा।

अवचेतन मन में बैठी राधा चेतनावस्था में स्थित राधा को संबोधित करती हैं–कहती हैं कि राधा तू जहाँ श्रीकृष्ण को देवता समझकर प्रणाम करने के लिए आती थी, उस राह से अब तू मत जा। जिस राज से तू आती थी उस रास्ते से महाभारत के युद्ध में भाग लेने के लिए श्रीकृष्ण की अठारह अक्षौहिणी सेनाएँ जाने वाली हैं। उसी पथ से द्वारिका की उन्मत्त सेनाएँ जा रही हैं। कनु सबसे अधिक राधा का है। परन्तु उसके सैनिक राधा को पहचानते नहीं हैं। कनु भी राधा से इस समय अनभिज्ञ हो चुके हैं। जिस डाली पर बैठकर बंसी बजाकर राधा को पुकारते थे, वह आम की डाल सदा के लिए काट दी जाएगी क्योंकि वहाँ से कृष्ण के सेनापतियों के तेज गति वाले रथों की ऊँची पताकाओं में यह डाल अटकती है। यह महायुद्ध इतना प्रलयकारी बन चुका है कि सेना के स्वागत में यदि ग्रामवासी तोरण नहीं सजाएँगे तो कदाचित् यह ग्राम भी उजाड़ दिया जाएगा।

कनु के साथ राधा ने जो तन्मयता के गहरे क्षण बिताये हैं, वह कनु भूल चुके है; उस समय कृष्ण को केवल अपना वर्तमान अर्थात् महाभारत का निर्णायक युद्ध ही याद है। वे अब राधा के प्यार से अपरिचित होकर उससे दूर चले गए हैं। इस कारण राधा उदास होती है। परन्तु उसे उदास न होकर अपने महान प्रेमी के पास अठारह अक्षौहिणी सेनाएँ होने का गर्व होना चाहिए।

(ii) 'कनुप्रिया' डॉ. धर्मवीर भारती रचित आधुनिक मूल्यों का काव्य है। राधा कृष्ण को कहती है कि–जो भी उन्होंने तन्मयता के गहरे क्षण एक साथ गुजारे है, उसे कनु भावावेश या उसकी कोमल कल्पनाएँ या उन क्षणों को व्यक्त करने वाले शब्द निरर्थक परंतु आकर्षक शब्द हैं। और एक क्षण के लिए उसने यह मान लिया की महाभारत का युद्ध पाप-पुण्य, धर्म-अधर्म, न्याय-दंड, क्षमा-शील के बीच का युद्ध था। इसलिए इस युद्ध का होना इस युग का जीवित सत्य था। जिसके नायक कनु हैं। परन्तु राधा तो कनु की बावरी सखी है, मित्र है। कनु ने राधा को जितना ज्ञान, उपदेश दिया उतना ही अर्थात् स्नेहासिक्त ज्ञान ही उसने प्राप्त किया है। कनु प्रेम और साख्यभाव जितना राधा को दिया, उन सब को समेटकर भी राधा कनु के उदात्त और महान् कार्यों को समझ नहीं सकी हैं। कनु के प्रयोजन को वह समझ नहीं पायी है क्योंकि उसने कनु को सदैव तन्मयता के गहरे क्षणों में जिया है।

राधा कृष्ण को संबोधित करते हुए कहती हैं–जिस यमुना नदी में वह स्वयं को निहारकर कनु के प्रेम में खो जाती थी, उस नदी में अब शस्त्रों से लदी असंख्य नौकाएँ न जाने कहाँ से आती हैं। राधा कहती है–ये गिद्ध जो चारों दिशाओं से उड़कर उत्तर दिशा की ओर जाते हैं; उनको तुम जैसे भटकी हुई गायों को बुलाते थे, वैसे बुलाते हैं। महाभारत के युद्ध के कर्णधार कनु स्वयं को समझते है, 'वहाँ कुरुक्षेत्र में, युद्ध के मैदान में, जहाँ गगन-भेदी युद्धघोष होता रहा, क्रंदन स्वर गूँजता रहा, अमानवीय, क्रूर घटनाएँ घटित हुई'–यह सब सार्थक है क्या कनु ? ऐसा प्रश्न राधा कनु को करती हैं।

राधा ने जितना भी उपदेश ज्ञान कनु से प्राप्त किया है, उतना ही उसे ज्ञान है। इसलिए राधा कनु के युद्ध के नायकत्व से परिचित नहीं होता है। ऐसा कहा गया है।

विभाग - 4 व्यावहारिक हिंदी अपठित गद्यांश और पारिभाषिक शब्दावली

(अ) (i) फीचर लेखन की प्रक्रिया में निम्न चार सोपानों अथवा चरणों के आधार पर फीचर लिखा जाता है।

(1) **प्रस्तावना**–फीचर के विषय का संक्षिप्त परिचय प्रस्तावना में होता है। यह परिचय आकर्षक और विषयानुकूल होना चाहिए। इससे पाठकों के मन में फीचर पढ़ने की जिज्ञासा जाग्रत होती है। पाठक अंत तक फीचर से जुड़ा रहता है।

(2) **विवरण अथवा मुख्य कलेवर**–फीचर में विवरण का महत्त्वपूर्ण स्थान है। फीचर में लेखक स्वयं के अनुभव लोगों से प्राप्त जानकारी और विषय की क्रमबद्धता रोचकता के साथ संतुलित तथा आकर्षक शब्दों में पिरोकर उसे पाठकों के सम्मुख रखता है। जिससे फीचर पढ़ने वाले को ज्ञान और अनुभव से संपन्न कर दें।

(3) **उपसंहार**–यह अनुच्छेद संपूर्ण फीचर का सार अथवा निचोड़ होता है। इसमें फीचर लेखक फीचर का निष्कर्ष भी प्रस्तुत कर सकता है अथवा कुछ अनुत्तरित प्रश्न पाठकों के ऊपर भी छोड़ सकता है। उपसंहार ऐसा होना चाहिए पाठक को विषय से सम्बन्धित ज्ञान भी मिल जाए और उसकी जिज्ञासा भी बनी रहे।

(4) **शीर्षक**–विषय का औचित्यपूर्ण शीर्षक फीचर की आत्मा है। शीर्षक संक्षिप्त, रोचक और जिज्ञासावर्धक होना चाहिए। नवीनता, आकर्षकता और ज्ञानवृद्धि उत्तम शीर्षक के गुण हैं।

अथवा

(ख)

1. (i) भाषा का समयानुकूल प्रयोग ही कार्यक्रम की गरिमा को बढ़ा देता है।

(ii) हास्य से भरा चुटकुला या कोई प्रसंग सुना देने से कार्यक्रम की रोचकता बनी रहती है।

(iii) उद्घोषक को किंग ऑफ वॉईस, संस्कृत शिरोमणि और अखिल आकाशवाणी जैसे अनेक पुरस्कारों से सम्मानित किया गया है।

(iv) उद्घोषक शब्दों की दुनिया में रहता है।

2. (i) **बोझिल**–अलसाया (ii) **रोचकता**–सरसता

(iii) **गरिमा**–महत्त्व (iv) **प्रेरणादायक**–प्रेरणा देने वाली

3. अच्छा उद्घोषक बनने के लिए कुछ गुणों का होना आवश्यक है। उद्घोषक को मिलनसार, हँसमुख हाजिर-जवाबी होने के साथ

विविध विषयों का जानकार होना चाहिए। भाषा पर प्रभुत्व होना चाहिए। इसके लिए निरंतर पढ़ते रहना आवश्यक है। पढ़ना, सुनना प्रेरणा देता है वही सूत्र संचालन का आधार स्तम्भ बना रहता है। सतर्कता, सहजता और उत्साहवर्धन उद्घोषक के मुख्य गुण हैं। उसकी वेशभूषा, केशसज्जा सहज और गरिमामयी होनी चाहिए। उसके शब्दों में उसका आत्मविश्वास और व्यक्तित्व दिखायी देता है। कार्यक्रम में रोचकता बनायी रखने के लिए उद्घोषक को प्रसंग के अनुसार चुटकुले, शायरी के अंश का प्रयोग करना आवश्यक है। इसके लिए निरंतर अध्ययन करते रहना आवश्यक है। इन उपर्युक्त बातों पर ध्यान देकर ही व्यक्ति अच्छा उद्घोषक बनता है।

(ख) (i) सेवा धर्म से बढ़कर कोई धर्म नहीं है। परन्तु लोग ऐसा समझते है कि मोक्ष प्राप्त करने के लिए तीर्थयात्रा जाना पड़ता है। लोग घर में वृद्धों और बच्चों को छोड़कर तीर्थयात्रा को निकल पड़ते हैं। भगवान के दर्शन तो मानव की सेवा में ही मिलते हैं। इस तथ्य से हमें परिचित होना चाहिए। परन्तु लोग सेवा को भुला रहे हैं। मानव की सेवा, प्राणिमात्र की सेवा करके ही मनुष्य की तीर्थयात्रा का फल मिलता है। वृद्धों की सेवा करके ही हमें फलरूपी मेवा मिलती है।

मानव मात्र की सेवा करके ही सच्चे सुख की प्राप्ति होती है। मानव का मानव के प्रति सद्भाव ही मानवता है। मानव की आत्मा ही परमात्मा है। हमें परस्पर घृणा तिरस्कार को भूलकर ही मानवता के धर्म को अपनाना है। मनुष्य अपने साथ अगर कुछ ले जाता है तो सिर्फ अच्छे कर्म और लोगों की सच्ची सेवा। इन बातों को मानव को समझना होगा। सच्चे मन से अगर हम मानव सेवा करते हैं तो, हम बहुत आगे बढ़ सकते हैं और हर कोई हमें काम में सहयोग प्रदान करेगा अगर हम भगवान की पूजा करने के लिए मंदिर जा रहे हों और कोई भूखा, प्यासा या निर्बल, अपाहिज आपसे मदद चाहता है, तो हमारा पहला कर्तव्य है उस अपाहिज, भूखे की मदद करें, क्योंकि मानव सेवा ही ईश्वर सेवा है। भगवान भी यही चाहते हैं कि, लोग एक-दूसरे की मदद करें तभी दुनिया में अच्छा परिवर्तन आएगा।

इस प्रकार पूरी निष्ठा के साथ की हुई मानव सेवा तीर्थयात्रा से बढ़कर ही होती है।

(ii) डॉ. विक्रम साराभाई को भारती या अंतरिक्ष कार्यक्रम का जनक कहा जाता है। भारत के अंतरिक्ष कार्यक्रम की संकल्पना डॉ. विक्रम साराभाई की ही है। जब उपग्रह को अंतरिक्ष में पहली बार भेजा गया तब किसी ने भी यह नहीं सोचा होगा कि यान एक दिन मंगल के लिए जा सकेगा। भारत ने अपने अंतरिक्ष कार्यक्रम की शुरूआत सीमित संसाधनों के साथ की थी। भारत का अंतरिक्ष कार्यक्रम 60 के दशक में शुरू हुआ था। एपल सैटेलाइट को 1981 में प्रक्षेपण के लिए बैलगाड़ी में ले गये थे।

बड़े वैज्ञानिक भारत के अंतरिक्ष कार्यक्रम से जुड़े रहे हैं। पूर्व राष्ट्रपति ए.पी.जे. अब्दुल कलाम भी भारत के अंतरिक्ष कार्यक्रम में योगदान दे चुके हैं। धरती की भू-चुंबकीय भूमध्य रेखा युवा से गुजरती है इसलिए सबसे पहले युवा को लाँचिग सेंटर के तौर पर चुना गया था। भारत ने पहला रॉकेट 21 नवम्बर, 1963 को लाँच किया था। अर्थात् मंगल यान् से करीब 50 साल पूर्व यह एक नाईक-अपाचे रॉकेट था। 20 नवम्बर 1967 को भारत में बना पहला रॉकेट रोहिणी-75 लाँच किया गया था।

भारत का पहला उपग्रह आर्यभट्ट 1975 में लाँच किया गया। प्राचीन भारत के प्रसिद्ध खगोलविद् आर्यभट्ट के नाम पर इसका नाम रखा गया है। इसका वजन 360 किलोग्राम था। भारत का पहला रिमोट सेंसिंग सैटेलाइट भास्कर-1 था। इस उपग्रह का कैमरा जो तस्वीरें भेजता था। उन्हें वन, पानी और सागरों के अध्ययन में इस्तेमाल किया जाता था। चंद्रमा की सतह पर पानी की खोज चंद्रयान ने ही की थी। भारत के अंतरिक्ष कार्यक्रम में चंद्रयान का महत्त्वपूर्ण स्थान है।

भारत ने सबसे शक्तिशाली स्वदेश निर्मित अब तक का सबसे भारी संचार उपग्रह जी सैट-19 को भूस्थिर अंतरिक्ष प्रक्षेपण का वाहन मार्क-III के जरिए प्रक्षेपित किया। इससे पहले भारत ने 5 मई को पहला दक्षिण एशिया उपग्रह अंतरिक्ष में छोड़कर कामयाबी हासिल की थी। दिसम्बर 2014 में संचार उपग्रह जी सैट-16 का प्रक्षेपण किया गया । दूसरों ने 2015 में जी सैट-15 संचार उपग्रह और विभिन्न तरंग लंबाई वाले अंतरिक्ष प्रक्षेपण उपग्रह एस्ट्रोसैट को आकाश में छोड़ा। 2018 के प्रारंभ में भारतीय अंतरिक्ष एजेंसी का दो चंद्र अभियान शुरू किया। चंद्रयान-2 इससे पहले के चंद्रयान-1 का परिष्कृत संस्करण होगा। इसके बाद संभवत: 2021-22 में एक बार फिर से इसरो मंगल का रूख करेगा और मंगलयान-2 नाम का दूसरा मंगल आर्बिटर मिशन अंतरिक्ष में भेजेगा। इस प्रकार पिछले दशकों में भारत के अंतरिक्ष कार्यक्रम ने प्रगतिशील कार्य किया है।

अथवा

(i) सूत्र संचालन में तो **भाषा** की महत्त्वपूर्ण भूमिका होती है।

(ii) जीवों द्वारा प्रकाश उत्पन्न करने की क्रिया एक साधारण रासायनिक क्रिया है इसे सिद्ध करने वाले **स्पैलेंजनी** हैं।

(iii) फीचर लेखन की प्रक्रिया के मुख्य **तीन** अंग है।

(iv) ब्लॉग लेखन शुरू करने की प्रक्रिया के संदर्भ में विस्तृत जानकारी 'गूगल' पर उपलब्ध है।

(इ)

1. (i) गुरुदेव श्रीनिकेतन में बड़े आनंद से रहते थे।

(ii) गुरुदेव ने उनके कुत्ते की पीठ पर हाथ फेरने पर उसने आँखे मूँदकर अपने रोम-रोम से स्नेह रस का अनुभव किया।

(iii) गुरुदेव ने कुत्ते को लक्ष्य करके 'आरोग्य' में इस भाव की एक कविता लिखी थी।

(iv) कवि की मर्मभेदी दृष्टि ने भाषा हीन प्राणी की करुण दृष्टि के भीतर उस विशाल मानव सत्य को देखा, जो मनुष्य, मनुष्य के अंदर भी नहीं देख पाता।

2. (i) **रोम**—रोम (ii) **धीरे**—धीरे

(iii) **भीड़**—भाड़ (iv) **छेड़**—छाड़

3. गुरुदेव मूलत: प्रकृति-प्रेमी थे। साथ ही उनको संगीत, साहित्य, चित्रकला जैसी विभिन्न कलाओं में रुचि थी। रविन्द्रनाथ जी को बचपन में अपने पिता के साथ हिमालय और विभिन्न स्थानों पर घूमने का अवसर मिला। इसलिए 'गीतांजलि' और अन्य प्रमुख काव्य रचनाओं में गुरुदेवजी ने प्रकृति का मोहक और जीवंत चित्रण किया है। वे अत्यधिक घूमते थे इस कारण वे प्रकृति के नजदीक आए थे। वे प्रकृति के गोद में ही पले-बढ़े हुए है। इसलिए उनके मन पर प्रकृति का गहरा प्रभाव है। प्रकृति से उन्हें बड़ा लगाव था। हिमालय पर्वत की सुंदरता और भव्यता देखकर वे हर्ष से फूले नहीं समाते थे। उनकी कहानी-कथाओं में वर्षा ऋतु, वर्षा ऋतु का आकाश, छायादार गाँव, वर्षा से भरे धान के लहराते खेत, नदियाँ आदि का जीवंत वर्णन मिलता है। गुरुदेवजी के मतानुसार, प्रकृति के कण-कण में, रंग-बिरंगे फूलों में, रसदार फूलों में, रंग-बिरंगे दृश्यों में सभी में ब्रह्म का अस्तित्व विद्यमान है। गुरुदेवजी को बंगाल की पद्मा नदी अधिक प्रिय थी, उन्हें बंगाल के ग्रामांचल से अत्यधिक प्रेम था। वर्षा ऋतु के आगमन पर वे चाहे जहाँ भी रहे सदैव शांति निकेतन आकर रहना पसंद करते थे। इस प्रकार उनका प्रकृति प्रेम देखकर वे प्रकृति के बेहद चाहने वाले थे इस बात से हम परिचित होते हैं।

(घ) (i) न्यायाधीश (ii) स्थगन
(iii) शिखर बैंक (iv) बकाया
(v) लेन-देन (vi) मौसम विज्ञान
(vii) अभिलेख (viii) एकीकृत परिपथ

विभाग - 5 व्याकरण

(क) (i) लोगों को आगरा से बाहर जाते देखा था।
(ii) नए मूल्यों का पर्याय नहीं होगा।
(iii) द्विवेदी साहब ने अपने वचन का पालन किया है।
(iv) पंत के साथ तो रास्ता कम अखरता था, पर अब सोचकर ही थकावट होगी।

(ख) (i) रूपक अलंकार (ii) उपमा अलंकार
(iii) उत्प्रेक्षा अलंकार (iv) अतिशयोक्ति अलंकार।

(ग) (i) श्रृंगार रस (ii) शांत रस
(iii) अद्भुत रस (iv) रौद्र रस

(घ) (i) **ब्रह्मानंद में लीन होना**—अलौकिक आनंद का अनुभव करना।
वाक्य—गायिका लताजी का गाना सुनकर श्रोता ब्रह्मानंद में लीन हो जाते थे।
(ii) **आगाह करना**—सूचित करना।
वाक्य—आरोग्य विभाग ने संपूर्ण महाराष्ट्र को कोरोना से बचाव के लिए 'मास्क को लगाने के लिए आगाह किया है।'
(iii) **सिर से पानी गुजर जाना**—सहने की शक्ति समाप्त हो जाना।
वाक्य—रामू मालिक को जवाब देकर नौकरी छोड़कर चला गया, क्योंकि मालिक की गालियाँ सुनकर अब उसे लगा कि सिर से पानी गुजर गया है।
(iv) **नसीब होना**—प्राप्त होना।
वाक्य—दिन-रात मेहनत करके भी गोपाल के परिवार को महँगाई के कारण दो वक्त का भोजन भी नसीब नहीं होता था।

(ङ) (i) दिलीप अपने माता-पिता की इकलौती संतान थी।
(ii) शेष आप इस लिफाफे को खोलकर पढ़ लीजिए।
(iii) निराला जी अपने युग की विशिष्ट प्रतिभा है।
(iv) पुस्तकों का ढेर देख मैं दंग रह गया।

●●

ENGLISH

Time : 3 Hrs **Total Marks :** 80

General Instructions:

(i) All questions are compulsory. There may be internal option(s).

(ii) Answers are to be written in complete sentences. One word answers or incomplete sentences will not be given credit.

(iii) Figures/Web-diagrams/Charts/Tables etc. should be drawn and presented completely with proper answers written as instructed.

(iv) Use of colour pens/pensils etc. is not allowed. Blue/Black pens are allowed.

SAMPLE PAPER-1

English

Questions

Time: 3 Hours

Total Marks: 70

Section I : Prose

(Reading for Comprehension, Language Study, Grammar, Note making, Mind mapping)

Q.1. (A) Read the extract and complete the activities given below: (12)

He sat under the boughs of a spreading tamarind tree which flanked a path running through the Town Hall Park. It was a remarkable place in many ways. A surging crowd was always moving up and down this narrow road from morning till night. A variety of trades and occupations was represented all along its way : medicine sellers, sellers of stolen hardware and junk, magicians and above all, an auctioneer of cheap cloth, who created enough din all day to attract the whole town. Next to him in vociferousness came a vendor of fried groundnut, who gave his ware a fancy name each day, calling it "Bombay Ice Cream" one day and on the next "Delhi Almond," and on the third "Raja's Delicacy," and so on and so forth, and people flocked to him. A considerable portion of this crowd dallied before the astrologer too. The astrologer transacted his business by the light of a flare which crackled and smoked up above the groundnut heap nearby. Half the enchantment of the place was due to the fact that it did not have the benefit of municipal lighting. The place was lit up by shop lights. One or two had hissing gaslights, some had naked flares stuck on poles, some were lit up by old cycle lamps, and one or two, like the astrologer, managed without lights of their own. It was a bewildering crisscross of light rays and moving shadows. This suited the astrologer very well, for the simple reason that he had not in the least intended to be an astrologer when he began life; and he knew no more of what was going to happen to others than he knew what was going to happen to himself next minute.

A1. In the story, it is told that the town Hall Park was a remarkable place in many ways for an astrologer to build his business. List the exceptional qualities of the place. (2)

A2. The astrologer never opened his mouth till the other had spoken for at least ten minutes. Tell the reasons behind his act. (2)

A3. Complete the following : (2)

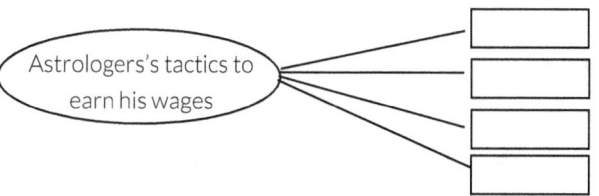

A4. Suggest some steps to eradicate superstitions and other ill practices from our society. (2)

A5. Do as directed : (2)

1. A variety of trades and occupations was represented all along its way. (Rewrite beginning with IT............)
2. He had not intended to be an astrologer (Rewrite as an affirmative sentence)

A6. Give noun forms of the following words: (2)

surging moving manage intend

(B) Language Study

B1. Do as directed/Transformation of sentences: (3)

1. The king ....Kashipur decided to go everywhere ....disguise. (Fill in the blanks with suitable prepositions)
2. There was ....article in ....Times of India about this critical issue. (Fill in the blanks with suitable articles)
3. Many promises have been <u>given inspite of the drawbacks</u>. (Frame a Wh-question to get the answer underlined)

B2. Spot the error in the given sentence and rewrite the correct sentence: (1)

Radha brought pens and distributed them between her five children.

Q.2. (A) Read the extract and complete the activities given below: (18)

Often students who are fond of reading books are labelled by their comrades as book-worms. Boys who shine in athletics or in the playing of some game, consider that the games field is a better or nobler arena for their activities and the expenditure of their energies than the classroom or the reading desk. The idea is born out of an inferiority complex inherent in the games minded students who actually envy their fellows who shine academically. Academic honours have a glamour which is unique.

It is not to be denied that the playing of games is a worthy activity. It is worthy in the sense that the team spirit can be engendered in the invididual only if he has learnt to participate in the playing of games. It is also true that the player does much for society and for his country on the playing field. It is true that the feeling of cooperation can be cultivated in a person only through group activity. But studies should not be sacrificed in order that students devote their time only to the playing of games.

Let each type of activity have its own place in our daily round and then only the balanced division of interests will produce an individual with a proper perspective of things.

A1. Complete the following: (2)

Write the qualities that can be acquired through games:

A2. Gamesters call academically bright students 'bookworms'. Give reasons for it. (2)

A3. Write the message that the writer wants to convey through the extract. (2)

A4. The writer says, 'Academic honours have a glamour which is unique'. Do you agree with it? Justify your answer. (2)

A5. Do as directed: (2)
1. The games field is a better or nobler arena for their activities than the classroom. (Rewrite in positive degree)
2. The team spirit can be engendered in the individual only if he has learnt to participate in the playing of games. (Rewrite as a negative sentence)

A6. Complete the following table: (2)

Verb	Noun	Adjective
....	envy	....
produce	....	....

(B) Summary Writing: (3)

Write the summary of the above extract with a suitable title, with the help of the given points / hints.

gamesters-tease .... academically .... brilliant .... students-qualities through games goal of education go hand in hand.

(C) Note making / Mind mapping: (3)

Draw a tree-diagram that contains the main points and supporting details from the extract.

In order to provide a nation with an adequate supply of such social necessities as roads, hospitals and schools, a government must have a permanent source of income. It gets its essential income by the device of taxation, that is to say, it extracts compulsory contributions from the population in order to give them back in the form of social benefits. Naturally, if the government wishes to devote more money to the development of such facilities, it must increase its income and the only way to do this is by devising further means of taxation.

It is not possible in all types of tax to draw up different rates according to income and it is for this reason that two types of tax exist-direct and indirect. Direct taxes are those in which the tax payers pay the contribution directly to the government such as income tax, excess profit tax and death duty. Indirect taxes such as tobacco duty, sales tax and entertainment tax, are paid by the tax payer when he buys certain goods or services.

Now, complete the following tree-diagram.

(a) Permanent source of income for govt.
(b) ....

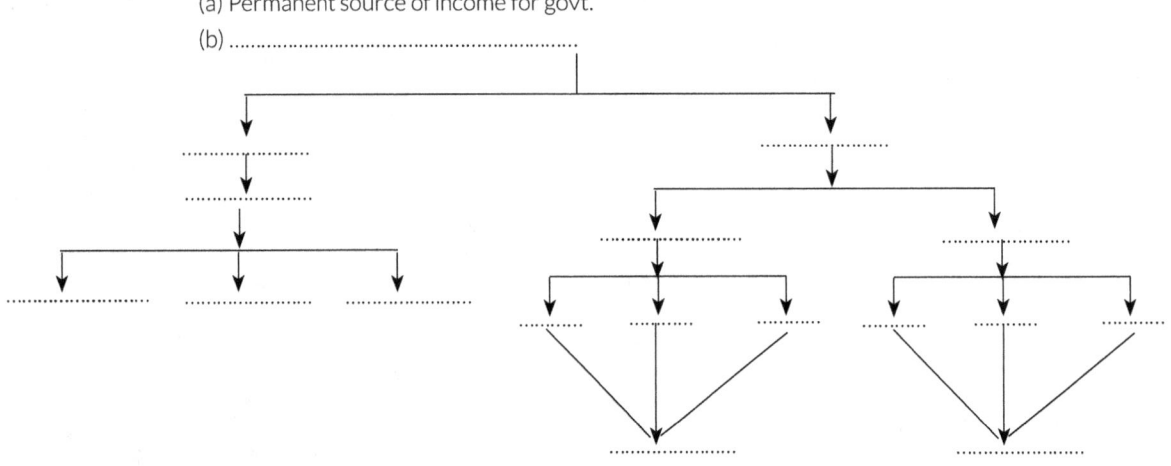

Section II : Poetry

(Poetry and Appreciation)

Q.3. (A) Read the extract and complete the activities given below: (10)

Afoot and light-hearted I take to the open road,
Healthy, free, the world before me,

The long brown path before me leading wherever I choose.

Henceforth I ask not good-fortune, I myself am good-fortune,

Henceforth I **whimper** no more, postpone no more, need nothing,

Done with indoor complaints, libraries, **querulous** criticisms,

Strong and content I travel the open road.

The earth, that is sufficient,

I do not want the **constellations** any nearer,

I know they are very well where they are,

I know they suffice for those who belong to them.

(Still here I carry my old delicious burdens,

I carry them, men and women, I carry them with me wherever I go,

I swear it is impossible for me to get rid of them,

I am fill'd with them, and I will fill them in return.)

A1. Write four lines from the extract showing that the poet is prepared to enjoy every moment of his journey. **(2)**

(a) .... (b) ....
(c) .... (d) ....

A2. The poet is a person who is free from all inhibitions. Elaborate the concept of freedom expressed in the extract. **(2)**

A3. Explain the metaphorical concept of 'road' used in the extract. **(2)**

A4. Write two examples of the figure of speech 'Climax' from the extract. **(2)**

A5. Use the following words and compose two to four lines on 'The Road that leads to my college' **(2)**

[bag of books, bright sun, travel, pain]

(B) Appreciation

Read the extract and write the appreciation based on the aspects given bleow: **(4)**

When I had money, money, O!
I knew no joy till I went poor;
For many a false man as a friend
Came knocking all day at my door.

Then felt I like a child that holds
A **trumpet** that he must not blow
Because a man is dead; I dared
Not speak to let this false world know.

Much have I thought of life, and seen
How poor men's hearts are ever lights;
And how their wives do **hum** like bees
About their work from morn till night.

So, when I hear these poor ones laugh,
And see the rich ones coldly frown
Poor men, think I, need not go up

You may use the following points for writing the appreciation in about 100-150 words.

- About the poem, significance of the title.
- The form of the poem, theme and its significance.
- Poetic style, language features/poetic devices.
- Inspirational message, values, morals reflected in the poem.
- Special features.
- Your opinion and critical evaluation of the poem.

Section III : Writing Skills

Q. 4. Complete the activities as per the instructions given below : **(16)**

(A) Attempt any ONE of the following: **(4)**

Drafting virtual messages / statement of purpose / group discussion.

Using information from the dialogue given below, write the message which Amrita left for her brother, Sourajit.

Shekhar : Is this 9850852345?

Amrita : Yes. May I know who is speaking?

Shekhar : I am Shekhar and want to speak to Sourajit. I am his friend from I.H.M. Dadar.

Amrita : I am his sister Sourajit is not at home at the moment. Can you ring up a little later?

Shekhar : I shall be a little busy. Actually, I have got a placement at the Hotel Veena Resort in Goa and will join with immediate effect. So right now I am trying to get all the formalities completed. This is the news that I wanted to give him. Will you do that for me ? Also tell him that I will let him know my new cell phone numbers as soon as I get one.

Amrita : I'll do that Bye and all the best.

Amrita had to leave for office, so she wrote a note to Sourajit. Draft her message in not more than 50 words.

OR

You must have decided your aim in life. Which institute/ university would you like to join for your diploma a graduation? Write a statement of purpose as a part of your application to the institute / university.

OR

Rama, Asif, Rachana and Aarav are participating in a group discussion. The evaluator has given them a topic 'Teenagers are more inclined towards junk food now-a-days. Write suitable dialogues for each participant giving his/her opinion on the topic and the conclusion they reach at.

(B) Attempt any ONE of the following: **(4)**

You visited the Book Exhibition held at S.P. Ground, Pune. Using the hints given below, write an e-mail to your friend about your experience.

(a) Very big and grand exhibition

(b) All types of books

(c) Special discounts offered

(d) A feast for reader

OR

Report Writing:

Prepare a report on the prize distribution of yours college for your college magazine. Take help of the following points:

(a) Decoration of the Assembly Hall
(b) Nature of prizes
(c) Speech of the chief guest
(d) Feelings of awardees
(e) Add your own points

OR

Interview:

You are the Sports Representative of your college and asked to interview a professional swimmer. Frame a set of 8 to 10 questions to interview him. Use the following points :

(a) Introduction
(b) Remarkable experience
(c) Physical warm up
(d) Favourite event
(e) Conclusion

(C) Attempt any ONE of the following: (4)

Speech:

Write a speech on 'Social Media : Good or Bad' in about 100-150 words.

OR

Compering:

Imagine that you are a compere of 'Book Release Programme' Prepare a script for compering the programme with the help of the following points in about 100-150 words.

(a) Introduction
(b) Lighting the lamp
(c) Introduction of guest and felicitation
(d) Introductory note by the publisher
(e) Speech of the author

(f) Speech of the chief guest
(g) Vote of thanks

OR

Expansion of an ideas:

Expand the following idea in about 100-150 words.

'If winter comes, can spring be far behind?'

(D) Attempt any ONE of the following: (4)

Review :

Write a review of any historical film of you choice, with the help of the following points :

(a) Significance of the title
(b) Year of release
(c) Story line / Theme
(d) Actions / Music and songs
(e) Setting / Location
(f) Producer and Director

OR

Blog Writing:

Write a blog in proper format in about 100-150 words in 'Man V/s Nature' with the help of the following points:

(a) Behaviour of man with nature
(b) Role played by man in nature
(c) Importance of nature
(d) Side effects if trees are unavailable
(e) Add your own points

OR

Appeal:

Prepare an appeal on the topic 'A Cleanliness Drive', with the help of the following points:

(a) Need of cleanliness
(b) Importance of cleanliness
(c) Catchy slogans
(d) Venue, date and time
(e) Add your own points

Section IV : Literary Genre-Novel

Q.5. (A) Complete the activities given below as per the instructions: (4)

1. Complete the following statements:
   (i) The two types of conflicts that the plot may have are ....
   (ii) The word 'picaresque' is originated from ......

2. Write a short note of about 50 words on:
   (i) 'Novella'

(B) Answer the questions given below in about 50 words: (4)

1. Complete the following with the traits of Fernman:

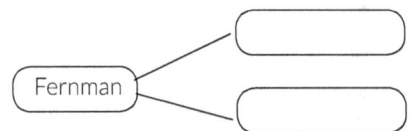

2. Which event took place in 'To Sir, With Love'. Choose the correct one and give reasons to support your answer:
   • Annual Sports day on November 15th
   • Annual Social and Cultural Gathering on November 15th
   • Half-yearly report of Students Council on November 15th
   • Farewell programme on November 15th

(C) Answer the questions given below in about 50 words: (4)
   1. Describe the importance of the following place in the development of the plot and behaviour of the characters in 'Around the World in Eighty Days'.
      • London
   2. Write the Central Idea of 'Around the World in Eighty days' in 50 words.

(D) Answer the questions given below in about 50 words: (4)

1. Highlight the qualities of :

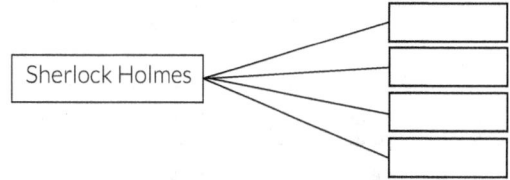

2. Give reasons for the following:
   Miss Morstan received a pearl every year ....

🅐 Answer Key

Section I : Prose

(Reading for comprehension, language study/Summary, Mind Mapping)

1. (A) A1. (a) A surging crowd
          (b) A variety of trades and occupations
          (c) Enough din to attract people
          (d) Provision of light from nut vendor
       A2. (a) He is good at reading the people
          (b) His practice has sharpened his perception
          (c) He has a working analysis of mankind's troubles
          (d) He can win confidence of his customers with information gained.
       A3.

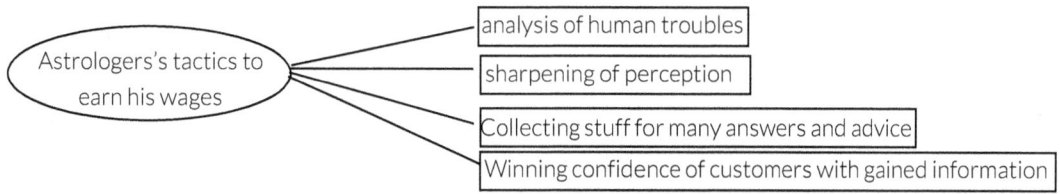

   A4. It is essential to eradicate superstitions and other ill practices from our society if we want society to improve and ultimately our nation to develop. Education plays a vital role in it. The national approach of looking at everything can be imbibed among the students right from their schooling so that they will spread it and become a responsible citizen.
   A5. 1. It represented a variety of trades and occupations all along its way.
       2. He had intended to be someone else than an astrologer.
   A6. surge   movement
       management   intention

(B) B1. 1. The king of Kashipur decided to go everywhere in disguise.
       2. There was an article in the Times of India about this critical issue.
       3. How have many promises been given?
   B2. Radha brought pens and distributed them among her five children.

2. (A) A1.

   A2. Gamesters call academically bright students bookworms because of their inferiority complex arising out of envy of academic excellence.
   A3. The writer and wants to convey a message that the goal of proper education is to build up well rounded personality. This can be possible by balancing studies with other activities like games and sports.
   A4. I do not agree with what the writer says. It is true that education is very important in a man's life but a person can shine in other fields also. A sports man can be equally honorable as an academician. Sachin Tendulkar, Vishwanathan Anand, P.V. Sindhu are the glowing example of this fact.
   A5. 1. The classroom is not as good or noble arena for their activities as the games field.

2. The team spirit can never be engendered in the individual unless he has learnt to participate in the playing of games.

A6.

Verb	Noun	Adjective
envy	envy	envious
produce	production	productive

(B) Classroom Vs. Games

Gamesters usually make fun of academically brilliant students due to their inferiority complex emerging from academic excellence. The qualities achieved through games cannot be denied at all. But involvement in games and sports should not be at the cost of neglecting studies. The main goal of education is to produce well-rounded personalities.

(C)

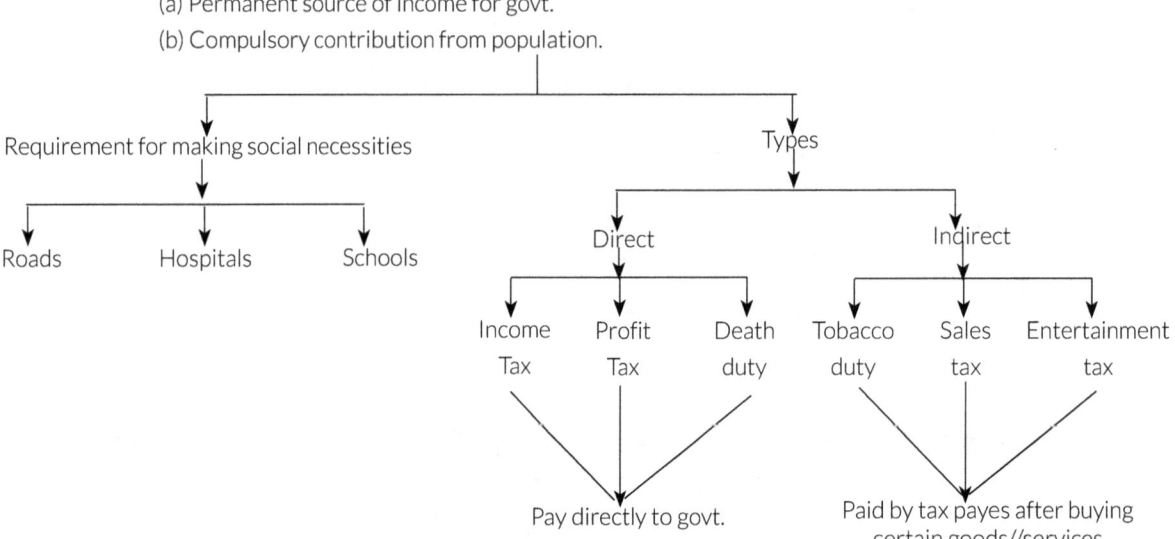

Section II : Poetry

(Poetry and Appreciation)

3. (A) A1.
1. Afoot and light hearted, I take to the open road.
2. Healthy free the world before me.
3. Henceforth, I ask not good fortune, I myself am good fortune.
4. Strong and content I travel the open road.

A2. Freedom is the major theme in the poem. The poet encourages the readers to be true to themselves, live freely and enjoy the freedom of life. Although, our life is not free from obligations and troubles, the concept of freedom encourages everyone to live their dream.

A3. The poet compares the road of life to a sweet song so it becomes a metaphor. Everyone should enjoy life freely and happily. The metaphor suggests singing the song of life beautifully. It also indicates the path people must take to live a fruitful life.

A4. Two lines indicating climax are:
1. Done with indoor complaints, libraries querulous criticism.
2. Healthy, free, the world before me.

A5. The Road that leads to my college.
A bag of books presses heavy on my shoulder
The sun burns bright on my face.
Why do I travel so far in such pain!

(B) The poem 'Money' is composed by William H. Davies who spent a significant part of his life as a tramp. He became a peddlar and street singer in England. After experiencing such wandering life for many years, he published his first volume. This poem tells about the rich man who wants to be a poor man to find the real happiness. When we do not have money or have lost our money, we realise how important the money is. At the end of the poem, the poet says that now he doesn't have money but he has true friends though they may be few.

The poem brings out the impact of money on people's behaviour. When a man possesses money, many false friends gather around him. The poet compares himself to a child with a trumpet but he is not allowed to blow it for there has been a death. The poet makes use of "simile" again as the poor man's wife is described as humming busily like a bee.

The poet emphasises that not having money never means the lack of happiness. The poor man is able to laugh but a rich man becomes angry. The poet has made use of five four lined stanzas with the uniform rhyme scheme of 'a b c d' throughout the poem, He repeats the word 'money' to stress the fact that money is unnecessarily given undue importance by man. He wants to suggest that money cannot bring happiness.

Section III : Writing Skills

4. (A) 1. Dear brother,

Your friend from IHM, Goa, Shekhar called you up to inform that he has got a placement at Hotel Veena Resort in Goa and he has to join immediately. He is trying to get all the formalities completed so he will let you know his new cellphone number, when he gets it.

–Amrita

OR

Statement of purpose

Our country is a developing country and needs more skilled innovators and entrepreneurs, who can create and start cutting edge products and services to keep my country at the forefront of technology. We don't have good quality entrepreneurial study programmes as Silicon velley has.

Savitribai Phule University Pune has the programme that I am looking for. The centre for entrepreneur studies has exciting events with many networking opportunities and I really want to have the advantage for extension of my learning. I am very much excited by the World Business Programme contest as it encourages students to launch their own business and I am aspiring to do myself.

I belong to a small business family as my father has a spare parts dealership and I might follow in his footsteps. I have followed some pioneering business leaders like Kirloskar, JRD Tata, Dhirubhai Ambani who have created their own successful ventures from nowhere. I am eager to know how and where India's best enterpreneurs have begun their startups. If selected, I would aspire to pursue graduation.

Presently, I am pursuing studies at New India College and I am focussed on finance and marketing.

My goal is to start my own vehicle spare parts company and to achieve it, I want to get an MBA degree with entrepreneurial focus as your institute offers. I am interested in studying with people like Prof. Iyer who teaches entrepreneurial studies. I wish to learn from my fellow students having similar ambitions. I hope my application will be considered favourably.

OR

3. Evaluators : You all have been given a few minutes to think about the topic of today's group discussion which is 'Teenagers are more inclined towards junk food'. You may now begin the discussion. Who would like to start!

Rama : I would like to put forward my opinion first I feel that junk food is unhealthy as it causes obesity due to saturated fats in it. Perhaps banning junk foods in and near school and colleges could decreas the frequency of heart disease among the young people.

Asif : You are obsolutely right, Rama. I am in complete agreement with your view. Junk foods certainly create negative effects on our health. It is true that nowadays students are more inclined towards junk food as a matter of convenience.

Aarav : I am afraid but I don't agree with these opinions. Even healthy food can be bad sometimes. If junk foods are banned, the sense of boredom can be felt by students as they have to eat the homemade food only. Healthier food also tends to be more expensive.

Rachana : I am sorry to interrupt but I certainly feel that junk food potentially result in decreased academic performance. It contains unhealthy oils and preservatives which are really harmful for the human health. So there is a need to ban the junk foods in schools and colleges.

Evaluator : Please conclude the discussion now.

Rama : After all the discussion, we conclude that it is up to us to decide what to eat and what to avoid. Occassionally, having junk food can be a good option but regular consumption of junk food must be avoided for sure.

(B) To : rajeev.kul12@gmail.com

From : raja.jad1@gmail.com

Subject : Book exhibition

Dear Rajeev,

I am sending this e-mail to you about my recent visit to a book exhibition. It was held at S.P. Ground. Pune by three publishing houses together and all leading publishers had set up their stalls.

The exhibition had a great variety of books like dramas, novels, short stories, biographies, autobiographies, poetry books, puzzles and many more. I visited it with my close friends and family members. After entering, I was amazed to see a variety of book stalls. We spent almost six to seven hours there. There were many special discount offers on all types of books. Many book lovers took advantage of the exhibition. I purchased a few books from there.

It would have been nice if you were there with me. They are going to organise a similar exhibition in the Engineering College Ground in summer vacation. You should come here in the vacation so that we can enjoy the exhibition together. Send a reply as is it eagerly awaited.

Regards

Raju

OR

Prize Distribution Ceremony of G.K. College

Ambegaon March, 17

On 15th of March, G.K. College appeared to be at its best with lovely and beautiful decorations and colourful rangolis to celebrate the prize distribution ceremony, in the presence of the famous social worker Mr. Prem Gaware with extreme enthusiasm and vigour under the guidance of the Principal and other staff members.

The whole college was cleaned and beautiful rangolis were drawn at the entrance gate of the college. The assembly hall was nicely decorated with flowers and balloons. The chief guest, Mr. Prem Gaware, was impressed by the arrangements. The principal of the college Dr. Khurana welcomed the chief guest and other dignitaries and read out the annual report of the college. Then, the academic and extra-curricular prizes were distributed to all the winners. All the winners were heartily appreciated by all present. The chief guest praised all the prize winners in his speech and encouraged others to work hard to win prizes next year. Then the general secretary presented a vote of thanks to all the invitees and the chief guest.

Everyone present enjoyed the programme very much.   -by College Reporter

OR

Welcome Mr. Virdhawal Khade. We are fortunate to have you with us. I hope you would like to share your experiences with us:

1. Please share with us your journey of becoming a professional swimmer?
2. How long do you practise swimming?
3. How was your experience in the Asian Games?
4. How do you prepare for the international competitions?
5. What do you like most-freestyle or butterfly?
6. According to you, which is your best performance uptil now?
7. How do you react to your success as well as failure?
8. What do you do to overcome your short comings/mistakes?
9. Who is your role model in swimming? Why?
10. What are your future plans?

Thank you, Mr. Virdhawal. Thanks for spending your valuable time with us.

(C) Respected Principal, teachers and my dear friends.

Today I stand here to express my views on a very lively subject 'Social Media Good or Bad'. Modern world can be rightly called the world of social media as people all over the world use it. Social media has brought people from distant places together. But it needs to be given a thought if it is good or bad for the society.

Every coin has two sides. It actually depends upon our perspective and the way we use it. Many people think it to be good as they can communicate with their close ones irrespective of the distance. But some people think about its negative impact on the society. Today, we can get every kind of information about everything on social media like blogs, newspapers, facebook, twitter and through many other ways. Cell phone has put the world in our pockets. It is no doubt that we have been given an opportunity to connect with people and build better relationships with all.

We can communicate and share our views, thoughts on different topics with many people. Social networks have become a crucial part of our lives. They offer good opportunities for online business also. But excessive use of social media has reduced the sense of human interaction. Though people have their online identities, they are isolated. Social relationships are badly affected because of it. Communication gap among people is widening day by day due to social media.

My views about both sides together can be confusing. But I think that we need to use social media with a proper control for important things so that it will prove to be a boon.

Thank you all for giving me a patient ear!

OR

A very good afternoon to all and a hearty welcome. I, xyz welcome you all for the book release of Dr. Karnad's biography. 'I am Dr. Girish Karnad'. It is published by Nikita Publication of Nagpur.

- Lamp is a symbol of wisdom and knowledge. So I request the chief guest of this function, the writer and the publisher to light the lamp.

  Thank you all the dignitaries.

- We are really very lucky to have Dr. N.M. Joshi as the chief guest for this function. He needs no introduction as he is a well known figure in literary world. His books for children are extremely popular and his novel 'Vishwa Maze Ghar' has received great acclamation. I request Mr. Naren Gomant, the head of Nikita Publication, to felicitate our chief guest Dr. N.M. Joshi.

  Thank you Sir, Now, Mr. Rathod, the author of the book will be felicitated by the organiser of this function, Mr. Nayan Gomant.

  Thank you.

- A publisher becomes a perfect link between an author and the readers. So I request the publisher, Mr. Naren Gomant to give an introduction of the function.

  Thank you, Sir.

- Now, I want the author of the book Mr. Rathod to speak to us. Please welcome him with a big round of applause.

  Thank you Sir.

- Now, let me call the chief guest Dr. N.M. Joshi to express his precious views on this occasion.

Thank you Sir I don't have words to appreciate you for throwing light on the role of biographies in our lives.

- Now I request Mr. Nayan Gomant to present a vote of thanks to conclude the programme.

OR

If winter comes, can spring be far behind?

The given proverb is taken from Shelley's poem. Here both words 'winter' and 'spring' have a symbolic significance. Winter represents the tough times available in man's life and spring stands for the renewal of hope in man's life. When man has to face the tough or difficult situations in life, he should not feel discouraged but believe in the face that spring is going to appear very soon and things will change.

A person should be prepared to face all challenges and hardships without losing confidence. One should never feel discouraged in such condition. One needs to create positive surroundings around. Though the days are dark and unhappy, the days of happiness and joy are sure to follow. Winter represents nervousness and barrenness whereas spring represents joy and cheerfulness.

(D) B Man Nature X +

Man Vs Nature.onthespotblog.com/2020

Archive Man Vs Nature

Report

Abuse

Nature nurtures and teaches us many things. It provides many things to all living beings. But man behaves in a selfish manner and wants everything from nature.

Nature fulfils all the needs of the human being. But what are human beings doing with nature? We act cruelly with nature, all its aspects and resources. We are destroying natural resources in a reckless way. Man is responsible for the pitiful condition of nature. We are cutting the trees and forests mercilessly for building houses and industries. Trees offer us fruits, flowers and medicines but we cut them ruthlessly.

For enjoying a comfortable life, there is a need of preservation of nature, otherwise progress is not possible for us. Such harmful tampering of nature is causing the degradation of nature. Progress and development is at the cost of deforestation.

Man is expected to make a judicious use of nature.

OR

Film Review

- The title of the film 'Tanhaji-The Unsung Warrior' is very appropriate as it revolves around Tanhaji Malusare, a great warrior in the army of Shivaji Maharaj. The film is a biographical sketch of him.
- This film was released in 2020.
- Shivaji Maharaj handed over the charge of 23 forts to Mirza Raje in the contract of Kondhana, which is the pride of Maharashtra and is handed over to Udaybhan, after his release from the clutches of Aurangzeb. Shivaji Maharaj wants to regain it. Tanhaji takes up the responsibility by keeping his son's wedding aside. He climbs the fort with few Marathas and battles with Udaybhan. For a power-packed climax it is advisable to watch the film.
- The film is action packed and all the actions are directed smoothly and nicely.
- As the film reflects the Maratha empire, the period of 17th century in Maharashtra is wonderfully depicted. The film makers had made great efforts to set up a long set to make it look like the valley.
- Ajay Devgan, Bhushan and Krishan Kumar have produced this film and Om Raut has directed it.

OR

CLEANLINESS IS NEXT TO GODLINESS

LETS COME TOGETHER

LET'S MAKE OUR CITY CLEAN AND NEAT

Must Join

A CLEANLINESS DRIVE

on

Saturday 5th June 2021

Venue : Swargate Bus Depot, Pune

Time : 8:30 a.m.

- Clean filth and dirt
- A clean city
- Keep our city green
- Clean environment

COME ONE, COME ALL!!

Section IV : Literary Genre-Novel

5. (A) 1. (i) The two types of conflicts that the plot may have **internal or external.**

(ii) The word 'picaresque' is originated from **spanish word 'picaro'.**

2. The 'Novella' is a literary genre of written fiction. We can certainly say that, a novella is shorter than a full-length novel and it is longer than a short story. It is originated from an Italian word 'novella' which means 'new'.

(B) 1.

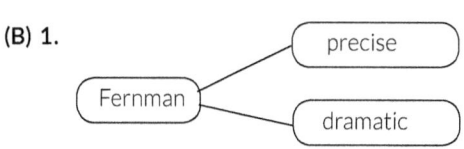

Fernman → precise

Fernman → dramatic

2. Half yearly Report of Students Council on November 15th took place. The teachers and the

students council openly discussed all matters affecting the school including curriculum, to give students an opportunity to develop leadership skills by organising and carrying out school activities and service projects contributing to school spirit and community welfare.

(C) 1. The story begins in London and the plot moves on with fogg facing many obstacles to reach London on time. Fix arrests Fogg at Liverpool which delays him. Fogg feels that he has missed the deadline but in reality he reaches a day earlier.

2. The central idea of 'Around the World in Eighty Days' is how Fogg finally wins the bet though there are unexpected delays and missed trains. He had unknowingly gained a day so was still on time to meet the deadline. Love and its attainment is more important than all the challenges and money in the world.

(D) 1.

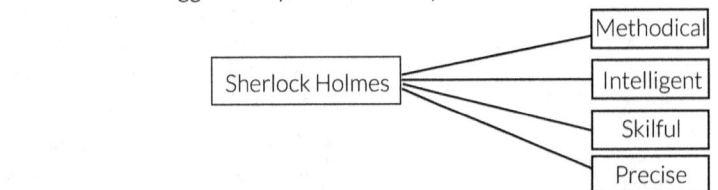

2. Miss Morstan received a pearl every year when she replied to an advertisement asking for her address, adding that it would be advantageous for her.

∎∎

SAMPLE PAPER-2
English

Questions

Time: 3 Hours
Total Marks: 70

Section I : Prose
(Reading for Comprehension, Language Study, Grammar, Note-making, Mind Mapping)

Q.1. (A) Read the extract and complete the activities given below:

But though we are bound to endorse the verdict against the lift-man, most people will have a certain sympathy with him. While it is true that there is no law that compels us to say "Please", there is social practice much older and much more sacred than any law which enjoins us to be civil. And the first requirement of civility is that we should acknowledge a service. "Please" and "Thank you" are the small change with which we pay our ways as social beings. They are the little courtesies by which we keep the machine of life oiled and running sweetly. They put our intercourse upon the basis of a friendly co-operation, an easy give-and-take, instead of on the basis of superiors dictating to inferiors. It is a very vulgar mind that would wish to command where he can have the service for asking, and have it with willingness and good-feeling instead of resentment.

I should like to "feature" in this connection my friend, the polite conductor. By this discriminating title I do not intend to suggest a rebuke to conductors generally. On the contrary, I am disposed to think that there are few classes of men who come through the ordeal of a very trying calling better than bus conductors do. Here and there you will meet an unpleasant specimen who regards the passengers as his natural enemies-as creatures whose chief purpose on the bus is to cheat him, and who can only be kept reasonably honest by a loud voice and an aggressive manner. But this type is rare-rarer than it used to be.

A1. Complete the following sentences:
1. The first requirement of civility is that ....
2. Unpleasant specimen regards .... as his natural enemies.
3. The words which make life smooth are ....
4. The job of a .... is very difficult, sometimes painful.

A2. Mention a couple of ways to keep the machine of life oiled and running sweetly.

A3. Name the unpleasant specimen referred to in the extract and describe his behaviour.

A4. Describe a pleasant experience you have had with a bus conductor/rickshaw or a taxi driver.

A5. Language Study/Do as directed
1. We should **acknowledge** a service. (Rewrite using the noun form of the underlined word)
2. I should like to feature in this connection my friend. (Rewrite the sentence using the model auxiliary showing certainty).

A6. Find out the meaning of the phrase 'give and take' and use it to form a sentence.

(B) Language study

B1. Do as directed/Transformation of sentences:
1. Hearing the sound of music, Dilip had an idea. (Rewrite as a compound sentence).
2. The students could not ask any question from the teacher. (Rewrite using be unable to)
3. Rohan said, "Father, I will try to complete this work." (Rewrite in indirect speech)

B2. Spot the error in the given sentences and rewrite the correct sentences:

I picked some delicious fruits and had eaten them.

Q.2. (A) Read the extract and complete the activities given below:

Everything is going electronic and toys are no exception. Old fashioned playthings-like balls and building blocks are fast being replaced by gizmos that zoom around the room at the push of a button. Such toys provide instant entertainment, but contribute little to the child's development. Ordinary toys do much more than entertain the child. They help in the child's psychological and physical development.

A child building a tower with a basic set of blocks, claps and laughs when the tower stands but he is also developing some vital skills. He learns when to focus his attention, improve his hand and eye co-ordination and learns to visualise a goal. When the tower tumbles, he learns to approach the task in a different way. Toys which allow unstructured play encourage imagination and creativity.

Child psychologists feel that high tech novelties that we buy for children actually rob them of opportunities of mental and physical development. Many of the skills we use as adults were developed during playtime with the help of basic toys. Therefore, psychologists suggest to save some space for toys that work on kid power.

A1. Complete the following :

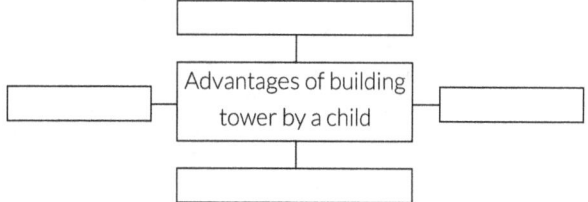

A2. State whether the following statements are TRUE or FALSE. Correct the false statement:
1. Toys are, without any exception to other things, becoming electronic.
2. Electronic toys develop children very well.
3. Building a tower improves a child's hand and legs co-ordination.
4. Psychologists want toys to develop kid's power.

A3. Explain the idea of psychologists towards toys.

A4. Mention some other evil effects of hightech toys, other than the ones mentioned in the extract.

A5. Do as directed
1. When the tower tumbles, he learns to approach the task in a different way. (Rewrite the sentence using 'as soon as')
2. Ordinary toys help in the child's psychological and physical development. (Rewrite the sentence using 'not only .... but also')

A6. Complete the following table :

Verb	Noun	Adjective
....	development	....
entertain	....	....

(B) Summary Writing

Write the summary of the above extract with a suitable title, with the help of the given points / hints.

toys going electronic – development of the child – vital skills – advantages gained – encourage imagination and creativity – approach of psychologists.

(C) Note-making / Mind-mapping

Draw a tree-diagram that contains the main points and supporting details from the given extract.

Flowering plants are of various type. Herbaceous flowering plants are annuals, biennials and perennials. The second type, woody or semi-woody, are usually perennials. Annual plants grow, set seed and die within one year, biennial plants complete their life cycle in two years, perennials on the other hand can live and grow for many years once they have been planted. Plants that flourish and flower during the rainy season are mostly the herbaceous perennials. The most common are members of the Daisy family. The beautifully scented Rose and Jasmine are both woody or semi-woody perennials. There are two types of plants-bulbous plants and aquatic plants. The former grow from bulbs and tubers planted on the ground; examples of this type are Gladiolus and Tulip. The latter, as their name suggests, grow in water. The most exquisite example being the Lotus and Water Lily. Both bulbous and aquatic plants are usually perennials.

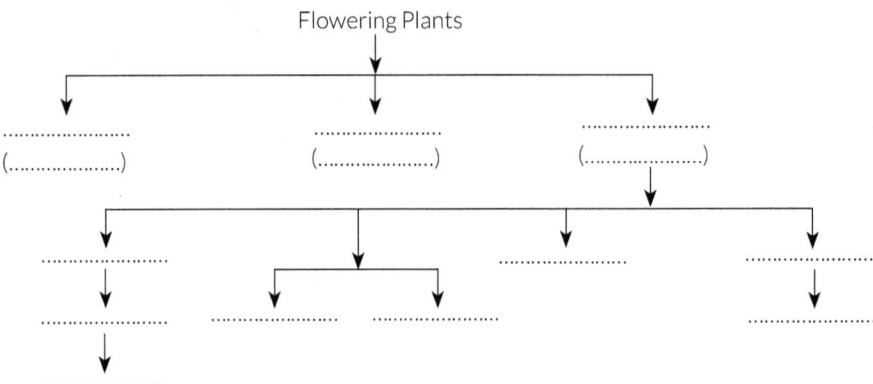

Section II : Poetry

(Poetry and Appreciation)

Q.3. (A) Read the extract and complete the activities given below:

Home again, I see him drinking weak tea,
Eating a stale *chapati*, reading a book.
He goes into the toilet **to contemplate**
Man's **estrangement** from a man-made world.
Coming out he trembles at the sink,
The cold water running over his brown hands,
A few droplets cling to the greying hair on his wrists.
His **sullen** children have often refused to share
Jokes and secrets with him.
He will now go to sleep
Listening to the static on the radio, dreaming
Of his ancestors and grandchildren, thinking
Of nomads entering a subcontinent through a narrow pass.

A1. List the difficulties faced by the father in the extract.
1. .... 2. ....
3. .... 4. ....

A2. The father contemplates his past and peeps into his future. Give reasons.

A3. From the father's behaviour in the extract, express your opinion on the nature of the family members.

A4. Name and explain the figures of speech used in the following lines.
   (a) I see him drinking weak tea, eating a stale chapati
   (b) Static on the ratio

A5. Use the following words and compose 2-4 lines on your father.
   [unselfish, hard-working, respected]

B. Read the extract and write the appreciation based on the aspects given below:

Weavers, weaving at break of day,
Why do you weave a garment so gay?......
Blue as the wing of a **halcyon** wild,
We weave the robes of a new-born child.

Weavers, weaving at fall of night,
Why do you weave a garment so bright?
Like the **plumes** of a peacock, purple and green,
We weave the marriage-veils of a queen.

Weavers, weaving solemn and still,
What do you weave in the moonlight chill.......
White as a feather and white as a cloud,
We weave a dead man's funeral **shroud.**

You may use the following points for writing the appreciation in about 100-150 words.

- About the poem, significance of the title
- Form of the poem, theme and its significance
- Poetic style, language features/poetic devices
- Inspirational message, values, morals reflected
- Your opinion and critical evaluation of the poem

Section III : Writing Skills

Q. 4. Complete the activities as per the instructions given below : (16)

(A) Attempt any ONE of the following:

Drafting virtual messages / Statement of Purpose / Group Discussion.

Read the conversation given and write the message of Mrs. Sarkar.

Rakesh : Hello, may I speak to Dr. Sarkar?

Mrs. Sarkar : He has gone to the hospital to attend the OPD. May I know who is speaking?

Rakesh : Yes I am Rakesh Sood. My wife has been having a severe headache since yesterday. Since this morning she has also developed a high temperature. I would be very grateful if the doctor could come over to our place to examine her.

Mrs. Sarkar : Ofcourse. Please let me note down your address.

Rakesh : It is B-49, New colony.

Mrs. Sarkar : I will give him your message as soon as he returns.

Mrs. Sarkar had to leave for the school where she teaches. So, she wrote a message for her husband. Draft the message in not more than 50 words.

OR

University of BAth, UK is one of the leading universities for Business Studies. You belong to a business family-wish to start your own business and carry forward your family business in future. In your junior college, you have opted for commerce, scored well in std. X Board Examination. You made profit in the stall you had put up in the business fair organised by your college. Your hobbies are playing criket, reading detective novels etc., you get along well with people.

Now, prepare a suitable statement of purpose.

OR

An economically deprived girl student in your class, who has received admission in a reputed college abroad, needs monetary help to pursue further studies there. Have a group discussion amongst your friends to seek solution to help her. Write four or five views in the form of dialogues.

(B) Attempt any ONE of the following:

E-mail:

You are Raghav and want to send an e-mail to the Editor, The Times of India about the insanitary conditions of your locality. You want to publish the news about it in the newspaper. You may take the help of the following guidelines:
(a) Choked drains and garbage
(b) Bad smell of heaps of garbage
(c) Stray animals and pigs wander
(d) Danger to health of residents

OR

Report Writing:

Environmental Protection Exhibition was held in your city. You visited the exhibition and liked it. Write a report on it with the help of the following points:
(a) Venue and organisers
(b) Plans to protect environment
(c) Programmers at the exhibition
(d) Distribution of saplings and pamphlets
(e) Add your own points

OR

Interview:

Imagine you are supposed to interview a person who was awarded the Nobel Prize for Peace. Frame a set of 8 to 10 questions to interview him/her as per the following points:
(a) Introduction   (d) Any support
(b) Early life
(c) Nature of work   (e) Conclusion

(C) Attempt any ONE of the following:

Speech:

Write a speech on 'An Indian Farmer' in about 100-150 words.

OR

Compering:

Imagine that you are a compere of 'Nation Filmfare Award'. Prepare a script for compering the function in about 100-150 words, with the help of the following points:

(a) Introduction
(b) Welcome speech-welcome to all guests
(c) Lighting the lamp
(d) Main events
(e) Vote of thanks

OR

3. **Expansion of an idea:**

Expand the following idea in about 100-150 words.

'Beauty is truth, truth is beauty'.

(D) Attempt any ONE of the following:

1. **Review:**

Write review of a film that you have recently seen, based on any four of the following points:

(a) Name the characters
(b) Type/Genre of the film
(c) Story line/Theme
(d) Special features/Novelties
(e) Music/Dance/Songs/Direction/Production
(f) Would you recommend others to watch it? Why?

OR

2. **Blog Writing:**

Write a blog in proper format on 'Personality Development' with the help of the following points in about 100-150 words.

(a) Traits of personality development
(b) Barriers in personality development
(c) Tips to improve personality
(d) Any quote or good thought
(e) Add your own points

OR

3. **Appeal:**

Prepare an appeal on the topic 'Books-Our Best Friends', with the help of the following points :

(a) Importance of books
(b) Catchy slogan
(c) Convey people to read
(d) Read books to be perfect
(e) Add your own points

Section IV : Literary Genre-Novel

Q.5. (A) Complete the activities given below as per the instructions:

1. Rewrite the statement in chronological order:
   (i) Mulkraj Anand, R.K. Narayan and Raja Rao were the major trio who prevailed in the period after that.
   (ii) The novel originated as the literary form in England.
   (iii) Indian novelists like Arvind Adiga, Arundhati Roy and Kiran Desai have dazzled with their writing.
   (iv) Many stalwart novelists such as Charles Dickens, Walter Scott became famous.

2. Write a short note of about 50 words on:
   Write a short note of about 50 words on-Style of the Novel.

(B) Answer the questions given below in about 50 words:

1. Complete the following with the traits of Debnham:
   • ....   • ....
   • ....   • ....

2. The event in 'To Sir, with Love' was held at the ....

Choose the correct alternative and give reasons to support it.
(a) author's house   (b) auditorium of school
(c) market   (d) garden

(C) Answer the questions given below in about 50 words:

1. One of the following is not a major character of 'Around the World in Eighty Days' and explain the reason for it.
   (a) Phileas Fogg   (b) Aouda
   (c) James Strand   (d) Jean Passepartoud

2. Describe the importance of 'Liverpool' in the development of the plot and behaviour of the characters in 'Around the World in Eighty Days'.

(D) Answer the questions given below in about 50 words:

1. Complete the following with the qualities of Dr. Watson.

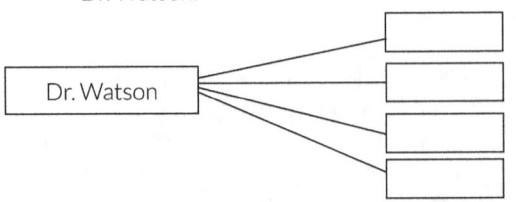

2. Write the theme of 'The Sign of Four' in about 50 words.

Answers Key

Section I : Prose

(Reading for Comprehension, Language Study, Grammar, Note-making, Mind-mapping)

1. (A) A1. 1. The first requirement of civility is that **we should acknowledge a service.**

2. Unpleasant specimen regards **passengers** as his natural enemies.

3. The words which make life smooth are **'please' and 'thank you'.**

4. The job of a **bus conductor** is very difficult and sometimes painful.

A2. To keep the machine of life oiled and running sweetly we need to use the courteous words like 'Please' and 'Thank you' to acknowledge a service.

A3. The 'unpleasant specimen' referred to in the extract is the bus conductor who regards his passengers as natural enemies whose sole purpose is to cheat him and who can be kept honest by using a loud voice and aggressive way.

A4. Once while going to our native village, I hurriedly got into a wrong bus. After travelling for about 15 minutes, the conductor came to me and realised it. But he patiently told me to get off and go back to the bus stand to catch the right bus which would leave the stand in half an hour. Though I felt very ashamed and embarrased, I thanked him for his kindness.

A5. 1. We should offer acknowledgement to a service.

2. I would like to feature in this connection my friend.

A6. Give and take—exchange of thoughts or ideas.

All the politicians were engaged in an interesting give and take on the topic of lockdown.

(B) B1. 1. Dilip heard the sound of music and had an idea.

2. The students were unable to ask any question from the teacher.

3. Rohan told his father that he would try to complete that work.

B2. I picked some delicious fruits and ate them

2. (A) A1.

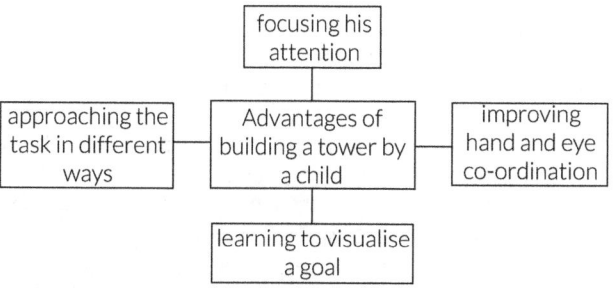

A2. 1. True

2. False, Electronic toys contribute little to the child's development.

3. False, Building a tower improves a child's hand and eye co-ordination.

4. True

A3. According to child psychologists, the toys we provide to children should not only entertain them but should also extend them an opportunity to encourage their imagination and creativity. The toys must work on kid power so that they could help in the child's psychological and physical development.

A4. High-tech toys are really very costly and they take away much of children's time as they are attractive and entertaining. Children are hardly ready to spare their time for other fruitful activities that help in physical and mental development.

High-tech toys are likely to involve physical hazards, dangerous to the children's safety.

A5. 1. As soon as the tower tumbles, he learns to approach the task in different way.

2. Ordinary toys not only help in the child's psychological development but also in physical development.

A6.

Verb	Noun	Adjective
develop	development	**developing**
entertain	**entertainment**	**entertaining**

(B) **Teaching Toys**

Today, hightech electronic toys have replaced old-fashioned toys. Although instantly attractive and entertaining, they seldom help to contribute to child's psychological and physical development. The old toys entertained and taught children to focus their attention, improve hand and eye co-ordination and visualise a goal. So psychologists suggest to produce toys strengthening children's ability to think and act.

(C)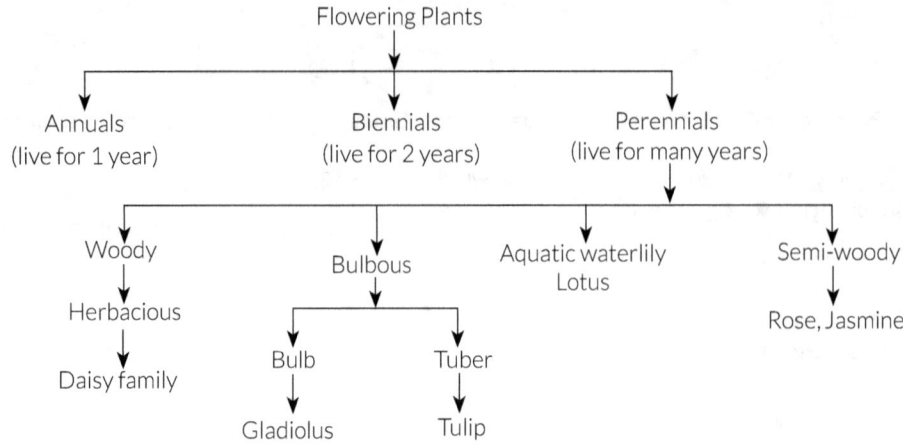

Section II : Poetry

(Poetry and Appreciation)

3. **(A) A1.**
   1. The father is not greeted well on his arrival at home at the end of the day as he is not served nourishing food, has weak tea and stale chapati.
   2. The family does not interact with him so his book is his only company.
   3. His bad-tempered children never share details of their life with him.
   4. He is unnoticed, uncared for like an outsider in his own home and family.

   A2. The father silently contemplates his past as there is no communication with his family members. Reliving the past would have been his way of connecting with the family. Future plans could be discussed with family members. But he has nothing like this in his present. He recalls the past and thinks of possible grand children.

   A3. The extract shows the family members to be selfish and uncaring as the father eats stale food. If he has a wife, she doesn't seem to care about his well being. The children never share light moments or conversation with their father. Perhaps the mother's conduct has made the children treat him so.

   A4. (a) Synecdoche : Here 'stale chapati' stands for stale food or the part symbolizes the whole which is 'food'.
   (b) Onomatopoeia : The word 'radio' suggests the sound and meaning.

   A5.   Father
   Father is upright and always respected
   By each friend and family
   He is unselfish and truly caring
   Earnest as well as hard-working

(B) The poem India Weavers is composed by Sarojini Naidu. This poem is about the work done by the Indian craftsmen on their looms. The peom contains three stanzas and these stanzas represent three different stages of life. There are three questions posed about their weaving of certain cloth, time and purpose and the weavers provide answers to them.

The colours of the cloth woven are associated with both marriage and death. First stanza deals with cloth for a newborn child, second stanza refers to cloth for a queen or a bride and the last stanza mentions the cloth for a dead man. There are three four lined stanzas having dialogues. The conversational tone offer a flow to the entire peom.

The poem is metaphorical as the 'dawn' stand for the new life or a newborn while 'dusk' stands for marriage and 'white' stands for death.

Section III : Writing Skills

4. **(A)**
   > 20/07   MESSAGE   [9: 30 a.m.]
   > Doctor Sarkar
   > Mr. Rakesh Sood from B-49, New colony rang up this morning to say that his wife is not keeping well and wants you to go over to their place to examine her. She has a severe headache and a high temperature.
   > Mrs. Sarkar

   OR
   Statement of Purpose
   My family has a business tradition and my father is the third generation in it. I belong to such a background where even my relatives are also in some or the other business. Obviously, I have never deviated from the thought of doing my own business.

   Though our family business is going on well, I am aware that the business world is changing very quickly nowadays. I wish to keep myself abreast with this changing scenario and the newer developments that are coming up in the business world. So I aspire to get degree in Business Studies from a truly prestigious institute as yours.

My overall performance in the board examination of std. X was really good and my scores in Maths and English were impressive. I opted for the commerce stream in the junior college. My favourite area of study is Accountancy and I really feel at ease with analysis of balance sheets, trade, stocks etc. These words are used in all our family and social gatherings.

A businessman needs a cool temperament as agitation can't lead a person to take right decisions. I have the ability to keep my temper cool even in very disturbing situations. So I am able to evaluate all pros and cons of the situation. Because of such quality, I was selected as the captain of our college cricket team as it requires to make quick and effective decisions.

Just believing in the fact that I am gifted with qualities to become a good businessman is boastfulness. So I need to prove it and fortunately I had on opportunity knocking on my door during the business fair that was organised by our college. I wanted to have a stall selling helmets but the principal didn't accept it. Somehow I got the permission after persistent efforts. I exchanged the old helmets and with new ones and my friends just had to pay the difference because of my tie-up with the helmet dealer. I also offered a small sack as a gift for the buyers-Luckily my venture succeeded and I received a good profit and satisfaction.

This experience has made me realise what I should do. Your reputed institute can offer me what I am searching for. I wish to have not just a degree but the guidance of the experienced and tactful faculty of your institution which will offer me the right exposure. I want to learn new things as I feel that business means enjoying each moment of taking correct decisions. I must get admitted to an institution like yours to achieve my goal.

OR

Anushka : Good afternoon. Isha. Do you know Vaishali? She got an admission in one of the reputed colleges of the USA. I feel that all of us should try to help her monetarily.

Isha : Has everyone decided about it ?

Anushka : Yes. We have decided so.

Isha : Great! When is she leaving?

Anushka : Next month. What have you decided about offering the monetary help to her?

Isha : I will certainly do something about it. Besides, I am going to ask my friends to help in getting scholarship for her.

Anushka : That will be great. Our college and other friends are also trying to get it for her.

Prof. Patil : Why are you all not in your classroom?

Amaraja : Sir, we all are discussing about what we can do to get help for Vaishali.

Prof. Patil : Don't worry. The bank is ready to offer scholarship to her to assist her.

All girls : Wonderful, Sir! It will certainly solve her problems.

(B) 1.

To: editorTOI@gmail.com

From : raghav21@gmail.com

Subject : Insanitary conditions in Kothrud area

Dear Sir,

I am Raghav, a resident of kothrud area. I want to draw your attention towards a serious issue as our area has been facing insanitary conditions for the last three weeks. So, I want to awake the concerned authorities by having it published in your esteemed newspaper.

Our locality has become unhygeinic and the residents find it hard to walk and live. The drains are choked and garbage is lying everywhere. It causes foul smell everywhere. Dirty water overflow on roads. Stray animals and pigs scatter the garbage. Consequently mosquitoes and other insects breed on these heaps. Due to this, residents are facing many health hazards. If immediate steps are not taken, there may be spread of infections.

Frequent complaints to the authorities have fallen on deaf ears. So, I request you to publish this to make the concerned authorities take some immediate steps and action.

Thanking You

Regards

Raghav

OR

Environmental Protection Exhibition

Pune, May 10 : -By our correspondent

The Environmental Protection Exhibition was held at Sonal Hall yesterday by Om Environment Group. The exhibition displayed many posters charts and scientific instruments which were clearly focusing on the threat to our environment. There were many stalls arranged to create awarness about environment and the need for its conservation.

There were certain themes given by the organisers. The leading themes of the exhibition were protection of forests, keeping water resources like rivers and lakes, well clean and decreasing the level of pollution. Some nature lovers and environmentalists gave demonstrations about controlling pollution and flourishing environment. They appealed to all the audience present to plant more and more trees and keep the environment healthy. Each visitor was given a sapling. The exhibition was truly informative and it highlighted the urgent need to protect the environment. Many school and college students visited the exhibition and they were told about the importance of the environment. There was a group that mined on the topic—'conservation of the environment'. It was appreciated by everyone. The organisers and the environmentalists appealed the youngsters to play an effective role in creating awareness about the concerns of environment. Everyone was given pamphlet about environmental conservation.

All the people present learned about the importance of cleanliness, plantation of trees, conservation of environment etc.

OR

Good morning, Sir I can't still believe that a Nobel laureate like you is here to share his throughts with us. May I ask you a few questions?

- Could you please tell us about your early life and early education?
- What challenges did you face in your career?
- Would you explain the nature of your work?
- Who inspired you to continue your work?
- What feelings do you have while working for the people?
- What co-operation do you get from the society and the government?
- What different projects are you leading at present?
- How long have you been active in social work?
- What is the reaction of your family members to your work?
- What message would you like to give to young generations to take up social work?

Thank you for sparing your valuable time for us.

(C) Respected teachers and my friends,

Today I am standing before you to express my views on the topic—An Indian farmer.

About 70% people of our nation are involved in agriculture. If Indian economy is taken into account, a farmer can be seen as the backbone of our country.

An Indian farmer leads a very simple but arduous life. He works in field throughout the year bearing all the changing climatic conditions. He really works hard for ploughing the land, sowing the seeds and growing crops. Whatever he produces is essential for the livelihood of all.

Farmer's family entirely rely on crops for their livelihood fortunately the condition of small land holders and marginal farmer is not good at all. They take loans from banks which they cannot repay without working extra hours. An Indian farmer adjust himself in every situation. A farmer can rightly be called a hero behind the curtain for providing us food.

OR

Good evening ladies and gentlemen. Today we have come together for 'National Filmfare Award'.

Every year, this award ceremony is held and the whole film fraternity comes together & honour the most deserving one. Now, I request the sensor members and the honourable cultural minister Mr. Yadav to come on the stage–to light the lamp and inaugurate the National Filmfare Award Ceremony.

Please put your hands together to welcome all the dignitaries.

Thank you. Now lets begin with the main event.

Ladies and gentlemen, let's welcome a group of dancers to make us sway on the rhythm of 'Fusion'. What a wonderful performance!

Now I would like to call upon the stage Ms. Torita Banerjee to offer the best film award.

A big round of applause for the winners.

Thank you all. Now the famous singer Prathamesh Laghale will present songs for us-let's welcome him.

Thanks Prathamesh, you have mesmerised us. Hope you all enjoyed it.

Now, I request the organiser Mr. Rajat kumar to express a vote of thanks.

OR

Beauty is truth, Truth is beauty

This proverb is a beautiful expression of John Keats in his poem 'Ode On A Grecian Urn'. This proverbial expresion clearly conveys the fact that beauty around us is the truth and nothing else is really greater than truth. The real beauty never lies in any particular object but it lies in the lasting impact or durability of it.

The poet really wants to emphasise the idea that truth in this would never perishes but stays permanent in the world. There are many things around us which look beautiful but their beauty is transient. The poet is not ready to consider anything as equal to as truth. Outward appearances can prove to be deceptive so there is a need of looking into the inner or core beauty. Truth and beauty gives pleasure.

Truth is always the ultimate reality. Beauty and truth never lose their nobility or sublimity. So, it is rightly said that 'Truth is beauty and beauty is truth'.

(D) **Film Review**

The feature film 'Super 30' is a note worthy film throwing light on the dedication and devotion of an IITian. The characters and roles played by the artists are Anand Kumar (Hrithik Roshan), Lallanji (Aditya Srivastava), Supriya (Mrunal Thakur) etc.

This film is actually a bio-pic of Anand Kumar who started a batch of 30 students to make them IITians. Young Anand, a son of a postman, is extremely brilliant in Maths and desires to study in Cambridge University. Though he gets the admission, his poverty makes him lose it. While working for livelihood, an administrator Lallanji gives him a break to teach students at an IIT coaching centre. But when he sees poor students, he gets upset and decides to use his talent for them. He starts his own coaching institute in Patna, though he has to face obstacles. He selects only 30 students and it is remarkable to see what actually happens.

Language used by the characters in the film belongs typically to Bihar. Even the appearances of the artists are very typical. The duo Ajay-Atul has composed music for the film. Farah Khan has directed the dance sequences. The director of the film Vikas Behl has done an excellent job.

I would certainly recommend the film as a must watch. It is because this is based on the real story of a dedicated teacher, Prof. Anand Kumar of Bihar. The way he shapes the career of the needy students selflessly is a lesson to be learnt.

OR

Personality Development

Personality is what makes a person unique. Personality development is the enhancement of some definite skill, essential for happiness and success in life.

Personality doesn't mean only physical fitness and charming look but, it means the development of body, mind and soul or the development of the organised pattern of behaviour and a broad outlook. The attitude that we possess is also very important. The right attitude helps in taking the right decisions.

Anyone with a desire to develop the personality should be called optimistic. Such positive attitude towards life is always satisfying and rewarding. There is a need of cultivating positive traits for the development of personality. A good personality needs to be acquired and developed.

There are certain barriers in personality development. To overcome these barriers, we need to adjust with the surrounding.

OR

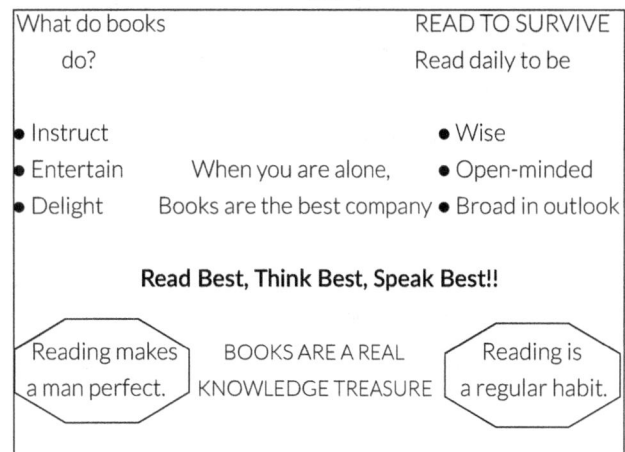

What do books do?

READ TO SURVIVE

Read daily to be

- Instruct
- Entertain
- Delight

When you are alone,
Books are the best company

- Wise
- Open-minded
- Broad in outlook

Read Best, Think Best, Speak Best!!

Reading makes a man perfect.

BOOKS ARE A REAL KNOWLEDGE TREASURE

Reading is a regular habit.

Section IV : Literary Genre-Novel

5. (A) 1. Chronological order is 2, 4, 1, 3.

2. Style refers to the use of language and technique of narration of events used by the writer. A writer can be extensive in the use of phrases and vocabulary or very brief and precise. A writer may use some linguistic devices like figures of speech for making the narrative really effective.

(B) 1. • Confident • blunt • courteous • critical

2. The event in 'To Sir, With Love' was held at the **auditorium of the school.**

The line supporting this answer is - A bell was rung at 10 : 00 a.m. and everyone trooped into the auditorium to sit together in classes.

(C) 1. James Strand is not a major character in 'Around the World in Eighty Days? He is the robber, who had robbed the Bank of England and was arrested three days before Fogg's mistaken arrest. James is only mentioned in the novel at the time of his arrest. Thus, he is not a major character.

2. Liverpool is the final stop in Fogg's eighty-day journey before he returns to London. It is of particular importance to Detective Fix because it marks Fogg's arrival in England, where Fix has the authority to arrest him. This arrest severely delays Fogg's plans to reach the Reform Club before the deadline and he almost loses the bet.

(D) 1.

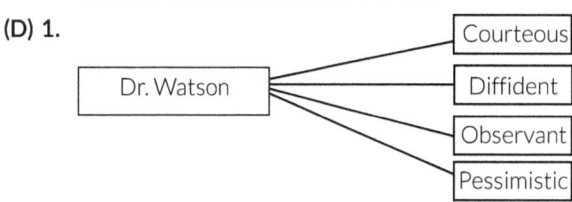

2. The theme of 'The Sign of Four' moves around the mystery of disappearance of Mary Marstan's father and the receipt of expensive pearls and mysterious letter. It resolves around the treasure at Agra.

●●

SAMPLE PAPER-3
English

Questions

Time: 3 Hours   Total Marks: 70

Section I : Prose
(Reading for Comprehension, Language Study, Grammar, Note-making, Mind-mapping)

Q.1. (A) Read the extract and complete the activities given below:

Soapy was seized with a sudden fear that some dreadful enchantment had **rendered** him immune to arrest. He was in a state of panic and when he came upon another policeman lounging grandly in front of a glittering theatre, **he caught at the immediate straw of 'disorderly conduct'**.

On the sidewalk Soapy began to yell drunken gibberish at the top of his harsh voice. He danced, howled, raved and otherwise disturbed the skies.

The policeman merely **twirled** his club, turned his back to Soapy and remarked to a citizen:

"Tis one of them Yale lads celebratin the goose egg they give to the Hartford college. Noisy; but no harm. We've instructions to let them be."

Disconsolate, Soapy stopped his unavailing racket. Would never a policeman lay hands on him? In his fancy, the island seemed an unattainable **Arcadia**. He buttoned his thin coat against the chilling wind.

In a cigar store he saw a well-dressed man lighting a cigar at the swinging light. He had set his silk umbrella by the door on entering. Soapy stepped inside, grabbed the umbrella and **sauntered** off with it slowly. The man at the cigar light followed hastily.

"My umbrella," he said sternly.

"Oh, is it?" **sneered** Soapy, adding insult to petty **larceny**. "Well, why don't you call a policeman? I took it. Your umbrella ! Why don't you call a cop? There stands one on the corner."

The umbrella owner slowed his steps. Soapy did likewise, with a **premonition** that luck would again run against him. The policeman eyed at the two curiously.

"Of course," said the umbrella man "Well, you know how these mistakes occur if it's your umbrella. I hope you'll excuse me - I picked it up this morning in a restaurant if you recognise it as yours, why I hope you'll".

A1. Answer the following questions in a few words each:
(a) Who was disconsolate?
(b) Who turned his back to Soapy?
(c) Who was lighting a cigar?
(d) From where did Soapy grabbed the umbrella?

A2. Complete the following sentence by giving reasons:
The cop did not arrest Soapy for shouting and dancing ....

A3. Discuss the hidden meaning of the following sentences:
He caught at the immediate straw of 'disorderly conduct'.

A4. Do you have an experience of stealing anything? Narrate your experience in brief.

A5. Do as directed :
1. Soapy stopped his unavailing racket. (Rewrite the sentence as negative without changing the meaning)
2. Why don't you call a cop? (Rewrite it as an assertive sentence)

A6. Make a list of words from the extract referring to Soapy's 'disorderly conduct'.

(B) Language study

B1. Do as directed/Transformation of sentences:
1. Everything was moving on smoothly but he had a lingering doubt in his mind. (Rewrite the sentence using 'though')
2. The man kept his belongings by the door on **entering**. (Rewrite using the verb form of the underlined word)
3. Shivani found a small box and dropped her bangles inside. (Rewrite the sentence beginning 'Finding ....)

B2. Spot the error in the given sentences and rewrite the correct sentences:
There is room four much boxes in the cupboard.

Q.2. (A) Read the extract and complete the activities given below:

As a pupil Anne was not particularly brilliant. Most people believed with her parents that Margot, her elder sister was more promising. Anne was chiefly remarkable for the early interest she took in other people. She was emotional and strong willed; 'a real problem child'. Her father once told me, "a great talker and fond of nice clothes". Life in town, where she was usually surrounded by a chattering crowd of girl-friends, suited her exactly. This was a lucky fact because the Frank family could only rarely afford a holiday. Nor did they own a car.

When the Nazis invaded the Netherlands in May 1940, the Franks were trapped. Earlier than most Jews in Amsterdam, Otto Frank realised that the time might come when he and his family would have to go into hiding. He decided to hide in his own business office, which faced one of Amsterdam's tree-lined canals. A few derelict rooms on the upper floors, called the "Annexe", were secretly prepared to house both the Frank and the Van Daan families.

A1. Complete the following:

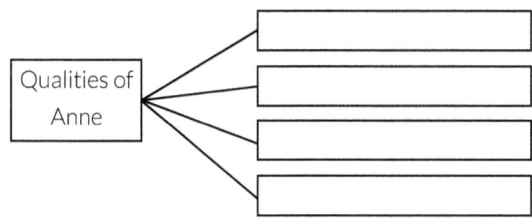

A2. Complete the following:
1. Margot was considered to be more promising because ....
2. Anne was a problem child because ....
3. A crowd of friends around Anne was good because ....
4. Otto Frank's realisation was that ....

A3. Life in town suited Anne exactly. Explain.

A4. Where would you like to live-in a city or a village? Justify your answer.

A5. Do as directed:
1. She was emotional and strong-willed. (Rewrite the sentence using 'not only....but also')
2. When the Nazis invaded the Netherlands, the Franks were trapped. (Rewrite it as a simple sentence)

A6. Write the adjective forms of the following words:
(i) believed (ii) problem
(iii) fact (iv) afford

(B) Summary Writing

Write a brief summary of the above extract with the help of the given points and suggest a suitable title.

Margot and Anne - The Nazi attack - Otto Frank's preparation - hiding place

(C) Note-making / Mind Mapping

Soft skills are required in all walks of life. They are increasingly becoming the essential skills of today's work force.

Prepare the mind map of the most important soft skills.

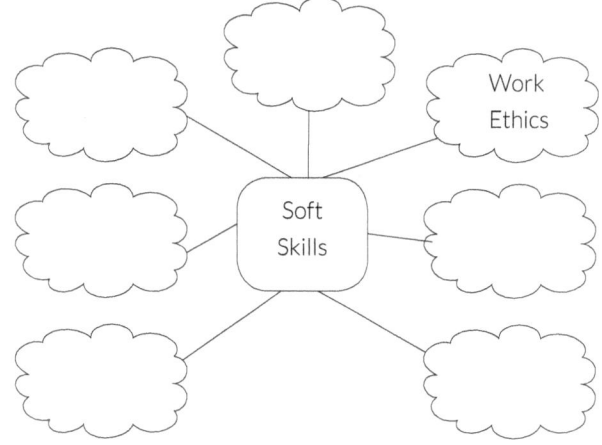

Section II : Poetry

(Poetry and Appreciation)

Q.3. (A) Read the extract and complete the activities given below:

Weavers, weaving at break of day,
Why do you weave a garment so gay?........
Blue as the wing of a halcyon wild,
We weave the robes of a new-born child.
Weavers, weaving at fall of night,
Why do you weave a garment so bright?........
Like the plumes of a peacock, purple and green,
We weave the marriage-veils of a queen.

Weavers, weaving solemn and still,
What do you weave in the moonlight chill........
White as a feather and white as a cloud,
We weave a dead man's funeral shroud.

A1. The weavers offer answers to the questions asked by the poetess in each stanza. Write your understanding from that.

A2. Discuss the various products made by the weavers in the poem.

A3. Express your views about the present conditions of weavers.

A4. Write the rhyme scheme used in each stanza.

A5. Compose 2-4 lines on 'Importance of clothes' with the help of the following words:

[attire, confidence, mood, celebration]

B. Read the extract and write the appreciation based on the aspect given below:

Is anybody happier because you passed his way?
Does anyone remember that you spoke to him today?
This day is almost over and its **toiling time** is through;
Is there anyone to utter now a kindly word of you?

Did you give a cheerful greeting to the friend who came along?

Or a **churlish** sort of "Howdy" and then vanish in the throng?

Were you selfish pure and simple as you rushed along the way,

Or is someone mighty grateful for a deed you did today?

You may use the following points for writing the appreciation in about 100-150 words:

(a) About the poem, significance of the title
(b) Form of the poem, theme and its significance
(c) Poetic style, language features/poetic devices
(d) Message, values, morals in the poem
(e) Your opinion about the poem

Section III : Writing Skills

Q. 4. Complete the activities as per the instructions given below : (16)

(A) Attempt any ONE of the following:

You are Aditya. Today you had the following conversation with Pranav, a friend of your elder brother, Arnav. As you are leaving for your school, write a message for your brother in about 50 words. Put your message in a box.

Pranav : Hello ! Is it Aditya ?

Aditya : Yes, I'm Aditya speaking. What can I do for you?

Pranav : Well, Aditya ! I'm Pranav, your brother Arnav's friend.

Aditya : Oh, I see. Well, my brother is not here now. So can I help you ?

Pranav : Yes. Please convey him that he should bring my 'Activity Work Book of English' today in the college. I need it in the class.

Aditya : That's fine. I'll do that.

Pranav : Please do not forget it.

Aditya : I assure you about it. I will definitely convey your message to my brother.

OR

You must have decided your aim in life. Which institute / university would you like to join for your graduation? Write a Statement of Purpose as a part of your application to the institute / university.

OR

There is an interschool cricket match and your school is losing. As you are the captain, have a group discussion with your team mates in the drinks break about the strategy to be followed to save your school from losing the match. Give at least four / five suggestions.

(B) Attempt any ONE of the following:

Email:

Write an e-mail to the Health Minister of your state for taking necessary precautions to prevent the disease of Corona in the state with the help of the following points:

(a) Measures to prevent Corona
(b) Creating awareness among people
(c) Making essential aids available
(d) Instructions given to people
(e) Add your own points

OR

Report Writing:

Your state faces many hazards of environmental pollution. Write a report on it with the help of following points:

(a) Reasons for increasing pollution
(b) Factors responsible for it
(c) Loss of ecological balance
(d) Loss of bio-diversity
(e) Add your own points

OR

Interview:

Imagine you are asked to take an interview of a doctor in your locality. Frame a set of 8 to 10 questions to interview him / her with the help of following points:

(a) Introduction
(b) Hardships / Challenges faced
(c) Efforts to overcome them
(d) Behaviour / Reaction
(e) Conclusion

(C) Attempt any ONE of the following:

Speech:

Write a speech to be delivered in the assembly on 'Science - A Wonder for Human Beings' on the occasion of National Science Day in about 100-150 words.

OR

Compering:

Imagine that you are a compere of 'Birth Anniversary Programme of Mahatma Gandhi'. Prepare a script for it with the help of following points in 100-150 words.

(a) Introduction
(b) Welcome song and welcome to the guests
(c) Garlanding the image
(d) Felicitation of the guest
(e) Main events
(f) Vote of thanks

OR

Expansion of Ideas:

Expand the following idea in about 100-150 words.
Every man is the architect of his own future.

(D) Attempt any ONE of the following:

Review:

Write the review of a film of your choice based on the following points:
(a) Names of the characters
(b) Story line
(c) Special features / Novelties
(d) Music / Direction / Production
(e) Message given in the film
(f) Should others watch it and why?

OR

Blog:

Write a blog in a proper format on 'Health and Fitness' in 100-150 words. You may use the following points.
(a) Importance of good health
(b) Tips to be healthy and fit
(c) Quotes / Slogans
(d) Importance of exercise and yoga
(e) Appeal all to be healthy

OR

Appeal:

Prepare an appeal on the topic 'Kindness of Pet Animals' with the help of following points:
(a) Roles played by pets
(b) Their contribution
(c) Our role towards pets
(d) Add your own points

Section IV : Literary Genre-Novel

Q.5. (A) Complete the activities given below as per the instructions:

1. Match the columns:

A	B
Murasaki Shikibu	Cervantes
Novella	Bankimchandra Chattopadhyaya
Don Quixote	Tale of Genji
Rajmohan's wife	New

2. Write a short note of about 50 words on:

'Stream of consciousness novel'

(B) Answer the questions given below in about 50 words:

1. Complete the following with the traits of Miss Phillips:
   - ....
   - ....
   - ....
   - ....

2. Explain in brief the theme of 'To Sir, With Love'.

(C) Answer the questions given below in about 50 words:

1. Which one is not a major character of 'Around the World in Eighty Days'? Justify.
   (a) Phileas Fogg   (b) Aouda
   (c) James Strand   (d) Jean Passepartout

2. Describe the importance of 'London in the plot and behaviour of the characters in 'Around the World in Eighty Days'.

(D) Answer the questions given below in about 50 words:

1. Complete the following with the qualities of Mary Morstan:
   - ....
   - ....
   - ....
   - ....

2. Write the central idea of 'The Sign of Four'.

Answer Key

Section I : Prose

(Reading for Comprehension, Language Study, Grammar, Note-making, Mind-mapping)

1. **(A) A1.** (1) Soapy
   (2) A policeman
   (3) A well-dressed man
   (4) A tall blonde woman

   A2. The cop did not arrest Soapy for shouting and dancing because it was the time of celebrations for the local college boys. They were generally noisy but harmless and he had been told by his superiors to let them be.

   A3. Soapy wanted the policeman to arrest him and take him to prison, but his efforts proved to be unsuccessful so he felt worried. When he came across a policeman, he thought of an idea and shouted and screamed so that he would be arrested for behaving in a dangerous and disturbing way in public and would be imprisoned.

A4. When I was about 10 years old, I stole my friends story-book which his father gifted him on his birthday just two days before. When I was busy reading it, my father saw it and made me realise what I had done. He told me to return the book to my friend.

A5. (1) Soapy did not continue his unavailing racket.

(2) You should call a cop.

A6. Danced, howled, raved, yelled drunken gibberish, disturbed the skies.

(B) B1. (1) Though everything was moving smoothly, he had a lingering doubt in his mind.

(2) The man kept his belongings by the door as he entered.

(3) Finding a small box, Shivani dropped her bangles inside.

B2. There is room for many boxes in the cupboard.

2. (A) A1.

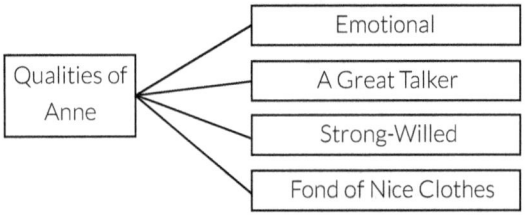

A2. (1) Margot was considered to be more promising because she was brilliant.

(2) Anne was a problem child because she was emotional and strong willed.

(3) A crowd of friends around Anne was good because the Frank family could rarely afford a holiday.

(4) Otto Frank's realisation was that the time might come for them to go into hiding.

A3. Anne was a great talker and fond of nice clothes. In the town, she was always surrounded by a chattering crowed of girl-friends. So, the life in town suited her exactly.

A4. I would like to live in a city as I love to watch TV, going to malls for shopping, playing computer games. I would like to have the opportunities of different activities available in cities.

A5. (1) She was not only emotional but also strong-willed.

(2) With the Nazis invasion on the Netherlands, the Franks were trapped.

A6. (i) Believable

(ii) Problematic

(iii) Factual

(iv) Affordable

(B) **Anne and her Father**

According to Anne's father, she was a real problematic child, strong-willed and emotional but Margot was more promising. With the invastion of the Nazis in Netherlands in 1940, the Franks had to get into hiding. Otto Frank had secretly made feprations for a hiding place in his own business office.

(C)

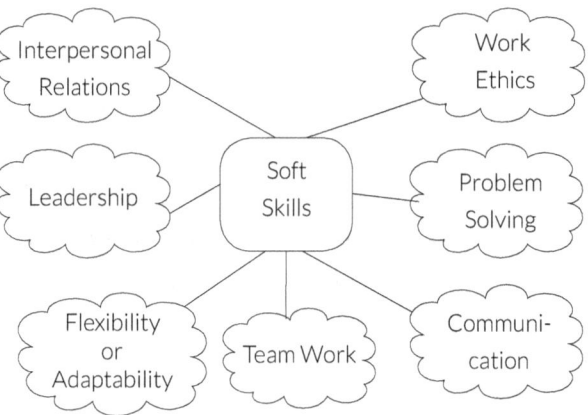

Section II : Poetry

(Poetry and Appreciation)

3. (A) A1. If the answers given by the weavers are examined well, it is understood that there is reference of a bird in them. It mentions the brightness and lightness of the cloth. The cloth is soft and light as feathers.

A2. At the day break, the weavers were weaving a bright coloured cloth for the new born. At the time of dusk, they were weaving the purple and green cloth for a queen's wedding veil. At the time of chilly night, they were weaving a white cloth to be used as a shroud for the dead man's body.

A3. Earlier weaving had a prestigious place in the society so various kinds of cloth or fabrics were recognised everywhere. But after industrialization, problem for the weavers started as powerlooms came into being. So the craftsman remain unknown, their craft is undervalued and thier life is now in poverty.

A4. First stanza – aabb

Second stanza – ccdd

Third stanza – eeff

A5. **Importance of Clothes**

The attire shows what a person is
Clothe brings confidence and protection
The colour, reflection of mood is
Fabric celebrates every celebration

(B) The poem 'Have You Earned Your Tomorrow' is composed by Edgar Guest. It contains four line stanzas, the uniform rhyme scheme of 'aabb' and so on.

The entire text is marked by questions directed at the readers. Each stanza contains two to three questions which probe at one's treatment of others.

The poem beings with the speaker asking the reader if they did anything to improve the day of another human being. He continues to ask if the reader greeted his friends cheerfully.

In the last two stanzas of the poem, the speaker inquires about the reader's actions. The poem concludes with the speaker reminding the reader that it is up to God whether or not you have a tomorrow. So one should consider one's actions carefully if one wants to see the next day.

The poet has used interrogation as the emphatic poetic device, making the readers think about their actions very carefully.

Section III : Writing Skills

4. (A)

| Message | 9·30 a.m. |

20 August, 20XX

Dear Arnav,

Your friend Pranav called up to say that you had his 'Activity Work Book of English'. He needs it in the class. So he asked you to bring it in the college. Please do not forget as I had assured him to convey his message to you.

Your brother,

Aditya

OR

Statement of Purpose

In school going days, history was nothing but a list of monarchs, series of wars and their outcomes or various dynasties for me. But this perception of history changed in Std. 9 as my history teacher created interest in it and I realized that all facts of life are linked to History. Gradually, my interest in the subject started increasing day by day.

Now, I really have the wish to get myself admitted to the prestigious college like yours in London. It is because your college has a very nice department of South Asian History and a wonderful library. I know that the eminent historians teach in your college. So, I would also like to have this opportunity of learning from the internationally reputed professors after getting admission in your institution.

I want to have a firm base in the socio-economic history of medieval India in my graduation span so that I can move on to my post-graduation. Further, I wish to pursue doctoral research on the topic-life and work of saints. I am a voracious reader and I hope that whatever saint literature I have read, would help me in good position.

I am a state-level swimmer. It is the activity that requires extreme physical and mental fitness. Competing at in the state-level competitions actually in a great challenge. Similarly, I like to play chess because I like the permutations and combinations and making the unique move which can help me win in the end.

I am assisting Dr. Vasudha Shastri Madam as the amateur research assistant. She was working on the monumental work on the Bhakti movement in Maharashtra. While working with her, I learnt many new things about the movement.

Now I am sincerely expecting to get an opportunity of perfect exposure to a really good academic atmosphere available in your reputed institution. It would help to bring out whatever best is available in me.

OR

Captain: Listen carefully, we need to break the partnership somehow. Both the batsmen are well set and they are beating our bowlers, all over the ground.

Rakesh: The pitch doesn't appears to be friendly for the spinners as there is not much turn. I feel that we should try our pace bowlers once again to do it.

Captain: It seems to be a right suggestion. We need a wicket otherwise the game will be lost.

Manoj: Okay. I will go in for pace bowling. But it can prove to be gamble.

Captain: What field arrangement do you want?

Manoj: I feel we need a slip and a forward shortleg. I will try and bowl outside the off stump. I hope it will work.

Captain: What is your opinion, Ajinkya?

Ajinkya: I feel that we should try it. I will bowl from the other end. Let's try to get a wicket fast.

Captain: What I think is we should attempt to bowl yorkers and the slower ones.

Ajinkya: Right, we should have a third-man for the catch.

Captain: Alright friends, field well and grap every opportunity coming up. Let's attempt to win.

(B) To: healthminister_mh@gmail.com
From: vishal06@gmail.com
Subject: Regarding taking precuations to prevent disease of Corona.
Respected Sir,

I am writing this email to bring to your kind notice regarding the hazardous conditions caused due to the corona pandemic. I would like to state that the pandemic is causing a great threat in the state as a lot of people are getting infected and are dying due to it. The government and health ministry should make people realise the contagious nature of the disease and how it is spreading, through newspaper, media and social network. People should be given clear instructions about wearing of masks, washing hands and social distancing. The people should be given work from home jobs to protect themselves from the pandemic. People should be made fully aware to take nutritional diet as a safeguard against the virus. Henceforth, I request you to kindly look into the situation and take necessary steps.

Thanking You
Regards,
Vishal

OR

Hazards of Environmental Pollution

Pune, Mar., 20:   –By our correspondent

Environmental pollution has become one of the most dangerous hazards of the recent times and the fact is that many natural and man-made factors are there leading to the environmental pollution. Man-made factors are chiefly responsible for this hazard.

Pollution of environment is one of the major problems even in the state of Maharashtra. It has really become a very critical issue. There are many reasons causing this problem and adding it to. Growing urbanisation and industrialisation, stress of increasing population, increasing traffic, decreasing trees and forests have resulted in pollution. As people are migrating to the cities, the civic facilities are under a great stress. The smoke from the vehicles, from factory chimneys are polluting the air. People cannot have fresh air to breathe. Ecological balance is at stake. The air, water, noise and land pollution has impaired the human life. Environment is suffering from extreme imbalance.

A huge loss has already taken place to environment. All the factors leading to this pollution need to be checked immediately.

OR

Good afternoon, Dr. Bapat. You are a famous doctor so I would like to know about your work.

(a) Why did you decide to enter into this career?
(b) What can you say about your education and experience?
(c) What are the challenges you face in this field?
(d) Inspite of the arrogance of the patients, how do you adjust with the situation?
(e) What are your strengths and potentials?
(f) What will you do if you have to work in shifts?
(g) How much salary are you expecting?
(h) How will you prove yourself to be the best for this post?
(i) How will you store or keep information safe?
(j) What will you do if there is an argument with your colleague?
(k) What will be your strategy in first three months, if selected?

Thank you for sparing your valuable time for us.

(C) Good morning respected honourable chief guests, invitees and my dear friends.

This National Science Day, I am standing before you to express my views on 'Science : A Wonder for Human Beings'. We celebrate this day every year on Frebruary 28 as our Indian physicist Sir C.V. Raman discovered the Raman effect on February 28, 1928. It was a revolution in the field of science.

All aspects of human life are influenced by science. Numerous inventions and researches of science has made our lives luxurious. We get hot water from geyser, air conditioners and coolers, washing machines lighten the work of our daily life. Science provides different ways to farmers for better production, computers are proving to be a great boon in many fields of human life.

We can also reach any hook and corner of the world with the fast means of transportation. Many new medicines and vaccines helps us in leading a healthy life. So we need to be thankful to science for all this.

Thank you all for giving me a patient ear.

OR

(a) Good morning everyone on the occasion of the Birth Anniversary of the Father of our Nation, Mahatma Gandhi. Today is the day for all of us to remember Gandhiji respectfully not only for playing a vital role in our freedom struggle, but also for spreading precious values such as peace, truth and non-violence.

(b) On behalf all the staff members and students of our college, I welcome our chief guests, Mr.

Madhav Laghate, the director of Gandhi Mission and Ms. Sulabha Shrotri, the director of Sabarvan Ashram. I also welcome all the parents, citizens of the area and everyone present here.

(c) Now, let us begin the birth anniversary programme of Mahatma Gandhi by garlanding Gandhiji's image. I request the chief guests to garland the image of Gandhiji. For this, I request the principal and other dignitaries to please come along.

Thank you all !

(d) We are really lucky to have these chief guests for our function. Let me introduce them to all of you. Mr. Madhav Laghate is the former professor of N.M. college, Mumbai. He has written many books on the life of Mahatma Gandhi. At present, he is working as the director of Gandhi Mission.

Our next chief guest is Ms. Salabha Shrotri. She runs an orphanage named as Sabarvan Ashram in Pune. She works actively for the well-being of the deprived children in the city.

Now, I request the principal of our college to welcome the chief guests.

Let's give a big round of applause to our chief guests. Thank you all

(e) Now I welcome the best singer of our college, Vinit and his group, to present two songs in memory of Mahatma Gandhi.

Thank you Vinit for these lovely songs.

Now, I request our chief guest Mr. Madhav Laghate to express his thoughts on this occasion.

Thank you, Sir your speech has given all of us enough inspiration to follow the truthfulness in our lives. Now, I request our second chief guest Ms. Salabha Shrotri to expess her thought.

A round of applause for both the guests. We are really grateful to both of you for the inspiration you've given to us.

Now, I call upon the stage Ms. Neha Bagal to express her thoughts briefly on this occasion.

Thank you, Neha

(f) Now, we are nearing the conclusion of this programme. But I would like to congratulate everyone for the success of the programme. Now I invite Ms. Pradnya to deliver a vote of thanks.

Thank you

3. **Every man is the Architect of his own Future**

The given proverb clearly tells that each and every person is responsible for his state of mind as well as his life. There are some people who get success and satisfaction in the world outside. They really try hard to get whatever they are wishing for. If they can't achieve what they want, they start feeling unhappy. Actually, everyone is entirely responsible for one's success or failure.

Many people around are pessimistic lead a monotonous life and hold grudges about everything. But there are some people around who are very enthusiastic and optimistic. So, it depends upon the person how to deal with life. Man is the creator of his own fate. With hard work, man can achieve success. Such people are ready to face hardships to get the best opportunity in life. But people living idly lose the opportunities and go on grudging about everything. Using the talent well, helps in succeeding in life.

Having positive attitude along with hard work and perseverance proves to be the perfect recipe to achieve success in life. A person has to think well and decide on which way to walk. One can shape one's life with the help of positive approach to life.

(D) **Film Review**

The movie 'Dangal' is about Mahavir Singh Fogat's efforts to get a gold medal for his country. Inspite of his desire he could not fulfil it as his poverty makes him to do job for livelihood. He gives up wrestling and keeps his dreams alive in his daughters. Once his daughter Geeta and Babita beat two boys, they start hoping to fulfil his dreams. He trains them to win a gold medal. After a great struggle Geeta gets selected for the International competition. Mahavir trains her secretly and finally she wins the coveted medal.

The film is produced by Aamir Khan and Kiran Rao. The director, Nilesh Tiwari has managed to pay attention to each and every facet of the film. Even the music composed by Pritam adds to the overall impact.

The film beautifully portrays the conflict going on in the father's mind, if his daughters could participate in wrestling effectively or not. The daughters feel irritated by the tough training of their father but later on they start realising the significance of it. The conflict between a father and a daughter is very sharply presented in the film.

I like the film very much as it offers a very good message that girls are not at all less in any field and they can work very hard to offer glory to themselves and their nation.

OR

B Health

Health and fitness anthespotblog.com./ 2021

Archive   Health and Fitness

Report   It is rightly said that 'A sound mind in a sound body'. It clearly shows that if we are physically healthy, then our mind also works in an efficient manner. For leading a happy and cheerful life health proves to be important. All those, who are aware of the importance of being healthy, make efforts for staying fit.

Abuse

Our happiness depends upon our health. But how can we keep ourselves physically and mentally fit? We need to take in the proper nutritional diet and stop eating when we feel like eating something more. We should totally avoid junk food. This is not enough as regular physical exercise must accompany it. Adequate exercise makes a person vigorous. Yoga and Pranayam can prove to a good solution to keep oneself mentally and emotionally fit and strong.

It is said that 'Empty mind is devil's workship'. An idle person can never enjoy good health and happiness. Having sufficient rest is also a requirement for remaining fit and healthy. We need to keep in mind the proverbs. "Early to bed and early to rise makes a man healthy, wealthy and wise". Fruits and vegetables must be added in our diet as they provide vitamins, carbohydrates and essential nutrients.

For enjoying good health, life should be free from anxieties. Just remember 'Health is Wealth'.

OR

OUR VALUABLE FRIENDS

What do pets do for us?
* Give company in our loneliness.
* Offer security for our homes.
* Give us extreme love, affection.

What can we do for them?
• Be Gentle   • Be Merciful   • Feed them

HAVING A PET SECURES LIFE

Issued by – PETA

Section IV : Literary Genre-Novel

5. **(A)** 1. Murasaki Shikiba – Tale of Genji, Novella – New, Don Quisote – Cervantes, Raj Mohan's wife – Bankimchandra Chattopadhyaya.

   2. The term 'Stream of Consciouness' means the flow of thought going on in the inner mind of the characters. In such a novel, all the incidents in the plot are in the sequence of their occurrence. In such novels, the novelist narrates each incident as they occur in the character's mind. Sometimes they do not create any sense but, they represent the thoughts without any editing.

   (B) 1. • Honest   • Smart
              • Cool-tempered   • Authoritative

   2. The theme of 'To Sir, With Love' is the relationship between teacher and student and the half-yearly report of the students' council. It depicts the improvement in students' conduct and their increasing confidence. It also depicts the freedom in the interaction between student and teacher.

(C) 1. James Strand is not a major character in 'Around the World in Eighty Days'. James Strand was the actual bank robber and Fix was searching for him.

   2. Fogg lives in London and regularly visited. The 'Reform Club' is also there in London. Fogg accepts the wager in London. Fogg's journey begins from London and it also ends in London. In this manner, London becomes the central place in the novel.

(D) 1. • Kind
          • Charming
          • Intuitive
          • Sensitive

   2. The theme of 'The Signs of Four' is Mary Morstan's meeting Sherlock Holmes and Dr. Watson to narrate her problems and their trip to meet the writer of the mysterious letter.

●●

SAMPLE PAPER-4
English

Questions

Time: 3 Hours   Total Marks: 70

Section I : Prose
(Reading for Comprehension, Language Study, Grammar, Note-making, Mind Mapping)

Q.1. (A) Read the extract and complete the activities given below:

1. **Location Tracking:** Big Data has been useful in identifying and tracking the exact location of a place. Your GPS and Google Maps make use of Big Data. With geographic positioning and radio frequency identification sensors we get the real-time data about traffic, congestion on a particular route, information if the route is closed or if it is a one-way route, understanding accident prone areas etc You can plan your own route according to the travel time and the transportation of goods. If you have ordered something online you can track the location of your goods in transit, you can also track the condition of the goods. This has immensely helped the logistics companies to reduce risks in transport, improve speed and reliability in delivery.

2. **Understanding the Weather Patterns:** There are weather sensors and satellites set-up all around the globe. Huge amount of data is continuously being received from them. They help us to understand the weather and help in weather forecasting. Weather patterns give us warnings of the impending natural calamities like floods, earthquakes, tsunami etc. Necessary preparations to combat them can be made well in advance. We can study global warming, predict availability of natural resources like water.

3. **Health Care Industry:** Today, we see that people have become health conscious. The smart watches, other wearable, health apps in our phone keep on collecting data. We can say that they are our own mini biomedical research devices. They detect our heart rate, monitor the patient's sleep pattern, keep a record of his exercise, the distance walked etc. The analysis of this data collected can give new insights and provide a personalized, individual feedback to each and every person.

A1. Complete the following:

A2. Mention the ways to reduce risk in tansport.

A3. Write some ways of tracking the condition of goods.

A4. Do you use Google Maps and GPS? Justify your answer.

A5. Do as directed:

1. Big Data has been useful in identifying and tracking the exact location of a place (Rewrite using 'as well as')

2. Huge amount of data is being received from them (Rewrite beginning with we......)

A6. Complete the following table:

Verb	Noun	Adjective
....	Frequency	....
....	....	necessary

(B) Language study

B1. Do as directed/Transformation of sentences:

1. Her family and their well-being were her highest priority. (Rewrite as an interrogative sentence)

2. The boy had to find books and read them before the day ended. (Rewrite using 'not only------but also')

3. If everything goes well they will get a reward. (Rewrite using 'unless')

B2. Spot the error in the given sentences and rewrite the correct sentences:

He was unable to participate due to a health problems.

Q.2. (A) Read the extract and complete the activities given below:

The call of the seas has always found an echo in me. Not being rich enough to roam in a private yacht, I have taken the poor man's way out. I swim across them. I have always been fascinated by the Indian ocean-whether at Mumbai, at Puri or at Gopalpur. I have swam in all these places and have felt the thrill. But the idea of swimming the Palk Strait did not occur to me until after I swam in the English channel. Steeped in the history and tradition of this nation, practically unconquered, teaming with hair-raising hazards, the sea between India and Sri Lanka had all the elements of challenge, danger and difficulty that tempted me. By the way for preparation I continued a strict and rigorous course of training which began in 1960. I also had to collect a comprehensive range of facts and information about this sea. Neither was easy.

Despite all the information I had gathered, I soon found that very little was known about the Palk Strait, especially about the tides and currents. Every thing about the English channel is known; there is a

Channel Swimming Association, there are trained pilots there are woots to be hired, accurate weather forecasts, dependable tide tables and every other form of assistance was readily available. All that one needed was money. Here in the Palk Strait one has to find out firstly from where information could be obtained and then decide how much of it could be incorrect or misleading!

A1. State wheather the following statements are True and False:
1. The narrator liked to listen to the call of the seas.
2. The narrator used a yacht at Mumbai, Puri or Gopalpur.
3. The seas between India and Bangladesh had the elements of challenge.
4. No information was available about the tides and currents of the Palk Strait.

A2. Complete the following question:
Swimming in the English channel is easy because:
1. ....
2. ....
3. ....
4. ....

A3. The narrator had an intense desire to swim in the Palk Strait. Explain the reasons for it.

A4. Do you like to have an adventurous life? Give reasons for your answer.

A5. Do as directed:
1. Very little was known about the Palk Strait. (Rewrite as a negative sentence)
2. I had to collect a comprehensive range of facts. (Rewrite the sentence beginning with 'A comprehensive.............................. .)

A6. Give the noun form of the following words:
(i) rigorous   (ii) thrill
(iii) continued   (iv) dependable

(B) Summary Writing
Write a brief summary of the above extract with the help of the given points and suggest a suitable title.

Attraction for the seas-fascination for the Palk Strait-comparison between the English channel and the Palk Strait.

(C) Note-making / Mind-mapping
Read the following extract and complete the chart that follows:

Vitamins play a very significant role in maintenance of good health and they build a resistance power in human body. These vitamins are named by the scientists as vitamins A,B,C,D and E. Vitamin A is found in tomato, egg yolk, vegetables and fruits, liver milk etc. Vitamin A is very important for vision, growth and protection. It helps in the sketetal and tissue growth. Many vitamins are grouped under vitamin B complex group. The vitamins categorised under these group can be sought from seeds, meat, soyabean, green vegetables, milk, eggs etc Vitamin B complex group is very essential in growth, metabolism, formation of blood and for nervous system. Vitamin C is found in lemon, orange, amla and fresh vegetable. It is essential for the development of iron and calcium in the human body. Vitamin D is found in eggs, liver fish oil, butter etc. Vitamin D helps in growth and development of bones and teeth. It plays an important role in absorption and deposition of calcium and phosphorus. Deficiency of vitamin E does not occur normally in human body. Vitamin E is present in vegetables, oils, grain cereals, pulses, nuts and oil seeds, dark green leafy vegetables. It is also present in liver, egg yolk. It is useful for normal reproduction.

Vitamin	Sources	Benefits for health
A	Tomato..................	....
....	....	Development of iron and calcium
....	Eggs, liver fish oil, butter..................	....
....	....	Helpful for normal reproduction

Section II : Poetry

(Poetry and Appreciation)

Q.3. (A) Read the extract and complete the activities given below:

Is anybody happier because you passed his way?
Does anyone remember that you spoke to him today?
This day is almost over, and its toiling time is through;
Is there anyone to utter now a kindly word of you?
Did you give a cheerful greeting to the friend who came along?
Or a churlish sort of "Howdy" and then vanish in the throng? Were you selfish pure and simple as you rushed along the way,
Or is someone mighty grateful for a deed you did today?
Can you say tonight, in parting with the days that's slipping fast,
That you helped a single brother of the many that you passed?
Is a single heart rejoicing over what you did or said;
Does a man whose hopes were fading now with courage look ahead?
Did you waste the day, or lose it, was it well or sorely spent?
Did you leave a trail of kindness or a scar of discontent?
As you close your eyes in slumber do you think that God would say.

You have earned one more tomorrow by the work you did today?

A1. Find out expressions/ phrases which denote 'going away', from each stanza.

A2. Elaborate the idea expressed in the given lines.

'As you close your eyes in slumber do you think that God would say, you have earned one more tomorrow by the work you did today?

A3. Describe the various ways you use to greet your elder.

A4. Identify an example of 'Synecdoche' from the poem and explain it.

A5. Compose 2-4 lines on your own on 'Good deeds'.

B. **Read the extract and write the appreciation based on the aspects given bleow:**

Afoot and light-hearted I take to the open road,

Healthy, free, the world before me,

The long brown path before me leading wherever I choose.

Henceforth I ask not good-fortune, I myself am good-fortune,

Henceforth I whimper no more, postpone no more, need nothing,

Done with indoor complaints, libraries, querulous criticisms,

Strong and content I travel the open road.

The earth, that is sufficient,

I do not want the constellations any nearer,

I know they are very well where they are,

I know they suffice for those who belong to them.

(Still here I carry my old delicious burdens,

I carry them, men and women, I carry them with me wherever I go,

I swear it is impossible for me to get rid of them,

I am fill'd with them, and I will fill them in return.)

You may use the following points for writing the appreciation in about 100-150 words:

(a) Title and the poet

(b) Theme/Central idea

(c) Poetic style used in the poem

(d) Poetic devices

(e) Message and your opinion

Section III : Writing Skills

Q. 4. Complete the activities as per the instructions given below :

(A) Attempt any ONE of the following:

Drafting virtual messages / Statement of purpose / Group discussion.

Rajat comes home from school and finds the door locked. Since he has a duplicate key, he enters and finds a note of his mother kept on the table. In it, she explains that she had to rush to the hospital with Mrs. Manohar, their neighbour, who had met with an accident. She has also written that he should have the rice and curry kept on the dining table for lunch. He could heat the food in the microwave oven if he wants to, but he should be very careful while handling the switch.

Draft the message which Rajat's mother left for him.

OR

You are an avid animal lover. You have a pet dog and some love birds at home. You are extremely fond of them. You have been a member of bird watcher's club. You have loved going on a safari. You have taken care of orphan animals, or animal who gets hurt. In school you loved biology. You wish to make a career in this field. The university of Cambridge offers an excellent course/programme which would boost your career. Make a statement of purpose which will help you to get admission to this university.

OR

You and your friends are talking about 'Clean India'. Have a group discussion with your friends about it. Write atleast four/five views in the form of dialogues.

(B) Attempt any ONE of the following:

Email:

You live at Gautam Nagar, Aurangabad. There is no good bus service. Write an e-mail to the Director, Aurangabad City Transport Corporation to solve the problem. You may take help of the following points:

(a) Buses do not ply regularly

(b) Working people, students get delayed

(c) Buses come late or are overcrowded

(d) Demand to increase frequency

OR

Report Writing:

Your college celebrated its 'Silver Jubilee Celebration,' Imagine you are the class representative. Write a report on it with help of following points:

(a) Preparation for the function

(b) Chief Guest and his speech

(c) Speeches by college staff

(d) Prize distribution ceremony

(e) Add your own points.

OR

Interview:

Imagine you are supposed to interview a famous social worker in your region. Frame a set of 8 to 10 questions. Interview him/her with the help of following points:

(a) Introducing the guest

(b) His/Her mission

(c) Problems/Struggles faced
(d) His/Her inspiration
(e) Conclusion

(C) **Attempt any ONE of the following:**

Speech:

Prepare a speech on 'The place of women in Indian society' in about 100-150 words.

OR

Compering:

Imagine that you are a compere of the 'Independence Day' function in your college. Write a script in about 100-150 words with the help of the points given below:

(a) Introduction–A brief introduction of the programme/function/show
(b) Flag hoisting
(c) National Anthem and Pledge
(d) Principal's Speech
(e) Songs
(f) Vote of thanks

OR

3. **Expansion of an Ideas:**

Expand the following idea in about 100-150 words.

'Don't judge a book by its cover'

(D) **Attempt any ONE of the following:**

Review:

Write the review of a film that you have recently seen based on any four of the following points:

(a) Star cast
(b) Theme of the film
(c) Conflicts presented in the film
(d) Producer and Director
(e) Why did you like/not like the film?

OR

Blog:

Write a blog in a proper format on 'Communication skills'. in about 100-150 words with the help of following points:

(a) Importance of communication
(b) Aspects of communication skills
(c) Ways to improve them
(d) Add your own points

OR

Appeal:

Prepare a leaflet on 'Blood Donation' with the help of following points:

(a) Save lives of many
(b) No effect on donor's health
(c) A gesture going a long way
(d) Add your own points

Section IV : Literary Genre-Novel

Q.5. (A) Complete the activities given below as per the instructions:

1. **Complete the following statements:**
    1. The two types of conflicts that the plot may have are............
    2. The word 'picaresque' is originated from ....
    3. The epistolary novel presents the narrative through............
    4. In the 18th century, middle class could get the time for reading and discussing the novels because............

2. **Write a short note of about 50 words on:**

    'Style of the novel'

(B) **Answer the questions given below in about 50 words:**

1. Complete the following with the traits of Potter:
    (a) ....
    (b) ....
    (c) ....
    (d) ....

2. Explain in brief the theme of 'To Sir, With Love'.

(C) **Answer the questions given below in about 50 words:**

1. Complete the following with the traits of:

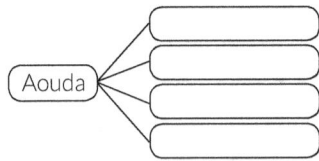

2. Write 4-5 sentences on theme of 'morality' in 'Around the World in Eighty Days.

(D) **Answer the questions given below in about 50 words:**

1. Holmes is always a step ahead of Dr. Watson in solving cases. Justify this statement.:
2. "Our quest does not appear to take as to very fashionable regions." Elaborate.

Answer Key

Section I : Prose

(Reading for Comprehension, Language Study, Grammar, Note-making, Mind mapping)

Q.1. (A) A1.

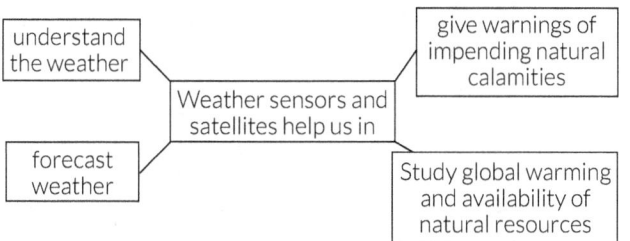

A2. Big Data is useful in tracking the location of a place GPS and Google Maps use Big Data so we can receive information about traffic, congestion on a particular route. So, we can plan our route according to travel time. We can track the location of our goods ordered online in transit and also the condition of the goods. It helps companies to reduce risks in transport, improve speed and reliability in delivery.

A3. If we have ordered something online, we can track the condition of the goods. It has helped the logistics companies to reduce risks in transport, improve speed and reliability in delivery.

A4. While using the two wheeler and going to a certain destination, I use GPS and Google Maps to follow the correct route. Once while going to Malvan, I used of Google Map to calculate the exact distance to cover and find out the best and nearer routes to go there.

A5. (1) Big Data has been useful in identifying as well as tracking the exact location of a plane.
(2) We continuously receive a huge amount of data from them.

A6

Verb	Noun	Adjective
Frequent necessitate	Frequency necessity	Frequent necessary

(B) B1. (1) Weren't her family and their well-being her highest priority?
(2) The boy had not only to find books but also read them before the day ended.
(3) Unless everything goes well they will not get a reward.

(B) B2. He was unable to participate due to a health problem.

Q.2. (A) A1. 1. True
2. False
3. False
4. True

A2. 1. There are trained pilots available to help us.
2. There are boats that can be hired.
3. Accurate weather forecasts are found easily.
4. There is availability of dependable tide tables and all the assistance is easily available.

A3. The Palk Strait was steeped in tradition and it was considered to be unconquered as it is full of many dangers. It was a tremendous challenge to swim there so the narrator had an intense desire to swim in the palk strait.

A4. I will certainly like to have an adventurous life. I really like to go on treks and hikes with my friends. I like to wander in search of an opportunity to go on a trek. Trekking offers a wonderful opportunity to enjoy freedom of being in the company of nature.

A5. 1. Not much was known about the Palk Strait.
2. A comprehensive range of facts had to be collected by me.

A6. (i) rigorosity rigour
(ii) Thrill
(iii) Continuity
(iv) Dependability

(B) Palk Strait

As the narrator wasn't rich, he liked to swim across the seas as the seas were tempting him much. He yearned to cross the Palk Strait as it was thought to be practically unconquered and full of many hazards. Swimming the English Channel was easy, plenty of information and assitance was available there. But regarding the Palk strait, not much was known.

(C)

Vitamin	Sources	Benefits for health
A	Tomato, egg, yolk, vegetables, fruits, liver milk	For vision, growth, protection skeletal and tissue growth
B	Seeds, meat, soyabean, green vegetables, milk eggs etc.	Growth, metabolism, formation of wood and for nervous system.
C	Lemon, amla, orange, fresh vegetable	Development of iron and calcium
D	Egg, liver fish oil, butter etc.	Growth of bone and teeth absorption and deposition of calcium and phosporus.
E	Vegetables, oils, grain cereals, pulses, nuts and oil seeds, dark green leafy vegetables.	Helpful for normal reproduction.

Section II : Poetry

Q.3. (A) A1.

The expressions or phrases denoting 'going away' are:

First stanza 'is almost over'

Second stanza- 'passed his way'

Third stanza-'is almost over'

Fourth stanza- 'vanish in the theory'

Fifth stanza- 'rushed along'

Sixth stanza-'fading now'

A2. The poet implicitly suggest that we should make our life useful for others to justify our existence today so that God can grant us another day. Though we can't do anything, we can atleast speak a kind word to a stranger. If we really live selflessly, we can earn our tomorrow.

A3. We should greet the elders with love and respect by touching their feet as per our tradition. We should make an effort that they that never feel lonely and take care of them in all possible ways. Sometimes, we can greet them with folded hands.

A4. The example of 'Synecdoche' is:

'Is a single heart rejoicing over what you said or did'

Here, the word 'heart' which is a part represents the person rejoining which is the whole idea.

A5. Good Deeds

Tree gives cool shade and fruits
River with sweetness of water flows
If came a stranger gloomy and sad
Cheer him up, not to feel bad

(B) The poem 'The song of The Open Road' is composed by Walt Whitman.

The poem contains optimism and great confidence because the world offers many opportunities. The poem contains autobiographical touch as Wall Whitman himself struggled a lot in his own childhood.

The title of the poem has an adjective 'open' for the road of life. It stands for freedom as the poet suggests the need of going away from all the bindings as well as comforts. He wants to become self reliant as he possesses the confidence needed for it.

The poem is composed as a free verse as it has no rhyme. The poet has made use of poetic devices like repetition, paradox, figures of speech like 'Done with indoor complaints', libraries querulous complaints add charm to the poem.

The poem can be called as a dramatic monologue. Through this poem, the poet inspires us to explore the world using all our abilities.

Section III : Writing Skills

Q.4. (A) 25/12 MESSAGE 11:00 am

Rajat,

Mrs. Manohar, our neighbour, has met with an accident so I am rushing to the hospital with her. I have kept rice and curry on the dining table for your lunch. Use our microwave oven to heat the food if you want and be very careful while handling the switch

Mother

OR

Statement of Purpose

I was extremely fascinated by nature and its aspects right from my childhood. This interest just went on deepening with the growing age. I love watching the tame as well as wild animals. It has brought me very close to the subjects like evolution and biology/ zoology.

The behaviour of pet animals, birds fascinates me a lot and I keep on observing them for hours. Fortunately, my parents never object to it so I could continue it. Due to this, right from the school days Biology has proved to be my most favourite subject. Initially I was not aware of the fact that there are certain courses which will help me to move further in my interest. But after collecting sufficient information, I have realised that the graduation course in biology concentrating on animal behaviours is the best option for me.

My father is a veterinary doctor and my mother works for an NGO, taking care of domestic and wild animals. So, I got an opportunity to come close to animals, birds and nature. I am a member of Bird Watcher club and I am really fond of them. My evolutionary thinking expanded and I knew about many of endangered species. I also take time to serve the orphan animals or birds due to the unwanted circumstances.

Inspite of my interaction with animals and birds, my theoretical studies have nothing to mention. I have read many works of pioneers and experts in the field. I am eager to gain more knowledge so I want to be in your reputed course to boost my career.

I am ready to work hard with my open minded disposition and dedication towards this stream. I am looking forward to share my ideas with my fellow students and all eminent professors of your reputed institution. I hope that my application for the graduation programme and research will be offered due consideration.

OR

Group discussion about 'Clean India'.

I: Nowadays, we see filth and dirt everywhere as cleanliness is utterly neglected. What do you think?

Ramesh: It's true. It seems that we are forgetting the truth of the expression 'cleanliness is next to Godliness'. The garbage bins are overflowing, they are not getting cleaned regularly-Besides, people spit everywhere to add to it.

Suresh: Right there is dirty water running on the streets causing foul smell to spread alongwith the nuisance of mosquitoes and flies. It is causing extremely unhealthy and unhygenic circumstances.

I: I feel that this is just one fact of the concept of cleanliness.

Reena: What do you want to suggest?

I: See, I feel that cleanliness needs to be followed in all the aspects of life. Moral or ethical cleanlines also have an atmost importance.

Reena: True. Usually what people say and what they actually do are different things. While speaking, people use high sounding phrases pleasing others but their actions are narrow minded and self-centered.

Ramesh: We all are in agreement with it. There is a need of cleanliness to be maintained everywhere.

Suresh: True. Only then we can experience the touch of godliness making our lives golden.

(B) To: directorcitytransport@yahoo.co.in
From: asrege91@gmail.com
Subject: Problem of transportation of Bajaj Nagar
Sir,
I would like to draw your attention to the problem of transportation in Bajaj Nagar. There is very poor transport service available between this area and other parts of the city. A large number of people work everywhere in the city and suffer a lot due to inadequate frequency of buses.

All the residents are tired of these problems as the working people are reaching late to their offices and children cannot reach their schools on time. Many commuters just keep on coasting for the buses which never comes on time. Its a great pity to see people running after the buses which do not stop being overcrowded.

I request you to look into the matter without delay. There is a need of increasing the number of buses on this route and their frequency should also be increased.

Thanking you
Regards
A.B. Ragi

OR

Silver Jubilee Celebration

XYZ College, Jan. 10: XYZ College of Pune celebrated the Silver Jubilee yesterday in its premises with great vigour and enthausiasm. From the foundation day of the college, it has really proved itself as one of the best educational institutions in the city. Hence, the college management organised a grand celebration on the completion of 25 years of its meritorious services to the cause of education.

The premises of the college were beautifully deocrated with flowers, balloons and colourful pictures. A huge poster was set up on the ground. The State Education Minister graced the occasion as the Chief Guest. Many prestigious people were specially invited. The programme started with a welcome song sung by the members of the cultural committee. Then a special magazine reviewing the glorious twenty-five years of the college was published by the chief guest. The Principal gave an introductory speech highlighting the institute's contribution in the field of education. All the meritorious students were given away prizes by the chief guest. He honoured the teachers for their devotion. The chief guest also appreciated the institute in his speech and appealed the students to uplift the institute's name to greater heights in sports, academics and social service. He mentioned the importance of vocational courses. He then declared a donation of 50 lacs for the development of the college. Finally, the valedictory speech was given by the Vice Principal of the college.

Then function ended with the choir singing the National Anthem.

CR, XYZ College

OR

Today we have a special guest among us who is a famous social worker in Maharashtra, Dr. Prakash Amte. Sir may I ask some questions to you:

(a) What inspired you to enter into the field of social work?
(b) What do you do to serve the lepers?
(c) Would you like to share any remarkable experience with us?
(d) What problems do you face when you actually work on the field?
(e) How do you overcome the hardships coming in your way?
(f) What are your future plans about development of society?
(g) How do you get such tremendous energy to serve the people?
(h) How do you balance your personal life and social work?
(i) What message would you like to give to the youngsters for entering into the field?

Thank you very much for such an inspiring discussion.

(C) Honourable principal, respected teachers and my dear friends.

Today I am standing here to express my views on the place of women in Indian society. Women are undoubtedly an important part in each family. But sometimes their role is considered to be for family only which is not true at all. They have gone beyond their families and are serving the society. Earlier, women were given secondary place in India and they had no rights in the male dominated society. Nowadays, the conditions have changed.

Now, women have moved ahead in all the fields. They can handle their professional life besides their domestic works. They are always ready to make any kind of sacrifice for their family. Today, women are well equipped with education, business, confidence, self respect and independence.

We are living in the world of globalisation and modernisation. All are equal then, why do we consider women inferior? We must treat women with proper respect and dignity.

Thank you all

OR

- **Introduction and Welcome Speech:** Good morning everyone present here. I welcome you all for our Independence day function.
- On this bright and sunny morning we celebrate our 73rd Independence Day. We celebrate this day with a lot of enthusiasm, joy and gratitude, because our country became free from British rule on this day in 1947. It is only because of our freedom fighters that we can gather here and talk freely today.
- Though all of us here were born after 1947, we can imagine the struggles of our countrymen went and their valour. Let us have a round of applause for them.

(b) **Flat hoisting and National Anthem:** Thank you. I now request our respected Principal Sir to do the honour of hoisting the tricolor. I request the audience to strand. College music team, please step forward to sing the National Anthem

(c) **Pledge:** Thank you. Please remain standing for the pledge.

(d) **Principal's Speech:** Thank you. Please be seated. Our respected Principal will now address the audience.

(e) **Songs:** Thank you, Sir, for your motivating speech. We are indeed lucky to have our elders to motivate and support us. Our musicians will now give us a medley of songs.

(f) **Vote of thanks:** I thank you all for your participation in today's programme. Our Cultural Secretary, Anmol Gupte, will now give the vote of thanks.

OR

Don't judge a book by its cover

This proverb is very thought provoking as it means that we should never form any opinion about someone or something by just looking at its physiology or outer appearance. Outward appearances can be very deceptive as it cannot tell what type of a person or a thing it is.

When a person buys a book to read, he does it on the basis of its content. Sometimes a book is purchased by looking at its attractive cover but the worth of the book is known after reading it. So, judging the value of the book on the basis of its cover is a wrong idea and it applies to judging people too. Just by looking at the outward appearance or type of clothes is not really beneficial in judging the personality within.

So, we need to think well before forming any opinion about anyone or anything. We should never base are opinions on the basis of the outward appearance.

(D) The characters in the Marathi Film 'M. Shivajiraje Bhosale Bolatoy' are Dinkar Bhosale (Sachin Khedskar), Sumitra Bhosale (Suchitra Bandekar), Rahul Bhosale (Abhijit Ketkar), Shashikala Bhosale (Priya B), Vidyadhar Joshi (Gosalia), Shivaji Maharaj (Mahesh Manjrekar), Raiba (Makarand Anaspure) and Nand Kumar Chandekar (Genet Yadav) etc.

Dinkar Bhosale, a government servent, lives an economical life. He feels that Marathi people have lost their identity in cosmopolitan Mumbai and thinks that others dominate their city Gosalia gives him an offer for his home but he rejects the proposal. So he is disrespected even by his family. But Shivaji Maharaj scolds him for blaming Marathi people so he changes himself. But Gosalia goes on planning for grabbing his property. In the end he confronts Gosalia bravely.

Music given to the film is by Ajay, Atul and Sameer. They add a great impact to the significance of the film. Mahesh Manjreker's director has added a great charn to the film. Shivaji Maharaj riding through the Mumbai croud makes the people think that the typical proud Marathi spirit is still existing.

The flim provides the message of keeping up self respect in all circumstances and we should have pride for our language, culture and history. This is undoubtedly a 'must watch film as it inspires us to retain self-respect and fight against in injustice.

OR

Communication skills on the spot blog.com/2021	
Archive	Communication Skills
Report Abuse	Communication is an integral part of our daily routine. A meaningful discussion is called as communication. Communication is a skill and it needs a lot of practice to acquire mastery over it. It helps you to understand and be understood by others. Sometimes people think of communication just as speaking but it involves listening, speaking, observing, guessing and empathising. Communication is always a two way process as it is an interaction between a speaker and listener. There is a need of listening to the speaker carefully. Those who listen well are always appreciated by the companions. Effective communication must be clear with the concise presentation of ideas and thoughts. It must incorporate proper eye contact, gestures, facial expressions. Proper communication must have suitable references and examples as well as good confidence, clarity, amicability and fluency. The ideas should not imposed on others. But being a good communicator, we should welcome suggestions and feedback from others. Communication can prove a strong bridge for creating as well as maintaining healthy relationships.

OR

Join

BLOOD DONATION CAMP

Donate Blood to Save Life

Hundreds of people daily need blood for survival

These People Need You

Donation of Blood = Donation of Life

So let's join hands to save lives of our fellow beings

Come forward to join this campaign.

- Donation of blood causes no harm.
- Loss is well compensated within few days.
- No weakness is caused by blood donation

Date: 20 April 2021 **Time :** 9.00 am to 5.00 pm

Venue: Janaseva Blood Bank
Narayan Peth, Pune

Contact: xxxxxxxxx Email:jan13@gmail.com

Section IV : Literary Genre-Novel

Q 5. (A) 1. The two types of conflicts that the plot may have are internal or external.

2. The word picaresque is originated from spanish word 'picaro'.

3. The epistolary novel presents the narrative through a series of correspondence or other documents.

4. In the 18th century, middle class could get the time for reading and discussing the novels because it depicted the realistic picture of everyday life and problems of common people.

A2. Style of the novel: The style of novel is the language and the technique used by the writer to narrate the cause of events. So, it is the technique that an author uses in his writing. It differs from author to author and it certainly depends on one's syntax and the choice of words.

(B) 1. (a) concise (b) knowledgeable (c) frank (d) clear

2. 'To Sir, With love' contains the theme of teacher-student relationship and the half yearly report of the students council. The entire extract reflects the improvement in the behaviour pattern of the students and increase in their confidence. It also indicates the freedom in the interaction between teachers and student in the school.

(C) 1.

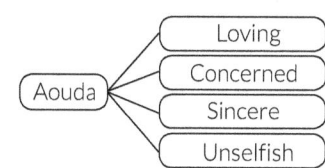

Aouda
- Loving
- Concerned
- Sincere
- Unselfish

2. Fogg begins the journey to preserve his honour and spends all of his money along the way. He is honourable when he thinks he is penniless, he does not want Aouda to marry him, Aouda shows that she is not materialistic. In the end when he wins the bet, he divides money between Passepartant and Fix, indicating that he had no grudges against him. The moral at the end is that love and its attainment is more important than challenges and money.

(D) 1. Dr. Watson is emotional and trustworthy. Whereas Holmes is very sharp and methodical. He analyses everything appropriately and notice even the little details giving him clues. As Watson cannot do it, he moves on the wrong path. Holmes is a true detective and Watson is just his companion.

2. Holmes said this to Watson and Mary Morstan as they are driven by the coachman. They were going through narrow streets in grim neighbourhood with dull brick rows of houses and showy public houses. Holmes refers to this as it was not a fashionable or rich neighbourhood.

●●

SAMPLE PAPER-5
English

 Questions

Time: 3 Hours   Total Marks: 70

Section I : Prose

(Reading for Comprehension, Language Study, Grammar, Note-making/Mind-mapping)

Q.1. (A) Read the extract and complete the activities given below:

I had a very simple upbringing. We were a lower middle class family. Our 300 square feet house did not even have basic amenities such as a fan, a refrigerator, a geyser, a dining table or a gas stove; leave alone an air conditioner or a car. It was only when I entered the college that I got a watch and we got a dining table and a gas stove at home. Nevertheless, culturally, I had a rich childhood. Poets like *Vinda Karandikar, Mangesh Padgoonkar* and *Vasant Bapat* used to visit our home and for hours I could listen to the discussions about poetry and literature-Marathi and English. They used to talk about *Keshavsut, Mardhekar, Shakespeare, Charles Dickens* and *Thomas Hardy*. I did not fully understand their discussions in depth, but I was immensely impressed. We also were lucky to have Pt. Kumar Gandharv, Pt. Bhimsen Joshi and Pt. Jasraj visit our place and talk about Indian music till late night or sometimes dawn. This is how and why I developed my interest in literature and music during my school days. I did not and even today don't understand the 'grammar' of music, but I began to love it tremendously since then.

Most of the times, the topics of discussion at our home were about music, literature, paintings, sculptures etc. I could listen to the discussions about *Van Gogh, Mozart and Michaelangelo* etc. It was because of such a milieu around me that I had a firm belief which I still hold that all arts are equally, if not more, important in our lives than Science or Technology. I had learnt from my childhood that money does not mean everything in life. It is necessary, but if at all there is something which enriches our lives and puts meaning to our existence, it is the arts, music and literature.

A1. Make a list of great Indian and Foreign personalities who had a great impact on Achyut Godbole during his childhood:

Poets	
Writers	
Musicians	
Dramatists	

A2. Read the extract and write the writer's opinion about arts, music and literature.

A3. Explain the following statement with reference to the context:

'Nevertheless, culturally I had a rich childhood'.

A4. Describe what a 'rich childhood' means to you.

A5. Do as directed:

1. I did not understand their discussions but I was immensely impressed. (Rewrite removing 'but')
2. Our house did not have basic amenities. (Rewrite as an affirmative sentence)

A6. Prepare a word register for 'Household appliances and objects from the extract.

(B) Language study

B1. Do as directed/Transformation of sentences:

1. To his <u>astonishment</u> he found his friend in the restaurant. (Rewrite using the verb form of the underlined word)
2. The teacher noticed his familiar face and called him on the stage. (Rewrite using the present participate form of the verb 'to notice')
3. He had a very noble nature. (Rewrite as an exclamatory sentence)

B2. Spot the error in the given sentences and rewrite the correct sentences:

Though the mobile phone is costly but I want to buy it for my father.

Q.2. (A) Read the extract and complete the activities given below:

He was a tremendous fighter, but he never started fights. I don't believe he liked to get into them, despite the fact that he came from a line of fighters. He never went for another dog's throat but for one of its ears (that teaches a dog a lesson), and he would get his grip, close his eyes, and hold on. He could hold on for hours. His longest fight lasted from dusk until almost pitch-dark, one Sunday. It was fought in East Main Street in Columbus with a large, snorly nondescript. When Rex finally got his ear grip, the brief whirl-wind snarling turned to screeching. It was frightening to listen to and watch.

The two dogs eventually worked their way to the middle of the car tracks and after a while two or three streetcars were held up by the fight. A motorman tried to pry Rex's jaws open with a switch rod; somebody lighted a fire and made a torch of a stick and held that to Rex's tail but he paid no attention. In the end, all the residents and store-keepers in the neighbourhood were on hand, shouting this, suggestion that Rex's joy of battle, when battle was joined, was almost tranquil.

A1. State whether the following statements are True or False:
1. Rex always started fights with other dogs.
2. He belonged to the race of fighters.
3. Rex could hold onto other dog's ear for hours together.
4. Rex remained undisturbed throughout the fight.

A2. Explain how different persons made efforts to stop the fight.

A3. Describe the changes in the other dog's reactions during the fight.

A4. Describe your pet dog in 5 to 6 lines.

A5. Do as directed:
1. He never went for another dog's throat but for one of its ears. (Rewrite the sentence using 'though')
2. The two dogs worked their way <u>in the middle of the car tracks</u>. (Frame a Wh-question to get the underlined part as answer)

A6. Give adjective forms of the following words:
(a) teaches (b) frightening
(c) watch (d) fire

(B) Summary Writing:
Write a brief summary of the above extract with the help of the given points and suggest a suitable title: nature of Rex – typical way of Rex's fighting – fight with another dog – ear grip-attempts to stop the fight

(C) Note-making / Mind-mapping:
Draw a tree diagram that contains the main points and supporting details from the text about water:

The whole process of the circulation of water between the land, sea and atmosphere is known as the hydrological cycle. When rain falls on the earth it is distributed in various ways. Some is immediately evaporated and thus returns to the atmosphere as water vapour. Some is absorbed by plants and gradually returns the atmosphere by transpiration from the leaves of plants. Much of it flows directly off slopes to join streams and rivers, eventually reaching the seas and oceans. This is known as run-off. A considerable proportion of the water received from rain or snow, however, percolates downwards into the soil and rocks, filling up joints and pore-spaces and forming what is known as ground-water. Ground-water plays an important part in weathering and mass movement and is also important as a means of natural water storage. It re-enters the hydrological cycle by way of springs.

Section II : Poetry

(Poetry and Appreciation)

Q.3. (A) Read the extract and complete the activities given below:

My father travels on the late evening train
Standing among silent **commuters** in the yellow light
Suburbs slide past his unseeing eyes
His shirt and pants are soggy and his block raincoat
Stained with mud and his bag stuffed with books
Is falling apart. His eyes dimmed by age
Fade homeward through the humid monsoon night.
Now I can see him getting off the train
Like a word dropped from a long sentence.
He hurried across the length of the **grey platform**.
Crosses the railway line, enters the lane,
His chappals are sticky with mud, but he hurries onward.

A1. List the difficulties faced by the father in the extract:
(a) .... (b) ....
(c) .... (d) ....

A2. Analyse and answer the following question:
The poet deals with the theme of man's estrangement from a man-made world. Analyse it with the help of the extract.

A3. Write a few lines on the hard work done by your father for your family.

A4. Find out the example of Transferred Epithet from the extract and explain it.

A5. Use the following words and compose a (2-4) lines on 'distance'.
[travel, distance, evening, place]

(B) Read the extract and write the appreciation based on the instruction given below:

When I had money, money, O !
I knew no joy till I went poor;
For many a false man as a friend
Came knocking all day at my door.

Then felt I like a child that holds
A **trumpet** that he must not blow
Because a man is dead; I dared
Not speak to let his false world know.
Much have I thought of life, and seen
How poor men's hearts are ever light;
And how their wives do **hum** like bees
About their work from morn till night.

So, when I hear these poor ones laugh,
And see the rich ones coldly frown
Poor men, think I, need not go up
So much as rich men should come down.

You may use the following points for writing the appreciation in about 100-150 words:
(a) About the poem/poet/title
(b) Theme/central idea
(c) Poetic devices, language, style
(d) Special featurs/tone and type
(e) Values, message
(f) Your views about the poem

Section III : Writing Skills

Q. 4. Complete the activities as per the instructions given below :

(A) Attempt any ONE of the following:

Drafting virtual messages / Statment of Purpose / Group discussion.

Read the following conversation between Aashna and Mr. Singh.

Aashna: Hello, may I speak to Ranajeet, please?

Mr. Singh: Ranajeet is getting ready for school. May I know who is speaking?

Aashna: My name is Aashna. I am Ranajit's classmate.

Mr. Singh: Hello, Aashna. I am Ranajit's father. Is there any message?

Aashna: Yes, Please ask him to bring his biology notebook to school today. I was absent from school due to illness. I would like to see the notes which our biology teacher gave to the class during my absence.

Mr. Singh: I will definitely by do that.

Since Mr. Singh had to go for his morning walk, he left a message for Ranajit. Draft the message in 50 words.

OR

You want to visit a sugar factory to know more about the sugar production process. Write a letter to the Manager of the sugar factory near your college seeking permission. Give details about the intended visit.

OR

The Annual Social Gathering of your college is scheduled to take place after a month and a half. You want to participate in it as you have written a one-act play and want to stage it. Discuss the plan with two of your friends to reach a certain decision about it. Write five/six views in the form of dialogues.

(B) Attempt any ONE of the following:

Email:

Ashwin received the best sportsman award. He wants to inform his father about it. Write an e-mail on his behalf. You may use the following points:
(a) Name of the game or sport
(b) Feelings and excitement
(c) Prize distribution ceremony
(d) Add your own points

OR

Report Writing:

Write a newspaper report on 'Ten people killed in fire' with the help of following points:
(a) Place and time of the incident
(b) Reasons behind it
(c) Nature of fire
(d) Help for the family of the victims
(e) Add your own points

OR

Interview:

Imagine you are supposed to interview a candidate who has applied for a job. Frame a set of 8 to 10 questions to interveiw him/her with the following points:
(a) Introduction
(b) Educational qualifications
(c) Potentials and assurance
(d) Positive things
(e) Expected salary

(C) Attempt any ONE of the following:

Speech:

Prepare a speech to be delivered in the assembly on 'Need to conserve environment' on the occasion of World Environment Day in about 100-120 words.

OR

Compering:

One of the teachers from your college is going to be retired from his service. You are told to compere the retirement programme. You can take the help of the following points:
(a) Introduction
(b) Welcome speech
(c) Lighting the lamp
(d) Main events
(e) Vote of thanks

OR

Expansion of an idea:

Expand the following idea in about 100-150 words.
'Fools rush in where angles fear to tread.'

(D) Attempt any ONE of the following:

Review:

Write the review of a film about sports that you have seen, based on any four of the following points:
(a) Story line
(b) Producer and Director
(c) Music
(d) Reasons for your liking it

OR

Blog:

Write a blog in a proper format on 'Newspapers—The Fourth Pillar of Democracy' in about 100-150 words, with the following points:

(a) Mirror of the society
(b) Helpful to common people
(c) Importance of newspapers
(d) News of all spheres
(e) Alert the government

OR

Appeal:

Prepare an appeal on the topic 'The Need for Regular Exercise' with the following points:

(a) Benefits of regular exercise
(b) Types of exercise
(c) Catchy slogan
(d) All can exercise
(e) Add your own points

Section IV : Literary Genre-Novel

Q.5. (A) Complete the activities given below as per the instructions:

1. Match the columns:

A	B
Pearl	Saul Bellow
Death in Venice	Truman Capote
Seize of the Day	John Steinback
Breakfast at Tiffanys	Thomas Mann

2. Write a short note of about 50 words on:

Indian tradition of novels.

(B) Answer the questions given below in about 50 words:

1. Find two statements describing the theme of 'To Sir, With Love':
   (i) Half-yearly report of the student's council was not an important event for the students and teachers of school.
   (ii) The writer was immensely pleased to notice the progress of his students.
   (iii) The students showed a remarkable change in their behaviour and were progressing in all the subjects.
   (iv) The head of the institution was against conducting such activities in the school.

2. Miss Phillips is transformed into a convincing personality. Explain.

(C) Answer the questions given below in about 50 words:

1. Arrange the incidents in correct sequence:
   (i) Aouda accepted Fogg's proposal of marriage.
   (ii) When set free, the first thing that Fogg did was he knocked Fix down.
   (iii) As a part of duty, Fix arrested Fogg.
   (iv) At the 57th second, Fogg entered the Reform Club Saloon.

2. Describe the importance of 'Saville Row' in the development of plot and behaviour of the characters.

(D) Answer the questions given below in about 50 words:

1. Describe the importance of Baker Street in 'The Sign of Four'.

2. The coachman confirmed that neither of Miss Morstan's companions was a police officer. Give reasons.

Answer Key

Section I : Prose

(Reading for Comprehension, Language Study, Grammar, Note-making/Mind Mapping)

1. **(A) A1.**

Poets	Vinda Karandiker, Mangesh, Padgaonker, Vasant Bapat, Keshausut
Writers	Charles Dickens, Thomas Hardy, Mardhekar
Musicians	Mozart, Pt. Kumar Gandhana, Pt. Bhimsen Joshi, Pt. Jasraj
Dramatists	Shakespeare

A2. According to the writer, art is equally important in our lives as science and technology. He also thinks that arts, music and literature enrich are lives and put meaning into our existence.

A3. The writer clearly states that he had a very simple upbringing in a lower middle-class family which did not have basic amenities such as a fan, refrigerator etc. But it was culturally rich as various poets, writers and musicians would visit their home and there would be discussions for hours about music, literature, sculpture etc. So he states that arts, music and literature enrich our lives and put meaning into our existence.

A4. According to me, 'rich childhood' means having plenty of love and security at home. We can become culturally rich by reading more and more books, knowing music or theatre etc. It is about having a lot of love, enjoyment and friends around.

A5. 1. Though I did not understand their discussions. I was immensely impressed.

2. Our house failed to have basic amenities.

A6. Fan, refrigerator, geyser, gas stove, dinning table, air conditioner.

(B) B1. 1. He was astonished to find his friend in the restaurant.

2. Noticing his familiar face, the teacher called him on the stage.

3. What a noble nature he had !

B2. Though the mobile phone is costly, I want to buy it for my father.

2. (A) A1. 1. False, 2. True, 3. True, 4. True

A2. There was a motorman who tried to pay open Rex's jaw with a switch rod. Similarly someone held a lighted stick at the end of his tail.

A3. The other dog started the fight by snarling at Rex. But that snarling lasted only for a very short time when Rex got a grip on the other dog's ear and wouldn't let it go. The dog forgot to snarl and started screeching in extreme pain and fright.

A4. I have a pet dog named Moti and I strongly feel that Moti is having all the emotions and feelings like us. Moti has a fighting spirit and I really appreciate it very much. Moti is our family member.

A5. 1. Though he never went for another dog's throat, he went for one of its ears.

2. Where did the two dogs work their way?

A5. (a) teaching (b) frightening/frightful (c) watchful (d) fiery

(B) Rex : A Fighter

Inspite of coming from a line of fighters. Rex never used to begin fights. But if once started he was a great fighter, going for another dog's ear and never for throat. In his fight with a large dog. Rex caught hold of his ears and held on for hours though people tried hard to stop the fight.

(C) Hydrological Cycle

(Process of circulation of water between land, sea and atmosphere)

Water vapour	Run-off	Ground Water
• Process of formation. • Full of rain on earth distributed in many ways. • Some are quickly evaporated. • Comes back to atmosphere	• Some part of rain absorbed by plants gradually return by transpiration from leaves. • Much flow directly from slopes in streams and rivers reaches sea or ocean.	• Rain water percolates into soil, rocks. • Fills joint and pores. • Plays a role in weathering and mass movement. • Means of natural water storage Re-enter hydrological cycle by way of springs

Section II : Poetry

(Poetry and Appreciation)

3. (A) A1. (a) He is returning late.

(b) He has to stand the entire trip home.

(c) He is in wet clothes for a long time.

(d) His sight is weak due to age.

A2. There are two parts of the poem. First deals with father's time outside the house and the second deals with his time at home. He travels in crowded evening train but he never speaks to anyone . So among the crowd, he has the feeling of estrangement as he is alone.

A3. My father works hard for the happiness of our family members. He spends his time outside for our sake because he wants us to be happy and he never get the feeling of inadequacy about anything.

A4. 'Suburbs slide past his unseeing eyes'

Here, the adjective is transferred from 'person' to 'eyes'.

A5. Distance

An hour to and from I travel
It's the distance of road I take
In the evening leaving people back
I move to the place I make.

(B) The poem 'Money' is composed by William H. Davies who spent a significant part of his life as a tramp. He became a peddlar and street singer in England. After experiencing such wandering life for many years he published his first volume. This poem tells about the rich man who wants to be a poor man to find the real happiness. When we do not have money or have lost our money, we realise how important the money is. At the end of the poem, the poet says that now he doesn't have money but he has true friends though they may be few.

The poem brings out the impact of money on people's behaviour. When a man possesses money, many false friends gather around him.The poet compares himself to a child with a trumpet but he is not allowed to blow it for there has been a death. The poet makes use of "simile" again as the poor man's wife is described as humming busily like a bee.

The poet emphasizes that not having money never means the lack of happiness. The poor man is able to laugh but a rich man becomes angry. The poet has made use of five four lined stanzas with the uniform rhyme scheme of 'abcd' throughout the poem, He repeats the word 'money' to stress the fact that money is unnecessarily given undue importance by man. He wants to suggest that money cannot bring happiness.

Section III : Writing Skills

4. (A) 14/11　　　　MESSAGE　　　　6·30 a.m.
Ranjit,
Aashna called you up. She wanted you to take along your Biology notebook to school today. She wished to go through the notes given by the teacher as she was absent yesterday.

Father

OR

New India College
Right Hingane Road
Pune
5th January, 2020

The Manager,
Vighnaharta Sugar Factory,
Uruli Kanchan.

Subject: Request to visit the factory.

Sir,

As a part of the science project allotted, we around 15 students of our college would like to visit your factory on 20th January, 2020 to get the actual feel of how sugar is produced.

We want to visit your factory to collect the first-hand information about the entire process of production of sugar. Our visit to the factory will help us in understanding the process better and provide more valuable information, than what we can get just by reading the books. Dr. Shinde, our chemistry teacher, will accompany us during the visit so the discipline remains maintained throughout the visit.

Please let us know your convenience so that we can make our preparations. We would like to visit on 20th January at around 10·00 a.m., if it is convenient for you. Please revert along with the rules and regulations to follow. Send your reply to the college at the earliest.

Thanking you

XYZ

[Std. 12, Div. A]

OR

I: Hello friends our Annual Social Gathering is coming near. Shall we participate in it?

Yogesh: Your idea is good. But I cannot dance like you.

Nilesh: See, I also can't do much. How can we participate?

I: Look here. I have written a humorous one-act play based on the present social scenario. We can participate in this way. You just have to join hands with me so that we can convince our friends to be with us and perform it on the stage.

Yogesh: Oh ! Nice idea ! I am ready. I will help you in convincing our friends to enact in the play. I can also help you in the stage preparations.

Nilesh: Even I will play a small role in the play. Along with this, I can help in designing the required drapery and light arrangements.

I: Wonderful ! Your prompt response is cheering me up. Let's do it together and get the appreciation from all our professors as well as our classmates and fellow-students.

Yogesh/Nilesh: We are in Come on, let's do it.

(B) To: msachane@gmail.com
From: ashwin99@gmail.com
Subject: Best Sportsperson Award

Dear father,

You will be pleased to know that I have received the best sportsperson award in swimming. I received the award from the Chairman of the Swimming Federation.

The chief guests were the Mayor of the city and the District Sports Officers. When the prize was announced, I was extremely excited and all my friends kept on cheering me with loud clapping. It was a truly unforgettable moment for me.

I am glad to have such an honour. It became possible only because of the support given to me by you and mom. I will keep on working hard to achieve further glory.

Regards

Ashwin

OR

Ten People Killed in Fire

MIDC Bhosari, April 14　　– By Staff Reporter

Yesterday, a horrible fire broke out in the garment factory at MIDC, Bhosari due to short circuit late night and spread very rapidly taking the toll of ten lives as they were burnt alive. Three other companies nearby and two sheds were gutted in the fire.

The fire suddenly broke out because of the short circuit and spread in an uncanny manner. The fire was so acute that the victims did not find much time to escape from the calamity. A family of ten people living close to the garment shop were fast asleep. Before they could notice the fire, it had took over to their houses. A watchman saw the fire from a distance and called the fire brigade. The rescue team tried hard to control the fire after three hours. People in the area helped in it. As a result, the residents in nearby areas were highly terrified. The government declared compensation to the family of the victims.

OR

You have applied for this post. Welcome and wish you all the best. I hope you will give satisfactory answers to the questions.

(a) What are your educational qualifications and experience?
(b) Where have you completed your graduation from?
(c) Why do you want to work in this company?
(d) What are your strengths or potentials?
(e) How will you react to work in different shifts?
(f) What is your expectation of salary?
(g) How will you prove yourself the best for this post?
(h) How will you store and keep the information safe?
(i) How will you respond while arguing with your colleagues?
(j) What will be your strategy while facing the first month of the job?

Okay. Thank you. We'll inform you soon. You may leave now.

OR

(B) Respected Principal, teachers and my dear friends,

Today on the occasion of the World Environment Day, I am standing here to express my views on the necessity of conserving our environment. The World Environment Day, celebrated on 5th June every year has the purpose to encourage and make the people aware of the protection of environment.

We all know the significance of our environment because of which we are surviving. We have made progress in many aspects of life. Though we are living in the globalised modern world, pollution around is increasing rampantly. Pollution has created many hazards of global warming and it is only good environment that can save us.

Environment can provide a comfortable living and food for all. But our greed has resulted in degradation and loss of the enivonrment. We are responsible for loss of trees and scarcity of water. Actually, water conservation, recycling and harvesting of rain water are our immediate needs. So, the only remedy is to grow more trees.

So let's be together to conserve the environment to breathe fresh air and drink pure water. Thank you all!

OR

Good evening all. As you all are aware that our beloved teacher Deshpande Sir, is retiring after a long span of service. We have come together to give farewell to him. It is a sad moment. But, I am sure that his valuable guidance will always remain for us.

We are honoured to have respected Education Officer Mr. Bhosale and the educationist Mrs. Naik as the chief guests. Now, I request our Principal to felicitate our chief guests.

Thank you Sir.

Now, it is time to start the function officially by lighting the lamp. I request the dignitaries on the stage to inaugurate the function by lighting the lamp.

Thank you.

Deshpande Sir hardly needs any introduction. Sir, your skill of teaching have made the students of class 12 to compose a poem in your honour. So I call upon the students to present the poem.

Thank you all. The poem rightly puts forward the potential and greatness of Deshpande Sir. So let's have a big applause for students and Deshpande Sir.

Now I would like to invite Pal Sir, our Maths teacher to speak about Deshpande Sir.

The students forum has decided to felicitate Deshpande Sir. So I request the President of the foum Ms. Rucha Mishra to come on to the stage and felicitate him.

Thank you, Rucha. Sir, we all are keen to listen to you. Your guidance has always been a blessing to us. So I warmly invite Deshpande Sir to guide us.

Thank you very much, Sir. We assure you that we would certainly follow your precious suggestions.

Friends, now we are coming towards the ending part of our ceremony. I call upon the stage our English teacher Thakur Sir to offer vote of thanks and here I take your leave.

OR

Fools rush in where angles fear to tread

Alexander Pope a famous poet once said this proverb. It is a very meaningful proverb. The proverb indicates the careful and cautious activites performed by wise people. People who are wise handle the things very carefully. As a result of it, the work is perfectly done. The wise people think twice before doing anything and the foolish people do it carelessly.

The wise actions always prove to be beneficial. The wise people always handle the situation with proper preparation. They never jump into anything that endangers their safety. Foolish people try to do the things in an unplanned manner. As a result the work done is usually incomplete. A wise man remains active and he is always well-prepared.

Those who are foolish take their decisions hurriedly as they never judge the result of their actions. But wise people think well before reaching the decision so they never face frustration.

(D) **Film Review**

The movie 'Dangal' is about Mahavir Singh Fogat's efforts to get a gold medal for his country. Inspite of his desire, he could not fulfil it as his poverty makes him to do job for livelihood. He gives up wrestling but keeps his dreams alive in his daughters. Once his daughter Geeta and Babita beat two boys, they starts hoping to fulfil his dream. He trains them to win a gold medal. After a great struggle Geeta gets selected for the International competition. Mahavir trains her secretly and finally she wins the coveted medal.

The film is produced by Aamir Khan and Kiran Rao. The director, Nilesh Tiwari has managed to pay attention to each and every facet of the film. Even the music composed by Pritam adds to the overall impact.

The film beautifully portrays the conflict going on in the father's mind, if his daughters could participate in wrestling effectively or not. The daughters feel greatly irritated by the tough training of their father but later on they start realising the significance of it. The conflict between a father and a duaghter is very sharply presented in the film.

I like the film very much as it offers a very good message that girls are not at all less in any field and they can work very hard to offer glory to themselves and their nation.

OR

B Newspapers x	
Newspapers.onthespotblog.com/2021	
Archive	Newspapers: The Fourth Pillar of Democracy
Report Abuse	Newspapers are a part of our daily life. They offer us all the latest news about everything and keep our contact with the rest of the world though we are sitting back at home. Newspapers become common people's voice, so they are rightly called as the fourth pillar of democracy. In case of any injustice taking place any where, newspapers are always these highlight and be the voice of such situation people are updated with the orgoings of national and international affairs by newspapers. Newspapers provide a lot of information and knowledge of different topics in the world. All important issues are covered in them. So they are called as the mirror of society. Acupet tea in the morning becomes tastier with a newspaper. Besides newspapers right critisize wrong policies of the government. Many social evils can be criticized with the help of newspapers. Newspapers are a true medium of reaching people.

OR

HEALTH IS WEALTH

REGULAR EXERCISE

Always Leads

to

EXERCISE TO LIVE LONG

- Be active
- Be fit
- Be mentally alert

Always Keep In Mind

HEALTHY MIND IN HEALTHY BODY

- Exercise is true fun.
- Choose from-swimming, jogging, cycling, aerobics, dancing
- Work out at a gymnasium

Provide A Healthy Resort To Your Heart

Section IV : Literary Genre-Novel

5. **(A) 1.** Pearl - John Steinback, Death in Venice-Thomas Mann, Seize of the Day-Soul Bellow, Breakfast at Tiffangs-Traman Capote.

   2. Indians have a great role in writing of English novels. Bankim Chandra Chattopadhyaya's 'Rajmohan's wife' was the first novel in English and there were some other novels written and they talked about nationalism or social issues in them. Then came the period of Mulkraj Anand, R.K. Narayan and Raja Rao. Novelists such as Anita Desai, Arun Joshi and Manohar Malgaonkar changed the current scenario of Indian novels in English. Later, addition of new features in Indian English novels were brought in by Amitav Ghosh, Vikram Seth, Upamanyu Chatterjee etc. In recent years, Indian novelists such as Salman Rushdie, Arundhati Roy, Kiran Desai, Kiran Nagarkar are in focus.

   (B) 1. Statement ii and iii

   2. Earlier Miss Phillips is frilly and brainless but she was very well-informed. She skillfully intervened when other two teachers were at a loss without embarrassing them. She spoke coolly and honestly. She confidently stated that Denham got the significance of what she had said to him. The teacher who was thought to be brainless is transformed into a convincing personality at the end.

   (C) 1. iii, i, ii, iv

   2. Mr. Phileas Fogg lived at No. 7 Saville Row Burlington Gardens-the mansion in Saville Raw was very comfortable. The habits of occupants demanded but little from the sole domestic but Philean Fogg required him to be prompt and regular. Passepart out heard that the street door shut twice after his master left. Throughout Sunday, the house in Saville Row was as if uninhabited and Phileas Fogg for the first time since he had lived in that house did not set out for his club when Westminster clock struck half past eleven.

   (D) 1. Baker street was the place where the residence of Sherlock Holmes and Dr. Watson was. It was the place which Mary Morstan came to as she wanted to consult Holmes.

   2. At the Lyceum Theatre, Sherlock Holmes, Dr. Watson and Miss Morstan met a coachman. The coachman asked if Holmes and Watson were police officers before taking the three of them away in the carriage. After a long journey, Holmes, Watson and Miss Morstan arrived at a terraced house in a distant suburb.

●●

MARATHI

SAMPLE PAPER-1
Marathi

Questions

Time: 3 Hours | Total Marks: 80

विभाग १:गद्य **(गुण २०)**

घटकनिहाय गुण विभागणी:

घटक	गुण
(१) गद्य	२०
(२) पद्य	१६
(३) साहित्यप्रकार	१०
(४) उपयोजित	१४
(५) व्याकरण व लेखन	२०

प्रश्न १.

(अ) **पुढील उताऱ्याच्या आधारे सूचनेनुसार कृती करा. (८ गुण)**

आता माणूस घरातून दारात आला, की वाहनावर आरूढ होतो. वेळ थोडा असतो. कामे बरीच असतात. पायी चालत ती उरकता येत नाहीत. जीवन हे दशदिशांना विभागलेले आहे. मुलांची शाळा एका टोकाला, आपले कार्यालय दुसऱ्या टोकाला, मंडई एका बाजूला तर दवाखाना दूर, कुठल्या तरी दिशेला. जीवनाची ही टोके सांधणार कशी? जोडणार कशी? शेवटी गती ही घ्यावीच लागते. यथाप्रमाण गती ही गरज आहे; पण अप्रमाण, अवास्तव आणि अनावश्यक गती ही एक विकृती आहे. आपली कामे यथासांग पार पाडावीत, एवढा वेग जीवनाला असावा. त्यापेक्षा अधिक वेग म्हणजे अक्षम्य आवेग म्हणावा लागेल. तो आत्मघाती ठरतो. अमेरिकेसारख्या विकसित देशात माणसे वेगाने जीवन जगतात. घरोघर आणि दरडोई वाहन उपलब्ध असते. रस्ते रुंद, सरळ, निर्विघ्न आणि एकमार्गी असतात. घरे, कार्यालये, बाजारपेठा यांत निदान शंभर मैलांचे किमान अंतर असते. जवळच्या जवळ सगळे असे सहसा नसते. अंतरावरच्या गोष्टींशी जवळीक साधण्यासाठी दूरवर जावे लागते. यातून माणसामाणसांत दुरावा निर्माण होतो. तो त्रासदायक आणि असह्य होऊ नये म्हणून वेगाचा आश्रय घेतला जातो. वेगामुळे माणसे बेभान होतात. भान हरपले म्हणजे अस्वस्थता विरून जाते. वेगात एक बेहाशी असते.

(१) मानवी जीवन विभागणारे घटक **(२ गुण)**

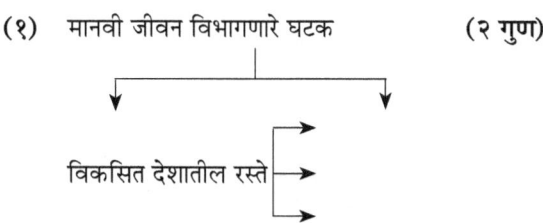

विकसित देशातील रस्ते

(२) अमेरिकेत माणसे वेगाने जीवन जगतात सकारण स्पष्ट करा. **(२ गुण)**

(३) वाहनाची अनावश्यक गती ही विकृती आहे असे लेखक का म्हणतात? **(१० ते १२ ओळीत)** **(४ गुण)**

किंवा

'मानवी जीवनात वाहन हे महत्त्वाचे! असते' तुमचे मत लिहा.

(आ) **पुढील उतारा वाचून सूचनेनुसार विचारलेल्या प्रश्नांची उत्तरे लिहा. (८ गुण)**

दात दुखायला लागला, की तो मुळापासून दुखू लागतो. किंबहुना दाताला मूळ असते हे फक्त तो दुखायला लागला म्हणजेच कळते. माझा दात जेव्हा दुखायला लागला तेव्हा तर माझी खात्रीच झाली, की आपण आरोग्यशास्त्राच्या पुस्तकात पाहिलेले दाताचे चित्र आणि प्रत्यक्ष आपले दात यांत फार फरक असला पाहिजे. आपल्या दाताला मूळ नसून झाडासारख्या मुळ्या असल्या पाहिजेत आणि त्या हिरड्यांत सर्वत्र पसरल्या असल्या पाहिजेत. नाहीतर सगळेच दात दुखत असल्याचा भास मला का व्हावा? प्रत्येक दाताला हात लावून पाहिल्यानंतर ज्या दाताने शंख करायला लावला, तो दुखरा दात याची खात्री झाली. दुखऱ्या दाताला लहानसा स्पर्शसुद्धा खपत नाही! बरे, हे दुखणे तरी साधे, सरळ असावे? तेही नाही. एखाद्या मुळाशी खोल बसलेला असतो आणि तो एकामागून एक घाव घालीत असतो.

असे म्हणतात, की दिवसा सभ्य दिसणारी माणसे रात्री आपल्या खऱ्या रूपात फिरतात. दात हा अवयवही अशाच माणसांसारखा असावा. नाहीतरी दिवसा अधूनमधून पण सभ्यपणे दुखणारा दात रात्री राक्षसासारखा अक्राळविक्राळ का होतो? दातांत आणि चोरांत साम्य असते ते याच बाबतीत. दोघेही रात्री गडबड करतात.

दात दुखण्याने मी आध्यात्मिक तत्त्वचिंतनही करतो. दात दुखतो तेव्हा मला साक्षात्कार होतो, की दात हेच सत्य आहे. जग मिथ्या आहे. त्याक्षणी संसार असार वाटतो. नेहमी हवेहवेसे वाटणारे शेंगदाणे दगडासारखे बेचव लागतात. बायको व मुले हा केवळ भास आहे असे वाटते. समोरून येणारी एखादी सुंदरी डोळ्यांना जाणवतच नाही आणि दाताचा ठणका मला ब्रह्मांड दाखवू लागतो. रात्रभर माझ्या ब्रह्मांडाच्या दहा-वीस फेऱ्या तरी सहज होतात आणि पहाटे ब्रह्मांड मिथ्या असून दातच सत्य आहे याची पुन्हा एकदा जाणीव होते.

(१) पुढील शब्दांच्या रूपावरून प्रत्येकी एक विधान तयार करा. **(२ गुण)**

१. फरक   २. साम्य

(२) लेखकाला सगळेच दात दुखत असल्याचा भास होतो कारण. **(२ गुण)**

(३) लेखकाच्या मनातील दातासंबंधीच्या कल्पना तुमच्या भाषेत लिहा. **(४ गुण)**

किंवा

लेखकाने दुखऱ्या दाताची तुलना अक्राळविक्राळ राक्षसाशी केली आहे. याबाबत तुमचे मत लिहा.

(इ) दिलेल्या उताऱ्याच्या आधारे सूचनेनुसार कृती करा. (४ गुण)

(१) सत्यधर्माची वैशिष्ट्ये **(२ गुण)**

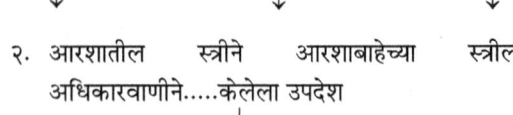

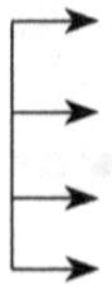

(२) महात्मा फुले यांना अपेक्षित सत्यधर्म तुमच्या भाषेत लिहा. **(२ गुण)**

विभाग २: पद्य (गुण १६)

प्रश्न २.

(अ) पुढील कविता वाचून त्यावरील प्रश्नांची उत्तरे लिहा. (८ गुण)

सहज आरशात पाहिले निडोळे भरून आले
आरशातील स्त्रीने मला विचारले, 'तूच ना ग ती!
माझेच रूप ल्यालेली, तरीही मी नसलेली
किती बदललीस ग तू अंतर्बाह्य.....!
तुला सांगू तुझ्या अंतरीचे सुंदर पूर्वरंग
ऐक हं....! तू कशी होतीस ते!

पावसाचे तरंग ओंजळीत भरणारी चैतन्यमयी बालिका
अंगणात दिवे लावावेत तसे सर्वच बहर लावणारी तू नवयौवना
स्वप्नांचे पंख लावून आभाळ झुल्यावर झुलणारी तू ध्येयगंधा
नि आज नखशिखांत तू... तू आहेस फक्त स्थितप्रज्ञा राणी!

आरशात भेटलीस तरी बोलत नाहीस ग मन उलगडून
ओठ मात्र असतात पिळवटलेले, खसकन देह तोडलेल्या फुलांसारखे,
इतकी कशी वेढून गेलीस या घनगर्द संसारात
जळतेस मात्र अहोरात्र पारंपरिकतेचे वरदान समजून

अंगणात थांबलेल्या तुझ्या प्रेयस चांदण्याला
दार उघडून आंत घेण्याचेही भान नाही ग तुला
बागेतली ती अल्लड जाईही पेंगुळतेय तुझी वाट पाहून पाहून
पण तू, तू मात्र झालीस अस्तित्वहीन प्राण हरबलेली पुतळी

अनेकदा तुला मी अशी पाहते की काळीजच हंबरते
रात्रीच्या एकांतात तर हुंदका कंठात दाबून
शिबत असतेत तुझे ठिकठिकाणी फाटलेले हृदय

नि पदराखाली झाकतेस देहामधल्या असह्य कळा'
तिचे हे बोलणे ऐकताच मी स्वत: च हिंदकळतेय
आणि अशातच, ती मला गोंजारीत, जवळ घेत
अधिकारवाणीने म्हणाली–

'रडूनकोस खुळे, उठ! आणि डोळ्यातले हे आसू
सोडून दे शेजारच्या तळ्यात नि घेऊन ये हालात
नुकतीच उमललेली शुभ्र कमळाची प्रसन्न फुले'

(१) १. कवयित्री द्वारे आरशातील स्त्रीने आरशाबाहेरील स्त्रीच्या पूर्वीच्या स्थितीचे केलेले वर्णन **(२ गुण)**

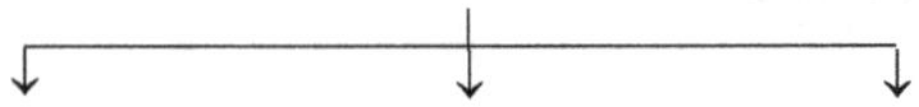

२. आरशातील स्त्रीने आरशाबाहेच्या स्त्रीला अधिकारवाणीने.....केलेला उपदेश

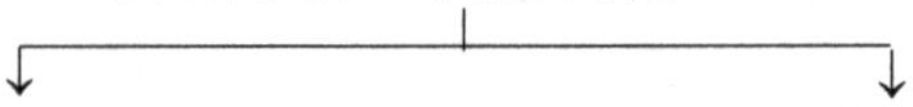

(२) खालील शब्दसमूहांचा तुम्हांला कळलेला **(२ गुण)**

(१) घनगर्द संसार–

(२) प्रेयस चांदणे–

(३) आरशातील स्त्रीला आरशाबाहेरील स्त्रीमधील जाणवलेले बदल **(४ गुण)**

(आ) पुढील काव्यपंक्तीचा अर्थ तुमच्या भाषेत लिहा. (४ गुण)

'सत्त्व उतारा देउन।
अवघासारिला तमोगुण।
किंचित राहिली फुणफुण।
शांत केली जनार्दने।

(इ) पुढील कवितेच्या ओळीतील विचारसौंदर्य स्पष्ट करा. (४ गुण)

समुद्र अस्वस्थ होऊन जातो
शहराच्या आयुष्याच्या विचाराने.
तेव्हा तो मनांतल्या मनांतच मुक्त होऊन फिरूं लागतो
शहरांतल्या रस्त्यांवरून, वस्त्यांमधून.
उशिरापर्यंत रात्रीं तो बसलेला असतो
स्टेशनवरच्या बाकावर एकाकी, समोरच्या रुळांवरील रहदारी पाहत,
हातांवर डोकं ठेवून अर्धमिटल्या डोळ्यांनी.

किंवा

'उन्हातान्हात, रोज मरते
बाई मरते
हिरवी होऊन, मागं उरते
बाई उरते
खोल विहिरीचं, पाणी शेंदते
बाई शेंदते
रोज मातीत, मी ग नांदते
बाई नांदते

–वरील काव्यपंक्तीचे रसग्रहण करा.

विभाग ३: साहित्यप्रकार—कथा (गुण १०)

प्रश्न ३. (अ) दिलेल्या उताऱ्याच्या आधारे सूचनेनुसार कृती करा. (४ गुण)

(१) १. ← कथेचे घटक → (१ गुण)

२. कथानकाचे प्रयोजन (१ गुण)

(२) कथाबीज म्हणजे काय? (२ गुण)

(आ) १.एका रुपयाच्या नोटेव्यतिरिक्त कथेतील आणखीकोणकोणते शोध तुम्हाला महत्त्वाचे वाढतात? ते स्पष्ट करा. (३ गुण)

किंवा

बोर्डिंगात शिकत असलेल्या व शिकून गेलेल्या विद्यार्थ्यांचे बापू गुरुजींबद्दल असलेले प्रेम तुमच्या भाषेत लिहा.

२. बोर्डिंगमधील 'संपती' नावाचा मुलगा गेल्यानंतरच्या गुरुजींच्या भावना तुमच्या भाषेत लिहा. (३ गुण)

किंवा

कथेतील 'टैक्सी ड्रायव्हर' हे पात्र तुम्हाला आवडण्याचे वा न आवडण्याचे कारण स्पष्ट करा.

विभाग ४: उपयोजित मराठी (गुण १४)

प्रश्न ४.

(अ) **पुढील कोणत्याही दोन प्रश्नांची उत्तरे लिहा.** (४ गुण)

(१) १. मुलाखतीचे कोणतेही चार हेतू लिहा.

२. माहितीपत्रकाचे स्वरूप लिहा.

३. अहवाललेखनाची कोणतीही दोन वैशिष्ट्ये लिहा.

४. उमेदवार 'आतून' जाणून घेणे अत्यंत गरजेचे असते, सोदाहरण स्पष्ट करा.

(२) माहितीपत्रकाचे स्वरूप: विशिष्ट अशी माहिती देणारे परिचयात्मक पत्रक म्हणजे माहितीपत्रक.

(३) अहवाललेखनाची वैशिष्ट्ये सांगा.

(आ) **पुढीलपैकी कोणत्याही दोन प्रश्नांची उत्तरे लिहा.** (१० गुण)

(१) १. मुलाखतीची पूर्वतयारी व समारोप या विषयीची तयारी करताना कोणत्या गोष्टींचा विचार केला जातो?

२. माहितीपत्रकाची वैशिष्ट्ये खालील मुद्यांना धरून स्पष्ट करा.

(अ) आकर्षक मांडणी (ब) भाषाशैली

३. अहवाल लेखनाचे स्वरूप व आवश्यकता तुमच्या भाषेत लिहा.

४. तुमच्या कनिष्ठ महाविद्यालयातील वृक्षारोपण कार्यक्रमाचे अहवाल लेखन करा.

(२) माहितीपत्रक म्हणजे वैशिष्ट्यपूर्ण माहिती देणारे परिचयात्मक पत्रक होय, उत्पादने, सेवा, संस्था लोकां-पर्यन्त पोहोचविण्याचे साधन म्हणजे माहितीपत्रक असून माहितीपत्रकाची ठळक वैशिष्ट्ये पुढीलप्रमाणे.

१. माहितीला प्राधान्य   २. उपयुक्तता

३. वेगळेपण   ४. आकर्षक मांडणी

५. भाषाशैली......इत्यादी पैकी काही वैशिष्ट्ये पुढीलप्रमाणे.

विभाग ५: व्याकरण व लेखन (गुण 20)

प्रश्न ५.

(अ) **कंसातील सूचनेनुसार कृती करा.** (१० गुण)

(१) १. माणसं स्वत:चा छंद कसा विसरू शकतात? (विधानार्थी करा)

२ 'तुझ्या अंगात लई हाडं हैत' (उद्गारार्थी करा.)

(२) **खालील तक्ता पूर्ण करा.**

सामासिक शब्द	**विग्रह**	**समासाचे नाव**
१.	अक्षर असा आनंद	....
२. ठायी ठायी	....	....

(३) **पुढील वाक्यातील प्रयोग ओळखा.**

१. या चित्रांचे स्रोत मला सापडतात.

२. खिडकी हलकेच उघडतो.

(४) **पुढील ओळीतील अलंकार ओळखून त्याचे नाव लिहा.**

१. वीर मराठे गर्जत आले
पर्वत सगळे कंपित झाले

२. फूल गळे, फळ गोड जाहले
बीज नुरे, डौलात तरु डुले;
तेज जळे, बघ ज्योत पाजळे;
का मरणि अमरता ही न खरी?

(५) **पुढील शब्दांसाठी पारिभाषिक शब्द लिहा.**

१. नि:संकेतन   २. नागरी संरक्षण

(आ) **पुढीलपैकी कोणत्याही एका विषयावर २०० से २५० शब्दांत निबंध लिहा.** (१० गुण)

१. गर्दीचा भस्मासूर

२. कुष्ठरोग्यांचा आधार : बाबा आमटे

३. बेकार तरुणाचे मनोगत:

४. ग्रंथ हेच गुरू

५. मोबाईल शाप की वरदान?

Answer Key

विभाग १: गद्य

उत्तर १.

(अ)

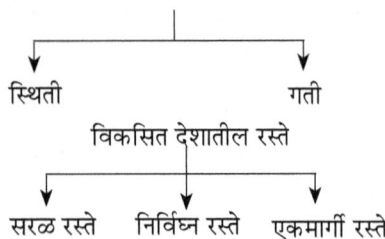

(१) मानवी जीवन विभागणारे घटक

(२) अमेरिकेसारख्या विकसित देशात घरोघरी आणि दरडोई वाहने उपलब्ध असतात. तेथील रस्ते रुंद, सरळ, एकमार्गी आणि निर्विघ्न असे असतात. शिवाय घरे, कार्यालय, बाजारपेठा यात शंभरमैल इतके अंतर असल्याने त्यांना अंतरावरच्या गोष्टींशी जवळीक साधण्यासाठी दूरवर जावे लागत असल्याने अमेरिकेत माणसे वेगाने जीवन जगतात.

(३) 'वेगवशता' या वैचारिक पाठात लेखकाने अतिवेगाच्या आहारी गेलेल्या माणसांच्या विकृतीवर नेमकेपणाने बोट ठेवले आहे. वेळ व श्रम वाचविण्यासाठी वाहनाची गरज असते मात्र काही माणसेही कर्ज काढून वाहन खरेदी करतात. कारण जीवन हे दशदिशांना विभागले असून मुलांची शाळा एक टोकाला, कार्यालय दुसऱ्या टोकाला, मंडई आणि दवाखानाही दूर कुठेतरी असतो. दूरवर असलेली ठिकाणं आणि कामे मोठ्या प्रमाणात असतात त्यामुळे ही कामे पायी चालता चालता उरकत नाहीत. त्यामुळे माणसाला गती ही घ्यावीच लागते. आवश्यक अशी गती ही माणसाची गरज असते परंतु या गतीचे अवास्तव वा अतिप्रमाण झाले तर ती विकृती ठरते. माणसाची कामे यथासांग पार पडावीत एवढा जीवनाला वेग असावा परंतु दूरवर असणाऱ्या गोष्टींशी जवळीक साधावीच लागते अन्यथा माणसामाणसांत दुरावा निर्माण होतो. हा दुरावा त्रासदायक वा असह्य होऊ नये यासाठी वेगाचा आश्रय घेतला जातो आणि वेगामुळे माणसे ही बेभान होतात आणि अनावश्यक गती घेतली जाते. कालांतराने अशा अनावश्यक गतीचे विकृतीत रूपांतर होते. त्यामुळे वाहनाची अनावश्यक गती ही विकृती आहे असे लेखक म्हणतात.

किंवा

'वेगवशता' या वैचारिक पाठाचे लेखक प्राचार्य शिवाजीराव भोसले असून त्यांनी या पाठात मानवी जीवनातील वाहनाचे महत्त्व पटवून देत असण अतिवेगाच्या आहारी गेलेल्या माणसांच्या विकृतीवर बोट ठेवले आहे. वाहनाकडे पाहण्याचा मानवी दृष्टिकोन येथे स्पष्ट केला आहे. मुंबई सारख्या महानगरात माणसांची गर्दी प्रचंड प्रमाणात असून हे जीवन दशदिशांना विभागलेले आहे. आज माणूस हा घरातून दारात येताच तो वाहनावर आरूढ होतो. वेळ थोडा आणि कामे जास्त असल्याने पायी चालत ती उरकता येत नाहीत. शाळा, कार्यालय, दवाखाना, मंडई या ठिकाणांमध्ये अंतर असते. या ठिकाणची कामे वाहनांशिवाय होऊच शकत नाहीत. वेळ व श्रम वाचविण्यासाठी वाहनाची नितांत आवश्यकता असते.

अमेरिकेसारख्या विकसित देशानंतर माणसे वेगाने जीवन जगतात. तिथे प्रत्येक माणसाच्या हाती वाहन असते. तिथले रस्तेही रुंद एकमार्गी, सरळ, निर्विघ्न असतात तसेच घरे, कार्यालये, बाजारपेठा यामध्ये शंभर मैला इनके अंतर असते. तिथे कमी अंतरावर अशी कोणतीच गोष्ट नसते; त्यामुळे दूर अंतरावरच्या गोष्टींशी जवळीक साधण्यासाठी,माणसामाणसात दुरावा निर्माण होऊ नये यासाठी वाहनाचा आश्रय घ्यावा लागतो. आणि म्हणूनच आजच्या गतिमान युगात मानवी जीवनात वाहन हे महत्त्वाचे साधन असते.

(आ) (१) १. **फरक:** आरोग्यशास्त्राच्या पुस्तकात पाहिलेले दाताचे चित्र आणि प्रत्यक्ष आपले दात यात फरक असला पाहिजे.

२. **साम्य:** रात्री गडबड करण्यासाठीच्या बाबतीत दात आणि चोर या दोघांमध्ये साम्य असते.

(२) दाताला मूळ असते हे तो दुखायला लागल्यानंतर कळते आणि आपल्या दाताला तर मूळ नसून झाडासारख्या मुळ्या असल्या पाहिजेत आणि त्या हिरड्यात सर्वत्र पसरल्या असल्याने लेखकास सगळेच दात दुखत असल्याचा भास होतो.

(३) 'दंतकथा' या विनोदी ललित लेखाचे लेखक वसंत सबनीस असून दाताचे दुखणे त्रासदायक असल्याने माणसाची अवस्था केविलवाणी होते. ही केविलवाणी स्थिती देखील लेखकाने अतिशय नर्मविनोदी शैलीत रेखाटली आहे. दातदुखीमुळे होणारी असध्यता, माणसाची होणारी दयनीय अवस्थांतून लेखकाच्या मनात दातासंबंधी विविध कल्पना येतात त्या पुढीलप्रमाणे.

(i) दात दुखायला लागला की तो मुळापासून दुखतो.

(ii) दात दुखायला लागल्यावरच दाताला मूळ आहेत हे समजते.

(iii) आरोग्यशास्त्राच्या पुस्तकात पाहिलेले दाताचे चित्र व प्रत्यक्ष दात यामध्ये फरक आहे.

(iv) दाताला मूळ नसून झाडासारख्या मुळ्या असल्या पाहिजेत व त्या संपूर्ण हिरड्यांत सर्वत्र पसरल्या असल्या पाहिजेत.

(v) कवी मनातील जिप्सीसारखा एखादा लाकूडतोडऱ्या लेखकाच्या दाताच्या मुळाशी बसलेला असतो आणि तो एकामागून एक धाव घालत असतो.

(vi) दिवसा सभ्यपणे दुखणारा दात रात्री राक्षसासारखा अक्राळविक्राळ होतो.

(vii) दात आणि चोर यात साम्य असते जे रात्री दोघेही गडबड करतात.

(viii) दातदुखीमुळे लेखकास साक्षात्कार होतो की दात हेच सत्य आहे. जग मिथ्या आहे.

(ix) दाताचा ठणका ब्रह्मांड दाखवितो.......इत्यादी.

किंवा

वसंत सबनीस लिखित 'दंतकथा' हा विनोदी ललितलेख असून तो त्यांच्या 'सबनीशी' या ललितलेख संग्रहातून घेतला आहे. माणसाच्या जीवनात दातदुखीमुळे अनंत वेदना होत असल्या तरी या गंभीर विषयाकडे विनोदी दृष्टीने पाहत आपल्या खुमासदार विनोदी शैलीतून प्रसंगनिष्ठ विनोद निर्मिती केली आहे. त्यासाठी लेखकाने अतिशयोक्ती, विसंगती म्हणी, वाक्प्रचार आणि शाब्दिक कोट्यांचाही वापर केला आहे.

मानवी शरीरातील दात या इंद्रियाचे कार्य म्हणजे दुखणे हेच असून ज्याचे दात दुखत नाहीत तो माणूस कमनशिबी कारण त्यास ब्रह्मांड पाहण्याचा योगच आलेला नाही. तसेच दुखत असलेल्या दाताला जरासुद्धा स्पर्श सहन होत नाही. चुकून स्पर्श झालाच तर तो शंख करायला लावतो. त्याचे दुखणेही साधे, सरळ सोपे नसते. तो दिवसा सभ्यपणे म्हणजे कधीतरी दुखेल मात्र रात्री तो आपले खरे दुखणे दाखवतो. एखाद्या राक्षसाआरखा अक्राळविक्राळ रूप तो धारण करतो व माणसाची झोपही हराम करतो. असह्य वेदना होत असल्याने निश्चितच त्या माणसाला ब्रह्मांड आठवते. हे दुखणे थांबबिण्यासाठी शेकही घेता येत नाही. तसा प्रयत्न केलाच तर फक्त माणसाच्या वाट्याला असह्य वेदना व दयनीय स्थिती येते. थोडक्यात दातदुखीच्या वेदना या अक्राळविक्राळ राक्षसासारख्या असतात. त्यामुळे लेखकाने दुखऱ्या दाताची तुलना अक्राळविक्राळ राक्षसाशी केली आहे.

(इ) १. सत्यधर्माची वैशिष्ट्ये:

→ सत्यधर्माच्या अनुयायांनी जन्मजात श्रेष्ठत्व वा कनिष्ठत्व मानू नये.
→ सर्व स्त्री-पुरुषांनी बंधुत्वाच्या नात्याने वागावे
→ सर्वांसाठी समान न्याय असावा
→ श्रमाला प्रतिष्ठा असली पाहिजे.

'सत्यधर्माच्या अनुयायांनी जन्मजात श्रेष्ठत्व वा कनिष्ठत्व मानता कामा नये. सर्व स्त्री-पुरुषांनी बंधुत्वाच्या नात्याने वागावे, सर्वांसाठी समान न्याय असला पाहिजे. श्रमाला प्रतिष्ठा असली पाहिजे. सत्यधर्माची ही वैशिष्ट्ये आहेत. माणूस योग्य रीतीने, न्यायाने, सत्याने जगला तर त्याला आपले सुख साधता येते. हा जोतीरावांचा सिद्धान्त आहे. जोतीरावांना मूर्तीपूजा अमान्य होती. दगडाच्या मूर्तीवर फुले वाहून नामस्मरण करण्याने काही फायदा नसून अमूल्य अशा वेळेचा अपव्यय आहे. असे त्यांना वाटते. उदाहरणादाखल त्यांनी दाखला दिला आहे, की मातापित्यांच्या पालनपोषणाची खटपट न करता केवळ 'माझी माता, माझे पिता' असे पोकळ नामस्मरण करीत राहिल्यास माता-पित्यांना व घरातील सर्वांना उपवासाने मरावे लागेल. त्याऐवजी केवळ नामस्मरण न करता अतिमेहनत करून, स्वकष्टाने माता पिता व भावंडांचे पालनपोषण करणारा मुलगा अधिक प्रिय होईल. हाच सत्यधर्म आहे. निर्मिकाचे निरर्थक नामस्मरण करणारे निश्चये करून विचारवान पुरुषांच्या उपहासास पात्र होतात मात्र कोणत्याही प्रकारचा भेदाभेद न करता एकूणच मानवापैकी जो कोणी आपल्या कुटुंबाचे पालन-पोषण करून जगाच्या कल्याणासाठी रात्रंदिवस झटतो तो कोणीही असला तरी तो अन्नदान घेण्यास पात्र आहे.

(युगपुरुष महात्मा जोतीराव फुले: लेखक: बा. ग. पवार)

२. माणूस न्यायाने व सत्याने जगला तर त्यास सुख साधता येते. मूर्तीपूजा म्हणजे केवळ अपव्यय असून मातापित्यांच्या पालनपोषणाची खटपट न करता केवळ मातापित्यांचे नामस्मरण करीत राहिल्यास मातापित्यांना व घरातील सर्वांना उपवासाने मरावे लागेल. त्याऐवजी केवळ नामस्मरण न करता अतिमेहनतीने, स्वकष्टाने मातापिता व भावंडांचे पालनपोषण करणारा मुलगा अधिक प्रिय होईल हा सत्यधर्म असून कोणत्याही प्रकारचा भेदाभेद न करता एकूणच मानवापैकी जो कोणी आपल्या कुटुंबाचे पालनपोषण करण्यासाठी रात्रंदिवस कष्ट करतो तो कोणीही अन्नदान घेण्यास पात्र असतो. अशाप्रकारचा सत्यधर्म महात्मा फुले यांना अपेक्षित आहे.

विभाग २: पद्य

उत्तर २.

(अ) (१) १.

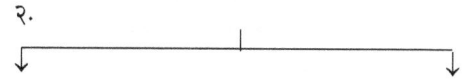

(१) पावसाचे तरंग ओंजळीत भरणारी चैतन्यमयी बालिका.
(२) सर्वच बहर लावणारी नवयौवना
(३) स्वप्न पंखांनी आभाळ झुल्यावर झुलणारी ध्येयगंधा

२.

(१) डोळ्यांतले अश्रू रोजारच्या तळ्यात सोड
(२) नुकतीच उमललेली शुभ्र कमळाची प्रसन्न फुले हातात घेऊन ये.

(२) १. संसाराचा पसारा-संसारात कंठ बुडून जाणे.
२. चांदण्यासारख्या मुलायम, लोभस, अति प्रियतम तारुण्यसुलभ गोष्टी

(३) ती नखशिखान्त अबोल राहणारी स्थितप्रज्ञ राणी झाली आहे. ती मन मोकळे करून बोलत नाही. ओठ घट्ट मिटून संसारात तिने स्वत: ला बुडवून घेतले आहे. ती पारंपरिक स्त्रीत्वाला वरदान समजते. ती पूर्वीच्या प्रियतम गोष्टी आठवत नाही. ती अस्तित्वहीन प्राण नसलेली कठोर पुतळी झाली आहे. गळयातला हुंदका दाबून फाटलेले हृदय शिवत बसली आहे. तिने मनातल्या असह्य वेदना पदराखाली झाकून घेतल्या आहेत.

(आ) 'विंचू चावला' हे सुप्रसिद्ध भारूड संत एकनाथांनी लिहिले असून हे भारूड त्यांच्याच 'श्री सकलसंतगाथा भाग-२' मधून घेतले आहे. या भारूडामध्ये काम-क्रोधरूपी विंचू (काम म्हणजे अनिर्बंध इच्छा आणि क्रोध म्हणजे संताप, राग) माणसाला चावतो म्हणजे अशा कामक्रोधामुळे मानवी मन

दुषित होते. त्यास विकाराची बाधा होते. त्याचे मन बेभान होते. अशावेळी त्याचे मन आवरणे कठीण होते. त्याच्यावर अंकुश ठेवणे महत्त्वाचे ठरते. त्यासाठी संत एकनाथ प्रयत्न करत आहेतच. मानवी मनातील अविचार, दुर्गुण घालविण्यासाठी दुर्गुणाच्या जागी सद्गुणांची, सद्वर्तनाची जोपासना केली पाहिजे. त्यासाठी अशा विकारी माणसाने सद्गुणांचा अंगारा लावला पाहिजे. सत्वगुणांच्या अंगाऱ्यातेच (उताऱ्याने) मानवी मनातील दुर्गुण नाहिसे होतील. त्यातूनही थोडे बहुत दुर्गुण राहिले वा दुर्गुणाची जखम, चूरचूर थोडी जरी राहिली असली तरी त्याचे निर्दालन आपले गुरू जनार्दन स्वामी करतील असा दृढ विश्वास आपल्या गुरुबद्दल संत एकनाथांना वाटतो.

मानवी मनातील, जनसामान्यातील, समाजामधील दुर्गुण, विकार नष्ट करण्याचा प्रयत्न संत एकनाथ करतच आहेत परंतु हे कार्य करण्यासाठी त्यांचे गुरू त्यांच्या पाठीशी आहेत. आणि म्हणूनच आपल्या हातून काही उणिवा राहिल्या तर त्या दूर करण्याचे कार्य आपले गुरू करतील हा आशावाद येथे स्पष्ट होतो. त्यामुळे वाच्यार्थाच्या पलीकडे जाऊन भावार्थातील सामर्थ्य येथे पाहावयास मिळते. 'भारूड' हा लोकसंगीताच्या जवळ जाणारा काव्यप्रकार असून सामाजिक जागृतीसाठी हा काव्यप्रकार संत एकनाथांनी हाती घेतला व हा हेतू साध्य करण्यासाठी नाट्यात्म रूपकातून हे भारूढ त्यांनी जनसामान्यापर्यंन्त पोहोचविण्याचे महत्त्वाचे कार्य संत एकनाथांनी केले आहे.

(इ) ज्येष्ठ कवी वसंत आबाजी डहाके लिखित 'समुद्र कोंडून पडलाय' या कवितेतील ओळी असून ही कविता 'शुभवर्तमान' या काव्य संग्रहातून घेतली आहे.

समुद्र म्हणजे अथांग पाणी व पाणी म्हणजे जीवन असल्याने हा समुद्र जीवनाचे प्रतीक असून या समुद्रासारखेच अथांग जीवन (लहान मुलांचे बालविश्व) या शहराच्या, महानगराच्या मर्यादांमध्ये कोंडून पडते त्यामुळे कविमन अस्वस्थ होते आहे. कारण शहरातील लहान मुले ही या शहराचे भविष्य आहे. या विचारामुळे कविमन अस्वस्थ होऊन मनातल्या मनात मुक्त होऊन फिरू लागते. ते शहरातील रस्ते, वस्त्यांमधून शेवटी मनाशीच विचार करत करत रात्री उशिरापर्यन्त स्टेशनवरच्या बाकावर एकटेच बसते आणि या शहरातील लहान मुलांच्या बालविश्वाबद्दल विचार करते तेव्हा त्यास समोरच रूळांवरून माणसांची रेल्वेची रहदारी असलेली दिसते. कविमन हातावर डोके ठेवून अर्थ मिटल्या डोळ्यांनी सभोवतालचे दृश्य पाहत आहे. कामासाठी दिवसभर घराबाहेर असलेली माणसे संध्याकाळी घरी परतव्यासाठी स्टेशनवर गर्दी करताना दिसतात. रेल्वेगाड्याही त्यांना त्यांच्या मुक्कामी पोहोचविण्यासाठी धावते आहे. अशाप्रकारे शहर, महानगरातील गतिमान जीवन आणि या गतिमान जीवनशैलीमध्ये कोमेजून जाणारे बालविश्व येथे कवीने चित्रात्मक रूपात रेखाटले आहे. महानगराच्या मर्यादामध्ये कोंडून पडलेल्या बालविश्वामुळे एकंदरीत महानगराचे भविष्यच धोक्यात आलयाचा चिंतनात्मक विचार कवीने मांडला आहे.

किंवा

'रोज मातीत' या कवितेच्या कवितेच्या कवयित्री कल्पना दुधाळ असून ही कविता त्यांच्याच 'सीझर कर म्हणतेय माती' या काव्यसंग्रहातून घेतली आहे. दररोज मातीत राबणाऱ्या शेतकरी महिलेचे मनोगत कवयित्रीने येथे रेखाटले आहे.

कवियत्री कवितेमध्ये शेतकरी स्त्रीच्या मनातील इच्छा ओळखते कारण ही स्त्री उन्हातान्हात स्वत: चा विचार न करता सतत कष्ट करत असते, ती कुठेतरी सुखाचे दिवस पाहायला मिळावेत या आशावादासाठी मात्र ती पुढे म्हणते 'हिरवी होवून मागे उरते' म्हणजेच आपला जीव या मातीत रुजावा अशी तिची मनोइच्छा असल्याने मोठ्या आत्मियतेने ती कामे करत असते. कांद्याची लावणी, झेंडूच्या फुलाची तोडणी वा उसाच्या बेण्याची लावणी करताना ती स्वत: चा विचार न करता ती आपल्या संपूर्ण शेतकरी कुटुंबाची काळजी करते, त्याच्या सुखसमृद्धीसाठी अखंडितपणे कष्टत असते. ती उन्हातान्हाचा विचार न करता शेतात अखंडित राबते आहे. जणू काही तिने शेतकामासाठी स्वत:ला अर्पण केले आहे.

खोल विहीरीतून पाणी शेंदते आहे. ओढग्रस्त अशा संसाराची ओळख आपणास 'खोलविहीर' या प्रतिमेतून होते. पाणी हे जीवन असून तेसुद्धा आशादायी चित्र स्पष्ट होते. शेतकरी स्त्रीही रोज उन्हातान्हात मरमर करून राबते असते, तिचे हे राबते वा तिच्या कर्तृत्वाची निशाणी म्हणून संपूर्ण शेतात हिरवाई दिसत आहे. शेतातील ही हिरवाई दिसणे, भरघोस पीक येणे यासाठी मागे या शेतकरी स्त्रीचे श्रम असून हे श्रम तिची पाठ सोडत नाहीत. असे असले तरी ही स्त्री उदयाच्या भविष्याकडे आशावादी दृष्टिकोनातून पाहते. आपल्या कर्तृत्वाचा ठसा उमटविणे तिचे हे कर्तृत्व प्रत्येकाच्या मनामनात घर करून बसलेय. काळ्या मातीत रोजचेरोज राबणे हे भारतीय कृषी समृद्धीला योगदान देण्याचे सामर्थ्य या शेतकरी कुटुंबातील कष्टकरी स्त्रीमध्ये असल्याचे दिसून येते.

कवयित्रीने अतिशय अंतर्मुख होऊन कष्टकरी स्त्रीमनातील व्यथा, वेदना तिच्या मनाची दडपणूक संवेदनशील अशा शब्दांतून स्पष्ट केली आहे. उन्हातान्हात, मरते, उरते, शेंदते, नांदते अशा शब्दयोजनेतून कवितेला 'गेयं' रूप प्राप्त झाले आहे तर खोल विहीर, पाणी, माती, हिरवी अशा प्रतीकांतून संवेदनशीलतेचे मनोज्ञ दर्शन घडते. योजलेल्या दृष्टान्तामुळे कवितेला जिवंतपणा प्राप्त होऊन कष्टकरी स्त्रीच्या कार्याची सहजतेने प्रचिती येते.

(१) मानवी जीवन विभागणारे घटक

विभाग ३: साहित्यप्रकार—कथा

उत्तर ३.

(अ) (१) १.

कथाबीज
कथानक
कथेचे घटक
पात्रचित्रण
वातावरण निर्मिती

१. कथाबीज: कथाकार त्याच्या प्रतिभाशक्तीने एखाद्या घटनेत वास्तवाचे वा कल्पनेचे रंग भरतो. हे करताना तो निसर्ग, समाज, सांस्कृतिक संदर्भ, वातावरण इत्यादी घटकांचे साहाय्य घेतो. या सर्व घटकांच्या मदतीने घटनामालिकेचे कथात्म

साहित्यात रूपांतर होते; म्हणून कथेत 'घटना' हा महत्त्वाचा भाग ठरतो. कथेत या मूळ घटनेलाच –'कथाबीज' असे म्हणतात.

२. कथानक: कथानकात घटना, प्रसंग, पात्रांच्या कृती, स्वभाववैशिष्ट्ये, वातावरण इत्यादींचे तपशील हळुवारपणे उलगडत जातात. कथेत कथानकातील घटकांचे एकत्रीकरण केले जाते. या एकत्रीकरणातून कथेची मांडणी आकाराला येते. हे कथानक उलगडताना त्यातील प्रवाहीपणाही जपले जाते. कथाकाराच्या मनात कथेच्या अनुषंगाने निर्माण झालेला भावाशय वाचकांपर्यंत पोहोचवण्यासाठी कथन करणे हे कथानकाचे प्रयोजन असते.

३. पात्रचित्रण: पात्रचित्रण हा कथेचा महत्त्वपूर्ण घटक आहे. पात्रचित्रणातून कथेचा आशय पुढे पुढे जात राहतो. कथाकार एखाद्या पात्राची वृत्ती, कृती, उक्ती, भावना, विचार, कल्पना, संवेदना, जीवनदृष्टी, जीवनपद्धती इत्यादींच्या चित्रणातून त्या व्यक्तीची शब्दरूप प्रतिमा तयार करत असतो. या शब्दरूप प्रतिमेला 'पात्र' असे म्हणतात. कथेतील पात्रांना वास्तवातील माणसांप्रमाणे रेखाटले जाते, म्हणून वाचकांची त्या पात्रांशी जवळीक साधली जाते. जी पात्रे कथाकाराची 'स्व' निर्मिती असते.

४. वातावरण निर्मिती: कथेला स्थळ-काळाबरोबरच सामाजिक, भौगोलिक, सांस्कृतिक, राजकीय इत्यादींनी युक्त वातावरण असते. या वातावरणाचा वाचकांवर परिणाम होऊन तो कथानकाशी एकरूप होतो. वातावरणाचा पट जितका सघन तितकी कथा सकस होते.

२. **कथानकाचे प्रयोजन:** कथाकराच्या मनात कथेच्या अनुषंगाने निर्माण झालेला भावाशय वाचकांपर्यन्त पोहोचविण्यासाठी कथन करणे.

(२) कथाकार त्याच्या प्रतिभाशक्तीने एखाद्या घटनेत वास्तवाचे वा कल्पनेचे रंग भरण्यासाठी तो निसर्ग, समाज, सांस्कृतिक संदर्भ, वातावरण इत्यादी घटकांचे साहाय्य होतो. या सर्व घटकांच्या मदतीने घटनामालिकेचे कथात्मक साहित्यात रूपांतर होताना कथेत 'घटना' हा भाग महत्त्वाचा ठरतो. या मूळ घटनेलाच कथेत कथाबीज असे म्हणतात.

(आ) १. व. पु. काळे लिखित 'शोध' या कथेतील महत्त्वाचा प्रसंग म्हणजे एक रुपयाच्या नोटेचा शोध असून या प्रसंगाभोवती संपूर्ण कथानक फिरताना दिसते. असे जरी असले तरी या एक रुपयाच्या नोटेव्यतिरिक्तही आणखी काही शोध महत्त्वाचे वाटतात ते पुढीलप्रमाणे:

(i) 'जगाकडे पाहताना मला माझा चष्मा हवा' हे विधान अनु इनामदारच्या तोंडचे असून ती असे का म्हणते? वास्तविक पाहता अनु इनामदारी स्वतंत्र विचाराची, बंधनमुक्त जणूपाहणारी लग्नापूर्वी किमान पाच वर्षे तरी स्वतंत्रपणे राहण्यासाठी आबासाहेबांकडून बाहेर राहण्यासाठी परवानगी घेते व स्वतंत्र विचारांनी, स्वतंत्र मनाने, स्वतंत्रपणे राहते. त्याच दृष्टिकोनातून जगाकडे पाहताना मला माझा चष्मा हवा असे ती का म्हणते हाही शोध महत्त्वाचा ठरतो.

(ii) टॅक्सीला अपघात झाल्यानंतर भिडे दांपत्य त्या टॅक्सी ड्रायव्हरला वाचवू पाहतो आहे पण त्याचे पुढे काय झाले तो एक मनात राहिलेला अनुत्तरित प्रश्न आहे. त्याचे उत्तर शोधणे महत्त्वाचे करते.

(iii) टॅक्सीच्या मीटर प्रमाणे माणसाची वृत्ती हवी म्हणजे कशी याचाही शोध घेता येईल.

(iv) माणूस भूतकाळात अडकला की त्याचा भविष्यकाळही खराब होतो. या विधानातील गर्भितार्थाचा शोध घेणे महत्त्वाचे ठरते.

किंवा

डॉ. प्रतिभा इंगोले लिखित 'गढी' या कथेत बापू गुरुजी या समाजसेवकाच्या व्यक्तिमत्त्वातील विविध पैलूंवर प्रकाश टाकला आहे. गावगाड्यासमोरील प्रश्न सोडविण्यासाठी बापू गुरुजी गावातच आपले कार्य सुरू करतात, गावातील मुलांना शिक्षणासाठी तालुक्याला जावे लागते. त्यासाठी त्यांनी गावातच शाळा सुरू केली. सरकारने त्यांचा आदर्श शिक्षक म्हणून सन्मान केला तेव्हा त्यांना मिळालेल्या रकमेतून त्यांनी गावात वाचनालय सुरू केले. आजूबाजूच्या खेड्यातून मुले शिक्षणासाठी येतात, त्यासाठी त्यांनी बोर्डिंग बांधले. रात्रंदिवस ते मुलांमध्ये रमत. कंदिलाच्या उजेडात त्यांना शिकवत आणि बोर्डिंगमध्ये शिकत असलेली मुलेही ते म्हणत त्याप्रमाणे वागण्याचा प्रयत्न करत. गुरुजींच्या सुखात तसेच दु:खातही सामील होत असत. गुरुजींच्या शिकवण्याचे ते चीज करत असत. शाळेच्या नावलौकिकात भर घालत असत. शाळेला ढाली, कप जिंकून देण्यासाठी कृतिशील असत. गुरुजीही सर्व मुलांवर मायेची पाखर घालत असत.

जी मुले सातवी पास होऊन बोर्डिंग सोडून जात होती त्यांना गुरुजींनी आजूबाजूच्या गावात शिक्षकाची नोकरी लावली त्यामुळे त्यांचा पोटापाण्याचा प्रश्न मिटला. ती मुलं गुरुजींना विसरली नाहीत, गुरुपौर्णिमेला येऊन ते गुरुजींना थेट पाया पडत. गुरुजीही त्यांची मनापासून चौकशी करत असत त्यामुळे ती मुले नव्या उत्साहाने परत जाताना गुरुजींनाही गावी येण्याचा आग्रह करत. गुरुशिष्याचे नाते हे अतिशय संवेदनशील मनाने लेखिकेने टिपले आहे. बोर्डिंगमध्ये शिकत असलेले व शिकून बाहेर पडलेल्या प्रत्येक मुलांच्या मनात गुरुजींविषयी आदर, स्नेह, प्रेम, आपलेपणा, जिव्हाळा असून माणूस म्हणून ते गुरुजींशी नाते अधिक घट्ट करतात. अशाप्रकारे बोर्डिंगात शिकत असलेल्या व शिकून गेलेल्या विद्यार्थ्यांचे बापू गुरुजींबद्दलचे प्रेम दिसून येते.

२. डॉ. प्रतिभा इंगोले लिखित 'गढी' या कथेत बापू गुरुजी या समाजसेवकाच्या व्यक्तिमत्त्वातील विविध पैलूंवर प्रकाश टाकला आहे. गावगाड्यासमोरील महत्त्वाचे प्रश्न सोडविण्यासाठी बापू गुरुजींनी अनेक महत्त्वाची कार्य सुरू केले. त्यापैकीच एक त्यांनी बोर्डिंग सुरू केले होते. गुरुजींनाही आज राहून राहून बोर्डिंगची व बोर्डिंगमध्ये राहणाऱ्या संपतची आठवण येत होती. संपनला वडील नसल्याने गुरुजींनी त्यास पितृप्रेम दिले होते. त्यामुळे त्यांच्यातील बापलेकाचे नाते घट्ट झाले होते. एक दिवस गुरुजींना शिक्षण समितीच्या बैठकीसाठी अकोल्याला जायचे होते आणि संपत त्यांना न जाण्याविषयी आग्रह धरत होता. कारण ते तिकडे गेले की दोन-चार दिवस येतच नाहीत अशी त्याची तक्रार

होती. मात्र गुरुजींना शिक्षण समितीच्या बैठकीला जावेच लागते. ते अकोल्याला गेले आणि इकडे पटकीच्या आजाराने 'संपत' चा मृत्यू झाला. गुरुजी आल्यानंतर त्यांना संपतच्या मृत्यूने खूप दु:ख झाले. ते धाय धाय रडले. 'संपत्या, तुले मी दवापानी नायी दिवू शकलो रे' म्हणून पुन: पुन्हा रडले आणि मनाशी निश्चय केला की गावात दवाखाना झालाच पाहिजे. त्यांना संपतच्या आठवणीने राहून राहून गलबलून येत होतं. वाननदीला पूर येत होता. तो गढीपर्यन्त जात होता. तशातही गढी तशीच तग धरून उभी असलेली पाहून वाननदीनेच पुन्हा माघार घेतली. गुरुजींसमोरही अनेक संकटे, अडचणी येत होत्या परंतु गुरुजी सर्व विसरून पुन्हा गावाच्या सुधारणांसाठी प्रयत्नशील झाले.

कवीं

सुप्रसिद्ध कथालेखक व.पु. काळे लिखित 'शोध' या कथेतील 'टॅक्सी ड्रायव्हर' हे महत्त्वाचे पात्र असून त्यांची ही कथा 'मी माणूस शोधतोय' या त्यांच्याच कथा संग्रहातून घेतली आहे. 'शोध' या कथेलाच आकस्मिकपणे कलाटणी देणारी ही व्यक्तिरेखा, जीवनातील वास्तवाचा शोध घेणारी आणि वाचकांनाही वास्तवाचे भान आणून देणारी जीवनातील सत्याचा शोध घेऊन जगायला शिकवणारी तितकीच भावस्पर्शी असल्याने ती मनापासून आवडते. या कथेत ही व्यक्तिरेखा येते ती भिडे दांपत्यांना घरी पोहोचविण्याच्या निमित्ताने.

एज्युकेटेड, नवशिका असून मुंबईमध्ये नुकतीच टॅक्सी-चालक म्हणून व्यवसायाला सुरुवात केलेली परंतु अचानक भिडे दांपत्यास घरी पोहोचवत असता रात्रीच्या वेळी टॅक्सीखाली म्हातारा आला. मात्र त्यात टॅक्सी ड्रायव्हरची चूक नव्हती त्यामुळे त्याच्या या चांगुलपणामुळे भिडे दांपत्याने त्यास मदत करायचे ठरवले. त्यासाठी ते त्याच्याबरोबर लॅमिंग्टन रोडवरील पोलीस स्टेशनलाही गेले ते टॅक्सी ड्रायव्हरच्या बाजूने जबाब देण्यासाठी.

अनु इनामदारच्या एक रुपयाच्या नोटेचा शोध घेण्यासाठी तो तत्परतेने मदत करतो. ती नोट तो अनुला मिळवून देतो. त्यासाठी तो हॉटेल मालकाला मोठ्या युक्तीने सुटे पैसे मागतो. येथे त्याचे बुद्धिचातुर्य लक्षात आल्यावाचून राहात नाही. नोटेचा इतिहास जाणून घेतल्यानंतर टॅक्सी ड्रायव्हर मानवी जीवनातील वास्तवदर्शी चित्र तिच्यासमोर उभे करतो व तिला पेशंटमध्ये न गुंतण्याचा सल्ला देतो. कारण प्रत्येक माणूस जर भूतकाळात रमायला लागला तर त्याचे भविष्य काय? त्याचा भविष्यकाळही खराब होणार. त्यासाठी माणसाची नजर ड्रायव्हरसारखी समोर पाहणारी असली पाहिजे.

पेशंट दगावला की कॉटवरचे बेड बदलायचे. कॉटचा नंबर तेवढा लक्षात ठेवायचा व येणाऱ्या नव्या पेशंटचे स्वागत करायचे इतके तटस्थ राहून जीवनव्यवहार हाताळले पाहिजेत त्यासाठी काही गोष्टी हेतुपुरस्सर विसरायला पाहिजेत तरच मानवी जीवन सुन्दर होईल. आणि महत्त्वाचे म्हणजे ज्या गोष्टी मिळतात त्यासाठी जरूर प्रयत्न करावेत परंतु एखादी गोष्ट मिळणारच नसेल तर....'माझी मुलगी मला सोडून कायमची गेली तेव्हा मी काय करायचे हा हृदयस्पर्शी तितकाच अनुत्तरित प्रश्न सर्वांसमोर तो उभा करतो आणि जीवनातील वास्तव सत्य स्वीकारायलाही तो शिकवतो. खऱ्या अर्थाने माणूस जोपर्यन्त जिवंत आहे तोपर्यन्तच त्याचे मूल्य. एकदा का ते हातातून गेले की कितीही प्रयत्न केले तरी त्याचा उपयोग होत नाही. त्याचा कितीही शोध घेतला तरीते हाती येत नाही जे भाग्यात असते तीच गोष्ट परत मिळते. मानवी जीवनाचे हे तत्त्वज्ञान मांडणारी टॅक्सी ड्रायव्हर ही व्यक्तिरेखा म्हणूनच मनापासून सर्वांना आवडते.

विभाग ४: उपयोजित मराठी

उत्तर ४.

(१) १. मुलाखतीचे हेतू पुढीलप्रमाणे:

(i) मुलाखत देणाऱ्याच्या व्यक्तिमत्त्वाचे विविध पैलू समजून घेण्यासाठी मुलाखत महत्त्वाची ठरते.

(ii) व्यक्तीच्या कार्यावर प्रकाश टाकण्यासाठी मुलाखत घेतली जाते.

(iii) असामान्य व्यक्तीच्या संघर्षगाथा ह्या जनसामान्यांच्या जाणून घेण्याच्या इच्छा पूर्ण करण्यासाठी.

(iv) व्यक्तीच्या कार्यकर्तृत्वाबरोबरच त्यातील माणसूपण जाणून घेण्यासाठी.

२. एखाद्या घटनेविषयीची सखोल माहिती समजून घेण्यासाठी.

३. समाजप्रबोधन करण्यासाठी, जनजागृती करण्यासाठी.

४. आधुनिक काळात दिवसेंदिवस स्पर्धा वाढत आहे स्पर्धा जशी तंत्रज्ञानाची आहे. तशीच ती दोन व्यक्तींमध्येसुद्धा आहे आज नोकरीसाठी तसेच विशिष्ट अभ्यासक्रमाच्या प्रवेशासाठी मुलाखत हा महत्त्वाचा घटक मानला जातो. बदलत्या काळात मुलाखतीचे स्वरूप बदलू लागले आहे. उमेदवाराची पदवी. विषयज्ञान भाषिक कौशल्ये यासोबतच उमेदवाराचे व्यक्तिमत्त्व आज केंद्रस्थानी आले आहे. उमेदवार बोलतो कसा. पोशाख कसा आहे यापेक्षा स्पर्धेच्या युगात टिकून राहण्यासाठी आवश्यक कौशल्ये उमेदवाराजवळ आहेत का याची चाचपणी केली जाते. विविध कंपन्यांमध्ये मुलाखतीदरम्यान उमेदवाराच्या व्यक्तिमत्त्वाचे विविध पैलू जाणून घेण्याचा प्रयत्न प्रथमत: केला जातो. कंपनीचे अपेक्षित उद्दिष्ट. कामाचे तास. सहकाऱ्यांशी असणारे मैत्रीपूर्ण संबंध गटप्रमुख वा गटकार्यांची क्षमता, कामाची विभागणी, वेळेचे बंधन, नियोजित बैठका, समूह सदस्यांचे प्रश्न प्रसंगी करावे लागणारे समुपदेशन इत्यादी अनेक बाबी नजरेसमोर ठेवून उमेदवाराची मुलाखत घेतली जाते. सहकाऱ्यांच्या भावना, विचार सूचना, समस्या याबद्दल उमेदवाराकडे असलेली स्वीकारार्हता आणि मार्ग काढण्याची तत्परता, विवेकबुद्धी प्रसंगावधान अशा गोष्टींना मुलाखतीत महत्त्व दिले जाते. मुलाखतीला आलेला उमेदवार दिसतो कसां. बोलतो कसा यापेक्षा विचार कसा करतो याकडे अधिक लक्ष दिले जाते. उमेदवार भावनिक, वैचारिक, मानसिक पातळीवर जाणून घेण्याचा प्रयत्न केला जातो. उमेदवाराच्या 'बाह्यरंगा' 'पेक्षा' 'अंतरंग' जाणून घेणे आवश्यक असते.

(२) माहितीपत्रकाचे स्वरूप: विशिष्ट अशी माहिती देणारे परिचयात्मक पत्रक म्हणजे माहितीपत्रक. माहितीपत्रक

सर्वसाधारणपणे उत्पादने, सेवा, संस्था लोकापर्यन्त पोहोचविण्याचे साधन असून नवनव्या योजनांकडे, उत्पादनांकडे, संस्थांकडे लोकांनी डोकावून पाहावे यासाठीची ती एक खिडकी आहे. थोडक्यात माहितीपत्रक हे लिखित स्वरूपाचे जाहीर आवाहन असते जे जनमत आकर्षित करते. माहिती घेणारा व माहिती देणारा यांच्यात नाते निर्माण होण्यास माहितीपत्रकाची मदत होते. नवीन ग्राहक मिळविणे, नवीन बाजारपेठ काबीज करणे हे माहितीपत्रकामुळेच सहज शक्य होते. ग्राहकाला हवी असलेली माहिती माहितीपत्रकामुळे ग्राहकाकडे सतत उपलब्ध राहू शकते. महत्त्वाचे म्हणजे माहितीपत्रक कमी वेळात, कमी खर्चात ग्राहकांपर्यन्त घरबसल्या पोहोचवता येते आणि म्हणूनच माहितीपत्रक हे अप्रत्यक्षपणे जाहिरातीचे कार्य करते. माहितीपत्रक वाचताक्षणीच लोकांच्या मनात उत्साह, कुतूहल, उत्कंठा निर्माण होताच माहितीपत्रकाचा हेतू साध्य झाला आहे असे समजले जाते.

(३) अहवाललेखनाची वैशिष्ट्ये पुढीलप्रमाणे सांगता येतील.

(i) **वस्तुनिष्ठता आणि सुस्पष्टता:** अहवाललेखन करत असता महत्त्वाच्या बाबींचा निर्देश सुस्पष्टतेने व वस्तुनिष्ठ स्वरूपात करावा लागतो. उदा. तारीख, वार, वेळ, ठिकाण, सहभाग घेणाऱ्याची नावे, पदे, घटना, हेतू, संख्यात्मक माहिती, निष्कर्ष.....इत्यादी.

(ii) **विश्वसनीयता:** अहवाललेखनातील विश्वासार्ह माहिती व तथ्य यांच्या नोंदीमुळे अहवालाला विश्वसनीयता प्राप्त होते. या विश्वसनीयतेमुळेच अनेकदा गुंतागुंतीच्या समस्यांमध्ये अशाप्रकारचे अहवाल पुरावा म्हणून वापरले जातात, हे त्या अहवालाचे खास वैशिष्ट्य होय.

(iii) **सोपेपणा:** अहवाललेखन करत असताना सर्व-साधारणपणे सर्वसामान्य व्यक्तीलाही अशा अहवालाचा आशय समजावा अशी अपेक्षा असते. त्यामुळे त्याची भाषाही सोपी असते. गरज नसल्यास त्यात बोजड शब्द, तांत्रिक शब्द वापरले जात नाहीत. अलंकारिक वर्णनशैली, नाट्यपूर्णता, अतिशयोक्ती अशा गोष्टी टाळल्या जातात, मात्र अहवाललेखन करत असताना त्या त्या क्षेत्राशी संबंधित संज्ञा, प्रक्रिया याविषयी पारिभाषिक शब्द वापरले जातात.

(आ) (१) मुलाखतीची पूर्वतयारी ही मुलाखत उत्तम होण्यासाठी करावी लागते. पूर्वतयारीचा गृहपाठ हा यशस्वी मुलाखतीचा पाया असून मुलाखतीसाठीची महत्त्वाची पूर्वतयारी म्हणजे ज्यांची मुलाखत घ्यायची आहे त्यांच्याबद्दलची आवश्यक ती मुलाखत घेणाऱ्याकडे अगोदरपासूनच उपलब्ध असणे आवश्यक असते. उदा. ज्यांची मुलाखत घ्यायची आहे त्यांचे पूर्ण नाव, असल्यास टोपणनाव, वय, जन्मदिनांक, जन्मस्थळ, पत्ता, शिक्षण, कौटुंबिक माहिती, कर्तृत्व, सध्याचा हुद्दा, मिळालेले मानसन्मान, पुरस्कार, लेखनकार्य, वैचारिक पार्श्वभूमी इत्यादी माहिती मुलाखत घेण्यापूर्वीच उपलब्ध असावी लागते. मुलाखत घेणाऱ्याने मुलाखतीच्या विषयासंबंधी सखोल वाचन केलेले असावे मुलाखतीचे उद्दिष्ट समजून घेतले पाहिजे. मुलाखत घेण्यासाठी मुलाखतीचा विषय आणि उद्दिष्ट लक्षात घेऊन प्रश्न तयार केले पाहिजेत. महत्त्वाचे म्हणजे मुलाखतीची वेळ लक्षात घेवून त्यानुसार प्रश्नसंख्या निश्चित करावी लागते. प्रश्नांचा क्रमही योग्य पद्धतीने लावणे गरजेचे ठरते.

मुलाखतीचे स्वरूप नेमके कसे आहे ती प्रकट असणार की लिखित स्वरूपाची, श्रोता/वाचक नेमका कोणता असणार? मुलाखत प्रत्यक्ष श्रोत्यासमोर आहे की रेडिओसाठी की टी.व्ही. साठी हेही माहित असले पाहिजे. मुलाखतीसाठी बैठक व्यवस्था, ध्वनिक्षेपक व्यवस्था, वातावरण निर्मिती, गरजेनुसारचे संदर्भ ग्रंथ, चित्रे, वाद्य, वस्तू इत्यादी गोष्टीही अगोदरच पाहून ठेवणे चांगले आवश्यकता वाटल्यास मुलाखत देणाऱ्यांना अगोदर भेटून घ्यावे, चर्चा करावी असे केल्यास मुलाखत प्रत्यक्ष घेताना सोपे जाते. आकाशवाणी वा दूरदर्शनवरील मुलाखती ऐकल्यास मुलाखतीच्या पूर्वतयारीची दिशा मिळते. मुलाखतीचा समारोप.

मुलाखत घेत असता ती अतिशय रंगात येते आणि वेळ संपत आल्याने थांबणेही आवश्यक ठरते. त्यामुळे मुलाखतकाराने आपले भाषिक कौशल्यपणाला लावणे आवश्यक असते. श्रोत्यांनाही मुलाखत अजून असायला हवी होती असे वाटले पाहिजे असा मुलाखतीचा समारोप महत्त्वाचा असतो. हा समारोप करत असताना मुलाखतकाराने या टप्प्यावर स्वत:साठी वेळ जास्त घेतला तरी चालते. प्रश्नांऐवजी परिणामकारक व प्रभावी निवेदन महत्त्वाचे ठरते.

मुलाखत योग्य वेळी, योग्य ठिकाणी संपवावी, त्यासाठीची वेळ कोणती? इथे वेळ अशी असावी की श्रोत्यांना जराही अंदाज यायला नको. अनपेक्षितपणे ती संपविता यावी. श्रोत्यांना हवीहवीशी वाटत असतानाच मुलाखत संपवली पाहिजे. मात्र मुलाखत अर्धवट राहणार नाही याचीही दक्षता घेणे गरजेचे असते. त्या मुलाखतीतून खूप से काही मिळाले आहे असे समाधान श्रोत्यांना वाटले पाहिजे. मुलाखत संपल्यानंतरही त्यातील काही अविस्मरणीय संवाद मनात आठवत श्रोत्यांनी राहिले तरच मुलाखत यशस्वी झाली असे म्हणता येते.

(२) माहितीपत्रक म्हणजे वैशिष्ट्यपूर्ण माहिती देणारे परिचयात्मक पत्रक होय. उत्पादने, सेवा, संस्था लोकपर्यन्त पोहोचविण्याचे साधन म्हणजे माहितीपत्रक असून माहितीपत्रकाची ठळक वैशिष्ट्ये पुढीलप्रमाणे:

१. माहितीला प्राधान्य	३. वेगळेपण
२. उपयुक्तता	४. आकर्षक मांडणी

५. भाषाशैली.....इत्यादीपैकी काही वैशिष्ट्ये पुढीलप्रमाणे.

१. आकर्षक मांडणी: माहितीपत्रक तयार करत असताना त्यातील मांडणी आकर्षक असली पाहिजे. सर्वसाधारण माहिती नसावी तर माहितीपत्रक पाहताक्षणी ते वाचलेच पाहिजे असे वाटणे आवश्यक असते. कागद दर्जेदार असावा,

रंगीत छपाई, मुखपृष्ठ चित्ताकर्षक असावे. आकारही योग्य असावा. शीर्षक बोधवाक्य ठसठशीत असावे. थोडक्यात माहितीपत्रकाची मांडणी वेधक आकर्षक करण्यासाठी गरजेनुसार त्या त्या क्षेत्रातील कुशल कलाकार, चित्रकार, संगणक तज्ज्ञांची मदत घ्यावी जेणे करून माहितीपत्रक आकर्षक होईल.

२. भाषाशैली: माहितीपत्रक केवळ पाहिले जात नाहीतर ते वाचले सुद्धा जाते. आणि ते वाचता यावे. वाचावेसे वाटण्याची काळजी घेतली पाहिजे. त्यासाठी भाषाशैली आकर्षक असावी उदा. आमच्या 'हिरवाई' या फार्म हाऊसवर राहायला आलात तर तुम्ही इतके आनंदी असाल की इथे तुम्ही निसर्गसौंदर्यात रंगून जाल, तुम्हाला दु:खाचा विसर कायम पडेल. एवढे सर्व म्हणण्यापेक्षा 'तणावाला अजिबात वेळ नाही' एवढ्या चार शब्दांत माहिती देणे म्हणजे अशाप्रकारची मनाला भिडणारी शब्दयोजना करणे गरजेचे ठरते. मोजक्या पण प्रभावी व परिणामकारक शब्दांतून माहितीपत्रकाची मांडणी असावी.

(३) **अहवाललेखनाचे स्वरूप व आवश्यकता:** शाळा अथवा कनिष्ठ-वरिष्ठ महाविद्यालयात विविध प्रकारचे कार्यक्रम होतात. उदा. वक्तृत्वस्पर्धा, स्नेहसंमेलन.....इत्यादी, शासकीय, सामाजिक आणि आर्थिक, संस्थांमध्येही कार्यक्रम केले जातात. कार्यक्रम संपन्न झाल्यानंतर त्या कार्यक्रमाविषयी अहवाललेखन केले जाते. अहवाललेखन केल्यामुळे त्या त्या कार्यक्रमाचा तपशील वाचकांना केव्हाही प्राप्त होतो. त्यादृष्टीने अहवाललेखन महत्त्वाचा असतो.

अहवाललेखनाचे स्वरूप: कार्यालय, संस्था वा महाविद्यालयात झालेल्या कार्यक्रमाची, समारंभाची योग्य पद्धतीने नोंद करून ठेवणे म्हणजे अहवाललेखन होय. ही नोंद करताना कार्यक्रमाची तारीख, वेळ सहभागी व्यक्ती, समारोप इत्यादी मुद्यांचा अहवाललेखनात समावेश केला जातो. कार्यक्रम वा समारंभ प्रत्यक्षात सुरू झाल्यापासून ते थेट तो समारंभ वा कार्यक्रम संपेपर्यन्त क्रमाक्रमाने तो कशाप्रकारे पूर्ण झाला याची आवश्यक त्या तपशीलासह नोंद केली जाते. जी भविष्यकाळाच्या दृष्टीने अतिशय उपयुक्त ठरते. एखाद्या विषयाच्या अनुषंगाने, त्यातील समस्येबाबत माहिती संकलनाचे, सर्वेक्षणाचे, विशिष्ट विषयासंबंधित नेमलेल्या आयोगाचे अहवाल असतात, याव्यतिरिक्त प्रगती अहवाल, तपासणी अहवाल, चौकशी अहवाल, आढावा अहवाल, मासिक आणि वार्षिक अहवालही असतात.

अहवाललेखनाची आवश्यकता.

कार्यक्रम वा समारंभाच्या नोंदी ठेवल्या नसतील तर भविष्यकाळात संस्थेचा विकास, परंपरा इत्यादी माहिती मिळवण्यात अडचणी निर्माण होतात या अडचणी निर्माण होऊ नयेत यासाठी अहवाललेखन लिहिणे अत्यावश्यक असते. भविष्यकालीन नियोजनासाठीही अहवाललेखन महत्त्वाचे असतात. विविध संस्था, लघु उद्योग तसेच मोठे उद्योगधंदे तसेच ग्रामपंचायत ते महानगरपालिका अशाठिकाणी होणाऱ्या घडामोडींना अधिकृतता प्राप्त होण्यासाठी अहवाललेखन महत्त्वाचे ठरते एखाद्या समस्येसंबंधी निर्णय घ्यायचा असेल, सार्वजनिक क्षेत्रात एखादा महत्वाकांक्षी उद्योग वा उपक्रम सुरू करण्यासाठी अगोदर योग्य ती माहिती घेऊन, जी पूर्वी अहवाललेखनात नोंद करून ठेवली आहे. त्यानुसार अहवाललेखन करणे महत्त्वाचे ठरते.

(४) **नालंदा शिक्षण संस्थेचे, डॉ. बाबा साहेब आंबेडकर माध्यमिक विद्यालय आणि कला, विज्ञान उच्च माध्यमिक विद्यालय नांदेड जागतिक पर्यावरण दिन: वृक्षारोपण कार्यक्रम अहवाल**

दरवर्षीप्रमाणे यंदाही 'जागतिक पर्यावरण दिन बुधवार दि. ५ जून २०२० रोजी सकाळी आठ वाजता महाविद्यालयात साजरा करण्यात आला. यावर्षी जागतिक पर्यावरण दिनाच्या निमित्ताने कनिष्ठ महाविद्यालयात वृक्षारोपण कार्यक्रमाचे आयोजन करण्यात आले होते. महाविद्यालयाच्या पटांगणात वृक्षारोपणाचा कार्यक्रम संपन्न झाला.

वृक्षारोपण कार्यक्रम महाविद्यालयाच्या प्राचार्या डॉ. शीतल साने यांनी अध्यक्षस्थान भूषविले. शहरातील पर्यावरण प्रेमी आणि निवृत्त प्रशासकीय अधिकारी मा. श्री अर्जुन नवलेकर प्रमुख पाहुणे उपस्थित होते. कनिष्ठ महाविदयालयातील अध्यापक, शहरातील निमंत्रित नागरिक आणि विद्यार्थी मोठ्य संख्येने उपस्थित होते.

महाविद्यालयाच्या प्रांगणात असलेल्या 'गुलाब'फुलाच्या रोपाला पाणी देऊन कार्यक्रमाला आरंभ करण्यात आला. महाविद्यालयाचे जीवशास्त्र विभागचे प्रा डॉ. अनिल राऊते यांनी कार्यक्रमाचे प्रास्ताविक केले. जागतिक पर्यावरण दिनाचे महत्त्व प्रास्ताविकात नमूद केले. महाविद्यालयाचे आचार्य डॉ. आकाश परांजपे यांनी प्रमुख पाहुण्यांना शाल आणि तुळसीचे रोप देऊन स्वागत केले. बारावी कला शाखेची विद्यार्थी मृण्मयी डेकर हीने प्रमुख पाहुण्यांचा परिचय करून दिला.

यानंतर प्रमुख पाहुणे मा. श्री अर्जुन नवलेकर यांनी विदयार्थ्यांशी संवाद साधला. सर्वप्रथम त्यांनी उपस्थितांना पर्यावरण दिनाची माहिती दिली वेगवेगळ्या वृक्षांची नावेव उपयोग सांगितले. वृक्षांचे पर्यावरणातील महत्त्व ऐकताना उपस्थित श्रोते भारावून गेले होते. अर्जुन नवलेकर यांनी गोष्टीच्या माध्यमातून वृक्षांची उपयुक्तता अधोरेखित केली. औषधी वनस्पतींची महत्त्वाची माहिती त्यांनी भाषणातून सांगितली.

महाविद्यालयाच्या प्राचार्या डॉ. शीतल साने यांनी अध्यक्षीय भाषणात पर्यावरणाविषयी तज्ज्ञ व्यक्तींचे विचार सांगितले.

यानंतर उपस्थित सर्वजण वृक्षारोपणान सहभागी झाले. प्रथमत: प्रमुख पाहुण्यांच्या हस्ते आंबा आणि चिंच यांचे रोपण करण्यात आले. प्राचार्यांच्या हस्ते निलगिरीच्या रोपाचे

रोपण करण्यात आले. याववर्षीच्या वृक्षारोपण सोहळ्यात कनिष्ठ महाविद्यालयातील वर्ग प्रतिनिधींनी देखील वृक्षारोपण केले. गुलाब, मोगरा तुळस, जास्वंदी अशा फुलांच्या रोपांचे रोपण चार वर्ग प्रतिनिधींनी अनुक्रमे केले.

वृक्षारोपण कार्यक्रमाचे सूत्रसंचालन राहुल गोखले या बारावीतील विद्यार्थ्याने केले होते. भूगोल विभागातील प्रा गीता देशमुख यांनी उपस्थित सर्वांचे ऋण व्यक्त केले.

दोन तास सुरू असणाऱ्या कार्यक्रमाची सांगता वृक्षवल्ली आम्हा सोयरी वनचरे' या संत तुकाराम महाराजांच्या अभंग गायनाने करण्यात आली.

विभाग ५: व्याकरण लेखन

उत्तर ५.

(१) १. माणसं स्वत:चा छंद नेहमी विसरतात

२. लई हाड हैत तुझ्या अंगात!

(२)

सामासिक शब्द	विग्रह	समासाचे नाव
१. अक्षरानंद		कर्मधारय समास
२.	प्रत्येक ठिकाणी	अव्ययीभाव समास

(३) १. कर्तरी प्रयोग २. कर्तरी प्रयोग

(४) १. अतिशयोक्ती अलंकार २. अर्थान्तरन्यास

(५) १. Decoding २. Civil defence

(आ) **१. गर्दीचा भस्मासुर**

मागे एकदा एक सिनेमा पाहिला होता. त्यात नायक जगाला कंटाळून आत्महत्या करण्याचे ठरवितो आणि डोंगरावरून उडी मारण्यासाठी जातो. तेथे जाऊन पाहतो तो काय? जीव देणाऱ्या लोकांची भलीमोठी रांग लागलेली दिसते. त्याचा नंबर येईपर्यंत बराच वेळ जातो. तोपर्यंत त्याच्या मनातले विचार बदलतात. यातला अतिशयोक्तीचा भाग सोडला तरी जेथे जाऊ तेथे बेसुमार गर्दी हे आजचे वास्तव आहे.

दुकाने, शाळा, दवाखाने, हॉटेल्स, चित्रपटगृहे, बस-रेल्वे स्थानके सगळीकडे तुडुंब गर्दी आणि रांगा लागलेल्या दिसतात. माणसांना निवांतपणा हवा असतो आणि त्यासाठी ती नवनवीन ठिकाणे शोधत असतात. पण अल्पावधीतच त्या ठिकाणाचा पत्ता इतरांना लागतो आणि तेथे गर्दी ओसंडू लागते. देवाच्या देवळात तर शांतता औषधालाही उरलेली नाही. मनासारखे देवदर्शन आणि हृदयसंवाद देवळात करावा, अशी स्थिती राहिलेली नाही. आजकल भक्तीला जणू महापूर आला आहे. दर्शनासाठी मैलोन्‌मैल रांगा लागत आहेत आणि देवळातील गर्दीची बंदोबस्त करण्यासाठी पोलीस आणि सुरक्षाव्यवस्था तैनात करावी लागत आहे. पूर्वी गर्दीची काही मोजकी ठिकाणे होती. आता पाहावे तर गर्दी कुठेही आहे. सगळीकडे गर्दी झाल्यामुळे अपघातांचे प्रमाण वाढून स्मशानात अग्निसंस्कारासाठीही गर्दी वाढली आहे. ही माणसांची अनिवार गर्दी पाहून मर्ढेकरांसारखा कवी वारुळातून बाहेर पडणाऱ्या मुंग्यांचा अनुभव घेतो. लोकलमधून बाहेर पडणारा माणसांचा लोंढा बघून 'मी एक मुंगी, हा एक मुंगी! पाच येथल्या पाच फिरंगी' असे उद्‌गार कवी काढतो.

गर्दी करायला माणसांना कोणतेही कारण पुरते. धार्मिक कारण तर फारच संवदेनशील प्रकरण! तिथे कुणाला अडवता येतच नाही. त्यातूनच मांढरदेवी यात्रेतील अपघात, नाशिक कुंभमेळ्यात झालेली चेंगराचेंगरी अशा घटना घडतात, हजयात्रा किंवा कुंभमेळा चेंगराचेंगरी झाल्याशिवाय पूर्ण होतच नाहीत.

कुठे कपड्यांचा सेल लागला आहे, काही फुकट मिळते आहे असे कळले की, माणसे कशाचीही शहानिशा न करता तिकडे धावत सुटतात. फसवणूक करून घेतात, पण गर्दी करतात.

दहावी-बारावीचे निकाल लागले की, पुढच्या प्रवेशासाठी फॉर्म घ्यायला प्रचंड रांगा. पाऊस पडायला लागला की, तो पाहायला लोणावळा, महाबळेश्वर, ताम्हिणी घाट इथे गर्दी. थंडीचा मौसम आला की, पर्यटन स्थळांवर गर्दी! त्यामुळे होते काय की, निवांतपणाच्या अपेक्षेने माणूस बाहेर पडतो तो त्याला मिळत नाही आणि शेवटी घर बरे, असे त्याला वाटू लागते.

कधीतरी एखादा ढोंगी साधुबाबा तीर्थांने, भस्माने रोग बरे करतो असे प्रसिद्ध होते. त्या वेळी तर गर्दीचा महापूर लोटतो. लोकांच्या अंधश्रद्धेची कीव येते आणि आपल्या देशात किती पीडित लोक आहेत, या जाणिवेने मन अस्वस्थ होते.

गर्दी वाढण्याचे मुख्य कारण म्हणजे लोकसंख्येत झालेली प्रचंड वाढ. आज आपले राष्ट्र लोकसंख्येच्या दृष्टीने दुसऱ्या क्रमांकावर जाणे निश्चितच भूषणावह नाही. यातून अनेक समस्या निर्माण झालेल्या आहेत. त्या अधिक उग्र होत जाणार आहेत. अन्नधान्याचा तुटवडा, बेकारी, रोगराई, विषमता, कुपोषण, भ्रष्टाचार व प्रदूषण ही सगळी या 'गर्दी' नावाच्या विषवृक्षाची फळे आहेत. खाणारी तोंडे जास्त-अन्नधान्य कमी, काम करू शकणारे हात जास्त-कामे कमी. त्यामुळे बेकारी, सगळीकडे तीव्र जीवनकलह आणि जीवघेणी स्पर्धा असा सगळा असमतोल गर्दीमुळे झाला आहे.

''अशा येथल्या संसारात
जगण्याचाही चुकला पाढा
आणि शेवटी परिस्थितीचा
गळ्याखालती उत्तरे काढा''

हा अनुभव सर्वांनाच येत आहे. तो कडू काढा पिताना तोंड जसे कडवट होते तसे आंबट चेहरे करून 'जगण्याची सक्ती' सारे सहन करीत आहेत.

ही गर्दी कमी करायची असेल तर लोकसंख्या नियंत्रण आणि शिक्षण या दोन उपायांचा अवलंब केला पाहिजे. आज संख्यानियंत्रणाचे महत्त्व पटू लागले आहे. पण ते सुशिक्षित आणि विचारी लोकांना! झोपडपट्टीत आणि बकाल वस्तीत लोकसंख्या वाढतच आहे. कारण तेथे शिक्षणाचा अभाव आहे. त्या लोकांच्या प्रबोधनाची फार मोठी गरज आहे. तिथले आरोग्याचे आणि प्रदूषणाचे प्रश्न सोडविले पाहिजेत. नाही तर हीच गर्दी कधी उग्र रूप धारण करेल, सांगता येत नाही, गर्दीच्या असंतोषाचे रूपांतर क्रांतीत होते, हे आजवर इतिहासाने अनेक वेळा सांगितले आहे. गर्दीच्या शक्तीला विधायक वळण लावणारा कोणी चतुर योजक नसेल तर गर्दीचा भस्मासुर निर्दयपणे गर्दीला चिरडून टाकील.

२. कुष्ठरोग्यांचा आधार : बाबा आमटे

हाता-पायांची बोटे झडलेली, शरीरावरच्या जखमा लक्तरात कोंबलेले, भीक मागणारे, असहाय महारोगी पाहिले की, आपण चटकन त्यांच्यापासून चार हात दूर जातो. त्यांचा स्पर्श होऊ नये म्हणून आपण फार काळजी घेतो. परंतु या महाराष्ट्राच्या भूमीत असा एक महामानव होऊन गेला ज्याने या महारोग्यांना हृदयाशी धरले, त्यांना प्रेम दिले, व्याधीतून मुक्त केले आणि भीक न मागता कष्ट करून, स्वावलंबनाने आणि आत्मसन्मानाने जगायला शिकविले.

इ.स. १९१४ मध्ये नागपूर येथे त्यांचा जन्म झाला. त्या महामानवाचे नाव होते मुरलीधर देविदास आमटे. म. गांधी आणि रवींद्रनाथ टागोर यांच्या विचारांचा त्यांच्यावर मोठा प्रभाव होता. म. गांधी त्यांना 'अभय साधक' म्हणत. एकदा वरोऱ्याहून सफाई कार्यक्रम आटोपून येत असताना रस्त्याच्या कडेला मनुष्यत्वाच्या सर्व खुणा लुप्त झालेला, ज्याच्या सर्वांगात अळ्या वळवळत आहेत, असा माणूस त्यांनी पाहिला, त्याला पाहून ते शहारले. एक तरट त्यांच्या अंगावर टाकून ते घरी आले. आपल्या पत्नीला साधनाताईंना त्यांनी ही हकीकत सांगितली आणि स्वत:ला दूषणं दिली. हिंस्त्र श्वापदं, नामांकित मल्ल यांच्यासमोर शड्डू ठोकून उभे राहणारे आपले मन एका ओंगळ मांसाच्या गोळ्याला पाहून कचरले, याचे त्यांना मनोमन वैषम्य वाटले. त्याच रात्री त्यांनी पत्नीच्या साक्षीने कुष्ठरोग्यांच्या सेवेला जीवन वाहण्याचा संकल्प केला.

१९४९ साली काही मित्रांच्या साहाय्याने त्यांनी 'महारोगी सेवा समिती' या संस्थेची स्थापना केली. त्यानंतर सहा कुष्ठरोग्यांना बरोबर घेऊन आनंदवनाची निर्मिती केली. अपंगांसाठी, वृद्धांसाठी आश्रम असे एकापाठोपाठ एक भव्य प्रकल्प उभे केले. याच सुमारास त्यांनी श्रमाश्रमाचा अभिनव प्रयोग सुरू केला. सगळ्या जातीच्या लोकांनी एका ठिकाणी राहून खायचं. तो साम्यवादाचाच एक प्रयोग होता. महार, मांग, मेहेतर, चांभार, आणि बुरुड अशा अठरापगड जातींना बरोबर घेऊन हा अभिनव प्रयोग त्यांनी केला. सकाळी उठून प्रत्येक जगण आपल्या कामाला जाई. सर्वांची कमाई एकत्र करून त्यातून धान्य, मीठ-मिरची आणून एकत्र जेवण होते असे. अनाथ मुलासांठी त्यांनी गोकुळ हा प्रकल्प सुरू केला. आपल्या सर्व प्रकल्पांची सुरुवात उघड्या आणि बरड माळरानावर केली. गोम, विंचू, इंगळ्या आणि साप यांची मालकी त्या जागेवर होती. कार्यकर्ते आणि हे प्राणी यांना एकमेकांविषयी वाटणारी भीती हळूहळू कमी झाली. मग तिथे रानडुक्करं आणि वाघ यांनाही प्रवेश मिळाला. या सर्व कामात त्यांना पत्नी साधनाताईंची मनापासून साथ मिळाली. माळरानावरचा संसार त्यांनी फुलविला. माळरानाचं रूपांतर 'आनंदवनात' झालं. बाबांना प्रत्येक प्रकल्पात कष्टाची साथ मिळाली. अनाथ आणि पंगू मुलींच्या त्या माता बनल्या. खरोखर 'हे विश्वची माझे घर' अशा वृत्तीने त्या जगल्या. एकप्रकारे हे सतीचं वाणच होतं.

१९८५ साली बाबांनी शांतता आणि पर्यावरण रक्षणासाठी काश्मीर ते कन्याकुमारी 'भारत जोडो' आंदोलन छेडलं. या आंदोलनाचा दुसरा अध्याय १९८८ साली अरुणाचल ते ओखा असा पार पडला.

१९९० साली आनंदवनाचा कारभार आपला मुलगा विकास याच्या हाती सोपवून ते नर्मदेकाठी वास्तव्याला आले. तिथे त्यांचं जवळजवळ एक तप वास्तव्य होतं. पंजाबमध्ये खलिस्तावाद्यांची चळवळ जोरात होती, तेव्हा सलोखा निर्माण व्हावा, शांतता निर्माण व्हावी म्हणून ते पंजाबमध्येही गेले होते.

त्यांच्या या कार्यासाठी त्यांना रॅमन मॅगसेसे पुरस्कार, कुष्ठरोग्यांच्या क्षेत्रातील सर्वोच्च आंतरराष्ट्रीय पुरस्कार, 'डेमियन डटन', सी. व्ही. रामन पुरस्कार, पद्मश्री, म. गांधी पुरस्कार आणि डॉ. बाबासाहेब आंबेडकर असे पुरस्कार मिळाले. परंतु या पुरस्कारमुळे त्यांचा मोठेपणा वाढला नाही तर या पुरस्कारांची अधिक प्रसिद्धी झाली असे म्हणावे लागेल.

बाबा आमटे यांचे संवेदनशील मन कविता न करते तरच नवल होते. 'ज्वाला आणि फुले' हा त्यांचा काव्यसंग्रह खूप गाजला. रचनात्मक कार्याची आणि नवनिर्मितीची त्यांना इतकी ओढ होती की, दु:ख करायला आपल्याकडे वेळ नाही असं ते सांगतात. माणसांप्रती असलेली त्यांची संवेदना प्राण्यांबाबतही तितकीच हळुवार होती.

धाडस हा त्यांचा गुण केवळ व्यवहारातच दिसत नाही तर मनसुद्धा नवनवीन क्रांतिकारी, धाडसी विचारांनी भरलेले होते. कुष्ठरोगावर निर्माण केलेली नवीन लस, तिचा परिणाम पाहण्यासाठी त्यांनी आपल्या शरीरात टोचून घेतली. कुष्ठरोग्यांविषयीची तळमळ जशी यातून दिसते, तसंच असामान्य धैर्यही दिसून येतं.

आज आमटे यांची तिसरी पिढी आनंदवनात कार्यरत आहे. त्यांचा नातू दिगंत हा प्रकाश आमटे यांचा मुलगा. त्यानेही हेमलकशाच्या कार्यालया वाहून नेण्याचा संकल्प केला आहे. त्यामुळे आनंदवनाचं स्वरूपच पालटलं आहे. ते आता महारोग्यांच वसतिस्थान राहिलेलं नाही, तर एक प्रेरणास्थळ झालं आहे. देश-विदेशातून ते पाहायला हजारो लोक येतात. लंगड्या आणि थोट्या माणसांनी केलेली निर्मिती, एकमेकांना मिळविलेले बळ, एकमेकांचे पुसलेले अश्रू पाहून थक्क होतात. त्यांनी निर्माण केलेल्या वस्तू निर्यात केल्या जातात. या सगळ्याचं श्रेय बाबा आमटे या महामानवाकडे जातं. त्यांना सावलीसारखी साथ देणाऱ्या साधनाताईंकडे जातं. त्या दोघांनाही विनम्र अभिवादन!

३. बेकार तरुणाचे मनोगत!

'एवढा मोठा घोडा झाला तरी चार पैसे मिळवायची अक्कल नाही. नुसता खायला कहार आणि धरणीला भार!' परवापर्यंत माझ्या भुकेच्या वेळा काटेकोर सांभाळणारी माझी आई! माझं शिक्षण संपून वर्ष संपलं तरी मला नोकरी मिळेना, हे पाहून असं बोलू लागली आणि वडिलांनी बोलणंच बंद केलं, घरात आलो की, घुसमटल्यासारखं होतं मला कोणी मोकळेपणाने बोलत नाही की मला काही सांगितलं जात नाही. घरातलं दिसेल काम करतो आणि पानात पडेल ते खातो!

या बेकारीमुळे अशी भयंकर उपेक्षा मी सध्या अनुभवत आहे. मला तरी बेकार राहण्याची हौस आहे का? नोकरीसाठी मीही रोज वणवण फिरतो आहेच. रोज वर्तमानपत्र आलं की, आधी जाहिराती पाहतो. मला योग्य असेल अशा ठिकाणी अर्ज करतो, दहा जाणांना भेटून येतो. त्याची गरज आहे ते शिकत राहतो. परंतु आधी जाहिरातीच कमी येतात. कुठे संगणकातले विशिष्ट

ज्ञान आवश्यक असते तर कुठे फाडफाड इंग्रजी बोलण्याची गरज असते. कुठे लाख-दोन लाखांची छुपी मागणी असते. काही ठिकाणी सही दहा हजारांवर आणि हातावर तीन हजारच ठेवणार असं सांगितले जाते. इतकी शरम वाटते. अशा वेळी वाटतं की, हॉटेलात कपबशा विसळणारा मुलगाही आपल्यापेक्षा जास्त कमवत असेल तर आपण इतकं शिकलोच कशाला? गवंड्याच्या हाताखाली काम करणाराही रोज २००/- बिगारी घेतो. त्याच्यापेक्षाही आपली किंमत कमी असावी? मन संताप आणि निराशेने नुसतं भरून जातं.

नोकरी मागायला गेलो की, पहिला प्रश्न अनुभव किती आहे? तुम्ही नोकरी दिल्याशिवाय अनुभव येणार असा? कोणीतरी एकदातरी विश्वास नको का ठेवायला? एवढीशी तरी संधी नको का द्यायला?

माझ्या बरोबरीच्या बऱ्याच मित्रांना नोकऱ्या मिळाल्या. कुणी आपल्या घरच्या धंद्यात कक्ष घातलं. नोकरी न मिळालेला असा मी एकटाच उरलो. त्यामुळे मित्रांकडेही जावंसं वाटत नाही. त्यांच्या बोलण्याचे विषय आता वेगळे झाले आहेत. घरातल्याही कुठल्या लग्न अथवा अन्य समारंभात मला जावंसं वाटत नाही. कारण कोणी भेटलं की, 'हल्ली काय करतो?' हा पहिला प्रश्न ठरलेला. मग नोकरी नाही म्हटलं की, कुणाची कुत्सित नजर, कुणाची कोरडी सहानुभूती, कुणाचे अनाहूत सल्ले यामुळे हैराण होणे मी! त्यापेक्षा घुबडासारखं तोंडल पवून घ्यावं असं मला वाटतं. पैसाच माणसाची किंमत ठरवितो हे सत्य मी सध्या पचवितो आहे. द्रौपदीचं वस्त्रहरण होत असताना पितामह भीष्म दु:शासनाला अडवू शकले नाहीत. त्याचं स्पष्टीकरण त्यांनी 'अर्थस्य पुरुषो दास:' अस दिलं होतें. त्या प्रसंगातलं गांभीर्य, वास्तव आज कला कळतं आहे.

आजूबाजूच्या परिस्थितीने, घरात मिळणाऱ्या वागणुकीने मी दुखावलो गेलो आहे निराश झालो आहे, हे खरंच! मलासुद्धा आता पदवीचं भेंडोळं घेऊन नोकरीची भीक मागायचा कंटाळा आला आहे. आपली शिक्षणपद्धती कूचकामी आहे, हेही आता समजतं आहे. शिक्षणाने माणसाला आत्मज्ञान आलं पाहिजे, माणूस स्वावलंबी झाला पाहिजे असं राधाकृष्णन सांगून गेले. शिक्षणाचा उपयोग समाजासाठी झाला पाहिजे असं शिक्षणतज्ज्ञ म्हणतात. यातली एक तरी गोष्ट साध्य होतीय का? का नाही आम्हाला पुस्तकी सिद्धान्ताबरोबर थोडं-थोडं व्यवसाय शिक्षण दिलं? का नाही सोपी-सोपी व्यावसायिक कौशल्यं/विचार शिकविली? व्यवसायाशी सांगड घालणारं शिक्षण आम्हाला का नाही मिळत? करून-करून डोकं भणाणून जातं.

हे असंच आणखी काही दिवस चाललं ना, तर माझा आत्मविश्वास कमी होईल. अशी भीती मला वाटते. म्हणून आता मिळेल ते पहिलं काम स्वीकारून मी माझा स्वत: वा व्यवसाय सुरू करणार आहे. त्याबद्दल माझ्या डोक्यात अनेक कल्पना आहेत. मला स्पर्धेला तोंड द्यावं लागेल, खूप कष्ट करावे लागतील. पहिल्यांदा पैसे कमी मिळतील आणि लोकांची टीकाही सहन करावी लागेल याची मला कल्पना आहे. पण मी माझ्या निश्चयापासून ढळणार नाही आणि कोणी कसंही बोललं तरी विचलित होणार नाही. परवाच मी विठ्ठल कामतांचं 'इडली, ऑर्किड आणि मी' हे पुस्तक वाचलं, त्यात त्यांनी सांगितलेले अनुभव मी कायम लक्षात ठेवणार आहे. हळूहळू मला जे साध्य करायचं ते मी करणार आहे.

४. ग्रंथ हेच गुरू

"सर्व शंका आणि अज्ञानं जो हरण करतो तो गुरू", अशा अर्थाचं एक संस्कृत सुभाषित आहे. या अर्थाने 'ग्रंथ हेच गुरू' असं जे म्हटलं जातं ते बरोबरच आहे. ग्रंथांच्या वाचनाने माणूस ज्ञानी होतो, प्रगल्भ होतो. आपल्या अनेक प्रश्नांची उत्तरं ग्रंथवाचनाने मिळू शकतात. अनेक विषयांची माहिती, ज्ञान, रंजक कथा, बोधकथा, चरित्र, आत्मचरित्र, प्रवासवर्णनं यांच्या वाचनाने माणसाचं व्यक्तिमत्त्व समृद्ध होतं, इतिहास तर आपल्याला ग्रंथातूनच समजावून घ्यावा लागतो. कारण ऐतिहासिक व्यक्ती तर काळाच्या पडद्याआड गेलेल्या असतात. 'ग्रंथ आणि ग्रंथालये ज्ञानाची सदावर्ते आहेत', असं म्हटलं जातं ते खरं आहे.

गुरूची आपल्याल्या सदैव सोबत असते. मार्गदर्शन असतं. आपण कोठे चुकत असू तर गुरू आपल्याला योग्य मार्ग दाखवितात. ग्रंथ गुरूची ही भूमिकाही प्रामाणिकपणे बजावतात. ज्याला वाचायला आवडतं त्याला आयुष्यात कधीही एकटं वाटत नाही. त्याचा फुरसतीचा वेळ अगदी मजेत जातो. पुस्तकातल्या विषयाशी त्याची गट्टी जमते. त्यातल्या अनुभवांशी तो एकरूप होतो. त्याला एकाकीपणाचाच नव्हे तर सगळ्या दु:खांचा, व्यथांचा विसर पडतो.

अर्थात, वाचण्यावर विचार करण्याची क्रिया झाली पाहिजे. पुस्तकातल्या माहितीचा उपयोग आपली जाण वाढविण्यासाठी झाला पाहिजे. ग्रंथातले चांगले विचार प्रत्यक्ष कृतीत आले पाहिजेत. जगातल्या थोर व्यक्तींनी हेच केलं. महात्मा गांधी, डॉ राधाकृष्णन आणि डॉ. आंबेडकर यांनी काही ग्रंथांचं ऋण मानलं आहे. त्यातल्या विचारांनी ते झपाटले आणि त्या विचारांना कृतीची जोड त्यांनी दिली. त्यामुळे त्यांच्या हातून महान कार्य झालं.

ग्रंथामध्ये समाजपरिस्थितीचं प्रतिबिंब पडलेलं असतं. त्या-त्या काळातले ग्रंथ वाचून आपण त्या वेळची सामाजिक परिस्थिती, प्रथा आणि परंपरा जाणून घेऊ शकतो, तसंच समाजाचं प्रबोधन करण्याची फार मोठी ताकद ग्रंथांमध्ये असते. वृत्तपत्रीय लिखाण असू दे नाही तर कविता, नाटक, कादंबरी असो. कोणताही वाङ्मयप्रकार असू दे, समाज-परिवर्तनाचं साधन म्हणून साहित्य खूप प्रभावी ठरतं. स्वातंत्र्यपूर्व काळात टिळकांच्या 'केसरी' तल्या लेखांनी ब्रिटिश सरकारला धडकी भरवली होती. शि.म. परांजपे यांच्या 'काळ' मधल्या उपरोधिक भाषेने भारतीयांना त्यांच्या गुलामगिरीची जाणीव करून दिली होती. ह. ना आपटे यांच्या 'पण लक्षात कोण घेतो?' या कादंबरीने हिंदू धर्मातल्या घराघरातल्या विधवांचं दु:ख वेशीवर टांगलं आणि कुसुमाग्रजांच्या 'गर्जा जयजयकार' या कवितेने क्रांतिकारकांच्या मनातला स्फुल्लिंग धगधगीत केला. आचार्य अत्र्यांच्या 'नवयुग', 'मराठा' मधल्या लेखांनी संयुक्त महाराष्ट्राच्या चळवळीत मोलाची कामगिरी बजावली आणि मुंबई महाराष्ट्रातच राहिली. प्रत्येक काळात गीता हा ग्रंथ तर समाजाला दीपस्तंभाप्रमाणे मार्गदर्शन करीत राहिला

आहे. असं ग्रंथाचं अपार ऋण आपल्यावर असतं. निरपेक्षपणे आणि मूकपणे ग्रंथ मानवजातीची सेवा करतात. मानवी गुरूला गुरुदक्षिणा देऊन अंशत: उतराई होता येतं. ग्रंथांच्या ऋणातून कसं उतराई व्हायचं ?

काही गोष्टी करता येण्यासारख्या आहेत. ग्रंथप्रसारासाठी मदत करायची ग्रंथातले विचार कृतीत आणायचे, ग्रंथ स्वत: विकत घेऊन वाचायचे, ग्रंथ चांगल्या प्रकाराने हाताळायचे. ग्रंथाची अनेक भाषांमध्ये भाषांतरं करण्यासाठी प्रयत्न करायचे. आपल्याबरोबर आणखी चार जणांना ग्रंथाची गोडी लावून आनंदात सहभागी करून घ्यायचं. तरच ग्रंथाकडून आपण जे काही घेऊ त्यांची थोडीशी परतफेड केल्यासारखं होईल. ज्ञानदेवांनीही पसायदानात–

''आणि ग्रंथोपजीविये। विशेषी लोकी इये
दृष्टादृष्ट विजये। होआवे जी।।''

असं लिहून ग्रंथ हेच ज्यांचं उपजीवन आहे, त्यांना इह आणि पारलौकिक जगात वैभव लाभो, असं मागणं मागितलं आहे. धर्म संस्कृती आणि इतिहास यांना जिवंत ठेवण्याचं काम ग्रंथांनीच केलं आहे. जे-जे गुरूकडून मिळणं शक्य आहे ते-ते सर्व ग्रंथ देतात म्हणून ग्रंथ हे आपले गुरू होत.

५. मोबाईल (फोन) : शाप की वरदान?

गाडी चालवित असताना मोबाईलवरून बोलणं हा गुन्हा आहे. त्यासाठी कायदा करून शिक्षेची तरतूद केली आहे. तरीही आज मोबाईल एका हाताने कानाला लावून हाताने भन्नाट गाडी चालविणारे तरुण पाहिले की, काळजाचा ठोका चुकतो. कोणत्याही नाटकाला, मैफलीला, कार्यक्रमाला सुरुवात करण्याआधी संयोजक प्रेक्षकांना आपले मोबाईल बंद करण्याचं आवाहन करतात. ही शिक्षेची व्यवस्था, ही विनंती मोबाईलच्या वापराच्या अतिरेकाचा दुष्परिणाम दर्शविणारी आहेत. खरोखर दूरसंचार व्यवस्था शाप आहे की वरदान, हा विचार करायला लावणारी परिस्थिती आज निर्माण झालेली आहे.

विज्ञानातल्या ज्या शोधामुळे जग जवळ आलं, त्यातला दूरध्वनी हा महत्त्वाचा शोध. जगाच्या एका टोला असलेला माणूस क्षणात दुसऱ्या टोकवर असलेल्या माणसाशी संपर्क साधू शकतो, ही थक्क करणारी क्रांती होती. त्यामुळे माहितीच्या देवाण-घेवाणीचा आवाका खूप वाढला. दूर असलेल्या आपल्या प्रिय व्यक्तीचा आवाज सहज ऐकता येत असल्यामुळे अंतराचा दुरावा सुसह्य झाला. नैसर्गिक आपत्ती ज्या आधी कळू शकतात त्याबद्दलची माहिती सर्वांना लगेच कळविता येण्याची सोय झाली. त्यामुळे मोठी जीवित आणि वित्तहानी टाळता येऊ लागली. रेल्वे आणि विमानं वेळेवर सुटणार की उशीर होणार, त्यात जागा आहे किंवा नाही ही माहिती बसल्याजागी मिळू लागली. महानगराच्या गर्दीत, बस-लोकलच्या जाळ्यात सोडलेल्या आपल्या एकट्यादुकट्या मुलाच्या आई-बापांना आज फोनचा केवढा आधार वाटतो. चटकन आपलं लेकरू कोठे आहे, हे माहीत करून घेता येतं. एकूणच फोनमुळे भावनिक आणि भौतिक अशी जी सोय झाली आहे त्याला तोड नाही.

साध्या डायल फोनपासून मोबाईलपर्यंत झालेले बदल विलक्षण झपाट्याने झाले. विशेषत: ८० सालानंतर मोबाईलप्रसार झंझावाताप्रमाणे होत असलेला दिसतो. दोन-तीन वर्षांपूर्वी मोबाईल एक क्रेझ, एक प्रतिष्ठा होती. आज ती अनिवार्य गरज झालेली आहे. धुण्याभांड्यांची कामं करणाऱ्या बायका सर्वांच्याच हातात मोबाईल असतो. दूरसंचारचा हा सर्वसंचार सर्वांनी सहज स्वीकारला आहे. त्यातलं नावीन्य आता संपलं आहे. आपल्या जीवनाचं तो एक अविभाज्य अंग झालेला आहे आणि इथेच तो धोक्याची घंटी बाजवू लागला आहे.

आजकाल एखाद्या लग्नसमारंभाची किंवा कार्यक्रमाची आमंत्रणं फोनवरून केली जातात. त्यात खूप सोय होते, दगदग वाचते. वाहनांच्या वापरात बचत होऊन प्रदूषण कमी होतं, पण ही माणसं प्रत्यक्ष भेटतात तेव्हाही त्यांच्यामध्ये फोन असतोच. डॉक्टर रुग्णाशी अगदी महत्त्वाचं बोलतात तेव्हा त्यांच्या खिशातला फोन वाजतो आणि इकडे पेशंटचा जीव टांगणीला लागतो. बरं, बोलणाऱ्या त्या परिस्थितीची कल्पना नसते. त्याच्या अघळपघळ गप्पा एखाद्याला धाम फोडत असतात.

वाहनं चालविताना तर मोबाईलवर बोलणं स्वत:च्या आणि दुसऱ्याच्या जीवालाही धोकादायक ठरतं. तोच प्रकार शाळा-कॉलेजात शिक्षक शिकवत असताना मोबाईल सुरू ठेवण्याचा. त्यालाही कायद्याने बंदी आणली आहे. विद्यार्थ्यांप्रमाणेच ती शिक्षकांनाही बंधनकारक आहे. प्रत्येक व्यवसायात या साधनाने प्रचंड सोय होते आणि प्रचंड अडचणीही निर्माण होतात. पेपरफुटीचे प्रकार आज वारंवार घडताना दिसतात. त्यामागे हे प्रभावी साधन आहे. बॉंबस्फोट प्रकरणात मोबाईलने गुन्हेगारांना विलक्षण मदत केलेली आहे. तसेच अनेक गुन्हे शोधून काढण्यासाठीही तितक्याच तत्परतेने मदत केलेली आहे. एक गोष्ट एकाच वेळी अनेकांना कळविण्यासाठी किती उपयुक्त आहे फोन! 'जे जे आपणांसी ठावे। ते ते दुसऱ्यासी सांगावे शहाणे करून सोडावे। सकल जन।' या संतवचनाची पूर्तता करायला साहाय्यभूत ठरणारं साधन त्याच तत्परतेने अश्लील संदेश, अंधश्रद्धा जोपासणाऱ्या (गणपती दूध पितो, एखाद्या मूर्तीच्या डोळ्यांतून पाणी येते) गोष्टीही जगभर कळवितं.

म्हणूनच हे साधन वापरणारा माणूस विवेकी आणि तारतम्य असलेला पाहिजे. सगळ्याच विज्ञानाची स्थिती भस्मासुरासारखी आहे. त्यावर नियंत्रण ठेवलं नाही तर तो सर्वनाशच करणार. दूरसंचार हेसुद्धा विज्ञानाचं शक्तिमान, सर्वदूर प्रभार असलेलं असं अपत्य आहे. पण त्याचा वापर माणसाच्या हातात आहे. याच्या साहाय्याने सगळं जग जरी मुठीत ठेवता आलं तरी याला मुठीत ठेवलं नाही तर सगळंच तुमच्या हातातून निसटून जाणार आहे. म्हणूनच त्याचा वापर करणारा अधिक जबाबदार, समंजस आणि प्रगल्भ पाहिजे; तरच ते वरदान ठरेल.

●●

SAMPLE PAPER-2

Marathi

Questions

विभाग १:गद्य

प्रश्न १.

(अ) पुढील उताऱ्याच्या आधारे सूचनेनुसार कृती करा.

एका पर्यटकाच्या नजरेतून सुरू केलेला सात दिवसांचा प्रवास–लेह, नुब्राव्हॅली, पँगाँग लेक आणि सरतेशेवटी द्रास, कारगिल! आता शेवटचा टप्पा शिल्लक होता. कारगिल आणि द्रास! सोबत असलेला लडाखी ड्रायव्हर स्टानझिन पाच वर्षांपूर्वी घडलेल्या कारगिल युद्धाच्या आठवणींना उजाळा देत होता. गाडी पुढे जात होती. आम्ही द्रासला पोहोचलो. शासकीय विश्रामगृहात दोन खोल्या मिळाल्या.

सकाळी उठून लांबूनच दिसणाऱ्या टायगर हिलच्या सुळक्यांचं दर्शन घेतलं. थोड्याफार मिळालेल्या माहितीमुळे १९९९ साली इथे काय उत्पात घडला असेल, ह्या कल्पनेनंही अंगावर काटा आला. निःशब्द अवस्थेतच तोलोलिंगच्या पायथ्याशी बांधलेल्या 'ऑपरेशन विजय'ज्या स्मारकापर्यंत पोहोचलो. समोर दिसणारा तोलोलिंग, डावीकडे नजर गेली, की दिसणारा रौकीनॉब, हंप, इंडिया गेट, थ्री पिपल, टायगर हिलचा सुळका, त्याच्या बाजूचा पॉईंट ४८७५-भारतीय जवानांनी काबीज केलेल्या शिखरांची रांग. होय, याच मातीतून धूळ अंगावर घेत उंच १६००० फुटांवर बर्फाच्छादित शिखरांवर, शत्रूच्या तोफा पहाडावरून आग ओकत असताना ह्या भयाण पर्वतांवर आमचे धैर्यधर अथक चढत राहिले होते.

मृत्यू समोर दिसत असतानाही त्याच्या जबड्यात हात घालून मृत्यूलाच आव्हान देणारी बावीसतेवीस वर्षांची तेजोमय स्फुल्लिंग होती ती! ज्यांना आशीर्वाद द्यायचे, त्यांच्यासमोर नतमस्तक होऊन सलामी देणं किती कष्टप्रद आहे, ह्याची जाणीव झाली. थरथरत्या हातांनी, डबडबलेल्या डोळ्यांनी त्या स्मारकाला सलाम केला.

(१) (i) लेखिकेच्या सात दिवसाच्या प्रवासातील महत्त्वाची ठिकाणे

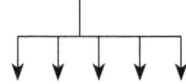

(ii) तोलोलिंगच्या पायथ्याशी असलेले स्मारक.

(२) ऑपरेशन विजय स्मारकाची वैशिष्ट्ये लिहा.

(३) थरथरत्या हातांनी व डबडबलेल्या डोळ्यांनी 'ऑपरेशन विजयच्या' स्मारकाला सलाम केला. कारण स्पष्ट करा.

किंवा

'ऑपरेशन विजय स्मारक 'पाहून लेखिकेच्या मनातील सैनिकाविषयीच्या भावना तुमच्या शब्दांत लिहा.

(आ) पुढील उताऱ्याच्या आधारे सूचनेनुसार कृती करा.

दातदुखीच्या काळात माझी सहनशक्ती फार खलास झालेली असते. दाते किंवा दातार ह्या दातांशी जवळीक दाखवणाऱ्या माणसांनाही भेटू नये असे वाटते!

माझ्या दातदुखीचे आणखी एक वैशिष्ट्य असे, की माझ्या विव्हळण्याने शेजारीपाजारी गोळा होतात आणि माझ्या दाताच्या अध्यक्षतेखाली दातदुखी, ती का होते, टाळावी कशी आणि झाल्यावर कोणते उपचार करावेत यावर एकदातारी परिसंवाद होतोच. उपस्थित वक्ते मोठ्या हिरिरीने त्यात भाग घेतात. हीच मंडळी मोठ्याने बोलतात, की माझे विव्हळणे त्यात बुडून जाते. माझा अनुभव असा, की दातदुखीवरील चर्चेने दातदुखी मुळीच कमी होत नाही! दातदुखीवरील खूप उपचार मला पाठ झाले आहेत. माझा दात दुखू लागला, की मी बायकोला त्यातले काही उपचार करायला सांगतो आणि तीही आपले काही उपचार करते. अशी मिळून २०-२५ प्रकारची औषधे, बोळे माझ्या दातामागे लागतात. चार दिवसांनी दात दुखायचा थांबतो दातामागे लागतात. चार दिवसांनी दात दुखायचा थांबतो. कशामुळे थांबला याचा शोध करायच्या मी भानगडीत पडत नाही. दात दुखणे थांबल्याचे कळल्याबरोबर परिसंवादातील सगळे वक्ते आपलाच उपचार लागू पडला की नाही याची खात्री करून घेण्यासाठी येतात. मी कुणाचेही मन दुखवत नाही. प्रत्येकाला त्याने सुचवलेल्या उपायानेच गुण आल्याची कबुली देऊन मोकळा होतो. सगळे खूश होतात. दंतआघाडीवर सर्वत्र सामसूम होते. एखाद दुसरा महिना जातो आणि पुन्हा तोच दात, तोच ठणका आणि तेच उपचार यांचा पुन्हा प्रयोग होतो.

या सगळ्याला कंटाळून शेवटी मी दाताचा प्रश्न कायमचा सोडवण्याच्या दृष्टीने तो दातच काढून टाकण्याचा निर्धार जाहीर केला. अनेकांचा सल्ला घेऊन आणि अनेक दंतवैद्यांचे चेहरे पाहून त्यातल्या त्यात बऱ्यापैकी दंतवैद्य गाठला. का कुणास ठाऊक; पण माझी अशी समजूत झाली, की ज्याचे दात चांगले असतील असाच दंतवैद्य शोधणे बरे. यापूर्वी आयुष्यात दंतवैद्याशी कसलाही संबंध आला नव्हता. आणि तेच ठीक होते असे संबंध आल्यावर वाटले. मी त्याला भेटून सारी दंतकथा सांगितली. दात काढून टाकण्याचा माझा विचार दंतवैद्याबाबत आमचे मतैक्य झाल्यावर पुढचा मार्ग सरळ होता. फक्त दात काढायलाही पैसे द्यावे लागतात याचे वाईट वाटले; पण मग माझी मीच समजूत घातली याचे वाईट वाटले; की आपण डोक्याचे केस मुळासकट काढत नाही तरी पैसे देतो, मग दात मुळासकट काढण्यासाठी पैसे दिले तर काय बिघडले?

(१) (i) 'दाताशी जवळीक दाखवणारी माणस

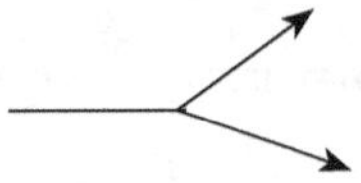

(ii) परिसंवादातील विषय

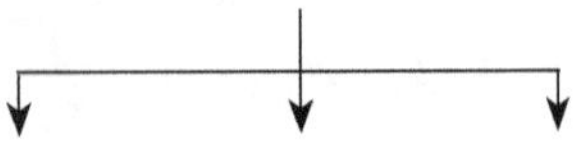

(२) लेखकाच्या दातदुखीची वैशिष्ट्ये लिहा.

(३) 'दातदुखीवरील परिसंवाद' याविषयी लेखकाचा अनुभव तुमच्या भाषेत लिहा.

किंवा

लेखकाचा दात काढून टाकण्याचा विचार तुमच्या भाषेत लिहा.

(इ) **दिलेल्या उताऱ्याच्या आधारे प्रश्नाची उत्तरे लिहा.**

आत्मविश्वासासारखी दुसरी दैवी शक्ती नाही. आम्ही आमच्यातील आत्मविश्वास गमावता कामा नये. उदा., कुस्ती खेळण्यासाठी अखाड्यात उतरलेल्या पहिलवानाने दुसऱ्याच्या ठणठणीत दंड थोपटण्याने घाबरून गर्भगळित झाल्यास त्याच्या हातून काहीतरी होणे शक्य आहे काय? मी तर नेहमी असे म्हणत असतो, की मी जे करीन ते होईल. अर्थात, मी हे सर्व आत्मविश्वासावर अवलंबून म्हणत असतो. माझ्या या म्हणण्यामुळे काही लोक मला घमंडखोर, प्रौढीबाज वगैरे दूषणें देतील; परंतु ही प्रौढी अगर घमंड नसून आत्मविश्वासमुळेच मी हे म्हणू शकतो. मी मनात आणीन तर सव्वा लाखाची गोष्ट सहज करीन. गरिबीच्या दृष्टीने विचार करता आजच्या गरिबांतील गरीब विद्यार्थ्यापेक्षा माझी त्यावेळी मोठी चांगली सोय अगर मला इतर अनुकूलता होती असे नाही. मुंबईच्या डेव्हलपमेंट डिपार्टमेंटच्या चाळीत दहा फूट लांब व दहा फूट रुंद अशा खोलीत आईबाप, भावंडे यांच्यासह राहून एका पैशाच्या घासलेट तेलावर अभ्यास केला आहे. इतकेच नव्हे तर अनेक अडचणींना व संकटांना त्याकाळी तोंड देऊन मी जर एवढे करू शकलो तर तुम्हांस आजच्या साधन-सामुग्रीने सज्ज असलेल्या काळात अशक्य का होईल? कोणताही मनुष्य सतत दीर्घोद्योगानेच पराक्रमी व बुद्धिमान होऊ शकतो. कोणीही मनुष्य उपजत बुद्धिमान अगर पराक्रमी उपजू शकत नाही. मी विद्यार्थिदशेत इंग्लंडमध्ये असताना ज्या अभ्यासक्रमास ८ वर्षे लागतात तो अभ्यास मी २ वर्षे ३ महिन्यात यशस्वी तऱ्हेने पुरा केला. हे करण्यासाठी २४ तासांपैकी २१ तास अभ्यास करावा लागला आहे. जरी माझी आज चाळीशी उलटून गेली असली तरी मी २४ तासांपैकी सारखा १८ तास अजूनही खुर्चीवर बसून काम करत असतो. दीर्घोद्योग व कष्ट करण्यानेच यशप्राप्ती होते.

(१) (i) व्यक्तीच्या दीर्घोद्योगाचा परिणाम

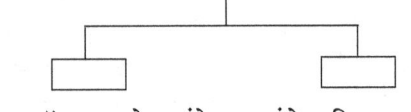

(ii) डॉ. बाबासाहेब आंबेडकर यांचे व्यक्तित्व गुण

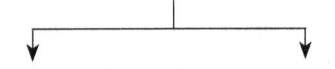

(२) व्यक्तीच्या जीवनातील 'आत्मविश्वासाचे' स्थान स्पष्ट करा.

विभाग २: पद्य

प्रश्न २.

(अ) **पुढील कवितेच्या आधारे सूचनेनुसार कृती करा.**

रंगुनी रंगांत साऱ्या रंग माझा वेगळा!
गुंतुनी गुंत्यांत साऱ्या पाय मांझा मोकळा!
कोण जाणे कोठुनी ह्या सावल्या आल्या पुढे;
मी असा की लागती ह्या सावल्यांच्याही झळा!
राहती माझ्यासवें हीं आसवें गीतापरी;
हें कशाचें दु:ख ज्याला लागला माझा लळा!
कोणत्या काळीं कळेना मी जगाया लागलों
अन् कुठे आयुष्य गेलें कापुनी माझा गळा!
सांगती 'तात्पर्य' माझें सारख्या खोट्या दिशा;
''चालणारा पांगळा अन् पाहणारा आंधळा!''
माणसांच्या मध्यरात्रीं हिंडणारा सूर्य मी:
माझियासाठी न माझा पेटण्याचा सोहळा!

(१) **पुढील अर्थाच्या ओळी कवितेतून शोधून लिहा.**

(i) सर्वामध्ये मिसळूनही मी माझे वेगळेपण जपतो.

(ii) हे कोणते अनामिक दु:ख आहे की ज्याला सदैव माझ्याविषयी प्रेम वाटते

(२) गुंतुनी गुंत्यात साऱ्या पाय मांझा मोकळा' असे कवी का म्हणतात? तुमच्या भाषेत लिहा.

(३) 'समाजात स्वत:चे वेगळेपण जपण्यासाठी प्रयत्न करावेच लागतात या विधानाचा तुम्हाला समजलेला अर्थ लिहा.

(आ) 'रडू नकोस खुळे, उठ!
आणि डोळ्यातले हे आसू
सोडून दे शेजारच्या तळ्यात
नि घेऊन ये हातात
नुकतीच उमललेली शुभ्र कमळाची प्रयत्न फुले'
या ओळीतील विचार सौंदर्य तुमच्या भाषेत लिहा.

(इ) 'सरी वाफ्यात कांदं लावते
बाई लावते
नाही कांदं ग जीव लावते
बाई लावते
काळ्या आईला हिरवं गोंदते
बाई नांदते
रोज मातीत मी ग नांदते
बाई नांदते'
या कवितेतील भाषा सौंदर्य स्पष्ट करा.

किंवा

'समुद्र कोंडून पडलाय गगनचुंबी इमारतींच्या गजांआड.
तो संत्रस्त वाटतो संध्याकाळी : पिंजारलेली दाढी झिंज्या.
हताशपणे पाहत असतो समोरच्या बत्तिसाव्या मजल्यावरील

मुलाकडे,
ज्याचं बालपण उंचच उंच पण अरुंद झालंय
आणि त्याची त्याला कल्पनाच नाही.
समुद्राच्या डोळ्यांत थकव्याचं आभाळ उतरत येतं
आणि शिणून तो वळवतो डोळे
इमारतींच्या पलीकडच्या रस्त्यावर थकलेल्या माणसांचे पाय,
बसचीं चाकं
—या काव्यपंक्तीचे रसग्रहण करा.

विभाग ३: साहित्यप्रकार-कथा

प्रश्न ३.

(अ) दिलेल्या उताऱ्याच्या आधारे सूचनेनुसार कृती करा.

प्रारंभी एखादी शिकवण देण्यासाठी, बोध देण्यासाठी कथालेखन केले गेले. नंतर-नंतर मनोरंजन करण्यासाठी किंवा एखादा विचार, भावना, चित्ताकर्षक घटना वाचकांपर्यंत पोहोचवण्यासाठी कथा लिहिल्या जाऊ लागल्या.

कथेत घटना असतात, कथानक असते, तिच्यात पात्रे असतात. स्थळ, काळ, वेळ यांचाही उल्लेख कथेत असतो. कथेच्या विषयानुसार तिच्यात विशिष्ट वातावरणही असते आणि समर्पक अशी निवेदनशैलीही असते. कथेतील पात्रांच्या परस्परसंबंधातून निर्माण झालेले ताणतणाव, संघर्ष, गुंतागुंतही कथेत असते आणि या सर्वांचा एक उत्कर्षबिंदूही (क्लायमॅक्स) असतो कथेत! अर्थात या सर्व घटकांनी युक्त अशा कथेला समर्पक शेवटही असतो तसेच एक सुयोग्य आणि उत्तम शीर्षकही असते.

थोडक्यात सांगायचे तर....कथा म्हणजे....

'एका विशिष्ट स्थळकाळी पात्रांच्या परस्परसंबंधातून घडलेल्या घटनांचे एखाद्या विशिष्ट हेतूने केलेले उत्कंठावर्धक चित्रण म्हणजे कथा'.

अर्थात प्रत्येक कथेत हे सर्वच घटक असतीलच आणि त्यांचे प्रमाणही सारखे असेल असे म्हणता येणार नाही. एखाद्या कथेत पात्रांना प्राधान्य असेल तर एखाद्या कथेत प्रसंगांना. कधी लेखकाचा दृष्टिकोन अधिक महत्त्वाचा असू शकतो तर एखादी कथा वातावरणनिर्मितीचा हेतू लक्षात घेऊन लिहिली जाऊ शकते. तीच गोष्ट विचारांची आणि भावनांचीही असू शकते. थोडक्यात, कथा म्हणजे केवळ प्रसंगांचे वर्णन नव्हे, केवळ व्यक्तींचे चित्रण नव्हे, निव्वळ दृष्टिकोन किंवा एकाच विचाराचा परिपोष नव्हे, तर कथा म्हणजे पात्रे, प्रसंग, संघर्ष, गुंतागुंत, वातावरण, विचार, भावना, निवेदनशैली अशा सर्वांचे एक सुसंघटित प्रकटीकरण होय.

(१) (i) कथा लिहिली जाते कारण (ii) कथा म्हणजे

(२) कथेचे स्वरूप तुमच्या भाषेत लिहा.

(आ)

(१) (i) 'शोध' कथेच्या नायिकेचे स्वभावचित्र तुमच्या भाषेत लिहा.

किंवा

'पाखरानं पयले पंख पारखावं आन् मंग उळाव' 'असे बापू गुरुजी का म्हणत असतील ते तुमच्या भाषेत लिहा.

(ii) ''स्वत:चा स्वतंत्र मेंदू घेऊन जन्माला आलेला जीव दुसऱ्याचे ऐकते त्याचक्षणी तो स्वत:च अस्तित्व, निसर्गाने जगाकडे पाहण्याची दिलेली स्वतंत्र नजर हरवून बसतो'' या विधानाबाबत तुमचे विचार लिहा.

किंवा

'गढी' पाठाच्या शीर्षकाची समर्पकता पटवून द्या.

(२) 'शोध' ही कथा सुप्रसिद्ध कथालेखक व.पु. काळे लिखित असून 'मी माणूस शोधतोय' या त्यांच्या कथा संग्रहातून ती घेतली आहे. के. ई. एम. हॉस्पिटलमध्ये काम करणारी अनु इनामदार ही या कथेतील केंद्रवर्ती भूमिका असून संपूर्ण कथानक या व्यक्तिरेखाभोवती फिरते.

किंवा

सुप्रसिद्ध कथालेखिका डॉ. प्रतिमा इंगोले लिखित 'गढी' ही वैशिष्ट्यपूर्ण व्यक्तिचित्रणात्मक कथा त्यांच्याच 'अकसिदीचे दाने' या कथासंग्रहातून घेतली आहे.

विभाग ४: उपयोजित मराठी

प्रश्न ४.

(अ) पुढीलपैकी कोणत्याही दोन प्रश्नांची उत्तरे लिहा.

(i) मुलाखत घेताना कोणत्या गोष्टी कराव्यात?

(ii) 'माहितीपत्रक म्हणजे अप्रत्यक्ष जाहिरात असते' विधान स्पष्ट करा.

(iii) अहवाललेखन करताना लक्षात घ्यावयाच्या बाबी लिहा.

(iv) वास्तवदर्शी लेखन हा अहवालाचा आत्मा आहे, हे विधान स्पष्ट करा.

(आ) पुढीलपैकी कोणत्याही दोन प्रश्नांची उत्तरे लिहा.

(i) माहिती पत्रकाची वैशिष्ट्ये पुढील मुद्‌द्यांना धरून स्पष्ट करा.

(अ) आकर्षक मांडणी (ब) भाषा शैली

(ii) अहवाललेखन करताना लक्षात घ्यावयाच्या दोन बाबी सोदाहरण स्पष्ट करा.

(iii) वस्त्रदालनासाठी माहितीपत्रक तयार करा.

(iv) मुलाखत घेताना मुलाखतीचा मध्य यशस्वी होण्यासाठी कोणती काळजी घेतली पाहिजे उदाहरणासह लिहा.

विभाग ५: व्याकरण व लेखन

प्रश्न ५.

(अ) कंसातील सूचनेनुसार कृती करा.

१) (i) वृक्षवेली आपल्याला केवढा तजेला, केवढा विरंगुळा देऊन जातात! (विधानार्थी करा)

(ii) तुम्ही लष्कराचं मनोबल खूप वाढवत आहात (उद्गारार्थी करा)

(२) पुढील सामासिक शब्दांसमोर समासाचे नाव लिहा.

(i) सद्गुरू (ii) सुईदोरा

(iii) चौघडी (iv) जलदुर्ग

(३) पुढील वाक्यातील प्रयोग ओळखा.

(i) राजाला नवीन कंठहार शोभतो.

(ii) मुख्याध्यापकांनी इयत्ता दहावीच्या गुणवंत विद्यार्थ्यांना बोलावले.

(४) पुढील ओळीतील अलंकार ओळखून त्याचे नाव लिहा.

(i) सागरासारखा गंभीर सागरच!

(ii) मुंगी उडाली आकाशी
तिने गिळिले सूर्यासी

(५) जोड्या लावा:

अ	ब
(क) इरावती कर्वे	(i) गभरेशीम
(ख) दुर्गा भागवत	(ii) मर्ढेकरांची कविता
(ग) इंदिरा संत	(iii) पैस
(घ) विजया राजाध्यक्ष	(iv) युगान्त
	(v) सौन्दर्यानुभव

(आ) पुढीलपैकी कोणत्याही एका विषयावर २०० से २५० शब्दांत निबंध लिहा.

१. समुद्रकिनाऱ्यावरील संध्याकाळ

२. पक्षीप्रेमी डॉ. सलीम अली

३. फाटक्या पुस्तकाचे मनोगत

४. स्त्री-पुरुष समानता: स्वप्न व वास्तव!

५. फॅशनचे वेड

Answer Key

विभाग १: गद्य

उत्तर १.

(अ)

(१) (i)

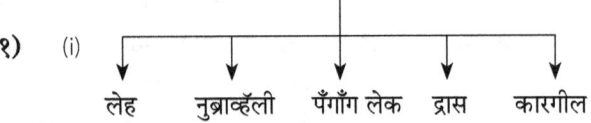

लेह
नुब्राव्हॅली
पँगाँग लेक
द्रास
कारगील

(ii) ऑपरेशन विजय

(२) 'ऑपरेशन विजय' स्मारकाची वैशिष्ट्ये हे पुढीलप्रमाणे सांगता येतील.

(i) 'ऑपरेशन विजय' हे स्मारक तोलोलिंगच्या पायथ्याशी बांधलेले आहे.

(ii) ऑपरेशन विजय स्मारकासमोर तोलोलिंग आणि डावीकडे रॉकीनॉब, हंप, इंडिया गेट, थ्री पीपल, टायगर हिलचा सुळका तसेच त्याच्या बाजूला असणारा पॉईंट ४८७५ भारतीय जवानांनी काबीज केलेली शिखराची रांग दिसते.

(iii) शत्रूच्या तोफा पहाडावरून आग ओकत असतानाही १६००० फूट बर्फाच्छादित शिखरांवर चढून शत्रूशी झूंज देत होते.

(३) तोलोलिंग, इंडिया गेट, टायगरहिल आणि, त्याबाजूलाच पॉईंट ४८७५ हे भारतीय जवानांनी काबीज केलेली शिखरांची रांग इथेच शत्रू पहाडावरून तोफाच्या आग ओकत असतानाही भयाण पर्वतावर म्हणजेच १६००० फूट उंचीच्या बर्फाच्छादित शिखरावर चढून भारतीय जवान शत्रूशी लढत होते. मृत्यू समोर दिसत असतानाही त्याच्या जबड्यात हात घालून मृत्युलाच आव्हान देणारी ही बावीसतेवीस वर्षांचे जवान म्हणजेच तेजोमय स्फुल्लिंग होती. लेखीकेच्या दृष्टीने खरे तर त्यांना आशीर्वाद द्यायचे परंतु त्यांच्या वीरश्रीच प्रतीक म्हणून जे 'ऑपरेशन विजय स्मारक' बांधले आहे त्यांच्यासमोर नतमस्तक होऊन थरथरत्या हातांनी व डबडबलेल्या डोळ्यांनी सलाम केला.

किंवा

इ. स. २००४ मध्ये पर्यटक म्हणून लडाखला गेलेल्या लेखिकेला १९९९ मधील कारगील युद्ध आपल्यापर्यन्त पोहोचले नसल्याची खंत वाटते त्यानंतर विजयस्तंभाच्या साक्षीने पुढील पाच वर्षे त्या भूमीवर जाऊन सर्व वीरांना सलामी देण्याची शपथ घेऊन त्यांच्या शपथपूर्तीच्या वाटेवरील प्रवास आणि या प्रवासातील त्यांचे अनुभव लेखिकेने या पाठामध्ये रेखाटले आहेत.

तोलोलिंगच्या पायथ्याशी ऑपरेशन विजय स्मारकाशी लेखिका पोहोचली तेव्हा समोरच तोलोलिंग, रॉकीनॉब, इंडिया गेट, थ्री पिपल, टायगर हिलचा सुळका आणि त्या बाजूलाच असलेला पॉईंट ४८७५ पाहिल्यानंतर भारतीय जवानांनी हिच काबीज केलेली शिखरांची रांग दिसली. याच मातीतून धूळ अंगावर घेत घेत १६००० फूट उंची असलेल्या बर्फाच्छादित शिखरांवर शत्रूच्या तोफा पहाडावरून आग ओकत असताना भयाण अशा पर्वतावर धैर्यधर अथक चढत राहिले होते. अगदी मृत्यू समोर दिसत असताना मृत्यूच्या जबड्यात हात घालून मृत्यूलाच आव्हान देणारी बावीस तेवीस वर्षाची ती तेजोमय स्फूल्लिंग होती. ज्यांना आशीर्वाद द्यायचे त्यांच्याचसमोर नतमस्तक होऊन सलामी देणेही लेखिकेला कष्टप्रद वाटत होते. कारण ऐन तारुण्यातच या

तरुणांनी देशासाठी प्राण अर्पण केले होते. अशाप्रकारे 'ऑपरेशन विजय स्मारक' पाहून लेखिकेच्या मनात सैनिकांविषयी भावना जागृत झाल्या होत्या.

(आ)

(१) (i) → दाते
→ दातार

(ii)
- दात दुखी का होते
- ती कशी टाळावी
- दातदुखी झाल्यावर कोणते उपचार करावेत?

(२) लेखकाच्या दातदुखीची वैशिष्ट्ये पुढीलप्रमाणे सांगला येतील.

(i) दातदुखीच्या काळात लेखकाची सहनशक्ती खलास झालेली असते.

(ii) दातदुखीमुळे होत असलेल्या लेखकाच्या विव्हळण्याने शेजारीपाजारी गोळा होतात.

(iii) लेखकाच्या दातदुखीच्या वेळी लेखकाच्याच दाताच्या अध्यक्षतेखाली दातदुखी का होते? ती कशी टाळावी? आणि दातदुखी होत असेल तर त्यावर कोणते उपचार करावेत यावर एक परिसंवाद होतो.

(iv) लेखकाच्या दातदुखीच्या परिसंवादात उपस्थित वक्ते मोठ्या उत्साहाने भाग घेतात. व एवढ्या मोठ्याने बोलतात की त्यात लेखकाचे विव्हळणे बुडून जाते.

(३) सुप्रसिद्ध लेखक, नाटककार वसंत सबनीस लिखित 'दंतकथा' हा विनोदी ललितलेख असून तो सबनीशी या ललितलेखसंग्रहातून घेतला आहे. दंतकथा म्हणजे कल्पित कथा किंवा दाताशी संबंधित अशी कथा असून दाताचे दुखणे फारच त्रासदायक असते. त्यातील गांभीर्य लक्षात घेऊन दातदुखी विषयीचे अनुभव वा प्रसंग लेखकानी नर्मविनोदीशैलीत टिपले आहेत.

दातदुखीमुळे लेखक जसजसे विव्हळू होऊ लागतात तसतसे शेजारीपाजारी गोळा होतात. आणि लेखकाच्याच दाताच्या अध्यक्षतेखाली.

दातदुखी का होते?
ती कशी टाळवी? आणि

झालीच तर त्यावर कोणते उपचार करावेत? याविषयी परिसंवाद होतो. उपस्थित वक्तेही मोठ्या आनंदाने, उत्साहाने त्यात भाग घेतात. मोठमोठ्याने चर्चा करतात. या गोंधळात लेखकाचे विव्हळणे बुडून जाते. शिवाय या चर्चेमुळे लेखकाची दातदुखी थांबत नाही. हा लेखकाचा अनुभव असून दातदुखीवरील अनेक असे उपचार लेखकचे पाठ असून त्यातले काही उपचार लेखकाच्या पत्नीनेही केलेले आहेत. त्यापैकी २०-२५ प्रकारची औषधे, बोळे लेखकाच्या दातामागे लागतात आणि चार दिवसांनी दाती दुखायचा थांबतो. तो कशामुळे थांबला याचा शोध लेखक घेत नसले तरी लेखकाचे दातदुखणे थांबले आहे हे कळताच परिसंवादातील प्रत्येक वक्त्याला आपण सांगितलेल्या उपचारामुळे दातदुखी थांबली असावी याची ते खात्री करून घ्यायला येतात आणि लेखकही कोणाचे मन न दुखावता आपल्याच तीचाराने दातदुखी थांबल्याची कबुली देतात. त्यामुळे परिसंवादातील सर्व वक्ते खूश होतात. अशाप्रकारे दातदुखी वरील परिसंवादाचा अनुभव लेखकास येतो.

किंवा

दंतकथा हा एक विनोदी ललितलेख असून या ललितलेखाचे लेखक वसंत सबनीस आहेत. मानवी जीवनात कधीना कधी दातदुखीसारखा वेदनादायी प्रसंग हा उद्‌भवल्यानंतर प्रत्येक व्यक्तीला हा जीवघेणा त्रास सहन करावा लागतोच. मात्र दातदुखीसारखा गंभीर विषय असला तरी त्या अनुभवाकडे लेखक विनोदीशैलीतून पाहतात व त्या अनुभवाचा प्रत्ययही विनोदीशैलीतूनच लेखक आपणास देतात.

लेखकाच्या दातदुखीमुळे शेजारचे सर्वजन गोळा होतात. लेखकाच्याच दाताच्या अध्यक्षतेखाली परिसंवाद घेतात. परिसंवादात मोठमोठ्याने चर्चा होते. या दातदुखीच्या चर्चेमध्ये दातदुखीची कारणे शोधली जातात व त्यावरील उपचारासंबंधी चर्चा करून काही उपचार लेखकास सांगतात. अनेक उपचारानंतर लेखकाची दातदुखी थांबते. ही दातदुखी थांबल्याचे परिसंवादातील भाग घेतलेल्या मंडळींना समजतय ते आपण सांगितलेल्या उपचारांनी दातदुखी थांबली का याची खात्री करण्यासाठी लेखकाकडे येतात आणि लेखकही प्रत्येकाला त्यांच्याच उपचारांनी दातदुखी थांबल्याचे सांगून त्यांनाही खूश करतात.

शांततेमध्ये एखादा महिना जातो आणि पुन्हा दातदुखीला सुरुवात होते. या सर्व गोष्टीला कंटाळून शेवटी लेखक दात काढून टाकण्याचा निर्धार करतात व अनेकांचा सल्ला घेऊन अनेक दंतवैद्याचे चेहरे पाहून त्यातल्यात्यात बऱ्यापैकी दंतवैद्य गाठला मात्र लेखकाने ज्या दंतवैद्याचे दात शाबूत असतील अशाच दंतवैद्याला दात काढण्यासाठी निवडले याचे महत्त्वाचे कारण म्हणजे यापूर्वी आयुष्यात दंतवैद्याशी कसलाच संबंध नव्हता दंतवैद्याला भेटून लेखकने आपली दंतकथा सांगितली आणि लेखकाने दात काढून टाकण्याचा केलेला विचार दंतवैद्याला आवडला दोघांचेही मतैक्य झाले. मात्र दात काढायलाही पैसे द्यावे लागतात याचे लेखकास वाईट वाटते परंतु डोक्याचे केस मुळासकट काढत नसला तरी त्यास आपण पैसे देतो मग दात मुळासकट काढण्यासाठी पैसे दिले तर काय बिघडले अशी स्वतःची समजूत करून घेतली. अशाप्रकारे लेखकाने दात काढून टाकण्याचा विचार केला.

(इ)

(१) (i)
- आत्मविश्वास
- कष्टाळूवृत्ती

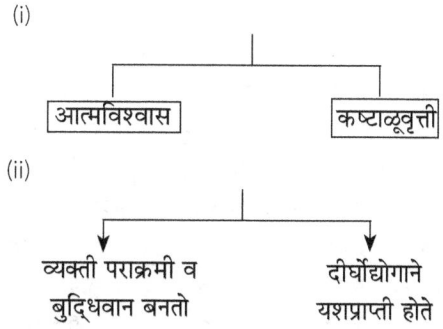

(ii)
- व्यक्ती पराक्रमी व बुद्‌धिवान बनतो
- दीर्घोद्योगाने यशप्राप्ती होते

(२) भारतरत्न डॉ. बाबासाहेब आंबेडकर लिखित नमुना गद्य आकलन– 'आत्मविश्वासो रखी शक्ती नाही' या पाठात आत्मविश्वासाचे महत्त्व सांगितले आहे. प्रत्येक व्यक्तीमध्ये आत्मविश्वास असतो मात्र काहींना ते समजतच नाही आणि म्हणूनचते आपल्या आयुष्यात एखाद्या गोष्टीला यश नाही आले तर ते आपल्या नशिबाला दोष देतात. त्यासाठी त्यांनी आपला आत्मविश्वास न गमावता सतत प्रयत्नशील राहिले पाहिजे. जीवनामध्ये कोणतीच व्यक्ती जन्मत: बुद्धिमान वा पराक्रमी नसते कारण या दोनही गोष्टी प्रयत्नानेच साध्य कराव्या लागतात. मात्र त्यासाठी आळस झटकून प्रत्येकाने दीर्घोद्योगी बनले पाहिजे कारण दीर्घोद्योग हा माणसाला बुद्धिवान व पराक्रमी बनवत असतो आणि म्हणूनच ज्या व्यक्तीमध्ये आत्मविश्वास असतो त्या व्यक्तीला सर्व गोष्टी सहज शक्य होतात. जो सतत प्रयत्नशील असतो, स्वत:तील आत्मविश्वासावर विश्वास असतो तो प्रत्येक गोष्ट साध्य करतो किंबहुना प्रत्येक गोष्टीत त्याला यश प्राप्त होते. उदा. ज्येष्ठ समाजसेवक बाबा आमटे यांनी केलेली आनंदवनाची निर्मिती आणि म्हणूनच प्रत्येक व्यक्तीच्या जीवनात आत्मविश्वास अनन्य साधारण महत्त्व आहे. हे महत्त्व स्वत:चा आत्मविश्वास गमावून कमी करू नये, तर तो चिरंतन टिकवल्यास त्यावरच माणसाचे यश अवलंबून असते. अशाप्रकारे व्यक्तिजीवनात आत्मविश्वासाला स्थान असते.

विभाग २: पद्य

उत्तर २.

(अ) (१)

(१) (i) रंगुनी रंगात साऱ्या रंग माझा वेगळा।
गुंतुनी गुंत्यातं साऱ्या पाय माझा मोकळा।

(ii) राहती माझ्यासवे ही आसवें गीतांपरी;
हे कशाचें दु:ख ज्याला लागला माझा लळा!

(२) कविवर्य गद्य सम्राट सुरेश भट यांनी 'रंग माझा वेगळा' ही गझल लिहिली असून ही गझल 'रंग माझा वेगळा' या गझल संग्रहातून घेतली आहे.

समाजामध्ये, आपल्या भोवताली असणारी माणसे अनेकविध प्रवृत्तीची असतात. सामाजिक विषमतेत जगणारे लोक, सभोवतालची माणसे, नात्यातिली, नात्याबाहेरची, भावनिक, व्यवहारी अशा अनेकविध माणसांमध्ये गुंतागुंत होत असते आणि जीवनाच्या अनेकविध रंगात रंगून जात असतानाही मी माझे अस्तित्व जपले आहे, माझा रंग वेगळा आहे. इथे कवीला आपल्या व्यक्तिमत्त्वाची ओळख होते आहे. सर्वव्याप्त असणारे हे आपले व्यक्तिमत्त्व अनाकलनीय असामान्य आहे आणि म्हणूनच या सर्वांमध्ये मी गुंतत असलो तरी 'पाय' माझा मोकळा आहे. समाजात आपण सर्वत्र वावरत असलो तरीही आपली ओळख वेगळी आहे ती आपल्या अस्तित्वामुळेच. आणि म्हणून 'गुंतूनी गुंत्यात साऱ्या पाय माझा मोकळा' असे कवी म्हणतात.

(३) कविवर्य गझलकार सुरेशभट लिखित 'रंग माझा वेगळा' या गझलमध्ये समाजामध्ये स्वत:चे वेगळेपण जपण्यासाठी प्रयत्न करत असताना जे अनुभव आले ते अनुभव व्यक्त केले आहेत. समाजाचा घटक म्हणून समाजातच वावरत असताना आपले आयुष्य जगत असता आपले वेगळेपण जपण्यासाठी प्रयत्न करावेच लागतात. उदा. सुरेश भट हे पत्रकार, संपादक म्हणून कार्यरत असतानाच ते एक उत्तम कवी होते. त्यांनी मराठी साहित्य दालनात 'गझल' हा काव्यप्रकार पुनर्जिवित करून तो लोकप्रिय केला. त्यांनी अन्यायाखाली भरडला जाणारा समाज, सुख सुविधांपासून वंचित असलेला समाज आणि सुखसुविधांपासून दूर असलेला समाज याच्या प्रश्नांना वाचा फोडण्याचे कार्य केले. त्यांना न्याय देण्यासाठी आपला संघर्ष चालू ठेवला. तसेच 'मी' ची मानहानी करणारे, माणसांची दुटप्पी वृत्ती, स्वार्थी–ढोंगीपणा, समाजातील मूल्यहीनता त्यांनी आपल्या साहित्यातून प्रकट केली. या प्रश्नांशी अंतर्मुख होऊन अशा समाजाविरुद्ध आवाज उठविला. मात्र समाजातील स्वार्थी लोकांनी कवीबद्दल 'सार' सांगताना, तात्पर्य सांगताना दिशाभूल केली आहे. असे असताना स्वत:चे वेगळेपण जपणाऱ्या कवीचा स्वत:च्या कर्तृत्वावर अढळ विश्वास असल्यानेच अशा नैराश्य अंध:काराने ज्यांचे आयुष्य व्यापलेले आहे. त्यांच्यासाठी आपण मध्यरात्रीचा सूर्य बनून उभे आहोत हे त्यांच्या व्यक्तिमत्त्वातील सामर्थ्य, आत्मविश्वास विविध प्रतिमांतून व्यक्त होताना दिसून येते. पुढे त्यांच्या आयुष्यातील काळरात्र घालवून प्रकाश निर्माण करण्यासाठी अखंडितपणे आपण संघर्ष करणार असल्याचेही कवी स्पष्ट करतात. अशाप्रकारे स्वत:चे वेगळेपण जपण्यासाठी प्रयत्न करावेच लागतात. या विधानाचा अर्थ सांगता येईल.

(आ) सुप्रसिद्ध कवयित्री हिरा बनसोडे यांनी या कवितेत स्त्रीच्या आयुष्यातील स्थित्यंतराचा वेध घेताना कवयित्री ने या कवितेत स्त्रीच्या व्यथा शब्दबद्ध केल्या आहेत. ही या कवितेची मध्यवर्ती कल्पना असून सहज आरशात पाहताना कवितेतील नायिकेच्या गावकाळाच्या स्मृती जागृत होऊन संवाद सुरू होतो तो अंतर्मनाचा प्रत्यक्ष मनाशी आणि अंतर्बाह्य झालेला बदल दिसतो. चैतन्यमयी, अल्लड, बालपण, तेजस्वी तारुण्यामधली स्वप्ने, ध्येय कुठल्याकुठे गायब होतात. परंतु गतआयुष्याबद्दल आरशात पाहणाऱ्या स्त्रीला काहीच वाटत नाही, ती मागे वळून पाहते ते स्थितप्रज्ञाच्या भूमिकेतून. मात्र तिला इथे प्रश्न पडतो की आपल्यात ही स्थितप्रज्ञा आली कुठून?

बालपणी छोट्या गोष्टीतून मिळणारा आनंद कुठेतरी हरवल्याची तिला जाणीव होते. आरशातील स्त्री या व्यथांबद्दल भावना व्यक्त करत नसली तरी आरशाबाहेरील स्त्रीला म्हणजेच तिच्या प्रतिमेला आरशातील स्त्रीची भावना अस्वस्थ करते. तिच्या मनाची चलबिचल स्थिती पाहून तिचे अंतर्मन आरशातील स्त्रीला सावरते, जवळ घेते आणि तितकेच अधिकारवाणीने ती तिला तिच्यातील नवचैतन्याची, जिद्दीची, आत्मविश्वासाची जाणीव करून देते. ती डोळ्यातील आसवे तिला शेजारच्या तळ्यात सोडून देण्यास सांगते आणि याच तळ्यात उमललेली शुभ्र कमळाची प्रसन्न फुले घेऊन येण्यास सांगते.

डोळ्यातील आसवे हे निराशेचे प्रतीक असून ही मनातील निराशा दूर फेकून देवून भवतालच्या अवकाशातून नवचैतन्य घेऊन पुन्हा एकदा आत्मविश्वासाने, जिद्दीने, सामर्थ्याने या सर्वांवर मात करावी हे नवउमेदीचे भान आरशाबाहेरील स्त्रीमध्ये म्हणजेच

कवितेतील नायिकेमध्ये 'आरशातील स्त्री' (नायिकेचे अंतर्मन जागृत करते. तिला उमेदीने जगण्यासाठी प्रेरित करते.

संवादात्मक शैलीतून कवयित्रीने केलेला हा भावनाविष्कार समाजव्यवस्थेतील स्त्रीच्या स्थानाविषयीची अनुभूती घडवतो. संसारामुळे गांजून गेलेली स्त्री ही स्वत:च्या मनाचा, इच्छेचा, स्वप्नांचा, ध्येयाचा कसा कोंडमारा करून घेते म्हणजेच तिला जर मानसिक व शारीरिक आधार मिळताच ती आपल्या मरगळलेल्या मनाची कात टाकून पुन्हा नवचैतन्याचे प्रेरित होऊन पुन्हा जिद्दीने कशी उभी राहते याची अनुभूती येते. डोळ्यातले आसू. शेजारचे तळे, कमळाची फुले अशा शब्दप्रयोगामुळे आशयालाही गतिमानता प्राप्त होते. संवादातील तरलता अधिक प्रभावी व गहिरी होत जाते आणि स्त्री. जाणीवेच्या मनातील विविध पैलू उलगडून स्त्री मनाशी एकरूप होतात. हेच कवितेचे आणि कवयित्रीचे यश म्हणावे लागेल.

(इ) 'सरी वाक्यात कांदं लावते

.......बाई नांदते.

'रोज मातीत' या कवितेच्या कवयित्री कल्पना दुधाळ असून 'सीझर करं म्हणतेय माती' या काव्यसंग्रहातून ही कविता घेतली आहे. भारतीय कृषी समृद्धीतील कष्टकरी स्त्रीचे योगदान कसे महत्त्वाचे आहे हा विचार येथे व्यक्त केला आहे.

प्रस्तुत ओळींचा वाच्यार्थाच्या दृष्टीने विचार करता 'शेतीची मशागत करून सरी-वाफ्यात कांदे लावते आहे मात्र कष्टकरी स्त्री ही कांदे लावण्याचे काम करत नसून कांद्याच्या रोपाच्या रूपात जणू काही स्वत:चा जीवच लावते आहे. जमिनीला जीवापाड जपते तेव्हा कुठे ती जमीन हिरव्या रोपांनी सजते आहे. जमिनीत लावलेल्या रोपांची हिरवी पान पाहून आपण सरी वाफ्यात लावलेली रोपे म्हणजेच काळ्या आईला गोंदतो आहे असे वाटते. या गोंदणाच्या रूपात तिला तिच्या भाळावरील गोंदणाची आठवण येते आहे आणि शेतातही गोंदणासारखी सर्वत्र नक्षी दिसते आहे.

येथे कवयित्रीच्या मनातील भावनांचा संवेदनशील आविष्कार होताना दिसतो. तिला त्या कष्टकरी महिलेचे आत्मसमर्पण दिसत असून ती जीव लावते म्हणजेच तहान भूक विसरून, उन्हातान्हात ती स्वत:ला विसरते. कष्ट करत आहे ते केवळ संपूर्ण शेतकरी कुटुंबाला अर्थप्राप्ती व्हावी, सुख-समृद्धी लाभावी यासाठी. त्यामुळेच 'गोंदण' ही प्रतिमा संवेदनशील कल्पनेच्या मुळाशी आपणास घेऊन जाते. जमीन, गोंदण, सरी, वाफा, जीव, माती अशी प्रतिमाने प्रतीके योजून आशयही आपणास वैचारिक पातळीवर घेऊन जातो. अशाप्रकारे ही कष्टकरी शेतकरी महिला शेतीशी इमानप्रमाण राखत नांदते आहे. आपल्या कुटुंबातील व्यक्तींना सुख-समाधान देते आहे. संसारालाही हातभार लावते आहे.

किंवा

समुद्र कोंडून पडलाय.....

...... बसची चाकं

सुप्रसिद्ध कवी वसंत आबाजी डहाके लिखित 'समुद्र कोंडून पडलाय' या कवितेतील पद्यपंक्ती असून 'शुभवर्तमान' या त्यांच्या काव्यसंग्रहातील ही कविता आहे ही कविता चित्रकविता म्हणून प्रसिद्ध असून ती 'मुक्तछंद' या काव्यप्रकारात लिहिली आहे. महानगर अथवा शहरीवस्तीतील धावते जीवन आणि त्याची एकूणच धावती दैनंदिन जीवनशैली, तेथील समाजव्यवस्था, व त्या समाजव्यवस्थेत आपले मूळ बळकट करणारे अविश्वास, दहशत, दुरावा, असुरक्षितता, भीती, या समाजविघातक गोष्टींचा मानवी मनावर होणारा परिणाम याचे वास्तव चित्रण येथे पाहावयास मिळते.

महानगरातील राहणीमान दिवसेंदिवस कठीण होत असून तेथील बेसुमार वाढती लोकसंख्या, राहण्यासाठी जागेचा अभाव त्यामुळे उंचच उंच गगनचुंबी इमारतींचे वाढते प्रमाण हे महानगराच्या, शहराच्या दृष्टीने चिंतेचा विषय ठरतेय. अशा या महानगरीत समुद्रासारखे अथांग जीवन लहान मुलांच्या रूपात दिसून येते. अशा या गतिमान समाजव्यवस्थेचे दुष्परिणाम लहान मुलांवर होताना दिसतात.

अथांग जीवनाचे प्रतीक असा हा समुद्र गगनचुंबी इमारतींच्या गजाआड कोंडून पडला कारण वाढती दहशत, असुरक्षितता, भीती त्यामुळे तेथील लहान मुलांना स्वातंत्र्य असे मिळत नाही. खेळण्याचेही त्यांना स्वातंत्र्य नाही. बाग नाही, जागा नाही, अंगनही नाही, त्यामुळे केविलवाण्या, आक्रसल्या स्थितीत आपले बालपण व्यतीत करणाऱ्या या लहानमुलांकडे पाहून त्यांच्या मनोविश्वाचा आणि गतिमान समाजव्यवस्थेचा विचार करून बत्तिसाव्या मजल्यावरील मुलाकडे पाहिले असता या अथांग जीवनाला अतिशय त्रासल्यासारखे वाटते. महानगरीतल्या या बालविश्वाचा विचार करून त्याचा चेहरा त्रासला आहे. दाढी अन् केस प्रमाणापेक्षा जास्त वाढून त्याच्या झिंज्या झाल्या आहेत. तरीही तो हताशपणे बत्तिसाव्या मजल्यावरील मुलाकडे पाहतो तेव्हा त्याच्या मनात येते की या मुलाचे बालपनही इमारतीसारखे उंचच उंच वाढत आहे. तसेच त्याचा विकास होण्याच्या कक्षाही अरुंद होत आहेत. त्याच्या या विकासात्मक कक्षा समाजव्यवस्था हिरावून घेत आहे. हे त्याला तरी कसे समजणार शिवाय याची कल्पनाही त्याला नसणार या विचाराने तो थकून, शिणून जातो आणि नजर वळवतो तेव्हा त्याला इमारतीच्या पलीकडच्या रस्त्यावर दिसतात थकलेल्या माणसाचे पाय आणि बसची चाकं. माणसाचे पाय आणि बसची चाकं ही महानगरातील मानवी जीवनाच्या गतीमानतेचे प्रतीक असून ते या रस्त्यावरून माणसांची ने-आण करत आहेत. शिवाय दिवसभर काम करून संध्याकाळी थकले भागलेले पाय परत घराकडे जाताना या रस्त्यावर दिसत आहेत.

रस्ता न थांबणारा, न संपणारा, बसची चाके सतत धावणारी, माणसांचे पायही न थकता चालणारी असे रस्त्यावरच्या दृश्याचे समर्पक चित्रण केले आहे. 'चाक' ही निर्जीव, असंवेदनशील तरीही जीवनाचा अविभाज्य भाग बनतात. थोडक्यात ही कविता अबोध व्याकुळतेचा सूर आळवणारी, साधी-सोपी, चिंतनात्मक ही तीची वैशिष्ट्ये असून ती समुद्राच्या वेदनेशी नाते जोडते, बेसुमार लोकसंख्येने अस्ताव्यस्त वाढत जाणाऱ्या शहरातील दहशत, जीवनातील अस्थिरता, मानवी दु:ख, पराधीनता, असुरक्षितता, भीती, अविश्वास, दुरावा आणि असंवेदनशीलतेबद्दल भाष्य केले आहे. तसेच बालमनाबद्दलही अंतर्मुख होऊन विचार

करण्यास प्रवृत्त करणारी ही कविता वास्तवतेचे मनोज्ञ दर्शन घडविते गगणचुंबी इमारत, बत्तिसावा मजला, अथांग समुद्र, आभाळ, बसची चाकं ही या महानगरीचे वास्तव रूप प्रकट करणाऱ्या प्रतिभा असून 'चेतनगुणोक्ती' या काव्यालंकाराचा, समर्पक विशेषणांचा आणि सूचक शब्दयोजनांचा पत्ययकारी वापर केला आहे.

विभाग ३: साहित्यप्रकार—कथा

उत्तर ३.

(अ) (१)

(i) एखादा विचार, भावना, चित्ताकर्षक घटना वाचकांपर्यन्त पोहोचविण्यासाठी वातावरण निर्मितीचा हेतू लक्षात घेऊन कथा लिहिली जाते.

(ii) कथा म्हणजे एका विशिष्ट स्थलकाली पात्रांच्या परस्परसंबंधातून घडलेल्या घटनांचे एखाद्या विशिष्ट हेतूने केलेले उत्कंठावर्धक चित्रण.

(२) कथ् म्हणजे सांगणे, निवेदन करणे. 'कथ्' या मूळ धातूपासून 'कथा' हा शब्द रूढ झाला आहे. भारतात 'कथा' या साहित्यप्रकाराला मोठी परंपरा असून सुरुवातीला कथेतून एखादी शिकवण, बोध दिला जात असे मात्र नंतर मनोरंजनासाठी वा एखादा विचार, भावना, घटना वाचकांपर्यन्त पोहोचविण्यासाठी कथा लिहिली जाऊ लागली.. अशाप्रकारच्या कथेत कथानक, घटना, पात्रे असतात. तसेच स्थळ-काळ-वेळ यांचा उल्लेख असतो. कथाविषयानुसार वातावरणनिर्मिती केली जाते. समर्पक निवेदनशैली ही असते. याशिवाय कथेत पात्रापात्रातून निर्माण झालेले ताणतणाव, संघर्ष, गुंतागुंतही असते. तसेच उत्कर्षबिंदूही असतो. कथेला समर्पक शेवट व उत्तम शीर्षकही असते. अशाप्रकारे आपणास कथेचे स्वरूप सांगता येईल.

(आ)

(१) व.पु. काळे लिखित 'शोध' या कथेतील 'अनु इनामदार' हे महत्त्वाचे पात्र असून स्वभावाने थोडे विक्षिप्त असले तरी संपूर्ण कथानक या पात्राभोवती फिरताना दिसते. 'प्राप्तेषु षोडशे वर्षे' या नियमानुसार लग्नापूर्वी किमान पाच वर्षे एकटे राहण्याचा ती विचार करते व त्याबद्दल आबासाहेबांची परवानगी घेऊन बाहेर राहते. स्वतंत्र विचाराची, बंधणे झुगारून देणारी, फटकळ स्वभावाची व संवेदनशील मनाची, जिद्दी स्वभावाची, स्वत:चेच खरे करणारी, एककल्ली स्वाभावामुळे ती विक्षिप्त वाटत असली तरी-समाज म्हणजे काय? स्वत:च्या दृष्टीने समाज पाहण्याची तिची धडपड, जगाकडे पाहण्यासाठी स्वत:चा चष्मा वापरणारी, समाजातील प्रत्येक वस्तू, घटनेचं, व्यक्तीचं मूल्यमापन करण्यासाठी स्वत:ची नजर तयार करण्याचा आत्मविश्वास असलेली तसेच जीवनाचे सार समजून वागणारी अशी होती. त्यामुळेच तिने जिथे सुख-दु:ख भेटतात असाच व्यवसाय निवडला होता व या व्यवसायामध्येच नर्स बनून जनसेवा करण्याचे व्रत घेतले होते. कारण तिला डॉक्टरी पेशापेक्षा नर्स पेशाच अधिक योग्य वाटतो. कारण डॉक्टर्स फक्त पेशंटला पाहून मोकळे होतात. मात्र नर्स त्या पेशंटचा ताप व मनस्ताप दोन्हीही दूर करतात. के. ई. एम हॉस्पिटलमध्ये नोकरी मिळविल्यानंतर त्याच विश्वात राहून ती डॉक्टर्स, सर्जन्स, फिजिशियन, डीन, मेट्रीन, समव्यवसायी भगिनी, पेशंट यांनाही जिंकून घेते. 'अनु' ही व्यक्तिरेखा परखड व स्वतंत्र विचाराची असली तरी तितकीच ती भावनाशीलही होते. 'सुनिता' नावाची लहान मुलगी हॉस्पिटलमध्ये ॲडमिट होते तेव्हा तिला वाचवण्याचा प्रयत्न केला जातो परंतु शेवटी डॉक्टरांच्याही हातात काही उरले नसल्याने 'सुनिता' काही तासांपुरतीच असणार आहे हे तिला डॉक्टरांकडून समजताच काहीतास तरी तिला सुखाने जगू द्यावे असाही विचार ही व्यक्तिरेखा करताना दिसते. अनूला सुनिताने भेट म्हणून दिलेली एक रुपयाची नोट जिवापाड जपते मात्र ती नोट हरवल्याचे लक्षात येताच तितकीच अस्वस्थ होते. ही तिची अवस्था म्हणजे पेशंटमध्ये असलेली भावनिक गुंतागुंत होय. तिला मिळणारी भेट धर्मादाय पेटीत टाकून नि:स्वार्थपणे आपले कार्य करणारी 'अनु इनामदार' ही नायिका म्हणूनच हृदयस्पर्शी वाटते.

किंवा

डॉ. प्रतिभा इंगोले यांनी 'गढी' ही कथा लिहिली असून ती कथा 'अकसिदीचे दाने' या कथासंग्रहातून घेतली आहे. या कथेमध्ये 'बापू गुरुजी' या व्यक्तिचित्राचे मनोज्ञ दर्शन घडविले असून त्यांच्या तत्त्वप्रणालीवर लेखिकेने प्रकाश टाकला आहे.

बापू गुरुजींनी तालुक्याच्या शाळेत शिक्षण घेतल्यानंतर आपले स्वप्न सत्यात उतरविण्यासाठी गावच्या विकासाला सुरुवात करतात. गावात सुधारणा करायची ही त्यांची तत्त्वप्रणाली होती. त्यानुसार त्यांनी गावातच शाळा सुरू केली ती गावातल्या मुलांच्या शिक्षणाचा प्रश्न सोडवण्यासाठी त्यांनी मुलांसाठी शाळेतच तालीमखाना सुरू केला. त्यांचे हे विकासात्मक धोरण पाहून गावातील लोक त्यांना मान देऊ लागले. त्यांच्या शब्दांना किंमत देऊ लागले. त्याचवेळी त्यांच्याबरोबर तालुक्याला शिकत असलेला त्यांचा वर्गमित्र पुढारी होण्यासाठी गावाकडे आला व त्याने गुरुजींचे यश पाहून त्यांना निवडणुकीसाठी उभे राहण्याचा आग्रह धरला परंतु त्याचा हा आग्रह गुरुजींनी स्वीकारला नाही. उलट त्यांनी त्यास 'पाखरानं पयले पख पारखावं आन् मंग उळावं' हेच तत्त्व ऐकवले कारण ज्या गोष्टीची आवडच नाही ती गोष्ट का करायची? शेवटी माणसाने कोणतेही कार्य करण्यापूर्वी स्वत:ची क्षमता, सामर्थ्य, कुवत ओळखली पाहिजे व नंतरच काम हाती घेतले पाहिजे. याचे कारण म्हणजे आवड असलेले काम माणूस मनापासून करतो. त्यासाठी माणसाने आपली धाव ओळखूनच पावले टाकली पाहिजेत. बापू गुरुजींना शाळेविषयी शाळेत शिकणाऱ्या मुलांविषयी नितांत प्रेम होते. ते याच कार्यासाठी अहोरात्र कष्ट करत होते. राजकारणात त्यांना कोणत्याच प्रकारे सहभाग नको होता कारण ते क्षेत्र त्यांच्या आवडीचे नव्हते. म्हणूनच ते आपल्या मित्राला जणू काही आपल्या जीवनाचे वैचारिक तत्त्वज्ञान सांगतात, ते म्हणतात 'पाखरानं पयले पहण पारखावं आन् मंग उळावं.

(२) 'शोध' ही कथा सुप्रसिद्ध कथालेखक व.पु.काळे लिखित असून 'मी माणूस शोधतोय या त्यांच्या कथा संग्रहातून ती घेतली

आहे. के. ई. एम. हॉस्पिटलमध्ये काम करणारी अनु इनामदार ही या कथेतील केंद्रवर्ती भूमिका असून संपूर्ण कथानक या व्यक्तिरेखा भोवती कथेच्या सुरुवातीलाच कथा नायक व मुक्ता हे अनु इनामदारच्या घरी उतरले असता तिला न विचारता तिच्या टेबलवरील काचेखालील एक रुपयाची नोट घेतात आणि संतप्त चिडखोर अनु इनामदार या नोटेचा शोध घ्यायला सुरुवात करते व कथेला सुरुवात होते.

या कथेतील ही व्यक्तिरेखा अतिशय महत्त्वाची असून ती नव्या व स्वतंत्रविचाराची असून बी.ए. झाल्यानंतर तिने आबासाहेबांकडून पाच वर्षे घरापासून, घरातील माणसांपासून अलिप्त राहाण्यासाठी परवानगी मागते व तशी परवानगी मिळताच ती लग्नापूर्वी पाच वर्षे एकटी घराबाहेर राहते. कारण कुणाच्या ना कुणाच्या कलानं चालण्याची सवय प्रत्येक व्यक्तीला परंपरेने लागते माणूस स्वत:च व्यक्तिमत्त्व घडवतच नाही कुणाचा न कुणाचा तरी त्याच्यावर पगडा असतो. त्याच्या विचारांवर छाया पडलेली असते आईवडील या मुलावर प्रेम करतात म्हणून मुलेही त्यांच्यावर प्रेम करतात. जे आईवडिलांचे शत्रू तेच त्यांचेही शत्रू बनतात याचाच अर्थ असा की माणूस हा स्वतंत्रपणे स्वत:चा असा मेंदू घेऊन जन्माला आला तरी तो जीव मात्र दुसऱ्याचे ऐकतो कारण त्याला स्वातंत्र्य कसे ते नसतेच. तो सतत दुसऱ्याच्या अंकुशाखाली आपले आयुष्य जगत असतो. त्यामुळे तो स्वत:चे अस्तित्व हरवून बसतो. निसर्गाने जगाकडे पाहण्याची प्रत्येकालाच एक नजर दिलेली असते तीही तो हरवून बसतो. व्यक्ती जेव्हा कोणाच्या तरी आधाराने आश्रयाने जगते त्यावेळी त्याला आश्रय देणाऱ्याचे आश्रित म्हणून जगावे लागते. त्याची मने, त्याचे विचार स्वीकारावेच लागतात. आश्रित म्हणून बंधनात राहावे लागते आणि म्हणूनच आपल्या स्वतंत्र अस्तित्वाचा विचार करणारी अनु इनामदार पाच वर्षे स्वतंत्रपणे एकटी राहू इच्छिते. कारण आश्रित आणि स्वतंत्र यातील फरक तिला जाणून घ्यायचा असतो. जगाकडे पाहताना तिला तिच्या स्वत:च्या नजरेतून जग पाहायचे आहे. त्यातील प्रत्येक वस्तूचे, घटनेचे, व्यक्तीचे मूल्यमापन करण्यासाठी तिला तिची स्वतंत्र अशी बंधनविरहित नजर तयार करायची आहे. तिला कोणाच्या तरी सानिध्यात राहून स्वत:च अस्तित्व वा जगाकडे पाहाण्यासाठीची स्वतंत्र नजर हरवून बसायचे नाही.

किंवा

सुप्रसिद्ध कथालेखिका डॉ प्रतिमा इंगोले लिखित 'गढी' ही वैशिष्ट्यपूर्ण व्यक्तिचित्रणात्मक कथा त्यांच्याच 'अकसिदीचे दाने' या कथासंग्रहातून घेतली आहे 'गढी' म्हणजे किल्लासदृश्य घर वा राजवाडा अथवा 'गावचा मातीचा किल्ला' हा गावच्या पाटलाने राहण्यासाठी बांधलेला असतो. ही वास्तू पांढऱ्याशुभ्र मातीपासून बनवलेली असे जी त्या गावचे आकर्षक वैभव आहे. ही गढी सातपुड्याच्या कुशीत असलेल्या गावात वैभवाने गतकाळापासून उभी असलेली. मात्र वाडा पडला तसा 'गढी' ही उघडी पडली. स्वातंत्र्यप्राप्तीनंतरही बापू गुरुजी गावाच्या विकासासाठी अहोरात्र झटणारे, समाजसेवक म्हणून या गावाला वाननदीच्या साक्षीने व गावाच्या पाटलाच्या स्नेहामुळे लाभले होते. परंतु विकासाच्या वाटेवर गावगाड्यासमोरचे प्रश्न सोडविण्यासाठी बापू गुरुजींनी समाजसेवेचे व्रत स्वीकारले. आणि या व्रतामध्ये अडचणी निर्माण करणारे विरोधकही बापू गुरुजींना अडचणी निर्माण करू लागले. या सर्वांना साक्षी असलेली वाननदी गावाशेजारूनच झुळूझुळू वाहत होती. असे हे चैतन्यदायी चित्रलेखिकेने आपल्या प्रतिभावंत लेखणीतून उभे केले आहे.

स्वातंत्र्यप्राप्तीनंतरचे गावचे वैभव म्हणजे गावातील काळी सुपीक जमीन, भरघोस पीक, शेजारून वाहणारी वाननदी आणि त्या काठावर उभा असलेला वड व गावात तम धरून उभी असलेली गढी. याच वैभवात बापू गुरुजी विकासात्मक भर घालत होते. गावातील मुले शिक्षणापासून वंचित राहू नयेत म्हणून त्यांनी शाळा उभी केली. तसे तालुक्याला जाऊन शिकणारी मुले बापू गुरुजींच्या शाळेत दाखल झाली. बघता बघता चौथीची शाळा सातवीपर्यन्त पोहोचली. गावाचा विकास झपाट्याने होऊ लागला. शाळेतच तालीमखाना, गावात वाचनालय सुरू झाले. आजूबाजूच्या परिसरातील मुलांची राहण्यासाठी सोय म्हणून बोर्डिंग बांधले. बोर्डिंगमध्ये शिकणाऱ्या 'संपत' चा (बापू गुरुजींचा मानस पूत्र) मृत्यू झाल्याने हतबल झालेल्या बापू गुरुजींनी गावात दवाखाना सुरू करण्यासाठी प्रयत्न केले. मात्र गावातील विरोधकांमुळे त्यांच्या या प्रयत्नांना यश आले नाही. गावातील सडक, पोस्ट ऑफिस यासही गावातील विरोधकांनी विरोध केला. त्यातून गुरुजींना आलेले अपयश सहन होत नाही एकूणच त्यांच्या या कार्यशैलीचा निसर्गावरही परिणाम होताना दिसतो. पुढे गुरुजींचा मुलगा आजारी असता त्याकडे लक्ष देता न आल्याने तोही मृत्यू पावतो त्यामुळे गुरुजी दु:खी, कष्टी, हतबल, हताश होतात. गावाशेजारून दुधडी भरून वाहणारी वाननदी शेवटी कोरडी पडू लागते. गावाचे वैभव म्हणून ख्याती असलेली गढी दिवसेंदिवस खचू लागते. वादळवाऱ्याने, अनपावसाने तर कधी गावातील माणसांमुळे ती जमीनदोस्त होऊन शेवटी तिचे मैदानात रूपांतर होते. पांढऱ्या मातीचे मैदान. जे वैभव धुळीस मिळते तीच गत वाननदीच्या काठावर असलेल्या वडाची होते. हळूहळू फुटू पाहणारा त्याच्या पारंब्या मातीत घुसल्या असल्या, त्याने पोरांच्या डोक्यावर सावली धरली असली तरी शेवटी तो वाळूनच जाऊ लागतो.

बापू गुरुजी देशस्वातंत्र्यानंतर गावाचा विकास करू पाहत होते. परंतु गाववाल्यांनी त्यांना साथ न दिल्यामुळे, अडचणी निर्माण केल्यामुळे स्वातंत्र्यानंतरही कसलाच विकास न होता फक्त शाळाच चांगल्याप्रकारे चालू राहिली. गावातील स्वार्थी लोकांना गावाचा विकास नकोच होता. जसे गढी हे गावाचे वैभव असलेतरी तिला पुन्हा कोणाकडूनही पुनर्जीवन मिळाले नाही ती जमीनदोस्त झाली. बापू गुरुजींचाही विकास त्यांच्याच निवृत्ती काळात मंदमंद होत गेला. येथे लेखिकेने बापू गुरुजी व गढी यांची तुलना केली असून एकीकडे गावातील लोकांना बापू गुरुजी स्वार्थीपणाणे काम करत आहेत असे वाटते तर दुसरीकडे सरकार त्यांच्या कार्याचा सन्मान करते. शेवटी बापू गुरुजींचे कार्य त्यांच्या वयाल्या गतिमानतेबरोबर थांबताना दिसते. त्यामुळे कथेचे 'गढी' हे शीर्षक समर्पक वाटते.

विभाग ४: उपयोजित मराठी

उत्तर ४. (अ)

(i) मुलाखत घेताना पुढील गोष्टी करणे गरजेचे ठरते.

(a) मुलाखत घेणाऱ्याने सुरुवातीला आपल्या मर्यादा ओळखण्यात व आपल्या मर्यादांची जाणीव ठेवूणनच प्रश्न विचारावेत.

(b) विचारलेल्या प्रश्नांची उत्तरे देण्याचे वा न देण्याचे मुलाखत देणाऱ्याचे स्वातंत्र्य अबाधित ठेवावे.

(c) मुलाखतीचे सादरीकरण ओघवते, श्रवणीय व उत्स्फूर्त असले पाहिजे.

(d) मुलाखत घेत असताना मुलाखतीदरम्यान अनौपचारिक व सकारात्मक वातावरण निर्माण करावे.

(e) 'हो', 'नाही' अशी उत्तरे मिळणारी प्रश्न शक्यतो टाळवीत.

(f) संयम, विवेक व नैतिकतेचे पालन यांना खुसखुशीतपणाची जोड देऊन मुलाखतीस रंग भरावा. ..इत्यादी.

(ii) माहितीपत्रक म्हणजे वैशिष्ट्यपूर्ण माहिती देणारे परिचयात्मक पत्रक होय. माहितीपत्रक हे एक प्रकारे उत्पादने, सेवा, संस्था लोकांपर्यन्त पोहोचविण्यासाठीचे ते महत्त्वाचे असे साधन आहे. तसेच नवनव्या योजनांकडे, उत्पादनांकडे, संस्थांकडे लोकांनी डोकावून पाहावे यासाठी ती खिडकी आहे आणि जनमन आकर्षित करण्यासाठी ते लिखित स्वरूपाने जाहीर आवाहन असते. माहितीपत्रक हे माहिती देणारा व घेणारा या दोघींमध्ये एक नाते तयार करते. नवीन बाजारपेठ व नवनवीन ग्राहक मिळवण्याची ती पहिली पायरी असते. ग्राहकाला हवी असलेली माहिती ग्राहकाकडे सतत उपलब्ध राहते. माहितीपत्रक हे कमी वेळात, कमी खर्चात ग्राहकांपर्यन्त घरबसल्या पोहचवता येते. या सर्व गोष्टी लक्षात घेता माहिती पत्रक हे अप्रत्यक्षपणे जाहिरातीतचे कार्य करते.

(iii) अहवाललेखन करताना लक्षात घ्यावयाच्या बाबी पुढीलप्रमाणे–

(a) अहवाल लिहिणाऱ्या व्यक्तीला संबंधित विषयाची चांगली जाण हवी.

(b) जे घडले आहे वा जसे घडले आहे त्यावर आधारित अहवाललेखन करता आले पाहिजे.

(c) सारांशरूपाने संक्षिप्तलेखन करता आले पाहिजे.

(d) अहवाललेखनासाठी भाषेवर प्रभुत्व असणे आवश्यक असून सांस्कृतिक कार्यक्रमाचे अहवाललेखन करताना बोलके व सजीव चित्र उभे करता आले पाहिजे.

(e) संशोधनात्मक स्वरूपाच्या अहवालात योग्य पारिभाषिक शब्दावली व वस्तुनिष्ठता ही महत्त्वाची असते.

(f) सहज, सोपी व स्वाभाविक भाषाशैली असावी..... इत्यादी.

(iv) अहवालात कार्यक्रमातील घटनांची विश्वनीय नोंद असते. संस्थेच्या सभा/कार्यक्रमांचा हेतू तारीख, वेळ, सहभागी मान्यवरांचे विवेचन, प्रतिसाद, समारोप इत्यादींचा तपशील क्रमाक्रमाने अहवालात सांगितलेला असतो. 'जसे घडले तसे सांगितले' असे अहवालाचे स्वरूप असते. काल्पनिक गोष्टी लेखकाच्या मनातील विचार या बाबींचा अहवालात समावेश नसतो. वस्तुनिष्ठपणे घटनेचे वर्णन अहवालात केलेल असते. अहवाल कुठल्याही संस्थेचा असो वा कुठल्याही कार्यक्रमाचा सर्वांमध्ये एकसामयिक वैशिष्ट्य असते ते म्हणजे, नि:पक्षपातीपणा. अहवाललेखकाला स्वत:च्या मर्जीनुसार लेखन करता येत नाही. त्या त्या सभेमध्ये, संशाधनामध्ये अहवाल लेखकाने काय अनुभव, पाहिले, ऐकले यांविषयीचे खरेखुरे लेखन अहवालात करणे आवश्यक असते. अहवालावर संस्थेच्या भविष्यातील नियोजनाचा आराखडा निश्चित होत असतो सद्य:स्थिती जाणून घेण्यासाठी अहवालाचा उपयोग होत असतो. वास्तवदर्शी लेखन हा अहवालाचा आत्मा आहे असे म्हटले तर अतिशयोक्ती होणार नाही.

(आ) (i) माहितीपत्रक हे उत्पादनाचे परिचय पत्रक असते. संस्था/उत्पादन/सेवा यांची सविस्तर माहिती माहितीपत्रकातून मिळत असते. माहितीपत्रकातील छापील मजूकर जेवढा महत्त्वाचा असतो, तेवढीच त्या मजकुराची पानावरची पानावरची मांडणीही महत्त्वाची असते. माहितीपत्रक दिसताच क्षणी ते 'वाचावे से वाटले पाहिजे. पानांवर मजकुराची ठेवण, कागदाचा आकार, रंगीत छपाई, अक्षरांचा आकार, सुलेखन समर्पक चित्रे इत्यादी गोष्टींचा बारकाईने विचार माहितीपत्रकात करणे आवश्यक असते. माहिती पत्रक वरील शीर्षक, बोधचिन्ह, बोधवाक्य यांचे स्थान नेमके असावे. तंत्रज्ञानाच्या युगात रंगीत छपाई अधिक पसंत केली जात आहे. कागदाचा आकार मजकूर मांडण ीला उठाव देण्यास साहय्य करीत असतो. माहितीपत्रकातील अक्षरे ठळक दिसतील अशी असावीत, माहितीपत्रकाची मांडणी वेधक करण्यासाठी चित्रकार, कौशल्यपूर्ण कलाकार, संगणक तज्ज्ञ मदतीला असल्यास माहितीपत्रकाची मांडणी आकर्षक होण्यास दिशा मिळते.

(ii) (a) अहवाललेखन करत असताना जे घडले जसे घडले त्यावर आधारित अहवाललेखन करावे. अहवाललेखनाच्या विषयाशी संबंधित अहवाललेखकास कार्यक्रमाला उपस्थित राहणे अनिवार्य असते. कारण कार्यक्रम हा जसजसा पुढे सरकत जातो तसतसे कार्यक्रमात काहीना काही घडत असते. या घडण्याची नोंद अहवाललेखकास घ्यावी लागते. उदा. कनिष्ठ महाविद्यालयात स्नेहसंमेलनाच्या कार्यक्रमासाठी अध्यक्ष म्हणून शिक्षणाधिकाऱ्यास न नेमता त्या शहराच्या नगरपालिकेच्या महापौरांना नेमले जाते. मात्र असे न केल्यास खूप मोठा गोंधळ होतो अहवालावरील विश्वासास तडा जातो. आणि म्हणून अहवाललेखकाने कार्यक्रमाविषयीची सत्य माहिती लिहावी.

(b) अहवाल लिहून झाल्यावर त्याखाली मान्यतेसाठी संबंधित अध्यक्ष व सचिव यांची स्वाक्षरी घ्यावी लागते. संस्थेमध्ये संस्थेच्या रौप्यमहोत्सवी कार्यक्रमाचे आयोजन केले असून अशा कार्यक्रमाचे संस्थेने वर्षभरासाठी अनेक विधायक उपक्रम राबविले आहेत. तसेच संस्थेच्या विकासासाठी शहरातील मान्यवरांनी मोठमोठ्या देणग्या दिल्या आहेत. हे सर्व अहवाललेखनात वस्तुनिष्ठतेने येणे गरजेचे असते मात्र अनावधानाने वा हेतुपुरस्सर अहवाललेखकाने पूर्वग्रहदुषित दृष्टिकोनातून काही उपक्रम गाळले तर ते संबंधित संस्था अध्यक्ष वा सचिवांच्या निदर्शनास येणे अगत्याचे ठरते. त्यामुळे वेळीच चूक सुधारता येते अथवा अहवाललेखकाने त्याच्या मर्जीनुसार अहवाललेखन केले तर संस्था अध्यक्ष वा सचिव त्यास विरोधही करू शकतात व होणारे परिणाम टाळता येतात. त्यासाठी महत्त्वाचे म्हणजे अहवाललेखन करून होताच अहवाललेखकाने अहवाललेखनावर संस्थेच्या अध्यक्षाची वा सचिवाची स्वाक्षरी घेणे महत्त्वाचे ठरते.

(iii) **वस्त्रदालनासाठीचे माहितीपत्रक पुढीलप्रमाणे:** वैशिष्ट्यपूर्ण माहिती देणारे परिचयात्मक पत्रक म्हणजे माहितीपत्रक होय. माहितीपत्रकाद्वारे सेवा संस्था, उत्पादन लोकांपर्यन्त पोहोचविता येते. नवनव्या योजना, उत्पादने, संस्थांकडे लोकांनी पाहावे यासाठी ती महत्त्वपूर्ण खिडकी असून जनमत आकर्षित करण्यासाठी ते लिखित स्वरूपाचे एक जाहीर आवाहन असते. वस्त्रदालनासाठीचे माहितीपत्रक पुढीलप्रमाणे.

उदाहरण.

तुमच्या आवडीचे! तुमच्या पसंतीचे! खास तुमच्या विश्वासाचे

महाराणी वस्त्रदालन

सदाशिव पेठ, पुणे

☎९४२०००५९६०, ०२०२८२२२२

वेबसाइट: h#p: // www.wastra.com.

ई-मेल: maharani 1234@gmail.com

दसरा, दिवाळी; मूंज, बारसे, लग्न यासाठी

खास तुमच्या मनातलं, एकच दालन

महाराणी वस्त्रदालन

वस्त्रदालन आमचे, पसंती मात्र तुमची

काय मग येताय ना? महाराणी वस्त्रदालन वाट पाहतेय

तुमच्यासारख्या प्रेमळ ग्राहकाची

सदाशिव पेठसारख्या उच्चतम, सुंदर अशा परिसरात

भव्यदिव्य 17 मजली इमारत

प्रशस्त दालन, पार्कींगची सोय, चुकवू नये असेच काहीसे....

★वस्त्रदालनाची खास वैशिष्ट्ये★

- एकाच ठिकाणी मनपसंत खरेदी!
- भरपूर व्हरायटी, उत्कृष्ट क्वालिटी
- पुरुष व महिलांच्या कपड्यांसाठी स्वतंत्र दालन
- छोट्या मुला-मुलींसाठी लेटेस्ट, फॅन्सी ड्रेस, ड्रेसमटेरियल
- ऑनलाईन साड्या-ड्रेस पाहण्याची व बुकींगची सोय

घरपोच डिलिव्हरीची मोफत सोय....

तुम्हाला परवडतील अशा किफायतशीर किंमती

१८५ वर्षे आपल्या सेवेसाठी सदैव तत्पर असलेले दालन

म्हणजे तुमच्या विश्वासार्हतेस उतरलेले खास तुमचे दालन

पुरुषांच्या ब्रॅंडेड कपड्यांसह साड्यांचे असंख्य प्रकार

लहान मुलांच्या ड्रेससह समृद्ध व परिपूर्ण वस्त्रदालन

वेळ: सळाली १० ते सायंकाळी ९-३०

प्रत्येक सोमवारी साप्ताहिक सुट्टी राहील

लग्नबस्त्याच्या खरेदीवर ३५% सवलत

एकदा याल तर महाराणीच्या प्रेमात कायमचे पडाल!

(iv) मुलाखत म्हणजे पूर्वनियोजित संवाद असला तरी तो हेतुपूर्वक घडवून आणला जातो. ही मुलाखत मुलाखत देणाऱ्याच्या व्यक्तिमत्त्वाचे विविध पैलू समजून घेण्यासाठी घेतली जाते. व्यक्तीकार्य, व्यक्तीची संघर्षगाथा, व्यक्तीचे कार्यकर्तृत्व, त्याच्यातील माणूसपण जाणून घेण्यासाठी मुलाखती घेतल्या जातात. सर्वसाधारणपणे मुलाखत घेण्यासाठीचे टप्पे पाहता मुलाखतीची सुरुवात, मुलाखतीचा मध्य, मुलाखतीचा समारोप इत्यादीचा समावेश होतो. त्यामध्ये मुलाखतीचा मध्य विशेष महत्त्वाचा असून मुलाखत घेत असताना या टप्प्यावर विशेष काळजी घ्यावी लागते. मुलाखतीचा मध्य-मुलाखतीची सुरुवात केल्यानंतर हलके-फुलके प्रश्न विचारून.

मुलाखत देणाऱ्या व्यक्तीचा आत्मविश्वास दुनावला म्हणजे मुलाखतीच्या मध्याकडे विशेष लक्ष वेधता येते. मुलाखत घेत असता प्रश्नांची यादी समोर असल्याने मुलाखतीचे स्वरूप प्रश्नामागे प्रश्न असे नसावे वा फक्त प्रश्नोत्तराचेही स्वरूप नसावे. तर मुलाखत घेणारा व देणारा या दोघांमध्ये उत्कृष्ट संवाद साधला पाहिजे. प्रश्न विचारल्यानंतर मिळणाऱ्या उत्तराचा धागा पकडून पुढील प्रश्न तयार करता यायला हवेत. हे करत असता विषयांतर होणार नाही याचीही दखल घेतली पाहिजे. प्रश्नांमध्ये विविधता असली पाहिजे ज्यामुळे मुलाखत रंगतदार होईल. प्रश्नांतून उत्तरे उत्तरांतून प्रश्न-प्रश्नांची उत्तरे-उत्तरांचे प्रश्न अशा मालिकेतून मुलाखतदात्याच्या व्यक्तिमत्त्वाचे पैलू उलगत जातात. मात्र असे करत असताना मुलाखतीच्या विषयाचा संदर्भ व मुलाखतीचा हेतू निसटता कामा नये. मुलाखत रंजक कशी होईल याकडेही लक्ष द्यावे परंतु ती रंजकतेच्या आहारी जाऊन मुलाखतीचे उद्दिष्ट भरकटू नये हे लक्षात ठेवणे तितकेच गरजेचे असते.

प्रश्नकर्त्याच्या एकेका प्रश्नाने मुलाखतदात्याचे व्यक्तिमत्त्व, त्याचे कार्य, व इतरही संबंधित पैलू उलगडले पाहिजेत. विषयाचे, व्यक्तिमत्त्वाचे तसेच त्या व्यक्तीच्या विचारधारेचे सर्व कंगोरे समोर येत असताना मुलाखत हळूहळू सर्वोच्च बिंदूकडे गेली पाहिजे. मुलाखतीच्या या टप्प्यावर मुलाखत घेणाऱ्याने मुलाखत देणाऱ्याला बोलण्यासाठी जास्त

वेळ दिला पाहिजे. त्यास अधिकाधिक व्यक्त होऊ दिले पाहिजे. त्यासाठी प्रश्नांची गुंफणही कुशलतेने केली गेली पाहिजे. जेणेकरून मुलाखतदात्याचा उत्तरे देतानाचा उत्साह वाढत जाईल. या टप्प्यावर मुलाखतीतील सर्वात जास्त महत्त्वाचे, विषयासी संबंधित थेट प्रश्न विचारले जावेत कारण मुलाखतीच्या माध्यमातून जो विषय, जी माहिती लोकांपर्यन्त पोहोचवायची असते ती याच टप्प्यावर. अशाप्रकारे मुलाखतीचा मध्य यशस्वी होण्यासाठी काळजी घ्यावी लागते.

विभाग ५: व्याकरण व लेखन

उत्तर ५. (अ)

(१) (i) वृक्षवेली आपल्याला तजेला व विरंगुळा देऊन जातात.
(ii) किती मनोबल वाढवत आहात तुम्ही लष्करांच!

(२) (i) कर्मधारय समास (ii) इतरेतर द्वंद्व समास
(iii) द्विगू समास (iv) मध्यमपदलोपी समास

(३) (i) कर्मणी प्रयोग (ii) भावे प्रयोग

(४) (i) अनन्वय अलंकार (ii) अतिशयोक्ती अलंकार

(५) (क) 4, (ख) 3, (ग) 1 (घ) 2,

(आ) **१. समुद्रकिनाऱ्यावरील संध्याकाळ**

समुद्रकाठच्या गावांचा मला नेहमीच हेवा वाटतो. तिथल्या लोकांना संध्याकाळी काय करायचं? हा प्रश्न केव्हाच पडत नाही. कारण उत्तर तयार असतं-समुद्रावर जायचं. चित्रपटगृह, नाट्यगृह आणि संग्रहालय या साऱ्यांची उणीव एकटा समुद्र भरून काढतो. बरे! काल समुद्रावर गेलो म्हणून आज नको, असं कुणीही म्हणत नाही. उलट सकाळ, दुपार, संध्याकाळ तिन्ही त्रिकाळ गेलो तरी कंटाळा येत नाही. तेही सौंदर्य पार्वतीच्या रूपाप्रमाणे नित्यनूतन असते. म्हणूनच सुटीसाठी मी नेहमी समुद्रकिनाऱ्याला पसंती देते. अशाच एका सुटीत मी रत्नागिरीला गेले होते. दिवसाची उन्हं ओसरली आणि पाय आपोआप समुद्राकडे वळले. समुद्रकिनाऱ्यावर नेहमीची दृश्यं दिसत होती. कुठे लहान मुलं बाळूचे किल्ले करते होती. ते पुन:पुन्हा मोडत होती, उभे करत होती. लांबवर पाण्यात डचमळणाऱ्या होड्या दिसत होत्या. कुठे प्रेमी युगुलं सागराच्या साक्षीने प्रेमाच्या आणाभाका घेत होती. आपल्या भावी जीवनाची सुखस्वप्नं रंगवित होती. प्रत्येक लाटेबरोबर वाळूत रुतून बसलेले शंख-शिंपले काढण्याची मुलांची धडपड सुरू होती. लाटेवर स्वार होऊन येणारा खारा वारा नाकात घुसून साऱ्या संवेदनांचा कब्जा करीत होता. भेळवाले, फुगेवाले आणि शहाळी विकणारे यांची एकच गर्दी उसळली होती. आता संध्याकाळ होऊ लागली होती. आकाशात रंगांची मुक्त उधळण झाली होती. सूर्याची सोनेरी किरणं पाण्यावर चमकत होती. हवेत वाऱ्याचा गारवा आणि उन्हाचा उबदारपणाही होता. समुद्राच्या लाटा एका लयीत संथपणे येऊन किनाऱ्यावर आदळत होत्या. समुद्रबगळ्यांचे थवे पाण्यावरून उडत होते. माणसांची गर्दी खूप होती. पण सारं स्तब्ध होतं. सर्वांचे लक्ष होते लालभडक सूर्यबिंबाकडे. काही मिनिटांतच ते दृष्टिआड होणार होतं. त्याचं प्रतिबिंब पाण्यात पडलं होतं. आजूबाजूच्या ढगांना आणि पाण्याला त्याने झळझळीत केलं होतं. घड्याळाच्या काट्याबरोबर त्या तेजात बदल होत होता. रंग मंदावत होते. आता त्याच्याकडे नजर रोखून पाहिले तरी त्रास होत नव्हता. किनाऱ्यावरची माणसंही थोडी अस्पष्ट दिसायला लागली होती. सूर्याचा लहानसा ठिपकाहीं ढगाआड झाला आणि क्षितिजरेखा काळवंडू लागल्या. हवेत गारवा निर्माण झाला. किनाऱ्यावरचे सगळे लोक सूर्यास्ताचे दृश्य पाहून भारावून गेले. सूर्यास्त झाला तरी लाटांचं नर्तन सुरूच होतं. ते तसंच अव्याहतपणे सुरू राहणार होतं आता त्यांचं अस्तित्व प्रकर्षाने जाणवत होतं. कारण रंगांची आणि प्रकाशाची नजरबंदी संपली होती. वातावरण गूढ, थोडं उदास झालं होतं. दिवसभर दिमाखाने तळपणारा आणि आता अस्ताला जाणारा सूर्य जीवनाचा नवीनच अर्थ उलगडून सांगत होता.

समुद्राची अथांगता, विस्तार, त्याचं सर्व काही भलंबुरं पोटात साठवून ठेवणारं रूप मला चकित करीत होतं. त्याची भव्यता आणि माणसाचा खुजेपणा यातला विरोध जाणवत होता. दिमाखाने येणारी लाट किनाऱ्या येऊन फुटत होती.

''हळूहळू खळबळ करीत लाटा
येऊनी पुळणीवर ओसरती
जणू जगाची जीवनस्वप्ने
स्फुरती, फुलती, फुटती, विरती''

प्रत्येक लाटेचं उत्साहात येणं आणि संपून जाणं मानवी स्वप्नांचंच वास्तव सांगत होती किंवा एखाद्या ध्येयवेड्या माणसाची आपल्या ध्येयामागची तळमळ दाखवित होती. सभोवताली काळोख पसरू लागला तरी समुद्राची गाज ऐकू येत होती. ती तशीच अखंड सुरू राहणार होती.

सगळ्या नद्या, नाले, ओहोळ पोटात साठविणारा आणि थकल्याभागल्या जीवांना आश्रय देणारा हा पयोधि त्या संध्याकाळी मला आईसारखा स्नेहशील वाटला. सारं दु:ख पचवून आनंदानं जगण्याची कला त्याच्याकडूनच शिकली पाहिजे.

''कळे मला का म्हणती तुजला
रत्नाकर, तीर्थांचे आगर.
शिकव जगाचे दु:ख गिळुनिया
फळाफुलांनी भरण्या डोंगर''

स्वामी विवेकानंदांनाही कन्याकुमारीच्या तीन समुद्राच्या सान्निध्यात ध्यानाला बसावं, असं का वाटलं याचं रहस्य मला त्या समुद्राच्या रूपाने उलगडलं. विचारांच्या कल्लोळात किती वेळ गेला कोणास ठाऊक? किनाऱ्यावरची वर्दळ आता खूपच कमी झाली होती. माणसांचे ठिपके विरळ झाले होते. उठावंसं वाटत नव्हतं, पण उठणं आवश्यक होतं. वियोगाची हुरहुर मनात ठेवूनच मी सागराचा निरोप घेतला.

२. पक्षीप्रेमी डॉ. सलीम अली

डॉ. सलीम अली थोर पक्षीतज्ज्ञ होते. आपल्या नव्वद वर्षाच्या आयुष्यातली ८० वर्षे त्यांनी पक्षी निरीक्षणात आणि संशोधनात घालवली. त्यांच्या सवयींचा अभ्यास करून, पक्षीजीवनावर अनेक ग्रंथ लिहून अभ्यासकांची मोठी सोय करून ठेवली. पक्षी निरीक्षणासाठी त्यांनी आपलं जीवन जणू समर्पित केलं होतं. जो उत्साह अकराव्या वर्षी होता, तोच नव्वदीतही टिकून होता. त्यांच्या

लेखी पक्षी निरीक्षणाइतकं महत्त्वाचं काहीही नव्हतं, त्यामुळेच त्यांच्या जीवनावर दूरदर्शनसाठी चित्रीकरण करायला माणसं येणार होती, त्या वेळी बऱ्याच वर्षांनी दर्शन देणाऱ्या 'जेर्डोनचा कोर्सर' या पक्ष्याला पाहायला ते सर्व कार्यक्रम रद्द करून गेले.

डॉ. सलीम अलींचं बालपण मुंबईत खेतवाडीत गेलं. त्यांच्या आईचं निधन ते तीन वर्षांचे असताना झाल्यामुळे मामांनी त्यांचा सांभाळ केला. मामा पट्टीचे शिकारी असल्यामुळे शिकारीची नाना हत्यारे आणि बंदुका घरात होत्या. आपणही चांगले शिकारी व्हावं असं छोट्या सलीमला वाटे. हातात बंदूक आल्यावर त्यांचं पहिलं लक्ष्य चिमण्या झाल्या. त्यांच्या आत्मचरित्राचं नाव 'दि कॉल ऑफ स्पॅरो' असं आहे. त्यांच्यामागे ही हकीकत आहे. चिमण्या टिपण्यासाठी ते एकदा तबेल्यात गेले तेव्हा चिमणीने बांधलेल्या घरट्यांकडे त्यांचं लक्ष गेलं. त्यांच्या तोंडावर एक चिमणा पहारा देत होता. त्यांनी त्याचा वेध घेतला. चिमणा खाली पडला. सलीम अली पुढे काय होते पाहू लागले, तो दुसरा चिमणा आला आणि पहारा देऊ लागला. पुढच्या सात दिवसांत ८ चिमणे असे पहारा देण्यासाठी आले. ही नोंद सलीम यांनी आपल्या वहीत केली. तेव्हापासून पक्षीजीवना-विषयी त्यांच्या मनात कुतूहल निर्माण झालं.

त्यांचे मामा अमरिद्यीन हे बॉम्बे नॅचरल हिस्टरी सोसायटीचे सदस्य होते. त्यामुळे तिथल्या लोकांचं मार्गदर्शन त्यांना सहज मिळालं. शालेय जीवनात गणित या विषयाच्या भीतीमुळे ते फारसे चमकले नाहीत. १९१३ साली मॅट्रिकची परीक्षा पास झाल्यावर प्राणिशास्त्राची पदवी घ्यावी असं त्यांना वाटत होतं. पण गणितामुळे ते जमलं नाही. त्या वेळी त्यांचे जाबीरभाई नावाचे भाऊ ब्रह्मदेशात खाणधंद्यात होते. त्यांनी त्यांना तिकडे बोलावून घेतलं. तिथेही त्यांनी पक्ष्यांच्या मागावर जाता-जाता रबराचे मळे, फळबाग आणि वनराया पालथ्या घातल्या.

१९१८ साली ते तेहमिनाशी विवाहबद्ध झाले. तेहमिना जरी समृद्धीत वाढली होती. तरी तिला साधं जीवन, जंगलातली भटकंती आवडत होती. तिलाही पक्षी आणि प्राणी यांच्याबद्दल प्रेम होतं. चाकोरीबाहेरचं जीवन जगणाऱ्या सलीमशी ती अल्पावधीतच समरस झाली. शेवटपर्यंत तिने त्यांना साथ दिली. त्यांना आवडीचं काम करायला मिळावं म्हणून स्वत: नोकरी करून संसाराचा आर्थिक भार उचलला.

सुरुवातीच्या काळात पक्षी निरीक्षणासाठी जाताना अत्यंत प्रतिकूल परिस्थिती असे. कडाक्याची थंडी, धुळीची वादळं, हिमवर्षाव अशी निसर्गाशी टक्कर देत कधी बैलगाडी तर कधी तट्टू यांच्यावरून प्रवास करावा लागे. साधनं अपुरी, खाण्या-पिण्याचे हाल अशा परिस्थितीत सलीम अली पती-पत्नी तिथे जाऊन तंबू उभारत. मुक्कामाच्या ठिकाणी कधी पोलीस चौकी, कधी डाक बंगला तर कधी पडका गोठाही असे. पक्षी निरीक्षणात दोघंही दंग राहत.

प्रतिदिनी बारा मैल भ्रमंती असे. रविवारची सुटी वगैरे प्रकार नसत. कच्च्या, खाचखळग्यांच्या, डोंगरदरीतून वळणं घेत जाणाऱ्या रस्त्यांवरून प्रवास करावा लागे. जळवा, माशा आणि डास यांचा त्रास अटळच होता. डबाबंद अन्न महाग म्हणून ते आणीबाणीसाठी राखून ठेवलं जाई. रोजचा आहार म्हणजे डाळभात, केळं, दही, पपई, प्यायच्या स्वच्छ पाण्याची मारामार, तिथे स्नानासाठी पाणी मिळणं कठीण. या गैरसोईपुढे ते कधीही अडून बसले नाहीत. प्राप्त परिस्थितीत हसतमुखाने, उमदेपणाने सहन करत, त्याला विनोदाची झालर लावत सर्वेक्षणाचं काम ते करीत.

सलीम अलींचे पूर्वसुरी म्हणजे ब्रिटिश आमदानीतले अधिकारी. भारताला स्वातंत्र्य देण्याबाबत त्यातल्या काही लोकांची मतं विरोधी असली तरी सलीम म्हणत की, यावर वाद घालण्यापेक्षा आपण कामावर लक्ष केंद्रित करू या! त्यांचे प्राध्यापक इरविन स्ट्रेसमन यांना आपला अभ्यास, आपला वारसा सलीमच पुढे चालवतील, असा विश्वास वाटत होता. पक्षी निरीक्षण करता-करता निसर्ग, पर्यावरण परिसंस्था यांच्या अभ्यासाच्या दिशेनेही त्यांची वाटचाल सुरू होती.

सलीम अलींच्या ज्ञानाला कृतीची जोड होती. भारत हा शेतीप्रधान देश आहे, याचा त्यांना कधीही विसर पडलेला नव्हता. पक्ष्यांच्या वर्तनाचा अभ्यास करताना, मानवी जीवनात पक्ष्यांचं अर्थशास्त्रीय स्थान ठरविताना सजीव साखळीतला एक घटक म्हणूनच त्यांनी पक्ष्यांचा विचार केला. पशू-पक्ष्यांकडे पाहण्याचा त्यांचा दृष्टिकोन भाबड्या भूतदयेचा नव्हता.

पक्षीविषयक अभ्यास हा चाकोरीबाहेरचा आणि तसा सामाजिक प्रतिष्ठा नसलेला. परंतु त्याचा त्यांनी जीवनभर ध्यास घेतला. सलग ६० वर्ष ते अभ्यासासाठी राहिले. पक्षीशास्त्रात त्यांचं नाव मोठं झालं. त्यांना आंतरराष्ट्रीय मान्यता मिळाली. मानमरातब मिळाले. पद्मविभूषण, कितीतरी विद्यापीठांच्या डॉक्टरेट, सी. व्ही. रामन मेडल, दादाभाई नौरोजी प्राईज, रवींद्रनाथ टागोर ही काही नमुन्यादाखल नावे.

एकाच गोष्टीचा ध्यास घेऊन त्यासाठी शेवटच्या श्वासापर्यंत धडपडत राहणारे ज्ञानपिपासू सलीम अली मानवजातीला एक आदर्श मानावा लागेल. कारण सहकार्यासाठी ते खोळंबले नाहीत की श्रेय मिळविण्यासाठी ते अडखळले नाहीत. त्यांची जिद्द, कार्यावरची निष्ठा, तळमळ, समर्पित वृत्ती पाहून मन थक्क होतं. त्यांनी आपल्या कुटुंबीयांमध्येही पक्षीप्रेम चांगल्यापैकी रुजवलं. त्यांनी लिहिलेले ग्रंथ पुढील पिढीच्या अभ्यासकांना निरंतर मार्गदर्शक ठरणारे आहेत. आपल्यासारखे अनेक सलीम अली झाले पाहिजेत, याच एका इच्छेने त्यांनी पुस्तकलेखनाबरोबर निसर्गसहली, चर्चासत्रं, फिल्मशोज यांचं आयोजन केलं. त्यांच्या हाताखाली त्यांनी मोठा विद्यार्थिवर्ग तयार केला. रॉबर्ट ग्रब, विजयकुमार आंबेडकर, पी. कन्नन आणि जे. सी. डॅनियल हे त्यांचे काही विद्यार्थी आपापल्या शास्त्रात लौकिक राखून आहेत. त्यांच्या या कार्यातून प्रेरणा घेऊन त्यांच्या पावलावर पाऊल टाकून वाटचाल करणाऱ्यांची संख्या वाढली तरच त्यांचे विचार या भूमीत रुजले, असं म्हणता येईल. विद्यार्थिदशेतच त्यांचं चरित्र मुलांपुढे यायला हवं.

३. फाटक्या पुस्तकाचे मनोगत

''ग्रंथपाल हसतो तेव्हा ग्रंथालय होते एक बाग
न कोमेजणाऱ्या असंख्य फुलांनी बहरलेली''
''ग्रंथ सुखाने फिरू लागतात हिरव्या कुरणावरून
हाक घालतात लहान मुलांसारखे उचलून घेण्यासाठी''

कवी मंगेश पाडगावकरांची ग्रंथांसंबंधीची ही एक कविता खूप आवडली होती, म्हणून एका ग्रंथालयाच्या शोकेसमधून मुद्दाम लिहून आणली होती. आता ती त्यांच्याच 'जिप्सी' नावाच्या काव्यसंग्रहात मला सापडली. तो संग्रह इतका जीर्णशीर्ण झाला होता की, त्याच्या कागदाचे हातात घेतले की तुकडे होत होते. आता यावेळी आपली रद्दीच्या गठ्ठ्यात नक्की रवानगी होणार अशी भीती त्याला वाटली की काय कोण जाणे? त्यानं खरंच मला उचलून घेण्यासाठी हाक मारली. ते माझ्याशी बोलू लागलं. गप्पा मारता-मारता आम्ही दोघंही भूतकाळात गेलो.

''किती वर्षे झाली माझा अभ्यास करून? सत्तर साल असेल. म्हणजे ३६ वर्षे उलटून गेली. एवढासा माझा जीव इतकी वर्षे तग धरून आहे. अधूनमधून तू कपाटातून काढतेस, मला वाचतेस आणि आठवणीत रमून जातेस. मला माहिती आहे यातली प्रत्येक कविता तुला आवडते. त्यातला अर्थ, शब्दसौंदर्य, कल्पनावैभव, कवीची जीवनाकडे पाहण्याची आनंदी वृत्ती, त्यांच्यातली जिप्सी वृत्ती, वातावरणनिर्मिती आणि एखाद्या कवितेतलं तत्त्वज्ञान हे सारं-सारं तुला प्रिय आहे तुझ्या शिक्षकांनी ती तुला जशी शिकवली त्याचीही आठवण तुझ्या मनात ताजी आहे. मला वाचताना तू नेहमीच तुझ्या कॉलेजच्या दिवसात रमून जातेस. माझ्यातल्या अवघड ओळींचा अर्थ, काही संदर्भ, दुसऱ्या कवितांच्या ओळी असंही काहीबाही तू माझ्या पानांवर लिहिलं आहेस. मला पुनःपुन्हा वाचताना तुल्य नवीन काही समजल्याचा आनंद होतो आणि म्हणूनच तू मला टाकून देत नाहीस. यानंतर माझ्या कितीतरी आवृत्त्या निघाल्या, पण तू दुसरी प्रत विकत घेतली नाहीस. अनेकदा मला चिकटवलंस, चिकटपट्टी लावलीस, पण पुनःपुन्हा मीं तीन भागात फाटत-फाटत गेलो. चालायचंच? वयाचा परिणाम.''

तुला वाटतं कॉलेजच्या दिवसातला सारा उत्साह, ताजेपणा माझ्यात दडून बसलेला आहे. प्रिय मैत्रिणींचा स्पर्श अजूनही माझ्यात तुला जाणवतो आहे.

''मी इतकी भित्री, इतकी भित्री असे कसे मग घडले
मज नव्हते ठाऊक, अजून नाही कळले''

ही कविता कॉलेजमध्ये प्रत्यक्ष कवीच्या तोंडून ऐकायचा योग आला होता. तेव्हा त्यातल्या विशिष्ट शब्दांवरच्या आघातांमुळे नवीन समजलेला अर्थ ती कविता वाचताना आजही तुला आठवतो आणि ते क्षण उडून गेल्याचं दुःख होतं. हे सारं मला माहीत आहे. तरीही आता मला निरोप देण्याची वेळ आली आहे. मला माहीत आहे माझी पानं उलटून तू मला वाचू शकत नाहीस. मला उघडलं की, थोडा सहन न होणारा दर्प येतो. सगळीकडून मी खिळखिळा झालो आहे. माझी नवीन आवृत्ती आण! त्या कोऱ्या करकरीत गंधात मी माझं चैतन्यमय आयुष्य पुन्हा अनुभवीन. मी म्हणजे काही ऐतिहासिक, दुर्मीळ हस्तलिखित अथवा हस्तऐवज नाही. मी कुठेही नव्याने उपलब्ध आहे. त्यामुळे मला इतकं जिवापाड जपण्याचं कारण नाही.

मला त्याचं म्हणणं मुळीच पटलं नाही. त्याची सगळी पानं मी व्यवस्थित लावली आणि एका प्लॅस्टिक पिशवीत ठेवली. त्याची एकच विनंती मी ऐकणार आहे. उद्याच त्याची एक नवीन प्रत घेऊन येणार आहे. तो मला माझं आयुष्य संपेपर्यंत सोबत करेल.

४. स्त्री-पुरुष समानता : स्वप्न आणि वास्तव!

अलीकडेच एक धक्कादायक बातमी आली. महाराष्ट्रासह अनेक राज्यांत हजार मुलांमागे मुलींच्या जन्माचं प्रमाण कोठे ८००, कोठे ८४७, कोठे ७६० पर्यंत आहे. निसर्गाची प्रवृत्ती सर्वच गोष्टींचा समतोल राखण्याची आहे. हजार मुलांमध्ये २००-३०० इतक्या मुलींची तफावत येत असेल तर या असमतोलामागे माणसाचा हस्तक्षेप निश्चितच आहे आणि याला अनेक परिस्थितिजन्य पुरावे उपलब्ध आहेत. आपला समाजच पुरुषप्रधान आहे. मुलगा हा 'वंशाचा दिवा', 'म्हातारपणाची काठी' अशा समजुती प्रचलित आहेत. पुत्र या शब्दाची व्युत्पत्ती 'पुं' नरकापासून तारणारा अशी सांगितली जाते. त्यामुळे मुलगा झाला की, भारतीय स्त्री अगदी धन्य-धन्य होते. मुलगी झाली की, धरणी तिच्या काळजीने तीन हात खचते असाही समज आहे. मुलाला इतकं अपरंपार महत्त्व असल्यामुळे आणि आज विज्ञानाने गर्भ मुलीचा आहे की मुलाचा, हे ओळखण्याची सोय झाल्यामुळे गर्भ मुलीचा असेल तर तिला जन्मालाच येऊ दिलं जात नाहीं. त्यामुळे सर्वेक्षणाचे निष्कर्ष वरीलप्रमाणे धक्कादायक येतात.

स्त्री-पुरुषातील असमानता अशी अगदी मुलीच्या जन्मापासून सुरू होते. संगोपनामध्ये उघडउघड पक्षपात केला जातो. जे-जे चांगलं असेल ते मुलाला पुरविलं जातं. त्यामुळे मुली कुपोषित राहतात. खरं तर नवनिर्मितीची जबावदारी निसर्गाने स्त्रियांवर सोपविलेली आहे. ती सुदृढ असेल तर पुढची पिढी निरोगी आणि बलवान होणार, पण इतका दूरदृष्टीचा विचार समाजात असता तर मुलींच्या गर्भातच हत्या झाल्या नसत्या.

उच्च शिक्षण देताना मुला-मुलींमध्ये निश्चितच भेदभाव केला जातो. याला कारण आपल्या समाजातली हुंड्याची प्रथा. शिक्षणाचा खर्च करूनही हुंडा द्यावा लागतो. मग पालक विचार करतात की, मुलाला शिक्षण द्यावं आणि मुलीला हुंडा द्यावा. याचा परिणाम स्त्रिया शिक्षणापासून वंचित राहण्यामध्ये होती. डॉ. सरोजिनी नायडू म्हणतात, 'पुरुषांच्या शिक्षणाचा उपयोग फक्त त्याच्या एकट्याच्या विकासाला होतो. पण एक स्त्री शिकली तर अवघे कुटुंब शिकते. कारण मुलांवर संस्कार करण्याचे काम प्रामुख्याने स्त्री करते. मग ती सुशिक्षित असेल तर हे काम अत्यंत चांगल्या रीतीने करेल', पण येथेही एवढा लांबचा विचार कोणी करीत नाही.

स्वातंत्र्य मिळाल्यानंतर यात आता थोडा बदल झाला आहे. प्राथमिक शिक्षण सर्वांनाच सक्तीचं झालेलं असून मुलींना बारवीपर्यंत मोफत शिक्षण दिलं जातं. उच्च शिक्षणातही मुलींना ३०% आरक्षण आहे. त्याचा फायदा अनेक मुलींना होतही आहे. परंतु अजूनही ग्रामीण भागातल्या अनेक मुली शिक्षणापासून दूर आहेत.

शिक्षित मुली नोकरी करू लागल्या की, तिथेही त्यांच्या क्षमतेबद्दल शंका उपस्थित केल्या जातात. त्या उच्च पदावर असतील तर त्यांचे हुकूम-आदेश स्वीकारणं पुरुषांना अपमानास्पद वाटतं.

त्यांना अडचणीत आणण्याचे अनेक मार्ग मग ते चोखाळतात. त्यांना सहकार्य करीत नाहीत. या साऱ्या प्रकारांना पुरून उरणाऱ्या किरण बेदी, नीला सत्यनारायण, मनीषा म्हैसकर यांची उदाहरणं आज समाजापुढे आहेत. ती जसजशी वाढतील तसतशी परिस्थिती बदलेल हे खरं आह. आज मान मिळवत्या स्त्रीला घरात आणि घराबाहेर तीव्र संघर्ष करावा लागतो आहे ही वस्तुस्थिती आहे. पैसे मिळविले म्हणून घरात तिची मिळवित्या पुरुषांप्रमाणे खातिरदारी होत नाही. अशास्त्रियांचा मत्सर करतात.

स्त्री-पुरुष समानता असावी, घटनेमध्ये तर्शी तरतूद आहे. परंतु वास्तव मात्र अनेक पातळींवर असं आहे की, स्त्रियांना निर्णयस्वातंत्र्य तर कुटुंबात अभावानेच मिळतं. तिचा कष्टाचा पैसासुद्धा तिच्या हक्काचा नसतो. ती फक्त कामाची आणि सहीची धनी असते.

राजकारणात स्त्रियांना स्थान असावं म्हणून काही मतदारसंघ स्त्रियांसाठी राखीव असतात. तिथे स्त्रिया निवडून आणल्या जातात, पण पुरुषांकडून आणि कारभाराची सूत्रंही पुरुषांकडेच असतात. संसदेत स्त्रियांना 33% आरक्षण असावं; हे बिल अजून पास होऊ शकत नाहीं. याचं कारण संसदेत त्यांची संख्या नगण्य आहे.

हे वास्तव बदलण्याची जवाबदारी स्त्रियांचीसुद्धा आहे. कामाच्या ठिकाणी 'स्त्री' म्हणून सवलती त्यांनीही घेऊ नयेत. स्पर्धेत टिकून राहण्यासाठी चिकाटी आणि परिश्रम यांत स्त्रिया कमी पडत नाहीत. धडाडी आणि महत्वाकांक्षा यात त्या कमी पडतात. ती उणीव भरून काढता आली तर स्त्री-पुरुष समानतेचं स्वप्न आपल्या आवाक्यात येईल.

५. फॅशनचे वेड

'एवढे लांबसडक केस आहेत. उगीच फॅशनच्या मागे लागून कापू नको.'

'मी कापणार! सध्या केस छोटे ठेवून ते मोकळे सोडण्याची फॅशन आहे. शिवाय स्वच्छता करण्यासाठी फार वेळ जाणार नाहीं.'

'कर तुला काय करायचं ते' तुझे केस आणि तू!

हा संवाद आहे आई आणि तिची कॉलेजात जाणारी मुलगी यांच्यातला. घराघरात असे संवाद वेगवेगळ्या विषयांवर थोड्याफार फरकाने होतच असतात. त्याचा शेवट 'आमच्या वेळी असं नव्हतं', 'आजच्या पिढीला रोज नवी फॅशन हवी,' अशासारख्या उद्‌गारांनी होतो.

फॅशनचं वेड हे प्रत्येकाला विशिष्ट वयात असतंच. कारण ते नावीन्याचं वेड असतं. त्यातून आपला वेगळेपणा दाखविण्याचा प्रयत्न असतो. इतरांच्या नजरेत भरण्याचा खटाटोप असतो. म्हणून कपडे, केस, नखं, चपला, पर्सेस यांच्या नित्यनव्या फॅशन्स निर्माण होत असतात आणि तरुणाईला त्या फॅशनचं वेड असतं.

फॅशन जगतावर चित्रपटसृष्टीचा प्रभाव मोठा आहे. एखाद्या सिनेमात नायकाने किंवा नायिकेने घातलेले वेगळे कपडे, केस आणि दाढी यांची वेगळी रचनां लगेच फॅशन म्हणून उचलली जाते आणि सगळीकडे प्रचलित होते. मग ती आपल्याला चांगली दिसते की नाही, मानवते की नाही याचाही विचार कोण करीत नाही. आजकाल टी.व्ही. सारखं प्रसारमाध्यम नवनव्या फॅशनचे जणू प्रसारकेंद्रच बनलं आहे. टी.व्ही. वरच्या मालिका त्यातली पात्रं जणू फॅशन शोमधले स्पर्धकच वाटतात. रोजच्या जीवनात वावरणारी ही माणसं सुंदर-सुंदर कपडे आणि चेहऱ्याची रंगरंगोटी करून घरात २४ तास कशी राहतात, भांडतात, एकमेकांचा द्वेष करतात हे काही कळत नाहीं. खरं म्हणजे हा प्रचंड विनोद आहे. सारंच हास्यास्पद आहे. तरीही सामान्य प्रेक्षक त्या वातावरणात गुरफटून जातो. त्यांच्या बिंदीची आणि बांगड्यांची आणि ड्रेसेसची चर्चा करत बसतो.

फॅशनचं वेड हे मात्र अगदी आदिमानवापासून आहे. काहीही साधने नव्हती तेव्हाही पाने-फुलांनी माणूस आपलं शरीर सजवीतच होता. वैचित्र्य, नावीन्य यांची माणसाची आवड खूप जुनी आहे आणि मागची पिढी पुढच्या पिढीला फॅशनबद्दल नावं ठेवताना दिसली तरी त्यांनीही त्यांच्या तरुणपणी फॅशनसाठी आपल्या आई-वडिलांचा रोष ओढवून घेतला, हे तेही कबूल करतात. पिढीतल्या विचारांचं अंतर हे फॅशनच्या निमित्तान चांगलंच दिसून येतं. आई-वडिलांना फॅशन आवडली नाही तर ती चांगली, असं नवी पिढी समजते.

केव्हा कशाची फॅशन येईल हे निश्चित सांगता येत नाही. त्या-त्याच फॅशन्स ठरावीक कालानंतर पुनःपुन्हा येताना दिसतात. याच्यामागे साधं मानसशास्त्रा आहे. त्याच-त्याच गोष्टींचा कंटाळा येतो आणि पुन्हा पूर्वीची गोष्ट चांगली वाटू लागते. पूर्वी फॅशनजगत फक्त स्त्रियांच्या भोवतीच रेंगाळत होतं. पण आज पुरुषांचे कपडे, त्यांची केशभूषा, अलंकार त्यांच्यासाठी फॅशन शो हे पाहिलं की, 'सौंदर्य हे स्त्रीचं सामर्थ्य आहे आणि सामर्थ्य हे पुरुषाचं सौंदर्य आहे' या समजुतीचा जमाना मागे घडल्याचं लक्षात येतं.

याचा फायदा व्यापारी लोकांना जास्त होतो. आता तर फॅशनमुळे लोकप्रिय झालेल्या गोष्टी झपाट्याने सगळीकडे पसरवायला टी. व्ही. आणि त्याच्यावरच्या जाहिरातींची मदत आहे. प्रचंड असं सिनेजगत आहे.

काही फॅशन मात्र वीभत्स, किळसवाण्या, सभ्यतेला सोडून असणाऱ्या असतात. त्यांचं ओंगळ प्रदर्शन मान खाली घालायला लावतं, 'खपतं' म्हणून 'विकलं' जातं हेच चित्र दिसतं. काही फॅशन्स स्त्री-पुरुष भूमिकांची अदलाबदल करणाऱ्या असतात. मला वाटतं, पुरुषांनी केसांची पोनी बांधणं किंवा कानात बाळी घालणं आणि स्त्रियांनी जीन्स घालून अलंकारविरहित राहणं असं करताना फॅशन करणाऱ्या लोकांना परंपरागत कल्पनांना धक्का द्यायचा असतो. जीवनातला तोचतोपणा घालवायचा असतो. त्या दृष्टीने माफक प्रमाणात फॅशन ठीक आहे. पण कोणत्याही गोष्टीचा अतिरेक न करणं हेच सुज्ञपणाचं लक्षण आहे.

●●

SAMPLE PAPER-3
Marathi

Questions

विभाग १:गद्य

प्रश्न १.

(अ) पुढील उताऱ्याच्या आधारे सूचनेनुसार कृती करा.

खरा आनंद ओळखण्याची एक सोपी खूण आहे. तुम्हांला हलकंहलकं, पिसासारखं वाटायला हवं. मनावरचे सर्व ताण, सर्व दडपणं नाहीशी व्हायला हवीत. मुख्य म्हणजे ईर्ष्या, असूया नाहीशा व्हायला हव्यात, राग, द्वेष विरघळायला हवेत.

काहींना एखादं बक्षीस मिळालं, तरी त्या 'अमक्या' ला चार बक्षिसं मिळाली याचं वैषम्य वाटतं किंवा मग 'त्या लेकाला एकही बक्षीस मिळालं नाहीं', याचाच अधिक आनंद होतो. स्वत:ला काही मिळणं, स्वत: आनंद मिळवणं यापेक्षा दुसऱ्याला आनंद न मिळणं हे ज्यांना महत्त्वाचं वाटतं, ते आयुष्यात कधीच आनंदी होऊ शकत नाहीत. तुलना आली, की आनंद संपलाच. खरा आनंद दुसऱ्याचा दु:खावर कधीच पोसला जात नसतो. खरा आनंद हा मनाला केवळ हलकंच नव्हे, तर चित्ताला शुद्ध करत असतो. माणूस खऱ्या आनंदात असतो, तेव्हा त्याला सगळं जग छान, सुंदर वाटत असतं. आपल्यासारखंच सगळ्यांनी मजेत, आनंदात असावं, असंच त्याच्या मनात येत असतं. स्वत:च्या मनात तो मावेनासा झाल्यानं सर्वांना वाटावा, असं वाटत असतं. ती गरज आनंद वाटण्याची असते, दाखवण्याची किंवा प्रदर्शन करण्याची नसते.

अनेकदा आयुष्यात असं काही घडतं, की आपण आनंदासाठी मनाची कवाडं कायमची बंद करून टाकतो. आपण म्हणतो, माणसं दु:खातून बाहेर येत नाहीत. त्याचं कारण ते दु:खाला बाहेर जाऊ देत नाहीत. हृदयाची दारं मिटलेली असतील, तर आतलं दु:ख बाहेर जाणार कसं? बाहेर दाराशी घुटमळणारा आनंद आत येणार कसा? आनंदाला जागा मोकळी लागते. तुमच्या मनात दु:ख, चिंता, टेन्शन अशा मंडळींची गर्दी झाली असेल, तर तशा दाटीवाटीत आनंद कधीच घुसत नाही. आनंदाचं खुल्यादिलानं स्वागत करावं लागतं. शेतकरी मंडळी 'कधी पडायचा पाऊस' म्हणून आभाळाकडे डोळे लावून बसतात. त्यांचा नाइलाज असतो, कारण पाऊस पाडणं त्यांच्या हातात नसतं. आनंदाचा पाऊस मात्र आपण पाडू शकतो. कृत्रिम नव्हे...नैसर्गिक. कुठून तरी आनंद येईल आणि आपल्या मनाचं अंगण भिजवेल, म्हणून वाट पाहात बसलं, तर आनंद येईलच याची खात्री नसते. आनंद हा आपण घ्यायचा असतो. कुणी तो देईल याची वाट पाहायची नसते. एकदा आनंद कसा घ्याचचा याचं तंत्र जमलं, की मग मात्र 'नाही आनंदा तोटा' अशी अवस्था होते.

(१) (i) खऱ्या आनंदाची लक्षणे

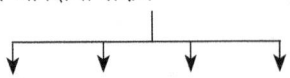

(ii) आभाळाकडे डोळे लावून बघतो तो

एकदा आनंद कसा घ्यायचा ते तंत्र जमलं की

खरा आनंद ओळखण्याची एक

(२) खऱ्या आनंदामुळे कोणकोणत्या गोष्टी घडतात?

(३) 'खरा आनंद दुसऱ्याच्या दु:खावर कधीच पोसला जात नसतो' या विधानाचा अर्थ तुमच्या भाषेत लिहा.

किंवा

'आनंदाचं खुल्या दिलानं स्वागत करावं लागतं' या विधानाचा तुमच्या जीवनात कसा उपयोग कराल? उदाहरणासह लिहा.

(आ) दिलेल्या उताऱ्याच्या आधारे सूचनेनुसार कृती करा.

आणि मी प्रामाणिकपणे सांगतो, की दहा-बारा वर्षांपूर्वी दंतवैद्याबद्दलच्या खऱ्याखुऱ्या दंतकथा ऐकल्या होत्या, त्यावरून दंतवैद्याची खुर्ची, दात उपटण्याची क्रिया इत्यादी सर्व गोष्टींबद्दल माझ्या मनात विक्राळ भीती होती; पण प्रत्यक्षात तसे काही वाटले नाही. दंतवैद्य अलीकडे फारच माणसाळलेले आहेत असे माझे प्रामाणिक मत झाले. त्याने माझ्या हिरड्यांत इंजेक्शन देऊन इतका लीलया दात उपटला, की मी आश्चर्यचकित होऊन पाहतच राहिलो! दात उपटण्याची क्रिया इतकी सोपी असेल असे वाटले नव्हते. मी आजवर शत्रूंना आणि शेजाऱ्यांना भांडणाच्या वेळी 'दात उपटून हातात ठेवीन', 'दात घशात घालीन' अशा माझ्या शक्तीचे प्रदर्शन करणाऱ्या धमक्या दिल्या होत्या. त्यांना काहीच अर्थ नव्हता, याची हळहळ दंतवैद्याच्या खुर्चीत असतानाच वाटली.

दंतवैद्याने दात दाखवला. हाच तो खलदंत! ज्याने माझे बायकोपुढे हसे केले तोच हा नीच दात. नतद्रष्ट! 'तुला हेच शासन योग्य आहे' असे मी उरलेले दातओठ खाऊन मनाशी म्हणालो. आता पुन्हा तो ठणका लागणार नाही, पुन्हा ते बोळे धरावे लागणार नाहीत. पुन्हा बायकोचा उपदेश ऐकावा लागणार नाही. ह्या विचारांनी मी आनंदाने बेहोश झालो. उरलेल्या दातांना धाक बसावा म्हणून तो काढलेला दात घरी नेण्याचा विचार मनात येऊन गेला; पण त्या दाताची संगतसुद्धा नको असे वाटून मी तो दंतवैद्यालाच अर्पण केला. आनंदाने घरी आलो. दारातूनच ओरडून चार-पाच शेजाऱ्यांना सांगितले, की ''तो तुम्हांला जागवणारा दात गेला. यापुढे दंतसप्ताह नाही.

(१) (i) शक्ती प्रदर्शन करणाऱ्या धमक्या

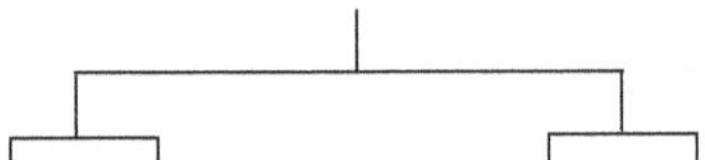

(ii) दंतवैद्याने काढलेल्या दातास लेखकाने दिलेली उपमा

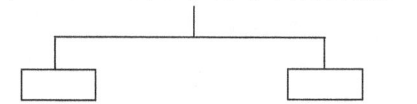

(२) दंतवैद्याने दात काढल्यानंतर लेखक आश्चर्यचकित का झाले?

(३) लेखकाच्या मनातील दंतवैद्याविषयीची प्रतिक्रिया तुमच्या भाषेत लिहा.

किंवा

लेखकाने शेजाऱ्यांना ओरडून काय सांगितले? उदाहरणासह लिहा.

(इ) **दिलेल्या उताऱ्याच्या आधारे सूचनेनुसार कृती करा.**

'नाचे मयूरी' हा चित्रपट अनेकांनी पाहिला असेल. सुप्रसिद्ध नर्तिका सुधा चंद्रन हिच्या आयुष्यावर तो आधारित होता. एका अपघातामध्ये सुधाला एक पाय गमवावा लागला होता. साहजिकच तिचं नृत्य कायमचंच बंद पडण्याच्या मार्गावर होतं; पण सुधा जयपूरला गेली आणि तिथं तयार करण्यात आलेला कृत्रिम पाय आपल्या गमावलेल्या पायाच्या जागी बसवला. नृत्याची कारकीर्द तिनं नव्यानं सुरू केली आणि त्या कृत्रिम पायाच्या आधारानं तिन भरघोस यश मिळवलं. सुधानं बसवून घेतलेल्या त्या कृत्रिम पायाचंच नाव आहे 'जयपूर फूट', जयपूरमधल्या एका रुग्णालयात तो प्रथम विकसित केला गेला म्हणून त्याला ते नाव मिळालं.

जयपूरच्या रुग्णालयात डॉ. प्रमोद किरण सेठी अनेक विकलांगांवर उपचार करत होत. पोलिओची बाधा झाल्यामुळे दिव्यांगत्व आलेल्या मुलांना पाहून त्यांना एक कल्पना सुचली. पंडित राम चरण शर्मा या कलाकाराला विविध प्रकारची विलक्षण साधनं तयार करताना त्यांनी पाहिलं होतं. त्यांनी पंडितजींना रुग्णालयात येण्याचं आमंत्रण दिलं.

पंडितजींनी रुग्णालयात, ज्यांचे पाय काही कारणांनी गमावले आहेत अशांना परदेशातून आयात केलेले, महागडे कृत्रिम पाय बसवताना पाहिलेलं होतं. ते परवडणारे नव्हते आणि ज्यांना ते परवडणारे होते त्यांचीही चाल काही सुलभ होत असताना त्यांना दिसली नव्हती. ते पाहून त्यांच्या कल्पकतेला आव्हान मिळालं. त्यांनी व्हल्कनाईज्ड रबर आणि लाकूड या सहजगत्या उपलब्ध असलेल्या कच्च्या मालापासून हालचाल करण्यास सुलभ असा पाय तयार केला. डॉ. सेठी यांनी तो आपल्या एका रुग्णाला बसवून पाहिला. त्यासाठी शस्त्रक्रियेची नवी पद्धत विकसित केली. त्या रुग्णाला त्याचा फायदा झाल्याचं पाहून त्यांनी पंडितजींना आणखी तसेच पाय तयार करायला सांगितलं. आता परदेशातून कृत्रिम पाय आयात न करता हे लाकडी पाय बसवण्याचाच सिलसिला सुरू झाला. सुरुवातीला तर पंडितजींनी बांबूचाच वापर केला होता; पण हळूहळू इतरही पदार्थांचा वापर करायला त्यांनी सुरुवात केली.

आता जगभर त्यांच रोपण केलं जातं. अद्ययावत प्लास्टिक व ॲल्युमिनियम यांचा वापरही आता करण्यात येतो. पण मूळ कल्पना मात्र पंडितजींचीच राहिली आहे.

(१) **पुढील घटनांचे उताऱ्या आधारे सूचनेनुसार कृती करा.**

(i) अपघातामध्ये सुधाला एक पाय गमवावा लागला

(ii) पंडितजींनी कृत्रिम पाय बसवला

(२) कृत्रिम पायाच्या मदतीने दिव्यांगावर मात करता येते' सोदाहरण स्पष्ट करा.

विभाग २: पद्य

प्रश्न २.

(अ) **पुढील कवितेच्या आधारे सूचनेनुसार कृती करा.**

सरी-वाफ्यात, कांदं लावते
बाई लावते
नाही कांदं ग, जीव लावते
बाई लावते
काळ्या आईला, हिरवं गोंदते
बाई गोंदते
रोज मातीत, मी ग नांदते
बाई नांदते
फुलं सोन्याची, झेंडू तोडते
बाई तोडते
नाही फुलं ग, देह तोडते बाई तोडते
बाई तोडते
घरादाराला, तोरण बांधते
बाई बांधते
रोज मातीत, मी ग नांदते
बाई नांदते

(१) (i) **कवितेतील स्त्री करत असलेली विविध कामे**

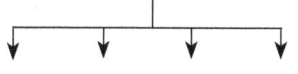

(ii) **जोड्या लावा**

'अ'	'ब'
1. नाही कांदं ग, जीव लावते	(a) गोंदणाच्या हिरव्या नक्षीप्रमाणे शेत पिकाने सजवते.
2. काळया आईला. हिरवं गोंदते	(b) अतोनात कष्टानंतर हिरव्या समृद्धीच्या स्वरूपात शिल्लक राहते.
3. ठिरवी होऊन, मागं उरते	(c) स्वत:चा जीवयच जगू कांद्याच्या रोपाच्या रूपात लावते.

(२) 'नाही बेणं ग, मन दाबते
बाई दाबते
कांद्या-कांद्यांनी, संसार सांधते
बाई सांधते
—असे कवयित्री का म्हणते?

(३) शेतकरी स्त्रियांच्या कष्टमय जीवनाचे वर्णन कवितेच्या आधारे लिहा.

(आ) **पुढील काव्यपंक्तीतील काव्यसौंदर्य स्पष्ट करा.**

''आश्लेषांच्या तुषारस्नानी
भिउन पिसोळीं थन्याथव्यांनी
रत्नकळा उधळित मध्यान्ही
न्हाणोत इंद्रवर्णात वना''

(इ) माणसांच्या मध्यरात्री हिंडणारा सूर्य मी:
माझियासाठी न माझा पेटण्याचा सोहळा!

किंवा

विंचू चावला वृश्चिक चावला।
कामक्रोध विंचू चावला।
तम घाम अंगासी आला ।।धृ।।
पंचप्राण व्याकुळ झाला
त्याने माझा प्राण चालला
सर्वांगाचा दाट झाला।।१।।
मनुष्य इंगळी अति दारुण।
मज नांगा मारिला तिने
सर्वांगी वेदना जाण
त्या इंगळीची।।२।।

दिलेल्या काव्यपंक्तीचे रसग्रहण करा.

विभाग ३: साहित्यप्रकार कथा

प्रश्न ३.

(अ) **दिलेल्या उताऱ्याच्या आधारे सूचनेनुसार कृती करा.**

कथा वाचताना अनेकदा 'आता पुढे काय होणार' अशी उत्सुकता वाचकाच्या मनात निर्माण होते. त्याच्या मनात जिज्ञासा जागी होते. कारण कथानक वाचकाला खिळवून ठेवणारे असते. कथेतील पात्रे आणि प्रसंग यांची गुंफण अशा कौशल्याने केलेली असते, की वाचक त्यात तल्लीन होऊन जातो. वाचकाला वर्तमानातून भूतकाळात घेऊन जाणे आणि पुन्हा वर्तमानात आणणे अशा फ्लॅशबॅक लेखनशैलीमुळे कथा उत्कंठावर्धक होते. यादृष्टीने पाठ्यपुस्तकातील 'शोध' ही कथा एकदा वाचा. त्या कथेतील आकस्मिक वळणे, नाट्यमय प्रसंग, कथेचा अनपेक्षित शेवट या सर्वांमुळे उत्कंठा शेवटपर्यंत कशी टिकून राहाते, हे तुमच्या लक्षात येईल.

कथा एककेंद्री असते.

अनुभवाचे, रचनेचे एककेंद्रित्व हे कथेचे वैशिष्ट्य आहे. कादंबरी वा नाटकाप्रमाणे ती बहुकेंद्री नसते. कथेतील प्रसंग, पात्रे, वातावरण मर्यादित असते म्हणूनच ती लहान असते, लघू असते. ती पसरट नसते. तिचे स्वरूप स्फुट (छोटे) असते.

कथा भूतकाळात लिहिली जाते.

सर्वसाधारणपणे कथा भूतकाळात लिहिली जाते. कथेत होऊन गेलेल्या घटनांविषयीचे निवेदन असते. उदा., एक होते गाव. तिथे एक दानशूर माणूस राहायचा; ही अशी वाक्यरचना सर्वसाधारणपणे कथेत आढळते. कथेत एखादी हकीकत असते, घडून गेलेले प्रसंग असतात, त्यांचे वर्णन असते. त्यामुळे आपोआपच कथालेखनासाठी भूतकालीन निवेदनशैली वापरली जाते.

कथेच्या माध्यमातून जीवनाचा वेध घेतला जातो.

कथा मानवी जीवनाचा थेटपणे वेध घेते. ती जीवनस्पर्शी असते. राजाराणी असो वा एखादा टॅक्सीड्रायव्हर, नर्स असो वा गावातला लोकसेवक; त्या प्रत्येकाच्या जीवनातील घटनांचा, भावनांचा, वैचारिक उलथापालथींचा धांडोळा घेण्याची ताकद कथेत असते. कथेला एकही जीवनविषय वर्ज्य नाही. बालपणी काऊचिऊच्या रूपाने मानवी जीवनात प्रवेश करणारी कथा आयुष्यात ठाण मांडून बसलेली असते. जीवनाचा वेध घेण्याचे हे वैशिष्ट्य कथेची खासियत आहे.

श्रवणीयतेमुळे कथेचे सादरीकरण करता येते.

सादरीकरण म्हणजे सादर केले जाणे, सांगणे, कथन करणे. कथा सादर केली जाते. बालकमेळावे, बालसाहित्य संमेलने इथे आवर्जून कथा सांगितल्या जातात. नाटके, कादंबऱ्या, निबंध वा लेखसंग्रह यांचे कथन फारसे होत नाही; पण कथाकथन मात्र घरोघरी, शाळाशाळांमध्ये, साहित्यविषयक कार्यक्रमांमध्ये नित्यनेमाने घडत असते. कथा सांगणाऱ्या ती मनोभावे सांगणे आणि येणाऱ्याने ती एकचित्ताने ऐकणे ही सांस्कृतिक देवघेव पूर्वी होत होती, आज होते आहे, उद्याही होत राहील.

(१) (i) फ्लॅशबॅक लेखनशैली म्हणजे
(ii) कथा लहान असणे कारण
'कथा वाचकांची उत्कंठा वाढवणे

(२) 'कथा मानवी जीवनाचा वेध घेते' या विधानाचा समजलेला अर्थ तुमच्या भाषेत लिहा.

(आ)

(१) 'शोध' कथेच्या शीर्षकाची समर्पकता तुमच्या भाषेत लिहा.

किंवा

गावात उचापती करणाऱ्या लोकांबद्दल 'गढी' या कथेच्या आधारे तुमचे मत लिहा.

(२) वाननदीले कदीमधी येणारा पूर आता पटावरच्या आकळ्याइतके आला व्हता' या विधानाचा तुम्हाला समजलेला अर्थ लिहा.

किंवा

कथेतील टॅक्सी ड्रायव्हरने 'जीवनातील वास्तवाचा घेतलेला शोध' तुमच्या भाषेत लिहा.

विभाग ४: उपयोजित मराठी

प्रश्न ४.

(अ) **पुढीलपैकी कोणत्याही दोन प्रश्नांची उत्तरे लिहा.**

(i) मुलाखतीचे प्रमुख हेतू तुमच्या शब्दांत स्पष्ट करा.
(ii) माहितीपत्रकाच्या रचनेची कोणतीही दोन वैशिष्ट्ये लिहा.

(iii) वास्तवदर्शी लेखन हा अहवालाचा भाग आहे' हे विधान स्पष्ट करा.

(iv) मुलाखत ही व्यक्तीच्या कार्यकर्तृत्वाची ओळख असते, हे स्पष्ट करा.

(आ) पुढीलपैकी कोणत्याही दोन प्रश्नांची उत्तरे लिहा.

(i) वैद्यकीय सेवेतील परिचारिकेची मुलाखत घेण्यासाठी प्रश्नावली तयार करा.

(ii) अहवाललेखन करताना लक्षात घ्यावयाच्या बाबी स्पष्ट करा.

(iii) माहितीपत्रक म्हणजे काय ? ते सोदाहरण सांगा.

(iv) महाराष्ट्रीयन पद्धतीचे सुग्रास भोजन उपलब्ध करून देणाऱ्या भोजनग्रहासाठी कोणते मुद्दे लक्षात घ्याल ? उदाहरणासह लिहा.

विभाग ५: व्याकरण व लेखन

प्रश्न ५.

(अ) कंसातील सूचनेनुसार कृती करा.

१) (i) काल फार पाऊस पडला (प्रश्नार्थी करा)

(ii) किती छान आहे हे फूल! (विधानार्थी करा)

(२) पुढील तक्ता पूर्ण करा.

	सामासिक शब्द	विग्रह	समासाचे नाव
(i)	यथायोग्य	....	....
(ii)	......	राष्ट्रासाठी अर्पण	....

(३) पुढील वाक्यातील प्रयोग ओळखा.

(i) या चित्तांचे स्त्रोत मला सापडतात.

(ii) खिडकी हलकेच उघडतो

(४) पुढील तक्ता पूर्ण करा.

	उदाहरण	सामान्य सिद्धान्त	विशेष गोष्टी
(i)	न हे नयन, पाकळ्या उमलल्या सरोजांतील। न हे वदन, चंद्रमा शरदिया गमे केवळ	–	–
(ii)	जो अंबरी उफळतां खूर लागला हे तो चंद्रमा निज तनूवरि डाग लाहे	–	–

(५) जोड्या लावा:

	अ गट		ब गट
(क)	शंकर पाटील	(i)	एका मुंगीचे महाभारत
(ख)	योगीराज वाघमारे	(ii)	बेगड
(ग)	जयंत नारळीकर	(iii)	वळीव
(घ)	गंगाधर गाडगीळ	(iv)	यक्षाची चांदणी

(आ) पुढीलपैकी कोणत्याही एका विषयावर २०० से २५० शब्दांत निबंध लिहा.

१. हुंडा-एक सामाजिक समस्या
२. परीक्षाच नसत्या तर
३. सैनिकाचे मनोगत
४. आरोग्य हीच संपत्ती
५. लोकशाही आणि निवडणुका

Answer Key

विभाग १: गद्य

उत्तर १.

(अ)

(१) (i)

- हलकं हलकं पिसासारखं वाटायला हव
- मनावरील ताण, दडपण नाहिसा व्हायला हवा
- ईर्ष्या आसूया नाहिशी व्हायला हवी
- राग, द्वेष विरघळायला हवा

(ii) शेतकरी

मग मात्र 'नाही आनंदा तोटा' अशी अवस्था होते.

(२) खऱ्या आनंदामुळे पुढील गोष्टी घडतात–

(i) खरा आनंद दुसऱ्याच्या दु:खावर पोसला जात नाही.

(ii) खरा आनंद हा केवळ मनालाच हलके करत नाही तर तो चित्रालाही शुद्ध करतो.

(iii) खऱ्या आनंदामुळे सगळ जग छान, सुंदर वाटत असते

(iv) खऱ्या आनंदामुळे आपल्यासारखं सगळ्यांनी मजेत, आनंदात असावं असेही मनात येते.

(३) 'आयुष्य....आनंदाचा उत्सव' या पाठाचे लेखक शिवराज गोर्ले असून, 'मजेत जगावं कसं' या त्यांच्या पुस्तकातून हा पाठ्यांश घटक घेतला असून मानवी जीवनात आनंदाला महत्त्वाचे स्थान असले तरी बरेचदा आनंद म्हणजे काय, तो कसा मिळवावा हे उमगत नाही. खरे म्हणजे आनंद बाहेर नसून अंतरंगात असतो; त्यासाठी आनंदाचे भान त्या व्यक्तीला असावे लागते तरच त्यास आनंदाने, मजेत जगता येते हे येथे लेखकाने हलक्या-फुलक्या शैलीत उलगडले आहे.

जीवनामध्ये त्या व्यक्तीला त्याच्या कार्यासाठी एखादे बक्षीस मिळाले तरी दुसऱ्याला चार बक्षिसे मिळाली आहेत याचे वैषम्य वाटते अथवा त्या एकाला एकही बक्षीस मिळाले नाही याचाच अधिक आनंद होतो. स्वत:ला काही मिळणं आणि स्वत: आनंद मिळवणं यापेक्षा दुसऱ्याला आनंद न मिळणे हे ज्यांना महत्त्वाचे वाटते, अशी माणसे आपल्या जीवनात कधीच आनंदी होत नसतात कारण एकमेकांशी तुलना केली की आनंद हा संपतोच कारण खरा आनंद हा दुसऱ्याच्या दु:खावर कधीच पोसला जात नाही. खरा आनंद हा मनाला केवळ हलकंच नाही तर चित्तालाही शुद्ध करत असतो. मनापासून आनंदी असलेल्या माणसास संपूर्ण जग मजेत, आनंदी दिसते त्यास स्वत:च्या मनातील आनंद इतरांसाठीही वाटावा अथवा हा आनंद फक्त दाखवण्याची वा प्रदर्शन करण्याची गरज त्यास वाटत नाही.

किंवा

शिवराज गोर्ले लिखित 'आयुष्य.....आनंदाचा उत्सव' हा पाठ्यांश घटक त्यांच्याच 'मजेत जगावं कसं' या पुस्तकातून घेतला आहे. प्रत्येक व्यक्तीला आनंद हा हवा असतो परंतु तो घ्यायचा कसा हे त्यांना समजत नाही. खरा आनंद हा बाहेर नसून माणसाच्या अंतरंगात असतो. त्यासाठी आनंदाचे भान हे जागे असणे गरजेचे असते. हेच या पाठातून लेखकने आपल्या हलक्या-फुलक्या शैलीत उलगडले आहे. आनंद नेमका कशात असतो? तो कसा अनुभवायचा? छोट्या-छोट्या गोष्टीतही आनंद कसा भरून राहिलेला असतो त्याचबरोबर आनंदी राहण्याची सवयं कशी लावून घ्यावी यासाठी विविध उदाहरणांतून लेखकाने मोलाचे मार्गदर्शन केले आहे.

मनावरचा ताण, दडपण नाहीसे होणे म्हणजे माणसाला वाटणारा आनंद, मनातील ईर्ष्या, आसूया नष्ट होणे, राग द्वेष विरघळून जाणे होय. मात्र कार्यकर्तृत्वामुळे एखाद्या व्यक्तीला बक्षीस मिळते. त्याचवेळी दुसऱ्याला चार बक्षिसे मिळाली तर वैषम्य वाटणे वा एखाद्याला एक ही बक्षीस मिळाले नाही म्हणून आनंद होणे चुकीचे असते. कारण स्वत:ला आनंदी पाहण्यापेक्षा दुसऱ्यास आनंदी न पाहणे हे ज्यांना महत्त्वाचे वाटते ते आयुष्यात कधीच आनंद मिळवू शकत नाही. आणि हा आनंदही तात्पुरता असतो तो दीर्घकाळ कधीच टिकत नाही. म्हणूनच जर आपण आनंदी असलो तर आपणास संपूर्ण जग आनंदी, असावे उत्साही असावे असे वाटते. स्वत:चा आनंद मनात मावेनासा होतो त्यावेळी आपण हा आनंद सर्वांना वाटण्याचा प्रयत्न करतो. उदाहरण. कॉम्पिटेटिव्ह एक्झाममध्ये मिळालेले यश अथवा खेळाच्या स्पर्धेत राज्यपातळीवर मिळालेले यश हे आपले एकट्याचे नसून त्या यशाचे मानकरी खेळ शिकवणारे शिक्षक व खेळात सहभागी झालेले खेळाडू यांचे असल्याचे स्वीकारणे हाच खरा आनंद असतो. परंतु आपल्या आयुष्यात एखादी दु:खद घटना घडली की आपण आनंदासाठी मनाची दारे कायमची बंद करतो. दु:खातून बाहेर पडण्याचाही प्रयत्न करत नाही तसेच इतरांशीही संवाद साधत नाही मात्र इतरांशी संवाद साधला असता मन एकदम हलके होते. मनातील दु:ख, चिंता, टेंशन यांची गर्दी न करता ती कमी कशी होतील याचाही विचार केला तर आपल्या मनात आनंदाला जागा मोकळी होईल. थोडक्यात आपण आपल्या मनावर कसलेही दु:ख, दडपण, ताण नघेता खुल्या दिलानं आनंदाचे स्वागत केले तर आनंद हा आनंदाकडे येतो आणि सर्व जग आनंदी वाटते.

(आ)

(१) (i)

दात उपटून हातात ठेवीन | दात घशात घालीन

(ii)

खलदंत | नतद्रष्ट

(२) दातदुखीच्या सततच्या त्रासामुळे लेखकाने दंतवैद्याशी चर्चा करून दुखणारा दात काढून टाकण्याचा निर्णय घेतला असला व लेखकाच्या या निर्णयाशी दंतवैद्य सहमत असले तरी लेखकाच्या मनात दंतवैद्याविषयी अनेक प्रश्न, शंका होत्या. कारण लेखकाने दहा-बारा वर्षांपूर्वी दंतवैद्याबद्दलच्या दंतकथा ऐकल्या होत्या. दंतवैद्याची खुर्ची, दात उपटण्याची प्रक्रिया याबद्दल लेखकाच्या मनात भीतीही होती. परंतु दात काढत असताना प्रत्यक्ष असे काहीच घडले नाही. महत्त्वाचे म्हणजे दंतवैद्य अलीकडे माणसाळलेले असल्याचे लेखकाच्या लक्षात आले. कारण दंतवैद्याने लेखकाच्या हिरड्यांत इंजेक्शन देऊन लीलया दात उपटला त्यामुळे लेखकास आश्चर्य वाटले. दात उपटण्याची प्रक्रिया इतकी सोपी असेल असे लेखकास कधीच वाटले नाही.

(३) सुप्रसिद्ध लेखक, विनोदी लेखक, नाटककार वसंत सबनीस लिखित 'दंतकथा' हा विनोदी ललितलेख 'सबनीशी' मधून घेतला आहे. दाताचे दुखणे हे त्रासदायक असून दातदुखीमध्ये कोणत्याही माणसाची अवस्था केविलवाणी होते आणि दातदुखीसारख्या गंभीर विषयातील प्रसंग लेखकाने विनोदी शैलीत टिपले आहे.

लेखकाची सततची होत असणारी दातदुखी आणि या दातदुखीवर अनेक प्रकारचे उपचार करूनही दातदुखी थांबत नाही. शेवटी लेखक दंतवैद्याशी चर्चा करून दोघांच्या एकमताने दात काढून टाकण्याचा निर्णय घेतात. लेखकाच्या या निर्णयाशी दंतवैद्यही सहमत असले तरी लेखकाच्या मनात दंतवैद्याविषयी अनेक शंका होत्या. भीती होती. कारण लेखकाने दहा-बारा वर्षांपूर्वी दंतवैद्याबद्दल काही दंतकथा ऐकल्या होत्या. त्यामुळे दंतवैद्याची खुर्ची, दान उपटण्याची क्रिया अशा गोष्टींबद्दल लेखकास भीती वाटते. परंतु लेखकाचा दात काढल्यानंतर लेखकाची दंतवैद्याविषयी काही प्रतिक्रिया उमटते ती पुढीलप्रमाणे.

(i) अलीकडे दंतवैद्य खूपच माणसाळलेले आहेत. असे दंतवैद्याबद्दलच लेखकाचे प्रामाणिक मत.

(ii) दंतवैद्याने लेखकाच्या हिरड्यात इंजेक्शन देवून दुखणारा दात सहज उपटून काढल्याने लेखक आश्चर्यचकित होऊन पाहतच राहिले.

(iii) दात काढण्याची प्रक्रिया इतकी सोपी असेल असे लेखकास वाटलेच नव्हते. अशाप्रकारे लेखकाच्या मनात दंतवैद्याविषयीची प्रतिक्रिया होती.

किंवा

सुप्रसिद्ध लेखक, नाटककार वसंत सबनीस लिखित 'दंतकथा' हा विनोदी लेख त्यांच्याच 'सबनीशी' मधून घेतला आहे. मानवी जीवनामध्ये प्रत्येकाच्या वाट्याला दातदुखी ही येतच असते. अशा दातदुखीमध्ये प्रत्येकाचीच केविलवाणी स्थिती होते. या केविलवाण्यास्थितीतून लेखकाचीही सुटका झाली नाही. असे असले तरी लेखकाने दातदुखीसारख्या गंभीर विषयाला नर्मविनोदी शैलीत मांडून सर्वांनाच दातदुखीतील गमतीजमतींचा प्रत्यय आणून दिला आहे.

लेखकाची दातदुखी सुरू होताच शेजारीपाजाराही जमत असत, चौकशी करत, कोणते उपचार कसे करावेत या विषयीही सल्ले देत मात्र लेखकाची दातदुखी तात्पुरती कमी होई व नंतर पुन्हा दातदुखी सुरू होत असे त्यामुळे शेवटी लेखक दंतवैद्याशी चर्चा करून दात काढून टाकण्याचा निर्णय घेतात. दंतवैद्याबद्दल मनात

भीती वाटत असली तरी दंतवैद्याने सहजपणे काढून टाकलेला दात पाहून लेखक आश्चर्यचकित होतात. खरेतर भांडणाच्या वेळी लेखक शत्रूंना वा शेजाऱ्यांना धमक्या देत असत की, 'दात उपटून हातात ठेवीण, दात घशात घालीन' परंतु दात काढून टाकल्यानंतर लेखकास समजते की अशा धमक्यांना काहीच अर्थ नव्हता मात्र दंतवैद्याने दात दाखवला आणि लेखकाने त्यास खलदंते, नीच दात, नतद्रष्ट अशा उपमा दिल्या. कारण याच दाताने लेखकाचे त्यांच्या बायकोपुढे हसे केले होते. आता मात्र पुन्हा दाताला ठणका लागणार नाही. उपचारास्तव पुन्हा दाताखाली बोळे धरावे लागणार नव्हते आणि बायकोचा उपदेश ही ऐकावा लागणार नव्हता या विचाराने लेखक आनंदी झाले खरे. शिवाय उरलेल्या दातांना धाक बसावा यासाठी काढलेला दात घरी न्यावा असेही लेखकास वाटते. पण दुसऱ्याक्षणी त्या दाताची संगतसुद्धा नको असे वाटल्याने लेखकाने तो दात दंतवैद्याकडेच ठेवला. लेखक घरी आनंदात आले आणि त्यांनी शेजाऱ्यांना आपल्या दारातूनच सांगितलेळी की, 'रात्री तुम्हाला जागवणारा दात गेला'. यापुढे दंतसप्ताह होणार नाही. असे ओरडून सांगितले. याचे कारण म्हणजे लेखकाची दातदुखी सुरू झाली की शेजाऱ्यांचेही जागरण होत असे. अशाप्रकारे आपल्या दाताविषयी लेखकाने शेजाऱ्यांना ओरडून सांगितले.

(इ)

(१) (i) तिचे नृत्य कायमचे बंद पडण्याच्या मार्गावर होते.

(ii) सुधाने नृत्याची कारकीर्द नव्याने सुरू केली.

(२) डॉ. बाळा फोंडके यांनी 'जयपूर फूटचे जनक' हा आकलनात्मक पाठ लिहिला आहे. या पाठामध्ये सुप्रसिद्ध नृत्यांगणा सुधा चंद्रन हिचा अपघातामध्ये पाय गेल्याने तिने जयपूर रुग्णालयात जाऊन कृत्रिम पाय बसवला व पुन्हा आपल्या नृत्याला सुरुवात केली. ज्यामुळे 'नाचे मयूरी' हा चित्रपट तिच्या जीवनावर आधारित निर्माण झाला व तो तितकाच प्रसिद्ध झाला. त्या पायाची निर्मिती कशाप्रकारे झाली ? त्याचे जनक कोण याविषयीच्या माहितीवर प्रकाश टाकला असून कृत्रिम पायाच्या आधारे दिव्यांगत्वावर मात करता येते हे स्पष्ट केले आहे.

डॉ. प्रमोद किरण सेठी यांनी विनंती केल्याने पंडित राम चरण शर्मा यांनी आपल्याच देशात कृत्रिम पाय तयार करणे सुरू केले. या कृत्रिम पायामुळे उभे राहता येते याचे उत्तम उदाहरण म्हणजे सुप्रसिद्ध नृत्यांगना सुधा चंद्रन. सुधा चंद्रन यांचा अपघात झाला असताही या दुःखावर मात करती त्यांनी कृत्रिम पाय बसवून नृत्यावर मेहनत घेतली. सरावामुळे त्यांना पहिल्यासारखा नृत्य करता येवू लागले. जेणेकरून त्यांच्या या नृत्यसाधनेवर आधारित 'नाचे मयूरी' हा चित्रपट काढला व तो तितकाच प्रसिद्धही झाला. अशाप्रकारचे अनेक दिव्यांग आपल्या अवतीभोवती असून ते कृत्रिम पायाच्या मदतीने सर्व संकटावर मात करून स्वतःची कामे स्वतःच करतात याशिवाय ते मोठ्या प्रमाणात सामाजिक कार्यही करतात. उदाहरण: नसीमा हुरजूक यांनी दिव्यांगासाठी कोल्हापूर शहरालगत बिनपायऱ्यांचे घर बांधले आहे. कृत्रिम पाय तयार करण्याची संस्थाही सुरू केली. थोडक्यात कृत्रिम पायाच्या मदतीने दिव्यांगावर मात करता येते हेच स्पष्ट होते.

विभाग २: पद्य

उत्तर २.

(अ)

(१) (i)

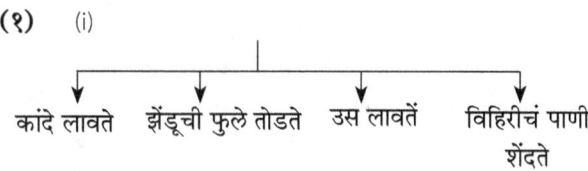

- कांदे लावते
- झेंडूची फुले तोडते
- उस लावतें
- विहिरीचं पाणी शेंदते

(ii) 1-(c), 2-(a). 3-(b)

(२) कल्पना दुधाळ यांच्या 'रोज मातीत' या कवितेतील दिलेली काव्यपंक्ती असून ही कविता त्यांच्याच 'सीझर' कर म्हणतेय माती' या काव्यसंग्रहातून घेतली आहे.

उसाची लागण करताना त्याच्या अगोदर एक इतभर डोळे असलेले पाहून कांड्या केल्या जातात. अशा कांड्यांना 'बेणं' उसे म्हणतान. हे बेणं शेतातील सरीवर ठेवून ते पायाने दाबून मातीत गाडले जाते. वरील पंक्तीतून शेतकरी कुटुंबात संसार करणारी, उद्याचे स्वप्न पाहणारी तसेच संपूर्ण कुटुंबालाच सुख-समृद्धी, ऐश्वर्यसंपन्न पाहण्यासाठी स्वतःच्या मनाचा यत्किंचितही विचार न करता अहोरात्र शेतात राबत असते. ती कांड्याकांड्यानी संसार साधत आहे. शेतातील छोट्या-छोट्या तसेच कष्टप्रद अशा कामांतून आपल्या संसाराला हातभार लावते. तिच्या या अंगमेहनतीने शेतकरी कुटुंबाची समृद्धीच होताना दिसते.

कवितेतील स्त्रीसुद्धा अशाच शेतकरी कुटुंबातील कष्टप्रधान महिलेचे प्रतिनिधित्व करते. प्रत्यक्ष कवयित्री ही शेतकरी कुटुंबातील असून शेतकरी जीवनाशी अतिशय अंतर्मुख होऊन विचार करताना दिसते. आणि म्हणूनच उसाच्या बेण्याच्या लावणीच्या प्रत्ययकारी चित्रणातून त्या स्त्रीची संसार करण्याची वृत्ती, शेतीमय झालेले तिचे जीवन म्हणजे स्वतःच्या मनाला सतत दाबून टाकत संपूर्ण कुटुंबाचा विचार करणारी ही कष्टकरी महिला श्रेष्ठ वाटते. तिच्या मनातील घरातील माणसांविषयीच्या भावना, शेतीविषयी, शेतीपूरक कामाविषयी आत्मीयता स्पष्ट होते. जीवनातील संघर्षालाही ती सहजपणे सामोरी जाते. अशाप्रकारच्या सततच्या कष्टांतून आपल्या संसाराला ती हातभार लावते आहे.

(३) प्रसिद्ध कवयित्री 'कल्पना दुधाळ' यांनी 'रोज मातीत' ही कविता लिहिली असून', सीझर कर म्हणतेच माती' या काव्यसंग्रहातून ती घेतली आहे.

आपला संसार सुखी होण्यासाठी दररोज मातीत दाबणाऱ्या शेतकरी कष्ट करणाऱ्या स्त्रीची मनोव्यथा या कवितेत मांडली आहे. आपल्या ओढग्रस्त अशा संसाराला हातभार लावण्यासाठी आपल्या कुटुंबाला, सुखी-समृद्धी, ऐश्वर्यसंपन्न बनविण्यासाठी उन्हातान्हाची पर्वा न करता कांद्याच्या रोपांची ती लावणी करत आहे. सरी-वाफ्यात एक-एक रोप लावताना जणू काही आपला जीव लावतो आहे. काव्या आईच्या भाळावर गोंदणाच्या हिरव्या नक्षीप्रमाणे ती शेत पिकाने सजवते आहे.

आपल्या शेतातील सोन्याची फुले (झेंडूची फुले) तोडत असता आपण आपला देहच तोडत आहोत असे या स्त्रीला वाटते आणि अशा या देहरूपी झेंडूच्या फुलाचे तोरण घरादाराला ती बांधते. तोरणाच्या रूपात ती घरातील आनंद शोधण्याचा प्रयत्न करते. त्यासाठी ती आपला देह अखंडितपणे कष्टविते आहे.

सरीवर उसाचे बेणं लावते. नह्तय उसाच्या बेण्याप्रमाणेच ही स्त्री आपल्या कुटुंबाला ऐश्वर्यसंपन्न बनवताना आपल्या मनातील इच्छा-आकांक्षा दडपून टाकते. आपल्या मनाचा, इच्छा-आकांक्षाचा विचार न करता छोट्या-छोट्या कामातूनही संसाराला हातभार लावते आहे. संसार सावरते आहे. त्यासाठीच ती रोज मातीत राबते आहे. उन्हातान्हात, वादळवाऱ्यात राबणे, कष्टाची कामे करणे हे तर तिचे रोजचेच असते. तिच्या या कर्तृत्वाचे प्रतीक म्हणजे तिच्या या शेतात सर्वत्र हिरवाई दिसते कवयित्रीला जणू काही ही स्त्रीच मागे शेतात हिरवी होऊन उरली आहे असे वाटते. खोल विहिरीचे पाणी शेंदत संसार करणारी स्त्री आपल्या कर्तृवाचे फळ शेतातल्या हिरवाईतून दाखवते. रोजचेरोज मातीत अखंडितपणे कष्ट, श्रम करते आहे नांदते आहे. अशाप्रकारे कष्ट करणारी, रोज मातीत राबणारी ही स्त्रीमातीशी एकरूप होऊन भारतीय कृषिसमृद्धिसाठी योगदान देताना दिसते. कवयित्रीने रोज मातीत राबणाऱ्या कष्टकरी स्त्रीच्या अंतर्मनाचा शोध अंतर्मुख होऊन घेतल्याने तिच्या मनातील जिद्द, कष्टाळू वृत्ती, मातीत रुजण्याची भूमिका, काळ्या मातीच्या आणि समृद्धीच्या गोंदणाची नक्षी पाहणारी व शेवटी हिरवी होऊन उरणारी म्हणजेच अतोनात कष्टानंतर हिरव्या समृद्धीच्या स्वरूपात शिल्लक राहणारी स्त्री अतिशय तरल अशा संवेदनेच्या पातळीवरून रेखाटली असल्याने ही कविता प्रत्यक्षतेची अनुभूती देते. अशाप्रकारे शेतकरी स्त्रियांच्या कष्टमय जीवनाचे वर्णन केले आहे.

(आ) 'रे थांब जरा आषाढघना' या कवितेचे कवी बा.भ. बोरकर असून त्यांच्या 'चैत्र पुनव' या काव्यसंग्रहातून ही कविता घेतली आहे. निसर्गसौंदर्य हा त्यांच्या कवितेचा विषय असून या कवितेत निसर्गप्रतिमांची योजना करून तीव्र संवेदनशीलता व नादमयतेचे येथे दर्शन घडविले आहे.

निसर्गाला सौंदर्याने परिपूर्ण नटविणारे आश्लेषा हे नक्षत्र असून या नक्षत्रातील पावसाच्या वर्षावामुळे संपूर्ण सृष्टी हिरवाईच्या जादूने नटलेली असून या पावसाच्या वर्षावाला घाबरून आपले रत्नजडित पंख पसरवित, सोनेरी रंगाची उधळण करत फुलपाखरांचे थवे उडतात. नयनरम्य अशा हिरवाईच्या नाना छटांनी नटलेली धरती पाहण्यासाठी, अनुभवण्यासाठी कवी आषाढघनाला थांबवित आहे. महत्त्वाचे म्हणजे पाऊस थांबताच आषाढघनांच्या वर्षावात न्हाऊन निघालेला इंद्रधनुष्य निसर्गसौंदर्याला परिपूर्ण करेल, त्याच्या सौंदर्यात अधिक भर घालेल. अशाप्रकारचा आकाशात दिसणारा इंद्रधनुष्य अद्वितीय असे निसर्गसौंदर्य घडवू पाहत आहे. या कडण्यामध्ये तुषारस्नानी, पिसोळी, रत्नकळा, इंद्रवर्ण अशा अर्थपूर्ण प्रतिमांनी नटलेले शब्द योजले आहेत. तसेच तुषारस्नानी, थव्याथव्यांनी, मध्यान्ही अशा यमकांची योजना करत असल्याने नादमयता निर्माण होते. तसेच शब्दांच्या चपखल वापरातून स्पष्ट होणारी अर्थछटाही आशयाला गतिमानता प्राप्त करून देते.

कवितेतून व्यक्त झालेले हे निसर्गसौंदर्य मानवी मनातील उत्कट अनुभवाचा प्रत्यय आणून देतात. कवितेतून व्यक्त झालेला हा भावाविष्कार संवेदनशीलतेचा चैतन्यदायी प्रत्यय दिल्यावाचून राहत नाही.

(इ) कविवर्य गझलसम्राट सुरेश भट लिखित 'रंग माझा वेगळा' या गझलमधील या ओळी असून त्यांच्याच 'रंग माझा वेगळा' या गझलसंग्रहातून ही कविता घेतली आहे.

वरील काव्यपंक्ती या सामाजिक आशयाच्या असून ज्यांचे आयुष्य दु:खाने, नैराश्याने अंध:काराने व्यापले आहे, समाजामध्ये जो वर्ग अन्यायाखाली भरडला जातो त्यांच्यासाठी आपण पेटून उठणारा सूर्य आहोत असे कवी येथे आत्मविश्वासाने सांगतात. माणसांच्या 'मध्यरात्री' मध्यरात्र हे अंधाराचे प्रतीक असून त्यात मानवी जीवनातील दु:ख सामावले आहे. या दु:खावर मात करण्यासाठी प्रकाशाची आवश्यकता आहे. 'सूर्य' संपूर्ण जगाला उजळून टाकणारा, मानवी जीवनाला प्रकाशमान करणारा, यशाचे प्रतीक असून अशा अन्यायी, दु:खी माणसाला आपण योग्य दिशा देणार आहे. त्यासाठी अन्यायग्रस्त माणसाच्या मध्यरात्री त्यांना प्रकाश दाखवणे आपण सूर्य असून हा सूर्य पेटविण्याचा जो उत्सव, सोहळा आहे, तो माझ्यासाठी नसून ज्यांचे जीवन अंध:काराने व्यापले आहे त्यांच्यासाठी काहीतरी करण्याची प्रखर इच्छा कवीच्या मनात बळावते. हेच या ओळींतून स्पष्ट होते. अर्थपूर्ण प्रतिमांच्या वापरातून सूचक अर्थ स्पष्ट करण्याची ताकद येथे सहज पाहावयास मिळते. काव्यपंक्तीतून व्यक्त होणारा भाव हा वाच्यार्थापलीकडील असून कविमनातील भावनांचा तो प्रत्ययकारी आविष्कार आहे या आविष्कारातूनच आपणास कविमनाच्या संवेदनशीलतेचेही दर्शन घडते.

किंवा

श्रेष्ठ संतकवी संत एकनाथ यांनी 'विंचू चावला' हे रूपकात्मक भारूड लिहिले असून त्यांच्याच श्री सकलसंचगाथा खंड-२ मध्ये ते समाविष्ट आहे. 'विंचू' या सरपटणाऱ्या विषारी प्राण्याला वृश्चिक असे म्हणतात. भयंकर वेदना देणारा हा विंचू परंतु संत एकनाथांना या भारूडामध्ये योजलेला विंचू हा या विषारी प्राण्यापेक्षाही अतिभयंकर असल्याचे सुचवायचे आहे. 'विंचू' हे काम आणि क्रोध या विकारांचे प्रतीक म्हणून योजले आहे. काम म्हणजे मनामध्ये असलेली अनिर्बध इच्छा तर क्रोध म्हणजे राग, संताप. व्यक्तीच्या मनात जेव्हा अनिर्बंध इच्छा व क्रोध निर्माण होतात तेव्हा त्याचे जीवन दूषित होते. जेव्हा माणसाला काम-क्रोधाची बाधा होते तेव्हा तो विंचू चावल्याप्रमाणे बेताल-स्वैर वर्तन करतो. विंचवाच्या या चावण्यामुळे संपूर्ण शरीरात विष भिनते व हे विष भिनल्यामुळे मानवाच्या शरीरातील पंचप्राण हे व्याकूळ होतात. नाशवंत शरीरातून ते बाहेर निघून चालल्यासारखे वाटतात. कारण संपूर्ण शरीरदेहामध्ये असह्य वेदना होतात. काम-क्रोधाची बाधा झाल्यामुळे जीवन हे अविचारी बनते. विंचू दंशामुळे होणारे परिणाम या दोनही कडव्यांतून सांगितले असून शेवटच्या कडव्यात या विंचवासारखीच समाजात सुद्धा माणसाची जात वावरत आहे. अशा या विषारी जातीला 'मनुष्य इंगळी' असे अर्थपूर्ण विषेषन कवीने योजले असून 'मनुष्य इंगळी' ही विंचवापेक्षाही अतिभयंकर असून तिने सद्वर्तनी माणसास दंश केल्याने संपूर्ण शरीरभर होणारी वेदना प्रत्येकाने जाणून घेतली पाहिजे. असे संत एकनाथांना वाटते.

समाजामध्ये 'मनुष्य इंगळी' च्या रूपात दुर्जन माणसे जागोजाग फिरताना दिसतात. अशी माणसे आपल्यातील दुर्वर्तनामुळे समाजातील माणसांचा नाश करू पाहत आहेत. त्यांच्या सहवासाचा परिणाम विंचवाच्या दंशाहून भयानक होतो. त्यामुळे सद्वर्तनी माणसांनी अशा घातकी दुर्जनांपासून दूर राहून आपला विकास साधावा. कामक्रोधरूपी विकारांपासून, दुर्जनापासून, दुर्वर्तन करणाऱ्यांपासून दूर राहिले तरच स्वत:चा व इतरांचाही विकास होताना दिसतो. या भारूडामध्ये अल्पाक्षरांतून गर्भितार्थ

सांगण्याची कला, सामर्थ्य हे संत एकनाथांच्या शब्दातून व्यक्त होते. विंचू, पंचप्राण, मनुष्यइंगळी अशा वास्तववादी प्रतिमा सूचक अर्थ स्पष्ट करतात. एखादी गोष्ट घडताच त्याचे होणारे परिणामही स्पष्ट करण्याची ताकद या शब्दांतून दिसून येते. संपूर्ण भारूडाची रचनाही नाट्यपूर्ण असल्याने चटकन पकड घेणारी आणि चिंतन-मननाच्या पातळीवर जाऊन विचार करायला लावणारी वाटते. थोडक्यात सर्वसामान्यांनी दुर्जनाची संगत न करता सत्त्वगुणाच्या आश्रयानेच आपल्या आयुष्याची वाटचाल करावी असा पारमार्थिक नीतीचा उपदेश येथे संत एकनाथांनी केला आहे.

विभाग ३: साहित्यप्रकार—कथा

उत्तर ३.

(अ)

(१) (i) वाचकाला वर्तमानातून भूतकाळात घेऊन जाणे आणि पुन्हा वर्तमानात आणणे.

(ii) कथेतील प्रसंग, पात्रे, वातावरण हे मर्यादित असते.

(२) कथा ही जीवनस्पर्शी असते. राजाराणी, टॅक्सीड्रायव्हर, नर्स, लोकसेवक असो त्या प्रत्येकाच्या जीवनातील घटनांचा, भावभावनांचा, वैचारिक उलथापालथींचा धांडोळ घेण्याचे सामर्थ्य कथेत असते. कथा या साहित्यप्रकाराला कोणताच जीवनाविषय वर्ज्य नसतो मानवी जीवनाचा विचार करना त्याच्या बालपणापासूनच कथेने मानवी जीवनात प्रवेश केलेला असतो. अशाप्रकारे कथा ही मानवी जीवनाचा थेट वेध घेताना दिसते.

(आ)

(१) सुप्रसिद्ध कथालेखक व.पु. काळे लिखित 'शोध' ही कथा त्यांच्या 'मी माणूस शोधतोय' या कथासंग्रहातून घेतली असून वपुंनी 'शोध' ही वैशिष्ट्यपूर्ण कथा लिहिली असून कथा-रचनेच्या तंत्राची अनेक वैशिष्ट्य या कथेत स्पष्टपणे आढळतात.

एक रुपयाच्या नोटेवरून जे संघर्षात्मक वातावरण निर्माण होते या प्रसंगापासून कथानकाची सुरुवात होते. 'अनु इनामदार' ही महत्त्वाची प्रमुख व्यक्तिरेखा असून या व्यक्तिरेखेभोवतीय संपूर्ण कथानक फिरत असताना दिसते.

कथेचा नायक व मुक्ता यांनी भिडे दांत्यांना सुटे पैसे देण्यासाठी अनू घरात नसताना तिच्या टेबलावर काचेखाली ठेवलेली १ रुपयाची नोट अनूला न विचारता घेतली मात्र तिच नोट परत मिळविण्यासाठी तिचा जो शोध घेतला जातो. तो शोध म्हणजे ही कथा होय.

कथानकातील महत्त्वपूर्ण प्रसंग:'अनु' च्या एक रुपयाच्या नोटेचा शोध घेण्यासाठी कथेतील नायक, मुक्ता व अन् घराबाहेर पडतात आणि कथानकाला सुरुवात होते.

कथेच्या सुरुवातीस कथेतील नायक भिडे दाम्पत्यास एक रुपयाची नोट अनूला न विचारता देतो व भिडे दाम्पत्य ती नोट टॅक्सीड्राव्हरला देतात. परंतु भिडे दाम्पत्य घरी जात असतानाच त्यांच्या टैक्सीला अपघात होतो. व या अपघातात टॅक्सीखाली एक म्हातारा सापडतो मात्र टॅक्सी चालकाच्या चांगुलपणामुळे भिडे दाम्पत्य त्या टॅक्सीड्रायव्हरला वाचविण्यासाठी पोलीस स्टेशनला सोबत जाऊन जवाब देतात. सामाजिक बांधिलकीचे भान ठेवून टॅक्सीड्रायव्हरने त्या म्हाताऱ्यास नायर रुग्णाल्यात अॅडमिट केले. मात्र म्हाताराच्या जगण्याची आशा नव्हती अनु. इनामदारच्या एक रुपयाच्या नोटेच्या शोधाचा प्रवास भिडे दाम्पत्याच्या घरापासून → टॅक्सीचालक → टैक्सीचालकाकडून पोलीस स्टेशनमध्ये → तिथून समोरील हॉटेलमध्ये मालकाकडे ती नोट मिळते. अनु इनामदारला ती नोट मिळ्यामागचे रहस्य-तिला आलेला हृदयस्पर्शी अनुभव व त्यातील भावनिक गुंतागुंत स्पष्ट होते. इथे टॅक्सीचालकाने जीवनातील वास्तवाचा घेतलेला शोध न भाने अनुला समजावून सांगितलेले मानवी जीवनाचे तत्त्वज्ञान आणि शेवटी सापडणाऱ्या वस्तूचा शोध घ्यावा पण हातीन येणाऱ्या गोष्टीचे काय? याचे उत्तर सापडत नाही. जीवनातील कटू सत्य अशा प्रसंगातून सामोरे येते.

या सर्व प्रसंगाची केंद्रबिंदू 'अनु इमानदार' ही व्यक्तिरेखा असून ती स्वतंत्र विचाराची परखड मनोवृत्तीची, विक्षिप्त वाहणारी, मनातून अतिशय संवेदनशील, भावुक, माणसांना जिंकणारी, प्रेमळ स्वभावाची अशीही व्यक्तिरेखा जिथे सुख-दु:ख सहज पहायला मिळेल अशा वैद्यकीय क्षेत्रात नर्स म्हणून आनंदाने काम करते. हे क्षेत्रही ती स्वविचाराने निवडून आत्मविश्वासातून पुढे जाणारी भावनिक गुंतागुंतीतून एक रुपयाच्या नोटेचे वाटणारे महत्त्वही तिच्या दृष्टीने महत्त्वाचे ठरते मात्र टैक्सीड्रायव्हरची मुलगी त्याला सोडून कायमची निघून गेलेली ती परत न येणारी त्यासाठी माणसाने बदलले पाहिजे. अशा प्रसंगातून जीवनातील वास्तवाला सामोरे जाण्यासाठी ड्रायव्हरसारखी नजर असली पाहिजे हे त्याच्या लक्षात येते आणि माणसाने भूतकळात कधीही अडकू नये कारण जो भूतकाळात अडकतो त्याचे भविष्य खराब होते. एकूणच कथानकातील विविध प्रसंगातून कथानकाला मिळणाऱ्या कलाटण्या मनाला वेडावून टाकतात.

नोटेच्या शोधासाठी फिरणारे कथानक शेवटी रहस्याचा उलगडा करते. कथेचा विषय प्रसंग, पात्र यांना अनुसरून कथालेखकाची भाषाशैलीही जीवनव्यवहाराला सुखद करणारी असून त्यातील संवादशैलीही नाट्यात्म दर्शन घडविते. कथेच्या शीर्षकाप्रमाणे आपले मनही सतत शोधत राहते आणि आपणासही अनेक गोष्टींचे रहस्य समजते आणि मग आपणही जीवनातील वास्तवाला सामोरे जातो. त्या दृष्टीने या कथेचे शीर्षक शोध हे समर्पक आहे.

किंवा

सुप्रसिद्ध कथालेखिका डॉ. प्रतिमा इंगोले लिखित 'गढी' ही कथा त्यांच्या 'अकसिदीचे दान' या कथा संग्रहातून घेतली आहे.

सातपुढ्याच्या कुशीत बसलेल्या गावात वाननदीने लहानपणी दिलेले दान घेऊन बापू गुरुजींनी त्यांच गावात समाजकार्याला सुरुवात केली. गावात शाळा नसल्याने गावातील मुलांना शिक्षणासाठी तालुक्याच्या गावी जावे लागते त्यासाठी सर्वप्रथम बापू गुरुजींनी गावात शाळा सुरू केली. मुलांसाठी शाळेतच तालीमखाना सुरू केला. गावात वाचनालय सरू केले. शाळेसाठी मुले इतरगावाहूनही येत त्यामुळे त्यांना राहण्यासाठी बोर्डिंगची उभारणी केली. ही सर्व कामे बापू गुरुजी नि:स्वार्थ भूमिकेतून करत होती त्यामुळे गावातील माणसे गुरुजींच्या प्रत्येक शब्दाला किंमत देत होती. त्यांच्याशी आदराने, मानाने वागत होती दिवसेंदिवस गुरुजीचं वाढणारे वजन, त्यांना मिळणारा आदर, सन्मान हे गावातील काही लोकांना (खूपू लागले) सहन होईनासे झाले.

गुरुजींच्या या नि:स्वार्थी कार्यामुळे गावातील लोकांच्या स्वार्थीपणाला आळा बसू लागला. कारण प्रत्येक गावातच असा विरोधकांचा गट असतो जो भ्रष्टाचारी, स्वार्थी हेतूने काम करतो व जो नि:स्वार्थीपणे कामे करतो. त्यांच्या कामात सतत अडचणी निर्माण करण्याचे कार्य विरोधी गट करत असतो. त्यासाठी तो अपप्रचार करतो, माणसांना भडकवितो. गावाच्या फायद्यापेक्षा नुकसान कसे होईल या कडेच अधिक लक्ष देणारा म्हणजे गावात उचापती करणाऱ्यांचा गट असते. तो माणसामाणसात सतत संघर्ष निर्माण करतो अशाप्रकारे कुटील कारस्थाने करणारा एक वर्ग जो स्वातंत्र्यप्राप्तीनंतर ही गावात कार्यरत होता याचे दर्शन लेखिकेने घडविले आहे. या उचापती करणाऱ्या वर्गाने गावात बापू गुरुजींच्या प्रयत्नाने चालू होणारे पोस्ट बंद करून टाकले. गावासाठी चांगली सडक होऊ दिली नाही. गावात चालू होणाऱ्या दवाखान्यास विरोध केला. गावातील लोकांना गुरुजींविरोधात भडकविले व गावाची स्थिती 'जैसे थे' केली. अशा लोकांना मोबदला न देता कामे करवून घेण्याची सवय असते' ही गावाच्या दृष्टीने मोठी अडचण असते.

उचापती करणाऱ्या लोकांना त्याच्याशी काहीच देणे घेणे नसते. त्यांना फक्त त्यांनी चुकीची कामे केली तरी त्यांची गावभर स्तुती व्हावी असे वाटत असते. गावात त्यांचे वजन असावे, गावकऱ्यांनी त्यांना किंमत द्यावी. असेही वाटते परंतु अशा व्यक्तीकडून गावाचा कसलाच विकास होत नाही झालाच तर तो भ्रष्टाचाराच्या मार्गाने केला जातो. ज्याचे परिणाम लगेच दिसून येतात. उदा. गावातील रस्ते हे कधीच दीर्घकाळ टिकणारे, पक्के केले जात नाहीत. उलट अशा योजनांतून वारंवार पैशाची अफरातफर होते. भ्रष्टाचार होतो. जे प्रत्येक गावात थोड्याफार फरकाने असे चित्र दिसून येते. अशाप्रकारचे ज्वलंत प्रश्न लेखिकेने येथे सहजरित्या मांडले आहेत.

(२) डॉ. प्रतिमा इंगोले लिखित 'गढी' या कथेत स्वातंत्र्यानंतरच्या विकासाच्या वाटेवरील गावागाड्या समोरचे प्रश्न, ते सोडविण्यातील अडचणी व ग्रामसुधारणेसाठी निष्ठापूर्वक झटणारे बापू गुरुजीसारखे समाजसेवक यांचे वर्णन या कथेत आले असून लेखिकेने ही कथा वैदर्भी बोलीत रेखाटली आहे. वाननदीच्या प्रतीकातून गावात होणारे स्थित्यंतरेही येथे आपणास पाहावयास मिळतात.

सातपुड्याच्या कुशीत वसलेल्या गावाला चिकटून वाननदी झुळझुळू वाहत आहे. तिच्या या वाहण्यामुळे गावाचा कशाशीच कमी नाही. गावातील जमीनही कसदार, लोण्यासारखी मऊ, अमाप धान्य देणारी त्यामुळे गावचे लोक या नदीचे तोंडभरून कौतुक करतात. तिच्याच जलाशयात पोहतापोहता गुरुजींचे बालपन गेलेले. याच नदीने गुरुजींना गावाच्या विकासाचे स्वप्न दाखविले. तिनेच गुरुजींना या कार्याचे वाण दिले. तसे गुरुजी शिक्षणासाठी तालुक्याच्या गावी गेले व शिक्षण संपताचते आपले स्वप्न पूर्ण करण्यासाठी गावी आले. त्यांनी नोकरीसाठी शहर न गाठता गावातच ZP ची इयत्ता चौथीपर्यन्तची शाळा सुरू केली. त्यामुळे गावातील मुलांचा शिक्षणासाठी तालुक्याचा जाणारा ओघ कमी होऊन ते मुले गुरुजींनी सुरू केलेल्या शाळेत येवू लागली. आजूबाजूच्या परिसरातील मुलेही शाळेच्या पटावर नाव घालू लागली. इयत्ता चौथींनंतर पुढे सातवीपर्यन्त बापू गुरुजींनी शाळेचे वर्ग वाढविले. मुलांना राहण्यासाठी बोर्डिंग बांधले. या सुविधांमुळे वाननदीला अधूनमधून जसा पूर येतो तशाचप्रकारे गुरुजींच्या शाळेतही मुलांची संख्या वाढू लागली. तसे गुरुजीही शाळेतील मुलांवर जीवापाड प्रेम करत 'संपन्न' सारख्या मुलाला मानसपूत्र मानले. रात्री-अपरात्री कंदिलाच्या उजेडात गुरुजी मुलांचा अभ्यास घेत. त्यांना शिकवत, त्यांना पहाटे उठवत. मुलांनी शरीरसंपदा टिकावी यासाठी शाळेतच गुरुजींनी तालीमखाना काढला त्यामुळे वाननदीला कदीमदी येणारा पूर आता पटावरच्या आकळ्याइतके आला व्हता असे लेखिका म्हणते कारण गुरुजींच्या या प्रयत्नामुळे शाळेतील पटावरची विद्यार्थी संख्या दिवसेंदिवस वाढत होती. हे गुरुजींच्या प्रयत्नाचे यश म्हणावे लागेल.

किंवा

सुप्रसिद्ध कथालेखक व. पु. काळे लिखित 'शोध' या कथेत 'टैक्सीड्रायव्हर' हे पात्र असून कथेतील कथानकाला मोठी कलाटणी देणारे हे महत्त्वाचे पात्र आहे.

कथेतील प्रमुख व्यक्तिरेखा 'अनू इनामदार' नर्स म्हणून के. ई. एम. हॉस्पिटलमध्ये काम करत असताना आठ-नऊ वर्षाची 'सुनीता' नामक मुलगी हॉस्पिटलमध्ये अॅडमीट होते. मृत्यूपूर्वी तिच्या वेदना 'अनू' ने कमी केल्याने खूश होऊन आपल्या खाऊतील एक रूपयाची नोट त्यावर 'सुनीता' असे लिहून तिला भेट देण्यासाठी ती आईजवळ देते व कायमची डोळे मिटते. अनूच्या या एक रुपयाच्या नोटेचा शोध घेतल्यानंतर त्या नोटेमागचे रहस्य 'अनू' कडून सर्वांना समजत अन् सर्वत्र शांतता पसरते. या शांततेचा भंग करत टॅक्सीड्रायव्हरने मानवी जीवनातील वास्तवाचा शोध घेतला. त्याने एक रुपयाच्या नोटेच्या शोधानंतर आपली स्वतंत्र अशी भूमिका मांडली आहे. आपण आपल्या व्यवसायामध्ये व्यवहारी बनने गरजेचे असते. हे समजावून सांगताना टैक्सीड्रायव्हर आपल्याच क्षेत्रातले उदा. देतो. असे पेशंटमध्ये अडकून चालणार नाही शिवाय माणूस भूतकाळात अडकला की संपले. त्यामुळे भविष्यकाळ ही खराब होतो आणि म्हणूनच आपली एखाद्या ड्रायव्हरसारखी नजर एकदम समोर असावी लागते असे सांगून तो आपले स्वत: चे उदाहरण देतो. माझा पेशा टॅक्सीड्रायव्हरचा असून तो नव्याने सुरू केला असून या टैक्सीत एखादी सुंदर व्यक्ती येवून बसते तेव्हा तिने खाली उतरू नये असे आपणास वाटत असले तरी त्याचे डेस्टिनेशन ठरलेले असते. त्याने गाडी थांबव म्हटले की गाडी थांबवून मीटरवरचा आकडा आपण पुसून टाकायचा व नव्या पैसेंजरचे स्वागत करायचे. इतकेच. असे म्हणून आपला व अनुचा पेशा एकच असून पेशंट दगावला की फक्त चादर बदलायची, उशी झटकायची, पायाखालचे ब्लँकेट नवे वाटेल अशी त्याची घडी घालायची व नव्या पेशंटचे स्वागत करायचे. कॉटवर कोण नवा हे न पाहता फक्त कॉटचा नंबर सांभाळायला टैक्सीड्रायव्हर जीवनाचे सत्य सांगत होता परंतु संवेदनशील अनुला या सगळ्याच गोष्टी इतक्या सहजतेने विसरता येणार नव्हते. हे टॅक्सी ड्रायव्हरला पटते. परंतु एक रुपयाची नोट शोध घेता परत मिळणार होती मात्र हातातून निसटून गेलेल्या

सगळ्याच गोष्टी अशा परत मिळत नाहीत. कारण, मला माझी मुलगी सोडून गेली ती कायमची तेव्हा मी काय करावं? असा प्रश्न उपस्थित करतो. पण त्याच्या या प्रश्नाचे उत्तर मिळत नाही. अशाप्रकारे टॅक्सीड्रायव्हरच्या जीवनातील वास्तवाचा शोध घेत राहतो.

विभाग ४: उपयोजित मराठी

उत्तर ४.

(i) मुलाखतीचे प्रमुख हेतू पुढील प्रमाणे सांगता येतील.

(a) मुलाखत देणाऱ्या व्यक्तीचे विविध पैलू समजून घेण्यासाठी मुलाखत घेतली जाते.

(b) व्यक्तीच्या कार्यकर्तृत्त्वावर प्रकाश टाकण्यासाठी.

(c) असामान्य व्यक्तीच्या संघर्षगाथा ह्या जनसामान्यांना जाणून घेण्याच्या इच्छा पूर्ण करण्यासाठी.

(d) व्यक्तीच्या कार्यकर्तृत्वाबरोबरच त्यातील माणूसपण जाणून घेण्यासाठी.

(e) एखादया घटनेविषयीची सखोल माहिती समजून घेण्यासाठी.

(f) समाजप्रबोधन करण्यासाठी, जनजागृती करण्यासाठी.

(g) कलांचा रसास्वाद घेण्यासाठी मुलाखत घेतली जाते.

(ii) माहितीपत्रकाच्या रचनेची वैशिष्ट्ये पुढीलप्रमाणे सांगता येतील.

(a) माहितीचा प्राधान्य (b) उपयुक्तता

(c) वेगळेपण (d) आकर्षक मांडणी

(e) भाषाशैली....इत्यादी

(a) माहितीला प्राधान्य: माहितीपत्रकामध्ये माहितीला प्राधान्य असून माहितीपत्रकातील माहिती हेतूशी सुसंगत आणि अचूक असावी. तसेच संस्थेची माहिती असेल तर ती अत्यावश्यक व कायदेशीर माहिती असावी. उदा. संस्थेचा नोंदणी क्रमांक, संस्था नोंदणी दिनांक, दूरध्वनी क्रमांक, ई-मेल, वेबसाइट, संस्थेचे बोधचिन्ह, घोषवाक्य, पत्ता, पदाधिकाऱ्याची नावे, कामकाजाची वेळ इत्यादी.

(b) उपयुक्तता: माहितीपत्रक हे उपयुक्त, परिणामकारक असावे, वाचून झाल्यानंतर ते जपून ठेवण्याची इच्छा झाली पाहिजे. ते फाडून फेकून देता कामा नये. माहितीपत्रकात जर वाचकाच्या जिव्हाळ्याची माहिती दिली तरच त्या माहितीपत्रकाचे उपयोगमूल्य वाढेल. उदा. ग्राहकाच्या दैनंदिन जीवनातील समस्या, प्रश्न सोडविण्यासाठी माहितीपत्रक उपयुक्त ठरेल असे ग्राहकास वाटणारे माहितीपत्रक उपयुक्त ठरते. उदा: दुधातली भेसळ अशी ओळखा किंवा फुलांवरीले केमिकल कसे ओळखाल? अशाप्रकारची वाक्ये ग्राहकांचे लक्ष वेधून घेतात. त्यामुळे माहितीपत्रकही ग्राहकास महत्त्वाचे वाटते.

(iii) अहवाललेखनासाठी विषय कोणताही असो वा कार्यक्रमाचा प्रकार कोणताही असो सर्वप्रकारच्या अहवाललेखनाचे वैशिष्ट्य म्हणजे त्यातील 'वास्तवदर्शीपणा' अहवाललेखन. हे वर्षानुवर्षे उपयुक्त ठरणारे महत्त्वाचे साधन असून अहवाललेखनाच्या विषयाला बाधा निर्माण होईल. अशाप्रकारची आपली मते वा विचार अहवाललेखनात नमूद करता येत नाहीत. तसेच स्वत:च्या मर्जीनुसारही अहवाललेखन करता येणार नाही कारण वास्तवदर्शी लेखन हा अहवालाची आत्मा असून अहवाललेखनही आदर्शक्त असले पाहिजे अशा अहवाललेखनामुळे आपल्याला संस्थेविषयीचा विकास, राबविलेल्या योजना तसेच विविध उपक्रमाविषयीची माहितीही मिळते-त्यामुळे समारंभामध्ये, सभेमध्ये, संशोधनामध्ये अहवाललेखकाने काय अनुभवले, पाहिले, ऐकले या सर्वांचे तो वास्तवदर्शी अहवाललेखन करतो.

(iv) सामान्यांत असामान्य कामगिरी करणाऱ्या व्यक्तीचे आयुष्य जाणून घेण्याची इच्छा सर्वांनाच असते. विशिष्ट क्षेत्रात उल्लेखनीय कामगिरी करणाऱ्या व्यक्तींची मुलाखत घेतली जाते. प्रश्नांच्या माध्यमातून अशा व्यक्तिमत्त्वांना बोलते करण्याची जबाबदारी मुलाखतकारावर असते. गृहिणी, विद्यार्थ्यांपासून ते डॉक्टर, वकील, सामाजिक कार्यकर्ते, शिक्षक, संपादक, पत्रकार, कवी, लेखक, गिर्यारोहक, समुपदेशक, खेळाडू, तंत्रज्ञ, शेतमजूर, कामगार अशा कोणत्याही क्षेत्रातील व्यक्तीच्या कार्यांचा प्रवास मुलाखतीतून जाणून घेता येतो. मुलाखतीत अशा कार्यसिद्ध व्यक्तिमत्त्वांचा जीवनप्रवास त्यांच्याच तोंडून ऐकता येतो. यशाच्या शिखरावर जाण्यासाठी भोगाव्या लागणाऱ्या यातना, संघर्ष जिद्द, परिस्थितीशी झुंज, सोबतीचे स्नेहीजन अशा कितीतरी गोष्टींवर मुलाखतींच्या माध्यमातून प्रकाश टाकता येतो. 'जया अंगी मोठेपण तया यातना कठीण ही ओळ काही व्यक्तींच्या बाबतीत तंतोतंत लागू पडते. अशा व्यक्तींचा जीवनप्रवास संघर्षमय असतो. हे जाणून घेण्याची इच्छा जनसामान्यांच्या मनात असते. मुलाखतीतून असा खडतर जीवनप्रवास जाणून घेता येतो. जगावेगळी आव्हाने पेलून स्वत:च्या कार्याने 'स्व' सिद्ध केलेल्या व्यक्ती मुलाखतीतून समोर येतात.

(आ) (i) औंध, पुणे हॉस्पिटलमध्ये वीस वर्षे कार्यरत असलेल्या परिचारिकेच्या मुलाखतीसाठीची प्रश्नावली पुढीलप्रमाणे.

(a) ताई, तुमचा थोडयात परिचय करून द्या आपल्या श्रोत्यांना.

(b) सोलापूर जिल्ह्यातून तुम्ही इकडे पुण्यात यायचा निर्णय का घेतला?

(c) शिक्षणाची आवड! तुमच्या शिक्षणाविषयी सांगा.

(d) १२वी सायन्स शाखेनंतर तुम्ही नर्सिंग' चे क्षेत्र का निवडले?

(e) नर्सिंगची सेवा करावी असे तुम्हास का वाटले?

(f) तुमची बहीण तुमचा आदर्श कशी?

(g) सर्व बहिणी एकाच ठिकाणी नोकरी करता का? सर्वांच्या कामाचे स्वरूप?

(h) तुमच्या हॉस्पिटलमध्ये कोणकोणत्या प्रकारचे पेशंट येतात?

(i) परिचारिका म्हणून कार्य करताना रिस्क कुठे वाटते? काम करताना भीती वाटते का?
(j) रूग्णांकडून येणारे अनुभव सांगा.
(k) परिचारिका म्हणून कोणकोणती सेवा द्यावी लागते?
(l) कोरोनाग्रस्तांना सेवा द्यावी लागते का? कशी?
(m) कोरोनाग्रस्तांची काळजी कशी घ्यावी लागते?
(n) कोरोनाग्रस्त रुग्णांचा प्रतिसाद कसा मिळतो?
(o) सध्याची कोरोनाग्रस्त स्थितीमध्ये जनसामान्यांना कोणता संदेश द्याल?
(p) कोरोनाग्रस्त स्थितीमध्ये जनसामान्यानी कशी दक्षता घ्यावी?....इत्यादी.

(ii) अहवाललेखन करताना लक्षात घ्यावयाच्या बाबी पुढीलप्रमाणे.
(a) संबंधित विषयाची चांगली जाण अहवाललेखकाला असावी.
(b) जे घडले व जसे घडले त्यावरच अहवाललेखन करावे.
(c) अहवाललेखन कर्त्याचे भाषाप्रभुत्व महत्त्वाचे असून सांस्कृतिक कार्यक्रमाचे अहवाललेखन करताना हे चित्र बोलके व सजीव झाले पाहिजे. संशोधनात्मक अहवाललेखनात योग्य अशी परिभाषिक शब्दावली आणि वस्तुनिष्ठता महत्त्वाची असते.
(d) अहवाललेखन सारांश रूपाने, संक्षिप्त स्वरूपात करावे.
(e) लेखनशैली सहज-सोपी-स्वाभाविक असावी. अलंकारिक, नाट्यपूर्ण, अतिशयोक्ती नसावी.
(f) व्यक्तिनामे, पदे, घटनाक्रम अचूक लिहावा.
(g) अहवाललेखकाकडे सूक्ष्म आकलन, निरीक्षणशक्ती असावी. जेणेकरून त्याला अहवालविषयाचे स्वरूप, वेगळेपण, वैशिष्ट्ये बारकाईने टिपले जातील.
(h) विसंगत विषय, स्वविचार त्यात समाविष्ट करू नयेत.
(i) संबंधित कार्यक्रम व विषयस्वरूपानुसार अहवाल पूर्ण लिहावा. अहवाललेखन अर्धवट ठेवू नये.
(j) अहवाललेखनाच्या शेवटी संबंधित अध्यक्ष, सचिव यांची स्वाक्षरी घेतलेली असावी.

(iii) बदलल्या काळात उत्पादनांची संख्या दिवसेंदिवस वाढत आहे. संस्था/उत्पादन/सेवा यांमध्ये कमालीची स्पर्धा निर्माण झाली आहे. अशा वेळी ग्राहकांपर्यंत आपले उत्पादन पोहोचवण्यासाठी उत्पादकांकडून माहितीपत्रकाचा वापर वाढला आहे. माहितीपत्रक कुठल्याही संस्थेचा/उत्पादनाचा/सेवेचा वैशिष्ट्यपूर्णरीत्या परिचय करून देत असते. जनमत आकर्षित करण्यासाठी एकप्रकारचे लिखित स्वरूपाचे जाहीर आवाहन आहे. माहितीपत्रकामुळे उत्पादकाला नवीन बाजारपेठेत सहज प्रवेश करता येतो. कमी वेळात, कमी खर्चात विश्वासाई माहिती ग्राहकाकडे माहितीपत्रकाच्या माध्यमातून पोहोचवता येते. सामान्य भाजी विक्रेत्यापासून ते करीडोंची उलाढाल करणाऱ्या व्यापाऱ्या पर्यंत सर्वांना माहितीपत्रकाची आवश्यकता भासते. पुस्तके, खेळणी, किराणामाल, दिवाळी अंक, फर्नीचर, स्टेशनरी, घरगुती वापराची उपकरणे, वाहन, कारखाने, औषधे, विविध खाद्यपदार्थ, रेडीमेड साड्या अशा सर्वच बाजारात उपलब्ध होणाऱ्या वस्तूंची माहितीपत्रकेपाहावयास मिळतात. यासोबतच सिनेमागृहे, सांस्कृतिक संस्था, शैक्षणिक संस्था बैंका, पतपेढ्या, पर्यटन संस्था इत्यादींमध्येही समुदाय आकर्षित करण्यासाठी माहितीपत्रकाची आवश्यकता असते. तसेच, कला, संगीत, विविध अभ्यासक्रम, विविध बांधकामे, गृहसंकुल इत्यादी क्षेत्रांतही माहितीपत्रक महत्त्वाची भूमिका निभावत असते. ज्या ज्या क्षेत्रात लोक आकर्षणाची गरज असते तिथे माहितीपत्रक आवश्यक ठरते. माहितीपत्रक हे विशिष्ट संस्था/उत्पादन/सेवा यांचा चेहरा असते, असे म्हटल्यास चुकीचे ठरणार नाही.

(iv) महाराष्ट्रीयन पद्धतीचे सुग्रास भोजन उपलब्ध करून देणाऱ्या भोजनगृहाचे माहितीपत्रक तयार करण्यासाठी लक्षात घ्यावयाचे मुद्दे पुढीलप्रमाणे-
(a) भोजनगृह चालवणाऱ्या संस्थेचे/व्यक्तीचे नाव
(b) भोजनगृहाची स्थापना वर्ष/पत्ता/दूरध्वनी क्रमांक/मोबाईल नंबर/ ई-मेल/वेबसाईट
(c) भोजनगृहाचे लायसन्स नंबर
(d) भोजनगृहाची पार्श्वभूमी
(e) भोजनगृहाची सद्यस्थिती
(f) ग्राहकांसाठी भोजनगृहातील सुविधा
(g) भोजनगृहाची खास वैशिष्ट्ये
(h) भोजनगृहात बनविल्या जाणाऱ्या पाककृती
(i) भोजनगृहाची ऑनलाईन सेवा
(j) भोजनगृहाच्या खास शाखा/पत्ते
(k) भोजनगृहातील ग्राहकांसाठीच्या काही योजना
(l) भोजनगृहातून ग्राहकांना मिळणाऱ्या सवलती इत्यादी

अशाप्रकारच्या मुद्यांच्या साहाय्याने भोजनगृहासाठीचे माहितीपत्रक रचनेनुसार तयार करून ग्राहकांच्या उपयुक्ततेसाठी त्यांच्यापर्यन्त पोहोचविता येईल.

विभाग ५: व्याकरण व लेखन

उत्तर ५. (अ)

(१) (i) काल काय कमी पाऊस पडला का?
(ii) हे फूल छान आहे.

(२)

सामासिक शब्द	**विग्रह**	**समासाचे नाव**
(i)	योग्य किंवा अयोग्य	वैकल्पिक द्वंद्व समास
(ii) राष्ट्रार्पण		चतुर्थी तत्पुरुष समास

(३) (i) कर्तरी प्रयोग
(ii) कर्तरी प्रयोग

(४)

उदाहरण	सामान्य सिद्धान्त	विशेष गोष्टी
(i)	उपमेयाचा निषेध करून उपमेय हे उपमानच आहे असे सांगितले जाते	उपमेयाला लपवले जाते उपमेयाचा निषेध केला जातो.
(ii)	कोणतीही कल्पना आहे त्यापेक्षा खूप फुगवून सांगताना त्यातील संभाव्यता अधिक स्पष्ट करून सांगितलेली असते.	एखाद्या गोष्टीचे/ प्रसंगाचे वर्णन केले जाते. ते वर्णन अधिक फुगवून केलेले असते.

(५) (क) (iii) (ख) (ii) (ग) (iv) (घ) (i)

(आ) **१. हुंडा-एक सामाजिक समस्या**

भारतीय समाजात सामाजिक रूढींतून-समाजरचनेतून अनेक समस्या निर्माण झाल्या आहेत. जशी जातिभेदाची समस्या तशीच समाजात रूढ असलेली हुंड्याची समस्या सर्व काळात आणि सर्व सामाजिक स्तरांमध्ये दिसून येते. तिथे गरीब-श्रीमंत सुशिक्षित-अशिक्षित, शहरी-ग्रामीण असा कोणताही भेद नाही. विवाहात पत्नीच्या माहेरकडून पतीला पैसा अगर वस्तू या रूपाने मिळणारी देणगी, असं हुंड्याचे स्वरूप असलं तरी या खुशीच्या मामल्याने आज जबरदस्तीचं रूप घेतलेलं दिसतं. त्यासाठी स्त्रीचा छळ केला जातो. हे खेडेगावात आणि अडाणी स्त्रीच्या बाबतीतच घडतं असं नाही. महानगरातही डॉक्टर, पोलीस आणि वकील असलेल्या स्त्रियांनाही सासरच्या माणसांकडून पैसे, मोटारी दागिने आणण्यासाठी तगादा लावला जातो. आज टी.व्ही. आणि वर्तमानपत्रं या प्रसारमाध्यमांमुळे या प्रश्नाची व्याप्ती केवढी आहे हे चटकन लक्षात येतं. रोज हुड्याबद्दल स्त्रियांच्या होणाऱ्या छळाच्या आणि हुंडाबळीच्या बातम्या आपल्याला वाचायला लागतात. त्यावरूनच या सामाजिक समस्येची तीव्रता लक्षात येते.

आपल्या समाजात स्त्रीला तिच्या वयाच्या कोणत्याही अवस्थेत स्वातंत्र्य दिले जाऊ नये असं सांगितलं आहे. 'पिता रक्षति कौमारे। भर्ता रक्षति यौवने। पुत्र तु स्थविरे भावे । न स्त्री स्वातंत्र्यम् अर्हति।' ही मनुची स्पष्टोक्ती तर 'वैश्य, शुद्र तथा नारी। ये सब ताडनके अधिकारी।' असं कुणाचं निर्लज्ज मत! त्यामुळे स्त्रीला कधीच समान दर्जा, पुरुषाच्या बरोबरीने स्थान मिळालं नाही. ती नेहमीच गौण राहिली. त्यामुळे तिच्याशी विवाह म्हणजे तिच्यावर जणू उपकार, या भावनेतूनच हुंडा प्रथेचा जन्म झाला.

कुटुंबात लहानपणापासूनच मुलगा-मुलगी असा भेद केला जातो. मुलगा म्हणजे म्हातारपणाची काठी, अशी समजूत असल्यामुळे मुलींच्या संगोपनात हेळसांड केली जाते. तिच्या आरोग्याकडे लक्ष दिलं जात नाही. शिक्षणापासूनही तिला वंचित ठेवलं जातं. त्यामुळे ती आर्थिकदृष्ट्या स्वावलंबी होऊ शकत नाही. अशी सर्वार्थाने दुर्बल असलेली स्त्री लग्न होऊन जेव्हा सासरी येते तेव्हा तिची अधिकच शारीरिक आणि मानसिक कुचंबणा होते. तिचं माहेर सधन असेल तर काहीतरी माहेरहून आणावं अशी तिच्याकडे सतत मागणी होते. तिचं असं खच्चीकरण करण्यात सासू आणि नणंद अशा स्त्रीवर्गाचाच मोठा वाटा असतो, हे आणखी एक आश्चर्य. ग्रामीण भागत हुंडा देणं आणि घेणं हा प्रतिष्ठेचा प्रश्न ठरतो. तो द्यायचाच, हे ठरून गेलेलं असतं. त्यासाठी जमीन विकावी लागली तरी चालेल. मुलीच्या बापाला कितीही कष्ट करावे लागले तरी चालतील, पण ही प्रथा मोडून चालणार नाही. पैशासाठी सासरी छळ होत असला तरी तू 'सासरीच राहा' असं आई-वडील मुलीला समजावून सांगतात. माहेरी परत आलेल्या स्त्रीला समाजात मुळीच प्रतिष्ठा नसते. या सामाजिक प्रतिष्ठेच्या दडपणामुळे त्रास असह्य झालेल्या कित्येक स्त्रिया आत्महत्येचा मार्ग पत्करतात. कित्येक जणी मारहाण, जाळणं, उपाशी ठेवणं अशा अमानुष अत्याचारांना बळी पडतात. अशा स्त्रियांच्या मुलांचं संगोपन त्यांचं कौटुंबिक स्वास्थ्य ही आणखी एक जटील समस्या आहे.

थोडक्यात/स्त्रीची सर्व बाजूंनी कोंडी होते. यासाठी सर्वांत प्रभावी उपाय म्हणजे स्त्री-शिक्षणाला सर्वोच्च प्राधान्य देऊन, प्रत्येक स्त्रीला आर्थिकदृष्ट्या स्वावलंबी बनवणं. बारावीपर्यंत मुलींना मोफत शिक्षण, उच्च शिक्षणात आरक्षण यासारखे उपाय सरकारकडून केले गेले आहेत, ते योग्यच आहेत. तसेच सासरबाबत मुलीने काही तक्रारी केल्या तर आई-वडिलांनी त्याकडे दुर्लक्ष करता कामा नये. लग्न करून दिलं की, आपली जबावदारी संपली, असं न मानता मुलीच्या पाठीशी त्यांनी कायम उभं राहिलं पाहिजे. विवाहाकडे पाहण्याचा स्त्रियांचा आणि समाजाचा दृष्टिकोन बदलला पाहिजे. एकट्या स्त्रीलाही समाजात मानाने जगता आलं पाहिजे. स्त्रियांनीही केवळ पुस्तकी शिक्षण न घेता स्वसंरक्षणासाठी कराटेसारख्या खेळाचं शिक्षण घेऊन 'स्वयंसिद्ध' झालं पाहिजे. स्त्री संघटनांनीही मदतीची तत्परता दाखविली पाहिजे. उपेक्षित, पीडित आणि शोषित महिलांबद्दल एकूण समाजाचीच संवेदनशीलता वाढली पाहिजे. तरच या दिवसेंदिवस उग्र होत चाललेल्या सामाजिक समस्येवर मात करता येईल.

२. परीक्षाच नसत्या तर!

आजकाल दहावी-बारावीच्या परीक्षांच्या निकालांच्या तारखा जाहीर झाल्या की, समुपदेशाची केंद्रं, त्यांचे फोन नंबर यांच्याही बातम्या येतात. समुद्र, विहिरी यांच्यावर पोलीस बंदोबस्त ठेवला जातो. तरीही परीक्षेत अपयश आलं म्हणून, अपेक्षेइतके गुण मिळाले नाहीत म्हणून पंख्याला दोरी अडकवून गळफास लावून घेतला, रेलवेखाली उडी मारून जीवन दिला अशा बातम्या वाचायला मिळतात. कोणी त्यांना भ्याड म्हणतात, पळपुटी म्हणतात. पण विचार करायला लागलं की, स्वत:चं एवढं सुंदर आयुष्य एका अपयशासाठी किडामुंगीसारखं संपवणं ही खरोखर भयंकर गोष्ट आहे, असं वाटतं आणि ज्या परीक्षेमुळे उमलत्या वयाच्या मुलांवर ही परिस्थिती ओढविली त्या परीक्षाच नसत्या तर किती बरं झालं असतं असा विचार मनात येतो.

असा निर्णय झाला तर विद्यार्थ्यांना खूपच आनंद होईल. नको ती जीवघेणी स्पर्धा आणि एकेका पॉईंटसाठी जिवापाड लढाई. नको ती जागरणं आणि नको ते महागडे, सगळा वेळ खाऊन टाकणारे खासगी शिकवणी वर्ग! वाटेल तेव्हा अभ्यास करावा आणि हवा तितका वेळ एखादा विषय समजावून घ्यावा. केवळ ज्ञान मिळविण्यासाठी अभ्यास! कौशल्य वाढविण्यासाठी कसून

तयारी! आई-वडिलांची मोठी काळजी कमी होईल. आजकल अशी परिस्थिती आहे की, मुलाची १० वी किंवा १२ वीची परीक्षा होईपर्यंत संगळं घरदार जणू परीक्षार्थी बनतं! सिनेमाला जायचं टाळतात. तेवढ्यात मुलगा झोपून गेला तर? विवाह, समारंभ टाळले जातात. घरात भेटायला येणाऱ्या माणसांना कधी आडून तर कधी स्पष्ट अशा सूचना येऊ लागतात. परीक्षा नसेल तर सगळी माणसं आपलं नैसर्गिक जीवन जगतील. मुलांवर सतत अभ्यासाचं दडपण येणार नाही. मुलं खेळाकडे दुर्लक्ष करणार नाहीत की एखादं आवडतं पुस्तक हाताशी आलं तर ते निग्रहाने बाजूला ठेवणार नाहीत. परीक्षा नसेल तर आयुष्य हलकं-फुलकं होईल.

परंतु हे हलकं-फुलकं आयुष्य त्या बदल्यात काहीच वसूल करणार नाही का? निश्चित करेल! आणि ते नुकसान खूप मोठं असेल, असे लगेचच मनात आलं. परीक्षा नसेल तर मुलं अभ्यासच करणार नाहीत. त्यांच्यासमोर कालबद्ध कार्यक्रम नसेल तर ती मनमानी रीतीने वागतील. कसाही अभ्यास करावा, कोणत्याही क्रमाने करावा. सोईप्रमाणे करावा, सोईप्रमाणे पेपर द्यावेत, कुणाचं कुणाला बंधन राहणार नाही. परीक्षा ही अभ्यासासाठी प्रेरणा आहे. परीक्षा हा मनावर ठेवावा लागणारा अंकुश आहे. परीक्षा नसतील तर शिक्षकसुद्धा अध्यापनात आळस करतील.

आपल्या परीक्षा पद्धतीवर बरेच आक्षेप घेतले जातात. परीक्षेतून खरं मूल्यमापन होत नाही. ती केवळ स्मरणाची परीक्षा असते. त्यातले काही खरेही आहेत. परंतु तांदूळात खडे आहेत म्हणून कोणी तांदूळच फेकून देत नाहीत, ते निवडून बाजूला काढतात. तद्धत परीक्षा पद्धतीतले दोष काढून ती अधिकाधिक उपयुक्त बनवायला हवी.

प्रश्नपत्रिका फुटणे आणि कॉपी करणं हे गैरप्रकारही परीक्षापद्धतीतले दोष काढून ती अधिकाधिक उपयुक्त बनवायला हवी.

प्रश्नपत्रिका फुटणे आणि कॉपी करणं हे गैरप्रकारही परीक्षापद्धतीवरचा विश्वास उडवतात. विद्यार्थ्यांचं सातत्यपूर्ण आणि सर्वंकष मूल्यमापन आणि त्याने ग्रहण केलेल या दोन्ही गोष्टींना सारखंच महत्त्व दिलं गेलं तर परीक्षा हा दैवाचा खेळ राहणार नाही.

परीक्षेला पराकोटीच्या तंत्रात बसवू नये. लातूर पॅटर्नसारखे प्रयोग झाल्यामुळे आजचा विद्यार्थी हा ज्ञानार्थी नसून केवळ परीक्षार्थी आहे अशी टीका होते. याचं कारण मुलं झापड लावून परीक्षेला आवश्यक आहे तेवढंच वाचतात. मूळ हेतूच असफल होतो. पूर्वीच्या अभ्यासक्रमात निबंधवजा प्रश्न असत. त्यामुळे विद्यार्थ्यांच्या ज्ञानाची, मुक्त आविष्काराची चाचणी घेता येत असे. आज वस्तुनिष्ठ प्रश्नांमुळे भाषा, विचारातलं सातत्य आणि शैली यांची काहीच परीक्षा होत नाही.

आज स्पर्धेच्या युगात विद्यार्थ्याला सारख्या कसल्या ना कसल्या परीक्षा द्याव्या लागतात त्याला. घाबरून चालणारच नाही. उलट एवढं सखोल ज्ञान आत्मसात केलं पाहिजे की केव्हाही ते परीक्षेच्या कसोटीवर उतरेल. अखेर आपलं स्थान, आपली पातळी, आपली लायकी मोजण्यासाठी काही मापदंड आवश्यकच आहे. परीक्षा नसतील तर स्पर्धात्मक वातावरण नाहीसं होईल. जे विद्यार्थ्यांच्या प्रगतीसाठी अत्यंत आवश्यक असतं. प्रत्येक परीक्षेने विद्यार्थ्याला काय आणि किती आलं पाहिजे हे ठरविलेल असतं. तिथपर्यंत पोहोचण्याचा प्रयत्न विद्यार्थी परीक्षेमुळेच करतात. परीक्षेमुळे आपल्या अभ्यासाला शिस्त लागते. वेळ आणि अभ्यास तसेच वेळ आणि लिखाण यांची सांगड घालायला आपण शिकतो. अभ्यास, मनन, चिंतन तसेच आत्मविश्वासाने प्रकटीकरण या गोष्टी परीक्षा नसत्या तर आपण कधीच केल्या नसत्या. सर्वांगीण अभ्यासही झाला नसता. त्यामुळे परीक्षा ही एक आपत्ती वाटत असली तरी ती आवश्यक आहे, हे लक्षात घ्यायला हवं.

३. सैनिकाचे मनोगत

१५ ऑगस्ट, २००७. भारताला स्वातंत्र्य मिळून ६० वर्षे पूर्ण झाली. म्हणून आमच्या बाईंनी आम्हाला शाळेत एक उपक्रम दिला. आपल्या परिसरात कोणी सैनिक असतील तर त्यांची मुलाखत घ्यायची. माझ्या वडिलांच्या मित्राचा मुलगाच सैन्यात गेला होता आणि सुट्टीनिमित्त गावीही आला होता. ती संधी मी साधली. परंतु त्यांच्या मनोगतातून मला जी माहिती मिळाली त्याने मी स्तिमित झालो! जवळजवळ एक तास ते बोलत होते आणि आम्ही ऐकत होतो!

'सैन्यात भरती होण्यासाठी खडतर असं प्रशिक्षण पूर्ण करावं लागतं. त्यासाठी मुळातच प्रकृती, छाती आणि दृष्टी सुदृढ असावी लागते. प्रशिक्षण काळात विविध कौशल्यं शिकविली जातात. शारीरिक आणि मानसिक तयारी करून घेतली जाते. त्यानंतर गरज असेल त्या ठिकाणी 'पोस्टिंग' केलं जातं. सध्या मी काश्मीर खोऱ्या अनंतनाग जिल्ह्यात आहे. तो भाग दहशतवाद्यांचा मोठाच अड्डा आहे. सीमेपलीकडून आपल्या हद्दीत घुसखोरी होते आहे का? वेश बदलून अतिरेकी कारवाया करत आहेत का? हे आम्हाला डोळ्यांत तेल घालून पाहावं लागतं. तिथला निसर्गही अतिशय प्रतिकूल आहे. हवामान अत्यंत लहरी आणि सतत बदलणारं! थंडीत शून्याच्या खाली पारा ३-४ अंशापर्यंत घसरतो. पहाडी प्रदेश, थंडगार बोचरं वारं, बर्फवृष्टी याला तोंड देत-देतच खडा पहारा करावा लागतो. कधी-कधी अशा ठिकाणी जावं लागतं, जिथे कुटुंबाला नेता येत नाही. त्यांची सुरक्षा आणि शिक्षण याबद्दल सारेच प्रश्न निर्माण होतात. त्यामुळे बायको, मुलं इथे आणि आम्ही एकटे तिकडे असंच आमचं आयुष्य असतं. तिथे मग देशाच्या निरनिराळ्या भागातून, आमच्यासारखे घरदार सोडून आलेले दुसरे सैनिकच आमचे जिवाभावाचे साथी बनतात. तिथे जात, धर्म, भाषा काहीही आड येत नाही. आम्ही सर्व जण फक्त भारतीय असतो.

कधी देशाच्या एखाद्या भागात कुठे भूकंप होतो, पूर येतो, वादळ होतं किंवा जातीय दंगे उसळतात अशा ठिकाणी आम्हाला मदतीला जावं लागतं. संकट कितीही मोठे असो, एकदा का तिथे सैन्याला पाचारण केलं की सैनिकांच्या तुकड्या पोहोचताच शिस्तबद्ध कामाला सुरुवात होते. लोकांच्या मनातील भीती जाण्यासाठी सैनिक संचलन करतात. लोकांना जणू तो संदेशच असतो की, आता तुमची जबाबदारी सैनिकांवर आहे आणि तुम्ही अगदी सुरक्षित आहात.

सरकारही आमची खूप काळजी घेतं. आम्हाला योग्य पगार, आमच्या मुलांना शिक्षणात आणि नोकरीमध्ये सवलती मिळतात. प्रसंगी प्राण देण्याचीही तयारी सतत ठेवावी लागते. त्या मोबदल्यात या गोष्टी आम्हाला मिळतात. आमच्यानंतर आमच्या कुटुंबाची काळजी घेतली जाणार याचा आम्हाला विश्वास असतो आणि देशासाठी, चांगल्या, उदात्त कामासाठी आमचं आयुष्य खर्ची पडणार याचं समाधान असतं.

तरीही लढाईच्या प्रसंगात एखादा बरोबरचा सैनिक शत्रूच्या हल्ल्यात बळी जातो तो प्रसंग, तो दिवस आम्ही विसरू शकत नाही. काही क्षणापूर्वी धडधाकट असलेला आमच्याबरोबर लढणारा सैनिक गतप्राण होतो तेव्हा जीवनाची क्षणभंगुरता कळते. असं मृत्यूचं नाट्य आमच्याभोवती सततच घडत असतं. त्या प्रसंगात प्रियजनांच्या आठवणी आणि देशवासीयांचं प्रेम एवढाच आमचा सहारा आणि विरंगुळा असतो.

काही सैनिकांना लढाईत कायमचं अपंगत्व येतं. त्यांचे क्लेश तर पाहवत नाहीत. दऱ्या डोंगरातून हिंडणाऱ्या सैनिकाला चाकाच्या खुर्चीशी जखडून राहावं लागणं यांसारखी दुसरी शिक्षा नाही. मात्र आमच्यावर उपचार मोफत आणि उत्तम होतात. अशा खूप काही कथा आणि व्यथा आहेत. पराक्रम, शौर्य, अभिमान, मरणांतिक वेदना, मृत्यू आणि विरह हे आमचं जीवन आहे. परंतु कुठेतरी त्या त्यागाचं मोल होतं, हे पाहून आनंदही आहे. आमच्यावर गीतं लिहिली जातात, चित्रपट निघतात आणि मुख्य म्हणजे प्रत्येक देशवासीयाच्या मनात आमच्याबद्दल प्रेम आणि अभिमान असतो.

४.आरोग्य हीच संपत्ती

शंकराच्या प्राप्तीसाठी पार्वतीने घोर तप सुरू केलं. तिची परीक्षा घेण्यासाठी स्वत: शंकरच यतीच्या रूपाने तिच्याकडे आले.

'स्मशानात राहणारा, नरमुंडांची माळ घालणारा, अंगाला राख लावणारा असा हा शंकर, त्याच्यासाठी एवढं तप कशाला करतेस ?' असा प्रश्न विचारून तपाने क्षीण प्रकृती झालेल्या पार्वतीला ते उपदेश करतात, 'शरीरमाद्यं खलु धर्मसाधनम।' कथेच्या ओघात सहज आलेलं हे वाक्य मानवी जीवनाचा जणू मूलमंत्रच आहे.

होय, शरीर हेच धर्माचं पहिलं साधन आहे. सदृढ आणि निरोगी शरीर हीच खरी संपत्ती आहे. दुसऱ्या कोणत्याही संपत्तीचं तेज तिच्यापुढे फिकं आहे. कारण तुमच्याकडे खूप पैसा आहे, बंगला, गाडी, वस्त्रं, अलंकार ही सगळी भौतिक सुखं हात जोडून तुमच्यासमोर उभी आहेत. परंतु शरीर व्याधींनी ग्रस्त असल्यामुळे कशाचाही उपभोग घेता येत नाही. तर त्या संपत्तीचा उपयोग काय ? उलट शरीर बलवान असेल तर उद्योग करता येतो, साहस करता येतं आणि 'साहसे श्री प्रतिवसति' या न्यायाने पाठोपाठ लक्ष्मीही येते. लुळ्यापांगळ्या श्रीमंतीपेक्षा धट्टीकट्टी गरिबी निश्चितच चांगली असते. कारण निरोगी शरीरातच निरोगी मन राहू शकतं आणि निरोगी मनातच आनंदाचा उगम होतो.

आज आरोग्य या विषयाकडे खूप जागरूकतेने पाहिलं जातं. टी.व्ही.वर रामदेवबाबा किंवा तत्सम आरोग्यविषयक कार्यक्रम प्रत्येक वाहिनीवर दिसतात. वर्तमानपत्रांच्या आरोग्यविषयक पुरवण्या निघतात. आरोग्याला वाहिलेली मासिकं, वार्षिकं आणि 'शतायुषी' सारखे दिवाळी अंक असतात. रेडिओवर डॉक्टरांशी संपर्क साधून देणारे अनेक ऑनलाइन कार्यक्रम असतात. शिवाय निरनिराळ्या व्याधींनी पीडित असलेल्या लोकांच्या संघटना असतात. ही सर्व आरोग्यविषयी जागरूकता वाढलेली असण्याचीच लक्षणं आहेत. यंत्रयुगामध्ये माणसाचं आरोग्य प्रदूषणामुळे, बैठ्या जीवनशैलीमुळे खूप धोक्यात आलं आहे. म्हणूनच आरोग्याकडे लोकांनी गंभीरपणाने लक्ष देण्याची गरजही निर्माण झाली आहे. आपण आपल्या काही अंगभूत क्षमतांचा वापर न केल्यामुळे त्या नष्ट होतील की काय अशी भीती निर्माण झाली आहे. त्यासाठी माध्यमातून जे प्रबोधन होत आहे ते योग्यच म्हणावं लागेल.

व्यसनं हा आरोग्याच्या प्राप्तीतला एक मोठा अडसर आहे. निरोगी राहायचं तर निर्व्यसनी राहिलच पाहिजे. सर्वांसाठी शिक्षण आणि सर्वांसाठी आरोग्य हे सरकारचं धोरण असलं तरी मेळघाटात कुपोषित बालकं आजही अकाली मृत्यू पावत आहेत आणि समाजातला संख्येने निम्मा असणारा स्त्रीवर्ग आजही आरोग्यरक्षणाच्या दृष्टीने उपेक्षित आहे.

या विषयाला खूप बाजू आहेत. सामाजिक, राजकीय तसेच शैक्षणिक आणि व्यावसायिक आरोग्यासाठी चांगल्या वैयक्तिक आणि सामाजिक सवयी आवश्यक आहेत. आपण भारतीय वैयक्तिक स्वच्छता खूप करतो. पण ती करताना सारा परिसर घाण करतो. रस्त्यावर, सार्वजनिक ठिकाणी थुंकताना, केर टाकताना आपल्याला काहीच वाटत नाही. वैयक्तिक आणि सामाजिक स्वच्छतेला हा विरोध नाहीसा केला पाहिजे. घर, शाळा यामधून मुलांवर सतत स्वच्छतेचे संस्कार झाले पाहिजेत आणि पर्यावरणाची हानी होई असा कोणताही निर्णय कोणत्याही कारणास्तव घेता कामा नये. वातावरण बिघडलं तर माणसाचं आरोग्य निश्चितच धोक्यात येईल.

संपत्ती जतन करण्यासाठी, ती वाढविण्यासाठी आपण जसे प्रयत्न करतो, तोच दृष्टिकोन आरोग्याबाबत बसला पाहिजे. आजच्या पिढीचं आरोग्य उत्तम असेल तर पुढची पिढी जोमदार असणार आहे.

आपल्या पूर्वजांनी आचरणात आणलेली संयमित जीवनशैली सर्वार्थाने आदर्श होती. १०० वर्षे आनंदी आणि निरोगी जीवन जगावं असं ते म्हणत. त्यासाठी 'लवकर निजे लवकर उठे' हा त्यांचा मूलमंत्र होता. सात्विक आहार, साधी राहणी, व्यसनांपासून अलिप्तता आणि नैसर्गिक रीतीने जगणं हे त्यांचे दंडक होते. त्यामुळे त्यांना ते शक्य झालं. आपण त्या मार्गाने जाणं श्रेयस्कर आहे.

५. लोकशाही आणि निवडणुका

अब्राहम लिंकन यांनी लोकशाहीची केलेली व्याख्या प्रसिद्ध आहे. ''लोकांचे, लोकांनी चालविलेले व लोकांसाठी असलेले राज्य म्हणजे लोकशाही'' लोकशाहीची बरीच वैशिष्ट्ये या व्याख्येत सामावलेली आहेत. यावरून लोकशाही आणि निवडणुका यांचा

संबंध अत्यंत घनिष्ठ आहे, हेही लक्षात येतं, लोकांचं राज्य म्हणजे लोकांनी निवडून दिलेल्या लोकांनी चालविलेलं राज्य त्यासाठी निवडणुका अपरिहार्यच आहेत.

भारतीय राज्यव्यवस्था संसदीय स्वरूपाची आहे. दर पाच वर्षांनी येथे निवडणुका होतात. लोकसभा आणि विधानसभा अशा मुख्य निवडणुका याशिवाय महानगर पालिकेसारख्या स्वायत्त संस्थांच्या निवडणुका, पदवीधर असलेल्यांना पदवीधर मतदारसंघा-मधल्या निवडणुका, शिक्षक असलेल्यांना शिक्षक मतदारसंघाच्या निवडणुका, एखाद्या निवडून दिलेल्या आमदाराचा, नगरसेवकाचा मृत्यू झाल्यास होणाऱ्या पोटनिवडणुका अशा अनेक प्रकारच्या नगरसेवकाचा मृत्यू निवडणुकीचं वातावरण तरी असतं किंवा निवडणुकांची तयारी तरी सुरू असते. पाच वर्षासाठी म्हणून आपण प्रतिनिधी निवडून देतो. पण मुदत पूर्ण होण्याच्या आतच संसद किंवा विधानसभा बरखास्त केली जाते आणि मध्यावधी निवडणुका जाहीर केल्या जातात. बऱ्याच वेळा निवडणुकांचा अतिरेक होतो.

लोकशाहीमध्ये निवडणुकांद्वारे लोकांचे मतस्वातंत्र्य जपलं हे खरं आहे. पण भारतासारख्या विकसनशील देशात निवडणुका या अत्यंत खर्चीक असल्यामुळे विकासाच्या आड येतात. निवडणुकांसाठी प्रचंड यंत्रणा कामाला लावावी लागते. सगळे शिक्षक आणि सरकारी कर्मचारी त्यासाठी कामाला जुंपावे लागतात. त्यांना त्या कामाचं प्रशिक्षण द्यावं लागतं. देशाची निवडणूक म्हणजे वाहतूक खर्च, स्टेशनरी, हजारो कोटी रुपये खर्चाचा मामला असतो.

बरं त्या शांततेत आणि योग्य रीतीने पार पाडल्या तर ठीक! नाही तर फेरमतदान. निवडणुकीत निवडून येण्यासाठी अनेक वाईट मार्गांचा अवलंब केला जातो. मतदारांना आकर्षित करण्यासाठी भेटी दिल्या जातात. वस्तू लुटल्या जातात. मोठमोठी आश्वासनं दिली जातात. यासाठी लागणारा प्रचंड पैसा कारखानदार आणि उद्योगपती पुरवितात. त्यामुळे सत्तेवर येणारे यांच्या मदतीची परतफेड करण्यासाठी भाववाढ करण्यास परवानगी देतात.

एवढ्यानेच भागत नाही निवडणुकीच्या काळात प्रचंड हिंसाचार होतो. निवडणुकीला उभ्या राहिलेल्या उमेदवाराचा खून करण्यापासून त्यांना पाठिंबा देणाऱ्यांना दहशतीच्या वातावरणात राहण्याचा अनुभव, त्यांच्या नातेवाइकांचं अपहरण असे अनेक प्रकार घडतात. निवडणुकीच्या काळात खोटं मतदान करणं, मतदारांनी बाहेर येऊ नये म्हणून नीतीचं वातावरण निर्माण करणं अशा अनेक मार्गांचा अवलंब केला जातो. निवडणूक म्हणजे जणू शक्तीपरीक्षणच ठरतं. जो बलवान तो श्रेष्ठ ठरतो.

भारतामध्ये हे गैर प्रकार मोठ्या प्रमाणात विशेषत: उत्तरप्रदेश, बिहार या राज्यांत चालत असत. परंतु निवडणूक आयुक्त टी. एन. शेषन यांनी परिस्थितीत चांगलीच सुधारणा केली. प्रत्येक मतदाराला त्यांनी ओळखपत्र देऊन बोगस मतदान बंद केलं. निवडणूक आचारसंहिता घटनेत अस्तित्वात होती. तिचं कठोर पालन त्यांनी केलं. त्यामुळे प्रचारासाठी सरकारी यंत्रणेच्या वापराला पायबंद बसला. मुख्य म्हणजे निवडणूक काळात ध्वनिवर्धकांचा सतत कर्कश आवाज यामुळे सामान्य नागरी जीवन असह्य होत असे. त्या आवाजावर नियंत्रण आणल्यामुळे जगणं सुसह्य झालं आहे. त्यांच्या आचारसंहितेमुळे बिहार, उत्तरप्रदेश काय पण जम्मू-काश्मीरमध्येही अतिरेक्यांच्या प्रभावक्षेत्रात लोकांनी निर्भयपणे मतदान केलं आहे.

निवडणुकांचं हे चित्र पाहता सामान्य माणसाला नेहमीच प्रश्न पडतो की, इतकी किंत देऊन निवडणुका घेणं योग्य आहे का? घेतल्या तरी त्यातून मूळ हेतू साध्य होतो का? आज निवडणुकांचं चांगलं बदललेलं चित्र पाहून या प्रश्नाचं उत्तर होकारार्थी घ्यावं लागतं. लोक जसजसे सुशिक्षित होऊ लागले आहेत, तसतसे परिस्थितीत बदल होऊ लागला आहे. टी.व्ही., चित्रपट, वृत्तपत्रं यांसारख्या प्रसारमाध्यमांनी मतदाराचं एक मत किती किंमती आहे, हे पटवून देण्यात मोलाची भूमिका बजावलेली आहे.

बुद्धिवान लोक निवडणुकीपासून, राजकारणापासून लांब राहतात. पण राज्यकारभार योग्य व्यक्तींच्या हाती राहावा यासाठी बुद्धिवान, चारित्र्यसंपन्न माणसं राजकारणात आली पाहिजेत. नुसतं निवडणुकीला नावं ठेवून उपयोग नाही.

ही सगळी किंमत स्वातंत्र्यासाठी आहे आणि स्वातंत्र्य हा तर लोकशाहीचा प्राण आहे. म्हणून निवडणूक पद्धतीत कितीही दोष, उणिवा असल्या तरी लोकशाही प्रक्रियेतील ती एक आवश्यक गोष्ट आहे. भारतासारख्या विस्ताराने मोठ्या, लोकसंख्येने प्रचंड, हवामानाची भरपूर विविधता असलेल्या, दुर्गम आणि ग्रामीण असलेल्या या देशात नि:पक्षपाती निवडणुका घेणं खूपच कठीण गोष्ट आहे. परंतु स्वातंत्र्य मिळाल्यापासून तेरा चौदा वेळा आपण ती साध्य केली आणि लोकशाही जिवंत ठेवली. याबद्दल जगातून आपलं खूपं कौतुक केलं गेलं. त्याला आपण पात्र आहोतच. आपल्याला निवडणुकांचं महत्व कळलेलं आहे. हेही त्यातून दिसून येतं. पुढे येणाऱ्या निवडणुका अधिक निर्दोष, निर्भय वातावरणात होतील आणि लोकशाही जिवंत राहील याची खात्री वाटते.

●●

SAMPLE PAPER-4

Marathi

Questions

विभाग १:गद्य

प्रश्न १.

(अ) पुढील उताऱ्याच्या आधारे सूचनेनुसार कृती करा.

सूचनेनुसार पुढील आकृतिबंध पूर्ण करा.

'शहाणंसुरतं राहायचं असेल, तर वाचनाचा छंद लागतोच. पुस्तकांची सोबत म्हणजे तर अक्षरआनंदाची सोबत. ही सोबत तुम्हाला कधीच दगा देत नाही. या आनंदासाठी टिच्चून पैसे मोजावे लागत नाहीत. तुमचा हा आनंद कुणीच हिरावून घेऊ शकत नाही. सपाटून वाचावं आणि झपाटून जावं. माणसं अस्वस्थ होतात, उदास होतात, तेव्हा परमेश्वराचा धावा करतात. काहीजण अशा-वेळी आवडीचं पुस्तक वाचतात, त्यादृष्टीनं पुस्तकाला परमेश्वरच म्हणायला हवं. अशा वेळी मित्रही हवे असतात; पण ते काही नेहमी उपलब्ध नसतात. पुस्तकं म्हणजे कायम उपलब्ध असलेले मित्र असतात.

निसर्गाची सोबत, संगीताची साथ, पुस्तकांची संगत असेल, तर माणूस जगाच्या पाठीवर कुठंही एकटा राहू शकतो. एकटं असण्यातही एक वेगळाच आनंद असतो. तुम्ही स्वत:च्या अंतरंगात हलकेच डोकावू शकता, स्वत:ला ओळखू शकता, स्वत:शी संवाद साधू शकता. एकटे असताना तुम्ही विचार करू शकता, एकटं असतानाच तुम्हांला नव्या कल्पना सुचू शकतात. निर्मिती, शोध, साक्षात्कार हे एकटेपणाचेच आविष्कार असतात. जो एकटेपणातला आनंद घेऊ शकतो, थेट जीवनाच्या सोबतीनंच जगू शकतो, दु:ख त्याच्या वाटेला कधीच जात नाही!

आनंदासाठी मन मोकळं असावं लागतं. भूतकाळाची स्मृती आणि भविष्याची भीती या दोन्हींपासून मन मुक्त होतं, तेव्हाच ते आनंद अनुभवू शकतं. भूतकाळ संपलेला असतो, भविष्यकाळ अनिश्चित असतो. खरा असतो तो फक्त वर्तमानकाळ. तोच भरभरून जगायचा असतो.

वर्तमानात जगायचं असेल तर जगण्याविषयी प्रेम हवं. जगण्याची हौस हवी. ही हौस नसेल, तर 'आजचं काम उद्या करू' असं होतं. काम उद्यावर ढकललं जातं किंवा कसं तरी उरकलं जातं. आपण सगळंच उरकून टाकत असतो. अंघोळ उरकतो, जेवण उरकतो, काम उरकतो. एका अर्थी आपण जगणंही उरकतोच. मग आनंद कसा घेणार?

(१) (i) एकटेपणाचे आविष्कार

(ii) आनंद अनुभवण्यासाठी या गोष्टीपासून मन मुक्त असावं लागत

(२) 'पुस्तकांची सोबत म्हणजे तर अक्षरआनंदाची सोबत' या विधानाचा अर्थ तुमच्या भाषेत लिहा.

(३) आनंद मिळविण्यासाठी कोणकोणत्या गोष्टी करता येणे शक्य आहे असे लेखकास वाटले?

वर्तमानात जगायचं असेल तर जगण्याविषयी प्रेम हवं या विधनाविषयी तुमचे मत स्पष्ट करा.

किंवा

शिवराज गोर्ले लिखित 'आयुष्य-आनंदाचा उत्सव' या पाठात त्यांनी आनंद हा प्रत्येक अंतरंगात असून तो मिळविण्यासाठी त्याच्यामध्ये आनंदांचे भान जागे असावे लागते. हा विचार व्यक्त केला आहे.

(आ) पुढील उताऱ्याच्या आधारे सूचनेनुसार कृती करा.

(१) वेग हे गतीचे एक रूप आहे. आपले जीवनही स्थिती आणि गती यांत विभागलेले आहे. थांबणे, चालणे, धावणे असे हे जीवनचक्र फिरतच असते. आपल्या विचारांनाही गती असते, जिला आपण प्रगती म्हणतो. ती विचारांची गती असते. गतीला जेव्हा दिशा असते तेव्हाच ती प्रगती या संज्ञेला पात्र ठरते. दिशाविहीन गती ही अधोगती ठरते. आजच्या जीवनात विलक्षण वेगवानता आढळते. रस्ते वाहनांनी व्यापलेले असतात. माणसे घरांत राहतात म्हणूनच अल्पकाळ तरी स्थिर राहतात. एरवी गतीपायी अगतिक होतात.

(२) कामापुरते आणि कामासाठी वाहन आणि आटोक्यात राहील एवढाच वेग, हे तंत्र अनुसरले तर जीवन अर्थपूर्ण होईल. आपले जीवन अधिक प्रमाणात आपल्या वाट्याला यावे, ते कृतार्थतेने जगता, अनुभवता यावे, त्यासाठी उसंत लाभावी म्हणून वाहनांचा वापर करायला हवा. प्रत्यक्षात घडते ते वेगळे. इतरांशी मानसिक स्पर्धा करण्यासाठी, आपल्या ऐश्वर्यांचे प्रदर्शन घडवण्यासाठी, गरज नसताना कर्ज काढून वाहने खरेदी करणारी माणसे समाजात आढळतात. कोणतेही महत्त्वाचे काम नसताना पत्नीला मागच्या बाजूला बसवून आधुनिक दुचाकीने सहज फेरफटका मारून आले म्हणजे अनेकांना बरे वाटते; पण आहेच वाहन तर चार-सहा मैलांवरचे एखादे निसर्गरम्य स्थान किंवा मंदिर पाहाण्यासाठी ही माणसे का जात नाहीत? एखादा लक्ष्मी रोड, महात्मा गांधी मार्ग किंवा जंगली महाराज रस्ताच का पसंत केला जातो? देहू, आळंदी, सिंहगड, बनेश्वर, विठ्ठलवाडीकडचे रस्ते का दिसत नाहीत?

(३) वाहनाचा वेग अनिवार झाला, तर चित्ताची व्यग्रता वाढते. डोळ्यांवर, मनावर, शरीरावर ताण पडतो. शरीरभर अनावश्यक स्पंदने निर्माण होतात. हादरे बसून मज्जातंतू आणि मणके कमकुवत होता. कमरेची आणि पाठीची दुखणी ही वाहनधारकांची व्यथा असते. बसणे, उठणे, चढणे, उतरणे, चालणे, वळणे, वर-खाली पाहाणे या मुक्त हालचालींचे संगीत विसरून स्वत:ला वाहनाशी जखडून ठेवणे आणि वाहनाचा वेग अंगीकारून आपल्या शरीरव्यापारात अडथळे निर्माण करणे हे धोरण निसर्गविरोधी आहे. आरोग्याची हानी करणारे आहे. वाढता वेग म्हणजे ताण. जीवनातले ताणणाव वाढवून पोचणार तरी कोठे? आपले स्वत्व आणि स्वस्थता हिरावून घेणारा अस्वाभाविक वेग कमी करणे, हे आपले कर्तव्य आहे. उगाच भावविवश होऊन वेगवश होऊ नये. अनाठायी वेगामुळ पोचण्यापूर्वीच अंत होण्याची शक्यता वाढते.

(१) (i) दिलेल्या उताऱ्याच्या आधारे आकृतिबंध पूर्ण करा.

लेखकाच्या मते जीवन अर्थपूर्ण तेव्हा होते जेव्हा,

↓ ↓

(ii) (a) जीवन विभागणारे घटक- [ ]

(b) विचारांची गती म्हणजे- [ ]

(२) वाहनांच्या अतिवापराने शरीर व्यापाराज अडथळे निर्माण होतात' तुमचे मत सोदाहरण स्पष्ट करा.

(३) रस्त्यावरील वाहतूक कोंडीत सापडल्यावर तुमची भूमिका काय असेल? ते लिहा.

किंवा

'वाढता वेग म्हणजे ताण', याविषयी तुमचे मत सविस्तर लिहा.

(इ) पुढील उताऱ्याच्या आधारे सूचनेनुसार कृती करा.

'जागा मंजूर झाल्याचं पत्र शासनाकडून मिळताच बाबा आपल्या काही कार्यकर्त्यासह हेमलकशाला जाऊन धडकले. २३ डिसेंबर १९७३ यादिवशी त्यांनी तिथे मुक्काम ठोकला. याच दिवशी 'लोक बिरादरी प्रकल्पा' च्या कामाचा खऱ्या अर्थाने प्रारंभ झाला. वास्तविक मी चार-पाच महिन्यांनी येणार होतोच पण बाबा कुणासाठी थांबून राहणारे नव्हते. 'तू तुझ्या वेळेला ये-मी कामाला सुरुवात करतो' असे म्हणून ते तिथे पोहोचले, पण बाबांची इच्छा, काम उभारण्याची ओढ याच्याशी सरकारी कारभाराचा मेळ कसा बसणार? त्यामुळे हा प्रकल्प उभा करण्याच्या कामात सुरुवातीलाच विघ्न निर्माण झालं.

हेमलकशाची जागा मूळ वनखात्याची होती. त्यांनी ती महसूलखात्याला दिली आणि महसूलखात्याने बाबांना म्हणजे 'महारोगी सेवा समिती' ला दिली होती. ही जागा मिळाल्यामुळे नवा प्रकल्प उभारता येणार, या भावनेने बाबांना अगदी स्फूरण चढलं होतं. ज्या कार्यकर्त्यांना घेऊन बाबा हेमलकशाला पोहोचले होते, त्यांच्या राहण्यासाठी-वावरण्यासाठी जंगलातील काही जागा मोकळी करणं आवश्यक होतं. त्यामुळे बाबांनी तिथे जाऊन झांड तोडायला सुरुवात केली. झाडं तोडली जात आहेत हे कळताच तिथे वनाधिकारी आले आणि त्यांनी तुम्ही बेकायदा आमच्या जागेत कसे घुसलात?'' असा आक्षेप घेणं सुरूकेलं. बाबा म्हणाले, ''कागदोपत्री जागा माझी आहे'' त्यावर ते म्हणाले,'' पण त्यावरची झाडं ही आमची मालमत्ता आहे. त्याला तुम्ही हात लावू शकत नाही''. ते ऐकेनात, त्यामुळे मोठा पेच निर्माण झाला.

खरं तर बाबा थेट हेमलकशाला गेले आणि त्यांनी कामाला सुरुवात केली, हे त्या वनाधिकाऱ्याला खटकलं होतं. आपल्याला त्यांनी आधी कल्पनाद्यायला हवी होती, असं त्याला वाटत होतं. थोडक्यात, त्याला महत्व न दिल्याने तो चिडला होता. तेव्हा खोत नावाचे एक अधिकारी तिथे होते. त्यांनी या अडचणीतून मार्ग काढलां, झाडं ही वनखात्याची संपत्ती आहे ना, मग त्याची किंमत तुम्ही त्यांच्याकडून वसूल करा'' असं त्यांनी वनाधिकाऱ्याला सुचवलं. वनाधिकाऱ्याने ही सूचना स्वीकारली आणि तोडलेल्या झाडांची काही एक किंमत ठरवली! तेवढी दिल्यानंतरच कुठे हे प्रकरण मिटलं''.

(१) (i) २३ डिसेंबर १९७३ (ii) वनाधिकाऱ्याचा आक्षेप

(२) लोकबिरादरी प्रकल्पाच्या जागेचा प्रश्न कशाप्रकारे मिटला? स्पष्ट करा.

विभाग २: पद्य

प्रश्न २.

(अ) पुढील कवितेच्या आधारे सूचनेनुसार कृती करा.

रंगुनी रंगांत साऱ्या रंग माझा वेगळा!
गुंतुनी गुंत्यांत साऱ्या पाय माझा मोकळा!
कोण जाणे कोठुनी ह्या सावल्या आल्या पुढे;
मी असा की लागती ह्या सावल्यांच्याही झळा!
राहती माझ्यासवें हीं आसवें गीतांपरी;
हें कशाचें दु:ख ज्याला लागला माझा लळा!
कोणत्या काळीं कळेना मी जगाया लागलों
अन् कुठे आयुष्य गेलें कापुनी माझा गळा!
सांगती 'तात्पर्य' माझें सारख्या खोट्या दिशा:
''चालणारा पांगळा अन् पाहणारा आंधळा!''
माणसांच्या मध्यरात्रीं हिंडणारा सूर्य मी:
माझियासाठी न माझा पेटण्याचा सोहळा!

(१) (i) **कवितेतील विरोधी भाव दर्शविणाऱ्या**

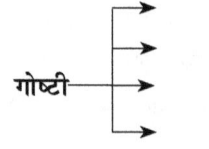

गोष्टी → → → →

(ii) (a) कवीची सदैव सोबत करणारी

(b) कवीचा विश्वासघात करणारे

(२) ''कोणत्या काळीं कळेना मी जगाया लागलों

अन् कुठे आयुष्य गेलें कापुनी माझा गळा!'' या ओळींचा अर्थ लिहा.

(३) समाजात स्वत:चे वेगळेपण जपण्यासाठी प्रयत्न करावेच लागतात' सोदाहरण स्पष्ट करा.

(आ) मनुष्य इंगळी अति दारुण।
मज नांगा मारिला तिमें।
सर्वांगी वेदना जाण।
त्या इंगळीची। या ओळीतील भावसौंदर्य स्पष्ट करा.

(इ) 'त्याला आठवतं त्याच्याच शेजारी
पाय मुडपून कसंबसं झोपलेलं एखादं मूल,
ज्याचं बालपण स्टेशनवरल्या बाकाएवढं
आणि त्याची त्याला कल्पना असावी किंवा नसावी'
—या ओळीतील विचार सौंदर्य स्पष्ट करा.

किंवा

अंगणात थांबलेल्या तुझ्या प्रेयस चांदण्याला
दार उघडून आत घेण्याचेही भान नाही ग तुला
बागेतली ती अल्लड जाई ही पेंगुळतेय तुझी वाट पाहून पाहून
पण तू, तू मात्र झालीस अस्तित्वहीन प्राण हरवलेली पुतळी
—या ओळीचे रसग्रहण करा.

विभाग ३: साहित्यप्रकार कथा

प्रश्न ३.

(अ) दिलेल्या उताऱ्याच्या आधारे सूचनेनुसार कृती करा.

'कथेचे 'सादरीकरण' ही एक कला आहे आणि योग्य प्रयत्नाने ही कला साध्य होऊ शकते. विविध प्रकारच्या कथांचे मूकवाचन, प्रकटवाचन करण्याचा सराव, विविध कथा लेखकांची/लेखिकांची लेखनशैली समजून घ्यायचा केलेला प्रयत्न, भाषेची जाण, शब्दोच्चार आणि सादरीकरण कौशल्ये यामुळे कथाकथनाचे तंत्र अवगत होऊ शकते.

अलीकडच्या काळात 'कथाकथन' क्षेत्रात अनेक व्यावसायिक संधी उपलब्ध होत आहेत. कथा-अभिवाचनाचे कार्यक्रम विविध निमित्ताने रंगमंचावरून सादर केले जात आहेत. आकाशवाणी, दूरदर्शन या लोकप्रिय माध्यमांतून सादर केले जाणारे 'कथाकथन' अधिकाधिक लोकांना आकर्षित करत आहे. या पार्श्वभूमीवर कथा-सादरीकरण हा पैलू लक्षणीय ठरतो.

अभिवाचन: अभिवाचनामुळे कथा श्रोत्यांपर्यंत योग्यप्रकारे पोहोचण्यास मदत होते. कथेचे अभिवाचन एकाच वेळी जर अनेकांकडून केले गेले तर आवाजाचा एकसुरीपणा टळतो. संवादातील चढउतार, चटपटीतपणा, शब्दफेक यांतील विविधतेचा आनंद श्रोत्यांना मिळतो. कथेतील घटना, प्रसंग, व्यक्तिरेखा यांचे आकलन होण्यास मदत होते. कथावाचनाला जर पार्श्वसंगीताची, प्रकाशयोजनेची, नेपथ्याची जोड दिली तर ते अभिवाचन श्रोत्यांवर चांगला परिणाम करते व दीर्घकाळ स्मरणात राहते.

कथाकथन: कथाकथन करणाऱ्या व्यक्तीला भाषेच्या ज्ञानाबरोबरच वाचिक अभिनयाचीही थोडी जोड द्यावी लागते, त्यामुळे कथाकथन उठावदार होते. कथाकथन करणाऱ्याला शब्दांच्या माध्यमांतून पात्रांना जिवंत करायचे असते. कथाकथन करणाऱ्या व्यक्तीला कथा सादर करायची असल्याने कोणताही लिखित मजकूर हातात नसतो. श्रोत्यांशी संवाद साधत, त्यांचा प्रतिसाद घेत, लेखकाच्या मूळ संहितेला धक्का न लावता; पण परिणामकारकरित्या ती श्रोत्यांपर्यंत पोहोचवायची असते.

कथेची निवड करणे फार महत्त्वाचे व तितकेच जबाबदारीचे काम असते. कथा सादरीकरणाचा कालावधी व श्रोत्यांचा अवधानकाल यांचे भान कथा सादरीकरणात ठेवावे लागते. कथा ही संवादातून खुलत असल्याने शब्दफेंक, प्रभावी उच्चारण, स्पष्टता आणि शब्दांचा गर्भितार्थ श्रोत्यांपर्यंत थेट पोहोचवणे हे एकाचवेळी कौशल्यपूर्ण पण आव्हानात्मक काम असते.

(१) (i) अभिवाचनातून श्रोत्यांना

आकलन होते

(ii) कथेचे आव्हानात्मक काम

(२) कथेच्या सादरीकरण अभिवाचनाचे महत्त्व लिहा.

(आ)

(१) डॉक्टर पेक्षा नर्स महत्त्वाची या अनुच्या मनाविषयी तुमचे मत स्पष्ट करा.

किंवा

वाननदी व वटवृक्ष या प्रतिकांतून गावातील स्थित्यंतराचे दर्शन लेखिकेने कशाप्रकारे घडविले आहे.

(२) कुतूहल, जिज्ञासा निर्माण करणाऱ्या 'शोध' या कथेतील एका प्रसंगाचे वर्णन करा.

किंवा

'गढी' या कथेतील वैदर्भी बोलीचे तुम्हाला जाणवलेले वेगळेपण स्पष्ट करा.

विभाग ४: उपयोजित मराठी

प्रश्न ४.

(अ) पुढीलपैकी कोणत्याही दोन प्रश्नांची उत्तरे लिहा.

(i) 'व्यक्तिमधील 'माणूस' समजून घेण्यासाठी मुलाखत असते' हे विधान स्पष्ट करा.

(ii) माहितीपत्रक म्हणजे काय? सोदाहरण स्पष्ट करा.

(iii) अहवाललेखनाचे 'शब्दमर्यादा' हे वैशिष्ट्य स्पष्ट करा.

(iv) अहवालाची आवश्यकता लिहा.

(आ) पुढीलपैकी कोणत्याही दोन प्रश्नांची उत्तरे लिहा.

(i) 'पोस्टमन' ची मुलाखत घेण्यासाठी प्रश्नावली तयार करा.

(ii) 'हुर्डापार्टी' साठी माहितीपत्रक तयार करा.

(iii) 'तुमच्या कनिष्ठ महाविद्यालयातील स्नेहसंमेलना विषयी अहवाल लेखन करा.

(iv) माहितीपत्रकाची उपयुक्तता तुमच्या शब्दांत लिहा.

विभाग ५: व्याकरण व लेखन

प्रश्न ५.

(अ) कंसातील सूचनेनुसार कृती करा.

(१) (i) सकाळी किरणे आरोग्यास हितकारक आहे. (नकारार्थी करा)

(ii) लोकांचे दारिद्र्य पाहून मला दु:ख होते. (प्रश्नार्थी करा)

(२) पुढील सामासिक शब्दांचा विग्रह करून समासाचे नाव लिहा.

(i) प्रतिक्षण (ii) केरकचरा

(३) पुढील वाक्यातील प्रयोग ओळखा.

(i) त्याने माझ्या हिरड्यांत इंजेक्शन दिले.

(ii) त्यांनी ती सात-आठ चित्रं पुन्हा चित्रारून दाखवली.

(४) पुढील ओळीतील अलंकार ओळखून त्याचे नाव लिहा.

(i) वीर मराठे गर्जत आले
पर्वत सगळे कंपित झाले

(ii) मना, वृथा का भिशी मरणा
दार सुखाचे हे हरीकरुणा!
आई पाहे वाट रे मना।
पसरुनी बाहू, कवळ्या उरी।

(५) पुढील शब्दांसाठी पारिभाषिक शब्द लिहा.

(क) सीमा शुल्क (ख) भाषाशास्त्र

(आ) पुढीलपैंकी कोणत्याही एका विषयावर सुमारे २०० से २५० शब्दांत निबंध लिहा.

१. आला पावसाळा
२. संतश्रेष्ठ ज्ञानेश्वर
३. पाणी : एक संपत्ती
४. माझे पहिले भाषण
५. वृद्धाश्रमांची आवश्यकता

Answer Key

विभाग १: गद्य

उत्तर १.

(अ)

(१) (i)

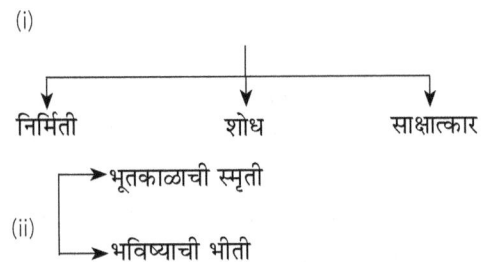

निर्मिती, शोध, साक्षात्कार

(ii) भूतकाळाची स्मृती; भविष्याची भीती

(२) व्यवहारामध्ये शहाणे बनून राहायचे असले तर वाचनाचा छंद असायला पाहिजे कारण पुस्तकाच्या वाचनातून अक्षर आनंद मिळत असतो. ही पुस्तकांची सोबत दगा कधीच देत नाहीं. या आनंदासाठी पैसे खर्च करावे लागत नाहीत शिवाय हा आनंद कोणी हिरावूनही घेऊ शकत नाही. माणसं काही वेळी अस्वस्थ झाली की उदास होतात. परमेश्वराचा धावा करतात. परंतु काही जन पुस्तकाचे वाचन करतात. त्यादृष्टीने पुस्तकाला परमेश्वर म्हटले पाहिजे असे लेखकास वाटते कारण मित्रांची कितीही आठवण काढली तरी ते उपलब्ध होत नाहीत. मात्र पुस्तके लगेच उपलब्ध होता त्यादृष्टीने पुस्तकाची सोबत ही कोणत्याही वेळी अक्षर आनंद देणारी सोबत असते.

(३) शिवराज गोर्ले लिखित 'आयुष्य-आनंदाचा उत्सव' या पाठात त्यांनी आनंद हा प्रत्येकाच्या अंतरंगात असून तो मिळवण्यासाठी त्याच्यामध्ये आनंदाचे भान जागे असावे लागते हा विचार व्यक्त केला आहे. मानवी जीवनामध्ये प्रत्येकालाच आपण आनंदी असावे असे वाटते मात्र त्यांना आनंद म्हणजे काय? हेच समजत नाही तो वास्तविक पाहता आनंद हा प्रत्येक माणसाच्या अंतरंगात असतो तसेच तो इतर गोष्टीतूनही मिळवता येतो. उदाहरण? वाचनाचा छंद असेल तर माणसाला त्यातूनही आनंद मिळतो. पुस्तकाची सोबत ही अक्षर आनंदाची सोबत असते. एखादे वेळी माणूस अस्वस्थ होतो त्यास उदास वाटते तेव्हा तो परमेश्वराचा धावा करतो. मित्र ही सोबतीला असावेत असे वाटते परंतु मित्र वेळीच उपलब्ध होत नाहीत परंतु पुस्तके उपलब्ध होतात. त्यामुळे पुस्तके म्हणजे परमेश्वरच आहे असे येथे लेखकास वाटते.

२. निसर्गाचे सानिध्य, संगीताची साथ व पुस्तकाची सोबत असेल तर माणूस एकटा कुठेही राहू शकतो कारण एकटे राहण्यातही एक वेगळाच आनंद असतो. एकटेपणात आपल्या अंतरंगात डोकावता येते, स्वत:शी संवादही साधता येतो. एकटेपणात नवनव्या कल्पनाही सूचनात निर्मिती, शोध, साक्षात्कार हे एकटेपणाचे आविष्कार असून तो एकटेपणाचा आनंद घेतो त्याच्या वाट्याला दु:ख कधीच येत नाही.

३. आनंद मिळविण्यासाठी आपले मनही मोकळे असावे लागते. भूतकाळाची स्मृती व भविष्याची भीती या दोन्हीपासून मन मुक्त झाले की आनंदाचा आस्वाद घेता येतो कारण भूतकाळ संपलेला असतो तर भविष्यकाळ ही अनिश्चित असतो आणि म्हणून या दोहोपासून मन मुक्त होते तेथच खऱ्या अर्थाने आनंद मिळतो. अशाप्रकारे आनंद मिळविण्यासाठी वरील गोष्टी आपणास करता येतील.

किंवा

'आयुष्य....आनंदाचा उत्सव' या पाठाचे लेखक शिवराज गोर्ले असून त्यांच्या हा पाठ 'मजेत जगाव कसं' या त्यांच्या गाजलेल्या पुस्तकातून घेतला. माणसाला आनंद हा हवा असतो पण आनंद म्हणजे काय ? तो कसा मिळवावा ? हे त्यांना समजत नाही परंतु खरा आनंद हा माणसाच्या बाहेर नसून त्याच्या अंतरंगातच असतो. तो ओळखण्यासाठी मात्र त्याचे भान असावे लागते हा विचार लेखकाने या पाठातून व्यक्त केला आहे.

एखादे वेळी माणूस हा अस्वस्थ होतो. त्यास उदास वाटू लागते. अशावेळी तो परमेश्वराचा धावा करतो परंतु परमेश्वराच्या रूपात पुस्तके उपलब्ध होतात व त्यातून माणसाला आनंद घेता येतो. ज्ञानात नवनवीन भर पडते. या व्यतिरिक्तही निसर्गाच्या सानिध्यात, संगीतातून तसेच पुस्तक वाचनातून आपण एकटे असलो तरी आनंद घेता येतो. आपल्या अंतरंगात डोकावता येते. स्वत:शी संवाद साधता येतो. एकटेपणात नवनवीन कल्पना सूचनात महत्त्वाचे म्हणजे निर्मिती, शोध आणि साक्षात्कार हे एकटेपणाचे आविष्कार होत. त्यामुळे जो एकटेपणाचा आनंद घेतो त्याच्या वाट्याला दु:ख येत नाही.

खरा आनंद मिळविण्यासाठी माणसाचे मन मोकळे असावे लागते. त्याचे मन भूतकाळात गुंतून राहता कामा नये व भविष्यकाळाचाही विचार करू नये कारण भूतकाळ संपलेला असतो तर भविष्यकाळ अनिश्चित असल्याने माणसाने खऱ्या अर्थाने वर्तमानकाळात जगायला शिकले पाहिजे. त्यासाठी प्रत्येकालाच जगण्याविषयी प्रेम हवे. जगण्याची हौस असावी. अन्यथा आजचे काम उद्या असे होते. मात्र माणसाने आयुष्य जगत असताना भूतकाळ–भविष्याचा विचार न करता आनंदाने जगायला हवे. कारण खरा असतो तो वर्तमानकाळात त्याचबरोबर कुठलेही काम उरकावाचे म्हणून उरकू नये तर प्रत्येक गोष्टीत आनंद घेतला पाहिजे. ती मनापासून केली पाहिजे.. तरच खऱ्या अर्थाने आनंदी जीवन जगता येईल. आपल्या ओवतीभोवती घडणाऱ्या गोष्टींचा आनंद घेता येईल आणि स्वत:वर प्रेम करता येईल. त्यासाठी प्रत्येकाच्या मनात जगण्याविषयी प्रेम असणे आवश्यक आहे तरच त्याला वर्तमानातही आनंदाने जगता येईल. हा आशावाद लेखकाने येथे स्पष्ट केला आहे.

(आ)

(१) (i)

कामापुरते व कामासाठी वाहन वापरले जाते | वाहनाचा वेग आटोक्यात ठेवला

(ii) (a) स्थिति | गती

(b) प्रगती

(२) अलीकडच्या काळात जीवन विलक्षण गतिमान झाले आहे. एकाच माणसाला अनेक कामे पार पाडावी लागतात. तीसुद्धा कमी अवधीत कामांशी संबंधित ठिकाणी अनेक माणसांना अनेक ठिकाणी गाठावे लागते. मोठमोठी अंतरे कापावी लागतात. चालत जाऊन ही कामे करता येणे शक्य नसते. साहजिकच वाहनांचा उपयोग अपरिहार्य ठरतो. फक्त एका–दोघांना किंवा फक्त काहीजणांनाच वाहन वापरावे लागते असे नाही. सामान्य माणसांनाही वाहन वापरणे गरजेचे होऊन बसले आहे. सतत वाहन वापरण्याचे दुष्परिणाम खूप होतात. आपण चालत चालत जाऊन कामे करतो. तेव्हा शरीराच्या सर्व प्रकारच्या हालचाली होतात. इकडे–तिकडे वळणे, खाली वाकणे, वर पाहणे, मागे पाहणे, हात वर–खाली करणे, पाय दुमडून बसणे, पाय लांब करून बसणे, उकिडवे बसणे अशा कितीतरी लहान लहान कृतींतून शारीरिक हालचाली घडत असतात या हालचालींमुळे शरीराच्या सगळ्याच स्नायूंना आणि सांध्यांना भरपूर व्यायाम मिळतो. शरीर लवचीक बनते. आपण या हालचाली सहजगत्या, एका लयीत करू शकतो. एक सुंदर, नैसर्गिक लय शरीराला लाभते. मात्र, सतत वाहनांचा उपयोग करावा लागल्यामुळे हालचालींना आपण मुकतो. शरीराला लवचिकता प्राप्त होत नाही. शरीराच्या अनेक व्याधींना सुरुवात होते. दु:खे, कटकटी भोगाव्या लागतात. पैसा, वेळ खर्च होतो. दैनंदिन जीवन विस्कळीत होते. जगण्यातला आनंद नाहीसा होतो. म्हणजे आपल्या शरीर व्यापारात अनेक अडथळे निर्माण होतात.

(३) सध्या वाहनांची प्रचंड गर्दी झाली आहे. रस्ते मात्र पूर्वीएवढेच आहेत. रस्त्यांची संख्या पूर्वीइतकीच आणि त्यांची लांबी–रुंदीसुद्धा पूर्वीइतकीच. गाड्यांची संख्या मात्र प्रचंड वाढली आहे. कमी वेळात पोहोचण्याच्या इच्छेने वाहन खरेदी केले जाते खरे; पण वाहतूक कोंडीतच तासन्तास वाया जातात. या परिस्थितीमुळे मनाचा संताप होतो. वाहन आपल्या मालकीचे असते. पण रस्ता आपल्या मालकीचा नसतो. मग वाहतूक कोंडीच्या ठिकाणी प्रचंड गदारोळ माजतो. प्रत्येकजण स्वत:ची गाडी वाटेल तशी पुढे वेगाने चालवत राहतो. सर्व गाड्या एकमेकांच्या वाटा अडवून उभ्या राहतात. कोणीही पुढे जाऊ शकत नाही की मागे परतूं शकत नाही. गाड्यांचे हॉर्न कर्कश आवाजात मोठमोठ्याने ओरडत असतात. काही जणांची भांडणे सुरू होतात. पोलीस हतबल होतात.

अशा प्रसंगात मी सापडलो तर ? सर्वप्रथम हे लक्षात घेईन की परिस्थिती माझ्या नियंत्रणात नाही. मी पूर्णपणे शांत राहीन. मनाची चिडचिड होऊ देणार नाही. अस्वस्थ होणार नाही. हॉर्न तर मुळीच वाजवणार नाही. मध्ये मध्ये घुसून पुढे जाण्याचा प्रयत्न करणार नाही. तसे करणाऱ्यांना समजाबून सांगण्याचा प्रयत्न करीन, कारण अशा पद्धतीने कोणीही पुढे जाऊ शकत नाही. उलट अडचणींमध्ये भर पडण्याची शक्यता जास्त. आपण स्वत: पुढे होऊन रहदारीचे नियंत्रण करू लागलो तर लोक आपले ऐकण ाार नाहीत. पण आणखी एका दोघांशी बोलून दोघे–तिघे जण तिथल्या पोलीस काकांना भेटू. आमची मदत करण्याची इच्छा बोलून दाखवू. त्यांच्याशी चर्चा करून काय काय करायचे ते ठरवून घेऊ. कामांची आपापसांत वाटणी करून घेऊ आणि पोलीस काकांच्या मार्गदर्शनाखाली वाहतूक नियंत्रण सुरू करू.

किंवा

माणसे वाहनात बसली की ते दृश्य पाहण्यासारखे असते. सर्वजण उल्हासित मन:स्थितीत असतात. सगळ्यांच्या बोलण्याच्या

कोलाहलामुळे वातावरणात आनंद भरून जातो. वाहनचालकाला हळूहळू सुरसुरी येते. तो हळूहळू वेग वाढवू लागतो. सर्वजण उत्तेजित होतात. गाडीचा वेग वाढतच जातो. मागे पडत जाणाऱ्या वाहनांकडे सगळेजण विजयी मुद्रेने पाहू लागतात. चालक हळूहळू बेभान होतो. अन्य गाडीवाले सामान्य आहेत. कमकुवत आहेत. आपण सम्राट आहोत, अशी भावना मनातून आवेग घेऊ लागते. अशा मन:स्थितीत माणूस विवेक गमावतो. गाडी सुरक्षितपणे चालवण्यासाठी ही मन:स्थिती अनुकूल नसते. गाडी सुरक्षितपणे चालवण्यासाठी चित्त एकवटून वाहनावर केंद्रित करावे लागते. हात आणि पाय यांच्या हालचाली अचूक जुळवून घेण्यासाठी सतत मनाची तयारी ठेवाती लागते. क्लच, ब्रेक. ॲक्सलरेटर, यांच्याकडे बारीक लक्ष ठेवावे लागते. त्याच वेळी पाठीमागून व बाजूने येणारी वाहने आणि आपण यांच्यात सुरक्षित अंतर ठेवण्याचा कसतरी प्रयत्न करावा लागतो. अन्य एखादे वाहन मध्येच आडवे येईल का, आपल्या वाहनाला धडकेल का, आपल्याला जिथे वळायचे आहे तिथे वळता येईल का. त्या वेळी बाकीच्या वाहनांची स्थिती कशी असेल, त्यांच्यापैकी कोणीही स्वत:ची दिशा बदलण्याचा संभव आहे का इत्यादी अनेक बाबींचा विचार काही क्षणांत करावा लागतो. त्या अनुषंगाने सतत विचार करीत राहावे लागते. वाहन आणि वाहनाची गती यांखेरीज अन्य कोणतेही विचार मनात आणता येत नाहीत. एकाच विचाराला जखडले गेल्यामुळे डोळ्यांवर, शरीरावर व मनावर विलक्षण ताण येतो. अपघाताची भीती मनात सावलीसारखी वावरत असते. तासन्तास तणावाखाली राहावे लागल्याने मनावर विपरीत परिणाम होतात. वाहनाचा वेग जास्त असल्यामुळे अगदी बारीकशा खड्ड्यानेसुद्धा वाहनाला धक्का बसतो सांधे दुखतात ते कमकुवत होतात. अशा प्रकारे वाढता वेग म्हणजे ताण. हे समीकरण तयार होते.

(इ)

(१) (i) लोकबिरादरी प्रकल्पाच्या कामाची खऱ्या अर्थाने प्रारंभ.

(ii) तुम्ही बेकायदा आमच्या जागेत कसे घुसलात ?

(२) हेमलकशाची जागा मूळ वनखात्याची होती. त्यांनी ती महसूलखात्याला दिली. महसूलखात्याने ही जागा बाबांना (बाबा आमटे–महारोगी सेवा समितीला) दिली. तसे बाबांनी हेमलकसा इथे कार्यकर्त्यांसह जाऊन लोकबिरादरीच्या कामाला प्रारंभ केला परंतु वनखात्याने आक्षेप घेतला की, 'तुम्ही बेकायदा आमच्या जागेत कसे घुसलात?' असा आक्षेप घेतला यावर ही जागा कागदोपत्री माझी आहे त्यावर वनखात्याचे मत असे होते ही त्यावरची झाडे ही मालमत्ता आमची आहे. त्यास तुम्ही हात लाबू शकत नाही. यावर खोत नावाच्या अधिकाऱ्याने या अडचनीतून मार्ग काढला की, झाडं ही वनखात्याची संपत्ती आहे ना, मग त्याची किंमत तुम्ही त्यांच्याकडून वसूल करा असे सुचविले तसे वनाधिकाऱ्यांनी ही सूचना स्वीकारली. तोडलेल्या झाडांची किंमत वसूल केली व तेवढी घेऊन प्रकरण मिटवले. अशाप्रकारे लोकबिरादरी प्रकल्पाच्या जागेचा प्रश्न मिटला.

विभाग २: पद्य

उत्तर २.

(अ) (१) (i)

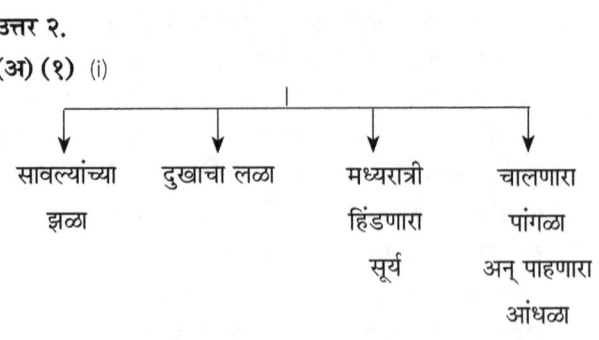

सावल्यांच्या झळा

दुखाचा लळा

मध्यरात्री हिंडणारा सूर्य

चालणारा पांगळा अन् पाहणारा आंधळा

(ii) (a) आसवे (b) आयुष्य

(२) कविवर्य गझलसम्राट सुरेश भट लिखित 'रंग माझा वेगळा' या गझलं काव्यातील या ओळी असून त्यांच्याच 'रंग माझा वेगळा' या गझलसंग्रहातून ही गझल घेतली आहे.

समाजामध्ये भौतिक सुखसमृद्धीने परिपूर्ण तर दुसरा भौतिक व ऐहिक सुखापासून वंचित, अन्यायाने भरडला गेलेला सोषिक वर्ग असे दोन वर्ग प्रामुख्याने होते. पैकी दुसऱ्या गटातील माणसांचे प्रश्न हाताळणारे, त्यांच्या दु:खाला वाचा फोडण्याचे काम कवीने केले आहे. सामाजिक वेदनांमुळे कविमन व्यथित झाले असता समाजातून कविमनाला आनंद मिळण्याऐवजी दु:खच होते. आयुष्य जगत असताना सुखद अनुभवापेक्षा दु:खद अनुभव वाट्याला येत असले तरी त्यातून माघार न घेता कशाप्रकारे जगले पाहिजे याचा धडाघेत कवी जगत आहेत. परंतु अशाप्रकारचे जगणे हे कधी वेळी व काळी सुरू केले हे समजले नसले तरी माझ्याच आयुष्याने माझा गळा कापला, विश्वासघात केला. सर्वच गोष्टी मनासारख्या घडत नाहीत त्यामुळे कवीमन उद्विग्न होते आणि आपले आयुष्यच आपल्याशी खेळी करत आहे, दगा देत आहे असे कवीला वाटते आणि म्हणूनच अपयशाचे खापर दुसऱ्याच्या माथी न फोडता स्वत:च्या माथ्यावर फोडून घेण्याची कवीची कृती म्हणजे कवीचे मोठे यश आहे.

(३) 'कविवर्य गझलकार सुरेशभट लिखित 'रंग माझा वेगळा' या गझलमध्ये कवीने समाजात स्वत:चे वेगळेपण जपण्यासाठी जे प्रयत्न केले त्यातून त्यांना ओलेले अनुभव या अनुभवावर प्रकाश टाकला आहे.

समाजाचे घटक म्हणून समाजात वावरताना आपले वेगळेपण जपण्यासाठी वेगळे प्रयत्न हे करावेच लागतात. प्रत्यक्ष कवी पत्रकार, संपादक म्हणून कार्यरत असतानाच ते एक उत्तम कवी होते. त्यांनी मराठी साहित्याच्या क्षेत्रात 'गझल' हा काव्यप्रकार पुनर्जीवित करून तो लोकप्रियही केला. तसेच समाजात अन्यायाखाली भरडला जाणारा समाज अनेक सुविधांपासून वंचित असलेला समाज आणि सुख-सुविधांपासून वंचित, दुरावलेला समाज त्यांच्या प्रश्नांना वाचा फोडण्याचे कार्य केले. त्यांना न्याय देण्यासाठी आपला संघर्ष चालू ठेवला त्यामुळेच समाजात 'मी' ची मानहानी करणारे तसेच माणसांची दुटप्पी वृत्ती, स्वार्थ, ढोंगीपणा, समाजातील मूल्यहिनता त्यांनी आपल्या साहित्यातून प्रकट केली. अंतर्मुख होऊन अशा समाजाविरुद्ध आवाज उठविला. मात्र समाजातील स्वार्थी लोकांनी कवीबद्दल 'सार' सांगत असताना दिशाभूल केली आहे.

तरीही स्वत:चे वेगळेपण जपणाऱ्या कवीचा स्वत:च्या कर्तृत्त्वावर अढळविश्वास असल्यानेच अशा नैराश्य, अंधकाराने ज्यांचे आयुष्य व्यापलेले आहे त्यांच्यासाठी आपण मध्यरात्रीचा सूर्य बनून उभे आहोत. हे त्यांच्या व्यक्तिमत्त्वातील सामर्थ्य, आत्मविश्वास कवी विविध प्रतिमांतून व्यक्त करत आहे. त्यांच्या आयुष्यातील काळरात्र घालवून प्रकाश निर्माण करण्यासाठी अखंडितपणे आपण संघर्ष करणार असल्याचे कवी स्पष्ट करत आहेत. उदाहरण डॉ. प्रकाश आमटे यांनीही आपल्या कार्यकर्तृत्वातून हेमलकसा येथे नंदनवन फुलविले ते समाजातील कुष्ठरोगी अंध, अपंग, आदिवासी अशा विविध वंचित व दुर्लक्षित घटकांना आत्मसन्मानाने जगणं जगता यावे यासाठी बाबा आमटे यांनीही अभूतपूर्व प्रयोजनातून जिवंत व चैतन्यमयतेचे प्रतीक म्हणून आनंदवन उभे केले. अशाप्रकारे समाजात स्वत:चे वेगळेपण जपण्यासाठी प्रयत्न करावे लागतात.

(आ) संत एकनाथांनी 'विंचू चावला' हे लोकप्रिय असे भारूड लिहिले असून या भारूडाद्वारे त्यांनी पारमार्थिक नीतीची शिकवण दिली आहे.

इंगळी म्हणजे विंचवाची जात असून इंगळीचा गुणधर्म म्हणजे इतरांना दंश करून विषबाधित करणे की ज्यामुळे दंश झालेल्या व्यक्तीला असह्य अशा भयंकर वेदना होतात. समाजामध्ये सुद्धा विंचवापेक्षाही विषारी, अतिशय घातकी माणसे वावरत असून ज्यांना दुर्जन म्हटले जाते अशा लोकांसाठी 'मनुष्य इंगळी' ही प्रतिमा संत एकनाथांनी योजली आहे. या दुर्जन व्यक्ती अतिशय वाईट असून त्या कधीच सुधारत नाहीत. सद्वर्तनी लोक हे दुर्जन व्यक्तींच्या सहवासात आले की तिचे भयंकर नुकसान होते. वाईट समयी, विचार, आचार यामध्ये तो खचून जातो, योग्य असा मार्ग सापडत नाही. त्यामुळे अशा दुर्जनांपासून सर्वसामान्यजनांनी दूर राहावे, सत्त्वगुणांची जोपासणा करावी की ज्यामुळे इतरांचाही विकास होईल. त्यादृष्टीने हे रूपकात्मक भारूड महत्त्वाचे ठरते.

थोडक्यात संत एकनाथांनी पंधराव्या शतकाच्या उत्तरार्धात तात्कालीन सामाजिक स्थितीचा, जनसामान्यांचा अभ्यास करून काही मानवी प्रवृत्ती कशा दुष्ट आहेत हे रूपकाच्या माध्यमातून विशद केले आहे. ढोंगीपणा, लुबाडणूक, अन्याय, अंधश्रद्धा यामध्ये पिसत असलेल्या सामान्यजनांचा, त्यांच्या मानसिकतेचा व त्यातून संत एकनाथांना आलेल्या अनुभवाचा अंतर्मुख होऊन विचार केला असून सद्वर्तनी लोकांना दुर्जनांपासून दूर राहण्याचा उपदेश केला आहे.

(इ) सुप्रसिद्ध कवी वसंत आबाजी डहाके लिखित 'समुद्र कोंडून पडलाय' या कवितेतील प्रस्तुत पद्य पंक्ती असून ही कविता त्यांच्याच 'शुभवर्तमान' या काव्यसंग्रहातून घेतली आहे. ही कविता चित्रकविताअसून जीवनाचे प्रतीक म्हणून योजलेला हा महानगरातील 'समुद्र' तो या महानगरातील बालमनाचे विश्व अनुभवतो आहे, पाहतो आहे. गगनचुंबी इमारतीत बत्तिसाव्या मजल्यावर ही हसणारी, खेळणारी मूलं दिवसभर बंदिस्त असतात. अशा समाजव्यवस्थेवर कवी प्रकाश टाकताना दिसतात.

महानगरीतील उंचच उंच इमारतींमध्ये बालविश्व कोंडले जाते त्यास कारणीभूत आहे. तात्कालीन समाजव्यवस्था त्यातील मानवी दु:ख, एकाकीपण, हरवलेपण, जीवनातील अस्थिरता, असुरक्षितता, दहशत असे सर्वव्यापी भय आणि अविश्वास या सर्व बाबी सर्वसमावेशक असून त्याचा अंतर्मुख होऊन विचार करणारे मन अस्वस्थ होते आहे. या महानगरीतील बालमनाचा विचार करत हे कविमन जेव्हा स्टेशनवर अर्धमिटल्या डोक्यांनी हातावर डोके टेकवून बसते तेव्हा त्यांना या महानगरीतील भीषण वास्तव नजरेत येते.

या महानगरीत कित्येक अनाथ, पोरकी मुलांही जगत आहेत. डोक्यावरील छताविना ज्यांना घर नाही, आश्रय नाही अशा मुलांना कुठेना कुठे आश्रय घ्यावाच लागतो उदाहरण. रस्त्यावर, फूटपाथावर वा स्टेशनावर. अशा ठिकाणी बाकड्यावर पाय मुडवून कसेबसे झोपलेले मूलं पाहिल्यामुळे कवीचे मन अस्वस्थ होते. त्या बाकाएवढेच अपुरे, खुरटे, तुटके असे या मुलांचे झालेले आयुष्य पाहून त्यांच्या हरवलेल्या बालविश्वाची त्यांनातरी कल्पना आहे की नाही असा कवीमनाला प्रश्न सतावत आहे आणि बालकांचे बालविश्वही शहरातील असुरक्षिततेमुळे उध्वस्त होताना दिसते आहे. या सामाजिक प्रश्नावरच कवी आपल्यालाही चिंतन, मनन करायला लावतात.

किंवा

सुप्रसिद्ध कवयित्री हिरा बनसोडे लिखित 'आरशातली स्त्री' कवितेतील या पद्यपंक्तीअसून त्यांची ही कविता 'फिनिक्स' या काव्यसंग्रहातून घेतली आहे. स्त्रीजीवनातील स्थित्यंतरे हा कवितेचा विषय असून प्रत्येक स्त्रीच्या आयुष्यामध्ये स्थित्यंतरे होत असतात. या स्थित्यंतराचा वेध घेत असता कवितेतील नायिकेचे संसारात पडण्यापूर्वी आयुष्य कसे होते? व संसारात पडल्यानंतरचे आयुष्य कसे झाले ही कवितेची मध्यवर्ती कल्पना असून कवयित्रीने या स्थित्यंतराचा मागोवा घेतला आहे. आपल्या मन आयुष्याचा शोध घेणारी आरशातली स्त्री म्हणजे तिचे प्रतिबिंब असून ती जेव्हा आरशातील प्रतिबिंब पाहते तेव्हा ती मीच का? असा तिला प्रश्न पडतो याचे कारण म्हणजे तिच्यात झालेले बदल आरशाबाहेरील स्त्रीचे आरशातील स्त्रीशी संवाद सुरू होतात आणि तिचा भूतकाळ, तिचे प्रतिबिंब वा तिच्यातील हरवलेली ती पुन्हा बोलू लागते. गतआयुष्यातील हवेहवेसे वाटणारे चांदणे आज तुझ्या अंगणत लख्ख प्रकाश घेऊन आले आहेत. आणि त्याकडे तुझे लक्ष नाही कारण त्यांना दार उघडून आत घेण्याचे तुला यत्किंचितही भान नाही. तरुणपणी नवयौवनावस्थेत असताना याच आईजवळ बसून कितीतरी स्वप्ने पाहणारी तू मात्र आज ती तुझीं वाट पाहून थकून जाते. तिचे वाऱ्यावर डुलतानाचे अल्लडपण याचे तुला विस्मरण झाले असून पारंपरिक वरदान म्हणूज तुला मिळालेल्या तुझ्या संसारामध्ये तू अस्तित्वहीन झालीस. जे तू पूर्णपणे विसरून गेलीस कारण आज तू निर्जीव अशी पुतळी झालेली आहेस इथे नायिका आपल्या मन आयुष्यात पूर्णपणे स्वातंत्र्य हरवूल बसली आहे. या संसाराच्या बंधनात ती इतकी व्यस्त होते की तिला तिच्या अस्तित्वाचेही भान नाही. आपल्या संसारासाठी फक्त काबाडकष्ट करणे इतकेच तिला माहिती आहे. या काबाडकष्ट करण्यामध्ये ती

आपल्या इच्छा-आकांक्षा दूर सारते. नीतिनियमांचे पालन करत ती हालअपेष्टा सहन करत आपली स्वप्न, महत्त्वाकांक्षा, ध्येय बाजूला सारून आपल्या भावना दडपून ती एक निर्जीव वस्तू बनते. या निर्जीव वस्तूला कवयित्री ने 'पुतळी' अतिशय सूचक असा शब्द वापरला आहे. तसेच चांदणे, अल्लड जाई, पेंगुळलेली, प्राण हरवलेली अशाप्रकारे सूचक असे समर्पक विशेषणे, परिणामकारक स्थितीदर्शक शब्दप्रयोग वापरले आहेत. प्रतिमा-प्रतिकांचाही चपखल वापर करून मुक्तछंदात ही कविता लिहिली आहे. तसेच इथे कवयित्री ने संवादात्मक शैली योजनामुळे कवितेची परिणामकारकता वाढली आहे.

विभाग ३: साहित्यप्रकार—कथा

उत्तर ३.

(अ) (१) (i)

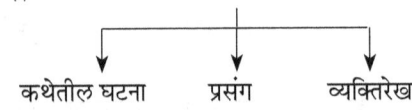

कथेतील घटना | प्रसंग | व्यक्तिरेखा

(ii) कथा ही संवादातून खुलत असल्याने शब्दफेक, प्रभावी उच्चारण, स्पष्टता आणि शब्दांचा गर्भितार्थ श्रोत्यांपर्यन्त थेट पोहोचविणे हे एकाचवेळी कौशल्यपूर्ण पण आव्हानात्मक काम असते.

(२) कथेच्या सादरीकरणामध्ये अभिवाचनाला अनन्य साधारण महत्त्व असून कथाकथन करणाऱ्या व्यक्तीला भाषिक ज्ञानाबरोबरच वाचिक अभिनयाची जोड द्यावी लागते. तरच कथाकथन हे उठावदार, प्रभावी होते. कथाकथन करणारा शब्दांच्या माध्यमातून कथेतील पात्रे जिवंत करतो. तसेच त्याला कथा सादर करायची असल्याने त्याच्याजवळ कसलाही लिखित मजकूर नसतो. प्रत्यक्ष श्रोत्यांशी संवाद साधत त्यांचा प्रतिसाद घेत, लेखकाच्या मूळ संहितेला धक्का न लावता परिणामकारकरित्या ती श्रोत्यांपर्यन्त पोहोचविली जाते. या सर्व गोष्टींसाठी अभिवाचन महत्त्वाचे ठरते.

(आ)

(१) व.पु. काळे लिखित 'शोध' ही कथा त्यांच्या 'मी अनुदान शोधतोय' या कथासंग्रहातून घेतली असून' एक रुपयाच्या नोटेचा शोध' या विषयाभोवती संपूर्ण कथानक फिरत राहते व कथेच्या शेवटी रहस्याचा उलगडा होतो. मानवी जीवनात शोध कशाचा घेणे आवश्यक आहे.

अनु इनामदार हे पात्र या कथेत महत्त्वाचे असून ते स्वतंत्र विचाराचे व परखडमते मांडणारी असे आहे. लग्नापूर्वी पाच वर्षे एकटे राहण्याचा विचार ती आबासाहेबांसमोर मांडते व तशी ती राहतेही. त्यामुळे जिद्दी, स्वतंत्र विचारसरणी तसेच संवेदनशील मनाची असली तरी काही वेळा स्वत:चेच खरे करणारी, एककल्ली विचारामुळे ती विक्षिप्त वाटत असली तरी समाज म्हणजे काय? स्वत:च्या दृष्टीने समान पाहण्याची धडपड तसेच स्वत:च्या चष्म्यातून जग पाहणारी, समाजातील प्रत्येक वस्तू, घटनेच, व्यक्तींच मूल्यमापन करण्यासाठी स्वत:ची नजर तयार करण्याचा आत्मविश्वास असलेली अनु जीवनाचे सार समजून वागणारी अशी आहे.

तिने सुख आणि दु:ख खऱ्या स्वरूपात जिथे भेटतात असा व्यवसाय ती निवडते. नर्स बनून जनसेवा करण्याचे व्रत घेते. तिला डॉक्टरीपेशा पेक्षा नर्स म्हणून काम करणे जास्त आवडते कारण डॉक्टर हे फक्त पेशंटचा ताप पाहून मोकळे होतात मात्र नर्सला तसे करता येत नाही. ती पेशंटचा ताप आणि मनस्ताप दोन्हीही एकाचवेळी घालवण्याचा प्रयत्न करते. के.ई. एम. हॉस्पिटलमध्ये नोकरी मिळाल्यानंतर तेच तिचे विश्व बनते. त्या विश्वात डॉक्टर्स, सर्जन्स, फिजिशियन, डीन, मेट्रन तसेच समन्वयाची भगिनी (नर्स) यांनाती आपलेसे करते, त्यांना प्रेमाने जिंकते. नर्स म्हणून कार्य करत असताना, मनाने संवेदनशील असल्याने ती पेशंटचा त्रास कमी करू पाहते. उदा. 'सुनिता' नावाची छोटी मुलगी पेशंट म्हणून येते, अॅडमीट होते. तिला ब्लड ट्रान्सफ्यूजन, सलायन आणि ऑक्सिजन दिला जातो. तिच्या वेदना पाहून अनु डॉक्टरशी चर्चा करते आणि तिला समजते की ती फक्त तीन-चार तासाची सोबती आहे. हे ऐकून अनुला वाईट वाटते ती सुनिताला शेवटचे काही तास तरी सुखाने जगता यावे. तिला त्रास होऊ याची दक्षता अनू नर्स म्हणून घेते. तिला लावलेल्या सर्व नळ्या काढून ऑक्सिजनची नळी फक्त ठेवते. तिला बरे वाटावे म्हणून आपण काही तरी गंमत आणणार असल्याचेही ती सुनितास घरी जाताना सांगते. असेहे हृदयस्पर्शी व्यक्तिचित्र असून तिचे 'डॉक्टरपेक्षा नर्स महत्त्वांची' हे मतही महत्त्वपूर्ण वाटते.

किंवा

स्वातंत्र्य प्राप्तीनंतर विकासाच्या वाटेवरील गावगाड्यासमोरील प्रश्न, ते सोडविण्यातील अडचणी व ग्रामसुधारणेसाठी निष्ठापूर्वक काम करणारे समाजसेवक बापू गुरुजी त्यांचे कार्य आणि गावातच झुळझुळ वाहणारी वाननदी आणि वाननदीच्या किनारी वसलेला वटवृक्ष यांच्यातील सहसंबंधातून जीवनानुभूतीचे, गावातील स्थित्यंतराचे दर्शन घडते. ही दोनही प्रतीके म्हणजे कथालेखिकेच्या प्रतिभाशक्तीचा तो एक अद्‌भूत नमुना आहे असे म्हणता येईल.

वाननदी: सातपुड्याच्या कुशीत वसलेल्या गावाशेजारून झुळझुळू वाहणारी वाननदी गावातील सुपीक काळी जमीन लोण्यासारखी दरवर्षी लोकांना अमाप उत्पन्न देणारी. त्यामुळे वाननदी या गावाचे भरभरून कौतुक करायची. पावसाळ्यात आलेल्या पुरामुळे ती खट्याळ मुलासारखी दुथडी भरून वाहत होती. तिच्याच जलाशयात खेळतखेळत बापू गुरुजीचे लहानपण गेले. या वाननदीच्या साक्षीनेच बापू गुरुजींनी गावाच्या विकासाचे स्वप्न पाहिले होते.

जणू काही वाननदीनेच बापू गुरुजींना समाजसेवेचे व्रत दिले होते. बापू गुरुजींनीही आपले तालुक्याला शिक्षण पूर्ण होताच गुरुजींनी गावातच ZP ची शाळा सुरू केली. गुरुजींच्या उत्साहाबरोबरच वाननदीतटी बरळ होत होते. तिला पूर आल्याबरोबर ती गढीला भेटायला जायची.गढीची झुंज पाहून माघारी फिरायची पुढे पुढे गुरुजींचे वय जसजसे वाढू लागले. गावातील उचापती लोक गुरुजींच्या कार्यात अडथळे निर्माण करू लागले. तसतसे गुरुजींना दु:ख होऊ लागले. मात्र वयापुढे व वयोमानानुसार थकलेल्या शरीरापुढे गुरुजींचे काही चालेना. वाननदीही उन्हाळ्यात जास्तच

बारीक होऊ लागली. शेवटी तिनेही तिचे प्रवाहाचे पात्र बदलले.

वटवृक्ष: वाननदीच्या किनाऱ्यावरच डोक्याएवढे वडाचे झाड. मधूनमधून हिरवेपणाने गावातल्या माणसांना आकर्षित करत असे. मात्र असे असले तरी ऊनपाऊस झेलता-झेलता तोही गारद झालेला. परंतु गुरुजींमुळे गावात होत असलेल्या विकासामुळे गावाला 'साजरं गाव' म्हणून मान मिळाला तसा तोही फुलू लागला. बापू गुरुजी वाननदीच्या पात्रात लहानपणी पोहत असता तोही दिवसेंदिवस मोठा होत होता. त्याला पारंब्या फुटू लागल्या होत्या. गुरुर्जीच्या विकासाबरोबरच वटवृक्षी वाढतहोत्या त्याच्या पारंब्या जमिनीत घुसत होत्या. गावातील मोकाट जनावरांना त्याची सावली झाली होती. गावातून फिरणारे रिकामे मुले वडाच्या सावलीला येऊन बसत, तर काही मुले वडाच्या पारंब्याला लोंबकळत्त होती. गुरुर्जीची सेवानिवृत्ती जशी जवळ आली तसे मात्र वाननदी कोरडी पडू लागली होती. आणि वटवृक्ष (वडाचे झाडही) ही वाळून चालले होते. अशाप्रकारे बापू गुरुर्जीची उमेद, उत्साहाबरोबरच वाननदी व वटवृक्ष या प्रतीकांचीही अवस्था बदलताना दिसते. त्यांच्याशी गुफलेल्या नात्यातूनच गावातही होत असलेली स्त्रित्यंतरे आपणास पाहावयास मिळतात.

(२) (i) कथेतील नायक आबासाहेबांच्या घरी जातात तेव्हा त्यांना तिथे 'अनू' दिसत नाही हे पाहून ते आबासाहेबांना अनुविषयी चौकशी करतात तेव्हा ते अनुविषयी काय उत्तर देतील ते उत्तर ऐकण्यासाठी नायकाच्या मनात कुतूहल व जिज्ञासा निर्माण होते. अनु स्वतंत्र विचारची, विक्षिप्त असल्याने लग्नापूर्वी सर्वसाधारणपणे पाच वर्षे घराबाहेर राहायचे असे ठरवते व त्यासाठी ती आबासाहेबांकडून तशी परवानगीही मागते. ती तसे का करते याविषयी विचारले असता आबासाहेब नायकास सांगतात, की 'प्राप्तेषु षोडशे वर्षे' या नियमानुसार अनुला आपण अशी सवलत दिली जी तिला हवी होती. कारण तिलाही पाच वर्षे तिची उंची स्वतंत्रपणे जगायची होती. पाच वर्षे purely जी तिची स्वत:ची असावीत, त्या वर्षांशी इतर कोणाचाही संबंध नसावा तसेच त्या पाच वर्षांविषयीचे अकाऊंट तिला विचारता कामा नये. अशा तिच्या अटी होत्या याचे महत्त्वाचे कारण म्हणजे तिला इतरांच्या मदतीविना स्वत:ची स्वतंत्र. अशी विचारसारणी निर्माण करायची होती. समाज जाणून घ्यायचा होता. आणि म्हणूनच अनु लग्नापूर्वी पाच वर्षे घराबाहेर राहण्याचा निर्णय घेते.

(ii) कथेत आणखी एक महत्त्वाचे व्यक्तिचित्र ते म्हणजे टॅक्सी ड्रायव्हर. अनु जेव्हा एक रुपयाच्या नोटेचा शोध घेण्यासाठी घराबाहेर पडते तेव्हा या शोध मोहिमेमध्ये कथानायक, मुक्ता, भिडे दाम्पत्य आणि टॅक्सी ड्रायव्हर अशी मंडळी सहभागी होतात. अनु या नोटेच्या मागचे रहस्य सांगते खरी परंतु टॅक्सी ड्रायव्हरही अनुला जीवनाचे तत्त्वज्ञान समजावून सांगतो. जीवनाकडे तटस्थपणे पाहायला शिकवतो. हे असे का सांगतो असा प्रश्न आपणास पडत असतानाच ज्या गोष्टी मिळतात त्यासाठी जरूर प्रयत्न करावेत मात्र एखादी गोष्ट मिळणारच नसेल तर.... माझी मुलगी मला सोडून कायमची गेली तेव्हा मी काय करायचे हा हृदयस्पर्शी तितकाच अनुत्तरीत प्रश्न सर्वांसमोर उपस्थित करतो व जीवनातील वास्तव सत्य स्वीकारायला पाहिजे असे जाता जाता उपदेशही करतो. अशाप्रकारे या कथेत कुतूहल व जिज्ञासा निर्माण करणारे अनेक प्रसंग आहेत.

किंवा

सुप्रसिद्ध कथालेखिका डॉ. प्रतिमा इंगोळे लिखित 'गढी' ही कथा त्यांच्याच 'अकसिदीचे दाने' या त्यांच्या कथासंग्रहातून घेतली असून स्वातंत्र्यप्राप्तीनंतरच्या विकासाच्या वाटेवरील गावगाड्यासमोरचे प्रश्न, ते सोडविताना निर्माण होणाऱ्या अडचणी आणि ग्रामसुधारणेसाठी निष्ठापूर्वक झटणारे बापू गुरुजी यांचे वर्णन कथालेखिकेने वैदर्भी भाषेत केले आहे. त्यांचे हे लेखन वैशिष्ट्यपूर्ण असून गावातील स्थित्यंतरे चित्रदर्शी शैलीत रेखाटली आहेत. या वैदर्भी बोलीचे जाणवलेले वेगळेपण पुढीलप्रमाणे-

१. 'गढी' या कथेत बापू गुरुर्जीच्या सामाजिक कार्याचे विवेचन वैदर्भी बोली भाषेत केले आहे.

२. गावपातळीवरील राजकारण, गुरुर्जीची समाजसेवी वृत्ती, गावाचा विकास असे अनेक प्रसंग कथालेखिकेने वैदर्भी बोलीत उभे केले आहे.

३. वैदर्भी बोली ही मृदू असून कोमलता हे तिचे प्राणतत्त्व आहे.

४. वैदर्भी बोलीमुळे कथानकातील आशयाला सखोलला प्राप्त केले व पुढे काय? अशी वाचकांच्या मनात उत्सुकता निर्माण होते.

५. समर्पक विशेषणांचा अचूक वापर हे वैदर्भी भाषेचे आणखी एक वैशिष्ट्य आहे. ही विशेषणे संपूर्ण कथानकभर पाहावयास मिळतात. उदा. तपेलं फकुलं, वास्तुकला हळ्या, वैदर्भी बोलीतील विशेष शब्दप्रयोग जसेकी सेजून, कराळी, आवतन, हळ्या, खळकुई, गुळी, भारमसूद, काकरल्यावाणी, पळीत असे कितीतरी नवनवीन शब्दप्रयोग बालपणाच्या ओघात अर्थबोध करणारे दिसून येतात.

६. कथानकाची परिणामकारकता वाढविण्यात वैदर्भी म्हणींचाही वैशिष्ट्यपूर्ण वापर लेखिकेने केला आहे.

(a) पाखरानं पयले पख पारखावं आन् मंग उळावं

(b) माणसानं पयले पाणी पावावं आन् मंग पोवावं

(c) मले पा आन् फुलं वाहा

(d) हळ्याचा सरपानं माणसं मरत नसतात.

(e) चाल व्हयरे पोरा अन् वयरे होरा. इत्यादी

अशाप्रकारे वैदर्भी बोलीच्या प्रभावी वापराने कथानकाला गतिमानता मिळते. आपल्या मनामध्ये संवेदनशील पातळीवरील भावभावनांचे तरंग उठतात. गुरु-शिष्य, वडील-मानसपूत्र, बाप-मुलगा, पती-पत्नी यांच्यातील नातेबंध कथालेखिकेने वैदर्भी बोली भाषेतच उलगडले असल्याने हे कथानकही हृदयस्पर्शी झाले आहे. हे वैदर्भी बोलीचे वेगळेपण जाणवते.

विभाग ४: उपयोजित मराठी

उत्तर ४.

(i) असामान्य व्यक्तिमत्त्वाच्या कार्यकर्तृत्वाची ओळख करून घेण्यासाठी मुलाखत घेतली जाते. कारण अशा व्यक्तीचे जीवन अनेक घटनांनी भरलेले असते. त्यांचे जीवन, कार्यकर्तृत्त्व

आणि एकूणच जीवनपट जाणून घ्यायला सामान्यजनांना आवडते. ही आवड मुलाखतीतून जोपासली जाते. आजही प्रकटमुलाखतीला श्रोत्यांचा, वाचकांचा भरभरून प्रतिसाद मिळतो. कारण त्यांना ती व्यक्ती, त्या व्यक्तीचे अष्टपैलू व्यक्तिमत्त्व, कार्य समजून घ्यायचे असते कारण अशी व्यक्ती सर्वांसाठी आदर्श असते. आणि त्यांच्यातील 'माणूस' समजून घेणे हेही तितकेच कौशल्यपूर्ण असते व तेही मुलाखतीतूनच साध्य होते. उदा. डॉ. अे. पी. जे. अब्दूल कलाम हे ज्येष्ठ सुप्रसिद्ध वैज्ञानिक, संशोधक-त्यांनी लावलेले शोध, त्यांना आलेले अनुभव महत्त्वाचे आहेत याशिवाय त्यांनी एखाद्या विद्यार्थ्यांवर केलेले पितृतूल्य प्रेम, त्याच्या जीवनाला दिलेली दिशा हेही पाहण्यासारखे असते. असामान्य तज्ज्ञव्यक्ती जो अलौकिकत्त्वाच्या सीमेवर वावरणारी असली तरी तिच्यात एक माणूस निश्चितच दडलेला असतो तो समजून घेण्यासाठी मुलाखतीशिवाय दुसरे प्रभावी साधन नाही.

(ii) माहितीपत्रक म्हणजे वैशिष्ट्यपूर्ण माहिती देणारे परिचयात्मक पत्रक. ज्याद्वारे सेवा संस्था, उत्पादन लोकांपर्यन्त पोहोचविले जाते. नवनवीन योजना, उत्पादने, संस्थांकडे लोकांनी पाहावे यासाठी ती महत्त्वपूर्ण खिडकी असून जनमत आकर्षित करण्यासाठी ते लिखित स्वरूपाचे एक जाहीर आवाहन असते. माहितीपत्रकामुळे माहिती देणारा व घेणारा यांच्यात एक नाते निर्माण होते. शिवाय नवीन ग्राहक मिळविण्यासाठी वा नवीन बाजारपेठ काबीज करण्याची ती पहिली पायरी असते. माहितीपत्रकामुळे ग्राहकाला हवी असलेली माहिती ग्राहकाकडे सतत उपलब्ध राहू शकते व माहितीपत्रक हे काहीवेळात आणि कमी खर्चात ग्राहकांपर्यन्त घरबसल्या पोहोचविता येते. थोडक्यात माहितीपत्रक वाचताक्षणी लोकांच्या मनात उत्सुकता, कुतूहल तसेच उत्पादनाविषयी उत्कंठा निर्माण झाली की माहितीपत्रकाचा हेतू साध्य झाला असे समजले जाते.

(iii) अहवाललेखन करत असताना शब्दमर्यादा लक्षात घेणे महत्त्वाचे ठरते कारण अहवाललेखनाची शब्दमर्यादा ही त्या कार्यक्रमाच्या विषयाच्या स्वरूपावर अवलंबून असते. सांस्कृतिक, साहित्यिक, क्रीडाविषयक, NSS च्या शिबीराचा समारोप अशाप्रकारचे अहवाललेखन हे मर्यादित स्वरूपाचे असतात. मात्र सहकारी संस्थांचे, वार्षिक सर्वसाधारण सभा अशा विषयांचे अहवाललेखन तुलनेने विस्तृत असतात. तसेच त्यांचे स्वरूपही निश्चित असल्याचे दिसून येते. एखाद्या समस्येच्या/उपक्रमाच्या संदर्भातील संशोधनात्मक अहवाल, सार्वजनिक उद्योगव्यवसाय, सार्वजनिक सेवा अशाविषयीचे अहवाल हे विस्तृत लिहिले जातात याचे महत्त्वाचे कारण म्हणजे त्यात असलेली भरपूर माहिती, आकडेवारी, निरीक्षणे, तपशील निष्कर्ष यांचीही नोंद घेतली जाते. म्हणजेच एखाद्या समारंभाचा अहवाल हा तीन ते चार पृष्ठांचा असेल तर एखाद्या आयोगाचा अहवाल हा १००० पानांचा वा त्याहून अधिक पानांचाही असतो हे लक्षात घेतले पाहिजे.

(iv) अहवाल हा कोणत्याही कार्यक्रमाचा आरसा असतो. कार्यक्रमातील बारीकसारीक गोष्टींची नोंद अहवाललेखनात घेतली जाते. संस्थेच्या कामकाजात अहवाल विश्वसनीय घटक मानला जातो. संस्थेच्या कार्यक्रमाच्या सभेच्या नोंदी ठेवणे आवश्यक असते. संस्थेच्या भविष्यकालीन योजना. उपक्रम यासाठी निश्चितच याचा उपयोग केला जातो. अहवालाच्या साहाय्याने भविष्यकाळात संस्थेचा विकास, परंपरा इत्यादींची माहिती मिळवणे शक्य होते. भविष्यातील नियोजनासाठी अहवालाचा उपयोग होऊ शकतो. विविध संस्था लघु उद्योग ते मोठमोठे उद्योगधंदे आणि ग्रामपंचायत ते महानगरपालिका अशा सर्व ठिकाणी होणाऱ्या घडामोडींना अधिकृतता प्राप्त व्हावी यासाठी अहवालाची गरज असते. एखाद्या क्षेत्राता महत्त्वाकांक्षी उपक्रम सुरू करायचा असेल. तर आरंभी त्यासंदर्भात योग्य ती माहिती घेऊन अहवाल तयार करणे गरजेचे असते.

(आ) (i) पोस्टखात्यात 'पोस्टमन' म्हणून कार्य करणाऱ्या पोस्टमनची मुलाखत घेण्यासाठीची प्रश्नावली पुढीलप्रमाणे.

(a) पोस्टमन काका नमस्कार! काका तुमच्या परिचय थोडक्यात सांगा.

(b) काका तुमच्या शिक्षणाविषयी थोडं सांगा–

(c) पोस्टमनच्या नोकरीसाठी विशेष अशी कोणती परीक्षा दिलीत?

(d) शिक्षणासाठी तुम्ही रोज गावाहून पुण्यात ये जा करायचा. त्या प्रवासाविषयी सांगा.

(e) पावसाळ्यात नदीला पूर येतो तेव्हाची काय स्थिती असते?

(f) पोस्टात राहता पण मग जेवणाचे काय?

(g) तुम्ही घरोघरी जाऊन लोकांना पत्र देता, हे पत्र देतानाचे तुमचे अनुभव सांगा.

(h) राखीपौर्णिमेचा हृदयस्पर्शी अनुभव सांगितलात पण त्या सैनिकाचे पुढे काय झाले?

(i) हो, पण मग त्यांची बहिण सुनिता तिचे काय?

(j) भावाच्या नात्याने तुम्हीं तिला पत्र पाठवता पण तिच्या भविष्याचे काय?

(k) तुमच्या आयुष्यातील आनंदाचा क्षण कोणता?

(l) तुमच्या या नोकरीच्या माध्यमातून तुम्ही जनसामान्यांना कोणता संदेश द्याल?

धन्यवाद!

(ii) हुर्डा पार्टीसाठी माहितीपत्रक पुढीलप्रमाणे.

तुमच्या आवडीची! प्रत्येकाच्याच पसंतीची!! खास आस्वाद देणारी!!!

हुर्डा पार्टी

शिवगंगा फार्म्स

सिद्धेश्वर तलाव, जुन्नर

मोबाईल: 94XXXXXX34, **दूरध्वनी:** (02019) 28XX51

वेबसाईट: http://www.farms.com

ई-मेल: shi.ganga@gmail.com

थंडीचे दिवस....साखर झोप.....गोड स्वप्न.....आणि आठवणी

मनी वसे ते स्वप्नी दिसे

आमच्याकडची हुर्डा पार्टी म्हणजे थंडीच्या दिवसातील जबरदस्त सेलीब्रेशन!

★ दरवर्षीप्रमाणेच याही वर्षी आमच्या शिवगंगा फार्म्सवर हुर्डा पार्टी सुरू झाले आहे

तेव्हा वेळ न घालवता आजच बुकिंग करा

तुमच्या स्वागताला शिवगंगा फार्म्स सज्ज आहे....

निसर्गरम्य परिसरात. २३ एकर क्षेत्रात वसलेले 'शिवगंगा फार्म्स' तुम्ही निश्चित अनुभवाल. जलतरण तलाव, फळझाडांनी सुसज्ज, फुलांचे ताटवे अन् पक्ष्यांचे थवे!

(iii) कनिष्ठ महाविद्यालयातील स्नेहसंमेलनाविषयक अहवाललेखन पुढीलप्रमाणे-

श्रमानंद शिक्षण संस्थेचे नुतन ज्यूनि. कॉलेज,

सावरखेड

वार्षिक स्नेहसंमेलन २०१९

:अहवाललेखन:

शनिवार दिनांक २३ डिसेंबर, २०१९ रोजी दुपारी चार वाजता नूतन ज्यूनि. कॉलेजच्या प्रांगणामध्ये सन् २०१९ या शैक्षणिक वर्षाचे स्नेहसंमेलन मोठ्या उत्साहाने पार पडले.

समारंभाचे अध्यक्षस्थान जिल्ह्यातील शाश्वत साहाय्यक समितीसचिव नामवंत सन्माननीय नंदन गुप्ते यांनी भूषविले तर पुण्यातील बॅडमिंटन पटू जयश्री चव्हाण या प्रमुख पाहुण्या म्हणून कार्यक्रमास उपस्थित होत्या. कार्यक्रमास श्रमानंद संस्थेचे मान्यवर पदाधिकारी, नूतन ज्यूनि. कॉलेजचे प्राचार्य, शिक्षक स्टाफ, निमंत्रित नागरिक, विद्यार्थीवर्ग उपस्थित होता.

समारंभाच्या सुरुवातीला कार्यक्रमाध्यक्ष, प्रमुख पाहुणे तसेच मान्यवरांचे, कॉलेजचे प्राचार्य, उपप्राचार्य यांच्या वतीने स्वागत केले. कार्यक्रमाची सुरुवात-अध्यक्ष, प्रमुख पाहुणे व मान्यवर पदाधिकारी यांच्या हस्ते सरस्वती पूजन व दीपप्रज्वलनाने झाली स्वागत गीत व ढोलताशाच्या आवाजात मान्यवरांचे शाल, श्रीफळ व पुष्पगुच्छ देवून स्वागत केले. ज्यूनि. कॉलेजचे प्राचार्य अद्विता सेन यांनी कार्यक्रमाचे प्रास्ताविक केले तर उपप्राचार्यांनी इ.स. २०१८-१९ या शैक्षणिक वर्षातील शैक्षणिक, सांस्कृतिक, क्रीडाविषयक घडामोर्डीचा वृत्तांत व शिक्षक-विद्यार्थीयांनी मिळून विविध क्षेत्रात केलेल्या प्रगतीचे अहवाल वाचन केले.

विद्यार्थ्यांच्या मनात दाटलेल्या उत्साहाला उधान आले होते. ते स्नेहसंमेलनातील विविध गुणदर्शनाच्या कार्यक्रमाने यामध्ये भावगीते, काव्यवाचन, ड्युएट, समूह नृत्य झाले. विनोदी बातम्यांच्या तुफान आतषबाजीने आनंदाला उधान आले. कार्यक्रमात 'अक्षरानंद चित्रे' यांच्या 'तिच रात्र यामिनी' या नाटकातील 'चांदवा' हा अंक सादर केला. त्यामुळे संपूर्ण वातावरण बदलून गेले. सर्व रसिक अंतर्मुख झाले. नाटक संपले. टाळ्यांच्या कडकडाहटात विविध गुणदर्शनाचा कार्यक्रम संपला. कार्यक्रमाचे प्रमुख पाहुणे जयश्री चव्हाण यांनी मुलांचे कौतुक केले व विद्यार्थ्यांना स्नेह संमेलनाचे महत्त्व पटवून दिले. आणि कार्यक्रमाध्यक्ष सन्माननीय नंदन गुप्ता यांनी त्यांच्या शालेय जीवनातील आठवणी सांगत सामाजिक कार्यातील सहभागाचे महत्त्व सांगून आई-वडिलांची काळजी घेण्याचा आग्रह केला. कार्यक्रमात शेवटी निसर्ग प्रतिनिधी' धर्मा सारथी' हिने कार्यक्रमाचे अध्यक्ष, प्रमुख पाहुणे, संस्थेचे पदाधिकारी, सर्व शिक्षक आमंत्रितांचे तसेच उपस्थित विद्यार्थी, पालक वर्ग यांचे आभार मानून चार तास उत्साहात चाललेल्या कार्यक्रमाची सांगता झाली.

दिनांक: प्राचार्य- सचिव- अध्यक्ष

(iv) माहितीपत्रक वाचून झाल्यावरही लोकांनी ते जपून ठेवणे ही उत्तम माहितीपत्रकाची खरी ओळख असते. माहितीपत्रक नवनवीन योजना/सेवा/उत्पादने यांची सविस्तर माहिती ग्राहकांना देत असते. फळ आणि भाजीपाला विक्रेते यांपासून करोडो रुपयांचा व्यवसाय करणाऱ्या व्यापाऱ्यांची पर्यंत सर्वांना माहितीपत्रकाची आवश्यकता असते. पुस्तके, स्टेशनरी, किराणामाल, दिवाळी अंक, घरगुती वापराची उपकरणे, अलिशान गाड्या अशा सर्वंच उत्पादनाची माहिती माहितीपत्रकातून मिळत असते. उत्पादनाच्या सोयी संदर्भातील शंकांचे निरसन माहितीपत्रक करीत असते. माहितीपत्रक योजना/सेवा/उत्पादन यांचा आरसा असते. माहितीपत्रकातील माहिती आकर्षक परंतु विश्वासाई असल्यास वाचक असे माहितीपत्रक जपून ठेवतात. त्याचा प्रचार करतात. उत्पादनाचे वैशिष्ट्य, वेगळेपणा, ग्राहकाला होणारा फायदा या गोष्टी जिथे अधोरेखित करायच्या असतील. तिथे माहितीपत्रकाची भूमिका महत्त्वाची असते.

विभाग ५: व्याकरण व लेखन

उत्तर ५. (अ)

(१) (i) सकाळी फिरणे आरोग्यास अहितकारक नाही.

(ii) लोकांचे दारिद्र्य पाहून कुणाला दु:ख होईल?

(२) (i) प्रतिक्षण-प्रत्येक क्षणाला-अव्ययीभाव समास

(ii) केरकचरा-केरकचरा वगैरे-समाहार द्वंद्व समास

(३) (i) कर्मणी प्रयोग (ii) कर्मणी प्रयोग

(४) (i) अतिशयोक्ती अलंकार (ii) अर्थान्तरन्यास अलंकार

(५) (i) Custom duty (ii) Linguistics

(आ)

१. आला पावसाळा

''नेमिचि येतो मग पावसाळा

हे सृष्टीचे कौतुक जाण बाळा''

असे कविमहाशय बोलून गेले. सृष्टीचे हे कौतुक आहेच. पण साऱ्या मानव-प्राणी वनस्पती सृष्टीला तो दिलासाही आहे. लहानांपासून मोठ्यांपर्यत सर्वांना हा ऋतू आवडतो मलाही तो आवडतोच! पावसाची रूपे विविध असतात. वैशाखवणव्यात जमीन भाजून निघालेली असते. दिवसेंदिवस तापमान वाढत असते. सगळीकडे नुसता रखरखाट असतो. झाडावर हिरवे पान दिसत नाही. नद्या आणि ओढे सुकून गेलेले असतात. डोकावून

पाहिले तर विहिरींचे तळ डबक्यासारखे दिसतात. उकाड्याबरोबर थोडा दमटपणाही जाणस लागतो. घाम येऊ लागतो. दुपारपासून थोडे ढगाळ वातावरण होते आणि संध्याकाळी ढगांच्या गर्जनेसह वादळवाऱ्याच्या साथीने पर्जन्यराज हजर होतात. येतात तेच मुळी टपोऱ्या थेंबांचा शिडकावा करत! त्यांना माहीत असतं की, तापलेल्या जमिनील भिजवायला सडाशिंपण घालणारे थेंब चालणार नाहीत. दहा मिनिटांतच सगळी जमीन भिजून जाते. पहिल्यांदा तर जमिनीतून वाफाच येतात. माती आणि पाणी यांच्या अनोख्य मिश्रणातून एक मत करणारा सुवास दरवळू लागतो. लहान मुलांना कधी एकदा पावसात जाऊन भिजू असं होऊन गेलेलं असतं. सगळे जण म्हणतात–

'सजल श्याम घन गर्जत आले बरसत आज तुषार'
आता जीवनमय संसार। रित्या नद्या सुकलेले निर्झर।
भकास राने उदास डोंगर कृतज्ञतेने बघती; श्रवती मेघांचे ललकार.

मोठ्या माणसांचीही हीच इच्छा असते. पण लोक काय म्हणतील आणि तब्येतीला सोसेल की नाही, याचा विचार ते करतात. शाळकरी मुलं मात्र नाचतात, गाणी गातात, नुसता धुडगूस घालतात. पावसाबरोबर कधी गारा पडतात. मग बाळगोपाळांचा जो आनंदकल्लोळ चालतो त्याला कोणालाच आवरता येत नाही. या पावसाला वर्तमानपत्रात मान्सूनपूर्व पाऊस म्हणता. तो फार खट्याळ असतो. सूचना न देता 'दत्त बनून' अचानक यायला त्याला आवडतं. सकाळी ऑफिसमध्ये पावसाच्या तयारीनं लोक गेलेले नसतात. त्यांची तो पुरी त्रेधातिरपीट उडवून देतो. आता पुढे काही दिवस आपला मुक्काम राहणार आहे, हे सांगत राहतो. पाहता-पाहता थेंबांचे रूपांतर मोठ्या धारांत होते. रस्त्यावर पाणी साचते. सगळं शहर जलमय होतं. धसमुसळेपणानं झोडपून काढल्यावर सगळं शांत होतं. पुन्हा उकडायला सुरुवात होते.'

अशा पहिल्यावहिल्या पावसापेक्षा रीतसर पाऊस सुरू झाल्यावर शांतपणे पण भरभरून सरोवर सरी घेऊन पडणारा पाऊस मला आवडतो. तो कुणाची दखल घेत नाही. दूधवाला, पेपरवाला यांची काळजी तो करत नाही. चिंब भिजत ते बिचारे आपलं काम करत असतात. सकाळच्या कामात-गडबडीत सारेजण असतात तेव्हा याचं संगीत सुरूच असतं. सूर्यदर्शन होत नाही. त्यामुळे किती वाजले याचा अंदाजच येत नाही. 'आभाळाने दिवस दिसेना, आळशी लुगडे नेसेना' असे आळशी लोकांना ऐकून घ्यावे लागते. मुलांची शाळेत जायची आणि माणसांची ऑफिसात जायची वेळ झाली तरी याचे थांबायचे नाव नसते. मग रेनकोट, छत्र्या, पावसाळी बूट सारे बाहेर निघते. धो-धो पावसात बाहेर पडू नये असे वाटत असते. काही लोक चक्क सुटी घेऊन घरीच बसतात. टीव्हीवर पावसाची चित्रं बघत आणि बातम्या ऐकत राहतात! दुपार होते. कोसळणारा पाऊस चहा-भज्यांची फर्माइश करतो. संध्याकाळ होते तशी 'मुलं घरी येईपर्यंत तरी थांब बाबा' अशी आयांची विनवणी तो ऐकून न ऐकल्यासारखी करतो. आता हवेत गारवा नाही तर गारठा भरून राहिलेला असतो. रात्र होते. नीरव शांततेत पडणाऱ्या पावसाचा तडतड आवाज निनादत राहतो. आकाशात काळ्याकुट्ट ढगांची झुंबड उडालेली असते. पावसाच्या सरींचे मंद आणि तारसप्तकातले आरोह-अवरोहही सूर धरतात। सगळीकडे ओलावा भरून राहिलेला असतो. अंथरुणावर पडलं तरी पावसाचा ताल सुरूच असतो. झोपेतून मध्येच कधी जाग येते ती पावसाची गती वाढल्यामुळे. आता त्याला कोणाला भिजवायचे नसते की कोणाची फजिती करायची नसते. थेंब-थेंब गळणं सुरू असतं. त्याच्या आवाजमुळे मध्यरात्रीचं वातावरण गूढरम्य होऊन जातं.

दुसऱ्या दिवशी सर्व पेपरमध्ये पावसाची चित्रं, वर्णनं पाहायला मिळतात. अनेक वर्षाचा विक्रम त्याने मोडलेला असतो. पावसाचीच चर्चा सर्वजण करीत असतात. असा हा आसमंत जलमय करणारा, तन-मन शांत, तृप्त करणारा पाऊस चांगलाच स्मरणात राहतो.

२. संतश्रेष्ठ ज्ञानेश्वर

दुरितांचे तिमिर जावो
विश्व स्वधर्म सूर्ये पाहो
जो जे वांछिल तो ते लाहो
प्राणिजात!

जो जे इच्छील ते त्याला मिळू दे अशी उदात्त प्रार्थना विश्वात्मक देवाजवळ करणारे संत ज्ञानेश्वर वारकरी संप्रदायाचा पाया घालणारे महान तत्त्वज्ञ आणि कवी होते. त्यांचे वडील विठ्ठलपंत आणि आई रुक्मिणी. एकदा संन्यास घेऊन पुन्हा गृहस्थधर्म स्वीकारला म्हणून विठ्ठलपंतांची आणि त्यांच्या चार मुलांची समाजाने खूप हेटाळणी केली. या पती-पत्नींनी तर इंद्रायणीच्या डोहात जलसमाधी घेतली. आई-वडिलांचे छत्र हरवलेली ही मुलं निवृत्ती, ज्ञानदेव, सोपान आणि मुक्ताबाई अलौकिक बुद्धिमत्तेने आणि आपल्या कर्तृत्वाने समाजाला दीपस्तंभाप्रमाणे मार्गदर्शन करणारी ठरली.

अवघ्या १८व्या वर्षी ज्ञानदेवांनी ज्ञानेश्वरीसारखा महान ग्रंथ लिहिला. गीता या ग्रंथातले संस्कृतमध्ये असलेले तत्त्वज्ञान सर्वसामान्य लोकांना समजावे म्हणून हा ग्रंथ त्यांनी मराठीत लिहिला. तत्त्वज्ञान आणि काव्य या दोन्ही दृष्टींनी तो अपूर्व आहे. गीता या ग्रंथात गुरू, संतसज्जन, श्रोते आणि मराठी भाषा यांच्याबद्दल ज्ञानदेवांच्या ठिकाणी असणारा अभिमान प्रत्ययाला येतो. उपमा, दृष्टांताची पखरण करीत अतिशय गहन असलेले तत्त्वज्ञान अगदी सोपे करून ज्ञानदेव सांगतात. एकेक विचार स्पष्ट करण्यासाठी दृष्टांतांच्या मालिकाच ते आपल्यापुढे ठेवतात. वेचक, अर्थवाही शब्द, उत्तुंग आणि व्यापक कल्पना, तत्त्वज्ञान यामुळे हा ग्रंथ मराठी भाषेचे एक लेणे ठरलेला आहे.

ज्ञानेश्वरीत सांख्य, ज्ञान, योग, कर्म आणि भक्ती या सर्व मार्गांचा ऊहापोह ज्ञानदेवांनी केला आहे. सर्वसामान्यांना आचरणास सोपा असा भक्तिमार्ग सांगताना येथ जातिकुळवर्ण। हे तो अवघेचि अप्रमाण। भक्ती करण्याचा अधिकार सर्व जाती-कुळ-वर्णातील लोकांना आहे, असा स्पष्ट निर्वाळाही त्यांनी दिला आहे.

ज्ञानेश्वरीशिवाय अमृतानुभव आणि चांगदेव पासष्टी हे त्यांचे महत्त्वाचे ग्रंथ आणि अभंग, गवळणी, विराण्या, भारूडे इत्यादी त्यांची स्फुटरचना प्रसिद्ध आहे. ज्ञानेश्वरीची संपूर्ण रचना साडेतीन चरणी ओवीत झाली आहे. त्यामुळे ओवी म्हणजे ज्ञानदेवांची हे समीकरण मराठी जनमानसात रूढ झाले.

सुश्लोक वामनाचा अभंगवाणी प्रसिद्ध तुकयाची

ओवी ज्ञानेशाची तशीच आर्या मयूरपंतांची।।

ओवी या छंदवृत्ताला ज्ञानदेवांनी केवढी तरी उंची प्राप्ती करून दिली.

ज्ञानदेवांचे गुरू त्यांचे वडीलबंधू निवृत्तीनाथ हे होते. आपल्या गुरूचे स्तवन करताना त्यांच्या वैखरीला जणू बहर येतो. गीता या ग्रंथातील तत्त्वज्ञान मी सांगण्याचा प्रयत्न करणे म्हणजे एखाद्या क्षुद्र कीटकाने आकाश मुठीत घेण्याचे साहस करण्यासारखे आहे. पण गुरूचा भक्कम आधार आहे. म्हणून मी ते करायला प्रवृत्त झालो आहे असे ते म्हणतात. 'माझी मराठीच बोल कौतुके। परि अमृतातेही पैजा जिंके' असा मराठीचा अभिमान ते व्यक्त करतात आणि 'न्यून ते पुरते। अधिक ते सरते' करून घ्यावे, अशी श्रोत्यांना ते विनवणी करतात. संतांची स्तुती करताना 'चंद्रमे जे अलांछन। मार्तंड कीजे तापहीन' अशी उत्तुंग कल्पना ते वापरतात. खरोखर इतक्या लहान वयात त्यांनी ज्या उपमा आणि दृष्टांत वापरून विषय स्पष्ट केला आहे ते पाहून मन थक्क होते.

ज्ञानेश्वरी लिहून झाल्यावर आपले जीवितकार्य आता संपले आहे, असे समजून त्यांनी आळंदी येथे संजीवन समाधी घेतली. तो प्रसंग तर हृदयद्रावक व मन हेलावणारा होता. त्यामुळे समकालीन सर्व संतांच्या जीवनात मोठी पोकळी निर्माण झाली. संत नामदेव त्याचे वर्णन करतात:

नामा म्हणे आता लोपला दिनकर

बाप ज्ञानेश्वर समाधिस्थ।

आधुनिक कवींनासुद्धा या प्रसंगातले कारुण्य, उदात्तता जाणवली आहे. कवी बा. भ. बोरकर म्हणतात.

ज्ञानदेव गेले तेव्हा कोसळली भिंत

वेद झाले रानभरी। गोंधळले संत।

आजही अरुण कोल्हटकरांसारखा कवी ज्ञानदेवांच्या समाधीजवळ जातो, तेव्हा त्याचा पाय तिथून निघत नाही.

असे हे ज्ञानदेव चांगदेवांसारख्या योग्याला पत्र पाठवून त्यांचे अज्ञान दूर करणारे, जड समाजाची भिंत चालविणारे, उपेक्षा करणाऱ्या समाजासाठीच पसायदान मागणारे आदि वयाच्या विसाव्या वर्षीच संजीवन समाधी घेणारे. त्यांचे कार्यकर्तृत्व पाहून मन विस्मित होते. ते संतश्रेष्ठ होते याबद्दल मनात कोणताही संशय उरत नाही.

३. पाणी: एक संपत्ती

''पाणी पाणी पाणी आणि पाणी पाणी पाणी

पाण्याविना दाही दिशा आम्ही अनवाणी।''

''एक हजार फूट खोल दरीतून रात्री-अपरात्री महिलांवर पाणी भरण्याची वेळ', 'नळावरील मारामारीचे खुनात पर्यवसान', 'पाण्यासाठी मोठ्या रांगा' अशा बातम्या एप्रिल, मे महिन्यात नेहमीच वाचायला मिळतात. पावसाळ्यात कुठे-कुठे अतिवृष्टी होऊन माणसं मरणं आणि पुरामुळे शेतीचं नुकसान होणं आणि उन्हाळ्यात कोरडा दुष्काळ पडणं हे आपण बारंबार अनुभवतो. परंतु त्यापासून काही बोध घेत नाही. आज मात्र या प्रश्नाचा गंभीर विचार करण्याची वेळ आली आहे. भूगर्भशास्त्रज्ञांचा असा इशारा आहे की, आजपर्यंतची युद्ध संपत्ती स्त्री आणि धर्म यांच्यासाठी झाली, आता ती पाण्यासाठी होतील.

'पाणी' ही पृथ्वीतलावरची मोठी संपत्ती आहे. माणूस पैसा, घर आणि दागदागिने ही संपत्ती शक्य असेल तेव्हा मिळवितो, साठवितो आणि जपून वापरतो. त्याप्रमाणे पाणीसुद्धा उपलब्ध असेल तेव्हा साठविलं पाहिजे आणि काटकसरीने वापरलं पाहिजे. कारण माणूस अन्नाशिवाय कित्येक दिवस जगू शकेल. पण पाण्याशिवाय मात्र तसा जगू शकणार नाही. जीवाच्या धारणेसाठी पाण्याचं महत्त्व अनन्य असं आहे. म्हणून पाण्याचं दुसरं नाव 'जीवन' असं आहे. पाण्यामुळेच सर्व वनस्पतीसृष्टी आहे आणि त्यामुळे जीवसृष्टी आहे. नद्यांना आपण लोकमाता म्हणतो. याचं कारण मातेप्रमाणे त्या जीवसृष्टीचं पोषण करतात. जगातल्या सर्व संस्कृती नदीकाठीच पोसल्या गेल्या. पंचमहाभूतांपैकी एक महत्त्वाचं तत्त्व म्हणजे पाणी. आपल्या संस्कृतीत ते देवतारूप मानलं जातं. समुद्र, नदी, विहीर, ओढा आणि झरा असं तिचं कोणतंही महान किंवा लघुतम रूप असो, ते आपल्याला पूजनीय असतं. तहानेल्याला पाणी देणं हा आपण धर्मांचा एक भाग मानतो. तहान भागविण्यासाठी शेतीसाठी, स्वच्छतेसाठी हरघडी आपल्याला पाणी लागतं. म्हणून ते विपुल प्रमाणात हवं आणि तसं ते होतंही. आपल्या भारतभूमीच्या वैभवाचं गुणगान करताना ती सुफलाम् आणि सुजलाम् आहे, असं बंकीमचंद्रानी म्हटलंय. त्यातूनही पाण्याची संपत्ती किती मोठी आहे हे कळतं. आपल्या ऋषीमुनींना पाण्याचं हे महत्त्व चांगलंच कळलं होतं. म्हणून त्यांनी नद्यांवर स्तोत्रं रचून तिची स्तुती केली. शंकराचार्यांच्या 'गंगालहरी' पासून कवी चंद्रशेखरांच्या 'गोदागौरव' पर्यंत नद्या साहित्याच्या वाटचालीत अनेक वेळा काव्याचा विषय ठरल्या आहेत.

कारण पाणी जसं जीवनतत्व आहे तसं ते सौंदर्यतत्वही आहे.

'हिरवळ आणि पाणी तेथे सुचती मला गाणी'

असं बालकवी म्हणत. त्यातलं मर्महीही हेच आहे. पाणी सत्य, शिव आणि सुंदरही आहे. पाण्याशिवाय जगणं ही कल्पनाही आपण करू शकत नाही. परंतु व्यवहारात वागताना आपल्यापैकी बरेच लोक (कदाचित आपण स्वत:सुद्धा) पाण्यासंबंधी बेफिकीर असतो. कपडे धुण्यासाठी आवश्यकतेपेक्षा अधिक पाणी वापरतो. सार्वजनिक नळ नेहमी गळत असतात. बादली भरून गेली तरी वाहत असतात. पिण्यासाठी आपण पेलाभर पाणी घेतो. पण निम्मंच पाणी पितो, निम्मं ओतून देतो. तेच पाणी झाडाच्या कुंडीत घालावं, असा विचार आपण करीत नाही, पाणी रोज शिळं होतं, अशी आपली ठाम कल्पना, म्हणून कालचं पाणी आज ओतून टाकतो आणि नवं भरतो. मिनरल वॉटरसाठी जमिनीच्या पोटातल्या पाण्याचा उपसा प्रचंड प्रमाणावर करतो.

एकीकडे प्रदूषणाच्या पातळीत वाढ झाल्यामुळे पावसाची अनियमितता, असमतोल आणि दुसरीकडे जमिनीतून सतत पाणी उपसणं यामुळे पिण्याच्या पाण्यासाठी युद्धं होतील या भाकिताच्या आपण जवळ-जवळ जात आहोत. लोकसंख्या वाढल्यामुळे जंगलं

तोडून माणसं राहायला लागली आणि वर फर्निचरसाठी पुन्हा मोठी वृक्षतोड सुरू झाली. त्यामुळे झाडांमुळे ढग अडविण्याच्या क्रियेत अडथळा झाला आणि निसर्गाचा समतोल ढळू लागला. त्यात शक्य असेल तिथून जमिनीतून पाणी उपसण्याच्या हावरेपणामुळे ही संपत्ती बेसुमार खर्च होऊ लागली.

राजस्थानसारख्या वाळवंटी प्रदेशात पावसाचा पडलेला थेंबन्थेंब खड्ड्यात साठवून पुनर्भरण करणारे राजेंद्र सिंहजी किंवा 'उदकाचिये आर्ती' लिहिणारे महाराष्ट्रातले मिलिंद बोकिल यांच्या पाण्याविषयी जागृती निर्माण करणाऱ्या चळवळी सुरू आहेत. पण त्या अजून व्यापक रूप घेत नाहीत. पावसाळ्याचं पाणी पुरतंय म्हणून आपण सुस्त, निवांत आहोत. पण हीच खरी वेळ आहे. पुढच्या पिढीसाठी संचय करण्याची, संपत्तीसारखं पाणी जपून वापरण्याची, नाही तर तहान लागल्यावर कितीही विहिरी खणल्या तरी त्या कोरड्या ठणठणीत असतील आणि सर्वांच्याच तोंडचं पाणी पळेल, हे प्रत्येकाला समजायला हवं.

४.माझे पहिले भाषण

''शतेषु जायते शूरः। सहस्रेषुच पंडितः
वक्तादशसहस्रेषु।दाताभवतिवानवा।''

या सुभाषितामधलं 'वक्ता दशसहस्रेषु' हे सत्य मला पटलं, तो दिवस मला आजही आठवतो. आपण कोणीतरी खास, वेगळे आहोत, असं समजण्याचे कॉलेजचे ते फुलपंखी दिवस होते. आपल्यातल्या गुणांचं प्रदर्शन करून दुसऱ्यावर इंप्रेशन मारण्यात धन्यता वाटायची. एक दिवस आंतरमहाविद्यालयीन वक्तृत्व स्पर्धेची सूचना शोकेसमध्ये लागली आणि सगळ्या मैत्रिणींनी मला स्पर्धेत भाग घ्यायचा आग्रह केला. कोणी मनापासून तर कोणी बघू या आता काय उजेड पाडते ते, अशा भावनेतून! एरवी मी त्यांना दाद दिली नसती. पण खुद्द शिक्षकही आग्रह करू लागले. चांगले बोला, धाडस करा, मागे राहू नका, मी मदत करती असं परोपरीने सांगू लागले आणि फुगा हळूहळू मोठा होऊ लागला. खरं म्हणजे कॉलेजतर्फे दोन-तीन नावं पाठवायची होती आणि कोणीच भाग घ्यायला तयार नव्हतं, म्हणून मला सरांचा आग्रह चालला होता. पण हे उशिरा समजलं.

भाग घेतला, नाव पाठवलं, तयारी सुरू झाली. कागदावरचं भाषण छानच तयार झालं होतं. छोट्याशा कथेने सुरुवात, योग्य वेळी विषयप्रवेश, वातावरणनिर्मिती, सुभाषित आणि कवितांच्या ओळींची पेरणी, विषय स्पष्ट करण्यासाठी निरनिराळी उदाहरणं सारं काही झकास जमलं होतं. मी ते पुन:पुन्हा वाचत होते. जवळजवळ पाठ करून टाकलं होतं. चार-पाच वेळा मैत्रिणींसमोर न पाहता भाषण करूनही दाखवलं होतं. त्यांच्या सूचना लक्षात घेतल्या होत्या. सरांनीही ओ. के. म्हटलं.

स्पर्धेचा दिवस उजाडला. तयारी झाली तरी थोडी धाकधूक वाटतच होती. आजपर्यंत मी वर्गापेक्षा मोठ्या समुदायासमोर कधी बोलले नव्हते. स्पर्धा सुरू झाली. माझ्या आधीच्या वक्त्यांच्या बोलण्याकडे माझं मुळीच लक्ष नव्हतं. माझ्याच भाषणाची उजळणी मी मनातल्या मनात करत होते. इतक्यात माझं नाव पुकारले गेलं. मी उठून व्यासपीठावर गेले. समोर पाहिलं. हॉल खचाखच भरलेला होता. निरनिराळ्या कॉलेजचे स्पर्धक, त्यांचे शिक्षक, पालक, मित्र-मैत्रिणी! सभागृहात बसायला जागा नसल्याने बरेच लोक उभेही होते. एका बाजूला परीक्षक टेबलावर कागदज आणि पेन सरसावून बसले होते. एक जण वेळकडे लक्ष देणार होता.

मी सुरुवात केली. परीक्षकांचं गुणगान करून श्रोत्यांना शांतपणे ऐकण्याचं आवाहन केलं. खरं म्हणजे त्याची काहीच गरज नव्हती. सर्वजण शांतच होते. मी केव्हा एकदा बोलते आणि ते आम्ही ऐकतो, अशाच पवित्र्यात सारे जग होते आणि ती स्तब्धताच माझ्या अंगावर आली. हे इतके कान देऊन ऐकायला बसलेत आणि माझं चुकलं तर... या भयगंडाने मला ग्रासलं. मी माझा विषय सांगितला, पण पुढे मला काही बोलताच येईना, घशाला कोरड पडली. अंगातून उष्ण प्रवाह वाहायला लागला, हात-पाय थरथरू लागले, चेहरा अगदी असाहाय्य, केविलवाणा झाला, कुठूनही मला स्थिर उभं राहण्यासाठी शक्ती नव्हती. जवळच्या मैत्रिणी 'बोल, पुढे बोल' अशा खाणाखुणा करत होत्या. श्रोत्यांपैकीही कुणी गडबड करीत नव्हतं. कुणालाच माझी फजिती व्हावी असं वाटत नव्हतं. सगळे जण मला समजून घेण्याच्याच 'मूड' मध्ये होते. थोडं चुकलं तरी पुढे सुधारेल, म्हणून सगळेच धीर धरून शांत बसून होते. त्यांच्या या सहानुभूतीने मी आणखीन दीन झाले. पुन्हा एकदा विषयाचा उच्चार केला, पण त्यामुळे मला काहीसुद्धा आठवेना! श्रोत्यांची क्षमा मागून मी जागेवर येऊन बसले. पुढचं नाव उच्चारलं आणि स्पर्धा सुरू राहिली. मी मात्र शरमून मान खाली घालूनच बसले.

माझ्या या पहिल्या भाषणाने मला शिकवलं मात्र खूप! आज मी कितीही मोठ्या समुदायासमोर बोलू शकते. याचं कारण माझं पडलेलं पहिलं भाषणं. कारण त्यानंतरच मी माझ्यात मूलभूत सुधारणा केल्या. एक तर भाषण पाठ करायचं नाही असं मी ठरवलं. कारण पाठांतरामुळे एखादी ओळ विसरली की, पुढचं काहीच आठवेनासं होतं. भाषणाचे मुद्दे काढून त्यांचा क्रम लक्षात ठेवण्याची सवय मी लावून घेतली. सुभाषित, कवितेच्या ओळी लिहून जवळ ठेवल्या आणि विसरल्या तरी पाहता येतात, हे माझ्या लक्षात आलं. महत्त्वांच म्हणजे इकडे, तिकडे न बघता थेट श्रोत्यांकडे पाहून बोलण्याचा मी सराव केला. आधी जास्त लोकांसमोर बोलण्याची सवय केली. माईक योग्य अंतरावर ठेवणं, आवाजात चढ-उतार करणं हे तंत्रही मी शिकले आणि सर्वांत महत्त्वाचं म्हणजे भाषण करताना समोर बसलेले जणू दगड आहेत, त्यांच्यापेक्षा मला खूप समजतं आहे, माझ्याकडे त्यांना सांगण्यासारखं खूप आहे, असा थोडासा अहंगंड मनाशी बाळगायला मी सुरुवात केली. त्यामुळे माझा आत्मविश्वास वाढला. साध्या, सोप्या शब्दांत बोललं तर श्रोत्यांना ते भावतं, हा अनुभव मला आला. योग्य गोष्ट, योग्य वेळी, योग्य शब्दांत, योग्य ठिकाणी आणि योग्य पद्धतीने सांगणं महत्त्वाचं आहे हे माहीत झालं. मोठमोठ्या वक्त्यांची भाषण मी ऐकली. त्यांची पुस्तकं वाचली, भाषणाचं तंत्र आणि मंत्र सांगणारी पुस्तकही वाचली.

सर्व तयारीनिशी पुढच्या वर्षी मी स्पर्धेत उतरले आणि दिलेल्या वेळात अस्खलित भाषेत, प्रभावी भाषण केलं. श्रोत्यांमध्ये

मागच्या वर्षी हजर असलेले काही लोक होते. त्यांनी मला मिळालेल्या पहिल्या नंबरचं कौतुक केले आणि वर्षभरात चांगली तयारी केली, हे आवर्जून सांगितलं. मी मात्र तयारीइतकंच माझ्या फसलेल्या पहिल्या प्रयत्नालाही माझ्या यशाचं श्रेय देते.

५. वृद्धाश्रमांची आवश्यकता

आमच्या ओळखीतल्या एका वृद्ध बाईंना शहरातील वृद्धाश्रमांची माहिती हवी होती. दिवसेंदिवस स्वतःचे करणे अवघड वाटू लागल्यामुळे त्यांना वृद्धाश्रमात जायचे होते. मी वृद्धाश्रमांची माहिती मिळवायला सुरुवात केली आणि मला धक्का बसला. शहरातील अनेक वृद्धाश्रम पाहिले. सध्या कुठेच जागा नव्हती आणि बहुतेक वृद्धाश्रमांमध्ये प्रतीक्षा यादी होती. कधी जागा मिळेल हे निश्चित सांगता येत नव्हते.

अलीकडच्या काळात वृद्धाश्रमांची संख्या किती झपाट्याने वाढली आहे. पंचवीस-तीस वर्षापूर्वी 'वृद्धाश्रम' ही संकल्पना आपल्याकडे तशी नवी होती. आज शहरोशहरी आणि गावागावातून वृद्धाश्रम आहेत. या वृद्धाश्रमातील सगळ्या जागा भरल्या आहेत आणि कितीतरी वृद्ध आपल्याला कधी प्रवेश मिळेल याची वाट पाहत आहेत. वृद्धाश्रमांची आज एवढी गरज का वाटू लागली? या प्रश्नांची उत्तरे शोधण्यासाठी आपले नातेसंबंध तपासून पाहायला हवेत. शहरातील सार्वजनिक ठिकाणांवर संध्याकाळच्या सुमारास दृष्टी टाकली की आपल्याला वृद्ध स्त्री-पुरुषांच्या रांगाच्या रांगा तेथे बसलेल्या असतात. सार्वजनिक बागांमध्ये वृद्धांची संख्या मोठी दिसते. देवळाच्या कट्ट्यांवर वृद्ध स्त्री-पुरुष बसलेले दिसतात. इतकेच काय बससारख्या सार्वजनिक वाहनांमध्येही वृद्धांचे प्रमाण खूप वाढले आहे असे जाणवते. माणसाचे सरासरी आयुर्मान वाढले आहे. त्यामुळेच सत्तरी ओलांडलेले किंवा ऐंशीच्या पुढे वय असलेले अनेक स्त्री-पुरुषांना लाभलेले हे वाढीव आयुष्य सुखसमाधानाचे आहे का, हा खरा प्रश्न आहे, वाढते वृद्धाश्रम सांगतात की वृद्धांचे आयुष्य सुखाचे नाही. वृद्धत्वाच्या समस्येवरील तो एक वरवरचा उपाय आहे.

पूर्वीच्या काळी आपल्याकडे एकत्र कुटुंबपद्धती होती. आबालवृद्ध मंडळी एका घरात नांदत होती. एकत्र कुटुंबामुळे एकमेकांना आधार दिला जायचा. घरातील कामाचा भारही सर्वांनी मिळून उचललेला असायचा. आज तशी परिस्थिती राहिली नाही. विशेषतः मध्यमवर्गीय माणसांची कुटुंबे विभक्त झाली. नोकरी-व्यवसायामुळे स्थित्यंतर झाले. पती, पत्नी आणि एक किंवा दोन मुले असे कुटुंब अस्तित्वात आले. वृद्ध व्यक्तींचे घरातील स्थान डळमळीत झाले. पैशाच्या मागे लागलेल्या, ऐहिक सुखापाठी धावणाऱ्या तरुण पिढीला घरातील वृद्ध माणसे अडगळ वाटू लागली. वृद्धत्वाची समस्या प्रामुख्याने या प्रवृत्तीमुळे निर्माण झाली आहे. तरुण पिढी एवढी व्यवहारी आणि कोरडी बनत चालली आहे की मुलाने आई-वडिलांचे पवित्र नाते निकालात काढले आहे. आपली, मुले लहान असेपर्यंत तरुण पिढीला गरज म्हणून वृद्ध आई-वडील लागतात पण ती मुले मोठी झाल्यावर आपल्या आई-वडिलांचे घरातील वास्तव्य तरुण पिढीला गैरसोईचे वाटू लागते. मातृ देवो भव, पितृ देवो भव किंवा 'मातृदिन' या गोष्टी केवळ बोलण्यापुरत्या राहिल्या आहेत. अर्थार्जन न करणारे, काम करण्याची शारीरिक क्षमता नसलेले वृद्ध आता तरुण पिढीला नकोसे झाले आहेत.

वृद्ध व्यक्तींना आधाराची गरज आहे. मायेची गरज आहे. दोन शब्दांनी कोणीतरी आपली विचारपूस करावी अशी त्यांची अपेक्षा आहे. पण त्यांच्या या किमान अपेक्षा त्यांच्याच मुलांकडून पुऱ्या होताना दिसत नाहीत, तेव्हा त्यांना वृद्धा त्यांना वृद्धाश्रमाचा रस्ता धरावा लागतो. बऱ्याच वेळा तरुण पिढीच त्यांना हा रस्ता दाखविते. पुरेसे आर्थिक पाठबळ असूनही, स्वतःचा आणि पत्नीचा चरितार्थ चांगल्या प्रकारे चालविता येत असूनही केवळ घरातील तरुण मंडळींना आपण नकोसे झालो आहोत म्हणून काही वृद्ध मातापित्यांना वृद्धाश्रमाचा रस्ता धरावा लागतो. 'संध्याछाया' या जयवंत दळवी यांच्या नाटकात वृद्धत्वाचे अनुकंपनीय चित्र रेखाटले आहे. या नाटकातील नाना आणि नानी माणसांच्या सहवासाचे आणि प्रेमाचे भुकेले आहेत. पण त्यांच्या मुलांकडून आणि इतरेजनांकडूनही त्यांची निराशा होते त्यामुळे त्यांना वैफल्य येते.

आजच्या बहुतांशी वृद्धांची ही अवस्था आहे. ज्यांच्याजवळ अर्थसंचय नाही, आयुष्यभर अर्थार्जन करूनही ज्यांनी म्हातारपणाची सोय केली नाही, अशा वृद्धांची अवस्था फारच कठीण आहे. ज्या मुलाबाळांच्या विश्वासावर ते भविष्यकाळाबद्दल निश्चिंत राहिले त्या विश्वासालाच तडा गेला आहे. तरुण पिढीजवळ आपल्या आई-वडिलांबद्दल जी कृतज्ञता हवी ती फारशी दिसत नाही. ज्यांनी आपल्या आई-वडिलांच्या वृद्धापकाळात त्यांच्या आधाराची काठी व्हायला हवी ते वृद्धांच्यावरच काठी उगारून त्यांना घराबाहेर काढू लागले आहेत.

वास्तविक आजच्या तरुण पिढीला हे भान हवे की काही वर्षानंतर आपणही वृद्ध होणार आहोत. कारण आज जो बाल आहे तो उद्या तरुण होणार, तरुण काही काळानंतर वृद्ध होणार हा निसर्गक्रम आहे. पण तारुण्याच्या उन्मादात तरुण पिढी हे विसरत चालली आहे. त्याचा परिणाम म्हणून वृद्धांच्या समस्या वाढत चालल्या आहेत. त्यांच्या वाट्याला समाजाकडून उपेक्षा येऊ लागली आहे. त्यांच्या दैनंदिन गरजा भागेनाशा झाल्या आहेत. दिवसेंदिवस वृद्धत्वाची समस्या उग्र रूप धारण करू लागली आहे.

नैतिक मूल्यांचा ऱ्हास हे या समस्येचे महत्त्वाचे कारण आहे. कृतज्ञता, आदरभाव व सौजन्य या गोष्टी आपण विसरत चाललो आहोत. तरुण आणि वृद्ध यांच्यात सामंजस्य निर्माण झाले पाहिजे. तरुणांनी जसे वृद्धांना जपले पाहिजे तसे वृद्धांनी तरुणांना समजून घेतले पाहिजे. कधीतरी आपणही वृद्ध होणार आहोत एवढी जाणीव तरुण पिढीने मनात ठेवली तरी वृद्धत्वाची समस्या सौम्य होईल. वृद्धत्व अटळ आहे. पण आपल्या माणसांमध्ये राहिल्यावर ते बरेच सुसह्य होईल. मग वृद्धाश्रमांची फार आवश्यकता राहणार नाही.

●●

SAMPLE PAPER-5
Marathi

Questions

विभाग १ : गद्य

प्रश्न १.

(अ) पुढील उताऱ्याच्या आधारे सूचनेनुसार कृती करा.

पुढील आकृतिबंध पूर्ण करा.

गेल्या पाच वर्षात एक मात्र निश्चित जाणवलं, की तिथे गेल्यावर आपला अहंकार, बडेजाव आणि प्रतिष्ठितपणाची चढलेली पुटं निखळून पडताहेत. लडाखच्या भिन्न-भिन्न दऱ्याखोऱ्यात भन्नाट एकाकी, रौद्र आणि हिरवळीचा दुरान्वयानेही संबंध नसलेल्या कठीण भूप्रदेशात राहूनही ममत्व, बंधुभाव जपणाऱ्या सैनिकांना भेटलं, की 'आपली माणसं' भेटल्याचा गहिवर दाटून येत आहे. आपले सैनिक हे हिरे आहेत. त्यांना आपण जपलं पाहिजे. त्यांच्याबद्दल कृतज्ञ राहिलं पाहिजे.

आम्ही पाच वर्ष रक्षाबंधनासाठी लडाखला ग्रुप घेऊन येत आहोत, याचं प्रचंड अप्रूप वाटून ब्रिगेडियर कुशल ठाकूर या सोहळ्यासाठी आणि आम्हांला भेटायला आवर्जून आले होते. १९९९ मधील कारगिल युद्धाच्या वेळी कर्नल असलेले कुशल ठाकूर करण्याच्या योजनेचे शिल्पकार होते. ते आमच्यासारख्या सामान्य माणसांना भेटायला येतात, याच्यापरता मोठा सन्मान तो कोणता?

आमच्याशी संवाद साधत असताना ब्रिगेडियर ठाकूर आम्हांला म्हणाले, ''तुम्ही पाच वर्षाचा वादा केलात आणि तो निभावलात, ह्याबद्दल अभिनंदन; पण-माझा प्रेमाचा, वयाचा अधिकार आणि हक्क वापरून सांगतो, तुम्ही हे मिशन बंद करू नका. इथे नेहमी या आमच्या तरुण जवानांना भेटा त्यांचा हौसला बुलंद करा. तुमच्या शहरातील कुशाग्र बुद्धीच्या मुलांना सांगा, आम्हांला त्यांची गरज आहे. निदान पाच वर्ष तरी कमिशंड ऑफिसर म्हणून डिफेन्स सर्व्हिसेस जॉईन करा. मग पुढच्या आयुष्यात तुमचं करिअर करायला तुम्ही मोकळे आहात! तरुण मुलींना सांगा, की आमच्या जवानांशी विवाह करायला डगमगू नका आणि मला वचन द्या, की हा जो लष्कर आणि नागरिकांमध्ये तुम्ही एक भावनिक सेतू बांधत आहात, ते काम थांबवणार नाही. ''

वातावरणात नीरव शांतता! त्याचा भंग करत मी आवेगाने म्हणाले, 'नक्की सर, हे काम मी कधीच थांबवणार नाही'. तोलोलिंग पहाडीवरून वाहणाऱ्या वाऱ्याच्या झुळुकेने जणू कानात हळूच म्हटले 'तथास्तु'. भासच तो; पण अंगावर रोमांच उठले, नकळत तोलोलिंगला सॅल्यूट ठोकला. माघारी वळले ते, 'ह्या वीरांच्या त्यागाला, समर्पणाला अधिक लायक, अधिक जबाबदार, विवेकी आणि देशाबद्दल कर्तव्याची जाण असलेली भारतीय नागरिक बनून युवकांनाही तसे बनवण्याचा आटोकाट प्रयत्न करेन' असे सैनिकांना आश्वासन देऊनच! कारण ते म्हणतात,

'माघारी जेव्हा जाल परतून, ओळख द्या आमची त्यांना आणि सांगा तुमच्या 'उद्या' साठी ज्यांनी आपला 'आज' दिला.

(१) (i) गेल्या पाच वर्षात लेखिकेला जाणवलेली गोष्ट ☐

(ii) लेखिकेसाठी सन्मानाची गोष्ट म्हणजे ☐

(२) सरहद्दीवरील सैनिकांबद्दल कृतज्ञ राहिले पाहिजे असे लेखिका का म्हणते?

(३) ब्रिगेडियर कुशल ठाकूर यांनी लेखिकेजवळ तरुणांसाठी कोणता संदेश दिला?

किंवा

'माघारी जेव्हा जाल परतून, ओळख द्या आमची त्यांना आणि सांगा तुमच्या 'उदया' साठी ज्यांनी आपला 'आज' दिला. या विधानाविषयी तुमचे मत स्पष्ट करा.

(आ) पुढील उताऱ्याच्या आधारे आकृतिबंध पूर्ण करा.

आनंदाची गंमत अशी आहे, की तुम्ही शोधू लागलात, की तो दडून बसतो, पकडू गेलात, की हातातून निसटतो. आनंदासाठी जितका आटापिटा कराल, तितका तो हुलकावण्या देतो. जितका सहजपणे घ्याल, तितका आनंद सहज प्राप्त होतो. आनंद असतोच. तो अनुभवता मात्र यावा लागतो.

हे खरं आहे, की आनंद सर्वत्र असतो; पण अंतरंगात आनंद असेल, तरच तो अनुभवता येतो. आनंदाचं नातं जुळतं, ते फक्त आनंदाशी. आनंदाला आकर्षित करतो, तो फक्त आनंदच. आनंदाला प्रसवतो, तोही आनंदच.

आपल्या श्वासाचंही आपल्याला भान नसतं. खरंतर श्वास हा शरीर आणि मन यांना जोडणारा सेतू असतो. हो सेतू आपण जाणीवपूर्वक वापरत नाही. पोटातून खेलवर श्वास घेणं केवळ आरोग्यासाठी चांगलं असतं, असं नव्हे, तर त्यामुळे मनही शांत होतं. मुख्य म्हणजे श्वासाचं बोट धरून मनार्यंत पोहोचता येतं, मनाशी नातं जोडता येतं.

काहींना एखादं बक्षीस मिळालं, तरीत्या 'तरी त्या 'अमक्या' ला चार बक्षिसं मिळाली याचं वैषम्य वाटतं किंवा मग 'त्या लेकाला एकही बक्षीस मिळालं नाहीं, याचाच अधिक आनंद होतो. स्वत:ला काही मिळणं, स्वत: आनंद मिळवणं यापेक्षा दुसऱ्याला आनंद न मिळणं हे ज्यांना महत्त्वाचं वाटतं, ते आयुष्यात कधीच आनंदी होऊ शकत नाहीत. तुलना आली, की आनंद संपलाच. खरा आनंद दुसऱ्याच्या दु:खावर कधीच पोसला जात नसतो. खरा आनंद हा मनाला केवळ हलकंच नव्हे, तर चित्ताला शुद्ध करत असतो.

अनेकदा आयुष्यात असं काही घडतं, की आपण आनंदासाठी मनाची कवाडं कायमची बंद करून टाकतो. आपण म्हणतो,

माणसं दु:खातून बाहेर येत नाहीत. त्याचं कारण ते दु:खाला बाहेर जाऊ देत नाहीत. हृदयाची दारं मिटलेली असतील, तर आतलं दु:ख बाहेर जाणार कसं?

त्यांचा नाइलाज असतो, कारण पाऊस पाडणं त्यांच्या हातात नसतं. आनंदाचा पाऊस मात्र आपण पाडू शकतो. कृत्रिम नव्हे.. .नैसर्गिक. कुठून तरी आनंद येईल आणि आपल्या मनाचं अंगण भिजवेल, म्हणून वाट पाहात बसलं, तर आनंद येईलच याची खात्री नसते.

आनंद हा आपण घ्यायचा असतो. कुणी तो देईल याची वाट पाहायची नसते. एकदा आनंद कसा घ्यायचा याचं तंत्र जमलं, की मग मात्र 'नाही आनंदा तोटा' अशी अवस्था होते.

सौंदर्य जसं पाहणाऱ्याच्या दृष्टीत असतं, तसा आनंद घेणाऱ्याच्या वृत्तीत असतो. लहान मुलं निरागस, आनंदी वृत्तीची असतात, म्हणूनच ती आनंद घेण्यात तरबेज असतात. आनंद हा त्यांचा आग्रह असतो, अधिकार असतो. त्यांनी 'हात' केल्यावर चिमणी भुर्रकन उडाली तरी त्यांना केवढा आनंद होतो. किती आतून हसतात ती!

शिकण्यातला आनंद हा तर आयुष्भर न संपणारा असतो. शिकलेलं शिवण्यातही आनंद असतोच. हा आनंद आपण किती घेतो? नाईलाजानं नव्हे, परीक्षा देण्यासाठी नव्हे की कुणावर उपकार म्हणून नव्हे, केवळ स्वत:ची हौस म्हणून काही शिकून पाहा. एखादी कला, एखादी भाषा, एखादा खेळ माणसं स्वत:ची हौस, स्वत:चा छंद विसरू कसा शकतात, हे मला न उलगडलेलं कोडं आहे. खेळाचा आणि छंदाचा उद्देशच केवळ आनंद हा असतो. पोटापाण्यासाठी उद्योग आणि आनंदासाठी छंद इतकं हे साधं गणित आहे आणि छंद म्हणाल तर तो अगदी कुठलाही असू शकतो. वेगवेगळे दगड गोळ करण्याचं किंवा पक्षी निरीक्षाणाचं...कसलं कसलं वेड घेतात लोक डोक्यात; पण तेच त्यांच्या आनंदाचं आणि उत्साहाचं रहस्य असतं. आनंद हवा असेल, तर थोडं वेडं व्हावंच लागतं. नेहमी 'शहाणंसुरतं' राहून जमत नाही.

खरा आनंद, टिकाऊ आनंद हा अंतरंगातून येतो. बाह्य यश, वैभव मिळवण्यातही आनंद असतो; पण जर तुम्ही यात दु:खी असाल, उदास असाल, तर बाह्य यश तुम्हांला आनंद देऊ शकत नाही. जेव्हा भरपूर सुख, वैभव मिळवूनही माणसाला आनंद मिळत नाही. स्वत: बद्दल 'छान' वाटत नाही, समाधान होत नाही, तेव्हा माणूस एक चुकीचा निष्कर्ष काढतो. त्याला वाटतं, मला अजून काहीतरी मिळवायला हवंय. ते मिळालं, तरच मला आनंद वाटेल. हीच गल्लत होते. अशा वेळी त्यानं बाहेर नव्हे, आत डोकवायला हवं. एवढं मिळवूनही मी आनंदात का नाहीये? मला अशांत, अस्वस्थ का वाटतं आहे? मला नेमकं काय हवं आहे? अशा वेळी उत्तर मिळू शकतं, 'मला विरंगुळा हवा आहे, मला बायको-मुलांत रमायला हवंय, मला मित्रांशी जिवाभावाचं बोलायला हवंय, मला लिहायला हवंय, मला लॅन्डस्केप्सू करायला हवीत. 'तुम्ही आनंदी नसता, त्यावेळी आणखी काही मिळवणं, अधिक पैसा कमावणं, अधिक नाव कमावणं हे त्यावरचं उत्तर नसतं.

ज्यात तुम्हांला खरा आनंद वाटतो, तेच काम करा. अर्थात काही वेळा हे शक्य नसतं. हवं तेच काम मिळतं, असं नाही; पण अशा वेळी जे काम करायचंच आहे, त्यात आनंद घ्यायला शिकणं हेही शक्य असतंच. कुठल्याही कामात आनंद घ्यायच्या पुष्कळ युक्त्या असतात. तुमच्यासारखंच काम करणारे इतर कित्येक जण हसत, मजेत काम कसं करू शकतात, ते जाणलंत, तर तुम्हीही हसत, आनंदात काम करू शकाल, यश मिळवू शकाल. शांत चित्तानं, आनंदी वृत्तीनं काम केलं, तर यश मिळत जातं. मिळणाऱ्या यशामुळे आत्मविश्वास, उत्साह वाढतो, अधिक आनंद होतो, त्यामुळे पुन्हा अधिक यश, अधिक आनंद-अशा आनंदाच्या चक्रवाढीवर आयुष्याचं चक्र फिरत राहातं. आयुष्य हा संघर्ष राहात नाही....ती एक सततची संधी वाटते, आनंदाचा उत्सव वाटतो.

(१) **दिलेल्या उताऱ्याच्या आधारे आकृतिबंध पूर्ण करा.**

(i)

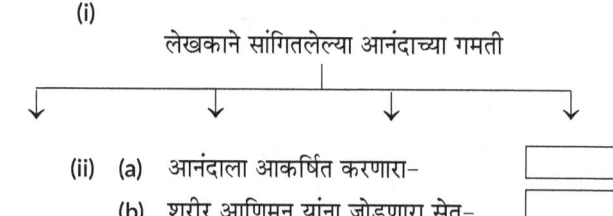

लेखकाने सांगितलेल्या आनंदाच्या गमती

↓ ↓ ↓ ↓

(ii) (a) आनंदाला आकर्षित करणारा- ☐

(b) शरीर आणिमन यांना जोडणारा सेतू- ☐

(२) 'जे काम करायच आहे, त्यात आनंद घ्यायला शिकणं हेही शक्य असत, या विधानाबाबत तुमचे मत सविस्तर लिहा.

(३) खरा, टिकाऊ आनंद मिळवण्यासाठी करावे लागणाने प्रयत्न तुमच्या शब्दांत लिहा.

किंवा

''सौंदर्य जसं पाहणाऱ्याच्या दृष्टीत असतं, तसा आनंद घेणाऱ्याच्या वृत्ततीत असतो, या विधानाबाबत तुमचे मत स्पष्ट करा.

(इ) **दिलेल्या उताऱ्याच्या आधारे सूचनेनुसार कृती करा.**

'कंदिलाची ज्योत मंद करून विश्वनाथ बिछान्यावर पडला. मुंबईत रात्री देखील सतत चालू असलेला रहदारीचा आवाज इथं नाही. रेडियो ओरडत नाहीत. मधूनच ब्रेकच्या कर्कश किंकाळ्या इथं ऐकायला येत नाहीत.

अशीच शांतता अंबेरीला आहे. अंधाऱ्या, एकाकी घरात बाबा असेच बिछान्यात पडले असतील. आयुष्यात त्यांनी कुठंही तडजोड स्वीकारली नाही. मनात आलं तशी स्वातंत्र्यसंग्रामात त्यांनी उडी घेतली. तुरुंगवास पत्करला. कैद्यांना बरच काही सहन कराव्या लागतात. त्यापलीकडील हालअपेष्टा, तुरुंगाबाहेरही त्यांनी ताठ मानेने सोसल्या. स्वातंत्र्य मिळाल्यावर राजकारण हा व्यवसाय झाला. आणि तुरुंगवास हे त्याचं भांडवल झालं, तसे ते ह्या सर्वांपासून दूर झाले. एस.टी. देखील अद्याप न पोहोचलेल्या अंबेरीसारख्या आडगावी जाऊन त्यांनी शिक्षकाचा पेशा पत्करला.

शेकडो मैल दूर असलेल्या वडिलांच्यात आणि आपल्यामध्ये हे एकटेपण, हा अंधार, ही शांतता एक जवळिकीचा धागा हळुवारपणे विणत आहे. हा हिमालय आपणा दोघांना एकत्र आणत आहे. आपण आजवर जे सोसलंत आणि तरीही निश्चयानं जपलंत, त्याचा प्रत्यय, कुणी सांगावं, मलादेखील इथं येईल.

केवल रक्ताच्या ऐवजी विचारांचा आणि कृतीचा वारसा मला आपणाकडून लाभेल, हिमालयाची मला तिचमोठी देन होईल! रात्री केव्हातरी कंदिलाची ज्योत हलकेच मालवली, आणि विचारात हरवलेल्या विश्वनाथच्या पापण्यांवरून झोप हल्केच डोक्यात उतरली.

(१) (i) मुंबईत जाणवणाऱ्या गोष्टी

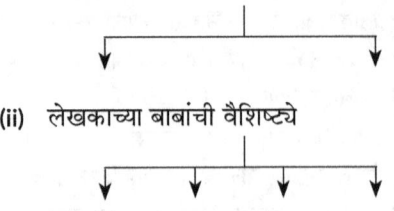

(ii) लेखकाच्या बाबांची वैशिष्ट्ये

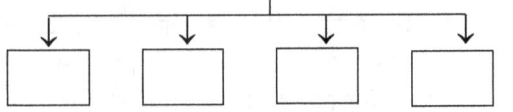

(२) कृत्रिम पायाच्या मदतीने दिव्यांगावर मात करता येते' सोदाहरण स्पष्ट करा.

विभाग २: पद्य

प्रश्न २.

(अ) **पुढील कवितेच्या आधारे सूचनेनुसार कृती करा.**

समुद्र कोंडून पडलाय गगनचुंबी इमारतींच्या गजांआड
तो संत्रस्त वाटतो संध्याकाळी: पिंजारलेली दाढी, झिंज्या.
हताशपणे पाहत असतो समोरच्या बत्तिसाव्या मजल्यावरील मुलाकडे,
ज्याचं बालपण उंचच उंच पण अरुंद झालंय
आणि त्याची त्याला कल्पनाच नाही.
समुद्राच्या डोळ्यांत थकव्याचं आभाळ उतरत येतं
आणि शिणून तो वळवतो डोळे.
इमारतींच्या पलीकडच्या रस्त्यावर थकलेल्या माणसांचे पाय, बसचीं चाकं.
समुद्र अस्वस्थ होऊन जातो
शहराच्या आयुष्याच्या विचाराने.
तेव्हा तो मनांतल्या मनांतच मुक्त होऊन फिरूं लागतो
शहरांतलया रस्त्यांवरून, वस्त्यांमधून.
उशिरापर्यंत रात्रीं तो बसलेला असतो
स्टेशनवरल्या बाकावर एकाकी, समोरच्या रुळांवरील रहदारी पाहत,
हातांवर डोकं डेवून अर्धमिटल्या डोळ्यांनी.
त्याला आठवतं त्याच्याच शेजारीं
पाय मुडपून कसंबसं झोपलेलं एखादं मूल,
ज्याचं बालपण स्टेशनवरल्या बाकाएवढं,
आणि त्याची त्याला कल्पना असावी किंवा नसावी.
समुद्र खिन्न हसतो आणि शिणलेल्या पापण्या मिटून घेतो.
त्याला काळजी वाटते साऱ्याच्याच बालपणाची
वयस्कांच्या शहरांतील.

(१) (i) **कविप्रमाणे कवितेतील समुद्राने केलेल्या मानवी क्रिया**

(ii) (a) कवीला समुद्र संत्रस्त वाटतो, कारण........
(b) समुद्र शिणून जातो, कारण........

(२) शहरातील बाल्याची अवस्था कवितेत कशाप्रकारे प्रकट झाली आहे, ते स्पष्ट करा.

(३) 'समुद्र कोंडून पडलाय', या शीर्षकाचा अर्थ तुमच्या शब्दांत उलगडून दाखवा.

(आ) 'अनेकदा तुला मी अशी पाहते की काळीजच हंबरते
रात्रीच्या एकांतात तर हुंदका कंठात दाबून
शिवत असतेस तुझे ठिकठिकाणी फाटलेले हृदय
नि पदराखाली झाकतेस देहामधल्या असह्य कळा'
—या ओळीतील विचार सौंदर्य स्पष्ट करा.

(इ) 'स्वप्नांचे पंख लावून आभाळ झुल्यावर झुलणारी तू ध्येयगंधा
नि आज नखशिखांत तू....तू आहेस फक्त स्थितप्रज्ञा राणी'
—या ओळीतील काव्य सौंदर्य स्पष्ट करा.

किंवा

रंगुनी रंगांत साऱ्या रंग माझा वेगळा।
गुंतुनी गुंत्यात साऱ्या पाय माझा मोकळा।
कोण जाणे कोठुनी ह्या सावल्या आल्या पुढे
मी असा की लागती ह्या सावल्यांच्याही झळा
राहती माझ्यासवें ही आसवें गीतांपरी
हें कशाचें दु:ख ज्याला लागला माझा लळा।
कोणत्या काळीं कळेना मी जगाया लागलों
अन् कुठे आयुष्य गेले कापुनी माझा गळा।'
—या काव्यपंक्तीचे रसग्रहण करा.

विभाग ३: साहित्यप्रकार कथा

प्रश्न ३.

(अ) **पुढील उतारा वाचा आणि सूचनेनुसार कृती करा.**

नाट्यमयता/संघर्ष: कथेत चांगल्या-वाईटाचा संघर्ष असतो. त्यातूनच नाट्यमयता निर्माण होते. या संघर्षातूनच कथा उत्कर्षबिंदूपर्यंत पोहोचते. कथेत प्रत्येक वेळी संघर्ष किंवा नाट्य हे वाईट घटनांचेच असते असे नाही, तर आनंद आणि सुखात्मिक घटनांतूनही नाट्यमयता निर्माण होते. कथेच्या शेवटी कथेतील अनुभवांचा, घटनांचा उत्कर्षबिंदू नाट्यपूर्णरीतीने साधता येतो; पण तरीही कथानकाच्या ओघात स्वाभाविकपणे झालेला शेवट वाचकाला आकर्षित करतो.

संवादः कथेतील संवाद हे चटपटीत, आकर्षक, वाचकाच्या भावविश्वाला स्पर्श करणारे आणि कथानकाला प्रवाही ठेवणारे असतात. पात्रांच्या स्वभावधर्मानुसार व परिस्थितीजन्य घटकांनुसार संवाद लिहिले जातात. या संवादात लय व आंतरिक संगती महत्त्वाची असते. संवादातून रसनिर्मिती आणि रसपरिपोष होते असतो. अर्थपूर्ण संवाद कथेला वेगळी उंची प्राप्त करून देतात.

भाषाशैली: कथानक भाषेच्या मदतीने साकार होत असते. कथेतील पात्रांच्या स्वभाववैशिष्ट्यांनुसार व कथेतील वातावरणानुसार भाषेची योजना केली जाते. तसेच कथा पूर्णपणे बोलीभाषेतही लिहिली जाते.

वरील घटकांशिवाय प्रारंभ, मध्य आणि शेवट असे कथेचे सर्वसाधारणपणे तीन टप्पे मानले जातात. कथेची सुरुवात कधी विरोधाभासातून, कधी पात्रांच्या परस्परविरोधी भूमिकांतून तर कधी परिस्थितीजन्य प्रसंगातून होत असते. ही सुरुवात जितकी नाट्यपूर्ण, जितकी उत्कट तितकी वाचकांची उत्कंठा अधिक तीव्र होते. ही उत्कंठा कथेच्या शेवटपर्यंत कायम राखली जाते. कथेच्या रचनाबंधाला यामुळे सौंदर्य प्राप्त होते.

कथालेखनात कथेच्या वरील घटकांबरोबरच शीर्षकाचे महत्त्वसुद्धा अनन्यसाधारण आहे. सूचक व अर्थपूर्ण शीर्षक कथेचा आशय उलगडण्यास मदत करते.

(१) (i) कथेचे घटक

(ii) कथेचे टप्पे

(२) कथेतील 'नाटयात्मता' या घटकाला अनन्यसाधारण महत्त्व आहे' स्पष्ट करा.

(आ)

(१) टॅक्सी ड्रायव्हरचे स्वभावविशेष 'शोध' कथेच्या आधारे लिहा.

किंवा

'चाल व्हयरे पोरा आन् वयरे ढोरा' या म्हणीचा तुम्हाला समजलेला अर्थ लिहा.

(२) तुम्हाला भावलेली भिडे दाम्पत्याची सामाजिक बांधिलकी' थोडक्यात लिहा.

किंवा

'गढी' या प्रतीकातून लेखिकेने गुरुर्जीच्या कार्याशी जोडलेला सहसंबंध स्पष्ट करा.

विभाग ४: उपयोजित मराठी

प्रश्न ४.

(अ) पुढीलपैकी कोणत्याही दोन प्रश्नांची उत्तरे लिहा.

(१) मुलाखत घेताना कराव्या लागणाऱ्या कोणत्याही चार गोष्टी लिहा.

(२) माहितीपत्रकाची आकर्षक मांडणी करताना लक्षात घ्यावयाच्या काही बाबी थोडक्यात लिहा.

(३) अहवाललेखनाची कोणतीही दोन वैशिष्ट्ये लिहा.

(४) व्यक्तीमधील 'माणूस' समजून घेण्यासाठी मुलाखत असते, हे स्पष्ट करा.

(आ) पुढीलपैकी कोणत्याही दोन प्रश्नांची उत्तरे लिहा.

(१) मुलाखतीची पूर्वतयारी कशी करावी ते खालील मुद्यांच्या आधारे लिहा.

(i) मुलाखतदात्याची वैयक्तिक माहिती

(ii) मुलाखत दात्याचे कार्य

(iii) प्रश्नांची निर्मिती

(२) आठवडी बाजाराचे माहितीपत्रक तयार करा.

(३) तुमच्या कनिष्ठ महाविद्यालयातील वृक्षारोपण कार्यक्रमाविषयी अहवाललेखन करा.

(४) माहितीपत्रक म्हणजे अप्रत्यक्षपणे जाहिरातच.

विभाग ५: व्याकरण व लेखन

प्रश्न ५.

(अ) कंसातील सूचनेनुसार कृती करा.

(१) (i) विद्यार्थ्यांनी संदर्भग्रंथाचे वाचन करावे. (आज्ञार्थी करा)

(ii) त्याच्यासाठी हजार रुपये ही देखील मोठी रक्कम आहे. (नकारार्थी करा)

(२) पुढील सामासिक शब्दांचा विग्रह करून समासाचे नाव लिहा.

(i) विनाकारण (ii) लोकप्रिय

(३) पुढील वाक्यातील प्रयोग ओळखा.

(i) अस्मिता रोज क्रिकेट खेळते.

(ii) अथर्वने बक्षीस मिळवले.

(४) पुढील तक्ता पूर्ण करा.

अलंकाराची वैशिष्ट्ये	अलंकार
(i) उपमेयाचा निषेध केला जातो. उपमेय हे उपमेय असूनही ते उपमेय नाही तर उपमानच आहे असे सांगितले जाते	....
(ii)	अनन्वय अलंकार

(५) पुढील वाक्प्रचारांचा अर्थ सांगून वाक्यात उपयोग करा.

(i) मन समेवर येणे (ii) मनातील मळभ दूर होणे

(आ) पुढीलपैकी कोणत्याही एका विषयावर सुमारे २०० से २५० शब्दांत निबंध लिहा.

१. खेळांचे जीवनातील स्थान
२. महात्मा फुले–एक थोर समाजसुधारक
३. अंधश्रद्धांचे थैमान
४. मी रेडिओ बोलतोय
५. गप्पा मारण्याचे व्यसन

Answer Key

विभाग १: गद्य

उत्तर १.

(अ)

(१) (i) लडाख इथे सरहद्दीवर गेल्यावर गेल्या पाच वर्षात लेखिकेला जाणवलेली गोष्ट म्हणजे तिथे गेल्यावर आपला अहंकार, बडेजाव व प्रतिष्ठितपणाची चढलेली पूटं निखळून पडताहेत.

(ii) म्हणजे १९९९ मधील कारगील युद्धाच्या वेळी कर्नल कुशल ठाकूर हे तोलोलिंग फत्ते करण्याच्या योजनेचे शिल्पकार ते लेखिकेला भेटले.

(२) आपल्या सरहद्दीवर ठामपणे उभे असलेले सैनिक पाहताच त्यांच्या शौर्याची, धाडसाची, त्यांच्या त्याग, समर्पणाची आठवण येते. आपल्यातील बडेजाव, अहंकार व प्रतिष्ठितपणाची पुटे गळून पडतात. जिथे हिरवळीचा दुरान्वयानेही संबंध नाही अशा विभिन्न दऱ्याखोऱ्यात एकाकी, रौद्र अशा भूप्रदेशात राहून ममत्व, बंधुभाव जपतात, नाती जोडतात आणि ती टिकवतात. अशा सैनिकांना भेटल्यानंतर आपल्या माणसांना भेटल्याचा भास होतो. मन भरून येते व या सैनिकांबद्दल आपण कृतज्ञ राहिले पाहिजे असे लेखिकेस वाटते व तशी ती भावना व्यक्तही करते.

(३) अनुराधा प्रभुदेसाई लिखित 'वीरांना सलामी' या पाठात आपल्या सुरक्षेसाठी सरहद्दीवर उभे असलेले सैनिक, त्यांचे जीवन यावर प्रकाश टाकत असतानाच कारगील युद्धाविषयी काही न समजल्याची खंत आणि या युद्धात कामी आलेले सैनिक त्यांच्या वीरत्वाला सलाम करण्यासाठी लेखिका ५ वर्षासाठी 'लडाख मिशन' सुरू करते आणि त्यांच्यासमोर वीर सैनिकांचा जीवनपट त्यांच्यासमोर उलगडत जातो. लेखिकेचे लडाखला जाण्याचे हे शेवटचे वर्ष आणि याच वर्षी कारगील युद्धात तोलोलिंग फत्ते करण्याच्या योजनेचे शिल्पकार कर्नल कुशल ठाकूर लेखिकेसारख्या सामान्य माणसाला भेटायला जातात हे लेखिका स्वतःचे भाग्य समजते.

ब्रिगेडियर ठाकूर जेव्हा लेखिकेशी संवाद साधतात तेव्हा आपल्या देशातील तरुणांसाठी महत्त्वाचा संदेश देतात तो पुढीलप्रमाणे–'तुम्ही हे लडाख मिशन बंद करू नका. तर सैनिकांना भेटण्यासाठी नेहमी येत चला. त्यामुळे आमच्या तरुण जवानांचा हौसला बुलंद होतो. आणि शहरातील तुमच्या कुशाग्र बुद्धीच्या तरुणांनाही सांगा की, आम्हाला त्यांची गरज आहे. कमीतकमी पाच वर्षे तरी कमीशंड ऑफिसर म्हणून त्यांनी डिफेन्स सर्व्हिसेस जॉईन करावी. मगपुढील आयुष्यात तुम्ही तुमचे करीअर करू शकाल तसेच तरुण मुलींनीही जवानांशी विवाह करताना डगमगू नये तसेच लेखिकेने लष्कर आणि नागरिकांमध्ये भावनिक सेतू बांधण्याचे काम जे सुरू केले आहे ते थांबवू नये'

किंवा

अनुराधा प्रभुदेसाई लिखित 'वीरांना सलामी' या पाठामध्ये इ. स. १९९९ मध्ये झालेल्या कारगील युद्धाविषयीची माहिती न झाल्याने खंत व्यक्त करून या युद्धात कामी आलेल्या वीरांना सलामी देण्यासाठी म्हणून लेखिकेने लडाख मिशन सुरू केले. आपल्या देशाच्या सुरक्षेसाठी सरहद्दीवर पाय ठेवून उभा राहिलेला सैनिक अत्यंत प्रतिकूल परिस्थितीत जीवन जगत असतो. तसेच कुटुंबियांच्या प्रेमासाठी आसुसलेल्या या सैनिकासोबत जेव्हा रक्षाबंधन साजरे केले जाते तेव्हा खऱ्या अर्थाने रक्षाबंधन कसे ठरते याचा प्रत्ययकारी अनुभव या पाठातून मिळतो. जवानांच्या ठाण्यापर्यंन्त पोहोचण्यासाठी लेखिकेने केलेला प्रवास आणि या प्रवासात आलेले अनुभव याचा प्रत्यय येथे येतो.

जीवाची बाजी लावून सरहद्दीवर काम करणारे हे शूर जवान अत्यंत प्रतिकूल परिस्थितीत काम करतात. देशाचे आणि देशातील प्रत्येक नागरिकांचे संरक्षण करण्यासाठी प्रत्येक सैनिक अहोरात्र डोळ्यात तेल घालून उभा असतो. देशाची सरहद्द म्हणजे एकाकी, रौद्र असा परिसर जिथे दूरान्वयानेही हिरवळीचा संबंध नसतो. अशा कठीण प्रदेशात राहून ममत्व, बंधुभाव जपणारे, नाती जोडणारे सैनिक प्रसंगी त्याग, आत्मसमर्पण करायलाही मागे पुढे पाहत नाहीत. देशाबद्दल कर्तव्याची जाण असलेले हे सैनिक शत्रूला सरहद्दीवरच रोखून ठेववात. त्यांच्या कोणत्याही कारवायांना चोख प्रत्युत्तर देतात, प्रतिकार करून आपल्या देशाचे तसेच देशातील प्रत्येक नागरिकांचे रक्षण करतात. क्वचित प्रसंगी युद्धात देशाच्या कामी ही येतात आणि म्हणूनच लडाख मिशन सुरू करणाऱ्या या लेखिकेस लडाख सरहद्दीवरील सैनिक लेखिकेस सांगतात की माघारी परतून जाल तेव्हा देशातील नागरिकांना आमची ओळख द्या आणि त्यांना सांगा की तुमच्या 'उदयांसाठी ज्यांनी आपला 'आज' दिला. त्यांचा हा संदेश अतिशय सूचक असून सरहद्दीवरील सैनिकांमुळे देशातील प्रत्येक नागरिक हा सुखी आणि निश्चित असतो.

(आ)

(१) (i)

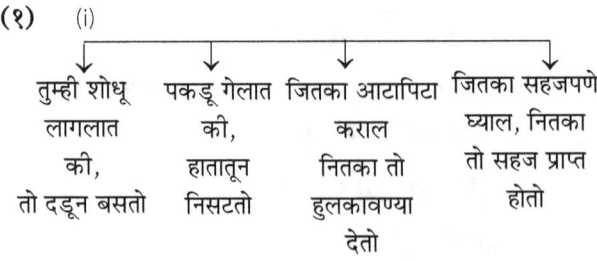

तुम्ही शोधू लागलात की, तो दडून बसतो	पकडू गेलात की, हातातून निसटतो	जितका आटापिटा कराल नितका तो हुलकावण्या देतो	जितका सहजपणे घ्याल, नितका तो सहज प्राप्त होतो

(ii) (a) आनंदाला आकर्षित- आनंद

(b) शरीर आणिमन यांना जोडणारा सेतू- श्वास

(२) शिक्षण घेताना आपण आपल्या आवडीचा विषय घेऊ शकतो, हे खरे आहे. काही वेळा आईवडिलांच्या आग्रहाला आपण बळी पडतो किंवा आपले सर्व मित्र जिकडे जातात. ती शाखा आपण निवडतो. कालांतराने आपली आपल्या चूक कळून येते. पण उशीर झालेला असतो. त्यांनतर काहीही करता येत नाही. निराश मनाने आपण शिक्षण घेतो आणि आयुष्यभर तशाच मन: स्थितीत जीवन जगत राहतो. त्यात सुख अजिबात नसते. शिक्षणानंतर नोकरी-व्यवसाय निवडताना तसाच प्रश्न उद्‌भवतो. इथे मात्र आपल्याला निवड करण्याची बरीच संधी असते. या वेळी आपण आवडीचे क्षेत्र निवडायला हवे. क्षेत्र आवडीचे असल्यास आपण आनंदाने काम करू शकतो. मग काम कष्टाचे राहत नाही. आपल्या कामातून, कामाच्या कष्टातून आनंद मिळू शकतो.

मात्र इथेही एक अडचण असतेच. पण आवडीच्या विषयातील ज्ञान मिळवलेले असले, तरी नोकरी-व्यवसाय आवडीचाच मिळेल याची खात्री नसते. शिक्षण घेतलेले लाखो विद्यार्थी असतात. पण नोकऱ्या मात्र संख्येने खूप कमी असतात. त्यामुळे आपल्या आवडीची नोकरी आपल्याला मिळेल याची खात्री नसते. उपजीविका तर पार पाडायची असते. त्यामुळे मिळेल ती नोकरी स्वीकारावी लागते. अशा वेळी काय करायचे ?

अशा वेळी वाट्याला आलेली नोकरी किंवा व्यवसाय आनंदाने केला पाहिजे. पण आनंदाने करायचा म्हणजे काय करायचे ? कसे करायचे ? तोपर्यंत आपण जे शिक्षण घेतलेले आहे, त्यातील सर्व ज्ञान, सर्व कौशल्येपणाला लावली पाहिजेत. मग आपले काम आपल्याला अधिक जवळचे वाटू लागेल. तसेच एवढे प्रयत्न अपुरे पडले तर आपले काम उत्तम पद्धतीने करण्यासाठी गरज पडली. तर नवीन कौशल्ये शिकून घेतली पाहिजेत. काहीही करून आपले काम सर्वोत्कृष्ट झाले पाहिजे, असा आग्रह हवा. मग आपोआपच आपले काम सुंदर होईल. आपल्याला आनंद मिळेल आणि आपल्या कामाला प्रतिष्ठाही मिळेल.

(३) टिकाऊ आनंद मिळवण्यासाठी सर्वप्रथम टाकायचे पाऊल म्हणजे स्वत:च्या शरीरावर प्रेम करणे. आपण स्वत: असे प्रेम करायचेच; पण इतरांनाही तो मार्ग शिकवायचा.

स्वत:च्या शरीरावर प्रेम करायचे म्हणजे काय करायचे ? शरीर नीटनेटके, स्वच्छ व प्रसन्न राखायचे. आपल्याला पाहाताच कोणालाही आनंद झाला पाहिजे. त्याला प्रसन्न वाटले पाहिजे. त्यासाठी स्वच्छतेच्या सवयी अंगी घेतले पाहिजेत. आहार विचारपूर्वक घ्याचा, व्यसने करायची नाहीत. दररोज नियमितपणे योगासने किंवा अन्य व्यायाम किंवा रोज तीन-चार किमी चालणे. कामासाठी चालणे यात मोजायचे नाही. काहीही करण्यासाठी नव्हे, तर चालण्यासाठी चालायचे. चालणे हेच काम समजायचे.

मनात ईर्षा, असूया, हेवा, मत्सर, सूड अशा कुभावना बाळगायच्या नाहीत. आपले मन या भावनांपासून दूर ठेवण्यासाठी म्हणजे चांगले होण्यासाठी स्वत: कोणत्या तरी एका क्षेत्रात, एखाद्या कौशल्यात प्रभुत्व मिळवले पाहिजे. स्वत:च्या कर्तबगारीवर विश्वास ठेवायचा. त्यामुळे अन्य कोणाहीबद्दल मनात कुभावना बाळगण्याची इच्छाच होणार नाही.

यश, वैभव मिळवण्याचा प्रयत्न करण्यात गैर काहीच नाही. मात्र यश, वैभव या गोष्टी बाह्य असतात. आत्मिक समाधानाशी संबंध नसतो. म्हणून यश, वैभव मिळाल्यावरही मन अशांत, अस्वस्थ होऊ शकते. अशा वेळी आणखी यश, आणखी वैभव यांच्या मागे न लागता आपल्याला नेमके काय हवे आहे. याचा शोध घेतला पाहिजे.

मात्र, एक गोष्ट कायम लक्षात ठेवली पाहिजे. पैशाने खरा, टिकाऊ कधीही मिळवता येत नाही. आपल्या मनाच्या सोबत राहण्यासाठी आवडेल तेच काम करायला घ्यावे. आवडेल त्या क्षेत्रात नोकरी, व्यवसाय स्वीकार करावा अर्थात, प्रत्येकाला स्वत:च्या आवडीप्रमाणे नोकरी, व्यवसाय मिळेलच असे नसते. अशा वेळी मिळालेले काम आवडीने केले पाहिजे. एवढी पथ्ये प्रामाणिकपणे पाळली तर आपण खऱ्या आनंदाच्या जवळ असू.

किंवा

एखादी व्यक्ती काहीजणांना सुंदर दिसते. तर अन्य काहीजण ती सुंदर नाहीच, यावर पैज लावायला तयार होतात. हा व्यक्ती-व्यक्तींच्या दृष्टींतला फरक आहे. कोणत्या कारणांनी कोणती व्यक्ती कोणाला आवडेल काहीही सांगता येत नाही. त्याप्रमाणे कोणाला कशात आनंद मिळेत, हेही सांगता येत नाही. आनंदाचे प्रकारे वेगवेगळया असतात. प्रत्येकाचा आनंद वेगळा असतो. पोस्टाची तिकिटे किंवा नाणी गोळा करण्याचा नेहमीचा छंद असलेली माणसे आपल्याला ठाऊक असतात. पण एकाला लोकांकडीच जुनी पत्रे गोळा करण्याचा छंद होता. एकजण आठवड्यातून एकदा आसपासचा एकेक गाव पायी चालून यायचा. एकच सिनेमा एकाच महिन्यात सात-आठ वेळा पाहणारेही सापडतात. सिनेमातले सर्व संवाद त्यांना तोंडपाठ असतात. ते संवाद ते सिनेमाप्रेमी पुन्हा पुन्हा ऐकवतात. यातून त्याला कोणता आनंद मिळत असेल ? यावरून एकच दिसते की, प्रत्येकाची आनंदाची ठिकाणे भिन्न असतात. आनंद शोधण्याची वृत्ती भिन्न असते.

व्यक्तिव्यक्तींमधला हा वेगळेपणा आपण लक्षात घेतला. तर समाजातील अनेक भांडणे संपतील; समाजासमोरच्या समस्यासुद्धा सुटतील. प्रत्येक व्यक्तीची प्रकृती भिन्न असते. आवडीनिवडी भिन्न असतात. हे वास्तव आपण ओळखले पाहिजे.

व्यक्तींची ही विविधता ओळखली पाहिजे. या विविधतेची मान्यता राखली पाहिजे. मग समाजात विविध प्रकारच्या रंगीबेरंगी वस्तू निर्माण होतील. रंगीबेरंगी घटना घडत राहतील. समाजजीवन अनेक रंगांनी बहरून जाईल.

(इ)

(१) (i)

रहदारीचा आवाज | ब्रेकच्या कर्कश किंकाळ्या

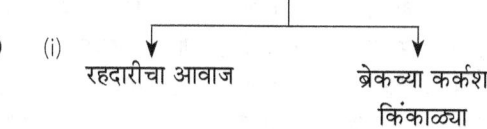

(ii)

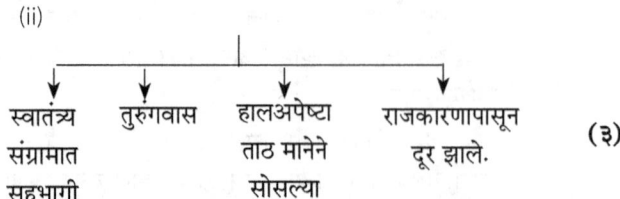

- स्वातंत्र्य संग्रामात सहभागी
- तुरुंगवास
- हालअपेष्टा ताठ मानेने सोसल्या
- राजकारणापासून दूर झाले.

(२) आपल्या वडिलांपासून शेकडो मैल दूर असलेल्या हिमालयात जेव्हा लेखक नोकरीसाठी येतो येव्हा यांना त्यांच्या वडिलांचे एकाकीपण जाणवते. कारण जसे अंबेरीपासून दूर एकटे लेखक राहतात तशाचप्रकारे त्यांचे वडील अंबेरीला एकाकी घरात बिछान्यात पडले असतील असे लेखकास वाटते. हेच एकटेपण, अंधार आणि शांतता दोघांमध्ये जवळिकीचा धागा हळूवारपणे विणत आहे हे लक्षात येते. कारण वडिलांनी जे आजपर्यन्त सोसले, भोगले आहे हे लक्षात येते आणि कदाचित त्याचा प्रत्यय लेखकास इथे येईल असे लेखकास वाटते शिवाय रक्ताऐवजी विचारांचा आणि कृतीचा वारसाही मला आपल्याकडूनच मिळेल हिच हिमालयाची मोठी देन असेल असे 'विश्वनाथ' ला (लेखकास) वाटते.

विभाग २: पद्य

उत्तर २.

(अ)

(१) (i)

- पिंजारलेले दाढी व झिंज्या
- शहरातल्या रस्त्यावरून व वस्त्यांमध्ये हिंडतो
- हातावर डोके ठेवून अर्धमिटल्या डोळयांनी पाहतो
- समुद्र खिन्न हसतो

(ii) (a) कारण समुद्र गगनचुंबी इमारतीच्या गजांआड कोंडून पडलाय

(b) कारण त्याला शहरातल्या सगळयांच्या बालपणाची खूप काळजी वाटते.

(२) 'समुद्र कोंडून पडलाय' या कवितेमध्ये कवी वसंत आबाजी डहाके यांनी शहरातील मुलांचे घोर वास्तव भावपूर्ण शब्दांत ग्रथित केले आहे. किनाऱ्यावरील उभारलेल्या उंचचउंच गगनभेदी इमारतीच्या गजाआड समुद्र कोंडलेला आहे. तो हतबल होऊन इमारतीच्या बत्तिसाव्या मजल्यावर अडकून पडलेल्या निरागस बालकाकडे हताश होऊन पाहत आहे. तो विचार करतो की या मुलाचे बालपण निमुळते टोकदार असले तरी ते अरुंद झाले आहे. त्याला जमिनीवरचे आनंददायी अंगण दिसत नाही. ही त्याच्या बाल्यावस्थेची ट्रॅजेडी आहे. दुसरीकडे एक, दुसरे निरागस बालक स्टेशनवरच्या एकाकी बाकड्यावर पोटाशी पाय दुमडून आवटरून झोपले आहे. एक गगनचुंबी इमारतीत दुसरे अनिकेत जमिनीवर हा विरोधाभास वेदनामय आहे. दोघांचेही भविष्य अंधारात असल्याची जाणीव समुद्राला म्हणजेच पर्यायाने निकोप जीवनाला येणे, हे दु:खमय आहे. समुद्र या दोन्ही अवस्थांकडे हताश पाहत बसतो. दाढी व झिंजा पिंजारून अस्वस्थपणे शहरातील वस्ती वस्तीमधून सैरभैर हिंडत राहतो. अशाप्रकारे शहरातील बाल्याची अवस्था कवितेतून कवींनी समर्थपणे चितारली आहे.

(३) समुद्र म्हणजे अमर्याद असलेले प्रवाही मानवी जीवन होय! समुद्रासारखे सर्जनशील अथांग जीवन जेव्हा महानगरांच्या मर्यादेत बंदिस्त होते, त्या बेळची बेचैन अवस्था, जीवघेणी घुसमट ''समुद्र कोंडून पडलाय' या कवितेच्या शीर्षकातून कवी वसंत आबाजी डहाके यांनी सार्थपणे प्रत्ययास आणली आहे.

शहरांमध्ये उंचचउंच टोलेजंग इमारतीचे तुरुंग उभारले गेले आहेत. त्यात बाल्यावस्था घुसमटते आहे. या उत्तुंग इमारतींच्या गजांआड समुद्र असाहाय्य होऊन अडकला आहे. समुद्राचे अस्तित्व हे विस्तीर्ण, अफाट व विशाल असते. ते सतत हर्षणे व जिवंत असते; परंतु भौतिक सुखाच्या हव्यासाने येणाऱ्या महानगरीय चंगळवादाने या विशाल जीवनाला कैद केले आहे. जणू संजीवन पाण्याची कबर बांधली आहे किंवा अमृताचे विषात रूपांतर झाले आहे. समुद्राची ही भावविवशता कवींनी 'समुद्र कोंडून पडलाय' या शीर्षकामधून प्रत्ययकारकरीत्या साकारली आहे. त्यामुळे हे शीर्षक या कवितेला अगदी सूचक व सार्थ आहे.

(आ) सुप्रसिद्ध कवयित्री हिरा बनसोडे लिखित 'आरशातली स्त्री' या कवितेतील पद्यपंक्ती असून ही कविता त्यांच्या 'फिनिक्स' या काव्यसंग्रहातून घेतली आहे. कवितेतील नायिका आपले प्रतिबिंब आरशात पाहते तेव्हा आरशातील स्त्री आरशाबाहेरील स्त्रीशी संवाद साधते. तिच्या गतआयुष्यातील आठवर्णींना उजाळा देत नायिकेच्या वर्तमानस्थितीबद्दल तिच्या मनातील भावना ती प्रकट करते.

आरशातील प्रतिबिंब म्हणजे नायिकचे अंतर्मन आरशाबाहेरील स्त्रीला पाहून व्यथित होते. तिचे काळीज ठंबरते. तिला अनामिक भीती वाटते कारण आरशाबाहेरील स्त्रीच्या एकांतात आपले मनातील हुंदके कंठात दाटून ठिकठिकाणी फाटलेले हृदय शिवत असते व मनातील असह्य वेदना पदराखाली झाकून टाकते. फाटलेले हृदय, रात्रीचा एकांत, असह्य कळा, पदराखाली झाकणे असे सूचक शब्दप्रयोग मनाला अंतर्मूख होऊन विचारप्रवृत्त करतात. इथे नायिका समाजव्यवस्थेनुसार पारंपरिक वरदान म्हणून संसाराचा स्वीकार करते तसे तिचे विश्व बदलते. तिचे स्वातंत्र्य, तिचे अस्तित्व, हरवून वाट्याला येतात फक्त संसारातील खडतर अनुभव आणि कष्टमयी जीवन, गतादुष्यातील स्वप्न, ध्येय, आकांक्षा, इच्छा संसाराच्या यज्ञकुंडात जळून भस्म होतात, आणि मग खऱ्या अर्थाने जीवन जगण्याची धडपड सुरू होते. संसारात मिळालेले तिचे दुय्यम स्थान, संसाराचे ओझे ओढताना तिची होत असलेली ससे होलपट, तिच्या मनातील इच्छा–आकांक्षांना यत्किंचितही न मिळालेली किंमत हे सारे पाहता तिच्या मनाचा कुठेही विचार केला जात नाहीं. त्यामुळे तिला होणाऱ्या वेदना ती निमूटपणे सहन करते. संसाराची स्थिती–गती सुधारताना तिच्या मनाला कितीतरी जखमा होतात. मात्र ती हे सारं निमूटपणे सहन करते. येथे स्त्री मनाचा शोध घेता स्त्री मनातील तिच्या अस्तित्वाविषयीचा संघर्ष पाहावयास मिळतो. ही नायिका स्त्री जातीचे प्रतिनिधित्व करत असून कवितेतून व्यक्त झालेला हा

विचार सर्वसमावेशक असून नायिकेच्या माध्यमातून कवयित्रीला आलेले अनुभव हे अंतर्मुख होऊन विचार करायला लावतात हे स्पष्ट होते.

(इ) 'आरशातील स्त्री' या कवितेच्या कवयित्री हिरा बनसोडे असून त्याच्याच 'फिनिक्स' या काव्यसंग्रहातून ही कविता घेतली आहे. स्त्रीच्या आयुष्यातील स्थित्यंतराचा वेध या कवितेत घेतला असून काव्यलेखनासाठी संवादात्मशैलीचा प्रभावी वापर केला असून ही कविता मुक्तछंदात्मक आहे.

प्रस्तुत काव्यपंक्तीत स्त्रीच्या आयुष्यातील स्थित्यंतराचा वेध घेत असताना तिला सहन कराव्या लागत असलेल्या व्यथावेदना शब्दबद्ध केल्या आहेत. ही कवितेची मध्यवर्ती कल्पना असून आरशातील स्त्रीने आरशाबाहेरील स्त्रीशी साधलेला संवाद हा स्व:ताशीच केलेला सार्थ संवाद आहे.

कवितेतील नाविका सहज आरशात पाहते आणि तिच्या मनात त्याक्षणी गतकाळातील आठवणी जाग्या होतात. तसे तिच्या लक्षात येते की, 'मी ती हीच का?' आणि मग तिच्या लक्षात येते की आरशातील स्त्रीने आपले रूप घेतलेले दिसत असले तरी ती आपण नाही आहोत कारण आपल्यात अंतर्बाह्य बदल झालेला आहे आणि मग तिचे आरशातील प्रतिबिंब तिचे अंतर्मन तिच्याशी संवाद साधू लागते. तिच्या मनातील तिच्या पूर्वरंगाविषयीच्या स्मृतींना ती उजाळा देते. ती पूर्वरंगात कशी होती याचे एक जिवंत चित्र तिच्यासमोर उभे करते.

किंवा

कविवर्य गझलसम्राट सुरेशभट यांनी 'रंग माझा वेगळा' ही गझल लिहिली असून त्यांच्याच 'रंग माझा वेगळा' या मराठी गझल संग्रहातून घेतली आहे. सामाजिक आशय असलेला या कवितेत माणसांचा दुटप्पी व्यवहार, स्वार्थीपणा, ढोंगीपणा, लाचारी, आणि 'मी' ची समाजाने केलेली मानहानी या विषयीच्या प्रखर संतापावर कवीने प्रकाश टाकला आहे.

प्रस्तुत गझलमध्ये मानवी जीवन जगत असताना मानवाचे अनेक पैलू पाहावयास मिळतात. त्यात रंगून जावे लागते. असे असले तरी सर्व गुंत्यात गुंतूनही कवीचा पाय मोकळाच राहतो. येथे कवी सर्वांमध्ये गुंतूनही आपले वेगळेपण वस्तूनिष्ठपणे जपत आहे. आपले अस्तित्व, वेगळेपण जपणारा हा कवी कलंदर व्यक्तिमत्त्वाचा असून त्यांना येणारे अनुभव सुद्धा जगावेगळे आहेत. कवीपुढे येणाऱ्या सावल्या कोठून येतात हे समजत नसून या सावल्यांच्याही झळा कवीमनाला लागत आहेत. अन्यायाखाली भरडल्या जाणाऱ्या वर्गासाठी कवीमनाचा संघर्ष चालू असतानाच त्यांना न्याय देण्यासाठी कवीमन कार्यतत्पर आहे. हे करत असताना त्यांच्यासमोर भौतिक सुख, प्रलोभनेसमोर येतात ज्यामुळे कवीला सुख, संपत्ती, ऐश्वर्य लाभणार असले तरी अशाप्रकारचे सुख कवीला नको आहे कारण अशा सुखाचा कवीमनाला त्रासच होताना दिसतो कारण अशा प्रलोभनामुळे आपण आपल्या कर्तव्यापासून दुरावले जावू असे मूल्यहीन लोकांना वाटते आहे. हे स्वार्थी समाजाचे रूप पाहून माझ्या डोळ्यातून अश्रू वाहात असली तरी या अश्रूरूपी शब्दांचे गीत होऊन ते चिरंतन बनते आहे. आणि कधीकाळी मिळणारे सुख हे आनंदापेक्षा दु:खच देते. कारण असे कोणते दु:ख आहे की ज्याला माझा म्हणजेच कवीमनाचा लळा लागला आहे. कदाचित या दु:खाचा हसतमुखाने स्वीकार करत असल्याने त्यास आपला लळा लागला असावा कारण या आणि अशा दु:खातूनच कवी जगण्याचे तंत्र शिकतात. वाट्याला येणारे दु:ख पचवून कधी जगायला शिकलो हे कवीलाच कळता नाही. मात्र अचानकपणे आयुष्यच कवीमनाचा गळा कापत आहे. जगण्यास आताशी सुरुवात होत असतानाच आयुष्यच कवीमनाचा विश्वासघात करते आहे अशा परिस्थितीतही कवी आनंदाने आयुष्याला सामोरे जाण्याचा प्रयत्न करते आहे.

सामाजिक विषमतेत जगत असता कवी आपले अस्तित्व, वेगळेपण जपत असताना त्यांना येणारे अनुभव या गझल काव्यातून व्यक्त होताना दिसतात. जीवनातील वैविध्यपूर्ण पैलू, विविधरंग, आयुष्याचा गुंता, संघर्षात्मक जीवनात येणाऱ्या सावल्या, सावल्यांच्या झळा, आसवांची गीते, दु:ख जागविणारे क्षण आणि अशा संघर्षात्मक प्रवासात विश्वासघात करणारे आयुष्य या बाबींचा विचार करता 'मी' ची समाजाने केलेली मानहानी याविषयीचा प्रखर संताप व्यक्त करतानाची त्यांची मृद्, हळूवार शब्दयोजना प्रसंगी अधिक तीक्ष्ण, धारदार आणि उपरोधिक व परखड बनते. तसेच प्रखर सामाजिक बांधिलकीचे भान कविमनात असल्याचे दिसून येते. अंतरात्म्याच्या शब्दसमातून प्रकट झालेले गीत आणि आयुष्य या प्रतिमा शाश्वत असून त्याचा कवीने अचूक असा वापर केला असून सावल्यांच्या झळा, दु:खाचा लळा, या परस्पर विरोधी भावछटांमुळे अर्थाच्या दृष्टीने गझल ही एका वेगळ्या उंचीवर पोहोचते आहे हे लक्षात येते.

विभाग ३: साहित्यप्रकार—कथा

उत्तर ३.

(अ)

(१) (i)

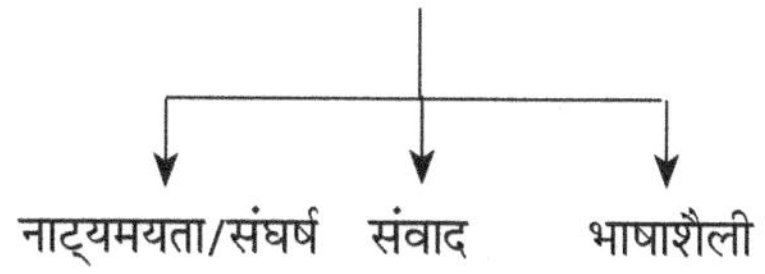

नाट्यमयता/संघर्ष
संवाद
भाषाशैली

(ii)

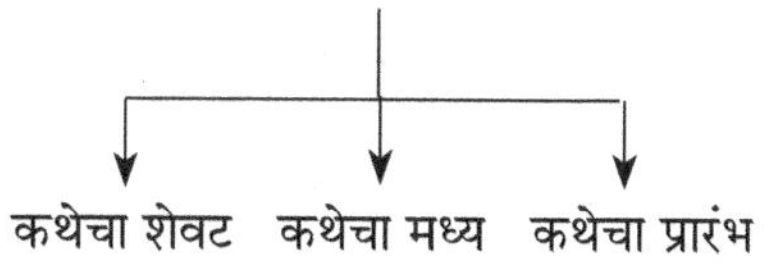

कथेचा शेवट
कथेचा मध्य
कथेचा प्रारंभ

(२) कोणतीही कथा त्या लेखकाची अभिजात कला असून त्यामध्ये चांगल्या-वाईटाचा अनुभव हा असतोच कारण अशा अनुभवातूनच नाट्यात्मता निर्माण होते. अशा संघर्षातूनच कथा उत्कर्षाबिंदूपर्यन्त पोहोचते. कथेत प्रत्येक वेळी संघर्ष वा नाट्य हे वाईट घटनांचेच असते असे नाही तर आनंद आणि सुखातिला अशा घटनांतूनही नाट्यात्मता निर्माण होते. कथेच्या शेवटी कथेतील अनुभवांचा, घटनांचा उत्कर्ष बिंदू नाट्यपूर्ण रीतीने साधता येतो असे असले तरी कथानकाच्या ओघात स्वाभाविकपणे केलेला शेवट हा वाचकांची मने आकर्षित करत असते. आणि म्हणून कथेमध्ये नाट्यात्मता या घटकाला अनन्यसाधारण महत्त्व आहे.

(आ)

(१) 'शोध' या कथेचे लेखक व. पु. काळे असून या कथेत 'टैक्सी ड्रायव्हर' महत्त्वाचे पात्र असून कथानकाच्या गतिमानतेच्या दृष्टीनेही महत्त्वपूर्ण ठरते.

एज्युकेटेड असलेला हा टॅक्सी ड्रायव्हर मुंबईसारख्या शहरात टैक्सी चालविण्यासाठी नवशिका आहे त्यामुळे टॅक्सी चालवताना नियम पाळणारा, यत्किंचितही चुका न करणारा, अतिशय सालस आणि तितकाच विनम्र असा होता. मदतीला धावणे हा त्याचा स्वभाव असल्याने अनु इनामदारची एक रुयाची नोट तिला परत मिळवून देण्यासाठी आपल्या स्मरणशक्तीच्या जोरावर हॉटेलवाल्या पर्यन्त पोहोचतो व अनुला ती नोट परत मिळवून देतो.

त्या नोटेविषयीचा अनु सांगत असलेली आठवण तिची त्या पाठीमागची भावना समजून घेतो ती तटस्थवृत्तीने, तिच्या मनाची गुंतागुंत समजून घेऊन तिला मानवी जीवनाचे तत्त्वज्ञान समजावून सांगतो. मनाने पेशंटमध्ये गुंतून न राहता ड्रायव्हरसारखी नजर हवी असे सांगत असतानाच भूतकाळात अडकलात की संपला. त्याचा भविष्यकाळही खराब होतो. अशाप्रकारचा जीवनाकडे पाहण्याचा तटस्थ दृष्टिकोन सांगतो. टॅक्सीत बसणाऱ्या प्रत्येक व्यक्तीचे डेस्टीनेशन ठरलेले असते. त्यामुळे गाडीत बसलेल्या व्यक्तीने स्टॉप दाखविताच गाडी थांबवायची. आणि नवीन पॅसेंजरच्या स्वागतासाठी सज्ज व्हायचे. अनुनेही असेच करायला हवे असे त्यास वाटते. पेशंट आला, गेला विचार न करता आपण आपला कॉटचा नंबर सांभाळायचा. तसेच ज्या गोष्टी हातात आहेत त्यांचाच शोध घ्यायचा मात्र ज्या गोष्टी मिळणारच नाहीत त्याचे काय? असे सांगून त्याने त्याच्या मुलीविषयी सांगितले की आपली मुलगी आपणास सोडून कायमची गेली. तिचा शोध आपण कसे घेणार? म्हणजेच एखादी गोष्ट मिळणारच नसेल तर त्यासाठी आपण काहीच करू शकत नाही या वरून टॅक्सी ड्रायव्हरची जीवनाकडे पाहण्याची तटस्थवृत्ती दिसून येते. अशाप्रकारे टॅक्सी ड्रायव्हरची जीवनाकडे पाहण्याची तटस्थवृत्ती दिसून येते. अशाप्रकारे टॅक्सी ड्रायव्हरचे स्वभावविशेष आपणास पाहावयास मिळते.

किंवा

डॉ. प्रतिमा इंगोले लिखित 'गढी' ही कथा 'अकसिदीचे दाने' या कथासंग्रहातून घेतली असून 'बापू गुरुजी' च्या कार्यकर्तृत्वाचे मनोज्ञ दर्शन घडविले असून या कथेत वैदर्भी बोलीचे विशेषतत्व जाणवत असताना वैदर्भी लोकजीवनातील रीतिरिवाजाचाही प्रत्यय आल्यावाचून राहत नाही.

'बापू गुरुर्जीनी गावच्या विकासाचा ध्यास घेतला होता. त्यांना गावात विधायक योजना आणायच्या होत्या. त्यांनी गावासाठी शाळा सुरू केली. आता त्यांना गावासाठी पोस्ट चालू करायचे होते. परंतु गावातल्या उचापती करणाऱ्या लोकांनी त्यांच्या कार्यास विरोध करायचे ठरविले. गावातून फक्त मुलाच्या जन्माची अन् माणसाच्या मृत्यूचीच चिठ्ठी जर पोष्टातून जात असेल तर कशाला हवे पोस्ट? या विचाराने गावात पोस्ट चालू करण्यास विरोध केला मात्र तरीही गुरुर्जीच्या प्रयत्नाने पोस्ट आले. त्यातून पत्राची खरेदी, बिक्री होत नव्हती. यावरून पोस्ट खात्यालाही वाटू लागले की गावाला पोस्टाची गरज नाही. आणि गावातील लोकांनाही चांगले-वाईट समजत नव्हते. त्या गावातील लोकांची वृत्ती, किंमत न देता कोणालाही कामाला लावायचे अशीच होती. त्यामुळे त्यांना पोस्ट म्हणजे विनाकारण खर्च असे वाटत होते. लोकांची मानसिकता म्हणजे केलेल्या कामाचा मोबदला न देता काम करवून घेणे अशी होती. त्यामुळे 'चाल व्हयरे पोरा आन् वयरे ढोरा' ही म्हण प्रचलित झाली.

(२) 'शोध' या कथेचे लेखक व. पु. काळे असून मुंबईसारख्या महानगरीत दिवसेंदिवस माणुसकी हरवत असतानाच लेखकाने या कथेत जबावदार, कृतीशील असे 'भिडे दाम्पत्य' हे पात्र योजले असून कथेतील प्रमुख पात्र 'अनु इनामदार' असून ती मुंबईसारख्या महानगरीत के.ई.एम. हॉस्टिपटलमध्ये 'नर्स' म्हणून सेवा करत असल्याने ती हॉस्पिटल समोरच गल्लीतील तिसऱ्या मजल्यावर एक खोली घेऊन राहत असताना तिच्याकडे कथेतील नायक व मुक्ता काही कारणास्तव जातात. तेव्हा त्यांना भेटण्यासाठी भिडे दाम्पत्य येते ते स्त्रीच्या वेळी व माघारी घरी जाताना उशीर झाल्याने टॅक्सीने जायचे ठरते. मात्र टॅक्सीला सुटे पैसे हवेत म्हणून ते पैशाची शोधाशोध करून त्यांना पैसे दिले जातात. त्यातच अनुने टेबलवर ठेवलेली एक रुपयाची नोट' घेऊन (ती घरात नसताना) ती त्यांना दिली जाते. भिडे दाम्पत्य त्यांच्या घरी नायकाला भेटून परत माघारी टॅक्सीने जात असता त्यांच्या घराजवळील चौकात अपघात होतो. एक म्हतारा टॅक्सी खाली येतो. त्यावेळी त्या प्रसंगातून भिडे सहजपणे बाहेर पडले असते, सुटले असते मात्र त्यांच्यातील चांगुलपणामुळे त्यांनी सामाजिक बाधिलकीचे भान ठेवून टॅक्सीवाल्याला मदत करायची ठरवले कारण त्या अपघातात टॅक्सीवाल्याची चूक नव्हती शिवाय तो होतकरू, प्रामाणिक होता त्यासाठी टैक्सीवाल्याच्या बाजूने जबानी द्यायला भिडे पोलीस स्टेशनला जातात. त्याचवेळी ते त्या म्हताऱ्यास इसमास नायर हॉस्पिटलमध्ये ॲडमिट करतात. अशाप्रकारे एका चांगल्या व्यावसायिक, होतकरू टॅक्सीवाल्याच्या पाठीशी भिडे खंबीरपणे उभे राहून त्याच्या बाजूने जबाब देवून त्यास त्या अपघाताच्या प्रसंगातून सहीसलामत वाचवतात. अशाप्रकारे भिडे दाम्पत्याची सामाजिक बांधिलकी दिसून येते.

किंवा

सुप्रसिद्ध कथालेखिका डॉ. प्रतिमा इंगोले लिखित 'गढी' या कथेत स्वांतत्र्यप्राप्तीनंतर विकासाच्या वाटेवरील गावगाड्या समोरील प्रश्न, ते सोडविताना येणाऱ्या अडचणी व ग्राम-सुधारणेसाठी निष्ठापूर्वक काम करणारे समाजसेवक बापू गुरुजी. त्यांचे कार्य आणि कथेत योजलेली प्रतीके याचा धागा कथालेखिकेने संवेदनशील भावभावनांतून जोडण्याचे कार्य केले आहे. 'गढी' या प्रतीकातूनही गावातील चांगले वाईट स्थित्यंतरे आणि गुरुर्जीचे कार्य याचा सहसंबंध आपणास पाहावयास मिळतो.

गढी-सातपुड्याच्या कुशीत वसलेले छोटेसे गाव. शेजारून वाहणारी वाननदी आणि या गावातच गावाच्या पाटलाची 'गढी' उभी आहे ही गढी म्हणजे त्या गावाचे पूर्व वैभव पांढऱ्या शुभ्र मातीत बांधलेली, ऊनवाऱ्यात आपले वैभव जपत उभी असलेली मात्र अलीकडे दिवसेंदिवस खचत चाललेली 'बापू गुरुर्जी' च्या उमेदीसारखी. पाटलाचा वाडा पडला तशी तीही उघडी पडली मात्र अजूनही ती ऊनपावसात तग धरून उभी आहे. गुरुजीही गावाचा विकास करत होते. मात्र गावातील उचापती करणारे लोक गुरुर्जीच्या कार्यात अडथळे निर्माण करू लागले त्यामुळे गुरुर्जीना वाईट वाटत असे परंतु विरोधकांसमोर, उचाफी करणाऱ्या लोकांसमोर ते तग धरू शकत नव्हते. तर ते फक्त

मनातल्या मनात दु:ख व्यक्त करत होते. तसेच 'गढी' ने ही आता ऊनपावसमोर हात टेकले होते. काठाकाठाने ती आता खचत चालली होती. त्या गढीची पांढरी मगी मिटत असल्या कारणाने गढी दिवसेंदिवस खचावी असेच गाववाल्यांना मनोमन वाटत असे. आणि गुरुजींही विकास कामापासून दूर झाले तर तेच काम करण्याची संधी गावातील विरोधकांना मिळणार होती. गढी दर पावसाळ्यात खचत होती आणि उन्हाळ्यात गावातील माणसे गढीची माती विल्याने खणून नेत होते. आता मात्र ती पुरती खचल्याने तिच्या जागी मोठ्ठ पांढरं मैदान तयार झाले होते. एकेकाळी तिचे उभे असलेले वैभव आज असे पायदळी पडले होते. तेच गुरुजींच्या विकासात्मक कार्याचे झाले. त्यांना गावासाठी नवनव्या योजना आणून विकास करायचा होता. मात्र गावात उलापती करणाऱ्या, गुरुजींच्या कार्यास विरोध करणाऱ्यांना तो विकास नको होता. त्यामुळे प्रसंगावधान राखून गुरुजीही माघार घेत होते. आणि निवृत्तीच्या काळात तर ते स्वत: हून बाजूला सरू लागले. अशाप्रकारे 'गढी' या प्रतीकातून गुरुजींच्या कार्याशी सहसंबंध जोडला आहे.

विभाग ४: उपयोजित मराठी

उत्तर ४.

(१) (a) मुलाखत घेणाऱ्याने मुलाखत घेताना आपल्या मर्यादांची जाणीव ठेवून मुलाखत देणाऱ्यास प्रश्न विचारावेत.

(b) प्रश्नांची उत्तरे देण्याचे वा न देण्याचे स्वातंत्र्य अबाधित ठेवावे.

(c) मुलाखतीचे सादरीकरण ओघवते, श्रवणीय वा उत्स्फूर्त असावे.

(d) संयम, विवेक व नैतिकतेचे पालन यांना खुसखुशीतपणाची जोड देवून मुलाखत रंगतदार करावी. अशाप्रकारे मुलाखत घेताना या चार गोष्टी कराव्या लागतात.

(२) माहितीपत्रकाची आकर्षक मांडणी करताना माहितीपत्रकामध्ये दिली जाणारी माहिती आकर्षक पद्धतीने मांडता आली पाहिजे.

(i) माहितीपत्रकातील मांडणी सरधोपटपणे न कसा दिसताक्षणी ती वाचण्याची इच्छा झाली पाहिजे.

(ii) माहितीपत्रकासाठीचा कागद दर्जेदार असावा, छपाई रंगीत असावी.

(iii) मुखपृष्ठ व मलपृष्ठ आकर्षक असावे.

(iv) शब्दांचा आकार योग्य असावा, शीर्षक, बोधवाक्य ठसठशीत असावे.

(v) माहितीपत्रकातील मांडणी आकर्षक करण्यासाठी त्यात्या क्षेत्रातील कुशल कलाकार, चित्रकार, संगणक तज्ज्ञांची मदत घेता येईल.

(३) अहवाललेखनाची एकूण पाच वैशिष्ट्ये पुढीलप्रमाणे:

(i) वस्तुनिष्ठता आणि सुस्पटता

(ii) विश्वसनीयता

(iii) सोपेपणा

(iv) शब्दमर्यादा

(v) नि:ष्पक्षपातीपणा

(i) विश्वसनीयता: अहवाललेखनामध्ये दिलेली विश्वासार्ह माहिती व तथ्यांच्या नोंदीमुळे अहवाललेखनास विश्वसनीयता प्राप्त होते. अशा विश्वसनीयतेमुळेच कित्येकदा गुंतागुंतीच्या समस्यांमध्ये असे अहवाल पुराव्यासाठी ग्राह्य धरले जातात हेच त्या अहवालाचे खास वैशिष्ट्य होय.

(ii) वस्तुनिष्ठता आणि सुस्पष्टता: कार्यक्रमाच्या स्वरूपानुसार अहवाललेखनात तारीख, वार, वेळ, ठिकाण, सहभाग घेणाऱ्याची नावे, पदे, घटना, हेतू, संस्थात्मक माहिती, निष्कर्ष अशा अनेक महत्त्वाच्या वस्तुनिष्ठ बाबींच्या नोंदी आवर्जून आणि अचूक पद्धतीने केल्या जात असल्याने अशा नोंदी अधिक प्रमाणात सुस्पष्ट असतात.

(४) मुलाखतीच्या माध्यमातून मुलाखत त्याचे अंतरंग रसिक-श्रोत्यांसमोर उलगडत असते. मुलाखतीत मुलाखतदाता संघर्षमय जीवनाचा कथापट उत्तरांतून मांडत असतो. विशिष्ट ध्येय गाठत असताना वाटेत आलेल्या खाचखळग्यांचा केलेला सामना, त्या त्या वेळी दाखवलेली जिद्द अशा विविध प्रसंगांचे जणू स्मरणच मुलाखतदाता सर्वांसमक्ष करीत असतो. मुलाखतीत आपले अनुभव सांगत असताना आनंद आणि वेदना यांचे मिश्रण शब्दरूपातून अवतरत असते. मुलाखतदाता आपल्या आयुष्यातील महत्त्वाच्या घटना, व्यक्ती, कार्य यांचा आढावा उत्तरांतून घेत असतो. थोडक्यात, व्यक्तीच्या आयुष्याचा काळपट जाणून घेणे म्हणजे व्यक्तीमधील माणूस समजून घेणे होय. मुलाखतीतून हे शक्य होते.

(आ)

(१) मुलाखत घेण्यापूर्वी मुलाखतीची पूर्वतयारी काही प्रमाणात करावी लागते कारण या पूर्वतयारीवर मुलाखतीचे यश अवलंबून असते म्हणून काही मुद्द्यांच्या आधारे मुलाखतीची पूर्वतयारी करावी लागते.

(i) मुलाखतदात्याची वैयक्तिक माहिती: मुलाखत घेणाऱ्याला मुलाखत देणाऱ्याची वैयक्तिक माहिती असणे महत्त्वाचे असते. त्यामध्ये मुलाखतदात्याचे पूर्ण नाव, असेलतर टोपणनाव, त्याचे वय, जन्मदिनांक, जन्मस्थळ, पत्रा, शिक्षण, कौटुंबिक माहिती, कर्तृत्व हुद्दा, मानसन्मान, मिळालेले पुरस्कार, लेखनकार्य, संस्कार, पडलेला प्रभाव इत्यादीविषयीची माहिती असावी लागते.

(ii) मुलाखतदात्याचे कार्य: मुलाखतदाता करत असलेले कार्य-सामाजिक-राजकीय धार्मिक-शैक्षणिक-साहित्यिक यापैकी कोणत्या स्वरूपाचे आहे तसेच ते राज्यापुरते मर्यादित आहे की राष्ट्रस्तरीय याची माहिती घेणे अत्यावश्यक असते. मुलाखतदात्याच्या कार्यावर कोणाची छाप, प्रेरणा तसेच कार्य करतानाचे आलेले अनुभव याविषयीची माहिती मिळविते मुलाखतीच्या दृष्टीने महत्त्वाचे ठरते. मुलाखतदात्याला त्याच्या कार्यासाठी काहीवेळी मदत मिळते ती मदत आर्थिक, मानवी स्वरूपातीलही असू शकते. संघटना, शासनाने घेतलेली दखल, मुलाखतदाता करत असलेल्या कार्याचा विस्तार त्याविषयी मिळविलेले पुरस्कार, मानसन्मान याविषयीही माहिती मिळवणे महत्त्वाचे असते कारण अशी माहिती मुलाखतीची पूर्वतयारी करण्यासाठी उपयुक्त ठरते.

(iii) प्रश्नांची निर्मिती: मुलाखतीच्या पूर्वतयारीसाठी मुलाखतकर्त्याने मुलाखतीसाठी जो विषय घेतला आहे त्या विषयानुसार मुलाखत देणाऱ्या व्यक्तीस कशाप्रकारे प्रश्न विचारता येतील याविषयी विचार करून प्रश्नांची निर्मिती

करता येते. प्रश्नाच्या माध्यमातून मुलाखत देणाऱ्या व्यक्तीचे व्यक्तिमत्त्व जास्तीत जास्त प्रभावी कसे करता येईल याचा विचार करून प्रश्ननिर्मिती करावी लागते. प्रश्नांची निर्मिती करताना मुलाखतदात्याच्या व्यक्तिमत्त्वातील सर्व पैलूंना स्पर्श होईल हे पाहावे लागते मात्र होकारार्थी, नकारार्थी उत्तरे येणार नाहीत याचीही काळजी घ्यावी लागते. विचारलेल्या प्रश्नातून जास्तीत जास्त प्रभावी उत्तरे कशी मिळतील तसेच मुलाखतीचे उद्दिष्ट साध्य करण्याच्या दृष्टीने प्रश्नांची निर्मिती करावी.

(२) आडवडी बाजाराचे माहितीपत्रक:

आठवडी बाजार! खास जनसामान्यांच्या आग्रहास्तव

'सकस' आठवडी बाजार

गोळीबार मैदान, सोलापूर

✆9420000020, ☎02182-255537

वेबसाइट: http//www.bajar.com

ई-मेल: aathabajar@gmail.com

आठवडी बाजार खास तुमच्या भेटीला, भरगच्च भाजीपाला रोजच्या जेवणासाठी असो वा पाटी, लग्न, सणसमारंभ खास पार्टी, जेवण वा बुफेडिनरसाठी आवश्यक असे सर्वकाही खास तुमच्या आठवडी बाजारात खरेदी करा

✪ आठवडी बाजाराची खास वैशिष्ट्ये ✪

देशी गाईचे शेण आणि गोमूत्र यांचा शेतीमध्ये वापर करून नैसर्गिक शेती पद्धतीने पिकवलेल्या विषमुक्त भाज्या, फळभाज्या, कंदवर्गीय भाज्या तसेच कडधान्य विक्रीसाठी उपलब्ध

बटाटा, कांदा, आद्रक, टोमॅटो, मीरची, हिरवा वटाणा, शेवगा, फ्लॉवर, दुधी भोपळा, लाल भोपळा, चक्की भोपळा, भेंडी, भरताचे वांगे, गोसावळे, कोबी, काकडी, वांगे, आवळा, लिंबू, स्विटकॉर्न, गाजर, सोललेला ऊस, पावटा, वाल, घेवडा

✪पालेभाज्या ✪

पालक, शेपू, मेथी, कांदापात, मीक्सभाजी, बिट, मुळा, पुदिना, आळू, गवती, चहा, कोथिंबीर

फळे

चिकू, सीताफळ, शहाळे, देशीबोरे, पपई, डाळींब, पेरू कडधान्ये हुलगे, चवळी, मटकी, तूर, जीवस, देशीतीळ, कारळे, बाजरी, मूग

घरपोच डिलिव्हरीची मोफत सोय.....

तुम्हाला परवडतील अशा किफायतशीर किंमतीत

सकस खा! मनसोक्त आनंद लुटा!!

वेळ: सकाळी ९:०० ते सायंकाळी ४:००

वार: आठवड्यातील प्रत्येक रविवार

आठवडी बाजार.....सकस आहार.....

शेतकऱ्याच्या कष्टाचा खास पाहुणचार!

(३) वृक्षारोपण कार्यक्रमाविषयी अहवाललेखन-

वृक्षारोपण कार्यक्रम सन २०१९-२०

शुक्रवार, दिनांक २७ सप्टेंबर, २०१९-२० रोजी

सकाळी ११:०० वाजता

कनिष्ठ महाविद्यालयाच्या प्रांगणात

सन् २०१९ या शैक्षणिक वर्षात 'वृक्षारोपण कार्यक्रम' मोठ्या उत्साहात पार पडला. कार्यक्रमाचे अध्यक्षस्थान 'अश्वस्थ' संस्थेचे अध्यक्ष कुशल सावंत यांनी भूषविले. तर प्रमुख पाहुणे म्हणून भिलवडी ग्रामपंचायतीचे लाडके सरपंच आशुतोष पाटील उपस्थित होते. साला बादप्रमाणे याही वर्षीच्या वृक्षारोपण कार्यक्रमास संस्थेचे पदाधिकारी, प्राचार्य, शिक्षकवृंद, विद्यार्थी आणि स्थानिक ग्रामस्थही मोठ्या संख्येने उपस्थित होते.

भिलवडी येथे कनिष्ठ महाविद्यालयात सर्वांच्या उपस्थितीत वृक्षारोपण कार्यक्रमाचे उद्घाटन सन्माननीय अध्यक्ष, प्रमुख पाहुणे यांच्या हस्ते झाल्यानंतर महाविद्यालयाच्या प्राचार्यांनी कार्यक्रमाचे प्रास्ताविक केले. तर सरपंच आशुतोष पाटील यांनी सुमारे एकहजार रोपे सोबत आणलेली भिलवडी येथे गोरस गडाच्या परिसरात व कनिष्ठ महाविद्यालयात कार्यक्रमाचे अध्यक्ष सन्माननीय कुशल सावंत यांच्या हस्ते वृक्षारोपण केले, सन्माननीय प्रमुख पाहुणे, प्राचार्य यांनीही वृक्षारोपण केल्यानंतर 'अस्वस्थ' संस्थेच्या अध्यक्षांनी, २७ सप्टेंबर हे जागतिक वृक्षारोपण दिनाचे महत्त्व विद्यार्थ्यांना समजावून सांगितले. सर्व विद्यार्थ्यांनी मिळून वृक्षारोपण दिंडी काढली, त्यामध्ये सन्माननीय पाहुणे, अध्यक्ष, पदाधिकारी, प्राचार्य, शिक्षकवृंद, विद्यार्थी, ग्रामस्थ सहभागी झाले होते. वृक्षारोपण दिंडी महाविद्यालयाच्या प्रांगणात येताच. कार्यक्रमाचे अध्यक्ष प्रमुख पाहुणे यांच्या समवेत सर्व विद्यार्थ्यांनी वृक्षारोपण केले. दोन विद्यार्थ्यांनी कार्यक्रमाबाबत मनोगत व्यक्त केले. कार्यक्रमाच्या प्रमुख पाहुण्यांनी 'वृक्षवल्ली आम्हा सोयरी, वनचरे पक्षीही सुस्वरे अलविती या अभंगातून वृक्षारोपणाविषयी विद्यार्थ्यांना मार्गदर्शन केले. कनिष्ठ महाविद्यालयातील सर्व विद्यार्थ्यांनी एका सुरात वृक्षजोपासण्याची शपथ घेतली.

कार्यक्रमात शेवटी विद्यार्थी प्रतिनिधी संकेत गाडगीळ याने आलेल्या सर्व मान्यवरांचे आभार मानले व प्राचार्याच्यां अनुमतीने कार्यक्रम संपन्न झाल्याचे जाहीर केले.

दिनांक : २७ सप्टेंबर, २०१९-२०

सचिव- अध्यक्ष

(४) माहितीपत्रक म्हणजे वैशिष्ट्यपूर्ण माहिती देणारे परिचयात्मक पत्रक होय. वेगवेगळया संस्था/कंपन्या आपले उत्पादन लोकांपर्यंत पोहोचवण्यासाठी माहितीपत्रक काढत असतात. माहितीपत्रक यामुळे एकावेळी मोठ्या जनसमुदायापर्यंत सविस्तर माहिती पोहोचवता येते. कमी खर्चांत, कमी वेळेत अधिकाधि ग्राहकांपर्यंत पोहोचणे शक्य होते. माहितीपत्रकाचे नीटनेटके स्वरूप ग्राहकाला आकर्षित करीत असते. माहितीपत्रकात 'माहिती'ला अधिक महत्त्व असते. त्यामुळे माहितीपत्रकाच्या हेतूशी सुसंगत माहिती ग्राहकांपंत पोहोचवली जाते. जनमत आकर्षित करण्यासाठी माहितीपत्रक म्हणजे पहिली पायरी असते. व्यापारी आणि ग्राहक यांच्यात सुसंवाद माहितीपत्रकाने साधला जातो. माहितीपत्रकामुळे उत्पादकाला नवीन बाजारपेठ उपलब्ध होण्यास मदत होते, तर ग्राहकाला उत्पादनाचा विश्वासाई आढावा घेता येतो. माहितीपत्रक उत्पादनविषयी उतावळी निर्माण करून ग्राहकाला आपलेसे करीत असते. त्यामुळे माहितीपत्रक म्हणजे अप्रत्यक्षपणे जाहिरात असते, असे म्हटल्यास अतिशयोक्ती वाटणार नाही.

विभाग ५: व्याकरण व लेखन

उत्तर ५. (अ)

(१) (i) विद्यार्थ्यांनी संदर्भग्रंथाचे वाचन करा.

(ii) त्याच्यासाठी हजार रुपये ही काही लहान रक्कम नाही.

(२) (i) कारणाशिवाय-अव्ययी भाव समास
(ii) लोकांना प्रिय-विभक्ती तत्पुरुष समास

(३) (i) कर्तरी प्रयोग (ii) कर्मणी प्रयोग

(४) **अलंकाराची वैशिष्ट्ये** **अलंकार**
(i) अपन्हुती अलंकार
(ii) उपमेय हे गुणाच्या बाबतीत अद्वितीय असते
उपमेयाला योग्य असे उपमान मिळत नाही तर
उपमेयाला उपमेयाचीच उपमा दिली जाते

(५) (i) मन शांत व एकरूप होणे'
बागेत लावलेली गुलाबाची झाडे फुलांनी बहरलेली पाहताच माझे मन समेवर आले
(ii) मनातील गैर समज दूर होणे
विद्यार्थ्यांच्या मनात सकारात्मक विचारांचे खतपाणी घातले तर त्यांच्या मनातील मोहमायेचे मळभ दूर होऊन तिथे विवेकरूपी दीप प्रज्वलित होतो.

(आ) **१. खेळांचे जीवनातील स्थान**

''आई, मी खेळायला जाऊ का?''

''इंग्रजीचे शब्द पाठ झाले का? विज्ञानाचा धडा वाचला का? होमवर्क पूर्ण झालं का? उद्याचं दप्तर भरलं का?''

आई आणि मुलं यांची ही प्रश्नोत्तरं रोज घराघरांत चाललेली असतात. यातून लक्षात येतं की, आईच्या दृष्टीने खेळाचा प्राधान्यक्रम सर्वात शेवटचा आणि मुलाच्या दृष्टीने तो सर्वात पहिला. आईला हेही माहीत असतं की, खेळायला गेलेला मुलगा परत येण्याची सक्ती केल्याशिवाय मनाने येणार नाही. कारण ती त्याची मनापासूनची आवड आहे. खेळात रंगून जाणं, हा त्याचा (माणसाचा) स्वभाव आहे.

इतका अग्रक्रम ज्या विषयाला असतो तो विषय बाल्यावस्थेबरोबरच संपतो. जसजशा इयत्ता वाढत जातात तसतसा खेळ खाली-खाली, शेवटी ढकलला जातो. 'सहामाहीचे मार्क्स बघा. आतातरी खेळ कमी करा.', 'नुसतं खेळून परीक्षेत पास होता येत नाही.' 'खेळ तुझ्या आयुष्याचा खेळखंडोबा करील.' असं जाता-येता ऐकून घ्यावं लागतं आणि नाइलाजाने मूल खेळाला आपल्या जीवनातून हद्दपार करतं.

जीवनाच्या कोणत्याही टप्प्यावर खेळाचं जीवनातलं स्थान अनन्यसाधारण आहे. खेळ माणसाला तणावापासून दूर ठेवतात. जीवनातलं अपयश, दु:ख, निराशा यांच्याशी दोन हात करण्याची हिंमत देतात. त्या गोष्टींकडेही खिलाडू वृत्तीने पाहायला शिकवितात. खेळामुळे व्यायाम घडतो. स्नायू आणि सांधे लवचीक राहतात. त्यामुळे मनाचं बळ वाढतं आणि आत्मविश्वास मिळतो.

'बाल: तावत् क्रीडासक्त:' आद्य शंकराचार्यांनी चर्पटपंजरीत आसक्त हे क्रियापद किती यथार्थ वापरलं आहे! बालपणात खेळाशिवाय त्याला दुसरं काहीच नको असतं. व्यसनासारखी ती आसक्ती असते. पण त्यातून लहान मूल कितीतरी गोष्टी शिकतं आणि जगाचा अनुभव घेतं. खेळातून शिक्षण इतकं सहजपणे घडतं, म्हणूनच मॉंटेसरीबाईंनी शिक्षणपद्धतीत प्लेवेचा आग्रह धरला. सृष्टीतली रहस्यं अशा आनंददायी शिक्षणातून मुलांना समजतील असा त्यांचा विश्वास होतात.

मुलं शाळेत जाऊ लागली की, त्यांच्या खेळांवर थोडी वेळेची बंधनं येतात. खेळाबरोबर अभ्यासही करावा लागतो. शाळेतही खेळांचे तास असतात. ते ठेवण्यामागेही मुलांमध्ये संघभावना निर्माण व्हावी, स्पर्धात्मक वातावरण तयार व्हावं, पराभव झाला तरी तो खिलाडू वृत्तीने स्वीकारावा, दुसऱ्याचा विजय आनंदाने साजरा करावा अशी मनोवृत्ती मुलांमध्ये निर्माण व्हावी हा उद्देश असतो. मात्र त्याची अंमलबजावणी काटेकोरपणे होत नसल्यामुळे बहुतेक शाळांमध्ये खेळांचं चित्र निराशाजनक दिसतं. आनंदासाठी खेळ हा विचार दुर्लक्षित होतो. एक तर स्पर्धेसाठी खेळा नाही तर खेळाच्या तासाला अभ्यास करा. असा सल्ला दिला जातो आणि एकदा का मुलगा-मुलगी दहावीला गेले की, त्यांच्या खेळाच्याच नव्हे तर आनंद मिळविण्याच्या सर्व वाटा बंद होतात.

महाविद्यालयातही ज्यांना खेळाची विशेष आवड असते अशीच मुले फक्त खेळतात. शालेय स्तरावरच बहुतेकांच्या जीवनातला खेळ संपुष्टात येतो.

क्रीडा ही एक कलाच आहे. त्यामुळे कलेचं माणसाच्या जीवनात जे स्थान आहे तेच क्रीडेचं आहे. परंतु आपल्या लोकसंख्येच्या मानाने आपल्या देशात खेळण्याच्या सुविधा अपुऱ्या आहेत. सुट्टीच्या दिवशी रहदारीच्या रस्त्यावर क्रिकेटचे रंगलेले डाव पाहिले की, याची कल्पना येते. खेळाची साधनं आणि मैदानं ही मुलानां, घराजवळ सहज उपलब्ध झाली पाहिजेत. एवढी प्रचंड लोकसंख्या असलेला देश ऑलिंपिक पदकात खालून तिसरा-चौथा कुठेतरी असतो. ही एकच गोष्ट खेळाला आपण किती नगण्य स्थान दिले आहे याचा पुरावा आहे. स्पर्धा संपेपर्यंत त्याची चर्चा होत राहते. क्रीडासंस्कृती रुजविण्याच्या घोषणा होतात. परंतु मग पुढचं ऑलिंपिक येईपर्यंत सारं कसं शांत-शांत असतं!

भारतात क्रिकेटचं वेड फार आहे. त्यामुळे त्यापेक्षा अवघड, अधिक कौशल्य आवश्यक असणाऱ्या खेळांचीदेखील प्रचंड उपेक्षा होते. ज्या खेळांमध्ये कमी गुंतवणूक करावी लागते, असे खो-खो, कबड्डी आणि देशी खेळ यांना प्रोत्साहन दिलं पाहिजे.

'खेळ' या विषयाच्या अनुषंगाने असे अनेक विचार मनात येतात. कारण त्याचं जीवनातलं महत्त्वच तेवढं आहे. या जीवनालासुद्धा परमेश्वराची क्रीडा म्हटलं जातं, ते काही उगीच नाही.

२. महात्मा फुले-एक थोर समाजसुधारक

महात्मा जोतीबा गोविंदराव फुले हे एकोणिसाव्या शतकातील थोर समाजसुधारक होते. समाजपरिवर्तनाच्या चळवळीचा पाया त्यांनी घातला. मानवी समानतेचा पुरस्कार करणारी आणि जातिभेद व धर्मभेद यांना धिक्कारणारी विचारसरणी जोतीरावांनी आवेशाने सांगितली. समाजातील कनिष्ठ वर्गाच्या आर्थिक व सामाजिक शोषणाविरुद्ध त्यांनी लढा दिला. समाजात अस्पृश्य गणल्या गेलेल्या पददलितांचे ते पहिले उद्धारक होते.

महात्मा फुले यांचा जन्म १८२७ साली माळी समाजातील गोऱ्हे यांच्या घरात झाला. बालवयातच आईच्या मायेचे छत्र हरपलेल्या जोती नावाच्या बालकाला गोविंदराव फुले यांनी मोठ्या प्रेमाने वाढवले, शाळेत घातले. जोतीरावांना इंग्रजी शिक्षणाचे वेध लागले होते. परंतु घरून विरोध झाला. मार्गात अनंत अडचणी आल्या तरीही जोतीरावांनी इंग्रजी शालान्त शिक्षण पूर्ण केले.

'ज्ञान ही एक शक्ती आहे' अशी ठाम श्रद्धा बाळगणाऱ्या जोतीरावांनी आपल्या यासंबंधीच्या विचारांचा सारांश सूत्रबद्ध पद्धतीने असा सांगितला आहे.

''विद्येविना मति गेली। मतीविना नीति गेली।।
नीतिविना गति गेली। गतीविना वित्त गेले।।

इतके अनर्थ एका अविद्येने केले.

स्त्री-शूद्रांनी शिक्षण घेतले तरच त्यांच्यातील मानसिक गुलामगिरी नाहीशी होईल व त्यांची उन्नती होईल. या विचाराने जोतीबांनी मुलींसाठी शाळा स्थापन केल्या, प्रौढांसाठी रात्रीचे वर्ग काढले. पाच हजार वर्षांच्या भारताच्या इतिहासात मुलींसाठी शाळा स्थापन करणारे पहिले भारतीय म्हणजे महात्मा फुले हे भारतीय स्त्री-शिक्षणाचे जनक म्हणून ओळखले जातात.

१८४८ साली जोतीबांनी पुण्यातील बुधवार पेठेत पहिली मुलींची शाळा काढली. १८५१ साली रास्ता पेठेत मुलींची दुसरी तर १८५२ साली मुलींची तिसरी शाळा सुरू केली. मुलींना शिकविण्यासाठी स्त्री-शिक्षका म्हणून त्यांनी आपल्या पत्नीला-सावित्रीबाईना तयार केले. स्त्री-शिक्षणाला अनुकूल नसलेल्या समाजाचा प्रचंड रोष या पतिपत्नीला सहन करावा लागला. सावित्रीबाईंचा या शाळेत जाता-येता छळ झाला. तसेच जोतीरावांच्या वडिलांनी जोतीरावांना व सावित्रीबाईना घराबाहेर काढले.

१८६० साली महात्मा फुले यांनी सामाजिक सुधारणेचे आणखी एक पाऊल टाकले. विधवा केशवपनास विरोध आणि त्यांचा पुनर्विवाह ही ती सुधारणा होय. १८६० व १८६४ साली जोतीरावांनी शेणवी विधवेचा विवाह लावला. तसेच १८६३ साली त्यांनी बालहत्याप्रतिबंधकगृह काढले. दलितांना पाणी भरण्यासाठी आपल्या घरातील पाण्याचा हौद खुला केला. ब्राह्मण म्हणजे भूदेव ही त्या काळातील सामान्य माणसाची श्रद्धा होती. मुलाच्या जन्मापासून त्याच्या निधनानंतर त्याच्या दहाव्यापर्यंत ब्राह्मणाला दक्षिणा द्यावी लागत असे. त्याशिवाय माणसाला मोक्ष मिळणार नाही अशी त्या काळात ठाम समजूत होती. या ब्राह्मणी वर्चस्वाविरुद्ध आणि मानसिक गुलामगिरीविरुद्ध 'ब्र' काढण्याची कुणाचीही हिंमत नव्हती या काळात जोतीबांनी समाजक्रांतीचे निशाण फडकवले.

१८७३ साली त्यांनी 'सत्यशोधक समाजाची' स्थापना केली. विद्या, सत्य आणि सत्शील यांचाच सदैव आग्रह धरला. हजारो अनुयायी घडवले. डॉ. कीर व डॉ. मालशे यांनी 'महात्मा फुले-समग्र वाङ्मय' या ग्रंथात म्हटले आहे की, ''ही चळवळ म्हणजे खेडुतांना शिक्षण नि ज्ञान देऊन त्यांच्या ठायी बसत असलेली अज्ञानादि पूर्वग्रहांची जळमटे झटकून टाकून आधुनिक संस्कृतीचे आणि ज्ञानाचे लोण त्यांच्यापर्यंत पोहोचविणारी एक सामाजिक प्रबोधिनी होती.'' पारंपरिक धार्मिक गुलामगिरीतून समाजाला मानसिक मुक्ती मिळवून देण्याचे कार्य या संस्थेतर्फे केले गेले.

महात्मा फुले यांनी १८५५ ते १८९० या काळात 'तृतीय रत्न' 'ब्राह्मणांचे कसब', 'गुलामगिरी', 'शेतकऱ्यांचा आसूड', 'सत्सार-२', 'सत्सार-१', 'अस्पृश्यांची कैफियत' व 'सार्वजनिक सत्यधर्म' ही पुस्तकें लिहिली. आपले क्रांतिकारी विचार त्यांनी त्यांच्या वाङ्मयातून पददलितांपर्यंत पोहोचविले. 'शेतकऱ्याचा आसूड' या ग्रंथात शेतऱ्यांची स्थिती सुधारण्यासाठी त्यांनी काही विधायक उपायही सुचवले आहेत. शंभर वर्षापूर्वीचे हे मौलिक विचार आजही लागू पडतात. यावरून जोतीरावांचे अलौकिक द्रष्टेपण दिसून येते.

लक्ष्मणशास्त्री जोशी म्हणतात त्याप्रमाणे ''हे विचार भारतातील लोकशाहीच्या क्रांतीच्या अग्रदूताचे विचार होत. सर्व मानवांचे जे जीवन व्यक्तिस्वातंत्र्य आणि समता यांनी भरलेले आहे ते सामाजिक जीवन हेच पृथ्वीवरील ईश्वराचे राज्य होय.''

अनिष्ट रूढी-परंपरांविरुद्ध आयुष्यभर जोतीराव झगडत राहिले. विद्या, सत्य व सत्शील यांचाच सदैव आग्रह धरला. म्हणूनच जनतेने स्वयंस्फूर्तीने त्यांना 'महात्मा' म्हणून गौरवले. अशा या थोर समाजसुधारकाची प्राणज्योत २८ नोव्हेंबर, १८९० रोजी मावळली. सामाजिक न्याय, बंधुभाव, सामाजिक समता या शाश्वत मूल्यांची देणगी समाजाला देऊन हा महापुरुष काळाच्या पडद्याआड गेला. जोतीराव गेले, पण त्यांच्या महान कार्याने ते अमर झाले.

३. अंधश्रद्धांचे थैमान

'नजीकच्या काळात शनी वक्री होत असून त्याचा वाईट प्रभाव आपल्या राशीवर पडून आपल्याला वाईट फळे मिळणार आहेत.' ज्योतिषाच्या या भाकितावर विश्वास ठेवून, घाबरून एका गृहस्थाने स्वतःची व स्वतःच्या कुटुंबाची जीवनयात्रा संपवली. वृत्तपत्रात आलेल्या या बातमीवरून समाजमनावर अंधश्रद्धेचा किती जबरदस्त पगडा आहे हेच दिसून येते. बुवा, साधू, महंत, महाराज यांच्याकडून फसवल्या गेलेल्या तरुण-तरुणींच्या शोकांतिकेच्या दुःखद वार्ता सतत आपल्या कानांवर येतात. माणसांचा दुःखद अंत करणारी अंधश्रद्धेची विषवल्ली समाजात सर्व ठिकाणी किती खोलवर पसरलेली आहे याचा प्रत्यय आपल्याला ठायी-ठायी येतो.

आज एकविसाव्या शतकात एकीकडे नवनवीन शोध लागून विज्ञान क्षेत्रात प्रगतीची घोडदौड सुरू असताना दुसरीकडे आपला समाज मात्र वैज्ञानिक दृष्टिकोन अंगी न बाणता अंधश्रद्धेच्या घोर अंधारातच चाचपडत आहे. अंधश्रद्धा हा आपल्या समाजाला मिळालेला शाप आहे.

तथाकथित बुवांच्या चमत्कारांवर विश्वास ठेवणे, देवाला केलेला नवस फेडण्यासाठी पळत येऊन मंदिराच्या दगडी भिंतीवर टक्कर देऊन डोके फोडून घेणे, पाठीच्या कातडीतून धारदार गळ आरपार घालून घेणे, बैलगाडीवर ठेवलेल्या काठीवरच्या बगाडाला टांगून सकाळपासून संध्याकाळपर्यंत ती बैलगाडीवर ठेवलेल्या काठीवरच्या बगाडाला टांगून सकाळपासून संध्याकाळपर्यंत ती बैलगाडी पळवत नेणे, नवस फेडण्यासाठी हजारोंच्या संख्येने देवापुढे बोकड मारून रक्तमांसाचा चिखल करणे, आगीवरून चालणे, धुळीत लोटांगणे घालत देवळाला प्रदक्षिणा घालणे, गणपतीपुढील यज्ञात लक्ष मोदकांची आहुती देणे, केसात जट निर्माण झाली की त्या मुलीचा देवदासीत समावेश करणे, पोटी मुलगा आला नाही, मरणोत्तर क्रियाकर्मे त्याच्याकडून घडली नाहीत तर स्वर्गाचे दार खुले होत नाही ही समजूत, शुभकार्यात विधवेचे पांढरे पाऊल न पडेल याची दक्षता घेणे, देवाच्या मूर्तीवर शेकडो लीटर दही, दूध, तूप, मध यांचा वर्षाव करणे अशासारख्या असंख्य अंधश्रद्धा समाजात मूळ धरून आहेत.

पैशांचा पाऊस पाडण्याचे आमिष दाखवून सिंधुदुर्ग जिल्ह्यातील मालवणजवळच्या जंगलात सात जणांचा निर्घृण संहार करण्यात आला. मुलगा व्हावा म्हणून बालकांचा बळी देण्याच्या घटना तर वारंवार ऐकायला मिळतात. मध्यंतरी केरळमध्ये एक भलामोठा पुत्रकामेष्ठी यज्ञ झाला. १००८ जोडऱ्यांनी हा यज्ञ केला व शेकडो टन शुद्ध तूप, उत्तम तांदूळ व लाकूड यज्ञासाठी वापरले गेले. समाजात अंधश्रद्धा कशी फोफावली आहे याची अशी अनेक उदाहरणे आपल्याला दिसून येतात. ग्रह, तारे, ग्रहण या सगळ्या गोष्टींची शास्त्रीय माहिती आज विज्ञानाने उपलब्ध करून दिली आहे तरीदेखील ग्रहणकाल हा अशुभ असतो, गर्भवती स्त्रीने ग्रहण पाहू नये यासारख्या अंधश्रद्धा असूनही समाजात मूळ धरून असल्याचे दिसते.

अंधश्रद्धा या केवळ अशिक्षित किंवा अल्पशिक्षितांतच असतात असे नाही तर उच्चशिक्षित व स्वत:ला विज्ञाननिष्ठ म्हणवणारी कित्येक उच्चपदस्थ माणसेही अंधश्रद्धा असे आचरण करताना दिसतात. १९९२ साली महाराष्ट्रात दुष्काळ पडला होता, पावसाने ओढ दिली होती. तेव्हा प्रत्यक्ष राज्यपालांनी आवाहन केले की, 'अमुक दिवशी सकाळी ११ वाजता पावसासाठी सर्वांनी प्रार्थना करावी, करुणा भाकावी.' प्रार्थनेचे आवाहन करताना राज्यपाल आणि ते पाळणारे सर्व जण नेमकी एक मुद्द्याची गोष्ट विसरले की दुष्काळाचे प्रमुख कारण पावसाने दिलेला हिसका हे नाही तर महाराष्ट्राने पाण्याचा वापर नियोजनशून्यतेने, अत्यंत अशास्त्रीय पद्धतीने केला हे आहे आणि त्यावर प्रार्थना हा उपाय नाही.

अंधश्रद्धांचे प्रमाण वाढतच असल्याचे आढळून येते. सध्याचा समाज अनेक ताणतणाव, दहशतवादाचे सावट इत्यादी समस्यांमुळे अस्थिर, भयग्रस्त झालेला आहे. वाढती लोकसंख्या, वाढते अपघात यामुळे आणखी समस्या निर्माण होते आहे. एकट्या मानवाची शक्ती विश्वातील भयानकतेला अपुरी पडणारी आहे याची जाणीव माणसाला अंधश्रद्धेकडे नेते. स्वत:च्या अगतिकतेतून, शोषणातून, अस्थिरतेतून मनाला प्रासंगिक दिलासा देण्यासाठी अंधश्रद्धेचा भ्रामक पण हवाहवासा वाटणारा आधार माणसे घेतात. पण अंतिमत: तो माणसाला अधोगतीला नेणारा असतो.

अंधश्रद्धेची ही व्याधी नष्ट करायची असेल तर सामाजिक प्रबोधनाची नितांत गरज आहे. अंधश्रद्धा निर्मूलन समितीसारख्या हजारो संस्था या कार्यासाठी पुढे यायला हव्यात. वैज्ञानिक दृष्टिकोनाचा प्रसार समाजात करायला हवा. घटनेचा तर्कशुद्ध विचार करावयाचा, त्याला प्रयोगाची जोड देऊन मगच जरूर ते निष्कर्ष काढायचे. अशा पद्धतीने अनुभवाचा अर्थ लावण्याची कुवत निर्माण करणे म्हणजे वैज्ञानिक दृष्टिकोन वाढवणे व अंधश्रद्धा निर्मूलन करणे. १९७५ साली इंदिरा गांधींनी घटनादुरुस्ती करून नागरिकांची मूलभूत कर्तव्ये हा भाग समाविष्ट केला. या कर्तव्यांच्या यादीत शास्त्रीय दृष्टिकोनाचा मानवतावादी विचारांचा विकास करणे, चौकस बुद्धी वाढविणे यासाठी मनोवृत्ती सजग ठेवणे हे भारतीय नागरिकांचे प्रमुख कर्तव्य मानले आहे. प्रत्येक नागरिकाने जागरूकतेने कर्तव्य पालन केले पाहिजे. मानवी मूल्ये सर्वश्रेष्ठ मानून जगले पाहिजे. म्हणजे मग अंधश्रद्धांचे थैमान आपोआपच लयास जाईल व निकोप अशा विज्ञाननिष्ठ प्रगत समाजाच्या निर्मितीस सुरुवात होईल.

४.मी रेडिओ बोलतोय...

''नमस्कार मंडळी, ओळखलत का मला? हे काय? तुमच्या चेहऱ्यावर चक्क प्रश्नचिन्ह दिसतय. म्हणजे ओळखलं नाहीत तर! काय म्हणताय, आवाज ओळखीचा वाटतोय. अहो नुसतं ओळखीचा वाटतोय असं काय म्हणताय, आठवा बरं जरा कोणाचा आवाज आहे ते. साधारण पंचवीस वर्षांपूर्वी सकाळच्या मंगलसमयी माझे गोड सूर घराघरातून ऐकू यायचे. तसेच व्हायोलीनची सुंदर धून ऐकूनच नवीन आशांनी भरलेला तुमचा नवा दिवस सुरू व्हायचा आणि ज्ञान, माहिती आणि मनोरंजनाचा खजिना घेऊन, रात्री आपल्या आवडीची मधुर गीते ऐकत ऐकतच तुम्ही निद्रादेवीच्या अधीन होत होता. 'आपली आवड' म्हटल्यावर आता तर नक्कीच तुम्ही ओळखलं असेल मी कोण ते! माझ्यावरून प्रसारित होणाऱ्या सुमधुर हिंदी-मराठी गाण्यांनी ज्यांचे तारुण्याचे दिवस मंत्रमुग्ध झाले त्या बुजुर्ग मंडळींना तर माझी आठवण झाल्याशिवाय राहणार नाही.''

आँ? काय म्हणालात? हो हो तोच मी. अगदी बरोबर ओळखलत मला. आहे मीच तो तुमचा एकेकाळचा सखा रेडिओ! आजकाल तुमच्यापैकी बऱ्याच जणांना माझा विसर पडला आहे. दूरचित्रवाणीचे आगमन झाले अन् तुम्ही सर्व जण तच्या झगमगाटात इतके गुंतून गेलात की एकेकाळच्या तुमच्या सख्याचा आवाजही तुम्हाला ओळखू येईना! जाऊ द्या, कालाय तस्मै नम: पण मी तुम्हाला सांगतो की, माझे कार्यक्रम अधिक जोमाने सुरू आहेत. त्यांची व्याप्ती आणि विषयांचे वैविध्यही वाढले आहे.

माझा आवाज लहरींच्या रूपाने हवेतून तुमच्यापर्यंत येतो. म्हणून तुम्ही मला आकाशवाणी, नभोवाणी असे संबोधता आणि माझे ब्रीदवाक्य आहे, 'बहुजन हिताय बहुजन सुखाय', समाजशिक्षण, समाजप्रबोधन, समाजाची वैचारिक, सांस्कृतिक उन्नती हेच माझ्या कार्यक्रमांमागचे मुख्य प्रयोजन आहे.

तुम्हाला ठाऊक आहे का? भारताच्या स्वातंत्र्यलढ्यात मी केवढी मोठी कामगिरी केली आहे. सन् १९४२ च्या 'चले जाव' लढ्याच्या वेळी अनेक कार्यकर्ते भूमिगत झाले होते व त्यांनी स्वत: चे नभोवाणी केंद्र चालवले होते. नेताजी सुभाषचंद्रांनी 'चलो दिल्ली' चा संदेश जनतेला माझ्याच माध्यमातून दिला.

तुम्ही शहरातले लोक मला विसरत चाललाय याचा खेद वाटतोय खरा. पण आशेचा किरण अजूनही आहे तो ग्रामीण भागात. शेतावरून दमून-भागून आलेले शेतकरी दादा जेव्हा भजन, कीर्तन असे माझे कार्यक्रम ऐकण्यात रंगून जातात व त्यामुळे त्यांचे श्रम हलके होतात तेव्हा मला मनापासून आनंद होतो. रानावनात एकटाच हिंडणारा गुराखी सुमधुर गीते, बातम्या, क्रिकेटची कॉमेंट्री ऐकतो तेव्हा त्याचे या विश्वासी चटकन नाते जोडले जाते. तेव्हा मला समाधान होते.

कृषिप्रधान भारतीय समाजातील ग्रामीण जनतेशी अनेकविध उपयुक्त कार्यक्रमांद्वारे आकाशवाणी संपर्क राखते. चालू जमाना, माझं घर, माझं शेत, कृषिसल्ला, शेतीतील नवीन प्रयोगांची माहिती अशा अनेकविध कार्यक्रमांमुळे आकाशवाणीची ग्रामीण भागाशी असलेली नाळ कधीच तुटली नाही. बालसंगोपन, आरोग्य शिक्षण याविषयीची जी थोडीफार जागृती ग्रामीण व आदिवासी भागात होत आहे ती आकाशवाणीवरील कार्यक्रमांमुळेच होय.

आकाशवाणी आणि संगीत यांचं नातं तर अतूट असं आहे. रेडिओवरील संगीताचे कार्यक्रम सामान्यांना चटकन आपलेसे करतात तर गानरसिक श्रोत्यांना आणि कलावंतांना आनंदाच्या खजिन्याची गुहाच उघडून देतात. आकाशवाणीच्या संग्रहातील अवीट गोडीची जुनी गाणी, शास्त्रीय संगीत तसेच वाद्यसंगीत म्हणजे आपल्या गानसंस्कृतीचा अमोल अक्षय असा ठेवाच!

महाराष्ट्राचे वाल्मिकी ग.दि. माडगूळकर यांच्या सिद्धहस्त लेखणीतून साकारलेलं आणि सुधीर फडके यांच्या संगीताच्या साजाने अजरामर झालेले गीतरामायण सर्वप्रथम प्रसारित झाले ते रेडिओवरूनच! त्यावेळेला गीतरामायणाचा कार्यक्रम सुरू होण्याआधी लोक मला हार घालून माझीच भक्तिभावाने पूजा करत असत.

उत्तमोत्तम साहित्यकृतींची नाट्यरूपांतरे सादर करून मी सर्वसामान्यांना वाङ्मयाभिमुख बनवतो तर साहित्य रसिकांना भरभरून आनंद देतो.

महिलांच्या भावविश्वाचा, साहित्यउर्मीचा, कर्तृत्वाचा तसेच प्रगतीच्या नव्या वाटांचा शोध महिलांच्या कार्यक्रमात घेऊन महिलांच्या मनात आकाशवाणीने हक्काचे घर प्रस्थापित केले.

खऱ्या अर्थाने समृद्ध सहजीवन कसे जगावे हे सांगताना पती-पत्नीमधील समृद्ध सहजीवन, पालक आणि मुलं यांच्यातला सुसंवाद, भावी जोडीदाराबद्दलच्या नवीन पिढीच्या उचित अशा अपेक्षा यासारख्या विषयांवर तज्ज्ञांच्या चर्चा माझ्या कार्यक्रमातून होतात. त्या खरोखरच मार्गदर्शक असल्याचा अभिप्राय श्रोत्यांकडून मिळाल्यावर मला संतोष होतो, घटस्फोट, बालगुन्हेगारी, कैद्यांचे मानसशास्त्र अशांसारख्या मानसशास्त्रीय आणि सामाजिक प्रश्नांवरचेही तज्ज्ञांचे विचारमंथ श्रोत्यांना उपयुक्त ठरते. मुला-मुलींना वाढविताना भेद करू नये, स्त्री-पुरुष समानता प्रस्थापित होण्याच्या दिशेने प्रयत्नशील राहिले पाहिजे हा महत्त्वाचा विचार तर माझ्या अनेक कार्यक्रमांतून जनमानसात सातत्याने रुजवण्याचा प्रयत्न होतो.

लोकाभिमुखता हे माझ्या कार्यक्रमांचे एक वैशिष्ट्यच आहे. गण, गवळण, भारूड, धनगरी ओव्या गाणारे गायक, पारंपरिक वाद्य वाजवणारे वादक यांच्या लोकसंगीताचा मनोरम आविष्कार माझ्या कार्यक्रमातून होतो. सामान्यांच्या असामान्य कलेची, त्यांच्या मतांची तसेच त्यांच्या प्रश्नांची दखल माझ्या कार्यक्रमातून घेतली जाते. तेव्हा माझं 'बहुजन हिताय बहुजन सुखाय' हे ब्रीदवाक्य सार्थ झाल्याचं समाधान मला वाटतं.

तुमच्या कार्यक्रमात बाधा न आणता तुमचं मनोरंजन, उद्बोधन करण्याची वैशिष्ट्यपूर्ण क्षमता माझ्यात आहे. तुमचा एकटेपणा दूर करण्याची जादू माझ्यात आहे. तुम्ही तुमच्या मित्राशी जसे हितगुज करता अगदी त्याप्रमाणेच मी तुमच्याशी हितगुज करतो आणि मी तुमच्याबरोबर कुठेही येऊ शकतो. हा आणखी एक फायदा.

कार्यक्रमात कोणताही भडकपणा, अतिरंजितपणा न आणता प्रेम, दया, करुणा, सहकार्य अशा मानवी मूल्यांचे संस्कार करणे, (ज्याची आज समाजाला नितांत गरज आहे.) हेच तर माझे उद्दिष्ट आहे आणि यासाठी मला तुमची निरंतर साथ हवी आहे. द्याल ना मला साथ?

५. गप्पा मारण्याचे व्यसन

एकदा मी कर्णबधिर मुलांच्या मंडळात गेले होते. त्यांच्यापैकीच एक मुलगा सापांबद्दल काही माहिती सांगणार होता. पण सगळे महिन्याभरांनी भेटलेले मित्र एकमेकांशी गप्पा मारण्यात इतके गुंतले होते की, त्याच्याकडे कोणाचं लक्षच जाईना! बरं ओरडून, काहीतरी आवाज करून लक्ष वेधावं तर त्याचा काही उपयोग नव्हता, कोणालाही बोलायला आणि ऐकायला येत नव्हतं, तरी हावभावांनी, खाणाखुणांनी त्यांच्या जिवाभावाच्या मित्रांशी गप्पा मात्र रंगल्या होत्या. शेवटी त्याने लाईटच्या बटणाची उघडझाप केली आणि आपल्याकडे लक्ष वेधलं.

अबोल माणसांची ही कथा तर मग बोलणाऱ्या गप्पांबद्दल काय बोलावं? माणूस हा समूहात राहणारा प्राणी आहे. त्यामुळे त्याला दुसऱ्याशी अनेक मार्गांनी संवाद साधायला आवडतो. माणसाला भाषा अवगत असल्यामुळे दोन माणसं एकत्र आली की त्यांच्या गप्पा सहज रंगतात.

काहींना तर सारखं बोलायला आवडतं, गप्पांचं त्यांना व्यसनच असतं. असं वाटतं की या लोकांचं तोंड चामड्याचं असतं तर फाटून गेलं असतं. आपलं बोलणं दुसऱ्याला ऐकायचं आहे की नाही, त्यात त्याला रस वाटतो आहे की नाही याचा विचार ते करत नाहीत. त्यांचे विषय तरी काय असतात? उठल्यापासून मी काय-काय केलं? तोच तो कंटाळवाणा विषय. काहींच्या बोलण्यात नुसती दुसऱ्याची टिंगल-टवाळी, स्वतःबद्दलची प्रौढी आणि स्वतःला सर्व काही समजतं असा भाव. अशा, लोकांशी गप्पा करणं म्हणजे शिक्षा वाटते. लोक त्यांना टाळतात. त्यांच्यापासून लांब राहतात किंवा त्यांचं बोलणं मध्येच तोडून टाकतात. पण ते या व्यसनाच्या इतके आहारी गेलेले असतात की, त्यांना अपमानही कळत नाही.

काही व्यक्तींचं बोलणं मात्र श्रवणीय असतं. त्यांच्या सहज गप्पाही तर्कशुद्ध, स्पष्ट विचार व्यक्त करतात. अनुभवांची गाठोडी त्यातून उलगडतात. कधी एखाद्या राजकीय, सामाजिक घटनेवर किंवा कधी वाचलेल्या पुस्तकावर ते मतप्रदर्शन करतात तेव्हा आपणही विचारसमृद्ध होतो. अशा व्यक्तींना थोडं बोलतं करून ऐकत राहणं हा एक आनंद असतो.

गप्पांतून माणूस सहज व्यक्त होतो. तो जसा आहे तसा कळतो. विरंगुळ्यासाठी, ताण कमी करण्यासाठी, मार्गदर्शन मिळविण्यासाठी माणसं गप्पा मारतात. गप्पांमुळे चित्त हलकं होतं. खेड्यातले वड, पिंपळांचे पार, देवळं, नदीकाठ, समुद्रकाठ, कॉलेजकट्टे, बागा हे वेगवेगळ्या वयोगटातल्या माणसांचे गप्पांचे अड्डे ओसंडून चाललेले असतात.

आज तर फोन आणि मोबाईलमुळे एकमेकांना न भेटताही गप्पा मारता येतात. त्यात एसएमएसच्या लिखित गप्पांचीही भर पडली आहे. गप्पांचं व्यसन असणारी माणसं या सगळ्या गोष्टींचा अवलंब करतातच. पण एखादा माणूस त्यांच्या तावडीत सापडला की, ते त्यांना हवं आणि नको असलेलं सारं ऐकवितात. त्यांनी कितीही वेळा घड्याळाकडे पाहिलं तरी ते त्यांना सोडत नाहीत. समोरच्या माणसाची मोठी कठीण परिस्थिती होते. त्यातच झोप आली असेल तर त्याचं रागात रूपांतर होतं. म्हणून गप्पा मारताना वेळेचं भान, मनावर संयम, आपल्या बोलण्यामुळे कोणात गैरसमज होणार नाहीत ना याची काळजी घ्यायला पाहिजे. कारण शब्द हे एक शस्त्रही आहे, म्हणूनच ते जपून वापरलं पाहिजे.

या शस्त्राचा विधायक उपयोगही होतो. रविकिरणमंडळाची निर्मिती अनेक कवीलेखकांच्या साहित्यिक गप्पांतूनच झाली. एखाद्या मोठ्या माणसाला मुलाखतीद्वारे बोलतं करून त्याच्याशी गप्पा मारत त्याच्या जीवनकार्याविषयी माहिती करून देणारी गप्पाष्टकं खूपच रंगताना आपण पाहतो-ऐकतो. त्यातून ऐकणाऱ्या गप्पा असोत की विवाहासाठी मुली पाहताना किंवा नोकरीसाठी मुलाखत घेताना मारलेल्या हवा-पाण्याच्या गप्पा असोत, त्या आपल्या आयुष्याचा एक भाग आहेत.

आजकाल या कम्युनिकेशन स्किलला खूपच महत्त्व आहे. लोकांना बोलतं करणं, त्यांना हव्या त्या विषयावर बोलायला लावणं, सूचक प्रश्न विचारणं, यात करिअर करणंसुद्धा आज शक्य आहे. तेव्हा गप्पांची आवड असणाऱ्या लोकांना आता आपल्या गप्पा कॅशही करता येणार आहेत.

●●

MATHEMATICS & STATISTICS (ARTS & SCIENCE)

Time : 3 Hrs   Total Marks : 80

General Instructions: The question paper is divided into four sections.

(i) All questions are compulsory.

(ii) Section A: Q.No.1 contains eight multiple choice questions carrying **two marks** each.
Q.No.2 contains four very short answer types of questions carrying **One mark** each.

(iii) Section B: Contain twelve shorts answer type questions carrying **Two marks** each. (Attempt any Eight)

(iv) Section C: Contains Twelve short answer type of questions carrying **Three marks** each. (Attempt any Eight)

(v) Section D: Contains eight long answer type of questions carrying **Four marks** each. (Attempt any five)

(vi) Use of log table is allowed. Use of calculator is not allowed.

(vii) Figures to the right indicate full marks.

(viii) For each MCQ, Correct answer must be written along with its alphabet. e.g., (a)...../(b)...../only first attempt will be considered for evaluation.

(ix) Use of Graph paper is not necessary. Only rough sketch of graph is expected.

SAMPLE PAPER-1
Mathematics & Statistics (Arts & Science)

Questions

Time: 3 Hours
Total Marks: 70

Section A

1. Select and write the most appropriate answer from the given alternatives for each questions : (16)

   (i) $p \wedge q$ is false and $p \vee q$ is true, then ...... is not true. (2)
   - (a) $p \vee q$
   - (b) $p \leftrightarrow q$
   - (c) $\sim p \vee \sim q$
   - (d) $q \vee \sim p$

   (ii) The principal solutions of equation $\sin \theta = -1/2$ are : (2)
   - (a) $\frac{5\pi}{6}, \frac{\pi}{6}$
   - (b) $\frac{7\pi}{6}, \frac{11\pi}{6}$
   - (c) $\frac{\pi}{6}, \frac{7\pi}{6}$
   - (d) $\frac{7\pi}{6}, \frac{\pi}{3}$

   (iii) If the slopes of the lines $kx^2 - 4xy + y^2 = 0$ differ by 2, then $k = $?
   - (a) 1
   - (b) 2
   - (c) 3
   - (d) 4

   (iv) The vector equation of line $2x - 1 = 3y + 2 = z - 2$ is : (2)
   - (a) $r = \left(\frac{1}{2}\hat{i} - \frac{2}{3}\hat{j} + 2\hat{k}\right) + \lambda(3\hat{i} + 2\hat{j} + 6\hat{k})$
   - (b) $r = \hat{i} - \hat{j} + (2\hat{i} + \hat{j} + \hat{k})$
   - (c) $r = \left(\frac{1}{2}\hat{i} - \hat{j}\right) + \lambda(\hat{i} - 2\hat{j} + 6\hat{k})$
   - (d) $r = (\hat{i} + \hat{j}) + \lambda(\hat{i} - 2\hat{j} + 6\hat{k})$

   (v) The value of objective function is maximum under linear constraints : (2)
   - (a) at the centre of feasible region
   - (b) at (0, 0)
   - (c) at a vertex of feasible region
   - (d) the vertex which is of maximum distance from (0, 0).

   (vi) If $f(x) = \frac{x^2 - 1}{x^2 + 1}$, for every real x, then the minimum value of f is : (2)
   - (a) 1
   - (b) 0
   - (c) -1
   - (d) 2

   (vii) $\int_0^{\frac{\pi}{2}} \frac{\sin^2 x \, dx}{(1 + \cos x)^2} = $ (2)
   - (a) $\frac{4-\pi}{2}$
   - (b) $\frac{\pi-4}{2}$
   - (c) $4 - \frac{\pi}{2}$
   - (d) $\frac{4+\pi}{2}$

   (viii) The area bounded by the regions $1 \leq x \leq 5$ and $2 \leq y \leq 5$ is given by : (2)
   - (a) 12 sq units
   - (b) 8 sq units
   - (c) 25 sq units
   - (d) 32 sq units

2. Answer the following questions: (4)

   (i) Apply the given elementary transformation of the following matrix : (1)
   $$A = \begin{bmatrix} 1 & 0 \\ -1 & 3 \end{bmatrix}, R_1 \leftrightarrow R_2$$

   (ii) State whether the following equation has a solution or not? (1)
   $$\cos^2 \theta = -1.$$

   (iii) Evaluate : $\int_0^{\frac{\pi}{2}} x \sin x \, dx$ (1)

   (iv) Determine the order and degree of the following differential equation : (1)
   $$\frac{d^2y}{dx^2} + x\left(\frac{dy}{dx}\right) + y = 2 \sin x$$

Section B

Attempt any EIGHT of the following questions: (16)

3. Construct the truth table of the following statement pattern. $(p \wedge \sim q) \leftrightarrow (p \rightarrow q)$.

4. Convert $\begin{bmatrix} 1 & -1 \\ 2 & 3 \end{bmatrix}$ into an identity matrix by suitable row transformations.

5. Find the combined equation of the following pair of line : passing through (2, 3) and perpendicular to the lines $3x + 2y - 1 = 0$ and $x - 3y + 2 = 0$.

6. Find the separate equation of the line represented by the following equation :
$$5y^2 - 9y^2 = 0$$

7. Find the area of the triangle with vertices (1, 1, 0), (1, 0, 1) and (0, 1, 1).

8. Find the vector equation of the line passing through points having position vector $3\hat{i} + 4\hat{j} - 7\hat{k}$ and $6\hat{i} - \hat{j} + \hat{k}$.

9. Find the Cartesian equations of the line passing through $A(-1, 2, 1)$ and having direction ratios 2, 3, 1.
10. Solve graphically : $x \geq 0$.
11. Differentiate the following w.r.t. x : $\sqrt{x^2 + 4x - 7}$
12. Find the area of the circle $x^2 + y^2 = 9$, using integration.
13. State if the following is not the probability mass function of a random variable. Give reasons for your answer :

X	0	1	2
P(X)	0.4	0.4	0.2

14. A bag consists of 10 balls each marked with one of the digits from 0 to 9. If four balls are drawn successively with replacement from the bag. What is the probability that none is marked with the digit 0?

Section C

Attempt any EIGHT of the followings questions: (24)

15. Find the co-factor of the element of the following matrix.
$$\begin{bmatrix} 1 & -1 & 2 \\ -2 & 3 & 5 \\ -2 & 0 & -1 \end{bmatrix}$$

16. Find the general solutions of the following equation :
$$\sin \theta = \tan \theta$$

17. Show that the following points are collinear :
$A = (3, 2, -4), B = (9, 8, -10), C = (-2, -3, 1)$

18. Are the four points $A(1 - 1, 1), B(-1, 1, 1), C(1, 1, 1)$ and $D(2, -3, 4)$ coplanar ? Justify your answer.

19. Differentiate the following w.r.t.
$$x : \frac{(x+1)^2}{(x+2)^3 (x+3)^4}$$

20. Find the equations of tangents and normals to the following curves at the indicated points on them :
$y = x^2 + 2e^x 2$ at $(0, 4)$

21. Evaluate the following integrals : $\int \frac{5x+2}{3x-4} dx$

22. Integrate the following functions w.r.t. x : $\frac{x^n - 1}{\sqrt{1 + 4x^n}}$

23. Evaluate : $\int_0^1 x \cos^{-1} x \, dx$

24. Reduce the following differential equation to the variable separable form and hence solve : $\frac{dy}{dx} = \cos(x+y)$

25. Find the probability distribution of number of trails in the simultaneous tosses of three coins.

26. In a large school, 80% of the pupil like Mathematics. A visitor to the school asks each of 4 pupils, chosen at random, whether they like Mathematics. Calculate the probabilities of obtaining an answer from 0, 1, 2, 3, 4 of the pupils.

Section D

Attempt any FIVE of the following questions: (20)

27. Using the truth table prove the following logical equivalence. $(p \vee q) \rightarrow r \equiv (p \rightarrow r) \wedge (q \rightarrow r)$

28. In $\triangle ABC$, if cot A, cot B, cot C are in A.P., then show that a^2, b^2, c^2 are also in A.P.

29. Find the direction cosines of the vector which is perpendicular to both the lines having direction ratios $2, -1, 1$ and $1, 2, -3$.

30. Find the coordinates of the foot of the perpendicular drawn from the point $2\hat{i} - \hat{j} + 5\hat{k}$ to the line $r = (11\hat{i} - 2\hat{j} - 8\hat{k}) + \lambda(10\hat{i} - 4\hat{j} - 11\hat{k})$. Also find the length of the perpendicular.

31. Find the second order derivatives of the following :
$$e^{4x} \cdot \cos 5x$$

32. Find the maximum and minimum values of the function
$$f(x) = \cos^2 x + \sin x.$$

33. Evaluate the following integrals :
$$\int \frac{7x+3}{\sqrt{3+2x-x^2}} dx$$

34. Solve the following differential equation :
$$\frac{\cos^2 y}{x} dy + \frac{\cos^2 x}{y} dx = 0$$

Answer Key

Section A

1. (i) (b)
   (ii) (b)
   (iii) (c)
   (iv) (a)
   (v) (c)
   (vi) (c)
   (vii) (a)
   (viii) (a)

2. (i) $A = \begin{bmatrix} 1 & 0 \\ -1 & 3 \end{bmatrix}$

   By $R_1 \leftrightarrow R_2$, we get

$$A \sim \begin{bmatrix} -1 & 3 \\ 1 & 0 \end{bmatrix}$$

(ii) $\cos^2 \theta = -1$

This is not possible because $\cos^2 \theta \geq 0$ for any θ.

$\therefore \cos^2 \theta = -1$ does not have any solution.

(iii) $\int_0^{\frac{\pi}{2}} x \sin x \, dx = \left[x \int \sin x \, dx \right] - \int_0^{\frac{\pi}{2}} \left[\frac{d}{dx}(x) \int \sin x \, dx \right] dx$

$= \left[x(-\cos x) \right]_0^{\frac{\pi}{2}} - \int_0^{\frac{\pi}{2}} 1 \cdot (-\cos x) \, dx$

$= -\left[x \cos x \right]_0^{\frac{\pi}{2}} + \int_0^{\frac{\pi}{2}} \cos x \, dx$

$= -\left[\frac{\pi}{2} \cos \frac{\pi}{2} - 0 \right] + \left[\sin x \right]_0^{\frac{\pi}{2}}$

$= 0 + \left(\sin \frac{\pi}{2} - \sin 0 \right)$

$= 1.$

(iv) The given D.E. is

$$\frac{d^2y}{dx^2} + x\left(\frac{dy}{dx}\right) + y$$

This differential equation has highest order derivative $\frac{d^2y}{dx^2}$ with power 1.

$\therefore$ The given differential equation is of order 2 and degree 1.

Section B

3.

p	q	~q	p∧~q	p→q	(p∧q)↔(p→q)
T	T	F	F	T	F
T	F	T	T	F	F
F	T	F	F	T	F
F	F	T	F	T	F

4. Let $A = \begin{bmatrix} 1 & -1 \\ 2 & 3 \end{bmatrix}$

Applying $R_2 \to R_2 - 2R_1$

$\Rightarrow A = \begin{bmatrix} 1 & -1 \\ 0 & 5 \end{bmatrix}$

Applying $R_2 \to \frac{1}{5} R_2$

$\Rightarrow A = \begin{bmatrix} 1 & -1 \\ 0 & 1 \end{bmatrix}$

Applying $R_1 \to R_1 + R_2$

$\Rightarrow A = \begin{bmatrix} 1 & 0 \\ 0 & 1 \end{bmatrix} = I$

an identity matrix of order 2.

5. Let L_1 and L_2 be the lines passing through the point (2, 3) and perpendicular to the lines $3x + 2y - 1 = 0$ and $x - 3y + 2 = 0$ respectively.

Slopes of the lines $3x + 2y - 1 = 0$ and $x - 3y + 2 = 0$ are $\frac{-3}{2}$ and $\frac{-1}{-3} = \frac{1}{3}$ respectively.

$\therefore$ Slopes of the lines L_1 and L_2 pass through the point (2, 3), their equations are

$y - 3 = \frac{2}{3}$ and $y - 3 = -3(x - 2)$

$\therefore 3y - 9 = 2x - 4$ and $y - 3 = -3x + 6$

$\therefore 2x - 3y + 5 = 0$ and $3x + y - 9 = 0$

Their combined equation is

$(2x - 3y + 5)(3x + y - 9) = 0$

$\therefore 6x^2 + 2xy - 18x - 9xy - 3y^2 + 27y + 15x + 5y - 45 = 0$

$\therefore 6x^2 - 7xy - 3y^2 - 3x + 32y - 45 = 0$

6. $5y^2 - 9y^2 = 0$

$(\sqrt{5}y)^2 - (3y)^2 = 0$

$(\sqrt{5}y - 3y)(\sqrt{5}y + 3y) = 0$

The separate equations of the lines are

$(\sqrt{5}x + 3y) = 0$ and $\sqrt{5}x - 3y$

7. Let $A = (1, 1, 0), B = (1, 0, 1), C = (0, 1, 1)$

$|(AB)| = \sqrt{(1-1)^2 + (1-0)^2 + (0-1)^2} = \sqrt{0+1+1} = \sqrt{2}$

$|(BC)| = \sqrt{(1-0)^2 + (0-1)^2 + (1-1)^2} = \sqrt{1+1+0} = \sqrt{2}$

$|(CA)| = \sqrt{(0-1)^2 + (1-1)^2 + (1-0)^2} = \sqrt{1+0+1} = \sqrt{2}$

$\therefore |(AB)| = |(BC)| = |(CA)|$

$\therefore$ Triangle is an equilateral triangle

$\therefore$ Its area $= \frac{\sqrt{3}}{4} (\text{Side})^2$

$= \frac{\sqrt{3}}{4} (\sqrt{2})^2$

$= \frac{\sqrt{3}}{2}$ sq units.

8. The vector equation of the line passing through the $A(\bar{a})$ and $B(\bar{b})$ is:

$\bar{r} = \bar{a} + \lambda(\bar{b} - \bar{a}), \lambda$ is a scalar.

$\therefore$ The vector equation of the line passing through the points having position vector

$3\hat{i} + 4\hat{j} - 7\hat{k}$ and $6\hat{i} - \hat{j} + \hat{k}$ is

$$r = (3\hat{i}+4\hat{j}-7\hat{k})+\lambda\left[\left(6\hat{i}-\hat{j}+\hat{k}\right)-\left(3\hat{i}+4\hat{j}-7\hat{k}\right)\right]$$

i.e. $r = (3\hat{i}+4\hat{j}-7\hat{k})+\lambda(3\hat{i}-5\hat{j}+8\hat{k})$

9. The Cartesian equations of the line passing through (x_1, y_1, z_1) and having direction ratios a, b, c are

$$\frac{x-x_1}{a}=\frac{y-y_1}{b}=\frac{z-z_1}{c}$$

$\therefore$ The Cartesian equation of the line passing through the point (– 1, 2, 1) and having direction ratios 2, 3, 1 are

$$\frac{x-(-1)}{2}=\frac{y-2}{3}=\frac{z-1}{1}$$

i.e. $$\frac{x+1}{2}=\frac{y-2}{3}=\frac{z-1}{1}$$

10. Consider the line whose equation is $x = 0$. This represents the Y-axis.

To find the solution set, we have to check any point other than origin.

Let us check the point (1, 1).

When $x = 1, x \geq 0$

$\therefore$ (1, 1) lies in the required region.

Therefore, the solution set is the Y-axis and the right side of the Y-axis which is shaded in the graph.

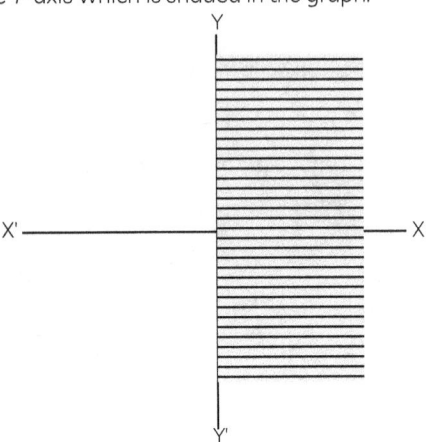

11. $y = \sqrt{x^2+4x-7}$

Differentiating w.r.t. x, we get

$$\frac{dy}{dx} = \frac{1}{2\sqrt{x^2+4x-7}}.\frac{d}{dx}(x^2+4x-7)$$

$$= \frac{1}{2\sqrt{x^2+4x-7}}.\left(\frac{d}{dx}x^2+\frac{d}{dx}4x-\frac{d}{dx}7\right)$$

$$= \frac{1}{2\sqrt{x^2+4x-7}}.(2x+4-0)$$

$$= \frac{2(x+2)}{2\sqrt{x^2+4x-7}}$$

$$= \frac{(x+2)}{\sqrt{x^2+4x-7}}$$

12. By the symmetry of the circle, its area is equal to 4 times the area of the region OABO. Clearly for this region, the limits of integration are 0 and 3.

From the euqation of the circle, $y^2 = 9 - x^2$.

In the first quadrant, $y = 0$

$\therefore$ $$y = \sqrt{9-x^2}$$

$\therefore$ Area of the circle = 4(Area of the region OABO)

$$= 4\int_0^3 y.dx = 4\int_0^3 \sqrt{9-x^2}.dx$$

$$= 4\left[\frac{x}{2}\sqrt{9-x^2}+\frac{9}{2}\sin^{-1}\left(\frac{x}{3}\right)\right]_0^3$$

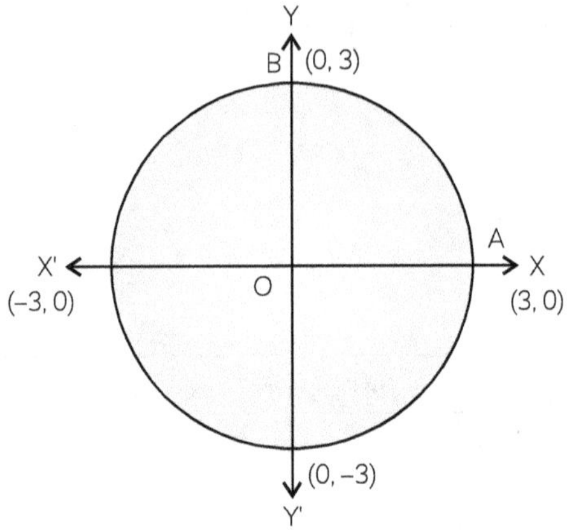

$$= 4\left[\frac{x}{2}\sqrt{9-9}+\frac{9}{2}\sin^{-1}\left(\frac{3}{3}\right)\right]-4\left[\frac{0}{2}\sqrt{9-0}+\frac{9}{2}\sin^{1}(0)\right]$$

$$= 4.\frac{9}{2}.\frac{\pi}{2}$$

= 9π sq units.

13. Probability mass function of random variable should satisfy the following conditions :

(a) $0 \leq p_i \leq 1$

(b) $\Sigma p_i = 1$

X	0	1	2
P(X)	0.4	0.4	0.2

(a) Here, $0 \leq p_i \leq 1$

(b) $\Sigma p_i = 0.4 + 0.4 + 0.2 = 1$

Hence, $P(X)$ can be regarded as probability mass function of the random variable X.

14. Let X denote the number of balls marked with the digit 0 among the 4 balls drawn.

Since the balls are drawn with replacement, the trials are Bernoulli trials.

X has a binomial distribution with $n = 4$ and $p = \frac{1}{10}$

and $q = 1 - p = 1-\frac{1}{10}=\frac{9}{10}$

The p.m.f. of X is given by

$$P(X = x) = {}^nC_x p^x q^{n-x}$$

i.e. $$p(x) = {}^4C_x\left(\frac{1}{10}\right)^x\left(\frac{9}{10}\right)^{4-x}, x = 0, 1, ..., 4$$

P(None of the ball marked with digit 0) = $P(X = 0)$

$\Rightarrow \quad p(0) = {}^4C_0\left(\frac{1}{10}\right)^0\left(\frac{9}{10}\right)^{4-0}$

$= 1\times1\times\left(\frac{9}{10}\right)^4 = \left(\frac{9}{10}\right)^4$

Hence, the probability that none of the bulb marked with digit 0 is $\left(\frac{9}{10}\right)^4$.

Section C

15. Let $A = \begin{bmatrix} 1 & -1 & 2 \\ -2 & 3 & 5 \\ -2 & 0 & -1 \end{bmatrix}$

The co-factor of a_{ij} is given by $A_{ij} = (-1)^{i+j}M_{ij}$

Now, $M_{11} = \begin{bmatrix} 3 & 5 \\ 0 & -1 \end{bmatrix} = -3-0 = -3$

$\therefore \quad A_{11} = (-1)^{1+1}(-3) = -3$

$M_{12} = \begin{bmatrix} -2 & 5 \\ -2 & -1 \end{bmatrix} = 2+10 = 12$

$\Rightarrow \quad A_{12} = (-1)^{1+2} = (12) = -12$

$M_{13} = \begin{bmatrix} -2 & 3 \\ -2 & 0 \end{bmatrix} = 0+6 = 6$

$\Rightarrow \quad A_{13} = (-1)^{1+3}(6) = 6$

$M_{21} = \begin{bmatrix} -1 & 2 \\ 0 & -1 \end{bmatrix} = 1-0 = 1$

$\Rightarrow \quad A_{21} = (-1)^{2+1}(1) = -1$

$M_{22} = \begin{bmatrix} 1 & 2 \\ -2 & -1 \end{bmatrix} = -1+4 = 3$

$\Rightarrow \quad A_{22} = (-1)^{2+2}(3) = 3$

$M_{23} = \begin{bmatrix} 1 & -1 \\ -2 & 0 \end{bmatrix} = 0-2 = 2$

$\Rightarrow \quad A_{23} = (-1)^{2+3}(-2) = 2$

$M_{31} = \begin{bmatrix} -1 & 2 \\ 3 & 5 \end{bmatrix} = -5-6 = -11$

$\Rightarrow \quad A_{31} = (-1)^{3+1}(-11) = -11$

$M_{32} = \begin{bmatrix} 1 & 2 \\ -2 & 5 \end{bmatrix} = 5+4 = 9$

$\Rightarrow \quad A_{32} = (-1)^{3+2}(9) = -9$

$M_{33} = \begin{bmatrix} 1 & -1 \\ -2 & 3 \end{bmatrix} = 3-2 = 1$

$\Rightarrow \quad A_{33} = (-1)^{3+3}(1) = 1$

16. Given : $\sin\theta = \tan\theta$

$\Rightarrow \quad \sin\theta = \frac{\sin\theta}{\cos\theta}$

$\Rightarrow \quad \sin\theta\cos\theta - \sin\theta = 1$

$\Rightarrow \quad \sin\theta(\cos\theta - 1) = 0$

$\Rightarrow \quad \sin\theta = 0 \text{ or } \cos\theta - 1 = 0$

$\Rightarrow \quad \sin\theta = 0 \text{ or } \cos\theta = 1$

$\Rightarrow \quad \sin\theta = 0 \text{ or } \cos\theta = \cos 0°$

The general solution of $\sin\theta = 0$, $\sin\theta = n\pi$, $n \in Z$ and $\cos\theta = \cos\alpha$ is $\theta = 2n\pi \pm \alpha$, where $n \in Z$.

$\therefore$ The required general solution is given by

$\theta = n\pi, n \in Z \text{ or } \theta = 2n\pi \pm \theta, n \in Z$

$\therefore \theta = n\pi, n \in Z \text{ or } \theta = 2n\pi, n \in Z$

17. Let a, b, c be the position vectors of the points, where A = (3, 2, – 4), B = (9, 8, – 10) and C = (– 2, – 3, 1) respectively.

Then,

$\bar{a} = 3\hat{i}+2\hat{j}-4\hat{k}, \bar{b} = 9\hat{i}+8\hat{j}-10\hat{k}, \bar{c} = -2\hat{i}-3\hat{j}+\hat{k}$

$\overrightarrow{AB} = \bar{b}-\bar{a}$

$= (9\hat{i}+8\hat{j}-10\hat{k})-(3\hat{i}+2\hat{j}-4\hat{k})$

$= 6\hat{i}+6\hat{j}-6\hat{k}$ ...(i)

and $\overrightarrow{BC} = \bar{c}-\bar{b}$

$= (-2\hat{i}-3\hat{j}+\hat{k})-(9\hat{i}+8\hat{j}-10\hat{k})$

$= -11\hat{i}-11\hat{j}+11\hat{k}$

$= -11(\hat{i}+\hat{j}-\hat{k})$

$= -\frac{11}{6}(6\hat{i}+6\hat{j}-6\hat{k})$

$= -\frac{11}{6}\overrightarrow{AB}$ [By (i)]

$\therefore \overrightarrow{BC}$ is a non-zero scalar multiple of $\overrightarrow{AB}$

$\therefore$ They are parallel to each other.

But they have point B in common.

$\therefore \overrightarrow{BC}$ and $\overrightarrow{AB}$ are collinear vectors.

Hence, points A, B and C are collinear.

18. The position vectors $\bar{a}, \bar{b}, \bar{c}, \bar{d}$ of the points A, B, C, D are

$\bar{a} = \hat{i}-\hat{j}+\hat{k}, \bar{b} = -\hat{i}+\hat{j}+\hat{k}, \bar{c} = \hat{i}+\hat{j}+\hat{k}, \bar{d} = 2\hat{i}-3\hat{j}+4\hat{k}$

$\therefore \quad \overrightarrow{AB} = \bar{b}-\bar{a}$

$= (-\hat{i}+\hat{j}+\hat{k})-(\hat{i}-\hat{j}+\hat{k})$

$= -2\hat{i}+2\hat{j}$

$\overrightarrow{AC} = \bar{c}-\bar{a}$

$= (\hat{i}+\hat{j}+\hat{k})-(\hat{i}-\hat{j}+\hat{k})=2\hat{j}$

and $\overrightarrow{AD} = \bar{d}-\bar{a}=(2\hat{i}-3\hat{j}+4\hat{k})-(\hat{i}-\hat{j}+\hat{k})$

$= \hat{i}-2\hat{j}+3\hat{k}$

If A, B, C, D are coplanar, then there exist scalars x, y such that

$AB = x.AC + y.AD$

$\therefore \quad -2\hat{i}+2\hat{j} = x(2\hat{j})+y(\hat{i}-2\hat{j}+3\hat{k})$

$\therefore \quad -2\hat{i}+2\hat{j} = y\hat{i}+(2x-2y)\hat{j}+3y\hat{k}$

By equality of vectors,

$y = -2$ ...(i)

$2x - 2y = 2$ ...(ii)

$3y = 0$ ...(iii)

From (i), $y = -2$

From (iii), $y = 0$

This is not possible.

Hence, the points A, B, C, D are not coplanar.

19. Let $y = \dfrac{(x+1)^2}{(x+2)^3(x+3)^4}$

Then, $\log y = \log\left[\dfrac{(x+1)^2}{(x+2)^3(x+3)^4}\right]$

$= \log(x + 1)^2 - \log(x + 2)^3 - \log(x + 3)^4$

$= 2 \log(x + 1) - 3 \log(x + 2) - 4 \log(x + 3)$

Differentiating w.r.t. x, we get

$\dfrac{1}{y}\dfrac{dy}{dx} = 2\dfrac{d}{dx}[\log(x+1)]-3\dfrac{d}{dx}[\log(x+2)]-4\dfrac{d}{dx}[\log(x+3)]$

$= 2\times\dfrac{1}{x+1}.\dfrac{d}{dx}(x+1)-3\times\dfrac{1}{x+2}.\dfrac{d}{dx}(x+2)-4\times\dfrac{1}{x+3}.\dfrac{d}{dx}(x+3)$

$= \dfrac{2}{x+1}.(1+0)-\dfrac{3}{x+2}.(1+0)-\dfrac{4}{x+3}.(1+0)$

$\therefore \dfrac{dy}{dx} = y\left[\dfrac{2}{x+1}-\dfrac{3}{x+2}-\dfrac{4}{x+3}\right]$

$= \dfrac{(x+1)^2}{(x+2)^2(x+3)^4}.\left[\dfrac{2}{x+1}-\dfrac{3}{x+2}-\dfrac{4}{x+3}\right]$

20. $y = x^2 + 2ex^22$

$\therefore \quad \dfrac{dy}{dx} = \dfrac{d}{dx}(x^2+2e^x+2)$

$= 2x + 2xe^x + 0$

$= 2x + 2e^x$

$\therefore \quad \left(\dfrac{dy}{dx}\right)_{at(0,4)} = 2(0) + 2e^0 = 2$

= Slope of the tangent at (0, 4).

The equation of the tangent at (0, 4) is

$y - 4 = 2(x - 0)$

$\therefore \quad y - 4 = 2x$

$\therefore \quad 2x - y + 4 = 0$

The slope of the normal at (0, 4)

$= \dfrac{-1}{\left(\dfrac{dy}{dx}\right)_{at(0,4)}} = -\dfrac{1}{2}$

$\therefore$ The equation of the normal at (0, 4) is

$y - 4 = -\dfrac{1}{2}(x-0)$

$\therefore \quad 2y - 8 = -x$

$\therefore \quad x + 2y - 8 = 0$

Hence, the equations of tangent and normal are $2x - y + 4 = 0$ and $x + 2y - 8 = 9$ respectively.

21.

$\int\dfrac{5x+2}{3x-4}.dx = \int\dfrac{\frac{5}{3}\left(3x-4+\frac{20}{3}+2\right)}{3x-4}.dx$

$= \int\dfrac{\frac{5}{3}(3x-4)+\frac{26}{3}}{3x-4}.dx$

$= \int\left[\dfrac{5}{3}+\dfrac{\frac{26}{3}}{3x-4}\right].dx$

$= \dfrac{5}{3}\int 1dx+\dfrac{26}{3}\int\dfrac{1}{3x-4}.dx$

$= (5x)(3)+\dfrac{26}{3}.\dfrac{1}{3}\log[3x-4]+c$

$= (5x)(3)+\dfrac{26}{6}\log[3x-4]+c.$

22. Let $I = \int\dfrac{x^n-1}{\sqrt{1+4x^n}}.dx$

Put $x^n = t$

$\therefore \quad nx^{n-1}\,dx = dt$

$\therefore \quad x^{n-1}dx = \dfrac{dt}{n}$

$\therefore \quad I = \int\dfrac{1}{\sqrt{1+4t}}.\dfrac{dt}{n}$

$= \dfrac{1}{n}\int(1+4t)^{-\frac{1}{2}}dt$

$$= \frac{1}{n} \cdot \frac{(1+4t)^{\frac{1}{2}}}{\frac{1}{2}} \times \frac{1}{4} + c$$

$$= \frac{1}{2n}\sqrt{1+4x^n} + c. \quad (\because t = x^n)$$

23. $$I = \int_0^1 x \cos^{-1} x \, dx$$

Integrating by parts

$$I = \left[\cos^{-1} x \int x \, dx\right]_0^1 - \int_0^1 \left[\int x \, dx \cdot \frac{d}{dx}\cos^{-1} x\right] dx$$

$$= \left[\cos^{-1} x \cdot \frac{x^2}{2}\right]_0^1 - \int_0^1 \frac{x^2}{2}\left(\frac{-1}{\sqrt{1-x^2}}\right) dx$$

$$= \frac{1}{2}\cos^{-1}(1) - \frac{1}{2}\int_0^1 \frac{-x^2}{\sqrt{1-x^2}} dx$$

$$= 0 - \frac{1}{2}\int_0^1 \left[\frac{1-x^2}{\sqrt{1-x^2}} - \frac{1}{\sqrt{1-x^2}}\right] dx$$

$$= \frac{-1}{2}\int_0^1 \sqrt{1-x^2}\, dx + \frac{1}{2}\int_0^1 \frac{dx}{\sqrt{1-x^2}}$$

$$= \frac{-1}{2}\left[\frac{x}{2}\sqrt{1-x^2} + \frac{1}{2}\sin^{-1} x\right]_0^1 + \frac{1}{2}\left[\sin^{-1} x\right]_0^1$$

$$= \frac{-1}{2}\left[0 + \frac{1}{2} \cdot \frac{\pi}{2}\right] + \frac{1}{2} \cdot \frac{\pi}{2}$$

$$= -\frac{\pi}{8} + \frac{\pi}{4} = \frac{-\pi + 2\pi}{8} = \frac{\pi}{8}$$

24. Given, equation is

$$\frac{dy}{dx} = \cos(x+y) \qquad \ldots(i)$$

Put $x + y = 4$,

Then $$1 + \frac{dy}{dx} = \frac{du}{dx}$$

$$\therefore \quad \frac{dy}{dx} = \frac{du}{dx} - 1$$

∴ Equation (i) becomes,

$$\frac{du}{dx} - 1 = \cos u$$

$$\therefore \quad \frac{du}{dx} = 1 + \cos u$$

$$\therefore \quad \frac{1}{1+\cos u} du = dx$$

Integrating both sides, we get

$$\Rightarrow \quad \int \frac{1}{1+\cos u} du = \int dx$$

$$\Rightarrow \quad \int \frac{1}{2\cos^2\left(\frac{u}{2}\right)} du = \int dx$$

$$\Rightarrow \quad \frac{1}{2} \int \sec^2\left(\frac{u}{2}\right) du = \int dx$$

$$\Rightarrow \quad \frac{1}{2} \cdot \frac{\tan\left(\frac{u}{2}\right)}{\frac{1}{2}} = x + c$$

$$\Rightarrow \quad \tan[(x+y)/2] = x + c$$

This is the general solution.

25. When three coins are tossed simultaneously, the sample space is
{HHH, HHT, HTH, HTT, THH, THT, TTH, TTT}
Let X represent the number of tails.
If can be seen that X can take the value of 0, 1, 2 or 3

$$P(X = 0) = P(HHH) = \frac{1}{8}$$

$$P(X = 1) = P(HHT) + P(HTH) + P(THH) = \frac{1}{8} + \frac{1}{8} + \frac{1}{8} = \frac{3}{8}$$

$$P(X = 2) = P(HTT) + P(THT) + P(TTH) = \frac{1}{8} + \frac{1}{8} + \frac{1}{8} = \frac{3}{8}$$

$$P(X = 3) = P(TTT) = \frac{1}{8}$$

Thus, the probability distribution is as follows.

X	0	1	2	3
P(X)	$\frac{1}{8}$	$\frac{3}{8}$	$\frac{3}{8}$	$\frac{1}{8}$

26. Let X = number of pupils like Mathematics.
P = probability that pupils like Mathematics

$$\therefore \quad p = 80\% = \frac{80}{100} = \frac{4}{5}$$

and $$q = 1 - p = 1 - \frac{4}{5} = \frac{1}{5}$$

Given : $n = 4$

$$\therefore \quad X \sim B\left(4, \frac{4}{5}\right)$$

The p.m.f. of X is given by
$$P(X = x) = {}^nC_x p^x q^{n-x}$$

i.e. $$p(x) = {}^4C_x \left(\frac{4}{5}\right)^x \left(\frac{1}{5}\right)^{4-x} \quad x = 0, 1, 2, 3, 4$$

The probabilities of obtaining an answer yes from 0, 1, 2, 3, 4 of pupils are P(X = 0), P(X = 2), P(X = 3) and P(X = 4) respectively.

For $$P(X = 0) = {}^4C_0 \left(\frac{4}{5}\right)^0 \left(\frac{1}{5}\right)^{4-0}$$

$$= 1.1\left(\frac{1}{5}\right)^4 = \frac{1}{625}$$

For $P(X = 1) = {}^4C_1\left(\frac{4}{5}\right)^1\left(\frac{1}{5}\right)^{4-1} = 4\times\frac{4}{5}\times\left(\frac{1}{5}\right)^3$

$$= \frac{16}{5}\times\frac{1}{5^3} = \frac{16}{625}$$

For $P(X = 2) = {}^4C_2\left(\frac{4}{5}\right)^2\left(\frac{1}{5}\right)^{4-2} = \frac{4\times3}{1\times2}\times\frac{16}{25}\times\frac{1}{25}$

$$= \frac{96}{625}$$

For $P(X = 3) = {}^4C_3\left(\frac{4}{5}\right)^3\left(\frac{1}{5}\right)^1 = \frac{4\times4^3}{625} = \frac{256}{625}$

$P(X = 4) = {}^4C_4\left(\frac{4}{5}\right)^4\left(\frac{1}{5}\right)^0 = \frac{256}{625}$

Section D

27.

1	2	3	4	5	6	7	8
p	q	r	$p\vee q$	$(p\vee q)\to r$	$p\to r$	$q\to r$	$(p\to r)\wedge(q\to r)$
T	T	T	T	T	T	T	T
T	T	F	T	F	F	F	F
T	F	T	T	T	T	T	T
T	F	F	T	F	F	T	F
F	T	T	T	T	T	T	T
F	T	F	T	F	T	F	F
F	F	T	F	T	T	T	T
F	F	F	F	T	T	T	T

The entries in columns 5 and 8 are identical.

$\therefore$ $(p\vee q)\to r \equiv (p\to r)\wedge(q\to r)$

28. By the sine rule,

$$\frac{\sin A}{a} = \frac{\sin B}{b} = \frac{\sin C}{c} = k$$

$\therefore$ $\sin A = ka, \sin B = kb, \sin C = kc$ ...(i)

Now, cot A, cot B, cot C are in A.P.

$\therefore$ $\cot C - \cot B = \cot B - \cot A$

$\Rightarrow$ $\cot A + \cot C = 2\cot B$

$\Rightarrow$ $\frac{\cos A}{\sin A} + \frac{\cos C}{\sin C} = 2\cot B$

$\Rightarrow$ $\frac{\sin C\cos A + \sin A\cos C}{\sin A.\sin C} = 2\cot B$

$\Rightarrow$ $\frac{\sin(A+C)}{\sin A.\sin C} = 2\cot B$

$\Rightarrow$ $\frac{\sin(\pi - B)}{\sin A.\sin C} = 2\cot B$ $[\because A+B+C=\pi]$

$\Rightarrow$ $\frac{\sin B}{\sin A.\sin C} = \frac{2\cos B}{\sin B}$

$\Rightarrow$ $\frac{\sin^2 B}{\sin A.\sin C} = 2\cos B$

$\Rightarrow$ $\frac{k^2b^2}{(ka)(kc)} = 2\left(\frac{a^2+c^2-b^2}{2ac}\right)$

$\Rightarrow$ $\frac{b^2}{ac} = \frac{a^2+c^2-b^2}{ac}$

$\Rightarrow$ $b^2 = a^2 + c^2 - b^2$

$\therefore$ $2b^2 = a^2 + c^2$

Hence, a^2, b^2, c^2 are in A.P.

29. D.T.S. of given lines are 2, – 1, 1 and 1, 2, – 3

$\therefore$ Vector along the given lines are

$\bar{a} = 2\hat{i} - \hat{j} + \hat{k},\ \bar{b} = \hat{i} + 2\hat{j} - 3\hat{k}$

Now the vector perpendicular to $\bar{a}$ and $\bar{b}$ will be along $\bar{a}\times\bar{b}$

$\therefore$ $\bar{a}\times\bar{b} = \begin{vmatrix} \hat{i} & \hat{j} & \hat{k} \\ 2 & -1 & 1 \\ 1 & 2 & -3 \end{vmatrix}$

$= \hat{i}(3-2) - \hat{j}(-6-1) + \hat{k}(4+1)$

$= \hat{i} + 7\hat{j} + 5\hat{k}$

$\therefore$ d.r.s of the vector $\bar{a}\times\bar{b}$ are 1, 7, 5

i.e. $a = 1, b = 7, c = 5$

$= \sqrt{a^2+b^2+c^2} = \sqrt{1+49+25}$

$= \sqrt{75} = 5\sqrt{3}$

$\therefore$ d.c.s of $\bar{a}\times\bar{b}$ are $\frac{1}{5\sqrt{3}}, \frac{7}{5\sqrt{3}}, \frac{5}{5\sqrt{3}}$

30. Let M be the foot of perpendicular drawn from the point $P(2\hat{i} - \hat{j} + 5\hat{k})$ on the line.

$$\bar{r} = (11\hat{i} - 2\hat{j} - 8\hat{k}) + \lambda(10\hat{i} - 4\hat{j} - 11\hat{k})$$

Let the position vector of the point M be

$(11\hat{i} - 2\hat{j} - 8\hat{k}) + \lambda(10\hat{i} - 4\hat{j} - 11\hat{k})$

$= (11+10\lambda)\hat{i} + (-2-4\lambda)\hat{j} + (-8-11\lambda)\hat{k}$

Then PM = Position vector of M − Position vector of P

$= \left[(11+10\lambda)\hat{i}+(-2-4\lambda)\hat{j}+(-8-11\lambda)\hat{k}\right]-\left(2\hat{i}-\hat{j}+5\hat{k}\right)$

$= (9+10\lambda)\hat{i}+(-1-4\lambda)\hat{j}+(-13-11\lambda)\hat{k}$

Since PM is perpendicular to the given line which is parallel to $\bar{b}=10\hat{i}-4\hat{j}-11\hat{k}$

$$PM \perp \bar{b}$$

$\therefore \qquad PM \cdot \bar{b} = 0$

Therefore,

$\left[(9+10\lambda)\hat{i}+(-1-4\lambda)\hat{j}-(-13-11\lambda)\hat{k}\right]\cdot\left(10\hat{i}-4\hat{j}-11\hat{k}\right)$
$= 0$

$10(9+10\lambda) - 4(-1-4\lambda) - 11(-13-11\lambda) = 0$

$90 + 100\lambda + 4 + 16\lambda + 143 + 121\lambda = 0$

$\therefore \qquad 237\lambda + 237 = 0$

$\therefore \qquad \lambda = -1$

Putting this value of λ, we get the position vector of M as $\hat{i}+2\hat{j}+3\hat{k}$.

∴ Coordinates of the foot of perpendicular M are (1, 2, 3).

Now, $\quad PM = \left(\hat{i}+2\hat{j}+3\hat{k}\right) - \left(2\hat{i}-\hat{j}+5\hat{k}\right)$

$= -\hat{i}+3\hat{j}-2\hat{k}$

$\therefore \quad |PM| = \sqrt{(-1)^2+(3)^2+(-2)^2}$

$= \sqrt{1+9+4} = \sqrt{14}$

Hence, the coordinates of the foot of perpendicular are (1, 2, 3) and length of perpendicular = $\sqrt{14}$ units.

31. Let $y = e^{4x} \cdot \cos 5x$

Then $\dfrac{dy}{dx} = \dfrac{d}{dx}(e^{4x} \cdot \cos 5x)$

$= e^{4x} \cdot \dfrac{d}{dx}(\cos 5x) + \cos 5x \cdot \dfrac{d}{dx}(e^{4x})$

$= e^{4x} \cdot (-\sin 5x) \cdot \dfrac{d}{dx}(5x) + \cos 5x \times e^{4x} \cdot \dfrac{d}{dx}(4x)$

$= -e^{4x} \cdot \sin 5x \times 5 + e^{4x} \cos 5x \times 4$

$= e^{4x}(4\cos 5x - 5\sin 5x)$

and $\dfrac{d^2 y}{dx^2} = \dfrac{d}{dx}[e^{4x}(4\cos 5x - 5\sin 5x)]$

$= e^{4x}\dfrac{d}{dx}(4\cos 5x - 5\sin 5x) + (4\cos 5x - 5\sin 5x)\cdot\dfrac{d}{dx}(4x)$

$= e^{4x}\left[4(-\sin 5x)\dfrac{d}{dx}(5x) - 5\cos 5x \cdot \dfrac{d}{dx}(5x)\right]$

$+ (4\cos 5x - 5\sin 5x) \times e^{4x} \cdot \dfrac{d}{dx}(4x)$

$= e^{4x}[-4\sin 5x \times 5 - 5\cos 5x \times 5] + (4\cos 5x - 5\sin 5x)\cdot e^{4x} \times 4$

$= e^{4x}(-20\sin 5x - 25\cos 5x + 16\cos 5x - 20\sin 5x)$

$= e^{4x}(-9\cos 5x - 40\sin 5x)$

$= -e^{4x}(9\cos 5x + 40\sin 5x)$

32. $f(x) = \cos^2 x + \sin x$

$\therefore \qquad f'(x) = \dfrac{d}{dx}(\cos^2 x + \sin x)$

$= 2\cos x \cdot \dfrac{d}{dx}(\cos x) + \cos x$

$= 2\cos x \cdot (-\sin x) + \cos x$

$= -\sin 2x + \cos x$

and $\quad f''(x) = \dfrac{d}{dx}(-\sin 2x) + \cos x)$

$= -\cos 2x \cdot \dfrac{d}{dx}(2x) - \sin x$

$= -\cos 2x \times 2 - \sin x$

$= -2\cos 2x - \sin x$

For extreme values of $f(x)$, $f'(x) = 0$

$\Rightarrow \quad -\sin 2x + \cos x = 0$

$\Rightarrow \quad -2\sin x \cos x + \cos x = 0$

$\Rightarrow \quad \cos x(-2\sin x + 1) = 0$

$\Rightarrow \quad \cos x = 0 \text{ or } -2\sin x + 1 = 0$

$\Rightarrow \quad \cos x = \cos\dfrac{\pi}{2} \text{ or } \sin x = \dfrac{1}{2} = \sin\dfrac{\pi}{6}$

$\therefore \qquad x = \cos\dfrac{\pi}{2} \text{ or } x = \dfrac{\pi}{6}$

(i) $f'\left(\dfrac{\pi}{2}\right) = -2\cos\pi - \sin\dfrac{\pi}{6}$

$= -2(-1) - 1 = 1 > 0$

∴ By the second derivative test, f is minimum at $x = \dfrac{\pi}{2}$

and minimum value of f at $x = \dfrac{\pi}{2}$

$\therefore \quad f\left(\dfrac{\pi}{2}\right) = \cos^2\dfrac{\pi}{2} + \sin\dfrac{\pi}{2} = 0 + 1 = 1$

(ii) $\qquad f'\left(\dfrac{\pi}{6}\right) = -2\cos\dfrac{\pi}{3} - \sin\dfrac{\pi}{6}$

$= -2\left(\dfrac{1}{2}\right) - \dfrac{1}{2} = -\dfrac{3}{2} < 0$

∴ By the second derivative test, f is maximum at $x = \dfrac{\pi}{6}$

and maximum value of f at $x = \dfrac{\pi}{6}$ is

$f\left(\dfrac{\pi}{6}\right) = \cos^2\dfrac{\pi}{6} + \sin\dfrac{\pi}{6}$

$= \left(\dfrac{\sqrt{3}}{2}\right)^2 + \dfrac{1}{2} = \dfrac{5}{4}$

Hence, the maximum and minimum values of the function $f(x)$ are $\frac{5}{4}$ and 1 respectively.

33. Let $= \int \frac{7x+3}{\sqrt{3+2x-x^2}}.dx$

Let $7x + 3 = A\left[\frac{d}{dx}(3+2x-x^2)\right]+B$

$= A(2 - 2x) + B$

$\therefore \quad 7x + 3 = - 2Ax + (2A + B).$

Comparing the coefficient of x and constant on both the sides, we get

$- 2A = 7$ and $2A + B = 3$

$\therefore \quad A = \frac{-7}{2}$ and $2\left(-\frac{7}{2}\right)+B=3$

$\therefore \quad B = 10$

$\therefore \quad 7x + 3 = \frac{-7}{2}(2-2x)+10$

$\therefore \quad I = \int \frac{\frac{-7}{2}(2-2x)+10}{\sqrt{3+2x-x^2}}.dx$

$= \frac{-7}{2}\int \frac{(2-2x)}{\sqrt{3+2x-x^2}}.dx + 10\int \frac{1}{\sqrt{3+2x-x^2}}x$

$= \frac{-7}{2}I_1 + 10I_2$

In I_1, put $3 + 2x - x^2 = t$

$\therefore \quad (2 - 2x)dx = dt$

$\therefore \quad I_1 = \int \frac{1}{\sqrt{t}}dt$

$= \int t^{-\frac{1}{2}}dt$

$= \frac{t^{\frac{1}{2}}}{\frac{1}{2}} + c_1$

$= 2\sqrt{3+2x-x^2} + c_1$

$I_2 = \int \frac{1}{\sqrt{3-(x^2-2x+1)+1}}.dx$

$= \int \frac{1}{\sqrt{(2)^2-(x-1)^2}}.dx$

$= \sin^{-1}\left(\frac{x-1}{2}\right)+c^2$

$\therefore I = -7\sqrt{3+2x-x^2} + 10\sin^{-1}\left(\frac{x-1}{2}\right)+c,$

where $c = c_1 + c_2.$

34. $\frac{\cos^2 y}{x}dy + \frac{\cos^2 x}{y}dx = 0$

$\therefore \quad y\cos^2 y\,dy + x\cos^2 x\,dx = 0$

$\therefore \quad x\left(\frac{1+\cos 2x}{2}\right)dx + y\left(\frac{1+\cos 2y}{2}\right)dy = 0$

$\therefore \quad x(1 + \cos 2x)dx + y(1 + \cos 2y)dy = 0$

$\therefore \quad x\,dx + x\cos 2x\,dx + y\,dy + y\cos 2y\,dy = 0$

Integrating both sides, we get

$\int x\,dx + \int y\,dy + \int x\cos 2x\,dx + \int y\cos 2y\,dy = c_1$ ...(i)

Using integration by parts

$\int x\cos 2x\,dx = x\int \cos 2x\,dx - \int\left[\frac{d}{dx}(x)\int \cos 2x\,dx\right]dx$

$= x\left(\frac{\sin 2x}{2}\right) - \int 1.\frac{\sin 2x}{2}dx$

$= \frac{x\sin 2x}{2} + \frac{1}{2}.\frac{\cos 2x}{2} = \frac{x\sin 2x}{2} + \frac{\cos 2x}{4}$

Similarly,

$\int y\cos 2y\,dy = \frac{y\sin 2y}{2} + \frac{\cos 2y}{4}$

$\therefore$ from equation (i), we get

$\frac{x^2}{2} + \frac{y^2}{2} + \frac{x\sin 2x}{2} + \frac{\cos 2x}{4} + \frac{y\sin 2y}{2} + \frac{\cos 2y}{4} = c_1$

Multiplying throughout by 4, this becomes

$2x^2 + 2y^2 + 2x\sin 2x + \cos 2x + 2y\sin 2y + \cos 2y = 4c_1$

$\therefore 2(x^2 + y^2) + 2(x\sin 2x + y\sin 2y) + \cos 2y + \cos 2x + c = 0$

where $c = - 4c_2$

This is the general solution.

SAMPLE PAPER-2
Mathematics & Statistics (Arts & Science)

Questions

Section A

1. Select and write the most appropriate answer from the given alternatives for each questions.

   (i) If $p \wedge q$ is F, $p \to q$ is F then the truth values of p and q are ....
   (a) T, T
   (b) T, F
   (c) F, T
   (d) F, F

   (ii) The principal solutions of equation $\cot \theta = \sqrt{3}$ are:
   (a) $\dfrac{\pi}{6}, \dfrac{7\pi}{6}$
   (b) $\dfrac{\pi}{6}, \dfrac{5\pi}{6}$
   (c) $\dfrac{\pi}{6}, \dfrac{8\pi}{6}$
   (d) $\dfrac{7\pi}{6}, \dfrac{\pi}{3}$

   (iii) If acute angle between lines $ax^2 + 2hxy + by^2 = 0$ is, $\pi/4$, then $4h^2 = $ ....
   (a) $a^2 + 4ab + b^2$
   (b) $a^2 + 6ab + b^2$
   (c) $(a + 2b)(a + 3b)$
   (d) $(a - 2b)(2a + b)$

   (iv) The direction ratios of the line which is perpendicular to the two lines $\dfrac{x-7}{2} = \dfrac{y+17}{-3} = \dfrac{z-6}{1}$ and $\dfrac{x+5}{1} = \dfrac{y+3}{2} = \dfrac{z-6}{-2}$ are:
   (a) 4, 5, 7
   (b) 4, –5, 7
   (c) 4, –5, –7
   (d) –4, 5, 8

   (v) Which of the following is correct?
   (a) Every LPP has an optimal solution
   (b) A LPP has unique optimal solution
   (c) If LPP has two optimal solutions, then it has infinite number of optimal solutions
   (d) The set of all feasible solution of LPP may not be convex set

   (vi) Let $f(x)$ and $g(x)$ be differentiable for $0 \le x \le 1$ such that $f(0) = 0, g(0) = 0, f(1) = 6$. Let there exist a real number c in (0, 1) such that $f'(c) = 2g'(c)$. Then the value of $g(1)$ must be:
   (a) 1
   (b) 3
   (c) 2.5
   (d) –1

   (vii) $\int_0^{\frac{\pi}{2}} \sin^6 x \cos^2 x \, dx =$
   (a) $\dfrac{7\pi}{256}$
   (b) $\dfrac{3\pi}{256}$
   (c) $\dfrac{5\pi}{256}$
   (d) $\dfrac{-5\pi}{256}$

   (viii) The area bounded by the curve $y = x^3$, the X-axis and the lines $x = -2$ and $x = 1$ is:
   (a) –9 sq units
   (b) $-\dfrac{15}{4}$ sq units
   (c) $\dfrac{15}{4}$ sq units
   (d) $\dfrac{17}{4}$ sq units

2. Answer the following questions:

   (i) Check whether the following matrix is invertible or not: $\begin{bmatrix} 1 & 0 \\ 0 & 1 \end{bmatrix}$

   (ii) State whether the equation $2 \sin \theta = 3$ has a solution or not?

   (iii) Evaluate: $\int_0^{\frac{\pi}{4}} \cot^2 x \, dx$

   (iv) Determine the order and degree of the following differential equation:
   $$\dfrac{dy}{dx} = \dfrac{2 \sin x + 3}{\dfrac{dy}{dx}}$$

Section B

Attempt any EIGHT of the following questions:

3. Examine whether the following statement pattern is a tautology or a contradiction or a contingency. $(p \wedge q) \to (q \vee p)$.

4. Transform $\begin{bmatrix} 1 & -1 & 2 \\ 2 & 1 & 3 \\ 3 & 2 & 4 \end{bmatrix}$ into an upper triangular matrix by suitable column transformations.

5. Find k, if the sum of the slopes of the lines represented by $x^2 + kxy - 3y^2 = 0$ is twice their product.

6. Find the separate equation of the line represented by the following equation: $3x^2 - 2\sqrt{3}xy - 3y^2 = 0$:

7. If $\overrightarrow{AB} = 2\hat{i} - 4\hat{j} + 7\hat{k}$ and initial Point A (1, 5, 0). Find the terminal point B.

8. Find the vector equation of line passing through the point having position vector $5\hat{i} + 4\hat{j} + 3\hat{k}$ and having direction ratios –3, 4, 2.

196 H.S.C. Sample Papers Maharashtra Board, Class XII

9. Find the Cartesian equations of the line passing through A(2, 2, 1) and B(1, 3, 0).
10. Solve graphically: $x \geq 0$ and $y \geq 0$.
11. Differentiate the following w.r.t. x: $\cos(x^2 + a^2)$
12. Find the area of the ellipse $\dfrac{x^2}{25} + \dfrac{y^2}{16} = 1$ using integration.
13. State if the following is not the probability mass function of a random variable. Give reasons for your answer.

X	0	1	2	3	4
P(X)	0.1	0.5	0.2	–0.1	0.2

14. In a multiple choice examination with three possible answers for each of the five questions, what is the probability that a candidate would get four or more correct answers just by guessing?

Section C

Attempt any EIGHT of the followings questions:

15. Find the matrix of the co-factors for the following matrix.
$$\begin{bmatrix} 1 & 0 & 2 \\ -2 & 1 & 3 \\ 0 & 3 & -5 \end{bmatrix}$$

16. Solve the equation: $\tan^{-1}\dfrac{1}{x} + \cos^{-1}\dfrac{2}{\sqrt{5}} = \dfrac{\pi}{4}$

17. Show that the following points are collinear: P = (4, 5, 2), Q = (3, 2, 4), R = (5, 8, 0).

18. Find the position vector of point R which divides the line joining the points P and Q whose position vectors are $2\hat{i} - \hat{j} + 3\hat{k}$ and $-5\hat{i} + 2\hat{j} - 5\hat{k}$ in the ratio 3 : 2 is internally.

19. Differentiate the following w.r.t. x: $x^{\tan^{-1}x}$

20. Find the equations of tangents and normals to the following curves at the indicated points on them: $x^3 + y^3 - 9xy = 0$ at (2, 4).

21. Evaluate the following integrals: $\int \dfrac{2x-7}{\sqrt{4x-1}}\,dx$

22. Integrate the following functions w.r.t x: $\dfrac{1+x}{x.\sin(x+\log x)}$

23. Evaluate the following integrals as limit of a sum:
$$\int_0^2 (3x^2 - 1)\,dx$$

24. Solve the following differential equation:
$$x\sin\left(\dfrac{y}{x}\right)dy = \left[y\sin\left(\dfrac{y}{x}\right) - x\right]dx$$

25. Find the probability distribution of the number of successes in two tosses of a die, where a success is defined as number greater than 4 appears on at least one die.

26. Find the probability that the visitor obtains answer yes from at least 2 pupils:
    (a) when the number of pupils questioned remains at 4.
    (b) when the number of pupils questioned is increased to 8.

Section D

Attempt any FIVE of the following questions:

27. Using the truth table prove the following logical equivalence. $\sim(p \vee q) \cdot (\sim p \wedge q) \equiv \sim p$

28. Show that: $\tan^{-1}\left[\dfrac{\sqrt{1+x}-\sqrt{1-x}}{\sqrt{1+x}+\sqrt{1-x}}\right] = \dfrac{\pi}{4} - \dfrac{1}{2}\cos^{-1}x$.

29. Express $-\hat{i} - 3\hat{j} + 4\hat{k}$ as the linear combination of the vectors $2\hat{i} + \hat{j} - 4\hat{k}$ and $3\hat{i} + \hat{j} - 2\hat{k}$.

30. Find the value of λ so that the lines $\dfrac{1-x}{3} = \dfrac{7y-14}{\lambda} = \dfrac{z-3}{2}$ and $\dfrac{7-7x}{3\lambda} = \dfrac{y-5}{1} = \dfrac{6-z}{5}$ are at right angles.

31. Find $\dfrac{d^2y}{dx^2}$ of the following: $x = a(\theta - \sin\theta)$, $y = a(1 - \cos\theta)$

32. Show that the altitude of the right circular cone of maximum volume that can be inscribed in a sphere of radius r is $\dfrac{4r}{3}$.

33. Evaluate the following integrals: $\int \dfrac{e^{3x} - e^{2x}}{e^x + 1}\,dx$

34. Solve the following differential equation:
$$\dfrac{dy}{dx} + \dfrac{x - 2y}{2x - y} = 0$$

🅐 Answer Key

Section A

1. (i) (a) T, T

(ii) (a) $\dfrac{\pi}{6}, \dfrac{7\pi}{6}$

(iii) (b) $a^2 + 6ab + b^2$

(iv) (a) 4, 5, 7

(v) (b) A LPP has unique optimal solution

(vi) (b) 3

(vii) (c) $\frac{5\pi}{256}$

(viii) (c) $\frac{15}{4}$ sq units

2. **(i)** Let $A = \begin{bmatrix} 1 & 0 \\ 0 & 1 \end{bmatrix}$

Then, $|A| = \begin{vmatrix} 1 & 0 \\ 0 & 1 \end{vmatrix} = 1 - 0 = 1 \neq 0$

$\therefore$ A is a non-singular matrix.

Hence, A^{-1} exists.

(ii) $2 \sin \theta = 3$

$\therefore \quad \sin \theta = \frac{3}{2}$

This is not possible because $-1 \leq \sin \theta \leq 1$ for any θ.

$\therefore$ $2 \sin \theta = 3$ does not have any solution.

(iii) $\int_0^{\frac{\pi}{4}} \cot^2 x.dx$

$= \int_0^{\frac{\pi}{4}} (\text{cosec}^2 x - 1).dx$

$= \int_0^{\frac{\pi}{4}} \text{cosec}^2 x.dx - \int_0^{\frac{\pi}{4}} 1.dx$

$= [-\cot x]_0^{\frac{\pi}{4}} - [x]_0^{\frac{\pi}{4}}$

$= \left[\left(-\cot\frac{\pi}{4}\right) - (-\cot 0)\right] - \left[\frac{\pi}{4} - 0\right]$

$= -1 + \cot 0 - \frac{\pi}{4}$

The integral does not exist since cot 0 is not defined.

(iv) The given Differential equation is

$$\frac{dy}{dx} = \frac{2\sin x + 3}{\frac{dy}{dx}}$$

$$\therefore \quad \left(\frac{dy}{dx}\right)^2 = 2 \sin x + 3$$

The D.E. has highest order derivative $\frac{dy}{dx}$ with power 2.

$\therefore$ The given D.E. is of order 1 and degree 2.

Section B

3.

p	q	$p \wedge q$	$p \wedge q$	$(p \wedge q) \rightarrow (q \vee p)$
T	T	T	T	T
T	F	F	T	T
F	T	F	T	T
F	F	F	F	T

All the entries in the last column of the above truth table are T.

$\therefore$ $(p \wedge q) \rightarrow (q \vee p)$ is a tautology.

4. Given matrix is : $\begin{bmatrix} 1 & -1 & 2 \\ 2 & 1 & 3 \\ 3 & 2 & 4 \end{bmatrix}$

Apply $\begin{bmatrix} 1 & -1 & 2 \\ 0 & 3 & -1 \\ 0 & 5 & -2 \end{bmatrix}$ $R_2 \rightarrow R_2 - 2R_1$, $R_3 \rightarrow R_3 - 3R_1$

$R_3 \rightarrow R_3 - \frac{5}{3} R_2$

$$\begin{bmatrix} 1 & -1 & 2 \\ 0 & 3 & -1 \\ 0 & 0 & \frac{-1}{3} \end{bmatrix}$$

It is an upper triangular matrix.

5. Comparing the equation $x^2 + kxy - 3y^2 = 0$ with $ax^2 + 2hxy - by^2 = 0$, we get, $a = 1$, $2h = k$, $b = -3$.

Let m_1 and m_2 be the slopes of the lines represented by $x^2 + kxy - 3y^2 = 0$

$\therefore \quad m_1 + m_2 = \frac{-2h}{b} = -\frac{k}{-3} = \frac{k}{3}$

and $\quad m_1 m_2 = \frac{a}{b} = \frac{1}{-3} = -\frac{1}{3}$

Now. $m_1 + m_2 = 2(m_1 m_2)$ ...(given)

$\therefore \quad \frac{k}{3} = 2\left(-\frac{1}{3}\right)$

$\therefore \quad k = -2$

6. $3x^2 - 2\sqrt{3}xy - 3y^2 = 0$

$\therefore \quad 3x^2 - 3\sqrt{3}xy + \sqrt{3}xy - 3y^2 = 0$

$\therefore \quad 3x(x - \sqrt{3}y) + \sqrt{3}y(x - \sqrt{3}y) = 0$

$\therefore \quad (x - \sqrt{3}y)(3x + \sqrt{3}y) = 0$

The separate equations of the lines are

$$x - \sqrt{3}y = 0 \text{ and } 3x + \sqrt{3}y = 0$$

7. Let $\bar{a}$ and $\bar{b}$ be the position vectors of A and B.

Given : A(1, 5, 0)

$\therefore \quad \bar{a} = \hat{i} + 5\hat{j}$

Now $\vec{AB} = 2\hat{i} - 4\hat{j} + 7\hat{k}$

∴ $\bar{b} - \bar{a} = 2\hat{i} - 4\hat{j} + 7\hat{k}$

∴ $\bar{b} = (2\hat{i} - 4\hat{j} + 7\hat{k}) + \bar{a}$

$= (2\hat{i} - 4\hat{j} + 7\hat{k}) + (\hat{i} + 5\hat{j})$

$= 3\hat{i} + \hat{j} + 7\hat{k}$

Hence, the terminal point $B(3, 1, 7)$.

8. Let A be the point whose position vector is $\bar{a} = 5\hat{i} + 4\hat{j} + 3\hat{k}$

Let $\bar{b}$ be the vector parallel to the line having direction ratios $= -3, 4, 2$

Then, $\bar{b} = -3\hat{i} + 4\hat{j} + 2\hat{k}$

The vector equation of the line passing through $A(\bar{a})$ and parallel to $\bar{b}$ is $\bar{r} = \bar{a} + \lambda \bar{b}$, where λ is a scalar.

∴ The required vector equation of the line is

$\bar{r} = 5\hat{i} + 4\hat{j} + 3\hat{k} + \lambda(-3\hat{i} + 4\hat{j} + 2\hat{k})$

9. The cartesian equations of the line passing through the points (x_1, y_1, z_1) and (x_2, y_2, z_2) are:

$$\frac{x - x_1}{x_2 - x_1} = \frac{y - y_1}{y_2 - y_1} = \frac{z - z_1}{z_2 - z_1}$$

Here, $(x_1, y_1, z_1) \equiv (2, 2, 1)$ and $(x_2, y_2, z_2) \equiv (1, 3, 0)$

∴ The required cartesian equations are

$$\frac{x-2}{1-2} = \frac{y-2}{3-2} = \frac{z-1}{0-1}$$

i.e., $\frac{x-2}{-1} = \frac{y-2}{1} = \frac{z-1}{-1}$.

10. Consider the lines whose equations are $x = 0, y = 0$. These represents the equations of Y-axis and X-axis respectively, which divide the plane into four parts. Since $x \geq 0, y \geq 0$, the solution set is in the first quadrant which is shaded in he graph.

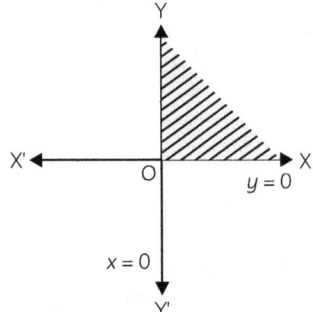

11. Let $y = \cos(x^2 + a^2)$

Differentiating w.r.t. x, we get,

$$\frac{dy}{dx} = \frac{d}{dx}[\cos(x^2 + a^2)]$$

$= -\sin(x^2 + a^2) \cdot \frac{d}{dx}(x^2 + a^2)$

$= -\sin(x^2 + a^2) \cdot (2x + 0)$

$= -2x \sin(x^2 + a^2)$.

12. By the symmetry of the ellipse, its area is equal to 4 times the area of the region OABO. Clearly for this region, the limits of integration are 0 and 5.
From the equation of the ellipse

$$\frac{y^2}{16} = 1 - \frac{x^2}{25} = \frac{25 - x^2}{25}$$

∴ $y^2 = \frac{16}{25}(25 - x^2)$

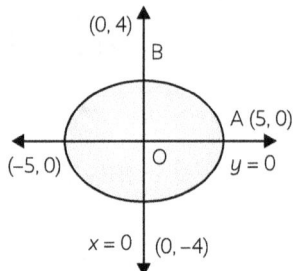

In the first quadrant $y > 0$

∴ $y = \frac{4}{5}\sqrt{25 - x^2}$

∴ area of the ellipse = 4 (area of the region OABO)

$= 4\int_0^5 y \, dx$

$= 4\int_0^5 \frac{4}{5}\sqrt{25 - x^2} \, dx$

$= \frac{16}{5}\int_0^5 \sqrt{25 - x^2} \, dx$

$= \frac{16}{5}\left[\frac{x}{2}\sqrt{25 - x^2} + \frac{25}{2}\sin^{-1}\left(\frac{x}{5}\right)\right]_0^5$

$= \frac{16}{5}\left(\frac{5}{2}\sqrt{25 - 25} + \frac{25}{2}\sin^{-1}(1)\right)$

$- \frac{16}{5}\left[\frac{5}{2}\sqrt{25 - 0} + \frac{25}{2}\sin^{-1}(0)\right]$

$= \frac{16}{5} \times \frac{25}{2} \times \frac{\pi}{2}$

$= 20\pi$ sq units.

13. P.m.f. of random variable should satisfy the following conditions:

(a) $0 \leq p_i \leq 1$
(b) $\Sigma p_i = 1$

X	0	1	2	3	4
P(X)	0.1	0.5	0.2	-0.1	0.2

$P(X = 3) = -0.1$, i.e., $p_i < 0$ which does not satisfy $0 \leq p_i \leq 1$
Hence, P(X) cannot be regarded as p.m.f. of the random variable X.

14. This is a problem of Bernoulli trials. As for each question, there are 2 outcomes. Let X represent the number of correct answers by guessing in the set of 5 multiple-choice questions.

Probability of getting a correct answer is, $p = \frac{1}{3}$

$\therefore \quad q = 1 - p = 1 - \frac{1}{3} = \frac{2}{3}.$

Clearly, X has a binomial distribution with $n = 5$

and $\quad p = \frac{1}{3}$

The p.m.f. of X is given by

$P(X = x) = {}^nC_x p^x q^{n-x}, x = 0, 1, 2, 4, 5$

i.e., $p(x) = {}^nC_x \left(\frac{1}{3}\right)^x \left(\frac{2}{3}\right)^{5-x} \quad x = 0, 1, 2, 3, 4, 5$

P(four or more correct answers) = $P[X \geq 4] = P(4) + P(5)$

$$= {}^5C_4 \left(\frac{1}{3}\right)^4 \left(\frac{2}{3}\right)^{5-4} + {}^5C_5 \left(\frac{1}{3}\right)^5 \left(\frac{2}{3}\right)^{5-5}$$

$$= 5 \times \left(\frac{1}{3}\right)^4 \left(\frac{2}{3}\right)^1 + 1 \times \left(\frac{1}{3}\right)^5 \left(\frac{2}{3}\right)^0$$

$$= \left(\frac{1}{3}\right)^4 \left[5 \times \frac{2}{3} + \frac{1}{3}\right]$$

$$= \left(\frac{1}{3}\right)^4 \left[\frac{10}{3} + \frac{1}{3}\right] = \frac{1}{81} \times \frac{11}{3} = \frac{11}{243}$$

Hence, the probability of getting four or more correct answer is $\frac{11}{243}$

Section C

15. Let $\quad A = \begin{bmatrix} 1 & 0 & 2 \\ -2 & 1 & 3 \\ 0 & 3 & -5 \end{bmatrix}$

Here,

$$A_{11} = (-1)^{1+1} \begin{vmatrix} 1 & 3 \\ 3 & -5 \end{vmatrix} = -14$$

$$A_{12} = (-1)^{1+2} \begin{vmatrix} -2 & 0 \\ 3 & -5 \end{vmatrix} = -10$$

$$A_{13} = (-1)^{1+3} \begin{vmatrix} -2 & 1 \\ 0 & 3 \end{vmatrix} = -6$$

$$A_{21} = (-1)^{2+1} \begin{vmatrix} 0 & 2 \\ 3 & -5 \end{vmatrix} = 6$$

$$A_{22} = (-1)^{2+2} \begin{vmatrix} 1 & 0 \\ 2 & -5 \end{vmatrix} = -5$$

$$A_{23} = (-1)^{2+3} \begin{vmatrix} 1 & 0 \\ 0 & 3 \end{vmatrix} = -3$$

$$A_{31} = (-1)^{3+1} \begin{vmatrix} 0 & 2 \\ 1 & 3 \end{vmatrix} = -2$$

$$A_{32} = (-1)^{3+2} \begin{vmatrix} 1 & 2 \\ -2 & 3 \end{vmatrix} = -7$$

$$A_{33} = (-1)^{3+3} \begin{vmatrix} 1 & 0 \\ -2 & 1 \end{vmatrix} = 1$$

$\therefore$ The co-factor matrix

$$= \begin{bmatrix} A_{11} & A_{12} & A_{13} \\ A_{21} & A_{22} & A_{23} \\ A_{31} & A_{32} & A_{33} \end{bmatrix} = \begin{bmatrix} -14 & -10 & -6 \\ 6 & -5 & -3 \\ -2 & -7 & 1 \end{bmatrix}$$

16. Let $\quad \cos^{-1} \frac{2}{\sqrt{5}} = \theta,$

$\therefore \quad \cos\theta = \frac{2}{\sqrt{5}}$

From ΔABC:

$$\cos\theta = \frac{BC}{AC} = \frac{2}{\sqrt{5}}$$

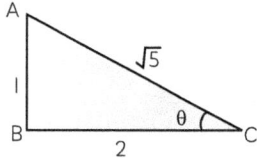

$\therefore \quad AB = 1 \quad$ – (Pythagoras theorem)

$\therefore \quad \tan\theta = \frac{1}{2}$

$\therefore \quad \theta = \tan^{-1} \frac{1}{2}$

i.e., $\quad \text{Cos}^{-1} = \frac{2}{\sqrt{5}} = \tan^{-1} \frac{1}{2}$

$\therefore$ Given equation becomes

$$\tan^{-1} \frac{1}{x} + \tan^{-1} \frac{1}{2} = \frac{\pi}{2}$$

$$\therefore \quad \tan^{-1} \left[\frac{\frac{1}{x} + \frac{1}{2}}{1 - \frac{1}{2x}}\right] = \frac{\pi}{4}$$

$$\therefore \quad \frac{2 + x}{2x - 1} = \tan \frac{\pi}{4} = 1$$

$\therefore \quad 2x - 1 = 2 + x$

$\therefore \quad x = 3.$

17. Let $\bar{a}, \bar{b}, \bar{c}$ be position vectors of the points.

P = (4, 5, 2), Q = (3, 2, 4), R = (5, 8, 0) respectively.

Then $\bar{a} = 4\hat{i}+5\hat{j}+2\hat{k}, \bar{b} = 3\hat{i}+2\hat{j}+4\hat{k}, \bar{c} = 5\hat{i}+8\hat{j}+0\hat{k}$,

$$AB = \bar{b} - \bar{a}$$

$$= (3\hat{i}+2\hat{j}+4\hat{k}) - (4\hat{i}+5\hat{j}+2\hat{k})$$

$$= -\hat{i}-3\hat{j}+2\hat{k}$$

$$= -(\hat{i}+3\hat{j}-2\hat{k}) \quad ...(1)$$

and $BC = \bar{c} - \bar{b}$

$$= (5\hat{i}+8\hat{j}+0\hat{k}) - (3\hat{i}+2\hat{j}+4\hat{k})$$

$$= 2\hat{i}+6\hat{j}-4\hat{k}$$

$$= 2(\hat{i}+3\hat{j}-2\hat{k})$$

$$= 2.AB \quad ...[By(1)]$$

∴ BC is a non-zero scalar multiple of AB

∴ They are parallel to each other.

But they have point B in common.

∴ BC and AB are collinear vectors.

Hence, the points A, B and C are collinear.

18. It is given that the points P and Q have position vectors $\bar{p} = 2\hat{i}-\hat{j}+3\hat{k}$ and $\bar{q} = -5\hat{i}+2\hat{j}-5\hat{k}$ respectively.

If $R(\bar{r})$ divides the line segment PQ internally in the ratio 3 : 2, by section formula for internal division,

$$\bar{r} = \frac{3q+2p}{3+2}$$

$$= \frac{3(-5\hat{i}+2\hat{j}-5\hat{k})+2(2\hat{i}-\hat{j}+3\hat{k})}{5}$$

$$= \frac{-11\hat{i}+4\hat{j}-9\hat{k}}{5}$$

$$= \frac{1}{5}(-11\hat{i}+4\hat{j}-9\hat{k})$$

∴ coordinates of R $= \left(-\frac{11}{5}, \frac{4}{5}, -\frac{9}{5}\right)$

Hence, the position vector of R is $\frac{1}{5}(-11\hat{i}+4\hat{j}-9\hat{k})$ and the coordinates of R are $\left(-\frac{11}{5}, \frac{4}{5}, -\frac{9}{5}\right)$

19. Let $y = x^{\tan^{-1}x}$

Then $\log y = \log(x^{\tan^{-1}x}) = (\tan^{-1}x)(\log x)$

Differentiating both sides w.r.t. x, we get

$$\frac{1}{y}.\frac{dy}{dx} = \frac{d}{dx}[(\tan^{-1}x)(\log x)]$$

$$= (\tan^{-1}x).\frac{d}{dx}(\log x) + (\log x).\frac{d}{dx}(\tan^{-1}x)$$

$$= (\tan^{-1}x)\times\frac{1}{x} + (\log x)\times\frac{1}{1+x^2}$$

$$\therefore \quad \frac{dy}{dx} = y\left[\frac{\tan^{-1}x}{x} + \frac{\log x}{1+x^2}\right]$$

$$= x^{\tan^{-1}x}\left[\frac{\tan^{-1}x}{x} + \frac{\log x}{1+x^2}\right]$$

20. $x^3 + y^3 - 9xy = 0$

Differentiating both sides w.r.t. x, we get

$$3x^2 + 3y^2\frac{dy}{dx} - 9\left[x\frac{dy}{dx} + y.\frac{d}{dx}(x)\right] = 0$$

$$\therefore \quad 3x^2 + 3y^2\frac{dy}{dx} - 9x\frac{dy}{dx} - 9y = 0$$

$$\therefore \quad (3y^2 - 9x)\frac{dy}{dx} = 9y - 3x^2$$

$$\therefore \quad \frac{dy}{dx} = \frac{9y-3x^2}{3y^2-9x}$$

$$\therefore \quad \left(\frac{dy}{dx}\right)_{at(2,4)} = \frac{9(4)-3(2)^2}{3(4)^2-9(2)}$$

$$= \frac{36-12}{48-18}$$

$$= \frac{24}{30}$$

$$= \frac{4}{5}$$

= Slope of the tangent at (2, 4)

∴ The equation of the tangent at (2, 4) is

$$y - 4 = \frac{4}{5}(x-2)$$

$$\therefore \quad 5y - 20 = 4x - 8$$

$$\therefore \quad 4x - 5y + 12 = 0$$

The slope of normal at (2, 4)

$$= \frac{-1}{\left(\frac{dy}{dx}\right)_{at(2,4)}}$$

$$= -\frac{5}{4}$$

∴ The equation of the normal at (2, 4) is

$$y - 4 = -\frac{5}{4}(x-2)$$

$$\therefore \quad 4y - 16 = -5x + 10$$

$$\therefore \quad 5x + 4y - 26 = 0$$

Hence, the equation of tangent and normal are $4x - 5y + 12 =$ and $5x + 4y - 26 = 0$ respectively.

21. $\int \frac{2x-7}{\sqrt{4x-1}}.dx$

$$= \frac{1}{2}\int \frac{2(2x-7)}{\sqrt{4x-1}}.dx$$

$$= \frac{1}{2}\int \frac{(4x-1)-13}{\sqrt{4x-1}}.dx$$

$$= \frac{1}{2}\int \left(\frac{(4x-1)}{\sqrt{4x-1}} - \frac{13}{\sqrt{4x-1}}\right).dx$$

$$= \frac{1}{2}\int (4x-1)^{\frac{1}{2}}.dx - \frac{13}{2}\int (4x-1)^{-\frac{1}{2}}.dx$$

$$= \frac{1}{2}\int \frac{(4x-1)^{\frac{3}{2}}}{(4)\left(\frac{3}{2}\right)} - \frac{13}{2}.\frac{(4x-1)^{-\frac{1}{2}}}{(4)\left(\frac{1}{2}\right)} + c$$

$$= \frac{1}{2}(4x-1)^{\frac{3}{2}} - \frac{13}{4}\sqrt{4x-1} + c$$

22. Let $I = \int \frac{1+x}{x.\sin(x+\log x)}.dx$

$$= \int \frac{1}{\sin(x+\log x)}.\left(\frac{1+x}{x}\right).dx$$

$$= \int \frac{1}{\sin(x+\log x)}.\left(\frac{1}{x}+1\right).dx$$

put $x + \log x = t$

$\therefore \quad \left(1+\frac{1}{x}\right).dx = dt$

$\therefore \quad I = \int \frac{1}{\sin t}dt = \int \text{cosec}\, t\, dt$

$= \log|\text{cosec}\, t - \cot t| + c$

$= \log|\text{cosec}\,(x + \log x) - \cot\,(x + \log x)| + c.$

23. Let $f(x) = 3x^2 - 1$, for $0 \le x \le 2$.

Divide the closed interval [0, 2] into n subintervals each of length h at the points.

$0, 0 + h, 0 + 2h, ..., 0 + rh, ..., 0 + nh = 2$

i.e. $0, h, 2h, ..., rh, ..., nh = 2$

$\therefore \quad h = \frac{2}{n}$ and as $n \to \infty, h \to 0$

Here, $a = 0$

$\therefore f(a + rh) = f(0 + rh) = f(rh) = 3(rh)^2 - 1 = 3r^2h^2 - 1$

$\because \int_a^b f(x).dx = \lim_{n\to\infty}\sum_{r=1}^{n} f(a+rh).h$

$$= \int_0^2 (3x^2-1).dx = \lim_{n\to\infty}\sum_{r=1}^{n}(3r^2h^2-1).h$$

$$= \lim_{n\to\infty}\sum_{r=1}^{n}\left(3r^2\times\frac{4}{n^2}-1\right).\frac{2}{n} \quad ...\left[\because h=\frac{2}{n}\right]$$

$$= \lim_{n\to\infty}\sum_{r=1}^{n}\left(\frac{24r^2}{n^3}-\frac{2}{n}\right)$$

$$= \lim_{n\to\infty}\left[\frac{24}{n^3}\sum_{r=1}^{n}r^2 - \frac{2}{n}\sum_{r=1}^{n}1\right]$$

$$= \lim_{n\to\infty}\left[\frac{24}{n^3}.\frac{n(n+1)(2n+1)}{6} - \frac{2}{n}.n\right]$$

$$= \lim_{n\to\infty}\left[4.\left(\frac{n+1}{n}\right)\left(\frac{2n+1}{n}\right) - 2\right]$$

$$= \lim_{n\to\infty}\left[4\left(1+\frac{1}{n}\right)\left(2+\frac{1}{n}\right) - 2\right]$$

$$= 4(1 + 0)(2 + 0) - 2 \quad ...\left[\because \lim_{n\to\infty}\frac{1}{n}=0\right]$$

$= 8 - 2 = 6.$

24. $$x\sin\left(\frac{y}{x}\right)dy = \left[y\sin\left(\frac{y}{x}\right) - x\right]dx$$

$$\therefore \quad \frac{dy}{dx} = \frac{y\sin\left(\frac{y}{x}\right) - x}{x\sin\left(\frac{y}{x}\right)} \quad ...(i)$$

Put $\quad y = vx$

$\therefore \quad \frac{dy}{dx} = v + x\frac{dv}{dx}$ and $\frac{y}{x} = v$

$\therefore$ Equation (i) becomes, $v + x\frac{dv}{dx} = \frac{vx\sin v - x}{x\sin v}$

$\therefore \quad x\frac{dv}{dx} = \frac{v\sin v - 1}{\sin v} - v$

$\therefore \quad x\frac{dv}{dx} = \frac{v\sin v - 1 - v\sin v}{\sin v} = \frac{-1}{\sin v}$

$\therefore \quad \sin v\, dv = -\frac{1}{x}dx$

Intergrating both sides, we get

$$\int \sin v\, dv = -\int \frac{1}{x}dx$$

$\therefore \quad -\cos v = -\log x - c$

$\therefore \quad \cos\left(\frac{y}{x}\right) = \log x + c$

This is the general solution.

25. When a die is tossed twice, the sample space S has $6 \times 6 = 36$ sample points.

$\therefore \quad n(S) = 36$

Trial will be a success if the number on at least one die is 5 or 6.

Let X denote the number of dice on which 5 or 6 appears.

Then X can take values 0, 1, 2,

When $X = 0$ *i.e.,* 5 or 6 do not appear on any of the dice, then

$X = \{(1, 1), (1, 2), (1, 3), (1, 4), (2, 1), (2, 2), (2, 3), (2, 4), (3, 1), (3, 2), (3, 3), (3, 4), (4, 1), (4, 2), (4, 3), (4, 4)\}$.

$\therefore n(X) = 16.$

$$\therefore \quad P(X = 0) = \frac{n(X)}{n(S)} = \frac{16}{36} = \frac{4}{9}$$

When $X = 1$, *i.e.,* 5 or 6 appear on exactly one of the dice, then

$X = \{(1, 5), (1, 6), (2, 5), (2, 6), (3, 5), (3, 6), (4, 5), (4, 6), (5, 1), (5, 2), (5, 3), (5, 4), (6, 1), (6, 2), (6, 3), (6, 4)\}$

$\therefore \quad n(X) = 16$

$$\therefore \quad P(X = 1) = \frac{n(X)}{n(S)} = \frac{16}{36} = \frac{4}{9}$$

When $X = 2$, *i.e.,* 5 or 6 appear on both of the dice, then

$X = \{(5, 5), (5, 6), (6, 5), (6, 6)\}$

$\therefore \quad n(X) = 4.$

$$\therefore \quad P(X = 2) = \frac{n(X)}{n(S)} = \frac{4}{36} = \frac{1}{9}$$

26. Let X = number of pupils like Mathematics

p = probability that pupils like Mathematics

$$\therefore \quad p = 80\% = \frac{80}{100} = \frac{4}{5}$$

and $$q = 1 - p = 1 - \frac{4}{5} = \frac{1}{5}$$

Given: $n = 4$

$$\therefore \quad X \sim B\left(4, \frac{4}{5}\right)$$

The p.m.f. of X is given by

$P(X = x) = {}^nC_x p^x q^{n-x}$

i.e. $$p(x) = {}^4C_x\left(\frac{4}{5}\right)^x\left(\frac{1}{5}\right)^{4-x} ; x = 0, 1, 2, 3, 4$$

(a) P(visitor obtains the answer yes from at least 2 pupils when the number of pupils questioned remains at 4) = $P(X \geq 2)$

$= P(X = 2) + P(X = 3) + P(X = 4)$

$$= {}^4C_2\left(\frac{4}{5}\right)^2\left(\frac{1}{5}\right)^{4-2} + {}^4C_3\left(\frac{4}{5}\right)^3\left(\frac{1}{5}\right)^{4-3} + {}^4C_4\left(\frac{4}{5}\right)^4\left(\frac{1}{5}\right)^{4-4}$$

$$= \frac{4\times3}{1\times2}\times\frac{16}{5^2}\times\frac{1}{5^2} + 4\times\frac{64}{5^3}\times\frac{1}{5} + 1\times\frac{256}{5^4}$$

$$= \frac{96}{5^4} + \frac{256}{5^4} + \frac{256}{5^4}$$

$$= (96 + 256 + 256)\frac{1}{5^4}$$

$$= \frac{608}{5^4} = \frac{608}{625}$$

(b) P(the visitor obtains the answer yes from at least 2 pupils when number of pupils questioned is increased to 8)

$= P(X \geq 2)$

$= 1 - P(X < 2)$

$= 1 - [P(X = 0) + P(X = 1)]$

$$= 1 - \left[{}^8C_0\left(\frac{4}{5}\right)^0\left(\frac{1}{5}\right)^{8-0} + {}^8C_1\left(\frac{4}{5}\right)^1\left(\frac{1}{5}\right)^{8-1}\right]$$

$$= 1 - \left[1(1)\left(\frac{1}{5}\right)^8 + (8)\left(\frac{4}{5}\right)\left(\frac{1}{5}\right)^7\right]$$

$$= 1 - \left[\frac{1}{5^8} + \frac{32}{5^8}\right]$$

$$= 1 - \frac{33}{5^8}$$

Section D

27. 1234567

pq~pp ∨ q~(p ∨ q)~ p ∧ q ~(p ∨ q)(~ p ∧ q)

1	2	3	4	5	6	7
p	q	$\sim p$	$p \vee q$	$\sim p \vee q$	$\sim p \wedge q$	$\sim (p \vee q) \vee (\sim p \wedge q)$
T	T	F	T	F	F	F
T	F	F	T	F	F	F
F	T	T	T	F	T	T
F	F	T	F	T	F	T

The entries in columns 3 and 7 are identical.

$\therefore \sim (p \vee q) (\sim p \wedge q) \equiv \sim p$

28. Put $x = \cos 2\theta$

$$\Rightarrow \quad 2\theta = \cos^{-1} x$$

i.e. $$\theta = \frac{1}{2}\cos^{-1}x \quad \text{...(i)}$$

$$\text{L.H.S} = \tan^{-1}\left[\frac{\sqrt{1+\cos 2\theta} - \sqrt{1-\cos 2\theta}}{\sqrt{1+\cos 2\theta} + \sqrt{1-\cos 2\theta}}\right]$$

$$= \tan^{-1}\left[\frac{\sqrt{2\cos^2\theta} - \sqrt{2\sin^2\theta}}{\sqrt{2\cos^2\theta} + \sqrt{2\sin^2\theta}}\right]$$

$$= \tan^{-1}\left[\frac{\cos\theta - \sin\theta}{\cos\theta + \sin\theta}\right]$$

$$= \tan^{-1}\left[\frac{1 - \tan\theta}{1 + \tan\theta}\right]$$

$$= \left[\frac{\tan\frac{\pi}{4} - \tan\theta}{1 + \tan\frac{\pi}{4}\tan\theta}\right] = \tan^{-1}\tan\left[\frac{\pi}{4} - \theta\right] = \frac{\pi}{4} - \theta$$

$$= \frac{\pi}{4} - \frac{1}{2}\cos^{-1}x = \text{RHS}.$$

29. Let $\bar{a} = 2\hat{i} + \hat{j} - 4\hat{k}$,

$\bar{b} = 2\hat{i} - \hat{j} + 3\hat{k}$,

$\bar{c} = 3\hat{i} + \hat{j} - 2\hat{k}$,

$\bar{p} = -\hat{i} - 3\hat{j} + 4\hat{k}$

Suppose $\bar{p} = x\bar{a} + y\bar{b} + z\bar{c}$

Then,

$$-\hat{i} - 3\hat{j} + 4\hat{k} = x(2\hat{i} + \hat{j} - 4\hat{k}) + y(2\hat{i} - \hat{j} + 3\hat{k}) + z(3\hat{i} + \hat{j} - 2\hat{k})$$

$$\therefore -\hat{i} - 3\hat{j} + 4\hat{k} = (2x + 2y + 3z)\hat{i} + (x - y + z)\hat{j} + (-4x + 3y - 2z)\hat{k}$$

By equality of vectors,

$2x + 2y + 3z = -1$

$x - y + z = -3$

$-4x + 3y - 2z = 4$

We have to solve these equations by using Cramer's Rule.

$$D = \begin{vmatrix} 2 & 2 & 3 \\ 1 & -1 & 1 \\ -4 & 3 & -2 \end{vmatrix}$$

$= 2(2-3) - 2(-2+4) + 3(3-4)$

$= -2 - 4 - 3$

$= -9 \neq 0$

$$D_x = \begin{vmatrix} -1 & 2 & 3 \\ -3 & -1 & 1 \\ 4 & 3 & -2 \end{vmatrix}$$

$= -1(2-3) - 2(6-4) + 3(-9+4)$

$= 1 - 4 - 15$

$= -18$

$$D_y = \begin{vmatrix} 2 & -1 & 3 \\ 1 & -3 & 1 \\ -4 & 4 & -2 \end{vmatrix}$$

$= 2(6-4) + 1(-2+4) + 3(4-12)$

$= 4 + 2 - 24$

$= -18$

$$D_z = \begin{vmatrix} 2 & 2 & -1 \\ 1 & -1 & -3 \\ -4 & 3 & 4 \end{vmatrix}$$

$= 2(-4+9) - 2(4-12) - 1(3-4)$

$= 10 + 16 + 1 = 27$

$\therefore \quad x = \dfrac{D_x}{D} = \dfrac{-18}{-9} = 2$

$\therefore \quad y = \dfrac{D_y}{D} = \dfrac{-18}{-9} = 2$

$\therefore \quad z = \dfrac{D_z}{D} = \dfrac{27}{-9} = -3$

$\therefore \quad \bar{p} = 2\bar{a} + 2\bar{b} - 3\bar{c}$

30. The equations of the given lines are

$$\frac{1-x}{3} = \frac{7y-14}{2\lambda} = \frac{z-3}{2} \qquad \ldots(1)$$

and

$$\frac{7-7x}{3\lambda} = \frac{y-5}{1} = \frac{6-z}{5} \qquad \ldots(2)$$

Equation (1) can be written as:

$$\frac{-(x-1)}{3} = \frac{7(y-2)}{2\lambda} = \frac{z-3}{2}$$

i.e. $\dfrac{x-1}{-3} = \dfrac{y-2}{\frac{2\lambda}{7}} = \dfrac{z-3}{2}$

The direction ratios of this line are

$a_1 = -3, \ b_1 = \dfrac{2\lambda}{7}, \ c_1 = 2$

Equation (2) can be written as:

$$\frac{-7(x-1)}{3\lambda} = \frac{y-5}{1} = \frac{-(z-6)}{5}$$

i.e. $\dfrac{x-1}{-\frac{3\lambda}{7}} = \dfrac{y-5}{1} = \dfrac{z-6}{-5}$

The direction ratios of this line are

$a_2 = \dfrac{-3\lambda}{7}, \ b_2 = 1, \ c_2 = -5$

since the lines (1) and (2) are at right angles,

$a_1 a_2 + b_1 b_2 + c_1 c_2 = 0$

$\therefore (-3)\left(\dfrac{-3\lambda}{7}\right)+\left(\dfrac{2\lambda}{7}\right)(1)+2(-5)=0$

$\therefore \left(\dfrac{9\lambda}{7}\right)+\left(\dfrac{2\lambda}{7}\right)-10=0$

$\therefore \dfrac{11\lambda}{7}=10$

$\therefore \lambda=\dfrac{70}{11}.$

31. $x=a(\theta-\sin\theta),\ y=a(1-\cos\theta)$

Differentiating x and y w.r.t. θ, we get

$\dfrac{dx}{d\theta}=a\dfrac{d}{d\theta}(\theta-\sin\theta)$

$=a(1-\cos\theta)$ ...(1)

and

$\dfrac{dy}{d\theta}=a\dfrac{d}{d\theta}(1-\cos\theta)$

$=a[0-(-\sin\theta)]$

$=a\sin\theta$

$\therefore \dfrac{dy}{dx}=\dfrac{\left(\dfrac{dy}{d\theta}\right)}{\left(\dfrac{dx}{d\theta}\right)}$

$=\dfrac{a\sin\theta}{a(1-\cos\theta)}$

$=\dfrac{2\sin\left(\dfrac{\theta}{2}\right)\cos\left(\dfrac{\theta}{2}\right)}{2\sin^{2}\left(\dfrac{\theta}{2}\right)}=\cot\left(\dfrac{\theta}{2}\right)$

and

$\dfrac{d^{2}y}{dx^{2}}=\dfrac{d}{dx}\left[\cot\left(\dfrac{\theta}{2}\right)\right]$

$=\dfrac{d}{dx}\left[\cot\left(\dfrac{\theta}{2}\right)\right]\cdot\dfrac{d\dfrac{\theta}{2}}{dx}$

$=-\operatorname{cosec}^{2}\left(\dfrac{\theta}{2}\right)\cdot\dfrac{d}{d\theta}\left(\dfrac{\theta}{2}\right)\times\dfrac{1}{\left(\dfrac{dx}{d\theta}\right)}$

$=-\operatorname{cosec}^{2}\left(\dfrac{\theta}{2}\right)\times\dfrac{1}{2}\times\dfrac{1}{a(1-\cos\theta)}$ ...[by (1)]

$=-\dfrac{1}{2a}\operatorname{cosec}^{2}\left(\dfrac{\theta}{2}\right)\times\dfrac{1}{2\sin^{2}\left(\dfrac{\theta}{2}\right)}$

$=-\dfrac{1}{4a}\cdot\operatorname{cosec}^{4}\left(\dfrac{\theta}{2}\right).$

32. Let x be the radius of base and h be the height of the cone which is inscribed in a sphere of radius r.

In the figure, AD = h and CD = x = BD

In $\triangle$ODB

$OB^2 = OD^2 + DB^2$

$r^2 = (h-r)^2 + x^2$

$\Rightarrow x^2 = r^2 - h^2 - r^2 + 2hr$

$\Rightarrow x^2 = 2rh - h^2$

$\Rightarrow x^2 = h(2r-h)$ ...(1)

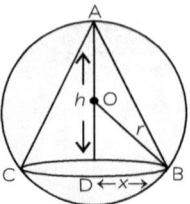

Let V be the volume of the cone.

Then $V=\dfrac{1}{3}\pi x^{2}h$

$=\dfrac{\pi}{3}h(2r-h)h$ ...[By (1)]

$\therefore V=\dfrac{\pi}{3}(2rh^{2}-h^{3})$

$\therefore \dfrac{dV}{dh}=\dfrac{\pi}{3}\dfrac{d}{dh}(2rh^{2}-h^{3})$

$=\dfrac{\pi}{3}(2r\times 2h-3h^{2})$

$=\dfrac{\pi}{3}(4rh-3h^{2})$

and

$\dfrac{d^{2}V}{dh^{2}}=\dfrac{\pi}{3}\cdot\dfrac{d}{dh}(4rh-3h^{2})$

$=\dfrac{\pi}{3}(4r\times 1-3\times 2h)$

$=\dfrac{\pi}{3}(4r-6h)$

For maximum volume, $\dfrac{dV}{dh}=0$

$\therefore \dfrac{\pi}{3}(4rh-3h^{2})=0$

$\therefore 4rh=3h^{2}$

$\therefore h=\dfrac{4r}{3}$ [$\because h\ne 0$]

and

$\left(\dfrac{d^{2}V}{dh^{2}}\right)_{\text{at }h=\frac{4r}{3}}=\dfrac{\pi}{3}\left(4r-6\times\dfrac{4r}{3}\right)$

$$= \frac{\pi}{3}(4r - 8r)$$

$$= -\frac{4\pi r}{3} < 0$$

∴ V is maximum when $h = \frac{4r}{3}$

Hence, the altitude (i.e. height) of the right circular cone of maximum volume = $\frac{4r}{3}$.

33. Let $I = \int \sqrt{\frac{e^{3x} - e^{2x}}{e^x + 1}} \, dx$

$$= \int \sqrt{\frac{e^{2x}(e^x - 1)}{e^x + 1}} \, dx$$

$$= \int e^x \sqrt{\frac{e^x - 1}{e^x + 1}} \, dx$$

Put $e^x = t$

∴ $e^x \, dx = dt$

∴ $I = \int \sqrt{\frac{t-1}{t+1}} \, dt$

$$= \int \sqrt{\frac{t-1}{t+1} \times \frac{t-1}{t+1}} \, dt$$

$$= \int \sqrt{\frac{(t-1)^2}{t^2 - 1}} \, dt$$

$$= \int \frac{t-1}{\sqrt{t^2 - 1}} \, dt$$

$$= \frac{1}{2} \int \frac{2t}{\sqrt{t^2 - 1}} \, dt - \int \frac{1}{\sqrt{t^2 - 1}} \, dt$$

$$= I_1 - I_2$$

In I_1, put $t^2 - 1 = \theta$

∴ $2t \, dt = d\theta$

∴ $I_1 = \frac{1}{2} \int \frac{d\theta}{\sqrt{\theta}}$

$$= \frac{1}{2} \int \theta^{-\frac{1}{2}} d\theta$$

$$= \frac{1}{2} \frac{\theta^{\frac{1}{2}}}{\left(\frac{1}{2}\right)} + c_1$$

$$= \sqrt{\theta} + c_1$$

$$= \sqrt{t^2 - 1} + c_1$$

$$= \sqrt{e^{2x} - 1} + c_1$$

$$I_2 = \int \frac{1}{\sqrt{t^2 - 1}} \, dt$$

$$= \log\left|t + \sqrt{t^2 - 1}\right| + c_2$$

$$= \log\left|e^x + \sqrt{e^{2x} - 1}\right| + c_2$$

∴ $I = \sqrt{e^{2x} - 1} - \log\left|e^x + \sqrt{e^{2x} - 1}\right| + c$, where $c = c_1 + c_2$.

34. $\frac{dy}{dx} + \frac{x - 2y}{2x - y} = 0$

∴ $\frac{dy}{dx} = -\left(\frac{x - 2y}{2x - y}\right)$

Put $y = vx$

∴ $\frac{dy}{dx} = v + x\frac{dv}{dx}$

∴ (1) becomes, $v + x\frac{dv}{dx} = -\left(\frac{x - 2vx}{2x - vx}\right)$

∴ $v + x\frac{dv}{dx} = -\left(\frac{1 - 2v}{2 - v}\right)$

∴ $x\frac{dv}{dx} = -\left(\frac{1 - 2v}{2 - v}\right) - v$

∴ $x\frac{dv}{dx} = \frac{-1 + 2v - 2v + v^2}{2 - v}$

∴ $x\frac{dv}{dx} = \frac{v^2 - 1}{2 - v}$

∴ $\frac{2 - v}{v^2 - 1} dv = \frac{1}{x} dx$

Integrating both sides, we get

$$\int \frac{2 - v}{v^2 - 1} dv = \int \frac{1}{x} dx$$

∴ $2\int \frac{1}{v^2 - 1} dv - \frac{1}{2} \int \frac{2v}{v^2 - 1} dv = \int \frac{1}{x} dx$

∴ $2 \times \frac{1}{2} \log\left|\frac{v - 1}{v + 1}\right| - \frac{1}{2} \log|v^2 - 1| = \log|x| + \log c_1$

$$\left[\because \frac{d}{dx}(v^2 - 1) = 2v \text{ and } \int \frac{f'(x)}{f(x)} dx = \log|f(x)| + c\right]$$

∴ $\log\left|\frac{v - 1}{v + 1}\right| - \log\left|(v^2 - 1)^{\frac{1}{2}}\right| = \log|c_1 x|$

∴ $\log\left|\frac{v - 1}{v + 1} \cdot \frac{1}{\sqrt{v^2 - 1}}\right| = \log|c_1 x|$

$\therefore \quad \dfrac{v-1}{v+1} \cdot \dfrac{1}{\sqrt{v^2-1}} = c_1 x$

$\therefore \quad \dfrac{\dfrac{y}{x}-1}{\dfrac{y}{x}+1} \cdot \dfrac{1}{\sqrt{\dfrac{y^2}{x^2}-1}} = c_1 x$

$\therefore \quad \dfrac{y-x}{y+x} \cdot \dfrac{x}{\sqrt{y^2-x^2}} = c_1 x$

$\therefore \quad \dfrac{y-x}{y+x} = c_1 \sqrt{y^2-x^2}$

$\therefore \quad \dfrac{y-x}{y+x} = c_1 \sqrt{(y-x)(y+x)}$

$\therefore \quad \sqrt{y-x} = c_1 (y+x)^{\frac{3}{2}}$

$\therefore \quad y-x = c_1^2 (x+y)^3$

$\therefore \quad y-x = c(x+y)^3$, where $c = c_1^2$

$\therefore \quad y = c(x+y)^3 + x$

●●

SAMPLE PAPER-3

Mathematics & Statistics (Arts & Science)

Questions

Section A

1. Select and write the most appropriate answer from the given alternatives for each equations:

(i) The negation of inverse of $\sim p \rightarrow q$ is .... :

(a) $q \wedge p$ (b) $\sim p \wedge \sim q$

(c) $p \wedge q$ (d) $\sim q \rightarrow \sim p$

(ii) The principal value of $\sin^{-1}\left(-\frac{\sqrt{3}}{2}\right)$ is ....

(a) $\left(-\frac{2\pi}{3}\right)$ (b) $\left(\frac{4\pi}{3}\right)$

(c) $\left(\frac{5\pi}{3}\right)$ (d) $\left(\frac{-\pi}{3}\right)$

(iii) The combined equation of the co-ordinate axes is ________.

(a) $x + y = 0$ (b) $xy = k$

(c) $xy = 0$ (d) $x - y = k$

(iv) The shortest distance between the lines $r = (\hat{i}+2\hat{j}+\hat{k})+\lambda(\hat{i}-\hat{j}+\hat{k})$ and $r = (2\hat{i}-\hat{j}-\hat{k})+\mu(2\hat{i}+\hat{j}+2\hat{k})$ is:

(a) $\frac{1}{\sqrt{3}}$ (b) $\frac{1}{\sqrt{2}}$

(c) $\frac{3}{\sqrt{2}}$ (d) $\frac{\sqrt{3}}{2}$

(v) The maximum value of $z = 5x + 3y$ subject to the constraints $3x + 5y \leq 15$, $5x + 2y \leq 10$, $x, y \geq 0$ is:

(a) 235 (b) $\frac{235}{9}$

(c) $\frac{235}{19}$ (d) $\frac{235}{3}$

(vi) Let $f(x) = x^3 - 6x^2 + 9x + 18$, then $f(x)$ is strictly decreasing in:

(a) $(-\infty, 1)$ (b) $[3, \infty)$

(c) $(-\infty, 1] \cup (3, \infty)$ (d) $(1, 3)$

(vii) If $\frac{dx}{\sqrt{1+x} - \sqrt{x}} = \frac{k}{3}$, then k is equal to:

(a) $\sqrt{2}\left(2\sqrt{2}-2\right)$ (b) $\frac{\sqrt{2}}{3}\left(2-2\sqrt{2}\right)$

(c) $\frac{2\sqrt{2}-2}{3}$ (d) $4\sqrt{2}$

(viii) The area of the region bounded between the line $x = 4$ and the parabola $y^2 = 16x$ is:

(a) $\frac{128}{3}$ sq units (b) $\frac{108}{3}$ sq units

(c) $\frac{118}{3}$ sq units (d) $\frac{218}{3}$ sq units

2. Answer the following questions:

(i) Chek whether the following matrix is invertible or not:

$$\begin{bmatrix} \cos\theta & \sin\theta \\ -\sin\theta & \cos\theta \end{bmatrix}$$

(ii) State whether the following equation

have solution or not?

$3\tan\theta = 5$

(iii) Evaluate: $\int_0^1 \frac{x^2-2}{x^2+1}, dx$

(iv) Determine the order and degree of the following differential equation: $(y''')^2 + 3y'' + 3xy' + 5y = 0$

Section B

Attempt any EIGHT of the following questions:

3. Write converse, inverse and contrapositive of the following statement. "If voltage increases then current decreases."

4. Find the co-factor of the element of the matrix: $\begin{bmatrix} -1 & 2 \\ -3 & 4 \end{bmatrix}$

5. Find the separate equations of the lines represented by the equation $3x^2 - 10xy - 8y^2 = 0$.

6. Find k, the slope of one of the lines given by $kx^2 + 4xy - y^2 = 0$ exceeds the slope of the other by 8.

7. If the vectors $2\hat{i} - q\hat{j} + 3\hat{k}$ and $4\hat{i} - 5\hat{j} + 6\hat{k}$ are collinear, find q.

8. Find the vector equation of the lines passing through the point having position vecror $(-\hat{i} - \hat{j} + 2\hat{k})$ and parallel to the liner = $(\hat{i}+2\hat{j}+3\hat{k})$ + $\lambda(3\hat{i}+2\hat{j}+\hat{k})$.

9. Show that the line $\frac{x-2}{1} = \frac{y-4}{2} = \frac{z+4}{-2}$ passes through the origin.
10. Solve graphically: $2x - 3 \geq 0$.
11. Differentiate the following w.r.t. x.: $\tan[\cos(\sin x)]$
12. Find the area enclosed between the circle $x^2 + y^2 = 1$ and the line $x + y = 1$, lying in the first quadrant.
13. State if the following is not the probability mass function of a random variable. Given reasons for your answer:

Z	3	2	1	0	-1
P(Z)	0.3	0.2	0.4	0	0.05

14. A person buys a lottery ticket in 50 lotteries, in each of which his chance of winning a prize is $\frac{1}{100}$. What is the probability that he will win a prize at least once.

Section C

Attempt any EIGHT of the followings questions:

15. Find the adjoint of the following matrix. $\begin{bmatrix} 1 & -1 & 2 \\ -2 & 3 & 5 \\ -2 & 0 & -1 \end{bmatrix}$

16. Find the Cartesian co-ordinates of the point whose polar co-ordinates are: $\left(\frac{3}{4}, \frac{3\pi}{4}\right)$

17. If the points A (3, 0, p) B (– 1, q, 3) and C (– 3, 3, 0) are collinear, then find
    (i) The ratio in which the point C divides the line segment AB
    (ii) The values of p and q.

18. Find the centroid of tetrahedron with vertices K(5, – 7, 0), L(1, 5, 3), M(4, –6, 3), N(6, –4, 2).

19. Differentiate the following w.r.t. x: $x^e + x^x + e^x + e^e$

20. Find the point of the curve $y = \sqrt{x-3}$ where the tangent is perpendicular to the line $6x + 3y - 5 = 0$.

21. Evaluate the following integrals: $\int \frac{2}{\sqrt{x} - \sqrt{x+3}} dx$

22. Integrate the following functions w.r.t.x: $\frac{2\sin x \cos x}{3\cos^2 x \, 4\sin^2 x}$

23. Evaluate: $\int_0^x \sin^3 x(1 + 2\cos x)(1 + \cos x)^2 dx$

24. $(x^2 - y^2)dx + 2xy \, dy = 0$

25. From a lot of 30 bulbs which include 6 defectives, a sample of 4 bulbs is drawn at random with replacement. Find the probability distribution of the number of defective bulbs.

26. It is observed that it rains on 12 days out of 30 days. Find the probability that it will rain at least 2 days of given week.

Section D

Attempt any FIVE of the following questions:

27. Obtain the simple logical expression of the following. $(p \wedge q \wedge \sim p) \vee (\sim p \wedge q \wedge r) \vee (p \wedge q \wedge r)$

28. Prove the following:
    $\sin^{-1}\left(-\frac{1}{2}\right) + \cos^{-1}\left(-\frac{\sqrt{3}}{2}\right) = \cos^{-1}\left(-\frac{1}{2}\right)$

29. Find the angle between the lines whose direction consines l, m, n satisfy the equations $5l + m + 3n = 0$ and $5mn - 2nl + 6lm = 0$.

30. Find the shortest distance between the following pair of lines and hence write the lines are intersecting or not:
    $\frac{x-1}{2} = \frac{y+1}{3} = z$ and, $\frac{x+1}{5} = \frac{y-2}{1} = \frac{z}{2}$

31. If $x = at^2$ and $y = 2at$, then show that $xy\frac{d^2y}{dx^2} + a = 0$.

32. Show that a closed right circular cylinder of given surface area has maximum volume if its height equals the diameter of its base.

33. Integrate the following w.r.t. x.: $\frac{1}{x(1 + 4x^3 + 3x^6)}$

34. Solve the following differential equation:
    $(9x + 5y) dy + (15x + 11y)dx = 0$

Ⓐ Answer Key

Section A

1. (i) (a) $q \wedge p$

   (ii) (d) $\frac{-\pi}{3}$

   Let $\sin^{-1}\left(-\frac{\sqrt{3}}{2}\right)$ is x

$\therefore \sin x = -\frac{\sqrt{3}}{2} = -\sin\frac{\pi}{3} = \sin\left(-\frac{\pi}{3}\right)$

The principal value branch of $\sin^{-1}$ is $\left[-\frac{\pi}{2}, \frac{\pi}{2}\right]$

and $-\frac{\pi}{2} \le -\frac{\pi}{3} \le \frac{\pi}{2}$

$\therefore \quad x = -\frac{\pi}{3}$

(iii) (c) $xy = 0$

Equation of x-axis is $y = 0$

Equation of y-axis is $x = 0$

$\therefore$ The combined equation is $yx = 0$, *i.e.* $xy = 0$

(iv) (c) $\frac{3}{\sqrt{2}}$

(v) (c) $\frac{235}{19}$

(vi) (d) (1, 3)

(vii) (d) $4\sqrt{2}$

(viii) (a) $\frac{128}{3}$ sq units

2. **(i)** Let $A = \begin{bmatrix} \cos\theta & \sin\theta \\ -\sin\theta & \cos\theta \end{bmatrix}$

Then, $|A| = \begin{vmatrix} \cos\theta & \sin\theta \\ -\sin\theta & \cos\theta \end{vmatrix} = \cos^2\theta + \sin^2\theta = 1 \neq 0$

$\therefore$ A is a non - singular matrix.

Hence, A^{-1} exists.

(ii) $3\tan\theta = 5$

$\therefore \quad \tan\theta = \frac{5}{3}$

This is possible because $\tan\theta$ is any real number.

$\therefore$ $3\tan\theta = 5$ has solution.

(iii) $\int_0^1 \frac{x^2-2}{x^2+1}.dx$

$$= \int_0^1 \frac{(x^2+1)-3}{x^2+1}.dx$$

$$= \int_0^1 \left(1 - \frac{3}{x^2+1}\right).dx$$

$$= \int_0^1 1.dx - \int_0^1 \frac{3}{x^2+1}.dx$$

$$= \left[x\right]_0^1 - \left[3\tan^{-1}x\right]_0^1$$

$$= (1-0) - (3\tan^{-1}1 - 3\tan^{-1}0)$$

$$= 1 - 3\left(\frac{\pi}{4}\right) - 0$$

$$= 1 - \frac{3\pi}{4}.$$

(iv) The given D.E. is

$$(y''')^2 + 3y'' + 3xy' + 5y = 0$$

This can be written as:

$$\left(\frac{d^3y}{dx^3}\right)^2 + 3\frac{d^2y}{dx^2} + 3x\left(\frac{dy}{dx}\right) + 5y = 0$$

This D.E. has highest order derivative $\frac{d^3y}{dx^3}$ with power 2.

$\therefore$ The given D.E. has order 3 and degree 2.

Section B

3. Let p : Voltage increases.

q : Current decreases.

Then the symbolic form of the given statement is $p \to q$.

Converse: $q \to p$ is the converse of $p \to q$.

i.e., If current decreases, then voltage increases

Inverse: $\sim p \to q$ is the inverse of $p \to q$.

i.e., If voltage does not increase, then-current does not decrease.

Contrapositive: $\sim q \to p$, is the contrapositive of $p \to q$.

i.e. If current does not decrease, then voltage does not increase.

4. Let $A = \begin{bmatrix} -1 & 2 \\ -3 & 4 \end{bmatrix}$

Here, $a_{11} = M_{11} = 4$

$\therefore \quad A_{11} = (-1)^{1+1}(4) = 4$

$a_{12} = 2, M_{12} = -3$

$\therefore \quad A_{12} = (-1)^{1+2}(-3) = 3$

$a_{21} = -3, M_{21} = 2$

$\therefore \quad A_{21} = (-1)^{2+1}(2) = -2$

$a_{22} = 4, M_{22} = -1$

$\therefore \quad A_{22} = (-1)^{2+2}(-1) = -1$

5. Given pairs of lines $3x^2 - 10xy - 8y^2 = 0$

$\Rightarrow \quad 3x^2 - 12xy + 2xy - 8y^2 = 0$

$\Rightarrow \quad 3x(x - 4y) + 2y(x - 4y(= 0$

$\Rightarrow \quad (x - 4y)(3x + 2y) = 0$

Separated equations are:

$3x + 2y = 0$ and $x - 4y = 0$

6. Comparing the equation $kx^2 + 4xy - y^2 = 0$ with $ax^2 + 2hxy - by^2 = 0$, we get $a = k$, $2h = 4$, $b = -1$.

Let m_1 and m_2 be the slopes of the lines represented by $kx^2 + 4xy - y^2 = 0$

$$\therefore \quad m_1 + m_2 = \frac{-2h}{b} = -\frac{4}{-1} = 4$$

and $\quad m_1 m_2 = \frac{a}{b} = \frac{k}{-1} = -k$

We are given that $m_2 = m_1 + 8$

$$4 - m_1 = m_1 + 8$$
$$\therefore \quad 2m_1 = -4$$
$$\therefore \quad m_1 = -2 \quad \ldots(1)$$

Also, $m_1(m_1 + 8) = -k$

$$(-2)(-2 + 8) = -k \quad \ldots[\text{By }(1)]$$
$$\therefore \quad (-2)(6) = -k$$
$$\therefore \quad -12 = -k$$
$$\therefore \quad k = 12$$

7. The vectors $2\hat{i} - q\hat{j} + 3\hat{k}$ and $4\hat{i} - 5\hat{j} + 6\hat{k}$ are collinear

$\therefore$ The coefficients of $\hat{i}, \hat{j}, \hat{k}$ are proportional

$$\therefore \quad \frac{2}{4} = \frac{-q}{-5} = \frac{3}{6}$$

$$\therefore \quad \frac{q}{5} = \frac{1}{2}$$

$$\therefore \quad q = \frac{5}{2}$$

8. Let A be point having position vector $\vec{a} = -\hat{i} - \hat{j} + 2\hat{k}$ The required line is parallel to the line

$$\vec{r} = (\hat{i} + 2\hat{j} + 3\hat{k}) + \lambda(3\hat{i} + 2\hat{j} + \hat{k})$$

$\therefore$ It is parallel to the vector

$$\vec{b} = 3\hat{i} + 2\hat{j} + \hat{k}$$

The vector equation of the line passing through A($\vec{a}$) and parallel to $\vec{b}$ is $\vec{r} = \vec{a} + \lambda\vec{b}$ where λ is a scalar.

$\therefore$ The required vector equation of the line is

$$\vec{r} = (-\hat{i} - \hat{j} + 2\hat{k}) + \lambda(3\hat{i} + 2\hat{j} + \hat{k})$$

9. The equation of the line is

$$\frac{x-2}{1} = \frac{y-4}{2} = \frac{z+4}{-2}$$

The coordinates of the origin O are (0, 0, 0)

For $x = 0, \frac{x-2}{1} = \frac{0-2}{1} = -2$

For $y = 0, \frac{y-4}{2} = \frac{0-4}{2} = -2$

For $z = 0, \frac{z+4}{-2} = \frac{0+4}{-2} = -2$

$\therefore$ Coordinates of the origin O satisfy the equation of the line.

Hence, the line passes through the origin.

10. Consider the line whose equation is $2x - 3 \geq 0$, i.e. $x = \frac{3}{2}$

This represents a line parallel to Y-axis passing through the point $\left(\frac{3}{2}, 0\right)$.

Draw the line $x = \frac{3}{2}$.

To find the solution set, we have to check the position of the origin (0, 0)

When $x = 0$, $2x - 3 = 2 \times 0 - 3 = -3 \geq 0$

$\therefore$ The coordinates of the origin does not satisfy the given inequality.

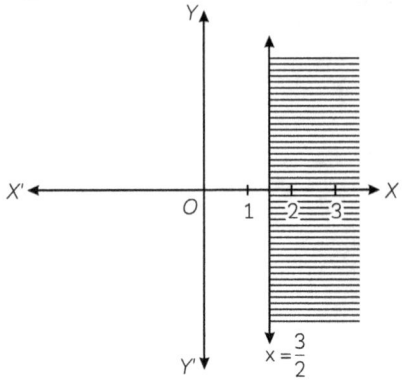

$\therefore$ The solution set consists of the line $x = \frac{3}{2}$ and the non-origin side of the line which is shaded in the graph.

11. Let $\quad y = \tan[\cos(\sin x)]$

Differentiating it. w.r.t. x, we get

$$\frac{dy}{dx} = \frac{d}{dx}\{\tan[\cos(\sin x)]\}$$

$$= \sec^2[\cos(\sin x)] \cdot \frac{d}{dx}[\cos(\sin x)]$$

$$= \sec^2[\cos(\sin x)] \cdot [-\sin(\sin x)] \frac{d}{dx}(\sin x)$$

$$= -\sec^2[\cos(\sin x)] \cdot \sin(\sin x) \cdot \cos x.$$

12. Required area = area of the region ACBDA
= (area of the region OACBO) − (area of the region OADBO) ...(1)

Now, area of the region OACBO

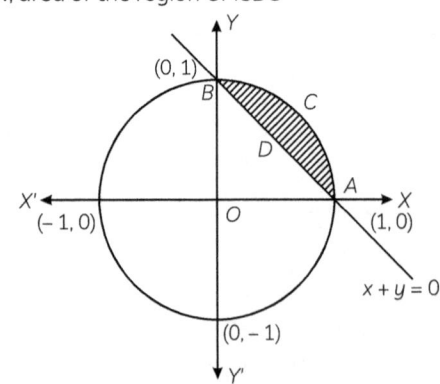

= area under the circle $x^2 + y^2 = 1$ between $x = 0$ and $x = 1$

$$= \int_0^1 y.dx, \text{ where } y^2 = 1 - x^2.$$

i.e. $y = \sqrt{1-x^2}, \text{ as } y > 0$

$$= \int_0^1 \sqrt{1-x^2} \cdot dx$$

$$= \left[\frac{x}{2}\sqrt{1-x^2} + \frac{1}{2}\sin^{-1}(x)\right]_0^1$$

$$= \frac{1}{2}\sqrt{1-1} + \frac{1}{2}\sin^{-1}1 - 0$$

$$= \frac{1}{2} \times \frac{\pi}{2}$$

$$= \frac{\pi}{4} \qquad ...(2)$$

Area of the region *OADBO*

= area under the line $x + y = 1$ between $x = 0$ and $x = 1$

$$= \int_0^1 y \cdot dx, \text{ where } y = 1 - x$$

$$= \int_0^1 (1 - x) \cdot dx$$

$$= \left[x - \frac{x^2}{2}\right]_0^1$$

$$= 1 - \frac{1}{2} - 0$$

$$= \frac{1}{2} \qquad ...(1)$$

Put the value in equation (1) of (2) and (3)

$\therefore$ Required area $= \left(\frac{\pi}{4} - \frac{1}{2}\right)$ sq units.

13. P.m.f. of random variable should satisfy the following conditions:

(a) $0 \le p_i \le 1$

(b) $\Sigma p_i = 1$

Z	3	2	1	0	–1
P(Z)	0.3	0.2	0.4	0	0.05

Here $\Sigma p_i = 0.3 + 0.2 + 0.4 + 0 + 0.05 = 0.95 \neq 1$

Hence, *P*(*Z*) connot be regarded as p.m.f. of the random variable *Z*.

14. let *X* denote the number of times the person wins the lottery.

Then, *X* follows a binomial distribution with $n = 50$.

Let *p* be the probability of winning a prize.

$$\therefore \quad p = \frac{1}{100}, q = 1 - \frac{1}{100} = \frac{99}{100}$$

Hence, the distribution is given by

$$P(X = r) = {}^{50}C_r\left(\frac{1}{100}\right)^r\left(\frac{99}{100}\right)^{50-r}, r = 0, 1, 2, ... 50$$

P (winning at least once) $= P(X \ge 0)$

$$= 1 - P(X = 0)$$

$$= 1 - \left(\frac{99}{100}\right)^{50}$$

Hence, probability of winning a prize at least once

$$= 1 - \left(\frac{99}{100}\right)^{50}$$

Section C

15. Let $A = \begin{bmatrix} 1 & -1 & 2 \\ -2 & 3 & 5 \\ -2 & 0 & -1 \end{bmatrix}$

Now, $M_{11} = \begin{vmatrix} 3 & 5 \\ 0 & -1 \end{vmatrix} = -3 - 0 = -3$

$\therefore \quad A_{11} = (-1)^{1+1}(-3) = -3$

$M_{12} = \begin{vmatrix} -2 & 5 \\ -2 & -1 \end{vmatrix} = 2 + 10 = 12$

$\therefore \quad A_{12} = (-1)^{1+2}(12) = -12$

$M_{13} = \begin{vmatrix} -2 & 3 \\ -2 & 0 \end{vmatrix} = 0 + 6 = 6$

$\therefore \quad A_{13} = (-1)^{1+3}(6) = 6$

$M_{21} = \begin{vmatrix} -1 & 2 \\ 0 & -1 \end{vmatrix} = 1 - 0 = 1$

$\therefore \quad A_{21} = (-1)^{2+1}(1) = -1$

$M_{22} = \begin{vmatrix} 1 & 2 \\ -2 & -1 \end{vmatrix} = -1 + 4 = 3$

$\therefore \quad A_{22} = (-1)^{2+2}(3) = 3$

$M_{23} = \begin{vmatrix} 1 & -1 \\ -2 & 0 \end{vmatrix} = 0 - 2 = -2$

$\therefore \quad A_{23} = (-1)^{2+3}(-2) = 2$

$M_{31} = \begin{vmatrix} -1 & 2 \\ 3 & 5 \end{vmatrix} = -5 - 6 = -11$

$\therefore \quad A_{31} = (-1)^{3+1}(-11) = -11$

$M_{32} = \begin{vmatrix} 1 & 2 \\ -2 & 5 \end{vmatrix} = 5 + 4 = 9$

$\therefore \quad A_{32} = (-1)^{3+2}(9) = -9$

$M_{33} = \begin{vmatrix} 1 & -1 \\ -2 & 3 \end{vmatrix} = 3 - 2 = 1$

$\therefore \quad A_{33} = (-1)^{3+3}(1) = 1$

The co-factor matrix $= \begin{bmatrix} A_{11} & A_{12} & A_{13} \\ A_{21} & A_{22} & A_{23} \\ A_{31} & A_{32} & A_{33} \end{bmatrix}$

$= \begin{bmatrix} -3 & -12 & 6 \\ -1 & 3 & 2 \\ -11 & -9 & 1 \end{bmatrix}^T$

$\therefore \quad \text{adj } A = \begin{bmatrix} -3 & -1 & -11 \\ -12 & 3 & -9 \\ 6 & 2 & 1 \end{bmatrix}$

16. Here, $r = \dfrac{3}{4}$ and $\theta = \dfrac{3\pi}{4}$

Let the cartesian coordinates be (x, y)
Then,

$x = r\cos\theta = \dfrac{3}{4}\cos\dfrac{3\pi}{4} = \dfrac{3}{4}\cos\left(\pi - \dfrac{\pi}{4}\right)$

$= -\dfrac{3}{4}\cos\dfrac{\pi}{4} = -\dfrac{3}{4} \times \dfrac{1}{\sqrt{2}} = -\dfrac{3}{4\sqrt{2}}$

$y = r\sin\theta = \dfrac{3}{4}\sin\dfrac{3\pi}{4} = \dfrac{3}{4}\sin\left(\pi - \dfrac{\pi}{4}\right)$

$= \dfrac{3}{4}\sin\dfrac{\pi}{4} = \dfrac{3}{4} \times \dfrac{1}{\sqrt{2}} = \dfrac{3}{4\sqrt{2}}$

∴ The cartesian coordinates of the given point are $\left(-\dfrac{3}{4\sqrt{2}}, \dfrac{3}{4\sqrt{2}}\right)$.

17. Let $\vec{a}, \vec{b}, \vec{c}$ be the position vectors of A, B and C respectively.

Then $\vec{a} = 3\hat{i} + 0\hat{j} + p\hat{k}$

$\vec{b} = -\hat{i} + q\hat{j} + 3\hat{k}$ and

$\vec{c} = -3\hat{i} + 3\hat{j} + 0\hat{k}$

(i) As the points A, B, C are collinear, suppose the point C divides line segment AB in the ratio $\lambda : 1$.

∴ By the section formula,

$\vec{c} = \dfrac{\lambda \vec{b} + 1.\vec{a}}{\lambda + 1}$

$\therefore \quad -3\hat{i} + 3\hat{j} + 0\hat{k}$

$= \dfrac{\lambda(-\hat{i} + q\hat{j} + 3\hat{k}) + (3\hat{i} + 0.\hat{j} + p\hat{k})}{\lambda + 1}$

$\therefore \quad (\lambda + 1)(-3\hat{i} + 3\hat{j} + 0.\hat{k})$

$= (-\lambda\hat{i} + \lambda q\hat{j} + 3\lambda\hat{k}) + (3\hat{i} + 0.\hat{j} + p\hat{k})$

$\therefore \quad -3(\lambda + 1)\hat{i} + 3(\lambda + 1)\hat{j} + 0.\hat{k}$

$= (-\lambda + 3)\hat{i} + (\lambda q + 0)\hat{j} + (3\lambda + p)\hat{k}$

By equality of vectors, we have,

$-3(\lambda + 1) = -\lambda + 3$ ...(1)
$3(\lambda + 1) = \lambda q$ ...(2)
$0 = 3\lambda + p$ ...(3)

From equation (1),

$-3\lambda - 3 = -\lambda + 3$

$\therefore \quad -2\lambda = 6$

$\therefore \quad \lambda = -3$

∴ C divides segment AB externally in the ratio $3 : 1$.

(ii) Putting $\lambda = -3$ in equation (2), we get

$3(-3 + 1) = -3q$

$\therefore \quad -6 = -3q$

$\therefore \quad q = 2$

Also, putting $\lambda = -3$ in equation (3), we get

$0 = -9 + p$

$\therefore \quad p = 9$

Hence $p = 9$

and $q = 2$.

18. Let $\vec{p}, \vec{l}, \vec{m}, \vec{n}$ be the position vectors of the points K, L, M, N respectively w.r.t. the origin O.

Then, $\vec{p} = 5\hat{i} - 7\hat{j} + 0.\hat{k}$

$\vec{l} = \hat{i} + 5\hat{j} + 3\hat{k}$

$\vec{m} = 4\hat{i} - 6\hat{j} + 3\hat{k}$

$\vec{n} = 6\hat{i} - 4\hat{j} + 2\hat{k}$

Let $G(g)$ be the centroid of the tetrahedron.
Then by centroid formula

$\vec{g} = \dfrac{\vec{p} + \vec{l} + \vec{m} + \vec{n}}{4}$

$= \dfrac{1}{4}[(5\hat{i} - 7\hat{j} + 0.\hat{k}) + (\hat{i} + 5\hat{j} + 3\hat{k}) + (4\hat{i} - 6\hat{j} + 3\hat{k})$

$+ (6\hat{i} - 4\hat{j} + 2.\hat{k})]$

$= \dfrac{1}{4}(16\hat{i} - 12\hat{j} + 8\hat{k})$

$= 4\hat{i} - 3\hat{j} + 2\hat{k}$

Hence, the centroid of the tetrahedron is

$G = (4, -3, 2)$

19. Let $\quad y = x^e + x^x + e^x + e^e$

Let $\quad u = x^x$

Then $\log u = \log x^x = x \log x$

Differentiating both sides w.r.t. x, we get

$$\frac{1}{u} \cdot \frac{du}{dx} = \frac{d}{dx}(x \log x)$$

$$= x \frac{d}{dx}(\log x) + (\log x) \cdot \frac{d}{dx}(x)$$

$$= x \times \frac{1}{x} + (\log x)(1)$$

$\therefore \quad \dfrac{du}{dx} = u(1 + \log x) = x^x(1 + \log x) \quad \ldots(1)$

Now, $\quad y = x^e + u + e^x + e^e$

$\therefore \quad \dfrac{dy}{dx} = \dfrac{d}{dx}(x^e) + \dfrac{du}{dx} + \dfrac{d}{dx}(e^x) + \dfrac{d}{dx}(e^e)$

$\quad = ex^{e-1} + x^x(1 + \log x) + e^x + 0 \quad \ldots[\text{By } (1)]$

$\quad = ex^{e-1} + x^x(1 + \log x) + e^x$

$\quad = ex^{e-1} + e^x + x^x(1 + \log x)$.

20. Let the required point on the curve $y = \sqrt{x-3}$ be $P(x_1, y_1)$.

Differentiating $y = \sqrt{x-3}$ w.r.t. x, we get

$$\frac{dy}{dx} = \frac{d}{dx}\left(\sqrt{x-3}\right)$$

$$= \frac{1}{2\sqrt{x-3}} \cdot \frac{d}{dx}(x-3)$$

$$= \frac{1 \times (1-0)}{2\sqrt{x-3}}$$

$$= \frac{1}{2\sqrt{x-3}}$$

$\therefore$ Slope of the tangent at (x_1, y_1)

$$= \left(\frac{dy}{dx}\right)_{at\,(x_1, y_1)}$$

$$= \frac{1}{2\sqrt{x_1-3}}$$

Since, this tangent is perpendicular to $6x + 3y - 5 = 0$

whose slope is $\dfrac{-6}{3} = -2$,

slope of the tangent $= \dfrac{-1}{-2} = \dfrac{1}{2}$

$\therefore \quad \dfrac{1}{2\sqrt{x_1-3}} = \dfrac{1}{2}$

$\therefore \quad \sqrt{x_1-3} = 1$

$\therefore \quad x_1 - 3 = 1$

$\therefore \quad x_1 = 4$

Since, (x_1, y_1) lies on $y = \sqrt{x-3}$, $y_1 = \sqrt{x_1 - 3}$

When $\quad x_1 = 4, y_1 = \sqrt{4-3} = \pm 1$

Hence, the required points are $(4, 1)$ and $(4, -1)$.

21. $\displaystyle \int \frac{2}{\sqrt{x} - \sqrt{x+3}} \, dx$

$$= \int \frac{2}{\sqrt{x} - \sqrt{x+3}} \times \frac{\sqrt{x} + \sqrt{x+3}}{\sqrt{x} + \sqrt{x+3}} \, dx$$

$$= \int \frac{2\left(\sqrt{x} + \sqrt{x+3}\right)}{x - (x+3)} \, dx$$

$$= -\frac{2}{3} \int \left(\sqrt{x} + \sqrt{x+3}\right) dx$$

$$= -\frac{2}{3} \int x^{\frac{1}{2}} dx - \frac{2}{3} \int (x+3)^{\frac{1}{2}} dx$$

$$= -\frac{2}{3} \cdot \frac{x^{\frac{3}{2}}}{\left(\frac{3}{2}\right)} - \frac{2}{3} \cdot \frac{(x+3)^{\frac{3}{2}}}{\left(\frac{3}{2}\right)} + c$$

$$= -\frac{4}{9}\left[x^{\frac{3}{2}} + (x+3)^{\frac{3}{2}}\right] + c$$

22. Let $\quad I = \displaystyle \int \frac{2 \sin x \cos x}{3 \cos^2 x + 4 \sin^2 x} \, dx$

Put $3 \cos^2 x + 4 \sin^2 x = t$

$\therefore \left[3(2 \cos x)\dfrac{d}{dx}(\cos x) + 4(2 \sin x)\dfrac{d}{dx}(\sin x)\right] dx = dt$

$\therefore [-6 \cos x \sin x + 8 \sin x \cos x] dx = dt$

$\therefore 2 \sin x \cos x \, dx = dt$

Then $I = \displaystyle \int \frac{dt}{t} = \log|t| + c$

$\quad = \log[3 \cos^2 x + 4 \sin^2 x] + c$

23. Let $\quad I = \displaystyle \int_0^x \sin^3 x(1 + 2\cos x)(1 + \cos x)^2 \, dx$

$$= \int_0^x \sin^2 x(1 + 2\cos x)(1 + \cos x)^2 \cdot \sin x \, dx$$

$$= \int_0^x (1 - \cos^2 x)(1 + 2\cos x)(1 + \cos x)^2 \cdot \sin x \, dx$$

Put $\quad \cos x = t$

$\therefore \quad -\sin x \cdot dx = dt$

$\therefore \quad \sin x \cdot dx = -dt$

When $\quad x = 0, t = \cos 0 = 1$

When $\quad x = \pi, t = \cos \pi = -1$

$$\therefore I = \int_1^{-1}(1-t^2)(1+2t)(1+t)^2(-dt)$$

$$= -\int_1^{-1}(1-2t-t^2-2t^3)(1+2t+t^2)\cdot dt$$

$$= -\int_1^{-1}(1+2t-t^2-2t^3+2t+4t^2-2t^3-4t^2+t^2$$
$$+2t^3-t^4-2t^5)\cdot dt$$

$$= -\int_1^{-1}(1+4t+4t^2-2t^3-5t^4-2t^5)\cdot dt$$

$$= -\left[t+4\left(\frac{t^2}{2}\right)+4\left(\frac{t^3}{3}\right)-2\left(\frac{t^4}{4}\right)-5\left(\frac{t^5}{5}\right)-2\left(\frac{t^6}{6}\right)\right]_1^{-1}$$

$$= -\left[t+2t^2+\frac{4}{3}t^3-\frac{1}{2}t^4-t^5-\frac{1}{3}t^6\right]_1^{-1}$$

$$= -\left[\left(-1+2-\frac{4}{3}-\frac{1}{2}+1-\frac{1}{3}\right)-\left(1+2+\frac{4}{3}-\frac{1}{2}-1-\frac{1}{3}\right)\right]$$

$$= -\left[-1+2-\frac{4}{3}-\frac{1}{2}+1-\frac{1}{3}-1-2-\frac{4}{3}+\frac{1}{2}+1+\frac{1}{3}\right]$$

$$= -\left[-\frac{8}{3}\right]$$

$$= \frac{8}{3}.$$

24. $(x^2 - y^2)dx + 2xy\, dy = 0$

$\therefore \quad -2xy\, dy = (x^2 - y^2)dx$

$\therefore \quad \dfrac{dy}{dx} = \dfrac{x^2 - y^2}{-2xy}$ ...(1)

As it is an homogeneous equation
Put $\quad y = vx$

$\therefore \quad \dfrac{dy}{dx} = v + x\dfrac{dv}{dx}$

$\therefore$ (1) becomes $v + x\dfrac{dv}{dx} = \dfrac{x^2 - v^2x^2}{-2x(vx)}$

$\therefore \quad v + x\dfrac{dv}{dx} = \dfrac{1-v^2}{-2v}$

$\therefore \quad x\dfrac{dv}{dx} = \dfrac{1-v^2}{-2v} - v = \dfrac{1-v^2+2v^2}{-2v}$

$\therefore \quad x\dfrac{dv}{dx} = \dfrac{1+v^2}{-2v}$

$\therefore \quad \dfrac{-2v}{1+v^2}dv = \dfrac{1}{x}dx$

Integrating both sides, we get

$\therefore \quad \int\dfrac{-2v}{1+v^2}dv = \int\dfrac{1}{x}dx$

$\therefore \quad -\log|1+v^2| = \log x + \log c_1$

$-\left[\because \dfrac{d}{dx}(1+v^2)\right] = 2v$ and $\int\dfrac{f'(x)}{f(x)}dx = \log|f(x)|+c$

$\therefore \quad \log\left|\dfrac{1}{1+v^2}\right| = \log c_1 x$

$\therefore \quad \log\left|\dfrac{1}{1+\left(\dfrac{y^2}{x^2}\right)}\right| = \log c_1 x$

$\therefore \quad \log\left|\dfrac{x^2}{x^2+y^2}\right| = \log c_1 x$

$\therefore \quad \dfrac{x^2}{x^2+y^2} = c_1 x$

$\therefore \quad x^2 + y^2 = \dfrac{1}{c^2}x$

$\therefore \quad x^2 + y^2 = cx$ where $c = \dfrac{1}{c^1}$

This is the general solution

25. It is given that out of 30 bulbs, 6 are defective.
= Number of non-defective bulbs = 30 – 6 = 24
4 bulbs are drawn from the lot with replacement.

$$P(\text{Defective bulb}) = \dfrac{6}{30} = \dfrac{1}{5}$$

$$P(\text{Non-Defective bulb}) = \dfrac{24}{30} = \dfrac{4}{5}$$

Let X be the random variable that denotes the number of defective bulbs in the selected bulbs

$\therefore X$ can take the value 0, 1, 2, 3, 4.

$\therefore P(X = 0) = P(4$ non-defective and 0 defective$)$

$$= {}^4C_0 \times \left(\dfrac{1}{5}\right)^0 \times \left(\dfrac{4}{5}\right)^4 = \dfrac{256}{625}$$

$P(X = 1) = P(3$ non-defective and 1 defective$)$

$$= {}^4C_1 \times \left(\dfrac{1}{5}\right)^1 \times \left(\dfrac{4}{5}\right)^3 = \dfrac{256}{625}$$

$P(X = 2) = P(2$ non-defective and 2 defective$)$

$$= {}^4C_2 \times \left(\dfrac{1}{5}\right)^2 \times \left(\dfrac{4}{5}\right)^2 = \dfrac{96}{625}$$

$P(X = 3) = P(1$ non-defective and 3 defective$)$

$$= {}^4C_3 \times \left(\dfrac{1}{5}\right)^3 \times \left(\dfrac{4}{5}\right) = \dfrac{16}{625}$$

$P(X = 4) = P(0$ non-defective and 4 defective$)$

$$= {}^4C_4 \times \left(\dfrac{1}{5}\right)^4 \times \left(\dfrac{4}{5}\right)^0 = \dfrac{1}{625}$$

Therefore, the required probability distribution is as follows.

$X = x$	0	1	2	3	4
$P(X = x)$	$\frac{256}{625}$	$\frac{256}{625}$	$\frac{96}{625}$	$\frac{16}{625}$	$\frac{1}{625}$

26. Let X = number of days it rains in a week.

p = probability that it rains

$\therefore \quad p = \frac{12}{30} = \frac{2}{5}$

and $\quad q = 1 - p = 1 - \frac{2}{5} = \frac{3}{5}$

Given: $n = 7$

$\therefore \; X - B\left(7, \frac{2}{5}\right)$

The *p.m.f.* of x is given by

$P(X = x) = {}^nC_x\, p^x\, q^{n-x}$

i.e. $\quad p(x) = {}^7C_x \left(\frac{2}{5}\right)^x \left(\frac{3}{5}\right)^{7-x} \quad x = 0, 1, 2, ..., 7$

P(it will rain on at least 2 days of given week)

$= P(X \geq 2) = 1 - P(X < 2)$

$= 1 - [P(X = 0) + P(X = 1)]$

$= 1 - \left[{}^7C_0\left(\frac{2}{5}\right)^0\left(\frac{3}{5}\right)^{7-0} + {}^7C_1\left(\frac{2}{5}\right)^1\left(\frac{3}{5}\right)^{7-1}\right]$

$= 1 - \left[1(1)\left(\frac{3}{5}\right)^7 + 7\left(\frac{2}{5}\right)\left(\frac{3}{5}\right)^6\right]$

$= 1 - \left[\frac{3}{5} + \frac{14}{5}\right]\left(\frac{3}{5}\right)^6$

$= 1 - \left(\frac{17}{5}\right)\left(\frac{3}{5}\right)^6$

Section D

27. Using the laws of logic, we have,

$(p \wedge q \wedge \sim p) \vee (\sim p \wedge q \wedge r) \vee (p \wedge q \wedge r)$

$\equiv (p \wedge \sim p \wedge q) \vee (\sim p \wedge q \wedge r) \vee (p \wedge q \wedge r)$ ......(By Commutative Law)

$\equiv (F \wedge q) \vee (\sim p \wedge q \wedge r) \vee (p \wedge q \wedge r)$ ......(By Complement Law)

$\equiv F \vee (\sim p \wedge q \wedge r) \vee (p \wedge q \wedge r)$ ......(By Identity Law)

$\equiv (\sim p \wedge q \wedge r) \vee (p \wedge q \wedge r)$ ......(By Identity Law)

$\equiv (\sim p \vee p) \wedge (q \wedge r)$ ......(By Distributive Law)

$\equiv T \wedge (q \vee r)$ ......(By Complement Law)

$\equiv q \vee r$ ......(By Identity Law)

Hence, the simple logical expression of the given expression is $q \wedge r$.

28. Let $\quad \sin^{-1}\left(-\frac{1}{2}\right) = \alpha$, where $-\frac{\pi}{2} \leq a \leq \frac{\pi}{2}$

$\therefore \quad \sin\alpha = -\frac{1}{2} = -\sin\frac{\pi}{6}$

$\therefore \quad \sin\alpha = \sin\left(-\frac{\pi}{6}\right)$ ...[$\because \sin(-\theta) = -\sin\theta$]

$\therefore \quad \alpha = -\frac{\pi}{6}$ ....$\left[\because -\frac{\pi}{2} \leq -\frac{\pi}{6} \leq \frac{\pi}{2}\right]$

$\therefore \quad \sin^{-1}\left(-\frac{1}{2}\right) = -\frac{\pi}{6}$ ...(1)

Let $\cos^{-1}\left(-\frac{\sqrt{3}}{2}\right) = \beta$, where $0 \leq \beta \leq \pi$

$\therefore \quad \cos\beta = -\frac{\sqrt{3}}{2} = -\cos\frac{\pi}{6}$

$\therefore \quad \cos\beta = \cos\left(\pi - \frac{\pi}{6}\right)$ -[$\because \cos(\pi - \theta) = -\cos\theta$]

$\therefore \quad \cos\beta = \cos\frac{5\pi}{6}$

$\therefore \quad \beta = \frac{5\pi}{6}$ ...$\left[\because 0 \leq \frac{5\pi}{6} \leq \pi\right]$

$\therefore \quad \cos^{-1}\left(-\frac{\sqrt{3}}{2}\right) = \frac{5\pi}{6}$ ...(2)

Let $\quad \cos^{-1}\left(-\frac{1}{2}\right) = Y$, where $0 \leq Y \leq \pi$

$\therefore \quad \cos Y = -\frac{1}{2} = -\cos\frac{\pi}{3}$

$\therefore \quad \cos Y = \cos\left(\pi - \frac{\pi}{3}\right)$ ...[$\because \cos(\pi - \theta) = -\cos\theta$]

$\therefore \quad \cos Y = \cos\frac{2\pi}{3}$

$\therefore \quad Y = \frac{2\pi}{3}$ ...$\left[\because 0 \leq \frac{2\pi}{3} \leq \pi\right]$

$\therefore \quad \cos^{-1}\left(-\frac{1}{2}\right) = \frac{2\pi}{3}$ ...(3)

L.H.S. $= \sin^{-1}\left(1 - \frac{1}{2}\right) + \cos^{-1}\left(-\frac{\sqrt{3}}{2}\right)$

$= -\frac{\pi}{6} + \frac{5\pi}{6}$ ...[By (1) and (2)]

$= \frac{4\pi}{6} = \frac{2\pi}{3}$

$= \cos^{-1}\left(-\frac{1}{2}\right)$ ...[By (3)]

= R.H.S.

29. Given, $\quad 5l + m + 3n = 0$

and $\quad 5mn - 2nl + 6lm = 0$

From (1), $\quad m = -(5l + 3n)$

Putting the value of m in equation (2), we get,

$-5(5l + 3n)n - 2nl - 6l(5l + 3n) = 0$

$\therefore$ $-25ln - 15n^2 - 2nl - 30l^2 - 18ln = 0$
$\therefore$ $-30l^2 - 45ln - 15n^2 = 0$
$\therefore$ $2l^2 - 3ln + n^2 = 0$
$\therefore$ $2l^2 + 2ln + ln + n^2 = 0$
$\therefore$ $2l(l + n) + n(l + n) = 0$
$\therefore$ $(l + n)(2l + n) = 0$
$\therefore$ $l + n = 0$ or $2l + n = 0$
$\therefore$ $l = -n$ or $n = -2l$

Now, $m = -(5l + 3n)$, therefore, if $l = -n$,
$m = -(-5n + 3n) = 2n$

$\therefore$ $-1 = \dfrac{m}{2} = n$

$\therefore$ $\dfrac{1}{-1} = \dfrac{m}{2} = \dfrac{n}{1}$

$\therefore$ The direction ratios of the first line are
$a_1 = -1, b_1 = 2, c_1 = 1$

If $n = 2l, m = -(5l - 6l) = l$

$\therefore$ $l = m = \dfrac{n}{-2}$

$\therefore$ $\dfrac{l}{1} = \dfrac{m}{1} = \dfrac{n}{-2}$

$\therefore$ The direction ratios of the second line are
$a_2 = 1, b_2 = 1, c_2 = -2$

Let θ be the angle between the lines.

Then $\cos\theta = \left|\dfrac{a_1 a_2 + b_1 b_2 + c_1 c_2}{\sqrt{a_1^2 + b_1^2 + c_1^2}\sqrt{a_2^2 + b_2^2 + c_2^2}}\right|$

$= \left|\dfrac{(-1)1 + 2(1) + 1(-2)}{\sqrt{(-1)^2 + 2^2 + 1^2}\sqrt{1^2 + 1^2 + (-2)^2}}\right|$

$= \left|\dfrac{-1 + 2 - 2}{\sqrt{6}\cdot\sqrt{6}}\right|$

$= \left|\dfrac{-1}{6}\right| = \dfrac{1}{6}$

$\therefore$ $\theta = \cos^{-1}\left(\dfrac{1}{6}\right)$

30. The given pair of lines are:
$\vec{r} = (\hat{i} - \hat{j}) + \mu(2\hat{i} + 3\hat{j} + \hat{k})$
$\vec{r} = (-\hat{i} + 2\hat{j} + 2\hat{k}) + \lambda(5\hat{i} + \hat{j})$

$\therefore$ $\vec{a_1} = \hat{i} - \hat{j}, \vec{b_1} = 2\hat{i} + 3\hat{j} + \hat{k}$
$\vec{a_2} = -\hat{i} + 2\hat{j} + 2\hat{k}, \vec{b_2} = 5\hat{i} + \hat{j}$
$\vec{a_1} - \vec{a_2} = -2\hat{i} + 3\hat{j} + 2\hat{k}$

$\vec{b_1} \times \vec{b_2} = \begin{vmatrix} \hat{i} & \hat{j} & \hat{k} \\ 2 & 3 & 1 \\ 5 & 1 & 0 \end{vmatrix} = -\hat{i} + 5\hat{j} - 13\hat{k}$

$(\vec{a_2} - \vec{a_1})\cdot(\vec{b_1} \times \vec{b_2}) = (-2\hat{i} + 3\hat{j} + 2\hat{k})\cdot(-\hat{i} + 5\hat{j} - 13\hat{k})$
$= 2 + 15 - 26 = -9$

As we know shortest distance
$\left|\dfrac{(\vec{a_2} - \vec{a_1})\cdot(\vec{b_1} \times \vec{b_2})}{(\vec{b_1} \times \vec{b_2})}\right|$

$= \left|\dfrac{-9}{\sqrt{(-1)^2 + 5^2 + (-13)^2}}\right| = \left|\dfrac{-9}{\sqrt{1 + 25 + 169}}\right|$

$= \left|\dfrac{-9}{\sqrt{195}}\right| = \dfrac{9}{\sqrt{195}}$ units

Lines are not intersecting as the shortest distance is not zero.

31. $x = at^2$ and $y = 2at$ ...(1)
Differentiating x and y. w.r. to, we get

$\dfrac{dx}{dt} = \dfrac{d}{dt}(at^2)$

$= a\dfrac{d}{dt}(t^2)$

$= a \times 2t$

$= 2at$ ...(2)

and

$\dfrac{dy}{dt} = \dfrac{d}{dt}(2at)$

$= 2a\dfrac{d}{dt}(t)$

$= 2a \times 1$

$= 2a$

$\therefore$ $\dfrac{dy}{dx} = \dfrac{\left(\dfrac{dy}{dt}\right)}{\left(\dfrac{dx}{dt}\right)}$

$= \dfrac{2a}{2at} = \dfrac{1}{t}$

and

$\dfrac{d^2y}{dx^2} = \dfrac{d}{dx}\left(\dfrac{1}{t}\right)$

$= \dfrac{d}{dt}(t^{-1})\cdot\dfrac{dt}{dx}$

$= (-1)t^{-2}\cdot\dfrac{1}{\left(\dfrac{dx}{dt}\right)}$

$= \dfrac{-1}{t^2} \times \dfrac{1}{2at}$ ...[By (2)]

$= \dfrac{-1}{2at^3}$

$\therefore$ $\dfrac{d^2y}{dx^2} = \dfrac{-1}{2at^3}$

$= \dfrac{-1}{yt^2} = \dfrac{-1}{y \times x}$ [using (1)]

∴ $xy\dfrac{d^2y}{dx^2} = -a$

∴ $xy\dfrac{d^2y}{dx^2} + a = 0.$

32. Let r be the radius of the base, h be the height and V be the volume of the closed right circular cylinder, whose surface area is a^2 sq units (which is given).

∴ $2\pi rh + 2\pi r^2 = a^2$

∴ $2\pi r(h + r) = a^2$

$h = \dfrac{a^2}{2\pi r} - r$ ...(1)

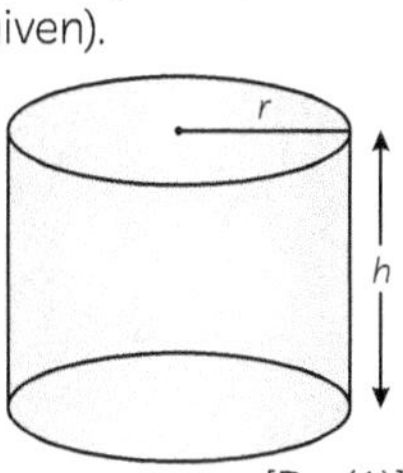

Now, $V = \pi r^2 h$

$= \pi r^2 \left(\dfrac{a^2}{2\pi r} - r\right)$ ...[By (1)]

$= \dfrac{1}{2}a^2 r - \pi r^3$

∴ $\dfrac{dV}{dr} = \dfrac{d}{dr}\left(\dfrac{1}{2}a^2 r - \pi r^3\right)$

$= \dfrac{1}{2}a^2 \times 1 - \pi \times 3r^2$

$= \dfrac{a^2}{2} - 3\pi r^2$

and

$\dfrac{d^2V}{dr^2} = \dfrac{d}{dr}\left(\dfrac{a^2}{2} - 3\pi r^2\right)$

$= 0 - 3\pi \times 2r$

$= -6\pi r$

For maximum volume,

$\dfrac{dV}{dr} = 0$

∴ $\dfrac{a^2}{2} - 3\pi r^2 = 0$

∴ $3\pi r^2 = \dfrac{a^2}{2}$

∴ $r^2 = \dfrac{a^2}{6\pi}$

∴ $r = \dfrac{a}{\sqrt{6\pi}}$ ...[∵ $r > 0$]

and $\left(\dfrac{d^2V}{dx^2}\right)_{at\ x = \frac{a}{\sqrt{6\pi}}}$

$= -6\pi\left(\dfrac{a}{\sqrt{6\pi}}\right) < 0$

∴ V is maximum when $r = \dfrac{a}{\sqrt{6\pi}}$

When $r = \dfrac{a}{\sqrt{6\pi}}$, then form (1),

$h = \dfrac{a^2}{2\pi \times \dfrac{a}{\sqrt{6\pi}}} - \dfrac{a}{\sqrt{6\pi}}$

$= \dfrac{\sqrt{6\pi}\,a}{2\pi} - \dfrac{a}{\sqrt{6\pi}}$

$= \dfrac{6\pi a - 2\pi a}{2\pi\sqrt{6\pi}}$

$= \dfrac{4\pi a}{2\pi\sqrt{6\pi}}$

$= \dfrac{2a}{\sqrt{6\pi}}$

∴ $h = 2r$

Hence, the volume of the cylinder is maximum if its height is equal to the diameter of the base.

33. Let $I = \displaystyle\int \dfrac{1}{x(1 + 4x^3 + 3x^6)} \cdot dx$

$= \displaystyle\int \dfrac{x^2}{x^3(1 + 4x^3 + 3x^6)} \cdot dx$

Put $x^3 = t$

∴ $3x^2\, dx = dt$

∴ $x^2\, dx = \dfrac{(1)}{(3)} \cdot dt$

∴ $I = \dfrac{1}{3}\displaystyle\int \dfrac{1}{t(1 + 4t + 3t^2)} \cdot dt$

$= \dfrac{1}{3}\displaystyle\int \dfrac{1}{t(t+1)(3t+1)} \cdot dt$

Let $\dfrac{1}{t(t+1)(3t+1)}$

$= \dfrac{A}{t} + \dfrac{B}{t+1} + \dfrac{C}{3t+1}$

∴ $1 = A(t+1)(3t+1) + Bt(3t+1) + Ct(t+1)$

Put $t = 0$, we get

$1 = A(1) + B(0) + C(0)$

∴ $A = 1$

Put $t + 1 = 0$, i.e. $t = -1$ we get

$1 = A(0) + B(-1)(-2) + C(0)$

∴ $B = \dfrac{1}{2}$

Put $3t + 1 = 0$, i.e. $t = -\dfrac{1}{3}$, we get

$1 = A(0) + B(0) + C\left(-\dfrac{1}{3}\right)\left(\dfrac{2}{3}\right)$

∴ $C = -\dfrac{9}{2}$

$$\therefore \frac{1}{t(t+1)(3t+1)} = \frac{1}{t} + \frac{\left(\frac{1}{2}\right)}{t+1} + \frac{\left(-\frac{9}{2}\right)}{3t+1}$$

$$\therefore I = \frac{1}{3}\int \left[\frac{1}{t} + \frac{\left(\frac{1}{2}\right)}{t+1} + \frac{\left(-\frac{9}{2}\right)}{3t+1}\right] \cdot dt$$

$$\therefore = \frac{1}{3}\left[\int \frac{1}{t} \cdot dt + \frac{1}{2}\int \frac{1}{t+1} \cdot dt - \frac{9}{2}\int \frac{1}{3t+1} \cdot dt\right]$$

$$= \frac{1}{3}\left[\log|t| + \frac{1}{2}\log|t+1| - \frac{9}{2} \cdot \frac{1}{3}\log|3t+1|\right] + c$$

$$= \frac{1}{3}\log|x^3| + \frac{1}{2}\log|x^3+1| - \frac{3}{2}\log|3x^3+1| + c$$

$$= \log|x| + \frac{1}{2}\log|x^3+1| - \frac{3}{2}\log|x^3+1| + c$$

34. $(9x + 5y)dy + (15x + 11y)dx = 0$

$$\therefore (9x + 5y)dy = -(15x - 11y)dx$$

$$\therefore \frac{dy}{dx} = \frac{-(15x+11y)}{9x+5y} \qquad ...(1)$$

Put $y = vx$

$$\therefore \frac{dy}{dx} = v + x\frac{dv}{dx}$$

∴ Equation (1) becomes,

$$v + x\frac{dv}{dx} = \frac{-(15x+11y)}{9x+5y}$$

$$\therefore v + x\frac{dv}{dx} = \frac{-(15+11v)}{9+5v}$$

$$x\frac{dv}{dx} = \frac{-(15+11v)}{9+5v} - v = \frac{-15-11v-9v-5v^2}{9+5v}$$

$$\therefore x\frac{dv}{dx} = \frac{-5v^2-20v-15}{9+5v} = -\left(\frac{5v^2+20v+15}{5v+9}\right)$$

$$\therefore \frac{5v+9}{5v^2+20v+15}dv = -\frac{1}{x}dx \qquad ...(2)$$

Integrating, we get

$$\frac{1}{5}\int \frac{5v+9}{v^2+4v+3}dv = -\int \frac{1}{x}dx$$

Let $\dfrac{5v+9}{v^2+4v+3} = \dfrac{5v+9}{(v+3)(v+1)} = \dfrac{A}{v+3} + \dfrac{B}{v+1}$

$$\therefore 5v + 9 = A(v+1) + B(v+3)$$

Put $v + 3 = 0$, i.e. $v = -3$, we get

$$-15 + 9 = A(-2) + B(0)$$

$$\therefore -6 = -2A$$

$$\therefore A = 3$$

Put $v + 1 = 1 = 0$, i.e. $v = -1$, we get

$$-5 + 9 = A(0) + B(2)$$

$$\therefore 4 = 28$$

$$\therefore B = 2$$

$$\therefore \frac{5v+9}{v^2+4v+3} = \frac{3}{v+3} + \frac{2}{v+1}$$

∴ (2) becomes,

$$\frac{1}{5}\int \left(\frac{3}{v+3} + \frac{2}{v+1}\right)dv = -\int \frac{1}{x}dx$$

$$\therefore \frac{3}{5}\int \frac{1}{v+3}dv + \frac{2}{5}\int \frac{1}{v+1}dv = -\int \frac{1}{x}dx$$

$$\therefore \frac{3}{5}\log|v+3| + \frac{2}{5}\log|v+1| = -\log|x| + c$$

$$\therefore 3\log|v+3| + 2\log|v+1| = -5\log x + 5c_1$$

$$\therefore \log|(v+3)^3| + \log|(v+1)^2| = -\log|x^5| + \log c,$$

where $5c_1 = \log c$

$$\therefore \log|(v+3)^3 (v+1)^2| = \log\left|\frac{c}{x^5}\right|$$

$$\therefore (v+3)^3(v+1)^2 = \frac{c}{x^5}$$

$$\therefore \left(\frac{y}{x}+3\right)^3 \left(\frac{y}{x}+1\right)^2 = \frac{c}{x^5}$$

$$\therefore (x+y)^2(3x+y)^3 = c$$

This is the general solution.

SAMPLE PAPER-4
Mathematics & Statistics (Arts & Science)

Questions

Section A

1. Select and write the most appropriate answer from the given alternatives for each equations:
   (i) The negation of $p \wedge (q \rightarrow r)$ is ....
   (a) $\sim p \wedge (\sim q \rightarrow \sim r)$
   (b) $p \vee (\sim q \vee r)$
   (c) $\sim p \wedge (\sim q \rightarrow \sim r)$
   (d) $\sim p \vee (\sim q \wedge \sim r)$

   (ii) If polar co-ordinate of a point are $\left(2, \dfrac{\pi}{4}\right)$, then its cartesian co-ordinates are:
   (a) $(2, \sqrt{2})$
   (b) $(\sqrt{2}, 2)$
   (c) $(2, 2)$
   (d) $(\sqrt{2}, \sqrt{2})$

   (iii) The area of triangle formed by the lines $x^2 + 4xy + y^2 = 0$ and $x - y - 4 = 0$ is:
   (a) $\dfrac{4}{\sqrt{3}}$ sq units
   (b) $\dfrac{8}{\sqrt{3}}$ sq units
   (c) $\dfrac{16}{\sqrt{3}}$ sq units
   (d) $\dfrac{15}{\sqrt{3}}$ sq units

   (iv) Equation of X-axis is:
   (a) $x = y = z$
   (b) $y = z$
   (c) $y = 0, z = 0$
   (d) $x = 0, y = 0$

   (v) The point of which the maximum value of $x + y$ subject to the constraints $x + 2y \leq 70$, $2x + y \leq 95$, $x \geq 0, y \geq 0$:
   (a) (30, 25)
   (b) (20, 35)
   (c) (35, 20)
   (d) (40, 15)

   (vi) If $x = -1$ and $x = 2$ are the extreme points of $y = \alpha \log x + \beta x^2 + x$, then:
   (a) $\alpha = -6, \beta = \dfrac{1}{2}$
   (b) $\alpha = -6, \beta = -\dfrac{1}{2}$
   (c) $\alpha = 2, \beta = -\dfrac{1}{2}$
   (d) $\alpha = 2, \beta = \dfrac{1}{2}$

   (vii) If $\left[\dfrac{1}{\log x} - \dfrac{1}{(\log x)^2}\right] \cdot dx = a + \dfrac{b}{\log 2}$, then:
   (a) $a = e, b = -2$
   (b) $a = e, b = 2$
   (c) $a = -e, b = 2$
   (d) $a = -e, b = -2$

   (viii) The area of the region bounded by $y = \cos x$, Y-axis and the lines $x = 0, x = 2\pi$ is:
   (a) 1 sq unit
   (b) 2 sq units
   (c) 3 sq units
   (d) 4 sq units

2. Answer the following questions:
   (i) Apply the given elementary transformation of the following matrix:
   $$B = \begin{bmatrix} 1 & -1 & 3 \\ 2 & 5 & 4 \end{bmatrix}, R_1 \rightarrow R_1 - R_2$$
   (ii) Write the contrapositive of the statement $(p \rightarrow q) \rightarrow p$.
   (iii) Evaluate: $\int_0^\infty xe^{-x} \cdot dx$
   (iv) Determine the order and degree of the following differential equation:
   $$\left[1 + \left(\dfrac{dy}{dx}\right)^2\right]^{\frac{3}{2}} = 8\dfrac{d^2y}{dx^2}$$

Section B

Attempt any EIGHT of the following questions:

3. Using the rule of negation write the negation of the following with justification. $p \rightarrow (p \vee \sim q)$

4. Find the inverse of the following matrix:
$$\begin{bmatrix} 2 & -3 \\ -1 & 2 \end{bmatrix}$$

5. Find the condition that the line $4x + 5y = 0$ coincides with one of the lines given by $ax^2 + 2hxy + by^2 = 0$

6. Find the value of R if lines represented by $kx^2 + 4xy - y^2 = 0$ are perpendicular to each other.

7. Find the position vector of midpoint M joining the points $L(7, -6, 12)$ and $N(5, 4, -2)$.

8. Find the vector equation of the plane passing through the point having position vector $\hat{i} + \hat{j} + \hat{k}$ and perpendicular to the vector $4\hat{i} + 5\hat{j} + 6\hat{k}$.

9. Find the Cartesian equation of the plane passing through $A(-1, 2, 3)$, the direction ratios of whose normal are 0, 2, 5.

10. Solve graphically: $3x + 2y \geq 0$

11. Find the derivative of the function $y = f(x)$ using the derivative of the inverse function $x = f^{-1}(y)$ in the following:
$y = \sqrt{x}$

12. Find the area of the region bounded by the curve $y = 4x^2$, Y-axis and the lines $y = 1, y = 4$.

13. An urn contains 5 red and 2 black balls. Two balls are drawn at random. X denotes number of black balls drawn. What are possible of X?

14. Given $X \sim B(n, p)$ if $p = 0.6$ and $E(X) = 6$, find n and $Var(X)$.

Section C

Attempt any EIGHT of the followings questions:

15. Find the inverse of the following matrix by the adjoint method. $\begin{bmatrix} 1 & 0 & 0 \\ 3 & 3 & 0 \\ 5 & 2 & -1 \end{bmatrix}$

16. Find the principal solutions of the following equation: $\sin 2\theta = -\frac{1}{2}$

17. Find two unit vectors each of which is perpendicular to both n and v where $n = 2\hat{i} + \hat{j} - 2\hat{k}$, $v = \hat{i} + 2\hat{j} - 2\hat{k}$.

18. If $\vec{a}$ and $\vec{b}$ are two vectors perpendicular to each other, prove that $(\vec{a} + \vec{b}) = (\vec{a} - \vec{b})$

19. Find $\frac{dy}{dx}$, if $x^3 + x^3y + xy^2 + y^3 = 81$

20. Find the equation of the tangents to the curve $x^2 + y^2 - 2x - 4y + 1 = 0$ which is parallel to the X-axis.

21. Integrate the following functions w.r.t. x: $(5-3x)(2-3x)^{-\frac{1}{2}}$

22. Integrate the following functions w.r.t. x: $\cos^8 x \cot x$

23. Evaluate the following: $\int_0^a \frac{1}{x + \sqrt{a^2 - x^2}} \cdot dx$

24. For the following differential equation find the particular solution satisfying the given condition:

$(x - y^2x)dx - (y + x^2y)dy = 0$, when $x = 2, y = 0$

25. A random variable X has the following probability distribution:

X	0	1	2	3	4	5	6	7
P(X)	0	k	$2k$	$2k$	$3k$	k^2	$2k^2$	$7k^2 + k$

(i) k (ii) $P(X < 3)$

(iii) $P(X > 4)$

26. In a box of floppy discs, it is known that 95% will work. A sample of three of the discs is selected to random. Find the probability that none of the floppy disc work.

Section D

Attempt any FIVE of the following questions:

27. Using the rules of logic, write the negation of the following:

$(p \vee q) \wedge (q \vee \sim r)$

28. If $|x| < 1$, then, prove that $2\tan^{-1} x$

$= \tan^{-1}\left(\frac{2x}{1-x^2}\right) = \sin^{-1}\left(\frac{2x}{1+x^2}\right) = \cos^{-1}\left(\frac{1-x^2}{1+x^2}\right)$

29. If $\bar{a} = \hat{i} + \hat{j} + \hat{k}$ and $\bar{c} = \hat{j} - \hat{k}$, find a vector $\bar{b}$ satisfying $\bar{a} \times \bar{b} = \bar{c}$ and $\bar{a} \cdot \bar{b} = 3$

30. Find the vector and cartesian equations of the line passing through the point (–1, –1, 2) and parallel to the line $2x - 2 = 3y + 1 = 6z - 2$

31. If $y = \log(x + \sqrt{x^2 + a^2})^m$,

show that $(x^2 + a^2)\frac{d^2y}{dx^2} + x\frac{dy}{dx} = 0$.

32. An open box with a square base is to be made out of given quantity of sheet of area a^2. Show that the maximum volume of the box is $\frac{a^3}{6\sqrt{3}}$.

33. Integrate the following w.r.t. x: $\frac{(3\sin x - 2)\cdot\cos x}{5 - 4\sin x - \cos^2 x}$

34. Solve the following differential equation:

$(x^2 + y^2)dx - 2xy\, dy = 0$

Answer Key

Section A

1. (i) (d) $\sim p \vee (\sim q \wedge \sim r)$

(ii) (d) $(\sqrt{2}, \sqrt{2})$

Let $(r, \theta) = \left(2, \frac{\pi}{4}\right)$

using $x =$ rear θ and $y = \sin\theta$, where (x, y) are the required cartesian co-ordiantes.

We get:

$x = 2\cos\left(\frac{\pi}{4}\right)$ and $y = 2\sin\left(\frac{\pi}{4}\right)$

$\therefore\quad x = 2\left(\frac{1}{\sqrt{2}}\right)$ and $y = 2\left(\frac{1}{\sqrt{2}}\right)$

$\therefore\quad x = \sqrt{2}$ and $y = \sqrt{2}$

$\therefore$ Required cartesian co ordinates are $(\sqrt{2}, \sqrt{2})$

(iii) (b) $\frac{8}{\sqrt{3}}$ sq units

(iv) (c) $y = 0, z = 0$

(v) (d) (40, 15)

(vi) (c) $\alpha = 2, \beta = -\frac{1}{2}$

(vii) (a) $a = e, b = -2$

(viii) (d) 4 sq units

2. **(i)** $B = \begin{bmatrix} 1 & -1 & 3 \\ 2 & 5 & 4 \end{bmatrix}$

$R_1 \to R_1 - R_2$ gives,

$B = \begin{bmatrix} -1 & -6 & -1 \\ 2 & 5 & 4 \end{bmatrix}$

(ii) $(p \to q) \to p$

For writing the contrapositive of a logical statement we change the order and sign.

We first write the equivalent of:

$$p \to q \equiv \sim p \vee q$$

$\therefore$ Given statement becomes

$$(\sim p \vee q) \to p$$

$\therefore$ Contrapositive is::

$$\sim p \to \sim (\sim p \vee q)$$

i.e. $\sim p \to (p \wedge \sim q)$

(iii) $\int_0^\infty xe^{-x} \cdot dx$

$$= \left[x\int e^{-x} \cdot dx\right]_0^\infty - \int_0^\infty \left[\frac{d}{dx}(x)\int e^{-x} \cdot dx\right] \cdot dx$$

$$= \left[x\left(\frac{e^{-x}}{-1}\right)\right]_0^\infty - \int_0^\infty 1 \cdot \frac{e^{-x}}{(-1)} \cdot dx$$

$$= \left[-\frac{x}{e^x}\right]_0^\infty + \int_0^\infty e^{-x} \cdot dx$$

$$= \left[-\frac{x}{e^x}\right]_0^\infty + [-e^x]_0^\infty$$

$= [0 - (-0)] + [0 - (-1)]$

$= 1.$ ...[$\because e^0 = 1, e^{-x} = 0$, when $x = \infty$]

(iv) The given *D.E.* is

$$\left[1 + \left(\frac{dy}{dx}\right)^2\right]^{\frac{3}{2}} = 8\frac{d^2x}{dx^2}$$

On squaring both sides, we get

$$\left[1 + \left(\frac{dy}{dx}\right)^2\right]^3 = 8^2 \cdot \left(\frac{d^2y}{dx^2}\right)^2$$

The *D.E.* has highest order derivative $\frac{d^2y}{dx^2}$ with power 2.

$\therefore$ The given *D.E.* has order 2 and degree 2.

Section B

3. The negation of $p \to (p \vee \sim q)$ is

$\sim [p \to (p \vee \sim q)] \equiv p \wedge \sim (p \vee \sim q)$ ....(Negation of implication)

$\equiv p \wedge [\sim p \wedge \sim (\sim q)]$ ....(Negation of disjunction)

$\equiv p \wedge [\sim p \wedge q)]$ ....(Negation of negation)

4. let $A = \begin{bmatrix} 2 & -3 \\ -1 & 2 \end{bmatrix}$

$\therefore$ $|A| = \begin{bmatrix} 2 & -3 \\ -1 & 2 \end{bmatrix} = 4 - 3 = 1 \neq 0$

$A-1$ exists.

$\therefore$ As $|A|$ is not equal to 0, then consider $AA^{-1} = I$

$\therefore$ $\begin{bmatrix} 2 & -3 \\ -1 & 2 \end{bmatrix}A^{-1} = \begin{bmatrix} 1 & 0 \\ 0 & 1 \end{bmatrix}$

Applying $R_1 \to R_1 + R_2$, we get,

$\begin{bmatrix} 1 & -1 \\ -1 & 2 \end{bmatrix}A^{-1} = \begin{bmatrix} 1 & 1 \\ 0 & 1 \end{bmatrix}$

Applying $R_2 \to R_2 + R_1$, we get,

$\begin{bmatrix} 1 & -1 \\ 0 & 1 \end{bmatrix}A^{-1} = \begin{bmatrix} 1 & 1 \\ 1 & 2 \end{bmatrix}$

Applying $R_1 \to R_1 + R_2$, we get,

$\begin{bmatrix} 1 & 0 \\ 0 & 1 \end{bmatrix}A^{-1} = \begin{bmatrix} 2 & 3 \\ 1 & 2 \end{bmatrix}$

$\therefore$ $A^{-1} = \begin{bmatrix} 2 & 3 \\ 1 & 2 \end{bmatrix}$

5. The auxiliary equation of the lines represented by $ax^2 + 2hxy + by^2 = 0$ is $bm^2 + 2hm + a = 0$

Given that $4x + 5y = 0$ is one of he lines represented by $ax^2 + 2hxy + by^2 = 0$

The slope of the lines $4x + 5y = 0$ is $-\frac{4}{5}$

$\therefore m = -\frac{4}{5}$ is a root of the auxiliary equation

$$bm^2 + 2hm + a = 0$$

$\therefore$ $b\left(-\frac{4}{5}\right) + 2h\left(-\frac{4}{5}\right) + a = 0$

$\therefore$ $\frac{16b}{25} - \frac{8h}{4} + a = 0$

$\therefore$ $16b - 40h + 25a = 0$

$\therefore$ $25a + 16b = 40h$

This is the required condition.

6. Comparing the equation $kx^2 + 4xy - 4y^2 = 0$ with $ax^2 + 2hxy + by^2 = 0$, we get,

$a = k, 2h = 4$ and $b = -4$

Since lines represented by $Rx^2 + 4xy - 4y^2 = 0$ are perpendicular to each other,

$$a + b = 0$$

$\therefore$ $k - 4 = 0$

$\therefore$ $k = 4$

7. The position vectors l and n of the points L (7, – 6, 12) and N (5, 4, – 2) are given by

$$l = 7\hat{i} - 6\hat{j} + 12\hat{k}, n = 5\hat{i} + 4\hat{j} - 2\hat{k}$$

If M (m) is the midpoint of $L.N$, by midpoint formula,

$$m = \frac{l+n}{2}$$

$$= \frac{\left(7\hat{i} - 6\hat{j} + 12\hat{k}\right) + \left(5\hat{i} + 4\hat{j} - 2\hat{k}\right)}{2}$$

$$= \frac{1}{2}\left(12\hat{i} - 2\hat{j} + 10\hat{k}\right) = 6\hat{i} - \hat{j} + 5\hat{k}$$

$\therefore$ Coordinates of M(6, – 1, 5)

$\therefore$ Hence, position vector of M is $6\hat{i} - \hat{j} + 5\hat{k}$ and the coordinates of M are (6, – 1, 5).

8. The vector equation of the plane passing through the point $A(a)$ and perpendicular to the vector n is $r.n = a.n$

Here,

$$\vec{r} = \hat{i} + \hat{j} + \hat{k},$$

$$\vec{n} = 4\hat{i} + 5\hat{j} + 6\hat{k}$$

$\therefore$ $\vec{r}.\vec{n} = (\hat{i} + \hat{j} + \hat{k}) \cdot (4\hat{i} + 5\hat{j} + 6\hat{k})$

$$= (1)(4) + (1)(5) + (1)(6)$$

$$= 4 + 5 + 6 = 15$$

$\therefore$ The vector equation of the required plane is

$$\vec{r} \cdot (4\hat{i} + 5\hat{j} + 6\hat{k}) = 15$$

9. The Cartesian equation of the plane passing through (x_1, y_1, z_1), the direction ratios of whose normal are a, b, c, is

$$a(x - x_1) + b(y - y_1) + c(z - z_1) = 0$$

$\therefore$ The cartesian equation of the required plane is

$$0(x + 1) + 2(y - 2) + 5(z - 3) = 0$$

i.e. $0 + 2y - 4 + 5z - 15 = 0$

i.e. $2y + 5z = 19.$

10. Consider the line whose equation is $3x + 2y = 0$. The constant term is zero, therefore this line is passing through the origin.

$\therefore$ one point on the line is $O = (0, 0)$.

To find the another point, we can give any value of x and get the corresponding value of y.

Put $x = 2$, we get $6 + 2y = 0$, *i.e.*, $y = -3$

$\therefore$ $A = (2, -3)$, is another point on the line. Draw the line OA.

To find the solution set, we cannot check (0, 0) as it is already on the line.

We can check any other point which is not on the line.

Let us check the point (1, 1).

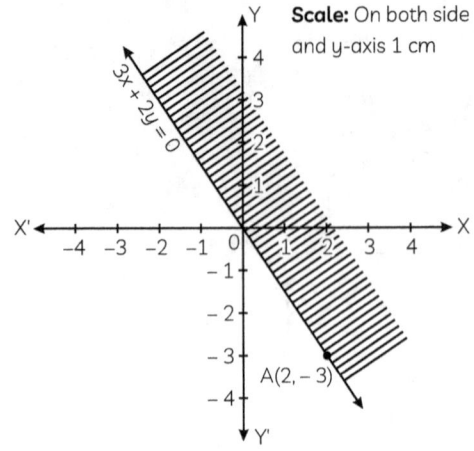

Scale: On both side and y-axis 1 cm

When $x = 1$, $y = 1$, then $3x + 2y = 3 + 2 = 5$, which is greater than zero.

$\therefore$ $3x + 2y > 0$ is this case.

Hence (1, 1) lies in the required region.

Therefore, the required region is the upper side which is shaded in the graph.

This is the solution set of $x + 2y > 0$.

11. $y = \sqrt{x}$ ...(1)

We have to find the inverse function of $y = f(x)$, *i.e.* x in terms of y.

From (1), we have

$$y^2 = x$$

$\therefore$ $x = y^2$

$\therefore$ $x = f^{-1}(y) = y^2$

$\therefore$ $\frac{dx}{dy} = \frac{d}{dy}(y^2) = 2y$

$$= 2\sqrt{x} \quad \text{...[By (1)]}$$

$\therefore$ $\frac{dy}{dx} = \frac{1}{\left(\frac{dx}{dy}\right)}$

$$= \frac{1}{2\sqrt{x}}.$$

12. By symmetry of the parabola, the required area is 2 times the area of the region $ABCD$.

From the equation of the parabola, $x^2 = \frac{y}{4}$

In the first quadrant, $x > 0$

$\therefore$ $x = \frac{1}{2}\sqrt{y}$

$\therefore$ Required area $= \int_1^4 x \cdot dy$

$$= \frac{1}{2}\int_1^4 \sqrt{y} \cdot dy$$

$$= \frac{1}{2}\left[\frac{y^{\frac{3}{2}}}{\frac{3}{2}}\right]_1^4$$

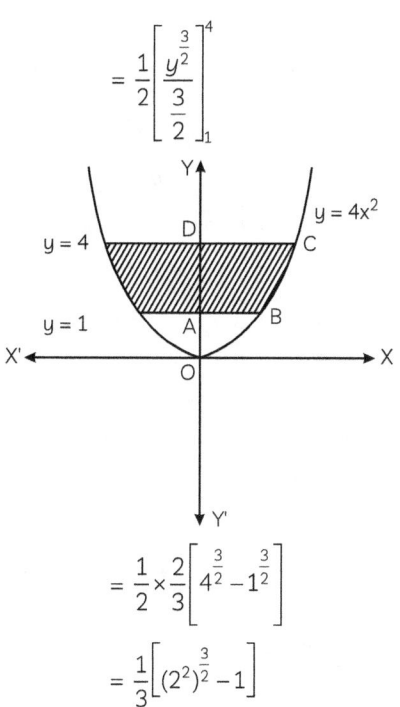

$$= \frac{1}{2} \times \frac{2}{3}\left[4^{\frac{3}{2}} - 1^{\frac{3}{2}}\right]$$

$$= \frac{1}{3}\left[(2^2)^{\frac{3}{2}} - 1\right]$$

$$= \frac{1}{3}[8-1]$$

$$= \frac{7}{3} \text{ sq units.}$$

13. 5 Red + 2 ball = 7 balls
X denote the number of black balls drawn.
Sample space of the experiment is S = {RR, BR, RB, BB}
The value of X corresponding to these outcomes are as follows:
$$X(RR) = 0$$
$$X(BR) = X(RB) = 1$$
$$X(BB) = 2$$
∴ Possible value of X are {0, 1, 2}.

14. Given: $p = 0.6$ and $E(X) = 6$
$$E(X) = np$$
∴ $$6 = n \times 0.6$$
$$n = \frac{6}{0.6} = 10$$
Now, $q = 1 - p = 1 - 0.6 = 0.4$
∴ $Var(X) = npq$
$$= 10 \times 0.6 \times 0.4 = 2.4$$
Hence, $n = 10$, $Var(X) = 2.4$

Section C

15. Let $A = \begin{bmatrix} 1 & 0 & 0 \\ 3 & 3 & 0 \\ 5 & 2 & -1 \end{bmatrix}$

∴ $|A| = \begin{vmatrix} 1 & 0 & 0 \\ 3 & 3 & 0 \\ 5 & 2 & -1 \end{vmatrix}$

$$= 1(-3-0) - 0 + 0$$
$$= 3 \neq 0$$

∴ A^{-1} axist

First we will find the co-factor matrix
$$= [A_{ij}]_{3 \times 3}, \text{ where } A_{ij} = (-1)^{i+j} M_{ij}$$

Now, $A_{11} = (-1)^{1+1} M_{11} = \begin{vmatrix} 3 & 0 \\ 2 & -1 \end{vmatrix} = -3 - 0 = -3$

$A_{12} = (-1)^{1+2} M_{12} = -\begin{vmatrix} 3 & 3 \\ 5 & -1 \end{vmatrix} = -(-3-0) = 3$

$A_{13} = (-1)^{1+3} M_{13} = \begin{vmatrix} 3 & 3 \\ 5 & 2 \end{vmatrix} = 6 - 15 = -9$

$A_{21} = (-1)^{2+1} M_{21} = -\begin{vmatrix} 0 & 0 \\ 2 & -1 \end{vmatrix} = -(0-0) = 0$

$A_{22} = (-1)^{2+2} M_{22} = \begin{vmatrix} 1 & 0 \\ 5 & -1 \end{vmatrix} = -1 - 0 = -1$

$A_{23} = (-1)^{2+3} M_{23} = -\begin{vmatrix} 1 & 0 \\ 5 & 2 \end{vmatrix} = -(2-0) = -2$

$A_{31} = (-1)^{3+1} M_{31} = \begin{vmatrix} 0 & 0 \\ 3 & 0 \end{vmatrix} = 0 - 0 = 0$

$A_{32} = (-1)^{3+2} M_{32} = -\begin{vmatrix} 1 & 0 \\ 3 & 0 \end{vmatrix} = -(0-0) = 0$

$A_{33} = (-1)^{3+3} M_{33} = \begin{vmatrix} 1 & 0 \\ 3 & 3 \end{vmatrix} = 3 - 0 = 3$

∴ The co-factor matrix
$$= \begin{bmatrix} A_{11} & A_{12} & A_{13} \\ A_{21} & A_{22} & A_{23} \\ A_{31} & A_{32} & A_{33} \end{bmatrix} = \begin{bmatrix} -3 & 3 & -9 \\ 0 & -1 & -2 \\ 0 & 0 & 3 \end{bmatrix}$$

∴ $\text{adj } A = \begin{bmatrix} -3 & 0 & 0 \\ 3 & -1 & 0 \\ -9 & -2 & 3 \end{bmatrix}$

∴ $A^{-1} = \frac{1}{|A|}(\text{adj } A)$

$$= \frac{1}{-3}\begin{bmatrix} -3 & 0 & 0 \\ 3 & -1 & 0 \\ -9 & -2 & 2 \end{bmatrix}$$

∴ $A^{-1} = \frac{1}{3}\begin{bmatrix} 3 & 0 & 0 \\ -3 & 1 & 0 \\ 9 & 2 & -3 \end{bmatrix}$

16. $\sin 2\theta = -\dfrac{1}{2}$

Since, $\theta \in (0, 2\pi)$, $2\theta \in (0, 4\pi)$

$\sin 2\theta = -\dfrac{1}{2} = -\sin\dfrac{\pi}{6} = \sin\left(\pi + \dfrac{\pi}{6}\right) = \sin\left(2\pi - \dfrac{\pi}{6}\right)$

$= \sin\left(3\pi + \dfrac{\pi}{6}\right) = \sin\left(4\pi - \dfrac{\pi}{6}\right)$

.....[$\because \sin(\pi + \theta) = \sin(2\pi - \theta) = \sin(3\pi + \theta)$
$= \sin(4\pi - \theta) = -\sin\theta$]

$\therefore \sin 2\theta = \sin\dfrac{7\pi}{6} = \sin\dfrac{11\pi}{6} = \sin\dfrac{19\pi}{6} = \sin\dfrac{23\pi}{6}$

$\therefore 2\theta = \dfrac{7\pi}{6}$ or $2\theta = \dfrac{11\pi}{6}$ or $2\theta = \dfrac{19\pi}{6}$ or $2\theta = \dfrac{23\pi}{6}$

$\therefore \theta = \dfrac{7\pi}{12}$ or $\theta = \dfrac{11\pi}{12}$ or $\theta = \dfrac{19\pi}{12}$ or $\theta = \dfrac{23\pi}{12}$

Hence, the required principal solutions are

$\left\{\dfrac{7\pi}{12}, \dfrac{11\pi}{12}, \dfrac{19\pi}{12}, \dfrac{23\pi}{12}\right\}$.

17. let $\quad u = 2\hat{i} + \hat{j} - 2\hat{k}$,

$\qquad v = \hat{i} + 2\hat{j} - 2\hat{k}$

Then $\quad u \times v = \begin{vmatrix} \hat{i} & \hat{j} & \hat{k} \\ 2 & 1 & -2 \\ 1 & 2 & -2 \end{vmatrix}$

$= (-2 + 4)\hat{i} + (-4 + 2)\hat{j} + (4 - 1)\hat{k}$

$= 2\hat{i} - 2\hat{j} + 3\hat{k}$

$\therefore |u \times v| = \sqrt{(2)^2 + (-2)^2 + (3)^2}$

$= \sqrt{4 + 4 + 9}$

$= \sqrt{17}$

$= \pm\dfrac{u \times v}{|u \times v|} = \pm\dfrac{2\hat{i} - 2\hat{j} + 3\hat{k}}{\sqrt{17}}$

$= \pm\left(\dfrac{2}{\sqrt{17}}\hat{i} - \dfrac{2}{\sqrt{17}}\hat{j} + \dfrac{3}{\sqrt{17}}\hat{k}\right)$

18. $\bar{a}$ and $\bar{b}$ are perpendicular to each other.

$\therefore \quad \bar{a}\cdot\bar{b} = \bar{b}\cdot\bar{a} = 0 \qquad ...(i)$

LHS $= (\bar{a} + \bar{b})^2$

$= (\bar{a} + \bar{b})\cdot(\bar{a} + \bar{b})$

$= \bar{a}\cdot(\bar{a} + \bar{b}) + \bar{b}\cdot(\bar{a} + \bar{b})$

$= \bar{a}\cdot\bar{a} + \bar{a}\cdot\bar{b} + \bar{b}\cdot\bar{a} + \bar{b}\cdot\bar{b}$

$= \bar{a}\cdot\bar{a} + 0 + 0 + \bar{b}\cdot\bar{b} \qquad$ ...[By (i)]

$= |\bar{a}|^2 + |\bar{b}|^2$

RRS $= (\bar{a} - \bar{b})^2$

$= (\bar{a} - \bar{b})\cdot(\bar{a} - \bar{b})$

$= \bar{a}\cdot(\bar{a} - \bar{b}) - \bar{b}\cdot(\bar{a} - \bar{b})$

$= \bar{a}\cdot\bar{a} + \bar{a}\cdot\bar{b} - \bar{b}\cdot\bar{a} + \bar{b}\cdot\bar{b}$

$= \bar{a}\cdot\bar{a} + \bar{b}\cdot\bar{b} \qquad$ ...[By (1)]

$= |\bar{a}|^2 + |\bar{b}|^2$

$\therefore \quad$ LHS = RHS

Hence, $(\bar{a} + \bar{b})^2 = (\bar{a} - \bar{b})^2$

19. $x^3 + x^2y + xy^2 + y^3 = 81$

Differentiating both sides w.r.t. x, we get

$3x^2 + x^2\dfrac{dy}{dx} + y\dfrac{d}{dx}(x^2) + x\dfrac{d}{dx}(y^2) + y^2\dfrac{d}{dx}(x) + 3y^2\dfrac{dy}{dx} = 0$

$\therefore 3x^2 + x^2\dfrac{dy}{dx} + y \times 2x + x \times 2y\dfrac{dy}{dx} + y^2 \times 1 + 3y^2\dfrac{dy}{dx} = 0$

$\therefore 3x^2 + x^2\dfrac{dy}{dx} + 2xy + 2xy\dfrac{dy}{dx} + y^2 + 3y^2\dfrac{dy}{dx} = 0$

$\therefore (x^2 + 2xy + 3y^2)\dfrac{dy}{dx} = -3x^2 - 2xy - y^2$

$\therefore \dfrac{dy}{dx} = \dfrac{-(3x^2 + 2xy + y^2)}{x^2 + 2xy + 3y^2}$.

20. Let $P(x_1, y_1)$ be the point on the curve $x^2 + y^2 - 2x - 4y + 1 = 0$ where the tangent is parallel to X-axis.

Differentiating $x^2 + y^2 - 2x - 4y + 1 = 0$ w.r.t. x, we get

$2x + 2y\dfrac{dy}{dx} - 2 \times 1 - 4\dfrac{dy}{dx} + 0 = 0$

$\therefore (2y - 4)\dfrac{dy}{dx} = 2 - 2x$

$\therefore \dfrac{dy}{dx} = \dfrac{2 - 2x}{2y - 4} = \dfrac{1 - x}{y - 2}$

$\therefore \left(\dfrac{dy}{dx}\right)_{at(x_1, y_1)} = \dfrac{1 - x_1}{y_1 - 2}$

= slope of the tangent at (x_1, y_1)

Since, the tangent is parallel to X-axis,

Slope of the tangent = 0.

$\therefore \dfrac{1 - x_1}{y_1 - 2} = 0$

$\therefore 1 - x_1 = 0$

$\therefore x_1 = 1$

Since, (x_1, y_1) lies on $x^2 + y^2 - 2x - 4y + 1 = 0$

$x_1^2 + y_1^2 - 2x_1 - 4y_1 + 1 = 0$

When $x_1 = 1$, $(1)^2 + y_1^2 - 2(1) - 4y_1 + 1 = 0$

$\therefore 1 + y_1^2 - 2 - 4y_1 + 1 = 0$

$\therefore y_1^2 - 4y_1 = 0$

$\therefore y_1(y_1 - 4) = 0$

$\therefore y_1 = 0$ or $y_1 = 4$

$\therefore$ The coordinates of the point are (1, 0) or (1, 4)

Since, the tangents are parallel to X-axis their equations are of the form $y = k$
If it passes through the point $(1, 0)$, $k = 0$ and it passes through the point $(1, 4)$, $k = 4$
Hence, the equations of the tangents are $y = 0$ and $y = 4$.

21. Let $I = \int (5-3x)(2-3x)^{-\frac{1}{2}} \cdot dx$

Put $2 - 3x = t$
$\therefore -3dx = dt$
$\therefore dx = \dfrac{-dt}{3}$

Also, $x = \dfrac{2-t}{3}$

$\therefore I = \int \left[5 - 3\left(\dfrac{2-t}{3}\right)\right] t^{-\frac{1}{2}} \left(\dfrac{-dt}{3}\right)$

$= -\dfrac{1}{3}\int (5 - 2 + t)t^{-\frac{1}{2}} dt$

$= -\dfrac{1}{3}\int (3 + t)t^{-\frac{1}{2}} dt$

$= -\dfrac{1}{3}\int \left(3t^{-\frac{1}{2}} + t^{\frac{1}{2}}\right) dt$

$= -\dfrac{3}{3}\int t^{-\frac{1}{2}} dt - \dfrac{1}{3}\int t^{\frac{1}{2}} dt$

$= -\dfrac{t^{\frac{1}{2}}}{\left(\frac{1}{2}\right)} - \dfrac{1}{3} \cdot \dfrac{t^{\frac{3}{2}}}{\left(\frac{3}{2}\right)} + c$

$= -2\sqrt{2-3x} - \dfrac{2}{9}(2-3x)^{\frac{3}{2}} + c.$

22. let $I = \int \cos^8 x \cot x\, dx$

$= \int \cos^8 x \cdot \dfrac{\cos x}{\sin x} \cdot dx$

Put $\sin x = t$
$\therefore \cos x\, dx = dt$
$\cos^8 x = (\cos^2 x)^4$
$= (1 - \sin^2 x)^4$
$= (1 - t^2)^4$
$= 1 - 4t^2 + 6t^4 - 4t^6 + t^8$

$I = \int \dfrac{1 - 4t^2 + 6t^4 - 4t^6 + t^8}{t} dt$

$= \int \left[\dfrac{1}{t} - 4t + 6t^3 - 4t^5 + t^7\right] dt$

$= \int \dfrac{1}{t} dt - 4\int t\, dt + 6\int t^3 dt - 4\int t^5 dt + \int t^7 dt$

$= \log|t| - 4\left(\dfrac{t^2}{2}\right) + 6\left(\dfrac{t^4}{4}\right) - 4\left(\dfrac{t^6}{6}\right) + \dfrac{t^8}{8} + c$

$= \log|\sin x| - 2\sin^2 x + \dfrac{3}{2}\sin^4 x - \dfrac{2}{3}\sin^6 x + \dfrac{\sin^6 x}{8} + c.$

23. Let $I = \int_0^a \dfrac{1}{x + \sqrt{a^2 - x^2}} \cdot dx$

Put $x = a\sin\theta$
$\therefore dx = a\cos\theta\, d\theta$
and $\sqrt{a^2 - x^2} = \sqrt{a^2 - a^2 \sin^2\theta}$
$= \sqrt{a^2(1 - \sin^2\theta)}$
$= \sqrt{a^2 \cos^2\theta}$
$= a\cos\theta$

When $x = 0$, $a\sin\theta = 0$ $\therefore \theta = 0$
When $x = a$, $a\sin\theta = a$ $\therefore \theta = \dfrac{\pi}{2}$

$\therefore I = \int_0^{\frac{\pi}{2}} \dfrac{a\cos\theta\, d\theta}{a\sin\theta + a\cos\theta}$

$\therefore I = \int_0^{\frac{\pi}{2}} \dfrac{\cos\theta}{\sin\theta + \cos\theta} \cdot d\theta$ ...(1)

We use the property, $\int_0^a f(a-x) \cdot dx$.

Hence in I, we change θ by $\left[\left(\dfrac{\pi}{2}\right) - \theta\right]$

$\therefore I = \int_0^{\frac{\pi}{2}} \dfrac{\cos\left[\left(\dfrac{\pi}{2}\right) - \theta\right]}{\sin\left[\left(\dfrac{\pi}{2}\right) - \theta\right] + \cos\left[\left(\dfrac{\pi}{2}\right) - \theta\right]} \cdot d\theta$

$= \int_0^{\frac{\pi}{2}} \dfrac{\sin\theta}{\cos\theta + \sin\theta} \cdot d\theta$ ...(2)

Adding (1) and (2), we get

$2I = \int_0^{\frac{\pi}{2}} \dfrac{\cos\theta}{\sin\theta + \cos\theta} \cdot d\theta + \int_0^{\frac{\pi}{2}} \dfrac{\sin\theta}{\cos\theta + \sin\theta} \cdot d\theta$

$= \int_0^{\frac{\pi}{2}} \dfrac{\cos\theta + \sin\theta}{\cos\theta + \sin\theta} \cdot d\theta$

$= \int_0^{\frac{\pi}{2}} 1 \cdot d\theta = [\theta]_0^{\frac{\pi}{2}}$

$= \left(\dfrac{\pi}{2}\right) - 0$

$= \dfrac{\pi}{2}$

$\therefore I = \dfrac{\pi}{4}.$

24. $(x - y^2x)dx - (y + x^2y)dy = 0$, when $x = 2, y = 0$

$\therefore \quad x(1 - y^2)dx - y(1 + x^2)dy = 0$

$\therefore \quad \frac{x}{1+x^2}dx - \frac{y}{1-y^2}dy = 0$

$\therefore \quad \frac{2x}{1+x^2} - \frac{2y}{1-y^2}dy = 0$

Integrating both sides, we get

$$\int \frac{2x}{1+x^2}dx + \frac{-2y}{1-y^2}dy = c_1$$

Each of these integrals is of the type

$$\int \frac{f'(x)}{f(x)}dx = \log|f(x)| + c$$

$\therefore$ The general solution is

$\log|1 + x^2| + \log|1 - y^2| = \log c$, where $c_1 = \log c$

$\therefore \quad \log|(1 + x^2)(1 - y^2)| = \log c$

$\therefore \quad (1 + x^2)(1 - y^2) = c$

When $x = 2, y = 0$, we have

$(1 + 4)(1 - 0) = c$

$\therefore \quad c = 5$

$\therefore$ The particular solution is $(1 + x^2)(1 - y^2) = 5$.

25. (i) Since $P(X)$ is a probability distribution of X.

$$\Sigma_{x=0}^{7} P(X) = 1$$

$\therefore P(0) + P(1) + P(2) + P(3) + P(4) + P(5) + P(6) + P(7) = 1$

$\therefore 0 + k + 2k + 2k + 3k + k^2 + 2k^2 + 7k^2 + k = 1$

$\therefore \quad 10k^2 + 9k - 1 = 0$

$\therefore \quad 10k^2 + 10k - k - 1 = 0$

$\therefore \quad 10k(k + 1) - 1(k + 1) = 0$

$\therefore \quad (k + 1)(10k - 1) = 0$

$\therefore \quad 10k - 1 = 0$

$\therefore \quad 10k - 1 = 0 \quad$ ......$(k \neq -1)$

$\therefore \quad k = \frac{1}{10}$

(ii) $P(X < 3) = P(0) + P(1) + P(2)$

$= 0 + k + 2k = 3k$

$= 3\left(\frac{1}{10}\right) = \frac{3}{10}.$

(iii) $P(0 < X < 3) = P(1) + P(2)$

$= k + 2k = 3k$

$= 3\left(\frac{1}{10}\right) = \frac{3}{10}.$

26. Let X = number of working discs.

p = probability that a floppy disc works

$\therefore \quad p = 95\% = \frac{95}{100} = \frac{19}{20}$

and $\quad q = 1 - p = 1 - \frac{19}{20} = \frac{1}{20}$

Given: $\quad n = 3$

$\therefore \quad X \sim B\left(3, \frac{19}{20}\right)$

The *p.m.f.* of X is given by

$P(X = x) = {}^nC_x p^x q^{n-x}$

i.e., $\quad p(x) = {}^3C_x \left(\frac{19}{20}\right)^x \left(\frac{1}{20}\right)^{3-x}, \; x = 0, 1, 2, 3$

P(none of the floppy discs work) $= P(X = 0)$

$= p(0) = {}^3C_0 \left(\frac{19}{20}\right)^0 \left(\frac{1}{20}\right)^{3-0}$

$= 1 \times 1 \times \frac{1}{20^3} = \frac{1}{20^3}$

Hence, the probability that none of the floppy disc will work $= \frac{1}{20^3}$

Section D

27. The negation of $(p \vee q) \wedge (q \vee \sim r)$ is

$\sim [(p \vee q) \wedge (q \vee \sim r)]$

$\equiv \sim (p \vee q) \vee \sim (q \vee \sim r)$ ......(Negation of conjunction)

$\equiv (\sim p \wedge \sim q) \vee [(\sim q \wedge \sim (\sim r)]$ ....(Negation of disjunction)

$\equiv (\sim p \wedge \sim q) \vee (\sim q \wedge r)$ ....(Negation of negation)

$\equiv (\sim q \wedge \sim p) \vee (\sim q \wedge r)$ ....(Commutative law)

$\equiv (\sim q) \wedge (\sim p \vee r)$ ....(Distributive Law)

28. Let $\quad \tan^{-} x = y$

Then, $\quad x = \tan y$

Now, $\tan^{-1}\left(\frac{2x}{1-x^2}\right) = \tan^{-1}\left(\frac{2\tan y}{1-\tan^2 y}\right)$

$= \tan^{-1}(\tan 2y)$

$= 2y$

$= 2\tan^{-1}x \quad$ ...(1)

$\sin^{-1}\left(\frac{2x}{1+x^2}\right) = \sin^{-1}\left(\frac{2\tan y}{1+\tan^2 y}\right)$

$= \sin^{-1}(\sin 2y)$

$= 2y$

$= 2\tan^{-1}x \quad$ ...(2)

$\cos^{-1}\left(\frac{1-x^2}{1+x^2}\right) = \cos^{-1}\left(\frac{1-\tan^2 y}{1+\tan^2 y}\right)$

$= \cos^{-1}(\cos 2y)$

$= 2y$

$= 2\tan^{-1}x \quad$ ...(3)

From (1), (2) and (3), we get

$$2\tan^{-1}x = \tan^{-1}\left(\frac{2x}{1-x^2}\right) = \sin^{-1}\left(\frac{2x}{1+x^2}\right) = \cos^{-1}\left(\frac{1-x^2}{1+x^2}\right)$$

29. Given: $\bar{a} = \hat{i}+\hat{j}+\hat{k}, \bar{c} = \hat{j}-\hat{k}$

Let $\bar{b} = x\hat{i}+y\hat{j}+z\hat{k}$

Then $\bar{a}\cdot\bar{b} = 3$ gives

$$(\hat{i}+\hat{j}+\hat{k})\cdot(x\hat{i}+y\hat{j}+z\hat{k}) = 3$$

$\therefore$ $(1)(x)+(1)(y)+(1)(z) = 3$

Also, $x+y+z=3$ ...(1)

Also, $\bar{c} = \bar{a}\times\bar{b}$

$$\therefore \quad \hat{j}-\hat{k} = \begin{vmatrix} \hat{i} & \hat{j} & \hat{k} \\ 1 & 1 & 1 \\ x & y & z \end{vmatrix}$$

$$= (z-y)\hat{i}-(z-x)\hat{j}+(y-x)\hat{k}$$

$$= (z-y)\hat{i}+(x-z)\hat{j}+(y-x)\hat{k}$$

By equality of vectors,

$z-y=0$ ...(2)

$x-z=1$ ...(3)

$y-x=-1$ ...(4)

From (2), $y=z,$

From (3), $x=1+z$

Substituting these values of x and y in (1), we get

$1+z+z+z=3$

$\therefore$ $z=\frac{2}{3}$

$\therefore$ $y=z=\frac{2}{3}$

$\therefore$ $x=1+z=1+\frac{2}{3}=\frac{5}{3}$

$\therefore$ $\bar{b} = \frac{5}{3}\hat{i}+\frac{2}{3}\hat{j}+\frac{2}{3}\hat{k}$

i.e., $\bar{b} = \frac{1}{3}(5\hat{i}+2\hat{j}+2\hat{k})$

30. Let $\vec{a}$ be the position vecor of the point $A(-1,-1,2)$ w.r.t. the origin

Then $\vec{a} = -\hat{i}-\hat{j}+2\hat{k}$

The equation of given line is

$2x-2 = 3y+1 = 6z-2$

$$2(x-1) = 3\left(y+\frac{1}{3}\right)=6\left(z-\frac{1}{3}\right)$$

$$\therefore \quad \frac{x-1}{\left(\frac{1}{2}\right)} = \frac{y+\frac{1}{3}}{\left(\frac{1}{3}\right)}=\frac{z-\frac{1}{3}}{\left(\frac{1}{6}\right)}$$

The *D.R.S.* of the line are

$\frac{1}{2},\frac{1}{3},\frac{1}{6},$ *i.e.* 3, 2, 1

Let $\vec{b}$ be the vector parallel to the line.

Then, $\vec{b} = 3\hat{i}+2\hat{j}+\hat{k}$

The vector equation of the line passing through $A(\vec{a})$ and parallel to $\vec{b}$ is

$\vec{r} = \vec{a}+\lambda\vec{b},$ where λ is a scalar.

$\therefore$ The vector equation of required line is

$$\vec{r} = (-\hat{i}-\hat{j}+2\hat{k})+\lambda(3\hat{i}+2\hat{j}+\hat{k})$$

The line passes through $(-1,-1,2)$ and has *D.R.S.* 3, 2, 1.

$\therefore$ The Cartesian equations of line are

$$\frac{x-(-1)}{3} = \frac{y-(-1)}{2}=\frac{z-2}{1}$$

$$\Rightarrow \quad \frac{x+1}{3} = \frac{y+1}{2}=\frac{z-2}{1}$$

31. $y = \log\left(x+\sqrt{x^2+a^2}\right)^m$

$$= m\log\left(x+\sqrt{x^2+a^2}\right)$$

$$\therefore \frac{dy}{dx} = m\frac{d}{dx}\left[\log\left(x+\sqrt{x^2+a^2}\right)\right]$$

$$= m\times\frac{1}{x+\sqrt{x^2+a^2}}.\frac{d}{dx}\left(x+\sqrt{x^2+a^2}\right)$$

$$= \frac{m}{x+\sqrt{x^2+a^2}}\times\left[1+\frac{1}{2\sqrt{x^2+a^2}}.\frac{d}{dx}(x^2+a^2)\right]$$

$$= \frac{m}{x+\sqrt{x^2+a^2}}\times\left[1+\frac{1}{2\sqrt{x^2+a^2}}.(2x+0)\right]$$

$$= \frac{m}{x+\sqrt{x^2+a^2}}\times\frac{\sqrt{x^2+a^2}+x}{\sqrt{x^2+a^2}}$$

$$\therefore \frac{dy}{dx} = \frac{m}{\sqrt{x^2+a^2}}$$

$$\therefore \sqrt{x^2+a^2}\frac{dy}{dx}=m$$

$$\therefore (x^2+a^2)\left(\frac{dy}{dx}\right)^2=m^2$$

Differentiating both sides w.r.t. x, we get

$$(x^2+a^2).\frac{d}{dx}\left(\frac{dy}{dx}\right)^2+\left(\frac{dy}{dx}\right)^2\frac{d}{dx}(x^2+a^2)=\frac{d}{dx}(m^2)$$

$\therefore (x^2+a^2) \cdot 2\dfrac{dy}{dx} \cdot \dfrac{d}{dx}\left(\dfrac{dy}{dx}\right) + \left(\dfrac{dy}{dx}\right)^2 \times (2x+0) = 0$

$\therefore (x^2+a^2) \cdot 2\dfrac{dy}{dx}\dfrac{d^2y}{dx^2} + 2x\left(\dfrac{dy}{dx}\right)^2 = 0$

Cancelling $2\dfrac{dy}{dx}$ throughtout, we get

$(x^2+a^2)\dfrac{d^2y}{dx^2} + x\dfrac{dy}{dx} = 0$

32. Let x be the side of square base and h be the height of the box.
Then $x^2 + 4xh = a^2$

$\therefore \quad h = \dfrac{a^2 - x^2}{4x} \quad \quad …(1)$

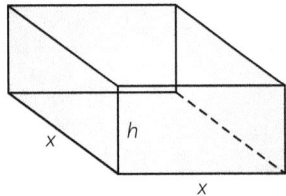

Let V be the volume of the box.
Then $\quad V = x^2 h$

$\therefore \quad V = x^2\left(\dfrac{a^2-x^2}{4x}\right) \quad …[\text{By (1)}]$

$\therefore \quad V = \dfrac{1}{4}(a^2 x - x^3) \quad …(2)$

$\therefore \quad \dfrac{dV}{dx} = \dfrac{1}{4}\dfrac{d}{dx}(a^2 x - x^3)$

$\quad = \dfrac{1}{4}(a^2 \times 1 - 3x^2)$

$\quad = \dfrac{1}{4}(a^2 - 3x^2)$

and

$\dfrac{d^2V}{dx^2} = \dfrac{1}{4}\dfrac{d}{dx}(a^2 - 3x^2)$

$\quad = \dfrac{1}{4}(0 - 3 \times 2x)$

$\quad = -\dfrac{3}{2}x$

Now, $\dfrac{dy}{dx} = 0$ gives $\dfrac{1}{4}(a^2 - 3x^2) = 0$

$\therefore \quad a^2 - 3x^2 = 0$

$\therefore \quad 3x^2 = a^2$

$\therefore \quad x^2 = \dfrac{a^2}{3}$

$\therefore \quad x = \dfrac{a}{\sqrt{3}} \quad …[\because x > 0]$

and

$\left(\dfrac{d^2V}{dx^2}\right)_{at\, x = \frac{a}{\sqrt{2}}}$

$= -\dfrac{3}{2} \times \dfrac{a}{\sqrt{3}}$

$= -\dfrac{\sqrt{3}}{2}a < 0$

$\therefore$ V is maximum when $x = \dfrac{a}{\sqrt{3}}$

From (2), maximum volume $v = \left[\dfrac{1}{4}(a^2 x - x^2)\right]_{at\, x = \frac{a}{\sqrt{3}}}$

$= \dfrac{1}{4}\left(a^2 \times \dfrac{a}{\sqrt{3}} - \dfrac{a^3}{3\sqrt{3}}\right)$

$= \dfrac{1}{4}\left(\dfrac{2a^3}{3\sqrt{3}}\right)$

$= \dfrac{a^3}{6\sqrt{3}}$

Hence, the maximum volume of the box is $\dfrac{a^3}{6\sqrt{3}}$ cu unit.

33. Let $\quad I = \int \dfrac{(3\sin x - 2)\cdot \cos x}{5 - 4\sin x - \cos^2 x}\, dx$

$= \int \dfrac{(3\sin x - 2)\cdot \cos x}{5 - (1-\sin^2 x) - 4\sin x}\, dx$

$= \int \dfrac{(3\sin x - 2)\cdot \cos x}{5 - 1 + \sin^2 x - 4\sin x}\, dx$

$= \int \dfrac{(3\sin x - 2)\cdot \cos x}{\sin^2 x - 4\sin x + 4}\, dx$

Put $\quad \sin x = t$
$\therefore \quad \cos x\, dx = dt$

$\therefore \quad I = \int \dfrac{3t - 2}{t^2 - 4t + 4}\, dt$

$= \int \dfrac{3t - 2}{(t-2)^2}\, dt$

Let $\int \dfrac{3t - 2}{(t-2)^2} = \dfrac{A}{t-2} + \dfrac{B}{(t-2)^2}$

$\therefore \quad 3t - 2 = A(t-2) + B$

Put $\quad t - 2 = 0,\ i.e.\ t = 2,$ we get

$4 = A(0) + B$

$\therefore \quad B = 4$

Put $t = 0$, we get

$-2 = A(-2) + B$

$\therefore \quad -2 = -2A + 4$

$\therefore \quad 2A = 6$

$\therefore \quad A = 3$

$$\therefore \quad \frac{3t-2}{(t-2)^2} = \frac{3}{t-2} + \frac{4}{(t-2)^2}$$

$$\therefore \quad I = \int\left[\frac{3}{t-2} + \frac{4}{(t-2)^2}\right]\cdot dt$$

$$= 3\int\frac{1}{t-2}\cdot dt + 4\int(t-2)^{-2}\cdot dt$$

$$= 3\log|t-2| + 4\cdot\frac{(t-2)^{-1}}{-1}\cdot\frac{1}{1} + c$$

$$= 3\log|t-2| - \frac{4}{(t-2)} + c$$

$$= 3\log|\sin x - 2| - \frac{4}{(\sin x - 2)} + c$$

34. Given equation is: $(x^2 + y^2)dx - 2xy\,dy = 0$

$\therefore \quad 2xy\,dy = (x^2 + y^2)dx$

$$\therefore \quad \frac{dy}{dx} = \frac{x^2+y^2}{2xy} \quad \text{...(1)}$$

Given equation is a homogeneous equation

$$\therefore \quad \frac{dy}{dx} = v + \frac{xdv}{dx}$$

$$\therefore \text{ (1) becomes, } \quad v + x\frac{dv}{dx} = \frac{x^2+v^2x^2}{2x(vx)}$$

$$\therefore \quad v + x\frac{dv}{dx} = \frac{1+v^2}{2v}$$

$$\therefore \quad x\frac{dv}{dx} = \frac{1+v^2}{2v} - v = \frac{1+v^2-2v^2}{2v}$$

$$\therefore \quad x\frac{dv}{dx} = \frac{1-v^2}{2v}$$

$$\therefore \quad \frac{2v}{1-v^2}dv = \frac{1}{x}dx$$

Integrating both sides, we get

$$\int\frac{2v}{1-v^2}dv = \int\frac{1}{x}dx$$

Let $1 - v^2 = t$ on RHS

Then, $-2vdv = dt$

$$\int\frac{-dt}{t} = \int\frac{1}{x}dx$$

$\therefore \quad -\log|1-v^2| = \log x + \log c_1$

$$\left[\because \frac{d}{dv}(1-v^2) = -2v \text{ and } \int\frac{f'(x)}{f(x)}dx = \log|f(x)| + c\right]$$

$$\therefore \quad \log\left|\frac{1}{1-v^2}\right| = \log c_1x$$

$$\therefore \quad \log\left|\frac{1}{1-\left(\frac{y^2}{x^2}\right)}\right| = \log c_1x$$

$$\therefore \quad \log\left|\frac{x^2}{x^2-y^2}\right| = \log c_1x$$

$$\therefore \quad \frac{x^2}{x^2-y^2} = c_1x$$

$$\therefore \quad x^2 - y^2 = \frac{1}{c^2}x$$

$$\therefore \quad x^2 - y^2 = c.x. \text{ where } c = \frac{1}{c_1}$$

This is the general solution.

●●

SAMPLE PAPER-5

Mathematics & Statistics (Arts & Science)

Questions

Section A

1. **Select and write the most appropriate answer from the given alternatives for each equations:**

 (i) Inverse of statement pattern $(p \vee q) \rightarrow (p \wedge q)$ is ....

 (a) $(p \wedge q) \rightarrow (p \vee q)$
 (b) $\sim (p \vee q) \rightarrow (p \wedge q)$
 (c) $(\sim p \wedge \sim q) \rightarrow (\sim p \vee \sim q)$
 (d) $(\sim p \vee \sim q) \rightarrow (\sim p \wedge \sim q)$

 (ii) If polar coordinates of a point are $\left(2, \frac{\pi}{4}\right)$, then its cartesian coordinates are:

 (a) $(2, \sqrt{2})$ (b) $(\sqrt{2}, 2)$
 (c) $(2, 2)$ (d) $(\sqrt{2}, \sqrt{2})$

 (iii) The combined equation of the coordinate axes is:

 (a) $a + y = 0$ (b) $xy = k$
 (c) $xy = 0$ (d) $x - y = k$

 (iv) The angle between the lines $2x = 3y = -x$ and $6x = -y = -4z$ is:

 (a) 45° (b) 30°
 (c) 0° (d) 90°

 (v) Feasible region is the set of points which satisfy:

 (a) the objective function
 (b) all the given constraints
 (c) some of the given constraints
 (d) only one constraint

 (vi) The normal to the curve $x^2 + 2xy - 3y^2 = 0$ at (1, 1):

 (a) meets the curve again in second quadrant
 (b) does not meet the curve again
 (c) meets the curve again in third quadrant
 (d) meets the curve again in fourth quadrant

 (vii) $\int_0^9 \frac{\sqrt{x}}{\sqrt{x} + \sqrt{9-x}} \cdot dx =$

 (a) 9 (b) $\frac{9}{2}$
 (c) 0 (d) 1

 (viii) The area of the circle $x^2 + y^2 = 25$ in first quadrant is:

 (a) $\frac{25\pi}{4}$ sq units (b) 5π sq units
 (c) 5 sq units (d) 3 sq units

2. **Answer the following questions:**

 (i) Check whether the following matrix is invertible or not: $\begin{bmatrix} 2 & 3 \\ 10 & 15 \end{bmatrix}$

 (ii) Find the principal solutions of the equation:

 $$\sin 2\theta = -\frac{1}{2}.$$

 (iii) Evaluate: $\int_1^3 \frac{\cos(\log x)}{x} \cdot dx$

 (iv) Determine the order and degree of the following differential equation:

 $$x + \frac{d^2y}{dx^2} = \sqrt{1 + \left(\frac{d^2y}{dx^2}\right)^2}$$

Section B

Attempt any EIGHT of the following questions:

3. Without using truth table prove that: $(p \vee q) \wedge (p \vee \sim q) \equiv p$.

4. Find the matrix X such that $AX = B$, where $A = \begin{bmatrix} 1 & 2 \\ -1 & 3 \end{bmatrix}$ and $B = \begin{bmatrix} 0 & 1 \\ 2 & 4 \end{bmatrix}$

5. Find the joint equation of the line passing through (1, 2) and parallel to the coordinate axes.

6. Show that the following equations represents a pair of line: $4x^2 + 4xy + y^2 = 0$.

7. Determine where $\vec{a}$ and $\vec{b}$ are orthogonal, parallel or neither where, $\vec{a} = -9\hat{i} + 6\hat{j} + 15\hat{k}$, $\vec{b} = 6\hat{i} - 4\hat{j} - 10\hat{k}$.

8. Find the points on the line $\frac{x+1}{2} = \frac{y+2}{3} = \frac{z-3}{2}$ at a distance of 5 units from the point (3, 1, 3).

9. Find the vector equation of the line passing through the point having vector $3\hat{i} + 4\hat{j} - 7\hat{k}$ and parallel to $6\hat{i} - \hat{j} + \hat{k}$.

10. Find the feasible solution of the following inequation: $3x + 4y \geq 12$, $4x + 7y \leq 28$. $y \geq 1$, $x \geq 0$.

11. Differentiate the following w.r.t. x: $\text{cosec}\left(\sqrt{\cos x}\right)$.

12. Find the area of the region bounded by the straight line $2y = 5x + 7$, X-axis and $x = 2$, $x = 5$.

13. Find the probability distribution of number of heads in two tosses of a coin.

14. Given $X \sim B(n, P)$ if $n = 10$, $E(X) = 8$, find $Var(X)$.

Section C

Attempt any EIGHT of the followings questions:

15. Find the inverse of the following matrix (if it exist):
$$\begin{bmatrix} 2 & -3 & 3 \\ 2 & 2 & 3 \\ 3 & -2 & 2 \end{bmatrix}$$

16. If the angle A, B, C of a $\triangle ABC$ are in A.P. and $\angle A = 30°$, C = 5, then find the values of 'a' and 'b'.

17. Find the values of c so that for all real x, the vectors $xc\hat{i} - 6\hat{j} + 3\hat{k}$ and $x\hat{i} + 2\hat{j} + 2cx\hat{k}$ make an obtuse angle.

18. If $\vec{p}, \vec{q}$ and $\vec{r}$ are unit vectors, find $\vec{p}.\vec{r}$.

19. Find $\dfrac{dy}{dx}$ if $\cos(xy) = x + y$.

20. A particle moves along the curve $6y = x^3 + 2$. Find the points on the curve at which y-coordinate is changing 8 times as fast as the x-coordinate.

21. Evaluate the following: $\displaystyle\int \sqrt{\dfrac{2+x}{2-x}} \, dx$

22. Evaluate the following: $\displaystyle\int \dfrac{\sin x}{\sin 3x} \, dx$

23. Evaluate the following: $\displaystyle\int_{-\pi/4}^{\pi/4} \dfrac{x + \dfrac{\pi}{4}}{2 - \cos 2x} \, dx$

24. For the following differential equation find the particular solution satisfying the given condition:
$$y(1 + \log x) \dfrac{dx}{dy} - x \log x = 0, \ y = e^2, \text{ when } x = e$$

25. Two numbers are selected at random (without replacement) form the first six positive integers. Let X denotes the larger of the two numbers obtained. find E(X) for the given condition.

26. In binomial distribution with five Bernoulli's trials, probability of one and two success are 0.4096 and 0.2048 respectively. Find probability of success.

Section D

Attempt any FIVE of the following questions:

27. Without using truth table prove that:
$(p \wedge q) \vee (\sim p \wedge q) \vee (p \wedge \sim q) \equiv p \vee q$

28. Prove the following:
$$\sin^{-1}\left(\dfrac{1}{\sqrt{2}}\right) - 3\sin^{-1}\left(\dfrac{\sqrt{3}}{2}\right) = -\dfrac{3\pi}{4}$$

29. Prove that the two vectors whose direction cosines are given by relations $al + bm + cn = 0$ and $fmn + gnl + hlm = 0$ are perpendicular, if $\dfrac{f}{a} + \dfrac{g}{b} + \dfrac{h}{c} = 0$

30. Show that the line $\vec{r} = (2\hat{j} - 2\hat{k}) + \lambda(\hat{i} + 2\hat{j} + 3\hat{k})$ and $\vec{r} = (2\hat{i} + 6\hat{j} + 3\hat{k}) + \mu(2\hat{i} + 3\hat{j} + 4\hat{k})$ are copolanar. Find the equation of the plane determined by them.

31. Find the nth derivative of the following : $\sin(ax + b)$

32. Prove that $y = \dfrac{4\sin\theta}{2 + \cos\theta} - \theta$ is an increasing function if $\theta \in \left[0, \dfrac{\pi}{2}\right]$

33. Integrate the following w.r.t. x: $\dfrac{5.e^x}{(e^x + 1)(e^{2x} + 9)}$

34. The curve passes through the point (0, 2). The sum of the coordinates of any point on the curve exceeds the slope of the tangent of the curve at any point by 5. Find the equation of the curve.

🅐 Answer Key

Section A

1. (i) (c) $(\sim p \wedge \sim q) \to (\sim p \vee \sim q)$

(ii) (d) $(\sqrt{2}, \sqrt{2})$

(iii) (c) $xy = 0$

(iv) (d) $90°$

(v) (b) all the given constraints

(vi) (d) meets the curve again in fourth quadrant

(vii) (b) $\dfrac{9}{2}$

(viii) (a) $\dfrac{25\pi}{4}$ sq units

2. (i) Let $A = \begin{bmatrix} 2 & 3 \\ 10 & 15 \end{bmatrix}$

Then, $|A| = \begin{bmatrix} 2 & 3 \\ 10 & 15 \end{bmatrix} = 30 - 30 = 0$

$\therefore$ A is a singular matrix.

Hence A^{-1} does not exist.

(ii) $\left\{\dfrac{5\pi}{8}, \dfrac{7\pi}{8}, \dfrac{13\pi}{8}, \dfrac{15\pi}{8}\right\}$

(iii) Let $I = \displaystyle\int_1^3 \dfrac{\cos(\log x)}{x} dx$

$$= \int_1^3 \cos(\log x) . \frac{1}{x} . dx$$

Put $\log x = t$

$\therefore \quad \frac{1}{x} dx = dt$

When $x = 1, t = \log 1 = 0$
When $x = 3, t = \log 3$

$$\therefore \quad I = \int_0^{\log 3} \cos t . dt = |\sin t|_0^{\log 3}$$

$$= \sin (\log 3) - \sin 0$$
$$= \sin (\log 3).$$

(iv) The given *D.E.* is

$$x + \frac{d^2y}{dx^2} = \sqrt{1 + \left(\frac{d^2y}{dx^2}\right)^2}$$

On squaring both sides, we get

$$\left(x + \frac{d^2y}{dx^2}\right)^2 = 1 + \left(\frac{d^2y}{dx^2}\right)^2$$

$$\therefore \quad x^2 + 2x\frac{d^2y}{dx^2} + \left(\frac{d^2y}{dx^2}\right)^2 = 1 + \left(\frac{d^2y}{dx^2}\right)^2$$

$$\therefore \quad x^2 + 2x\frac{d^2y}{dx^2} - 1 = 0$$

This *D.E.* has highest order derivative $\frac{d^2y}{dx^2}$ with power 1.

$\therefore$ The given *D.E.* has order 2 and degree 1.

Section B

3. L.H.S. $= (p \vee q) \wedge (p \vee \sim q)$

$\equiv p \vee (q \wedge \sim q)$ .... (Distributive law)

$\equiv p \vee F$ .... (Complement Law)

$\equiv p$ .... (Identify Law)

= R.H.S.

Hence, Proved

4. $AX = B$

$$\therefore \quad \begin{bmatrix} 1 & 2 \\ -1 & 3 \end{bmatrix} X = \begin{bmatrix} 0 & 1 \\ 2 & 4 \end{bmatrix}$$

Applying $R_2 \to R_2 + R_1$, we get,

$$\begin{bmatrix} 1 & 2 \\ 0 & 5 \end{bmatrix} X = \begin{bmatrix} 0 & 1 \\ 2 & 5 \end{bmatrix}$$

Applying $R_2 \to \left(\frac{1}{5}\right) R_2$, we get,

$$\begin{bmatrix} 1 & 2 \\ 0 & 1 \end{bmatrix} X = \begin{bmatrix} 0 & 1 \\ \frac{2}{5} & 1 \end{bmatrix}$$

By $R_1 \to R_1 — 2R_2$ we get,

$$\begin{bmatrix} 1 & 0 \\ 0 & 1 \end{bmatrix} X = \begin{bmatrix} -\frac{4}{5} & -1 \\ \frac{2}{5} & 1 \end{bmatrix}$$

$$\therefore \quad X = \begin{bmatrix} -\frac{4}{5} & -1 \\ \frac{2}{5} & 1 \end{bmatrix}$$

5. Equation of the coordinate axes are $x = 0$ and $y = 0$

$\therefore$ The equation of the lines passing through (1, 2) and parallel to the coordinate axes are $x = 1$ and $y = 2$.

i.e. $x - 1 = 0$ and $y - 2 = 0$

$\therefore$ The combined equation is

$$(x - 1)(y - 2) = 0$$

$$\therefore \quad x(y - 2) - 1(y - 2) = 0$$

$$\therefore \quad xy - 2x - y + 2 = 0$$

6. Comparing the equation $4x^2 + 4xy + y^2 = 0$ with $ax^2 + 2hxy + by^2 = 0$, we get,

$a = 4, 2h = 4$ *i.e.,* $h = 2$, and $b = 1$

$\therefore h^2 - ab = (2)^2 - 4(1) = 4 = 0$

Since, the equation $4x^2 + 4xy + y^2 = 0$ is a homogeneous equation of second degree and $h^2 - ab = 0$, Therefore, the given equation represents a pair of lines which are real and coincident.

7. $$\vec{a} = -9\hat{i} + 6\hat{j} + 15\hat{k} = -3(3\hat{i} - 2\hat{j} - 5\hat{k})$$

$$= -\frac{3}{2}(6\hat{i} - 4\hat{j} - 19\hat{k})$$

$$\therefore \quad \vec{a} = -\frac{3}{2}\vec{b}$$

i.e. $\bar{a}$ is a non-zero scalar multiple of $\bar{b}$

Hence, $\bar{a}$ is parallel to $\bar{b}$

8. Let $\quad A = (3, 1, 3)$

Let $\quad \frac{x+1}{2} = \frac{y+2}{3} = \frac{z-3}{2} = k$

Any point on the given line is

$P = (2k - 1, 3k - 2, 2k + 3)$

Now $\quad AP = 5$

$\therefore \quad \sqrt{(2k-4)^2 + (3k-3)^2 + (2k)^2} = 5$

$\therefore 4k^2 - 16k + 16 + 9k^2 - 18k + 9 + 4k^2 = 25$

$\therefore 17k^2 - 34k = 0$

$\therefore \quad k^2 - 2k = 0$

$\therefore \quad k(k - 2) = 0$

$\therefore \quad k = 0$ or $k = 2$

$\therefore \quad P = (-1, -2, 3)$ or $(3, 4, 7)$

9. Let the vector equation of a line passing through the point having a position vector be $\bar{a}$ and parallel to vector $\bar{b}$

$\therefore \quad \bar{a} = 3\hat{i} + 4\hat{j} - 7\hat{k}$ and $\bar{b}$ $6\hat{i} - \hat{j} + \hat{k}$

$\therefore$ The vector equation of the line is $\bar{r} = \bar{a} + \lambda\bar{b}$

$\therefore \quad \bar{r} = (3\hat{i} + 4\hat{j} - 7\hat{k}) + \lambda\,(6\hat{i} - \hat{j} + \hat{k}).$

10. First we draw the lines AB, CD and EF whose equations are $3x + 4y = 12$ and $4x + 7y = 28$ and $y = 1$ respectively.

Line	Equation	Points on the X-axis	Points on the Y-axis	Sign	Region
AB	$3x + 4y = 12$	A (4, 0)	B (0, 3)	$\geq$	non-origin side of line AB
CQ	$4x + 7y = 28$	C (7, 0)	D (0, 4)	$\leq$	origin side of line CD
EF	$y = 1$		F (0, 1)	$\geq$	non-origin side of line EF

Scale: On both X-axis and Y-axis : 1 cm unit

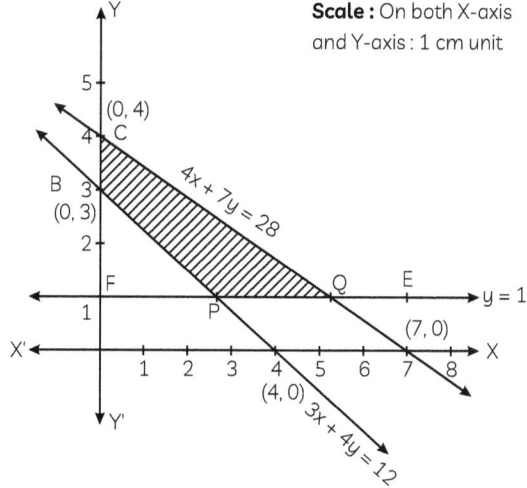

11. Let $y = \operatorname{cosec}\left(\sqrt{\cos x}\right)$

Differentiating w.r.t. x, we get,

$$\frac{dy}{dx} = \frac{d}{dx}\left[\operatorname{cosec}\left(\sqrt{\cos x}\right)\right]$$

$$= -\operatorname{cosec}\left(\sqrt{\cos x}\right).\cot\left(\sqrt{\cos x}\right).\frac{d}{dx}\sqrt{\cos x}$$

$$= -\operatorname{cosec}\left(\sqrt{\cos x}\right).\cot\left(\sqrt{\cos x}\right).\frac{1}{2\sqrt{\cos x}}\frac{d}{dx}(\cos x)$$

$$= -\operatorname{cosec}\left(\sqrt{\cos x}\right).\cot\left(\sqrt{\cos x}\right).\frac{1}{2\sqrt{\cos x}}.(-\sin x)$$

$$= \frac{\sin x.\operatorname{cosec}\left(\sqrt{\cos x}\right).\cot\left(\sqrt{\cos x}\right)}{2\sqrt{\cos x}}$$

12. The equation of the line is $2y = 5x + 7$.

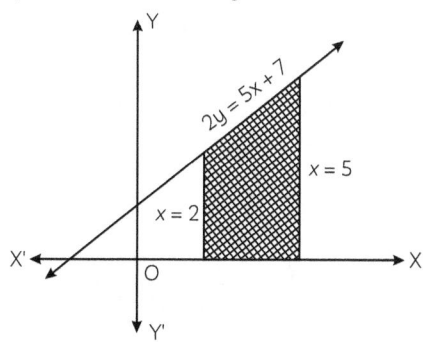

i.e., $y = \frac{5}{2}x + \frac{7}{2}$

Required area = area of the region ABCDA

= area under the line $y = 5\frac{x}{2} + \frac{7}{2}$ between $x = 2$ and $x = 5$

$$= \int_2^5 \left(\frac{5}{2}x + \frac{7}{2}\right) \cdot dx$$

$$= \frac{5}{2} \cdot \int_2^5 x \cdot dx + \frac{7}{2} \int_2^5 1 \cdot dx$$

$$= \frac{5}{2}\left[\frac{x^2}{2}\right]_2^5 + \frac{7}{2}[x]_2^5$$

$$= \frac{5}{2}\left[\frac{25}{2} - \frac{4}{2}\right] + \frac{7}{2}[5-2]$$

$$= \frac{5}{2} \times \frac{21}{2} + \frac{21}{2}$$

$$= \frac{105}{4} + \frac{42}{4}$$

$$= \frac{147}{4} \text{ sq units.}$$

13. Let X denotes the number of heads.
Sample space of the experiment is:
$$S = \{HH, HT, TH, TT\}$$
The values of X corresponding to these outcomes are as follows:
$$X(HH) = 2$$
$$X(HT) = X(TH) = 1$$
$$X(TT) = 0$$
∴ X is a discrete random variable that can take values 0, 1, 2.
The probability distribution of X is then obtained as follows:

X	0	1	2
P (X = x)	$\frac{1}{4}$	$\frac{2}{4}$	$\frac{1}{4}$

14. Given $n = 10, E(X) = 8$
$E(X) = np$
∴ $8 = 10p$
∴ $p = \frac{8}{10} = \frac{4}{5}$
∴ $q = 1 - p = 1 - \frac{4}{5} = \frac{1}{5}$
$\text{Var}(X) = npq$
$= 10 \times \frac{4}{5} \times \frac{1}{5} = \frac{8}{5}$

Hence, $\text{Var}(X) = \frac{8}{5}$

Section C

15. Let $A = \begin{bmatrix} 2 & -3 & 3 \\ 2 & 2 & 3 \\ 3 & -2 & 2 \end{bmatrix}$

$\therefore \quad |A| = \begin{bmatrix} 2 & -3 & 3 \\ 2 & 2 & 3 \\ 3 & -2 & 2 \end{bmatrix}$

$= 2(4+6) + 3(4-9) + 3(-4-6)$

$= 20 - 15 - 30$

$= -25 \neq 0$

$\therefore A^{-1}$ exists.

Consider $AA^{-1} = I$

$\therefore \begin{bmatrix} 2 & -3 & 3 \\ 2 & 2 & 3 \\ 3 & -2 & 2 \end{bmatrix} A^{-1} = \begin{bmatrix} 1 & 0 & 0 \\ 0 & 1 & 0 \\ 1 & 0 & 0 \end{bmatrix}$

Applying $R_1 \leftrightarrow R_3$, we get,

$$\begin{bmatrix} 3 & -2 & 2 \\ 2 & 2 & 3 \\ 2 & -3 & 3 \end{bmatrix} A^{-1} = \begin{bmatrix} 0 & 0 & 1 \\ 0 & 1 & 0 \\ 1 & 0 & 0 \end{bmatrix}$$

Applying $R_1 \to R_1 - R_2$, we get,

$$\begin{bmatrix} 1 & -4 & -1 \\ 2 & 2 & 3 \\ 2 & -3 & 3 \end{bmatrix} A^{-1} = \begin{bmatrix} 0 & -1 & 1 \\ 0 & 1 & 0 \\ 1 & 0 & 0 \end{bmatrix}$$

By $R_2 \to R_2 - 2R_1$ and $R_3 \to R_3 - 2R_1$, we get,

$$\begin{bmatrix} 1 & -4 & -1 \\ 0 & 10 & 5 \\ 0 & 5 & 5 \end{bmatrix} A^{-1} = \begin{bmatrix} 0 & -1 & 1 \\ 0 & 3 & -2 \\ 1 & 2 & -2 \end{bmatrix}$$

By $R_2 \to \left(\frac{1}{10}\right) R_2$, we get,

$$\begin{bmatrix} 1 & -4 & -1 \\ 0 & 1 & \frac{1}{2} \\ 0 & 5 & 5 \end{bmatrix} A^{-1} = \begin{bmatrix} 0 & -1 & 1 \\ 0 & \frac{3}{10} & -\frac{1}{5} \\ 1 & 2 & -2 \end{bmatrix}$$

By $R_1 \to R_1 + 4R_2$ and $R_3 \to R_3 + R_3 - 5R_2$, we get,

$$\begin{bmatrix} 1 & 0 & 1 \\ 0 & 1 & \frac{1}{2} \\ 0 & 0 & \frac{5}{2} \end{bmatrix} A^{-1} = \begin{bmatrix} 0 & \frac{1}{5} & \frac{1}{5} \\ 0 & \frac{3}{10} & -\frac{1}{5} \\ 1 & \frac{1}{2} & -1 \end{bmatrix}$$

By $R_3 \to \left(\frac{2}{5}\right) R_3$, we get,

$$\begin{bmatrix} 1 & 0 & 1 \\ 0 & 1 & \frac{1}{2} \\ 0 & 0 & 1 \end{bmatrix} A^{-1} = \begin{bmatrix} 0 & \frac{1}{5} & \frac{1}{5} \\ 0 & \frac{3}{10} & -\frac{1}{5} \\ \frac{2}{5} & \frac{1}{5} & -\frac{2}{5} \end{bmatrix}$$

By $R_1 \to R_3$ and $R_2 \to R_2 - \frac{1}{2} R_3$, we get,

$$\begin{bmatrix} 1 & 0 & 0 \\ 0 & 1 & 0 \\ 0 & 0 & 1 \end{bmatrix} A^{-1} = \begin{bmatrix} -\frac{2}{5} & 0 & \frac{3}{5} \\ -\frac{1}{5} & \frac{1}{5} & 0 \\ \frac{2}{5} & \frac{1}{5} & -\frac{2}{5} \end{bmatrix}$$

$$\therefore \quad A^{-1} = \begin{bmatrix} -\frac{2}{5} & 0 & \frac{3}{5} \\ -\frac{1}{5} & \frac{1}{5} & 0 \\ \frac{2}{5} & \frac{1}{5} & -\frac{2}{5} \end{bmatrix}$$

16. Since angle A, B, C are in A.P.

$A + C = 2B$

Now $A + B + C = 180$

$\therefore \quad 2B + B = 180$

$\therefore \quad 3B = 180°$

$\therefore \quad B = 60°$

$A = 30°$ (Given)

$C = 90°$

$\therefore$ Using since rule

$$\frac{a}{\sin A} = \frac{b}{\sin B} = \frac{c}{\sin C}$$

$$\therefore \quad \frac{a}{\left(\frac{1}{2}\right)} = \frac{b}{\left(\frac{\sqrt{3}}{2}\right)} = \frac{5}{1} \Rightarrow a = \frac{5}{2},\ b = \frac{5\sqrt{3}}{2}.$$

17. Let $\vec{a} = xc\hat{i} - 6\hat{j} + 3\hat{k}$ and $x\hat{i} + 2\hat{j} + 2cx\hat{k}$

Consider $\vec{a}.\vec{b} = (xc\hat{i} - 6\hat{j} + 3\hat{k}) \cdot (x\hat{i} + 2\hat{j} + 2cx\hat{k})$

$= (xc)(x) + (-6)(2) + (3)(2cx)$

$= cx^2 - 12 + 6cx$

$= cx^2 + 6cx - 12$

If the angle between $\vec{a}$ and $\vec{b}$ is obtuse, $\vec{a} \cdot \vec{b} < 0$

$\therefore \quad cx^2 + 6cx - 12 < 0$

$\therefore \quad cx^2 + 6cx < 12$

$\therefore \quad c(x^2 + 6x) < 12$

$$\therefore \quad c < \frac{12}{x^2 + 6x}$$

$$\therefore \quad c < \frac{12}{(x^2 + 6x + 9) - 9} = \frac{12}{(x+3)^2 - 9}$$

$\therefore \quad c < \min\left\{\frac{12}{(x+3)^2-9}\right\}$

Now, $\frac{12}{(x+3)^2-9}$ is minimum if $(x+3)^2 - 9$ is maximum

i.e. $(x+3)^2 - 9 = \infty - 9 = \infty$

$\therefore \quad c < \left\{\frac{12}{\infty}\right\} = 0$

$\therefore \quad c < 0.$

Hence, the angle between $\vec{a}$ and $\vec{b}$ is obtuse if $c < 0$.

18. Let the triangle be denoted by ABC, where $\overrightarrow{AB} = \vec{p}, \overrightarrow{AC} = \vec{q}$ and $\overrightarrow{BC} = \vec{r}$

$\because$ p, q, r are unit vectors.

$\therefore \quad |(AB)| = |(BC)| = |(CA)| = 1$

$\therefore$ The triangle is equilateral

$\therefore \quad \angle A = \angle B = \angle C = 60°$

Using the formula for angle between two vectors,

$$\cos B = \frac{\vec{p}\cdot\vec{r}}{|\vec{p}|\cdot|\vec{r}|}$$

we get $\quad \vec{p}\cdot\vec{r} = \frac{1}{2}$

$\therefore \quad \cos 60° = \frac{\vec{p}\cdot\vec{r}}{1\times 1}$

$\therefore \quad \frac{1}{2} = \vec{p}\cdot\vec{r}$

$\therefore \quad \vec{p}\cdot\vec{r} = \frac{1}{2}$

19. $\cos(xy) = x + y$

Differentiating both sides w.r.t. x., we get

$$-\sin(xy).\frac{d}{dx}(xy) = 1 + \frac{dy}{dx}$$

$$\therefore \quad -\sin(xy)\left[x\frac{dy}{dx} + y\frac{d}{dx}(x)\right] = 1 + \frac{dy}{dx}$$

$$\therefore \quad -\sin(xy)\left[x\frac{dy}{dx} + y \times 1\right] = 1 + \frac{dy}{dx}$$

$$\therefore \quad -x\sin(xy)\frac{dy}{dx} - y\sin(xy) = 1 + \frac{dy}{dx}$$

$$\therefore \quad -\frac{dy}{dx} - x\sin(xy)\frac{dy}{dx} = 1 + y\sin(xy)$$

$$\therefore \quad -[1 + x\sin(xy)]\frac{dy}{dx} = 1 + y\sin(xy)$$

$$\therefore \quad \frac{dy}{dx} = \frac{-[1 + y\sin(xy)]}{1 + x\sin(xy)}.$$

20. Let $P(x_1, y_1)$ be the point on the curve $6y = x^3 + 2$ whose y-coordinate is changing 8 times as fast as the coordinate.

Then $\left(\frac{dy}{dx}\right)_{at(x_1,y_1)} = 8\left(\frac{dx}{dt}\right)_{at(x_1,y_1)}$ ...(1)

Differentiating $6y = x^3 + 2$ w.r. to t., we get

$$6\frac{dy}{dt} = \frac{d}{dt}(x^3 + 2) = 3x^2\frac{dx}{dy} + 0$$

$$\therefore \quad 2\frac{dy}{dt} = x^2\frac{dx}{dt}$$

$$\therefore \quad 2\left(\frac{dy}{dt}\right)_{at(x_1,y_1)} = x_1^2\cdot\left(\frac{dx}{dt}\right)_{at(x_1,y_1)}$$

$$\therefore \quad 2\times 8\left(\frac{dy}{dt}\right)_{at(x_1,y_1)} = x_1^2\cdot\left(\frac{dx}{dt}\right)_{at(x_1,y_1)} \quad \text{...[By (1)]}$$

$\therefore \quad x_1^2 = 16$

$\therefore \quad x_1 = \pm 4$

Now, (x_1, y_1) lies on the curve $6y = x^3 + 2$.

$\therefore \quad 6y_1 = x_1^3 + 2$

When $\quad x_1 = 4, 6y_1 = (4)^3 + 2 = 66$

$\therefore \quad y_1 = 11$

When $\quad x_1 = -4, 6y_1 = (-4)^3 + 2 = -62$

$\therefore \quad y_1 = -\frac{31}{3}$

Hence, the required points on the curve are (4, 11) and $\left(-4, -\frac{31}{3}\right)$.

21. Let $\quad I = \int\sqrt{\frac{2+x}{2-x}}.dx$

$$= \int\sqrt{\frac{2+x}{2-x}\times\frac{2+x}{2+x}}.dx$$

$$= \int\frac{2+x}{\sqrt{4-x^2}}.dx$$

$$= \int\frac{2}{\sqrt{4-x^2}}.dx + \int\frac{x}{\sqrt{4-x^2}}.dx$$

$$= 2\int\frac{1}{\sqrt{2^2-x^2}}.dx + \frac{1}{2}\int\frac{2x}{\sqrt{4-x^2}}.dx$$

$$= I_2 + I_2 \quad \text{...(Let)}$$

$$I_1 = 2\int\frac{1}{\sqrt{2^2-x^2}}.dx$$

$$= 2\sin^{-1}\left(\frac{x}{2}\right) + c_1$$

In I_2, put $4 - x^2 = t$

$\therefore \quad -2x\,dx = dt$

$\therefore \quad 2x\,dx = -dt$

$$I_2 = -\frac{1}{2}\int t^{-\frac{1}{2}}dt$$

$$= -\frac{1}{2} \cdot \frac{t^{\frac{1}{2}}}{\left(\frac{1}{2}\right)} + c_2$$

$$= -\sqrt{4-x^2} + c_2$$

$$I = 2\sin^{-1}\left(\frac{x}{2}\right) - \sqrt{4-x^2} + c.$$

22. Let $I = \int \dfrac{\sin x}{\sin 3x} \, dx$

$$= \int \frac{\sin x}{3\sin x - 4\sin^3 x} \, dx$$

$$= \int \frac{1}{3 - 4\sin^2 x} \, dx$$

Dividing both numerator and denominator by $\cos^2 x$, we get

$$I = \int \frac{\sec^2 x}{3\sec^2 x - 4\tan^2 x} \, dx$$

$$= \int \frac{\sec^2 x}{3(1+\tan^2 x) - 4\tan^2 x} \, dx$$

$$= \int \frac{\sec^2 x}{3 - \tan^2 x} \, dx$$

Put $\tan x = t$
$\therefore \sec^2 x \, dx = dt$

$$I = \int \frac{dt}{\left(\sqrt{3}\right)^2 - t^2}$$

$$= \frac{1}{2\sqrt{3}} \log \left|\frac{\sqrt{3}+t}{\sqrt{3}-t}\right| + c$$

$$= \frac{1}{2\sqrt{3}} \log \left|\frac{\sqrt{3}+\tan x}{\sqrt{3}-\tan x}\right| + c.$$

23. Let $I = \int_{-\pi/4}^{\pi/4} \dfrac{x + \dfrac{\pi}{4}}{2 - \cos 2x} \, dx$

$$= \int_{-\pi/4}^{\pi/4} \left[\frac{x}{2-\cos 2x} + \frac{\frac{\pi}{4}}{2-\cos 2x}\right]$$

$$= \int_{-\pi/4}^{\pi/4} \frac{x}{2-\cos 2x} \, dx + \frac{\pi}{4} \int_{-\pi/4}^{\pi/4} \frac{1}{2-\cos 2x} \, dx$$

$$= I_1 + \frac{\pi}{4} I_2 \qquad \ldots(1)$$

For I_1,

Let $f(x) = \dfrac{x}{2 - \cos 2x}$

$$f(-x) = \frac{-x}{2 - \cos[2(-x)]}$$

$$= \frac{-x}{2 - \cos 2x}$$

$$= -f(x)$$

$\therefore$ f is an odd function.

$\therefore \int_{-\pi/4}^{\pi/4} f(x) \, dx = 0$

i.e., $\int_{-\pi/4}^{\pi/4} \dfrac{x}{2 - \cos 2x} \, dx = 0$, i.e. $I_1 = 0$ ...(2)

In I_2, put $\tan x = t$
$\therefore \quad x = \tan^{-1} t$

$\therefore \quad dx = \dfrac{1}{1+t^2} \, dt$

and

$$\cos 2x = \frac{1-t^2}{1+t^2}$$

When $x = -\dfrac{\pi}{4}, t = \tan\left(-\dfrac{\pi}{4}\right) = -1$

When $x = \dfrac{\pi}{4}, t = \tan\dfrac{\pi}{4} = 1.$

$\therefore I_2 = \int_{-1}^{1} \dfrac{1}{2 - \left(\dfrac{1-t^2}{1+t^2}\right)} \cdot \dfrac{1}{1+t^2} \, dt$

$$= \int_{-1}^{1} \frac{1}{2(1+t^2) - (1-t^2)} \, dt$$

$$= \int_{-1}^{1} \frac{1}{3t^2 + 1} \, dt$$

$$= \int_{-1}^{1} \frac{1}{\left(\sqrt{3}t\right)^2 + 1}$$

$$= \left[\frac{1}{\sqrt{3}} \tan^{-1}\left(\frac{\sqrt{3}t}{1}\right)\right]_{-1}^{1}$$

$$= \frac{1}{\sqrt{3}} \left[\tan^{-1}\sqrt{3} - \tan^{-1}\left(-\sqrt{3}\right)\right]$$

$$= \frac{1}{\sqrt{3}} \left[\tan^{-1}\sqrt{3} + \tan^{-1}\sqrt{3}\right]$$

$$= \frac{1}{\sqrt{3}} \left[\frac{\pi}{3} + \frac{\pi}{3}\right]$$

$$= \frac{2\pi}{3\sqrt{3}} \qquad \ldots(3)$$

From (1), (2) and (3), we get

$$I = 0 + \frac{\pi}{4}\left[\frac{2\pi}{3\sqrt{3}}\right]$$

$$= \frac{\pi^2}{6\sqrt{3}}.$$

24. ∴ Given equation is:

$$y(1+\log x)\frac{dy}{dx} - x\log x = 0$$

∴ $$\frac{1+\log x}{x\log x}dx - \frac{dy}{y} = 0$$

Integrating both sides, we get

∴ $$\int\frac{1+\log x}{x\log x}dx - \frac{dy}{y} = c_1 \qquad \ldots(1)$$

Put $x \log x = t$

Then $\left[x \cdot \frac{d}{dx}(\log x) + (\log x) \cdot \frac{d}{dx}(x)\right]dx = dt$

∴ $\left[\frac{x}{x} + (\log x)(1)\right]dx = dt$

$(1 + \log x)\,dx = dt$

∴ $\int\frac{1+\log x}{x\log x}dx = \int\frac{dt}{t} = \log|t| = \log|x\log x|$

∴ From (1), the general solution is
$\log |x \log x| - \log |y| = \log c$, where $c_1 = \log c$

∴ $\log\left|\frac{x\log x}{y}\right| = c$

∴ $x \log x = cy$

This is the general solution,

Now, $y = e^2$, when $x = e$

∴ $e \log e = c.e^2$

∴ $1 = c.e.$

∴ $c = \frac{1}{e}$

∴ The particular solution is $x \log x = \left(\frac{1}{e}\right)y$

∴ $y = ex \log x$.

25. The two positive integers can be selected from the first six positive integers without replacement in $6 \times 5 = 30$ ways

X represents the larger of the two numbers obtained. Therefore, X can take the value of 2, 3, 4, 5 or 6.

For $X = 2$,
the possible observations are (1, 2) and (2, 1),

∴ $P(X = 2) = \frac{2}{30} = \frac{1}{15}$

For $X = 3$, the possible observations are (1, 3), (2, 3), (3, 1), and (3, 2),

∴ $P(X = 3) = \frac{4}{30} = \frac{2}{15}$

For $X = 4$, the possible observations are (1, 4), (2, 4), (3, 4), (4, 3), (4, 2) and (4, 1),

∴ $P(X = 4) = \frac{6}{30} = \frac{1}{5}$

For $X = 5$, the possible observations are (1, 5), (2, 5), (3, 5), (4, 5), (5, 4), (5, 3), (5, 2) and (5, 1),

∴ $P(X = 5) = \frac{8}{30} = \frac{4}{15}$

For $X = 6$, the possible observations are (1, 6), (2, 6), (3, 6), (4, 6), (5, 6), (6, 5), (6, 4), (6, 3), (6, 2) and (6, 1),

∴ $P(X = 6) = \frac{10}{30} = \frac{1}{3}$

Therefore, the required probability distribution is as follows.

X	2	3	4	5	6
P(X)	$\frac{1}{15}$	$\frac{2}{15}$	$\frac{1}{5}$	$\frac{4}{15}$	$\frac{1}{3}$

Then, $E(X) = \Sigma x_i P(x_i)$

$$= 2 \times \frac{1}{15} + 3 \times \frac{2}{15} + 4 \times \frac{3}{15} + 5 \times \frac{4}{15} + 6 \times \frac{5}{15}$$

$$= \frac{2+6+12+20+30}{15}$$

$$= \frac{70}{15}$$

$$= \frac{14}{3}$$

26. Given, $X \sim B(n = 5, p)$

The probability of X successes is

$P(X = x) = {}^nC_x p^x q^{n-x}, x = 0, 1, 2,\ldots,n$

i.e. $P(X = x) = {}^5C_x p^x q^{5-x}, x = 0, 1, 2, 3, 4, 5$

Probabilities of one and two successes are

$P(X = 1) = {}^5C_1 p^1 q^{5-1}$

and $P(X = 2) = {}^5C_2 p^2 q^{5-2}$ respectively

Given: $P(X = 1) = 0.4096$ and $P(X = 2) = 0.2048$

∴ $\frac{P(X=2)}{P(X=1)} = \frac{0.2048}{0.4096}$

i.e. $\frac{{}^5C_2 p^2 q^{5-2}}{{}^5C_1 p^2 q^{5-1}} = \frac{1}{2}$

i.e. $2 \times {}^5C_2 p^2 q^3 = 1 \times {}^5C_1 pq^4$

i.e. $2 \times \dfrac{5 \times 4}{1 \times 2} \times p^2 q^3 = 1 \times 5 \times pq^4$

i.e. $20p^2q^3 = 5pq^4$

i.e. $4p = q$

i.e. $4p = 1 - p$

i.e. $5p = 1$

$\therefore \quad p = \dfrac{1}{5}$

Section D

27. L.H.S. $= (p \wedge q) \vee (\sim p \wedge q) \vee (p \wedge \sim q)$
$\equiv [(p \vee \sim p) \wedge q] \vee (p \wedge \sim q)$ ....(Distributive Law)
$\equiv (T \wedge q) \wedge (p \wedge \sim q)$ ....(Complement Law)
$\equiv q \vee (p \wedge \sim q)$ ....(Identity Law)
$\equiv (q \vee p) \wedge (q \vee \sim q)$ ....(Distributive Law)
$\equiv (q \vee p) \wedge T$ ....(Complement Law)
$\equiv q \vee p$ ....(Identity Law)
$\equiv p \vee q$ ....(Commutative Law)
$=$ R.H.S.

28. Let $\sin^{-1}\left(\dfrac{1}{\sqrt{2}}\right) = \alpha$, where $-\dfrac{\pi}{2} \leq \alpha \leq \dfrac{\pi}{2}$

$\therefore \quad \sin \alpha = \dfrac{1}{\sqrt{2}} = \sin \dfrac{\pi}{4}$

$\therefore \quad \alpha = \dfrac{\pi}{4}$ ...$\left[\because -\dfrac{\pi}{2} \leq \dfrac{\pi}{4} \leq \dfrac{\pi}{2}\right]$

$\therefore \quad \sin^{-1}\left(\dfrac{1}{\sqrt{2}}\right) = \dfrac{\pi}{4}$ ...(1)

Let $\sin^{-1}\left(\dfrac{\sqrt{3}}{2}\right) = \beta$, where $-\dfrac{\pi}{2} \leq \beta \leq \dfrac{\pi}{2}$

$\therefore \quad \sin \beta = \dfrac{\sqrt{3}}{2} = \sin \dfrac{\pi}{3}$

$\therefore \quad \beta = \dfrac{\pi}{3}$ ...$\left[\because -\dfrac{\pi}{2} \leq \dfrac{\pi}{3} \leq \dfrac{\pi}{2}\right]$

$\therefore \quad \sin^{-1}\left(\dfrac{\sqrt{3}}{2}\right) = \dfrac{\pi}{3}$ ...(2)

L.H.S. $= \sin^{-1}\left(\dfrac{1}{\sqrt{2}}\right) - 3\sin^{-1}\left(\dfrac{\sqrt{3}}{2}\right)$

$= \dfrac{\pi}{4} - 3\left(\dfrac{\pi}{3}\right)$ ...[By (1) and (2)]

$= \dfrac{\pi}{4} - \pi$

$= -\dfrac{3\pi}{4}$

$=$ R.H.S.

29. Given: $al + bm + cn = 0$ ...(1)
and $fmn + gnl + hlm = 0$ ...(2)

From (1), $n = -\left(\dfrac{al + bm}{c}\right)$ ...(3)

Substituting this value of n in equation (2), we get

$(fm + gl)\left[-\dfrac{al + bm}{c}\right] + hlm = 0$

$\therefore -(aflm + bfm^2 + agl^2 + bglm + chlm) = 0$

$\therefore \quad agl^2 + (af + bg - ch)lm + bfm^2 = 0$ ...(4)

Note that both l and m cannot be zero, because if $l = m = 0$, then from (3), we get
$n = 0$, which is not possible as $l^2 + m^2 + n^2 = 1$.
Let us take $m \neq 0$.
Dividing equation (4) by m^2, we get

$ag\left(\dfrac{1}{m^2}\right) + (af + bg - ch)\left(\dfrac{1}{m}\right) + bf = 0$ ...(5)

This is quadratic equation in $\left(\dfrac{1}{m}\right)$.

If l_1, m_1, n_1 and l_2, m_2, n_2 are the direction cosines of the two lines given by the equation (1) and (2), then $\dfrac{l_1}{m_1}$ and $\dfrac{l_2}{m_2}$ are the roots of the equation (5).

From the quadratic equation (5), we get

product of roots $= \dfrac{l_1}{m_1} \cdot \dfrac{l_2}{m_2} = \dfrac{bf}{ag}$

$\therefore \quad \dfrac{l_1 l_2}{m_1 m_2} = \dfrac{f/a}{g/b}$

$\therefore \quad \dfrac{l_1 l_2}{f/a} = \dfrac{m_1 m_2}{g/b}$

Similarly, we can show that,

$\dfrac{l_1 l_2}{f/a} = \dfrac{n_1 n_2}{h/c}$

$\therefore \quad \dfrac{l_1 l_2}{f/a} = \dfrac{m_1 m_2}{g/b} = \dfrac{n_1 n_2}{h/c} = \lambda$ ...(Say)

$\therefore \quad l_1 l_2 = \lambda\left(\dfrac{f}{a}\right), m_1 m_2 = \lambda\left(\dfrac{g}{b}\right), n_1 n_2 = \lambda\left(\dfrac{h}{c}\right)$

Now, the lines are perpendicular if
$l_1 l_2 = m_1 m_2 + n_1 n_2 = 0$

i.e. if $\lambda\left(\dfrac{f}{a}\right) + \lambda\left(\dfrac{g}{b}\right) + \lambda\left(\dfrac{h}{c}\right) = 0$

i.e. if $\dfrac{f}{a} + \dfrac{g}{b} + \dfrac{h}{c} = 0$

30. The lines $\vec{r} = \vec{a_1} + \lambda_1 \vec{b_1}$ and $\vec{r} = \vec{a_2} + \lambda_2 \vec{b_2}$ are coplanar if

$$\vec{a_1} \cdot (\vec{b_1} \times \vec{b_2}) = \vec{a_2} \cdot (\vec{b_1} \times \vec{b_2})$$

Here, $\vec{a_1} = 2\hat{j} - 3\hat{k}, \vec{a_2} = 2\hat{i} + 6\hat{j} + 3\hat{k}$

$\vec{b_1} = \hat{i} + 2\hat{j} + 3\hat{k}, \vec{b_2} = 2\hat{i} + 3\hat{j} + 4\hat{k}$

$\therefore \vec{a_2} - \vec{a_1} = (2\hat{i} + 6\hat{j} + 3\hat{k}) - (2\hat{j} - 3\hat{k})$

$= 2\hat{i} + 4\hat{j} + 6\hat{k}$

$|\vec{a_1} \times \vec{a_2}| = \begin{vmatrix} \hat{i} & \hat{j} & \hat{k} \\ 1 & 2 & 3 \\ 2 & 3 & 4 \end{vmatrix}$

$= (8-9)\hat{i} - (4-6)\hat{j} + (3-4)\hat{k}$

$= -\hat{i} + 2\hat{j} - \hat{k}$

$\therefore \vec{a_1} \cdot (\vec{b_1} \times \vec{b_2}) = (0\hat{i} + 2\hat{j} - 3\hat{k})$

$= 0(-1) + 2(2) + (-3)(-1)$

$= 0 + 4 + 3$

$= 7$

and $\vec{a_2} \cdot (\vec{b_1} \times \vec{b_2}) = (2\hat{i} + 6\hat{j} + 3\hat{k}) \cdot (-\hat{i} + 2\hat{j} - \hat{k})$

$= 2(-1) + 6(2) + 3(-1)$

$= -2 + 12 - 3$

$= 7$

$\therefore \vec{a_1} \cdot (\vec{b_1} \times \vec{b_2}) = \vec{a_2} \cdot (\vec{b_1} \times \vec{b_2})$

Hence, the given lines are coplanar.
The plane determined by these lines is given by

$\therefore \vec{r} \cdot (\vec{b_1} \times \vec{b_2}) = \vec{a_1} \cdot (\vec{b_1} \times \vec{b_2})$

i.e. $\vec{r} \cdot (-\hat{i} + 2\hat{j} - \hat{k}) = 7$

Hence, the given lines are coplanar and the equation of the plane determined by these lines is

$\vec{r} \cdot (-\hat{i} + 2\hat{j} - \hat{k}) = 7$

31. Let $y = \sin(ax + b)$

Then $\dfrac{dy}{dx} = \dfrac{d}{dx}[\sin(ax+b)]$

$= \cos(ax+b) \cdot \dfrac{d}{dx}(ax+b)$

$= \cos(ax+b) \times (a \times 1 + 0)$

$= a \sin\left[\dfrac{\pi}{2} + (ax+b)\right]$

$\dfrac{d^2 y}{dx^2} = \dfrac{d}{dx}[a \cos(ax+b)]$

$= a \dfrac{d}{dx}[\cos(ax+b)]$

$= a[-\sin(ax+b)] \cdot \dfrac{d}{dx}(ax+b)$

$= a[-\sin(ax+b)] \times (a \times 1 + 0)$

$= a^2 \cdot \sin(\pi + (ax+b))$

$= a^2 \cdot \sin\left[\dfrac{2\pi}{2} + (ax+b)\right]$

$\dfrac{d^2 y}{dx^2} = \dfrac{d}{dx}[-a^2 \sin(ax+b)]$

$= -a^2 \dfrac{d}{dx}[\sin(ax+b)]$

$= a^2 \cdot \cos(ax+b) \cdot \dfrac{d}{dx}(ax+b)$

$= a^2 \cos(ax+b) \times (a \times 1 + 0)$

$= a^3 \cdot \sin\left[\dfrac{3\pi}{2} + (ax+b)\right]$

In general, the nth order derivative is given by

$\dfrac{d^n y}{dx^n} = a^n \cdot \sin\left[\dfrac{n\pi}{2} + (ax+b)\right]$.

32. $y = \dfrac{4\sin\theta}{2 + \cos\theta} - \theta$

$\therefore \dfrac{dy}{d\theta} = \dfrac{d}{d\theta}\left[\dfrac{4\sin\theta}{2+\cos\theta} - \theta\right]$

$= \dfrac{d}{d\theta}\left(\dfrac{4\sin\theta}{2+\cos\theta}\right) - \dfrac{d}{d\theta}(\theta)$

$= \dfrac{(2+\cos\theta) \cdot \dfrac{d}{d\theta}(4\sin\theta) - 4\sin\theta \cdot \dfrac{d}{d\theta}(2+\cos\theta)}{(2+\cos\theta)^2} - 1$

$= \dfrac{(2+\cos\theta)(4\cos\theta) - (4\sin\theta)(0 - \sin\theta)}{(2+\cos\theta)^2} - 1$

$= \dfrac{8\cos\theta + 4\cos^2\theta + 4\sin^2\theta}{(2+\cos\theta)^2} - 1$

$= \dfrac{8\cos\theta + 4(\cos^2\theta + \sin^2\theta)}{(2+\cos\theta)^2} - 1$

$= \dfrac{8\cos\theta + 4}{(2+\cos\theta)^2} - 1$

$= \dfrac{(8\cos\theta + 4) - (2+\cos\theta)^2}{(2+\cos\theta)^2}$

$= \dfrac{8\cos\theta + 4 - 4 - \cos\theta - \cos^2\theta}{(2+\cos\theta)^2}$

$= \dfrac{4\cos\theta - \cos^2\theta}{(2+\cos\theta)^2}$

$= \dfrac{\cos\theta(4 - \cos\theta)}{(2+\cos\theta)^2}$

Since, $\theta \in \left[0, \dfrac{\pi}{2}\right]$, $\cos\theta \geq 0$ also, $\cos\theta < 4$

$\therefore\ 4 - \cos\theta > 0$

$\therefore\ \cos\theta\,(4 - \cos\theta) \geq 0$

$\therefore\ \dfrac{\cos\theta(4-\cos\theta)}{2+\cos^2\theta} \geq 0$

$\therefore\ \dfrac{dy}{d\theta} \geq 0$ for all $\theta \in \left[0, \dfrac{\pi}{2}\right]$

Hence, y is an increasing function if $\theta \in \left[0, \dfrac{\pi}{2}\right]$.

33. Let $\quad I = \displaystyle\int \frac{5\cdot e^x}{(e^x+1)(e^{2x}+9)}\cdot dx$

out $\quad e^x = t$

$\therefore\quad e^x.dx = dt$

$\therefore\quad I = 5\displaystyle\int \frac{1}{(t+1)(t^2+9)}\cdot dt$

Let $\quad \dfrac{1}{(t+1)(t^2+9)} = \dfrac{A}{t+1} + \dfrac{Bt+C}{t^2+9}$

$\therefore\quad 1 = A(t^2+9) + (Bt+C)(t+1)$

Put $\quad t + 1 = 0$, *i.e.* $t = -1$, we get

$1 = A(1+9) + C(0)$

$\therefore\quad A = \dfrac{1}{10}$

Put $\quad t = 0$, we get

$1 = A(9) + C(1)$

$\therefore\quad C = 1 - 9A = 1 - \dfrac{9}{10} = \dfrac{1}{10}$

Comparing coefficients of t^2 on both the sides, we get

$0 = A + B$

$\therefore\quad B = -A = -\dfrac{1}{10}$

$\therefore\quad \dfrac{1}{(t+1)(t^2+9)} = \dfrac{\left(\dfrac{1}{10}\right)}{t+1} + \dfrac{\left(-\dfrac{1}{10}t + \dfrac{1}{10}\right)}{t^2+9}$

$\therefore\ I = 5\displaystyle\int\left[\frac{\left(\frac{1}{10}\right)}{t+1} + \frac{\left(-\frac{1}{10}t+\frac{1}{10}\right)}{t^2+9}\right]\cdot dt$

$= \dfrac{1}{2}\displaystyle\int\frac{1}{t+1}\cdot dt - \frac{1}{2}\int\frac{t}{t^2+9}\cdot dt + \frac{1}{2}\int\frac{t}{t^2+9}\cdot dt$

$= \dfrac{1}{2}\log|t+1| - \dfrac{1}{4}\displaystyle\int\frac{2t}{t^2+9}\cdot dt + \frac{1}{2}\cdot\left(\frac{1}{3}\right)\tan^{-1}\left(\frac{t}{3}\right)$

$= \dfrac{1}{2}\log|t+1| - \dfrac{1}{4}\displaystyle\int\frac{\frac{d}{dt}(t^2+9)}{t^2+9}\cdot dt + \frac{1}{6}\tan^{-1}\left(\frac{t}{3}\right)$

$= \dfrac{1}{2}\log|t+1| - \dfrac{1}{4}\log|t^2+9| + \dfrac{1}{6}\tan^{-1}\left(\dfrac{t}{3}\right) + c$

$= \dfrac{1}{2}\log|e^x+1| - \dfrac{1}{4}\log|e^{2x}+9| + \dfrac{1}{6}\tan^{-1}\left(\dfrac{e^x}{3}\right) + c.$

34. Let $A(x, y)$ be any point on the curve.

Then slope of the tangent to the curve at point A is $\dfrac{dy}{dx}$.

According to the given condition

$x + y = \dfrac{dy}{dx} + 5$

$\therefore\quad \dfrac{dy}{dx} - y = x - 5 \quad$ ...(1)

This is the linear differential equation of the form

$\dfrac{dy}{dx} + P\cdot y = Q$ where $P = -1$ and $Q = x - 5$

$\therefore\quad I.F. = e^{\int P dx} = e^{\int -1 dx} = e^{-x}$

$\therefore$ The solution of (1) is given by

$y\cdot(I.F.) = \displaystyle\int Q\cdot(I.F.)dx + c$

$\therefore\quad y\cdot e^{-x} = \displaystyle\int(x-5)e^{-x}dx + c$

$\therefore\quad e^{-x}\cdot y = (x-5)\displaystyle\int e^{-x}dx - \int\left[\frac{d}{dx}(x-5)\int e^{-x}dx\right]dx + c$

$\therefore\quad e^{-x}\cdot y = (x-5)\cdot\dfrac{e^{-x}}{-1} - \displaystyle\int 1\cdot\frac{e^{-x}}{-1}dx + c$

$\therefore\quad e^{-x}\cdot y = -(x-5)\cdot e^{-x} + \displaystyle\int e^{-x}dx + c$

$\therefore\quad e^{-x}\cdot y = -(x-5)\cdot e^{-x} + \dfrac{e^{-x}}{-1} + c$

$\therefore\quad y = (x-5) - 1 + ce^x$

$\therefore\quad y = -x + 5 - 1 + ce^x$

$\therefore\quad y = 4 - x + ce^x \quad$ ...(2)

This is the general equation of the curve.

But the required curve is passing through the point (0, 2)

$\therefore$ By putting $x = 0, y = 2$ in (2), we get

$2 = 4 - 0 + c$

$\therefore\quad c = -2$

$\therefore$ From (2), the equation of the required curve is

$y = 4 - x - 2e^x$.

●●

PHYSICS

Time : 3 Hrs   **Total Marks :** 70

General Instructions: The question paper is divided into four sections.

    (i) All questions are compulsory.

   (ii) Neat diagrams must be drawn wherever necessary.

  (iii) Section A: Q. No. 1 contains ten multiple choice types of questions carrying One mark each.

       Q. No. 2 contains eight very short answer types of questions carrying One mark each.

  (iv) Section B: Q. No. 3 to Q. No. 14 contain twelve shorts answer type of questions carrying Two marks each. (Attempt any Eight)

   (v) Section C: Q. No. 15 to No. 26 contains Twelve short answer type of questions carrying Three marks each .(Attempt any Eight).

  (vi) Section D: Q. No. 27 to Q. No. 31 Contains Five long answer type of questions carrying Four marks each.(Attempt any Three).

 (vii) Use of log table is allowed. Use of calculator is not allowed.

(viii) Figures to the right indicate full marks.

  (ix) For each MCQ, Correct answer must be written along with its alphabet. e.g., (a).../(b)..../only first attempt will be considered for evaluation.

SAMPLE PAPER-1
Physics

Questions

Time: 3 Hours
Total Marks: 70

Section A

1. Select and write the correct answers to the following questions: (10)

   (i) A particle of mass 1 kg, tied to a 1.2 m long string is whirled to perform vertical circular motion, under gravity. Minimum speed of a particle is 5 m/s. Consider following statements.

   (P) Maximum speed must be $5\sqrt{5}$ m/s.

   (Q) Difference between maximum and minimum tensions along the string is 60 N. Select correct option.

   (a) Only the statement P is correct
   (b) Only the statement Q is correct
   (c) Both the statements are correct
   (d) Both the statements are incorrect

   (ii) If pressure of an ideal gas is decreased by 10% isothermally, then its volume will:

   (a) decrease by 9%
   (b) increase by 9%
   (c) decrease by 10%
   (d) increase by 11.11%

   (iii) A standing wave is produced on a string fixed at one end with the other end free. The length of the string:

   (a) must be an odd integral multiple of $\frac{\lambda}{4}$
   (b) must be an odd integral multiple of $\frac{\lambda}{2}$
   (c) must be an odd integral multiple of λ
   (d) must be an even integral multiple of λ

   (iv) A parallel plate capacitor is charged and then isolated. The effect of increasing the plate separation on charge, potential, capacitance respectively are:

   (a) Constant, decreases, decreases
   (b) Increases, decreases, decreases
   (c) Constant, decreases, increases
   (d) Constant, increases, decreases

   (v) Kirchhoff's first law, i.e., $\Sigma I = 0$ at a junction, deals with the conservation of:

   (a) charge
   (b) energy
   (c) momentum
   (d) mass

   (vi) A conductor rod of length (l) is moving with velocity (v) in a direction normal to a uniform magnetic field (B). What will be the magnitude of induced emf produced between the ends of the moving conductor?

   (a) BLv
   (b) BLv^2
   (c) $\frac{1}{2}Blv$
   (d) $\frac{2Bl}{v}$

   (vii) In a series LCR circuit, the phase difference between the voltage and the current is 450. Then the power factor will be:

   (a) 0.607
   (b) 0.707
   (c) 0.808
   (d) 1

   (viii) What is the angular momentum of the electron in the third Bohr orbit in the hydrrogen atom?

   $\frac{h}{2\pi} = 1.055 \times 10^{-34}$ kgm²/s

   (a) 3.165×10^{-34} kg m²/s
   (b) 3.165×10^{34} Kg m²/s
   (c) 3.165×10^{-24} kg m²/s
   (d) 3.165×10^{24} kg m²/s

   (ix) A charged particle is in motion having initial velocity V_p when it enters into a region of uniform magnetic field perpendicular to V_p. Because of the magnetic force the kinetic energy of the particle will:

   (a) remain unchanged
   (b) get reduced
   (c) increase
   (d) be reduced to zero

   (x) A conducting thick copper rod of length 1 m carries a current of 15 A and is located on the Earth's equator. There the magnetic flux lines of the Earth's magnetic field are horizontal, with the field of 1.3×10^{-4} T, south to north. The magnitude and direction of the force on the rod, when it is oriented so that current flows from west to east, are:

   (a) 14×10^{-4} N, downward
   (b) 20×10^{-4} N, downward
   (c) 14×10^{-4} N, upward
   (d) 20×10^{-4} N, upward

2. Answer the following questions: (8)

   (i) Why are curved roads banked?

   (ii) Define athermanous substances and diathermanous substances.

   (iii) State and explain the principle of conservation of angular momentum.

   (iv) Define linear simple harmonic motion.

   (v) If the density of oxygen is 1.44 kg/m³ at a pressure of 10^5 N/m², find the root mean square velocity of oxygen molecules.

   (vi) Define magnetic length.

(vii) A ceiling fan having moment of inertia 2 kg-m^2 attains its maximum frequency of 60 rpm in 2π seconds. Calculate its power rating.

(viii) Write ideal gas equation for a mass of 7 g of nigrogen gas.

Section B

Attempt any Eight of the following questions: (16)

3. Why is the surface tension of paints and lubricating oils kept low?

4. When 20 kcal heat is supplied to a system, the external work done is 20000 J. Find the increase in integral energy of the system (in joule) (J = 4200 J/ kcal).

5. Draw a neat labelled diagram of radiant power of a blackbody per unit range of wavelength as function of wavelength.

6. What are primary and secondary sources of light?

7. Why two or more mercury drops from a single drop when brought in contact with each other?

8. What do you mean by electromagnetic induction? State Faraday's law of induction.

9. What is mean by dual nature of matter?

10. A system releases 125 kJ of heat while 104 kJ of work is done on the system. Calculate the change in internal energy.

11. A violin string vibrates with fundamental frequency of 440 Hz. What are the frequencies of first and second overtones?

12. White light consists of wavelengths from 440 nm to 700 nm. What will be the wavelength range seen when white light is passed through glass of refractive index 1.55?

13. A galvanometer has a resistance of 25 Ω and its full scale deflection current is 25 μA. What resistance should be added to it to have a range of 0-10 V?

14. Calculate the value of magnetic field at a distance of 2 cm from a very long straight wire carrying a current of 5 A. (Given: $\mu_0 = 4\pi \times 10^{-7}$ Wb/Am)

Section C

Attempt any Eight of the following questions: (24)

15. A spherical drop of oil falls at a constant speed of 4 cm/s in steady air. Calculate the radius of the drop. the density of the oil is 0.9 g/cm^3, density of air is 1.0 g/cm^3 and the coefficient of viscosity of air is 1.8×10^{-4} poise. (g = 980 cm/s^2).

16. Obtain the differential equation of linear Simple Harmonic Motion.

17. State the characteristics of stationary waves.

18. A capacitor has some dielectric between its plates and the capacitor is connected to a DC source. The battery is now disconnected and then the dielectric is removed. State whether the capacitance, the energy stored in it, the electric field, charge stored and voltage will increase, decrease or remain constant.

19. Define admittance. The total impedance of a circuit decreases when a capacitor is added in series with L and R. Explain why?

20. Is it always possible to see photoelectric effect with red light?

21. Explain the construction and working of solar cell.

22. Disintegration rate of a sample of 10^{10} per hour at 20 hrs from the start. It reduces to 6.3×10^9 per hour after 30 hours. Calculate its half-life and the initial number of radioactive atoms in the sample.

23. Calculate the wavelength associated with an electron, its momentum and speed. When it is accelerated through a potential of 54 V?

24. The distance between two consecutive bright fringes in a biprism experiment using light of wavelength 6000 Å is 0.32 mm by how much will the distance change if light of wavelength 4800 Å is used?

25. One mole of an ideal gas is initially kept in a cylinder with a movable frictionless and massless piston at pressure of 1.0 mPa and temperature 27°C. It is then expanded till its volume is doubled. How much work is done if the expansion is isobaric?

26. The resistance of a potentiometer wire is 8 Ω and its length is 8 m. A resistance box and a 2 V battery are connected in series with it. What should be the resistance in the box, if it is desired to have a potential drop of 1 μV/mm?

Section D

Attempt any Three of the following questions: (12)

27. (i) What are eddy currents? State applications of eddy currents.

(ii) Magnetic field at a distance 2.4 cm from a long straight wire is 16 μT. What must be current through the wire?

28. (i) State the postulates of Bohr's atomic model.

(ii) A short bar magnet is placed in an external magnetic field of 700 gauss. When its axis makes an angle of 30° with the external magnetic field, it experiences a torque of 0.014 Nm. Find the magnetic moment of the magnet and the work done in moving it from its most stable to most unstable position.

29. (i) Compare the rate of emission of heat by a black body at 327°C with the rate of emission of heat of same body at 27°C.

(ii) An aircraft of wing span of 50 m flies horizontally in earth's magnetic field of 6×10^{-5} T at a speed of 400 m/s. Calculate the emf generated between the tips of the wings of the aircraft.

30. (i) Derive an expression for effective capacitance of three capacitors connected in parallel.

(ii) A 25 μF capacitor, a 0.10 H inductor and a 25 Ω resistor are connected in series with an AC source whose emf is given by $e = 310 \sin 314\, t$ (volt). What is the frequency, reactance, impedance, current and phase angle of the circuit?

31. (i) Define magnetization and magnetic intensity.

(ii) In a common-base connection, the emitter current is 6.28 mA and collector current is 6.20 mA. Determine the common base DC current gain.

Answer Key

Section A

1. **(i)** (c) Both the statements are correct

(ii) (d) Increase by 11.11%

(iii) (a) Must be an odd integral multiple of $\lambda/4$

(iv) (a) Constant, decreases, decreases

(v) (a) Charge

(vi) (a) BLv

(vii) (b) 0.707

(viii) (a) 3.165×10^{-34} kgm²/s

(ix) (a) Remain unchanged

(x) (d) 20×10^{-4} N, upward

2. **(i)** To avoid the risk of skidding as well as to reduce the wear and tear of the car tyres, the road surface at a bend is titled inward *i.e.*, the other side of the road is raised above its inner side. This is called banking of road.

(ii) Substance that don't allow transmission of infrared radiation through them are called athermanous substance.

(iii) The angular momentum of a body is conserved if the resultant external torque on body is zero. This law is used by a figure skater to increase their speed of rotation for a spin by reducing the body's moment of inertia.

(iv) The linear periodic motion of a body, in which the restoring force is always directed towards the mean position and its magnitude is directly proportional to the displacement from the mean position.

(v) $\rho = 1.44$ kg/m³, $P = 10^5$ N/m²

∴ The root mean square velocity of oxygen molecules,

$$v_{rms} = \sqrt{\frac{3P}{\rho}} = \sqrt{\frac{3\times10^5}{1.44}} \text{ m/s}$$

$$= \sqrt{2.083\times10^5} = \sqrt{20.83\times10^4}$$

$$= 4.564 \times 10^2 \text{ m/s}$$

(vi) The distance between two poles (North and South poles) is called the magnetic length ($2l$).

(vii) Given: $\omega_0 = 0$, $\omega = 2\pi n = 2\pi \times 2 = 4\pi$ rad/s

$$\alpha = \frac{(\omega - \omega_0)}{t} = \frac{(4\pi - 0)}{2\pi} = 2 \text{ rad/s}^2$$

$$P = r.\omega = I\alpha.\omega = 2 \times 2 \times 4\pi = 16\pi \text{ watt} \approx 50 \text{ watt.}$$

(viii) Ideal gas equation = $PV = nRT$

Here, $n = \dfrac{\text{mass of the gas}}{\text{molar mass}} = \dfrac{7}{28} = \dfrac{1}{4}$

Therefore, the corresponding ideal gas equation is

$$PV = \frac{1}{4}RT$$

Section B

3. The surface tension of paints and lubricating oils kept low for better surface coverage.

4. Given Q = 20 kcal , W = 20000 J

J = 4200 J/kcal

Increases in internal energy (dv) = ?

we have,

$$\Delta U = Q - W$$
$$= (4200 \times 20) - 20000$$
$$= 84000 - 20000$$
$$= 64000 = 6.4 \times 104 \text{ J.}$$

5.

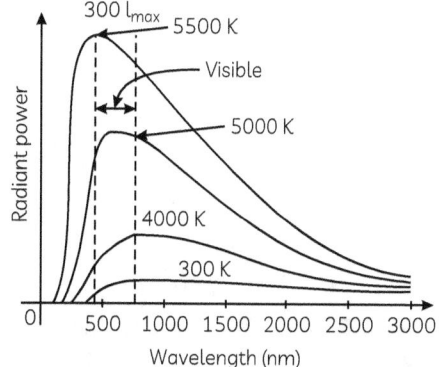

6. The source that emit light on their own are called primary source. Some sources are not self-luminous, *i.e.*, they do not emit light on their own but reflect or scatter the light incident on them. Such sources of light are called secondary sources.

7. A spherical shape has the minimum surface area to volume ratio of all geometric forms. When two drops of a liquid are brought in contact, the cohesive forces between their molecules coalesce the drops into a single larger drop.

8. The phenomenon of production of emf in circuit by a changing magnetic flux through the circuit is called electromagnetic induction.

Faraday's first law: Whenever there is a change in magnetic flux associated with a circuit, an emf is induced in the circuit.

Faraday's second law: The magnitude of the induced emf is directly proportional to the time rate of change of magnetic flux through the circuit.

9. Dual nature of matter:

(i) Since radiation has dual nature *i.e.*, it possesses properties of both wave and particle.

(ii) Universe is composed of radiation and matter therefore de-Broglie concluded that the moving material poetical must also possess dual nature, since nature loves symmetry.

10. Given: Q = – 125 kJ, W = – 104 kJ

$$\Delta U = Q - W = -125\text{ kJ} - (-104\text{ kJ})$$
$$= (-125 + 104)\text{ kJ} = -21\text{ kJ}$$

11. Given, $n = 440$ Hz

The first overtone,

$$n_1 = 2n = 2 \times 440$$
$$= 880\text{ Hz}$$

The second overtone,

$$n_2 = 3n = 3 \times 440 = 1320\text{ Hz.}$$

12. Let λ_1 and λ_2 be the wavelengths of light in water for 400 nm and 700 nm (wavelengths in vacuum) respectively.

Let λ_a be the wavelength of light in vacuum.

$$\lambda_1 = \frac{\lambda_a}{n} = \frac{400\times10^{-9}\text{ m}}{1.55} = 258.06 \times 10^{-9}\text{ m}$$

$$\lambda_2 = \frac{\lambda_a}{n} = \frac{700\times10^{-9}\text{ m}}{1.55} = 451.61 \times 10^{-9}\text{ m}$$

The wavelength range seen when white light is passed through the glass would be 258.06 nm to 451.61 nm.

13. Given: G = 25 mA

Maximum voltage to be measured is V = 10 V.

The galvanometer resistance G = 25 Ω.

The resistance to be added in series,

$$X = \left(\frac{V}{I_G}\right) - G = \left(\frac{10}{25}\times10^{-6}\right) - 25 = 399.975 \times 10^3\ \Omega$$

14. Given: I = 5A, $a = 0.02$ m, $\frac{\mu_0}{4\pi} = 10^{-7}\,\text{T}\,\frac{\text{m}}{\text{A}}$

The magnetic induction,

$$B = \frac{\mu_0 I}{2\pi a} = \frac{\mu_0 2I}{4\pi a} = \frac{10^{-7}\times2(5)}{2\times10^{-2}} = 5 \times 10^{-5}\text{ T}$$

Section C

15. Given,

$v = 4$ cm/s, $\eta = 1.8 \times 10–4$ poise

$\sigma = 0.9$ g/cm3, $\rho = 1$ g/cm^3

$g = 980$ cm/s^2, $r = ?$

we know,

$$\eta = \frac{2r^2(\rho-\sigma)}{qv}$$

$$\therefore \quad r = \sqrt{\frac{qv\eta}{2(\rho-\sigma)g}}$$

$$= \sqrt{\frac{9\times1.8\times10^{-4}\times4}{2(1-0.9)\times980}}$$

$$= \sqrt{\frac{9\times1.8\times10^{-4}\times4}{2\times0.1\times980}}$$

$$= 0.574 \times 10^{-2}\text{ cm}$$

$$\therefore \quad r = 0.00574\text{ cm.}$$

16. In a linear SHM (Simple Hormonic Motion), the force is directed toward the mean position of its magnitude is directly proportional to the displacement of the body from mean position.

$$\therefore \quad F \propto -x$$

$$\therefore \quad F = -kx \quad \text{...(1)}$$

where k is force constant and x is displacement from the mean position.

According to Newton's Second law of motion

$$F = ma \quad \text{...(2)}$$

from eq^n ... (1) and (2)

$$ma = -kx \quad \text{...(3)}$$

but

$$a = \frac{dv}{dt} = \frac{d^2x}{dt^2} \quad \text{...(4)}$$

sub. eq^n ... (4) in eq^n (3)

$$\therefore \quad m\frac{d^2x}{dt^2} = -kx$$

$$\frac{d^2x}{dt^2} - \frac{k}{m}x = 0$$

$$\therefore \quad \frac{d^2x}{dt^2} + \omega^2 x = 0 \qquad \left(\because \frac{k}{m} = \omega\right)$$

17. Characteristics of stationary waves:
   (i) Stationary waves are produced by the interference of two identical progressive waves travelling in opposite directions, under certain condition.
   (ii) The overall appearance of standing wave is of alternate intensity maximum and minimum.
   (iii) The distance between adjacent node $\frac{\lambda}{2}$.
   (iv) The distance between successive node $\frac{\lambda}{4}$.
   (v) The stationary wave does not propagate in any direction.
   (vi) The stationary wave does not transport energy through the medium.
   (vii) There is no progressive change of phase from particle to particle.

18. Assume parallel-plate capacitor of plate area A and plate separation d is filled with a dielectric of relative permittivity (dielectric constant) k. Its capacitance is

$$C = \frac{k\varepsilon_0 A}{d} \quad \ldots(1)$$

If it is charged to a voltage (potential) V, the charge on its plates is

$$Q = CV$$

Since the battery is disconnected after it is charged, the charge Q on its plates and consequently the product CV remain unchanged.

On removing the dielectric completely, its capacitance becomes from equation (1).

$$C = \frac{\varepsilon_0 A}{d} = \left(\frac{1}{k}\right)C \quad \ldots(2)$$

That is, its capacitance decreases by the factor k. Since $C'V' = CV$, its new voltage is

$$V' = \left(\frac{C}{C'}\right)V = kV \quad \ldots(3)$$

So that its voltage increases by the factor k.

The stored potential energy, $u = \frac{1}{2}QV$, so that Q remaining constant, u increases by the factor k. The electric field, $E = \frac{V}{d}$, so that E also increases by a factor k.

19. Admittance: The reciprocal to impedance of an AC circuit is called admittance.
For an LC circuit, the impedance

$Z_{LR} = \sqrt{R^2 + X_L^2}$, $X_L \longrightarrow$ reactance of the inductor when a capacitor of capacitance C is added in secies L and R

$$Z_{LCR} = \sqrt{R^2 + (X_L - X_C)^2}$$

Because in the case of an inductor the current lags behind the voltage by a phase angle of $\frac{\neq}{2}$ rad while in the case of a capacitor the current leads the voltage by a phase angle of $\frac{\neq}{2}$ rad. The decrease in net reactance decreases the total impedance.

20. No, it is not possible but due to present technology it may be possible.
Explanation: The photons in red light to not have the necessary energy required to rip an electron out of its orbital (this needed energy is equal to the electron's work function. Because light behaves like particles rather than a continuous stream, even very high-intensity red light will never be able to overcome an electron's work function (in this situation), as every individual photon fails to do so. This shows the particle behaviour of light, because of light behaved like a wave, the red light would be able to overcome the electron's work function with high intensity or a long time.

21. Construction: A simple pn-junction solar cell consist of a p-type semiconductor substrate backed with a metal electrode. A thin layer of silicon is grown over the p-type of substrate by doping with suitable donor impurity. Metal finger electrode are prepared on top of n-layer so that there is enough space between the fingers for sunlight to reach the n-layer and underlying pn-junction.

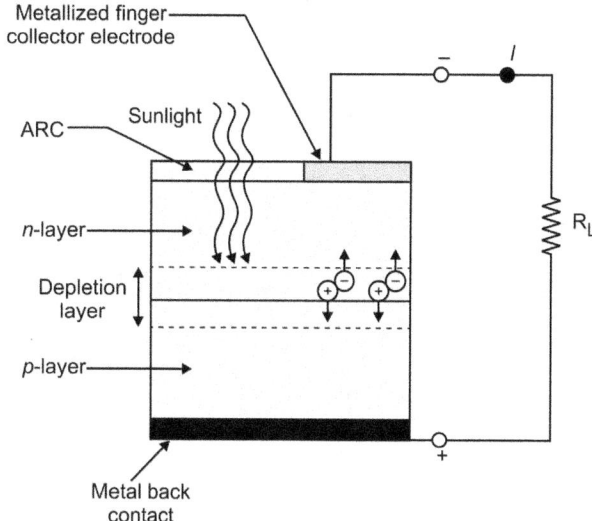

I : Solar cell current; R_L : Load resistance,
ARC : Antireflective coating

Working: When exposed to sunlight, the absorption of incident radiation creates electron hole pairs in and near the depletion layer. The photogenerated electrons and holes moves towards the n-side and p-side, respectively. If no external load is connected, these photogenerated charges get collected at the two sides of the junction and give rise to forward photovoltage. If a closed circuit a current I passes through external load as long as the solar cell is exposed to sunlight.

A solar cell consist several solar cells which are connected in series for higher output.

22. $A(t_1) = 10^{10}$ per hour, where $t_1 = 20$ h

$A(t_1) = 6.3 \times 10^{10}$ per hour, where $t_2 = 30$ h

$$A(t) = A_0 e^{-\lambda t}$$

$$A(t_1) = A_0 e^{-\lambda t_1} \text{ and } A(t_2) = A_0 e^{-\lambda t_2}$$

$$\frac{A(t_1)}{A(t_2)} = \left(\frac{e^{-\lambda t_1}}{e^{-\lambda t_2}}\right) = e^{\lambda(t_2 - t_1)}$$

$$\frac{10^{10}}{6.3} \times 10^9 = e^{\lambda(30-20)} = e^{10\lambda}$$

$$1.587 = e^{10\lambda}$$

$$10\lambda = 2.303 \log_{10}(1.587)$$

$$\lambda = (0.2303)(0.2007) = 0.04622 \text{ per hour}$$

The half life of the material,

$$T_{1/2} = \frac{0.693}{\lambda} = \frac{0.693}{0.04622} = 14.99 \text{ hours}$$

Now, $A_0 = A(t_1)\, e^{\lambda t_1} = 10^{10}\, e^{(0.04622)(20)}$

$$= 10^{10}\, e^{0.9244}$$

Let $x = e^{0.9244}$

$$2.303 \log_{10} x = 0.9244$$

$$\log_{10} x = \frac{0.9244}{2.303} = 0.4014$$

$$x = \text{antilog } 0.4014$$

$$= 2.52$$

$$A_0 = 2.52 \times 10^{10} \text{ per hour}$$

Now, $A_0 = N_0\lambda$

$$N_0 = \frac{A_0}{\lambda} = \frac{(2.52\times10^{10})}{0.04622}$$

$$= 5.4252 \times 10^{11}$$

23. Given: $V = 54$ V, $m = 9.1 \times 10^{-31}$ kg, $e = 1.6 \times 10^{-19}$ C, $h = 6.63 \times 10^{-13}$ J.s, K.E. = 150 eV.

We assume that the electron is initially at rest.

$$V_e = \frac{1}{2} mv^2$$

$$V = \sqrt{2V_e / m}$$

$$= \sqrt{2(54)(1.6\times10^{-19})/9.1\times10^{-31}}$$

$$= \sqrt{19\times10^{12}}$$

$$= 4.359 \times 10^6 \text{ m/s}$$

This is the speed of the electron.

$$p = mv = (9.1 \times 10^{-31})(4.359 \times 10^6)$$

$$= 3.967 \times 10^{-24} \text{ kg m/s}$$

This the momentum of the electron. The wavelength associated with the electron.

$$\lambda = \frac{h}{p} = \frac{(6.63\times10^{-34})}{(3.367\times10^{-24})}$$

$$= 1.671 \times 10^{-10} \text{ m}$$

$$= 1.671 \text{ Å}$$

$$= 0.1671 \text{ nm.}$$

24. Given: $\lambda_1 = 6000$ Å $= 6 \times 10^{-7}$ m, $\lambda_2 = 4800$ Å $= 4.8 \times 10^{-7}$ m, $W_1 = 0.32$ mm $= 3.2 \times 10^{-4}$ m.

Distance between consecutive bright fringes,

$$W = \frac{\lambda D}{d}$$

For $\lambda_1 W_1 = \dfrac{\lambda_1 D}{d}$ .....(1)

For $\lambda_2 W_2 = \dfrac{\lambda_2 D}{d}$ .....(2)

$$\frac{W_2}{W_1} = \frac{\left(\frac{\lambda_2 D}{d}\right)}{\left(\frac{\lambda_1 D}{d}\right)} = \frac{\lambda_2}{\lambda_1}$$

$$\therefore \quad W_2 = \left(\frac{\lambda_2}{\lambda_1}\right) W_1$$

$$= \left(\frac{4.8\times10^{-7}}{6\times10^{-7}}\right)(3.2 \times 10^{-4})$$

$$= 0.8(3.2 \times 10^{-4}) \text{ m}$$

$$= 2.56 \times 10^{-4} \text{ m}$$

$$\therefore \quad \Delta W = W_1 - W_2$$

$$= 3.2 \times 10^{-4} \text{ m} - 2.56 \times 10^{-4} \text{ m}$$

$$= 0.64 \times 10^{-4} \text{ m}$$

$$= 0.064 \text{ mm.}$$

25. Work done in isobaric process given by

$$W = p\Delta V = (V_f - V_i)$$

$$V_f = 2V_i$$

$$\therefore \quad W = 2pV_i$$

V_i can be found by using the ideal gas equation for initial state.

$$P_i V_i = nRT_i \text{ for } n = 1 \text{ mol,}$$

$$V_i = \frac{RT_i}{p_i} = 8.31 \times \frac{300}{(1\times10^6)}$$

$$= 24.9 \times 10^{-4} \text{ m}^3$$

$$W = 2 \times 10^6 \times 24.9 \times 10^{-4}$$

$$W = 4.9 \text{ kJ.}$$

26. Given: $R = 8\ \Omega$, $L = 8$ m, $E = 2$ V

$$K = 1\ \mu\text{V/mm}$$

$$= \frac{1\times10^{-6}\text{ V}}{10^{-3}\text{ m}} = 10^{-3} \text{ V/m}$$

$$K = \frac{V}{L} = ER/(R + R_B)L$$

where R_B is the resistance in the box.

$$10^{-3} = 2 \times \frac{8}{(8 + R_B)8}$$

$$8 + R_B = \frac{2}{10^{-3}} = 2 \times 10^3$$

$$R_B = 200 - 8 = 1992\ \Omega.$$

Section D

27. (i) Whenever a conductor or part of it is moved in magnetic field cutting magnetic field lines, the free electrons in the bulk of metal starts circulating in closed path equivalent to current carrying loops. These current resemble to eddies in fluid stream and hence called as eddy current.

Application: (1) Electric brakes, (2) Galvanometer.

(ii) Given: $a = 2.4 \times 10^{-2}$ m, $B = 1.6 \times 10^{-5}$ T,

$$\left(\frac{\mu_0}{4\pi}\right) = 10^{-7} \text{ T m/A}$$

$$B = \frac{\mu_0 I}{2\pi a} = \frac{\mu_0 . 2I}{4\pi . a}$$

The current through the wire,

$$I = \left[\frac{1.a.B}{\left(\frac{2\mu_0}{4\pi}\right)}\right]$$

$$= \frac{(2.4\times10^{-2})(1.6\times10^{-5})}{10^{-7}\times 2} = 1.92 \text{ A.}$$

28. (i) (a) The electron revolves with a constant speed in circular orbit around the nucleus.

(b) The radius of the orbit of an electron can only take certain fixed values such that the angular momentum of the electron in these orbits in an integral multiple of $\frac{h}{2\pi}$, h being the Planck's constant.

(c) An electron can make a transition from one of its orbit to another orbit having lower energy. In doing so, it emits a photon of energy equal to the difference in its energies in the two orbits.

(ii) Given: B = 700 gauss = 0.07 tesla, $\theta = 30°$, $\tau = 0.014$ Nm,

$\tau = MB \sin \theta$

The magnetic moment of the magnet is

$$M = \frac{\tau}{B \sin \theta} = \frac{0.014}{(0.07)(\sin 30\ )} = 0.4 \text{ A.m}^2$$

The most stable state of the bar magnet is for $\theta = 0°$. It is in the most unstable state when $\theta = 180°$ is

$$W = MB(\cos \theta_0 - \cos \theta)$$

$$= MB(\cos 0° - \cos 180°)$$

$$= MB[1 - (-1)] = 2\ MB = (2)(0.4)(0.07)$$

$$= 0.056 \text{ J.}$$

29. (i)

$$T_1 = 327 + 273 = 600\ k$$

$$T_2 = 27 + 273 = 300\ k$$

$$\frac{R_1}{R_2} = ?$$

Rate of emission is,

$$R = \sigma T^4$$

$$\therefore \quad \frac{R_1}{R_2} = \left(\frac{T_1}{T_2}\right)^4$$

$$= \left(\frac{600}{300}\right)^4$$

$$= (2)^4$$

$$\frac{R_1}{R_2} = \frac{16}{1}$$

$$\therefore \quad R_1 : R_2 = 16 : 1.$$

(ii) Given: $l = 50$ m, $B = 6 \times 10^{-5}$ T, $v = 400$ m/s

The magnitude of the induced emf,

$$|e| = Blv = (6 \times 10^{-5})(50)(400) = 1.2 \text{ V.}$$

30. (i)

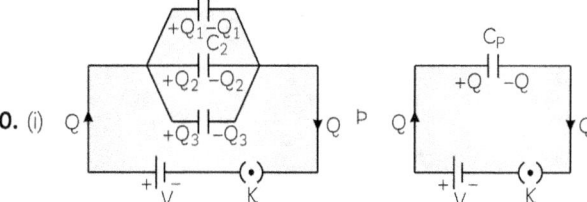

Consider 3 capacitances of capacitances C_1, C_2, C_3 and connected in parallel.

Let Q_1, Q_2, Q_3 be the charges deposited on the capacitors as shown in the fig. Suppose a potential difference 'v' is applied across the combination.

Since different current flows through different branches so the charges are given by,

$$Q_1 = C_1 V$$

$$Q_2 = C_2 V$$

$$Q_3 = C_3 V$$

According to the principle of consewation of charges,

$$Q = Q_1 + Q_2 + Q_3$$

$$= C_1 V + C_2 V + C_3 V$$

$$\therefore \quad Q = V(C_1 + C_2 + C_3) \quad ...(i)$$

If these capacitors are replaced by a single capacitor of capacity Cp such that

$$Q = C_p V$$

$\therefore$ eq^n (1) becomes,

$$C_p V = V(C_1 + C_2 + C_3)$$

$$\therefore \quad C_p = C_1 + C_2 + C_3$$

This is the required expression

(ii) Given: $C = 25\ \mu F = 25 \times 10^{-6}$ F, $L = 0.10$ H, $R = 25\ \Omega$, $e = 310 \sin(314t)$ [volt]

Comparing $e = 310 \sin(314t)$ with $e = e_0 \sin(2\pi ft)$, we get

The frequency of the alternating emf as

$$f = \frac{314}{2\pi} = \frac{314}{2(3.14)} = 50 \text{ Hz}$$

Reactance

$$= \left| \omega L - \frac{1}{\omega C} \right| = \left| 2\pi f L - \frac{1}{2\pi f C} \right|$$

$$= \left| 2(3.14)(50)(0.10) - \frac{1}{2(3.14)(50)(25 \times 10^{-6})} \right|$$

$$= \left| 31.4 - \frac{100 \times 10^2}{(3.14)(25)} \right| = |31.4 - 127.4|$$

$$= 96 \, \Omega$$

$$Z^2 = R^2 + \left(\omega L - \frac{1}{\omega C} \right)^2 = (25)^2 + (96)^2$$

$$= 9841 \, \Omega^2$$

∴ Impedance,

$$Z = \sqrt{9841 \, \Omega} = 99.2 \, \Omega$$

Peak current,

$$i_0 = \frac{e_0}{Z} = \frac{310}{99.2} \, A$$

∴ $$i_{rms} = \frac{i_0}{\sqrt{2}} = \frac{310}{(1.414)(99.2)} \, A = 2.21 \, A$$

$$\cos \phi = \frac{R}{Z} = \frac{25}{99.2} = 0.2520$$

∴ Phase angle,

$$\phi = \cos^{-1}(0.2520) = 75.40° = 1.316 \text{ rad}.$$

31. (i) **Magnetization**: The ration of the net magnetic dipole moment to the volume of matecial is called magnetization.

Magnetic intensity: The magnetic intensity is defined as the magentic induction in an isotropic medium divided by the permeability of the medium.

(ii) Given: $I_E = 6.28$ mA, $I_C = 6.20$ mA

$$\alpha_{dc} = \frac{I_C}{I_E} \text{ and } \beta_{dc} = \frac{I_C}{I_B} = \frac{\alpha_{dc}}{1 - \alpha_{dc}}$$

Common-emitter current again,

$$\alpha_{dc} = \frac{6.20}{6.28} = 0.9873$$

Therefore, common-base current again,

$$\beta_{dc} = \frac{0.9873}{1 - 0.9873} = \frac{0.9873}{0.0127} = 77.74.$$

●●

SAMPLE PAPER-2
Physics

Questions

Section A

1. Select and write the correct answers to the following questions:
   (i) The Kinetic energy of a body is 3J and its MI is 6 kg m². Then its angular momentum will be:
      (a) 3 kg m²/s
      (b) 6 kg m²/s
      (c) 4 kg m²/s
      (d) 5 kg m²/s
   (ii) The ratio of emissive power of perfectly blackbody at 1327°C and 527°C is:
      (a) 4:1
      (b) 16:1
      (c) 2:1
      (d) 8:1
   (iii) A standing wave is produced on a string fixed at one end with the other end free. The length of the string:
      (a) Must be an odd integral multiple of $\frac{\lambda}{4}$
      (b) Must be an odd integral multiple of $\frac{\lambda}{2}$
      (c) Must be an odd integral multiple of λ
      (d) Must be an even integral multiple of λ
   (iv) Kirchhoff's first law, i.e., $\Sigma I = 0$ at a junction, deals with the conservation of:
      (a) Charge
      (b) Energy
      (c) Momentum
      (d) Mass
   (v) The internal energy of one mole of argon at 300 k is .... (R = 8.314 J/mol k)
      (a) 3541 J
      (b) 3741 J
      (c) 3941 J
      (d) 4041 J
   (vi) In a certain unit, the radius of gyration of a uniform disc about its central and transverse axis is $\sqrt{2.5}$. Its radius of gyration about a tangent in its plane (in the same unit) must be:
      (a) $\sqrt{5}$
      (b) 2.5
      (c) $2\sqrt{2.5}$
      (d) $\sqrt{12.5}$
   (vii) A charged particle is in moving having initial velocity v when it enter into a region of uniform magnetic field perpendicular to v. Because of the magnetic force the kinetic energy fo the particle will:
      (a) Remain unchanged
      (b) Get reduced
      (c) Increase
      (d) be reduced to zero
   (viii) What is the energy required to build up a current of 1 A in an inductor of 20 mH?
      (a) 10 mJ
      (b) 20 mJ
      (c) 20 J
      (d) 10 J
   (ix) In series LCR circuit, at resonance, phase difference between current and emf of source is
      (a) π rad
      (b) $\frac{\neq}{2}$ rad
      (c) $\frac{\neq}{4}$ rad
      (d) 0 (zero) rad
   (x) An electron, a proton, an α-particle and a hydrogen atom are moving with the same kinetic energy. The associated de Broglie wavelength will be longest for:
      (a) Electron
      (b) Proton
      (c) α-particle
      (d) Hydrogen atom

2. Answer the following questions:
   (i) What should be the order of the size of an obstacle of aperture to produce diffraction of light?
   (ii) The emissive power of a sphere of area 0.02 m² is 0.5 kcal s⁻¹ m⁻². What is the amount of heat radiated by the spherical surface is 20 second?
   (iii) Give an example of some familiar process in which no heat is added to or removed from a system but the temperature of the system changes.
   (iv) A plane wave front of light of wavelength 5500 Å is incident on two stats on a screen perpendicular to the direction of light rags. If the total separation of 10 bright fringes on a screen 2m away is 2 cm. Find distance between the slits.
   (v) What do you mean by electromagnetic induction?
   (vi) Explain why the inductance of two coils connected in parallel is less than the inductance of either coil.
   (vii) What do you understand by the term wave-particle duality? Where does it apply?
   (viii) The expression $P = \frac{E}{C}$ defines the momentum of a photon. Can this expression be used for momentum of an electron or proton?

Section B

Attempt any Eight of the following questions:

3. On what factors does the frequency of a conical pendulum depends? Is it independent of some factors?

4. The total energy of a body of mass 2 kg performing S.H.M. is 40 J. Find its speed while crossing the centre of the path.

5. What is a wavefront? How is it related to rays of light?

6. A 6 μF capacitor is charged by a 300 V supply. It is then disconnected from the supply and is connected to another uncharged 3μF capacitor. How much electrostatic energy of the first capacitor is lost in the form of heat and electromagnetic radiation?
7. State the uses of a potentiometer.
8. Calculate the value of magnetic field at a distance of 2 cm from a very long straight wire carrying a current of 5 A. (Given: $\mu_0 = 4\pi \times 10^{-7}$ Wb/Am).
9. An iron rad is placed par all is to magnetic field of intensity 2000 A/m. The magnetic flux through the rod is 6×10^{-4} wb and its cross sectional area is 3 cm^2. Calculate the magnetic permeability of the rod.
10. An aircraft of wing span of 50 m flies horizontally in earth's magnetic field of 6×10^{-5} T at a speed of 400 m/s. Calculate the emf generated between the tips of the wings of the aircraft.
11. The safest way to protect yourself from lightening is to be inside a car. Justify.
12. What do you understand by the term wave-particle duality? Where does it apply?
13. State the difficulties faced by Rutherford's atomic model.
14. The common-base DC current gain of a transistor is 0.967. If the emitter current is 10 mA. What is the value of base current?

Section C

Attempt any Eight of the following questions:

15. Deceive an expression that relates the angular momentum with the angular velocity of a rotating right body.
16. A rectangular wire frame of size 2 cm × 2 cm is dipped in a soap solution and taken out. A soap film is formed, if the size of the film is changed to 3 cm × 3 cm, calculate the work done in the process. The surface tension of soap film is 3×10^{-2} N/m.
17. State the law of equipartition of energy and hence calculate motor specific heat of mono- and di-atomic gases at constant volume and constant pressure.
18. A gas contained in a cylinder fitted with a frictionless piston expands against a constant external pressure of 1 atm from a volume of 5 litres to a volume of 10 litres. In doing so it absorbs 400 J of thermal energy from its surroundings. Determine the change in internal energy of system.
19. Obtain the expression for the period of a magnet vibrating in a uniform magnetic field and performing S.H.M.
20. A wave of frequency 500 Hz is travelling with a speed of 350 m/s.
    (i) What is the phase difference between two displacements at a certain point at times 1.0 ms apart?
    (ii) What will be the smallest distance between two points which are 45° out of phase at an instant of time?
21. Describe Young's double slit interference experiment and derive conditions for occurrence of dark and bright fringes on the screen. Define fringe width and derive a formula for it.
22. A potentiometer wire has a length of 1.5 m and resistance of 10 Ω. It is connected in series with the cell of emf 4 volt and internal resistance 5 Ω. Calculate the potential drop per centimetre of the wire.
23. An electron is moving with a speed of 3×10^{-7} m/s in a magnetic field of 6×10^{-4} T perpendicular to its path. What will be the radius of the path? What will be frequency and the energy in keV? [Given: mass of electron = 9×10^{-31} kg, charge $e = 1.6 \times 10^{-19}$ C, 1 eV = 1.6×10^{-19} J]
24. Obtain and expression for orbital magnetic moment of an electron rotating about the nucleus in an atom.
25. A plane coil of 10 turns is tightly wound around a solenoid of diameter 2 cm having 400 turns per centimetre. The relative permeability of the core is 800. Calculate the mutual inductance.
26. Why is the emitter, the base and the collector of a BJT doped differently?

Section D

Attempt any Three of the following questions:

27. (i) State and explain Lenz's law in the light of principle of conservation of energy.
    (ii) How long will it take for a radioactive sample to reduce to 1% of its actual activity. (Half life of the sample is 5.3 years)
28. (i) State the characteristics of progressive waves.
    (ii) One hundred twenty-five small liquid drops, each carrying a charge of 0.5 μC and each of diameter 0.1 m form a bigger drop. Calculate the potential at the surface of the bigger drop.
29. (i) Give an example of some familiar process in which heat is added to an object, without changing its temperature.
    (ii) Find kinetic energy of 5 litre of a gas at S.T.P. given standard pressure is 1.013×10^5 N/m^2.
30. Determine the series limit of Balmer, Paschen and Pfund series, given the limit for Lyman series is 912Å.
31. Derive expression for excess pressure inside a drop of liquid?

Answer Key

Section A

1. (i) (b) 6 kg m²/s
(ii) (b) 16 : 1
(iii) (a) Must be an odd integral multiple of $\lambda/4$
(iv) (a) Charge
(v) (b) 3741 J
(vi) (b) 2·5
(vii) (a) Remain unchanged
(viii) (a) 10 mJ
(ix) (d) 0 (zero) rad
(x) (a) Electron

2. (i) For pronounced diffraction, the size of an obstacle or aperture should be of the order of the wavelength of light or greater.

(ii) Given: $R = 0.5$ kcal s⁻¹ m⁻², $A = 0.02$ m², $t = 20$ s
$Q = RAt = (0.5)(0.02)(20) = 0.2$ kcal
This is the required quantity.

(iii) Adiabatic compression is the process in which no heat is transferred to or from the system but the temperature of the system changes. When we compress gas in an adiabatic process the volume of the gas will decrease and the temperature of the gas rises as it is compressed which we have seen the warming of a bicycle pump. Conversely, the temperature falls when the gas expands but the heat remains constant throughout the process.

(iv) Given, $\lambda = 5500$ Å, $D = 2$ m
Distance between 10 bright fringes = 2 m = 0.02 m

Fringe Width, $W = \dfrac{\lambda D}{d}$

but $W = \dfrac{0.02}{10}$
$= 0.002$ m

$\therefore d = \dfrac{\lambda D}{W} = \dfrac{5500 \times 10^{-10} \times 2}{0.002}$
$= 5.5 \times 10^{-4}$ m

(v) The phenomenon of production of emf in a conductor or circuit by a changing magnetic flux through the circuit is called electromagnetic induction.

(vi) Assuming that their mutual inductance can be ignored, the equivalent inductance of a parallel combination of two coils is given by

$\dfrac{1}{L_{parallel}} = \dfrac{1}{L_1} + \dfrac{1}{L_2}$ or $L_{parallel} = \dfrac{L_1 L_2}{L_1 + L_2}$

Hence, the equivalent inductance is less than the inductance of either coil.

(vii) Depending upon experimental conditions of the structure of matter, electromagnetic radiation and material particles exhibit wave nature or particle nature. This is known as wave-particle duality.

It applies to all phenomena. The wave nature and particle nature are liked by the de Broglie relation

$\lambda = \dfrac{h}{p}$, where λ is the wavelength of matter waves,

also called de Broglie waves I Schrodinger waves, p is the magnitude of the momentum of a particle or quantum of radiation and h is the universal constant called Planck's constant.

(viii) The definition of momentum of photon is given by de-Broglie hypothesis is applicable only to those particles whose rest mass is zero and travel with speed of light.

As electron and proton have finite rest mass and their speed is not equal to speed of light, this expression of

momentum, $p = \dfrac{E}{C}$ cannot be used for electron and proton.

Section B

3. The frequency of a conical pendulum of string length L and semi-vertical angle θ is

$n = \dfrac{1}{2\pi}\sqrt{\dfrac{g}{L\cos\theta}}$

where g is the acceleration due to gravity as the place. From the above expression, we can see that

(i) $n \propto \sqrt{g}$

(ii) $n \propto \dfrac{1}{\sqrt{L}}$

(iii) $n \propto \dfrac{1}{\sqrt{\cos\theta}}$

(If θ increases, cos θ decreases and n increases)

(iv) The frequency is independent of the mass of the bob.

4. Given: Mass = $m = 2$ kg, Energy = $E = 40$ J
The speed of the body while crossing the centre of the path (mean position) is v_{max} and the total energy is kinetic energy.

$\therefore \dfrac{1}{2}mv_{max}^2 = E$

$\therefore v_{max} = \sqrt{\dfrac{2E}{m}} = \sqrt{\dfrac{2 \times 40}{2}} = 6.324$ m/s.

5. Wavefront or wave surface: The locus of all points where waves starting simultaneously from a source reach at the same instant of time and hence the particles at the points oscillate with the same phase is called a wavefront or wave surface.

Consider a point source of light O in a homogeneous isotropic medium in which the speed of light is v. The source emits light in all directions. In time t, the disturbance (light energy) from the source, covers a distance vt in all directions, *i.e.*, it reaches out to all points which are at a distance vt from the point source. The locus of these points which are in the same phase is the surface of a sphere with centre O and radius vt. It is a spherical wavefront. In a given medium, a set of straight lines can be drawn which are perpendicular to the wavefront. According to Huygens, these straight lines are the rays of light. Thus, rays are always normal to the wavefront. In the case of a spherical wavefront, the rays are radial. If a wavefront has travelled a large distance away from the source, a small portion of this wavefront appears to be plane. This part is a plane wavefront.

6. Given: $C = 6\ \mu F = 6 \times 10^{-6}\ F = C_1$, $V = 300$, $C_2 = 3\ \mu F$

The electrostatic energy in the capacitor

$$= \frac{1}{2}CV^2 = \frac{1}{2}(6\times10^{-6})\ (300)^2$$

$$= 3 \times 10^{-6} \times 9 \times 10^4 = 0.27\ J$$

The charge on this capacitor,

$$Q = CV = (6 \times 10^{-6})\ (300) = 1.8\ mC$$

When two capacitors of capacitances C_1 and C_2 are connected in parallel, the equivalent capacitance C

$$= C_1 + C_2 = 6 + 3 = 9\ \mu F$$

$$= 9 \times 10^{-6}\ F$$

By conservation of charge,

$$Q = 1.8\ C$$

∴ The energy of the system

$$= \frac{Q^2}{2C}$$

$$= \frac{(1.8 \times 10^{-3})^2}{2(9 \times 10^{-6})} = \frac{18 \times 10^{-8}}{10^{-6}} = 0.18\ J$$

The energy lost = 0.27 – 0.18 = 0.09 J.

7. The applications (uses) of the potentiometer:

(i) **Voltage divider:** The potentiometer can be used as a voltage divider to change the output voltage of a voltage supply.

(ii) **Audio control:** Sliding potentiometers are commonly used in modern low-power audio systems as audio control devices.

Both sliding (faders) and rotary potentiometers (knobs) are regularly used for frequency attenuation, loudness control and for controlling different characteristics of audio signals.

(iii) **Potentiometer as a sensor:** If the slider of the potentiometer is connected to the moving part of a machine, it can work as a motion sensor. A small displacement of the moving part causes a change in potential which is further amplified using an amplifier circuit. The potential difference is calibrated in terms of displacement of the moving part.

(iv) To measure the emf (for this, the emf of the standard cell and potential gradient must be known).

(v) To compare the emfs to two cells.

(vi) To determine the internal resistance of a cell.

8. **Given:** $I = 5A$, $a = 0.02$ m, $\frac{\mu_0}{4\pi} = 10^{-7}$ T m/A

The magnetic induction,

$$B = \frac{\mu_0 I}{2\pi a} = \frac{\mu_0}{4\pi}\frac{2I}{a} = 10^{-7} \times \frac{2(5)}{2 \times 10^{-2}} = 5 \times 10^{-5}\ T$$

9.

$$\mu = \frac{B}{H} = \frac{\left(\frac{\phi}{A}\right)}{H} = \frac{\phi}{AH}$$

$$= \frac{6\times10^{-4}}{2000\times3\times10^{-4}}$$

μ = 10–3 wb/A-m.

10. Given: $l = 50$ m, $B = 6 \times 10^{-5}$ T, $v = 400$ m/s

The magnitude of the induced emf,

$$|e| = Blv = (6 \times 10^{-5})\ (400)\ (50) = 1.2\ V.$$

11. A car is an almost deal faraday cage, when a car is truck by lightning, the charge flows on the outside surface of the car to the ground but electric field inside remains zero. This leaves the passenger inside unharmed.

12. Depending upon experimental conditions or the structure of matter, electromagnetic radiation and material particles exhibit wave nature or particle nature. This is known as wave-particle duality.

It applies to all phenomena. The wave nature and particle nature are liked by the de Broglie relation $\lambda = h/p$, where λ is the wavelength of matter waves, also called de Broglie waves I Schrödinger waves, p is the magnitude of the momentum of a particle or quantum of radiation and h is the universal constant called Planck's constant.

13. (i) According to Rutherford, the electrons revolve in circular orbits around the atomic nucleus. The circular motion is an accelerated motion. According to the classical electromagnetic theory, an accelerated charge continuously radiates energy. Therefore, an electron during its orbital motion should go on radiating energy. Due to the loss of energy, the radius of its orbit should go on decreasing. Therefore, the electron should move along a spiral path and finally fall into the nucleus in a very short time, of the order of 10^{-16} s in the case of a hydrogen atom. Thus, the atom should be unstable. We exist because atoms are stable.

(ii) If the electron moves along such a spiral path, the radius of its orbit would continuously decrease. As a result, the speed and frequency of revolution of the electron would go on increasing. The electron, therefore, would emit radiation of continuously changing frequency and hence give rise to a continuous spectrum. However, the atomic spectrum is a line spectrum.

14. Given: Current gain (α) = 0.967

Emitter current = 10 mA

To find: The value of base current of the transistor.

• The common gain DC current us is given by

$$\alpha = 0.967 = \frac{I_C}{I_E} = \frac{I_C}{10}$$

$$I_C = 0.967 \times 10$$

$$I_C = 9.67 \text{ mA}$$

• The base current of the transistor is given by the formula

$$I_E = I_B + I_C$$

$$10 = I_B + 9.67$$

$$I_B = 0.33 \text{ mA}$$

The value of base current of the transistor is 0.33 mA.

Section C

15.

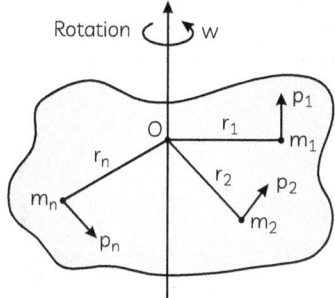

A rigid object rotating with a constant angular speed 'ω' about an axis perpendicular to the plane of paper. Consider the object to be consisting of N particles of masses m_1, m_2, ... m_N at respective perpendicular distances r_1, r_2 .... r_N from axis of rotation.

All particles perform UCM with different linear speeds $V_1 = r_1\omega$,

$$V_2 = r_2\omega \text{ ....} V_N = r_N\omega$$

∴ Angular momentum of each particle $L_1 = p_1r_1 = m_1v_1r_1 = m_1r_1\omega.r_1 = m_1r_1^2\omega$

Similarly for all particles

$$L_2 = m^2r_2^2\omega$$

$$L_3 = m_3r_3^2\omega$$

$$L_N = m_Nr_N^2\omega$$

∴ Total angular momentum is the sum of individual angular momentum.

∴ $$L = L_1 + L_2 + \text{.........} + L_N$$

$$= (m_1r_1^2 + m_2r_2^2 + \text{.........} + m_Nr_N^2)\ \omega$$

$$L = I\omega$$

Where $I = m_1r_1^2 + m^2r_2^2 + \text{.........} m_Nr_N^2$

= moment of inectia of a body.

16. Given: $A_1 = 2 \times 2 \text{ cm}^2 = 4 \times 10^{-4} \text{ m}^2$,

$A_2 = 3 \times 3 \text{ cm}^2 = 9 \times 10^{-4} \text{ m}^2$, $T = 3 \times 10^{-2}$ N/m

As the film has two surfaces, the work done is

$$W = 2T(A_2 - A_1)$$

$$= 2(3 \times 10^{-2})\ (9 \times 10^{-4} - 4 \times 10^{-4})$$

$$= 3.0 \times 10^{-5} \text{ J} = 30\ \mu\text{J}.$$

17. Law of equipartition of energy states that for a dynamical system in thermal equilibrium the total energy of the system is shared equally by the degrees of freedom. The energy associated with each degree of freedom per molecule is $\frac{1}{2}k_BT$, where k_B is the Boltzmann's constant.

For example, for a monoatomic molecule, each molecule has 3 degrees of freedom. Accordingly to kinetic theory of gases, the mean kinetic energy of a molecule is $\frac{3}{2}k_BT$.

Specific heat capacity of monatomic gas: The molecules of a monatomic gas have 3 degrees of freedom.

The average energy of a molecule at temperature T is $\frac{3}{2}k_BT$.

The total internal energy of a mole is $\frac{3}{2}N_Ak_BT$ where N_A is the Avogadro number.

The molar specific heat at constant volume C_V is

For an ideal gas,

$$C_V \text{ (monatomic gas)} = \frac{dE}{dT} = \frac{3}{2}RT$$

For an ideal gas, $C_P - C_V = R$

where C_P is molar specific heat at constant pressure.

Thus, $$C_P = \frac{5}{2}R$$

Specific heat capacity of diatomic gas: The molecules of a monatomic gas have 5 degrees of freedom, 3 translation and 2 rotational.

The average energy of a molecule at temperature T is $\frac{5}{2}k_BT$.

The total internal energy of a mole is $\frac{5}{2}N_Ak_BT$.

The molar specific heat at constant volume C_V is

For an ideal gas,

$$C_V \text{ (monatomic gas)} = \frac{dE}{dT} = \frac{5}{2}RT$$

For an ideal gas, $C_P - C_V = R$

where C_P is the molar specific heat at constant pressure.

Thus, $$C_P = \frac{7}{2}R$$

A soft or non-rigid diatomic molecule has, in addition, one frequency of vibration which contributes two quadratic terms to the energy. Hence, the energy per molecule of a soft diatomic molecule is

$$E = \left(\frac{1}{2}k_BT\right) + 2\left(\frac{1}{2}k_BT\right) + 2\left(\frac{1}{2}k_BT\right) = \frac{7}{2}k_BT$$

Therefore, the energy per mole of a soft diatomic molecule is

$$E = \frac{7}{2}k_BT \times N_A = \frac{7}{2}RT$$

In this case, $C_V = \dfrac{dE}{dT} = \dfrac{7}{2}R$

and $C_P = C_V + R = \dfrac{7}{2}R + R = \dfrac{9}{2}R$

18. Given: P = 1 atm = 1.013 × 10⁵ Pa
V_1 = 5 liters = 5 × 10⁻³ m³
V_2 = 10 liters = 10 × 10⁻³ m³
Q = 400 J

The work done by the system (gas in this case) on its surroundings,

$W = P(V_2 - V_1)$
$= (1.013 \times 10^5)(10 \times 10^{-3} \text{ m}^3 - 5 \times 10^{-3} \text{ m}^3)$
$= 1.013 (5 \times 10^2) \text{ J}$
$= 5.065 \times 10^2 \text{ J}$

The change in the internal energy of the system,
ΔU = Q − W = 400 J − 506.5 J = − 106.5 J

The minus sign shows that there is a decrease in the internal energy of the system.

19. The expression is given as

$$T = 2\pi\sqrt{\dfrac{1}{mB}}$$

Explanation: The time period of oscillation of a magnet in a uniform magnetic field 'B' is given by

Formula: $T = 2\pi\sqrt{\dfrac{1}{mB}}$

where   T = Time period
I = Moment of inertia
M = Mass of bob
B = magnetic field

Time-period of an oscillation body about a fixed point can be defined as the time taken by the body to complete one vibration around that particular point is called time period.

20. Given: n = 500 Hz, v = 350 m/s

$v = n \times \lambda$

∴ $\lambda = \dfrac{350}{500} = 0.7 \text{ m}$

(i) t = 1.0 ms = 0.001 s, the path difference is the distance covered v × t = 350 × 0.001 = 0.35 m

∴ Phase difference = $\dfrac{2\pi}{\lambda}$ × Path difference

$= \dfrac{2\pi}{0.7} \times 0.35 = \pi$ rad

(ii) Phase difference = 45° = $\dfrac{\pi}{4}$ rad

∴ Path difference = $\dfrac{\lambda}{2\pi}$ × Phase difference

$= \dfrac{0.7}{2\pi} \times \dfrac{\pi}{4} = 0.0875$ m.

21. Description of Young's doubles-slit interference experiment:

(i) A plane wavefront is obtained by placing a linear source S of monochromatic light at the focus of a convex lens. It is then made to pass through an opaque screen AB having two narrow and similar slits S_1 and S_2, S_1 and S_2 are equidistant from S so that the wavefronts starting simultaneously from S and reaching S_1 and S_2 at the same time are in phase. A screen PQ is placed at some distance from AB as shown in the following figure.

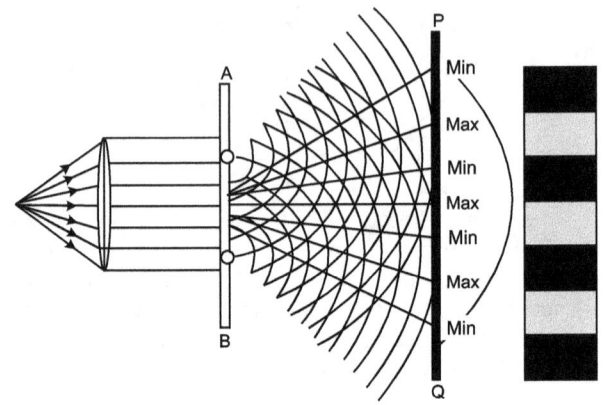

Young's double-slit experiment

(ii) S_1 and S_2 act as secondary sources. The crests/troughs of the secondary wavelets superpose and interfere constructively along straight lines joining the black dots shown in the above figure. The point where these lines meet the screen have high intensity and its bright.

(iii) Similarly, there are points shown with red dots where the crest of one wave coincides with the trough of the other. The corresponding points on the screen are dark due to destructive interference. These dark and bright regions are called fringes or bands and the whole pattern is called an interference pattern.

Condition for occurrence of dark and bright fringes on the screen: Consider Young's double-slit experimental set up. Two narrow coherent light sources are obtained by wavefront splitting as monochromatic light of wavelength λ emerges out of two narrow and closely spaced, parallel slits S_1 and S_2 of equal widths. The separation $S_1S_2 = d$ is very small. The interference pattern is observed on a screen placed parallel to the plane of $S_1.S_2$ and at considerable distance. D(D >> d) from the slits. OO' is the perpendicular bisector of a segment S_1S_2.

Geometry of the double-slit experiment: Consider, a point P on the screen at a distance y from O' (y << 0). The two light waves from S_1 and S_2 reach P along paths S_1P and S_2P, respectively. If the path difference (Δl) between S_1P and S_2P is an integral multiple of λ, the two waves arriving there will interfere constructively producing a bright fringe at P. On the contrary, if the path difference between S_1P and S_2P is a half-integral multiple of λ, there will be destructive interference and a dark fringe will be produced at P.

From above figure,

$$(S_2P)^2 = (S_2S_2')^2 + (PS_2')^2$$
$$= (S_2S_2')^2 + (PO' + O'S_2')^2$$
$$= D^2 + \left(y + \frac{d}{2}\right)^2 \quad \text{.....(1)}$$

and $(S_1P)^2 = (S_1S_1')^2 + (PS_1')^2$
$$= (S_1S_1')^2 + (PQ' - Q'S_1)^2$$
$$= D^2 + \left(y - \frac{d}{2}\right)^2 \quad \text{.....(2)}$$

$$(S_2P)^2 - (S_1P)^2 = \left\{D^2 + \left(y + \frac{d}{2}\right)^2\right\} - \left\{D^2 + \left(y - \frac{d}{2}\right)^2\right\}$$

$\therefore (S_2P + S_1P)(S_2P - S_1P)$
$$= \left[D^2 + y^2 + \frac{d^2}{4} + yd\right] - \left[D^2 + y^2 + \frac{d^2}{4} - yd\right] = 2yd$$

$\therefore \quad S_2P + S_1P = \Delta l = \dfrac{2yd}{S_2P + S_1P}$

In practice, $D \gg y$ and $D \gg d$
$\therefore \quad S_2P + S_1P \cong 2D$

$\therefore$ Path difference,
$$\Delta l = S_2P + S_1P \cong 2\dfrac{yd}{2D} = y\dfrac{d}{D} \quad \text{.....(3)}$$

The expression for the fringe width (or band width):
The distance between consecutive bright (or dark) fringes is called the fringe width (or bandwidth) W. Point P will be bright (maximum intensity), if the path difference,

$$\Delta l = y_n \dfrac{d}{D} = n\lambda \text{ where } n = 0, 1, 2, 3, ...$$

Point P will be dark (minimum intensity equal to zero), if

$$y_m \dfrac{d}{D} = (2m-1)\dfrac{\lambda}{2}, \text{ where } m = 1, 2, 3, ...$$

Thus, for bright fringes (or bands),
$$y_n = 0, \lambda\dfrac{D}{d}, \dfrac{2\lambda D}{d} .....$$

and for dark fringes (or bands),
$$y_n = \dfrac{\lambda}{2}\dfrac{D}{d}, 3\dfrac{\lambda}{2}\dfrac{D}{d}, 5\dfrac{\lambda}{2}\dfrac{D}{d} .....$$

These conditions show that the bright and dark fringes (or bands) occur alternately and equally spaced. For point O', the path difference $(S_2O' - S_1O') = 0$. Hence, point O' will be bright. It corresponds to the centre of the central bright fringe (or band). On both sides of O', the interference pattern consists of alternate dark and bright fringes (or band) parallel to the slit.

Let y_n and y_{n+1} be the distances of the nth and $(m+1)$th bright fringes from the central bright fringe.

$\therefore \quad \dfrac{y_n d}{D} = n\lambda$

$\therefore \quad y_n = \dfrac{n\lambda D}{d} \quad \text{.....(4)}$

and $\dfrac{y_{n+1}d}{D} = (n+1)\lambda$

$\therefore \quad (y_{n+1}) = \dfrac{(n+1)\lambda D}{d} \quad \text{.....(5)}$

The distance between consecutive bright fringes

$$= y_{n+1} - y_n = \dfrac{\lambda D}{d}[(n+1) - n]$$
$$= \dfrac{\lambda D}{d} \quad \text{.....(6)}$$

Hence, the fringe width,

$\therefore \quad W = \Delta y = y_{n+1} - y_n = \dfrac{\lambda D}{d} \quad \text{.....(7)}$

(for bright fringes)

Alternatively, let y_m and y_{m+1} be the distances of the mth and $(m+1)^{th}$ dark fringes respectively from the central bright fringe.

$\therefore \quad \dfrac{y_m d}{D} = (2m-1)\dfrac{\lambda}{2}$

and $\dfrac{y_{m+1}d}{D} = [2(m+1) - 1]\dfrac{\lambda}{2} = (2m+1)\dfrac{\lambda}{2} \quad \text{.....(8)}$

$\therefore \quad y_m = (2m-1)\dfrac{\lambda D}{2d}$

and $y_{m+1} = (2m+1)\dfrac{\lambda D}{2d} \quad \text{.....(9)}$

$\therefore$ The distance between consecutive dark fringes.

$y_{m+1} - y_m = \dfrac{\lambda D}{2d}[(2m+1) - (2m-1)] = \dfrac{\lambda D}{d} \quad \text{.....(10)}$

$\therefore \quad W = y_{m+1} - y_m$
$$= \dfrac{\lambda D}{d} \text{ (for dark fringes)} \quad \text{.....(11)}$$

Equations (7) and (11) show that the fringe width is the same for bright and dark fringes.

22. Given: $L = 1.5$ m, $R = 10\ \Omega$, $E = 4$ V, $r = 5\ \Omega$

$$K = \dfrac{ER}{(R+r)L}$$

$\therefore \quad K = \dfrac{4 \times 10}{(10+5)1.5}$

$$= \dfrac{40}{15 \times \dfrac{15}{10}}$$

$$= \dfrac{400}{225} \text{ V/m} = \dfrac{400}{22500} \text{ V/cm}$$

$$= 0.0178 \text{ V/cm}$$

The potential drop per centimeter of the wire is 0.0178 V/cm.

23. Given: $v = 3 \times 10^7$ m/s, $B = 6 \times 10^{-4}$ T
    $m_e = 9 \times 10^{-31}$ kg, $e = 1.6 \times 10^{-19}$ C
    1 eV $= 1.6 \times 10^{-19}$ J
    The radius of the circular path,
    $$r = \frac{m_e v}{|e|B}$$
    $$= \frac{(9 \times 10^{-31})(3 \times 10^7)}{(1.6 \times 10^{-19})(6 \times 10^{-4})} = \frac{2.7}{9.6}$$
    $$= 0.2812 \text{ m}$$
    The frequency of revolution,
    $$f = \frac{|e|B}{2\pi m_e}$$
    $$= \frac{(1.6 \times 10^{-19})(6 \times 10^{-4})}{2 \times 3.142 \times (9 \times 10^{-31})}$$
    $$= \frac{9.6}{18 \times 3.142} \times 10^8 = 16.97 \text{ MHz}$$

    Since the magnetic force does not change the kinetic energy of the charge,
    $$\text{K.E.} = \frac{1}{2} m_e v^2 = \frac{1}{2} (9 \times 10^{-31})(3 \times 10^7)^2$$
    $$= \frac{81}{2} \times 10^{-17} \text{ J}$$
    $$= \frac{81}{2(1.6 \times 10^{-19})} \times 10^{-17} \text{ eV}$$
    $$= \frac{8.1}{3.2} \times 10^3 = 2.531 \text{ keV}.$$

24. In the Bohr model of a hydrogen atom, the electron of charge e performs a uniform circular motion around the positively charged nucleus. Let r, v and T be the orbital radius, speed and period of motion of the electron. Then,
    $$T = \frac{2\pi r}{v} \quad \text{.....(1)}$$

    Therefore, the orbital magnetic moment associated with this orbital current loop has a magnitude,
    $$I = \frac{e}{T} = \frac{ev}{2\pi r} \quad \text{.....(2)}$$

    Therefore, the magnetic dipole moment associated with this electronic current loop has a magnitude
    $$M_0 = \text{current} \times \text{area of the loop}$$
    $$= I(\pi r^2) = \frac{ev}{2\pi r} \times \pi r^2 = \frac{1}{2} evr \quad \text{.....(3)}$$

    Multiplying and dividing the right-hand side of the above expression by the electron mass m_e,
    $$M_0 = \frac{e}{2m_e}(m_e vr) = \frac{e}{2m_e} L_0 \quad \text{.....(4)}$$

    where $L_0 = m_e vr$ is the magnitude of the orbital angular momentum of the electron $\vec{M_0}$ is opposite to $\vec{L_0}$.

    $$\therefore \vec{M_0} = -\frac{e}{2m_e}\vec{L_0} \quad \text{.....(5)}$$

    which is the required expression.
    According to Bohr's second postulate of stationary orbits in this theory of hydrogen atom, the angular momentum of the electron in the nth stationary orbit is equal to $n\frac{h}{2\pi}$, where h is the Planck constant and n is a positive integer. Thus, for an orbital electron,
    $$L_0 = m_e vr$$
    $$= \frac{nh}{2\pi} \quad \text{.....(6)}$$

    Substituting for L_0 in equation (4),
    $$M_0 = \frac{enh}{4\pi m_e}$$
    For $n = 1$, $\quad M_0 = \frac{eh}{4\pi m_e}$

    The quantity $\frac{eh}{4\pi m_e}$ is a fundamental constant called the Bohr magneton, μ_B. $\mu_B = 9.274 \times 10^{-24}$ J/T (or Am²)
    $= 5.788 \times 10^{-5}$ eV/T.

25. Given,
    $N = 10$, $R = 1$ cm $= 10^{-2}$ m
    $n = 400$ cm $= 400$ cm $= 400 \times 10^2$ m $= 4 \times 10^4$ m
    $k = 800$
    $\mu_0 = 4\pi \times 10^{-7}$ H/m
    $\therefore$ Mutual inductance,
    $M = k\mu_0 \pi R^2 nN$
    $= 800 \times 4\pi \times 10^{-7} \times \pi \times (10^{-2})^2 \times 4 \times 10^4 \times 10$
    $= 800 \times 4 \times 3.142 \times 3.142 \times 40 \times 10^{-7} \times 10^{-4} \times 10^4$
    $= 1264 \times 10^{-4}$
    $M = 0.1264$ H.

26. A BJT being a bipolar device, both electrons and holes participate in the conduction process. Under the forward-biased condition, the majority carriers injected from the emitter into the base constitute the largest current component in a BJT. For these carriers to diffuse across the base region with negligible recombination and reach the collector junction, these must overwhelm the majority carriers of the opposite charge in the base. The total emitter current has two components, that due to majority carriers in the emitter and that due to minority carriers diffused from the base into the emitter. The ratio of the current component due to the injected majority carriers from the emitter to the total emitter current is a measure of the emitter efficiency. To improve the emitter efficiency and the common-base current gain (α), it can be shown that the emitter should be much heavily doped than the base.

    Also, the base width is a function of the base-collector voltage. A low doping level of the collector increases the size of the depletion region. This increases the maximum collector-base voltage and reduces the base width. Further, the large depletion region at the collector-base junction-extending mainly into the collector-corresponds to a smallest electric field and avoids avalanche breakdown of the reverse-biased collector-base junction.

Section D

27. (i) Lenz's law: The direction of the induced current is such as to oppose the change that produces it.

The change that induces a current may be:
(a) The motion of a conductor in a magnetic field or
(b) The change of the magnetic flux through a stationary circuit.

Explanation: Consider Faraday's magnet and coil experiment. If the bar magnet is moved towards the coil with its N-pole facing the coil, as in the shown first figure, the number of magnetic lines of induction (pointing to the left) through the coil increases. The induced current in the coil sets up a magnetic field of its own pointing to the right (as given by Amperes right-hand rule) to oppose the growing flux due to the magnet. Hence, to move the magnet towards the coil against this repulsive flux of the induced current, we must do work. The work done shows up as electric energy in the coil.

When the magnet is withdrawn, with its N-pole still facing the coil, the number of magnetic lines of induction (pointing left) through the coil decreases. The induced current reverses its direction to supplement the decreasing flux with its own, as shown in the second figure. Facing the coil along with the magnet, the induced current is in the clockwise sense. The electric energy in the coil comes from the work done to withdraw the magnet, now against an attractive force. Thus, we see that Lenz's law is a consequence of the law of conservation of energy.

(ii) Here $\dfrac{N_t}{N_0} = 1\% = \dfrac{1}{100}$

$T_{1/2} = 5.3$ years, $t = ?$

We have, $\dfrac{N_t}{N_0} = e^{-\lambda t}$

$\dfrac{1}{100} = e^{-\lambda t}$

$\therefore \quad e^{\lambda t} = 100$

$\therefore \quad \lambda t = \log_e 100$

$\therefore \quad t = \dfrac{\log_e 100}{\lambda}$

but $T_{1/2} = \dfrac{0.693}{\lambda}$

$\lambda = \dfrac{0.693}{T_{1/2}} = \dfrac{0.693}{5.3}$

$\therefore \quad t = \dfrac{\log_e 100}{0.693} \times 5.3$

$= \dfrac{5.3}{0.693} \times 2.303 \times \log 100$

$= \dfrac{5.3 \times 2.303}{0.693} \times 2$

$\therefore \quad t = 35.23$ years.

28. (i) Progressive wave: A progressive wave is defined as the onward transmission of the vibratory motion of a body in an elastic medium from one particle to the successive particle.

Characteristics of a progressive wave:
- Energy is transmitted from particle to particle without the physical transfer of matter.
- The particles of the medium vibrate periodically about their equilibrium positions.
- In the absence of dissipative forces, every particle vibrates with the same amplitude and frequency but differs in phase from its adjacent particles. Every particle lags behind in its state of motion compared to the one before it.
- Wave motion is doubly periodic, i.e., it is periodic in time and periodic in space.
- The velocity of propagation through a medium depends upon the properties of the medium.
- A transverse wave can propagate only through solids but not through liquids and gases while a longitudinal wave can propagate through any material medium.
- **Progressive waves are of two types:** Transverse and longitudinal. In a transverse mechanical wave, the individual particles of the medium vibrate perpendicular to the direction of propagation of the wave. The progressively changing phase of the successive particles results in the formation of alternate crests and troughs that are periodic in space and time. In an em wave, the electric and magnetic fields oscillate in mutually perpendicular directions, perpendicular to the direction of propagation. In a longitudinal mechanical wave, the individual particles of the medium vibrate along the line of propagation of the wave. The progressively changing phase of the successive particles results in the formation of typical alternate regions of compressions and rarefactions that are periodic in space and time. Periodic compression and rarefactions result in periodic pressure and density variations in the medium. There is no longitudinal em wave.

(ii) $n = 125$, $q = 0.5 \times 10^{-6}$ C, $d = 0.1$ m

The radius of each small drop.

$r = \dfrac{d}{2} = 0.05$ m

The volume of the larger drop being equal to the volume of the n smaller drops, the radius of the layer drop is

$R = \sqrt[3]{nr} = \sqrt[3]{125}\,(0.05) = 5 \times 0.05 = 0.25$ m

The charge on the larger drop,

$Q = nq = 125 \times (0.5 \times 10^{-6})$ C

∴ The electric potential of the surface of the larger drop,

$V = \dfrac{1}{4\pi\varepsilon_0} \dfrac{Q}{R} = (9 \times 10^9) \times \dfrac{125 \times (0.5 \times 10^{-6})}{0.25}$

$= 9 \times 125 \times 2 \times 10^3 = 2.25 \times 10^6$ V.

29. (i) (a) Melting of ice

(b) Boiling of water

(ii) Given: $P = 1.013 \times 10^5\ N/m^2, V = 5$ litres $= 5 \times 10^{-3}\ m^3$

$$E = \frac{3}{2}PV$$

$$= \frac{3}{2}(1.013 \times 10^5\ N/m^2)\ (5 \times 10^{-3}\ m^3)$$

$$= 7.5 \times 1.013 \times 10^2\ J$$

$$= 7.597 \times 10^2\ J$$

This is the required energy.

30. Given: $\lambda_{L\infty} = 912\ Å$

For hydrogen spectrum,

$$\frac{1}{\lambda} = R_H\left(\frac{1}{n^2} - \frac{1}{m^2}\right)$$

$$\therefore \quad \frac{1}{\lambda_{L\infty}} = R_H\left(\frac{1}{1^2} - \frac{1}{\infty}\right) = R_H \quad \text{.....(1)}$$

as $n = 1$ and $m = \infty$

$$\frac{1}{\lambda_{B\infty}} = R_H\left(\frac{1}{4} - \frac{1}{\infty}\right) = \frac{R_H}{4} \quad \text{.....(2)}$$

as $n = 2$ and $m = \infty$

$$\frac{1}{\lambda_{Pa\infty}} = R_H\left(\frac{1}{9} - \frac{1}{\infty}\right) = \frac{R_H}{9} \quad \text{.....(3)}$$

as $n = 3$ and $m = \infty$

$$\frac{1}{\lambda_{Pf\infty}} = R_H\left(\frac{1}{25} - \frac{1}{\infty}\right) = \frac{R_H}{25} \quad \text{.....(4)}$$

as $n =$ S and $m = \infty$

From Eqs. (1) and (2), we get

$$\frac{\lambda_{B\infty}}{\lambda_{L\infty}} = \frac{R_H}{\frac{R_H}{4}}$$

$$\therefore \quad \lambda_{B\infty} = 4\lambda_{L\infty} = (4)\ (912) = 3648\ Å$$

This is the series limit of the Balmer series.

From Eqs. (1) and (3), we get

$$\frac{\lambda_{Pa\infty}}{\lambda_{L\infty}} = \frac{R_H}{\frac{R_H}{9}} = 9$$

$$\therefore \quad \lambda P_{a\infty} = 9\lambda_{L\infty} = (9)\ (912) = 8208\ Å$$

This is the series limit of the Paschen series.

From Eqs. (1) and (4), we get

$$\frac{\lambda_{Pf\infty}}{\lambda_{L\infty}} = \frac{R_H}{\frac{R_H}{25}} = 25$$

$$\therefore \quad \lambda_{Pf\infty} = 25\lambda_{L\infty} = (25)\ (912)$$

$$= 22800\ Å.$$

31. Consider a liquid drop of radius R and surface tension T.

Due to surface tension, the molcules on the surface film experience the net force in the inward direction normal to the surafce. Therefore there is more pressure inside than outside.

Let p_1 be the pressure inside the liquid drop and p_0 be the pressure outside the drop.

Therefore excess of pressure inside the liquid drop is,

$$p = p_1 - p_0$$

Due to excess pressure inside the liquid drop the surface of the drop will experience the net force in outward direction due to which the drop will expand.

Let the free surface displace by dR under isothermal conditions.

Therefore excess of pressure does the work in displacing the surface and that work will be stored in the form of potential energy.

The work done by an excess of pressure in displacing the surface is,

dW = Force × displacement

= (Excess of pressure × surface area) × displacement of the surface

$$= p \times 4\pi R^2 \times dR \quad \text{.....(1)}$$

Increase in the potential energy is

dU = surface tension × increase in area of the free surface

$$= T[4\pi(R + dR)^2 - 4\pi R^2]$$

$$= T[4\pi(2RdR)] \quad \text{.....(2)}$$

From (1) and (2)

$$p \times 4\pi R^2 \times dR = T[4\pi(2RdR)]$$

$$\Rightarrow \quad p = \frac{2T}{R}$$

The above expression gives us the pressure inside a liquid drop.

●●

SAMPLE PAPER-3
Physics

Questions

Section A

1. Select and write the correct answers to the following questions:
   (i) The coefficient of absorption and coefficient of transmission are 0.50 and 0.25 respectively. If 200 calories of radiant heat is incident on the surface of the body, the quantity of heat reflected will be:
   (a) 140 cal (b) 150 cal
   (c) 50 cal (d) 200 cal
   (ii) If $a = 0.72$ and $r = 0.24$, then the value of tr is:
   (a) 0.02 (b) 0.04
   (c) 0.4 (d) 0.2
   (iii) For an isothermal process, which of the following quantities are non zero?
   (a) ΔU and ΔT (b) Q and W
   (c) ΔU and W (d) ΔU and Q
   (iv) A gas in a closed container in heated with 10 J of energy, causing the lid of the container to rise 2 m with 3 N of force. What is the total change in energy of the system?
   (a) 10 J (b) 4 J
   (c) – 10 J (d) – 4 J
   (v) A standing wave is produced on a string fixed at one end with the other end free. The length of the string:
   (a) Must be an odd integral multiple of $\frac{\lambda}{4}$
   (b) Must be an odd integral multiple of $\frac{\lambda}{2}$
   (c) Must be an odd integral multiple of λ
   (d) Must be an even integral multiple of λ
   (vi) When the balance point is obtained in the potentiometer, a current is drawn from:
   (a) Both the cells and auxiliary battery
   (b) Cell only
   (c) Auxiliary battery only
   (d) Neither cell nor auxiliary battery
   (vii) A charged particle is in motion having initial velocity v when it enter into a region of uniform magnetic field perpendicular to v. Because of the magnetic force the kinetic energy of the particle will:
   (a) Remain unchanged (b) Get reduced
   (c) Increase (d) Be reduced to zero
   (viii) In a series LCR circuit the phase difference between the voltage and the current is 450. Then the power factor will be:
   (a) 0.607 (b) 0.707
   (c) 0.808 (d) 1
   (ix) Light of frequency 1.9 times the threshold frequency is incident on a photo sensitive material. If the frequency is halved and intensity is doubled, the photo current becomes.
   (a) doubled (b) quadrupled
   (c) halved (d) zero
   (x) The SI units and dimensions of Reynolds number respectively are ....
   (a) Poise, $[L^0M^0T^0]$ (b) Ns/m², $[L^1M^1L^1]$
   (c) No unit, $[L^0M^0T^0]$ (d) No unit, $[L^1M^1T^1]$

2. Answer the following questions:
   (i) Do we need a banked road for a two-wheeler? Explain.
   (ii) What is an incompressible fluid?
   (iii) A gas contained in a cylinder surrounded by a thick layer of insulating material is quickly compressed. Has there been a transfer of heat?
   (iv) What are primary and secondary sources of light?
   (v) The dipole moment of a water molecule is 6.3×10^{-30} cm. A sample of water contains 10^{21} molecule, whose dipole moments are all oriented in an electric field of strength 2.5×10^5 N/C. Calculate the work to be done to rotate the dipoles from their initial orientation $\theta_1 = 0$ to one in which all the dipoles are perpendicular to the field $\theta_2 = 90$.
   (vi) What do you mean by electromagnetic induction?
   (vii) What is photoelectric effect?
   (viii) State the principal of solar cell?

Section B

Attempt any Eight of the following questions:

3. State (i) Stefan's Boltzmann law of radiation (ii) Kirchhoff's law of heat radiation.
4. At what distance from the mean position is the speed of a particle performing S.H.M. half its maximum speed. Given path length of S.H.M. = 10 cm.
5. Why are multiple colours observed over a thin film of oil floating on water?
6. The safest way to protect yourself from lightening is to be inside a car. Justify.
7. A voltmeter has a resistance 30 Ω. What will be its reading, when it is connected across a cell of emf 2 V having internal resistance 10 Ω?
8. A very long straight wire carries a current 5.2 A. What is the magnitude of the magnetic field at a distance 3.1 cm from the wire? $[\mu_0 = 4\pi \times 10^{-7}$ T.m/A]

9. When a plate of magnetic material of size 10 cm × 0.5 cm × 0.2 cm (length, breadth and thickness resp) is located is magnetic moment of 5 Am². Find magnetization.
10. State the difficulties faced by Rutherford atomic model?
11. If the effective current is a 50 cycle AC circuit is 5 A, what is the peak value of current? What is the current 1/600 sec. after if was zero?
12. Two soap bubbles have radii in the ratio 4 : 3. What is the ratio of work done to blow these bubbles.
13. A horizontal wire 20 m long extending from east to west is falling with a velocity of 10 m/s normal to the Earth's magnetic field of 0.5×10^{-4} T. What is the value of induced emf in the wire?
14. State characteristics of stationary waves?

Section C

Attempt any Eight of the following questions:

15. Prove the theorem of perpendicular axes about moment of inertia.
16. Derive an expression of excess pressure inside a liquid drop.
17. State and prove Kirchhoff's law of heat radiation.
18. A solar-cooker and a pressure-cooker both are used to cook food. Treating them as thermodynamic systems, discuss the similarities and difference between them.
19. State the laws of simple pendulum.
20. Two wires of the same material and same cross-section are stretched on a sonometer. One wire is loaded with 1.5 kg and another is loaded with 6 kg. The vibrating length of first wire is 60 cm and its fundamental frequency of vibration is the same as that of the second wire. Calculate vibrating length of the other wire.
21. A double-slit arrangement produces interference fringes for sodium light (– 589 nm) that are 0.20° apart. What is the angular fringe separation if the entire arrangement is immersed in water ($n = 1.33$)?
22. A voltmeter has a resistance of 100 Ω. What will be its reading when it is connected across a cell of emf 2 V and internal resistance 20 Ω?
23. Current of equal magnitude flows through two long parallel wires having separation of 1.35 cm. If the force per unit length on each of the wires in 4.76×10^{-2} N, what must be I?
24. Define magnetization. State its formula, SI unit and dimension. What is magnetic susceptibility of a medium?
25. A 15.0 μF capacitor is connected to a 220 V, 50 Hz source. Find the capacitive reactance and the current (rms and peak) in the circuit. If the frequency is doubled, what will happen to the capacitive reactance and the current.
26. Explain the inverse linear dependence of stopping potential on the incident wavelength in a photoelectric effect experiment.

Section D

Attempt any Three of the following questions:

27. Derive an expression that relates angular momentum with the angular velocity of a rigid body.
28. Explain the principle of operation of a photodiode.
29. In a parallel plate capacitor with air between the plates, each plate has an area of 6×10^{-3} m² and the separation between the plates is 2 mm.
    (i) Calculate the capacitance of the capacitor.
    (ii) If this capacitor is connected to 100 V supply, what would be the charge on each plate?
    (iii) How would charge on the plates be affected if a 2 mm thick mica sheet of $k = 6$ is inserted between the plates while the voltage supply remains connected?
30. In a Faraday disc dynamo, a metal disc of radius R rotates with an angular velocity ω about an axis perpendicular to the plane of the disc and passing through its centre. The disc is placed in a magnetic field B acting perpendicular to the plane of the disc. Determine the induced emf between the rim and the axis of the disc.
31. Determine the series limit of Balmer, Paschen and Pfund series, given the limit for Lyman series is 912 Å.

Answer Key

Section A

1. (i) (c) 50 cal
    (ii) (c) 0.4
    (iii) (b) Q and W
    (iv) (b) 4 J
    (v) (a) Must be an odd integral multiple of λ/4
    (vi) (d) Neither cell nor auxiliary battery
    (vii) (a) Remain unchanged
    (viii) (b) 0.707
    (ix) (d) Zero
    (x) (c) No unit, [$L^0M^0T^0$]

2. (i) When a two-wheeler takes a turn along an unbanked road, the force of friction provides the centripetal force. The two-wheeler leans inward to counteract a torque that tends to topple it outward. Firstly, friction cannot be relied upon to provide the necessary centripetal force on all road conditions. Secondly, the friction results in the wear and tear of the tyres. On a banked road at a turn, any vehicle can negotiate the turn without depending on friction and without straining the tyres.

(ii) An incompressible fluid is one which does not undergo a change in volume for a large range of pressures. Thus, it density has a constant value throughout the fluid. In most cases, all liquids are incompressible.

(iii) No. There is no transfer of heat energy, as the cylindrical vessel is surrounding by an insulating material, which doesn't allow heat transfer.

(iv) Primary sources of light: The sources that emit light on their own are called primary sources. This emission of light may be due to:
   (a) The high temperature of the source, e.g., the Sun, the stars, objects heated to high temperature, a flame, etc.
   (b) The effect of current being passed through the source, e.g., tubelight, TV, etc.
   (c) Chemical or nuclear reactions taking place in the source, e.g., firecrackers, nuclear energy generators, etc.

Secondary sources of light: Some sources are not self-luminous, i.e., they do not emit light on their own, but reflect or scatter the light incident on them. Such sources of light are called secondary sources, e.g., the moon, the planets, objects such as humans, animals, plants, etc. These objects are visible due to reflected light. Many of the sources that we see around are secondary sources and most of them are extended sources.

(v) $$\sin\theta_2 = \frac{\sin\theta_1}{n_w}$$

$$\frac{\sin 0.2}{1.33} = \frac{0.0035}{1.33}$$

$$= 0.0026$$

$$\therefore \quad \theta_2 = \sin^{-1} 0.0026 = \theta_1 = 0.15°$$

This is the required angular fringe separation.

(vi) The phenomenon of production of emf in a conductor or circuit by a changing magnetic flux through the circuits is called electromagnetic induction.

(vii) The phenomenon of emission of electrons from a metal surface when electromagnetic radiation of appropriate frequency is incident on it is known as photoelectric effect.

(viii) A solar cell is an unbiased *pn*-junction that converts the energy of sunlight directly into electricity with a high conversion efficiency.
Principle: A solar cell works on the photovoltaic effect in which an emf is produced between the two layers of a *pn*-junction as a result of irradiation.

Section B

3. (i) Stefan's Boltzmann law of radiation: The rate of emission of radiant energy per unit area or the power radiated per unit area of a perfect black body is directly proportional to the fourth power of its absolute temperature.
i.e., $R \propto T^4$
$R = \sigma T^4$
Where σ = stefan's constant

(ii) Kirchhoff's law of heat radiation: At a given temperature the ratio to emissive power to coefficient of absorption of a body is equal to the emissive power of a perfect black body at the same temp. for all wavelengths.
i.e., $a = e$.

4. Given: $v = \frac{1}{2} v_{max}$, $2A = 10$ cm

$\therefore$ $a = 5$ cm

$v = \omega\sqrt{A^2 - x^2}$ and $v_{max} = \omega A$

Since $c = \frac{1}{2} v_{max}$

$\omega\sqrt{A^2 - x^2} = \frac{\omega A}{2}$

$\therefore$ $A^2 - x^2 = \frac{A^2}{4}$

$\therefore$ $x^2 = A^2 - \frac{A^2}{4} = \frac{3A^2}{4}$

$\therefore$ $x = \pm \frac{\sqrt{3}}{2} A = \pm 0.866 \times 5 = \pm 4.33$ cm.

This gives the required displacement.

5. Interference due to a thin film: The brilliant colours of soap bubbles and thin films on the surface of water are due to the interference of light waves reflected from the upper and lower surfaces of the film. The two rays have a path difference which depends on the point on the film that is being viewed. This is shown in above figure.

The incident wave gets partially reflected from upper surface as shown by ray AE. The rest of the light gets refracted and travels along AB. At B it again partially reflected and travels along BC. At C it refracts into air and travels CF. The parallel rays AE and CF have a phase difference due to their different path lengths in different media. As can be seen from the figure, the phase difference depends on the angle of incidence θ_1, i.e., the angle of incidence at the top surface which is the angle of viewing and also on the wavelength of the light as the refractive index of the material of the thin film depends on it. The two waves propagating along AE and CF interfere producing maxima and minima for different colours at different angles of viewing. One sees different colours when the film is viewed at different angles.

As the reflection is from the denser boundary, there is an additional phase difference of π radians (or an additional path difference λ). This should be taken into account for mathematical analysis.

6. There is a danger of lightning strikes during a thunderstorm. Because trees are taller than people and therefore closer to the clouds above, they are more likely to get hit by lightnings. Similarly, a person standing in an open ground is the tallest object and more likely to get hit by lightning. But a car with a metal body is an almost idea Faraday cage. When a car is struck by lightning, the charge flows on the outside surface of the car to the ground but the electric field inside remains zero. This leaves the passengers inside unharmed.

7. Given: $E = 2V$, $r = 10\ \Omega$, $R = 30\ \Omega$
The voltmeter reading,
$V = IR$
$= \left(\dfrac{E}{R+r}\right)R = \left(\dfrac{2}{30+10}\right)30$
$= \left(\dfrac{2}{40}\right)30 = 1.5\ V.$

8. Given: $I = 5.2\ A$, $a = 0.031\ m$, $\dfrac{\mu_0}{4\pi} = 10^{-7}\ T\ m/A$

The magnetic induction,
$B = \dfrac{\mu_0 I}{2\pi a} = \dfrac{\mu_0}{4\pi}\dfrac{2I}{a} = 10^{-7} \times \dfrac{2(5.2)}{3.1 \times 10^{-2}}$
$= 3.35 \times 10^{-5}\ T.$

9. Given,
$l = 10\ cm = 10^{-1}\ m$
$b = 0.5\ cm = 5 \times 10^{-3}\ m$
$t = 0.2\ cm = 2 \times 10^{-3}\ m$
$M_{net} = 5\ Am^2$
$M = \dfrac{M_{net}}{V} = \dfrac{M_{net}}{l \times b \times t}$
$= \dfrac{5}{10^{-1} \times 5 \times 10^{-3} \times 2 \times 10^{-3}}$
$= 5 \times 10^6\ A/m.$

10. (i) According to Rutherford, the electrons revolve in circular orbits around the atomic nucleus. The circular motion is an accelerated motion. According to the classical electromagnetic theory, an accelerated charge continuously radiates energy. Therefore, an electron during its orbital motion should go on radiating energy. Due to the loss of energy, the radius of its orbit should go on decreasing. Therefore, the electron should move along a spiral path and finally fall into the nucleus in a very short time, of the order of 10^{-16} s in the case of a hydrogen atom. Thus, the atom should be unstable. We exist because atoms are stable.

(ii) If the electron moves along such a spiral path, the radius of its orbit would continuously decrease. As a result, the speed and frequency of revolution of the electron would go on increasing. The electron, therefore, would emit radiation of continuously changing frequency and hence give rise to a continuous spectrum. However, the atomic spectrum is a line spectrum.

11. Given: $f = 50\ Hz$, $i_{rms} = 5\ A$, $t = \dfrac{1}{600}\ s$

The peak value of the current,
$i_0 = i_{rms}\sqrt{2} = (5)(1.414) = 7.07\ A$
$i = i_0 \sin(2\pi ft)$
$= 7.07 \sin\left[2\pi(50)\left(\dfrac{1}{600}\right)\right]$
$= 7.07 \sin\left(\dfrac{\pi}{6}\right) = (7.07)(0.5)$
$= 3.535\ A.$

12. $\dfrac{r_1}{r_2} = \dfrac{4}{3}$, $W = 2TdA = 2T(4\pi r^2)$

$\therefore\ \dfrac{W_1}{W_2} = \dfrac{r_1^2}{r_2^2} = \left(\dfrac{4}{3}\right)^2 = \dfrac{16}{9}.$

13. Given: $l = 20\ m$, $v = 10\ m/s$, $B = 0.5 \times 10^{-4}\ T$
The magnitude of the induced emf,
$|e| = Blv = (5 \times 10^{-5})(20)(10) = 10^{-2}\ V = 10\ mV.$

14. Stationary wave: When two, identical, progressive waves of equal amplitudes and equal wavelengths and travelling in a similar medium, along the similar straight line but in opposite directions, interfere and then the wave formed is called a standing wave or a stationary wave.

Characteristics of stationary waves:
(i) Stationary waves are produced by the interference of two identical progressive waves travelling in opposite directions, under certain conditions.
(ii) The overall appearance of a standing wave is of alternate intensity maximum (displacement antinode) and minimum (displacement node).
(iii) The distance between adjacent nodes (or antinodes) is $\lambda/2$.
(iv) The distance between successive node and antinode is $\lambda/4$.
(v) There is no progressive change of phase from particle to particle. All the particles in one loop, between two adjacent nodes, vibrate in the same phase, while the particles in adjacent loops are in opposite phase.
(vi) A stationary wave does not propagate in any direction and hence does not transport energy through the medium.

Section C

15.

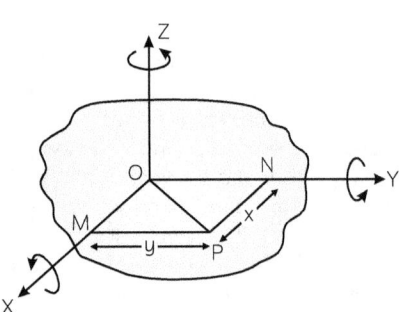

Let OX and OY be two perpendicular axes in the plane to the lamina and OZ an axis perpendicular to the its plane. Consider an infinitesimal mass element 'dm' of the lamina at the point $p(x, y)$.
M.I. of the lamina about z-axis
$I_z = \int OP^2\ dm$

The element is at perpendicular distance y and x from the x and y axes respectively. Hence M.I. about $x + y$ area are

$I_x = \int y^2\ dm\ +I_y = \int x^2\ dm$

from figure,

$$OP^2 = x^2 + y^2$$

Integrating wrt. dm on both cld

$$\int OP^2 dm = \int x^2 dm + \int y^2 dm$$

$$I_2 = I_y + I_x$$

$$\therefore \quad I_2 = I_x + I_y$$

This proves the theorem of perpendicular axes.

16. Consider a liquid drop of radius R and surface tension T.

Due to surface tension, the molecules on the surface film experience the net force in the inward direction normal to the surface. Therefore, there is more pressure inside than outside.

Let p_1 be the pressure inside the liquid drop and p_0 be the pressure outside the drop.

Therefore, excess of pressure inside the liquid drop is

$$p = p_1 - p_0$$

Due to excess pressure inside the liquid drop the free surface on the drop will experience the net force in outward direction due to which the drop will expand.

Let the free surface displace by dR under isothermal conditions.

Therefore, excess of pressure does the work in displacing the surface and that work will be stored in the form of potential energy.

The work done by an excess of pressure in displacing the surface is

dW = Force × displacement

= (Excess of pressure × surface area) × displacement of the surface

$= p \times 4\pi R^2 \times dR$ .....(1)

Increase in the potential energy is,

dU = surface tension × increase in area of the free surface

$= T[4\pi(R + dR)^2 - 4\pi R^2]$

$= T[4\pi(2RdR)]$ .....(2)

From equations (1) and (2),

$$p \times 4\pi R^2 \times dR = T[4\pi(2RdR)]$$

$$\Rightarrow \quad p = \frac{2T}{R}$$

The above expression gives us the pressure inside a liquid drop.

17. Consider an ordinary body O and perfectly black body B of the same dimension suspended in a uniform temperature enclosure as shown in the figure.

At thermal equilibrium, both the bodies will have the same temperature as that of the enclosure.

Let E = emissive power of ordinary body O

E_b = emissive power of perfectly black body B

a = coefficient of absorption of O

e = emissivity of O

Q = radiant energy incident per unit time per unit area on each body

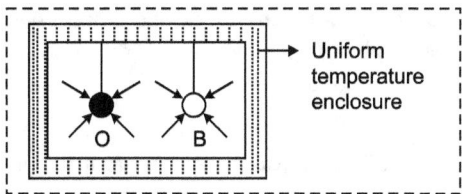

Quantity of heat absorbed per unit area per unit time by body O = aQ.

Quantity of heat energy emitted per unit area per unit time by body O = E.

Since there is no change in temperature

$$E = aQ$$

$$Q = E/a \quad .....(1)$$

Quantity of heat absorbed per unit area per unit time by a perfectly black body,

$$B = Q$$

The radiant heat energy emitted per unit time per unit area by a perfectly black body.

$$E = E_b$$

Since there is no change in temperature,

$$E_b = Q \quad .....(2)$$

From equations (1) and (2),

$$\frac{E}{a} = E_b$$

$$\Rightarrow \quad \frac{E}{E_b} = a$$

But $\quad \frac{E}{E_b} = e$

$$a = e.$$

18. Solar cooker:

- Solar cooker was invented by Horace Benedict de saussure in 1767.
- Solar cooker is device used to cook food by using no fuel, instead of sunlight.
- Solar cookers use a parabolic reflector to collect the rays of the sun and focus them at the cooker to heat it and cook the food in the cooker.
- Today the solar cookers are a little bit expensive than pressure cookers.
- Big solar cookers can be used to make food for people on a larger scale.

Pressure cooker:

- Pressure cooker was invented by Denis papin.
- Pressure cookers are the most common cookers used in our houses and can be found in every house.
- Pressure cookers require water to convert it into steam for raising the internal temperature and pressure that permits quick cooking.
- Pressure cooker are cheaper than solar cookers.
- Pressure cookers requires a fuel for heating the liquid inside them.

19. The period of a simple pendulum at a given place is

$$T = 2\pi\sqrt{\frac{L}{g}}$$

where L is the length of the simple pendulum and g is the acceleration due to gravity at the place. From the above expression, the laws of a simple pendulum are as follows:

- **Law of length:** The period of a simple pendulum at a given place (g constant) is directly proportional to the square root of its length.

  $\therefore \quad T \propto \sqrt{L}$

- **Law of acceleration due to gravity:** The period of a simple pendulum of a given length (L constant) is inversely proportional to the square root of the acceleration due to gravity.

  $\therefore \quad T \propto \dfrac{1}{\sqrt{g}}$

- **Law of mass:** The period of a simple pendulum does not depend on the mass of material of the bob of the pendulum.
- **Law of isochronism:** The period of a simple pendulum does not depend on the amplitude of oscillations, provided that the amplitude is small.

20. Given: $m_1 = m_2 = m$, $L_1 = 60$ cm $= 0.6$ m, $T_1 = 1.5$ kg $= 14.7$ N, $T_2 = 6$ kg $= 58.8$ N

$$n_1 = \frac{1}{2L_1}\sqrt{\frac{T_1}{m}} \text{ and } n_2 = \frac{1}{2L_2}\sqrt{\frac{T_2}{m}}$$

But $\quad n_1 = n_2$

$$\therefore \quad \frac{1}{2L_1}\sqrt{\frac{T_1}{m}} = \frac{1}{2L_2}\sqrt{\frac{T_2}{m}}$$

$$L_2 = \sqrt{\frac{T_2}{T_1}} \times L_1$$

$$= \sqrt{\frac{58.8}{14.7}} \times 0.6 = \sqrt{4} \times 0.6 = 1.2 \text{ m}$$

The vibrating length of the second wire is 1.2 m.

21. Given: $\theta_1 = 0.20°$, $n_w = 1.33$

In the first approximation,

$$D \sin\theta_1 = y_1 \text{ and } D \sin\theta_2 = y_2$$

$$\therefore \quad \frac{\sin\theta_2}{\sin\theta_1} = \frac{y_2}{y_1} \quad .....(1)$$

Now $\quad y \propto \dfrac{\lambda D}{d}$

For given d and D,

$$y \propto \lambda$$

$$\therefore \quad \frac{y_2}{y_1} = \frac{\lambda_2}{\lambda_1} \quad .....(2)$$

Now, $\quad n_w = \dfrac{\lambda_1}{\lambda_2} \quad .....(3)$

From equations (1), (2) and (3), we get

$$\frac{\sin\theta_2}{\sin\theta_1} = \frac{y_2}{y_1} = \frac{1}{n_w}$$

$$\therefore \quad \sin\theta_2 = \frac{\sin\theta_1}{n_w}$$

$$= \frac{\sin 0.2}{1.33} = \frac{0.0035}{1.33}$$

$$= 0.0026$$

$$\therefore \quad \theta_2 = \sin^{-1} 0.0026$$

$$= 0.15°$$

This is the required angular fringe separation.

22. Given: R = 100 Ω, r = 20 Ω, E = 2 V

To find: Reading of voltmeter (V)

Formula: $\quad V = E - Ir$

Calculation: Current through the circuit is given by

$$I = \frac{E}{R + r} = \frac{2}{100 + 20} = \frac{2}{120}$$

$$I = \frac{1}{60} \text{ A}$$

From formula,

$$V = 2 - \left(\frac{1}{60} \times 20\right) = 2 - 0.3333$$

$$\therefore \quad V = 1.667 \text{ V}$$

The reading on the voltmeter is 1.667 V.

23. Given: $I_1 = I_2 = I$, $s = 1.35 \times 10^{-2}$

$$F = \left(\frac{\mu_0}{4\pi}\right)\frac{2I_1I_2 l}{s} = \left(\frac{\mu_0}{4\pi}\right)\frac{2I^2 l}{s}$$

$$\therefore \quad I^2 = \frac{F}{l}\,\frac{s}{2(\mu_0/4\pi)}$$

$$= (4.76 \times 10^{-2})\frac{1.35 \times 10^{-2}}{2 \times 10^{-7}} = 3.213 \times 10^3$$

$$\therefore \quad I = \sqrt{32.13 \times 10^2} = 56.68 \text{ A.}$$

24. Magnetization: The net magnetic moment per unit volume of a material is called the magnetization.

Formula: $\quad M_z = \dfrac{\text{Mnet}}{V}$

SI unit : ampere per meter (A/m)

Dimensions: $[L^{-1}M^0T^0I^1]$

Magnetic susceptibility: The magnetic susceptibility of a medium is a dimensionless quantify which signifies the contribution made by the medium when subjected to a magnetic field to the magnetic induction inside the medium.

$$X_m = \frac{M_z}{H}.$$

25. Given: C = 15 μF = 15×10^{-6} F, V_{rms} = 220 V, f = 50 Hz

The capacitive reactance

$$= \frac{1}{2\pi fC}$$

$$= \frac{1}{2(3.142)(50)(15 \times 10^{-6})} = \frac{100 \times 100}{(3.142)(15)}$$

$$= 212.2\ \Omega$$

$$i_{rms} = \frac{V_{rms}}{\text{capacitive reactance}}$$

$$= \frac{220}{212.2} = 1.037 \text{ A}$$

$$i_{peak} = i_{rms}\sqrt{2} = (1.037)(1.414) = 1.466 \text{ A}$$

If the frequency is doubled, the capacitive reactance will be halved and the current will be doubled.

26. We have $V_0 e = \frac{hc}{\lambda} - \phi$, where V_0 is the stopping potential, e is the magnitude of the charge on the electron, his Planck's constant c is the speed of light in free space, λ is the wavelength of the electromagnetic radiation incident on a metal surface and ϕ is the work function for the metal, h, c and e are constants. ϕ is constant for a particular metal.

Hence, it follows that as $\frac{1}{\lambda}$ increases, V_0 increases.

The plot of V_0 verses $\frac{1}{\lambda}$ is linear. This is because the energy associated with a quantum of radiation (photon) is directly proportional to the frequency of the radiation and hence inversely proportional to the wavelength of radiation.

Section D

27. Consider a rigid body rotating with a constant angular velocity $\vec{\omega}$ about an axis through the point O and perpendicular to the plane of the figure. All the particles of the body perform uniform circular motion about the axis of rotation with the same angular velocity $\vec{\omega}$. Suppose that the body consists of N particles of masses $m_1, m_2, ..., m_N$ situated at perpendicular distances $r_1, r_2, ..., r_N$, respectively from the axis of rotation.

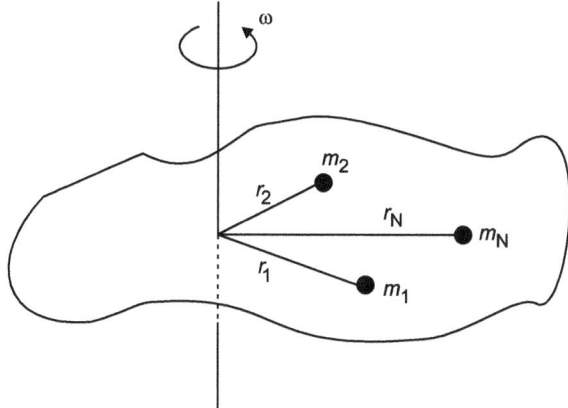

The particle of mass m_1 revolves along a circle of radius r_1 with a linear velocity of magnitude $v_1 = r_1\omega$. The magnitude of the linear momentum of the particle is

$$p_1 = m_1 v_1 = m_1 r_1 \omega$$

The angular momentum of the particle about the axis of rotation is by definition,

$$\vec{L}_1 = \vec{r}_1 \times \vec{p}_1$$

$$\therefore \quad L_1 = r_1 p_1 \sin\theta$$

where θ is the smaller of the two angles between $\vec{r}_1$ and $\vec{p}_1$.

In this case, $\theta = 90°$

$\therefore \quad \sin\theta = 1$

$\therefore \quad L_1 = r_1 p_1 = r_1 m_1 r_1 \omega = m_1 r_1^2 \omega$

Similarly, $L_2 = m_2 r_2^2 \omega$, $L_3 = m_3 r_3^2 \omega$, etc.

The angular momentum of the body about the given axis is

$$L = L_1 + L_2 + ... + L_N$$

$$= m_1 r_1^2 \omega + m_2 r_2^2 \omega + ... + m_N r_N^2 \omega$$

$$= (m_1 r_1^2 + m_2 r_2^2 + ... + m_N r_N^2)\omega$$

$$= \left(\sum_{i=1}^{N} m_i r_i^2\right)\omega$$

$$\therefore \quad I = I\omega$$

where $I = \sum_{i=1}^{N} m_i r_i^2$ = moment of inertia of the body about the given axis.

In vector form, $\vec{L} = I\vec{\omega}$

Thus, angular momentum = moment of inertia × angular velocity.

28. Construction: A photodiode consists of an n-type silicon substrate with a metal electrode back contact. A thin p-type layer is grown over the n-type substrate by diffusing a suitable acceptor dopant.

The area of the player defines the photodiode active area. An Ohmic contact pad is deposited on the active area. The rest of the active area is left open with a protective anti-reflective coating of silicon nitride to minimize the loss of photons. The non-active area is covered with an insulating opaque SiO_2 coating.

Depending on the required spectral sensitivity, *i.e.*, the operating wavelength range, typical photodiode materials are silicon, germanium, indium gallium arsenide phosphide (InGaAsP) and indium gallium arsenide (InGaAs), of which silicon is the cheapest while the last two are expensive.

Working: The band gap energy of silicon is E_G = 1.12 eV at room temperature. Thus, photons or particles with energies greater than or equal to 1.12 eV, which corresponds to $\lambda \leq 10$ nm, can transfer electrons from the valence band into the conduction band. A photodiode is operated in the reverse bias mode which results in a wider depletion region. When operated in the dark (zero illumination), there is a reverse saturation current due solely to the thermally generated minority charge carriers. This is called the dark current. Depending on the minority carrier concentrations, the dark current is an Si photodiode may range from 5 pA to 10 nA.

When exposed to radiation of energy $h\nu \geq E_G$ (in the range near-UV to near-IR), electron-hole pairs are created in the depletion region. The electric field in the depletion layer accelerates these photogenerated electrons and holes towards the n-side and p-side, respectively, constituting a photocurrent in the external circuit from the p-side to the n-side. Due to the photogeneration, more change carriers are available for conduction and the reverse current is increased. The photocurrent is directly proportional to the intensity of the incident light. It is independent of the reverse bias voltage.

(i) **Silicon (Si):** Low dark current, high speed, good sensitivity between ~ 400 nm and 1000 nm (best around 800 nm-900 nm).

(ii) **Germanium (Ge):** High dark current, slow speed, good sensitivity between ~ 900 nm and 1600 nm (best around 1400 nm-1500 nm).

(iii) **Indium gallium arsenide phosphide (InGaAsP):** Expensive low dark current, high speed, good sensitivity between ~ 1000 nm and 1350 nm (best around 1100 run-1300 nm).

(iv) **Indium gallium arsenide (InGaAs):** Expensive, low dark current, high speed, good sensitivity between ~ 900 nm and 1700 nm (best around 1300 nm-1600 nm).

29. Given: $k = 1$ (air), $A = 6 \times 10^{-3}$ m², $d = 2$ mm $= 2 \times 10^{-3}$ m, $V = 100$ V, $t = 2$ mm $= d$, $k_1 = 6$, $\varepsilon_0 = 8.85 \times 10^{-12}$ F/m

(i) The capacitance of the air capacitor,

$$C_0 = \frac{\varepsilon_0 A}{d}$$

$$= \frac{(8.85 \times 10^{-12})(6 \times 10^{-3})}{(2 \times 10^{-3})}$$

$$= 26.55 \times 10^{-12} \text{ F} = 26.55 \text{ pF}.$$

(ii) $Q_0 = C_0 V = (26.55 \times 10^{-12})(100)$
$= 26.55 \times 10^{-10}$ C
$= 2.655$ nC.

(iii) The dielectric of relative permittivity k_1 completely fills the space between the plates (∵ $t = d$), so that the new capacitance is $C = k_1 C_0$.
With the supply still connected, V remains the same.
∴ $Q = CV = kC_0V = kQ_0 = 6(2.655 \text{ nF}) = 15.93$ nC
Therefore, the charge on the plates increases.

30. Suppose a thin conducting disc of radius R is rotated anticlockwise, about its axis, in a plane perpendicular to a uniform magnetic field of induction $\vec{B}$ points downwards. Let the constant angular speed of the disc be ω.

Consider an infinitesimal element of radial thickness dr at a distance r from the rotation axis. In one rotation, the area traced by the element is $dA = 2\pi dr$. Therefore, the time rate at which the element traces out the area is

$$\frac{dA}{dt} = \text{frequency of rotation} \times dA = fdA$$

where $f = \frac{\omega}{2\pi}$ is the frequency of rotation.

∴ $\frac{dA}{dt} = \frac{\omega}{2\pi}(2\pi r dr) = \omega r dr$

The total emf induced between the axle and the rim of the rotating disc is

$$|e| \int B \frac{dA}{dt} = \int_0^R B\omega dr = B\omega \int_0^R r\,dr = B\omega \frac{R^2}{2}$$

For anticlockwise rotation in $\vec{B}$ pointing down, the axle is at a higher potential.

31. Given: $\lambda_{L\infty} = 912$ Å
For hydrogen spectrum,

$$\frac{1}{\lambda} = R_H \left(\frac{1}{n^2} - \frac{1}{m^2}\right)$$

∴ $\frac{1}{\lambda_{L\infty}} = R_H \left(\frac{1}{1^2} - \frac{1}{\infty}\right) = R_H$ .....(1)

as $n = 1$ and $m = \infty$

$\frac{1}{\lambda_{B\infty}} = R_H \left(\frac{1}{4} - \frac{1}{\infty}\right) = \frac{R_H}{4}$ .....(2)

as $n = 2$ and $m = \infty$

$\frac{1}{\lambda_{Pa\infty}} = R_H \left(\frac{1}{9} - \frac{1}{\infty}\right) = \frac{R_H}{9}$ .....(3)

as $n = 3$ and $m = \infty$

$\frac{1}{\lambda_{Pf\infty}} = R_H \left(\frac{1}{25} - \frac{1}{\infty}\right) = \frac{R_H}{25}$ .....(4)

as $n = S$ and $m = \infty$

From equations (1) and (2), we get

$$\frac{\lambda_{B\infty}}{\lambda_{L\infty}} = \frac{R_H}{R_H/4} = 4$$

∴ $\lambda_{B\infty} = 4\lambda_{L\infty} = (4)(912)$
$= 3648$ Å

This is the series limit of the Balmer series.
From equations (1) and (2), we get

$$\frac{\lambda_{Pa\infty}}{\lambda_{L\infty}} = \frac{R_H}{R_H/9} = 9$$

∴ $\lambda_{Pa\infty} = 9\lambda_{L\infty} = (9)(912)$
$= 8208$ Å.

This is the series limit of the Paschen series.
From equations (1) and (4), we get

$$\frac{\lambda_{Pf\infty}}{\lambda_{L\infty}} = \frac{R_H}{R_H/25} = 25$$

∴ $\lambda_{Pf\infty} = 25\lambda_{L\infty} = (25)(912)$
$= 22800$ Å.

●●

SAMPLE PAPER-4
Physics

Questions

Section A

1. **Select and write the correct answers to the following questions:**

   (i) Two capillary tubes of radii 0.3 cm and 0.6 cm are dipped in the same liquid. The ratio of heights through which the liquid will rise in the tubes is:
   - (a) 1 : 2
   - (b) 2 : 1
   - (c) 1 : 4
   - (d) 4 : 1

   (ii) For polyatomic molecule having 'F' vibrational modes, the ratio of two specific heats, $\frac{Cp}{Cv}$ is,
   - (a) $\frac{1+F}{2+F}$
   - (b) $\frac{2+F}{3+F}$
   - (c) $\frac{4+F}{3+F}$
   - (d) $\frac{5+F}{4+F}$

   (iii) The tension in a piano wire is increased by 25%. Its frequency becomes .... times the original frequency.
   - (a) 0.8
   - (b) 1.12
   - (c) 1.25
   - (d) 1.56

   (iv) A parallel plate capacitor is charged and then isolated. The effect of increasing the plate separation on charge, potential, capacitance respectively are:
   - (a) Constant, decreases, decreases
   - (b) Increases, decreases, decreases
   - (c) Constant, decreases, increases
   - (d) Constant, increases, decreases

   (v) When the balance point is obtained in the potentiometer, a current is drawn from:
   - (a) Both the cells and auxiliary battery
   - (b) Cell only
   - (c) Auxiliary battery only
   - (d) Neither cell nor auxiliary battery

   (vi) A charged particle is in motion having initial velocity v_p when it enter into a region of uniform magnetic field perpendicular to v_p. Because of the magnetic force the kinetic energy of the particle will:
   - (a) Remain unchanged
   - (b) Get reduced
   - (c) Increase
   - (d) Be reduced to zero

   (vii) A conducting thick copper rod of length 1 m carries a current of 15 A and is located on the Earth's equator. There the magnetic flux lines of the Earth's magnetic field are horizontal, with the field of 1.3 × 10^{-4} T, south to north. The magnitude and direction of the force on the rod, when it is oriented so that current flows from west to east, are:
   - (a) 14 × 10^{-4} N, downward
   - (b) 20 × 10^{-4} N, downward
   - (c) 14 × 10^{-4} N, upward
   - (d) 20 × 10^{-4} N, upward

   (viii) A conductor rod of length (l) is moving with velocity (v) in a direction normal to a uniform magnetic field (B). What will be the magnitude of induced emf produced between the ends of the moving conductor?
   - (a) BLv
   - (b) BLv^2
   - (c) $\frac{1}{2}Blv$
   - (d) $\frac{2Bl}{v}$

   (ix) In a circuit L, C and R are connected in series with an alternating voltage of frequency f. The current leads the voltage by 450. The value of C is:
   - (a) $\frac{1}{\pi f(2\pi fL - R)}$
   - (b) $\frac{1}{2\pi f(2\pi fL - R)}$
   - (c) $\frac{1}{\pi f(2\pi fL + R)}$
   - (d) $\frac{1}{2\pi f(2\pi fL + R)}$

   (x) In the spectrum of hydrogen atom which transition will yield longest wavelength?
   - (a) $n = 2$ to $n = 1$
   - (b) $n = 5$ to $n = 4$
   - (c) $n = 7$ to $n = 6$
   - (d) $n = 8$ to $n = 7$

2. **Answer the following questions:**

   (i) Do we need a banked road for a two-wheeler?

   (ii) How much amount of work is done in forming a soap bubble of radius r?

   (iii) A gas receives an amount of heat equal to 110 J and performs 40 J of work. What is the change in internal energy of gas?

   (iv) A gas contained in a cylinder surrounded by a thick layer of insulating material is quickly compressed. Has work been done?

   (v) A metal plate is introduced between the plates of a charged parallel plate capacitor. What is its effect on the capacitance of the capacitor?

   (vi) If the difference between the radii of the two spheres of a spherical capacitor is increased, state whether the capacitance will increase or decrease.

   (vii) A voltmeter has a resistance 30 Ω. What will be its reading, when it is connected across a cell of emf 2 V having internal resistance 10 Ω?

   (viii) On what factor does the potential gradient of the wire depends?

Section B

Attempt any Eight of the following questions:

3. Why is it useful to define radius of gyration?
4. A drop of water of radius 6 mm breaks into number of droplets each of radius 1 mm. How many droplets will be formed?
5. Define athermanous substances and diathermanous substances.
6. One mole of an ideal gas is initially kept in a cylinder with a movable frictionless and massless piston at pressure of 1 mPa and temperature 27°C. It is then expanded till its volume is doubled. How much work is done if the expansion is isobaric?
7. State the laws of simple pendulum.
8. What are harmonics and overtones?
9. Why do we need filters in a power supply?
10. When a plate of magnetic material of volume 10^{-6} m^3 is located in magnetising field of 0.5×10^4 A/m, then a magnetic moment of 5 Am^2 is induced in it. Find magnetic induction in rod.
11. Explain why the inductance of two coils connected in parallel is less than the inductance of either coil.
12. The total impedance of a circuit decreases when a capacitor is added in series with L and R. Explain why?
13. Explain the inverse linear dependence of stopping potential on the incident wavelength in a photoelectric effect experiment.
14. The energy of a photon is 2eV. Find its frequency.

Section C

Attempt any Eight of the following questions:

15. Why two or more mercury drops form a single drop when brought in contact with each other?
16. A resistor held in running water carries electric current. Treat the resistor as the system:
    (i) Does heat flow into the resistor?
    (ii) Is there a flow of heat into the water?
    (iii) Is any work done?
    (iv) Assuming the state of resistance to remain unchanged, apply the first low of thermodynamics to this process.
17. A particle performing linear S.H.M. of period 2π seconds about the mean position O is observed to have a speed of $b\sqrt{3}$ m/s, when at a distance b (metre) from O. If the particle is moving away from O at that instant, find the time required by the particle, to travel a further distance b.
18. Explain how vibrating strings can be verified using a sonometer.
19. Derive the laws of reflection of light using Huygen's principle.
20. A 6 µF capacitor is charged by a 300 V supply. It is then disconnected from the supply and is connected to another uncharged 3 µF capacitor. How much electrostatic energy of the first capacitor is lost in the form of heat and electromagnetic radiation?
21. Describe how a potentiometer is used to compare the emfs of two cells by combination method.
22. Obtain and expression for orbital magnetic moment of an electron rotating about the nucleus in an atom.
23. A 15.0 µF capacitor is connected to a 220 V, 50 Hz source. Find the capacitive reactance and the current (rms and peak) in the circuit. If the frequency is doubled, what will happen to the capacitive reactance and the current.
24. The threshold wavelength of tungsten is 2.76×10^{-5} cm.
    (i) Explain why no photoelectrons are emitted when the wavelength is more than 2.76×10^{-5} cm.
    (ii) What will be the maximum kinetic energy of electrons ejected in each of the following cases:
        (a) If ultraviolet radiation of wavelength $\lambda = 1.80 \times 10^{-5}$ cm and
        (b) Radiation of frequency 4×10^{15} Hz is made incident on the tungsten surface.
25. What is the difference between a nuclear reactor and a nuclear bomb?
26. The common-base DC current gain of a transistor is 0.967:
    (i) If the emitter current is 10 mA. What is the value of base current.
    (ii) A certain transistor has an emitter current of 10 mA and collector current of 9.8 mA. Calculate the value of the base current.

Section D

Attempt any Three of the following questions:

27. Somehow, an ant is stuck to the rim of a bicycle wheel of diameter 1 m. While the bicycle is on a central stand, the wheel is set into rotation and it attains the frequency of 2 rev/s in 10 seconds, with uniform angular acceleration. Calculate:
    (i) Number of revolutions completed by the ant in these 10 seconds.
    (ii) Time taken by it for first complete revolution and the last complete revolution.
28. State the law of equipartition of energy and hence calculate molar specific heat of mono- and di-atomic gases at constant volume and constant pressure.
29. Monochromatic electromagnetic radiation from a distant source passes through a slit. The diffraction

pattern is observed on a screen 2.50 m from the slit. If the width of the central maximum is 6.00 mm, what is the slit width if the wavelength is:
(i) 500 nm (visible light);
(ii) 50 μm (infrared radiation);
(iii) 0.500 nm (X-rays)?

30. Figure shows a cylindrical wire of diameter a carrying a, current I. The current density which is in the direction of the central axis of the wire varies linearly with radial distance r from the axis according to the relation $J = J_0\, r/a$. Obtain the magnetic field B inside the wire at a distance r from its centre. What will be the magnetic field B inside the wire at a distance r from its centre, if the current density J is uniform across the cross-section of the wire?

31. A long solenoid consisting of 1.5×10^3 turns/m has an area of cross-section of 25 cm². A coil C, consisting of 150 turns (N_c) is wound tightly around the centre of the solenoid. Calculate for a current of 3.0 A in the solenoid.
(i) The magnetic flux density at the centre of the solenoid,
(ii) The flux linkage in the coil C,
(iii) The average emf induced in coil C if the current in the solenoid is reversed in direction in a time of 0.5 s.
($\mu_0 = 4\pi \times 10^{-7}$ T.m/A)

Answer Key

Section A

1. (i) (b) 2 : 1
   (ii) (c) $\dfrac{4+F}{3+F}$
   (iii) (b) 1.12
   (iv) (a) Constant, decreases, decreases
   (v) (d) Neither cell nor auxiliary battery
   (vi) (a) Remain unchanged
   (vii) (d) 20×10^{-4} N, upward
   (viii) (a) BLv
   (ix) (b) $\dfrac{1}{2\pi f(2\pi f L - R)}$
   (x) (d) $n = 8$ to $n = 7$

2. (i) When a two-wheeler takes a turn along an unbanked road, the force of friction provides the centripetal force. The two-wheeler leans inward to counteract a torque that tends to topple it outward. Firstly, friction cannot be relied upon to provide the necessary centripetal force on all road conditions. Secondly, the friction results in the wear and tear of the tyres. On a banked road at a turn, any vehicle can negotiate the turn without depending on friction and without straining the tyres.

   (ii) We know that a bubble has two surfaces in contact with air, so the total surface area of the bubble will be
   $$= 2 \times (4\pi R^2)$$
   $$= 8\pi R^2$$
   Now,
   Work done = Surface tension × Increase in surface area
   $$= T \times (8\pi R^2 - 0)$$
   $$= 8\pi R^2 T.$$

   (iii) $dQ = dU + dW$
   ∴ $dU = dQ - dW$
   $= 110 - 40$
   ∴ $dU = 70$ J.

   (iv) Yes. Work is always done when a gas is compressed by any external agent, no matter what type of system is there.

   (v) Suppose the parallel-plate capacitor has capacitor C_0, plates of area A and separation d. Assume the metal sheet introduced has the same area A.
   Case (1): Finite thickness t. Free electrons in the sheet will migrate towards the positive plate of the capacitor. Then, the metal sheet is attracted towards whichever capacitor plate is closet and gets stuck to it, so that its potential is the same as that of that plate. The gap between the capacitor plates is reduced to $d - t$ so that the capacitance increases.
   Case (2): Negligible thickness. The thin metal sheet divides the gap into two of thicknesses d_1 and d_2 of capacitances $C_1 = \dfrac{\varepsilon_0 A}{d_1}$ and $C_2 = \dfrac{\varepsilon_0 A}{d_2}$ in series.
   Their effective capacitance is
   $$C = \dfrac{C_1 C_2}{C_1 + C_2} = \dfrac{\varepsilon_0 A}{d_1 + d_2} = \dfrac{\varepsilon_0 A}{d} = C_0$$
   i.e., the capacitance remains unchanged.

   (vi) The capacitance of a spherical capacitor is
   $$C = 4\pi\varepsilon_0 \left(\dfrac{ab}{b-a}\right)$$ where a and b are radii of the concentric inner and outer conducting shells. Hence, the capacitance decreases if the difference $b - a$ is increased.

   (vii) Given: $E = 2V, r = 10\,\Omega, R = 30\,\Omega$
   The voltmeter reading,
   $V = IR$
   $= \left(\dfrac{E}{R+r}\right)R$

$= \left(\frac{2}{30+10}\right)30$

$= \left(\frac{2}{40}\right)30$

$= 1.5$ V

(viii) The potential gradient depends upon the potential difference the ends of the wire and the length of the wire.

Section B

3. Definition: The radius of gyration of a body rotating about an axis is defined as the distance between the axis of rotation and the point at which the entire mass of the body can be supposed to be concentrated so as to give the same moment of inertia as that of the body about the given axis.

The moment of inertia (MI) of a body about a given rotation axis depends upon (i) the mass of the body and (ii) the distribution of mass about the axis of rotation. These two factors can be separated by expressing the MI as the product of the mass (M) and the square of a particular distance (k) from the axis of rotation. This distance is called the radius of gyration and is defined as given above. Thus,

$$I = \sum_i m_i r_i^2 = Mk^2$$

$$\therefore \quad k = \sqrt{\frac{I}{M}}$$

Physical significance: The radius of gyration is less if I is less, *i.e.*, the mass is distributed close to the axis and it is more if I is more, *i.e.*, if the mass is distributed away from the axis. Thus, it gives an ideal about the distribution of mass about the axis of rotation.

4. Given,

Radius of big drop = 6 mm = R

Radius of small drop = r = 1 mm

No. of droplets = n = ?

$$n = \frac{\text{Volume of big drop}}{\text{Volume of small drops}}$$

$$= \frac{\frac{4}{3}\neq R^3}{\frac{4}{3}\neq r^3} = \left(\frac{R}{r}\right)^3 = \left(\frac{6}{1}\right)^3 = 216$$

∴ 216 droplets will be formed.

5. Athermanous substances: Substances that don't allow transmission of infrared through them are called athermanous substances.

For example, wood, metal, CO_2, water vapour etc.

Diathermanous substances: Substances that allow transmission of infrared radiation through them are called diathermanous substances.

For example, rock salt, pure air, glass, etc.

6. Work done in isobaric process is given by,

$$W = \rho\Delta V$$

$$= \rho(V_f - V_i)$$

$$= \rho(2V_i - V_i) \qquad (\because V_f = 2V_i)$$

$$= 2\rho V_i$$

Now, $\rho_i V_i = nRT_i$

for $n = 1$ mol

$$V_i = \frac{RT_i}{\rho_i}$$

$$= 8.31 \times \frac{300}{1\times10^6} = 24.9 \times 10^{-4} \text{ m}^3$$

$$\therefore \quad W = 2\rho V_i$$

$$= 2 \times 10^6 \times 24.9 \times 10^{-4}$$

$$= 4980 \text{ J.}$$

7. The period of a simple pendulum at a given place is

$$T = 2\pi\sqrt{\frac{L}{g}}$$

where L is the length of the simple pendulum and g is the acceleration due to gravity at that place. From the above expression, the laws of a simple pendulum are as follows:

- **Law of length:** The period of a simple pendulum at a given place (g constant) is directly proportional to the square root of its length.

  $\therefore \quad T \propto \sqrt{L}$

- **Law of acceleration due to gravity:** The period of a simple pendulum of a given length (L constant) is inversely proportional to the square root of the acceleration due to gravity.

  $\therefore \quad T \propto \frac{1}{\sqrt{g}}$

- **Law of mass:** The period of a simple pendulum does not depend on the mass of material of the bob of the pendulum.
- **Law of isochronism:** The period of a simple pendulum does not depend on the amplitude of oscillations, provided that the amplitude is small.

8. Harmonic frequencies are whole number multiples of the fundamental frequency or the lowest frequency of vibration.

Consider a vibrating string. The modes of vibration are all multiples of the fundamental and are related to the string length and wave velocity. High frequencies are found via the relationship $f_n = nf_1$, wavelength $= 2\frac{L}{n}$

where L is the string length.

An overtone is a name given to any resonant frequency above the fundamental frequency of fundamental tone.

The list of successive overtones for an object is called the overtone series. The first overtone as well as subsequent overtones in the series may or may not be an integer multiple of the fundamental. Sometimes the relationship is that simple and other times it is more complex, depending on the properties and geometry of the vibrating object.

9. The circuit used in a dc power supply to remove the ripple is called a filter. A filter circuit can produce a very smooth waveform that approximates the waveform produced by a battery. The most common technique used for filtering is a capacitor connected across the output of a rectifier.

10. Given, $V = 10^{-6}$ m^3
$H = 0.5 \times 10^4$ A/m
$M_{net} = 5$ Am^2
$B = ?$

$$B = \mu_0 (M + H) = \mu_0 \left(\frac{M_{net}}{V} + H\right)$$

$$= 4\pi \times 10^{-7} \left(\frac{5}{10^{-6}} + 0.5 \times 10^4\right)$$

$$= 4 \times 3.142 \times 10^{-7} (5 \times 10^6 + 5 \times 10^3)$$

$$= 6.29 \text{ T}.$$

11. Assuming that their mutual inductance can be ignored, the equivalent inductance of a parallel combination of two coils is given by

$$\frac{1}{L_{parallel}} = \frac{1}{L_1} + \frac{1}{L_2} \text{ or } L_{parallel} = \frac{L_1 L_2}{L_1 + L_2}$$

Hence, the equivalent inductance is less than the inductance of either coil.

12. For an LR circuit, the impedance,

$$Z_{LR} = \sqrt{R^2 + X_L^2},$$

where X_L is the reactance of the inductor.

When a capacitor of capacitance C is added in series with L and R, the impedance,

$$Z_{LCR} = \sqrt{R^2 + (X_L - X_C)^2}$$

because in the case of an inductor the current lags behind the voltage by a phase angle of $\pi/2$ rad while in the case of a capacitor the current leads the voltage by a phase angle of $\pi/2$ rad. The decrease in net reactance decreases the total impedance ($Z_{LCR} < Z_{LR}$).

13. We have $V_0 e = \dfrac{hc}{\lambda} - \phi$, where V_0 is the stopping potential, e is the magnitude of the charge on the electron, $h$is Planck's constant, c is the speed of light in free space, λ is the wavelength of the electromagnetic radiation incident on a metal surface and ϕ is the work function for the metal. h, c and e are constants, ϕ is constant for a particular metal.

Hence, it follows that as $\dfrac{1}{\lambda}$ increases, V_0 increases.

The plot of V_0 verses $\dfrac{1}{\lambda}$ is linear. This is because the energy associated with a quantum of radiation (photon) is directly proportional to the frequency of the radiation and hence inversely proportional to the wavelength of radiation.

14. Given, $E = 2eV = 2 \times 1.6 \times 10^{-19}$ J
$C = 3 \times 10^8$ m/s
$h = 6.63 \times 10^{-34}$ Js

Frequency $\nu = \dfrac{E}{h}$

$$= \frac{2 \times 1.6 \times 10^{-19}}{6.63 \times 10^{-34}}$$

$$= \frac{3.2}{6.63} \times 10^{15}$$

$$\nu = 4.826 \times 10^{14} \text{ Hz}.$$

Section C

15. A spherical shape has the minimum surface area to volume ratio of all geometric forms. When two drops of a liquid are brought in contact, the cohesive forces between their molecules coalesce the drops into a single larger drop. This is because the volume of the liquid remaining the same, the surface area of the resulting single drop is less than the combined surface area of the smaller drops. The resulting decrease in surface energy is released into the environment as heat.

Proof: Let n droplets each of radius r coalesce to form a single drop of radius R. As the volume of the liquid remains constant, volume of the drop = volume of n droplets.

$$\therefore \quad \frac{4}{3}\pi R^3 = n \times \frac{4}{3}\pi r^3$$

$\therefore \qquad R^3 = nr^3$
$\therefore \qquad R = \sqrt[3]{n}\, r$

Surface area of n droplets = $n \times 4\pi r^2$
Surface area of the drop = $4\pi R^2 = n^{2/3} \times 4\pi r^2$
$\therefore$ The change in the surface area
= Surface area of drop − Surface area of n droplets
= $4\pi R^2 = (n^{2/3} - n)$

Since the bracketed term is negative, there is a decrease in surface area and a decrease in surface energy.

16. (i) Heat is generated into the resistor due to the passage of electric current. In the usual notation, heat generated = $I^2 Rt$.

(ii) Yes, water receives heat from the resistor.

(iii) $I^2Rt = MC\Delta T + P\Delta V$

(iv) $(Q) = (\Delta U) = (W)$

Here, I = current through the resistor, R = resistance of the resistor, t = time for which the current is passed through the resistor, M = mass of the water, S = specific heat of water, T = rise in the temperature of water, P = pressure which the work is done by the water, ΔU = increase in the volume of the water.

17. Given: The time period of the particle $= \dfrac{2\pi}{\omega}$

Speed of the particle $= b\omega\sqrt{3}$ m/s

To find: The time required by the particle to travel a distance of bm.

The velocity of particle is given by
$$v = \omega\sqrt{A^2 - x^2}$$

By substituting the values
$$b\omega\sqrt{3} = \omega\sqrt{A^2 - b^2}$$
$$3b^2\omega^2 = \omega^2(A^2 - b^2)$$
$$3b^2 = (A^2 - b^2)$$
$$4b^2 = A^2$$
$$A = 2b$$

The time taken to travel distance b from mean position is
$$x = A \sin \omega t$$
$$b = 2b \sin \omega t$$
$$\sin \omega t = \dfrac{1}{2}$$
$$t = \dfrac{\pi}{6}\omega$$

Further time taken by the particle to reach mean position is
$$t = \dfrac{T}{4} - \dfrac{\pi}{6}\omega$$
$$t = \dfrac{2\pi}{4\omega} - \dfrac{\pi}{6\omega}$$
$$t = \dfrac{\pi}{3}\omega$$

The time required by the particle is $\dfrac{\pi}{3}\omega$ sec.

18. (i) Verification of law of length: According to this law, $n \propto \dfrac{1}{L}$ if T and m are constant. To verify this law, the sonometer wire of given linear density m is kept under constant tension T. The length of the wire is adjusted for the wire to vibrate in unison with tuning forks of different frequencies $n_1, n_2, n_3, \ldots$ be the corresponding resonating lengths of the wire. It is found that within experimental errors,

$n_1L_1 = n_2L_2 = n_3L_3 = \ldots$ This implies that the product, nL = constant, which verifies the law of length.

(ii) Verification of law of tension: According to this law, $n \propto \sqrt{T}$, if L and m are constant. To verify this law, the vibrating length L of the sonometer wire is given linear density m is kept constant.

A set of tuning forks of different frequencies is used. The tension in the wire is adjusted for the wire to vibrate in unison with tuning forks of different frequencies $n_1, n_2, n_3, \ldots T_1, T_2, T_3, \ldots$ be the corresponding tensions. It is found that, within experimental errors,

$$\dfrac{n_1}{\sqrt{T_1}} = \dfrac{n_2}{\sqrt{T_2}} = \dfrac{n_3}{\sqrt{T_3}} = \ldots$$

This implies $\dfrac{n_1}{\sqrt{T}}$ = constant which verifies the law of tension.

(iii) Verification of linear density: According to this law, $n \propto \dfrac{1}{\sqrt{m}}$, if T and L are constant. To verify this law, two wires having different linear densities m_1 and m_2 are kept under constant tension T. A tuning fork of frequency n is used. The lengths of the wires are adjusted for the wires to vibrate in unison with the tuning fork. Let L_1 and L_2 be the corresponding resonating lengths of the wires. It is found that within experimental errors, $L_1\sqrt{m_1} = L_2\sqrt{m_2}$. This implies $L\sqrt{m}$ = constant. According to the law of length of a vibrating string, $n \propto \dfrac{1}{\sqrt{L}}$.

$\therefore n \propto \dfrac{1}{\sqrt{m}}$, which verifies the law of linear density.

19. Reflection of a plane wavefront of light at a plane surface

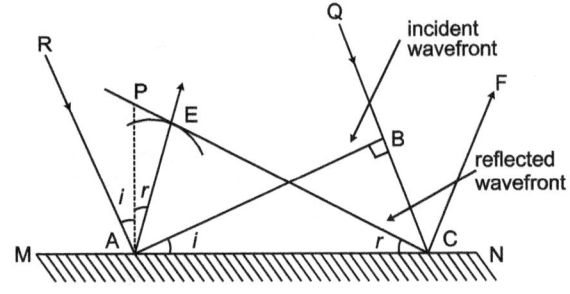

Where MN: Plane mirror,
RA and QC: Incident rays,
AP: Normal to MN,
AB: Incident wavefront,
i: Angle of incident,
CE: Reflected wavefront,
r: Angle of reflection

When wavefront AB is incident on the mirror, at first, point A becomes a secondary source and emits secondary waves in the same medium. If T is the time taken by the incident wavefront to travel from B to C, then BC = vT. During this time, the secondary wave originating at A covers the same distance, so that the secondary spherical wavelet has a radius vT at time T.

To construct the reflected wavefront, a hemisphere of radius vT is drawn from point A. Draw a tangent EC to the secondary wavelet.

The arrow AE shows the direction of propagation of the reflected wave.

AP is the normal to MN at A.

$\angle RAP = i$ = angle of incidence and
$\angle PAE = r$ = angle of reflection

In $\triangle ABC$ and $\triangle AEC$,

AE = BC and $\angle ABC = \angle AEC = 90°$

$\therefore$ $\triangle ABC$ and $\triangle AEC$ are congruent.

$\therefore$ $\angle ACE = \angle BCA = i$ .....(1)

Also, as AE is perpendicular to CE and AP is perpendicular to AC,

$\angle ACE = \angle PAE = r$ .....(2)

$\therefore$ From equations (1) and (2),

$i = r$

Thus, the angle of incidence is equal to the angle of reflection. This is the first law of reflection. Also, it can be seen from the figure that the incident ray and reflected ray lie on the opposite sides of the normal to the reflecting surface at the point of incidence and all of them lie in the same plane. This is the second law of reflection. Thus, the laws of reflection of light can be deduced by Huygen's construction of a plane wavefront.

20. Given: $C = 6\ \mu F = 6 \times 10^{-6}$ F = C_1, V = 300, $C_2 = 3\ \mu F$

The electrostatic energy in the capacitor

$= \frac{1}{2}CV^2 = \frac{1}{2}(6 \times 10^{-6})(300)^2$

$= 3 \times 10^{-6} \times 9 \times 10^4 = 0.27$ J

The charge on this capacitor,

$Q = CV = (6 \times 10^{-6})(300) = 1.8$ mC

When two capacitors of capacitances C_1 and C_2 are connected in parallel, the equivalent capacitance C

$= C_1 + C_2 = 6 + 3 = 9\ \mu F$

$= 9 \times 10^{-6}$ F

By conservation of charge,

$Q = 1.8$ C

$\therefore$ The energy of the system

$= \frac{Q^2}{2C}$

$= \frac{(1.8 \times 10^{-3})^2}{2(9 \times 10^{-6})} = \frac{18 \times 10^{-8}}{10^{-6}} = 0.18$ J

The energy lost = 0.27 − 0.18 = 0.09 J.

21. A battery of stable emf E is used to set up a potential gradient V/L, along the potentiometer wire, where V = potential difference across length L of the wire. The positive terminal of the cell 1 is connected to the higher potential terminal A of the potentiometer; the negative terminal is connected to the galvanometer G through the reversing key. The other terminal of the galvanometer is connected to a pencil jockey. The cell 2 is connected across the remaining two opposite terminals of the reversing key. The other terminal of the galvanometer is connected to a pencil jockey. The emf E_1 should be greater than the emf E_2; this can be adjusted by trial and error.

Two plugs are inserted in the reversing key in positions 1-1. Here, the two cells assist each other so that the net emf is $E_1 + E_2$. The jockey is tapped along the wire to locate the null point D. If the null point is a distance l_1 from A,

$E_1 + E_2 = l_1 (V/L)$

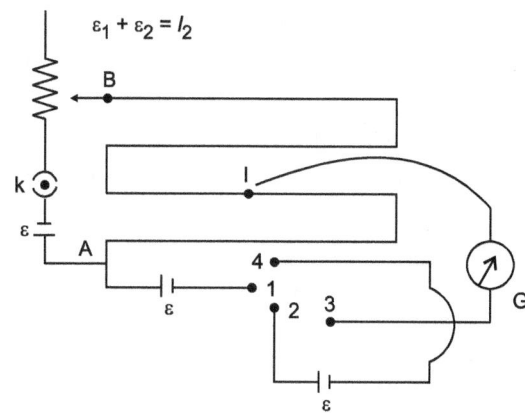

Comparison to two emf's using a potentiometer by the combination method (the sum and difference method): For the same potential gradient (without changing the rheostat setting), the plugs are now inserted into position 2-2 (instead of 1-1). The emf E_2 then opposes E_1 and the net emf is $E_1 - E_2$. The new null point D' is, say, a distance l_2 from A and $E_1 - E_2 = l_2 (V/L)$.

$\therefore$ $\frac{E_1 + E_2}{E_1 - E_2} = \frac{l_1}{l_2}$

$\therefore$ $\frac{E_1}{E_2} = \frac{l_1 - l_2}{l_1 - l_2}$

Here, the emf E should be greater than $E_1 + E_2$. The experiment is repeated for different potential gradients using the rheostat.

22. In the Bohr model of a hydrogen atom, the electron of charge − e performs a uniform circular motion around the positively charged nucleus. Let r, v and T be the orbital radius, speed and period of the electron. Then,

$T = \frac{2\pi r}{v}$ .....(1)

Therefore, the orbital magnetic moment associated with this orbital current loop has a magnitude,

$I = \frac{e}{T} = \frac{ev}{2\pi r}$ .....(2)

Therefore, the magnetic dipole moment associated with this electronic current loop has a magnitude

$$M_0 = \text{current} \times \text{area of the loop}$$

$$= I(\pi r^2) = \frac{ev}{2\pi r} \times \pi r^2 = \frac{1}{2} evr \quad \text{.....(3)}$$

Multiplying and dividing the right-hand side of the above expression by the electron mass m_e,

$$M_0 = \frac{e}{2m_e}(m_e vr) = \frac{e}{2m_e} L_0 \quad \text{.....(4)}$$

where $L_0 - m_e vr$ is the magnitude of the orbital angular momentum of the electron. $\vec{M_0}$ is opposite to $\vec{L_0}$.

$$\therefore \quad \vec{M_0} = \frac{e}{2m_e} \vec{L_0} \quad \text{.....(5)}$$

which is the required expression.

According to Bohr's second postulate of stationary orbits in his theory of hydrogen atom, the angular momentum of the electron in the nth stationary orbit is equal to $n\frac{h}{2\pi}$, where h is the Planck constant and n is a positive integer. Thus, for an orbital electron,

$$L_0 = m_e vr = \frac{nh}{2\pi} \quad \text{.....(6)}$$

Substituting for L_0 in equation (4),

$$M_0 = \frac{enh}{4\pi m_e}$$

For $n = 1$, $\quad M_0 = \frac{eh}{4\pi m_e}$

The quantity $\frac{eh}{4\pi m_e}$ is a fundamental constant called the Bohr magneton, $\mu_B \cdot \mu_B = 9.274 \times 10^{-24}$ J/T (or Am^2) = 5.788×10^{-5} eV/T.

23. Given: $C = 15\ \mu F = 15 \times 10^{-6}$ F, $V_{rms} = 220$ V, $f = 50$ Hz

The capacitive reactance

$$= \frac{1}{2\pi fC}$$

$$= \frac{1}{2(3.142)(50)(15\times10^{-6})} = \frac{100\times100}{(3.142)(15)}$$

$$= 212.2\ \Omega$$

$$i_{rms} = \frac{V_{rms}}{\text{capacitive reactance}} = \frac{220}{212.2}$$

$$= 1.037 \text{ A}$$

$$i_{peak} = i_{rms}\sqrt{2} = (1.037)(1.414) = 1.466 \text{ A}$$

If the frequency is doubled, the capacitive reactance will be halved and the current will be doubled.

24. Given: $\lambda_0 = 2.76 \times 10^{-5}$ cm $= 2.76 \times 10^{-7}$ m

$\lambda = 1.80 \times 10^{-5}$ cm $= 1.80 \times 10^{-7}$ m

$\nu = 4 \times 10^{15}$ Hz

$h = 6.63 \times 10^{-34}$ J.s.

$c = 3 \times 10^{8}$ m/s

(i) For $\lambda > \lambda_0$, $\nu < \nu_0$ (threshold frequency)

$\therefore \quad h\nu < h\nu_0$

Hence, no photoelectrons are emitted.

(ii) Maximum kinetic energy of electrons ejected

$$= hc\left(\frac{1}{\lambda} - \frac{1}{\lambda_0}\right)$$

$$= (6.63\times10^{-34})(3\times10^{8})\left(\frac{10^7}{1.8} - \frac{10^7}{2.76}\right) \text{J}$$

$$= (6.63 \times 10^{-19})(0.5555 - 0.3623)$$

$$= (6.63)(0.1932 \times 10^{-19}) \text{ J} = 1.281 \times 10^{-19} \text{ J}$$

$$= \frac{1.281\times10^{-19} \text{ J}}{1.6\times10^{-19} \text{ J/eV}}$$

$$= 0.8006 \text{ eV.}$$

(iii) Maximum kinetic energy of electrons ejected

$$= h\nu - \frac{hc}{\lambda_0}$$

$$= (6.63\times10^{-34})(4\times10^{15}) - \frac{(6.63\times10^{-34})(3\times10^{8})}{2.76\times10^{-7}}$$

$$= 26.52 \times 10^{-19} - 7.207 \times 10^{-19}$$

$$= 19.313 \times 10^{-19} \text{ J}$$

$$= \frac{19.313\times10^{19} \text{ J}}{1.6\times10^{-19} \text{ J/eV}}$$

$$= 12.07 \text{ eV.}$$

25. Nuclear Reactor: A nuclear reactor is a machine where electricity and heat energy is generated by utilizing the power of atoms. In this mechanism, nuclear chain reactions are produced, controlled and contained releasing a tremendous amount of energy. This controlled energy is used to electricity generation and radioactive isotopes production. These isotopes are used in the treatment and research of cancer in the medical field. All operating nuclear reactors are "critical". When reactors are running at a constant power level, they are said to be in a "critical condition".

These reactors use heavy atoms as fuel instead of fossils fuels. Fast-moving electrons strike a radioactive nucleus such as Plutonium-239 or Uranium-235 causing the nucleus to split. This splitting process is known as fission. In the process of fission, a tremendous amount of energy, radiation and free electrons are released. These free electrons that are released guided to strike other nuclei and so on causing a chain reaction.

Neutron moderators and neutron poisons control these fast-moving electrons and slow them down while becoming absorbed in other nuclei, thus managing the output of electricity from a reactor. The moderators are heavy water, water and solid graphite.

Nuclear Bomb: In a nuclear bomb, there is a nuclear device having massive destructive power coming from uncontrolled fusion and fission reactions. The fusion and fission processes generate a tremendous amount of energy with a small amount of matter. This matter is usually the unstable nuclei of Plutonium-239 and Uranium-235. An atom bomb is categorized as a fission bomb and a hydrogen bomb as a fusion bomb are both weapons of mass destruction. In World War II, Hiroshima and Nagasaki are recent examples of such mass destruction. In fusion bombs, nuclear fusion is the result of a huge amount of released energy while in the case of fission bombs the released energy in the result of fission reactions.

26. Current gain (α) = 0.967

Emitter current = 10 mA

To Find: The value of base current of the transistor.

(i) The common gain DC current us is given by

$$\alpha = 0.967 = \frac{I_C}{I_E} = \frac{I_C}{10}$$

$$I_C = 0.967 \times 10$$

$$I_C = 9.67 \text{ mA}$$

• The base current of the transistor is given by the formula

$$I_E = I_B + I_C$$

$$10 = I_B + 9.67$$

$$I_B = 0.33 \text{ mA}$$

The value of base current of the transistor is 0.33 mA.

(ii) Given: $I_E = 10$ mA, $I_C = 9.8$ mA

$$I_E = I_B + I_C$$

Therefore, the base current,

$$I_B = I_E + I_C = 10 - 9.8 = 0.2 \text{ mA.}$$

Section D

27. Given: $r = 0.5$ m, $\omega_0 = 0$, $\omega = 2$ rps, $t = 10$ s

(i) Angular acceleration (α) being constant, the average angular speed,

$$\omega_{av} = \frac{\omega_0 + \omega}{2} = \frac{0+2}{2} = 1 \text{ rps}$$

∴ The angular displacement of the wheel in time t,

$$\theta = \omega_{av} t = 1 \times 10$$

$$= 10 \text{ revolutions.}$$

(ii)

$$\alpha = \frac{\omega_0 + \omega}{t} = \frac{2-0}{10} = \frac{1}{5} \text{ rev/s}^2$$

$$\theta = \omega_0 t + \frac{1}{2}\alpha t^2 = \frac{1}{2}\alpha t^2 \qquad (\because \omega_0 = 0)$$

∴ For $\theta_1 = 1$ rev,

$$1 = \frac{1}{2}\left(\frac{1}{5}\right)t\frac{2}{1}$$

$$\therefore \quad t\frac{2}{1} = 10$$

$$\therefore \quad t_1 = \sqrt{10} \text{ s} = 3.162 \text{ s}$$

For $\theta_2 = 9$ rev,

$$\therefore \quad 9 = \frac{1}{2}\left(\frac{1}{5}\right)t\frac{2}{2}$$

$$\therefore \quad t_2 = \sqrt{90} = 3\sqrt{10} = 3(3.162) = 9.486 \text{ s}$$

The time for the last, *i.e.*, the 10th, revolution is

$$t - t_2 = 10 - 9.486 = 0.514 \text{ s.}$$

28. Law of equipartition of energy states that for a dynamical system is thermal equilibrium the total energy of the system is shared equally by all the degrees of freedom. The energy associated with each degree of freedom per molecules is $\frac{1}{2}k_BT$, where kB is the Boltzmann's constant.

For example, for a monoatomic molecule, each molecule has 3 degrees of freedom. According to kinetic theory of gases, the mean kinetic energy of a molecule is $\frac{3}{2}k_BT$.

Specific heat capacity of Monatomic gas: The molecules of a monatomic gas have 3 degrees of freedom.

The average energy of a molecule at temperature T is $\frac{3}{2}K_BT$.

The total internal energy of a mole is: $\frac{3}{2}NAK_BT$, where N_A is the Avogadro number.

The molar specific heat at constant volume C_V is

For an ideal gas,

$$C_V \text{ (monatomic gas)} = \frac{dE}{dT} = \frac{3}{2}RT$$

For an ideal gas,

$$C_P - C_V = R$$

where C_P is molar specific heat at constant pressure.

Thus, $$C_P = \frac{5}{2}R$$

Specific heat capacity of diatomic gas: The molecules of a monatomic gas have 5 degrees of freedom, 3 translational and 2 rotational.

The average energy of a molecule at temperature T is $\frac{5}{2}k_BT$.

The total internal energy of a mole is: $\frac{5}{2} N_A k_B T$.

The molar specific heat at constant volume C_V is

For an ideal gas,

$$C_V \text{ (monatomic gas)} = \frac{dE}{dT} = \frac{5}{2}RT$$

For an ideal gas,

$$C_P - C_V = R$$

where C_P is the molar specific heat at constant pressure.

Thus, $$C_P = \frac{7}{2}R$$

A soft or non-rigid diatomic molecule has, in addition, one frequency of vibration which contributes two quadratic terms to the energy. Hence, the energy per molecule of a soft diatomic molecule is

$$E = \left(\frac{1}{2}k_B T\right) + 2\left(\frac{1}{2}k_B T\right) + 2\left(\frac{1}{2}k_B T\right) = \frac{7}{2}k_B T$$

Therefore, the energy per mole of soft diatomic molecule is

$$E = \frac{7}{2}k_B T \times N_A = \frac{7}{2}RT$$

In this case, $$C_V = \frac{dE}{dT} = \frac{7}{2}R$$

and $$C_P = C_V + R = \frac{7}{2}R + R = \frac{9}{2}R$$

[**Note:** For a monatomic gas, adiabatic constant,

$$\frac{C_P}{C_V} = \frac{5}{3} \text{ for a diatomic gas, } \frac{7}{5} \text{ or } \frac{9}{7}]$$

29. Given: $2W = 6$ mm

$\therefore$ $W = 3 \text{ mm} = 3 \times 10^{-3}$ m, $y = 2.5$ m

(i) $\lambda_1 = 500 \text{ nm} = 5 \times 10^{-7}$ m

(ii) $\lambda_2 = 50\ \mu\text{m} = 5 \times 10^{-5}$ m

(iii) $\lambda_3 = 0.500 \text{ nm} = 5 \times 10^{-10}$ m

Let a be the slit width.

(i) $$W = \frac{y\lambda_1}{a}$$

$\therefore$ $$a = \frac{y\lambda_1}{W} = \frac{(2.5)(5\times10^{-7})}{3\times10^{-3}}$$

$= 4.167 \times 10^{-4}$ m

$= 0.4167$ mm.

(ii) $$W = \frac{y\lambda_2}{a}$$

$\therefore$ $$a = \frac{y\lambda_2}{W} = \frac{(2.5)(5\times10^{-5})}{3\times10^{-3}}$$

$= 4.167 \times 10^{-2}$ m

$= 41.67$ mm.

(iii) $$W = \frac{y\lambda_3}{a}$$

$\therefore$ $$a = \frac{y\lambda_3}{W} = \frac{(2.5)(5\times10^{-10})}{3\times10^{-3}}$$

$= 4.167 \times 10^{-7}$ m

$= 4.167 \times 10^{-4}$ mm.

30. Consider an annular differential element of radius r and width dr. The current through the area dA of this element is

$$dI = JdA = \left(J_0 \frac{r}{a}\right) = 2\pi r\, dr = \frac{2\pi J_0 r^2\, dr}{a} \quad \text{.....(1)}$$

To apply the Ampere's circuital law of the circular path of integration, we note that the wire has perfect cylindrical symmetry with all the charges moving parallel to the wire. So, the magnetic field must be tangent to circles that are concentric with the wire. The enclosed current is the current within radius r. Thus,

$$\oint B\, dl = \mu_0 I_{encl}$$

$\therefore$ $$\oint B\, dl = \mu_0 \int_0^r dl = \mu_0 \int_0^r \frac{2\pi J_0}{a} r^2\, dr \quad \text{.....(2)}$$

$\therefore$ $$B(2\pi r) = \frac{\mu_0 2\pi J_0}{a}\left(\frac{r^3}{3}\right)$$

$\therefore$ $$B = \frac{\mu_0 J_0}{3a} r^2 \quad \text{.....(3)}$$

which is the required expression.

The cross-section of a long straight wire of radius a that carries a current I_{out} of the page. Because the current is uniformly distributed over the cross-section of the wire, the magnetic field $\vec{B}$ due to the current must be cylindrically symmetrical. Thus, along the Amperian loop of the radius $r(r < a)$, symmetry suggests that $\vec{B}$ is tangent to the loop.

$$\oint \vec{B} \cdot \vec{dl} = B \oint dl = B(2\pi r) \quad \text{.....(1)}$$

Because the current is uniformly distributed, the current I_{encl} enclosed by the loop is proportional to the area encircled by the loop; that is

$$I_{encl} = J\pi r^2$$

By right-hand rule, the sign of I_{encl} is positive. Then by Ampere's law.

$$B(2\pi r) = \mu_0 I_{encl} = \mu_0 J\pi r^2 \quad \text{.....(2)}$$

$\therefore$ $$B = \frac{\mu_0 J}{2} r \quad \text{.....(3)}$$

or $$I_{encl} = I\frac{\pi r^2}{\pi a^2}$$

By right-hand rule, the sign of I_{encl} is positive. Then by Ampere's law.

$$\oint B\,dl = \mu_0 I_{encl}$$

$$\therefore \quad B(2\pi r) = \mu_0 I \frac{r^2}{a^2} \quad \text{.....(4)}$$

$$\therefore \quad B = \frac{\mu_0 I}{2\pi a^2} r \quad \text{.....(5)}$$

31. Given: $n = 1.5 \times 10^3 \text{ m}^{-1}$, $A = 25 \times 10^{-4} \text{ m}^2$
$N_C = 150$, $I = 3A$, $\Delta t = 0.5$ s
$\mu_0 = 4\pi \times 10^{-7}$ H/m

(i) Magnetic flux density inside the solenoid,
$B = \mu_0 n I = (4\pi \times 10^{-7})(1500)(3)$
$= 5.656 \times 10^{-3}$ T $= 5.656$ mT

(ii) Flux per unit turn through the coils of the solenoid,
$\Phi_m = BA$
Since the coil C is wound tightly over the solenoid, the flux linkage of C is
$N_C \Phi_m = N_C BA$
$= (150)(5.656 \times 10^{-3})(25 \times 10^{-4})$
$= 2.121 \times 10^{-3}$ Wb
$= 2.121$ mWb

(iii) Initial flux through coil C,
$\Phi_1 = N_C \Phi_m$
$= 2.121 \times 10^{-3}$ Wb

Reversing the current in the solenoid reverses the flux through coil C, the magnitude remaining the same. But since the flux enters through the other face of the coil, the final flux through C is
$\Phi_1 = -2.121 \times 10^{-3}$ Wb

Therefore, the average emf induced in coil C,
$$e = \frac{\phi_f - \phi_i}{\Delta t}$$
$$= \frac{(-2.121 - 2.121) \times 10^{-3}}{0.5}$$
$= 2 \times 4.242 \times 10^{-3}$
$= 8.484 \times 10^{-3}$ V
$= 8.484$ mV.

●●

SAMPLE PAPER-5

Physics

Questions

Section A

1. **Select and write the correct answers to the following questions:**

   (i) Select correct statement about the formula (expression) of moment of inertia (M.I.) in terms of mass M of the object and some of its distance parameter/s, such as R, L, etc.

   (a) Different objects must have different expressions for their M.I.

   (b) When rotating about their central axis, a hollow right circular cone and a disc have the same expression for the M.I.

   (c) Expression for the M.I. for a parallelopiped rotating about the transverse axis passing through its centre includes its depth.

   (d) Expression for M.I. of a rod and that of a plane sheet is the same about a transverse axis.

   (ii) When seen from below, the blades of a ceiling fan are seen to be revolving anticlockwise and their speed is decreasing. Select correct statement about the directions of its angular velocity and angular acceleration.

   (a) Angular velocity upwards, angular acceleration downwards.

   (b) Angular velocity downwards, angular acceleration upwards.

   (c) Both, angular velocity and angular acceleration, upwards.

   (d) Both, angular velocity and angular acceleration, downwards.

   (iii) Which of the following is an example of the first law of thermodynamics?

   (a) The specific heat of an object explains how easily it changes temperatures.

   (b) While melting, an ice cube remains at the same temperature.

   (c) When a refrigerator is unplugged, everything inside of it returns to room temperature after some time.

   (d) After falling down the hills, a ball's kinetic energy plus heat energy equals the initial potential energy.

   (iv) Which of the following equations represents a wave travelling along theY-axis?Add symbol 56/4

   (a) __ *x* __ A sin __ *ky* __ *t* __

   (b) *y* __ A sin __ *kx* __ *t* __

   (c) *y* __ A sin __ *ky* __ cos (__ *t*)

   (d) *y* __ A cos __ *ky* __ sin

   (v) When the balance point is obtained in the potentiometer, a current is drawn from:

   (a) Both the cells and auxiliary battery

   (b) Cell only

   (c) Auxiliary battery only

   (d) Neither cell nor auxiliary battery

   (vi) A charged particle is in motion having initial velocity *v* when it enter into a region of uniform magnetic field perpendicular to *v* because of the magnetic force the kinetic energy of the particle will (add symbol on *v*):

   (a) Remain unchanged (b) Get reduced

   (c) Increased (d) Be reduced to zero

   (vii) What is the energy required to build up a current of 1 A in an indicator of 20 mH?

   (a) 10 mJ (b) 20 mJ

   (c) 20 J (d) 10 J

   (viii) A current through a coil of self inductance 10 mH increases from 0 to 1 A in 0.1 s. What is the induced emf in the coil?

   (a) 0.1 V (b) 1 V

   (c) 10 V (d) 0.01 V

   (ix) For a metal having a work function W_o, the threshold wavelength is λ. What is the threshold wavelength for the metal having work function 2 W_o?

   (a) $\frac{\lambda}{4}$ (b) $\frac{\lambda}{2}$

   (c) 2λ (d) 4λ

   (x) In which of the following systems will the radius of the first orbit of the electron be smallest?

   (a) Hydrogen (b) Singly ionized helium

   (c) Deuteron (d) Tritium

2. **Answer the following questions:**

   (i) What is wattless current?

   (ii) A beaker of radius 10 cm is filled with water. Calculate the force of surface tension on any diametrical line on its surface. Surface tension of water is 0.075 N/m.

   (iii) What should be the diameter of a water drop so that the excess pressure inside it is 80 N/m^2? (Surface tension of water = 7.27×10^{-2} N/m)

   (iv) A solar cooker and a pressure cooker both are used to cook food. Treating them as thermodynamic systems, discuss the similarities and differences between them.

   (v) Define the diathermanous substance.

   (vi) What do you understand by term wave-particle duality?

   (vii) Define inductive reactance.

(viii) Radiation of wavelength 4500 Å is incident on a metal having work function 2.0 eV. Due to the presence of a magnetic field B, the most energetic photoelectrons emitted in a direction perpendicular to the field along a circular path of radius 20 cm. What is the value of the magnetic field B?

Section B

Attempt any Eight of the following questions:

3. Do we need a banked road for a two-wheeler? Explain.
4. A resistor held in running water carries electric current. Treat the resistor as the system:
   (i) Does heat flow into the resistor?
   (ii) Is there a flow of heat into the water?
   (iii) Is any work done?
   (iv) Assuming the state of resistance to remain unchanged, apply the first low of thermodynamics to this process.
5. Using differential equation of linear S.H.M., obtain the expression for:
   (i) Velocity in S.H.M.,
   (ii) Acceleration in S.H.M.
6. In Young's double slit experiment what will we observe on the screen when white light is incident on the slits but one slit is covered with a red filter and the other with a violet filter ? Give reasons for your answer.
7. What are eddy currents? State applications of eddy currents.
8. A set of three coils having resistances 10 Ω, 12 Ω and 15 Ω are connected in parallel. This combination is connected in series with combination of three coils of the same resistances. Calculate the total resistance and current through the circuit, if a battery of emf 4.1 volt is used for drawing current.
9. An alpha particle (the nucleus of helium atom) (with charge +2) is accelerated and moves in a vacuum tube with kinetic energy = 10 MeV. It passes through a uniform magnetic field of 1.88 T and traces a circular path of radius 24.6 cm. Obtain the mass of the alpha particle. [1 eV = 1.6 × 10^{-19} J, charge of electron = 1.6 × 10^{-19} C]
10. Calculate the gyromagnetic ratio of electron (Given = e = 1.6 × 10^{-19} C, m_e = 9.1 × 10^{-31} kg).
11. Alternating emf of e = 220 sin 100 πt is applied to a circuit containing an inductance of (1/π) henry. Write an equation for instantaneous current through the circuit. What will be the reading of the AC galvanometer connected in the circuit?
12. Explain the inverse linear dependence of stopping potential on the incident wavelength in a photoelectric effect experiment.
13. The frequency of a photon is 4.826 × 10^{14} Hz. Find its wavelength in Å.
14. The common-base DC current gain of a transistor is 0.967. If the emitter current is 10 mA. What is the value of base current.

Section C

Attempt any Eight of the following questions:

15. While driving along an unbanked circular road, a two-wheeler rider has to lean with the vertical. Why is it so? With what angle the rider has to lean? Derive the relevant expression. Why such a learning is not necessary for a four-wheeler?
16. Calculate the average molecular kinetic energy:
    (i) Per kmol
    (ii) Per kg
    (iii) Per molecule of oxygen at 127°C, given that molecular weight of oxygen is 32, R is 8.31 J mol^{-1} K^{-1} and Avogadro's number N_A is 6.02 × 10^{23} molecules mol^{-1}.
17. Explain the capillary action.
18. The displacement of an oscillating particle is given by x = sin ωt + B cos ωt where A, B and ω are constants. Prove that the particle performs a linear S.H.M. with amplitude $\sqrt{A^2 + B^2}$.
19. A pipe closed at one end can produce overtones at frequencies 640 Hz, 896 Hz and 1152 Hz. Calculate the fundamental frequency.
20. Monochromatic electromagnetic radiation from a distant source passes through a slit. The diffraction pattern is observed on a screen 2.50 m from the slit. If the width of the central maximum is 6.00 mm, what is the slit width if the wavelength is:
    (i) 500 nm (visible light);
    (ii) 50 μm-(infrared radiation);
    (iii) 0.500 nm (X-rays)
21. State any two sources of errors in meter bridge experiment. Explain how they can be minimized.
22. Draw a neat labelled diagram of a suspended coil type moving coil galvanometer. What is the advantages of a radial magnetic field in a MCG.
23. Obtain the expression for orbital magnetic moment of an electron rotating about the nucleus in an atom.
24. In a Faraday disc dynamo, a metal disc of radius R rotates with an angular velocity ω about an axis perpendicular to the plane of the disc and passing through its centre. The disc is placed in a magnetic field B acting perpendicular to the plane of the disc. Determine the induced emf between the rim and the axis of the disc.
25. Find the shortest wavelength in Paschen series if, the longest wavelength in Blamer series is 6563 Å.
26. In a common-base connection, the emitter current is 6.28 mA and collector current is 6.20 mA. Determine the common base DC current again.

Section D

Attempt any Three of the following questions:

27. (i) Derive an expression of excess pressure inside a liquid drop.

(ii) A wave of frequency 500 Hz is travelling with a speed of 350 m.s.

(a) What is the phase difference between two displacement at a certain point at times 1.0 ms apart?

(b) What will be the smallest distance between two points which are 45° out of phase at an instant of time.

28. (i) A mixture of fuel and oxygen is burned in a constant-volume chamber surrounded by a water bath. It was noticed that the temperature of water is increased during the process. Treating the mixture of fuel and oxygen as the system:

(a) Has heat been transferred?

(b) Has work been done?

(c) What is the sign of ΔU?

(ii) A parallel beam of green light of wavelength 546 nm passes through a slit of width 0.4 mm. The intensity pattern of the transmitted light is seen on a screen which is 40 cm away. What is the distance between the two first order minima?

29. (i) State Gauss's law. What is Gaussian surface?

(ii) A 25 μF capacitor, a 0.10 H inductor and a 25 Ω resistor are connected in series with an AC source whose emf is given by $e = 310 \sin 314t$ (volt). What is the frequency, reactance, impedance, current and phase angle of the circuit?

30. A spherical shell of radius b with charge Q is expanded to a radius a. Find the work done by the electrical forces in the process.

31. Explain spectral distribution of blackbody radiation.

Answer Key

Section A

1. **(i)** (b) When rotating about their central axis, a hollow right circular cone and a disc have the same expression for the M.I.

(ii) (a) Angular velocity upwards, angular acceleration downwards.

(iii) (b) While melting, an ice cube remains at the same temperature.

(iv) (a) __ x __ A sin __ ky __ t __

(v) (d) Neither cell nor auxiliary battery

(vi) (a) Remain unchanged

(vii) (a) 10 mJ

(viii) (a) 0.1 V

(ix) (b) $\frac{\lambda}{2}$

(x) (d) Tritium

2. **(i)** The current that does not lead to energy consumption, hence zero power consumption, is called wattless current.

(ii) Given, $L = 2 \times 10 \text{ cm} = 20 \text{ cm} = 0.2 \text{ m}$

$T = 0.075 \text{ N/m}$

$F = ?$

We have, $T = \frac{F}{L}$

$\therefore$ $F = TL$

$= 0.075 \times 0.2$

$F = 1.5 \times 10^{-2} \text{ N}.$

(iii) **Given:** $p_i - p_0 = 80 \text{ N/m}^2$, $T = 7.27 \times 10^2 \text{ N/m}$

We have,

$$(p_i - p_0) = \frac{2T}{r}$$

$$\therefore \quad r = \frac{2T}{(p_i - p_0)}$$

$$= \frac{(2 \times 7.27 \times 10^{-2})}{80}$$

$$= 1.8 \times 10^{-3} \text{ m}$$

$$\therefore \quad d = 2r = 3.6 \text{ mm}.$$

(iv) **Solar cooker:**

- Solar cooker was invented by Horace Benedict de saussure in 1767.
- Solar cooker is a device used to cook food by using no fuel, instead of sunlight.
- Solar cookers use a parabolic reflector to collect the rays of the sun and focus them at the cooker to heat it and cook the food in the cooker.
- Today the solar cookers are a little bit expensive than pressure cookers.
- Big solar cookers can be used to make food for people on a larger scale.

Pressure cooker:

- Pressure cooker was invented by Denis papin.
- Pressure cookers are the most common cookers used in our houses and can be found in every house.
- Pressure cookers require water to convert it into steam for raising the internal temperature and pressure that permits quick cooking.
- Pressure cooker are cheaper than solar cookers.
- Pressure cookers requires a fuel for heating the liquid inside them.

(v) A substance through which heat radiations can pass is known as a diathermanous substance.

(vi) Condition or the structure of matter, electromagnetic radiation and material particles exhibit wave nature or particle nature this is known as wave particle duality.

(vii) The opposing nature of inductor to the flow of alternating current is called inductive reactance (X_L).

(viii) Given $\lambda = 4500 \text{ Å} = 4.5 \times 10^{-7}$ m
$\Phi = 2.0$ eV $= 2 \times 1.6 \times 10^{-19}$ J
$h = 6.63 \times 10^{-34}$ J.s, $c = 3 \times 10^8$ m/s
$r = 20$ cm $= 0.2$ m, $e = 1.6 \times 10^{-19}$ C,
$m = 9.1 \times 10^{-31}$ kg

$$= \frac{1}{2}mv_{max}^2 \, (KE_{max})$$

$$= \frac{hc}{\lambda} - \phi$$

$$= \frac{(6.63 \times 10^{-34})(3 \times 10^8)}{4.5 \times 10^{-7}} - 3.2 \times 10^{-19}$$

$$= 4.42 \times 10^{-19} - 3.2 \times 10^{-19}$$

$$= 1.22 \times 10^{-19} \text{ J}$$

$$\therefore \quad v_{max} = \sqrt{\frac{2}{m} KE_{max}} = \sqrt{\frac{2 \times 1.22 \times 10^{-19}}{9.1 \times 10^{-31}}}$$

$$= \sqrt{0.2681 \times 10^{12}} = 5.178 \times 10^5 \text{ m/s}$$

Now, centripetal force,

$$\frac{mv_{max}^2}{r} = \text{magnetic force} = Bev_{max}$$

$$\therefore \quad B = \frac{mv_{max}}{re} = \frac{(9.1 \times 10^{-31})(5.178 \times 10^5)}{(0.2)(1.6 \times 10^{-19})}$$

$$= 1.472 \times 10^{-5} \text{ T}.$$

Section B

3. When a two-wheeler takes a turn along an unbanked road, the force of friction provides the centripetal force. The two-wheeler leans inward to counteract a torque that tends to topple it outward. First, friction cannot be relied upon to provide the necessary centripetal force on all road conditions. Secondly, the friction results in the wear and tear of the tyres. On a banked road at a turn, any vehicle can negotiate the turn without depending on friction and without straining the tyres.

4. (i) Heat is generated into the resistor due to the passage of electric current. In the usual notation, heat generated $= I^2Rt$.

(ii) Yes, water receives heat from the resistor.

(iii) $\quad I^2Rt = MC\Delta T + P\Delta V$

(iv) $(Q) = (\Delta U) = (W)$

Here, I = current through the resistor, R = resistance of the resistor, t = time for which the current is passed through the resistor, M = mass of the water, S = specific heat of water, T = rise in the temperature of water, P = pressure against which the work is done by the water, ΔU = increase in the volume of the water.

5. The general expression for the displacement of a particle in S.H.M. at time t is

$$x = A \sin(\omega t + x) \quad .....(1)$$

where A is the amplitude, ω is a constant in a particular case and x is the initial phase. The velocity of the particle is

$$v = \frac{dx}{dt} = \frac{d}{dt}[A \sin(\omega t + x)]$$

$$= \omega A \cos(\omega t + x)$$

$$= \omega A \sqrt{1 - \sin^2(\omega t + x)}$$

From equation (1),

$$\sin(\omega t + x) = \frac{x}{A}$$

$$\therefore \quad v = \omega A \sqrt{1 - \frac{x^2}{A^2}}$$

$$\therefore \quad v = \omega \sqrt{A^2 - x^2} \quad .....(2)$$

Equation (2) gives the velocity as a function of x. The acceleration of the particle is

$$a = \frac{dv}{dt} = \frac{d}{dt}[A\omega \cos(\omega t + x)]$$

$$\therefore \quad a = -\omega^2 A \sin(\omega t + x)$$

But from equation (1),

$A \sin(\omega t + x) = x$

$$\therefore \quad a = -\omega^2 x \quad .....(3)$$

Equation (3) gives the acceleration as a function of x. The minus sign shows that the direction of the acceleration is opposite to that of the displacement.

6. In Young's double-slit experiment, when white light is incident on the slits and one of the slit is covered with a red filter, the light passing through this slit will emerge as the light having red colour. The other slit which is covered with a violet filter will give light having violet colour as emergent light. The interference fringes will involve mixing of red and violet colours. At some points, fringes will be red if constructive interference occurs for red colour and destructive interference occurs for violet colour. At some points, fringes will be violet if constructive interference occurs for violet colour and destructive interference occurs for red colour. The central fringe will be right with the mixing of red and violet colours.

7. Whenever a conductor or a part of it is moved in a magnetic field "cutting" magnetic field lines, or placed in a changing magnetic field, the free electrons in the bulk of the metal start circulating in closed paths equivalent to current-carrying loops. These loop currents resemble eddies in a fluid stream and are hence called eddy or Foucault currents [after Jean Bernard Leon Foucault (1819-68), French physicist, who first detected them].

Applications:

(i) **Dead-beat galvanometer:** A pivoted moving-coil galvanometer used for measuring current has the coil wound on a light aluminium frame. The rotation of the metal frame in the magnetic field produces eddy currents in the frame which opposes the rotation and the coil is brought to rest quickly. This makes the galvanometer dead-beat.

(ii) **Electric brakes:** When a conducting plate is pushed into a magnetic field or pulled out very quickly, the interaction between the eddy currents in the moving conductor and the field retards the motion. This property of eddy currents is used as a method of braking in vehicles.

8. In the following figure shows the electrical network. For resistance, 10 Ω, 12 Ω and 15 Ω connected in parallel to equivalent resistance (R_P) is given by

$$\frac{1}{R_P} = \frac{1}{10} + \frac{1}{12} + \frac{1}{15}$$

$$= \frac{6+5+4}{60} = \frac{15}{60} = \frac{1}{4}$$

∴ $R_P = 4\ \Omega$

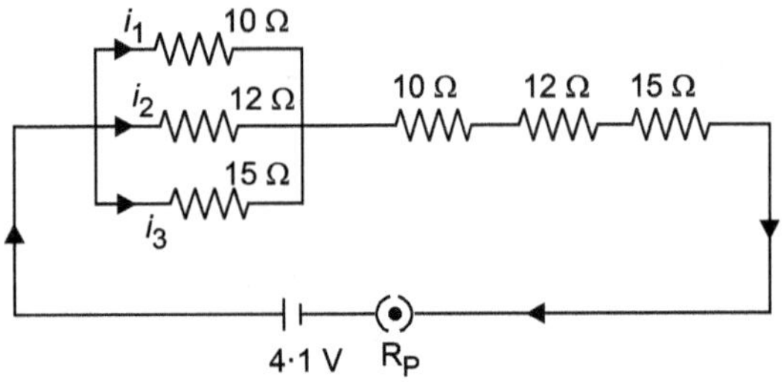

For resistance R_P, 10 Ω, 12 Ω and 15 Ω connected in series, the equivalent resistance,

$R_S = 4 + 10 + 12 + 15 = 41\ \Omega$

Thus, the total resistance, $R_S = 41\ \Omega$

Now, $V = IR_S$

$4.1 = I \times 41$

∴ $I = 0.1$ A

The total resistance and current through the circuit are 41 Ω and 0.1 A respectively.

9. Given: 1 eV = 1.6×10^{-19} J,

$E = 10$ MeV $= 10^7 \times 1.6 \times 10^{-19}$ J $= 1.6 \times 10^{-12}$ J,

$B = 1.88$ T, $r = 0.242$ m, $e = 1.6 \times 10^{-19}$ C

Charge of an α-particle,

$q = 2e = 2(1.6 \times 10^{-19}) = 3.2 \times 10^{-19}$ C

$r = \frac{(m_\alpha v)^2}{qB}$ and $E = \frac{1}{2}m_\alpha v^2$

∴ $r^2 = \frac{(m_\alpha v)^2}{q^2 B^2}$ and $2Em_\alpha = (m_\alpha v)^2$

∴ $r^2 = \frac{2Em_\alpha}{q^2 B^2}$

∴ $m_\alpha = \frac{(qBr)^2}{2E}$

$= \frac{[(3.2 \times 10^{-19})(1.88)(0.242)]^2}{2(1.6 \times 10^{-12})}$

$= (3.2 \times 10^{-26})(1.88 \times 0.242)^2$

$= (3.2 \times 10^{-26})(0.455)^2$

$= (3.2 \times 10^{-26})(0.2070)$

$= 6.624 \times 10^{-27}$ kg.

10. Gyromagnetic ratio $= \dfrac{e}{2m_e}$

$= \dfrac{1.6 \times 10^{-19}}{2 \times 9.1 \times 10^{-31}}$

$= 0.0879 \times 10^{12}$

$= 8.79 \times 10^{10}$ C/kg.

11. Given: $e = 200 \sin 100\pi t$, $L = \left(\dfrac{1}{\pi}\right)$ H

Comparing $e = 220 \sin 100\pi t$ with $e = e_0 \sin \omega t$, we get

$\omega = 100\pi$

∴ $\omega L = (100\pi)\left(\dfrac{1}{\pi}\right) = 100\ \Omega$

∴ The instantaneous current through the circuit

$i = \dfrac{e_0}{\omega L} \sin\left(100\pi t - \dfrac{\pi}{2}\right)$

$= \dfrac{220}{100} \sin\left(100\pi t - \dfrac{\pi}{2}\right)$

$= 2.2 \sin(100\pi t - \pi/2)$ in ampere

$i_{rms} = \dfrac{i_0}{\sqrt{2}} = \dfrac{2.2}{1.414} = 1.556$ A is the reading of the AC galvanometer connected in the circuit.

12. We have $V_0 e = \dfrac{hc}{\lambda} - \phi$, where V_0 is the stopping potential, e is the magnitude of the charge on the electron, his Planck's constant, c is the speed of light in free space, λ is the wavelength of the electromagnetic radiation incident on a metal surface and φ is the work function for the metal, h, c and e are constants, φ is constant for a particular metal.

Hence, it follows that as $\dfrac{1}{\lambda}$ increases, V_0 increases.

The plot of V_0 verses $\dfrac{1}{\lambda}$ is linear. This is because the energy associated with a quantum of radiation (photon) is directly proportional to the frequency of the radiation and hence inversely proportional to the wavelength of radiation.

13. Given,

$\nu = 4.826 \times 10^{14}$ Hz

$C = 3 \times 10^8$ m/s

$\lambda = ?$

$\lambda = \dfrac{C}{\nu}$

$$= \frac{3 \times 10^8}{4.826 \times 10^{14}}$$
$$= 6.229 \times 10^{-7} \text{ m}$$
$$= 6.229 \times 10^{-7} \times 10^{10} \text{ Å}$$
$$= 6229 \text{ Å}.$$

14. Given: Current gain $(\alpha) = 0.967$
Emitter current = 10 mA

To find:
The value of base current of the transistor.

- The common gain DC current us is given by
$$\alpha = 0.967 = \frac{I_C}{I_E} = \frac{I_C}{10}$$
$$I_C = 0.967 \times 10$$
$$I_C = 9.67 \text{ mA}$$

- The base current of the transistor is given by the formula
$$I_E = I_B + I_C$$
$$10 = I_B + 9.67$$
$$I_B = 0.33 \text{ mA}$$

The value of base current of the transistor is 0.33 mA.

Section C

15. (i) When a bicyclist takes a turn along an unbanked road, the force of friction $\vec{f_s}$ provides the centripetal force; the normal reaction of the road $\vec{N}$ is vertically up. If the bicyclist does not lean inward, there will be an unbalanced outward torque about the centre of gravity, fs.h, due to the friction force that will topple the bicyclist outward. The bicyclist must lean inward to counteract this torque (and not to generate a centripetal force) such that the opposite inward torque of the couple formed by $\vec{N}$ and the weight $\vec{g}$ $mg.a = f_s.h_1$.

(ii) Since the force of friction provides the centripetal force,
$$f_s = \frac{mv^2}{r}$$

If the cyclist leans from the vertical by an angle θ, the angle between $\vec{N}$ and $\vec{F}$
$$\tan \theta = \frac{f_s}{N} = \frac{mv^2/r}{mg} = \frac{v^2}{gr}$$

Hence, the cylist must lean by an angle
$$\theta = \tan^{-1} = \left(\frac{v^2}{gr}\right)$$

(iii) When a car takes a turn along a level road, apart from the risk of skidding off outward, it also has a tendency to roll outward due to an outward torque about the centre of gravity due to the friction force. But a car is an extended object with four wheels. So, when the inner wheels just get lifted above the ground, it can be counterbalanced by a restoring torque of the couple formed by the normal reaction (on the outer wheels) and the weight. Consider a car of mass m taking a turn of radius r along a level road. As seen from an inertial frame of reference, the forces acting on the car are:

(a) The lateral limiting force of static friction $\vec{f_s}$ on the wheels – acting along the axis of the wheels and towards the centre of the circular path which provides the necessary centripetal force.

(b) The weight $\vec{mg}$ acting vertically downwards at the centre of gravity (C.G.).

(c) The normal reaction $\vec{N}$ of the road on the wheels, upwards effectively at the C.G. Since maximum centripetal force = limiting force of static friction.
$$ma_r = \frac{mv^2}{r} = f_s \qquad \text{.....(1)}$$

In a simplified rigid-body vehicle model, we consider only two parameters – the height h of the C.G. above the ground and the average distance b between the left and right wheels called the track width.

The friction force $\vec{f_s}$ on the wheels produces a torque τ_t that tends to overturn/rollover the car about the outer wheel. Rotation about the front-to-back axis is called roll.
$$\tau_t = f_s.h = \left(\frac{mv^2}{r}\right)h \qquad \text{.....(2)}$$

When the inner wheel just gets lifted above the ground, the normal reaction $\vec{N}$ of the road acts on the outer wheels but the weight continues to act at the C.G. Then, the couple formed by the normal reaction and the weight produces a opposite torque τ_r which tends to restore the car back on the all four wheels.
$$\tau_r = mg.\frac{b}{2} \qquad \text{.....(3)}$$

The car does not topple as long as the restoring torque τ_t counterbalances the toppling torque τ_r.
Thus, to avoid the risk of rollover, the maximum speed that the car can have is given by
$$\left(\frac{mv^2}{r}\right)h = mg.\frac{b}{2}$$
$$\therefore \quad v_{max} = \sqrt{\frac{rbg}{2h}} \qquad \text{.....(4)}$$

Thus, vehicle tends to roll when the radial acceleration reaches a point where inner wheels of the four-wheeler are lifted off of the ground and the vehicle is rotated outward. A rollover occurs when the gravitational force $\vec{mg}$ passes through the pivot point of the outer wheels, i.e., the C.G. is above the line of contact of the outer wheels. Equation (3) shows that this maximum speed is high for a car with larger track width and lower centre of gravity.

16. Given: $T = 273 + 127 = 400$ K
    Molecular weight = 32
    ∴ Molar mass = 32 kg/kmol
    $R = 8.31$ J mol^{-1}K^{-1}
    $N_A = 6.02 \times 10^{23}$ molecules mol^{-1}

   (i) The average molecular kinetic energy per k mol of oxygen = the average kinetic energy per mol of oxygen × 1000
   $$= \frac{3}{2}RT \times 1000 = \frac{3}{2}(8.31)(400)(10^3) \text{ J/kmol}$$
   $$= (600)(8.31)(10^3) = 4.986 \times 10^6 \text{ J/kmol}.$$

   (ii) The average molecular kinetic energy per kg of oxygen
   $$= \frac{3}{2}\frac{RT}{M_0} = \frac{4.986 \times 10^6 \text{ J/mol}}{32 \text{ kg/kmol}}$$
   $$= 1.558 \times 10^5 \text{ J/kg}.$$

   (iii) The average molecular kinetic energy per molecule of oxygen
   $$= \frac{3}{2}\frac{RT}{N_A} = \frac{4.986 \times 10^6 \text{ J/mol}}{6.02 \times 10^{23} \text{ molecule/mol}}$$
   $$= 82.82 \times 10^{-21} \text{ J/molecule}.$$

17. When a capillary tube is partially immersed in a wetting liquid, there is a capillary rise and the liquid meniscus inside the tube is concave.

   Consider four points A, B, C, D of which point A is just above the concave meniscus inside the capillary and point B is just below it. Points C and D are just above and below the free liquid surface outside.

   Let P_A, P_B, P_C and P_D be the pressure at points A, B, C and D respectively.
   Now, $P_A = P_C$ = atmospheric pressure
   The pressure is the same on both sides of the free surface of a liquid, so that
   $P_C = P_D$
   ∴ $P_A = P_D$
   The pressure on the concave side of a meniscus is always greater than that on the convex side, so that
   $P_A > P_B$
   ∴ $P_D > P_B$ (∵ $P_A = P_D$)
   The excess pressure outside presses, the liquid up the capillary until the pressure at B and D (at the same horizontal level) equalize, i.e., P_B becomes equal to P_D. Thus, there is a capillary rise.

   For a non-wetting liquid, there is capillary depression and the liquid meniscus in the capillary tube is convex.

   Consider again four points A, B, C and D when the meniscus in the capillary tube is at the same level as the free surface of the liquid. Points A and B are just above and below the convex meniscus. Points C and D are just above and below the free liquid surface outside.

   The pressure at B(P_B) is greater than that A(P_A). The pressure at A is the atmospheric pressure H and at D, $P_D \approx H = P_A$. Hence, the hydrostatic pressure at the same levels at B and D are equal, $P_B > P_D$. Hence, the liquid flows from B to D and the level of the liquid in the capillary falls. This continues till the pressure at B' is the same as that D', that is till the pressure at the same level are equal.

18. Position of particles is given by
    $$y = A \cos \omega t + B \sin \omega t \quad \ldots(1)$$
    The velocity of particle is given by
    $$v = \frac{dy}{dt} = \frac{d}{dt}(A \cos \omega t + B \sin \omega t)$$
    $$= -A\omega \sin \omega t + B\omega \cos \omega t$$
    Acceleration of particle is given by
    $$a = \frac{dv}{dt} = \frac{d}{dt}(-A\omega \sin \omega t + B\omega^2 \sin \omega t)$$
    $$= -A\omega^2 \cos \omega t + B\omega^2 \sin \omega t$$
    $$= -\omega^2 (A \cos \omega t + B \sin \omega t)$$
    $$= -\omega^2 y$$
    Since the acceleration of particle is directly proportional to displacement and directed towards mean position, therefore, the motion is simple harmonic motion.
    Now, let amplitude
    $$A = r \sin \phi \quad \ldots(2)$$
    and $\quad B = r \cos \phi \quad \ldots(3)$
    Substituting A and B in (1), we get
    $$y = r \sin \phi \cos \omega t + r \cos \phi \sin \omega t$$
    $$= r(\cos \omega t \sin \phi + \sin \omega t \cos \phi)$$
    $$= r \sin (\omega t + \phi)$$
    Squaring (2) and (3) and adding, we have
    $$A^2 + B^2 = r^2$$
    $$\Rightarrow r\sqrt{A^2 + B^2}$$
    Dividing (2), (3), we have
    $$\frac{A}{B} = \tan \phi$$
    $$\Rightarrow r\sqrt{A^2 + B^2}$$
    ∴ Amplitude = $r\sqrt{A^2 + B^2}$

19. The difference between the given frequencies of the overtones is 256 Hz. This implies that they are consecutive overtones. Let n_c be the fundamental frequency of the closed pipe and n_q, n_{q-1} = the frequencies of the qth, $(q + 1)^{th}$ and $(q + 2)^{th}$ consecutive overtones, where q is an integer.

   Given: $n_q = 640$ Hz, $n_{q-1} = 896$, $n_{q+2} = 1152$ Hz, since only odd harmonics are present as overtones,

$$n_q = (2q + 1)n_c$$

and $$n_{q+1} = [2(q + 1) + 1]n_c = (2q + 3)n_c$$

$$\Rightarrow \quad \left(\frac{n_{q+1}}{n_q}\right) = \frac{2q+3}{2q+1} = \frac{896}{640} = \frac{7}{5}$$

$$\Rightarrow \quad 14q + 7 = 10q + 15$$

$$\Rightarrow \quad 4q = 8$$

$$\therefore \quad q = 2$$

Therefore, the three given frequencies correspond to the second, third and fourth overtones, *i.e.*, the fifth, seventh and ninth harmonics, respectively.

$$\therefore \quad 5n_c = 640$$

$$\therefore \quad b_c = 128 \text{ Hz.}$$

20. Given: $2W = 6$ mm

$\therefore$ $W = 3 \text{ mm} = 3 \times 10^{-3} \text{ m}, y = 2.5 \text{ m}$

(i) $\lambda_1 = 500 \text{ nm} = 5 \times 10^{-7}$ m

(ii) $\lambda_2 = 50\ \mu\text{m} = 5 \times 10^{-5}$ m

(iii) $\lambda_3 = 0.500 \text{ nm} = 5 \times 10^{-10}$ m

Let a be the slit wdith.

(i) $$W = \frac{y\lambda_1}{a}$$

$$\therefore \quad a = \frac{y\lambda_1}{W} = \frac{(2.5)(5\times10^{-7})}{3\times10^{-3}}$$

$$= 4.167 \times 10^{-4} \text{ m}$$

$$= 0.4167 \text{ mm.}$$

(ii) $$W = \frac{y\lambda_2}{a}$$

$$\therefore \quad a = \frac{y\lambda_2}{W} = \frac{(2.5)(5\times10^{-5})}{3\times10^{-3}}$$

$$= 4.167 \times 10^{-2} \text{ m}$$

$$= 41.67 \text{ mm.}$$

(iii) $$W = \frac{y\lambda_3}{a}$$

$$\therefore \quad a = \frac{y\lambda_3}{W} = \frac{(2.5)(5\times10^{-10})}{3\times10^{-3}}$$

$$= 4.167 \times 10^{-7} \text{ m}$$

$$= 4.167 \times 10^{-4} \text{ mm.}$$

21. The chief sources of error in the meter bridge experiment are as follows:

(i) The bridge wire may not be uniform in cross-section. Then the wire will not have a uniform resistance per unit length and hence its resistance will not be proportional to its length.

(ii) End resistances at the two ends of the wire may be introduced due to:

(a) The resistance of the metal strips

(b) The contact resistance of the bridge wire with the metal strips.

(c) Unmeasured lengths of the wire at the ends because the contact points of the wire with the metal strips do not coincide with the two ends of the metre scale attached.

Such errors are almost unavoidable but can be minimized considerably as follows:

(i) Readings must be taken by adjusting the standard known resistance such that the null point is obtained close to the centre of the wire. When several readings are to be taken, the null points should lie in the middle one-third of the wire.

(ii) The measurements must be repeated with the standard resistance (resistance box) and the unknown resistance interchanged in the gaps of the bridge, obtaining the averages of the two results.

22.

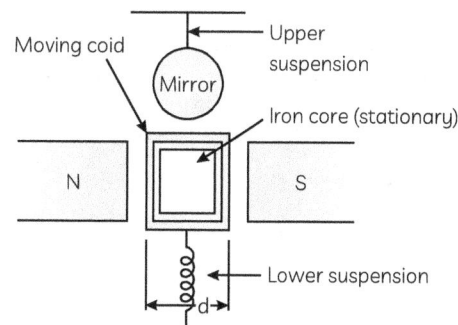

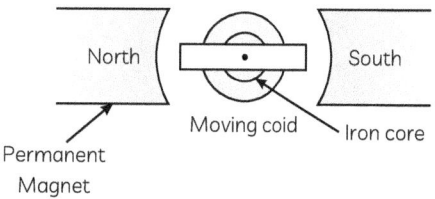

Moving Coil Galvanometer

Advantages of radial magnetic field:

(i) As the coil rotates, its plane is always parallel to the field. That way, the deflecting torque is always a maximum depending only on the current in the coil, but not on the position of the coil.

(ii) The restoring torque is proportional to the deflection so that a radial field makes the deflection proportional to the current. The instrument then has a linear scale *i.e.*, the divisions of the scale are evenly spaced. This maker it particularly straight forward to calibrate and to read.

23. In the Bohr model of a hydrogen atom, the electron of charge $- e$ performs a uniform circular motion around the positively charged nucleus. Let r, v and T be the orbital radius, speed and period of motion of the electron. Then,

$$T = \frac{2\pi r}{v} \quad \text{.....(1)}$$

Therefore, the orbital magnetic moment associated with this orbital current loop has a magnitude,

$$I = \frac{e}{T} = \frac{ev}{2\pi r} \quad \text{.....(2)}$$

Therefore, the magnetic dipole moment associated with this electronic current loop has a magnitude

$$M_0 = \text{current} \times \text{area of the loop}$$

$$= I(\pi r^2) = \frac{ev}{2\pi r} \times \pi r^2 = \frac{1}{2} evr \quad \text{.....(3)}$$

Multiplying and dividing the right-hand side of the above expression by the electron mass m_e,

$$M_0 = \frac{e}{2m_e}(m_e vr) = \frac{e}{2m_e} L_0 \quad \text{.....(4)}$$

where $L_0 = m_e vr$ is the magnitude of the orbital angular momentum of the electron $\vec{M_0}$ is opposite to $\vec{L_0}$.

$$\therefore \vec{M_0} = -\frac{e}{2m_e} \vec{L_0} \quad \text{.....(5)}$$

which is the required expression.

According to Bohr's second postulate of stationary orbits in his theory of hydrogen atom, the angular momentum of the electron in the nth stationary orbit is equal to $n\frac{h}{2\pi}$, where h is the Planck constant and n is a positive integer. Thus, for an orbital electron,

$$L_0 = m_e vr = \frac{nh}{2\pi} \quad \text{.....(6)}$$

Substituting for L_0 in equation (4),

$$M_0 = \frac{enh}{4\pi m_e}$$

For $n = 1$, $M_0 = \frac{eh}{4\pi m_e}$

The quantity $\frac{eh}{4\pi m_e}$ is a fundamental constant called the Bohr magneton, μ_B. $\mu_B = 9.274 \times 10^{-24}$ J/T (or Am²) $= 5.788 \times 10^{-5}$ eV/T.

24. Suppose a thin conducting disc of radius R is rotated anticlockwise, about its axis, in a plane perpendicular to a uniform magnetic field of induction $\vec{B}$ points downwards. Let the constant angular speed of the disc be ω.

Consider an infinitesimal element of radial thickness dr at a distance r from the rotation axis. In one rotation, the area traced by the element is $dA = 2\pi dr$. Therefore, the time rate at which the element traces out the area is

$$\frac{dA}{dt} = \text{frequency of rotation} \times dA = fdA$$

where $f = \frac{\omega}{2\pi}$ is the frequency of rotation.

$$\therefore \frac{dA}{dt} = \frac{\omega}{2\pi}(2\pi rdr) = \omega rdr$$

The total emf induced between the axle and the rim of the rotating disc is

$$|e| = \int B\frac{dA}{dt} = \int_0^R B\omega dr = B\omega \int_0^R rdr = B\omega \frac{R^2}{2}$$

For anticlockwise rotation in $\vec{B}$ pointing down, the axle is at a higher potential.

25. $\lambda_1 = ?, \lambda_2 = 6563$ Å

For shortest wavelength of Paschen series, $P = 3, n = \infty$

$$\because \frac{1}{\lambda} = R\left[\frac{1}{p^2} - \frac{1}{n^2}\right]$$

$$\frac{1}{\lambda_1} = R\left[\frac{1}{3^2} - \frac{1}{\infty}\right]$$

$$\therefore \lambda_1 = \frac{9}{R} \quad \text{.....(1)}$$

For longest wavelength in Balmer series $p = 2, n = 3$

$$\frac{1}{\lambda} = R\left[\frac{1}{p^2} - \frac{1}{n^2}\right]$$

$$\frac{1}{\lambda_2} = R\left[\frac{1}{2^2} - \frac{1}{3^2}\right]$$

$$= R\left[\frac{9-4}{36}\right] = \frac{5R}{36}$$

$$\therefore \lambda_2 = \frac{36}{5R} \quad \text{.....(2)}$$

Divide eq^n (1) by eq^n (2), we get

$$\frac{\lambda_1}{\lambda_2} = \frac{9}{R} \times \frac{5R}{36} = \frac{45}{36}$$

$$\therefore \lambda_1 = \frac{5}{4}\lambda_2 = \frac{5}{4} \times 6563$$

$$= 8203 \text{ Å}.$$

26. Given: $I_E = 6.28$ mA, $I_C = 6.20$ mA

$$\alpha_{dc} = \frac{I_C}{I_E} \text{ and } \beta_{dc} = \frac{I_C}{I_B} = \frac{\alpha_{dc}}{1-\alpha_{dc}}$$

Common-emitter current gain,

$$\alpha_{dc} = \frac{6.20}{6.28} = 0.9873$$

Therefore, common-base current gain,

$$\beta_{dc} = \frac{0.9873}{1-0.9873} = \frac{0.9873}{0.0127} = 77.74$$

Section D

27. (i) Consider a liquid drop of radius R and surface tension T.

Due to surface tension, the molecules, on the surface film experience the net force in the inward direction normal to the surface.

Therefore, there is more pressure inside than outside. Let p_1 be the pressure inside the liquid drop and p_0 be the pressure outside the drop.

Therefore, excess of pressure inside the liquid drop is

$$p = p_1 - p_0$$

Due to excess pressure inside the liquid drop the free surface of the drop will experience the net force in outward direction due to which the drop will expand.

Let the free surface display by dR under isothermal conditions.

Therefore, excess of pressure does the work in displacing the surface and that work will be stored in the form of potential energy.

The work done by an excess of pressure in displacing the surface is

dW= Force × displacement

= (Excess of pressure × surface area) × displacement of the surface

$= p \times 4\pi R^2 \times dR$ .....(1)

Increase in the potential energy is

dU = surface tension × increase in area of the free surface

$= T[4\pi(R + dR)^2 - 4\pi R^2]$

$= T[4\pi(2R\,dR)]$ .....(2)

From equation (1) and (2),

$$p \times 4\pi R^2 \times dR = T[4\pi(2RdR)]$$

$$\Rightarrow \quad p = \frac{2T}{R}$$

The above expression gives us the pressure inside a liquid drop.

(ii) Given: $n = 500$ Hz, $v = 350$ m/s

$$v = n \times \lambda$$

$$\therefore \quad \lambda = \frac{350}{500} = 0.7 \text{ m}$$

(a) t = 1·0 ms = 0.001 s, the path difference is the distance covered $v \times t = 350 \times 0.001 = 0.35$ m

$$\therefore \text{ Phase difference} = \frac{2\pi}{\lambda} \times \text{Path difference}$$

$$= \frac{2\pi}{0.7} \times 0.35 \doteq \pi \text{ rad}$$

(b) Phase difference $= 45° = \frac{\pi}{4}$ rad

$$\therefore \text{ Path difference} = \frac{\lambda}{2\pi} \times \text{Phase difference}$$

$$= \frac{0.7}{2\pi} \times \frac{\pi}{4} = 0.0875 \text{ m.}$$

28. (i) (a) Heat has been transferred from the chamber to the water both.

(b) No work is done by the system (the mixture of fuel and oxygen) as there is no change in its volume.

(c) There is an increase in the temperature of the water. Therefore, ΔU is positive for water.

For the system (the mixture of fuel and oxygen), ΔU is negative.

(ii) Given: $\lambda = 546$ nm $= 546 \times 10^{-9}$ m

$a = 0.4$ mm $= 4 \times 10^{-4}$ m

$D = 4$ cm $= 40 \times 10^{-2}$ m

$$y_{md} = m\frac{\lambda D}{a}$$

$$\therefore \quad y_{1d} = 1\frac{\lambda D}{a}$$

and

$$2y_{1d} = \frac{2\lambda D}{a}$$

$$= \frac{2 \times 546 \times 10^{-9} \times 40 \times 10^{-2}}{4 \times 10^{-4}} \text{ m}$$

$$= 2 \times 546 \times 10^{-6} = 1092 \times 10^{-6}$$

$$= 1.092 \times 10^{-3} \text{ m} = 1.092 \text{ mm.}$$

29. (i) **Gauss's law:** The electric fuix over a closed surface of any size and any stage is equal to $\frac{1}{\varepsilon}$ times total charge endorsed by that surface.

Gaussian surface: The surface over which Gauss's theorem is applied is called as Gaussian surface.

(ii) Given: $C = 25\ \mu F = 25 \times 10^{-6}$ F, $L = 0.10$ H, $R = 25\ \Omega$, $e = 310 \sin(314)$ [volt]

Comparing $e = 310 \sin(314t)$ with $e = e_0 \sin(2\pi ft)$, we get

The frequency of the alternating emf as

$$f = \frac{314}{2\pi} = \frac{314}{2(3.14)} = 50 \text{ Hz}$$

Reactance

$$= \left|\omega L - \frac{1}{\omega C}\right| = \left|2\pi fL - \frac{1}{2\pi fC}\right|$$

$$= \left|2(3.14)(50)(0.10) - \frac{1}{2(3.14)\,(50)\,(25 \times 10^{-6})}\right|$$

$$= \left|31.4 - \frac{100 \times 10^2}{(3.14)\,(25)}\right| = |\,31.4 - 127.4\,|$$

$$= 96\ \Omega$$

$$Z^2 = R^2 + \left(\omega L - \frac{1}{\omega C}\right)^2 = (25)^2 + (96)^2$$

$$= 9841\ \Omega^2$$

$\therefore$ Impedance,

$$Z = \sqrt{9841\ \Omega} = 99.2\ \Omega$$

Peak current,

$$i_0 = \frac{e_0}{Z} = \frac{310}{99.2} \text{ A}$$

$$\therefore \quad i_{rms} = \frac{i_0}{\sqrt{2}} = \frac{310}{(1.414)\,(99.2)} \text{ A} = 2.21 \text{ A}$$

$$\cos\phi = \frac{R}{Z} = \frac{25}{99.2} = 0.2520$$

∴ Phase angle,
$$\phi = \cos^{-1}(0.2520) = 75.40° = 1.316 \text{ rad.}$$

30. Consider a spherical conducting shell of radius r placed in a medium of permittivity ε. The mechanical force per unit area on the charged conductor is

$$f = \frac{F}{dS} = \frac{\sigma^2}{2\varepsilon}$$

where σ is the surface charge density on the conductor. Given the charge on the spherical shell is Q, $\sigma = Q/4\pi r^2$. The force acts outward, normal to the surface.

Suppose the force displaces a charged area element σdS through a small distance dx, then the work done by the force is

$$dW = F dx = \left(\frac{\sigma^2}{2\varepsilon} dS\right) dx$$

During the displacement, the area element sweeps out a volume

$$dV = dS \times dx.$$

Since $\quad V = \frac{4}{3}\pi r^3$, $dV = 4\pi r^2 \, dr$

∴ $\quad dW = \frac{\sigma^2}{2\varepsilon} dV = \frac{1}{2\varepsilon}\left(\frac{Q}{4\pi r^2}\right)^2 (4\pi r^2 \, dr)$

$\quad = \frac{Q^2}{8\pi\varepsilon} \frac{1}{r^2} dr$

Therefore, the work done by the force in expanding the shell radius $r = b$ to $r = a$ is

$$W = \int dW = \frac{Q^2}{8\pi\varepsilon}\int_b^a \frac{1}{r^2} dr$$

$$= \frac{Q^2}{8\pi\varepsilon}\left[-\frac{1}{r}\right]_b^a = \frac{Q^2}{8\pi\varepsilon}\left(\frac{1}{b} - \frac{1}{a}\right)$$

This gives the required expression for the work done.

31. The spectral distribution of the thermal energy radiated by a blackbody (i.e., the pattern of the intensity of the radiation over a range of wavelengths or frequencies) depends only on its temperature.

The characteristics of blackbody radiation can be described in terms of several laws:

Planck's law of blackbody radiation, a formula to determine the spectral energy density of the emission at each wavelength ($E\lambda$) at a particular absolute temperature (T).

Wien's displacement law, which states that the frequency of the peak of the emission (f_{max}) increases linearly with absolute temperature (T). Conversely, as the temperature of the body increases, the wavelength at the emission peak decreases, $f_{max} \propto T$.

Stefan-Boltzmann law, which relates the total energy emitted (E) to the absolute temperature (T).

$$E \propto T^4$$

Points to be noted: The blackbody radiation curves have quite a complex shape (describe by Planck's law).

The spectral profile (or curve) at a specific temperature corresponds to a specific peak wavelength and vice versa.

As the temperature of the blackbody increases, the peak wavelength decreases (Wien's law).

The intensity (or flux) at all wavelengths increases as the temperature of the blackbody increases. The total energy being radiated (the area under the curve) increases rapidly as the temperature increases (Stefan-Boltzmann law).

Although the intensity may be very low at very short or long wavelengths, at any temperature above absolute zero energy is theoretically emitted at all wavelengths (the blackbody radiation curves never reach zero).

●●

CHEMISTRY

Time : 3 Hrs **Total Marks :** 70

General Instructions: The question paper is divided into four sections.

(i) All questions are compulsory.

(ii) Section A: Q. No. 1 contains ten multiple choice types of questions carrying One mark each.

Q.No. 2 contains eight very short answer types of questions carrying One mark each.

(iii) Section B: Q. No. 3 to Q. No. 14 contain twelve shorts answer-I type of questions carrying Two marks each. (Attempt any Eight)

(iv) Section C: Q.No. 15 to No. 26 contains Twelve short answer –II type of questions carrying Three marks each. (Attempt any Eight)

(v) Section D: Q. No. 27 to Q. No. 31 Contains Five long answer type of questions carrying Four marks each. (Attempt any Three)

(vi) Use of logarithmic table is allowed. Use of calculator is not allowed.

(vii) Figures to the right indicate full marks.

(viii) For each MCQ, Correct answer must be written along with its alphabet. e.g., (a).../(b)..../only first attempt will be considered for evaluation.

(ix) Draw neat labelled diagrams and write balanced chemical equations wherever necessary.

SAMPLE PAPER-1
Chemistry

Questions

Time: 3 Hours   Total Marks: 70

Section A

1. Select and write the correct answers to the following questions: (10)

    (i) A compound forms hcp structure, number of Octahedral and Tetrahedral voids in 0.5 mole of substance is respectively.
    (a) $3.011 \times 10^{23}, 6.022 \times 10^{23}$
    (b) $6.022 \times 10^{23}, 3.011 \times 10^{23}$
    (c) $4.011 \times 10^{23}, 2.011 \times 10^{23}$
    (d) $6.011 \times 10^{23}, 12.022 \times 10^{23}$

    (ii) In which reaction mechanism carbocation is formed?
    (a) SN_1 (b) SN_2
    (c) Both (a) and (b) (d) None of them

    (iii) The solubility product of a sparingly soluble salt is 5.2×10^{-13}. Its solubility in mol dm^{-3} is:
    (a) 7.2×10^{-7} (c) 7.2×10^{-8}
    (b) 1.35×10^{-4} (d) 13.5×10^{-8}

    (iv) Neutral solutions have the pH of:
    (a) 8 (b) 7
    (c) 9 (d) 14

    (v) Polonium has the half-life of:
    (a) 13.8 days (b) 12 days
    (c) 5 days (d) 102 days

    (vi) Most stable oxidation state of titanium is:
    (a) +2 (b) +3
    (c) +4 (d) +5

    (vii) The number of electrons that have total charge of 965 coulomb is:
    (a) 6.022×10^{23} (b) 6.022×10^{22}
    (c) 6.022×10^{21} (d) 3.011×10^{23}

    (viii) In which of the following series all the elements are radioactive in nature:
    (a) lanthanides
    (b) actinides
    (c) d-block elements
    (d) s-block elements

    (ix) Pressure cooker reduces cooking time for food because:
    (a) boiling point of water involved in cooking is increased
    (b) heat is more evenly distributed in the cooking space
    (c) the higher pressure inside the cooker crushes the food material
    (d) cooking involves chemical changes helped by a rise in temperature.

    (x) $CH_2OH-CO-(CHOH)_4-CH_2OH$ is an example of:
    (a) Aldohexose
    (b) Aldoheptose
    (c) Ketotetrose
    (d) Ketoheptose

2. Answer the following questions: (8)
    (i) Define Enthalpy of fusion.
    (ii) What is rate determining step?
    (iii) Name two gases which deplete ozone layer.
    (iv) Write examples of addition polymers and condensation polymers.
    (v) What are aromatic ketones?
    (vi) Write reaction of P-toluenesulfonyl chloride with Diethylamine.
    (vii) Which nanomaterial is used for tyres of car to increase the life of tyres?
    (viii) How many asymmetrical carbon atoms are present in a molecule of fructose?

Section B

Attempt any Eight of the following questions: (16)

3. A solution has an osmotic pressure of 0.082 atm at 300 k. What would be its concentration?
4. What are bidentate ligands? Give one example.
5. How nanotechnology plays an important role in water purification techniques?
6. What is a salt bridge?
7. What two uses of the alloys.
8. Why haloarenes are less reactive than halo alkanes?
9. Acetic acid is 5% ionised in its decimolar solution. Calculate the dissociation constant of acid.
10. What is entropy? Give its units.
11. Give two evidences for presence of formyl group in glucose.
12. What is the standard enthalpy of combustion? Give an example.
13. Explain the effect of dilution of solution on conductivity.
14. What is difference between a double salt and a complex? Give one example.

Section C

Attempt any Eight of the following questions: (24)

15. While considering boiling point elevation and freezing point depression a solution concentration is expressed in molality and not in molarity. why?

16. Why aldehydes are more reactive toward nucleophilic addition reactions than ketones?

17. Why dissociation of HCN is suppressed by the addition of HCl?

18. Write structural formulae for:

(i) 3-methoxyhexane

(ii) methyl vinyl ether

(iii) 1-ethylcyclohexanol

19. One mole of an ideal gas is compressed from 500 cm^3 against a constant external pressure of 1.2×10^5 PA. The work involved in the process is 36.0J. Calculate the final volume.

20. How catalyst increases the rate of reaction? Explain with the help of potential energy diagram for catalysed and uncatalyzed reactions.

21. What current strength in amperes will be required to produce 2.4g of Cu from $CuSo_4$ solution in 1 hour? Molar mass of Cu = 63.5 g mol^{-1}.

22. Describe the manufacturing of H_2SO_4 by contact process.

23. What is meant by LDD and HDP? Mention the basic difference between the same with suitable examples.

24. How stability of the coordination compounds can be explained in terms of equilibrium constants?

25. What is zeroth order reaction? Derive its integrated rate law. What are the units of rate constant?

26. Draw structures of following compounds.

(i) 2, 5-Diethylphenol

(ii) Prop-2-en-1-ol

(iii) 2-methoxypropane

Section D

Attempt any Three of the following questions: (12)

27. The density of iridium is 22.4 g/cm^3. The unit cell of iridium is fcc. Calculate the radius of iridium atom, molar mass of iridium is 192.2 g/mol.

28. Write reaction showing conversion of *p*-bromoiso-propyl benzene into *p*-isopropyl benzoic acid (3 steps).

29. Explain optical isomerism in 2-chlorobutane.

30. What are the differences between cast iron, wrought iron and steel.

31. Give two reactions showing oxidising property of concentrated H_2SO_4. Write the structures of $HClO_3$ and $HClO_4$.

Answer Key

Section A

1. **(i)** (a) 3.011×10^{23}, 6.022×10^{23}

(ii) (a) SN_1

(iii) (a) 7.2×10^{-7}

(iv) (b) 7

(v) (a) 13.8 days

(vi) (c) + 4

(vii) (c) 6.022×10^{21}

(viii) (c) *d*-block elements

(ix) (a) boiling point of water involved in cooking is increased

(x) (d) Ketoheptose

2. **(i)** It is defined as change in enthalpy when one mole of solid is converted into liquid without any change in temperature at constant pressure. (Δ fus H)

(ii) The slowest step in the reaction mechansim is called rate determining step.

(iii) Two gases that deplete ozone layer are Nitric oxide (NO), chlorofluro carbons (freons).

(iv) **(a) Addition Polymers:** Polythene, Teflon, Polyacrylonitrile, Polyvinylchloride (PVC), etc.

(b) Condensation Polymers: Terylene, Nylon-6,6, Bakelite, Novolac, etc.

(v) The compounds in which >C= O group is attached to either two aryl groups or one aryl and one alkyl group are called aromatic ketones.

e.g.

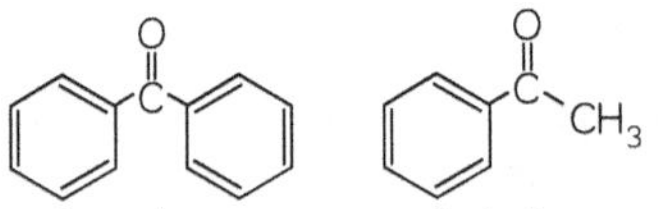

Benzophenone (Diphenyl ketone) Acetophenone (Methyl phenyl ketone)

(vi)

p-Toluenesulphonyl chloride
Diethylamine (2°)
N,N-Diethylbenzene p-toluenesulphonamide

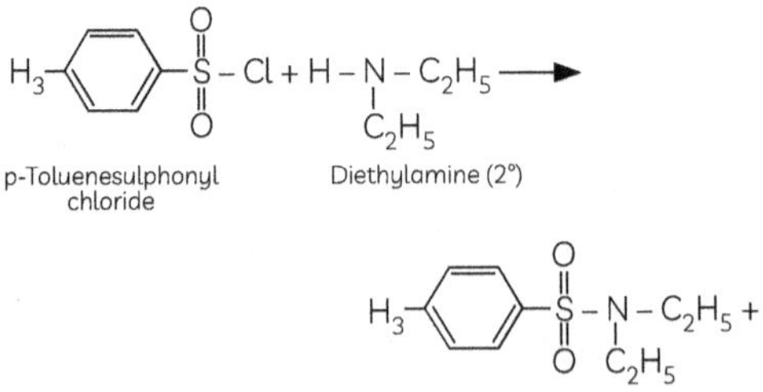

(vii) Carbon black

(viii) 3 (three) Asymmetrical carbon atoms.

Section B

3. **Given:** Osmotic pressure (π) = 0.082 atm

Gas constant (R) = 8.314 $J.k^{-1}mol^{-1}$ = 0.0821 atm k^{-1} mol

Temperature (T) = 300 k

Formula: $\pi = CRT$

$$C = \frac{\pi}{RT} = \frac{0.082}{0.0821 \times 300} = \frac{1}{30} = 0.033 \text{ M}$$

$= 0.033$ M

4. **Bidentate Ligands:** The ligands which bind to central metal through two donor atoms are called bidentate ligands.

e.g.,

1. Ethylenediammine binds to the central metal atom through two nitrogen atoms

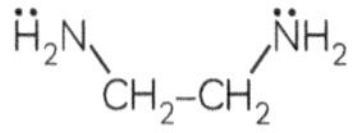

$\ddot{H}_2N$
$\ddot{N}H_2$
CH_2-CH_2

2. Similarly, Oxalate ligand $C_2O_2^{-4}$ utilises electron pair on each of its negatively charged oxygen atoms on linking with central metal.

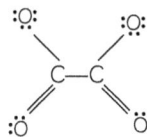

5. Nanotechnology plays an important role in water purification techniques. Some of its uses are:

(i) Water contains waterborne pathogens like viruses, bacteria.

(ii) Cost-effective filter materials coated with silver nanoparticles (AgNps) is an alternative technology and can be used in water purification.

(iii) Silver nanoparticles act as a highly effective antibacterial agent that kills E coli from water.

6. (i) It provides electrical contact between two solutions and thereby completes the electrical cicrcuit.

(ii) It prevents the mixing of two solutions.

(iii) It maintains electrical neutrality in both the solutions by the transfer of ions.

7. **The two uses of alloys are:**

(i) Bronze, an alloy of copper and tin is tough, strong and corrosion resistant. It is used for making statues, medals and trophies.

(ii) Cupra-nickel, an alloy of copper and nickel is used for making machinery parts of marine ships, baots. For example, marine condenser tubes.

8. (i) The low reactivity of aryl halides is due to resonance effect and sp^2 hybrid state of carbon to which halogen atom is attached.

(ii) In aryl halides, one of the lone pairs of electrons on-halogen atom is in conjugation with *p*-electrons of the ring. Due to resonance, the C-X bond acquires partial double bond character. Thus, the C-X bond in haloarenes is stronger and shorter than haloalkanes. Hence, it is difficult to break C-X bond in haloarenes. (*e.g.* C–Cl bond length in chlorobenzene is 169 pm as compared to C–Cl bond length in alkyl chloride which is 178 pm).

9. **Given:**

Percent dissociation = 5% Concentration (c) = 1 decimolar

To find: Dissociation constant of acid (K_a)

Formulae: used

(i) Percent dissociation = $\alpha \times 100$

(ii) $K_a = \alpha^2 c$

Calculation: Using formula (i),

$$\alpha = \frac{\text{Percent dissociation}}{100}$$

$$= \frac{5}{100} = 0.05$$

c = 1 decimolar = 0.1 M

Using formula (ii),

$$K_a = (0.05)^2 \times (0.1)$$

$$= 2.5 \times 10^{-4}$$

The dissociation constant of acid is 2.5×10^{-4}.

10. Entropy is a measure of molecular disorder or randomness. An entropy change of a system is equal to the amount of heat transferred (Q_{rev}) to it in a reversible manner divided by the temperature (T) in Kelvin at which the transfer takes place. Thus,

$$\Delta S = \frac{Q_{rev}}{T}$$

Units of entropy are : JK^{-1}

11. **Two evidences in favour of the presence of formyl group in glucose are:**

(i) Glucose gets oxidised to a six-carbon monocarboxylic acid called gluconic acid on reaction with bromine water which is a mild oxidising agent. Thus, the carbonyl group in glucose is in the form of formyl (–CHO).

(ii) Hemacetal group of glucopyranose structure is a potential aldehyde (formyl) group. It imparts reducing properties to glucose. Thus, glucose gives positive Tollen's test or Fehling test.

12. The standard enthalpy of combustion of a substance is the standard enthalpy change accompanying a reaction in which one mole of the substance in its standard state is completely oxidised.

Consider the reaction,

$C_2H_{2(g)} + O_{2(g)} \rightarrow 2CO_{2(g)} + H_2O_{(l)}, \Delta_r H^\circ = -1300$ kJ

In the above reaction, the standard enthalpy change of the oxidation reaction, – 1300 kJ is the standard enthalpy of combustion of $C_2H_{2(g)}$.

13. (i) The electrolytic conductivity is the electrical conductance of unit volume (1 cm^3) of solution. It depends on the number of current-carrying ions present in unit volume of solution.

(ii) On dilution total number of ions increases as a result of an increased degree of dissociation.

(iii) An increase in the total number of ions is not in the proportion of dilution. Therefore the number of ions per unit volume of solution decreases.

(iv) This results in a decrease of conductivity with a decrease in the concentration of the solution.

14. A double salt dissociates in water completely into simple ions, whereas a coordination complex dissociates in water with at least one complex ion.

e.g., Mohr's salt, $FeSO_4(NH_4)_2SO_4.6H_2O$ is a double salt while $K_4[Fe(CN)_6]$ is a complex.

Section C

15. In boiling point elevation and freezing point depression, we deal with the systems whose temperature is not constant. We cannot express the concentration of the solution in molarity because it changes with temperature whereas molality is temperature independent. Hence, while considering boiling point elevation and freezing point depression a solution concentration is expressed in molality and not in molarity.

16. Reactivity of aldehydes and ketones is due to the polarity of carbonyl group which results in electrophilicity of carbon. In general aldehydes are more reactive than ketones towards the nucleophilic attack. This can be well explained in terms of both the electronics effect and steric effect.

(i) **Influence of electronic effects:**

(a) Alkyl groups have an electron-donating inductive effect (+1). A ketone has two electron-donating alkyl groups bonded to carbonyl carbon which are responsible for decreasing its positive polarity and electrophilicity.

(b) In contrast aldehydes have only one electron-donating groups bonded to the carbonyl carbon. This makes aldehydes more electrophilic than ketones.

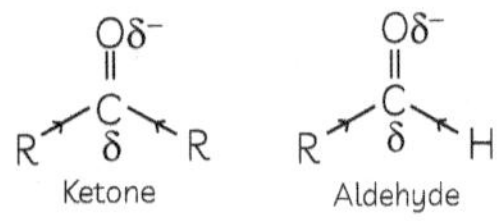

(ii) **Steric effects:**

(a) Two bulky alkyl groups in ketone come in the way of the incoming nucleophile. This is called steric hindrance to nucleophilic attack.

(b) On the other hand, nucleophile can easily attack the carbonyl carbon in aldehyde because it has one alkyl group and is less crowded or sterically less hindered. Hence, aldehydes are more easily attacked by nucleophiles.

17. HCN and HCl both dissociate to produce H^+ ions which are common to both.

HCN is a weak electrolyte. It dissociates to a little extent.

$$HCN_{(aq)} \rightleftharpoons H^+_{(aq)} + CN^-$$

HCl is a strong electrolyte. It undergoes complete dissociation.

$$HCl_{(aq)} \rightarrow H^+_{(aq)} + Cl^-_{(aq)}$$

both HCN and HCl provide H^+ ions.

The concentration of H^+ ions in the solution increases due to the complete dissociation of HCl.

According to Le-Chatelier's principle, the effect of the stress (the addition of H^+ ions from HCl) applied to the ionisation equilibrium of HCN is reduced by shifting the equilbrium in the backward direction.

H^+ ions combine with CN^- ions to produce unionised HCN. Thus, the dissociation of HCN is suppressed by the addition of HCl.

18. (i) $H_3C-H_2C-HC(OCH_3)-H_2C-H_2C-CH_3$

3-methoxyhexane

(ii) $CH_3OCH=CH_2$

Methyl vinyl ether

(iii)

1- Ethylcyclohexanol

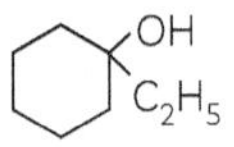

19. Given: Initial volume $(V_1) = 500\ cm^3$

External pressure $(P_{ext}) = 12 \times 10^5$ Pa

Work (W) = 36.0 J

To find : Final volume (V_2)

Formula: $W = -P_{ext}\Delta V = -P_{ext}(V_2 - V_1)$

Calculation : Initial volume $(V_1) = 500\ cm^3 = 0.5\ dm^3$

External pressure $(P_{ext}) = 1.2 \times 105$ Pa = 1.2 bar

$$\text{Work (W)} = 36.0\ J = 36.0\ J \times \frac{1 dm^3 bar}{100 J}$$

$$= 0.360\ dm^3\ bar$$

Now, from formula,

$$W = -P_{ext}\Delta V = -P_{ext}(V_2 - V_1)$$

$\therefore$ $0.360\ dm^3\ bar = -1.2\ bar \times (V_2 - 0.5\ dm^3)$

$\therefore$ $\frac{0.360 dm^3 bar}{1.2\ bar} = -(V_2 - 0.5\ dm^3)$

$\therefore$ $0.3\ dm^3 = -V_2 + 0.5\ dm^3$

$\therefore$ $V_2 = 0.2\ dm^3 = 200\ cm^3$

The final volume $(V_2) = 200\ cm^3$.

20. (i) A catalyst provides an alternative pathway associated with lower activation energy.

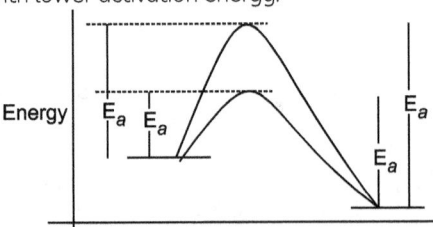

Potential energy barriers for catalysed and uncatalysed reactions.

(ii) The potential energy diagram compares the potential energy barries for the catalysed and uncatalysed reactions. The barrier for uncatalysed reaction (E_a) is larger than that for the same reaction in the presence of a catalyst E_a.

(iii) Consider the decomposition of H_2O_2 in aqueous solution catalysed by I^- ions.

$2H_2O_{2(l)} \xrightarrow{I^-} 2H_2O_{(l)} + O_{2(g)}$. At room temperature, the rate of reaction is slower in the absence of a catalyst with its activation energy being 76 kJ mol^{-1}. In the presence of catalyst, iodide ion (I^-), the reaction is faster since the activation energy decreases to 57 kJ mol^{-1}.

21. Given: Mass of Cu = 2.4 g.

Molar mass of Cu = 63.5 g mol^{-1}

1 hour = 1 × 60 × 60s = 3600 s

To find: Current strength (in amperes)

Formula used:

(i) $\text{Mole ratio} = \dfrac{\text{Moles of product formed in half reaction}}{\text{Moles of electrons required in half reaction}}$

(ii) $W = \dfrac{I(A) \times t(s)}{96500\ (C/mole^-)} \times \text{mole ratio} \times \text{molar mass}$

Calculation:

(i) Stoichiometry for the formation of Cu is

$$Cu^{2+}(s) + 2e^- \rightarrow Cu_{(s)}$$

Using formula (i),

$$\text{Mole ratio} = \frac{1\ \text{mole}}{2\ \text{mole}}$$

(ii) Using formula (ii),

$$W = \frac{I(A) \times t(s)}{96500(C/mol_{\bar{C}})} \times \text{mole ratio} \times \text{molar mass}$$

$$2.4g = \frac{I(A) \times t(s)}{96500(C/mole^-)} \times \frac{1\ \text{mole}}{2\ \text{mole}\ e^{-1}} \times 63.5g\ mol^{-1}$$

$$I(A)_z = \frac{2.4 \times 96500 \times 2}{63.5 \times 3600} = 2.03\ A$$

Current strength in amperes required to produce 2.4g of Cu from $CuSO_4$ is 2.03 A.

22. Manufacturing of sulphuric acid by contact process is done through following sequential steps:

(a) Preparation of SO_2:

$$S_{(s)} + O_{2(g)} \longrightarrow SO_{2(g)}$$

(b) Conversion of SO_2 to SO_3 (oxidation):

$$2SO_{2(g)} + O_{2(g)} \xrightarrow{V_2O_5} 2SO_3, \Delta H = -196\ KJ$$

(c) SO_3 is absorbed in concentrated H_2SO_4 to produce oleum:

$$SO_{3(g)} + H_2SO_4 \longrightarrow \underset{\text{oleum}}{H_2S_2O_7}$$

(d) Oleum is diluted with water to get desired concentration of H_2SO_4.

$$H_2S_2O_7 + H_2O \longrightarrow 2H_2SO_4$$

The sulphuric acid obtained by contact process is 96 – 98% pure.

23. LDP is a branched polymer of ethene with polymeric chains loosely held. Hence, even though it is tough, it is extremely flexible. Therefore, LDP is used in producing extruded films, sheets, mainly for packaging and household uses like in preparation of squeeze bottles, attractive containers, etc. where low tensile strength and flexibility is required.

On the other hand, HDP is a linear polymer of ethene with closely packed polymeric chains. Hence, it is much stiffer than LDP and has high tensile strength and hardness. Therefore, HDP is used in the manufacture of toys and other household articles like buckets, dustbins, bottles, pipes, laboratory wares and other objects where high tensile strength and stiffness is required.

24. The stability of the complex can be explained in terms of equilibrium constant. Higher the value of K larger is the thermodynamic stability of the complex. The equilibria for the complex formation with the corresponding K values are given below:

$Ag^+ + 2CN^- \rightarrow [Ag(CN)_2]^-$ $K = 5.5 \times 10^{18}$

$Cu^{2+} + 4CN^- \rightarrow [Cu\ (CN)_4]^{2-}$ $K = 2.0 \times 10^{27}$

$Co^{3+} + 6NH_3 \rightarrow [Co(NH_3)_6]^{3+}$ $K = 5.0 \times 10^{33}$

Among the above equilibrium constant data, $[Co(NH_3)_6]^{3+}$ is more stable than $[Ag(CN)_2]^-$ and $[Co(NH_3)_6]^{3+}$ because $[Co(NH_3)_6]^{3+}$ has higher value of equilibrium constant.

25. Zero Order Reactions: The rate of zero order reaction is independent of the reactant concentration.

For zero-order reaction, A → P the differential rate law is given by rate

$$= \frac{d[A]}{A} = k[A]_0 = k \quad ...(i)$$

Rearrangement of Eq. (i) gives

$$d[A] = -k\,dt \quad (\because [A]^\circ = 1)$$

Integrating between the limits

$[A] = [A]_0$ at $t = 0$ and $[A] = [A]t$ at $t = t$ gives

$$\int_{[A]_0}^{[A]t} d[A] = -k\int_0^t dt$$

or $[A]_t - [A]_0 = -kt$

Hence, $kt = [A]_0 - [A]_t \quad ...(ii)$

Units of rate constant of zero order reactions

$$k = \frac{[A]_0 - [A]_t}{t} = \frac{mol L^{-1}}{t}$$

$$= mol\ dm^{-3}\ t^{-1}$$

The units of rate constant of zero order reaction are the same as the rate.

26. (i)

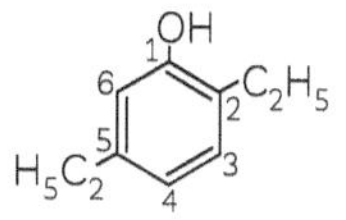

(ii) $H_2\overset{3}{C} = \overset{2}{C}H - \overset{1}{C}H_2 - OH$

(iii) $CH_3 - \underset{\underset{O-CH_3}{|}}{CH} - CH_3$

Section D

27. Given: Type of unit cell is fcc.
Density of iridium (ρ) = 22.4 g/cm³
Molar mass of iridium = 192.2 g/mol
To find: Radius of iridium atom (r)
Formula used:

(i) $\quad$ Density $(\rho) = \dfrac{Mn}{a^3 N_A}$

(ii) For fcc unit cell, $r = 0.3535\, a$

Calculation: For fcc unit cell, $n = 4$, using formula (i)

$$\text{Density } (\rho) = \dfrac{Mn}{a^3 N_A}$$

$$22.4 \text{g cm}^{-3} = \dfrac{192.2 \text{g mol}^{-1} \times 4 \text{atom}}{a^3 \times 6.022 \times 10^{23} \text{atom mol}^{-1}}$$

$$a^3 = \dfrac{192.2 \times 4}{22.4 \times 6.022 \times 10^{23}}$$

$$a = \sqrt[3]{\dfrac{192.2 \times 4}{22.4 \times 6.022 \times 10^{23}}}$$

$$= \sqrt[3]{\dfrac{192.2 \times 4 \times 10^{-23}}{22.4 \times 6.022}}$$

$$= \sqrt[3]{\dfrac{192.2 \times 40 \times 10^{-24}}{22.4 \times 6.022}}$$

$$= \sqrt[3]{\dfrac{192.2 \times 40}{22.4 \times 6.022}} \times 10^{-8}$$

$$= 3.849 \times 10^{-8} \text{ cm}$$

$$= 384.9 \text{ pm}$$

Using formula (ii)

$r = 0.3535 a$
$r = 0.3535 \times 384.9$ pm
$= 135.7$ pm ≈ 136 pm

Radius of iridium atom (r) is 136 pm.

28. Step 1: Converting – Br group to – CN:

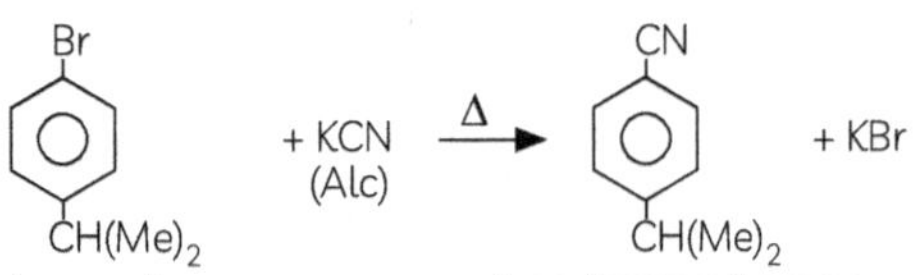

p-Bromoisopropylbenzene + KCN (Alc) $\xrightarrow{\Delta}$ p-Cyanoisopropylbenzene + KBr

Step 2: Converting – CN group to – $CONH_2$:

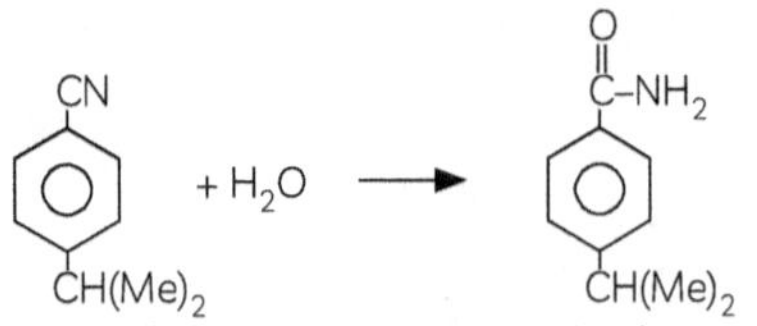

p-Cyanoisopropylbenzene + H_2O $\longrightarrow$ Amide

Step 3: Converting – $CONH_2$ group to – COOH:

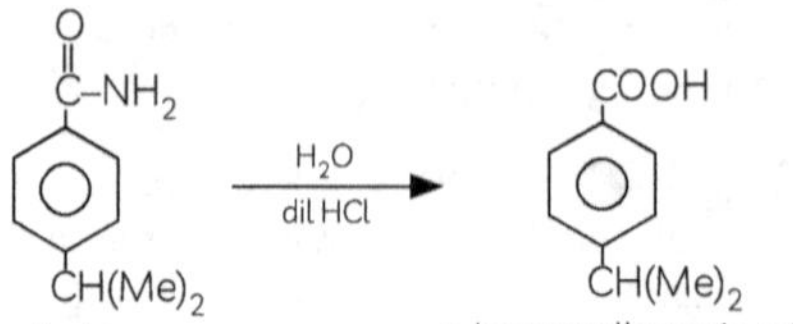

Amide $\xrightarrow[\text{dil HCl}]{H_2O}$ p-Isopropylbenzoic acid

29. (i) The stereoisomerism in which the isomers have different spatial arrangements of groups/atoms around a chiral atom is called optical isomerism.

(ii) 2-chlorobutane has one chiral carbon atom. The spatial arrangement of the four different groups around the chiral atom is different.

(iii) Structure of 2-chlorobutane and its image can be represented as:

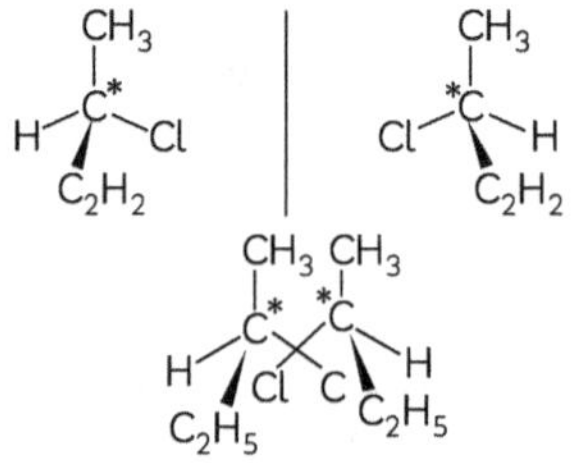

(iv) 2-Chlorobutane cannot superimpose perfectly on its mirror image as shown in the figure. Hence, 2-chlorobutane exhibits optical isomerism.

30.

	Cast Iron	Wrought Iron	Steel
1.	Hard and brittle	Very soft	Neither too hard nor too soft
2.	Contains 4% carbon.	Contains less than 0.2% carbon.	Contains 0.2 to 2% carbon
3.	Used for making pipes, manufacturing automotive parts, pots, pans, utensils, etc.	Used for making pipes, bars for stay bolts, engine bolts and rivets, etc.	Used in buildings infrastructure tools, ships, automobiles, weapons, etc.

31. Metals and non-metals both are oxidised by hot, concentrated sulphuric acid which itself gets reduced to SO_2.

(i) $\underset{\text{Copper}}{Cu} + \underset{\text{Sulphuric acid (Conc.)}}{2H_2SO_4} \longrightarrow \underset{\text{Copper sulphate}}{CuSO_4} + \underset{\text{Sulphur dioxide}}{SO_2} + 2H_2O$

(ii) $\underset{\text{Sulphuric}}{S} + \underset{\text{Sulphuric acid (Conc.)}}{2H_2SO_4} \longrightarrow \underset{\text{Sulphur dioxide}}{3SO_2} + 2H_2O$

Structures of $HClO_3$ and $HClO_4$

(i) Chloric acid, $HClO_3$

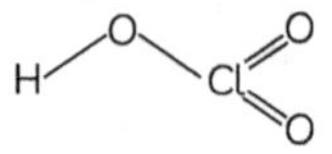

(ii) Perchloric acid, $HClO_4$

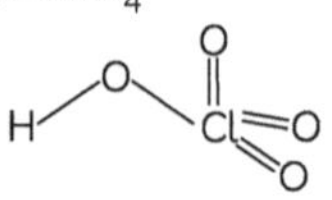

SAMPLE PAPER-2
Chemistry

📝 Questions

Time: 3 Hours   Total Marks: 70

Section A

1. Select and write the correct answers to the following questions:

    (i) Molecular solids are
    - (a) Crystalline solids
    - (b) Amorphous solids
    - (c) Ionic solids
    - (d) Metallic solids

    (ii) On which electrode the oxidation reaction takes place?
    - (a) Anode
    - (b) Cathode
    - (c) Salt bridge
    - (d) None of them

    (iii) Isobutylamine is an example of............
    - (a) 2° amine
    - (b) 3° amine
    - (c) 1° amine
    - (d) Quaternary ammonium salt.

    (iv) Two solutions have the ratio of their concentrations 0.4 and ratio of their conductivities 0.216. The ratio of their molar conductivities will be
    - (a) 0.54
    - (b) 11.574
    - (c) 0.0864
    - (d) 1.852

    (v) Identify the chiral molecule from the following.
    - (a) 1-bromobutane
    - (b) 1,1- dibromobutane
    - (c) 2,3- dibromobutane
    - (d) 1,3-bromobutane

    (vi) A living cell contains a solution which is isotonic with 0.3 M sugar solution. What osmotic pressure develops when the cell is placed in 0.1 M KCl solution at body temperature?
    - (a) 5.08 atm
    - (b) 2.54 atm
    - (c) 4.92 atm
    - (d) 2.46 atm

    (vii) Formula for the compound sodium hexacynoferrate (iii) is
    - (a) $[NaFe(CN)_6]$
    - (b) $Na_2[Fe(CN)_6]$
    - (c) $Na[Fe(CN)_6]$
    - (d) $Na_3[Fe(CN)_6]$

    (viii) Components of Nichrome alloy are
    - (a) Ni, Cr, Fe
    - (b) Ni, Cr, Fe, C
    - (c) Ni, Cr
    - (d) Cu, Fe

    (ix) Which of the following has highest electron gain enthalpy?
    - (a) Fluorine
    - (b) Chlorine
    - (c) Bromine
    - (d) Iodine

    (x) Which of the Na following is a buffer solution?
    - (a) CH_3COONa + NaCl in water
    - (b) CH_3COOH + HCl in water
    - (c) $CH_3COOH + CH_3COONa$ in water
    - (d) $HCl + NH_4Cl$ in water

2. Answer the following questions:

    (i) What is standard cell potential for the reaction?
    $3Ni_{(s)} + 2Al^{3+}(1M) \rightarrow 3Ni^{2+}(1M) + 2Al(s)$ if $E^0_{Ni} = -0.25$ V and $E^0_{Al} = -1.66V$?

    (ii) Write IUPAC name of
    $$CH_3 - CH = C - CH - Br$$
    $$\quad\quad\quad\quad\quad\; | \quad\; |$$
    $$\quad\quad\quad\quad H_3C \;\; CH_3$$

    (iii) Name some chain growth polymers.

    (iv) Which amide does produce ethanamine by Hofmann bromamide degradation reaction?

    (v) Give two uses of ClO_2.

    (vi) What is meant by 'shielding of electrons' in an atom?

    (vii) Name a compound where Frenkel defect is found.

    (viii) Write the formula for tetra ammine platinum (ii) chloride.

Section B

Attempt any Eight of the following questions:

3. Give the structures of Thiosulphuric acid and Peroxy monosulphuric acid.
4. Explain the role of green chemistry.
5. How many moles of electrons are passed when 0.8 Ampere current is passed for 1 hour through molten $CaCl_2$?
6. Write formulae of the following complexes.
    (i) Potassium ammine trichloroplatinate (ii)
    (ii) Dicyanoaurate (i) ion
7. Explain the basic nature of amines with suitable example.
8. Discuss the structure of sulphur dioxide.
9. What is the enthalpy of atomisation? Give an example..
10. What is lanthanoid contraction?
11. Why formic acid is stronger than acetic acid?.
12. Give the following named reactions.
    (i) Wurtz-Fittig reaction
    (ii) Fittig reaction
13. Why p-nitrophenol is a stronger acid than phenol?
14. How vapour pressure lowering is related to a rise in boiling point of solution?

Section C

Attempt any Eight of the following questions:

15. What is the action of hydrazine on cyclopentanone in presence of KOH in ethylene glycol? How ketones are prepared from nitriles ?

16. Aluminium crystallises in cubic close packed structure with unit cell edge length of 353.6 Pm. What is the radius of Al atom? How many unit cells are there in 1.00 cm^3 of Al?

17. Distinguish between S_N1 and S_N2 mechanism of substitution reaction.

18. The vapour pressure of water at 20°c is 17 mm Hg. What is the vapour pressure of solution containing 2.8 g urea in 50 g of water?

19. Write reaction showing conversion of acetaldehyde into acetaldehyde dimethyl acetal.

20. Give valence bond description for the bonding in the complex $[VCl_4]^-$. Draw box diagrams for free metal ion. Which hybrid orbitals are used by the metal? State the number of unpaired electrons.

21. Obtain the relationship between the rate constant and half-life of a first order reaction.

22. State Hess's law of constant heat summation. Illustrate with an example. State its applications.

23. Write structure of natural rubber and neoprene rubber along with the name and structure of their monomers.

24. What are pseudo-first order reactions? Give one example and explain why it is pseudo-first order.

25. Why it is impossible to measure the potential of a single electrode?

26. (i) Calculate the standard enthalpy of:

$N_2H_{4(g)} + H_{2(g)} \rightarrow 2NH_{3(g)}$

If $\Delta H^0(N-H) = 389$ kJ mol^{-1}, $\Delta H^0(H-H) = 435$ kJ mol^{-1}, $\Delta H^0(N–N) = 159$ kJ mol^{-1}

(ii) The enthalpy change of the following reaction:

$CH_{4(g)} + Cl_{2(g)} \longrightarrow CH_3Cl_{(g)} + HCl_{(g)}, \Delta_rH^0 = -104$ kJ.

Calculate C–Cl bond enthalpy. The bond enthalpies are :

Bond	C–H	Cl–Cl	H–I
ΔH^0/kJ mol^{-1}	414	243	431

Section D

Attempt any Three of the following questions:

27. (i) In NaOH solution [OH] is 2.87×10^{-4}. Calculate the pH of solution.

(ii) The solubility product of AgBr is 5.2×10^{-13}. Calculate its solubility in mol dm^{-3} and g dm^{-3} (Molar mass of AgBr = 187.8g mol^{-1})

28. Draw a neat diagram for the Haworth formula of glucopyranose. Give the industrial applications of enzyme catalysis.

29. Distinguish between rhombic sulphur and monoclinic sulphur.

30. Write structural formulae for:

(i) Pentane-1,4-diol

(ii) Cyclohex-2-en-1-ol.

(iii) *p*-Nitrophenol

(iv) Salicylic acid

31. Explain the trends in atomic radii of *d*-block elements.

Answer Key

Section A

1. **(i)** (a) Crystalline solids

(ii) (a) Anode

(iii) (c) 1° Amine

(iv) (a) 0.54

(v) (c) 2,3-Dibromobutane

(vi) (b) 2.54 atm

(vii) (d) $Na_3[Fe(CN_6)]$

(viii) (c) Ni, Cr

(ix) (b) Chlorine

(x) (c) $CH_3COOH + CH_3COONa$ in water

2. **(i)** The standard cell potential for the reaction is –1.41V.

(ii) 2-Bromo-3-methylpent-3-ene

(iii) Chain growth polymers are polyacrylonitrile, polyvinylchloride, polythene, etc.

(iv) Propanamide ($C_2H_5CONH_2$) produces ethanamine by Hofmann bromamide degradation reaction

(v) Uses of chlorine dioxide are as follows:

(a) Bleaching agent for paper pulp and textiles.

(b) In water treatment.

(vi) (a) The decrease in the force of attraction exerted by the nucleus on the valence electrons due to the presence of electrons in the inner shells is called the shielding effect.

(b) As a result of the shielding effect, the effective nuclear charge experienced by the valence electron is less than the actual nuclear charge.

(vii) AgCl

(viii) $[Pt(NH_3)_4]Cl_2$

Section B

3. (i) Thiosulphuric acid, $H_2S_2O_3$.

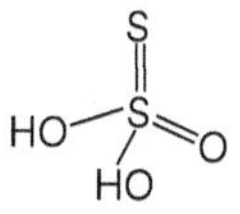

(ii) Peroxy monosulphuric acid, H_2SO_5

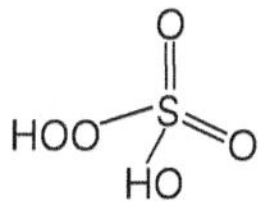

4. (i) To promote innovative chemical technologies that reduce or eliminate the use or generation of hazardous substances in the design, manufacture, and use of chemical products.

(ii) The green chemistry helps to reduce capital expenditure to prevent pollution.

(iii) Green chemistry incorporates pollution, prevention practices in the manufacture of chemicals and promotes pollution prevention and industrial ecology.

(iv) Green chemistry is a new way of looking at chemicals and their manufacturing process to minimise any negative environmental effects.

5. Calculate: Using formula (i),

Quantity of electricity passed

$= I(A) \times t(s) = \times 3600 = 2880\ C$

Using formula (ii),

Number of moles of electrons passed

$$\frac{Q\ (C)}{96500\ (C/mol\ e^-)} = \frac{2880C}{96500(C/mol\ e^-)}$$

$= 0.03\ mol\ e^-$

Number of moles of electrons passed through molten $CaCl_2$ is $0.03\ mol\ e^-$.

6. (i) $K[Pt(NH_3)Cl_3]$
(ii) $[Au(CN)_2]^-$

7. Nitrogen atom of amines contains a lone pair of electrons which can be donated. Thus, amines act as bases and nucleophiles.

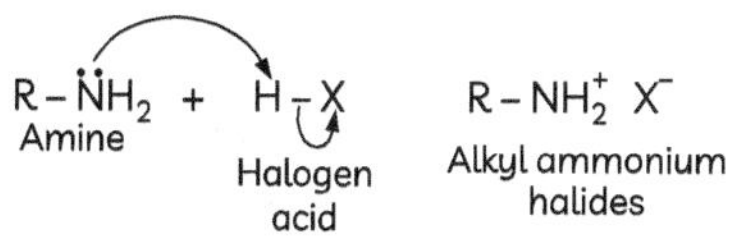

$\underset{\text{Amine}}{R-\ddot{N}H_2} + \underset{\substack{\text{Halogen} \\ \text{acid}}}{H-X} \longrightarrow \underset{\substack{\text{Alkyl ammonium} \\ \text{halides}}}{R-NH_3^+\ X^-}$

e.g.,

(i) The reaction of ethylamine with dilute hydrochloric acid results in the formation of ethyl ammonium chloride.

$\underset{\substack{\text{Ethylamine} \\ \text{(Ethanamine)}}}{CH_3-CH_2-NH_2} + HCl \rightleftharpoons \underset{\substack{\text{Ethyl ammonium} \\ \text{chloride}}}{CH_3-CH_2NH_3^+Cl^-}$

8. Sulphur dioxide (SO_2) is angular with O–S–O bond angle of 119.5°.

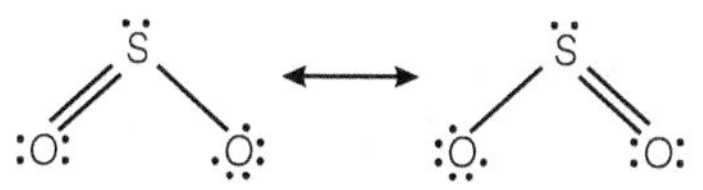

The S–O double bond arises from $d\pi - p\pi$ bonding. It is a resonance hybrid of two canonical forms.

9. The enthalpy change accompanying the dissociation of all molecules in one mole of gas phase substance into gaseous atoms is called enthalpy of atomisation.

For example: Atomisation of methane molecule.

$CH_{4(g)} \rightarrow C(g) + 4H_{(g)};\ \Delta_{atm} H = 1160\ kJ\ mol^{-1}$

10. As we move from La to Lu, the atomic and ionic radii of trivalent lanthanoid show steady decrease because with increase in atomic number, the nuclear charge increases and electrons are added to 4f shell which show poor shilding effect. As a result there is gradual increase in nuclear charge and decrease in radii. This is known as lanthanoid contraction.

11. (i) The negatively charged acetate ion (i.e., the conjugate base of acetic acid) gets destabilised by + I effect of – CH_3 group.

(ii) Lesser is the stabilisation of the conjugate base, weaker is the acid.

(iii) In formate ion, there is no such destabilisation effect.

Thus, formic acid is stronger than acetic acid.

12. (i) **Wurtz-Fitting Reaction:**

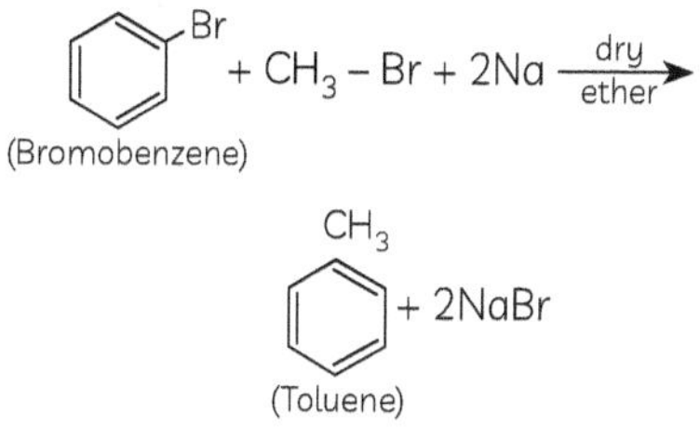

(Bromobenzene) $+ CH_3 - Br + 2Na \xrightarrow{\text{dry ether}}$ (Toluene) $+ 2NaBr$

(ii) **Fitting reaction:**

(Chlorobenzene) $+ 2Na \xrightarrow{\text{dry ether}}$ (Biphenyl) $+ 2NaCl$

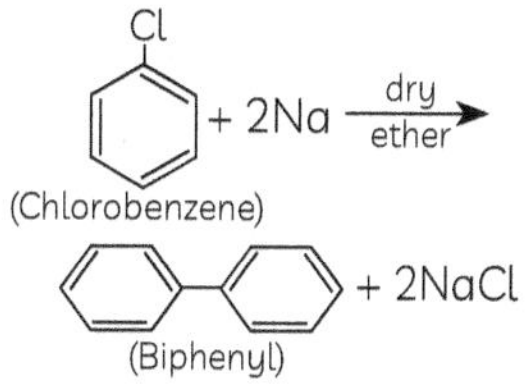

13. The conjugate base of p-nitrophenol is better resonance stabilised due to six resonance structures compared to the five resonance structures of the conjugate base of phenol. The resonance structure has a negative charge on only electgronegative oxygen atoms. Hence, p-nitrophenol is a stronger acid than phenol.

14. (i) At the boiling point of a liquid, its vapour pressure is equal to 1 atm.

(ii) In order to reach boiling point the solution and solvent must be heated to a temperature at which their respective vapour pressures attain 1 atm.

(iii) At any given temperature the vapour pressure of a solution is lower than that of pure solvent,. Hence, the vapour pressure of solution needs a higher temperature to reach 1 atm than that needed for vapour pressure of solvent. Therefore, vapour pressure lowering causes a rise in the boiling point of a solution.

Section C

15. Ketones are prepared by reacting nitriles with Grignard reagent in dry ether as solvent followed by acid hydrolysis.

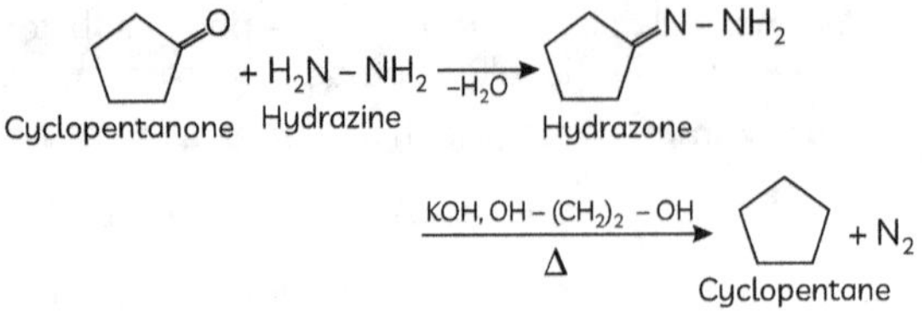

Cyclopentanone + H_2N-NH_2 $\xrightarrow{-H_2O}$ Hydrazone (=N-NH$_2$)
Hydrazine

$\xrightarrow{KOH, OH-(CH_2)_2-OH, \Delta}$ Cyclopentane + N_2

$H_3C-C\equiv N + H_3CMgCl \xrightarrow{dry\ ether}$
(Ethanenitrile)

$CH_3-\underset{H_3C}{\underset{|}{C}}=NMgCl \xrightarrow{H_3O^+} CH_3-CO-CH_3$ (Acetone) $+ NH_3 + Mg(Cl)OH$

$C_6H_5-C\equiv N + C_6H_5-MgBr \xrightarrow{dry\ ether}$
(Benzonitrile)

$C_6H_5-\underset{C_6H_5}{\underset{|}{C}}=NMgBr \xrightarrow{H_3O^+} C_6H_5-CO-C_6H_5$ (Benzophenone) $+ NH_3 + Mg(Br)OH$

16. (i) Using formula (i),

$r = 0.3535\ a$

∴ $r = 0.3535 \times 353.6 = 125$ pm

(ii) Using formula (ii),

Number of unit cells in volume (V) of metal $= \dfrac{V}{a^3}$

∴ Number of unit cells in 1.00 cm³ of

$Al = \dfrac{1.00}{(3.536 \times 10^{-8})^3}$

$= 2.26 \times 10^{22}$

(a) Radius of Al atom (r) is 125 pm.

(b) Number of unit cells in 1.00 cm³ of Al is 2.26×10^{22}.

17.

Factor	S_N2	S_N1
Kinetics	2nd order	1st order
Molecularity	Bimolecular	Unimolecular
Number of steps	One step	Two step
Bond making and bond breaking	Simultaneous	First the bond in the reactant breaks and then a new bond in product is formed
Transition state	One step, one transition state	Two steps, two transition state
Direction of attack of nucleophile	Only back side attack	Back side attack and front side attak
Nucleophile	Strong Nucleophile favourable.	Weak Nucleophile favourable.

18. Molar mass of urea (NH_2CONH_2)
$= 14 + 2 + 12 + 16 + 14 + 2 = 60$ g mol^{-1}
Molar mass of water $= 18$ g mol^{-1}
Now, using formula,

$$\dfrac{P_1^0 - P_1}{P_1^0} = \dfrac{W_2 M_1}{M_2 W_1}$$

$= \dfrac{17\ mm\ Hg - P_1}{17\ mm\ Hg}$

$= \dfrac{2.8g \times 18g\ mol^{-1}}{50g \times 60g\ mol^{-1}}$

∴ $\dfrac{17\ mm\ Hg - P_1}{17\ mm\ Hg} = 0.0168$

∴ $17\ mm\ Hg - P_1 = 0.2856$ mm Hg

∴ $17\ mm\ Hg - P_1 = 0.2856$ mm Hg

∴ $P_1 = 17\ mm\ Hg - 0.2856$ mm Hg $= 16.71$ mm Hg

Vapour pressure of the given solution is 16.71 mm Hg.

19. Step 1:

$\underset{Acetaldehyde}{\underset{|}{\overset{|}{\underset{H}{\overset{H_3C}{C}}}}=O} + CH_3-OH \underset{dil\cdot HCl}{\overset{dry\ HCl}{\rightleftharpoons}} \underset{Hemiacetal\ (unstable)}{H_3C-\underset{OH}{\underset{|}{\overset{H}{\overset{|}{C}}}}-OCH_3}$

Step 2:

$H_3C-\underset{H}{\underset{|}{\overset{H}{\overset{|}{C}}}}-OCH_3 + CH_3-OH \underset{dil\cdot HCl}{\overset{dry\ HCl}{\rightleftharpoons}} H_3C-\underset{OCH_3}{\underset{|}{\overset{H}{\overset{|}{C}}}}-OCH_3 + H_2O$
Hemiacetal (unstable) → Acetaldehyde dimethyl acetal (stable)

20. (i) The oxidation state of vanadium is + 3.

(ii) Valence shell electronic configuration of free metal ion, V^{3+}

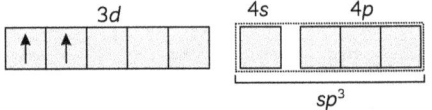

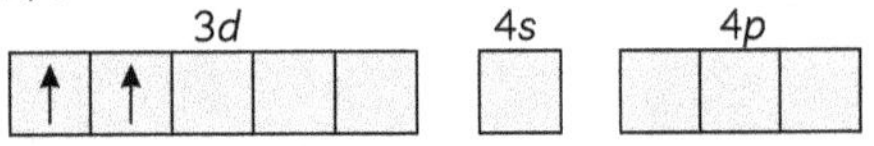

(iii) The number of Cl⁻ ligands is 4. Therefore, the number of vacant metal ion orbitals required for bonding with ligands must be four.

(iv) Four orbitals on metal available for hybridisation are one s and three 4p. The complex is tetrahedral.

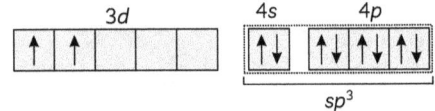

(v) The four metal ion orbitals for bonding with Cl⁻ ligands are derived from the sp³ hybridization.

(vi) Four vacant sp³ hybrid orbitals of V^{3+} overlap with four orbitals of Cl⁻ ions.

(vii) Configuration after complex formation would be

(viii) The complex has two unpaired electrons. The structure of $[VCl_4]^-$ is

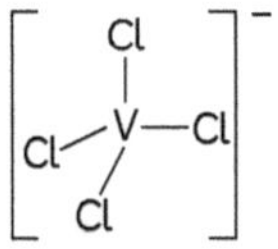

$$\begin{bmatrix} & Cl & \\ & | & \\ Cl - & V & - Cl \\ & | & \\ & Cl & \end{bmatrix}^-$$

21. The integrated rate law for the first order reaction is given by the equation

$$k = \frac{2.303}{t} \log_{10} \frac{[A]_0}{[A]_t}$$

Where $[A]_0$ = initial concentration of the reactant at $t = 0$

The concentration falls to $[A]_t$ at time t from the start of the reaction. The concentration of the reactant falls to $[A]_0/2$ at time $t_1/2$.

Therefore, $t = t_{1/2}$

$$[A]_t = [A]_0/2$$

So, the equation can be written as

$$k = \frac{2.303}{t_{1/2}} \log_{10} \frac{[A]_0}{\frac{[A]_0}{2}}$$

$$= \frac{2.303}{t_{1/2}} \log_{10} 2$$

$$= \frac{2.303}{t_{1/2}} \cdot 0.301$$

$$= \frac{0.693}{t_{1/2}}$$

$$t_{1/2} = \frac{0.693}{k}$$

22. Hess's law of constant heat summation:

Hess's law of constant heat summation states that, "Overall the enthalpy change for a reaction is equal to sum of enthalpy changes of individual steps in the reaction".

For example:

The enthalpy changes for a chemical reaction is the same regardless of the path by which the reaction occurs. Hess's law is a direct consequence of the fact that enthalpy is state function. The enthalpy change of a reaction depends only on the initial and final states and not on the path by which the reaction occurs.

To determine the overall equation of reaction, reactants and products in the individual steps are added or subtracted like algebraic entities.

Consider the synthesis of NH_3.

(i) $2H_{2(g)} + N_{2(g)} \to N_2H_{4(g)}, \Delta_r H^0{}_1 = +95.4$ kJ

(ii) $N_2H_{4(g)} + H_{2(g)} \to 2NH_{3(g)}; \Delta_r H^0{}_1 = -187.6$ kJ

(iii) $H_{2(g)} + N_{2(g)} \to 2NH_{3(g)}; \Delta_r H^\circ = -92.2$ kJ

The sum of the enthalpy changes for steps (1) and (2) is equal to enthalpy change for the overall reaction.

Application of Hess's Law:

The Hess's law has been useful to calculate the enthalpy the enthalpy changes for the reactions with their enthalpies being not known experimentally.

23.

Natural Rubber	Neoprene
Monomer; $$CH_2 = \overset{\underset{\|}{CH_3}}{C} - CH = CH_2$$ Isoprene	Monomer: $$CH_2 = \overset{\underset{\|}{Cl}}{C} - CH = CH_2$$ Chloroprene
Structure of natural rubber: $$\begin{bmatrix} H & & & H \\ \| & & & \| \\ -C - C & = & C - C - \\ \| & \| & & \| \\ H & CH_3 & H & H \end{bmatrix}_n$$	Structure of neoprene: $$-[CH_2 - \overset{\underset{\|}{Cl}}{C} = CH - CH_2]_n-$$

24. A reaction which has higher order true rate law but experimentally found to behave as first order are called pseudo first order reaction. For example: Hydrolysis of sucrose.

$$\underset{\text{Sucrose}}{C_{12}H_{22}O_{11(aq)}} + H_2O \longrightarrow \underset{\text{Glucose}}{C_6H_{12}O_6} + \underset{\text{Fructose}}{C_6H_{12}O_6}$$

is an example of pesudo first order reaction, because water takes part in the reaction the true rate law rate = $k [C_{12}H_{22}O_{11}][H_2O]$ indicates that the reaction must be second order. Similarly to the hydrolysis of ester, $[H_2O]$. It is constant and the rate law became rate = $k [C_{12}H_{22}O_{11}]$

Thus, the second order true law is converted, to first order rate law.

25. (i) Every oxidation reaction needs to be accompanied by a reduction reaction.

(ii) The occurrence of only oxidation or only reduction is not possible.

(iii) In galvanic cell oxidation and reduction occur simultaneously.

(iv) The potential associated with the redox can be experimentally measured. For the measurement of potential two electrodes need to be combined together where the redox reaction occurs.

Hence, it is impossible to measure the potential of a single electrode.

26. (i) $\underset{\underset{H}{\|}\underset{H}{\|}}{\overset{\overset{H}{\|}\overset{H}{\|}}{N-N}}(g) + H - H(g) \longrightarrow 2 \overset{\overset{H}{\|}}{\underset{\underset{H}{\|}}{N-H}}$

$\Delta_r H^0 = \Sigma \Delta H^0$ (reactant) $- \Sigma \Delta H^0$ (product)

$= [4\Delta H^0(N-H)] + \Delta H^0(N-N) + \Delta H^0(H-H)$

$\qquad - [6\Delta H^0(N-H)]$

$= \Delta H^0 (N-N) + \Delta H^0 (H-H) - 2 \Delta H^0(N-H)$

$= 1 \times 159 + 1 \text{ mol} \times 435 - 2 \times 389$

$= -184$ kJ

(ii) $\Delta_r H^0 = \Sigma \Delta H^0$ (reactant) $- \Sigma \Delta H^0$ (Product)

$= [4 \Delta H^0(C-H) + \Delta H^0(Cl-Cl)] - [3 \Delta H^0(C-H)$

$\qquad + \Delta H^0(C-Cl)] + \Delta H^0(H-Cl)$

$$= \Delta H^0(C-H) + \Delta H^0(Cl-Cl) - \Delta H^0(C-Cl)$$
$$- \Delta H^0(H-Cl) - 104 \text{ kJ}$$
$$= 1 \times 414 + 1 \times 243 - 1 \times \Delta H^0(C-Cl) - 1 \times 431$$

$$= 226 - 1 \times \Delta H^0(C-Cl) \, 1 \times \Delta H^0(C-Cl)$$
$$= 226 + 104 \, \Delta H^0(C-Cl) = 330 \text{ kJ mol}^{-1}$$

Section D

27. (i) $pOH = -\log_{10}[OH^-]$
(ii) $pH + pOH = 14$
Calculation:
From formula (i),
$$pOH = -\log_{10}[OH^-]$$
$$\therefore pOH = -\log_{10}[2.87 \times 10^{-4}]$$
$$= -\log_{10} 2.87 - \log_{10} 10^{-4}$$
$$= -\log_{10} 2.87 + 4 = 4 - 0.4579$$
$$pOH = 3.5421$$
From formula (ii),
$$pH + pOH = 14$$
$$pH = 14 - pOH = 14 - 3.5421 = 10.4579,$$
pH of the solution is 10.4579

(ii) The solubility product of AgBr is:
$$AgBr(s) \rightleftharpoons Ag^+(aq) + Br^-(aq)$$
$$x = 1, y = 1$$
$$K_{sp} = [Ag^+][Br^-] = S^2$$
$$S = \sqrt{K_{sp}} = \sqrt{5.2 \times 10^{-13}}$$
$$= 7.2 \times 10^{-7} \text{ mol dm}^{-3}$$
The solubility in g dm^{-3} = molar solubility in mol dm^{-3}
× molar mass g mol^{-1}
$$S = 7.2 \times 10^{-7} \text{ mol dm}^{-3} \times 187.8 \text{ g mol}^{-1}$$
$$= 1.35 \times 10^{-4} \text{ g dm}^{-3}$$

28.

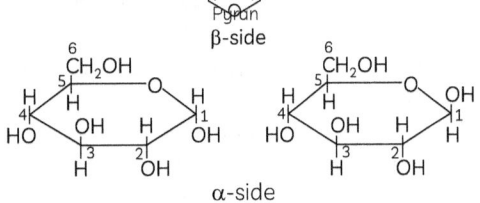

(α - D- (+) - Glucopyranose) (β -D- (+) - Glucopyranose)
Some examples of industrial application of enzyme catalysis are :
(i) Conversion of glucose to sweet-tasting fructose, using glucose isomerase.
(ii) Manufacture of new antibiotics, using pencillin G acylase.
(iii) Manufacture of laundry detergents, using proteases.
(iv) Manufacture of esters used in cosmetics, using genetically engineered enzyme.

29.

Rhombic (α-sulphur)	Monoclinic (β-sulphur)
It is a pale yellow coloured soild.	It is bright yellow soild
It forms orthorhombic crystals	It forms needle-shaped monoclinic crystals
Its melting point is 385.8 K	Its melting point is 393 K
Its density is 2.06 g/cm³	Its density is 1.98 g/cm³
It is insoluble in water and soluble in CS₂	Soluble in CS₂
It is stable below 369 K and transforms to β-sulphur above this temperature	It is stable above 369 K and transforms into α-sulphur below this temperature.
It is prepared by the evaporation of rolls sulphur in CS₂.	It is prepared from rhombic sulphur.

30. (i) $H_3C - HC - H_2C - H_2C - CH_2 - OH$
           $|$
           OH
Pentane-1, 4-diol

(ii) Cyclohex-2-en-1-ol

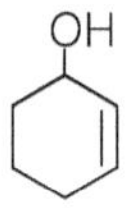

(iii) $O_2N-\langle O \rangle-OH$ p-nitrophenol

(iv) Salicylic acid

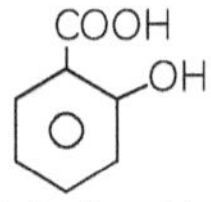

31. (i) Atomic radii of the elements of the transition series decrease gradually from left to right.
(ii) As we move across a transition series from left to right, the nuclear charge increases by one unit at a time.
(iii) The last filled electron enters a penultimate (n-1) d subshell. However, d orbitals in an atom are less penetrating or more diffused and, therefore d electrons offer smaller screening effects.
(iv) The result is that effective nuclear charge also increases as the atomic number increases along with a transition series. Hence the atomic radii gradually decrease across a transition series from left to right.

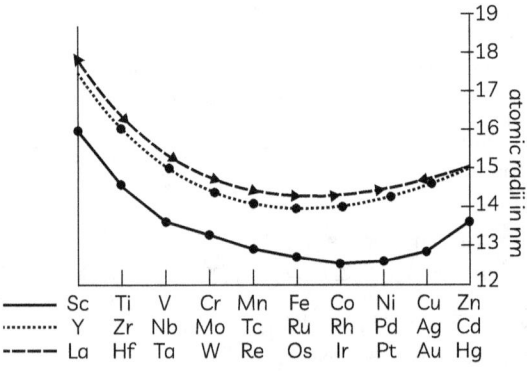

Trends in atomic radii of d-block elements

SAMPLE PAPER-3
Chemistry

Questions

Time: 3 Hours   Total Marks: 70

Section A

1. Select and write the correct answers to the following questions:
   (i) AgBr shows which type of defect?
      (a) Frenkel   (b) Schottky
      (c) Both (a) and (b)   (d) Impurity defect
   (ii) Nylon fibres are:
      (a) Semisynthetic fibres   (b) Polyamide fibres
      (c) Polyester fibres   (d) Cellulose fibres
   (iii) A gas is allowed to expand in a well insulated container against a constant external pressure of 2.5 Bar from an initial volume of 2.5 L to a final volume of 4.5L The change in internal energy, ΔU of the gas will be
      (a) -500 J   (b) +500 J
      (c) -1013 J   (d) +1013 J
   (iv) The formula for the Grignard's reagent is:
      (a) RMgX   (b) RHgX
      (c) HX   (d) XNaX
   (v) Which of the following substrate will give ionic organic product on reaction?
      (a) $CH_3 - CH_2 - OH + Na$
      (b) $CH_3 - CH_2 - OH + SOCl_2$
      (c) $CH_3 - CH_2 - OH + PCl_5$
      (d) $CH_3 - CH_2 - OH + H_2SO_4$
   (vi) Which of the following solution will have pH value equal to 1.0?
      (a) 50 mL of 0.1M HCl + 50mL of 0.1M NaOH
      (b) 60 mL of 0.1M HCl + 40mL of 0.1M NaOH
      (c) 20 mL of 0.1M HCl + 80mL of 0.1M NaOH
      (d) 75 mL of 0.2M HCl + 25mL of 0.2M NaOH
   (vii) Which of the following is not correct?
      (a) Gibbs energy is an extensive property
      (b) Electrode potential or cell potential is an intensive property
      (c) Electrical work = $-\Delta G$
      (d) If half reaction is multiplied by a numerical factor, the corresponding E_0 value is also multiplied by the same factor.
   (viii) The oxidation state of cobalt ion in the complex $[Co(NH_3)_5Br]SO_4$ is
      (a) +2   (b) +3
      (c) +1   (d) +4
   (ix) Open chain formula of glucose does not contain
      (a) Formyl group
      (b) Anomeric hydroxyl group
      (c) Primary hydroxyl group
      (d) Secondary hydroxyl group
   (x) Which of the following has highest electron gain enthalpy?
      (a) Fluorine   (b) Chlorine
      (c) Bromine   (d) Iodine

2. Answer the following questions:
   (i) The boiling point of solution containing 2.62 g of substance A in 100 g of water is higher by 0.0512 than the boiling point of pure water. The molar mass of substance is................ . ($K_b = 5.12$ km^{-1})
   (ii) Name one amphoteric solvent.
   (iii) What is denaturation of Proteins?
   (iv) Why cations are lewis acids?
   (v) What is the relationship between coefficients of reactants in a balanced equation for an overall reaction and exponents in rate law? In what case the coefficients are the exponents?
   (vi) Which amide does produce ethanamine by Hofmann bromamide degradation reaction?
   (vii) Comment on the statement: no work is involved in an Expansion of gas in vacuum.
   (viii) Write the electrode reactions during electrolysis of molten KCl.

Section B

Attempt any Eight of the following questions:

3. Which nanomaterial is used in sunscreen lotion? Write its use.
4. Construct a Galvanic cell the electrodes $Co^{3+}|Co$ and Mn^{2+}/Mn. $E^0 = 1.82$ V, $E^0_{Mn} = -1.18$V. Calculate E^0_{cell}.
5. What is diazotisation? Write diazotisation reaction of aniline.
6. Why alkyl halides though polar are immiscible with water?
7. The half life of a first order reaction is 1.7 Hours. How long will it take for 20% of the reactant to react?
8. What are isotonic and hypertonic solutions?
9. Give full form of the following names: a. XRD b. TEM
10. Draw a neat diagram for the Zwitterion ion.
11. What are ionisation isomers? Give an example.
12. Write reaction showing conversion of ethanenitrile into ethanol.
13. Give the reactions involved in the Etard's reaction.
14. Reactions involving Grignard reagent must be carried out under anhydrous condition.

Section C

Attempt any Eight of the following questions:

15. Give two examples which undergo Wolf-Kishner reduction.

16. Fish generally needs O_2 concentration in water at least 3.8 Mg/l for survival. What partial pressure of O_2 above the water is needed for the survival of fish? Given the solubility of O_2 in water at 0°C and 1 atm^{-3} partial pressure is 2.2 × 10 Atm) mol/L.

17. Write the names and structural formulae of oxoacids of chlorine.

18. Write a note on Cannizaro reaction.

19. Derive the expression for the maximum work.

20. Calculate emf of the following cell at 25°C.

$Zn(s) \mid Zn^{2+}$ (0.08M) $\parallel Cr^{3+}$ (0.1M) $\mid$ Cr $E^0_{Zn} = -0.76$ V, $E^0_{Cr} = -0.74$ V

21. What is the action of the following reagents on toluene?

(i) Alkaline $KMnO_4$, dil. HCl and heat

(ii) CrO_2Cl_2 in CS_2

(iii) Acetyl chloride in presence of anhydrous $AlCl_3$.

22. Calculate the standard enthalpy of the reaction,

$SiO_{2(s)} + 3C(graphite) \rightarrow SiC_{(s)} + 2CO_{(g)}$ from the following reactions:

(i) $Si(s) + O_{2(g)} \rightarrow SiO_{2(s)}$, $\Delta_r H^0 = -911$ kJ

(ii) $2C(graphite) + O_{2(g)} \rightarrow 2CO_{(g)}$, $\Delta_r H^0 = -221$ kJ

(iii) $Si_{(s)} + C(graphite) \rightarrow SiC_{(s)}$, $\Delta_r H^0 = -65.3$ kJ

23. Give the similarites and differences in elements of 3d, 4d and 5d series..

24. How will you represent first order reactions graphically.

25. What are synthetic fibers? How is terylene prepared?

26. Give the steps to understand the metal-ligand bonding.

Section D

Attempt any Three of the following questions:

27. Explain trends in ionisation enthalpies of *d*-block elements.

28. Give the properties of Lanthanoids.

29. What are cationic, anionic and neutral complexes? Give one example of each..

30. Explain the relation between Ionic product and solubility product to predict whether a precipitate will form when two solutions are mixed?

31. Describe the manufacturing of H_2SO_4 by contact process.

Answer Key

Section A

1. **(i)** (c) (c) Both (a) and (b)

(ii) (b) Polyamide fibres

(iii) (a) –500 J

(iv) (a) RMgX

(v) (a) $CH_3 - CH_2 - OH + Na$

(vi) (d) 75 mL of 0.2 2M HCl + 25mL of 0.2 M NaOH

(vii) (d) If half reaction is multiplied by a numerical factor, the corresponding E° value is also multiplied by the same factor.

(viii) (b) +3

(ix) (b) Anomeric hydroxyl group

(x) (b) Chlorine

2. wt. of solute (W_2) = 2.62 g

wt. of solvent (W_1) = 100 g = 0.1 kg

$\Delta T_b = 0.05\,12°C, K_b = 5.12$

$$M_2 = \frac{K_b}{\Delta T_b} \times \frac{W_2}{W_1} = \frac{5.12 \times 2.62}{0.0512 \times 0.1} = 2620 \text{ g mol}^{-1}$$

(ii) Water (H_2O)

(iii) Denaturation is the process by which the molecular shape of protein changes without breaking the amide/peptide bonds that form the primary structure.

e.g., Boiling of egg coagulates egg white and conversion of milk into curd.

(iv) Cations are electron-deficient species and can accept an electron pair. Hence, cations are Lewis acids.

(v) Coefficients of reactants in a balanced chemical equation may or may not be the same as the exponents in rate law for the same reaction. For elementary reaction, coefficients in a balanced chemical equation are the same as the exponents in the rate law.

(vi) Propanamide ($C_2H_5CONH_2$) produces ethanamine by Hofmann bromamide degradation reaction.

(vii) (a) A free expansion means expansion against zero opposing force. Such expansion occurs in a vacuum.

(b) When the gas expands in a vacuum, there is no opposing force, that is $P_{ext} = 0$. The work done by a system during such expansion is

$$W = -P_{ext}\,\Delta V = 0$$

Thus, no work is done when the gas expands freely in a vacuum.

(viii) Electrode reactions during electrolysis of molten KCl are as follows:

$2Cl^-_{(l)} \rightarrow Cl_{2(g)} + 2e^-$ (Oxidation half reaction at anode)

$2K^+_{(l)} + 2e^- \rightarrow 2K_{(l)}$ (Reduction half reaction at cathode)

$2K^+_{(l)} + 2Cl^-_{g} \rightarrow 2K_{(l)} + Cl_{2(g)}$ (Overall cell reaction)

Section B

3. (i) Sunscreen lotions contain nanoparticles of zinc oxide (ZnO) and titanium dioxide (TiO$_2$). These chemicals protect the skin against harmful UV (ultraviolet) rays by absorbing or reflecting the light. Hence sunscreen lotion prevent the skin from damage.

4. **Calculate:** Electrode reactions are

   At anode: $3\left(Mn_{(s)} \rightarrow Mn^{2+}_{(aq)} + 2e^-\right)$

   At cathode: $2\left(Co^{3+}_{(aq)} + 3e^- \rightarrow Co_{(s)}\right)$

   The cell is composed of Mn (anode), Mn(s) Co(s). The cell is represented as:

   $$Mn_{(s)}\Big|Mn^{2+}_{(aq)}\Big\|Co^{3+}_{(aq)}\Big|Co_{(s)}$$

   The standard electrode potential is given by

   $$E°_{cell} = E°_{Cathode} - E°_{anode}$$
   $$= 1.82\,V - (-1.18\,V)$$
   $$= 3.00\,V$$

   The standard cell potential is 3.00 V.

5. The process of conversion of a primary aromatic amino compound into a diazonium salt, is known as diazotisation. This process is carries out by adding an aqueous solution of sodium nitrite to a solution of primary aromatic amine (e.g., aniline) in excess of HCl at a temperature below 5°C.

   $$ArNH_2 + NaNO_2 + 2HX \xrightarrow{273-278\,K} ArN_2X^- + NaX + 2H_2O$$

6. Alkyl halides are polar molecules, therefore, their molecules are held together by dipole-dipole attraction. The molecules of H$_2$O are held together by H-bonds. Since the new forces of attraction between water and alkyl halide molecules are weaker than the force of attraction already existing between alkyl halide - alkyl halide molecules and water - water molecules therefore alkyl halides are immiscible (not soluble) in water. Alkyl halide are neither able to form H-bonds with water nor are able to break the H-bonding network of water.

7. **Calculation:**

   $$t_{1/2} = \frac{0.693}{k}$$

   $$k = \frac{0.693}{t_{1/2}} = \frac{0.693}{1.7\,h}$$
   $$= 0.4076\,h^{-1}$$

   $$t = \frac{2.303}{k}\log_{10}\frac{[A]_0}{[A]_t}$$
   $$= \frac{2.303}{0.4076\,h^{-1}}\log\frac{100}{80}$$

   $$t = \frac{2.303}{0.4076\,h^{-1}} \times 0.0969$$
   $$= 0.5475\,h \frac{60\,min}{1\,h} \times = 32.9\,min$$

   The time required for 20% of reaction to react is 32.9 min.

8. **(i) Isotonic solutions:** Two or more solutions having the same osmotic pressure are said to be isotonic solutions. e.g., For example, 0.1 M urea solution and 0.1 M sucrose solution are isotonic because their osmotic pressures are equal. Such solutions have the same molar concentrations but different concentrations in g/L. If these solutions are separated by a semipermeable membrane, there is no flow of solvent in either direction.

   (ii) Hypertonic solution: If two solutions have unequal osmotic pressures, the more concentrated solution with higher osmotic pressure is said to be the hypertonic solution, e.g., For example, if osmotic pressure of sucrose solution is higher than that of urea solution, the sucrose solution is hypertonic to urea solution.

9. (i) X-ray diffraction
   (ii) Transmission electron microscope

   Zwitter ion

10. $H_2N-\underset{R}{\underset{|}{C}}H-\underset{}{\overset{O}{\overset{\|}{C}}}-O-H \xrightarrow{\text{Proton transfer}} H_3\overset{\oplus}{N}-\underset{H}{\underset{|}{C}}H-\underset{}{\overset{O}{\overset{\|}{C}}}-O^{\ominus}$

    Carboxyl group can donote proton — **Zwitter ion**

11. Isomers that involve the exchange of ligands between coordination and ionisation spheres are called ionisation isomers.

    e.g., $[Co(NH_3)_5SO_4]Br$ and $[Co(NH_3)_5Br]SO_4$

12. $H_3C-C\equiv N + 2[H] \xrightarrow[\text{(reduction)}]{SnCl_2,\,HCl} CH_3-HC=NH.HCl$
    Ethanenitrile $\qquad\qquad\qquad$ Ethanimine hydrochloride

    $\xrightarrow{H_3O^+} CH_3-CHO + NH_4Cl$

13. The reactions involved in the Etard's reaction are:

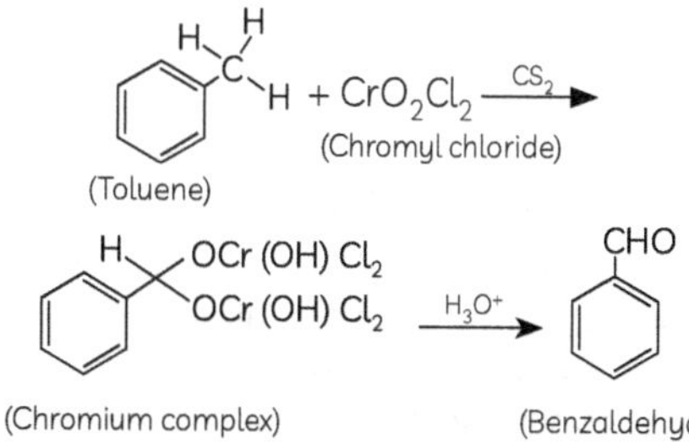

    Toluene + CrO_2Cl_2 (Chromyl chloride) $\xrightarrow{CS_2}$ Chromium complex with two OCr(OH)Cl$_2$ groups $\xrightarrow{H_3O^+}$ Benzaldehyde (CHO)

14. Grignard reagents are highly reactive compounds. They react with water or compounds containing hydrogen attached to the electronegative element. Hence, reactions involving the Grignard reagent must be carried out under anhydrous condition.

Section C

15. The reactions involved in the Etard's reaction are:
For example:

(i) $C_2H_5 - CHO \xrightarrow[-H_2O]{H_2N-NH_2} C_2H_5 - CH = N - NH_2$
(Propanal) (Hydrazone)

$\xrightarrow[\Delta]{KOH, HO-CH_2-CH_2-OH} CH_3 - CH_2 - CH_3 + N_2$
(Propane)

(ii) (Ethyl phenyl ketone) $\xrightarrow[-H_2O]{H_2N-NH_2}$ (Hydrazone)

$\xrightarrow[\Delta]{KOH, HO-CH_2-CH_2-OH}$ (n-Propyl benzene) $+ N_2$

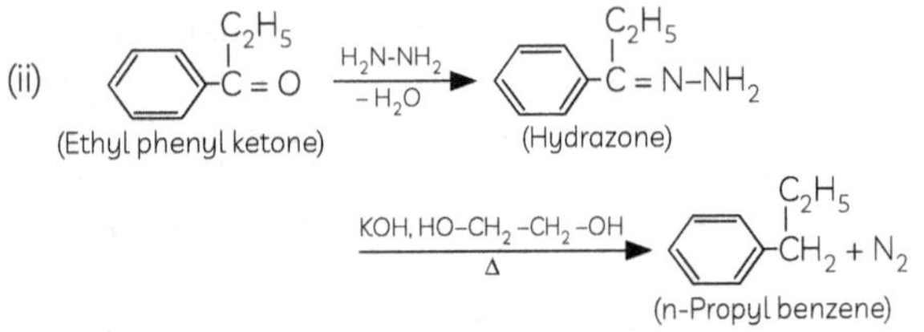

16. Formula: $S = K_H P$
Calculation: Pressure = 1 atm = 1.013 bar
Now, using formula and rearranging,

$$K_H = \frac{S}{P} = \frac{2.2 \times 10^{-3} \text{mol/L}}{1.013 \text{ bar}}$$

$= 2.17 \times 10^{-3}$ mol L^{-1} bar^{-1}

O_2 concentration in water required for fishes

$= \frac{3.8 \times 10^{-3} \text{g/L}}{32 \text{g/mol}}$

$= 1.19 \times 10^{-4}$ mol L^{-1}

Now, using formula and rearranging,

$$P = \frac{S}{K_H} = \frac{1.19 \times 10^{-4} \text{mol L}^{-1}}{2.17 \times 10^{-3} \text{mol L}^{-1} \text{bar}^{-1}}$$

$= 0.0548$ bar

The partial pressure of O_2 above the water needed for the survival of fish is 0.0548 bar.

17.

Oxoacid of Chlorine	Chemical Formula
Hypochlorous acid	HOCl or HClO
Chlorous acid	HOClO or HClO$_2$
Chloric acid	HOClO$_2$ or HClO$_3$
Perchloric acid	HOClO$_3$ or HClO$_4$

18. (i) This reaction is given by aldehydes having no α-hydrogen atom.
(ii) Aldehydes undergo self-oxidation and reduction reaction on heating with concentrated alkali.
(iii) In Cannizzaro reaction, one molecule of an aldehyde is reduced to alcohol and at the same time the second molecule is oxidised carboxylic acid salt. Thus, the reaction is an example of disproportionation reaction.
For example:

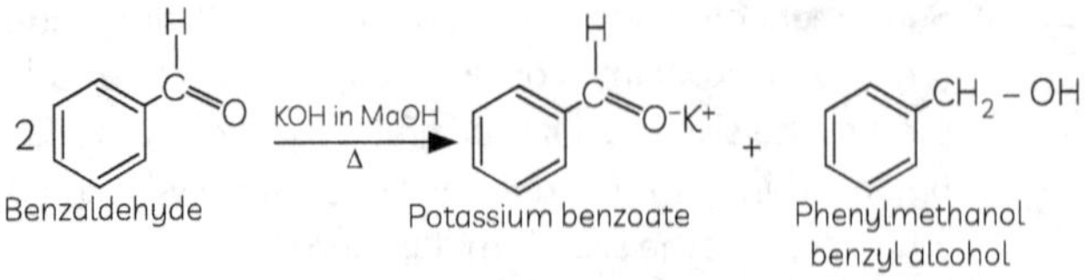

$2H-\overset{O}{\underset{\|}{C}}-H$ + NaOH $\xrightarrow{\Delta}$ $H-\overset{O}{\underset{\|}{C}}-O^-Na^+$ + $H-\overset{H}{\underset{H}{C}}-OH$
Formaldehyde Sodium Sodium formate
           hydroxide (50%)

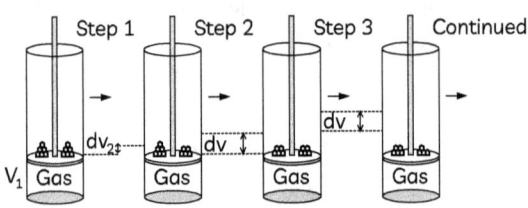

2 Benzaldehyde $\xrightarrow[\Delta]{\text{KOH in MaOH}}$ Potassium benzoate + Phenylmethanol benzyl alcohol

19. (i) Consider n moles of an ideal gas enclosed in a cylinder fitted with a frictionless movable rigid piston. It expands isothermally and reversibly from the initial volume V_1 to final volume V_2 at temperature T. The expansion takes place in a number of steps as shown in the figure..

(ii) When the volume of a gas increases by an infinitesimal amount dV in a single step, the small quantity of work done

$$dW = -P_{ext} dV \quad ...(1)$$

(iii) As the expansion is reversible, P is greater by a very small quantity up than P_{ext}.
Thus, $P - P_{ext} = dP$ or $P_{ext} = P - dP$ ...(2)
Combining equations (1) and (2),

$dW = -(P - dP) dV = -PdV + dP.dV$

Neglecting the product dP.dV which is very small, we get

$$dW = -PdV \quad ...(3)$$

(iv) The total amount of work done during the entire expansion from volume V_1 to V_2 would be the sum of the infinitesimal contributions of all the steps. The total work is obtained by integration of Equation (3) between the limits of initial and final states. This is the maximum work the expansion being reversible.

Thus, $\int_{initial}^{final} dW = -\int_{V_2}^{V_1} PdV$

Hence, $W_m = -\int_{V_2}^{V_1} PdV$ ...(4)

(v) Using the ideal gas law, $PV = nRT$,

$W_{max} = -\int_{V_2}^{V_1} nRT \frac{dV}{V}$

$= -nRT \int_{V_2}^{V_1} \frac{dV}{V}$ ...(∵ T is constant)

$= -nRT \ln (V) \Big|_{V_1}^{V_2}$

$$= -nRT(\ln V_2 - \ln V_1)$$

$$= -nRT \ln \frac{V_2}{V_1}$$

$$= -2.303 \, nRT \log_{10} \frac{V_2}{V_1} \quad ...(5)$$

(vi) At constant temperature, $P_1V_1 = P_2V_2$ or $\frac{V_2}{V_1} = \frac{P_1}{P_2}$

Replacing $\frac{V_2}{V_1}$ in equation (5) by $\frac{P_1}{P_2}$, we get,

$$W_{max} = -2.303 \, nRT \log \frac{P_1}{P_2} \quad ...(6)$$

Equations (5) and (6) are expressions for work done in reversible isothermal process.

20. Calculation:

$$\left[Zn_{(s)} \rightarrow Zn^{2+}_{(0.08\,M)} + 2e^- \right] \times 3 \text{ (oxidation at Anode)}$$

$$\left[Cr^{3+}_{(0.1M)} + 3e^- \rightarrow Cr_{(s)} \right] \times 2 \text{ (reduction at Cathode)}$$

$$\overline{3Zn_{(s)} + 2Cr^{3+}_{(0.1M)} \rightarrow 3Zn^{2+}_{(0.08\,M)} + Cr_{(s)}} \text{ (overall reaction)}$$

Using formula (i),

$$E°_{cell} = E°_{cathode} - E°_{anode}$$

$$E°_{cell} = E°_{Cr} - E°_{Zn}$$

$$= -0.74V - (-0.76V) = 0.02V$$

Using formula (ii),
The cell potential is given by

$$E_{cell} = E°_{cell} - \frac{0.0592V}{n} \log_{10} \frac{[Product]}{[Reactant]}$$

$$= 0.02 - \frac{0.0592V}{6} \log_{10} \frac{(0.08)^3}{(0.1)^2}$$

$$= 0.02 + 0.0127 = 0.0327 \, V$$

The emf of the cell is 0.0327 V

21.

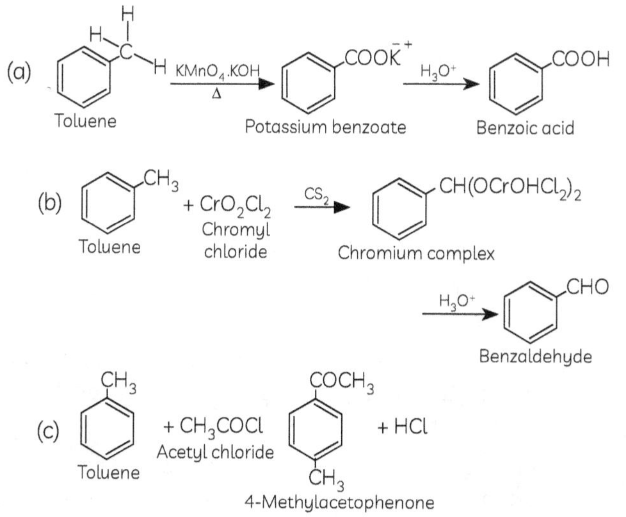

(a) Toluene $\xrightarrow{KMnO_4, KOH, \Delta}$ Potassium benzoate $\xrightarrow{H_3O^+}$ Benzoic acid

(b) Toluene + CrO_2Cl_2 (Chromyl chloride) $\xrightarrow{CS_2}$ CH(OCrOHCl$_2$)$_2$ (Chromium complex) $\xrightarrow{H_3O^+}$ Benzaldehyde

(c) Toluene + CH_3COCl (Acetyl chloride) → 4-Methylacetophenone + HCl

22. Reverse the Eq. (i)

(i) $SiO_2(s) \rightarrow Si(s) + O_2(g)$, $\Delta_rH° = -911$ kJ

Add equations (ii), (iii) and (iv)

(ii) $2C(graphite) + O_2(g) \rightarrow 2CO(g)$, $\Delta_rH° = -221$ kJ.

(iii) $Si(s) + C(graphite) \rightarrow SiC(s)$, $\Delta_rH° = -65.3$ kJ.

(iv) $SiO_2(s) \rightarrow Si(s) + O_2(g)$, $\Delta_rH° = -911$ kJ.

$SiO_2(s) + C(graphite) \; SiC(s) + 2\,CO(g)$, $\Delta_rH° = +624$ kJ.

23. Similarities in Physical Properties:

(i) All d block elements are lustrous and shining.

(ii) They are hard and have high density.

(iii) They have high melting and boiling points.

(iv) They are good electrical and thermal conductors.

(v) They have high tensile strength and malleability.

(vi) They can form alloys with transition and non-transition elements.

(vii) Many metals and their compounds are paramagnetic.

(viii) Most of the metals are efficient catalysts.

Similarities in Chemical Properties:

(i) All d block elements are eletropositive metals.

(ii) They exhibit variable valencies and form coloured salts and complexes

(iii) They are good reducing agents.

(iv) They form insoluble oxides and hydroxides.

(v) Iron, cobalt, copper, molybadenum, and zinc are biologically important metals.

(vi) They catalyse biological reactions.

Differences:

Although most properties exhibited by d block elements are similar, the elements of the first row differ from second and third rows in the stabilisation of higher oxidation states in their compounds.

24. (i) The differential rate law for the first-order reaction $A \rightarrow P$ is:

$$\text{rate} = -\frac{d[A]}{dt} = k[A]_1 + 0$$

$$\quad \updownarrow \quad \updownarrow \updownarrow \quad \updownarrow$$
$$\quad y \quad\quad m \; x \quad c$$

The equation is of the form $y = mx + c$. A plot of rate versus $[A]_t$ is a straight line passing through the origin. The slope of straight line = k.

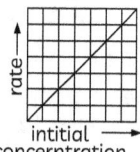

Variation of rate with [A]:

(ii) The integrated rate law is

$$k = \frac{2.303}{t}\log_{10}\frac{[A]_0}{[A]_t}$$

On rearrangement, the equation becomes

$$\frac{kt}{2.303} = \log_{10}[A]_0 - \log_{10}[A]_t$$

Hence, $\log_{10}[A]_t = -\frac{k}{2.303}t + \log_{10}[A]_0$

$\updownarrow \quad\quad \updownarrow \ \updownarrow \quad\quad \updownarrow$
$y \quad\quad m \ x \quad\quad c$

The equation is of the straight line. A graph of $\log_{10}\frac{A_0}{[A_t]}$ versus t gives a straight line with slope $\frac{k}{2.303}$ and y-axis intercepts as $\log_{10}[A]_0$

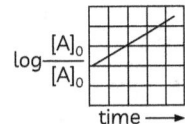

A plot showing $\log\frac{[At]_t}{[A]_0}$ vs time

(iii) Rearranging the integrated rate law equation, we get

$$\log_{10}\frac{[A]_0}{[A]_t} = \frac{k}{2.303}t$$

$\updownarrow \quad\quad \updownarrow \ \updownarrow$
$v \quad\quad m \ x$

The equation has a straight-line form $y = mx$. Hence, the graph of $\log_{10}\frac{[A]_0}{[A]_t}$ versus t is a straight line passing through the origin.

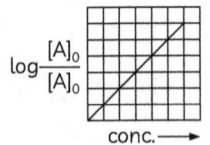

25. Synthetic fibers are artificially prepared by polymerisation of one monomer or copolymerisation of two or more nonomers. e.g., Nylon, terylene etc.

    Preparation of Terylene:

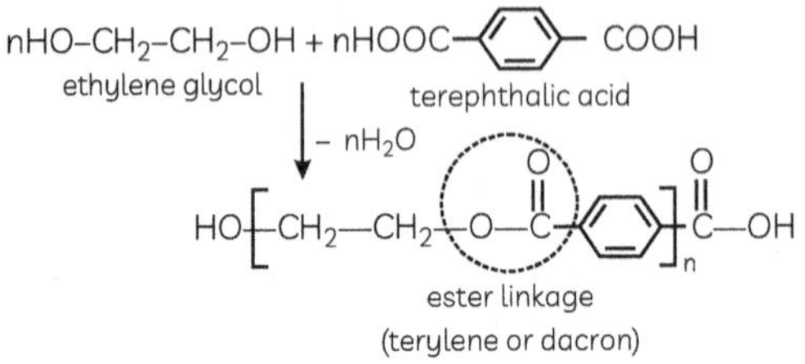

    nHO–CH$_2$–CH$_2$–OH + nHOOC–⟨⟩–COOH
    ethylene glycol   terephthalic acid
    ↓ – nH$_2$O

    HO–[CH$_2$–CH$_2$–O–C(=O)–⟨⟩–C(=O)]$_n$–OH

    ester linkage
    (terylene or dacron)

26. **The steps to understand the metal-ligand bonding include are:**

    (i) Find oxidation state of central metal ion.
    (ii) Write valence shell electronic configuration of metal ion.
    (iii) See whether the complex is low spin or high spin. (applicable only for octahedral complexes with d^4 to d_8 electrobnic configurations.)
    (iv) From the number of ligands find the number of metal ion orbitals required for bonding.
    (v) Identify the orbitals of metal ion available for hybridisation and the type of hybridisation involved.
    (vi) Write the electronic configuration after hybridisation.
    (vii) Show filling of orbitals after complex formation.
    (viii) Determine the number of unpaired electrons and predict magnetic behaviour of the complex.

Section D

27. (i) The ionisation enthalpies of transition elements are intermediate between those of s-block or p-block elements. This suggests that transition elements are less electropositive than elements of groups 1 and 2.
    (ii) As the atomic number increases across a transition series, the first ionisation energy increases with some irregularities.
    (iii) Ionisation enthalpies for a given element increases from the first ionisation enthalpy, IE$_1$ to the third ionisation enthalpy, IE$_3$.
    (iv) The atoms of elements of the third transition series possess filled 4f-orbitals 4f orbitals show a poor shielding effect on account of their peculiar diffused shape. As a result, the valence electrons experience a greater nuclear attraction. A greater amount of energy is required to ionise elements of the third transition series. The ionisation enthalpies of the elements of the third transition series are therefore much higher than the first and second series.

28. **The properties of lanthanoids are:**
    (i) Soft metals with silvery white colour and moderate densities of 7 g cm^{-3}. Colour and brightness reduces on exposure to air.
    (ii) Good conductors of heat and electricity.
    (iii) Except promethium (Pm), all are non-radioactive in nature.
    (iv) The atomic and ionic raddi decrease from lanthanum (La) to lutetium (Lu). This is known as lanthanoid contraction.
    (v) Binding to water is common (i.e.,) such that H$_2$O is often found in products when isolated from aqueous solutions.

(vi) Coordination numbers usually are greater than 6, typically 8,9....(up to 12 found).

(vii) The lanthanoides are strongly paramagnetic. Gadolinium becomes ferromagnetic below 16°C (Curie point). The other heavier lathanoids terbium, dysprosium, holmium, erbium, thulium, and ytterbium- become ferromognetic at much lower temperatures.

(viii) Magnetic and optical properties are largely independent of environment (similar spectra in gas/solution/solid).

29. On the basis of charge on complex ion, coordination complex is classified as:

(i) **Cationic Complex:** A positively charged coordination sphere or a coordination compound having a positively charged coordination sphere is called the cationic complex or cationic sphere complex.

e.g., $[Zn(NH_3)_4]^{2+}$

(ii) **Anionic Complex:** A negatively charged coordination sphere or a coordination compound having a negatively charged coordination sphere is called an anionic complex or anionic sphere complex.

e.g., $[Zn(CN_6)]^{3-}$

(iii) **Neutral Sphere Complexes:** A coordination complex that does not possess a cationic or anionic sphere are neutral complexes of neutral sphere complexes.

e.g., $[Ni(CO)_4]$

30. Condition of precipitation:

The ionic product (IP) of an electrolyte is defined in the same way as solubility product (K_{sp}). The only difference is that the ionic product expression contains a concentration of ions under any condition whereas the expression of K_{sp} contains only equilibrium concentrations. If,

(i) IP = Ksp; the solution is saturated and solubility equilibrium exists.

(ii) IP > Ksp; the solution is supersaturated and hence precipitation of the compound will occur.

(iii) If IP < Ksp; the solution is unsaturated and precipitation will not occur.

31. Preparation of sulphuric acid by contact process:

Burning of sulphur or sulphide ores in presence of oxygen to producer SO_2.

Catalytic oxidation of SO_2 with O_2 to give SO_3 in the presence of V_2O_5.

$$2SO_{2(g)} + O_{2(g)} \rightarrow 2SO_{3(g)}$$

Then SO_3 made to react with sulphuric acid of suitable normality to obtain a thick oily liquid called oleum.

$$SO_{3(g)} + H_2SO_{4(l)} \rightarrow H_2S_2O_{7(l)}$$

Then oleum is diluted to obtain sulphuric acid of desired concentration

$$H_2S_2O_{7(l)} + H_2O_{(l)} \rightarrow 2H_2SO_{4(l)}$$

The sulphuric acid obtained by contact process is 96-98% pure.

SAMPLE PAPER-4

Chemistry

Questions

Time: 3 Hours | Total Marks: 70

Section A

1. Select and write the correct answers to the following questions:

(i) In crystal lattice formed by bcc unit cell the void volume is
(a) 68% (b) 74%
(c) 32 (d) 26%

(ii) The number of carbon atoms present in the ring of ε-caprolactam is
(a) Five (b) Two
(c) Seven (d) Six

(iii) Which of the following element does not show oxidation state of +4?
(a) O (b) S
(c) S (d) Te

(iv) Bond enthalpies of H-H, Cl-Cl and H-Cl bonds are 434 kJ mol^{-1}, 242 kJ mol^{-1} and 431 kJ mol^{-1}, respectively. Enthalpy of formation of HCl is:
(a) 245 kJ mol^{-1} (b) −93 kJmol^{-1}
(c) −245 kJ mol^{-1} (d) 93 kJ mol^{-1}

(v) Which of the following is the least acidic compound?

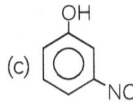

(a)

(b)

(c)

(d)

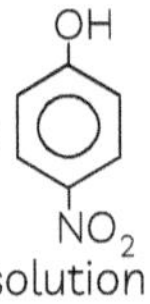

(vi) The colligative property of a solution is
(a) vapour pressure (b) boiling point
(c) osmotic pressure (d) freezing point

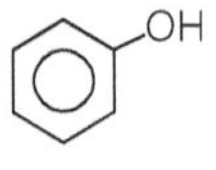

(vii) The molecule of glucose is also called:
(a) Glucopyranose (b) Pyranose
(c) Rabinose (d) None of them

(viii) BrCl reacts with water to form
(a) HB_r (b) $B_{r2} + Cl_2$
(c) HoB_r (d) $HoB_r + HCl$

(ix) For pH > 7 the hydronium ion concentration would be
(a) 10^{-7}M (b) $< 10^{-7}$M
(c) $> 10^{-7}$M (d) $\geq 10^{-7}$M

(x) On diluting the solution of an electrolyte
(a) both λ and *k* increase
(b) both λ and *k* decrease
(c) λ increase and *k* decreases
(d) λ decrese and *k* increases

2. Answer the following questions:

(i) Under what conditions the cell potential is called standard cell potential?

(ii) Give names of the purines.

(iii) The pH of a solution is 6.06. Calculate its H^+ ion concentration.

(iv) What is the action of bromine on magnesium metal?

(v) Write the relationship between rate constant and half-life of first order and zeroth order reaction.

(vi) Mention two properties that are common to both hcp and ccp lattices.

(vii) Write the order of basicity of aliphatic alkylamine in gaseous phase.

(viii) Write name of the electrophile used in kolbe's reaction.

Section B

Attempt any Eight of the following questions:

3. Why α- amino acids have high melting points compared to the corresponding amines or carboxylic acids of comparable molecular mass?

4. In NaOH solution [OH] is 2.87 × 10^{-4}. Calculate the pH of solution.

5. Alkyl halides are generally not prepared by free radical halogenation of alkanes..

6. Write reaction showing conversion of benzonitrile into benzoic acid.

7. What is Henry's law?

8. Write structural formulae for
a. Pentane-1,4-Diol b. Cyclohex-2-en-1-ol

9. What are acids and bases according to Arrhenius theory?

10. Write four points of difference between properties of phenol and ethyl alcohol.

11. Write IUPAC names of following compounds.

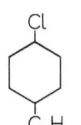

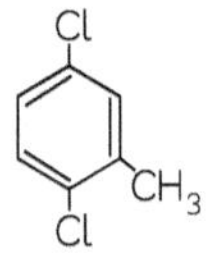

12. Write the reaction of conc. H_2SO_4 with sugar. What is the role of H_2SO_4 in this reaction.

13. Write Nerst equation. What part of it represents the correction factor for non-standard state conditions?

14. Distinguish between order and molecularity of a reaction.

Section C

Attempt any Eight of the following questions:

15. Write preparation, properties and uses of Teflon.

16. An element has A bcc structure with unit cell edge length of 288 pm. How many unit cells and number of atoms are present in 200 g of the element?.

17. Write a note on Stephen reaction.

18. Draw geometric isomers of:

(a) $[Pt(en)]_4^+$

(b) Enantiomers of $[Pt(en)ClBr]_2$

(c) Geometrical isomers of $Pt(NH_3)_2Cl_2$

19. What is meant by diamagnetic and paramagnetic? Give one example of diamagnetic and paramagnetic transition metal and lanthanoid metal..

20. (i) A solution ot citric acid $C_6H_8O_7$ in 50 g of acetic acid has a boiling point elevation of 1.76 K. If kb for acetic acid is 3.07 K kg mol^{-1} . What is the molality of solution?

(ii) An aqueous solution containing 12.5×10^{-3} kg of non-volatile compound in 0.1 kg of water freezes at 272.49 K. Determine molar mass of solute.

[K_f for water = 1.86 K. kg mol^{-1}, B.P. of water = 273.15 K]

21. Complete the following reaction sequences by writing the structural formulae of the organic compounds 'A', 'B' and 'C'.

$$\text{2-Bromobutane} \xrightarrow{\text{Alc.KOH}} A \xrightarrow[Br_2]{} B \xrightarrow[NaNH_2]{} C$$

22. Obtain the relatioship between ΔH and ΔU for gas phase reactions.

23. Distinguish between ethylamine, diethylamine and triethylamine by using Hinsberg's reagent?

24. How will you represent first order reactions graphically?

25. (i) Write reaction showing aldol condensation of cyclohexanone.

(ii) How acetone is converted into propane.

(iii) How propanal is converted into propane..

26. Explain the construction and working of standard hydrogen electrod.

Section D

Attempt any Three of the following questions:

27. Explain atom economy with suitable example.

28. Calculate ΔU at 298 K for the reaction,

$$C_2H_{4(g)} + HCl_{(g)} \longrightarrow C_2H_5Cl_{(g)} \quad \Delta H = -72.3 \text{ kJ}$$

How much PV work is done?

29. Cerium and Terbium behaves as good oxidising agents in +4 oxidation state. Explain.

30. Draw isomers of the following (i) $Pt(NH_3)_2ClNO_2$ (ii) $Ru(NH_3)_4 Cl_2$. (iv) $[Co(en)_2Cl_2]^+$.

31. Explain the trend in following atomic properties of group 16 elements.

(i) Atomic radii

(ii) Ionisation enthalpy

(iii) Density

(iv) Electronegativity.

Answer Key

Section A

1. **(i)** (c) 32%

(ii) (d) Six

(iii) (a) O

(iv) (b) – 93 kJ mol^{-1}

(v) (b)

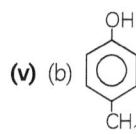

(vi) (c) osmotic pressure

(vii) (a) Glucopyranose

(viii) (d) $HoB_r + HCl$

(ix) (b) $< 10^{-7}$M

(x) (c) λ increases and k decreases

2. **(i)** The cell potential measured under the standard conditions is called standard cell potential. The standard condition chosen are 1M concentration of a solution. 1 atm pressure for gases solids and liquids in pure form and 25°C.

(ii) Adenine and Guanine

(iii) The H^+ ion concentration of the solution is 8.710×10^{-7}M.

(iv) Bromine reacts with magnesium to form magnesium bromide:

$$\underset{\text{Magnesium}}{Mg_{(s)}} + \underset{\text{Bromine}}{Br_{2(l)}} \rightarrow \underset{\text{Magnesium Bromide}}{MgBr_{2(s)}}$$

(v) (i) For first order reaction, $t_{1/2} = \dfrac{0.693}{K}$

(ii) For zero order reaction, $t_{1/2} = \dfrac{[A]^\circ}{K}$

(vi) Properties common to both hcp and ccp lattice are the same coordination number of the particles (i.e., 12) and the same packing efficiency (74%).

(vii) Order of basicity of aliphatic alkylamine in gaseous phase: 3° amines > 2° amines > 1° amine.

(viii) Carbon dioxide

Section B

3. (i) This is due to the peculiar structure called zwitter ion structure of α-amino acids.

(ii) α-Amino acid molecule contains both acidic carboxyl (–COOH) group as well as basic amino (– NH_2) group.

(iii) Proton transfer from the acidic group to the basic group of amino acid forms a salt, which is a dipolar ion called zwitter ion.

Thus, α-amino acids have high melting points compared to the corresponding amines or carboxylic acids of comparable molecular mass.

4. From formula (i),

$$pOH = -\log_{10}[OH^-]$$

$$\therefore \quad pOH = -\log_{10}[2.87 \times 10^{-4}]$$

$$= -\log_{10} 2.87 - \log_{10} 10^{-4}$$

$$\therefore \quad -\log_{10} 2.87 + 4 = 4 - 0.4579$$

$$pOH = 3.5421$$

From formula (ii),

$$pH = pOH = 14$$

$$pH = 14 - pOH$$

$$= 14 - 3.5421$$

$$= 10.4579$$

pH of the solution is 10.4579.

5. Free radical halogenation of alkanes leads to the formation of a mixture of mono and poly halogen compounds. Hence, free radical halogenation of alkanes is not suitable for the preparation of alkyl halides.

6. $$\underset{\text{Benzonitrile}}{C_6H_5 - C \equiv N} + 2H_2O + \text{dil}\cdot HCl \xrightarrow{\Delta} \underset{\text{Benzoic acid}}{C_6H_5 - COOH} + NH_4Cl$$

7. It states that the solubility of a gas in a liquid is directly proportional to the pressure of the gas over the solution. Thus,

$$S \propto P \text{ or } S = K_HP$$

Where, S is the solubility of the gas in mol L^{-1}, P is the pressure of the gas in bar over the solution. KH, the proportionality constant is called Henry's law constant.

8. (i) $H_3C–\underset{\underset{OH}{|}}{HC}–H_2C–CH_2–OH$

Pentane-1,4-diol

(ii)

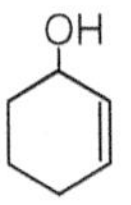

Cylohex-2-en-1-ol.

9. According to Arrhenius theory, acids and bases are defined as follows:

(i) Acid: An acid is a substance that contains hydrogen and gives H^+ ions in an aqueous solution.

e.g.,

$$HCl_{(aq)} \xrightarrow{\text{Water}} H^+_{(aq)} + Cl^-_{(aq)};$$

$$CH_3COOH_{(aq)} \xrightleftharpoons{\text{water}} H^+_{(aq)} + CH_3COO^-_{(aq)}$$

(ii) Base: A base is a substance that contains the OH group and produces hydroxide ions (OH^- ions) in aqueous solution

e.g.,

$$NaOH_{(aq)} \xrightarrow{\text{Water}} Na^+_{(aq)} + OH^-_{(aq)};$$

$$NH_4OH_{(aq)} \xrightleftharpoons{\text{Water}} NH^+_{4(aq)} + OH^-_{(aq)};$$

10.

Phenol	Ethy Alcohol
Phenol is a low melting solid.	Ethyl alcohol is liquid.
The aqueous solution of phenol turns blue litmus to red, *i.e.,* phenol is weakly acidic.	The aqueous solution of ethyl alcohol is neutral to litmus, *i.e.,* ethyl alcohol is neutral
Phenol reacts with aqueous NaOH to form sodium phenoxide.	Ethyl alcohol does not react with aqueous NaOH.
Phenol reacts with neutral ferric chloride solution to give deep purple colouration of ferric phenodixe.	Ethyl alcohol does not react with neutral ferric chloride.

11. (i) 1-Chloro-4-ethylcyclohexane

(ii) 1, 4-Dichloro-2-methylbenzene

12. The reaction is :

$$\underset{\text{Cane sugar}}{CH_{12}H_{22}O_{11}} \xrightarrow{H_2SO_4} \underset{\text{Carbon}}{12C} + \underset{\text{Water}}{11H_2O}$$

H_2SO_4 acts as the catalyst in the reaction and helps to remove the water from the sugar molecule.

13. (i) For any general reaction, $aA + bB \rightarrow cC + dD$:

Nernst equation is given by

$$E_{cell} = \frac{2.303RT}{nF}\log_{10}\frac{[C]^c[D]^d}{[A]^a[B]^b} \text{ or}$$

$$E_{cell} = E^{\circ}_{cell} - \frac{2.303\,RT}{nF}\log_{10}\frac{[C]^c[D]^d}{[A]^a[B]^b}$$

Where n = moles of electrons used in the reaction, F = Faraday = 96500 C

T = temperature in kelvin,

R = gas constant = 8.314 JK^{-1} mol^{-1}

(ii) The seond term in the Nernst equation is the correction for non-standard state conditions.

Correction factor is $\dfrac{2.303RT}{nF} \log_{10} \dfrac{[C]^c[D]^d}{[A]^a[B]^b}$

14.

Order	Molecularity
1. It is experimentally determined property.	It is theoretical entity.
2. It is the sum of powers of the concentration terms of reactants that appear in the rate equation.	It is the number of reactant molecules taking part in an elementary reaction.
3. It may be an integer, fraction or zero.	It is an integer.
4. It may change with experimental conditions.	It does not change with experimental conditions.

Section C

15. Preparation of Teflon:

(i) The monomer used in preparation of teflon is tetrafluoroethylene. ($CF_2 = CF_2$), which is a gas at room temperature.

(ii) Tetrafluoroethylene is polymerised by using free-radical initiators such as hydrogen peroxide or ammonium persulphate at high pressure to produce polytetrafluoroethylene (teflon).

$$n CF_2 = CF_2 \xrightarrow[\text{Peroxide}]{\text{Polymerisation}} [-CF_2-CF_2-]_n$$
Tetrafluoroethylene   Teflon

Properties of Teflon:

(i) Teflon is tough chemically inert and resistant to heat and attack by corrosive reagents.

(ii) C-F bond is very difficult to break and remains unaffected by corrosive alkali, organic solvents.

Uses: Teflon is used in making non-stick cookware, oil seals, gaskets, etc.

16. (i) For *bcc* unit cell, $n = 2$.

Using formula (i),

Number of atoms in 200g of element.

$$= \dfrac{200\,g \times 2}{14.44\,g\,cm^{-3} \times (2.88 \times 10^{-8}\,cm)^3}$$

$= 9.61 \times 10^{24}$

(ii) Using formula (ii),

Number of unit cells in 200 g element

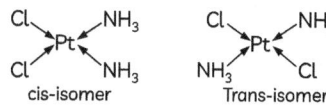

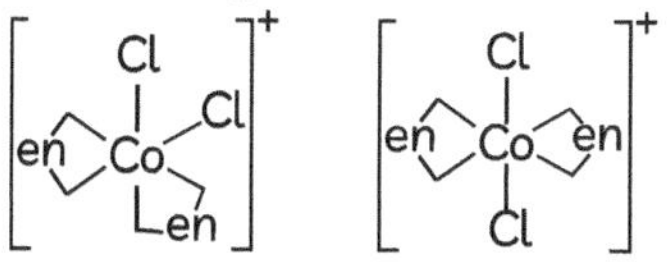

cis isomer   trans isomer

$= 4.80 \times 10^{24}$

∴ Number of atoms in 200g element is 9.61×10^{24}
∴ Number of unit cells in 200g element is 4.80×10^{24}

17. Nitriles are reduced to imine hydrochloride by stannous chloride in presence of hydrochloric acid which on acid hydrolysis give corresponding aldehydes. This reaction is called stephen reaction.

$$R-C\equiv N + 2[H] \xrightarrow{SnCl_2, HCl} R-HC=NH \cdot HCl$$
Alkane nitrile   Imine hydrochloride

$$\xrightarrow{H_2O} R-CHO + NH_4Cl$$
Aldehyde

e.g., $H_3C-C\equiv N + 2[H] \xrightarrow[\text{(reduction)}]{SnCl_2, HCl} CH_2-HC=NH \cdot HCl$
Ethanenitrile   Ethanimine hydrochloride

$$\xrightarrow{H_2O} CH_3-CHO + NH_4Cl$$
Ethanal

18. (i) Geometric isomers of $[Pt(en)_2ClBr]_2^+$.

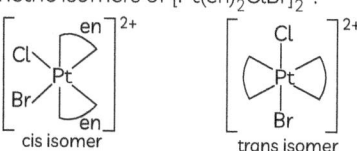

cis isomer   trans isomer

(ii) Enantiomers of $[Pt(en_2)ClBr]_2^+$.

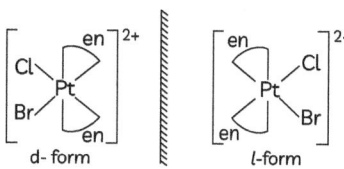

d-form   l-form

(iii) Geometrical isomers of $Pt(NH_3)_2Cl_2$

cis-isomer   Trans-isomer

19. The substances with all electrons paired are weakly repelled by magnetic fields. Such substances are called diamagnetic substances.

Examples:

	Transition metal	Lanthanoid metal
Dimagnetic	Zinc	Ytterbium
Paramagnetic	Titanium	Cerium.

20. (i) **Given:** Boiling point elevation = $\Delta T_b = 1.76\,K$
K_b of acetic acid $= 3.07\,K\,kg\,mol^{-1}$
Mass of acetic acid $= 50g$

To find: Molality of the solution

Formula: $\Delta T_b = K_b m$

Calculation: Using formula and rearranging, we get,

$$m = \dfrac{\Delta T_b}{K_b}$$

$$= \dfrac{1.76\,K}{3.07\,K\,Kg\,mol^{-1}}$$

$= 0.573\,mol\,kg^{-1} = 0.573\,m$

The molality of the solution is 0.573 m.

(ii) Mass of stolute = $W_2 = 12.5 \times 10^{-3}$ kg
mass of water = $W_1 = 0.1$ kg
F.P. of solution = $T_F = 272.49$ K
F.P. of water = $T° = 273.15$ K
K_f of water = 1.86 K. kg mol^{-1}
molar mass of solute = $M_2 = ?$

$\Delta T_f = T° - T_f = 273.15 - 272.49 = 0.66$ K

$$M_2 = \frac{K_F \cdot W_2}{\Delta T_f \cdot W_1} = \frac{1.86 \times 12.5 \times 10^{-3}}{0.66 \times 0.1}$$

$= 352.2 \times 10^{-3}$ kg mol^{-1}

or 352.2 mol^{-1}

21.

$\underset{\text{2-Bromobutane}}{H_3C-\underset{\underset{Br}{|}}{CH}-CH_2CH_3} \xrightarrow[-KBr]{Alc.KOH} \underset{\text{But-2-ene (A) (Major)}}{H_3C-CH=CH-CH_3}$

$\xrightarrow{Br_2} \underset{\text{2,3-Dibromobutane (B)}}{H_3C-\underset{\underset{Br}{|}}{CH}-\underset{\underset{Br}{|}}{CH}-CH_3}$

$\underset{\text{2, 3-Dibromobutane (B)}}{H_3C-\underset{\underset{Br}{|}}{CH}-\underset{\underset{Br}{|}}{CH}-CH_3} \xrightarrow[\text{Double dehydrohalogen reaction}]{NaNH_2} \underset{\text{But-2-yne (C)}}{H_3C-C\equiv C-CH_3}$

22. (i) At constant pressure, ΔH and ΔU are related as

$\Delta H = \Delta U + P\Delta V$ ...(1)

(ii) For reactions involving gases, ΔV cannot be neglected. Therefore,

$\Delta H = \Delta U + P\Delta V$

$= \Delta H + P(V_2 - V_1)$

$\Delta H = \Delta U + PV_2 - PV_1$ ...(2)

where, V_1 is the volume of gas-phase reactants and V_2 that of the gaseous products.

(iii) We assume reactant and product behave ideally. Applying an ideal gas equation, $PV = nRT$. Suppose that n_1 moles of gasseous reactants produce n_2 moles of gaseous products, Then,

$PV_1 = n_1 RT$ and $PV_2 = n_2 RT$ ...(3)

(iv) Substitution of equation (3) into equation (2) yields

$\Delta H = \Delta U + n_2 RT - n_1 RT$

$= \Delta U + (n_2 - n_1)RT$

$= \Delta U + \Delta n_g RT$ ...(4)

where, Δn_g is the difference between the number of moles of products and those of reactants.

23. (i) **Ethylamine** (Primary amine) reacts with benzenesulphonyl chloride to form N-ethyl benzenesulphonyl amide.

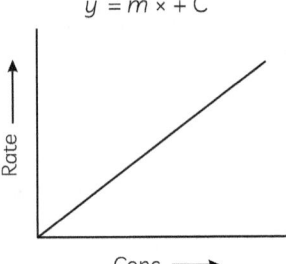

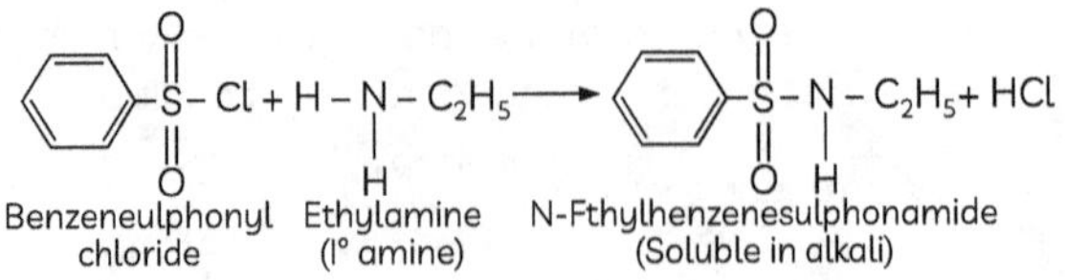

Benzeneulphonyl chloride + Ethylamine (I° amine) → N-Fthylhenzenesulphonamide (Soluble in alkali)

The hydrogen attached to nitrogen in N-ethylbenzene sulphonamide is strongly acidic. Hence it is soluble in alkali.

(ii) **Diethylamine** reacts with benzene-sulphonyl chloride to give N, N-diethyl benzene sulphonamide.

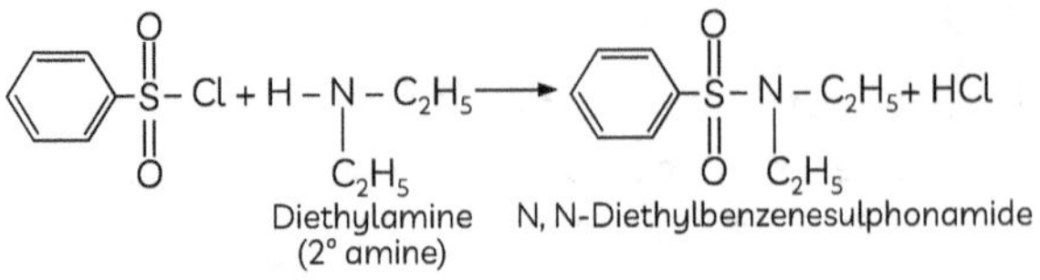

Diethylamine (2° amine) → N, N-Diethylbenzenesulphonamide

N, N- diethylbenzenesulphonamide does not contain any H-atom attached to the nitrogen atom. Hence it is not acidic and does not dissolve alkali.

(iii) Triethylamine does not react with benzenesulphonyl chloride (i.e., Hinsberg's reagent) as it does not contain any H-atom attached to the nitrogen atom.

24. (i) A ⟶ P

rate $= \frac{d[A]}{dt} = K[A]_t + 0$

$y = m \times + C$

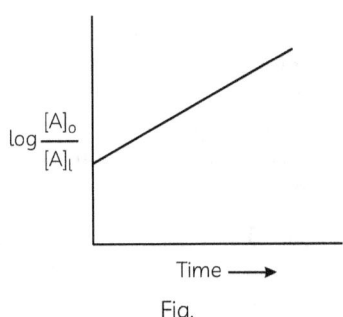

Variatioin of rate with [A]

(ii) From $K = \frac{2.303}{t} \log_{10} \frac{[A]_0}{[A]_t}$

or $\frac{Kt}{2.303} = \log_{10}[A]_0 - \log_{10}[A]_t$

hence $\log 10[A]_t = \frac{-K}{2.303}t + \log_{10}[A]_0$

Fig.

(iii) $\log\frac{[A]_0}{[A]_t} = \frac{K}{2.303}t$

25. (i)

Ag.NaOH
Cyclohexanone
Ketol
Warm
$-H_2O$
α,β-unsaturated ketone

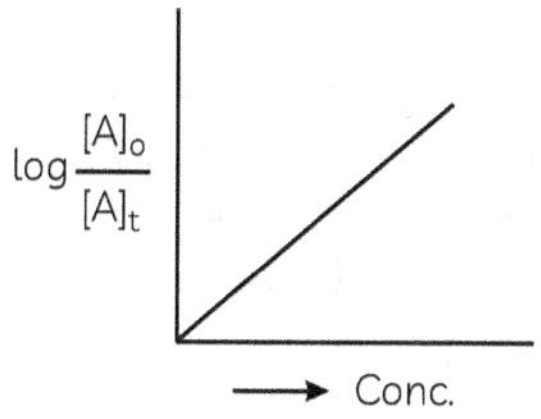

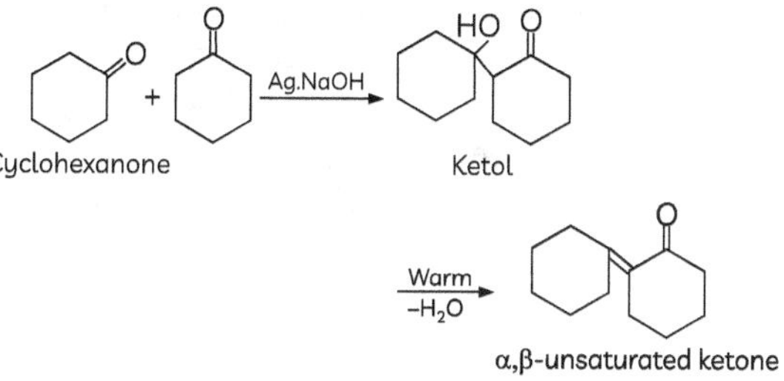

(ii) $H_3C-\underset{|}{\overset{CH_3}{C}}=O + 4[H] \xrightarrow[\Delta]{\text{Zn-Hg,conc. HCl}} H_3C-\overset{CH_3}{CH_2} + H_2O$

(Acetone) (propane)

(iii) $CH_3-CH_2-CHO + 4[H] \xrightarrow[\Delta]{\text{Zn-Hg,conc. HCl}} CH_3-CH_2-CH_3 + H_2O$

(Propanal) (Propane)

26. Construction: It consists of a platinum plate, coated with platinum black used as electrode. This plate is connected to the external circuit through sealed glass tube containing mercury.

The platinum electrode is immersed in 1M H^+ ion solution. The solution is kept saturatted with dissolved H_2 by bubbling. Hydrogen gas under 1 atm pressure through the side tube of the jacket.

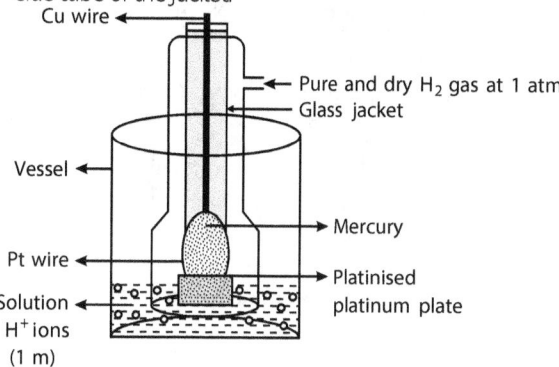

Working: H_2 gas of 1 atm is passed through an inlet provided near the top. It gets absorbed on the colloidal platinum and equilibrium exists between adsorbed gases and $H^{\oplus}$ from the solution.

Electrode Reaction: $H_{2(g)} \underset{\text{Reduction}}{\overset{\text{Oxidation}}{\rightleftharpoons}} 2H^{\oplus} + 2e^-$

E^0 of oxidation or reduction taken to be zero.

Electode Representation: $H^{\oplus}(1m)/H_2(g, 1\text{ atm})/pt$

Section D

27. Atom Economy:

(i) Atom economy is a mesure of the number of atoms form the starting materials that are present in the useful products at the end of the chemical process.

(ii) Good atom economy means most of the atoms of the reactants are incorporated in the desired products and only small amounts of unwanted by-products are formed and hence lesser problems of waste disposal.

Illustration: The concept of the atom economy gives the measure of the unwanted product produced in a particular reaction.

% atom economy

$$= \frac{\text{Formula weight of the desired product}}{\text{Sum of formula weight of all the reactants used in the reaction}} \times 100.$$

For example :

Conversion of Butan-1-ol to 1-bromobutane

$CH_3CH_2CH_2CH_2OH + NaBr + H_2SO_4$

$\rightarrow CH_3CH_2CH_2CH_2Br + NaHSO_4 + H_2O$

% atom economy

$$= \frac{\text{mass of }(4C + 9H + 1Br)\text{ atoms}}{\text{mass of }(4C + 12H + 5O + 1Br + 1Na + 1S)\text{ atoms}} \times 100$$

$$= \frac{137u}{275u} \times 100 = 49.81\%$$

28. $C_2H_4(g) + HCl(g) \longrightarrow C_2H_5Cl(g)$, For reaction

$\Delta n_{(g)} = n_p - n_R = 1 - 2 = -1,\quad R = 8.314 \times 10^{-3}\text{ kg K}^{-1}\text{ mol}$

$T = 298\text{ K}$

Formula $\Delta H = \Delta U + \Delta n_{(g)}RT$

$-72.3 = \Delta U + (-1 \times 8.314 \times 10^{-3} \times 298)$

$-72.3 = \Delta U + (-2.5)$

$\Delta U = -72.3 + 2.5 = -69.8\text{ kJ}$

PV work $(W) = -\Delta nRT$

$= (-1 \times 8.314 \times 10^{-3} \times 298)$

$= +2.48\text{ kJ}$

$\Delta U = -69.8$ kJ and Pv work = 2.48 kJ

29. (i) Cerium (Ce) and Terbium (Tb) show +4 oxidation states. Their electronic configurations are given below:

$Ce = [Xe]\,4f^1\,5d^1\,6s^2;\ Ce^{4+} = [Xe]$

$Tb = [Xe]\,4f^9\,6s^2;\ Tb^{4+} = [Xe]\,4f^7$

(ii) It is clear from the configuration of Ce that Ce^{4+} is favoured by its noble gas configuration. But it can be easily converted into stable Ce^{3+} by a gain of an electron. Due to this reason, Ce^{4+} is a good oxidising agent.

30. (i) Cis and trans isomers of $Pt(NH_3)_2ClNO_2$

cis isomer trans isomer

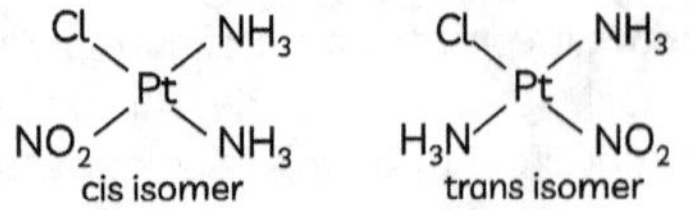

(ii) Cis and trans isomers of $Ru(NH_3)_4Cl_2$

cis isomer trans isomer

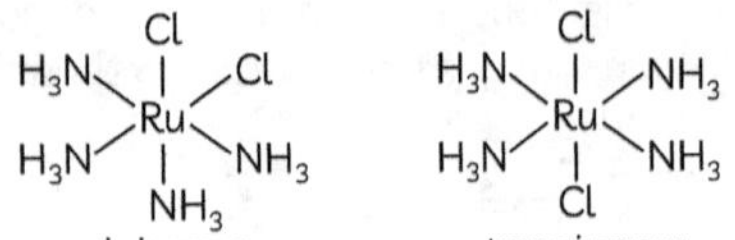

(iii) Cis and trans isomers of $[Co(en)_2Cl_2]^+$

cis isomer trans isomer

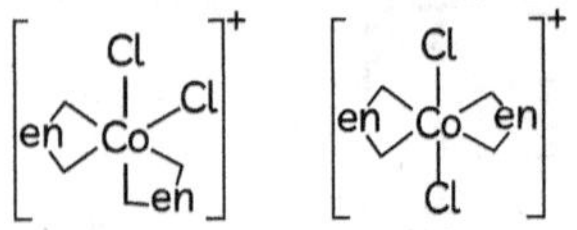

31. (i) Trends in 16-Group

(a) Atomic radii and ionic radii.

Down the group atomic radii increases due to the increase in the number of shells since the number of electrons also increases.

(b) Density

Down the group density increases because the atomic radius increases due to the increase in the volume of atoms, thus the density also increases.

(c) Ionisation enthalpy

The Ist ionization enthalpies of the elements of group 16 are unexpectedly lower, while their IInd ionisation enthalpies are higher than those of the correspending elements of group 15. Due to the addition of the valence shell.

(d) Electronegativity

The elements of group 16 have higher value of electronegativity then the corresponding elements of group 15.

●●

SAMPLE PAPER-5
Chemistry

Questions

Section A

1. Select and write the correct answers to the following questions:

   (i) Two solutions have the ratio of their concentrations 0.4 and ratio of their conductivities 0.216. The ratio of their molar conductivities will be:
   - (a) 0.54
   - (b) 11,574
   - (c) 0.0864
   - (d) 1.852

   (ii) In Frenkel defect:
   - (a) Electrical neutrality of the substance is changed
   - (b) Density of the substance is changed
   - (c) Both cation and anion are missing
   - (d) Overall electrical neutrality is preserved.

   (iii) Teflon is chemically inert, due to presence of......
   - (a) C-H bond
   - (b) C-F bond
   - (c) H-bond
   - (d) C=C bond

   (iv) For the cell, Pb (s) | Pb^{2+} (1M) || Ag^+ (1M) | Ag (s), if concentration of an ion in the anode compartment is increased by a factor of 10, The emf of the cell will:
   - (a) Increase by 10 V
   - (b) Increase by 0.0296V
   - (c) Decrease by 10 V
   - (d) Decrease by 0.2296V

   (v) In which year the Bronsted Lowry concept was given?
   - (a) 1922
   - (b) 1923
   - (c) 1925
   - (d) 1927

   (vi) HI acid when heated with conc. H_2SO_4 forms:
   - (a) HIO_3
   - (b) KIO_3
   - (c) I_2
   - (d) KI

   (vii) The conjugate base of $[Zn(H_2O_4)]^{2+}$ is:
   - (a) $[Zn(H_2O_4)]^{2+} NH_3$
   - (b) $[Zn(H_2O_3)]^{2+}$
   - (c) $[Zn(H_2O)_3 OH]^+$
   - (d) $[Zn(H_2O)H]^{3+}$

   (viii) Identify the correct statement:
   - (a) Vapour pressure of solution is higher than that of pure solvent
   - (b) Boiling point of solvent is lower than that of solution
   - (c) Osmotic pressure of solution is lower than that of solvent
   - (d) Osmosis is acolligative property.

   (ix) The boiling point of the ethers with the increase in the number of the carbon atoms in the ethers.
   - (a) Increases
   - (b) Decreases
   - (c) Remains the same
   - (d) None of them

   (x) Which of the following compounds contains azo linkage?
   - (a) Hydrazine
   - (b) p-Hydroxyazobenzene
   - (c) n-Nitrosodiethylamine
   - (d) Ethylenediamine

2. Answer the following questions:

   (i) What type of inter molecular force leads to high density polymer?

   (ii) Mention two applications of coordination compounds.

   (iii) Write two properties of a buffer solution.

   (iv) Write the names of allotropic forms of selenium.

   (v) Calculate the maximum work when 24g of O_2 are expanded isothermally and reversibly from the pressure of 1.6 bar to 1 bar at 298 K.

   (vi) The atomic number of an element is 90. Is this element Diamagnetic or paramagnetic?.

   (vii) Define sustainable development.

   (viii) Which of the three types of packing used by metals makes the most efficient use of space and which makes the least efficient use?

Section B

Attempt any Eight of the following questions:

3. What are synthetic resins? Name some natural and synthetic resins.

4. The pH of rain water collected in a certain region of Maharashtra on particular day was 5.1 calculate the H^+ concentration of the rain water and its percent Dissociation.

5. Give the reagents and conditions necessary to prepare phenol from chlorobenzene.

6. A reaction occurs in the following steps:

   (i) $NO_{2(g)} + F_{2(g)} \rightarrow NO_2F_{(g)} + F_{(g)}$ (slow)

   (ii) $F_{(g)} + NO_{2(g)} \rightarrow NO_2F_{(g)}$ (fast)

   (a) Write the equation of overall reaction.

   (b) Write down rate law.

   (c) Identify the reaction intermediate.

7. Give the S_N1 reaction mechanism.

8. The normal boiling point of ethyl acetate is 77.06 °C. A solution of 50 gram of a non-volatile solute in 150 g of ethyl acetate boils at 84.27°C. Evaluate the molar mass of solute if k_b for ethyl acetate is 2.77°C kg mol^{-1}.

9. A carbonyl compound 'A' having molecular formula $C_5H_{10}O$ forms crystalline precipitate with sodium bisulphite and give positive iodoform test but does not redues Fehling's solution. Write the structure of carbonyl compound.

10. Aqueous solution of sodium carbonate is alkaline whereas aqueous solution of ammonium chloride is acidic. Explain.

11. Give the Nitration and sulphonation reactions of Chlorobenzene.

12. The first ionisation enthalpies of S, Cl and Ar are 1000, 1256 and 1520 Kj/mol^{-1} respectively. Explain the observed trend.

13. Consider the cell notation

$Ni_{(s)}|Ni^{2+}(M) || Al^{3+}$ (1M) $|Al_{(s)}$

Write cell reaction of cell.

14. Name the factors governing the equilibrium constants of the coordination compounds.

Section C

Attempt any Eight of the following questions:

15. $[CoCl_4]^2$ is tetrahedral complex. Draw its box orbital diagram. State which orbitals participate in hybridisation.

16. (i) Equilibrium constant of the reaction,

$2Cu^+(aq) \rightarrow Cu^+(aq) + Cu(s)$ is 1.2×10^6. What is the standard potential of the cell in which the reaction takes place?

(ii) Write a short note on the Gibbs energy.

17. How will you illustrate the principle, minimisation of steps?

18. Explain reverse osmosis.

19. An ether (A), $C_5H_{12}O$, when heated with excess of hot HI produce two Alkyl halides which on hydrolysis form compound (B) and (C), oxidation of (B) gave and acid (D), where as oxidation of (C) gave a ketone (E). Deduce the structural formula of (A), (B), (C), (D) and (E).

20. (i) Calculate molar conductivities at zero concentration for $CaCl_2$ and Na_2SO_4.

Given: molar ionic conductivities of Ca^{2+}, Cl^-, Na^+ and SO_4^{2+} ions are respectively, 104, 76.4, 50.1 and 159.6 Ω^{-1} cm^2 mol^{-1}.

(ii) The molar conductivity of 0.01 M acetic acid at 25°C is 16.5 Ω^{-1} cm^2 mol^{-1}. Calculate its degree of dissociation in 0.01M solution and dissociation constant if molar conductivity of acetic acid at zero concentration is 390.7 Ω^{-1} cm^2 mol^{-1}.

21. (i) What is the action of hydrazine on cyclopentanone in presence of KOH in ethylene glycol?

(ii) Give the cross aldol condensation reaction.

(iii) How you will convert Acyl chloride to acid amide.

22. Calculate the packing efficiency of metal crystal that has simple cublic structure.

23. Explain Gabriel phthalimide synthesis.

24. (i) Convert propene to 1-nitropropane.

(ii) Arrange the following compounds in order of increasing boiling points: bromoform, chloromethane, dibromomethane, bromomethane.

(iii) How will you convert 2-bromobutane to but-2-ene?

25. Arrange the following carboxylic acids with increasing order of their acidic strength and justify your answer.

(i)

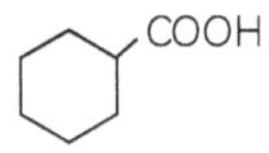

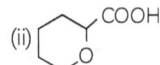

COOH

(ii)

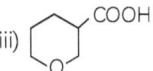

COOH
O

(iii)

COOH
O

26. Explain the trends in atomic radii of block elements.

Section D

Attempt any Three of the following questions:

27. (i) Draw neat diagram of dCMP.

(ii) Give the structure of Adenine.

(iii) Give the structure of Guanine.

(iv) Give the structure of Thymine

28. (i) The rate constant for the first order reaction is given by $\log_{10} k = - 1.25 \times 104$ T. Calculate activation energy of the reaction.

(ii) A first order gas phase reaction has activation energy of 240 kJ mol^{-1}. If the pre-exponential factor is 1.6×10^{13} s^{-1}. What is the rate constant of the reaction at 600 K?

29. Write similarities and differences between lanthanides and actinoids.

30. Derive the expression for PV work.

31. Give four user of Neon and Orgon.

Answer Key

Section A

1. (i) (a) 0.54
   (ii) (d) Overall electrical neutrality is preserved
   (iii) (b) C-F bond
   (iv) (b) Increase by 0.0296 V
   (v) (b) 1923
   (vi) (c) I_2
   (vii) (c) $[Zn(H_2O)_3OH]^+$
   (viii) (b) Boiling point of solvent is lower than that of solution
   (ix) (a) Increases
   (x) (b) p-Hydroxyazobenzene

2. (i) Van der Walls forces between closely packed linear polymeric chains are responsible for high-density polythene.

   (ii) (a) **In Biology:** Several biologically important natural compounds are meta complexes. They play important role in a number of processes occurring in plants and animals. For example, chlorophyll present in plants is a complex of Mg. Haemoglobin present in the blood is a complex of iron.

   (b) **In Medicines:**
   1. Pt complex, cisplatin is used in the treatment of cancer.
   2. EDTA is used for the treatment of lead poisoning.

   (c) **To Estimate the Hardness of Water:** Hardness of water is due to the presence of Ca^{2+} and Mg^{2+} ions. The ligand EDTA forms stable complexes with Ca^{2+} and Mg^{2+}. It can, therefore, be used to estimate hardness.

   (iii) **Properties of Buffer Solution:**
   (a) When a small amount of strong acid (or strong base) is added to a buffer solution, there is no significant change in the value of pH. The pH of a buffer solution is independent of the volume of the solution. Hence, the dilution of a buffer solution will not change its pH.

   (b) The pH of a buffer solution does not change even if it is kept for a long time.

   (iv) Allotropes of selenium are red and grey selenium.

   (v) Number of moles of O_2
   $$n = \frac{24g}{32g\,mol^{-1}} = 0.75 \text{ mol}$$
   Gas constant
   $= R = 8.314 \text{ J K}^{-1} \text{ mol}^{-1}$
   Now, using formula,
   $$W_{max} = -2303\, nRT \log_{10} \frac{P_1}{P_2}$$
   $= -2.303 \times 0.75 \text{ mol} \times 8.314 \text{ J K}^{-1} \times 298 \text{ K} \times \log_{10} \frac{1.6}{1}$
   $= -2.303 \times 0.75 \times 8.314 \text{ J} \times 298 \times 0.2041$
   $= -873.4 \text{ J}$
   The maximum work done is -873.4 J.

   (vi) The electronic configuration of element with atomic number = 90 is $[Rn]\, 5f^0\, 6d^2\, 7s^2$. There are two unpaired electrons in the $6d$ orbital of the element. Hence, it is paramagnetic.

   (vii) Sustainable development is the development that meets the needs of the present without compromising the ability of future generations to meet their own need.

   (viii) Out of the three types of packing face-centered cubic (or ccp or hcp) lattice makes the most efficient use of space while simple cubic lattice makes the least efficient use of space.

Section B

3. (i) **Synthetic resins:** These polymers are artificially prepared by polymerisation of one monomer or copolymerisation of two or more monomers e.g. nylon and terylene.
   Synthetic polymers are further divided into three subtypes: fibres, synthetic rubbers, and plastics.
   (a) **Natural resins:** Natural rubber, silk, wool etc.
   (b) **Synthetic resins:** Nylon, terylene, neoprene, etc.

4.
   $$pH = -\log_{10}[H_3O^+]$$
   ∴ $\log_{10}[H_3O^+] = -5.1$
   $= -5 - 0.1 + 1 - 1$
   $= (-5 - 1) + 1 - 0.1$
   $= -6 + 0.9 = 6.9$
   ∴ $[H_3O^+] = $ Antilog$_{10}$ [6.9]
   $= 7.943 \times 10^{-6}$ M

   Considering that the pH of rainwater is due to the dissociation of a monobasic strong acid (HA), we have
   $$Ha_{(aq)} + H_2O_{(l)} \rightarrow H_3O^+_{(aq)} + A^-_{(aq)}$$
   ∴ $[H_3O^+] = \alpha$
   $\alpha = 7.943 \times 10^{-6}$

From formula (ii),

Percent dissociation = $7.943 \times 10^{-6} \times 100$
= 7.943×10^{-4}

(i) H⁺ ion concentration is 7.943×10^{-6} M

(ii) Percent dissociation is 7.943×10^{-4}.

5. Reagents and conditions required to prepare phenol from Chlorobenzene are:

Reagents: NaOH, dil HCl.

Conditions: Temperature 623 K and Pressure 150 atm

6. (i) The addition of two steps gives the overall reaction as

$$2NO_{2(g)} + F_{2(g)} \rightarrow 2NO_2F_{(g)}$$

(ii) Step (i) is low. The rate law of the reaction is predicted from its stoichiometry. Thus,

$$\text{rate} = k[NO_2][F_2]$$

(iii) F is produced in step (i) and consumed in step (ii) or F is reaction intermediate.

7. Step 1:

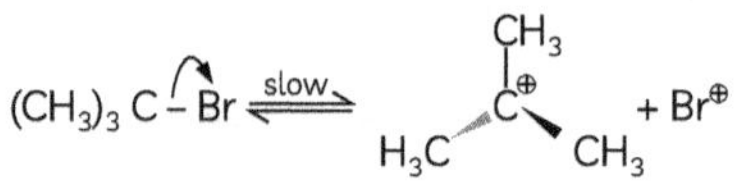

$(CH_3)_3 C-Br \overset{slow}{\rightleftharpoons} \underset{H_3C}{\overset{CH_3}{C^{\oplus}}}{CH_3} + Br^{\ominus}$

(carbocation intermediate)

Step 2:

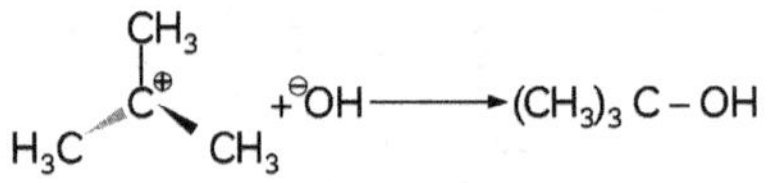

$\underset{H_3C}{\overset{CH_3}{C^{\oplus}}}{CH_3} + {}^{\ominus}OH \longrightarrow (CH_3)_3 C-OH$

8. $M_2 = \dfrac{1000 k_b W_2}{\Delta T_b W_1}$

Mass of solute (W_2) = 50 g
mass of solvent (W_1) = 150 g

$\Delta T_b = T_b - T^0_b = 84.27 - 77.01$
= 7.21°C = 7.21 1

$k_b = 2.77$ °C kg mol⁻¹
= 2.77 K k_g mol⁻¹

Molar mass of solute (M_2)

∴ $M_2 = \dfrac{1000 \times 2.77 \times 50}{7.21 \times 150}$

= 128 g

Molar mass of solute = 128 g mol⁻¹

9. 'A'
$C_5H_{10}O$
- NaHSO₃ → Crystalline ppt, H is an aldehyde or ketone
- Fehling's Solution → No reaction : It is a ketone
- Iodoform test → Positive : It is a methyl ketone test

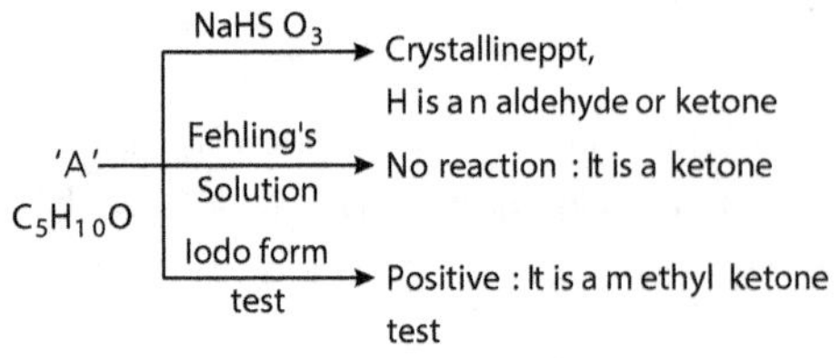

∴ 'A' is $H_3C-CH_2-CH_2-\overset{O}{\underset{\|}{C}}-CH_3$

Or

$CH_3-CH-\overset{O}{\underset{\|}{C}}-CH_3$
$\qquad\quad |$
$\qquad\,\,CH_3$

10. (i) Sodium carbonate (Na_2CO_3) is a salt of weak acid H_2CO_3 and strong base NaOH. When dissolved in water, it dissociates completely.

$$Na_2CO_{3(aq)} \rightarrow 2Na^+_{(aq)} + CO^{2-}_{3(aq)}$$

(ii) The Na⁺ ions of salt have no tendency to react with OH⁻ ions of water since the possible product of the reaction is NaOH a strong electrolyte.

(iii) On the other hand, the reaction of CO_3^{2-} ions of salt with the H_3O^+ ions from water produces unionized H_2CO_3.

$$CO^{2-}_{3(aq)} + 2H_2O_{(l)} \rightleftharpoons H_2CO_{3(aq)} + 2OH^-_{(aq)}$$

Thus, the hydrolytic equilibrium for Na_2CO_3 is,

$$Na_2CO_{3(aq)} + H_2O_{(l)} \rightleftharpoons H_2CO_{3(aq)} + 2Na^+_{(aq)} + 2OH^-_{(aq)}$$

(iv) As a result of excess OH⁻ ions produced, the resulting solution of Na_2CO_3 is alkaline.

(v) Similarly, ammonium chloride (NH_4Cl) is salt of strong acid HCl and weak base NH_4OH. When NH_4Cl is dissolved in water, it dissociates completely as,

$$NH_4Cl_{(aq)} \rightarrow NH^+_{4(aq)} + Cl^-_{(aq)}$$

(vi) $Cl^-_{(aq)}$ ions of salt have no tendency to react with water because the possible product HCl is a strong electrolyte.

(vii) The reaction of NH_4^+ ions with OH⁻ ions form unionised NH_4OH. The hydrolytic equilibrium for NH_4Cl is then written as

$$NH^+_{4(aq)} + 2H_2O_{(l)} \rightleftharpoons NH_4OH_{(aq)} H_3O^+_{(aq)}$$

(viii) Due to the presence of an excess of H_3O^+ ions, the resulting NH_4Cl is acidic.

11. (i) **Nitrotion:** It is carried out by heating haloarene with conc. NHO_3 in presence of conc. H_2SO_4.

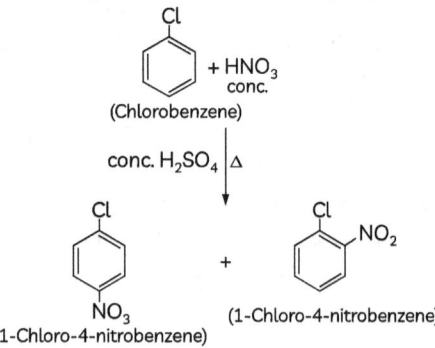

(1-Chloro-4-nitrobenzene)   (1-Chloro-4-nitrobenzene)

(ii) **Sulphonation:** It is carried out by heating haloarence with Fuming H_2SO_4.

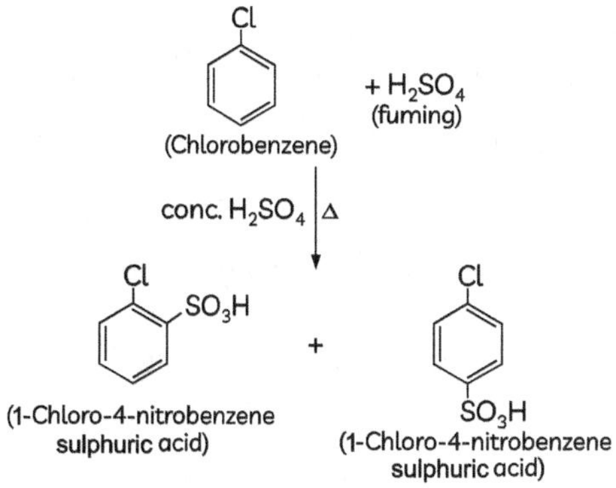

Cl
+ H2SO4
(fuming)
(Chlorobenzene)
conc. H2SO4 Δ
Cl
Cl
(1-Chloro-4-nitrobenzene
sulphuric acid)
(1-Chloro-4-nitrobenzene
sulphuric acid)

12. (i) The elements S, Cl, and Ar belong to third period of the periodic table.

(ii) Across a period, effective nuclear charge increases and atomic size decreases with increase in atomic number. Therefore, the energy required for the removal of an electron from the valence shell (*i.e.*) increases in the order: S< Cl < Ar.

13. (i) At anode (oxidation half reaction)

$$Ni_{(s)} \longrightarrow Ni^{2+}(1\ M) + 2e^-$$

(ii) At cathode (Reduction half reaction)

$$Al^{3+} + (1\ M) + 3e^- \longrightarrow Al_{(s)}$$

Overall net reaction

(i) × 3 and (ii) × 2 for balancing electron

$$3Ni_{(s)} \longrightarrow 3Ni^{2+}\ (1\ M) + 6\ e^-$$

$$2\ Al^{3+}\ (1\ M) \longrightarrow 2Al_{(s)} + 6\ e^-$$

$$3Ni_{(s)} + 2Al^{3+}\ (1\ M) \rightarrow 3Ni^{2+}\ (1\ M) + 2Al_{(s)}$$

14. The stability of a complex or equilibrium constant is governed by:

(i) Charge to size ratio of the metal ion.

(ii) Nature of the ligand.

Section C

15. (i) Box orbital diagram of $[CoCl_4]^{2-}$

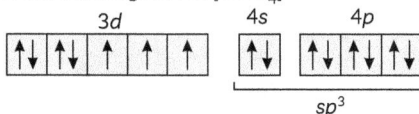

(ii) One 4s and three 4p orbitals participate in hybridization.

16. (i) **Calculate:**

For the given reaction, $n = 1$.

Using formula,

$$(E^{\circ}_{cell}) = \frac{0.0592}{1} \times \log_{10}(1.2 \times 10^6)$$

$$(E^{\circ}_{cell}) = 0.0592 \times (6.079)$$
$$= 0.36V$$

The standard cell potential of cell is 0.36 V.

(ii) **Gibbs Energy:** As pointed out in the preceding section, it is necessary to determine, ΔS_{sys} and ΔS_{surr}, for predicting the spontaneity of a reaction. We are more interested in the system (reaction mixture). It is, therefore convenient to consider the criterion of spontaneity in terms of the thermodynamic properties of a system. This problem was solved by American theoretician J.W. Gibbs. He introduced a new thermodynamic property called Gibbs energy usually denoted by G.

The Gibbs energy is defined as

$$G = H - TS$$

Where H is enthalpy and S entropy of the system. Since H, T and S are state functions, G is state function. A change in Gibbs energy depends on initial and final states of the system and not on a path connecting the two states.

The change in Gibbs energy at constant temperature and constant temperature and constant pressure is given by

$$\Delta G = \Delta H - T\Delta S$$

17. Reduce derivatives (Minimization of steps):

In organic synthesis protecting or blocking groups is commonly used. According to this principle of green chemistry, unnecessary derivatisation, for example, installation or removal of the use of protecting groups should be minimised or avoided if possible because such steps require additional reagents and can generate waste.

Illustration:

(i) In organic synthesis, the protection of some functional groups is required. Again, the deprotection of the functional group is required at the end. For example: Synthesis of m-hydroxybenzoic acid from m-hydroxybenzaldehyde.

(ii) In such cases, the atom economy is also less.

(iii) The green chemistry principle aims to develop the methodology where unnecessary steps should be avoided. This can be done if possible by using practicable biocatalytic reactions which very often need no protection of the selective group.

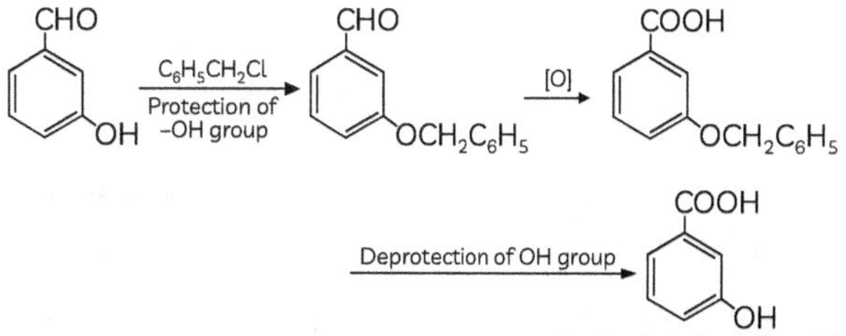

CHO
OH
C6H5CH2Cl
Protection of
-OH group
CHO
OCH2C6H5
[O]
COOH
OCH2C6H5
COOH
Deprotection of OH group
OH

(m-hydroxybenoic acid)

18. When two solutions of unequal concentrations are separated by a semipermeable membrane which selectively does not permit the passage of dissolved solute particles, i.e., molecules, ions etc flow of solvent takes place from dilute to concentrated sides due to osmosis. If a hydrostatic pressure in excess of osmotic pressure is applied on the concentrated side to dilute side across the membrane.

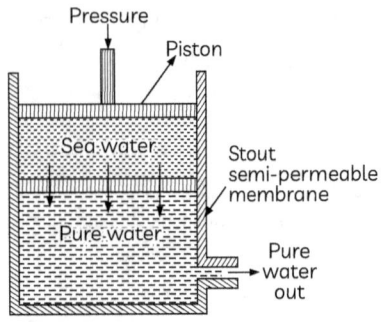

Reverse Osmosis Cell

This process is called as reverse osmosis method pure solvent is separated from its contaminates, rather than removing contaminants from the water.

19. (i) The ether (A) with molecular formula $C_5H_{12}O$ is

$$H_3C-CH_2-O-HC-CH_3$$
$$\qquad\qquad\qquad\quad |$$
$$\qquad\qquad\qquad\; CH_3$$

(ii) Reacts with hot HI to produce two alkyl halides as follows:

$$CH_3-CH_2-O-CH-CH_3$$
$$\qquad\qquad\qquad\qquad |$$
$$\qquad\qquad\qquad\; CH_3$$

$\xrightarrow[\text{ice}]{HI}$ $CH_3CH_2Br + CH_3-CH-Br$
$\qquad\qquad\qquad\qquad\qquad\quad |$
$\qquad\qquad\qquad\qquad\qquad CH_3$

Hydrolysis | NaOH → CH_3CH_2OH (B)

Hydrolysis | NaOH → $CH_3-CH-OH$
$\qquad\qquad\qquad\qquad\qquad\quad |$
$\qquad\qquad\qquad\qquad\qquad CH_3$ (C)

(iii) Oxidation of (B) gives acid

$$CH_3-CH_2-OH \xrightarrow{[O]} CH_3COOH \text{ (D)}$$

(iv) Oxidation of (C) gives ketone

$$CH_3-CH-OH \xrightarrow{[O]} CH_3-C=O$$
$$\qquad\quad |\qquad\qquad\qquad\qquad\quad |$$
$$\qquad\; CH_3 \text{ (E)}\qquad\qquad\; CH_3$$

Hence, structural formulae of compounds (A) to (E) are

(A) $CH_3-CH_2-O-CH-CH_3$
$\qquad\qquad\qquad\qquad\qquad |$
$\qquad\qquad\qquad\qquad\; CH_3$
(2-Ethoxypropane)

(B) CH_3CH_2-OH (Ethanol)

(C) $CH_3-CH-OH$
$\qquad\quad |$
$\qquad\; CH_3$
(Propan-2-ol)

(D) CH_3COOH (Ethanoic acid)

(E) $CH_3-C=O$
$\qquad\qquad |$
$\qquad\; CH_3$
(Propanone)

20. (i) According to Kohrausch law,

(a) $\Lambda^0(CaCl_2) = \lambda^0_{Ca^{2\oplus}} + 2\lambda^0_{Cl^{2\ominus}}$
$= 104\,\Omega^{-1}\,cm^2\,mol^{-1} + 2 \times 76.4\,\Omega^{-1}\,cm^2\,mol^{-1}$
$= 256.8\,\Omega^{-1}\,cm^2\,mol^{-1}$

(b) $\Lambda^0(Na_2SO_4) = 2\lambda^0_{Na\oplus} + \lambda^0_{SO_4^{2\ominus}}$
$= 2 \times 50.1\,\Omega^{-1}\,cm^2\,mol^{-1} + 159.6\,\Omega^{-1}\,cm^2\,mol^{-1}$
$= 259.8\,\Omega^{-1}\,cm^2\,mol^{-1}$

(ii) The degree of dissociation,

$$\alpha = \frac{\Lambda_c}{\Lambda_0}$$

$$= \frac{16.6\,\Omega^{-1}cm^2\,mol^{-1}}{390.7\,\Omega^{-1}cm^2\,mol^{-1}} = 0.0422$$

$$Ka = \frac{\alpha^2 c}{1-\alpha} = \frac{(0.0422)^2 \times 0.01}{(1-0.0422)} = 1.85 \times 10^{-5}$$

21. (i) Cyclopentanone + H_2N-NH_2 (Hydrazine) $\xrightarrow{-H_2O}$ Cyclopentanone hydrazone (N-NH_2) $\xrightarrow{KOH,\,OH-(CH_2)_2-OH}$ Cyclopentane + N_2

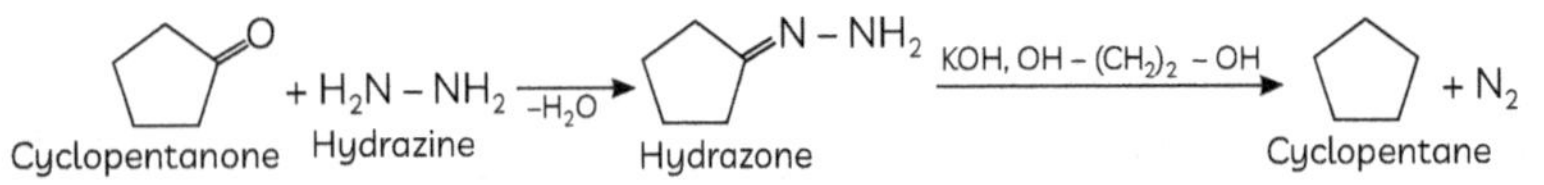

(ii) $H_3C-\overset{O}{\underset{}{C}}-H$ (Ethanal) + $H_3C-CH_2-\overset{O}{\underset{}{C}}-H$ (Propanal)

$\xrightarrow[\text{(ii) heat}]{\text{(i) Dil NaOH}}$

Self condensation → $H_3C-\overset{H}{\underset{}{C}}=\overset{H}{\underset{}{C}}-\overset{O}{\underset{}{C}}-H$ (Crotonaldehyde / But-2-enol) + $H_3C-CH_2-CH=\overset{H_3C}{\underset{}{C}}-\overset{O}{\underset{}{C}}-H$ (2-Methylpent-2-enal)

Self condensation → $H_3C-CH-\overset{H_3C}{\underset{}{C}}-\overset{O}{\underset{}{C}}-H$ (2-Methylpent-2-enal) + $H_3C-CH_2-\overset{H}{\underset{}{C}}-\overset{H}{\underset{}{C}}-\overset{O}{\underset{}{C}}-H$ (Pent-2-enol)

(iii) $R-COCl + NH_3 \rightarrow R-CO-NH_2 + HCl$
(Acylchloride) $\qquad\qquad$ (Acid amide)

22. Relationship between edge and radius for sec.

$$a = 2r \text{ or } r = \frac{a}{2}$$

Volume of sphere $= \frac{4}{3}\pi r^3$

Number of particles in simple cubic = 1

Volume of one particle $= \frac{4}{3}\pi \times \left(\frac{a}{2}\right)^3 = \frac{\pi a^3}{6}$

Packing efficiency $= \dfrac{\text{Volume occupied by particles in unit cell}}{\text{total volume of unit cell}}$

$= \dfrac{\pi \dfrac{a^3}{6}}{a^3} \times 100 = \dfrac{100\pi}{6}$

$= \dfrac{100 \times 3.142}{6} = 52.36\%$

∴ Packing efficiency of scc = 52.36%

23. (i) Formation of the potassium salt of phthalimide from phthalimide on reaction with alcoholic potassium hydroxide.

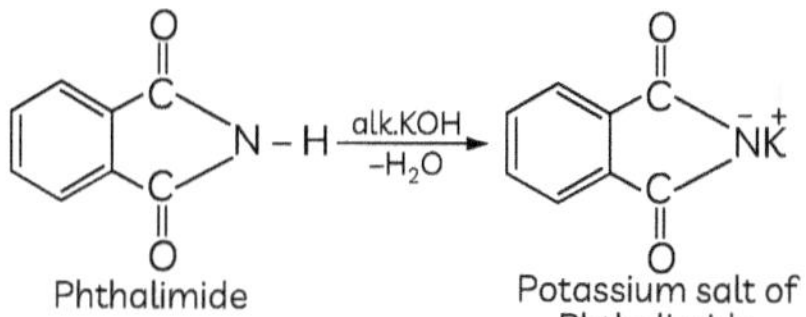

[Phthalimide + alk.KOH → Potassium salt of Phthalimide + H_2O]

(ii) Formation of N-alkyl phthalimide from the potassium salt by reaction with an alkyl halide.

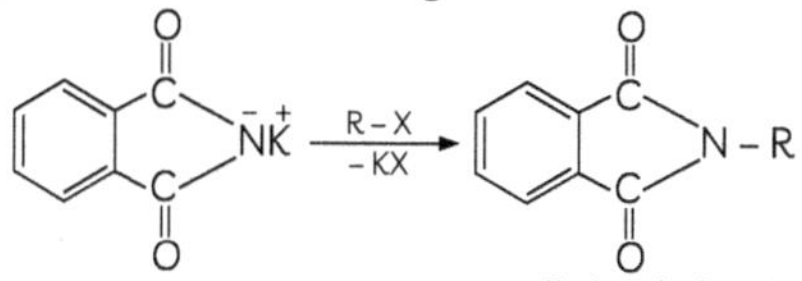

[Potassium salt + R–X → N-Alkylphthalimide + KX]

(iii) Alkaline hydrolysis of N-alkyl phthalimide to form the corresponding primary amine.

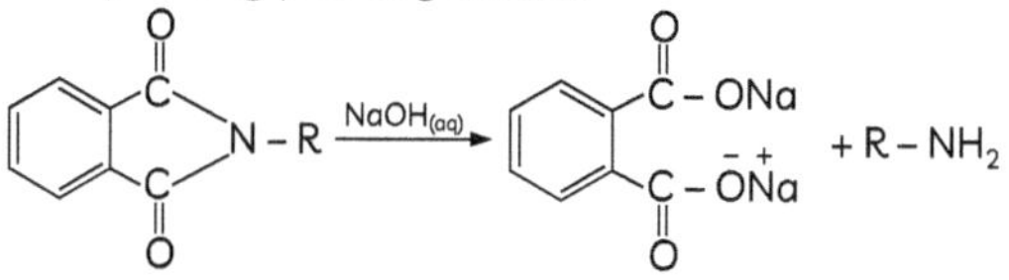

[N-alkyl phthalimide + NaOH(aq) → Sodium phthalate + R–NH_2]

24. (i) $CH_3 - CH = CH_2 + HBr \xrightarrow{\text{Peroxide}} CH_3 - CH_2$
1-Bromopropane
$- CH_2Br + Ag - O - N = O$
Silver nitrite
$\rightarrow CH_3 - CH_2 - CH_2NO_2 + AgBr\downarrow$
1-Nitropropane

(ii) The comparative boiling points of halogen derivatives are mainly related with van der waals forces of attraction which depend upon the molecular size. In the present case all the compounds contain only one carbon. Thus the molecular size depends upon the size of halogen and number of halogen atoms present.

Thus increasing order of boiling point is,

$$CH_3Cl < CH_3Br < CH_2Br_2 < CHBr_3$$

(iii) $CH_3 - \overset{\beta^1}{CH_2} - \overset{\alpha}{\underset{Br}{CH}} = \overset{\beta^2}{CH_3}$
(2-bromobutane)

alc. KOH | Δ

loss of β²-hydrogen | loss of β¹-hydrogen

$HC_3 - CH_2 - CH = CH_2$ (But-1-ene) | $CH_3 - CH = CH - CH_3$ (But-2-ene)

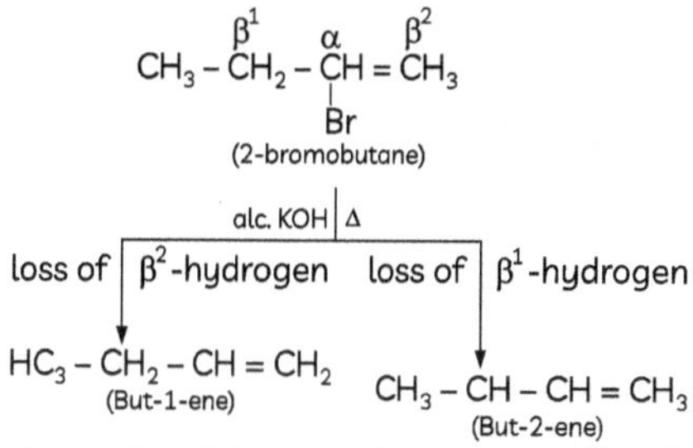

25. (i) Increasing order of their acidic strength: (2) > (3) > (1)
(ii) Oxygen atom is electronegative and exerts electron withdrawing inductive effect (– 1 effect).
(iii) Thus, compound (2) and (3 are more acidic as compared to (1).
(iv) However, the inductive effect decreases as the oxygen in the ring moves away from the carboyxl group. Therefore, compound (3) is less acidic than compound (2).

26. (i) Atomic radii of the elements of the transition series decrease gradually from left to right.
(ii) As we move across a transition series from left to right, the nuclear change increases by one unit at a time.
(iii) The last filled electron enters a penultimate (n – 1) d subshell. However, d orbitals in an atom are less penetrating or more diffused and, therefore d electrons offer smaller screening effects.
(iv) The result is that effective nuclear charge also increases as the atomic number increases along with a transition series. Hence, the atomic radii gradually decrease across a transition series from left to right.

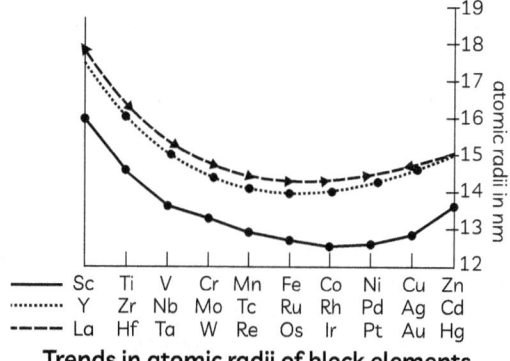

Trends in atomic radii of block elements.

Section D

27. (i) [structure with $O-P-O-CH_2$ group attached to sugar with cytosine base, OH group]

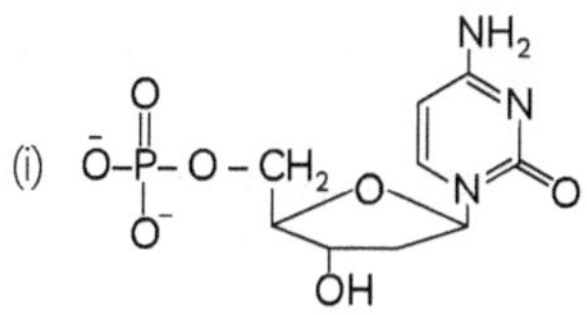

(ii) 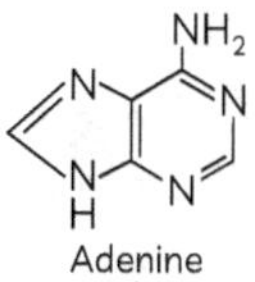 Adenine A

(iii) Guanine G

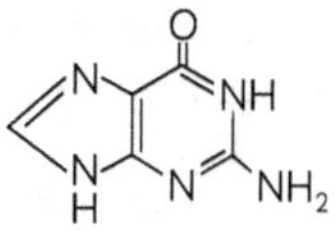

(iv) Thymine T

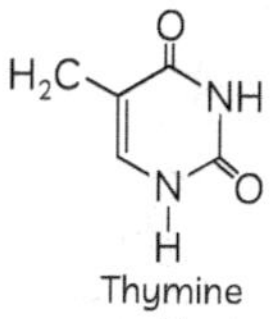

28. (i) The given rate constant equation is

$$\log_{10}k = 1.25 \times 10^4 \text{T} \quad ...(1)$$

Arrhenius equation is

$$k = \text{Ae}^{\frac{-E_a}{HT}}$$

$$\therefore \quad \text{in K} = \text{InA} - \frac{E_a}{RT}$$

$$\therefore \quad \log_{10}k = \log_{10}A - \frac{E_a}{2.303\,RT} \quad ...(2)$$

Comparing (1) and (2),

$$\frac{E_a}{2.303\,RT} = 1.25 \times 10^4 T$$

$$\therefore \quad \frac{E_a}{2.303\,R} = 1.25 \times 10^4$$

$$\therefore \quad \frac{E_a}{2.303 \times 8.314} = 1.25 \times 10^4$$

$$\therefore \quad Ea = 1.25 \times 10^4 \times 2.303 \times 8.314$$

$$= 239339 \text{ k mol}^{-1}$$

$$= 239.3 \text{ kJ mol}^{-1}$$

The energy of activation of the reaction is 239.3 kJ mol^{-1}.

(ii) Arrhenius equation

$$k = Ae^{-Ea/RT}$$

$$\log_{10}\frac{A}{k} = \frac{E_a}{2.303\,RT}$$

$$E_a = 240 \text{ kJ mol}^{-1} = 240 \times 10^3 \text{ J mol}^{-1}$$

$$T = 600 \text{ K}, A = 1.6 \times 10^{13} \text{ s}^{-1}$$

Hence, $$\log_{10}\frac{A}{k} = \frac{240 \times 10^3 \text{mol}^{-1}}{2.303 \times 8.314 \text{J mol}^{-1}\text{K}^{-1} \times 600 \text{ K}}$$

$$= 20.89$$

29. (i)

Similarities	Differences
1. Both the series show a + 3 oxidation state	Lanthanoids show a maximum oxidation state of + 4 while actionoids show oxidation state of + 3, + 4, + 5, + 6 and + 7.
2. In both the series, the f-orbitals are filled gradualy	Lanthanoids do not form complexes easily. Actionoids have a greater tendency to form complex with ligands such as thio-ethers.
3. Lonic radius of the elements in both series decreases with an increase in atomic number	All landhaniods are non-radioactive except promethium but actinides are radioactive in nature.
4. The electronegativity of all the elements in both the series is low and are said to be highly reactive.	Lanthanoids do not forms oxocations, but actinides form oxocations such as UO^+, PuO^+, PO_2^+
5. The nitrates, perchlorates and sulphates of all the elements are soluble while the hydroxides fluorides are carbonates are insoluble.	Most of the lanthanoid are colourless in nature where as the actioniods are coloured ions.

30. (i) Consider a certain amount of gas at constant pressure P is enclosed in a cylinder fitted with a frictionless, rigid movable piston of area A. Let the volume of the gas be V_1 at temperature T. This is shown in the adjacent diagram.

(ii) On expansion, the force exerted by a gas is equal to area of the piston multipled by pressure with which the gas pushes against piston. This pressure is equal in magnitude and opposite in sign to the external atmospheric pressure that opposes the movement and has its value $-P_{ext}$.

Thus, $$f = -P_{ext} \times A \quad ...(1)$$

where, P_{ext} is the external atmospheric pressure.

(iii) If the piston moves out a distance *d*, then the amount of work done is equal to the force miltiplied by distance

$$W = f \times d \quad ...(2)$$

Substituting equation (1) in (2) gives

$$W = -P_{ext} \times A \times d \quad ...(3)$$

(iv) The product of area of the piston and distance it moves is the volume change (ΔV) in the system.

$$\Delta V = A \times d \quad ...(4)$$

Combining equation (3) and (4), we get

$$W = -P_{ext}\,\Delta V$$

$$W = -P_{ext}(V_2 - V_1)$$

Where V_2 is the final volume of the gas.

31. Uses of neon gas:

(i) It is mixed with helium to protect electrical equipments from high voltage.

(ii) It is filled in discharge tubes with characteristic colours.

(iii) It is used in beacon lights.

(iv) It is used in fluorescent tubes.

Uses of Argon gas:

(i) Argon along with nitrogen is used in gas-filled electric lamps. This is because Ar is more inert than N.

(ii) It is usually used to provide an inert temperature in a high metallurgical process.

(iii) It is also used in laboratories to handle air sensitive substances.

(iv) In filling fluorescent tubes and radio values.

●●

BIOLOGY

Time : 3 Hrs **Total Marks :** 70

General Instructions: The question paper is divided into four sections.

(i) All questions are compulsory.

(ii) Section A: Q. No. 1 contains ten multiple choice types of questions carrying One mark each.
Q.No.2 contains eight very short answer types of questions carrying One mark each.

(iii) Section B: Q. No. 3 to Q. No. 14 contain twelve shorts answer-I type of questions carrying Two marks each. (Attempt any Eight)

(iv) Section C: Q. No. 15 to No. 26 contains Twelve short answer –II type of questions carrying Three marks each . (Attempt any Eight)

(v) Section D : Q. No. 27 to Q. No. 31 Contains Five long answer type of questions carrying Four marks each. (Attempt any Three)

(vi) Use of logarithmic table is allowed. Use of calculator is not allowed.

(vii) Figures to the right indicate full marks.

(viii) For each MCQ, Correct answer must be written along with its alphabet .e.g., (a).../(b)..../only first attempt will be considered for evaluation.

(ix) Draw neat and labelled diagrams wherever necessary.

SAMPLE PAPER-1
Biology

Questions

Time: 3 Hours   Total Marks: 70

Section A

1. Select and write the correct answers to the following questions: (10)

    (i) In ovule meiosis occurs in ....
    - (a) Integuments
    - (b) Nucellus
    - (c) Megaspore
    - (d) Megaspore mother cell

    (ii) The enzyme required for transcription is ....
    - (a) DNA polymerase
    - (b) RNA polymerase
    - (c) RNase
    - (d) Restriction enzyme

    (iii) The muscular structure that separates the thoracic and abdominal cavity is ....
    - (a) Pleura
    - (b) Trachea
    - (c) Larynx
    - (d) Diaphragm

    (iv) In ecological succession, the intermediate developmental phase is known as ....
    - (a) ecesis
    - (b) climax
    - (c) nudation
    - (d) sere

    (v) The total genetic information encoded in sum total of genes in a mendelian population is called ....
    - (a) gene pool
    - (b) gene mutations
    - (c) gene variations
    - (d) gene diversity

    (vi) Apospory is direct formation of ....
    - (a) Gametophyte from sporophyte
    - (b) Gametophyte from gametophyte
    - (c) Sporophyte from gametophyte
    - (d) Sporophyte from sporophyte

    (vii) In soil, water available for absorption by root is ....
    - (a) Gravitational water
    - (b) capillary water
    - (c) hygroscopic water
    - (d) combined water

    (viii) The DNA polymerase enzyme used in PCR is obtained from ....
    - (a) *E. coli*
    - (b) *Salmonella typhi*
    - (c) *Bacillus haemophilus*
    - (d) *Thermus aquaticus*

    (ix) Industrial melanism is an example of ....
    - (a) Natural selection
    - (b) Mutation
    - (c) Neo Lamarckism
    - (d) Neo Darwinism

    (x) Select the correct sequence of stages of spermatogenesis in a human male ....
    - (a) Spermatogonium → Spermatids → Spermatocytes → Spermatozoa
    - (b) Spermatogonium → Spermatocytes → Spermatids → Spermatozoa
    - (c) Spermatids → Spermatogonium → Spermatocytes → Spermatozoa
    - (d) Spermatocytes → Spermatogonium → Spermatids → Spermatozoa

2. Answer the following questions: (8)

    (i) Define the term: Health.
    (ii) Give significance of velamen tissue.
    (iii) Give statement of law of dominance.
    (iv) Expand following acronyms:
      (a) BAC
      (b) GMO
    (v) Which hormone is responsible for fruit ripening?
    (vi) Name the hormone secreted by pineal gland.
    (vii) Which instrumental is used to measure the blood pressure?
    (viii) What is ornithophily?

Section B

Attempt any Eight of the following questions: (16)

3. Sketch and label - Graafian follicle.
4. Match the following:

Column A	Column B
(i) Dryopithecus	(a) Java and Peking
(ii) Ramapithecus	(b) Toung in South Africa
(iii) Australopithecus	(c) Lake Victoria of Africa
(iv) Homo erectus	(d) Shivalik hills in India

5. Give the factors which affect the blood pressure.
6. What is Chiropterophily? Why the transfer of pollen grains is important?
7. Define the terms:
    (i) Biopatent
    (ii) Biopiracy
8. Define: Camouflage.
9. Write a note on parasitism.
10. Distinguish between Inspiration and Expiration.
11. Write a note on genetic drift.
12. Write a note on incomplete dominance.
13. Draw flow chart of Central Dogma.
14. Sketch and label - structure of root hairs.

Section C

Attempt any Eight of the following questions: (24)

15. A plant with red flowers was crossed with another plant with yellow flowers. If F1 showed all flowers orange in colour, explain the inheritance.
16. Enlist application of auxins.
17. What do you mean by "Central Dogma" of Molecular biology?
18. Sketch and label: T.S. of spinal cord.
19. Match the following pairs:

Column I	Column II
(i) PCR	(a) DNA transferred to nylon membrane
(ii) Electrophoresis	(b) DNA amplification
(iii) Southern blotting	(c) Restriction digestion
(iv) Autoradiography	(d) Produce fragments of different size
(v) Alkali treatment	(e) Separation of DNA fragments on gel slab
(vi) DNA treated with REN	(f) X-ray photography

20. Write physiological effect of cytokinin.
21. Write a note on types of cancer.
22. Write the microbial source of following organic acids:
    (i) Citric acid
    (ii) Fumaric acid
    (iii) Acetic acid
23. Many microbes are used at home during preparation of food items. Comment on such useful ones with examples.
24. Write name, type and origin of following cranial nerves: No. III, No. VI, No. X.
25. Explain the structure of root hair.
26. Distinguish between primary succession and secondary succession.

Section D

Attempt any Three of the following questions: (12)

27. (i) Draw the neat labelled diagram of internal structure of human heart.
    (ii) What is phosphorylation?
28. (i) Describe the process of double fertilisation.
    (ii) What is Geitonogamy?
29. Describe menstrual cycle in human female.
30. Explain formation of a typical spinal nerve with the help of neat, labelled diagram.
31. What are the different strategies for biodiversity conservation in India?

Answer Key

Section A

1. (i) (d) Megaspore mother cell
    (ii) (b) RNA polymerase
    (iii) (d) Diaphragm
    (iv) (d) sere
    (v) (a) gene pool
    (vi) (a) Gametophyte from sporophyte
    (vii) (b) capillary water
    (viii) (d) *Thermus aquaticus*
    (ix) (a) Natural selection
    (x) (b) Spermatogonium → Spermatocytes → Spermatids → Spermatozoa

2. (i) Health is defined as the state of complete physical, mental and social well being and not merely the absence of disease or infirmity.
    (ii) Hygroscopic in nature.
    (iii) "When two homozygous individuals with one or more sets of contrasting characters are crossed the characters that appear in F_1 generation are dominant and those which do not appear are recessive.
    (iv) (a) BAC – Bacterial Artificial Chromosome
         (b) GMO – Genetically Modified Organisms
    (v) Ethylene is responsible for fruit ripening.
    (vi) Melatonin (Sleep hormone) is secreted by Pineal gland.
    (vii) Sphygmomanometer (B.P. apparatus) is used to measure the blood pressure.
    (viii) Pollination by birds is called ornithropily.

Section B

3.

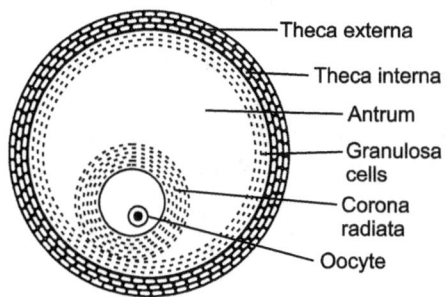

Fig. : Graafian follicle

4. (i) → (c), (ii) → (d), (iii) → (b), (iv) → (a)

5. (i) Cardiac output (ii) Blood volume
(iii) Age (iv) Emotions
(v) Sleep (vi) Exercise
(vii) Anxiety

6. The transport of pollen grains by bats is called Chiropterophily. The transfer of pollen grains is important for the reproduction in plants as the male gamete participates in the process.

7. **(i) Biopatent:** It is the patent awarded by Government for the invention in the biology. It is awarded for strains of microorganisms, GMOs, biotechnological processes, products and product applications.

(ii) Biopiracy: It is the unlawful commercial exploitation of various natural products without providing benefits to the host country.

8. Camouflage is adaptation in which organisms are cryptically coloured as per surrounding to avoid being detected easily by other organisms.

9. (i) It is an association between two organisms where one organism (parasite) gets benefited at the cost of other (host).

(ii) The parasite obtains food from the host.

(iii) Majority of parasites harm the host. They may reduce the survival, growth and reproduction of the host and may cause death. Example: Plant parasite *Cuscuta*, Animal parasite, Mosquito.

10.

Inspiration	**Expiration**
Draw air into the lungs	Expulsion of air from the lungs.
An active process.	A passive process.
The diaphragm moves downwards, becomes flat.	The diaphragm moves upward and becomes dome shaped.
The intercostal muscles contract.	The intercostal muscles relax.
The volume of thoracic cavity increases.	The volume of thoracic cavity decreases.

11. Any random fluctuation in allele frequency ,occurring in natural population by pure chance is called genetic drift. Example: earthquake, flood, fies etc. Smaller population easily prone to genetic drift .It will result in change in gene frequency .Genetic drift is also an important factor for evolutionary change.

12. (i) In the incomplete dominance both the genes (dominant and recessive) express themselves partially.

(ii) The dominant gene can not supress the expression of the recessive gene completely.

(iii) In F_1 hybrid there is an intermediate expression. For example :

The flower colour of *Mirabilis jalapa*.

If a red flowered plant (RR) crossed with white coloured (rr) plant, F_1 hybrids have pink (Rr) flowers.

13. (i) The central dogma was proposed by Crick in 1958.

(ii) It is unidirectional flow of information from DNA to mRNA and mRNA to protein.

$$\text{DNA} \xrightarrow{\text{Transcription}} \text{mRNA} \xrightarrow{\text{Translation}} \text{Polypeptide}$$

14. Structure of root hair is given below:

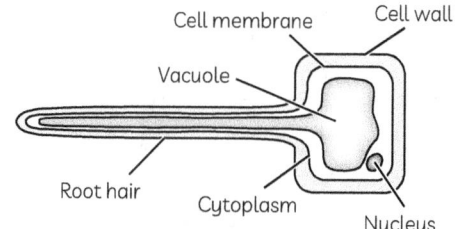

Section C

15. This phenomenon is called Incomplete dominance. In Incomplete dominance where the two alleles (genes) of an allelomorphic pair express themselves partially producing intermediate hybrid in F1 generation. In this case, a new phenotype in between the two original phenotype appears.

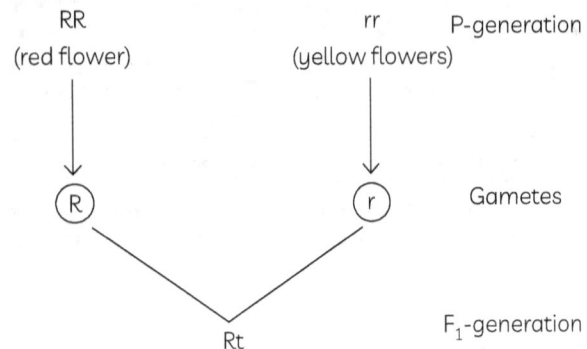

RR (red flower) × rr (yellow flowers) — P-generation

↓ ↓

(R) (r) — Gametes

Rt — F_1-generation

(orange flower intermediate)

16. The primary effect is cell enlargement. In most of the higher plants, growth of the apical buds, inhibits the growth of lateral buds. This is called as apical dominance. Auxin stimulates growth of stem and root. Auxin induces multiplication of cells, hence used in tissue culture experiments to produce callus. It stimulates formation of lateral and adventitious roots. These are marketed as synthetic herbicides. *e.g.* 2, 4-D (2, 4 dichlorophenoxy acetic acid). It kills dicot weeds without affecting monocot crop plants. The seedless fruits like orange, lemon, grapes, banana etc. are produced by application of auxin (*i.e.* induced parthenocarpy). Auxins promote cell division in cambium and also cause early differentiation of xylem and phloem.

17. (i) The central dogma of molecular biology explains the flow of genetic information, from DNA to RNA to make a functional product, a protein.

(ii) It is flow of genetic information from DNA to mRNA by the process of transcription and mRNA to proteins by the process of translation.

$$\text{DNA} \xrightarrow{\text{Transcription}} m\text{RNA} \xrightarrow{\text{Translation}} \text{proteins}$$

(iii) It suggests that DNA contains the information needed to make all of our proteins and RNA is a messenger that carries this information to the ribosomes.

18.

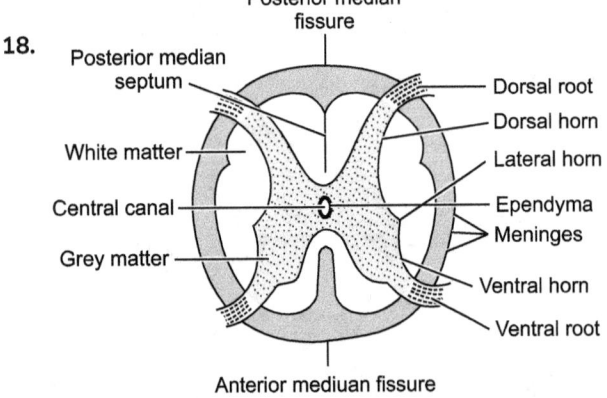

Fig. : T.S. of Spinal Cord

19. (i) → (b), (ii) → (e), (iii) → (a), (iv) → (f), (v) → (d), (vi) → (c)

20. (i) It promotes cell division and cell enlargement.

(ii) It promotes root development, buds and shoot development.

(iii) Controls apical dominance.

(iv) It delays senescence or aging and abscission process.

(v) It breaks seed domancy and promotes germination.

(vi) It induces RNA synthesis and formation of interfassicular combium.

21. The types of cancer are:

(i) Carcinoma: Cancer of epithelial tissue covering or lining of body organs. *e.g.*, cancer, skin cancer.

(ii) Sarcoma: Cancer of connective tissue. *e.g.*, bone tumors, muscle tumors.

(iii) Lymphoma: Cancer of lymphatic tissue. *e.g.*, occurs in lymphatic nodes, spleen.

(iv) Leukemia: It is a type of blood cancer, excessive formation of WBCs or leucocytes in bone marrow.

(v) Adenocarcinoma: Cancer arises in thyroid, pituitary gland.

22. (i) Citric acid ⟶ *Aspergillus niger*

(ii) Fumaric acid ⟶ *Rhizopus arrhizus*

(iii) Acetic acid ⟶ *Acetobacter aceti*

23. Fermentation process, milk converting into curd with the help of lactobacillus and puffind of dhokla.

24.

Number	Name	Type	Origin
III	Occulomotor	Motor	Floor of mid brain
VI	Abducens	Motor	Pons
X	Vagus	Mixed	Side of medulla oblongata

25. Root hair is cytoplasmic extension (prolongation) of epiblema cell. Each root hair may be approximately 1 to 10mm long and tube like structure. It is colourless, unbranched, short-lived (ephemeral) and very delicate. It has a large central vacuole surrounded by thin film of cytoplasm, plasma membrane and thin cell wall, which is two layered. Outer layer is composed of pectin and inner layer is made up of cellulose. Cell wall is freely permeable but plasma membrane is selectively permeable.

26.

Primary Succession	Secondary Succession
Primary Succession can be defined as the process of growth in an area that was previously uninhabited, barren, unoccupied and there was no initial vegetation.	Secondary Succession can be defined as the growth of the community in such area which was previously occupied, inhabited and that has primary vegetation but got disturbed or damaged due to some external or internal factors.
Rate of succession is very slow.	Rate of succession is very fast.

Primary succession takes a long time for completion, 1000 years or more.	Secondary succession takes less time for completion, 50 to 200 years.
Soil is absent.	Soil is present.

There is no humus in the beginning.	Humus is present from the very beginning.
Reproductive structures of any previous community are absent.	Reproductive structures of the previous occupants are present in the area.

Section D

27. (i)

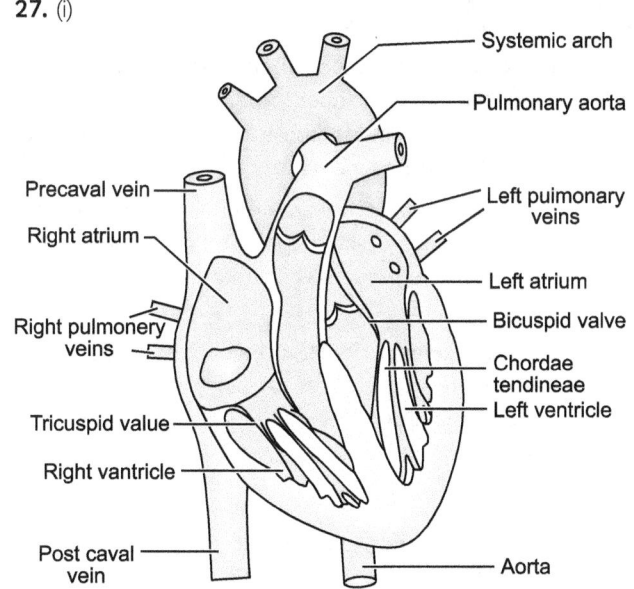

Fig.: Internal Structure of Human Heart

(ii) It involves trapping the heat energy in the form of high energy bond of ATP molecule. ATP is used to carry out vital life processes and so is called as energy currency of the cell.

$$ADP + iP + 7.3\ Kcal \longrightarrow ATP$$

28. (i) **The process of double fertilisation:**

(a) Double fertilisation is a complex process in Angiosperms where both the male gametes participate in the process of fertilisation. First male gamete fuses with egg or ova to produce diploid zygote while second male gamete fuses with secondary nuclei to produce triploid primary endospermic nucleus (PEN).

(b) The pollen tube carrying male gametes penetrates in embryo sac of ovule through its micropylar end. The tip of the pollen tube absorbs water from synergids and ruptures to release both the male gametes.

(c) The first haploid male gamete fuses with hyploid female gamete to produce a diploid zygote (syngamy) whereas in triple fusion, second haploid male gamete fuses with diploid secondary nucleus producing triploid primary endosperm nucleus (PEN) that develops into triploid endosperm.

(d) In double fertilisation two products are obtained—a diploid zygote which develops into an embryo and a triploid primary endosperm nucleus which develops into nutritive endosperm tissue.

(e) Double fertilisation is significant as it utilizes both the male gametes, avoids polyembryony. The endosperm provides nourishment to the developing embryo.

(ii) It is the transfer of pollen grain to a stigma of a different flower produced on the same plant. It is functionally similar to cross pollination as it involves pollinating agents but it cannot bring about genetic variations and is only of ecological significance e.g. *Cucurbita maxima*. It is similar to autogamy as pollen grains come from same plant.

29. Menstural cycle includes:

(i) Menstural phase (ii) Follicular phase

(iii) Ovulatory phase (iv) Luteal phase

(i) Menstrual phase: The cycle begins with the menstrual phase, which lasts for approximately five days. The endometrium of uterus breaks down. The blood, endometrial tissues, mucus and unfertilised egg is discharged through vagina.

(ii) Follicular phase (5th to 13th day): After menstruation the endometrium in the uterus begins to regenerate. Regeneration involves formation of endothelial cells, uterine glands and network of blood vessels. The endometrium becomes thick. In this phase several follicles start maturing in the ovaries. Few secondary follicles develop but only one develops into Graafian follicle.

(iii) Ovulatory phase (14th day): It is the shortest phase and it involves release of ovum from the mature Graafian follicle into the pelvic cavity.

(iv) Luteal phase (15th to 28th day): After release of ovum the remaining tissues of Graafian follicle transforms into corpus luteum. Corpus luteum secretes progesterone and estrogen. If the ovulated ovum is fertilised within 25 hours then the corpus luteum will survive. If not then after two weeks it degenerates into a white scar called corpus albicans.

Under the influence of progesterone and estrogen the endometrium will become more vascularised and thick for fertilisation and implantation. If the egg is not fertilised the endometrium will break and menstrual flow will start.

30.

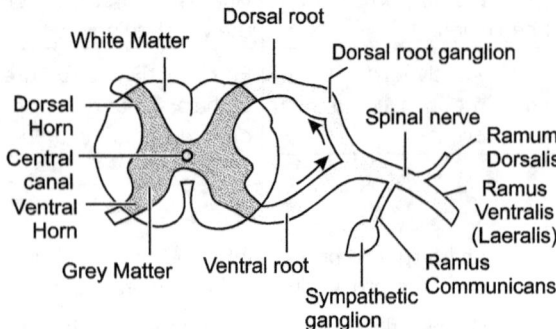

Fig. : Formation of Typical Spinal Nerve

(i) All spinal nerves are of the mixed type i.e., they have sensory as well as motor nerve fibres.

(ii) Each spinal nerve is formed inside the neural canal of vertebral column by two roots - the dorsal sensory root and ventral motor root.

(iii) The dorsal sensory and the ventral motor nerves together form the mixed spinal nerve.

(iv) It emerges out from both sides of the spinal cord through intervertebral foramen.

(v) As soon as it emerges out of vertebral column it divides into 3 branches.

(a) Ramus dorsalis – From skin and muscles of dorsal side

(b) Ramus ventrails – The organs and muscles of lateral side.

(c) Ramus communicans – Joins sympathetic genglia.

31. There are two main strategies for conservation of biodiversity:

(i) **In-situ conservation:** The natural habitat of the organisms is protected so protection of organisms takes place automatically.

It includes:

(a) **Biosphere reserves:** There are 425 biosphere reserves in the world of which 14 are in India. India has three of world's biodiversity hotspots. Hotspots are the areas with high density of endemic and endangered species.

(b) **National park or wildlife sanctuaries:** India has about 90 national parks and 448 wildlife sanctuaries. In Maharashtra there are 5 national parks and 11 sanctuaries.

(c) **Sacred groves:** These are undisturbed stretches of forests protected in the name of god. Some endangered varieties of plants and animal species survive here.

(ii) **Ex- situ conservation:** It is the process of protecting the endangered species of plants or animals by removing it from threatened habitat and placing them under care of humans.

It includes:

(a) Botanical garden, zoological park and arboreta are conventional methods of ex-situ conservation.

(b) Seed banks to conserve wild varieties of food grains and vegetables.

(c) Cryopreservation to the storage of materials at low temperature.

●●

SAMPLE PAPER-2
Biology

Questions

Section A

1. **Select and write the correct answers to the following questions:**

   (i) Which one of the following diseases is non – communicable?
   - (a) Diphtheria
   - (b) Flu
   - (c) Cancer
   - (d) Malaria

   (ii) Chromosomal theory of inheritance was proposed by ....
   - (a) Watson and Crick
   - (b) Sutton and Boveri
   - (c) Mendel
   - (d) T.H. Morgan

   (iii) Genes involved in cancer are ....
   - (a) Tumour genes
   - (b) Regulator genes
   - (c) Oncogenes
   - (d) Complementary genes

   (iv) Restriction enzymes were discovered by ....
   - (a) Smith and Nathans
   - (b) Alexander Fleming
   - (c) Berg
   - (d) None

   (v) This about ecological succession is incorrect
   - (a) food chain relationships become more complex
   - (b) species diversity increases as succession proceeds
   - (c) role of decomposers becomes all the more important
   - (d) is a random process

   (vi) The PCR technique is used for ....
   - (a) Gene sequencing
   - (b) Gene cloning
   - (c) Gene splicing
   - (d) Gene expression

   (vii) Lesser variation in biomass production over a period of time is called ....
   - (a) Productivity Stability Hypothesis
   - (b) Species Area Relationship
   - (c) Species Life Cycle
   - (d) None of them

   (viii) The species placed in CR category is ....
   - (a) Endangered
   - (b) Critically Endangered
   - (c) Vulnerable
   - (d) Not Evaluated

   (ix) What is the protection and conservation of species in their natural habitat called?
   - (a) In-situ conservation
   - (b) Ex-situ conservation
   - (c) Off-site conservation
   - (d) No conservation

   (x) The final stable community in an ecological succession is called ....
   - (a) Climax community
   - (b) Final community
   - (c) Ultimate community
   - (d) Seral community

2. **Answer the following questions:**

   (i) Name two better yielding varieties of rice developed in India.
   (ii) What is Dead Space?
   (iii) What is gravitational water?
   (iv) Who isolated Gibberellins first?
   (v) How malarial parasite *plasmodium* is transmitted from person to person?
   (vi) Define Serology.
   (vii) Name any two X-linked recessive disorders.
   (viii) Define the following terms:
   - (a) Parasitism
   - (b) Niche

Section B

Attempt any Eight of the following questions:

3. Name thyroid hormones and give their functions.
4. Give adaptations in anemophilous flowers.
5. Write a note on IVF.
6. Enlist the four characteristics of genetic code.
7. What is capillary water?
8. Distinguish between ectomycorrhizae and endomycorrhizae.
9. Who are generally the pioneer species in a Xerarch succession and in a Hydrarch succession?
10. Distinguish between Artery and Vein.
11. Write the objections to mutation theory of Hugode vries.
12. Give examples of ex-situ conservation.
13. Explain the properties of a ideal cloning vector in r-DNA technology.
14. Give reason - Injury to medulla oblongata may prove fatal.

Section C

Attempt any Eight of the following questions:

15. Describe the structure of human sperm.
16. ABA is called stress hormone why?
17. Explain the process of blood clotting.
18. Define ornithophily and enlist adaptations in ornithophilous flowers.
19. Give name, type and origin of following cranial nerves:
    Number-II, Number-IV, Number-IX

20. What are transgenic animals? Explain any four ways in which such animals can be beneficial for humans.
21. Write a note on gene mutation.
22. Enlist applications of ethylene.
23. Sketch and label Human Male Reproductive System. Write briefly about the Testis.
24. Sketch and label Anatropous voule.
25. Describe the term Niche?

26. Match the following pairs :

Column A Antibiotic produced	Column B Microbial source
(i) Penicillin	(a) Streptomyces venezuelae
(i) Chloromycetin	(b) Bacillus licheniformis
(ii) Bacitracin	(c) Stretomyces aurifaciens
(iii) Erythromycin	(d) Streptomyces griseus
(iv) Streptomycin	(e) Penicillium chrysogenum
(v) Terramycin	(f) Streptomyces erythreus

Section D

Attempt any Three of the following questions:

27. Describe the conducting system of human heart.
28. Read the following functions carefully and write the names of hormones and the glands secreting them:
  (i) Controls calcium level in the blood.
  (ii) Basal metabolic rate.
  (iii) Maturation of Graafian follicle.
  (iv) Stimulates intestinal glands to secrete intestinal juice.
  (v) Heart beat and blood pressure.
  (vi) Secretion of growth hormone.
  (vii) Uterine contraction.
  (viii) Controls tubular absorption of water in kidneys.

29. Explain the process of transcription in protein synthesis.
30. Describe the different types of chromosomes.
31. Explain movement of water in root.

Answer Key

Section A

1. (i) (c) Cancer
  (ii) (b) Sutton and Boveri
  (iii) (c) Oncogenes
  (iv) (a) Smith and Nathans
  (v) (d) is a random process
  (vi) (b) Gene cloning
  (vii) (a) Productivity Stability Hypothesis
  (viii) (b) Critically Endangered
  (ix) (a) In-situ conservation
  (x) (a) Climax community

2. (i) Jaya, Padma, Ratna.
  (ii) The volume of air that is present in the respiratory tract (from nose to the terminal bronchioles), but not involved in gaseous exchange. It is 150 ml.
  (iii) Water reaching below ground table and unavailable to plants.
  (iv) Kurosawa, a Japanese scientist first isolated Gibberellins from the fungus *Gibberella fujikuroi* in 1926.
  (v) The malarial parasite *Plasmodium* is transmitted through an insect vector - female *Anopheles* mosquito.
  (vi) Study of antigen- antibody interaction is called serology.
  (vii) (1) **Colour blindness:** Person unable to distinguish between red and green colours.
  (2) **Haemophilia (Bleeder's disease):** Blood fails to clot or coagulates very slowly.
  (viii) (1) **Parasitism:** Parasitism is the association between two organisms in which one organism is benefitted and another organism is harmed.
  (2) **Niche:** A niche is a term that defines an organisms's role in an ecosystem.

Section B

3. Thyroid gland secrets two hormones:
  (i) Thyroxine (T_4)
  (ii) Triiodothyronine (T_3)
  Functions of thyroid hormones:
  (a) Regulates basal metabolic rate of the body.
  (b) Promotes growth of the body by stimulating protein synthesis.
  (c) Regulates the body temperature.
  (d) Maintains water and electrolyte balance.

4. (i) The flowers are small in size, colourless and inconspicuous.
  (ii) The flowers lack nectar and fragrance.
  (iii) The anthers are large with long filaments.
  (iv) The pollen grains are light in weight, dry and produced in large numbers.
  (v) Stigma is feathery to trap pollen grains.
  (vi) Stamens and stigmas are exposed to air current.

5. (i) In Vitro Fertilisation (IVF) is a process by which an egg is fertilised by sperm outside the body in a test tube or glass plate to form a zygote in the laboratory.
   (ii) The process involves monitoring and stimulating a woman's ovulatory process, removing ovum or ova from the woman's ovaries and letting sperm fertilise them in a fluid medium in a laboratory.
   (iii) The zygote or early embryos are then transferred into the fallopian tube for further development.

6. (i) **Triplet nature:** Sequence of three nucleotide bases constitute a codon which defines one particular amino acid.
   (ii) **Distinct polarity:** Genetic code is always read in 5' → 3' direction as it shows definite polarity.
   (iii) **Genetic code is commaless:** There are no commas between the codons.
   (iv) **Degeneracy:** Generally single amino acid is encoded by single codon but some amino acids are encoded by more than one codon.
   (v) **Genetic code is universal:** All living organisms have the same genetic code. The specific codon specifies same amino acid in all living organisms.

7. Capillary water is held in pores that are small enough to hold water against gravity, but not so tightly that roots cannot absorb it. This water occurs as a film around soil particles and in the pores between them and is the main source of plant moisture.

8. An Endomycorrhiza arbuscular mycorrhiza (plural mycorrhizae or mycorrhizas) is a type of mycorrhiza in which the fungus penetrates the cortical cells of the roots of a vascular plant. Arbuscular mycorrhizae (AMs) are characterized by the formation of unique structures such as arbuscules and vesicles by fungi of the phylum Glomeromycota (AM fungi). AM fungi help plants to capture nutrients such as phosphorus and micronutrients from the soil. It is believed that the development of the arbuscular mycorrhizal symbiosis played a crucial role in the initial colonisation of land by plants and in the evolution of the vascular plants.
Ectomycorrhizas, or EcM, are typically formed between the roots of around 10% of plant families, mostly woody plants including the birch, dipterocarp, eucalyptus, oak, pine, and rose families and fungi belonging to the Basidiomycota, Ascomycota, and Zygomycota.
Ectomycorrhizas consist of a hyphal sheath, or mantle, covering the root tip and a hartig net of hyphae surrounding the plant cells within the root cortex. In some cases the hyphae may also penetrate the plant cells, in which case the mycorrhiza is called an ectendomycorrhiza. Outside the root, the fungal mycelium forms an extensive network within the soil and leaf litter. Nutrients can be shown to move between different plants through the fungal network (sometimes called the wood wide web). Carbon has been shown to move from birch trees into fir trees thereby promoting succession in ecosystems.

9. The pioneer communities in hydrarch succession are phytoplanktons. The pioneer communities in xerarch succession are lichens.

10.

Artery	Vein
Transport blood away from the heart.	Transport blood to the heart.
Usually situated deeper in the body.	Usually situated beneath the surface of the skin.
Carry oxygenated blood except the pulmonary artery.	Carry deoxygenated blood except the pulmonary vein.
Blood flows through arteries rapidly and with high pressure.	Blood flows through veins slowly and with low pressure.
Internal valves are not present.	Internal valves are present.

11. (i) He considered minute fluctuating variation as principal factors which are not heritable and not part of evolution.
    (ii) He also did not distinguish somatic and germinal variation and considered all variations are heritable.
    (iii) He did not explain the 'arrival of the fittest'.
    (iv) He also did not explain the cause, origin and inheritance of variations and of vestigial organs, nor could he explain the extinction of species.
    (v) According to natural selection new species are formed by gradual accumulation of useful variations. If it is so, then there should be intermediate forms. But in most cases intermediate form were not recognised.

12. Ex-situ conservation is the conservation of areas outside their natural habitat. Botanical gardens, zoological parks, seed banks, cryopreservation, field gene banks, etc. are examples of it.

13. (i) It must be small in size.
    (ii) It should be easily introduced into host cells.
    (iii) It should have ability of independent replication.
    (iv) It should have marker genes for antibiotic resistance.
    (v) It must possess multiple cloning site.
    (vi) It must contain restriction site for restriction endonucleases.

14. (i) The medulla oblongata is the posterior part of brain, located in brain stem. It continues as spinal cord.
    (ii) It controls involuntary vital activities like heart beat, respiration, breathing, circulation, peristalsis, the function of blood vessels etc.
    (iii) Injury to medulla may stop all these vital activities and this can cause death.

Section C

15. (i) Human sperm is divisible into three parts - head, middle piece and tail.

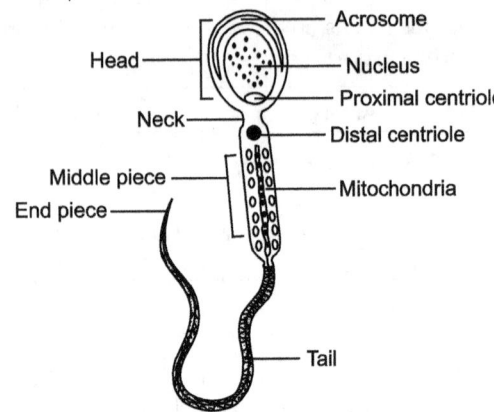

Fig.: Structure of human sperm

(ii) **Head:** The head of sperm is oval. It contains haploid nucleus. Above the nucleus cap like acrosome is present. It contains hydrolytic enzymes like hyaluronidase, zona lysins and corona penetrating enzymes.

(iii) **Neck:** Very short region having two centrioles i.e., proximal centriole and distal centriole.

(iv) **Middle piece:** It possesses 10-14 spiral turns of mitocondria, which produce energy for the movement of the sperm.

(v) **Tail:** It is thin, long with tapering end and contains cytoplasm and axial filament. The part of tail without plasma membrane is called end piece. Tail helps the sperm cell to swim to reach the ovum.

16. It promotes abscission of leaves and induces dormancy in many plants. It controls the dormancy in buds and seeds by inhibiting growth processes. It accelerates the senescence of leaves, flowers and fruits. It inhibits and delays cell division and cell elongation and suppresses cambium activity by inhibiting mitosis in vascular cambium. ABA could cause efflux of K^+ ions from the guard cells and result in closure of stomata. So, it is known as an antitranspirant. It acts as a stress hormone by inducing the plant to bear the adverse environmental conditions. It inhibits flowering in long day plants but stimulates flowering in short day plants.

17. (i) Blood clotting is also known as blood coagulation. It is a process in which the liquid blood changes into a semi solid form known as clot.

(ii) The process of blood clotting prevents the excessive loss of blood.

(iii) The process of blood clotting occurs in a series of following steps :
 (a) The injured tissue cells and the platelets (thrombocytes) release thromboplastin.
 (b) Thromboplastin helps in the formation of enzyme prothrombinase in presence of Ca^{2+} ions.
 (c) Prothombinase inactivates heparin (anticoagulant) and also converts inactive prothrombin into active thrombin.
 (d) Thrombin converts soluble fibrinogen into insoluble fibrin in the presence of Ca^{2+} ions.
 (e) Fibrin forms a mesh or network in which platelets (thrombocytes) and other blood cells get trapped to form the clot.

18. Ornithophily is bird pollination, where the pollen grains of the flower are distributed by the specialised birds for pollination. They usually have long beaks and are small in size. e.g., sun birds, humming birds, *Bombax*, *Callistemon* (bottle brush) etc.

Adapation for the pollination in ornithophilous flower:
(i) Flowers are usually brightly coloured, large and showy.
(ii) They secrete profuse, dilute nectar.
(iii) Pollen grains are sticky and spiny.
(iv) Flowers are generally without fragrance, as birds have poor sense of smell.

19.

Number	Name	Type	Origin
II	Optic	Sensory	Side of diencephalon
IV	Pathetic	Motor	Floor of mid-brain
IX	Glossopharyngeal	Mixed	Side of Medulla oblongata

20. Animals that have their DNA manipulated to possess and express foreign gene are called transgenic animals. Examples of transgenic animals are mice, rats, rabbits, pigs, sheep, cows and fish.

Uses of transgenic animals for humans are:
(i) To study gene regulation, their effect on the normal functions of the body and its development.
(ii) Study of genes, which are responsible for diseases in human and their treatment, e.g. cancer,
(iii) Useful biological products can be produced by introducing the portion of DNA, which codes for a particular product into transgenic animals.
(iv) Transgenic mice are used to test the safety of vaccines before being used in humans.

21. Sudden permanent heritable change is called mutation. Mutation can occur in the gene, in the chromosome and in chromosome number. Mutation that occurs within the single gene, is called point mutation or gene mutation.

22. It promotes ripening of fruits like bananas, apples and mangoes. It stimulates initiation of lateral roots in plants and breaks the dormancy of bud and seed. It accelerates the abscission activity in leaves, flowers and fruits by forming of abscission layer. Ethylene inhibits the growth of lateral buds and causes apical dominance and retards flowering. It inhibits flowering in most of the plants except pineapple. It causes epinasty (drooping) of leaves and flowers. It increases activity of chlorophyllase enzyme causing degreening effect in banana and Citrus fruits.

23.

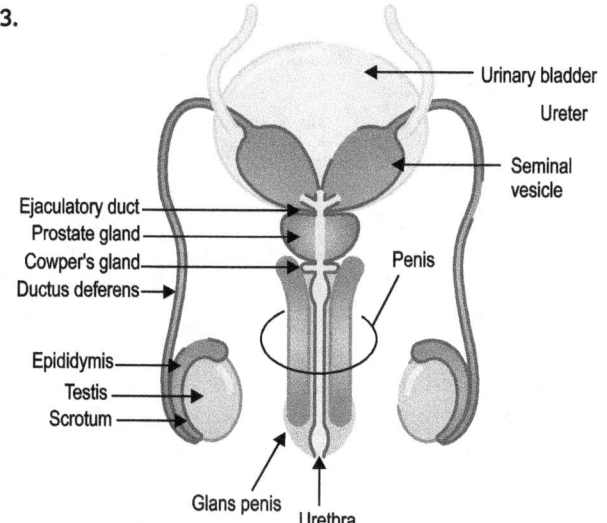

Fig.: Human Male Reproductive System

The testis is externally covered by a collagenous connective tissue layer called tunica albuginea. Outer to it is an incomplete peritoneal covering called tunica vaginalis, and inner to it is tunica vasculosa, a thin membranous and vascular layer. Fibers from tunica albuginea divide each testis into about 200-300 testicular lobules, each with 1-4 highly coiled seminiferous tubules. Each seminiferous tubule is internally lined by cuboidal germinal epithelial cells (spermatogonia) and few large pyramidal cells called Sertoli or sustentacular cells. The germinal epithelial cells undergo gametogenesis to form the spermatozoa. Sertoli cells provide nutrition to the developing sperms. Various stages of spermatogenesis can be seen in the seminiferous tubules. The inner most spermatogonial cell (2n), primary spermatocyte (2n), secondary spermatocyte (n), spermatids (n) and sperms (n). The Interstitial or Leydig's cells lie in between the seminiferous tubules. They secrete the male hormone androgen or testosterone.

24.

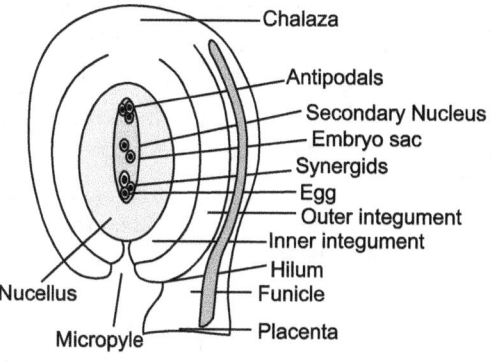

Fig.: Anatropous Ovule

25. (i) The term niche was coined by J. Grinnell 1917.
(ii) Niche not only describes the position of a species in an environment but also describes the functional role played by an organism.
(iii) Niche is specific to each species and no two species can share the same niche.
(iv) It includes various aspects of the life of an organism like food, shelter etc.
(v) Niche deals with the flow of energy from one organism to another.
(vi) There are three types of niche:
 (a) Spatial niche
 (b) Trophic niche
 (c) Multi-dimensional niche.
(vii) Organisms living in same habitat differ in their niches because of different eating habits.

26. (i) Penicillin — *Penicillium chrysogenum*
(ii) Chloromycetin — *Streptomyces venezuelae*
(iii) Bacitracin — *Bacillus licheniformis*
(iv) Erythromycin — *Streptomyces erythreus*
(v) Streptomycin — *Streptomyces griseus*
(vi) Terramycin — *Streptomyces aurifaciens*

Section D

27.

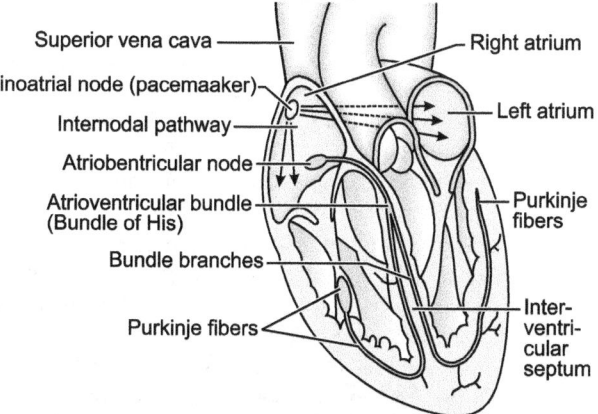

Fig.: Human Heart

(i) The human heart is myogenic i.e., it is capable of generating a cardiac contraction by a specialised conducting (nodal) tissue.
(ii) The conducting (nodal) tissue consists of SA node or sino-atrial node, AV node or atrio-ventricular node, bundle of His and Purkinje fibres.
(iii) SA node is present in right atrium near the opeing of the superior vena cava.
(iv) SA node generates wave of contraction and passes the wave of contraction to the AV node and the left ventricle.
(v) AV node is present in the right atrial wall near the base of interatrial septum and near the opening of the coronary sinus. The AV node passes the wave of contraction to both the ventricles.
(vi) Bundle of His branches start from AV ndoe and pass through interventricular septum. It forms two branches one for each ventricle.
(vii) These branches form network in the walls of both ventricles. The fibres of these branches are called Purkinje fibres.
(viii) Bundle of His and Purkinje fibres transmit the wave of contraction in both the ventricles.

28.

	Function	Hormone	Gland
(i)	Controls calcium level in the blood	Parathormone (PTH)	Parathyroid gland
(ii)	Basal Metabolic rate	Thyroxine	Thyroid gland
(iii)	Maturation of Graafian follicle	Follicle stimulating hormone (FSH)	Pituitary gland
(iv)	Stimulates gastric glands to produce gastric juice	Gastrin	G-cells
(v)	Heart beat and blood pressure	Thyroxine	Thyroid gland
(vi)	Secretion of growth hormone	Growth hormone releasing hormone	Hypothalamus
(vii)	Uterine contraction	Oxytocin	Pituitary gland
(viii)	Controls tubular absorption of water in kidneys	Antidiuretic hormone or vasopressin	Pituitary gland

29. (i) Transcription is the first step of protein synthesis. It takes place in the nucleus of the cell.
   (ii) In transcription the information of only one strand of DNA is copied into a molecule of messanger RNA (mRNA).
   (iii) DNA has promoter and terminator site, transcription starts at promoter site and stops at terminator site.
   (iv) The m-RNA synthesized in transcription is complementary to a strand of DNA.
   (v) Transcription takes place in three steps :
   (a) Initiation   (b) Elongation
   (c) Termination
   (a) Initiation: It is the beginning of transcription. The enzyme RNA polymerase binds to a promoter site. After binding to promoter, RNA polymerase moves along the DNA and causes local unwinding of DNA so the enzyme can read the bases of template strand.
   (b) Elongation: It is the addition of nucleotides to the mRNA strand. RNA polymerase reads the template DNA strand and adds complementary base pairs.
   (c) Termination: It is the end of transcription. When RNA polymerase reaches the termination site of DNA, it leaves DNA and fully formed mRNA.

30. There are four main types of chromosomes depending upon the position of centromere:
   (i) Acrocentric   (ii) Telocentric
   (iii) Submetacentric   (iv) Metacentric
   (i) Acrocentric:
   (a) The centromere is near one end of the chromosome.
   (b) Short chromosomal arm is present.
   (c) The chromosome appears 'j' shaped.
   (ii) Telocentric:
   (a) The centromere is at one end.
   (b) There is only one chromosomal arm.
   (c) Appears 'i' shaped.
   (iii) Submetacentric:
   (a) The centromere is located near the middle.
   (b) The chromosomal arms are slightly unequal in length.
   (c) Appears 'L' shaped.
   (iv) Metacentric:
   (a) The centromere is located in the middle.
   (b) The chromosomal arms are almost equal.
   (c) Appears 'V' shaped.

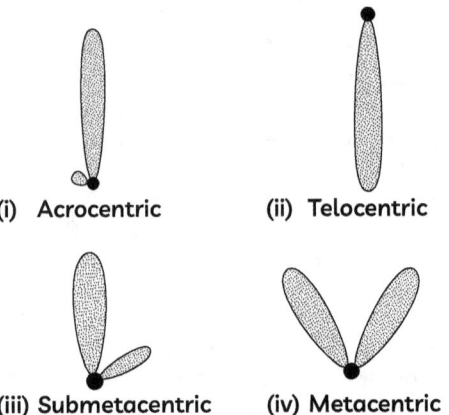

(i) Acrocentric   (ii) Telocentric
(iii) Submetacentric   (iv) Metacentric

31. (i) Water is absorbed by root hair cell through the processes like imbibition, diffusion, osmosis which occur sequentially.
   (ii) Water passes through epidermal cell (epiblema), cortex, endodermis, casparian strip, pericycle and then to protoxylem.
   (iii) When root hair cell absorbs water it becomes turgid. Its turgor pressure increases, but its DPD (Diffusion Pressure Deficit) value decreases. However, the immediately adjacent cortical cell inner to it, has more DPD value, because its O. P. is more.
   (iv) Therefore, cortical cell will absorb water from the turgid root hair cell. It then becomes turgid. The flaccid root hair cell now absorbs water from soil.
   (v) Water from the turgid cortical cell is absorbed by inner cortical cell and the process goes on. Thus, a gradient of suction pressure (DPD) is developed from cells of epiblema to the cortex of the root.
   (vi) Consequently water moves rapidly across the root through loosely arranged living cells of cortex, followed by passage cells of endodermis and finally into the cell of pericycle.
   (vii) Protoxylem is in the close proximity with pericycle.
   (viii) It is due to root pressure, water from pericycle is forced into the xylem.
   (ix) Pathway of water across the root occurs in two types: Apoplast pathway and Symplast pathway.

●●

SAMPLE PAPER-3

Biology

Questions

Section A

1. **Select and write the correct answers to the following questions:**

(i) _____ is the smallest bone in the human body.
(a) Malleus (b) Stapes
(c) Incus (d) Femur

(ii) ____________ is an intergeneric hybrid which is sterile.
(a) Mule (b) fish
(c) finches (d) all of the above

(iii) The enzyme required for transcription is _____.
(a) DNA polymerase (b) RNase
(c) Restriction enzyme (d) RNA polymerase

(iv) Which GM crop is rich in β-carotene ?
(a) Golden rice (b) Flavr saur tomato
(c) *Brassica napus* (d) Bt cotton

(v) The nucleic acid synthesis takes place in _____.
(a) 3′ – 5 direction (b) 5′ – 3′ direction
(c) Both ways (d) Any direction

(vi) _____ coined term cytokinin.
(a) Letham (b) crocker
(c) miller (d) Skoog

(vii) _____ is known as pacemaker of heart.
(a) SA node (b) AV node
(c) Bundle of His (d) Purkinje fibres

(viii) The final stable community in an ecological succession is called ______________.
(a) Climax community (b) Final community
(c) Ultimate community (d) Seral community

(ix) Which of the following is the correct recognition sequence of restriction enzyme Eco RI?
(a) S′ _ _ _ A _ G↓ _ C _ T _ _ _ 3′
3′ _ _ _ T _ C _ ↑ _ G _ A _ _ _ S′
(b) 5′ _ _ _ G _ _ G _ A _ T _ C _ C _ _ _ 3′
3′ _ _ _ C _ C _T _ A _ G _ _ G _ _ _ 5′
(c) 5′ _ _ G _ T _ C _ ↓ _ G _ A _ C _ _ 3′
3′ _ _ C _ A _ G _ ↑ _ C _ T _ G _ _ 5′
(d) 5′ _ _ _ G _ ↓ _ A _ A _ T _ T _ C _ _ _ 3′
3′ _ _ _ C _ T _ T _ A _ A _ ↑ _ G _ _ _ 5′

(x) Water is also called as _____ of life"
(a) elixir (b) potion
(c) mixture (d) brew

2. **Answer the following questions:**

(i) What is sere ?

(ii) What is fermenter ?

(iii) Name any two biodiversity hot spots in India.

(iv) Write names of two hormones produced by pancreases.

(v) Explain 'Law of dominance is not universally applicable'.

(vi) Identify 'A' in the chart given below:

Product	Source
(a) Opioids	*Papaver somniferum*
(b) Cannabinoids	A

(vii) What is erythropoiesis?

(viii) Define combined water.

Section B

Attempt any Eight of the following questions:

3. Sketch and label maize seed.
4. Why left ventricle is thick than all other chambers of heart?
5. State the site of production and function of thymosin, testosterone.
6. Explain Industrial melanism.
7. Write effects of alcohol abuse.
8. Enlist application of cytokinin.
9. What is colostrum?
10. Name the causative agent of filariasis. State any two symptoms and preventive measures.
11. Write a note on Polyembryony.
12. Distinguish between open circulation and closed circulation.
13. How gene amplification is done? Write steps involved in gene amplification.
14. Enlist the seven traits of pea plant studied by Mendel.

Section C

Attempt any Eight of the following questions:

15. Observe the given sequence of nitrogenous bases on a DNA fragments and answer the following questions:

5′ – CAGAATTCTTA – 3′
3′ – GTCTTAAGAAT – 5′

(i) Name a restriction enzyme which can recognise this DNA sequence.

(ii) Write the sequence after digestion.

(iii) Why are the ends generated after digestion called sticky ends?

16. Enlist properties of water.

17. How the resistance in crops can be developed?

18. Sketch and label - T.S. of spinal cord.

19. Explain secondary succession in plants with an appropriate examples.

20. Write short note on genetic drift.

21. What are the meanings of specific heat, heat of vaporization ?

22. A normal visioned woman whose father is colourblind married a normal visioned man. What are the probabilities of her sons or daughters to be colourblind? Explain with the help of Punnett square.

23. Write a note on chromosomal aberration.

24. State properties of hormones.

25. Define following terms:

(i) Population

(ii) Biome

(iii) Niche

26. Tropical regions exhibits species richness as compared to polar regions. Justify.

Section D

Attempt any Three of the following questions:

27. Sketch and label thyroid gland. Describe role of hormones secreted by it.

28. Describe any two types of granulocytes (WBC) w.r.t. their structure and function.

29. Describe Frederick Griffith's experiment on *Streptococcus pneumoniae*.

30. Explain structure of secondary oocyte (ovum) of human.

31. Describe the process of development of male gametophyte in angiosperms.

Answer Key

Section A

1. **(i)** (b) Stapes

(ii) (a) Mule

(iii) (d) RNA polymerase

(iv) (a) Golden rice

(v) (b) 5′ – 3′ direction

(vi) (a) Letham

(vii) (a) SA node

(viii) (a) Climax community

(ix) (d) 5′ _ _ _ G _ ↓ _ A _ A _ T _ T _ C _ _ _ 3′
3′ _ _ _ C _ T _ T _ A _ A _ ↑ _ G _ _ _ 5′

(x) (a) Elixir

2. **(i)** The entire sequence of communities that successively change in a given area, constitute what is called sere(s).

(ii) Production on an industrial scale requires growing microbes in very large vessels, called fermenters. The main function of a fermenter is to provide a controlled environment for growth of a microorganism, or a defined mixture of microorganisms, to obtain the desired product.

(iii) (a) Western ghats
(b) Eastern himalayas

(iv) (a) Glucagon
(b) Insulin
(c) Somatostatin

(v) According to law of dominance one allele is dominant over the other but in many cases the dominance is not complete or it is absent. Example: Incomplete dominance and codominance.

(vi) *Cannabis sativa*

(vii) The process of formation of RBCs is called erythropoiesis.

(viii) Water present in the form of hydrated oxides of silicon, aluminum, etc., is called 'combined water'.

Section B

3.

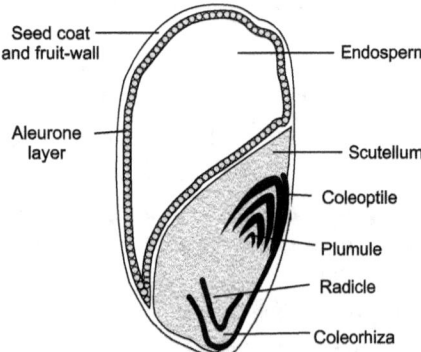

Fig.: Maize Seed

4. Left ventricle is thick than all other chambers of heart because the oxygenated blood from left ventricle is pumped around the entire body. The left ventricle needs more force during contraction (systole) for this.

5.

Hormone	Site of production	Function
Thymosin	Thymus gland	Maturation of T-lymphocytes

Testosterone	Leydig cells of testes	Development of secondary sexual characters in males

6. Industrial melanism is one of the best example for natural selection. In Great Britain, before industrialisation (1845) grey white winged moths (Biston betularia) were more in number than black-winged moth (Biston carbonaria). These moths are nocturnal and during day time they rest on tree trunk. White-winged moth can camouflaged (hide in the background) well with the lichen covered trees that helped them to escape from the predatory birds. On the other hand, the black-winged moth resting on lichen covered tree trunks were easy victims for the predatory birds and their number was reduced.
During industrial revolution, large number of industries came up in Great Britain. The industries released black sooty smoke that covered and killed the lichens growing on tree and turn the tree black due to pollution. This change become an advantage to the black-winged moth that camouflaged well with the black tree trunks and their number increased while the white-winged moth become victims to predatory birds due to which their number reduced. Thus natural selection has resulted in the establishment of a phenotypic traits in changing the environmental conditions.

7. (i) Reckless behaviour, vandalism and violence.
(ii) Person becomes dull, antisocial depressed and lazy.
(iii) Damage to liver, kidneys and nervous system.
(iv) Lack of personal hygiene.

8. A low ratio of Cytokinin to auxin induces root development but a high ratio causes buds and shoot to develop. Cytokinin and auxin ratio and their interactions controls morphogenic differentiation. It promotes the growth of lateral buds and controls apical dominance by cell division. It delays the senescence or ageing and abscission processes in plant organs. This was reported by Richmond and Lang (1957). Formation of interfasicular cambium and expansion of cells are other functions. It also breaks dormancy and promotes the germination of seeds. Cytokinin reverses apical dominance effect. It induces RNA synthesis and formation of interfasicular cambium.

9. (i) Colostrum is sticky and yellow fluid secreted by mammary glands immediately after child birth.
(ii) It contains proteins, lactose and mother's antibodies.
(iii) The antibodies present in it helps in developing disease resistance (immunity) in new born baby.

10. Causative agent of filariasis - *Wuchereria bancrofti*

Symptoms:
(i) Edema with thickening of skin and underlying tissue.
(ii) Enlargement of lymph vessels and nodes.

Preventive measures:
(i) Aovid mosquito bite by using mosquito nets and insect repellents.
(ii) Eradication of mosquitoes.

11. (i) Polyembryony is the phenomenon of two or more embryos developing from a single fertilised egg.
(ii) It was first noticed by Leeuwenhoek (1719) in citrus.
(iii) Polyembryony results in formation of multiple seedlings due to occurrence of more than one embryo.
(iv) Polyembryony may be true or false. If embryos arise in same embryo sac then it is true, if embryos arise in different embryo sac it is false.
(v) Polyembryony is useful in horticulture as it increases the chances of survival of the new plants.

12.

Open circulation	Closed circulation
Blood is circulated through the body cavities (haemocoels).	Blood is circulated through a network of blood vessels.
The tissues are in direct contact with blood.	The tissues are not in direct contact with blood.
The blood flows with low pressure.	The blood flows with high pressure.
The blood does not contain respiratory pigment like haemoglobin. *e.g.*, Arthropods, Molluscs.	The blood contains respiratory pigment like haemoglobin. *e.g.*, All vertebrates, higher molluscs, annelids.

13. Gene amplification is done by Polymerase Chain Reaction (PCR).
Steps involved in gene amplification are:
(i) **Denaturation:** The reaction mixture is heated to a temperature (90°-98°C) to separate two strands of desired DNA.
(ii) **Annealing:** The mixture is allowed to cool (40°-60°C) that permits pairing of the primer to the complementary sequences in DNA.
(iii) **Extension:** At temperature (70°-75°C) the thermostable Tag DNA polymerase to use single-stranded DNA as template and adds nucleotide.

14. (i) Plant height (ii) Flower location
(iii) Flower colour (iv) Pod colour
(v) Pod shape (vi) Seed colour
(vii) Seed shape

Section C

15. (i) EcoRI
(ii)

5′CAG3′	5′AATTCTTA3′
3′GTCTTAA5′	3′GAAT5′

(iii) These are named as sticky ends because they form hydrogen bonds with their complementary cut parts.

16. It is in the liquid form at room temperature and is the best solvent for most of the solutes. It is inert inorganic compound with neutral pH when in pure form. Due to this, water is best transporting medium for dissolved minerals and food molecules. It is best aqueous medium for all biochemical reactions occurring in the cells. It is an essential raw material for photosynthesis. Water has high specific heat, high heat of vaporization and high heat of fusion. Due to this, it acts as thermal buffer. These various properties are due to hydrogen bonds between the water molecules.

17. (i) Development of morphological characters like hairy leaves in cotton and wheat develop vector resistance from jassids and cereal leaf beetle, respectively.

(ii) Solid stem in wheat leads to resistance to stem borers.

(iii) Biochemical characters provide resistance to insects and pests. For example, the high aspartic acid, and low nitrogen and sugar content in maize, lead to resistance against stem borers.

(iv) The nectar-less cotton having smooth leaves develop resistance against bollworms.

18.

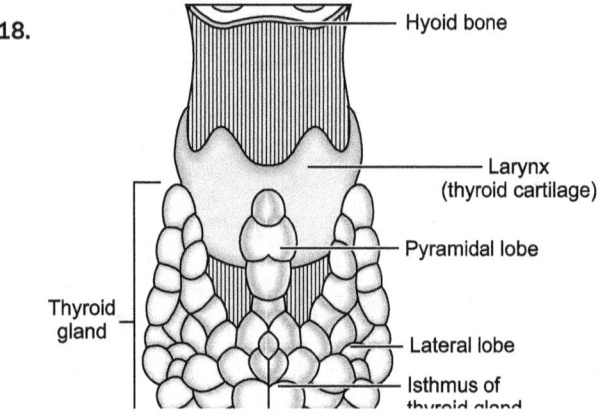

Fig.: T.S. of Spinal cord

19. Secondary succession begins in areas where natural biotic communities have been destroyed such as in abandoned farm lands, burned or cut forests, lands that have been flooded, etc. Since some soil or sediment is present, succession is faster than in primary succession. Description of ecological succession usually focuses on changes in vegetation. However, these vegetational changes in turn affect food and shelter for various types of animals. Thus, as succession proceeds, the numbers and types of animals and decomposers also change. At any time during primary or secondary succession, natural or human induced disturbances (fire, deforestation, etc.), can convert a particular seral stage of succession to an earlier previous or preceding stage. Also, such disturbances create new conditions that encourage some species and discourage or eliminate other species.

20. Any alternation in allele frequency in the natural population by chance, is called genetic drift. Concept of genetic drift was first given by Sewall wright, hence, called as Sewall wright effect. For example, elimination of a particular allele from a population due to events like accidental death prior to mating of an organism. Genetic drifts are random or directionless. The effect of genetic drift is more significant in small population than in large population. Due to genetic drift, some alleles of a population are lost or reduced by chance and some others may be increased. Some time, a few individuals become isolated from the large population and they produce new population in new geographical area. The allele frequency of new population become different. The original drifted population (*i.e.* colonizing ancestor/ pioneer) becomes 'founders' and the effect is called founder effect.

21. The specific latent heat of a substance is the amount of energy needed to change the state of 1 kg of the substance without changing its temperature. Each substance has two specific latent heats: latent heat of vaporisation (the amount of energy needed to evaporate or condense the substance at its boiling point).

22. The genotype of woman – X^CX (Carrier)

The genotype of man – X^CY (Normal)

Parents	Carrier woman	×	Normal man
Genotype	X^CX	×	X^CY
Gametes	X^CX		X^CY

By Punnett's square :

♀ \ ♂	X^C	Y
X^C	X^CX^C colourblind female	X^CY normal male
X	X^CX carrier female	XY colourblind male

F_1 generation:

X^CX^C – Colourblind female X^CY – Normal male

X^cX – Carrier female X^CY – Colorblind male

The probability of her son or daughter will be colorblind is 1 : 1.

23. The structural, morphological change in chromosome due to rearrangement, is called chromosomal aberrations. It changes the genes arrangement (order or sequence) that results in the variation.

(i) **Deletion:** Loss of genes from chromosome.

(ii) **Duplication:** Genes are repeated or doubled in number on chromosome.

(iii) **Inversion:** A particular segment of chromosome is broken and gets reattached to the same chromosome in an inverted position due to 1800 twist. There is no loss or gain of gene complement of the chromosome.

(iv) **Translocation:** Transfer (transposition) of a part of chromosome or a set of genes to a non-homologous chromosome is called translocation. It is effected naturally by the transposons present in the cell.

24. (i) They act as chemical messangers and effective in low concentration.

(ii) Hormones can function as regulators that inhibit, stimulate or modify specific processes.

(iii) Some hormones interact with receptors present on plasma membrane of target cells whereas some enter the nucleases to interact with genes.
(iv) Hypersecretion or hyposecretion of hormones leads to various disorders.
(v) Hormones are metabolised after their function thus can not be reused.
(vi) Hormone secretion is regulated by positive or negative feedback mechanism.

25. (i) **Population:** Organisms of same kind inhabiting a geographical area constitute population.
(ii) **Biome:** They are a large areas on Earth with similar conditions such as similar climates and similar living organisms.
(iii) **Niche:** It is the functional or ecological role played by an organism in its environment.

26. Tropical latitudes receive more solar energy than temperate regions, which leads to high productivity and high species diversity.

Tropical regions have less seasonal variations and have a more or less constant environment. This promotes the niche specialisation and thus, high species richness.

Temperate regions were subjected to glaciations during the ice age, while tropical regions remained undisturbed which led to an increase in the species diversity in this region.

Section D

27.

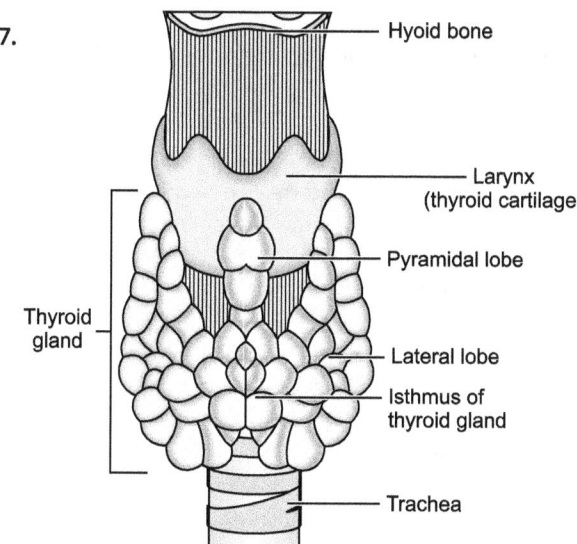

Fig.: Thyroid gland

(i) Thyroid gland secretes two hormones:
   (a) Thyroxine (T_4) and
   (b) Triiodothyronine (T_3)
(ii) Thyroxine and Triiodothyronine act nearly on every cell in the body. They regulate the basal metabolic rate.
(iii) These harmones regulate metabolism by regulating protein synthesis.
(iv) The thyroid hormones are essential for proper development and differentiation of all cells of the human body.
(v) These hormones also regulate protein, fat and carbohydrate metabolism.
(vi) These hormones lead to heat generation in humans.
(vii) They Help to regulate long bone growth.

28. (i) Granulocytes are the WBCs with granular cytoplasm and lobulated nuclei.
(ii) Granulocytes are of three types:
   (a) Neutrophils
   (b) Basophils
   (c) Eosinophils depending upon staining property of the granules

(a) **Neutrophils:**

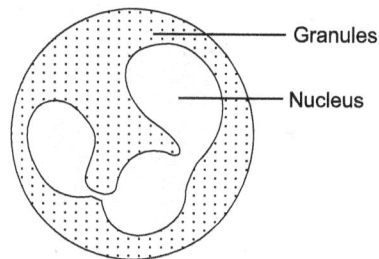

1. Granules are very small large in number, stained with neutral dye.
2. 55 to 70% of total WBCs.
3. Nucleus is 2 to 5 lobed.
4. Diameter is between 9 to 15 micrometer.
5. Able to perform amoeboid movements.
6. Show Phagocytic action - destroy pathogen by phagocytosis.

(c) **Eosinophils - (Acidophils):**

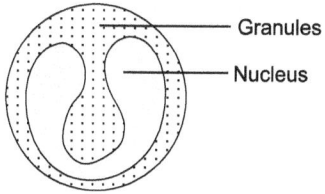

1. The granules get stained with acidic stains.
2. 1-3% of all WBCs.
3. Nucleus is bilobed.
4. The granules contain enzymes and proteins.
5. Eosinophils are involved in phagocytosis, cell killing and detoxification.

29. (i) Frederick Griffith in 1928 performed experiments on *Streptococcus pneumoniae* that causes pneumonia in mammals.

(ii) He observed that the bacteria have two colonies:
  (a) **R strain:** Rough colonies, non-virulent, non-pathogenic and non capsulated.
  (b) **S strain:** Smooth colonies, virulent, pathogenic and capsulated.
(iii) He performed following experiments:
  (a) Mice injected with R-cell bacteria - mice survived.
  (b) Mice injected with S-cell bacteria - mice died.
  (c) Mice injected with heat killed S-cell bacteria - mice survived.
  (d) Mice injected with heat killed S-cell bacteria with live R-cell bacteria - mice died and Giffith recovered live S-cell bacteria from the blood of the dead mice.

Griffith concluded that R-strain bactrium must have transformed into live S strain by transforming principle.

30.

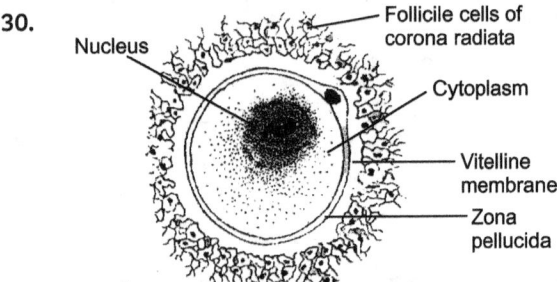

Fig.: Secondary oocyte (ovum) of human

(i) In human unfertilised egg after release from ovary is called secondary oocyte. It is non-motile and haploid female gamete.
(ii) It is approximately 100 microns (0.1 mm) in size.
(iii) It is microlecithal (small amount of yolk is present).
(iv) The egg membrane is called vitelline membrane. It secretes zona pellucida on its outside a non-cellular glycoproteinous membrane, corona radiata are radially elongated cells attached to the outer surface.
(v) The cytoplasm of egg is called ooplasm.
(vi) The germinal vesicle or nucleus is a large spherical body.
(vii) The egg shows polarity. It has animal pole and vegetal pole.

31.

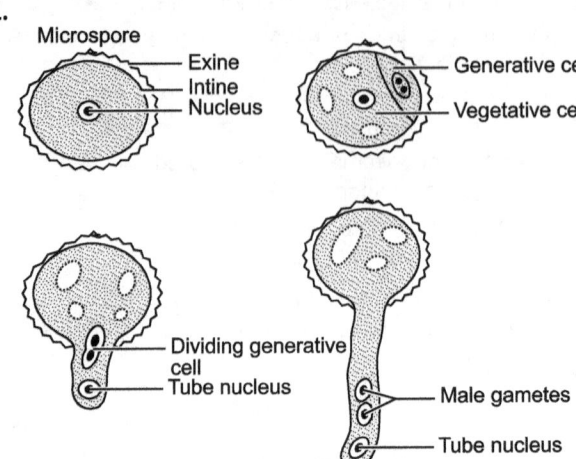

Fig.: Development of male gametophyte in Angiosperm

(i) The pollen grain represents highly reduced haploid male gametophyte generation in flowering plants or angiosperms.
(ii) The pollen grain starts germinating while it is still within the pollen sac. The pollen grain undergoes first mitotic division to produce bigger vegetative cells and small generative cell.
(iii) The pollengrain at this two celled stage transferred on stigma due to act of pollination.
(iv) On stigma the pollengrain undergoes second mitotic division of the generative cell. The generative cell gives rise to two non-motile gametes.
(v) Pollengrain absorbs water and the intine grows out through a germpore to form a pollen tube.
(vi) The nucleus and two male gametes enter in pollen tube.
(vii) The germinated pollen grain with pollen tube and two male gametes is called male gametophyte.
(viii) The male gametes are non-motile and carried through in pollen tube upto the egg or ova, it is known as siphonogamy.

●●

SAMPLE PAPER-4
Biology

Questions

Section A

1. Select and write the correct answers to the following questions:
   (i) Which of the following will affect species diversity?
      (a) Invasive species   (b) Glaciation
      (c) Forest canopy   (d) Co-extinction
   (ii) The interaction between cattle egret and the buffalo is _____.
      (a) Mutualism   (b) Parasitism
      (c) Commensalism   (d) Predation
   (iii) Erythrocytopenia is _____.
      (a) Decrease in number of RBCs
      (b) Increase in number of RBCs
      (c) Decrease in number of WBCs
      (d) Increase in number of WBCs
   (iv) In which of the following genes are repeated or doubled in number on chromosome.
      (a) Duplication   (b) Deletion
      (c) inversion   (d) translocation
   (v) The catecholamines are secreted by _____.
      (a) Adrenal cortex   (b) Adrenal medulla
      (c) Thymus   (d) Pancrease
   (vi) The lever mechanism for pollination is seen in _____.
      (a) Hibiscus   (b) Salvia
      (c) Zostera   (d) Gloniosa
   (vii) Water absorption takes place through _____.
      (a) Root cap   (b) Root pocket
      (c) Root hairs   (d) Root epiblemma
   (viii) In spermatogenesis, at the end of the first meiotic division _____ are formed.
      (a) Spermatids
      (b) Primary spermatocyte
      (c) Secondary spermatocyte
      (d) Spermatogenia
   (ix) _____ is the largest part of the brain.
      (a) Cerebrum   (b) Cerebellum
      (c) Cranial nerve   (d) Spinal nerve
   (x) _____ is in direct contact of brain in human.
      (a) Cranium   (b) Duramater
      (c) Archnoid   (d) piamater

2. Answer the following questions:
   (i) Write two major functions of ovary.
   (ii) Define Alleles.
   (iii) Define sexual reproduction in plants.
   (iv) What is MTP?
   (v) Name two hormones of adenohypophysis.
   (vi) Give two examples of sexually transmitted diseases.
   (vii) Name one free living bacterial biofertilizer?
   (viii) Which vector is mostly used in rDNA technology in plants?

Section B

Attempt any Eight of the following questions:

3. Describe the different communities involved in the process of succession.
4. Define:
   (i) Ecological succession   (ii) Sere
5. Name two restriction enzymes used in PCR.
6. Match the pairs:

Column A	Column B
(i) Compost making biofertilizer	(a) Azotobacter
(ii) N_2 fixing biofertilizer	(b) Mycorrhiza
(iii) Fungal biofertilizer	(c) Agrobacterium
(iv) Phosphate solubilizing biofertilizer	(d) Actinobacteria

7. Distinguish between Active immunity and Passive immunity.
8. Complete the chart:

S. No.	Gland	Hormone produced	Effect
(i)	Hypothalmus	_____	Acts on kidneys, stimulates reabsorption of water.
(ii)	_____	Somato tropin	Stimulates growth and development of all tissues.
(iii)	Thyroid gland	_____	Regulates basal metabolic rate.
(iv)	_____	Thymosin	Maturation of T-lymphocytes.

9. Name some drugs which are commonly abused?
10. What is cardiac output?
11. Write two applications of Auxins.

12. Write short note on: Gene pool.
13. Enlist the meninges of human brain.
14. What are X-linked genes? Give examples of X-linked traits.

Section C

Attempt any Eight of the following questions:

15. Write the location of the given structures:
    (i) Olfactory lobes
    (ii) Thalamus
    (iii) Broca's area
    (iv) Optic chiasma
    (v) Cerebellum
    (vi) Medulla oblongata
16. Sketch and label - Transverse section of Testis.
17. Give adaptions in Entomophilous flowers.
18. Write a note on Test cross.
19. Explain the role of lactose in 'Lac operon'.
20. Draw a labelled diagram of biogas plant.
21. Draw a neat and labelled diagram of structure of root hair.
22. Describe primary succession.
23. Give the three applications of Genomics.
24. Write features of mutation theory.
25. Write a note on River Popper Hypothesis.
26. Enlist two ways of conservation of biodiversity.

Section D

Attempt any Three of the following questions:

27. Explain mechanism of hormone action through membrane receptor.
28. Draw a labelled diagram of the L.S. of Anatropous ovule and write its function.
29. Explain water available to roots for absorption.
30. Describe the process of transcription.
31. Describe the structure of root hair.

Answer Key

Section A

1. (i) (a) Invasive species
   (ii) (c) Commensalism
   (iii) (a) Decrease in number of RBCs
   (iv) (a) Duplication
   (v) (b) Adrenal medulla
   (vi) (b) Salvia
   (vii) (c) Root hairs
   (viii) (c) Secondary spermatocyte
   (ix) (a) Cerebrum
   (x) (d) Piamater

2. (i) (a) Production of egg are ovum or oocyte for fertilisation.
   (b) Production of female reproductive hormones like estrogen, progesterone, relaxin etc.
   (ii) An allele is one of two or more forms of a gene.
   (iii) It involves fusion of two compatible gametes or sex cells. All organisms reach to the maturity in their life before they can reproduce sexually. In plants, the end of juvenile or vegetative phase marks the beginning of the reproductive phase and can be seen easily in the higher plants at the time of flowering.
   (iv) MTP is known as Medical Termination of Pregnancy. The intentional or voluntary termination of pregnancy before full term is called MTP.
   (v) (a) Somatotropin or growth hormone
       (b) Thyroid Stimulating Hormone (TSH)
   (vi) (a) Syphilis   (b) Gonorrhea
   (vii) Nostoc
   (viii) pBR322

Section B

3. (i) **Pioneer community:**
   (a) The species which invade a bare area and initiate the succession are called pioneer species.
   (b) Assemblage of pioneer species in a given area forms the pioneer community.
   (c) Crustose lichen grows on the rocks which secretes acid to dissolve rock. This helps in weathering of rocks and formation of soil.
   (d) This makes conditions favourable for another community like bryophtes, mosses etc.

   (ii) **Climax community:**
   (a) With time bryophytes and mosses are succeeded by herbaceous plants and after several more stages, a stable climax forest community is formed.
   (b) Climax community remains stable as long as the environment remains unchanged.

4. (i) **Ecological succession:** It is the gradual change in condition of environment and the replacement of older species with new ones.

(ii) **Sere:** The entire sequence of communities that successively change in a given area, constitute what is called sere(s).

5. (i) EcoRI (ii) Hind III
6. (i) → (d), (ii) → (a), (iii) → (b), (iv) → (c)
7.

Active immunity	Passive immunity
Produced due to contact with pathogen or antigen.	Produced due to readymade antibodies.
It lasts for a long time.	It lasts for few days.
It is not immediate.	Develops immediately.
Produces an immunological memory.	Does not produce immunological memory.

8. (i) ADH - Anti Diuretic Hormone
   (ii) Anterior Pituitary gland
   (iii) Thyroxine
   (iv) Thymus gland
9. The drugs, which are commonly abused, are opioids, cannabinoids and alkaloids of coca.
10. (i) It is the volume of blood pumped out per minute by heart.
    (ii) For adult man cardiac output is about 5 lit in 1 min.
    (iii) Cardiac output = Systolic volume × Heart Rate
    = 70 × 72
    = 5040 ml/min.

11. (i) **Apical dominance:** The apical bud produces auxins which inhibit growth of lateral buds.
    (ii) Auxins stimulate growth of stem and root.
12. (i) Gene pool is the set of all genes or genetic information in any population usually of a particular species.
    (ii) Gene pool refers to sum of all the alleles within the population of a single species.
    (iii) It includes both genes that are expressed and those that are not.
13. (i) **Dura mater:** It is the outermost tough, non-vascular thick and fibrous meninx, attached to inner side of cranium.
    (ii) **Arachnoid mater:** It is the middle, thin and non-vascular, made up of connective tissue having web like appearance, sub-arachnoid space and is present between arachnoid mater and pia mater. It is filled with cerebro spinal fluid (SF).
    (iii) **Pia mater:** It is the innermost delicate, highly vascular membrane.
14. The genes located on non-homologous region of X. Chromosome which do not have corresponding alleles on Y chromosome are X-linked genes. e.g., haemophilia, colour blindness.

Section C

15. (i) Olfactory lobes – Forebrain
    (ii) Thalamus – Forebrain
    (iii) Broca's area – Forebrain
    (iv) Optic chiasma – Midbrain
    (v) Cerebellum – Hind brain
    (vi) Medulla oblongata – Hind brain

16.

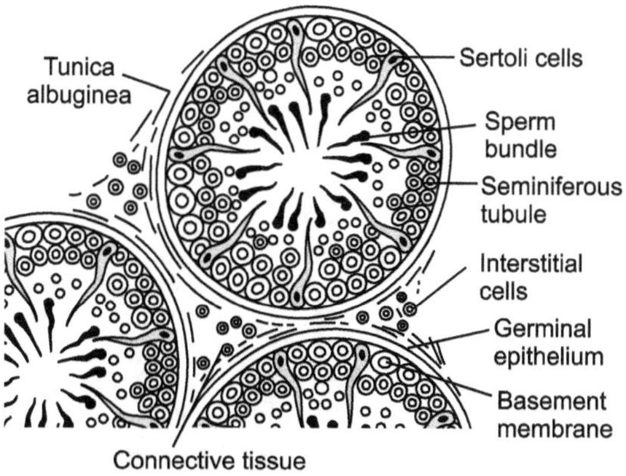

Fig.: Transverse Section of Testis

(Labels: Tunica albuginea, Sertoli cells, Sperm bundle, Seminiferous tubule, Interstitial cells, Germinal epithelium, Basement membrane, Connective tissue)

17. (i) Flowers are large, attractive and brightly coloured.
    (ii) The flowers produce sweet smell and nectar.
    (iii) Stigma has rough and sticky surface.
    (iv) Pollen grains possess spiny or rough exine.
    (v) In some plants special mechanism is developed to favour insect pollination e.g., lever mechanism in Salvia.
    e.g., Rose, Jasmine, Sunflower etc.
18. (i) Crossing of F_1 individual with its homozygous recessive parent is called test cross.
    (ii) It is used to test whether an individual is homozygous (pure) or heterozygous (hybrid).
    (iii) It is simple, repeatable and predictable.
    (iv) A test cross is used to find out genotype of any organism.
19. (i) A few molecule of lactose enter into the cell by an enzyme permease.
    (ii) A small amount of permease is present when operon is switched off.
    (iii) Lactose acts as inducer and bind to repressor.
    (iv) The repressor-inducer complex fails to join with the operator gene which is then turned on.
    (v) Structural gene produces all enzymes. Thus lactose acts as an inducer.
    (vi) When the lactose level falls, the operator is blocked again by repressor. So structural genes are inactivated again.

20.

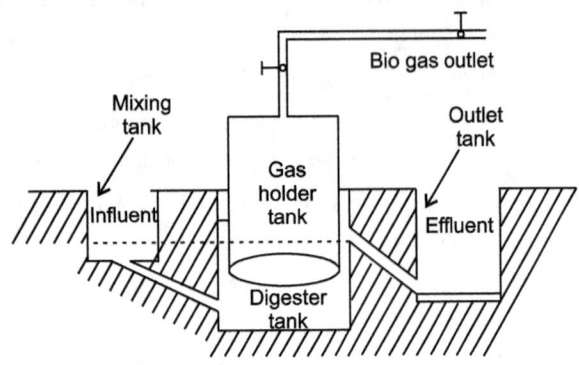

Fig.: Biogas Plant

21. Structure of root hair is given below:

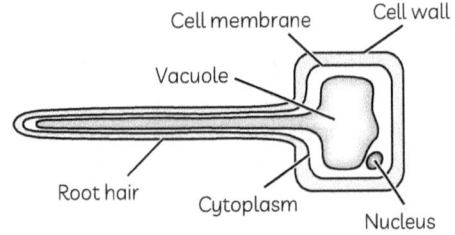

22. The present day communities in the world have come to be, because of succession that has occurred over millions of years since life started on earth. Succession is hence a process that starts where no living organisms were present before - like on a newly formed volcanic island. This is called primary succession.

23. The three applications of Genomics are:

(i) Genomics is used in agriculture to develop transgenic crops having more desirable characters.

(ii) Genetic markers developed in genomics, have applications in forensic analysis.

(iii) Genomics can lead to introduce new gene in microbes to produce enzymes, therapeutic proteins and even biofuels.

24. (i) Mutation theory was proposed by Hugo de Vries (1901).

(ii) The main features of this theory are :

(a) Mutations appear all of a sudden and are large, discontinuous variations in a population.

(b) All mutations are inhertiable.

(c) Mutations provide the raw material for organic evolution.

(d) Mutations may be useful or harmful.

(e) Useful mutations are selected by nature and harmful are eliminated.

(f) Accumulation of the mutation produces new species.

25. The Rivet Popper Hypothesis was proposed by Paul Ehrlich. The hypothesis suggests the importance of species richness in the maintenance of the ecosystem. The rivets of an aeroplane were compared with species in an ecosystem.

Paul Ehrlich gave the 'rivet' (species) popper hypothesis' which can be explained as follows:

(i) An aeroplane has thousands of rivets which are important for joining different parts of the plane.

(ii) Some rivets are more important (key species) than others because they may be present on a part which is structurally crucial (has major ecosystem function) for aeroplane.

(iii) If a person takes out a rivet from a seat to keep it as a memento (causing a species to extinct): nothing is going to happen to the aeroplane. Even if all the rivets from a seat are taken out by subsequent passengers, the only damage will be the collapse of that particular seat.

(iv) If a person takes out a rivet from the wing of the aircraft (key species), there can be some issue of stability during flight. If all the rivets form the wing are taken out, then the flight will end in a disastrous crash.

This analogy shows that if an organism is highly crucial for an ecosystem, then its extinction can spell doom for the ecosystem.

26. (i) Support local farms.

(ii) Save the bees.

(iii) Plant local flowers, fruits and vegetables.

(iv) Take shorter showers.

(v) Respect local habitats.

(vi) Know the source.

Section D

27. (i) Hormones are the chemical messenger secreted directly in the blood stream by endocrine glands.

(ii) The mechanisms of Hormone action are categorised as follows:

(a) Fixed membrane receptor mechanism

(b) Mobile receptor mechanism.

(iii) Fixed membrane receptor mechanism:

(a) The hormones that are protein or amines shows this mechanism of action.

(b) These non-steroid hormones are water soluble and cannot enter their target cells through the plasma membrane.

(c) On plasma membrane the hormone receptors are present, hormones bind to the specific receptor. The binding of hormone activates the enzyme Adenylcylcase in the cells membrane and causes production of cyclic AMP (cAMP).

(d) cAMP acts as secondary messenerg. It diffuses through the cell membrane and activates enzymatic reaction.

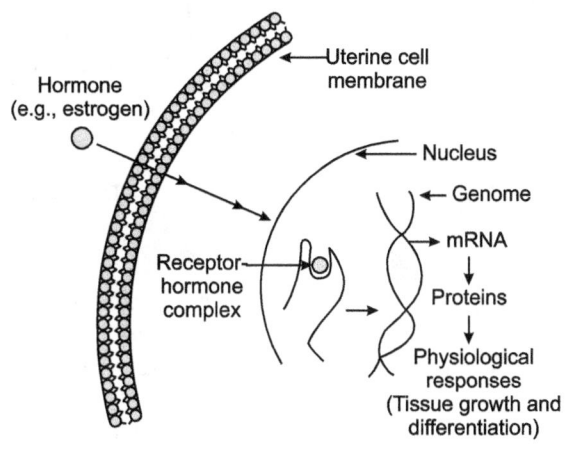

28.

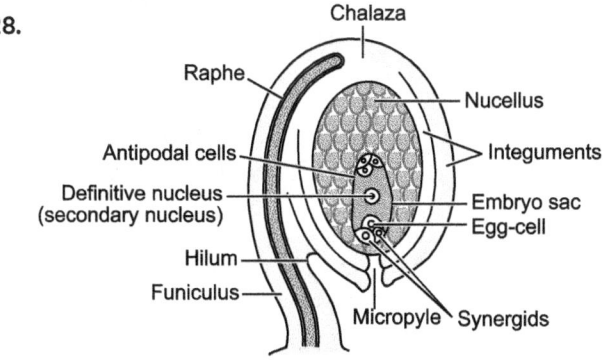

(i) **Funiculus:** Stalk of the ovule which connects ovule to placenta.
(ii) **Hilum:** Attaches funiculus with main body of ovule.
(iii) **Integuments:** Protects the inner tissues.
(iv) **Microphyle:** Allows the entry of the pollen tube into the ovule.
(v) **Nucellus:** Provides nutrition to the developing embryo.
(vi) **Embryo sac:** It is the female gametophyte which contains female gametes called egg.

29. Water available to roots for absorption:

Plants absorb water from the rhizosphere (the microenvironment surrounding the root). Water present in the soil occurs as gravitational (free) water, hygroscopic water, combined water and capillary water. Water percolates deep, due to the gravity, in the soil, is called 'gravitational water'. This is not available to plants for absorption. Fine soil particles imbibe/adsorb water and hold it. This is called 'hygroscopic water'. Roots cannot absorb it. Water present in the form of hydrated oxides of silicon, aluminum, etc., is called 'combined water'. It is also not available to plants for absorption. Some amount of water is held in pores present between the neighbouring soil particles, due to capillarity. This is called capillary water that is available for absorption.

30. (i) Transcription is a process in which information of DNA is copied into RNA.
(ii) Transcription takes place in the nucleus of the cell.
(iii) An enzyme called RNA polymerase binds to the promoter on DNA at 5' end.
(iv) The DNA then must unzip and unwind. One strand of DNA acts as template. RNA polymerase catalyses polymerisation in 5' → 3' direction. So the DNA strand 3' → 5' polarity acts as template strand.
(v) The information on this strand of DNA is copied on mRNA.
(vi) The terminator is located at 3' end. When the RNA polymerase recognises it, the mRNA detaches from the DNA.
(vii) The DNA molecule gets coiled again and attains double helical form.
(viii) The mRNA molecule moves out of the nucleus through a nuclear pore into the cytoplasm.

31.

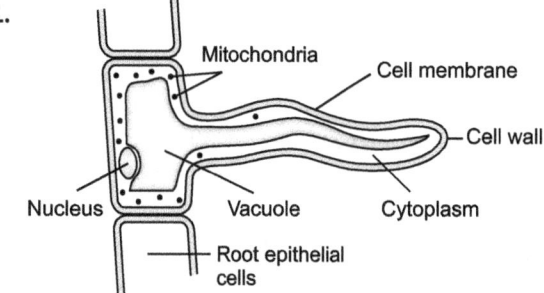

Fig.: Structure of Root hair

(i) Root hair is a cytoplasmic extension of epiblema cell.
(ii) It is approximately 1 to 10 mm long.
(iii) It is colourless, unbranched, tube like delicate and short lived structure.
(iv) It has a large central vacuole surrounded by cytoplasm, plasma membrane and cell wall.
(v) Inner layer of cell wall is of cellulose and outer layer is composed of pectin.
(vi) Cell wall of root hair is freely permeable but plasma membrane is selectively permeable.

●●

SAMPLE PAPER-5
Biology

Questions

Time: 3 Hours   Total Marks: 70

Section A

1. Select and write the correct answers to the following questions:
   (i) _____ connects the lateral and third ventricle of brain.
      (a) Duct of iter   (b) Foramen of Monro
      (c) Foramen of magnum   (d) Limbic system
   (ii) Gene frequency in a population remains constant due to _____.
      (a) Mutation   (b) Migration
      (c) Random mating
      (d) Non-random mating
   (iii) _____ enzyme separates the two strands of DNA during replication.
      (a) Helicase   (b) Gyrase
      (c) Polymerase   (d) SSBP
   (iv) Corpus luteum secretes _____.
      (a) Estrogen   (b) Testosterone
      (c) LH   (d) Progesterone
   (v) Water is also called as "_____ of life"
      (a) elixir   (b) potion
      (c) mixture   (d) brew
   (vi) In ovule, meiosis occurs in _____.
      (a) Integument   (b) Nucellus
      (c) Megaspore
      (d) Megaspore mother cell
   (vii) Which factor of an ecosystem includes plants, animals and microorganisms?
      (a) Biotic factor   (b) Abiotic factor
      (c) Direct factor   (d) Indirect factor
   (viii) The species that invade a bare area, are called _____ species
      (a) Pioneer   (b) ecological
      (c) climax   (d) aquatic
   (ix) Golden rice is used to reduce _____ deficiency disease.
      (a) Vitamin C   (b) Vitamin B
      (c) Vitamin D   (d) Vitamin A
   (x) Which of the following is not an example of in situ conservation?
      (a) Biosphere reserves   (b) National parks
      (c) Wildlife sanctuaries (d) Zoological parks

2. Answer the following questions:
   (i) Expand the following cronyms which are used in the field of biotechnology:
      (a) YAC
      (b) GMO
   (ii) Name the stress hormone in plants.
   (iii) Define: Genome.
   (iv) Define: Megasporogenesis.
   (v) What is autogamy?
   (vi) Who coined the term ecosystem?
   (vii) In rDNA technology in plants _____ plasmid is mostly used.
   (viii) Write the crop and transgene used for iron fortification.

Section B

Attempt any Eight of the following questions:

3. Sketch and label - Embryo sac in Angiosperms.
4. Give any four signs and symptoms of malaria.
5. Write functions of hypothalamus.
6. Match the pairs:

Column A	Column B
(i) Down syndrome	(a) Trisomy 18
(ii) Turner syndrome	(b) Feminized male
(iii) Klinefelter syndrome	(c) 21st trisomy
(iv) Edward's syndrome	(d) X-monosomy

7. Write short note on Ramapithecus.
8. Give name and type of following cranial nerves:
   (i) VII   (ii) XII
9. Enlist the hormones produced by ovary.
10. Define:
    (i) Microsporogenesis   (ii) Dormancy
11. Name any two mechanical methods of Birth control.
12. Explain primary and secondary succession of aquatic habitat.
13. Write a short note on the functional areas of cerebrum.
14. Distinguish between innate immunity and acquired immunity.

Section C

Attempt any Eight of the following questions:

15. State functions of blood.
16. Write different regions of root hair.
17. Write a note on Donnan equilibrium.

18. Discuss physiological effects of Gibberellins.

19. Write a note on structure of root hair.

20. Match the following paris:

Recombinant protein	Used for
(i) Platelet derived growth factor	(a) Anaemia
(ii) α1-antitrypsin	(b) Cystic fibrosis
(iii) Relaxin	(c) Haemophilia
(iv) DNase	(d) Diabetes
(v) Factor VIII	(e) Emphysema
(vi) Erythropoietin	(f) Parturition
	(g) Atherosclerosis

21. Give advantages of micropropagation.

22. Match the pairs:

Column A	Columm B
(i) Diabetes	(a) Interferons
(ii) Hepatitis B	(b) α1-Antitrypsin
(iii) Anaemia	(c) Insulin
(iv) Cancer	(d) Interleukin-1 receptor
(v) Asthma	(e) Hepatitis B vaccine
(vi) Emphysema	(f) Erythropoeitin

23. Write a note on composition of Plasma.

24. What are the main features of mutation theory?

25. What are the causes of Biodiversity loss? Write any three.

26. Write a note on desert adaptation in plants.

Section D

Attempt any Three of the following questions:

27. Explain internal structure of human heart.

28. Draw the neat labelled diagram of longitudinal section of brain.

29. Describe the process of fertilisation in human being.

30. Explain the method of sex determination in Human beings.

31. Describe the mechanism of translation in protein synthesis.

Answer Key

Section A

1. **(i)** (b) Foramen of Monro
(ii) (c) Random mating
(iii) (a) Helicase
(iv) (d) Progesterone
(v) (a) Elixir
(vi) (d) Megaspore mother cell
(vii) (a) Biotic factor
(viii) (a) Pioneer
(ix) (d) Vitamin A
(x) (d) Zoological parks

2. **(i)** (a) YAC – Yeast Artificial Chromosome
(b) GMO – Genetically Modified Organism

(ii) Abscisic acid (ABA)

(iii) The Genome is the total genetic constitution of an organism.

(iv) It is the process of formation of haploid megaspores from diploid megaspore mother cell by meiotic division.

(v) Autogamy is a type of pollination in which bisexual flower is pollinated by its own pollen grains.

(vi) The term ecosystem was used for the first time by Arthur Tansley in 1935.

(vii) pBR322

(viii) The crop used in rice and the transgene is ferritin.

Section B

3.

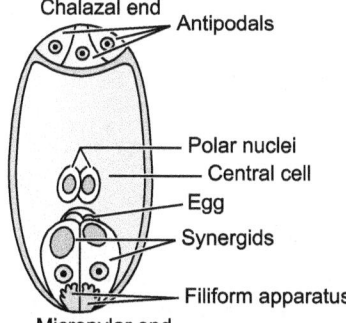

Fig.: Embryo sac in Angiosperms

4. (i) Fever, headache and chills are initial symptoms.
(ii) Classical symptoms include cyclic occurrence of high fever, sweating and shievering.
(iii) Vomiting and convulsions.
(iv) Hepatomegaly.
(v) Joint pain.
(vi) Anemia.

5. (i) It regulates heart rate, respiration, blood pressure body temperature, water and electrolyte balance.
(ii) It has centres for hunger, thirst, sleep, fatigue, satiety centre, secretion of glands of stomach and intestine.
(iii) It maintains homeostasis.
(iv) It also produces neurohormones that stimulate pituitary gland.

6. (i) → (c), (ii) → (d), (iii) → (b), (iv) → (a)

7. (i) It was an ape-man like primate.
(ii) G.E. Lewis found the teeth and jaw bones of Ramapithecus in the rocks of Shiwalik Hills in India.

(iii) It lived during late Miocene and early pliocene epoch about 14 to 12 million years age.
(iv) They walked erect on their hind limbs.

8. (i) VII – Facial – Mixed
   (ii) XII – Hypoglossal – Motor

9. (i) Estrogen   (ii) Progesterone
   (iii) Relaxin   (iv) Inhibin

10. (i) **Microsporogenesis:** The formation of haploid Microspores (pollen grains) from diploid Pollen Mother Cell (PMC).
    (ii) **Dormancy:** A state in which seeds are prevented from germinating during adverse environmental conditions.

11. (i) Condom
    (ii) Cervical caps
    (iii) Diaphragm

12. **Primary succession:**
    (i) Phytoplanktons are the small pioneers.
    (ii) Phytoplants are replaced by rooted submerged plants. e.g., Hydrilla and rooted floating angiosperms e.g., Lotus.
    (iii) These are followed by free floating plants like *Pistia* then red swamp like *Typha*, marsh meadow like *Cyperus*, Scrub like *Alnus* and finally trees like *Quercus*.
    (iv) The climax again would be the forest.
    (v) With the passage of time the water body is converted into land.

    Secondary succession:
    (i) In secondary succession, the species that invade depend on the condition of the soil, availability of water, the environment as also the seeds and other propagules present.
    (ii) Since soil is already there, the rate of succession is much faster and hence the climax is also reached more quickly.
    (iii) With the passage of time, the water body is converted into land (mesic).

13. **Functional areas of cerebrum:**
    (i) **Frontal lobes:** They have motor area which controls voluntary motor activities or movements of muscles. The premotor areas is higher centre for involuntary movements and autonomous nervous system. **Association area** is for coordination between sensation and movements. **Broca's area/motor speech area** translates the thoughts into speech. Expression of emotions, intelligence, will-power, memory and personality areas are located in the frontal lobe.
    (ii) **Parietal lobes:** They are mainly for somaesthetic sensation of pain, pressure, temperature, taste (gustatoreceptor).
    (iii) **Temporal lobes:** It contains centres for smell (olfactory), hearing (auditory), speech and emotions.
    (iv) **Occipital lobes:** They have visual area mainly for sense of vision.

14.

Innate immunity	Acquired immunity
It is present since birth.	It develops after birth during the life time of an individual.
Inheritable.	Non-inheritable.
Remains throughout the life.	Short lived or may persist throughout the life.
Non-specific for particular pathogen.	Specific against a particular pathogen.
Not acquired from previous exposure.	Developed due to exposure or immunization.
Consists of various types of barriers.	Consists of various types of cells producing antibodies.

Section C

15. (i) Transport of nutrients from the alimentary canal to tissues.
    (ii) Transport of oxygen from lungs to tissues and CO_2 from tissues to lungs.
    (iii) Transport of excretory material.
    (iv) Regulating body temperature.
    (v) White blood cells present in blood protect the body from pathogen.
    (vi) Platelets (Thrombocytes) help in blood clotting at the site of injury.

16. The root tip can be divided into three zones: a zone of cell division, a zone of elongation, and a zone of maturation. The zone of cell division is closest to the root tip and is made up of the actively-dividing cells of the root meristem, which contains the undifferentiated cells of the germinating plant.

17. (i) Donnan equilibrium is based on the assumption that certain negatively charged ions, after their entry into the cell, become fixed on the inner side of the cell membrane and can not diffuse outside through the cell membrane.
    (ii) The additional mobile cations are required to balance these fixed anions.
    (iii) Concentration of cations becomes more due to accumulation.
    (iv) The process continues till cations and anions became equal both inside and outside the cell membrane.
    (v) This kind of passive absorption of anions or cations from cell exterior against their own concentration gradient in order to neutralize the effect of cations is called Donnan equilibrium.

18. (i) Elongation of stem.
    (ii) To break dormancy of bud.
    (iii) Promote seed germination in cereals.

(iv) It promotes bolting *i.e.*, elongation of internodes.
(v) It causes parthenocarpy in apple, pear, tomato.
(vi) It promotes flowering in long day plants.

19. Root hair is cytoplasmic extension (prolongation) of epiblema cell. Each root hair may be approximately 1 to 10mm long and tube like structure. It is colourless, unbranched, short-lived (ephemeral) and very delicate. It has a large central vacuole surrounded by thin film of cytoplasm, plasma membrane and thin cell wall, which is two layered. Outer layer is composed of pectin and inner layer is made up of cellulose. Cell wall is freely permeable but plasma membrane is selectively permeable.

20.

Recombinant protein	**Used for**
(i) Platelet derived growth factor	(g) Atherosclerosis
(ii) α1-antitrypsin	(e) Emphysema
(iii) Relaxin	(f) Parturition
(iv) DNase	(b) Cystic fibrosis
(v) Factor VIII	(c) Haemophilia A
(vi) Erythropoietin	(a) Anaemia

21. (i) It is an alternative method for vegetative propagation.
(ii) It helps in rapid multiplication of plants.
(iii) Large quantities of genetically similar plants are produced.
(iv) Superior varieties with desirable characters can be produced for many generations.
(v) As the conditions like temperature, light are under control plants can be obtained thoughout the year.
(vi) The rare and endangered species are multiplied and saved.

22. (i) → (c), (ii) → (e), (iii) → (f), (iv) → (a), (v) → (d), (vi) → (b)

23.

	Components	**Percentage**
(i)	Water	90%
(ii)	Proteins (albumin, globulin prothrombin, fibrinogen)	7-8%
(iii)	Inorganic salts (Na, K, Mg, Ca, Fe, Cl)	1%
(iv)	Food (glucose, amino acids fatty acids)	
(v)	Wastes (urea, uric acid)	1 to 2%
(vi)	Hormones, enzymes, vitamins	
(vii)	Anticoagulants (heparin)	
(viii)	Antibodies, cholesterol	
(ix)	Dissolved gases (O_2, CO_2, N_2)	

24. (i) Mutations are large, sudden and discontinuous variations in a population.
(ii) These changes are inheritable.
(iii) Mutations provide the raw material for organic evolution.
(iv) Mutation may be useful or harmful. The useful mutations are selected by nature.
(v) Harmful mutations get eliminated by nature.
(vi) Accumulation of these mutations over a period of time leads to the origin and establishment of new species.

25. **(i) Alternation and loss of the habitats:** Reduction in natural habitats causes loss of the vegetal species but also decreases the animal species.
(ii) Introduction of exotic species and genetically modified organisms: It causes imbalance in the ecological equilibrium.
(iii) Over exploitation of resources: It causes threat to various organisms. The activities like hunting, fishing, farming are intense then the resources become exhuasted.
(iv) Pollution: Pollutants produced due to human activities influence the environment producing negative, direct or indirect effects on the plant or animal species.

26. (i) Thick cuticle on their leaf surfaces, stomata are deep to avoid water loss.
(ii) Large, fleshy stems to store water.
(iii) Leaves are reduced to spine *e.g.*, *Opuntia*.
(iv) Deep roots to tap groundwater.
(v) Stem is flattened in leaf like structure for photosyntheis.
(vi) Spikes to protect from animals.

Section D

27.

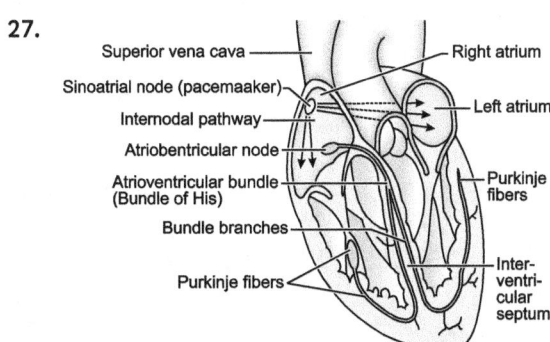

Fig.: Internal structure of heart

(i) Human heart is four chambered. The two superior, smaller, thin walled chambers are called atria while the two inferior, larger and thick walled chambers are called ventricles.
(ii) The atria are receiving chambers separated from each other by inter-auricular septum.
(iii) The right atrium receives deoxygenated blood by superior vena cava, inferior vena cava and coronary sinus. The opening of inferior vena cava is guarded by a Eustachian valve while opening of coronary sinus is guarded by Thebesian valve. The left atrium receives

oxygenated blood via four pulmonary veins. The atria opens into the ventricles.

(iv) The openings are guarded by cuspid valves. In between right atrium and right ventricle tricuspid valve is present while in between left atrium and left ventricle bicuspid valve is present.

(v) The ventrciles are thick walled pumping chambers of the heart. The ventricles are separated by inter-ventricular septum. Inner ventricular surface has ridges called columnae carnea. The chordae tendinea present on the lumen of ventricles attach the bicuspid and tricuspid valves and regulate their opening and closing.

(vi) The right ventricle opens into the pulmonary artery and left ventricle into the aorta. These openings are gurarded by semilunar valves.

28.

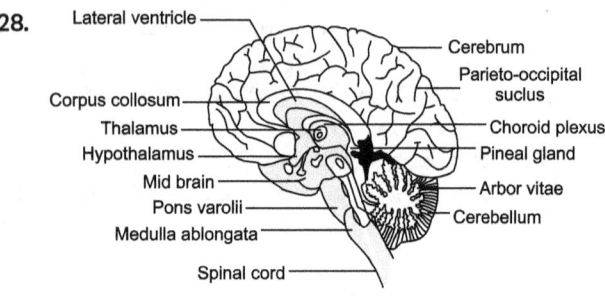

Fig.: Longitudinal section of brain

29. (i) Fertilisation is fusion of haploid male (sperm) and haploid female (ovum) gamete to produce diploid zygote.

(ii) In human it takes palce in the ampulla of fallopian tube.

(iii) The sperms released in female reproductive track move upwards from vagina to uterus and to the oviducts.

(iv) The sperms reach upto the ampulla of their own swimming and by contraction of uterus.

(v) A sperm reaches to the ovum and its acrosome releases lysins (hyaluronidase and corona penetrating enzymes).

(vi) Lysins dissolve and separate the cells of corona radiata and the head of sperm passes through the zona pellucida of ovum.

(vii) The fertilizin receptor protein of zona pellucida binds to antifertilizin protein of sperm. The sperm is attached towards the ovum.

(viii) When the head of sperm touches the zona pellucida the acrosome membrane ruptures to release zona lysin. The sperm nucleus and nucleus of egg come in contact.

(ix) The covering of male and female nuclei degenerate allowing chromosomal pairing or syngamy.

30. (i) In human, chromosomal mechanism of sex determination is of XX-XY type.

(ii) Human males have XY sex chromsomes while females have XX sex chromosomes.

(iii) Human male produces two types of gametes having X and Y chromosomes while female produces only one type of gamete having X chromosome.

(iv) In human the sex of child is determined by the type of chromosome he/she received from the male.

(v) If sperm having X chromosome fertilises the ovum then the child will be female and if sperm with Y chromosome fertilises the ovum the child will be male.

(vi) In human the sex of child is determined by male and not by female.

Parents:	Male	X	Female	
Genotype:	44 + XY		44 + XX	
Gametes:	22 + X	22 + Y	22 + X	22 + X (meiosis)
	sperm		ovum	

F_1-generation:

44 + XX	44 + XY	44 + XX	44 + XY
female	male	female	male

31. (i) Translation is the process in which codons of *m*RNA are translated and specific amino acids in a sequence form a polypeptide on ribosomes.

(ii) Mechanism of translation involves three steps:

(a) Initiation

(b) Elongation

(c) Termination

(a) **Initiation:** The ribosome binds to the start codon (AUG) of *m*-RNA at 5′ end. Initiator *t*-RNA carries activated amino acid methionine to initiation codon.

(b) **Elongation:** The activated amino acids are added one by one to first amino acid (methionine). The ribosome moves from codon to codon along the *m*RNA (translocation). The *t*-RNA molecule enters the ribosome at A-site. Anticodon of *t*-RNA binds with the codon by hydrogen bond. The activated amino acid brought by *t*-RNA binds with first amino acid at P-site of ribsome by peptide bond.

(c) **Termination:** At the end of *m*-RNA there is a stop codon (UAA/UAG/UGA). The anticodon of *t*-RNA can not read it. The release factor binds to the stop codon by terminating the translation process.

(iii) The polypeptide is released in the cytoplasm.

●●

www.ingramcontent.com/pod-product-compliance
Lightning Source LLC
LaVergne TN
LVHW061932070526
838199LV00060B/3821
* 9 7 8 9 3 9 1 1 8 4 7 5 9 *